CW01662501

Weber / Bächtold, Zürichdeutsches Wörterbuch

Grammatiken und Wörterbücher des Schweizerdeutschen

in allgemeinverständlicher Darstellung

betreut vom

BUND SCHWYZERTÜTSCH

Band III

ZÜRICHDEUTSCHES WÖRTERBUCH

VERLAG HANS ROHR ZÜRICH

Zürichdeutsches Wörterbuch

von

Albert Weber und Jacques M. Bächtold

Dritte,
überarbeitete und stark erweiterte Auflage
besorgt von

Jacques M. Bächtold, Johannes Jakob Sturzenegger
und Rudolf Trüb

VERLAG HANS ROHR ZÜRICH

Mit finanzieller Unterstützung durch die Stiftung Pro Helvetia, den Kanton Zürich, zahlreiche Gemeinden, Stiftungen, Firmen, Vereine und private Gönner

CIP-Kurztitelaufnahme der Deutschen Bibliothek
Weber, Albert:
Zürichdeutsches Wörterbuch / von Albert Weber u. Jacques M. Bächtold. – 3., überarb. u. stark erw. Aufl. / besorgt von Jacques M. Bächtold...
– Zürich: Rohr, 1983.
(Grammatiken und Wörterbücher des Schweizerdeutschen; Bd. 3)
ISBN 3-85865–054-4
NE: Bächtold, Jacques M.; HST; GT

ISBN 3-85865–054-4
© Verlag Hans Rohr, Zürich 1983
Technische Herstellung: Druckzentrum Tages-Anzeiger AG/Regina-Druck, Zürich
Einband: Buchbinderei Burkhardt AG, Zürich

Vorwort

Zur ersten Auflage

«Unsere Mundarten verdienen es, mehr als nur schlecht und recht gebraucht zu werden. Wörterbuch und Grammatik sind ein Mittel, sich ihrer Schätze erneut zu vergewissern.» Mit diesen Worten umriss 1961 Prof. *Bruno Boesch,* Obmann des Bundes Schwyzertütsch, im Vorwort zur ersten Auflage dieses Wörterbuchs den Zweck der «Grammatiken und Wörterbücher des Schweizerdeutschen» und den Stellenwert dieses Buches[1].

1948 war im Schweizer-Spiegel-Verlag als Pionierleistung die umfangreiche «Zürichdeutsche Grammatik» erschienen, erarbeitet von Dr. *Albert Weber* in enger Zusammenarbeit mit Prof. Eugen Dieth, eine wissenschaftliche, aber für eine allgemeine Leserschaft bestimmte Darstellung der Zürcher Mundart.

Sogleich nach dem Erscheinen der Grammatik begann Albert Weber mit der mühsamen Arbeit für ein entsprechendes Wörterbuch und brachte das Manuskript noch bis zum Buchstaben S, als ihn der Tod abrief. Nun übernahm Prof. Dr. *Jacques M. Bächtold,* ein Freund des Verstorbenen, die schwierige Aufgabe, den Rest aus eigenen Stücken hinzuzufügen. Eine Redaktionskommission, bestehend aus dem Verfasser, dem Verleger Dr. Adolf Guggenbühl, Prof. Bruno Boesch und Ernst Buss, legte dann die Grundsätze fest, nach denen das umfangreiche Manuskript einerseits auf die praktischen Bedürfnisse ausgerichtet, anderseits der mundartliche Teil um ein schriftdeutsches Register ergänzt und das Ganze schliesslich auf den vom Verlag gewünschten Umfang zugeschnitten wurde. 1961 erschien das Buch im Umfang von 330 Seiten, nachdem das Werk von der Tochter Albert Webers grosszügig unterstützt und der Druck durch die Stiftung «Pro Helvetia», durch den Kanton und die Stadt Zürich wirksam erleichtert worden war.

Zweck des Buches war es, den gut-einheimischen Wortschatz in seinem Reichtum und in seiner Vielfalt geordnet darzubieten, als Mittel der Mundartpflege, zum guten Gebrauch in Schule und Haus.

Im Vorwort schrieb Prof. Bruno Boesch weiter: «Wie die ‹Zürichdeutsche Grammatik› ihre Nachfolger findet, so mag auch das Wörterbuch ein Modell bilden für Sammlungen anderer Landschaften, ja es will uns scheinen, dass zu einem weiteren Leserkreis ein Wörterbuch noch unmittelbarer spricht als eine Grammatik.»

[1] Vgl., ausführlicher: *Bruno Boesch,* Allgemeinverständliche Grammatiken und Wörterbücher des Schweizerdeutschen. In: Schweizer Volkskunde 40, 1950, S. 66–69.

Zur zweiten Auflage

Über Erwarten rasch verkaufte sich die erste Auflage des «Zürichdeutschen Wörterbuchs». Der Schweizer-Spiegel-Verlag und der Bund Schwyzertütsch zögerten daher nicht, eine zweite Auflage herauszubringen. Wieder war Prof. *Jacques M. Bächtold* bereit, Hand anzulegen. Namentlich überarbeitete er das in der ersten Auflage sehr knappe schriftdeutsche Register gänzlich und erweiterte es um fast ein Drittel. Den mundartlichen Teil, das eigentliche Wörterbuch, wollte man wenig ändern. Immerhin wurden Wörter, die von kundigen Lesern vermisst und gemeldet worden waren, unter Kürzung weniger wichtigen Textes eingefügt und gröbere Versehen berichtigt. Im übrigen wurden die Einleitungsseiten für den Leser übersichtlicher gestaltet und den neuen Verhältnissen angepasst. Durch neuerdings grosszügiges Entgegenkommen der Tochter von Albert Weber, durch Kostenbeiträge derselben Instanzen wie bei der ersten Auflage und durch Verwendung des Offsetdrucks konnte das «Zürichdeutsche Wörterbuch» 1968 mit 350 Seiten zu einem günstigen Preis im Buchhandel wieder erscheinen. 1973 übernahm dann Verleger Hans Rohr den Rest der Auflage aus dem Schweizer-Spiegel-Verlag zum Weitervertrieb.

Zur dritten Auflage

Nun liegt das «Zürichdeutsche Wörterbuch», zwanzig Jahre nach seinem Erscheinen, in dritter Auflage vor, bereits in einem Kranz ähnlicher Bücher, äusserlich in neuer Gestalt, innerlich überarbeitet und stark erweitert.

Als abzusehen war, dass die zweite Auflage bald vergriffen sei, ging der Vorstand des Bundes Schwyzertütsch daran, eine neue Auflage vorzubereiten. Noch einmal machte sich Prof. *Jacques M. Bächtold* trotz vorgerückten Jahren ans Werk. Zunächst sammelte und sichtete er die aus dem Leserkreis eingegangenen Ergänzungen, namentlich solche von Mitgliedern des Bundes Schwyzertütsch und von *Amalie Halter-Zollinger,* der Sammlerin zürichdeutscher Sprichwörter und Redensarten; zudem wertete er in systematischer Lektüre die zürichdeutsche Mundartliteratur unseres Jahrhunderts aus. 1978 fanden wir in *Johannes Jakob Sturzenegger,* der soeben mit Hilfe des Computers ein sechssprachiges technisches Wörterbuch geschaffen hatte, einen leidenschaftlichen Sammler, der aus seinem eigenen Wortschatz, aus täglichen Gesprächen und aus verschiedenen schriftlichen Umfragen eine grosse Menge fehlender Wörter zusammentrug, besonders auch aus der Schülersprache und der jüngern Mundart. Prof. *Roland Ris* stellte uns freundlicherweise seine Sammlung von Scheltwörtern aus der Zürcher

Mundartliteratur zum Auswerten zur Verfügung; weitere Wörter trug uns ein Artikel von *Roger Bellevue* im «Tagblatt der Stadt Zürich» ein, und einen überraschend grossen Ertrag zürichdeutscher Wörter brachten 1980 zwei Aufrufe von *Charlotte Peter* im «Züri-Leu».

Alle diese Wörter wurden von J.J. Sturzenegger und Dr. *Rudolf Trüb,* Redaktor am Schweizerdeutschen Wörterbuch, kritisch gesichtet, wobei in vielen Fällen die gedruckten Bände wie auch die ungedruckten Sammlungen des gesamtschweizerdeutschen Wörterbuchs und des «Sprachatlasses der deutschen Schweiz» zu Rate gezogen wurden. Einige hundert Wörter legten wir auch noch jüngern und ältern Kennern des Zürichdeutschen zur Beurteilung vor: Dr. *Arthur Baur,* Dr. *Heidi Baur,* Dr. *Jürg Bleiker,* Prof. Dr. *Bruno Boesch, Fritz Brunner, Heidi Keller, Otto* und *Martha Schaufelberger,* Dr. *Rudolf Schwarzenbach* und *Paul Waldburger.* Für die hochdeutschen Definitionen stützten wir uns im allgemeinen auf das «Deutsche Wörterbuch» von Gerhard Wahrig, Ausgabe 1975.

Die grosse Zahl von Ergänzungen des bisherigen Wörterbuchs liess schon bald an einen völligen Neudruck denken. Dies erlaubte, den bestehenden Text überall, wo es tauglich schien, zu verbessern, und zwar – unter Zustimmung der wissenschaftlichen Berater Prof. Bruno Boesch und Prof. Roland Ris – in folgenden Punkten: Streichung einiger weniger auch hochdeutscher Wörter, Kürzung überlanger Worterklärungen, Verzicht auf alle Synonymen- und Idiotikon-Hinweise, schärfere Trennung der Teilbedeutungen eines Worts, bessere Zuordnung der Zusammensetzungen zu den entsprechenden Wörtern bzw. Teilbedeutungen, Vermehrung von Beispielsätzen und Wendungen, Ergänzung grammatischer Angaben, vermehrte Kennzeichnung der Wörter nach ihrer geographischen Verbreitung, ihrer sozialen Zugehörigkeit, ihrer stilistischen Wertung und ihres Alters, systematischere Schreibweise (u.a. durch Ersatz des ë durch è und des y durch ii) und entsprechend klarere Alphabetik (auch Trennung der Wörter mit den Anlauten D- und T-), Ausscheidung von Flurnamen, Übertragung der Personennamen in einen um Lokalnamen erweiterten besonderen Namenteil, schliesslich eine völlig neue Anlage des hochdeutschen Registers. Bei all diesen Änderungen erwies sich der ursprüngliche Text als sehr solider Stock.

Beim *Druck* des Buches durch das Druckzentrum des Tages-Anzeigers in Zürich bedienten wir uns zur Alphabetisierung sowohl des Mundartteils wie des hochdeutschen Registers der elektronischen Datenverarbeitungsanlage dieser Firma – eine Pionierleistung. Nachdem der Text von nahezu sechstausend Karteikarten mit neuen oder veränderten bisherigen Artikeln sowie der restliche Buchtext erfasst und einmal korrigiert war, ordnete der Computer beides in einen einzigen

Mundartteil zusammen. Dieser wurde von den Zürichdeutschkennern und -kennerinnen *Nelli Agazzi, Heidi Keller, Gisela Landolt* und Prof. Dr. *Hugo Glättli* kritisch gelesen und von Korrektor *Georg Gubler* und den Bearbeitern korrigiert. Das führte zu zahlreichen auch textlichen Verbesserungen. Weitere drängten sich bei der Erstellung des hochdeutschen Registers auf, welches, von R. Trüb im Mundartteil vorbereitet, vom Computer unter Umkehrung der Beziehung Mundart–Hochdeutsch neu alphabetisiert wurde. Die Abschlusskorrekturen des drucktechnisch heiklen Textes besorgten *Lily* und *Rudolf Trüb,* unterstützt von J.J. Sturzenegger, wobei manche unerwarteten Tücken des Computers zu überwinden waren. Die ganze technische Herstellung des Buches wurde von *Otto Joss* geleitet.

Während der ganzen Zeit stand der Vorstand des Bundes Schwyzertütsch den Bearbeitern zur Seite, und zusammen mit dem Vorstand der Gruppe Züri (unter Dr. Jürg Bleiker) und J.J. Sturzenegger stellte er auch die beträchtlichen finanziellen Mittel bereit.

Der vorliegende Text ist das Ergebnis einer mehrjährigen und auf allen Stufen mühsamen Arbeit, aber auch das Ergebnis einer hocherfreulichen Zusammenarbeit vieler Beteiligten. Allen oben genannten Helfern wie vielen weitern, die uns Wörter mitgeteilt oder irgendeine Handreichung geleistet, wie auch allen, welche zur Finanzierung des Werks beigetragen haben, sei zum Schluss der beste Dank ausgesprochen.

Möge das Buch auch in der neuen Form vielen Benutzern gute Dienste leisten!

Zürich, im August 1983

Dank

Für die Neubearbeitung des Textes und für den Druck durften wir von vielen Seiten finanzielle Unterstützung entgegennehmen. Folgenden Gönnern sprechen wir dafür unsern besten Dank aus:

Kanton Zürich
Städte und Gemeinden Dielsdorf, Dietikon, Erlenbach, Herrliberg, Horgen, Kilchberg, Küsnacht, Langnau a.A., Männedorf, Maur, Meilen, Opfikon, Regensdorf, Schlieren, Stäfa, Thalwil, Uitikon, Unterengstringen, Uster, Wädenswil, Wallisellen, Winterthur, Zollikon, Zumikon, Zürich

Stiftung Pro Helvetia
Cassinelli-Vogel-Stiftung, Ernst-Göhner-Stiftung, Stiftung der Schweizerischen Landesausstellung 1939, Dr.-Adolf-Streuli-Stiftung, Jubiläumsstiftung der Versicherungsgesellschaften Zürich/Vita/Alpina

Bank Julius Bär und Co. AG, Schweizerische Bankgesellschaft, Schweizerischer Bankverein, Schweizerische Kreditanstalt, Sparkasse der Stadt Zürich, Zürcher Kantonalbank, Schweizerische Lebensversicherungs- und Rentenanstalt, Schweizerische Rückversicherungsanstalt, «Winterthur» Schweizerische Versicherungs-Gesellschaft

Brauerei Hürlimann, Escher-Wyss AG, IBM (Schweiz), Oerlikon-Bührle Holding AG
Druckerei Wetzikon AG (Wetzikon), Verlag Th. Gut und Co. (Stäfa), Neue Zürcher Zeitung (Zürich)

Migros-Genossenschafts-Bund
Gemeinnützige Gesellschaft des Kantons Zürich, Herrenstube Winterthur, Bund Schwyzertütsch mit seiner Gruppe Züri

Einzelpersonen

Ein besonderer Dank richtet sich schliesslich an die Direktion des Tages-Anzeigers für die grosszügige Förderung des Werkes.

Inhaltsverzeichnis

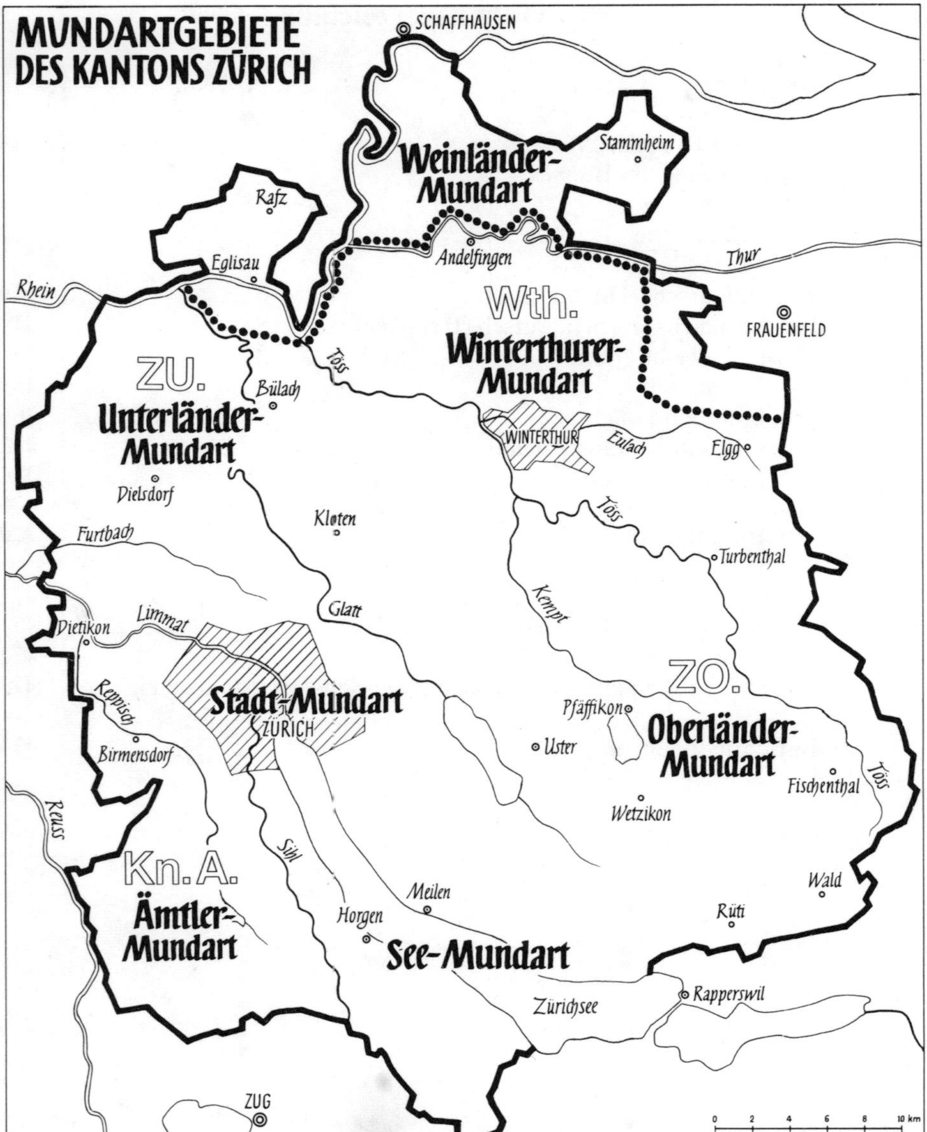

Vereinfacht aus Albert Weber, Zürichdeutsche Grammatik, 2. Aufl., 1964, S.18

Einleitung

Zielsetzung

Das vorliegende «Zürichdeutsche Wörterbuch» enthält den vom Standarddeutschen abweichenden Wortschatz des Zürichdeutschen[1]. Es ist gedacht als Nachschlagewerk für Zürcher in der Heimat und in der Fremde, die ihre Mundart neu entdecken möchten, wie für Nichtzürcher, die Zürichdeutsch lernen wollen, insbesondere für Redner, Übersetzer, Texter, Schriftsteller, Korrektoren und Texterfasser, für Lehrer und Schüler, für Laien wie für Fachleute in aller Welt.

Abgrenzung des Wortschatzes

1. Aufgenommen sind in diesem Buch möglichst alle Wörter des Zürichdeutschen, die – kontrastiv – im Hochdeutschen (Schriftdeutschen) nicht vorkommen oder sich davon durch eine andere *Bedeutung* oder Teilbedeutung oder eine besondere *Verwendung* oder auch nur durch ein anderes *Geschlecht,* eine andere *Beugung,* eine ungewöhnliche *Form,* vereinzelt auch nur durch eine andere *Schreibung* abheben – ohne Rücksicht darauf, ob sie auch in andern Dialekten vorkommen. Gelegentlich sind auch Wörter aufgenommen, die den hochdeutschen entsprechen, dann nämlich, wenn von ihnen mundartliche Zusammensetzungen abhangen.

2. Als *Gebiet des Zürichdeutschen* gilt der Kanton Zürich, jedoch ohne die Randgebiete nördlich der Thur (das sogenannte Weinland) und des Rheins (Rafzer Feld), deren Mundart dem schaffhausisch-thurgauischen Dialektgebiet zuzuweisen ist; auch Wörter des Knonauer Amts (im Westen) sind nur in beschränktem Umfang aufgenommen.

3. Berücksichtigt sind die *heute* gebräuchlichen, einigermassen gängigen oder doch bekannten Wörter der gesprochenen und geschriebenen Mundart, auch solche, die nur noch in Redensarten fortleben, und solche, die erst in jüngster Zeit verschwunden sind (als veraltet, «va.», bezeichnet). Offensichtlich bei uns *junge Wörter* sind entsprechend gekennzeichnet («jg.»).

4. Im allgemeinen ist nicht vermerkt, ob ein Wort überall bekannt ist oder nur auf beschränktem Gebiet vorkommt, es sei denn, die *Verbreitung* habe sich deutlich feststellen lassen, so bei Wörtern des Oberlands (ZO.), des Unterlands (ZU.), der Gegend von Winterthur (Wth.), des Knonauer Amts (Kn.A.).

5. Durch Zusätze gekennzeichnet sind einerseits Wörter, die nur in bestimmten *sozialen Gruppen* gebräuchlich sind: in der Kindersprache, d.h. in der Sprache zu kleinen Kindern (Ksp.), Schülersprache (Schsp.), Studentensprache (Stsp.) und Soldatensprache (Ssp.), ganz vereinzelt in der Jägersprache (Jsp.), anderseits Wörter, die einen *ungewöhnlichen Stilwert* haben: nur im engen Familienkreis gebräuchlich (fam.), in scherzhaftem Ton verwendet (humor.), in umgangssprachlich-populärer, allenfalls auch salopper, dem Slang naher Verwendung (pop.), abschätzig, pejorativ (pej.), schliesslich derb, grob, vulgär (vulg.).

6. *Nicht berücksichtigt* sind in diesem Band solche Wörter, die zwar in der Mundart gebräuchlich, nach Ausweis der Wörterbücher aber auch hochdeutsch sind, sodann noch

[1] Vgl. *Rudolf Trüb,* Gegenwartssprache im «Zürichdeutschen Wörterbuch». Probleme eines modernen Dialektwörterbuchs. In: Standard und Dialekt, Festschrift für Heinz Rupp zum 60. Geburtstag, Bern 1979, S. 143–149.

nicht eingewachsene Wörter aus andern Dialekten, Wörter des Gassenjargons der Stadt («Limmatblüten»), offenbar kurzlebige Wörter («Eintagsfliegen») und individuelle Eigenheiten, ferner der fachsprachliche Wortschatz der Landwirtschaft, des Handwerks und der Fischerei (sofern nicht schon in den früheren Auflagen enthalten), der Industrie, des Handels und Verkehrs, der Technik und Wissenschaft, des Sports usw.; weggelassen sind auch räumlich stark beschränkte Bezeichnungen für Pflanzen und Tiere. Entsprechend weiterführende Hilfsmittel sind auf S. 472 verzeichnet.

7. Bei der schwierigen Ausscheidung von *Eigennamen* oder namenartigen Bezeichnungen (z.B. *Frida* für «Forchbahn») waren wir vielleicht zu grosszügig.

Gliederung des Buches

Der erste Buchteil enthält den *zürichdeutschen Wortschatz* mit den entsprechenden hochdeutschen (schriftdeutschen) Erklärungen. Umgekehrt leitet das *hochdeutsche Register* (im zweiten Teil) vom hochdeutschen Wort (Begriff) zu den Stichwörtern im Mundartteil, wo die genauern Bedeutungen und Verwendungen einzusehen sind; das hochdeutsche Register dient auch als Verzeichnis bedeutungsgleicher Mundartwörter (Synonymenverzeichnis). Die *Eigennamen* (Vor- und Geschlechtsnamen sowie Örtlichkeitsnamen in Auswahl) sind in einen dritten Teil zusammengefasst; doch stehen Vornamen auch im mundartlichen Teil, sofern sie auch als Appellative vorkommen, z.B. *Ruedi.*

Schreibweise

Die Schreibweise der Mundartwörter richtet sich grundsätzlich nach dem Leitfaden «Schwyzertütschi Dialäktschrift» von Eugen Dieth[1]. Es gilt also der Grundsatz: **Die Wörter sind so geschrieben, wie man sie hört,** ohne Rücksicht auf das gewohnte Schriftbild der neuhochdeutschen Schriftsprache, z.B. *Welo* «Velo», *Schofföör* «Chauffeur». Feinere Lautunterschiede sind durch zusätzliche Zeichen, die sonst beim Schreiben wegfallen können, ausgedrückt.

Massgebend für die Schreibung in diesem Buch ist die (ältere) Form der Stadt- und Seemundart[2], gekennzeichnet etwa durch gedehnte Vokale in offener Silbe (z.B. *Waage* «Wagen», *Bääse* «Besen»), einsilbige weibliche Hauptwörter (z.B. *Bi̊i̊r* «Birne»), Schwächung auslautender Konsonanten (z.B. *Fald* «Falte») und Verschärfung anlautender Konsonanten in Fällen wie *Paan* «Bahn», *Paart* «Bart». Der Zürcher Oberländer wird namentlich Wörter des Typus *Strooss* «Strasse» unter *Straass* sowie *Zit* «Zeit» unter *Ziit* und *Chrüz* «Kreuz» unter *Chrüüz* nachzuschlagen haben. Wörter, die nur aus einem Teilgebiet gemeldet sind (z.B. *Joo, schnute* aus dem Oberland), erscheinen in der dortigen Form.

[1] *Eugen Dieth,* Schwyzertütschi Dialäktschrift. Leitfaden einer einheitlichen Schreibweise für alle Dialekte. Zürich 1938. (Neuausgabe in Vorbereitung.)

[2] Vgl. *Albert Weber,* Zürichdeutsche Grammatik, Zürich, 2. Aufl. 1964, S. 21ff.; Sprachatlas der deutschen Schweiz, Bern 1962ff. (bes. Bände I–III); *Heinz Wolfensberger,* Mundartwandel im 20. Jahrhundert, dargestellt an Ausschnitten aus dem Sprachleben der Gemeinde Stäfa. Frauenfeld 1967.

Im einzelnen gilt folgendes:

1. Vokale

Doppelbuchstaben bezeichnen langen Vokal, z.B. in *Schlaaff* «Schlaf», *gääl* «gelb», *Cheerz* «Kerze», *moorn* «morgen», *Lüüt* «Leute»; Dehnungs-h wird nicht verwendet, also *Faane* «Fahne», *Zaal* «Zahl», *hool* «hohl» geschrieben; **einfacher Vokalbuchstabe bezeichnet durchwegs kurzen Vokal,** z.B. in *zele* «zählen», *hole* «holen», *Stube, Müli* «Mühle».

Die Klangfarbe der Vokale wird (zum Teil anders als in der 1. und 2. Auflage) wie folgt ausgedrückt, wobei das Zeichen ` (Gravis) offenen Wert bezeichnet.

a, aa	ziemlich dumpf ausgesprochen, kurz z.B. in *Hand,* lang z.B. in *Haar, Aarm*
ä, ää	überoffenes e, kurz z.B. in *schlächt* «schlecht», *nächtig* «nächtlich», lang z.B. in *Bäär* «Bär», *Määl* «Mehl», *Rääb* «Rebe»
e, ee	geschlossenes e, kurz z.B. in *Bett, Reder* «Räder», lang z.B. in *See* (wie hd.), *leere* «lehren, lernen»
è, èè	leicht offenes, «mittleres» e, kurz z.B. in *fèrtig, mèrke* (wie hd.), lang z.B. in *Chèès* «Käse» (wie hd.), *Mèèrt* «Markt», *lèère* «leeren», *Rèèb* «weisse Rübe»
o, oo	geschlossen, kurz z.B. in *Horn, Ofe* «Ofen», *offe* «offen», lang z.B. in *root* (wie hd. rot), *Roos* «Rose»
(òò	offen, nur im Namenteil)
ö, öö	geschlossen, kurz z.B. in *Öfe* «Öfen», *Öpfel* «Apfel», lang z.B. in *Rööti* «Röte», *röötle* «mit Rötel zeichnen», *Nöötli* «kleine Note» (wie in hd. Nöte)
ö̀, ö̀ö̀	offen, kurz z.B. in *Chö̀chi* (wie in hd. Köchin), *hö̀re* «aufhören», lang z.B. in *Rö̀ö̀t* «Räte», *rö̀ö̀tle* «raten», *Nö̀ö̀tli* «kleine Naht»
i, u, ü	offen, gebietsweise eher geschlossen, kurz, z.B. in *Rinde, Riss, Rundi* «Runde», *Ründi* «Rundung», überall geschlossen nur in ganz wenigen Wörtern, z.B. in *Bibii* «Hühnchen», *Gugguu* «Kuckuck», *Büsi* «Katze»
ii, uu, üü	geschlossen, lang, z.B. in *Riis* «der Reis, das Reis», *Puur* «Bauer», *Stuud* «Staude», *tüür* «teuer» (wie in hd. Riese, Fuhr, Führer)
ìì, ùù, ǜǜ	offen, lang, z.B. in *Rììs* «der Riese, das Ries», *Pùùrscht* «Bursche», *Stùùd* «Pfahl», *tǜǜr* «dürr», *Tǜǜr* «Türe»
e	in unbetonten Vor-, Mittel- und Endsilben: unbetont, leicht ö-farbig (ə), z.B. in *vertäfele* «täfeln», *mèèe* «mähen»
é	in Endsilben (meist bei Lehnwörtern), geschlossen, z.B. in *Buggé* «Bukett», *mausé* «mausetot»
ai	gesprochen a-i, in *ail* «alleweil»
ei	gesprochen e-i, z.B. in *frei, freier*
äi	gesprochen ä-i, z.B. in *Äi* «Ei», *Äier* «Eier», *Wäis* «Waise»
ou	gesprochen o-u, z.B. in *Bou* «Bau», *boue* «bauen»
öi	gesprochen ö-i, z.B. in *nöi* «neu», *nöie* «neu werden», *Blöiel* «Schlägel»
au	gesprochen a-u, z.B. in *Hau, haue* «hauen», *Baum*
ö̀i	gesprochen ö̀-i oder ö̀-ü, z.B. in *Hö̀i* «Heu», *hö̀ie* «heuen», *Bö̀im* «Bäume», *Blö̀iel* «Blaustift»
ie, ue, üe	sind Diphthonge, gesprochen i-e z.B. in *nie,* u-e z.B. in *Chue* «Kuh», ü-e z.B. in *Chüe* «Kühe»

In Ausrufwörtern kommen auch **oi** und **ui** vor, als Endung auch **-io** (z.B. *hülffio).*

2. Konsonanten

Doppelbuchstaben bezeichnen lange (geschärfte) Aussprache, z.B. in *Straass, chauffe* «kaufen», *hälffe* «helfen», *Vatter* «Vater»; **einfache Buchstaben bezeichnen kurzen oder vereinfachten Konsonanten,** z.B. *schare* «scharren», *Hamer* «Hammer», *Pfane* «Pfanne», *Chele* «Kelle». Gelängte *sch* und *ch* sind allerdings, um das Lesen nicht zu erschweren, nicht doppelt gesetzt, also z.B. *Wösch* «Wäsche» (nicht *Wöschsch), bache* «backen» (nicht: *bachche), fräch* «frech» (nicht: *frächch).*

b, d, g sind stimmlos; **p** und **t** sind nicht behaucht, wohl aber (in Lehnwörtern) **ph** und **th,** z.B. *Phack (P-h-)* «Paket», *theaatere (t-h-)* «Theater spielen».

k bzw. **ck** bezeichnet einen Verschlussreibelaut (kch), z.B. in *Kafi* «Kaffee», *trucke* «drucken, drücken», anderseits **gg** einen reinen Verschlusslaut, z.B. in *Rugge* «Rücken», *ggange* «gegangen», auch *Gguschett* «Couchette, Liegewagen».

f und **v** sind wie im Schriftdeutschen gesetzt, also *Fäscht* «Fest», *Vatter* «Vater».

ng bezeichnet den velaren (hintern) Nasallaut, **nng** den entsprechenden Laut mit anschliessendem Verschlusslaut, z.B. *Schwung / Hunng* «Honig».

sp, st sind wie im Hochdeutschen am Wortanfang (wie auch hinter Vorsilben und in zusammengesetzten Wörtern) *schp, scht* zu lesen, z.B. in *spile* «spielen», *gspilt* «gespielt», *verspile* «verspielen», *Stube, Zouftstube* «Zunftstube», *Gstell* «Gestell».

3. Fuge bei zusammengesetzten Wörtern

Lautliche Verschmelzungen bei Zusammensetzungen sind in der Schrift nicht wiedergegeben, also z.B. nicht *Chimpett,* sondern *Chindbett* «Wochenbett».

Wenn in zusammengesetzten Wörtern **-s** und **ch-** aneinanderrücken, so dass (namentlich im hochdeutschen Register) missverständliche Schreibungen wie *Chindschind* «Kindeskind», *Graaschaare* «Graskarren» entstünden, so sind die beiden Wortglieder mit *Trennstrich* aneinandergehängt: *Chinds-chind, Graas-chaare.* Dasselbe Verfahren ist auch sonst etwa befolgt, z.B. bei *-s-t-* in Wörtern wie *Chriis-tili* (nicht: *Chriistili)* «Boden für Reisigbündel», auch *daa-une* (nicht: *daaune).*

4. Akzent

Der Wortakzent ist nur im Mundartteil und nur in bemerkenswerten Fällen bezeichnet, und zwar durch einen Zusatz, z.B. bei *Gitaare* «(auf i bet.)».

Abkürzungen

allg. allgemein
Art. Artikel
bdl. bildlich
bes. besonders
bet. betont
Bw. Bindewort (Konjunktion)
eig. eigentlich
engl. englisch
Ew. Eigenschaftswort (Adjektiv)
Ez. Einzahl (Singular)
fam. familiär
frz. französisch
Fw. Fürwort (Pronomen)
Gw. Gegenwart
hd. hochdeutsch (schriftdeutsch)
humor. humoristisch, scherzhaft
Hw. Hauptwort (Substantiv)
intr. intransitiv
ital. italienisch
jg. jünger
Jsp. Jägersprache
Kn.A. Knonauer Amt
Ksp. Kindersprache
lat. lateinisch
m. männliches Geschlecht (Maskulinum)
Ma., ma. Mundart, mundartlich
männl. männlich
Mw. Mittelwort (Partizip)
Mz. Mehrzahl (Plural)
pej. pejorativ (abschätzig)
pop. populär (umgangssprachlich, salopp)
Ra. Redensart, auch Sprichwort
rbez. rückbezüglich (reflexiv)
s. sächliches Geschlecht (Neutrum)
s. d. siehe dort
sächl. sächlich
Schsp. Schülersprache
span. spanisch
Ssp. Soldatensprache
Stsp. Studentensprache
trans. transitiv (den Wenf. regierend)
unbet. unbetont
unpers. unpersönlich
ütr. übertragene Bedeutung
Uw. Umstandswort (Adverb)
va. veraltet (mit Bezug auf die vorangehende Wortform oder das ganze Wort)
Verb. Verbindung
verh. verhüllend
verst. verstärkend, Verstärkung
vgl. vergleiche
Vh. Vergangenheit
Vkf. Verkleinerungsform (Diminutiv), teilweise Kosewort
Vs. Vorsilbe
vulg. vulgär (grob, derb)
Vw. Vorwort (Präposition)
w. weibliches Geschlecht (Femininum)
W. Gr. Weber, Albert, Zürichdeutsche Grammatik (s. Literaturverzeichnis S. 472)
weibl. weiblich
Wemf. Wemfall (Dativ)
Wenf. Wenfall (Akkusativ)
Wf. Wunschform
Wth. Winterthur (und Umgebung)
ZO. Zürcher Oberland
Zss. Zusammensetzung
Ztw. Zeitwort (Verb)
ZU. Zürcher Unterland
Zw. Zahlwort (Numerale)

Zürichdeutsch – Hochdeutsch

Hinweise für den Benutzer

Alphabetik

Die fettgedruckten Stichwörter (links aussen, an der Spitze eines Artikels) sind buchstäblich genau nach dem ABC angeordnet, also z.B. *bäärzele, baas, Baas, Bääse* (mit Zusammensetzung), *bääsele, Baasete, Bääsi* (mit Zusammensetzung), *babele.* Wörter mit den Anlauten *b-* und *p-* bzw. *d-* und *t-* sind getrennt; was man unter dem einen Buchstaben nicht findet, suche man unter dem andern. Nebenformen (lautliche Varianten) sind den Hauptformen in Fettschrift direkt angeschlossen, z.B. *prelaagge, prelaate;* ihr Auffinden wird durch zahlreiche Verweisungen erleichtert, z.B. von *ä* auf *au* «auch». Man beachte noch, dass zu Wörtern mit *-aa-* teilweise Nebenformen oder Verwandte mit *-ò̂ò-* erscheinen, also an anderer alphabetischer Stelle, z.B. *Aal* und *Ò̂òl, raate* und *rò̂òtle, Saame* und *Sò̂òmis,* zu Wörtern mit *-au-* solche mit *-ò̂i-,* z.B. *haue* und *hò̂iele.*

Zusammengesetzte Wörter

Zusammengesetzte Haupt- und Eigenschaftswörter sind als Gruppe «Zss.» beim entsprechenden ersten Wortglied und dort womöglich bei der entsprechenden Teilbedeutung angeführt, z.B. nach (fettgedrucktem) *alt* die Zusammensetzungen *Altjaaraabig* m., *-möödig (= altmöödig),* nach (fettgedrucktem) Verb *bääre* «Frucht tragen» die Zusammensetzungen *Bäärbole* m. «treibende Knospe», *-eschtli* s. *(= Bääreschtli)* und *-schoss* s. «junger Trieb», nach (fettgedrucktem) *Bäi* s. «Bein» die (abgekürzten) Zusammensetzungen *-maager (= bäimaager)* und *-schlingger* m. (durch die Geschlechtsangabe als Hw. gekennzeichnet, also = *Bäischlingger).* Dabei gilt das einmal angesetzte Vorderglied (ohne Rücksicht auf Gross-/Kleinschreibung) auch für die folgenden abgekürzten Zusammensetzungen; so sind z.B. unter *Gmäind* die Zusammensetzungen mit *-ame* m., *-ameni* w., *-raat* m. usw. als *Gmäindame, Gmäindameni, Gmäindraat* usw. zu lesen, dann hinter *Gmäindslaad* w. die folgenden Zusammensetzungen *-muni* m., *-presidänt* m. usw. als *Gmäindsmuni, Gmäindspresidänt* usw.

Verdunkelte Zusammensetzungen sind als eigene Stichwörter angesetzt, z.B. *Tagme.*

Bei den zusammengesetzten Verben sind jeweils alle Bildungen mit trennbaren Vorsilben beim einfachen Wort angeschlossen, jene mit untrennbaren Vorsilben stehen hingegen als eigene Stichwörter an ihrer alphabetischen Stelle. Man findet also z.B. bei *lääse* die «Zss.» *ab-, abe-, dure-, ii-, uuf-, uus-, zäme-,* hingegen *erlääse* unter *E-* und *verlääse* unter *V-*.

Diminutive

Verkleinerungsformen (Diminutive) von Hauptwörtern stehen beim entsprechenden Normalwort, sind aber fett gedruckt, sofern sie eine besondere Bedeutung haben und (oder) Zusammensetzungen nach sich ziehen können, z.B. *Püürli* «Brötchen» hinter *Puur.*

Worterklärungen und Herkunftsangaben

Die hochdeutschen *Worterklärungen* sind aus Platzgründen möglichst knapp gehalten und bei leichtverständlichen Zusammensetzungen oft weggelassen. Falls ein Mundartwort nur in einer Teilbedeutung von der hochdeutschen Entsprechung abweicht, so ist meist nur diese Abweichung verzeichnet. Teilbedeutungen sind durch einleitende Zahlen angereiht, Untergruppierungen nötigenfalls durch Kleinbuchstaben; nur wenig verschiedene Bedeutungen sind gelegentlich durch Strichpunkt getrennt, z.B. *aarzne* «Arznei einnehmen; sich ärztlich behandeln lassen». Bei Mundartwörtern, deren Bedeutung sich nicht knapp fassen, sondern nur umschreiben liess, ist oft eine für das hochdeutsche Register taugliche Behelfsdefinition beigefügt, z.B. *Grochsi* m., «wer anhaltend klagt, stöhnt; Jämmerling». In reichem Mass zeigen wir die Verwendung der Wörter im Kontext (Beispielsätzen), namentlich die Bedeutung in festen Fügungen, bildhaften Wendungen und Redensarten.

Die *Herkunft* ist nur bei auffälligen Lehnwörten verzeichnet, und nur dann, wenn sie sich knapp angeben liess.

Ausführlichere Erläuterungen zu den Bedeutungen, auch zur Herkunft und zur geographischen Verbreitung der Wörter, findet man im «Wörterbuch der schweizerdeutschen Sprache» (Schweizerisches Idiotikon), das heute beim Buchstaben *Tr-* steht.

Grammatische Angaben

An grammatischen Angaben bieten wir:

a) bei *Hauptwörtern:* gleich hinter dem Stichwort das Geschlecht (m., w., s.) und in Klammern die Mehrzahlform, sofern sie von der Einzahlform abweicht, z.B. *Aanig (-e):* Einzahl *Aanig,* Mehrzahl *Aanige; Bank (ä):* Einzahl *Bank,* Mehrzahl *Bänk;* dazu die Verkleinerungsform (Vkf.); bei Zusammensetzungen ist auf die Mehrzahlform verzichtet, da diese beim Grundwort verzeichnet ist;

b) bei *Eigenschaftswörtern:* in Klammern die üblichen Steigerungsformen, z.B. *grooss (gröösser, gröölscht);*

c) bei *Zeitwörtern (Verben):* in Klammern das Mittelwort (Partizip) der Vergangenheit, z.B. *achte (gachtet), gäine (ggäinet),* allenfalls weitere unregelmässige Formen, wobei die Form der 1. Person Mz. auch für die 2. und 3. Person gilt. Ein Strich zwischen Klammern (–) bedeutet: Das Mittelwort der Vergangenheit entspricht der Grundform (Infinitiv), z.B. *überlaa.*

Weiteres ist in der «Zürichdeutschen Grammatik» von Albert Weber (s. Literaturverzeichnis S. 472) zu finden, worauf gelegentlich (mit «W.Gr.») eigens verwiesen ist.

A

a, vor Vokal **an.** Vw. *an.* A der Sunn; bis a s Änd; bis an en Tubak.
ä siehe au.
ä, ää in Ausrufen 1. der Freude: Ää, wie guet! *ei wie fein.* 2. des Bittens u.ä.: Ä pitti au! *bitte.* Ä moll! *doch.* 3. des Erstaunens u.ä.: Ää, soo! Ää, derewääg isch es gsii! *aha.* Ää, aber au! *ach nein.* 4. des Ärgers u.ä.: Ä ba(a)! *ach was.* Ä biwaar! *bewahre.* Ä phüet is! *ums Himmels willen.* 5. der Beschwichtigung u.ä.: Ä s gaat! *nun, es geht (ordentlich).* Ä s wìrt nüd sii! *kaum zu glauben.* Ä tue nüd eso! Ä psitz di! *beruhige dich.* 6. des Schmerzes: Ää, miis Chnüü! *oh, mein Knie.* Ää verfluecht! *verdammt noch mal.* 7. des Ekels: Ä pfüdi! *pfui.*
a-ja! *so, schön* (jg.).
aa 1. Uw. *an, nach.* D Chnöpf sind aa, *angenäht.* A dem aa, alem aa, *nach allem.* Vo dän aa, *von da an.* Mìr aa, *meinetwegen.* Em Schii aa, *dem Anschein nach.* Am Reden aa, *aus der Sprache zu schliessen.* Uus und aa, *aus und ein.* 2. Vs. *an-,* bei Ztw. trennbar, z.B. in aalegge, *anziehen.*
ää-ää mache, *liebkosen.* Vgl. Ääli.
ää-ää! auch **èè-èè!** *Ausruf des Spottes.* Ää-ää, s hät di ggèè! *Wie abscheulich von dir (bei moralischer Blösse.)*
aab siehe ab.
Aabee m., s. *Abort, Toilette.*
aaber *aper, schneefrei.* En aabers Plätzli.
Ääber m. *Eber.*
aabere (gaaberet) *schneefrei werden.*
Aabig m. (-e, Ȍȍbig) *Abend.* Adie Hèrr Hueber, en schöönen Aabig! *Auf Wiedersehen* (jg.). Dèr Aabig, *heute abend.* Ra.: Gueten Abig Frä Seeholzer! *Ei der tausend* (pop.). Vgl. Zaabig m., zaabig. Zss.: -schoppe m., *Abendtrunk (z.B. Bier).*
aabige (gaabiget) *Abend werden.*
Aabigtüür s., jg. **Aabetüür** s. *Abenteuer.*
Aabiss m. *erster Bissen, z.B. eines Apfels.*
aacheerig *gewandt.* Öises nöi Mäitli isch aacheerig, *es greift gut zu.*
aafächtig *streitsüchtig.*
aagfrässe *von einer Idee, Tätigkeit gepackt sein* (pop., jg.). Er isch vom Määrggle aagfrässe.
äägi! siehe èèggi.
Äägi mache *koten, stuhlen* (Ksp.).
aagmächelig, aamächelig *einladend, verlockend.*
aagnaa *adoptiert.* Hw. en Aagnaas s., *Adoptivkind.*
aagrüert in: wie aagrüert, *plötzlich, unversehens.*
aagschlaage *leicht verwirrt.*
Aagwonet w. (-e) *Gewohnheit.* E schlächti Aagwonet.
aahaavau in: Sind Si aahaavau? *im AHV-Alter (AHV, Alters- und Hinterbliebenenversicherung).*
Aahänki w. 1. *Anbau.* 2. *kleine Schuld.*
Aahau m. *Anschnitt des Brotes.* Vkf. Aahȍi(e)li s.
Aahaupt m. *Kopfende eines Ackers, Angewende.*
Aal m. (Ȍȍl) *Aal.*
aalèèg *sanft ansteigend, geneigt.*
Aaleggi w., **Aalegi** w. *Kleidung, Bekleidung.*
Aalet m. *Alet, Döbel (Fischart).*
Ääli s. *kindliche Liebkosung, Wange an Wange* (Ksp.). Es Ääli mache, gèè.
Aamaal s. (Aamȍȍler) *Muttermal.*
aamächelig, aagmächelig *einladend, verlockend.*
Äämerli s. *Sauerkirsche.*
ääncli *ähnlich.* Er isch uuf und ääncli siin Vatter, *gleicht auffallend seinem Vater.*
Ääni m. *Urgrossvater.*
Aanig w. (-e) *Ahnung.* Ra.: Du häsch e chrumi Aanig! *keine Ahnung.*
Äänis m. *Anis.* Zss.: -guetsli s., *Anisbiskuit.*
Aarbet w., **Arbet** w. *(-e) Arbeit.* Zss.: Aarbetschuel w., *Mädchenhandarbeitsschule;* Aarbetszimer s. Vkf. Äärbetli s. I hett der na es Äärbetli.
Aarbi w. *Mädchenarbeitsschule* (Schsp.).
Aard w. (-e) 1. *Art.* 2. *frische Pflügung.* E schööni Aard. 3. *gutes Benehmen.* Das hät e käi Aard, *schickt sich nicht.* 4. *Hinsicht.* I bin uf en Aard froo, das er nüd choo isch, *ich bin in gewisser Hinsicht, eigentlich froh.* Du häsch uf en Aard rächt, *eigentlich.* 5. *so viel wie, gewissermassen.* Das isch en Aard gstole.

Aare w. *das oder der Ar; die Are (100 m²).*

Ääre m. *obere oder untere Randschnur des Fischnetzes.*

Aarfel m., **Aarffel** m. (Äärfel) *ein Armvoll.* En Aarfel Schiiter, Hòi.

aarfelwiis *ganze Arme voll.* Aarfelwiis furtträäge, laade.

aarfle (gaarflet), **äärfle** (gäärflet) *Heu zu Traghäufchen rechen.*

Aargauner m. *Aargauer* (humor.).

Aargi s., **Aargòi** m. *Aargau.*

Aarìis m. *Fruchtanteil eines an der Grenze stehenden Baumes.*

aarm *arm.* Ra.: Z aarme Taage (uus)choo, *in Armut geraten.* Zss.: aarmegnössig, *wer öffentliche Unterstützung bezieht.* Aarmeguet s., *öffentlicher Armenfonds* (va.). Vom Aarmeguet haa, *Almosen beziehen;* -pflääg w., *Fürsorgebehörde.*

Aarm m. (Äärm, Èèrm) *Arm.* Ra.: Chùùrzi Äärm haa, *Faulpelz sein.* Zss.: aarmslang, *armlang;* Aarmstöössli (Mz.), *Pulswärmer.*

Aarsch m. (Äärsch) *Arsch von Tieren,* vulg. *Gesäss von Menschen.* Ra.: Sich in Aarsch chlüübe, *sich anstrengen* (pop.). Am Aarsch isch feischter! *kommt gar nicht in Frage* (vulg.). I bin am Aarsch, *in einer schwierigen Lage* (vulg.). Zss.: -zapfe m., *dummer Kerl* (Schsp.).

äärschlige *mit dem Gesäss.* Äärschlige umgheie, *auf das Gesäss fallen.*

aartig (èèrtiger, èèrtigscht) *artig.* 1. *niedlich, zierlich.* En aartigs Chröttli, *ein niedliches Kind.* 2. *sittsam, anständig.* S aartig Händli gèè, *die rechte Hand reichen.* 3. *ziemlich, recht.* So aartig lang, *seit geraumer Zeit.* S hät aartig vil Lüüt ghaa. Er hät aartig z tue, *er hat ziemlich viel zu tun.*

Aarung m. (Aarüng) *Anlauf.* En Aarung nèè.

Aarvel siehe Aarfel.

aarzne (gaarznet) 1. *den Arztberuf ausüben.* Er hät aafèè, aagfange aarzne. 2. *Arznei einnehmen; sich ärztlich behandeln lassen.* I ha scho es Jaar gaarznet.

Aaschickmaa m. (-mane) *Vermittler* (va.).

Aaschlagis s. *Anschlagespiel* (Ksp.).

Aaschliicherlis mache *Anschleichen spielen* (Schsp.).

Aaschwinget m. *Vorrunde eines Schwingerwettkampfes.*

Aasèèet m. *Zeit der Aussaat.*

Aaser siehe Schuelaaser.

aasere (gaaseret) *im Freien den Mundvorrat verzehren, etwas zu sich nehmen, picknicken.*

Aastööss (Mz.) *Ärmelschoner.* Vkf. **Aastöössli** s., *gestrickter Pulswärmer.*

Aastöösser m. *Grundstücksnachbar.* Mir sind ja na Aastöösser!

Aate m. *Atem.* I bi schier nüme z Aate choo, *ich konnte kaum mehr atmen.*

Aatere w. *Natter.*

Aaträsse s., jg. **Adrässe** w. *Adresse, Anschrift.*

Aatrinket m., **Aatrinkete** w. 1. *Trunk von neuer Weinernte* (jg.). 2. *Eröffnungstrunk bei einem neuen Wirt.*

Aawiis m. *Avis, Anzeige.*

Aazäig w. (-e) *Anzeige.*

Aazùùg m. (Aazùùg) *Kissenbezug.* Vkf. Aazùùgli n.

ab I. Vw. *ab.* 1. *von etwas herab, herunter* (oft durch nachfolgendes **abe** verstärkt). Ab em Baum abe, *vom Baume herunter.* En Stäi ab em Hèèrze, *Erleichterung.* 2. *von etwas weg.* Ab Oort, ab Fläck. Er chunt nüd ab Fläck, *vom Fleck.* Mer sind ab em Luft, *an windfreiem Ort.* Ab der Wält, *abgeschieden.* Ab der Schine, *auf und davon.* Viertel ab Achti, *8.15 Uhr.* Ab der Èèrn trösche, *anschliessend an die Ernte dreschen.* Ab em Brune trinke, *von der Röhre trinken.* Ab em Füür nèè, *vom Feuer wegnehmen.* S gaat ring ab der Hand, *Arbeit läuft gut.* Ab der Mäinig choo, *nicht mehr wissen, was man wollte.* Ab de Chrefte choo, *von Kräften kommen.* Ab der Wält müese, *sterben.* Er isch ab! *davongelaufen.* 3. *los, frei von etwas.* Ab der Chette sii, *los von der Kette,* bdl. *übermütig.* Ab em Schlaaff choo, *nicht mehr schlafen können.* 4. *infolge von.* Ab äim Sträich, *durch einen einzigen Streich, Hieb.* Ab em Lèèrme vertwache, *ob des Lärms erwachen.* II. Uw. (in Endstellung **aab**) 1. *ab, hinab, hinunter; herab, herunter.* De Bach ab schwüme. S Gsetz isch de Bach aab. 2. *weg.* D Chnöpf sind aab, *losgerissen, abgefallen.*

III. Vs. *ab-*, bei Ztw. trennbar, z.B. in abnèè, *abnehmen.*

Abänderig w. *Wechseljahre (der Frau).*

Abchùùrzig w. (-e) *Abkürzweg, Abkürzung.*

abe *hinunter, herunter.* Chumm abe! Gang abe! De Wecker isch abe, *hat geläutet.* Zss.: -wääg m., *Abstieg.* Uf em Abewääg, *im Hinuntergehen;* -zue, *nach unten.*

abenand *entzwei.* S Glaas isch abenand.

aber 1. *aber, doch.* I chauff es, aber nüd esoo tüür. 2. Näi aber esoo öppis! *nein so etwas.* Näi aber au! *ums Himmels willen.* Iez gaasch aber wäidli! 3. Für nüüt und aber nüüt, *für nichts und wieder nichts.*

Aberwile m. *Abneigung, Widerwille.*

abgänt *alt, unbrauchbar.*

Abgänts s. *Abfall von Speisen* (va.).

abgmacht *vereinbart.*

abgschosse *verblasst, verblichen.*

abhaldig *geneigt, schief.*

abheldig *abschüssig.*

Abhòi s., **Äbhòi** s. *der Efeu.*

Abidiit m. *Appetit.*

ablang *oval* (va.).

Ablinger m. *das Lineal* (ZO.).

Ablöös m., w., **Ablööser** m., **Ablöösi** w. *der, die Ablösende im Schichtbetrieb.*

Ablöösig w. (-e) *Ablösung, Schichtwechsel, z.B. von Wachen, Mannschaften.*

Abonema s. *Abonnement.*

Abpunt m. *vorläufiges Zusammenfügen des zugerichteten Bauholzes.*

Abrele m., **Aberele** m. *April.* Zss.: -lufft m., *Aprilwind.*

Abriisser m. *Ausbeuter* (pop.). Das isch en fèrtigen Abriisser!

Abriisserei w. *Ausbeutung* (pop.).

Absää s., jg. **Absèè** s. *Visier am Gewehr.*

Absände s. *Preisverteilung beim Schiessen.*

Abschläckete w. *Küssen* (humor.).

Abschriiber m. 1. *Abschreiber* (Person). 2. *Abschreibung* (Geld). En zümftige Abschriiber mache.

absi *abwärts.*

Abstimig w. (-e) *Abstimmung.*

Abtankig w. (-e) *(kirchliche) Trauerfeier bei einer Bestattung.*

Abtròchner m. *Geschirrtuch.*

Abzùùg m. *Abzug.* Ra.: En hèrten Abzùùg haa, *nicht begreifen* (pop.).

Abzwiigig w. *Abzweigung, Weggabelung.*

äch! *Ausruf des Ärgers, der Ungeduld, des Bedauerns, ach.* Äch waas! Äch, was säisch ä! Äch, wie schüüli!

Acher m. (Ächer) *Acker.* Z Acher faare, *pflügen.*

achere (gacheret) *den Acker bestellen, ackern, pflügen.* Mit äigne Stieren achere.

Achs w. (-e) *Achse.* Zss.: -naagel m., *Nabennagel.*

Achs w. (-e) *Axt.* Zss.: -halm m., *Holm, Stiel der Axt.*

Achsle w. *Achsel, Schulter.* D Achslen uusmache, *die Schulter ausrenken.* Uf di hööch Achsle nèè, *übelnehmen.* Zss.: -bäi s., *Schlüsselbein;* -blätz m., *Stoffstück zur Verstärkung des Schulterstücks bei Männerhemden.*

acht *acht.* Er isch achti, *achtjährig.* I bi der acht, *der achte.* Zss.: -klässler m., *Schüler der achten Klasse;* -zää, *achtzehn;* achtedachtzg, *achtundachtzig.*

Acht w. *Wahrnehmung, Beobachtung.* In Acht nèè, *Vorsicht anwenden, sich hüten.* I ha mi desse nüd in Acht gnaa, *ich achtete dessen nicht.*

ächt 1. *echt.* 2. *wohl, vielleicht.* Chunt er ächt? *kommt er wohl.*

achte (gachtet) *wahrnehmen, erblicken.* I achte s nùùd, *ich bemerke es nicht.* Er hät mi nüd gachtet, *nicht bemerkt.*

Achtel m. *das Achtel.*

Achter m. *Achter.* 1. *Tram Nr. 8.* 2. *Angehöriger des Jahrgangs 1908.*

Achti s. *Acht.* 1. *Zahl Acht, die Acht.* Er wont im Achti, *im Haus Nr. 8.* Zss.:-paan w., *Achterbahn.* 2. *acht Uhr.* Es isch Achti. Es schlaat Achti. Zss.: -auto s., *8-Uhr-Postauto;* -zùùg m., *8-Uhr-Zug.* 3. *Tram Nr. 8.* S Achti chunt.

Achtig w. *Beachtung, Achtung.* Achtig gèè, *aufpassen.* Achtig haa, *achten.*

achtzg *achtzig.* Er isch achtzgi, *80jährig.* Si isch in Achtzge, *zwischen 80 und 90 Jahre alt.*

Achtzger m., **Achtzgeri** w. (-ne) *Achtziger(in).*

1. *Achtzigjährige(r).* 2. *Angehörige(r) des Jahrgangs 1880.*

Achtzgi w. in: Ali Achtzgi! *alle Achtung* (humor.).

Acke m. *Beigeschmack bei Speisen und Getränken.* D Suppe hät en Acke.

äckele (gäckelet) *Beigeschmack haben (Speisen und Getränke).*

aden-ade! *auf Wiedersehen* (Ksp.). Mach schöön aden-ade!

aderhändig in: s aderhändig Ross, *linkes Pferd im Zweigespann.*

Aderhandross s. *Linkspferd im Zweigespann.*

adie, adjöö, jg. **adee!** *Adieu, auf Wiedersehen.* Adie mèrssi! *Auf Wiedersehen und vielen Dank.*

Adrio w. *Hackbeefsteak aus Kalbsbrät im Netz.*

Aff m. (-e) 1. *Affe.* Ra.: Vom Aff pisse, *nicht ganz bei Sinnen sein* (pop.). Zss.: Affechalb s., *grosser Witzbold* (pop.); -chaschte m., *Töchterschule Hohe Promenade* (Schsp., va.); -chelti w., *grimmige Kälte;* -glück s., *grosses Glück;* -schmalz s., *Speichel* (humor.); -schwein s., *grosses Glück.* Vkf. Äffli s. 2. *Tornister* (Ssp.). 3. *Rausch* (vulg.).

Affikaat m., **Aflikaat** m., **Apfikaat** m., **Apfokaat** m. (-e) *Advokat.* Zss.: Afflikaatefrässe s., -fueter s., *mühseliger, kostspieliger Rechtsfall* (humor.).

Affrunte w. *Affront.* Äim en Affrunte aatue, *jemanden vor den Kopf stossen, beleidigen.*

Agasuul *Ort im ZO.* Gaasch uf Agasuul go leere gèè? *zu einem, der die Spielkarten nicht recht austeilt* (Wth.).

Ägerscht m. (-e), älter **Ärgischt** m. *Elster.* Wiiss und schwarz gschägget wien en Ägerscht. Zss.: Ägerschtenaug s., *Hühnerauge.*

Ägerte w. *Brachfeld* (va.).

Ägg s. *Buchstabe G* (pop.). «Höngg» mit zwäi Ägg.

äggeligääl, gäggeligääl *senfgelb.*

Agle (meist Mz.) 1. *hölzerner Stengelsplitter von Hanf und Flachs.* 2. *Grannensplitter, die beim Brechen abfallen.*

Aglei w. *Akelei.*

Äglerbìr w. *saftige, süsse Frühbirne.*

Aglete w. *Flachsabfall, Flachssplitter, Hanfabfall, Hanfsplitter.*

ähä! èhè! 1. *Ausruf, aha.* Ähä, i hä s ämel ä tänkt! *ich hab's mir wohl gedacht.* Ähä, gseesch iez! *siehst du nun!* 2. *ja* (vulg.).

Äi s. (Äier) 1. *Ei.* Er isch wien en uugschaalets Äi, *sehr empfindlich.* Ra.: Es Äi legge, *viel Geduld brauchen.* Äier a de Füess haa, *schmerzende Füsse haben (beim Wandern).* Zss.: Äigääl s., *Eigelb;* Äiwiis s., *Eiweiss;* Äierchranz m., *Festgebäck in Kranzform;* -chratte m., *länglicher, korbähnlicher Eierbehälter;* -maa m., *Eierhausierer, Eierlieferant;* -öörli (Mz.), *Fasnachtsgebäck aus dünn gewalztem Teig;* -schwamm m., *Pfifferling;* -tätsch m., *Eierpfannkuchen;* -tünkli s., *dünne Schnitte aus Eierbrot;* -tütschis s., *Eierstossen;* -wegge m., *Brotgebäck aus feinem Teig mit Milch und Eiern;* -zupf m., *Hefegebäck in Zopfform.* Vkf. Äili s. 2. (Mz.) *Hoden* (vulg.).

Äich w. (-e) *Eiche.* Zss.: -baum.

Äicher in: Bim Äicher(li)! *wahrhaftig, beim Eid.*

Äicher m., **Äicherli** s., **Äichhö(ö)rndli** s. *Eichhörnchen.*

äichi *eichen.*

Äichis s. *Eichenholz.*

Äichle w. 1. *Eichel.* 2. *eine Spielkartenfarbe.* 3. *unfähiger Mann* (pop.). E fèrtigi Äichle.

Äid m. *Eid.* Beteuerung: Bim Äid, bimäid, bimäich, bimäicher (verh.).

Äidächsli s., **Äidèchsli** s. *Eidechse.*

äidüütig *eindeutig.*

äifach *einfach.* Äifach soo, *ohne weiteres.*

äige 1. *eigen.* Mis äige Huus. I han öppis Äiges, *eigenes Heim oder Geschäft.* S äige Gwächs, *auf eigenem Boden gewachsener Wein.* 2. *angehörig, zur Familie gehörig.* Di äige Tochter. Die Äigne, *die Angehörigen.* 3. *seltsam, sonderbar, launisch.* En äiges Gfüel, *ein sonderbares Gefühl.* En äigne Chopf, *eigenwilliger Mensch.* Er isch äige, *wunderlich, kauzig.* Hw. en Äigne, *eigenwilliger Mensch.*

äigeli 1. *seltsam, sonderbar.* 2. *wahrscheinlich, vermutlich.* Ja äigeli! 3. *besonders* (Uw.). Äigeli guet Öpfel.

äigetli *eigentlich.*

Äigginoss m. 1. *Eidgenosse.* 2. *Kavalleriepferd*

(Ssp.). 3. *eidgenössischer Fahrausweis.* 4. *Obligation einer eidgenössischen Anleihe.*

Äiggnosseschaft w. *Schweizerische Eidgenossenschaft.*

äigischt *zu eigen.* Öppis z äigischt haa, *besitzen.*

ail *alleweil, immer* (ZO.).

äin m., **äini** w., **äis** s. *ein;* vgl. äis. 1. *jemand, etwas Bestimmtes.* S wuurd äine mäine! *man könnte glauben.* Er hät äini (ume). Er gaat mit äinere (äire), *er hat ein Liebesverhältnis.* Ra. bzw. verkürzt: Iez wämer äis go zie, *einen Trunk;* äine mache, *einen Tanz;* äis jödele, *etwas jodeln.* Äim äis gèè, *jemandem einen Streich versetzen.* Er hät mäini äine, *einen Rausch.* Er hät sich äine gläischtet, *etwas zu Schulden kommen lassen.* I wetten äis, er chunt nööd. Si sind mer äine! *Ausdruck des Erstaunens.* 2. äim, Wemf., äin, Wenf. von *man.* Si mached mit äim, was s wänd. S fröit äin. Das tuet äim läid. Si verbaarmet äim (äin), *sie erweckt unser Mitleid.* 3. *ein und derselbe (dasselbe).* S isch äi Tue. S gaat in äim. In äim Rutsch, *in einem Anlauf.* Uf äin Chlapf, Tätsch, *auf einen Hieb.* An äiner Tuur, *fortwährend.* Ra.: S isch äin Dräck, Tüüfel, *dieselbe missliche Sache.* 4. verst. Dèè hät äis gfluechet! *sehr, viel.* S isch äi Rüemete gsii, *ein grosses Rühmen.* In äiner Töibi, *in heftigem Zorn.* Iez na äis i d Händ gspöizt vor em Fiiraabig! *noch tüchtig angepackt.* Zss.: äinewääg, *ohnehin, gleichwohl.* S bliibt äinewääg nüüt voorig, *sowieso nichts übrig.* Tanken äinewääg! *jedenfalls vielen Dank!*

Äiner m. *Einer.* En Äiner gschosse, *Punktzahl 1 beim Schiessen, Note 1 erhalten* (Schsp.). Der Äiner chunt, *Tram Nr. 1.* Mir sind Äiner, *des Jahrgangs 1901.*

Äinhäit w. *militärische Einheit (Batterie, Kompanie,* Ssp.). Zss.: Äinhäitskomandant m., *Kompaniekommandant, Kompaniechef.*

äint *der, die, das eine.* der äint ... der ander.

Äinzelabriib m., **Äinzelabriibig** w. *Sonderexerzieren* (Ssp.).

äis; vgl. äin. 1. Zw. *eins.* Äin Maa, äi Frau, äis Chind. S isch nu äine choo. Äin vierzg, äis vierzg, *Fr. 1.40.* I will nu äis sääge. Es Bileet äin Wääg, *einfache Fahrt.* Äine mitmache, *in Bedrängnis sein* (pop.). Zss.: Äifränkler m., *Einfrankenstück;* -hüftig, *schiefgewachsen;* -jèèrig, *einjährig;* -lättig, *mit nur einer Latte versehen, einlattig;* -räppler m., *Einrappenstück;* -schlȍȍffig, *einschläferig.* En äischlȍȍffigs Bett, *nur für eine Person;* äinezwänzg, *einundzwanzig;* äismaals, *auf einmal;* -potts, *auf einmal, plötzlich;* -wägs, *bald, sofort.* 2. Uw. *einig.* Si sind äis choo, *einig geworden.*

Äis s. 1. *Zahl Eins, die Eins.* 2. *ein Uhr.* Voor oder naa den Äise, *vor oder nach ein Uhr.* Zss.: -auto s., *Ein-Uhr-Postauto;* -zùùg m., *Ein-Uhr-Zug.* 3. *Note Eins.* Es Äis im Zügnis. 4. *Tram Nr. 1.* S Äis chunt.

äisder, äischder (Kn.A.), **äisig, äissig** *immer.* Me cha nüd äisder luschtig sii.

Äiss w. (-e) *Abszess, Furunkel.* Zss.: Äissepüggel m., *kleine Eiterbeule.*

Äiter m. *Eiter.* Zss.: -chnüttel m., *Eitergeschwür;* -püggel m., *Eiterbeule.*

äitli *eidlich.* S isch gwüss und äitli waar.

äitwäders *entweder.* äitwäders ... oder.

akeraat *genau so.*

Aki w. *Musikakademie Zürich.*

akidiere (-t) *akkordieren, bes. bei drohendem Konkurs einen Vertrag mit den Gläubigern schliessen.*

Akkördler m. *Akkordarbeiter.*

alé! in: alé marsch! *vorwärts* (frz. allez!).

alergattig siehe Gattig.

alerläi *allerlei.* Zss.: -heft s., *Entwurfsheft* (Schsp.).

alerletscht *allerletzt.* Ra.: Das isch de alerletscht, *das ist unter aller Kritik* (pop.).

alethalbe *überall.*

alewanti! alemanti! *vorwärts!*

alimaal *jeweils, immer.*

alkehöölele (galkehöölelet) *nach Alkohol riechen.*

all *all, ganz.* Isch das ale Wii? *der ganze Vorrat?* Bi alem Wätter, *bei jedem Wetter.* Ali Güeti verspräche, *alles mögliche Gute versprechen.* Mer händ ali Güeti ghaa, *Leckerbissen.* Er verchaufft ale Tüüfel, *alles mögliche.* All und äin Taag, *ausnahmslos jeden Tag.* All Stund, *jede Stunde, stündlich.*

All Taag, *jeden Tag, täglich.* S isch alls, ales voll Öpfel, *der ganze Baum ist voller Äpfel.* Züri, ales uusstiige! Es säit ales, *jedermann sagt.* S isch nüd ales mit em, *es ist nicht weit her mit ihm.* S choscht nüd ales, *es ist nicht unerschwinglich.* Zss.: alem(n)aa, *demnach, nach allem, vermutlich;* alewiil, aliwiil, *immer.* Er chunt alewiil z spaat; al(i)pott (und bald wider), *wiederholt, immer wieder;* alisame, allsame, jg. allzäme, *alle zusammen;* allsliibermänts, *durchaus alles, alles mögliche* (va.); allwääg, *vermutlich.* Si sind allwääg Schwiizer. Er isch allwääg daa.

Almääli w., **Almääri** w. *Küchenschrank* (va.; frz. armoire).

Alp w. *Alp.* Zss.: Alpechalb s., *dummer Kerl;* Alpechlüpler m., 1. *Mitglied des Schweizerischen Alpenklubs* (humor.). 2. *Trockenwurst.*

als siehe as.

Alse w. *Schuhmacherahle.*

alt (elter, eltischt) *alt.* Der alt Maa, di alt Frau, s alt Huus. En alte Maa, en alti Frau, en alts Huus. Ra.: Heb kä Chumber für alt Hose! *mach dir keine unnötigen Sorgen.* S isch no alls im alte, *es ist noch alles im früheren Zustand.* Zss.: Altjaaraabig m., *Silvesterabend;* -möödig, *altmodisch.*

Alt m. 1. *Vater* (pop.). Miini Alte, *meine Eltern.* 2. *Kompaniekommandant und jeder höhere Offizier.* 3. *Stationsvorstand.*

Altaar m. *Altar.* Vkf. Altòòrli s.

alte (galtet) *altern.* Er hät galtet.

altershalbe *aus Altersgründen.*

altlacht(ig), altlächt(ig) *ältlich* (va.).

am 1. *an dem, am.* Am Bach usw. 2. Umschreibung des Wemf. *dem.* I ha s am (em) Vatter gsäit. Vgl. em.

Amäise siehe Ambitzgi, Hambitzgi.

amänd, emänd *vielleicht, vermutlich.* Er hät s amänd nüd ghöört, *er hat es vielleicht nicht gehört.*

Ambelaasch m., **Ampelaasch** m. *Jute.* Zss.: -sack m.

Ambitzgi s., **Ambixli** s. (Wth.) *Ameise.*

Ame m. *Ammann, Amtmann;* vgl. Gmäind-, Stadtame.

ame, amene *an einem.* Ame Morge, amen Aabig, amene Morge, *eines Morgens, Abends.* Er hät s ame (amene) Chind ggèè, *er gab es einem Kinde, Mädchen.*

amel *immer, jeweilen, gewöhnlich, in der Regel.* D Lüüt sääged amel. Dänn gömer amel go spaziere.

ämel 1. *wenigstens, immerhin.* I wäiss ämel nüüt anders. 2. *jedenfalls, gewiss.* I bin ämel nüd gschuld, *ich bin jedenfalls nicht schuld.* Händ ämel Soorg! *passt jedenfalls auf.*

Amelemääl s. *Stärkemehl.*

Amelemääli w. *Stärkemehlfabrik.*

Amelette w. *Omelette, Pfannkuchen.* Vkf. Amelettli s.

Amer m. (-e) *Goldammer.*

amerdiere (-t) *belästigen.*

ämig *doch wohl, aber doch, wenigstens.* Nur in Ausrufsätzen. S isch ämig au e Sach! *es ist denn doch eine Sache.* Isch es ämig au waar? *ist es wenigstens wahr?*

amig, amigs, amis 1. *gewöhnlich, jeweilen.* Me säit amig, *man sagt gewöhnlich.* Er wott amig nüme furt. 2. *vormals, ehemals.* S isch amig nüd so gsii. Früener amig, *ehemals.*

Ampele w. *Lampe.* Vkf. Ämpeli s. *Öllämpchen.*

Amsle w. *Amsel.*

Amt s. 1. *Amt, Amtsstelle.* 2. *kantonale Verwaltung in Zürich.* Si schafft bin öis uf em Amt. 3. *Knonauer Amt.* Vkf. **Ämtli** s., *Aufgabe in Vereinsvorstand, Kommission, Schule.* Sprichwort: S isch käs Ämtli, s hät nüd au es Schlämpli, *jedes Amt hat auch seinen Nachteil.* Zss.: -frässer m., -jeger m., *einer, der nach Ämtern strebt, Ämterstreber.*

an Vw. *an den.* 1. Wenf. Ez. An Bach abe, an Himel ufe, *an den Bach hinunter, an den Himmel hinauf.* 2. Wemf. Mz. An Chöpfe, an Füesse, *an den Köpfen, Füssen.*

Änd s. *Ende.* Am Änd, amänd, *vielleicht, wohl.* Er chunt amänd gaar nüüd.

ander; vgl. zander. 1. *der zweite.* Jeden ander Taag. Der ander Taag, *der Tag darauf.* All ander Taag, *jeden zweiten Tag.* Zss.: -halb, *eineinhalb;* anderhalbeföifesibezg, *Scherzantwort auf die Frage: «Wieviel kostet es?»;* -letscht, *der zweitletzte;* -nèèscht, *übernächst* (va.). 2. *ander.* Das isch en anders Ässe! *ein vorzügliches Essen.* S git ander Wätter, *anderes Wetter.* 3. *besonder.* Das isch nüüt anders.

anderscht *anders.* Sich anderscht aalegge, *sich umziehen.* Das töönt anderscht, *klingt schön, ist eine ganz andere Nachricht.* S wìrt mer nümen anderscht, *ich kann mich vor Staunen nicht erholen.* Das isch anderscht en Gschiide! *ein sehr Gescheiter.* Dèè hät anderscht gfluechet! *stark geflucht.*

Ändi s. *Endstück einer Schnur, eines Fadens.* Zss.: -finke m., *aus bunten Tuchenden geflochtener Winterhausschuh.*

ane 1. *hin.* Wo gaasch ane? wo ane gaasch? *wohin gehst du?* 2. *her.* Chumm da ane! *komm hierher.*

äne *jenseits, drüben* bzw. *diesseits, hüben,* immer mit vorgesetztem oder nachfolgendem da, det, däi: daa äne, *diesseits;* det äne, *dort drüben.* Zss.: änenabe, *auf der andern Seite hinunter.* S gaat änenabe mit em, *es geht zu Ende mit ihm;* änedraa, *auf der anderen Seite, drüben.* Es git no öppis änedraa; änedure, *auf der andern Seite, drüben.* Das chiit vo änedure, *es tönt aus der andern Wohnung;* änefüür, *jenseits;* änenie/ine, *auf der andern Seite hinein;* änenume gaa, *einen Umweg machen;* änenuse, *hintenhinaus;* bis änenuse, *endlos;* änenusse, *dort draussen.*

anenand *aneinander.* Anenand hebe, *zusammenhalten.* Si händ si anenand ghebet, *aneinander geklammert.* Anenand ane choo, *sich berühren.* Drei Stund anenand waarte, *während drei Stunden warten.*

äner *jenseitig, entfernter.* Uf der änere Siite, *auf der anderen Seite.* Di änerscht Tüür, *die äusserste Türe.*

änet *jenseits.* Änet em Bèèrg, de Limet.

anewanti! *vorwärts!*

Angel m. *die Angel.*

änggächst, änggäss *engstirnig, kleinlich.*

Ängländer m. 1. *Engländer.* 2. *Schraubenschlüssel.* 3. *englisches Fahrrad.*

änglisch *englisch.* Änglischi Aarbetsziit, *durchgehende Arbeitszeit.*

Angscht w. *Angst.* Zss.: -brune m., -brüneli s., *Harnlassen vor einer schwierigen Aufgabe;* -rööre w., *Zylinderhut* (humor.).

anke (ganket) *zu Butter werden.* De Nidel anket nûûd. S anket, *der Rahm fängt an, zu Butter zu werden.*

Anke m. *Butter.* Süessen Anke, *frische Butter.* Uusglaanen Anke, *ausgelassene Butter.* Es Mödeli Anke, *in Form gepresste Butter.* Zss.: -bale m., -bäleli s., 1. *Butterstock.* 2. *Trollblume.* 3. *Wülstchen am Handgelenk eines wohlgenährten Säuglings* (humor.); -bìır w., *Butterbirne;* -blüemli w., *Hahnenfuss;* -broot s. (älter -bruut w.), *Butterbrot;* -chübel m., *Gefäss, in welchem Butter bereitet wird, Butterfass;* -(g)rützeli (Mz.), *kleine Butterteilchen, die bei der Butterbereitung in der Rührmilch schwimmen;* -haafe m., *irdener Topf zum Aufbewahren von Kochbutter;* -lüüre w. (östl. Gebiete), -ruume w. (ZU.), -truese w., *Rückstand beim Schmelzen von Butter;* -mödeli s., *Pressform oder Stück Butter;* -tanzer m., *Hehler;* -tierli s., -triindli s., *Marienkäfer;* -wegge m., *Butterstollen;* -zopf m., -zupf m., *Butterzopf.*

Änkel m. *Enkel.* Vkf. Änkeli s. (fam.).

änkele (gänkelet) *nach (alter, verdorbener) Butter riechen, schmecken.*

ankne (ganknet) *buttern.*

Änt w. (-e) *Ente.* Zss.: Äntefüdli s., *Haarschopf, aufstehende Haare am Hinterkopf* (pop.).

Antifi m. *Endivie.*

Antiik m. *Vater* (pop.).

äntli *entlich.*

Antugga m. *Stock mit Regenschirm, Stockschirm* (frz. en-tout-cas).

apardi, apart(n)ig *besonders, ausserordentlich, apart.* Apardi schöön! S gfalt mer nüd apardi. Er hät mer apardi nüüt z läid taa, *er hat mir eigentlich nichts zuleide getan.* I wäiss apardi nüüt, *nichts Besonderes.* Gspass apardi, *Scherz beiseite.* Nüüt Apartigs, *nichts Berühmtes.*

Aperitif m., s., *der Aperitif.*

Apero m. *Aperitif.*

Apfikaat siehe Affikaat.

Apiteegg w. (-e) *Apotheke.*

Apiteegger m. *Apotheker.*

apiteeggerle (-et) *nach Apotheke riechen.*

Appitiit m., älter **Abidiit** m. *Appetit.*

appitiitli *appetitlich.*

Arangschemang s. *Blumengebinde.*

Aräscht m. *Arrest, Haft.* Zum Aräscht verchnure, *Arrestbefehl aussprechen.*

Ärbs w. (-e) *Erbse.* Ra.: Du chliini Ärbs duu! *du kleine Bohne.* Vkf. Ärbsli s.

Ärgischt siehe Ägerscht.

Armetei w. *grosse Armut.*

Aroone w. *Aronstab.*

Artitschoch w. *Artischocke.*

as (auch **als**) 1. *als.* Nüüt as daas! As ... as, *so ... wie.* Mii Chind sind as braav as diini. I mache s as guet as mügli. 2. *dass* (vgl. das).

Äsch w. *Äsche (Edelfisch).*

äschbliziere (-t) *erklären (frz. expliquer).*

Äsche w. *Asche.* Zss.: -chrucke w., *Aschenschieber;* -gööfli s., *Aschenbrödel;* -tole w., *Aschenbehälter beim Herd* (va.); -trucke w., *Aschenbehälter beim Ofen.*

Aschp w., **Äschp** w. (-e) *Espe.*

äschpi *espen, aus Espenholz.*

Aschpirant m. 1. *Offiziersanwärter* (Ssp.). Zss.: Aschpiranteschuel w., *Offiziersschule* (Ssp.). 2. *Kondukteuranwärter.*

Ascht m. (Escht) *Ast.* I han en Ascht, *ich bin müde* (pop.). Vkf. Eschtli s.

aschtig *astreich, ästig, knotig, von Ästen durchzogen.*

ase 1. *so, auf diese Art.* Er isch nüd ase gschiid, das er chönt schwige. Ase fangt me d Hase. I bi dänn öppe nüd ase, z. B. *nicht so, wie man mir zutraut.* Zss.: asewääg, *auf diese, jene Weise.* 2. *in solchem Grade, so sehr.* Nüd ase grooss, waarm usw. 3. *als.* Wie hät si ase ledig ghäisse?

asig, aslig *solch, von besagter Art.* Vgl. dèrig, sèrig, sonig. Asig Lüüt, Öpfel. Si nänd nu asig.

Asiil s., **Assiil** s. 1. *Pflegeheim.* 2. *Krankenhaus (Pfäffikon).*

ass in Verb. ass und ass *beinahe.* S hät en ass und ass troffe (va.).

ässe (i isse, mer ässed; ggässe) *essen.* Zss.: ewääg-, ewäg-; uuf-; uus-, *leeressen;* zämen-; zue-. Ässlätzli s., *Lätzchen, Esslätzchen.*

Ässete w. *reiches, üppiges Mahl, Schmaus.*

au, ä 1. *auch.* S isch soo au rächt. S isch nüme wie au scho, *es ist nicht mehr wie früher.* 2. *wohl.* Isch es ämel au waar? *ist es wohl wahr?* Wie isch es au? *wie ist es wohl?* Was isch ä loos? 3. *halt, eben.* Er wìrt au ha müese, *er musste eben.* Er chunt eso devoo, *er ist knapp genug daran.* 4. *doch.* I hett au (ä) tänkt! *ich hätte doch gedacht.* 5. *Ausdruck des Erstaunens, der Ungeduld.* Säg men au! Ja wool au! Näi au! Aber au! Wie cha men au! Chum au emaal! *endlich.* Nu au! *hör auf.* Das isch au e Sach!

Aug s. (-e) 1. *Auge.* Zss.: Augeblick m.. Er chunt der Augeblick, *gerade jetzt;* -braame (Mz.), *Augenbrauen;* -chängel m., *Augenwinkel* (ZO.); -määs s. Hol s verstellbaar Augemääs! *Scherzbefehl an jungen Lehrling;* -spiegel m., *Brille.* 2. *Knospenansatz.* Vkf. **Ȍigli** s., 1. *Äuglein.* 2. *Fettauge.*

Augemänt m. *Augenblick* (humor.).

Augschte m. *August (Monat).* Zss.: Augschtmonet m., *August.*

Auto s. *Auto.* Vkf. Autööli s., 1. *Kleinwagen* (pej.). 2. *Spielzeugauto* (Ksp.).

autööle (gautöölet) *mit Auto spielen* (Ksp.).

Awi m. 1. *Anzeige, Lieferschein, Avis.* 2. *Abholungseinladung (Post).*

Äxaame s. *Examen.* Zss.: -wegge m., *Examengebäck.*

äxakt *exakt.*

Äxämpel s., jünger **Exämpel** s. *Exempel, Beispiel.* Pher Äxämpel, *zum Beispiel* (va.).

äxgüsi! *verzeihen Sie! Verzeihung! Entschuldigung!* (frz. excusez!). Äxgüsi, Frau Büsi! (Ksp.) Phèr äxgüsi, *unter dem Vorwand, mit geheimer Absicht.*

äxiziere (-t) *exerzieren.*

Äxpräss m. *Eilsendung.*

äxpräss 1. äxpräss schicke, *als Eilsendung.* 2. *absichtlich.* Er macht s äxpräss.

äxtra *eigens.* I han em s äxtra na gsäit. Er hät s äxtra gmacht, *absichtlich.* Äxtra nööd, *gerade nicht, absichtlich nicht.*

äxtraanig *besonder.* Hw. Er isch kän Äxtraanige, *nichts Besonderes.*

B

Siehe allenfalls unter P

b-x! (= bliib gsund) *Abschiedsformel* (humor.).

Baa s. *der Gemeindebann.* Säb Stuck liit nümen im Baa, *jenes Grundstück liegt ausserhalb der Gemeinde.*

Baabe w., **Bääbe** w. 1. (meist als Vkf. **Baabi** s.) *einfältige, ungeschickte Frau.* 2. (meist als Vkf. **Bääbi** s., **Bääbeli** s.) *Puppe.* Zss.: Bääbiwaage m., *Puppenwagen.*

bääbele (pääbelet) 1. *mit der Puppe spielen.* 2. *sich kindisch, einfältig benehmen.*

Baabeli s. *Volltreffer beim Kegelspiel.*

bääbelig *kindisch, einfältig.* Er tuet gaar bääbelig.

baade (paadet) *baden.*

Baadi w. *Badanstalt.*

Baal m., jg. **Ball** m. *Ball (Tanzfest).*

baar 1. *nackt, bloss.* S baar Fläisch chunt füre, *das nackte Fleisch.* Di baar Huut. I baare Hose und Hämp, *nur in Hose und Hemd.* 2. *rein, lauter.* Das isch baare Dräck, baare Hèèrd, *lauter Erde.* 3. *leibhaftig* Er isch de baar Alt.

Bäär m. (-e) *Bär.* Er isch en rächte Bäär, *stark, ungeschlacht.* Ra.: Äim en Bäär uufbinde, *zum besten halten.* Zss.: Bääredräck m., *Lakritze;* Bääretatze w., 1. *bestimmtes Zuckergebäck.* 2. *Bärenklau.* bäärbauzig, *grob, rauhbauzig.*

Baarchet m. *Barchent.*

baarchi *aus Barchent.*

Baare m. (Bääre) *Futterbarren.* S Graas in Baare iegèè. Ra.: Er isch vo Juget uuf am vole Baare gstande, *litt nie Not.* Zss.: Baarbinde w., *Brett, das die Öffnung des Barrens verschliesst; Barrendeckel;* -lucke w., *Öffnung in der Stallwand zur Futterraufe; Krippenloch.*

bääre (pääret) *Frucht tragen, bes. von Reben.* Zss.: Bäärbole m., *treibende Knospe an Fruchtbäumen, Reben;* -eschtli s., *Fruchtzweig;* -schoss s., *junger Trieb an Fruchtbäumen, Reben.*

Bääre w. 1. *Tragbahre.* 2. *einrädriger Schubkarren.*

baarfis *barfuss.* Baarfis lauffe, *barfuss gehen.* Zss.: -füess (Mz.), *nackte Füsse.*

baarhämisch, baarhänig *steifbeinig* (va.).

Bääri m., **Bäärli** m. *Name für einen langhaarigen, dunkelfarbigen Hund.*

Baarte w. *Schlachtbeil des Metzgers, Barte.*

bäärtele siehe bäärzele.

Baartli m. *Bartholomäus* (fam.). Ra.: Wüsse, wo (de) Baartli de Moscht holt, *schlau, gerieben sein.* I will der zäige, wo (de) Baartli de Moscht holt! *den Meister zeigen.* Siehe auch Paartli.

bäärzele (päärzelet), **bäärtele** (päärtelet) *behaglich daliegen, z.B. im Bett, ohne zu schlafen.*

baas *gut, besser* (va.). S hät mer baas uusggèè. S isch mer wider baas, *ich fühle mich wieder besser.*

Baas w. Frau Baas, *respektvolle Anrede einer Verwandten.*

Bääse m., **Bäse** m., **Bese** m. 1. *Besen.* De Chabis isch nu no en Bääse, *der Kohl ist von den Raupen zerfressen.* Zss.: -chriis s., *Besenreis.* 2. *Blumenstrauss* (pej.). Das isch nu en Bääse, en Wisebääse. 3. *Mädchen* (Stsp.). En guete Bääse, *hübsches Mädchen.*

bääsele (pääselet) *freundlich plaudern.*

Baasete w. *Klatsch von Frauen.*

Bääsi w. (-ene) 1. *Base.* 2. *Tante.* 3. *Geschwisterkind.* 4. *entferntere weibliche Verwandte.* Es sind Hüüffe Bääsene ume gsii. Zss.: -gotte w., *Taufpatin* (va.).

babele siehe bappele.

Babettli in: Chasch tänke, Babettli! *kommt nicht in Frage* (fam.).

Bach m. (ä) *Bach.* Zss.: -bumbele w., *Sumpfdotterblume;* -poort s., *Bachböschung;* -schweli w., *Bachstauung, Bachwehr.*

bache (pache) 1. *backen.* Nöd ganz pache, *nicht ganz entwickelt, ausgereift, nicht ganz bei Trost.* Zss.: Bachmuelte w., *Backtrog;* -ofe m.; -stube w., *Backraum.* 2. *schlafen* (pop., jg.). I gaa go bache.

Bachete w. *was aufs Mal gebacken wird; Backmenge, Brotmenge, Mehlmenge.*

Bachis m. *in der Pfanne zubereitetes Gebäck aus Obst, Teig und Rahm.*

Bäck m. *Hieb, Stich mit einem schneidenden Werkzeug.*

bäcke (päcket) 1. *mit Schneidwerkzeug hacken, hauen.* Zss.: ine-. I s Holz inebäcke. 2. *leicht obenhin Erde, Eis aufhacken.* D Rüebli, d Rääbe bäcke. 3. *mit stumpfem Werkzeug mühsam an etwas herumhacken.* 4. *trocken husten.* I ha di ganz Nacht müese bäcke. Zss.: Bäckhueschte m., *heftiger Husten* (ZO.). 5. Zss.: drii-. Er hät aliwiil öppis driizbäcke, *dazwischenreden.*

Bäckete w. *hartnäckiger Husten.*

Bäcki m. *trockener Husten.*

badänt *geschickt, praktisch, flott.* E badänti Sach. En badänte Kärli. Bis deet ane isch alls badänt gloffe, *ging alles ausgezeichnet.*

Badänt s. 1. *Patent.* 2. *Erlaubnis zur Ausübung gewisser Berufe (z.B. Fischer, Hausierer, Lehrer, Wirt).*

badäntiere (-t), jünger **padäntiere** (-t) *patentieren.*

bädele (pädelet) *baden* (Ksp.).

bäffzge (päffzget) 1. *kläffen.* 2. *unbefugt dreinreden.*

Bäffzger m. *(bellender) Hund, Kläffer.*

Bäffzgete w. *Gebell.*

Bagääschi s., jg. **Bagaaschi** s. 1. *Gepäck.* 2. *Gesindel.*

Bageet s., **Bargeet** s., jg. **Parggett** s. *Parkett.* Zss.: -bode m.

Bagge m. 1. *Backe, Wange.* Zss.: -paart m. 2. *Fleisch vom Hinterschenkel des Schlachtviehs.* 3. *wangenähnliche Fleischstückchen am Kopf der Forelle.* 4. *Seitenfläche des Hammers.* Vkf. Bäggli s. verh. Am Bäggli baas une, *am Gesäss.*

Bagitäll s. (-täle) *Bagatelle.*

Bagȍiggel m. *Possenreisser.*

Bäi s. 1. *Knochen.* Fläisch mit und ooni Bäi. Es Bäi abgnaage. Ra.: Mit diine Bäine rüer i no Nussen abe, *dich werde ich noch lange überleben.* Me cha nüd aliwiil an äim Bäi gnaage, *höhnisch von einem, der seiner Frau nicht treu ist.* 2. *Bein (Körperglied).* Uf äigne Bäine staa, *auf eigenen Füssen stehen.* Bisch ä scho uf de Bäine? *Grussfrage am frühen Morgen.* Was Bäi hät, mues lauffe. Äine wider uf d Bäi stele, *einem wieder aufhelfen.* Me gaat nüd uf äim Bäi häi, *noch eins trinken.* S Bäi lupfe, *zum Tanze.* S hinder Bäi füre nèè, *sich sputen.* S chunt, s schlaat, s faart äim i d Bäi, *ein Schrecken.* Äim schier d Bäi abflueche, *einen verfluchen.* Äim äis a s Bäi gèè, *einen empfindlich treffen, auch im Seelischen.* Äim es Bäi fȕȕrhaa, *zu Fall bringen.* Mit em lätze Bäi zum Bett uusgstige sii, *schlecht gelaunt sein.* D Bäi strecke, *sterben* (vulg.). Was Bäi hät, isch choo, *jedermann.* 3. käs Bäi, *niemand.* S rodt si käs Bäi, *niemand regt sich.* Zss.: -maager, *sehr mager;* -schlingger m., *Tanzlehrer* (humor.); -wiiss, *gelblich-weiss.* Vkf. Bäindli s. S isch mer es Bäindli im Hals pstäckt, *ein Knöchlein.*

bäidi siehe beed.

Bäiedèère w. *lange, wollene, meist buntfarbene Schärpe.*

bäindle (päindlet), **bäinele** (päinelet) *beineln, trippeln.* Zss.: uusbäindle, 1. *Knochen entfernen.* 2. *etwas gründlich untersuchen.*

bäinere (päineret), **bäine** (päinerlet) *schnell, angestrengt gehen.*

bäini *beinern, knöchern.*

bäite (päitet) *warten* (va.). Nur noch im Spruch: Wart es bitzeli, bäit es bitzeli!

Bäiz w. *Wirtshaus* (pop.).

bäize (päizt) 1. *beizen, eine Lockspeise legen.* En Fuchs bäize. Zss.: ii-. Fläisch iibäize, *in Salz und Essig legen.* D Wösch iibäize, *vor dem Plätten leicht mit Wasser bespritzen.* 2. *den Beruf des Wirtes ausüben, wirten* (pop.). 3. *Scheidevorfall haben, von Kühen.*

Bäizer m. *Wirt* (pop.).

Bäizi w. *Beize.*

balaare (palaaret) *sich dumm und einfältig benehmen.* Zss.: ume-, *schwatzend herumstehen.*

Balaari m. 1. *dummer Schwätzer.* 2. *Rausch.* Dèè hät en schööne Balaari häipraacht!

Balche siehe Bale.

bald *bald, fast, beinahe.* Bald wèèr i z spaat choo. I wett bald lieber stèèrbe! I hett di bald nüme känt. I ha doch gwüss nüd bald so äine gsee, *nicht leicht.* verst. Bald und glii (wider), *nach kurzer Zeit.*

bale (palet) 1. *mit dem Ball spielen.* D Chind

tüend bale. 2. *ballen, zum Ball formen.* De Schnee laat si nüd guet bale. 3. *pappen.* De Schnee balet si.

Bale m. (-ä-), auch w. (-a-), **Balche** m. (-a- und -ä-) *Verschlussladen an Fenstern usw.* De Balen abelaa. Vkf. **Bäleli** s., Bälchli s., *Jalousie.*

Bale m. *Ballen.*

Bale w. 1. *der Spielball.* 2. *der Schneeball.*

bäle (er bil[e]t/bäl[e]t; er hät pule/pälet) *bellen.*

bälele (pälelet) *Ball spielen.*

Balg m. (ä) 1. *Fell, Haut kleinerer Tiere.* 2. *Haut des Menschen, besonders wenn er wohlgenährt ist.* En rächte Balg umeträge. 3. *Haarschopf.* De Balg abschniide, *Haare abschneiden* (fam.).

balge (palget) 1. *schelten, tadeln.* D Mueter balget gwüss. 2. *raufen, balgen.* Zss.: ume-.

Balgi m. *wer viel tadelt, schimpft; Nörgler, Tadler.*

Balgis m. *grober Tadel.*

Bäli m. 1. *Hund, der viel bellt, Kläffer.* 2. *zum Schimpfen neigende Person.* 3. *trockener, helltönender Husten.* Zss.: -hueschte m.

balig Ew. *leicht zu ballen, pappig, von Schnee.*

balööndle (palööndlet) *mit Kinderballon spielen.*

Bambel m. *Quaste, etwas Baumelndes.*

bambele (pambelet) *baumeln.* Mit de Bäine bambele. Dè bambelet, dè hät en Ruusch. Zss.: uus-, *langsam zu baumeln aufhören.*

bämbele (pämbelet) 1. *bimmeln.* 2. *sich schwankend bewegen.*

bämbere (pämberet) *dröhnend klopfen.* Uf de Bode bämbere. Dè hät uf en loos pämberet, *drauflosgeschlagen.*

Bämbere w. 1. *grosse Spielkugel.* 2. *dicke Frau.*

Bämsel siehe Bänsel.

Band s. *Band.* Zss.: -chappe w., *Bandhaube einer Frauentracht.* Vkf. **Bändli** s., 1. *Weidenrute.* Bändli haue, a) *Weidenruten schneiden.* b) *sterben* (pop.). c) Ra.: Dur d Stuuden uus go Bändli haue, *Scherzantwort.* Zss.: -choorb m.; -wäidstock m., *Weidenbaum;* -zäine w., *Korb aus Weidengerten, Weidenkorb.* 2. *Tonband, Tonkassette* (jg.).

bande (pandet), auch voorbande, *beim Kegeln an die Seitenwand treffen.*

Bändel m. 1. *das Band.* Ra.: Äine, äini am Bändel haa, *am Gängelband führen, eine Liebschaft haben.* S hät en am Bändel, a) *er ist verliebt.* b) *er ist todkrank.* 2. *Schuhriemen.* Vkf. Bändeli s.

Bandi w. (-ene) *Bande, Gruppe.* E glatti Bandi isch zäme gsii, *eine nette Gruppe war beisammen.*

Bäne w. 1. *Schubkarren.* 2. *Auto* (pop.). 3. ticki, fuuli Bäne, *dicke, faule Frau* (pop.).

Baneeter m. *das Barometer* (va.).

bänele (pänelet) *mit dem Schubkarren transportieren.* Zss.: ume-; umenand-.

bängaalisch *bengalisch.* Ra.: Öpper bängaalisch belüüchte, *jemanden ins Rampenlicht stellen.*

Bange w., **Bangele** w. *Klettenkerbel, Bärenklau, allg. Pflanze mit starkem, röhrigem Stengel.* S hät vil Bange im Hòi.

Bängel m. 1. *Stock, Prügel, Flegel, Knebel.* Ra.: De Bängel hööch rüere, *übertriebene Forderungen stellen.* 2. *grossgewachsener, starker Bursche.*

bängle (pänglet) 1. (meist **abe-**) *Obst, Nüsse herunterschlagen.* 2. drufloos bängle, *drauflos schiessen.*

banisiere (panisiert) *bannen, verhexen.*

Bank m. (ä) *die Sitzbank.* Vkf. Bänkli s.

Bank w. (-e) *Bankgeschäft.* Zss.: -büechli s., *Sparheft;* -gsell m., *Schweizerische Bankgesellschaft (SBG)* (pop.); -gumi m., *Bankbeamter* (va.).

bänkle (pänklet) *spielen mit besonderen Karten, eine Art Pharao* (va.).

Bänkler m. *Bankangestellter* (pej.).

Bänsel m., **Bämsel** m. *Pinsel.*

bänsle (pänslet) *pinseln.*

Bänslete w. 1. *Gepinsel.* 2. *Pfuscharbeit.*

Bänziin s. *Benzin.* Zss.: -guutsche w., *Auto* (humor.).

bänziinele (pänziinelet) *nach Benzin riechen.*

bänzöölele (pänzöölelet) *nach Benzol riechen.*

Bapiir s. *Papier.* Zss.: -schnäfeli s., *Papierschnitzel;* -schüblig m., *blinde Ladung in der Pistole;* -schwiizer m., *eingebürgerter Ausländer, Papierschweizer;* -seckel m., *Papiersack* (va.). Vkf. Bapiirli s.

bapiiri *papieren.*
Bapiiri w. *Papierfabrik.*
bappe (pappet) 1. *kleistern.* 2. *pappen, klebrig sein.* Das bappet. Zss.: aa-; zäme-.
Bappe m., **Bappi** w. 1. *Brei, Mus.* Ra.: Am Bappe biisst e käne en Zaa uus. Öppis vo Hand nèè wie der Aargauer de Bappe, *rasch zugreifen.* 2. *Stärkekleister des Buchbinders.*
Bappe m. *Papa, Vater* (fam.). Vkf. **Bappeli** m. (fam.), 1. *Vater.* 2. *gutmütiger, älterer Herr.*
bappele (pappelet), **babele** (pabelet) *plappern, von Kleinkindern; undeutlich, kindisch reden.*
bäppele (päppelet) *päppeln.* Zss.: uuf-.
bäppere (päpperet) *zittern, mit den Zähnen klappern.*
Baragge w. *Baracke.*
Bare m. *Barren (Turngerät).*
Baremeeter m., **Bari** m., **Baneeter** m. *das Barometer.*
Bargeet siehe Bageet.
Barièère w. *Schranke.* Zss.: -wäärter m.
Barile w., jg. **Aprikoose** w. *Aprikose.* Zss.: -hunng m., *Aprikosenkonfitüre;* -wèèe w., *Aprikosenkuchen.*
barix in: nix barix (und Öpfelschnitz), verst. *nichts* (humor.).
bäschele (päschelet) *herumbasteln.*
baschge (paschget) *bewältigen.* I ha s nüd möge paschge.
Baschteete w., jünger **Paschteete** w. *Pastete.* Ra.: Iez hämer d Baschteete! *jetzt haben wir die Bescherung.* Was choscht die ganz Baschteete? *was kostet dies alles.* E Jumpfer wien e Baschteete, *dumme, plumpe Frau.* Zss.: -beck m. Vkf. Baschteetli s.
Baschter m. *Bastard.* Vkf. **Baschterli** s., *Bastardhündchen.*
baschtle (paschtlet) 1. *basteln.* 2. *pfuschen.* Zss.: zäme-.
Baschtler m. 1. *Bastler.* 2. *Pfuscher.*
Baschtli m. *Bastler* (fam.).
Baselpiet s. *Gebiet des Kantons Baselland.*
Baselpieter m. *Basellandschäftler.*
Batelioon s. *Bataillon.*
Bateliööndler m. *Bataillonskommandant, Major* (Ssp.).
Bätt s. *Gebet.* Zss.: -buech s., *Gebetbuch.* Das sind nüd di Beschte, wo s Bättbuech aliwiil i der Hand händ; -glogge w.; -schwöschter w.; -ziitglogge w., -ziitglöggli s.; -ziitlüüte s. Vkf. Bättli s.
batte (pattet) *ausreichen, ausgiebig sein.*
bätte (pättet) *beten.* Über Tisch, ab Tisch bätte, *Gebet vor und nach dem Essen.* Me sött für en bätte, *z.B. für einen Dummen beten, dass er gescheit werde* (ironisch). Bitti und bätti mache. Zss.: aa-; voor-.
Bättel m. *Bettel.* Ra.: De ganz Bättel hèrerüere, *die Sache hinschmeissen, aufgeben.*
bättle (pättlet) *betteln.*
Bättler m. *Bettler.*
Bättlete w. *Bettelei.*
Bätz m. 1. *Petz, Bär.* Daastaa wie en Bätz, *fest, unbeweglich.* 2. *Rammklotz.*
Batze m. 1. *Zehnrappenstück.* 2. *Geldstück, Geld.* Batze spaare. En schööne Batze Gält haa, mache. Ra.: E gueti Uusrèèd isch en Batze wärt. Er isch hütt kän Batze nutz, *zur Arbeit nicht zu brauchen.* Zss.: -chlüübi m., *Klauber, Geizhals.* Vkf. 1. **Batzeli** s. Er hät siini Batzeli binenand, *Sümmchen beisammen* (humor.). 2. **Bätz(e)li** s., *gummiertes, farbiges Papierscheibchen* (Ksp.).
bätze (pätzet) *Pfähle, Pflastersteine einrammen.*
Bauche m. *Ankerzeichen, Schwimmklotz für Fischnetz (?).*
Bauele w. *Baumwolle.*
baueli *baumwollen.* Hw. Bauelis s., *Baumwollgewebe.*
Baugert m. *Baumgarten.* Vgl. Bumert, Bungert.
Baum m. (Bòim) 1. *Baum.* Äim under de Baum gaa, *unbefugt Obst auflesen.* De Baum zwääg mache, *den Weihnachtsbaum rüsten.* Ra.: Mäinsch öppe, i seig uf de Bòime gwachse? *so dumm, derartiges zu glauben.* 2. *Balken.* De Baum, *Längsbalken am Wagen, an der Egge.* Vgl. Toote-, Trott-, Wääberbaum. Vkf. Bòimli s.
baume (paumet) 1. *schwanen.* 2. *knapp davonkommen.* Es hät em paumet.
bausle (pauslet) *in grossen Flocken schneien.*
bauze (pauzt) 1. *bellen, kläffen.* 2. *barsch,*

unwirsch reden, schelten. Dè cha nüüt weder bauze. Zss.: aa-.

Bauzer m., **Bauzerli** m. *kleiner Kläffer.*

Bauzi m. *Widerspruchsgeist, Nörgler.*

bauzig *bellsüchtig, kurz angebunden.* Vgl. rabauzig.

Bebee s. 1. *Säugling.* 2. *Wehwehchen, kleine Wunde, Quetschung, Schürfung.*

Beck m. (-e) *Bäcker.* Zss.: Beckechnächt m., *Bäckergeselle.*

becke (pecket) *das Bäckerhandwerk betreiben.*

beckele (peckelet) *nach frischem Brot, nach Bäckerei riechen.*

Beckeni w. *Bäckersfrau.*

Becki s. *Becken.* Zss.: -büezer m., *Geschirrflicker* (va.). Vkf. **Beckeli** s., *henkellose, grosse Tasse.*

beebere (peeberet) *zittern.*

beed m., w., **bäidi** s. *beide.* Beed Brüedere, beed Schwöschtere, bäidi Gschwüschterti. S cha beed Wääg gaa, *z.B. bei einem Kranken.* S händ all beed zäme rächt, *alle beide haben recht.* S sind all drei beed gliich, *alle beide* (humor.).

bèèe (pèèet) *langsam rösten.* Pèèets Broot, *geröstetes Brot.* S Hȍi isch pèèet, *leicht gedörrt.*

bèègge (pèègget) *Schmerzenslaute hören lassen, heulen* (pej.).

Bèèr siehe Bäär.

bèèrchtele (pèèrchtelet), **bèèchtele** (pèèchtelet) *den Berchtoldstag mit Essen und Trinken feiern.*

Bèèrchtelistaag m., **Bèèchtelistaag** m. *Berchtoldstag, 2. Januar.*

beere (peeret) *Beeren suchen.*

beere (peeret) *schlagen.* De Läi beere, *den Lehm stechen, schlagen, kneten.* Äim de Rugge beere, *verprügeln.*

Bèère m. 1. *Reuse zum Fischfang (aus Weiden oder Draht geflochtener, langer Korb).* En ganze Bèère vole Fisch. 2. *grosses Netz zum Transport des Heus.* Vkf. **Bèèrli** s., 1. *Schöpfnetz zum Herausheben von Fischen aus Behältern.* 2. *Marktnetz.* 3. *Schmetterlingsnetz.*

Bèèrg m. *Berg.* Änet em Bèèrg, *jenseits des Berges.* Z Bèèrg gaa, *in die Berge gehen.* Ra.: Am Bèèrg sii, *vor Schwierigkeiten stehen.* Über de Bèèrg sii, *das Schlimmste überstanden haben.* S gaat de Bèèrg aab mit em, *in körperlicher, geistiger oder wirtschaftlicher Hinsicht.* Zss.: -choler m., *Bergkrankheit;* -päändli s., *Bergbahn.*

bèèrgig *gebirgig.*

Bèèrgler m. *Bergbewohner.*

Beeri s. 1. *Beere.* I d Beeri gaa, goge Beeri sueche, i de Beerene sii, *Beeren suchen.* Zss.: -blätz m., *kleiner Beerenplatz;* -brägel m., *dicker Beerenbrei;* -gauch m., *Beerenwanze.* 2. *Traubenbeere.* Hèrti, lindi Beeri. 3. Verstochni Beeri, *zerstochene Fingerspitzen.* 4. *runde, dicke Nase.* Dè hät es Beeri. 5. *zimperliches oder ungeschicktes Mädchen* (pop., jg.). Vkf. **Beerli** s. Zss.: -wii m., *Traubenbeerenwein.*

beerle (peerlet), **beere** (peeret) *Beeren bekommen.* D Rääbe beerled si wool, *die Reben bekommen Beeren.*

Bèèrnpiet s. *Gebiet des Kantons Bern.*

bèèsch *beige.*

Beez m. (-e) *junges männliches Schwein, kastrierter Eber.*

begere (pegeret) *faul herumliegen.*

Beicher m. *Bienenkorb.*

beiele (peielet) *leicht schneien.* Es schneit nůůd, es beielet nu es bitzli.

benèè (benoo) *sich aufführen.* Nur in: Benimm di! *nimm dich zusammen.*

Benefiss m. *Gewinn.*

Bèrügge w. *Perücke.*

bescht *best.* S isch mir nüd am beschte, *ich fühle mich nicht wohl.* Äim z bescht rede, *zu seinen Gunsten reden.*

Besi w. *Mädchenschule Winterthur* (va.), *jetzt Diplommittelschule.*

besser *besser.* S chunt nüüt Bessers naa. S mues guet sii, bis s besser chunt, *es geht mir gut.* Iez wiirt s mer nüme besser, *das begreife ich nicht mehr.* En besseren Aagstellte, *ein höherer Angestellter.* Di Bessere, *drei Wahlkarten beim Jassen.* Di Meebessere, *wohlhabende Leute.* Er isch käne von Bessere, *im moralischen Sinn.*

bessere (pesseret) *bessern.* S besseret em, *eine Arbeit z.B. geht dem Ende zu.* Es besseret all

Stund, *es geht immer besser* (Zuspruch). Zss.: uuf-; uus-.

Besserig w. *Besserung.*

Bett s. (Better) *Bett.* S isch Ziit i s Bett, *Zeit, zu Bett zu gehen.* S Bett mache, *das Bett machen.* I s Bett choo, *niederkommen.* Äim s Bett mache, *einen heiraten.* Tüüff im Bett (ine) sii, *schwer krank sein.* Wänn s Bett mit em chèèm, *Bezeichnung für Langschläfer.* I s Bett tue, *zu Bett bringen.* Zss.: -fläsche w., *Wärmflasche;* -gaa s., *das Schlafengehen;* -gfess s., *Einfassung der Bettfedern;* -huuse. Uf Betthuuse gaa, *schlafengehen* (humor.); -mümpfeli s., *Süssigkeit vor dem Schlafengehen;* -säicher m., *Bettnässer* (vulg.); -säicherli s., *Wiesenschaumkraut;* -schlutte w., *Bettjacke;* -schwèèri w., *Schläfrigkeit* (humor.); -stùùd w., *Bettpfosten;* -voorlaag w., *Bettvorlage, Bettvorleger;* -ziech s., *Bettüberzug.* Vkf. Bettli s., *Kinderbett.*

bette (pettet) *das Bett machen, betten.* Häsch scho pettet? Zss.: ii-, *Bett herrichten;* uus-, *Bett auslüften.*

bettele (pettelet) *nach ausdünstendem Bett riechen.*

Bettli s. *Gartenbeet.* Vgl. Bett.

Bettscheft w., **Bettschte** w. *Bettstelle.*

---

bh-, Bh- siehe ph-, Ph-

---

bi- Vs. *be-.*

bi, bii *bei;* bet. bii mer, biin em; unbet. bi mir, bin im (W.Gr.). Bim Vatter, bi der Mueter, bimene Naachber, binere Naachberi, biin em obe. Er isch bi der Gmäind, bim Bund, *Gemeindeangestellter, Bundesangestellter.* Bi Gält sii, bi Jaare sii. Bi Taag, bi Nacht, bi Ziite. Bi zwänzg Schritt, *über zwanzig Schritte.* Mer wèèrded biner Stund nüd fèrtig, *während, binnen.* Bimene Haar, *beinahe.* Öppis bim Gwicht verchauffe. Bi Gott! Bigott!

Bibeli s. *Hühnchen* (fam.).

Bibeli s. *kleine Eiterpustel, Eiterpickel im Gesicht.*

Biber m. *Honig-Pfefferkuchen.* Zss.: -flaade m.; -zältli s. Vkf. Biberli s.

Biberi m. in: De Biberi haa, *sich fürchten* (pop., jg.).

Bibii s. *Huhn* (Ksp.). Chum Bibibii! *Lockruf für Hühner.* Vkf. Bibiili s., *Küken.*

Bible w. *Bibel.*

Bick m. 1. *Schnabelhieb, Insektenstich.* S Hüendli hät em en Bick ggèè. Der Öpfel isch vole Bick gsii. Ra.: Äim en Bick gèè, *sticheln.* 2. *Kerbe.* S Chind hät mit der Schèèr Bick in Tisch gmacht. Vkf. Bickli s., *kleine Stichwunde.* 3. (auch s.) *Absud für Fassreinigung.* S Fass grȍȍnelet; me mues em en Bick gèè.

bicke (pickt) 1. *picken.* S Hüendli wott mi bicke. D Hüendli bicked d Chörndli uuf. Ra.: Er hät nüüt z bicke, *nichts zu essen.* Zss.: aa-; uuf-. 2. *Einschnitte machen in Brot, Fleisch.* S Fläisch bicke. 3. *sticheln.* 4. *Fässer mit Absud reinigen.*

Bickel m. *Spitzhacke, Pickel.* Zss.: -hèrt, 1. *sehr hart.* Es isch pickelhèrt gfroore. 2. *sehr gut, sehr anspruchsvoll* (pop.). Das isch pickelhèrt, *ausgezeichnet.*

Bickete w. *unberufenes, hämisches Dreinreden.* S isch nüüt weder äi Bickete gsii.

Bicki m. *Stichler, Kritikaster.*

bickle (picklet), **pickle** (picklet) *pickeln.* Zss.: ume-, *(mit Ausdauer, Kraft) überreden, «herumbringen».*

Biel s. *Axt, Beil.* S Biel mues en nöie Halm haa. Vkf. Bieli s.

Biemscht m., **Briemscht** m. *erste Milch, nachdem die Kuh gekalbt hat, Biestmilch.*

Biene w. *Biene* (jg.). Vkf. **Biendli** s., *junge Pfadfinderin.*

Biesse w. *Transportfass.*

Bifeel m. *Befehl.*

bifele (-fole) *befehlen.* Du häsch mir nüüt z bifele!

Biftegg s., **Büftegg** (va.) s. *Beefsteak.*

bigääre (-t) *begehren.* I bigääre nüd, daa drii z rede. Zss.: uuf-.

Bigle in: Die Hère vo Bigle! *Meine Herren!* (pop., jg.)

bigoscht(lig)! *bei Gott.* Ja bigoscht! *bekräftigende Zustimmung.*

bigriiffe (-griffe) *begreifen.*

bigriiffli *begreiflich.*

bii- Vs. *bei-,* z.B. biilegge, Biispìl.

Biiaug s., **Biinaug** s. *Achseltrieb der Rebe.*

biibääbele (piibääbelet) *verzärteln, verhätscheln.* Mer sind nüd piibääbelet woorde.

Biibääbeli m. *Weichling.*

Biicht w. (-e) *Beichte.*

biichte (piichtet) *beichten.* I wìrd der nüd müese biichte, *Abweisung eines zudringlichen Fragers.*

Biig w. (-e), **Biigi** w. (-ene) *Beige, Stapel.* E Biig Büecher, e Biig Holz. Vkf. Biigeli s., Biigli s. Es Biigli Banknoote.

biige (pige, piiget) *aufschichten, beigen, stapeln.* I ha de ganz Taag Schiiter pige. Das biiget si guet, *kann man gut beigen.* Pige voll, *ganz voll.* Zss.: hindere-, *gierig viel essen.* Hät dèè äis hinderepige! (humor.); ie-, ine-, 1. *viel essen* (humor.). 2. *leisten.* Er mag vil inebiige; uuf-, *aufschichten.*

Biigete w. 1. *Stapel, Aufgeschichtetes.* 2. *Gedränge* (fam.). Das isch e schööni Biigete gsii!

Biili s. *Biene.* S hät mi es Biili gstoche. Zss.: -beicher m., *Bienenkorb;* -choorb m.; -hunng m., *Bienenhonig;* -hüüsli s.; -stand m.; -vatter m., *Imker.*

Bìir w., jg. **Bire** w. (Bire) 1. *Birne.* Täiggi Bire, *überreife Birne;* tüüri Bire, *gedörrte Birnen.* Ra.: Di beschte Bire sind gschüttlet, *die besten Jahre sind dahin.* Es git kä Bire! *kommt nicht in Frage.* Er mues go Bire schüttle, *sterben.* Zss.: Birebroot s.; -mues s.; -moscht m.; -näggel m., *junge Birnenfrucht;* -prèèt s., -trääsch s., *Füllung des Birnenbrotes;* -schnitz m.; -stìil m.; -stückli s., *Birnenschnitz, roh, gekocht oder gedörrt;* -wegge m., *Birnenbrot.* 2. *Glühbirne.* 3. *Kopf* (pop.). Ich ha d Bìir aagschlage. Ich gib der äis uf d Bìir. Truck uf de Bìir haa, *leicht beschwipst sein.*

Bìirch w. (-e) *Birke.*

bìirchi *birken.*

Bìis s. 1. *Gebiss bei Mensch und Tier.* 2. *Zahnprothese.* 3. *Trense (Gebissstange beim Pferd).* Ra.: Äim s Bìis iitue, *einem Zügel anlegen.*

Biischoss s. *Nebenschoss, Achseltrieb der Rebe.*

Biise m., **Bise** m. *die Bise, Nordwind.* Zss.: Biisiwätter s. Mache wie s Biisiwätter, *sich sehr beeilen.*

biisig *beissend kalt, wenn der Nordwind bläst.* En biisige Wind, *ein kalter, trockener Wind.*

biisse (pisse) *beissen.* Das cha me biisse, *es schmeckt vortrefflich.* S hät mi e Mugg pisse, *eine Mücke hat mich gestochen.* Es biisst mi, i mues chratze, *es juckt mich.* Das biisst mi! *das ärgert mich.* Zss. aa-; ab-; uuf-; zäme-. Biisszange w., 1. *Beisszange, Kneifzange.* 2. *böse, keifende Frau.*

Biissi m. *Hautjucken.* De Biissi haa.

biissig *beissend, von Kälte.* Hütt isch es biissig, *beissend kalt.*

bikäne (-känt) *bekennen.*

bikant *bekannt.*

Bikiini s. *der Bikini (zweiteiliger Badeanzug).*

biläit in: biläiti Bröötli, *belegte Brötchen;* e biläiti Zunge, *weisse Zunge.*

Bileet s. 1. *Billett, Fahrkarte.* 2. *Führerausweis* (pop.). 3. *Banknote.* E groosses Bileet, *Tausendfrankennote* (humor.); e chliises Bileet, *Hundertfrankennote* (humor.).

Bilgere w. *Zahnfleisch.* D Bilgere schwiined, *das Zahnfleisch geht zurück.*

bili, jg. **bilig** *billig.* D Waar isch bili, verst. sündebili. S isch nüüt as bili.

Biligi w. *Billigkeit, Wohlfeilheit.* De Biligi naa gaa, *das Billige vorziehen.*

bimäid, bimäich, bimäicher *wahrlich, sehr wohl.*

Bimbam in: Du häilige Bimbam! *ums Himmels willen.*

bimbele (pimbelet) *bimmeln.*

binamse (pinamset) *benennen.*

Binätsch m. 1. *Spinat.* Ra.: In Binätsch übereluege, *in das Beet des Nachbarn schielen.* 2. Äim de Binätsch verlääse, *jemandem den Text lesen.* 3. Im Binätsch umenandfüere, *auf Irrwegen umherführen* (Ssp.). Im Binätsch usse, *an abgelegenem Ort* (pop.).

binde (punde) *binden.* D Gaarbe, es Hòifueder binde. D Rääbe binde, *die Schosse der Reben festbinden.* Zss.: Bindbaum m., *Stange, mit der Heu- und Garbenfuder festgemacht werden, Wiesbaum;* Bindnaagel m., *Pflock zum Binden der Garben.*

Bindefläisch s. *luftgetrocknetes Rindfleisch.*

binenand *beieinander.* S bliibt binenand, *es wird nicht geteilt.* verst. binenandzue. Er isch na guet binenand, *rüstig.* Si isch guet binenand, *wohlbeleibt* (humor.). Er isch guet binenand, *reich, hablich.*

Bingg m., **Binggeli** m. 1. *kleiner, verwachsener Mensch, Knirps.* Du chliine Bingg! verst. Binggis-binggeli, *kosend zu kleinem Knaben.* 2. Hèrr Binggeli, *Herr Soundso.*

Binggel m. *Soldat* (humor.).

Binggis m. 1. *Durcheinander, verworrener Knäuel.* 2. (meist Öpfelbinggis) *Apfel-Birn-Brei* (humor.).

Binz m. *Binse.*

binzi *aus Binsen.*

bio *biologisch (Früchte, Gemüse)* (jg.).

biräits 1. *beinahe.* I bi biräits fèrtig, *ich bin beinahe fertig.* 2. *schon.* Er hät s biräits, *er ist damit schon zu Ende.*

Birchermues s., **Birchermüesli** s. *Müsli (Birchermus).*

birebitzeli. Es birebitzeli, *ein klein wenig.*

Birlig m. *kleiner, kegelförmiger Heuhaufen.* S Hòi a Birlig tue.

birlige (pirliget) *Heu zu kleinen Haufen schichten.* Vgl. schöchle.

biriiemt *berühmt.*

bis *bis.* Bis im Mai. All bis uf zwee, *alle bis auf zwei.* Bis änen use, deet use, *endlos.* Bis dänn, *bis dahin.* Bis gnueg, *zur Genüge.*

Bischtole w., jg. **Pischtole** w. *Pistole.*

bisder *bis dahin.*

Bise m. nur in: Lauff wie de Bise, *schnellstens.* Tue wien en Bise, *wildes Geschrei anheben.*

Bisi s. *Harn* (Ksp.). (Es) Bisi mache, *Wasser lösen.*

bisig *bis dahin, unterdessen.* Bisig wiirt na mängi Muus in en anders Loch ie schlüüffe, *es wird sich noch vieles ändern.*

bisle (pislet) *harnen* (Ksp.).

bismele (pismelet) 1. *nach Bisam riechen.* 2. *stinken* (humor.).

Bismet m. *Moschus, Bisam.*

Biss m. 1. *Biss.* 2. *Bissen, abgebissenes Stück.* Gisch mer au en Biss? Vkf. Bissli s.

bisse (pisset) *einen Keil einschlagen.*

Bisse m. *Bissen, Stück.* En Bisse Broot, Chèès.

Bisse w. *Eisenkeil zum Spalten von Holz.* Vkf. Bissli s., *kleiner Keil zum Verkeilen.*

bittibätti mache *bitten* (fam.). I ga nöd go bittibätti mache, *ich halte nicht darum an.*

Bitz s., **Bitze** m. *ein bisschen.* Las den andere ä na es Bitz! *lass den anderen auch etwas übrig.* S isch es nüd de wärt wäge dèm Bitz, *es lohnt sich wegen dieser Kleinigkeit nicht der Mühe.* Wäge dèm Bitz Gält! *wegen solch bisschen Geldes.* Si gseet jedes Bitz, *sie sieht die kleinsten Dinge.* I ha s hinderscht Bitz verstande, *ich habe alles verstanden.* Es Bitz Broot, *etwas Brot.* Ich chumen es Bitz mit der, *ich komme ein Stück weit mit dir.* Kän Bitze, *gar nichts.* Vkf. Bitzli. verst. Es birebitzeli, *ganz wenig.*

bitzele (pitzelet) *sich mit kleinen Mengen begnügen.* Tue nöd e so bitzele! *greif tüchtig zu (beim Essen).*

Bitzelete w. *kleinliches Tun.*

biwaar *wahrlich.* Näi biwaar! *wirklich nicht.*

biwiise (biwise) *beweisen.*

biziite *beizeiten, rechtzeitig.*

blaa, jg. **blau** *blau.*

Blääch s. *Blech.* Ra.: Schwätz kä Blääch! *erzähl keinen Unsinn* (pop.). Zss.: -musig w., *Blasmusik.*

blääche (pläächet) *für einen Schaden zahlen* (pop.). Dè mues blääche.

bläächi *blechern.* E bläächis Tach.

Blaalig m. *Bläuling (kleiner Fisch).*

blaane (plaanet) *blau werden, von Trauben, Zwetschgen.*

Blaas m. *Hauch, Atem.* En starche Blaas haa, *kräftige Lungen haben.* Zss.: -balg m., 1. *Blasebalg.* 2. *Lunge.* En guete Blaasbalg haa.

Blaascht m. (òò) 1. *Gewitter.* S git en Blaascht. Vkf. Blòòschtli s. S isch nu es Blòòschtli. 2. *Wortschwall, leere Rede.* Dèè schwätzt en Blaascht! 3. *Bescherung.* Da händ er de ganz Blaascht! *alles zusammen.*

blaaschte (plaaschtet) *gewittern.*

blaase (plaase) 1. *blasen.* I s Määl blaase, *sich unkenntlich machen.* D Suppe blaase. Ra.: I blaas der drii, druuf! *ich gebe nichts darum.* Blaas mer i s Füdli, in Aarsch (vulg.), i d Schue, de Hobel uus! Blaas mer! *lass mich* *in Ruhe.* 2. *auf einem Musikinstrument blasen.* Er blaast Trumpeete. 3. *wehen.* Das blaast, s hät mi fascht furtplaase. 4. S isch wie plaase i dère Stube, *es ist alles blitzblank.* 5. *trinken* (pop.). Gömer no äis go blaase? *trinken wir noch etwas zusammen?* Zss.: aa-; furt-; ii-; uuf-; uus-.

Blaasius m. in: O Blaasius! *ich pfeife drauf.*

Blaatere w. *Blase.* 1. *Luftblase.* 2. *Anschwellung der Haut.* I ha Blaatere an Füesse. 3. *Blase der Haut bei Ausschlägen.* Die Blaatere isch volen Äiter. 4. *Windpocken.* Er hät di rächte, zaame, wilde Blaatere ghaa. 5. *Fruchtblase beim Vieh.* D Blaatere isch daa, *unmittelbar vor dem Geburtsakt.* 6. *Harnblase.* D Blaatere lèère. 7. *Gesellschaft, Gruppe* (fam.). E glatti Blaatere isch zäme gsii. Zss.: -chopf m., -grind m., a) *pockennarbiges Gesicht.* b) *Kopf* (pej.). Vkf. **Blòòterli** s. Zss.: -wasser s., *Mineralwasser, Sprudel* (pop.).

blaatrig *blasig aufgetrieben, von Brot, Dörrobst.*

Blacke w. *Ampfer.*

Bläder m. *fladenförmige, breiige Masse, z.B. von Strassenkot, Schnee, zerquetschten Früchten, Eiern.* D Äier sind amene Bläder gsii. Ra.: I schlaa di an en Bläder, *ich schlage dich windelweich.* Dè fuul Bläder, *dieser faule Kerl.*

blädere (pläderet) 1. *zerlaufen, zerfliessen.* Der Anke bläderet. 2. *dünn koten.* Lueg emaal, wie d Chue bläderet! 3. *klatschend aufschlagen.* De Schnee isch ab em Tach abe pläderet.

Blädere w. *sehr dicke und träge Frau* (pop.).

Bläderete w. *etwas unförmig Breitgedrücktes, Zerquetschtes.*

bläderig *weich, zerfliessend.* Blädrigen Anke.

blagiere (plagiert) *prahlen.*

Blagieri m., **Blagööri** m. *Prahler.*

bläich *bleich.* Die isch e Bläichi! verst. stuuchebläich. Zss.: -schnabel m., *Bleichgesicht.*

bläiche (pläichet) *bleich werden.* Du häsch pläichet, sit chrank gsii bisch.

Bläichi w. *Blässe des Gesichts.*

bläike (pläikt) *die Wäsche bleichen.*

Bläiki w. (-ene) *Bleicherei.*

Blamaasch w. *Blamage.*

bländig *blendend.*

blass nur als Hw. in: kä Blassi, kän Blasse haa, *keine Ahnung, keinen Dunst haben* (pop.).

Blätz m. 1. *Flicklappen.* Er hät en Blätz in Hose. En Blätz uufbüeze, iisetze. Zss.: -trucke w., *Schachtel mit Stoffresten.* 2. *ein Stück.* I hän en Blätz aab, *Hautschürfung.* En Blätz Gaarte, *ein Stück Garten.* De Chaschte hät en Blätz aab. D Tasse hät en Blätz aab. Ra.: Äim Blätz abflueche, *verwünschen.* (Schier) Blätz abplange, *vor Erwartung fast vergehen.* Schwätz mer kä Blätz aab! *geh mir mit deinem Gerede.* 3. Häsch gnueg Blätz? *beim Jassen die genügende Punktzahl.* Vkf. **Blätzli** s., 1. *Schnitzel.* I hett gèèrn Blätzli. 2. *kleiner Lappen.* Zss.: -böögg m., *Vermummter in Lappenkleid.*

blätze (plätzet) *flicken, ausbessern.* De Rock, es Chessi blätze; plätzet Hose.

Blätzete w. *Flickarbeit.*

blau *blau.* Hw. Blaue mache, *der Arbeit fernbleiben.* En Blaue m., *Hundertfrankennote* (humor.). Zss.: -chabis m., *Rotkohl.*

blaudere (plauderet) *plaudern.* Zss.: uus-.

Blauderi m. *Schwätzer.*

blèèe (plèèt) *blähen.*

Blei s. 1. *Blei.* Hol de ghèrtet Bleihamer! *Befehl an jungen Lehrling* (humor.). Zss.: -schlüüdere w., *Gewehr* (Ssp.); -wiis s., *Bleistift* (va.). 2. *Senkblei.* Ra.: D Sach isch im Blei, *in Ordnung.* 3. *Bleistift* (pop.).

bleie (pleiet), **bleine** (pleinet) *loten, die lotrechte bzw. waagrechte Lage feststellen.* Häsch scho pleiet?

bleii *bleiern.* Miini Bäi sind wie bleii.

bliibe (plibe) *bleiben.* Zss.: daa-; furt-; uuf-; uus-; wäg-; zäme-.

blind 1. *blind.* 2. E blindi Fläischsuppe, *ohne Fettaugen.* 3. Hw. de Blind, *beim Jassen: Karten, die man nach gewissen Regeln gegen andere austauschen kann.* 4. De Blind nèè, *weglaufen, wegschleichen.*

Blindeschliiche w., **Blindeschliicher** m. *Blindschleiche.*

blinzlige *blindlings.*

Bloder m. (Blöder) 1. *grosse Blase.* D Räägetröpfe gänd Blöder, *beim Auffallen auf eine Wasserfläche.* Wie s Blöder git, *beim Kochen von Brei.* D Wèèe hät Blöder. D Tabeete händ Blöder. 2. *Rausch.* Er hät en Bloder. Zss.: -bagge m., *Hängewange;* -gsicht s., *aufgedunsenes Gesicht.* Vkf. Blöderli s., *kleiner Rausch.*

blodere (ploderet) 1. *Blasen bilden.* S Wasser bloderet. 2. *sich bauschen.* D Weste chund nüd guet, si bloderet. 3. *kollern in den Gedärmen.* S bloderet i miim Buuch ine. 4. *schwatzen, prahlen.* Was häsch z blodere? Du muesch alls goge blodere! *ausplaudern.*

Blodere w. *Schwätzerin.*

Bloderi m. *Schwätzer.*

bloderig *aufgetrieben.*

blöderle (plöderlet) *Blasen bilden.*

blöie (plöit) 1. *schlagen, klopfen, zerquetschen.* De Flachs blöie, *mit dem «Blöiel» die noch zähen Flachsfasern weichquetschen.* De Rugge blöie, *jemanden blau schlagen.* 2. *nachlässig, mühsam kauen.*

Blöiel m. 1. *Holzschlägel zur Bearbeitung von Flachs.* 2. *Art Hammer oder Spachtel zum Einschlagen des Sechkeils am Pflug.*

Blòiel m. *Blaustift.*

blööd *blöde.* 1. *unpässlich.* S isch mer blööd im Mage, *ich habe einen leeren Magen.* I han en blööde Chopf, *einen schweren Kopf.* 2. *abgenutzt, schadhaft.* Blöödi Hose, Sole, e blööds Tach. 3. *fade.* E blöödi Suppe, en blööden Öpfel. 4. *knapp.* En blööde Vierlig, en blööde Sack voll. 5. *misslich, schlimm.* Das isch scho no e blöödi Gschicht. Ra.: Er isch blööd im Chopf, *verstandesschwach.* I han en blööde Chopf, *bin zerstreut.* E blööds Säage, *fades Geschwätz.* Tue nöd so blööd! *tu nicht so dumm!*

blööde (plöödet) *blöde werden.* 1. S blöödet mer, *es wird mir schwach im Magen.* S blöödet mit mer, *meine geistigen und körperlichen Kräfte nehmen ab.* 2. S Gwand blöödet, *wird schadhaft, fadenscheinig.*

blöödele (plöödelet) *dumm tun.*

Blöödi w. (-ene) 1. *Schwäche, Schwächeanfall.* Er hät äi Blöödi na der andere überchoo. 2. *fadenscheinige Stelle.* S Gwand hät überall Blöödene. 3. Dè Wii isch e Blöödi, *ist fade.*

blòòne (plòònet) *Wäsche mit Waschblau färben, bläuen.*

Blòòni m. *Polizist* (pop.).

Blòòni w. 1. *Bläue des Himmels, Sees.* 2. *Waschblau.* Zss.: -nuggi m., *Säcklein mit Waschblau* (va.).

bloos 1. Ew. *nackt, bloss.* Uf em bloosse Bode. 2. *nur.* S isch bloss äine ggange, *nur einer ging.* 3. *kaum, knapp.* Me chan em bloos gnueg uufstele, *er bekommt nie genug.* Er isch bloos au no rächt uf de Zùùg choo, *er kam gerade noch recht.* I ha bloos no chöne uf d Siite springe, *ich konnte gerade noch wegspringen.*

blòòschtig *gewitterhaft.*

blòòsele (plòòselet) *blasen* (Ksp.).

blòòterle (plòòterlet) 1. *Blasen bilden.* 2. *tändeln.* Was blòòterlisch a dem Züüg ume? Ra.: Dè cha mer blòòterle! *kann mir gestohlen werden.* Zss.: ume-, *Zeit vertun.* 3. *umständlich reden.* Hòr uuf blòòterle!

Blòòterler m., **Blòòterli** m. *im Handeln und Reden unentschlossener Mensch; Zauderer.*

Blüder m. 1. *Kot, Matsch.* Das isch en Blüder uf der Straass, *Matsch bei Schneeschmelze.* 2. *Brei.* D Himbeeri sind nu na en Blüder gsii, *zu Brei geworden.* Zss.: -wäich, *breiweich.*

bludere (pluderet) *mit starkem Lippengeräusch blasen.* De Grosvatter schnaarchet und bluderet.

blüdere (plüderet) 1. *dünn koten.* S Vee blüderet uf em ganze Wääg, *lässt dünnflüssigen Kot.* 2. *Kotlachen bilden.* S blüderet, *es bilden sich Schmutztümpel bei Tauwetter.*

Blüderete w. *breiige, zerfliessende Masse.*

Bluderhose w. *Pluderhose, weite Kniehose.*

Blüderi m. *Durchfall, Diarrhöe.*

bluderig *weich, breiig.* En bluderige Wääg.

blüderig *breiweich, dem Zerfliessen nahe.* De Schnee, der Anke isch blüderig.

Bludermilch w. *Quark.*

bludernackig *ganz nackt.*

blüe (plüet) *blühen.*

Bluem w. (-e) 1. *Blume.* Zss.: Bluemechööl m.,

Blumenkohl. 2. *Blüte von Gras.* S Hòi isch in Blueme, *das Gras blüht.* 3. *jährlicher Ertrag von Wein, des Feldes, des Bodens überhaupt.* 4. *Bukett des Weins.* 5. *Schimmelhaut auf Wein.* Vkf. **Blüemli** s. Zss.: -kafi m., *dünner Kaffee;* -t(h)ee m., *Kräuterteemischung.*

Bluescht m. 1. *Blust, Blütezeit.* Hüür hät s en schööne Bluescht. Zss.: -bole m., *Blatt- und Fruchtknospen;* -ziit w., *Blütezeit.* ütr. S hät em in Bluescht gräägnet, *seine Pläne, Entwürfe vereitelt.* Bim Bluescht! *ums Himmels willen.* 2. wiisses Bluescht an Fingernegle, *weisse Flecken der Fingernägel.* Vkf. **Blüeschtli** s., *die einzelne Blüte.* Wänn nu s zäät Blüeschtli dervoo chunt, so git s en Huuffen Obs.

Bluet s. *Blut.* Zss.: -hund m., *grosse Blutwurst;* -igel m., *Blutegel;* -schwile w. *Blutblase.*

Blüet m. *Blütezeit.* D Truube händ en schööne Blüet ghaa.

blüete (plüet, jg. plüetet) *bluten.*

bluetig *blutig.*

bluetröischtig *blutrünstig* (va.).

blutt 1. *weich, schlaff.* Blutten Anke, blutte Chèès; blutti Zwätschge, *überreife Zwetschgen.* 2. *zart, schwach.* Di chliine, blutte Chind. E blutts Chälbli, *neugeborenes Kalb.* 3. *unbekleidet, nackt.* I cha miini Chind nüd blutt la umelauffe. S blutt Füdli fürelaa. Blutti Chüngeli, Müüsli, *unbehaarte neugeborene Kaninchen, Mäuse.* Ra.: Si händ nüüt i s Huus praacht weder vier blutti Chnüü, *sie besassen gar nichts.* verst. blutt und bloos. Bluttnackig, bluttseelnackig. 4. *allein.* I ha s Näll blutt ghaa, *die Neun allein.*

blutte (plutted) *weich werden von Birnen, Kartoffeln, Geschwülsten.* D Bire blutted.

Blütti w. *Weichheit.* Me hät s vor Blütti chuum chöne aalange.

blüttle (plüttlet) *nackt herumliegen oder -gehen.*

Blüttler m. *Nacktbader* (pop.).

Blutzger m. *alte Scheidemünze.* Kän Blutzger wärt sii, *keinerlei Wert haben.*

Boboo s. *Wehwehchen, kleine Wunde, Quetschung, Schürfung.* Vkf. Bobooli (Ksp.).

bock nur in Ra.: S Wätter isch nüd bock, *unbeständig.* Es isch em nüd ganz bock, *er fühlt sich unwohl.* S Pier isch bock, *lange haltbar.*

Bock m. 1. *Bock, Ziegenbock.* Ra.: Daa staa wien en Bock, *steif dastehen;* de Bock mache, *sich starrköpfig benehmen;* drii luege wien en gstochne Bock, *verblüfft, stier dreinschauen.* Zss.: Bockmischt m, *dummes Zeug;* -still staa, *plötzlich unbewegt stehen bleiben.* 2. *störrischer oder geiler Mensch.* verst. Soubock. Du bisch en rächte Bock. 3. *Kutschersitz.* 4. *Gerät zum Binden der Reisigbündel.* 5. I bi schier debock gstande, *vor Staunen auf den Kopf gestanden;* alls debock stele, *alles verändern;* debock gheie, *umfallen;* debock rüere, *umwerfen.* 6. *augenblicklich die höchste Karte im Spiel (Jassen).* D Roose sind Bock. 7. *Hausbock.* S Huus hät de Bock. Vkf. **Böckli** s. S Böckli mache, *im Spiel sich vornüber neigen.* Zss.: -gumpe, -gumpis s. (auch Bock-), *bockspringen.*

bocke (pocket) 1. *wilde Sprünge machen.* 2. *störrisch sein.* Er bocket gèèrn, *er ist oft störrisch.* 3. *steif sein, von Stoffen.* D Wule bocket, *sie ist nicht geschmeidig.* 4. *schichten.* Turpe bocke, *Torf stapeln.*

Böckel m. *geiler junger Bursche.*

böckele (pöckelet) *nach Ziegenbock riechen, stinken.*

bockig 1. *ungeschmeidig.* Gfroorni Wösch isch bockig. 2. *eigensinnig, ungelenk.*

böckig 1. *brünstig, von Ziegen.* 2. *geil, mannstoll, von Mädchen.*

böckle (pöcklet) 1. *purzeln.* Zss.: abe-, *hinunterpurzeln.* 2. *stapeln.* Turpe böckle, *Torfstücke aufschichten.*

Bode m. (ö) *Boden.* 1. *der natürliche Boden.* Er hät im Oberland na echli Bode, *ein Grundstück.* Ra.: D Sach hät kä Bode, *ist nicht fundiert.* Äine ugspitzt in Boden ie schlaa, *einen niederschlagen.* Äine under de Bode bringe, *zu Tode plagen.* Äine under de Bode tue, *beerdigen.* Am Bode sii, *mit seiner Kraft zu Ende sein.* Öppis z Bode rede, *gründlich erörtern.* 2. *künstlicher Boden.* Er wont uf em eerschte Bode, *im ersten Stock.* Dur all Böde duur phaupte, *bis aufs letzte behaupten.* De Bode legge, *gut essen, bevor* *man zu trinken beginnt.* Siim Ghalt z Bode choo, *mit dem Geld fertig werden.* 3. *untere Fläche eines Brotlaibes, Kuchens.* 4. *Grund, Zettel eines Gewebes in bezug auf Dichtigkeit und Beschaffenheit der Fäden.* 5. verst. bodebööS, bodenebe, bodefescht, bodeguet, bodeschlächt, bodenèèrdeschlächt, bodewool usw. Zss.: -hock m., 1. *Knirps.* 2. *kriechende Pflanze;* -loos, *aufgeweicht, kotig, von der Erde.* Gang nüd in Gaarte, s isch bodeloos! -ruebe w., *grosse Ackerrübe;* -spränger m., *Kartoffelart;* -suri m., *kleiner, geschäftiger Mensch* (pop.). Vkf. **Bödeli** s., 1. *Zwischenpodest zwischen zwei Treppen.* 2. *ebene Stelle in einem Abhang.*

bödele (pödelet) 1. *den Boden bedecken, dass man ihn nicht mehr sieht.* De Chriesichratte isch efang pödelet. 2. *beim Tanzen mit den Schuhen im Takt auf den Boden trommeln; tanzen.*

Bödeler m. *bestimmte Tanzart.*

bodige (podiget) *zu Boden werfen, überwältigen.*

Bodiine w. *hoher Damenschuh, Bottine.*

Bodrett s. *Porträt, Bild* (va.).

boge (poget) *junge Rebschosse krümmen.*

Boge m. (ö) *Bogen.* 1. *Biegung.* D Straass macht en Boge. Ra.: Das git em de Boge, *den letzten Stoss versetzen.* Mach käi Böge! *sag die Wahrheit.* 2. *Bogenschoss der Weinrebe.* 3. *Fangschlinge für Mäuse.* Zss.: -chratte m., *Henkelkorb;* -saage w., *Astsäge, kleine Säge;* -strèèl m., *Bogenkamm.*

bögig *leicht zu biegen, elastisch.*

bögle (pöglet) 1. *im Frühling Rebschosse vor dem Binden zu Bogen biegen.* 2. *beim Schlittschuhlaufen Bogen fahren.*

Boi m. *Servierboy* (fam.).

böiffele (pöiffelet) *gehen* (Ksp., ZO.).

bòigere (pòigeret) *jemanden herumstossen.* Mitenand bòigere.

Bòigi s. *plötzliche Anwandlung von Mutwillen beim Vieh.*

bòimig 1. *baumstark.* 2. *stark, gross.* En bòimige Tùùrscht. 3. *flott, grosszügig.* En bòimige Kärli. 4. *grossartig.* En bòimige Znacht.

Bòisel m. *Quaste.* Vkf. **Bòiseli** s., *Fädchen z.B. auf einem Kleid.*

boldere (polderet), **böldere** (pölderet) *poltern.*

Bolderete w. *Gepolter.*

Bolderi m., **Bölderi** m. *Polterer, Grobian.*

Bole m. 1. *Knollen.* 2. *Exkremente von Tieren, z.B. Pferden, Ziegen, Schafen.* 3. *runder, ziemlich grosser Kieselstein.* Zss.: -stäi m. 4. *Geld* (humor.). Dèè hät en schööne Bole gmacht, dèè verdient en schööne Bole, *viel Geld.* 5. *Knospe.* Zss.: -bick m., *Spechtmeise.* 6. Zss. Bolaug s., in: Bolauge mache, *glotzen.* Vkf. Böleli s.

Böle m. 1. *Küchenzwiebel.* De Böle ab der Choscht lääse, *im Essen heikel sein.* Zss.: -budel m., *in Butter geröstete Zwiebeln;* -gmües s., *Zwiebelgericht;* -schwäizi w., *gedünstete Zwiebeln;* -wèèe w., *Zwiebelkuchen.* 2. *Blumenzwiebel.* 3. *Spielball* (Schsp.). 4. *Taschenuhr, Armbanduhr* (Schsp.).

bölele (pölelet) 1. *nach Zwiebeln riechen.* 2. *koten, von Ziegen, Schafen.* 3. *mit Ball spielen* (Schsp.).

Bolero s. *Jäckchen.*

bolig *knollig, wulstig.*

Bolizischt m. (-e) *Polizist.*

Bolschter s. *Polster, Wulst.* Ra.: Dèè hät es Bolschter, *ist dick.* Vkf. Bölschterli s.

bolschterig *steif, ungeschmeidig, im Tuch wulstig.*

Bolz m. (-e) 1. *Pfeil der Armbrust.* 2. *Bolzen.* Zss.: -graad, *bolzengerade.* Bolzgraaduuf staa, *steif aufrecht;* -waag w., *Schnellwaage.*

Bombe w. *Bombe.* Zss.: -chäib m., *Tausendsassa* (vulg.); -siech m., a) *Tausendsassa* (vulg.). b) *starker Rausch.*

Bongschuur m. in: Guete Bongschuur! *Guten Tag* (pop.). (Du) eebige Bongschuur! *ums Himmels willen* (pop.).

bòòffele (pòòffelet) *schlafen* (Ksp.).

Böögg m. (-e) 1. *Vermummter an der Fasnacht.* 2. *Popanz, der am Sechseläuten verbrannt wird.* 3. *Vogelscheuche.* Dethèèrchoo wien en Böögg, *geschmacklos angezogen sein.* 4. *Klümpchen vertrockneten Nasenschleims.* Zss.: Bööggenalbum s., *Taschentuch* (humor.).

böögge (pöögget) 1. *vermummt umherlaufen.* 2. *in der Nase bohren.*

Bööggerei w. (-e) *Mummenschanz.*

Bööggi m. *wer andern gern Furcht einjagt; Furchterregender.*

bööggig *auffällig, phantastisch gekleidet.*

Bööggis mache *Mummenschanz spielen.*

Bool s. *Blütenknospen der Obstbäume.*

Bool w. *grosse Baumnuss, mit der beim Nüssespiel geworfen wird.*

Bööl m. *kuppenförmiger Hügel.* Vgl. Büül.

bööle (pöölet) 1. *dumpf tönen.* 2. *rumpeln, unsanft herumwerfen.* Zss.: ume-.

Boolichappe w. *Policemütze der Soldaten* (va.).

Böölimaa m. (-mane) *Kinderschreck.*

Böölimänggel m. *Schreckgespenst.*

Boon w. (-e) 1. *Bohne.* Boone setze, *pflanzen.* Ra.: Es isch kä Boon wärt, *nichts wert.* Zss.: Booneblätz m., *Bohnenbeet;* -bluescht s., *Bohnenblüte;* -hültsch w., *Bohnenhülse;* -lied s. Das gaat über s Boonelied, *das ist zu viel;* -ross s., a) *ungeschlachte Person.* Du bisch es Booneross! Schaffe wien es Booneross, *verrückt arbeiten.* Bin ìich es Booneross! *dummer Kerl.* b) *stämmige Frau;* -stäcke m., *Bohnenstange;* -stickel m., *Bohnenstange.* 2. *Kaffeebohne.* 3. (auch Vkf.) *Kosename für kleine Person, Mädchen.* E glatti Boon; e hèèrzigs Bööndli. Vkf. Bööndli s., wiissi Bööndli. Vo jedem Bööndli git s es Tööndli, *Gasbildung von Bohnengericht.*

bööndle (pööndlet) *Kot fallen lassen, koten (Ziegen).* Vgl. Gäisseböönd li.

böönele (pöönelet) *mit Bohnen spielen.* Ra.: De chasch mer cho böönele choo! *kannst mir den Buckel hinaufsteigen.* I will der dänn scho böönele! *daraus wird nichts.*

Böörtli s. *Tresse an Kleidungsstücken.*

boorze (poorzet) meist in Zss.: ume-, umenand-, *herumpurzeln, strampeln.* Vgl. boosse.

Boorzete w. *durch Herumpurzeln angerichtete Unordnung.*

böös 1. *böse, arg, schlimm, gefährlich.* En böőse Wääg, *ein gefährlicher Weg.* En böőse Wii trinke. E bööses Wätter, *ein gefährliches Gewitter.* Das isch wiit ume böös, *in mancher Hinsicht schlimm.* E bööses Bäi, *wundes, krankes Bein.* Gschäch nüüt Böösers! *Beschönigungsformel bei einem Missgeschick.* 2. *schwierig, schwer.* Böösi Siide, *schwer zu verarbeitende Seide.* S isch böös lauffe, *schwierig zu gehen.* 3. verst. hundsböös, bodeböös. Hw. Bööscht. Ra.: Äim z Bööscht rede, *verleumden.*

Böös m. *Teufel* (ZO.).

böőse (pööset), **böösere** (pööseret) *schlechter, schlimmer werden.* D Wääg böösed.

boosge (poosget) *aus Bosheit oder Mutwillen schaden, schlimme Streiche verüben.* Was häsch poosget?

Böösi w. 1. *Unwillen, Zorn.* Er hät s i der Böösi taa. 2. *Bosheit.*

boosse (poosset), **boorze** (poorzet) (ZO.) *obenhin dreschen (zu Samen).* Zss.: ab-, *abdreschen.*

Boosse m. *Bündel rohen Hanfes, Flachses, Bund Roggenstroh.*

böötle (pöötlet) *mit dem Ruderboot (aus)fahren.*

boppele (poppelet), **böppele** (pöppelet) *klopfen, pochen.*

Boppele m. nur in Zss.: Rossboppele, *Rossapfel.*

boppere (popperet) 1. *wiederholt anklopfen.* Am Fass boppere, *das Fass beklopfen.* 2. *picken.* De Spächt bopperet a d Stämm. 3. *rumpeln.* En Wage bopperet über d Psetzi. 4. *pochen, schlagen, vom Herz.*

böpperle (pöpperlet) 1. *wiederholt leise klopfen.* S hät öpper a s Fäischter pöpperlet. S hät mer pöpperlet, *ich bekam Herzklopfen.* 2. *beischlafen* (pop.).

bore (poret) *bohren.* I der Naase bore.

Borer m. 1. *Bohrer.* Vkf. Börerli s. 2. *Holzwurm.* 3. *Krankheit der jungen Früchte des Steinobstes.*

Bori m. 1. De Bori haa, *mürrisch, eigensinnig sein.* 2. *leichter Rausch.*

Börlig m. *Bohrloch im Käse.*

Borneo in der Ra.: Er isch vo Borneo, *er ist borniert, eingebildet, arrogant* (pop.).

Boromiini m. *Hundertfrankennote* (humor.).

Bòss m. *Autobus.* Vgl. Buss.

Bott m. (Bött) *Bote.* Zss.: -loo m., *Botenlohn.*

Botts siehe Pott.

Bou m. (Böi), älter **Buu** m. 1. *Bau.* En choschtliche Bou, *kostspieliger Bau.* Zss.: -amt s. 2. *das Bauen, Baugewerbe.* Er schafft uf em Bou.

boue (poue) *bauen.* Zss.: aa-; ab-; ii-; um-; uuf-; uus-.

Bouerei w. (-e) *langwierige Bauarbeit.*

Bouss m., **Boussel** m., **Boussi** m., **Boussli** s. *Hund* (Ksp.).

Bowèère w., **Bowère** w., **Buwère** w. *Erbse* (frz. pois verts). Vkf. Bowèèrli s., Bowèrli s., Buwèrli s.

braach *brach.* Ra.: En Acher braach ligge laa, *irgend etwas ungenützt liegen lassen.*

Braach w. *Brachfeld.* Nur noch in formelhaften Wendungen: Er wìrt nüd gschiid, bis d Puure Mischt ab der Braach füered, d. h. *nie.* Er tuet, wie wän er ab der Braach chèèm, *zeigt wahren Heisshunger.* Us der Choornzälg i d Braach springe, *seine Stellung verlassen.* Zss.: -monet m., *Juni.*

braache (praachet) *(das Brachfeld) tiefpflügen im Frühling.*

Braachet m. *Juni* (va.).

Braame m. 1. *Braue, Augenbraue.* 2. *Rand, Kante, z.B. eines Balkens.* S isch uf em Braamen usse. De Braame vom Brätt abhoble, *das Brett entkanten.* Em Braame naaefaare, *dem oberen Rand eines Gefässes nachfahren.* Vkf. Bröömli s. S Brätt isch um es Bröömli z schmaal, *um ein weniges zu schmal.*

Braame (meist Mz.) *belaubtes Zweiglein von Obstbäumen mit Knospen, Blütenständen oder Früchten.* Heb Soorg, das d nüd so vil Braamen abbrichsch! Vkf. Bröömli s. Rüer mer e paar Bröömli abe! *Zweige mit Kirschen.*

Braame (Mz.) *Brombeergesträuch.* Zss.: -stuude (Mz.), *Brombeerstrauch;* -töörn (Mz.), *Brombeerdornen.*

braate (praate) *braten.* Ra.: Si tuet nüüt weder chüechle und braate, *sie ist verschwenderisch.* Du chasch es iez süüde oder braate, *du kannst damit anfangen, was du willst.* Hw. Praatets s., *gebratenes Fleisch.* Zss.: Braatwùùrscht w., Bradwùùrscht w.

Braate m. (Brööte) *Braten.* Ra.: Äim uf de Braate choo, *hinter die Schliche kommen.* Lupf diin Braate! *steh auf* (humor.). Da hämer de Braate! *die Bescherung.* Vkf. **Bröötli** s. Es Bröötli, *heiratsfähiges und begehrenswertes Mädchen.*

Braatis m. 1. *Gebratenes.* 2. *Leckerbissen.* 3. *Schmaus.*

braav (en braav[n]e, breever, jg. brèèver) 1. *brav, tüchtig, wacker, rechtschaffen.* Ra.: Er isch nüüt z braav derzue, *diese Schlechtigkeit ist ihm zuzutrauen.* Er wott aliwiil de Brèèvscht sii, *spielt stets den Unschuldigen.* 2. *artig.* Bisch en Braave gsii? 3. *stattlich.* E braavi Chue. 4. *ansehnlich, zweckmässig, brauchbar.* En braave Tisch, Chaschte, Stuel.

bräche (i briche, proche) 1. *brechen.* 2. S Wasser bräche, *temperieren.* 3. *sich übergeben, erbrechen.* I ha müese bräche. 4. *gerinnen.* D Milch isch proche, *beim Buttern.*

Bräche w. *Breche zum Quetschen der Hanf- und Flachsstengel.*

Bradwùùrscht siehe unter braate.

Brägel m. 1. *Menge, Haufen.* S liit en ganze Brägel Öpfel under em Baum. En Brägel Hüüser, en Brägel jung Chatze, en Brägel Chind. Ra.: De ganz Brägel isch abegheit, *alles zusammen ist heruntergefallen.* 2. *Gedränge.* Das isch en Brägel, me chunt fascht nüd dure. 3. *Brei aus Beeren, Kirschen.* Ra.: Dè hät en schööne Brägel aagricht! *etwas Verkehrtes gemacht.* Da häsch de Brägel! *die Bescherung.*

brägle (präglet) 1. meist unpersönlich, *prasselnd aufschlagen.* D Nusse sind abechoo, s hät grad präglet. D Soldaate händ gschosse, das hät präglet! 2. *prasseln, brotzeln beim Braten, Schmoren.* D Hèrdöpfel brägled i der Pfane. Zss.: abe-, *mit Geräusch herunterfallen.* D Bire brägled abe; füre-, *herauskollern.* D Hèrdöpfel brägled füre, *aus der Ackerfurche;* zäme-, *polternd zusammenstürzen.* D Schiiterbiig isch zämepräglet.

Bräglete w. *Gewirr, Durcheinander zusammengehörender Dinge, Haufe.* Di ganz Bräglete, *der ganze Haufe.*

bräit *breit.* Ra.: De bräitewääg anestaa, *sich breit hinstellen.* Mer müend de Chaschte de bräitewääg ufeträäge, *den Kasten quer hinauftragen.*

bräite (präitet) *in die Breite wachsen, breit werden.* Dè hät präitet. Zss.: uus-.

Bräiti w. *Breite.* I d Bräiti gaa, *breit werden.*

bräitlacht(ig) *ein wenig breit* (va.).

brale (pralet) *prahlen.*

Brali m. *Prahlhans.*

Bräms w., **Brämsi** w. *Bremse am Wagen.*

brämse (prämst) *bremsen.* Zss.: ie-, *jemandem etwas einbrocken.*

Brand m. (ä) 1. *Brand.* 2. *Heizmaterial.* I ha dè Winter vil Brand pruucht. 3. *das einmalige Brennen von Branntwein, Kalk usw.* En Brand Trääsch übertue, *Trester übers Feuer setzen.* 4. *brennender Durst.* De Brand lösche. 5. *Rausch.* Er hät en ghöörige Brand. 6. *Entzündung.* Wänn s nu kän Brand git! 7. *Krankheit an Pflanzen.* Zss.: -blaatere w., *Brandblase.*

brande (prandet) *brandig werden.* S hät aafèè brande, *die Wunde begann brandig zu werden.*

brändele (prändelet) *nach Angebranntem, brenzlig riechen.*

Brandig w. *Heizmaterial, Brennmaterial.*

Brändli m. *Feuerbrand* (humor.). Es Huus em Hèrr Brändli z chauffe gèè, *in Brand stecken.*

bräne (pränt), älter **brüne** (prune) 1. *brennen.* Es bränt deet. Gib acht, s bränt! *es ist heiss.* D Suppe bränt, de muesch si blaase! *die Suppe ist heiss.* De Rossmischt brännt, *sengt.* ütr. De chöntisch di bräne, *verrechnen.* Das bränt mi nüüd, *berührt mich nicht.* 2. *erhitzen.* Es Fass bräne, *ein neues Fass erhitzen, damit sich die Dauben beim Antreiben der Reifen leichter krümmen.* 3. *destillieren.* Chriesi bräne. Zss.: aa-. Er isch aapränt, *er kam an die falsche Adresse;* ab-, *niederbrennen.* S Huus isch abpränt; abe-, *niederbrennen.* D Cheerz isch abepränt, *niedergebrannt;* dure-; uus-. Bränhaafe m., *Destillierblase;* Bränessle w., *Brennessel.*

Bräner m. 1. *Branntweinbrenner.* 2. *Krankheit bei Pflanzen (Verdorren der Blätter).* D Rääbe händ de Bräner. 3. *Brenner am Gasherd.* 4. *Spirituskocher, -vergaser.*

bränig *brennend.*

bräntele (präntelet) *brenzeln* (ZO.).

Bränz m., s. *Branntwein, Schnaps.* Ra.: En schaarffe Bränz, *scharfer Pfeffer.* Pass uuf, oder s git Bränz! *scharfen Verweis oder Prügel.* Iez häsch de Bränz! *die Bescherung.* Das isch en tüüre Bränz! *eine teure Geschichte.* Zss.: -baabi s., *Branntweintrinkerin;* -fass s.; -glaas s.; -naase w.

bränzele (pränzelet) *nach Branntwein riechen.*

Bränzeler m., **Bränzleri** w. (-ne) *Branntweintrinker(in).*

bränzelig *nach Branntwein, Schnaps riechend.*

braschle (praschlet), **braschte** (praschtet) 1. *prasseln, knistern, von Feuer.* 2. *brotzeln, beim Schmoren , Braten.* Es braschlet bim Chüechle.

brätschge (prätschget) *grüne Nüsse schälen.*

Brätschge w. *grüne, äussere Schale der Nuss.*

Brätt s. (-er) *Brett.* Uf em Brätt sitze, *am Webstuhl sitzen.* Ra.: Am Brätt sii, *Ansehen, Einfluss haben.* A s Brätt müese, *dran glauben müssen (eig. vor Gericht).* Er hät s letscht Brätt, *es geht zur Neige mit ihm.* Äim i s Brätt choo, *das Spiel verderben.* Ab Brätt choo, *vorwärts kommen.* Vkf. **Brättli** s., 1. *Brettchen.* Zss.: -sässel m., *Sessel mit Holzsitz.* 2. *Skis* (fam.). 3. *flache weibliche Brust* (pop.). 4. *Spielkarte ohne Figur.*

brättig *steif, hart wie ein Brett.*

Bräzeli s. *Brezel.* Zss.: -bueb m., *Weichling, Dummkopf (Erwachsener).* Er hät mi anegstelt wien en Bräzelibueb.

Brèèm w. (-e) *Viehbremse.*

Brèèmlig m. *Russfleck.*

breevnere (preevneret), jg. **brèèvnere** (prèèvneret) *besser werden.*

Breevni w., jg. **Brèèvni** w., **Brèèvi** w. *Bravheit, Rechtschaffenheit.* Du bisch hütt e Breevni!

Bregg s. *Break (Wagen).*

breziis 1. *genau, bestimmt.* S hät breziis glanget, *es hat gerade gereicht.* S macht breziis föif Franke, *genau fünf Franken.* Breziis gliich, *genau gleich.* 2. *gerade, eben.* I chönt breziis nüüt sääge, *ich könnte gerade nichts sagen.* Er hät Guets breziis nüd z prichte, *er kann nicht eben Gutes sagen.*

Breziisler m., **Breziisli** m. *Pedant.*

Brief m. 1. *Schuldbrief, Pfandbrief.* I ha der eerscht Brief. 2. *schriftliche Mitteilung.* Zss.: -iiwurff m., *Briefkasten.* 3. *Führerschein, Fahrausweis.* Vkf. **Briefli** s., *briefähnlicher Umschlag für Kurzwaren.* Es Briefli Gufe, Naadle, Zündhölzli.

briefe (priefet) *einen Schuldbrief ausfertigen.* Er hät geschter priefet.

briefle (prieflet) *klatschen, plaudern.* Häsch es müese briefle?

briegge (priegget), **briengge** (priengget) *leise weinen* (Ksp.). S Briegge und Lache i äim Seckli haa.

Brieggi m., **Brieggeri** w. (-ne) *weinerlicher Mensch.* Du bisch en Brieggi!

briise (prise; s.d.) *schnüren.* Zss.: ii-, *einschnüren.* Briisholz s. *waagrechter Verbindungsbalken beim Riegelwerk;* -neschtel m. *Schnürband am Miederleibchen.*

Briise m. 1. *Prise.* En Briise nèè, *eine Prise Schnupftabak nehmen.* 2. *Tadel, Verweis.* Äim en Briise gèè. Er hät de Briise gnaa, *den Hieb, Tadel entgegengenommen.*

Briisli s. *Saum, Einfassung an Kleidungsstücken, besonders an Hemden, Blusen.*

bringe (praacht) 1. *bringen.* Äim en Pricht, en Gruez bringe. Beim Jassen: Äim Äichle bringe, *spielen.* Es Gsetz vor s Volch, vor d Gmäind bringe, *abstimmen lassen.* I bring der s, i bring der äis, *zutrinken.* Bringed s di ä efange? *kommst du endlich?* (humor.). Ra.: I d Sätz bringe, *in Aufregung versetzen.* 2. *erreichen, es zu etwas bringen.* I bring der s a käs Poort, *ich komme mit meiner Arbeit nicht zu Ende.* E Chue wider a s Fläisch, an Liib, a d Milch bringe, *eine Kuh zu Körperfülle, zu Milchleistung bringen.* Dè hät s öppehìì praacht, *es schlägt bei ihm an.* 3. *eintragen, abwerfen.* Es mag öppis bringe, *es macht bei der Arbeit etwas aus.* S bringt nüd vil Zeis, *wirft wenig Zins ab.* Zss.: ab-; abe-, *hinunterbringen;* abenand-, *entzweibrechen können;* ane-, a) *hinbringen.* b) *zustande bringen;* bii-; fèrtig-. Iez häsch es fèrtigpraacht! a) *es ist geglückt.* b) *es ist defekt;* hère-, a) *hintragen, herbeibringen.* b) *zustande bringen;* ie-. Ich ha s nüme iepraacht, *ich konnte es zeitlich nicht mehr erledigen;* ine-; ue-; ufe-; um-; ume-, a) *zurückbringen.* b) *überreden;* use-; uuf-; uus-; zäme-, *zusammenbringen;* zue-; zwäg-, *zustande bringen.* Er bringt nüüt Rächts zwääg.

brittle (prittlet) *ein Heufuder kunstgerecht laden.*

Brittli s. *Brettchen.* 1. *am Webstuhl zum Anstecken der kleinen Spulen.* 2. *Teil des alten Pfluges.* 3. *am Fensterladen, Jalousie.*

bröie (pröiet) *brummend vor sich hin reden, murren.* Zss.: ume-, *frech widerreden.*

Brȍik m. *starker Tabakrauch* (ZO.).

brȍike (prȍikt) *rauchen; in raschen Zügen rauchen und heftig den Rauch ausstossen.*

brȍile (prȍilet) *prahlen* (ZO.).

Brȍiler m. *Prahler* (ZO.).

Brȍilerei w. (-e) *Prahlerei* (ZO.).

Brȍili m. *Prahler.* De bisch en chäibe Brȍili!

brȍischtig *trocken, unfruchtbar, bes. von sandigem, steinigem Boden.* E brȍischtigi Halde.

brȍisele (prȍiselet) 1. *brenzeln, schwelen, nach Brand riechen.* Lang eb me s Füür gsee hät, hät s prȍiselet. ütr. Dè brȍiselet, *ist ein Brandstifter oder steht in diesem Ruf.* Zss.: aa-, *leicht anbrennen.* 2. *brandig schmecken, von Speisen.* D Suppe, d Milch brȍiselet.

brȍiselig *brenzlig.* Brȍiseligs Hȍi frisst s Vee nȕȕd.

bröögge (pröögget) *erschrecken, Schrecken einjagen.* Er hät mi wele bröögge, *er wollte mich erschrecken.* Denand bröögge, *einander hänseln.*

Bröögerei w. (-e) *harmloses Furchteinjagen.*

brȍȍmig *prall.* Brȍȍmig füle.

broosme (proosmet) *zerkrümeln.* Lueg au, wie d broosmisch! *was du Brosamen machst.* S Hȍi broosmet, *zerfällt, weil es zu dürr ist.*

Broosme m. *Brosamen.* D Broosme zämenèè. Vkf. **Bröösmeli** s., 1. *Paniermehl.* 2. *ein bisschen, ein wenig.* I ha nu es Bröösmeli ghaa. Du chasch au tue ab iedem Bröösmeli! Es Bröösmeli Salz. I ha käs Bröösmeli, *gar* *nichts.* Er isch käs Bröösmeli wärt, *er taugt nichts.* S hät mer käs Bröösmeli gmacht, *ich habe keinen Schaden genommen.*

bröösmele (prröösmelet) 1. *zerkrümeln.* Zss.: füre-, *Geld, Worte hervorklauben.* 2. *kleinlich arbeiten.*

bröösmelig *bröckelig, zerfallend.* D Chrööli sind ganz bröösmelig.

Broosmete w. *Menge zerstreut umherliegender Brosamen.*

broosmig *in kleine Stücke zerfallend, zerbröckelnd.* Broosmige Chèès.

Broot s. *Brot.* Ruuchs, halbruuchs, wiisses, altpaches, nüüpaches, hèrts, troches Broot. Schwumigs Broot, *zu luftiges.* En uufgsetzts, *langgestreckter Brotlaib mit erhöhtem kugeligem Kopf.* E langs, *zwei- oder vierpfündiges Brot.* E groosses, *vierpfündiges Brot.* E chliises, *einpfündiges Brot.* Ra.: Dèè haut mir ja käi Broot ab! *Der hat mir nichts zu befehlen!* (pop.). S Hèrt vom Broot, *die Brotkruste.* S Lind vom Broot, *Krume.* Ra.: So wiit me Broot isst, *soweit Menschen wohnen.* S isch besser es Stuck Broot im Sack as en Mäie, e Fädere uf em Huet. S gaat wie Broot ässe, *geht leicht vonstatten.* Dè cha mee as Broot ässe, *er ist begabt.* Er chunt ugsoorgets Broot über, *kommt ins Zuchthaus.* Zss.: -broosme m., -bröösmeli s., *Brosamen;* -laube w., *Mund* (pop.). Mach d Brootlaube zue! -mocke m., -möckli s., *Brotbrocken;* -rinde w., *Kruste;* -röif(t) m., *Kruste.* Vkf. **Bröötli** s. (Ksp.: Brooteli s., Bröötli s.), *Brot* (fam., *nicht Brötchen!*).

bröötele (prröötelet) *nach Braten riechen.*

bröötle (prröötlet) *braten.* Prröötlet Hèrdöpfel, *gebratene Kartoffelscheiben* (vgl. Rööschti).

bröötsche (pröötschet) 1. *undeutlich reden, lallen.* 2. *plappern, schwatzen.*

Bröötschete w. *Geschwätz.*

Bröötschi m. *gedankenloser Schwätzer.*

brosle (proslet), **brösele** (pröselet) *sich beim Essen und Trinken gütlich tun.* Mer händ Zaabig pröselet, *gemütlich zu Abend gegessen.*

Brosli m. *Mensch, der gutes Essen und Trinken liebt, Wohlbeleibter.* En ticke Brosli.

Brouscht w. (Bröischt) *Feuersbrunst.* Ra.: Das isch nöd miini Brouscht, *nicht meine Sache.*

Bruch m. (ü) *Bruch.* Das isch en fèrtige Bruch, *schlechte Arbeit, Pfusch.* En Bruch ablaa, *schlechte Arbeit leisten.* Zss.: -buude w., *schlechte Firma* (vulg.); -waffle w., *zerbrochene Waffel.*

brüchele (prüchelet) *schlecht werden, vom Wein.*

brüchelig *abgestanden, vom Wein.*

brudle (prudlet) 1. *sprudeln, von einer Quelle.* 2. *überhastet sprechen.*

brüe (prüet) *brühen.* D Wösch brüe. E Sou brüe, *ein getötetes Schwein mit heissem Wasser übergiessen, damit die Borsten leicht abgehen.*

Brüe w. *Brühe.* Das isch e Brüe! *schlechter Kaffee.* D Wösch a d Brüe tue, *in die Lauge legen.* Schwätz käi Brüe! *kein dummes Zeug.* Dè chunt e schööni Brüe über, *gerät in schlimme Lage.*

Bruech w., meist Vkf. **Brüechli** s., *kleine Windel.*

brüeche (prüechet) *die Leitern eines Wagens festbinden.* Zss.: Brüechchette w., *Kette zum Befestigen der Wagenleiter.*

Brueder m. (-e) 1. *Bettelbruder* (va.). Zss.: -luus w., *Kleiderlaus;* -maa m., *Kapuziner, Bettler* (va.). 2. *Klosterbruder.* De Brueder Chlaus, *Niklaus von Flüe.*

Brüeder m. 1. (Mz. -e) *Bruder.* S Brüeders Bueb (auch Zss. Brüedersbueb m., -sùù m.), *Neffe.* S Brüeders Chind (auch Zss. Brüeders-chind s.), *Nichte.* 2. (meist Mz. Brüeder) *Kerl* (pej.). Die Brüeder!

brüederle (prüederlet) *unangenehm riechen nach Strohlager, nach alter, schmutziger Wäsche.* S brüederlet, *wenn nasse Kleider am warmen Ofen hängen.*

brüederli *brüderlich.* Brüederli täile.

Brüel m. *Schrei.* En Brüel ablaa, *einen Schrei ausstossen.* Zss.: -aff m., -baabi s., -chappe w., -lätsch m., -tätsch m., *weinerliches Kind, Schreier.*

brüele (prüelet) 1. *brüllen.* Brüele wien am Spiess. D Chüe brüeled. Hülffio brüele, *um Hilfe schreien.* De See brüelet, *beim Springen der Eisdecke.* 2. *weinen.* Wèr wett au wäge dem brüele? *deswegen weinen.* Zss.: aa-, *anschreien.*

Brüeleri w. *brünstig-schreiende Kuh.*

Brüelete w. *anhaltendes Schreien, Brüllen.*

Brüeli m. 1. *Schreier.* Zss.: -chäib m., *Schreihals* (pop.). 2. *weinerlicher Mensch.* 3. *Weinkrampf.* Si hät de Brüeli, *sie weint sehr.*

Bruet w. *Brut.* Di ganz Bruet, *die ganze Gesellschaft* (pop.). verst. Soubruet (vulg.).

bruete (pruetet) 1. *brüten.* D Gluggere bruetet, *die Gluckhenne brütet.* Er bruetet öppis. Er bruetet anere Chranket ume, *ist unpässlich.* 2. *vor sich hinstarren.* Zss.: uus-, *lange und gründlich vorbereiten.*

brüetele (prüetelet) *dumpfig riechen.*

Brueteri w. (-ne) *Gluckhenne.*

bruetig, jg. **brüetig** *schwül, dunstig.* E bruetigi Hitz. Zss.: -häiss, -waarm.

Brüetsch m. *Bruder* (pop.).

Brügel m. *Prügel.* 1. *Knebel, dickes Rundholz zum Feuern oder Belegen von Wegen.* Zss.: -brugg w.; -holz s.; -wääg m., *Knüppeldamm.* 2. *Gewehr* (humor). 3. (Mz.) *Schläge.* Äim Brügel gèè.

Brugg w. (-e) 1. *Brücke.* Ra.: Er hät Ziit wie de Schnägg ab der Brugg, *mit knapper Not einer Gefahr entrinnen.* 2. *erhöhter Boden im Grunde eines Lastschiffes.* 3. *Stallboden.* 4. *Abdeckung eines Jauchetroges (aus Rundhölzern).* 5. *Bretterbrücke eines Wagens, Wagenbrücke.* Zss.: Bruggewaag w., *Brückenwaage;* -waage m., *Brückenwagen.* Vkf. Brüggli s.

Brügi w. *Garbenboden über der Tenne.* Ra.: Vil uf der Brügi, aber wenig uf der Schütti, *viele Garben, aber wenig Korn.* Zss.: -loch s., *Öffnung, durch welche man die Garben hinaufzieht;* -säil s.

brügle (prüglet) *prügeln.*

Brüglete w. *Prügelei.*

Brügli m. *wer gern prügelt, Prügelnder.*

Brüle w. 1. *Brille.* Zss.: -fueter s., *Brillenfutteral;* -schaaggi m., *Brillenträger* (pop.). 2. *Sitzring des Abortes.*

Brumbeeri s. *Brombeere.*

Brummerli m., **Brummli** m. *brummiger, mürrischer Mensch, Murrkopf.*

brummle (prummlet) *brummen, murren.*

brummlig *mürrisch.*

Brune m. (ü) 1. *Brunnen.* Ra.: Er tuet de Brune mälche, *panscht Milch.* Er hät de Brune bim Chäler, *panscht Wein.* Zss.: -bett s., *Brunnentrog* (va.); -chalb s., *Wassermolch;* -chressech m., *Brunnenkresse;* -mäischter m.; -stock m., *Brunnensäule;* -stùùd w.; -stube w.; -traag m., jg. -troog m., *Brunnentrog;* -trööglе, *in den Brunnentrog tauchen.* Mer händ en brunetrööglet. 2. *Harn.* En Brune mache, *harnen.* Vkf. **Brüneli** s., 1. *Lavabo, Waschschüssel.* 2. Es Brüneli mache, *harnen* (Ksp.).

brüne siehe bräne.

brünele (prünelet) 1. *ausfliessen als dünner Wasserstrahl.* 2. *harnen* (Ksp.).

Brunz m. *Harn* (vulg.). Zss.: -haafe m., *Nachttopf* (vulg.); -huus s., *Abort, Pissoir* (vulg.).

brunze (prunzt) *harnen, bes. von Tieren.*

brünzle (prünzlet) *harnen* (vulg.). Vèèrsli brünzle, *schlechte Verse machen* (pop.).

bruschele (pruschelet) *murmeln, undeutlich sprechen.*

Bruscht w. (ü) 1. *Brust.* I ha s uf der Bruscht, *ich bin lungenkrank.* 2. *gestärkter Brustteil des Männerhemdes, bei Frauen schöner Latz des Mieders.* Zss.: -latz m. Ra.: Suuber under em Bruschtlatz, Bruschttuech sii, *ein gutes Gewissen haben.* 3. *Bruststück des geschlachteten Tiers.* I hett gèèrn vo der Bruscht.

brüttig *zum Braten heiss.* Gewöhnlich in Verb. brüttig häiss, *siedendheiss.*

bruu (brüüner, brüünscht) *braun.* En bruune Mantel, e bruuni Chue.

Bruuch m. (üü) 1. *Brauch, Sitte, Gewohnheit.* S isch nüd de Bruuch bin öis. Äim zäige, was de Bruuch isch, *Anstand lehren.* Tüend au, wie s de Bruuch und rächt isch! *benehmt euch, wie es sich schickt.* Es räägnet, wie s de Bruuch isch, *ergiebig.* Öppis im Bruuch haa, *gewohnt sein.* 2. *Verbrauch, Aufwand.* Die Lüüt händ en füürchtig groosse Bruuch, *sie treiben einen grossen Aufwand.* Bi dem groosse Bruuch schlaat s Holz uuf, *bei diesem Verbrauch wird das Holz teurer.* 3. Stüür und

Bruuch, *die von einer Haushaltung zu zahlenden Steuern und Abgaben.*

bruuche (pruucht) 1. *brauchen, verwenden, gebrauchen.* I ha die Schue no nie pruucht, *noch nie getragen.* De muesch s Muul bruuche, defüür häsch es! *sprich zur rechten Zeit.* Wele Schuemacher bruuched ììr? *zu welchem Schuhmacher geht ihr.* 2. *aufbrauchen, verbrauchen.* Mer bruuched es Broot im Taag. Er bruucht Gält wie Hòi, *er verbraucht viel Geld.* 3. *bedürfen, nötig haben.* Mer bruuched hütt nüüt. Unpersönlich: S bruucht e paar Meeter vo dem Tuech. S bruucht en Maa für so öppis, *dazu braucht es einen Mann.* Zss.: aa-; uuf-; uus-.

Bruucheri w. (-ne) *Verschwenderin.*

brüüchig, meist **vilbrüüchig** *verschwenderisch, viel brauchend.*

bruune (pruunet) *braun werden.* S Broot bruunet im Ofe.

Brüüni w. 1. *Bräune, z.B. von der Gesichtsfarbe.* 2. *Halsbräune, Angina.*

bruunlacht(ig), bruunlächt(ig) *bräunlich* (va.).

Brüüsch s. *gemeines Heidekraut.*

Bruuse w. *Brause.*

Bruut w. (üü) *Braut.* Dethèèr choo wien e Bruut, *geputzt sein.* Tue wien e Bruut, es Brüütli, *sich schüchtern, zimperlich benehmen.* I ha z tue wie d Bruut im Baad, *bin sehr beschäftigt.* Vkf. Brüütli s.

Brüüterich m. *Bräutigam* (humor.).

---

bs- siehe **ps-**

bsch- siehe **psch-**

Bubeli s. *wehleidiger, zimperlicher kleiner Knabe* (pej.). E fèrtigs Bubeli.

bubelig *kindisch.*

Bubi m. 1. *kleiner Bub, Knabe* (fam.). 2. *furchtsamer Mensch.* Zss.: -chopf m., *bestimmte Haartracht der Frau.*

Büchs w. (-e) 1. *Büchse.* 2. *Kopf* (pop.). Er isch uf d Büchs gheit, *er ist umgefallen.* ütr. *etwas ist ihm misslungen.*

büchse (püchset) 1. *mit einer Büchse versehen, ausfüttern, z.B. eine Wagennabe.* 2. *fallen.* Es hät mi püchset (Schsp.).

Büchser m. *Büchsenschmied.*

buchsi *aus Buchsbaumholz.*

Buck m. (ü), Vkf. Bückli s. 1. *durch Druck oder Schlag entstandene Vertiefung.* De Chessel hät en wüeschte Buck. 2. *Biegung, Krümmung.* De Wääg macht deet en Buck. 3. *Falte im Papier, Gewand.* 4. *kleine rundliche Bodenerhebung, Hügel.* Er wont uf em Buck. 5. *rundliche Anschwellung auf der Hand, Wölbung an einer Mauer.* Vgl. Ii-, Uusbuck.

bucke (puckt) *bücken.* Buck di! *bück dich!*

Bückti s., **Bücki** s. *Rückentraggefäss für Trauben und Wein.*

Budäle w. *Schnapsflasche* (frz. bouteille).

Budel m., Vkf. Budeli s. *altes Hohlmass (1 dl).* Es Budeli Schnaps, *ein Gläschen Schnaps.*

Budik w. (-e) *Werkstatt.* Di ganz Budik, *der ganze Kram.*

budle (pudlet) *durcheinander schneien, regnen, stürmen* (ZO.). Im Hornig mues es budle. Zss.: ume-, *unsanft mit einem umgehen.*

Bueb m. (-e) 1. *Bub, Knabe.* I ha zwee Buebe und es Chind, *zwei Knaben und ein Mädchen.* Er isch no en Bueb, *unerzogen.* 2. *Jüngling.* De Buebe naalauffe. 3. *Sohn.* Öise Bueb isch furt. Miis Buebe Frau, *meine Schwiegertochter.* S Buebe Bueb, *Knabe des Sohnes.* 4. *Bauer im Jassspiel* (z.B. Äichlebueb). Zss.: Buebemäitli s., 1. *knabenhaftes Mädchen.* 2. *Mädchen, das den jungen Burschen nachläuft,* auch -naar m., -schmöcker m., -schmöcki m.; -roli m., *Wildfang;* -roos w., *Pfingstrose;* -zöörkli s., *Stirnlocke bei Mädchen.* Vkf. Büebli s., in Ksp. Buebeli s., Büebeli s., Bubi m.

buebe (puebet) *sich wie ein Knabe benehmen.* Me buebet daa nůůd, *man treibt da keinen Spass.*

Büebel m. *Bürschchen.*

büebele (püebelet) *sich wie ein Knabe benehmen.* S büebelet no biin em.

Büebelei w. (-e) *Bubenstreich, kindisches Benehmen.*

büebelig *knabenhaft, jugendlich flatterhaft, einfältig.*

Buebike *mit Anspielung auf «Bueb» in der Ra.:* Vo Buebike sii, *ein Grobian sein.*

Buech s. (Büecher) *Buch.* S falt nüüt dur s Buech aab, *was notiert ist, wird nicht* *vergessen.* Es Buech verschluckt haa, *viel reden* (humor.). Zss.: buechbindere, *den Beruf des Buchbinders ausüben;* -staab m. (Z.Kn.), -stabe m., *Buchstabe;* Büechergstell s.; -hängscht m., *Bücherwurm.* Vkf. **Büechli** s. Alls uf s Büechli nèè, *auf Kredit kaufen.* Für d Milch hämer es Büechli, *die Milch wird aufgeschrieben und monatlich bezahlt.* Uf s Büechli tue, *ins Sparheft legen.* Es Büechli Bapiir, Naadle. Ra.: Dè hät s Büechli glääse, *versteht die Sache gut.*

Buech w. (-e) *Buche.* Zss.: -fink m.; -nüssli s., *Buchecker;* Buecheholz s.; -rinde w.; -spält (Mz.), *buchene Klötze.*

bueche (puechet) 1. *buchen.* 2. *bestellen.*

buechi *buchen, aus Buchenholz.* Mane wie buechi Trämel, *stämmige Männer.* Buechi, buecheni Spält, *Klötze.*

Bueg w. *schrägstehende Stütze, Strebebalken am Riegelwerk.*

Buess w. (-e) *Busse, Geldbusse.* I d Buess choo, *gebüsst werden.* I der Buess sii, *bussfällig sein.*

Büez w. *Flickarbeit, (mühsame, schwierige) Arbeit.* Dè chunt e schööni Büez über! *wenn man z.B. ein baufälliges Haus kauft.* Das isch e böösi Büez, *schlechte Arbeit.* Mit dem han i e groossi Büez ghaa, *viel Mühe, Scherereien.*

büeze (püezt) 1. *ausbessern, flicken.* D Strümpf, d Hose büeze. 2. *nähen.* Si tuet büeze, *sie ist Näherin.* Si cha guet büeze, *gut nähen.* Mer hät en müese büeze, *die Wunde nähen.* Zss.: aa-; druuf-; zäme-; zue-.

Büezer m. *Arbeiter* (pop.). Zss.: -foräle w., *Zervelatwurst* (humor.).

Büezeri w. (-ne) *Flickschneiderin.*

Büezete w. 1. *Flickarbeit, Näharbeit.* Bi dère Büezete cha me si d Augen uusluege. 2. *Flickstück, Nähstück.* Nim d Büezete füre! *nimm die Näharbeit zur Hand.*

Bufet s., **Burfet** s., **Büffé** s. *Büffet, Schrank.*

Büff (Mz.) *Ausfütterung einer Röhre.*

büffle (püfflet) *büffeln, angestrengt lernen* (Schsp.). Zss.: naa-, *nacharbeiten* (Schsp.).

Büftegg siehe Biftegg.

Buggé s. *Bukett.* 1. *Blumenstrauss.* 2. *Blume des Weins.*

Buggele w. *Löwenzahn* (Wth.).

bügle (püglet) meist in Ra.: äine hèrebügle, *tüchtig arbeiten* (pop., jg.).

Bulver s., jünger **Pulver** s. *Pulver.* 1. *Staub, Asche.* 2. *gepulvertes Gewürz.* 3. *Schiesspulver.* Wäme schüüsse wott, se mues me s Bulver nüd dihäime laa, *wer etwas erreichen will, muss die Mittel dazu mitbringen.* 4. *Geld* (pop.). Vkf. **Bülverli** s., *Medikament, Arzneimittel.*

bülvere (pülveret), jünger **pülvere** (-et) *knallen, in einem fort schiessen.* Die bülvered de ganz Tag.

bülverle (pülverlet) 1. *nach verbranntem Schiesspulver riechen.* 2. *zum Zeitvertreib Pulver verknallen.*

Bumbel m. *Tasche in Kleidungsstück, besonders wenn vollgestopft.* En ganze Bumbel vole Chlüüre.

bumberdiere, bumbediere (-t) *bombardieren.*

bumbere (pumperet) *dröhnend klopfen.* Mis Hèèrz bumberet.

bume (pumt) *dröhnen, krachen, von der Kanone, Pauke.*

Bumelzùùg m., **Bumler** m. *Regionalzug, Nahverkehrszug.*

Bumer m. *kleiner, rundlicher Hund.* Vkf. **Bumerli** s., *kleine, rundliche Frau.*

Bumeranz w. (-e) *Pomeranze, Orange* (va.).

bumerig *dick.*

Bumert m. *Baumgarten, Obstgarten.* Vgl. Baugert, Bungert.

Bümi m. 1. *Gesäss, Buckel.* Gib em uf de Bümi! 2. *Prügel.* Häsch Bümi überchoo?

Bumler siehe Bumelzùùg.

Bumm m., w. (Bume), Vkf. Bümmli s. 1. *verschiedenfarbige Wurfkugel aus Stein, Glas, Blei; Marmel, Murmel.* 2. (w.) *kleine, dicke Frau.*

Bumper m., Vkf. Bümperli s., *Penis* (Ksp.).

Bumpertoon m. *Bombardon (Blechblasinstrument).*

Bumpis m. *eine Tracht Prügel* (Ksp.). Mues der Bumpis gèè?

Bund m. (ü) (vgl. Punt) *Schweizerische Eidgenossenschaft.* Er schafft bim Bund. Zss.: Bundesfèrie (Mz.), *Militärdienst* (humor.); -paane (Mz.), *Schweizerische*

Bundesbahnen; -schüür w., *Bundeshaus in Bern* (humor.); -seckel m., *Bundeskasse* (pop.).

Bündel m., **Püntel** m. 1. *das Bündel.* En Bündel Graas usw. 2. Du chliine Bündel! *Koseform für Kind.* Vkf. **Bündeli** s. Zss.: -taag m., 1. *Lichtmesstag, an dem früher Knechte und Mägde die Stelle wechselten.* 2. heute: *schulfreier Samstag vor den Ferien.*

bündle (pündlet), **püntle** (-et) *Bündel machen, schnüren.*

Bündlete w. *Gepäck, aus mehreren Bündeln bestehend.*

Bung m. *Wacholderabsud oder Sodawasser zum Reinigen schimmlig gewordener Fässer.*

bunge (punget) *ein Fass reinigen.*

Bungert m. *Baumgarten.* Vgl. Baugert, Bumert.

Bünzli m. *Spiesser, Kleinbürger* (pop.), *eig. Familienname.*

Burger m. *alteingesessener Stadtbürger.*

Burghölzli s. *Psychiatrische Universitätsklinik, Zürich.*

Büro s. *Büro.* Es Büro uuftue, *etwas kompliziert anstellen* (pop., jg.). Käs Büro uuftue, *kein Aufhebens machen* (pop., jg.). Zss.: -amsle w., *Bürolistin;* -fröläin s., *Büroangestellte;* -gumi m., *Büroangestellter* (humor.); -gumsle w., *Büroangestellte* (pej.); -schangli m., *Büroangestellter* (pej.). Vkf. Bürööli s.

bus-bus! *Lockruf für Kälber.*

büs-büs, buus-buus *Lockruf für die Katze.* Büs-büs mache mit äim, *schonend verfahren.* Büsi-Büsi mache, *viele Komplimente machen.* Vgl. Buus.

Busch (Püsch) m. *Busch.* I d Püsch gaa, *austreten* (Ssp.).

Büschligraas s. *Rispengras.*

buschper *gesund, munter.* Er isch no buschper, *er sieht noch gesund aus.* E buschpers Mandli. Er isch wider buschper, *wieder gesund.*

buschunt *munter* (ZO.). Vgl. buschper.

Busel m., **Bus(e)li** s. *Kalb* (fam.). Tue wien es Buseli, *mutwillig herumtollen.*

Büsel m. 1. *etwas Flockiges, Zottiges, bes. von kugeliger Form, z.B. Fahne des Schilfrohrs.* 2. *Troddel, Quaste.* Vkf. **Büseli** s., 1. *Blütenkätzchen der Weide, Haselstaude, Pappel; Samenfederchen, z.B. des Löwenzahns.* 2. *Flaum.* Du bisch vole Büseli. Zss.: -graas s., *Wollgras.* 3. *Kätzchen* (vgl. Buus).

büsele (püselet) 1. *Junge werfen, jungen, von Katzen.* 2. *schmeicheln wie eine Katze.* 3. *faserig, flockig werden von Seide, von Samen des Löwenzahns.*

büsele-bäsele (püselet-päselet), **Büseli-Bauseli mache** *(übertrieben) rücksichtsvoll mit jemandem verfahren.* Vgl. büs-büs.

Büselis mache *mit Kätzchen spielen;* vgl. Buus.

Busi, Büsi siehe Buus.

busle (puslet) *in grossen Wirbelflocken schneien.*

Busle w. 1. *grosse Katze.* 2. *dicke Person.*

Buslete w. *leicht fasernder Stoff.*

buslig *wollig, flockig.*

Buss m. *Autobus.*

bütschge (pütschget) in Zss.: uus-, *das Kerngehäuse aus dem Apfel schneiden* (ZO.).

Bütschgi s. 1. *Kerngehäuse der Äpfel usw.* Mach e käi so groosses Bütschgi! *beim Essen zuviel um das Kerngehäuse stehen lassen.* Ra.: Öiseräis isch nüd es Bütschgi wärt, *bedeutet nichts.* 2. *Kehlkopf.* Er hät e groosses Bütschgi. 3. *herausgeputzte, aufgetakelte Frau* (pop.).

Bütterich m. 1. *das dicke, volle Hinterteil der Spinne.* Ra.: Äim de Bütterich uustrucke, *um Hab und Gut bringen.* 2. *Bauch* (pop.). Du häsch diin Bütterich oordeli vole.

Butz m. in: S isch Butz was Bänz, *es ist alles das gleiche.* Butz und bänz, *mit Stumpf und Stiel, vollständig* (ZO.).

Butz m. 1. *Kleiderputz.* 2. *Offiziersbedienter.* Äim de Butz (Chuchibutz, Schuebutz) mache, *sich zu allem hergeben, niedrige Arbeit verrichten.* Zss. siehe unter butze.

butze (putzt) 1. *putzen, säubern, saubermachen, reinigen.* D Naase butze, *die Nase schneuzen.* En Acher butze, *den Acker vom Unkraut säubern.* Im Holz butze, *Wald von Gestrüpp säubern.* Tuech butze, *die Knötchen aus dem Gewebe entfernen.* Ra.: Äim s Ziit butze, *den Text lesen.* Äim s Mösch, d Chuttle butze, *die*

Meinung sagen. 2. meist unpersönlich, *den Garaus machen.* De Föön butzt de Schnee, *schmelzt den Schnee weg.* Es hät e Sicherig, e Bìr putzt, *eine elektrische Sicherung, eine Glühlampe ist durchgebrannt* (pop.). Bis es de See mag butze, *bis der See zufriert.* Es hät mi fascht putzt, *ich konnte mich fast nicht mehr halten vor Lachen.* Es hät s Uuzifer putzt. Es hät en putzt, *er wurde weggerafft* (vulg.). 3. *gewinnen (beim Spiel).* I butze, *ich bin im Vorteil, ich gewinne.* Chasch äine butze, *sagt man zu jemandem, der einen guten Einfall hat.* 4. *Schlag versetzen.* De Leerer hät mer äis putzt (Schsp.). Es hät mer äis putzt, *elektrisiert.* Zss.: ab-, a) *abwischen.* b) *jemanden anfahren, zurechtweisen;* abe-, s Huus abebutze, *den Verputz erneuern;* ane-, *eine Ohrfeige geben, ohrfeigen;* dure-. Dè Tee hät mi dureputzt; use-, *gründlich reinigen;* uuf-. De Boden uufbutze, *reinigen;* wäg-; zäme-, *letzten Essensrest nehmen, aufessen.* Zss. Butzfäde (Mz.); -fädehäx w., *Mädchen, Frau mit ausgefallener Frisur, Kleidung* (Schsp.); -lumpe m., *Putzlappen;* -tüüfel m.; -züüg s.

bützele (pützelet), **bützle** (pützlet) *peinlich genau putzen.*

Butzer m. *Verweis.* Ra.: Von äim de Butzer überchoo, *herben Verweis.*

Butzeri w. (-ne) *Putzfrau.*

Butzete w. *Reinemachen.* Di grooss Butzete, *Grossreinemachen.*

Butzi m. *Vogelscheuche, Popanz.* Du wüeschte Butzi! *du schmutziges Kind* (ZO.). Zss.: -maa m., *Vogelscheuche.*

Bützlete w., **Bützelete** w. *peinliche, kleinliche Ordnung.*

Buu m. 1. *Bebauung, Düngung.* S Land isch guet im Buu, *gut gedüngt.* De Buu usetue, füere, trääge, *den Dünger aufs Feld führen.* D Rääbe in Buu nèè, gèè, *einen Weinberg gegen Lohn zur Pflege übernehmen oder geben.* Zss.: -furgge w., *grosse Mistgabel* (va.). 2. (jünger **Bou**) *Bau.* Zss.: -chaschte m.; -gspaa s., *Baugespann;* -hölzli s., *Baukastenhölzchen;* -mäischter m.

Buuch m. (üü) *Bauch.* Mer händ müese de Buuch i d Händ nèè vor Lache. Mit Ruggen und Buuch weere, *aus Leibeskräften, um jeden Preis sich wehren.* S Säägel macht en Buuch, *das Segel bläht sich.* D Schiiterbiig hät en ghöörige Buuch, *ist schlecht geschichtet.* Zss.: -pinsle, *schöntun;* -schnabel m., *Bauchnabel* (pop.); -wäle w., *Drehübung am Reck.* Vkf. **Büüchli** s., *vergrösserter Bauch;* **Buucheli** s. (Ksp.).

buuche (puuchet) *ausbauchen, blähen, von Mauer, Beige, Segel.*

Büüchler m. *Bauchlandung bei Kopfsprung, beim Baden* (Schsp.).

büüchlige *bäuchlings.* Büüchlige schlittle, *bäuchlings auf dem Schlitten fahren.*

Buude w. *Bude; Zimmer, Werkstätte, Betrieb* (pop.). Mer schaffed i, uf der gliiche Buude. Ra.: Öpperem uf d Buude stiige, 1. *jemanden aufsuchen.* 2. *jemanden ermahnen* (pop.).

büüge (poge) *biegen.* Zss.: ab-; graad-; um-; ume-, *überzeugen, gewinnen,* I han en umepoge; uuf-; zwäg-, *zurechtbiegen, einrenken.*

Büül m., **Bùùl** m. (ZO.) *Hügel, Anhöhe.* Uf em Bùùl obe. Vgl. Bööl.

Büül w. (-e) *Beule.* Er hät e Büül am Chopf. Äim Büülen an Chopf schwätze, *einem einen Bären aufbinden.* ütr. I ha d Büül aagschlage, *den Kopf angeschlagen* (Schsp.). Zss.: -bäck m., s., *Harzklumpen an Weisstanne* (ZO.); Büülechappe w., *Fallmütze für kleine Kinder.*

büüne (püünet) *düngen.*

büüne (püünet) *Fässer mit Absud reinigen.*

Büüni w. *Absud für Fassreinigung.*

Büüni w. 1. *Heuboden* in Ra.: S Hòi nüd uf der gliiche Büüni haa, *nicht gleicher Meinung sein* oder *nichts gemein haben mit jemandem.* 2. *Theaterbühne.*

Büünig w. *Düngung.*

bùùrdele (pùùrdelet) *Reisigbündel machen.*

Bùùrdi w. (-ene) 1. *Bürde, Traglast.* E Bùùrdi Hòi, Holz. Vkf. Bùùrdeli s., *kleines Reisigbündel.* 2. *Last, Verpflichtung.* Dè hät si e rächti Bùùrdi uufglaade, *eine schwere Verpflichtung auf sich genommen.*

Bùùrscht m. 1. *die Borste, beim Schwein.* Kän Bùùrscht wärt, *nichts wert.* 2. *kurzes,* *borstiges Gras.* S hät nu Bùùrscht ghaa uf der Wììs.

bùùrschte (pùùrschtet) 1. *bürsten.* Zss.: dure-, *etwas genau durcharbeiten* (pop.). 2. *jemanden hart hernehmen.* Äine bùùrschte und strèèle. 3. *betrügen.* 4. *Geschlechtsverkehr haben* (vulg.).

Bùùrschte w. *Bürste.* Zss.: -binder m.; -macher m.; -schnitt m., *kurzer Haarschnitt bei Männern.*

bùùrschtig *borstig, vom Haar und Gras.*

bùùrze (pùùrzet), **bùùrzle** (pùùrzlet), **bùùrzle** (pùùrzlet) *purzeln.* D Stäägen aab bùùrzle. Zss.: um-, *umfallen.*

Bùùrzel m. *Purzelbaum.* En Bùùrzel mache. Zss.: -baum m.

Buus w., **Büsi** s., **Büsel** m., **Büseli** s. *Katze.* Vgl. büs-büs. Ra.: Em Chätzli Büseli sääge, *Beleidigungen mit Schmeicheleien verbinden.* S isch Büsi was Bäsi, *es ist beides gleich schlimm. Scherzspiel mit Gebärde:* E liebs Büsi – e böösi Chatz! *(zärtlich beginnen, grob aufhören).* Ohä Büsi! *o weh.* Vgl. Büselis mache. Zss.: **Busi-Bausi** s., *Katze* (fam.).

buus-buus siehe büs-büs.

buute (puutet) *Wickelkind auf den Armen schaukeln.*

buute! *Ausruf im Wiegenlied:* buute, buute Chindeli!

büüte (pote) *bieten.* Äim d Hand büüte, *die Hand reichen.* D Ziegel büüte, *die Ziegel von Mann zu Mann weitergeben.* S hät niemer wele büüte, *niemand bot bei der Versteigerung.* Äine büüte, *etwas leisten* (pop.). Zss.: aa-; uuf-.

Büütel m. *Beutel.*

buutele (puutelet) *Wickelkind auf den Armen schaukeln.*

Büüter m. 1. *Bieter (an der Versteigerung), Steigerer.* 2. *bestimmte Jassart.*

buutis siehe chruutis.

Buuzeli s. *Säugling* (fam.).

Buwère siehe Bowèère.

buxiere (puxiert) in Zss.: use-, *hinausbefördern, hinauswerfen.*

Ch

cha-sii *vermutlich.* Er isch cha-sii chrank.

Chaad siehe Chaat.

Chääf s., **Chääfer** m. *Gewinde, Schneide des Bohrers.*

Chääfe w., **Chäfe** w. *Zuckererbse (süsse Früherbse), Kefe.*

Chääfer m., **Chäfer** m. 1. *Käfer.* Zss.: -füdli s., *Hinterleib des Käfers.* Troche wien es Chääferfüdli, *von ausgedörrten Speisen;* -füdlitroche, *ausserordentlich trocken;* -trüli w., *unruhiges Kind;* -triindli s., *Marienkäfer.* 2. (auch Chäferli s.) *Bakterie* (pop.). 3. *lebhaftes Mädchen.* Zss.: -fäscht s., *vergnügter Anlass mit Mädchen.* Ra.: Isch daas es Chäferfäscht gsii! *vergnügliches Durcheinander (von Leuten).* Vkf. Chäferli s.

Chaal m. *Schwengel, Klöppel.*

Chääl s. *Nackenjoch.* Zss.: -rieme, *verbindet das Joch mit dem* Chääliise, *das unter dem Hals durchgeht. Das Ganze:* -gschììr s.

chääle (gchäälet) meist in Zss.: aa-, *das Vieh mit dem Joch anschirren.*

Chääle w. *Rinne an einem Abhang.*

chaare (gchaaret) *fahren.* Zss.: zäme-, *zuschandenfahren.*

chaare (gchaaret) *keuchen, röcheln, bei Erkältung, Lungenkrankheit.*

Chaare m. (ää) 1. *Karren, bes. Schubkarren.* Ra.: De Chaare eläi zie, *die Sache allein machen.* De Chaare schmiere, *jemanden bestechen.* De Chaare us em Dräck zie, *eine verfahrene Sache wieder in Ordnung bringen.* De Chaare isch andersch gloffe, *die Sache kam anders (schlechter) heraus.* Zss.: -glòis s., *Wagenspuren;* -salb s., salbi w., *Wagenschmiere.* 2. *Auto* (pop.). Wo häsch diin Chaare? En alte Chaare.

chääre (gchääret) *keuchen* (ZO.).

chäärele (gchäärelet), **chärele** (gchärelet) *umherfahren, umherkutschieren.* Er chäärelet de ganz Taag ume, *fährt den ganzen Tag z.B. im Auto umher.*

Chäärelete w., **Chärelete** w. *das Herumfahren.*

Chaarete w. 1. *Fuder.* 2. *lästiges Keuchen bei Erkältung.* 3. *lärmendes Herumfahren.*

Chaari m. *röchelnder Husten.* De Chaari haa.

Chaarscht m. (ää) 1. *Karst, zweizinkige Hacke.* Zss.: -hänki w., a) *Gestell zum Aufhängen von Kärsten, Hacken.* b) *Schmaus nach der Hackarbeit im Frühling.* 2. *Gewehr* (Ssp.).

Chaarschtet m. *Zeit des Karstens, Hackens (Umgraben des Weinbergs).*

Chaart s. *Spiel Karten.* Gänd Si öis es Chaart!

Chaart w. (-e) *Spielkarte.* Zelti Chaart, *vom Banner aufwärts.* Uuzelti Chaart (Brättli), *nicht zählende Karte.* Zss.: Chaarteleggeri w.; -schliiffi w., *Güterexpedition* (va.); -spììl s. Vkf. Chäärtli s.

chaarte (gchaartet) *Wolle kämmen, karden.* Zss.: Chaartestecki w., *Fabrik zur Herstellung von Karden (Wollkratzen).*

Chaarwuche w. *Karwoche.*

Chaat m., **Chaad** m. *Kot, Schmutz, Unrat.* De Chaat ab de Schuene striiche. De Chaat zämewüsche i der Stube. Zss.: -chübel m., *Abfalleimer, Kehrichteimer.*

chaate (gchaatet) *im Kot gehen.* Zss.: ume-.

Chabis m. *Weisskohl.* Chabis schnätzle, *zu Sauerkraut schneiden.* Ra.: Das isch kän Chabis wärt, *es taugt nichts.* Verzapf kän Chabis! *red keinen Unsinn.* Das isch en fèrtige Chabis! *dummes Zeug.* Er cha kän Chabis, *weiss überhaupt nichts.* En Chabis hät er daas gsäit! *keine Spur davon.* Die hät no Chabis vor em Huus, *starke Brüste* (humor.). Zss.: -blätz m., *mit Weisskohl bepflanztes Stück Land, Kohlacker;* -chopf m., a) *Kopf des Menschen* (humor.). b) *Dummkopf;* -hächler m., *wer berufsmässig Kohl zuschneidet, Kohlhacker* (va.); -hèèrzli s., *innerster Teil des Kohlkopfes, Kohlherz;* -hobel m., *Krauthobel;* -hòiptli s., *Kohlkopf;* -pletter s. (Mz.), *grosse Ohren* (humor.); -stande w., *Zuber, in dem das Sauerkraut aufbewahrt wird;* -stùùrz m., *Kohlstrunk;* -tschüderli s., *kleiner Kohlkopf;* -wùùrm m., *Kohlraupe.*

chäch 1. *stramm, festgebaut.* En chäche Pùùrscht. 2. *gross, gewaltig.* E chächs Fueder Hòi. 3. *fest, zäh.* Chächs Broot, *gut gebacken;* chäche Späck, *harter, trockener Speck.*

Chachle w. *Ofenkachel.* Zss.: Chachelofe m., *Kachelofen.* Vkf. **Chacheli** s., *Tasse, Schüsselchen.*

chädere (gchäderet) 1. *schreien wie die Elster.* 2. *zanken, keifen.*

Chäderli m. *Zänker.*

Chäfe siehe Chääfe.

chäfele (gchäfelet) 1. *appetitlos essen.* 2. *keifen.*

Chäfeler m. *Nörgler, Zänker.*

chäferig *lebhaft.*

chafle (gchaflet) *knappern, an etwas herumbeissen, kauen.* De Hund chaflet am Läder. Amen Öpfel chafle. Mer händ nüüt z chafle, *nichts mehr zu beissen.* Zss.: ab-, *abknappern.* Abgchafleti Haar, *schlecht geschnittene Haare;* ume-. Am Schoope umechafle, *ungeschickt, stümperhaft mit untauglichen Werkzeugen an einem Rock herumschneiden.*

Chaflete w. 1. *Knappern.* 2. *ungeschicktes Schneiden von Brot, Haar usw.*

Chafli m. *wer gern an hartem Brot u.ä. nagt; Knappernder, Nagender.*

Chäib m. (-e) eig. *Kadaver, Aas,* heute Scheltwort, Fluchwort, abgeschwächt sogar als Kosewort benutzt: En aarme, bööse, fräche, fuule, gfèèlte, liebe, schlächte, tume Chäib. Alls Chäibs, *alles mögliche und unmögliche* (pop.). Das isch en Chäib, *verzwickte Sache.* Er tuet kän Chäib, *tut nichts.* Er hät en Chäib, *Rausch.* De Chäib überchoo, *einen Verweis bekommen.* Da isch öppis Chäibs loos (pop.), *irgend etwas stimmt nicht; da ist etwas im Tun.* Was Chäibs machsch du daa? *was zum Teufel treibst du da?* Heb dè Chäib, nüd das dè Chäib obenabe chäibet und alls Chäibs zämechäibet. Vkf. **Chäibli** s., *Kosewort.* Es gschiids, tifigs Chäibli, *als Lob.*

chäibe (gchäibet) 1. *fluchen, schelten* (pop.). Dè hät äis gchäibet, wo mer ooni Gält häi choo sind! *der hat geflucht.* 2. *sausen, an Stelle von andern Bewegungsverben* (pop.). Er hät müese uf de Zuug chäibe, *rennen.* Er isch ab der Läitere gchäibet, *heruntergefallen.* Zss.: abe-; devoo-; dure-; furt-; ine-; ue-; ume-; use-.

chäibe (pop.) als Verstärkung: Das chäiben Aber, *das leidige Aber.* Die chäibe Chatze,

Hünd. Chäibe Lappi, *grosser Dummkopf.* Chäibe Glünggi, *gemeiner Kerl* (vulg.). *Es schööns chäibe Mäitli, schlau, durchtrieben.* Tums chäibe Züüg! Uw. chäibe tüüff, *sehr tief.* Chäibe höfli, *sehr höflich.* Es chäibe schööns Chind, *sehr schönes Mädchen.* Zss.: chäibemèèssig, *ausserordentlich, sehr.*

chäibele (gchäibelet) *nach Aas riechen.*

Chäiberei w. (-e) *unangenehme, fatale Sache.* Er hät nu Chäibereie im Chopf, *dumme, böse Streiche.*

Chäibete w. *aufgeregtes, mühsames Tun, Betriebsamkeit* (pop.).

chäibisch *sehr, stark.* Das tuet mer chäibisch wee, *es schmerzt mich sehr.*

Chalb s. (Chalber, Chelber) *Kalb.* Chalber sauge, *säugen;* meschte, uufzie. Ra.: Tue wien es Chalb, *sich dumm benehmen.* Mached nöd s Chalb! *benehmt euch.* Mit äim s Chalb mache, *einen zum Narren halten.* S Chalb ablaa, *sich toll, närrisch gebärden.* Auge mache wien e gstoches Chalb, *das Weisse vom Auge zeigen, starr dreinsehen.* Er isch und bliibt es Chalb, *er ist dumm.* Was für es Chalb ..., *welcher Dummkopf ...* Zss.: Uf s Chalbfääl usegheie, *trotz Schlauheit zu Fall kommen.* Chalberchrättli s., *Maulkorb für Kälber;* -chue w., *Kuh, die eben gekalbt hat;* -mèèssig, *sehr dumm;* -sträich m., *dummer Streich.* Chalbsblätzli s.; -braate m.; -chopf m., *dummer Kerl;* -fääl s.; -läbere w. Vkf. Chälbli s.

chalbere (gchalberet) *kalben.* D Chue isch am Chalbere. Zss.: ume-, 1. *sich mutwillig herumtreiben* (pop.). 2. *Zeit nutzlos vergeuden* (pej.).

Chalberei w. (-e) *dummer Spass, dummer, törichter Streich.* E Chalberei mache, *eine Dummheit begehen.*

chalberig *kalbend* in Zss.: eerscht-, *zum erstenmal kalbend;* früe-, *zu früh kalbend;* spaat-, *zu spät kalbend.*

Chalch s. *Kalk.*

chalche (gchalchet) *mit Kalk bestreichen, kalken, tünchen.*

Chalchi w. 1. *Kalkbrühe.* 2. *Kalkbrennerei.*

chale siehe gchale.

Chäler m. *Keller.* Zss.: -bale m., *Laden des Kellerfensters;* -buech s., *Weinbestandsverzeichnis;* -fäischter s.; -hals m., *Zugang zum Keller, oft mit Treppe;* -muus w., *Kellerassel.*

Chälerei w. (-e) *Kellerei (Lager und Betriebsraum einer Weinhandlung).*

Chälerig w. (-e) *Kellereinrichtung.* E gueti Chälerig.

Chälner m. *Kellner.*

Chälneri w. (-ne) *Kellnerin, Serviererin.*

chalt (chelter, cheltischt) *kalt.* En chalte Luft, *kalter Wind.* En chalte Straal, *ein nicht zündender Blitz.* De chalt Brand, *Greisenbrand.*

chalte (gchaltet) *kalt werden.* S Ässe chaltet. S chaltet scho am Aabig, *es wird kühler.*

chaltlacht(ig), chaltlächt(ig) *ziemlich kalt* (va.).

Chambe m. (ä) *Kamm.* 1. *Traubenkamm.* Naa em Hagel hät me nu na di lèère Chämbe gsee. 2. *Hahnenkamm.* Vgl. Güggel. De Chambe stele, *sich stolz gebärden.* De Chambe wachst em, *er wird stolz* Er hät en roote Chambe überchoo, *das Blut stieg ihm in den Kopf, er wurde zornig.* 3. *Zahn, Zapfen an einem Kron- oder Stirnrad.* 4. *hölzernes, hufeisenförmiges Halsband für das Kleinvieh.*

Chämbel s. *Kamel, nur im Namen einer Zunft.*

chämbele (gchämbelet) *nach den Traubenkämmen schmecken, vom Wein.*

chämble (gchämblet) *Wolle hecheln.*

Chamer w. (-e) 1. *Kammer, Schlafgemach im Bauernhaus.* Zss.: -bale m., *Falltüre;* -bode m.; -fäischter s.; -tili w., *Kammerdecke.* Vkf. Chämerli s. 2. *Abteilung im Weinberg.* Zss.: Chamerewääg m., *Weg zwischen den Kammern im Weinberg.*

Chämi s. 1. *der Kamin, Schornstein; Räucherkammer.* De Späck i s Chämi hänke. Ra.: Das chasch i s Chämi schriibe, *ein Guthaben abschreiben, verloren geben.* S Chämi butze, ruesse, *sich schneuzen* (humor.). Zss.: -chamer w., *Rauchkammer;* -fääger m., *Kaminfeger;* -hals m., *enger, oberer Teil des Rauchfanges;* -huet m., *Abschluss des Kamins, Kaminkappe;* -rassle w., *offener Schornstein, Kaminschoss;* -schooss w., *Kaminmantel des Rauchfanges;*

-tüüfel m., *schwarze, grosse, russige Wurst.* 2. *enge, steile Felsschlucht.*

chämli *zweckmässig.* Vgl. chumbli.

Chänel m., **Chängel** m. 1. *Dachrinne.* 2. *Rinne aus Holz, Blech zur Ableitung von Wasser, Jauche.*

Chante w. *Kanne.*

Chanzle w. *Kanzel.* Vkf. Chänzeli s., *aussichtsreicher Felsvorsprung.*

Chanzlei w. (-e) *Kanzlei.*

chanzleie (gchanzleit) *einen Kauf rechtskräftig ausfertigen.*

Chappe w. 1. *Kappe, Mütze.* D Chappe über d Ooren abezie, a) *bei grosser Kälte.* b) *einen zum besten halten.* Über d Chappe uusluege, *hochmütig dreinschauen.* Ohä, da isch d Chappe lätz! *die Sache steht nicht gut, er ist übelgelaunt.* Äis uf d Chappe überchoo, *eine Abfuhr erleiden.* Äim d Chappe wäsche, *zurechtweisen.* Dèm hät s schöön uf d Chappe gschneit! *hat Abfuhr, Enttäuschung erlitten.* Chasch mer i d Chappe schiisse, jodle! *du kannst mir gestohlen werden* (vulg.). Zss.: -macher m., *Mützenmacher;* -tächli s., *Mützenschirm.* 2. *Verstärkung vorn am Schuh.* Vkf. **Chäppli** s., *Verstärkung an der Ferse des Strumpfes.*

Chäppeler m. *gewandter, durchtriebener Kerl,* meist in Zss.: En Tunders-.

Chäppi s. *Kopfbedeckung des Militärs, Schirmmütze; Tschako* (va.).

chapsle (gchapslet) in: iichapsle, *einsperren.* Er isch iigchapslet woorde, *kam ins Gefängnis* (pop.).

Chapsle w. *Kapsel.* Vkf. **Chäpsli** s., *Zündblättchen.* Zss.: -gweer s.; -pischtole w.

Charbängel m. *Kerbel.*

charchle (gcharchlet) *keuchen, röcheln.*

Charchli m. *röchelnder Husten.*

Charfriitig m. (-e) *Karfreitag.*

Charfunkel m. *Geschwür, roter Ausschlag, Karbunkel.*

Chaschper m. *Kaspar.* Vkf. **Chaschperli** m. Chaschperli spile, *zum besten halten* (ZO.). Zss.: -theaater s., *Puppentheater.*

chäschperle (-et) *Kasperle spielen.*

Chaschperlis mache *Kasperle spielen* (Ksp.).

Chaschte m. (ä) 1. *Kasten, Schrank.* Vkf. Chäschtli s., *Kästchen.* Er isch im Chäschtli, *Eheverkündigung ist veröffentlicht.* 2. *grosser, breitschultriger Mann.*

chätsche (gchätschet) *fletschend kauen.* En Öpfel chätsche. Zss.: Chätschgumi m., *Kaugummi.*

Chatz w. (-e) 1. *Katze.* Ra.: Iez gönd der Chatz d Haar uus, *die Sache wird ernst.* I gaane, und wänn s Chatze schneit, haglet, *unter allen Umständen.* Der Chatz de Schmèèr abchauffe, *einen unvorteilhaften Handel abschliessen.* Er hät e Chatz, *Katzenjammer.* Zss.: chatzangscht. Es isch mer chatzangscht, *ich habe grosse Angst;* -taub, *sehr zornig.* Chatzebeckeli s., *Schale für die Katze;* -büselig, *unwohl;* -büsi s., *Katze* (fam.); -chopf m., *Böller;* -chruut s., *Baldrian;* -dräck m.; -gschräi s., a) *Katzengeheul.* b) *Hackfleisch mit Weinbeeren;* -müüsle, *Blindekuh spielen;* -puggel m.; -puggle, *kriecherisch tun;* -säich m., *Harn der Katze;* -säichele, *nach Katzenharn riechen;* -säicheler m., *bestimmte Traubensorte;* -schwanz m., *Schachtelhalm;* -strecker m., *Luzerner* (humor.); -tischli s., *Esstischlein für Kinder;* -tòòpli s., *Katzenpfote;* -wädel m., *Katzenschwanz.* 2. *Mädchen* (pop.). E toli Chatz (Schsp.).

Chätzer m. 1. *Ketzer.* 2. *Schelt-, Schimpfwort.* Dè fuul Chätzer! Wart, du chliine Chätzer! *du lieber Kerl.* Die hät es chätzers Muul, *eine böse Zunge.* Die chätzers Buebe! Ra.: Ale Chätzer verchauffe, *alles mögliche.* 3. Uw. *sehr.* Chätzers gspässig, *sehr merkwürdig.* Chätzers en gschwinde Kärli, *sehr schneller Kerl.*

chätzle (gchätzlet) *Junge werfen, jungen, von Katzen.*

Chätzleri w. (-ne) *weibliche Katze.*

Chauff m. *Kauf, Kaufpreis.* Chauff und Lauff, *Marktpreis.* Öppis nach Chauff und Lauff schetze, *nach geläufigem Marktpreis einschätzen.*

chauffe (gchaufft) *kaufen.* Gchaufft isch gchaufft, *Formel beim Abschluss eines Kaufes.* Zss.: ab-; abe-, äine abechauffe, *demoralisieren;* ii-, sich iichauffe, *durch Zahlung das Bürgerrecht oder eine*

Versicherungsleistung erwerben; Iichauffswäägeli s., *zweirädriger Marktwagen;* zue-, *dazukaufen.*

Chauffme m. (-mane) *Kaufmann.*

chause (gchauset) *anhaltend trocken husten.*

che siehe cho.

Cheer m., **Cheeri** w. 1. *Wegbiegung, Kehre.* D Straass macht en groosse Cheer. 2. *Runde, Tour.* De Nachtwächter macht de Cheer. 3. *Kehrordnung.* De Cheer isch a mìr, *die Reihe ist an mir.* Zss.: Cheernaagel m., *Stift am Pflug für Richtungsänderung;* Cheerum m., in: Im Cheerum gaa, *der Reihe nach gehen.* Ra.: Zum Cheerum choo, *zur Einsicht kommen;* Cheerumtöörli s., ütr. *Umkehr, Einsicht.* 4. *Arbeit, Geschäft.* Aliwiil de gliich Cheer haa, *ewig dieselbe Arbeit verrichten müssen.* De Cheer mache, *die täglichen Haushaltgeschäfte machen.* 5. *Weile.* S isch no en Cheer ggange, *ging noch eine Weile.*

chèèrbe (gchèèrbet) *keifen, zanken.*

Chèèrbete w., **Chèèrete** w. *Zänkerei.*

Chèèrbi m. 1. *zanksüchtiger Mensch, Zänker.* 2. *röchelnder Husten.*

Chèèrdel m. *Fischköder.*

cheere (gcheert) *kehren, wenden.* S Wätter cheert, *ändert sich.* De Waage cheere, *wenden.* S Hòi cheere, *wenden.* D Hose cheere, *seine Notdurft verrichten* (pop.). Me cha si da ine chuum cheere, *man kann sich hier kaum umdrehen.* Dèè hät gcheert, *seine Meinung geändert.* Zss.: aa-, *etwas einleiten;* ii-, *einkehren;* über-, *umwenden; das Unterste zuoberst kehren;* um-, *umkehren.* Ra.: Er isch wien en umgcheerte Händsche, *er hat sich völlig verändert;* use-. Cheerhaagge m., *Wendehaken (mit Gelenk).*

chèère (gchèèret) *zanken, streiten.*

Cheeri siehe Cheer.

cheerig *flink, gewandt.* Vgl. aacheerig.

chèèrndle (gchèèrndlet) *sich lösen, von Getreidekörnern.* D Frucht chèèrndlet si guet, *die Körner lösen sich leicht.*

chèèrne (gchèèrnet) *Körner bilden.* D Frucht chèèrnet, *die Körner bilden sich beim Getreide.*

Chèèrne m., Vkf. Chèèrndli s. 1. *Fruchtkern.* Zss.: -bicker m., *Kirschkernbeisser.* 2. *Getreidekorn.* Zss.: -sack m., *Getreidesack.* 3. *Bruststück des geschlachteten Rindes.*

chèèrnig *mittelfein.* Chèèrnigs Määl.

Cheerz w. (-e) 1. *Kerze.* Zss.: cheerzegraad, *kerzengerade;* -halter m.; -ständer m.; -stümpli s., *Kerzenstumpf.* 2. *Spitzentrieb der Bäume, bes. der Tanne.* Vkf. **Cheerzli** s., 1. *kleine Kerze.* 2. *Gipfeltrieb der Tännchen* (ZO.).

Chèès m. *Käse.* Fäisse, maagere Chèès. Ra.: De Chèès trucke, *Spiel von Kindern, die sich auf einer Bank zusammendrängen, bis eins aus der Reihe gestossen ist.* Ja, en Chèès! *welche Dummheit.* Dèè verzelt en Chèès! *dummes Zeug.* S gaat di kän Chèès aa, *es geht dich nichts an.* Zss.: -bapiir s., *Einwickelpapier für Käse, Pergamin;* -bisse m., a) *keilförmiger Ausschnitt eines Käselaibs.* b) *Satteldach eines Kirchturms;* -borer m., *Bohrer, mit dem man den Käse zur Probe anbohrt;* -börlig m., *herausgebohrtes Stück Käse;* -broot s., *Brot mit Käse;* -chüechli s.; -laab s., *innere Haut des Kälbermagens (Labmagen), beim Käsen als Lab verwendet;* -mässer s., *Bajonett* (Ssp.); -mocke m., *grosses Stück Käse;* -plettli s., *Lokalzeitung* (pop.); -rääff s., *Traggestell für Käse;* -schnäfel m., *kleines Stück Käse;* -sole w., *Rohgummisohle* (fam.); -wèèe w., *Käsekuchen.* Vkf. **Chèèsli** s., 1. *kleiner Käse.* 2. *Portion Schachtelkäse.* Zss.: -chruut s., *wilde Malve.*

chèèse (gchèèset) 1. *Käse herstellen, käsen.* 2. Ra.: Mer händ müese chèèse, bis mer dure choo sind, *wir mussten uns durch die Menge drücken.* I wett der nüd chèèse druuf, *ich pfeife drauf.* Mer wìrd der äis chèèse, *man wird dich nicht besonders behandeln.*

chèèsele (gchèèselet) 1. *nach Käse riechen oder schmecken.* 2. *nach Fussschweiss riechen.*

Chèèsete w. *Gedränge.*

chèèsig 1. *teigig (Gebäck).* 2. *gelblich-weiss, ungesund aussehend.*

Chefi s. 1. *Käfig, Vogelbauer.* 2. *Gefängnis.* Er hät drüü Jaar Chefi überchoo, *er wurde zu drei Jahren Gefängnis verurteilt.* Das isch ja s räinscht Chefi! *enger, dunkler Raum.* Zss.: -wätter s., *Gefängnisstrafe* (humor.).

Chegel m. 1. *Spielkegel.* Er hät all Chegel putzt bis uf äine, *alle umgeworfen bis auf einen.* Im Kegelspiel unterscheidet man: Voorchegel, *dem Werfenden zugekehrte Spitze;* Hinderchegel, *hintere Spitze;* zwee Eggchegel; vier Gassechegel; de Chüng. Zss.: -bueb m., *Knabe, der die Kegel aufstellt;* -klup m., a) *Kegelverein.* b) *Verein* (pej.); -rììs s., *Kegelspiel.* 2. *kegelförmiges Exkrement.* En ticke, hèrte Chegel mache. Zss.: -fänger (Mz.), *Knickerbockerhose* (Schsp., va.). 3. *kleines, dickes Kind.* Du bisch efang en ticke Chegel. Vkf. **Chegeli** s. Zss.: -schuel w., *Kindergarten* (pop.); -schüeler m., *Kindergartenschüler* (pop.).

Chegi w. *Kurzform für «Chegelischuel», Kindergarten* (fam.). Zss.: -tante w., *Kindergärtnerin* (pop.).

chegle (gcheglet) 1. *kegeln.* 2. *Exkremente fallen lassen, koten.* 3. *umpurzeln.* Zss.: abe-, *hinunterpurzeln;* um-, *umfallen;* ume-, *umherrennen;* use-, *hinauspurzeln.*

Cheglete w. *Kegelschieben.*

chele (gchelet), **chelere** (gcheleret) 1. *geräuschvoll mit der Kelle hantieren.* 2. *mit dem Fuss ausschlagen.* Du tòòrffsch dè Bueb nüd chele. Zss.: ume-, *umrühren.* Im Habermues umechele.

Chele w. 1. *Kelle, Kochlöffel.* Ra.: D Chele nanig us der Hand gèè, *die Führung, Autorität behalten.* Zss.: -brätt s.; -hänki w., *Kellengestell;* -land s., *Tösstal;* -maa m., *Hausierer mit Kellen;* -pfiil m., *kellenförmiger Pfeil, aus Schindelholz, mit Schnur geschnellt;* -raam w., *Leiste des Kellenbrettes.* 2. *Befehlsstab (Eisenbahn).*

Chelete w. *Kellenreihe, Kellensatz.*

Chelig m. *Fusstritt.* Äim en Chelig gèè.

chelte (gchelt, gcheltet) *kalt machen, kälten.* De Moscht chelte, *kühl stellen.* De Moscht cheltet, *er kältet.* De Wii isch gchelt, *gekühlt.*

Chelti w. *Kälte.*

Chengèrte w. *Liguster.*

Cheschtene w., **Cheschtele** w. *Kastanie.* Zss.: -baum m.; -braater m.

Chessel m. *Kessel.* Vkf. Chesseli s.

Chessi s. *grosser Kessel.*

chessle (gchesslet) *klirren.* E Schiibe hät gchesslet, *klirrte.* Mit em Gält chessle, *klimpern.* Es hät gchesslet, *es hat einen Autozusammenstoss gegeben.* Zss.: devoo-, *sich lärmig davonmachen;* ume-, umenand-, *planlos umherfahren.*

Chessler m. *Kesselflicker.* Zss.: -phack s.; -schlitte m., *Hockschlitten, einsitziger Schlitten, der unter dem Sitz eine mit Ringen behangene Querstange hat;* -waar w., *umherziehende Kesselflicker, Gesindel.*

Chesslete w. *Geklirr, Getöse.*

chetsche (gchetschet) 1. *schleppen* (ZO.). 2. *grob hobeln, abschlichten.*

Chette w., **Chetti** w., **Chettle** w. *Kette.* Ra.: Ab der Chette sii, *ausgelassen sein.* Zss.: -bluem w., *Löwenzahn;* -fangis mache, *Kettenspiel machen* (Ksp.); -stììch m., *Kettenstich.* Vkf. **Chetteli** s., *Halskette.* Zss.: -taaler m., *Silbermedaille mit Kette (Preis beim Knabenschiessen).*

chettle (gchettlet) in Zss.: ab-, 1. *losketten, abhängen (Wagen).* 2. *abketteln, beim Stricken.*

Chick siehe Ghick.

Chie s. *Kiefernholz.* Zss.: -ruess m., *als Farbe dienender Russ aus dem Harz des Kienholzes;* -spaa m., *Kienspan;* -spòòndli s., *feiner Span.*

chienig Ew., *von Kienholz.*

Chifel m. *Kiefer, und zwar Unterkiefer.* De Chifel uushänke, *den Kiefer ausrenken.* Es gheit äim de Chifel abe, *erstaunen.* Zss.: -zaa m., *Zänker.*

Chifel m. 1. *Hülse der Erbse.* 2. *Erbse, Zuckererbse.* 3. *Scheltworte, Streitigkeiten.* S hät Chifel ggèè, *man wurde gescholten.* Bis Nachbers äne git s nüüt weder Chifel. Zss.: -suppe w., *Strafpredigt.*

chifle (gchiflet) 1. *den Kiefer ständig bewegen, an etwas herumkauen, beissen.* 2. *gehässig, kleinlich schelten, keifen.* Die bäide chifled de ganz Taag, *zanken sich dauernd.* Si chiflet mit allne Lüüte, *schimpft mit jedermann.*

Chiflete w. *Gekeife, Gezänk.*

Chifli m., **Chifleri** w. (-ne) *Zänker(in).*

Chiib m. 1. *Gehässigkeit, Neid.* Er hät s us

luuter Chiib und Niid taa. 2. *Verweis, Tadel.* Chiib überchoo, *getadelt werden.*

chiibe (gchiibet) 1. *keifen, zanken,* 2. *schelten.* Si hät mit mer gchiibet.

Chiibete w. 1. *Gezänk.* 2. *Tadel.*

Chiich m. *keuchender Atemzug.* En schwèère, tüüffe Chiich tue. Zss.: -wueschte m., jg. -hueschte m., *Keuchhusten.*

chiiche (gchiichet) *mit Mühe atmen, keuchen.* D Stäägen uuf mues i chiiche.

Chiichi m. 1. *wer keuchend atmet, Keuchender.* 2. *keuchender Atem, Keuchen.*

chiide (gchide) *tönen, schallen.* De Gsang chiidt schöön. Das chiidt, me ghöört siis äige Woort nüüd. Das chiidt ja guet und nett, *da hört man ja schöne Geschichten.* S chiidt nüd übel, *das lässt sich hören.*

Chiidel m. 1. *Holzkeil, durch den das Hobeleisen festgehalten wird.* 2. *Querholz am Vorlegeschloss des Fasses.*

chiime (gchiimet) 1. *keimen.* 2. *zu Kräften kommen, sich erholen.* Er mag wider gchiime, *er erholt sich wieder.* Zss.: ab-, *Keime entfernen, z.B. bei Kartoffeln.* Vgl. pchiime.

Chiime m. *Pflanzenkeim.* Chiimen abtue, *Keime entfernen, besonders bei Kartoffeln.*

chìirsche (gchìirschet), **chìirschle** (gchìirschlet) *knirschen mit den Zähnen, mit einer Feile, Säge usw.*

chìirse (gchìirset) *knirschen* (va.).

Chìis s. 1. *der Kies.* Zss.: -bäne w., *Kieskarren;* -bode m.; -grueb w.; -räche m., *Sieb für Kies.* 2. *Geld* (pop.).

chìise (gchìiset) 1. *bekiesen.* De Gaartewääg chìise. 2. *harzen* (pop.). Es chìiset, *es harzt, geht schleppend.* 3. Es hät gchìiset, *es hat (bei Autozusammenstoss) geknallt.*

chìisig *kiesig.*

Chilbi w. (-ene) 1. *Kirchweih.* S gaat zue wien an ere Chilbi, *fröhlich, ausgelassen.* 2. *Regel, Unwohlsein der Frau, Menstruation* (vulg.).

Chilchhoof m., **Chilhoof** m. *Friedhof* (va.).

Chile w. 1. *Kirche.* Wo ane ghöört er i d Chile? *wo ist er kirchgenössig?* Ra.: Mit der Chile um s Doorff umegaa, *weitschweifig reden.* D Chile mues im Doorff bliibe, *die Ordnung, das Herkommen soll man nicht stören.* Zss.: -büechli s., *Kirchengesangbuch;* -grebli s., *Grab* (Ksp.); -guet s., *Fonds für kirchliche Zwecke;* -guetsverwalter m.; -gstüel s., *Kirchengestühl;* -himel m., *Dachraum der Kirche;* -lüüt (Mz.), *Kirchgänger;* -pfläág w., *Kirchenpflege, Kirchenbehörde;* -pflääger m.; -plettli s., *Kirchenbote, Kirchgemeindeblatt;* -pott m., *Kirchenbote (Zeitschrift);* -säager m., -sääageri w., *Leidansager(in) im Dorf* (va.); -seckli s., *Klingelbeutel;* -stüür w., *Kirchensteuer;* -ziit s., *Kirchturmuhr.* Vkf. Chileli s., *kleine oder schmucke Kirche.* 2. *Gottesdienst.* Voor und naa der Chile. Es lüütet i d Chile. D Chile isch uus. Mit äim z Chile gaa, *jemanden zu Grabe geleiten.*

Chiler m. *Kirchgänger* (va.).

Chind s. 1. *Kind (Knabe oder Mädchen).* Zss.: Chindbett s., *Wochenbett;* i s Chindbett choo, *niederkommen;* -betteri w., *Wöchnerin;* Chindebättli s., *Kindergebetlein;* -bett s., *Kinderbett;* -gräbel m., *Gewimmel von Kindern;* Chinde(r)gaarte m., *Kindergarten;* Chinde(r)gèèrtler m., *Kindergartenschüler(in);* Chinde(r)sache (Mz.), *Kinderkleider.* Chindsbäi s. Vo Chindsbäi uuf, *von frühester Kindheit an;* -chind s., *Nachkommenschaft;* -chopf m.; -magd w.; -täil s., *dem Kinde zufallendes Erbe.* 2. *Mädchen.* I dère Klass hät s mee Chind weder Buebe. Si hettid lieber en Bueb ghaa weder es Chind. S Chinds Chind, *Tochter der Tochter.* S Chinds Bueb, *Sohn der Tochter.* S Buebe Chind, *Tochter des Sohns.* Zss.: Chindeschmöcker m., *Knabe, der Mädchen nachläuft.* Vkf. Chindli s.

chindele (gchindelet) 1. *nach kleinen Kindern riechen.* 2. *sich kindisch benehmen.*

chindelig, gchindelig *kindisch, läppisch.*

Chindi m., **Chindsgi** m. *Kindergarten* (fam.).

Chindi w. *Kinderlehre* (Schsp.).

Chini s. *Kinn.* Zss.: -grüebli s.

chintli *kindisch.* Er isch im Alter chintli woorde.

chintsch *kindisch, einfältig, närrisch.* Du bisch goppel chintsch woorde, *du scheinst närrisch geworden zu sein.*

Chirchhoof m. *Friedhof* (va.).

Chischte w. 1. *Kiste.* 2. *Sarg* (vulg.).

3. *Schultornister* (Schsp.). 4. *alter Wagen* (pop.). En alti Chischte, z.B. *altes Auto.* 5. *Bett* (pop.). Ich hau s i d Chischte, *ich gehe ins Bett.* 6. *Gefängnis* (Ssp.). Er hockt i der Chischte. Er hät Chischte. 7. *Rausch* (pop.). Er hät e Chischte ghaa. 8. *eine Million Fremdwährung* (pop.).

Chisel m. *Kiesel, Geschiebe.* E Muur us Chisle. Zss.: -bole m., *runder Kieselstein;* -stäi m.

Chislig m. *runder Kieselstein mittlerer Grösse.*

Chittel m. 1. *langer Bauernrock, als Teil der Tracht.* 2. *Rock, den man zu allen Arbeiten trug.* 3. *Obergewand der Fuhrknechte.* 4. *Kittel, Arbeitsmantel.*

chitzere (gchitzeret) 1. *kichern, schadenfroh lachen.* Zss.: uus-. Wän er äin nu chan uuschitzere, *auslachen.* 2. *schreien, von der Elster.* D Ägerschte chitzered.

Chitzeri m. *schadenfroher Spötter.*

chitzerig *spöttisch.* Chitzerig lache.

Chlaa w. (Chlòòe), jg. **Chlaue** w. (Chlòie) *Klaue.* 1. *Huf der Wiederkäuer.* De chönsch diini Chlòie butze (pop.). Zss.: Chlauesüüch w., *Maul- und Klauenseuche.* 2. *Kralle der Raubtiere und Raubvögel.* Ra.: D Chlòòe (Chlòie) fürelaa, *böse werden.*

Chlääb s. 1. *Pflanzenleim.* Ra.: Im Chlääb ine sii, *in Verlegenheit sein.* Us em Chlääb choo, *aus der Klemme kommen.* 2. *Labkraut, Mistel.* Zss.: Chlääblüüs w. (Mz.), *Früchte der kleinen Klette;* -ruete w., -rüetli s., *Leimrute.*

chlääbe (gchläbt) *kleben.* De Hèèrd chläbt an Schuene, *die Erde klebt an den Schuhen.* Ra.: Die Gschwüschterti chlääbed anenand, *sind unzertrennlich.*

Chlääbere w. 1. *verschiedene klebrige Pflanzen, besonders Klette.* 2. *übertrieben anhängliche Person.*

Chlaafter s. *Klafter (Holzmass).* Zss.: -holz s., *lange Scheiter, Klafterholz;* -schiit s., *langes, schweres Scheit.*

chlaaftere (gchlaafteret) 1. *etwas mit den Armen umspannen.* 2. *Holz für ein Klafter aufstapeln.*

chlaage (gchlagt) 1. *klagen, wehklagen.* 2. *sich beklagen.* Er chlagt über Chopfwee, über siini Chind. I cha mi nüd chlaage, *mich nicht beklagen.* Zss.: Chlaagitätsch m., a) *wer sich gern beklagt, Jämmerling.* b) *Angeber, Denunziant;* Chlaagitrucke w., a) *wer sich gerne beklagt, Jämmerling.* b) *Denunziantin.* 3. *gerichtliche Klage erheben.* Er isch go chlaage, *er erhob Klage.*

Chlaape m. (Chlòòpe) 1. *Klaue.* 2. *Hand* (vulg.). A d Chlòòpe früüre. Äine i d Chlòòpe nèè, *einen scharf anfassen.*

chlaar *klar.* Chlaars Wasser.

Chläävener m., **Chlääviger** m. *Klevner Wein.*

chlädere (gchläderet) *klettern.* I cha nüme chlädere, ütr. *sich nicht mehr an etwas beteiligen können.* Zss.: ue-, *hinaufklettern.*

Chläderete w. *Kletterei, Wettklettern.*

chlaffe (gchlafft) 1. *klaffen, aufklaffen, von der Haut, den Lippen, von an der Sonne liegendem Holz.* 2. *beim Gehen im Schuh zuviel Platz haben.* Bind emal d Schue, du chlaffisch!

Chlaffe w. 1. *verschiedene Wiesenpflanzen und Ackerkräuter, deren reife Samen in den Hüllen klappern, z.B. der Klappertopf.* 2. *Samenkapsel der Herbstzeitlose.* 3. *vom Zimmermann in Baumstämme gehauene Kerbe.* Vkf. **Chläffli** s., *Gestelleiste.*

Chläggi m. *Klettgau.*

chläi *klein,* nur in Ortsnamen, z.B. im Chläi, *Kleinandelfingen,* Chläitaal (bei Fischenthal), Chläidoorff (in Zollikon). Vgl. chlii.

Chläid s. (-er) *Kleid.* Zss.: Chläiderbùùrschte w.; -haagge m.; -ständer m., 1. *Kleiderständer.* 2. *Modegeck* (humor.). Vkf. **Chläidli** s., 1. *Kleidchen.* 2. *hübsches Kleid.*

chläinere (gchläineret) *eingetrocknete Mistschollen auf dem Acker zerkleinern.*

Chläinet s. *Kleinod, Schmuckstück* (va.).

Chläm s. *Verlegenheit* (va.). Im Chläm sii.

chläme (gchlämt) 1. *klemmen.* D Tüür chlämt, *lässt sich schwer öffnen, wenn sie z.B. aufgeschwollen ist.* I ha mi am Finger gchlämt, *gequetscht.* Zss.: ab-, *stoppen* (pop.). I ha s abgchlämt, *gestoppt;* ii-. 2. *hapern.* Es chlämt.

Chlamere w. *Klammer.* Vkf. **Chlämerli** s. Zss.: -sack m., *Dummkopf* (pop.).

Chlämi w. *Klemme.*

chlämpere (gchlämperet) 1. *notdürftig flicken.* Zss.: zäme-, öppis zämechlämpere. 2. *klimpern.* Zss.: ume-, uf em Klavier umechlämpere (pop.).

chlänke (gchlänkt) *mit einer Kirchenglocke vorläuten.*

Chlapf m. (ä) 1. *Knall, Krach.* Es hät en Chlapf ggèè, ütr. *eine plötzliche, gewaltsame Änderung gegeben.* 2. *Schlag (als Züchtigung).* Er hät Chläpf überchoo. Uf äin Chlapf hät s uufghört räägne, *plötzlich.* Ra.: Zwoo Flüüge uf äin Chlapf, *zwei Dinge auf einmal.* 3. *Motorrad* (pop.). 4. *Auto* (pop.). 5. *Rausch* (pop.). Dè hät en ghöörige Chlapf, *einen tüchtigen Rausch.*

chlappe (gchlappt) *klappen.* Es chlappt, chlappet. Zss.: uuf-; zäme-, 1. *zusammenfalten.* 2. *zusammenbrechen;* zue-, *schliessen.*

Chlappe w. 1. *Klappe, klappbare Verschlussvorrichtung.* 2. *Mund* (vulg.). Halt dii Chlappe! 3. *Bett.* I hau s i d Chlappe (pop.).

chlappere (gchlapperet), **chläppere** (gchläpperet) *klappern.* De Spächt, d Tröschmaschine chläpperet. D Holzschue chläppered.

Chlappere w., **Chläppere** w. *Klapper, besonders Schlaginstrument (Spielzeug).*

Chlatsch m. *Klatsch.* Zss.: -bääsi w., *Schwätzerin;* -muul s., -schnȍre w., *loser Mund* (vulg.); -wiib s.

chlatsche (gchlatschet) *klatschen.*

chlätsche (gchlätscht) *nasse Tücher zusammenschlagen.*

Chlätte w. *Klette.*

Chlaus m. (Chlȍis) 1. *Klaus, Kurzform für Nikolaus.* Zss.: Chlausaabig m., *Nikolausfest.* 2. *Maskengestalt.* Vgl. Samichlaus. 3. *Schwachkopf* (pop.). Du bisch doch en Chlaus!

chlause (gchlauset) *als Nikolaus herumgehen.*

chlecke (gchleckt) *ausreichen, hinreichen.* De Verdienscht wott hüttigstags nüme chlecke, *der Lohn reicht nicht mehr aus.*

Chlee m. *Wiesenklee.* Chlee mèèe; hìirte, *füttern.* Zss.: -acher m.; -blatt s.; -chue w., *Dummkopf* (vulg.).

chleene (gchleenet) *Klee säen, mähen.*

Chleepe w. 1. *Scham der Frau.* 2. *unordentliche Frau.* E fuuli Chleepe (vulg.).

chlèère (gchlèèrt) *Hemden, Wäsche stärken, steifen.*

Chlèèri w. *Stärkemehl zum Steifen der Wäsche.*

Chlefe w. 1. *Kurzform für Kleophea.* 2. *einfältiges, geschwätziges Mädchen.* E tumi Chlefe.

Chleger m. *Kläger vor Gericht.*

Chlepper m. *altes Pferd.* En alte Chlepper, auch: *alter Wagen.*

chlii *klein.* E chliises Chind, e chliises Chindli. Hw. es Chliises überchoo, *ein Kind bekommen.* E chliises Puurli, *armer Bauer.* E chliini Halbstund, *eine knappe halbe Stunde.* Vgl. chläi, echli. Zss.: chliiwüchsig, *klein gewachsen.*

Chlii m. 1. *der Kleine.* 2. *Sohn (auch wenn erwachsen)* (fam.). 3. *jüngerer Bruder, Jüngster der Familie.*

Chlii w. 1. *die Kleine.* 2. *Tochter (auch erwachsen)* (fam.). 3. *jüngere Schwester, Jüngste der Familie.* 4. *Freundin* (Schsp.).

chliilacht(ig), chliilächt(ig) *etwas klein* (va.).

chliine (gchliinet), **chliinere** (gchliineret) *klein werden, abnehmen.* De Hȍistock, de Huuffe hät gchliinet.

Chliini w. *Kleinheit.* Si händ en nüd gnaa bim Militèèr wäg der Chliini.

Chliinikäit w. (-e) *Kleinigkeit.* Da händ er e Chliinikäit! *Trinkgeld.*

chlime (gchlimt), **chlüme** (gchlümt) *kneifen, zwicken.* D Rääbe chlime, *wilde Rebschosse ausbrechen.* Hw. **Chlime** s. *Bauchgrimmen.*

chlimpere (gchlimperet) *klimpern.* Zss.: Chlimperchaschte m., *altes Klavier* (pop.).

Chlimperete w. *Geklimper.*

Chlobe m. (ö) 1. *Pflock, Kloben.* 2. *kurzer, dicker, unförmiger Gegenstand.* Dè hät no rächt Chlöbe, *Hände.* En Chloben im Gsicht, *Nase.* 3. *Rahmen als Mass für ein Klafter Holz.* En Chlobe Schiiter.

chlobig *klotzig, plump.*

Chlȍib m. *Klebstoff.* Nimm Spȍiz als Chlȍib, *sich in der Not jedes Mittels bedienen.*

chlòibe (gchlòibt) *festkleben.* Mit Liim chlòibe. Zss.: aa-; ii-; uuf-; zäme-; zue-.
Chlòiber m. *Schuss, Treffer am Rand der Scheibe.* Vkf. **Chlòiberli** s., *kleine, einseitig mit Klebstoff bestrichene Papierstückchen, Klebstreifen.*
Chlòibete w. *Kleisterei.*
Chlòibi w. *Klebstoff.*
Chlòie siehe Chlaa.
chlòòftere (gchlòòfteret) *unordentlich aufschichten, stapeln.* Vgl. ver-.
Chlòòfterete w. *Unordnung von Gegenständen, z.B. auf dem Tisch.*
chlööne (gchlöönet) *klagen, andauernd jammern.*
Chlöönete w. *Gejammer.*
Chlööni m. *Jämmerling.*
Chlòòpe siehe Chlaape.
Chloos m. (öö) *Verschlussriegel am Ende einer Kette zum Einhaken in einen Ring.*
Chlooschter s. (öö) *Kloster.* Zss.: -brueder m.; -chròòpfli s., *bestimmtes Klostergebäck.* Vkf. Chlööschterli s.
chlopfe (gchlopfet) *klopfen.* En Teppich chlopfe. En Jass chlopfe, *jassen.* D Finke chlopfe, *sich davonmachen.* Er hät mer am Sächsi gchlopfet, *hat mich um sechs Uhr durch Klopfen geweckt.* Militèèrdienscht chlopfe, *leisten.* Zss.: aa-; dure-, *durchprügeln;* uus-. Chlopfstäi m., *Stein des Schuhmachers, auf dem das Leder weichgeklopft wird.*
chlöpfe (gchlöpft) 1. *knallen, krachen.* Mit der Gäisle chlöpfe, *mit der Peitsche knallen.* Äim en Oorfiig gèè, das s chlöpft. Es chlöpft iez dän wider emaal! *als Drohung.* S chunt es Wätter, es chlöpft scho, *es donnert.* S Glaas hät gchlöpft, *ist gesprungen.* Es hät e Bìır gchlöpft, *eine Glühlampe ist durchgebrannt.* Es hät de Motoor gchlöpft, *der Motor ist defekt.* S chunt zwüschet dene Zweene scho na zum Chlöpfe, *zum Streit.* S isch zum Chlöpfe, *köstlich.* Es hät gchlöpft, *Autos sind zusammengestossen.* Zss.: uuf-, *aufpeitschen, anstacheln.* Chlöpfgelte w., a) *Gefäss für die Notdurft* (va.). b) *Wiesenschaumkraut.* c) *altes Auto.* Chlöpfschiit s., *Gewehr* (Ssp.). 2. *die Hand zum Gruss geben, einschlagen* (fam., va.). See, chlöpf der Gotte! Zss.: ii-, *mit Handschlag einen Handel abschliessen;*
Chlöpfe w., *Knallspielzeug, z.B. Stengel des Löwenzahns.*
chlöpfele (gchlöpfelet) *mit den Fingern trommeln.*
Chlopfer m. *Klopfer.*
Chlöpfer m., meist Vkf. **Chlöpferli** s. *Name von Pflanzen bzw. ihrer zum Knallen geeigneten Teile, z.B. des Leimkrautes.* Zss.: Chlöpferchriesi s., *Knackkirsche.*
Chlöpfere w. 1. *Knallspielzeug, z.B. Knallbonbon.* 2. *Leimkraut.*
Chlöpferei w. (-e) *fortgesetzte Schiesserei, Knallerei.*
Chlopfete w. *Geklopfe.*
Chlöpfete w. *Geknalle.*
Chlopfi w. *Teppichklopfstange.*
chlöpfle (gchlöpflet) *leicht klopfen.*
Chlotz m. (ö) *Klotz.* Dè hät (en) Chlotz, *viel Geld* (pop.). Er isch en Chlotz, *unbeholfen.* Vkf. Chlötzli s., *Holzklötzchen zum Spielen.*
chlötzle (gchlötzlet) *Kartoffeln, weisse Rüben usw. in kleine Klötzchen schneiden.*
Chluckere w. *Marmel, Murmel, Spielkugel, die man setzt und um die gespielt wird.*
chludere (gchluderet) *frösteln, schaudern, z.B. von Hühnern, die mit gesträubtem Gefieder vor Kälte zusammenkauern.*
chlüme siehe chlime.
Chlumpe m. (ü) *Klumpen.*
Chlungeri w. *weibliche Schreckgestalt der Mittwinterzeit.* Vgl. Chrungele.
Chlunk w. (-e) *liederliche Frau.*
Chlunt w. (-e) *liederliche Frau, Dirne.*
chlupf nur in Zss.: -hèèrzig, *furchtsam.*
Chlupf m. (ü) *Schrecken.*
Chlüpfel m. *runder Handschläger der Steinhauer.*
Chlupp m. (ü) *Kneifen.* S Ross hät em en Chlupp in Aarm ggèè, *einen leichten Biss.*
chluppe (gchluppet) *kneifen, festklemmen.* De Chräps hät mi gchluppet.
Chluppe w., **Chluppi** w. (-ene) *Klemmzange, Kneifzange.* Ra.: Äinen i d Chluppe nèè, *jemanden durch Fragen in die Enge treiben.* Vkf. **Chlüppli** s., 1. *Wäscheklammer.* Zss.: -sack m. 2. *Finger.* A d Chlüppli frùüre.

3. *dummer Kerl* (Schsp.). 4. *Riegelverschluss an Mantel.*

Chlupper m. *Kneifzange.* Vkf. **Chlüpperli** s., *Wäscheklammer.*

chlüppere (gchlüpperet) *Wäscheklammern verfertigen* (va., ZO.).

Chlütter m. *Geld* (pop.). Häsch Chlütter? En Huuffe Chlütter.

chlüttere (gchlütteret), **chlütterle** (gchlütterlet) *flicken, basteln.* Er hät aliwiil öppis z chlüttere. Zss.: zäme-, *basteln, montieren.* Chlütter(i)buude w., *schlechte Arbeitsstätte* (pop.).

Chlütteri m. *wer tändelnd arbeitet, bastelt, Kleinigkeiten verrichtet; Tändelnder. stümperhafter Bastler.*

Chluub m. (üü) *Wunde vom Kneifen.*

chlüübe (gchlobe) *klauben, kneifen.* Äim in Aarm chlüübe. Zss.: ab-, *wegklauben;* füre-, *hervorklauben;* uus-. D Rääben uus-chlüübe, *die Nebenschosse ausklauben.* Chlüübsack m., *Sack für die ausgeklaubten Rebschosse.*

Chlüübi m. *Klauber, Geizhals.*

Chlüür w. (-e) *Spielkügelchen, Marmel, Murmel.* En Sack voll Chlüüre. Zss.: Chlüüresack m., *Hodensack* (Schsp.).

chlüüre (gchlüüret), **chlüürle** (gchlüürlet) *mit Marmeln spielen, marmeln.*

Chnaab m. *Bursche (meist älterer Mann).* En alte Chnaab, *älterer Herr, Hagestolz.* Zss.: Chnaabeschüüsse s., *Knabenschiessen (Zürcher Fest).*

Chnaal m., jg. **Chnall** m. *Knall.* Chnall und Fall.

Chnächt m. 1. *Knecht, Bauernknecht.* Vkf. Chnächtli s. (pej.). 2. *Geselle bei bestimmten Berufen.* 3. *Werkzeug, Gerät, z.B.* Stifelchnächt m.

Chnaschterbaart m. *Vollbart* (humor.).

chnätte (gchnätte, gchnättet) *kneten.*

Chnätterei w. *langwieriges Kneten.*

Chnättete w. *Kneterei.*

Chnebel m. *Bengel.* Mit em Chnebel driihaue. Öpperem en Chnebel zwüschet d Bäi rüere, *Hindernis in den Weg legen.* De Chnebel furtrüere, *alles aufgeben, Sache hinschmeissen.* Si nänd ales uf de Chnebel, *kaufen auf Kredit.* Zss.: -holz s., *Astholz als Brennholz verwendet;* -schiissi w., *primitiver Abort* (vulg.). Vkf. Chnebeli s.

chneble (gchneblet) *mit Knebel dreinschlagen.*

chnele (gchnelt) *knallen, mit einem Knall bersten.* Los au, wie s i de Bòime chnelt! *von brechenden Ästen.* S hät d Stämm grad abenand gchnelt, *entzweigebrochen.*

Chnele w. *Wirtshaus* (Ssp., pej.).

Chneler (Mz.) *grosse, etwas harte, aber saftige Kirsche, Knackkirsche.*

Chnùrps m. (-e) *Knirps.*

chnischtblau (älter **-bloo**) *blau geschlagen* (ZO.).

chnischterig *knisternd.* Chnischterigs Bapiir.

chnöbele (gchnöbelet) *nach Knoblauch riechen.*

Chnobli m. 1. *Knoblauch.* Zss.: -guu m., *Knoblauchgeschmack;* -zingge m., *Knoblauchzehe.* 2. *kleiner Knabe* (fam.).

Chnoche m. (ö) *Knochen.* Vgl. Bäi. Em Hund en Chnoche gèè. Es tüend mer all Chnöche wee. D Chnöche zämenèè, *Achtungstellung annehmen* (Ssp.). En alte Chnoche, *alter Kerl* (pop.). S isch kän Chnoche daa gsii, *niemand.* Zss.: -gstell s., *hagere Person;* -maargg s., *Knochenmark;* -samler m., *Ambulanzwagen* (vulg.); -schlosser m., 1. *Chirurg, Arzt* (pop.). 2. *Sanitätssoldat* (Ssp.); verst. -stier, *ganz ohne Geld* (pop.).

chnode (gchnodet) *gefügig machen.* Äine chnode wien en Läichlotz, *jemanden sich gefügig machen.* Wide chnode, *Gerten durch Biegen und Drehen zum Binden zurüsten.*

Chnode m. (ö) 1. *Knöchel, Gelenk mit den dazugehörigen Knochen.* Hèrti Chnöde haa, *starkknochig sein.* En gschwullne Chnode, *angeschwollener Fussknöchel.* Mit em Chnode uf s Gschìir chlopfe, *zur Prüfung der Qualität.* Vkf. **Chnödli** s., *Knöchel der Finger.* Es Chnödli mache, *beim Schreiben die Finger krümmen.* Mit de Chnödlene rede, *Kopfnüsse geben.* Zss.: -finger m., *einwärts gekrümmter Zeigefinger beim Schreiben.* 2. *Knoten an Grashalmen und Rebschossen.* 3. *künstlicher Knoten in der Bindegerte.*

chnödle (gchnödlet) *knebelmelken (mit eingebogenem Daumen melken).*

chnödlige mäle *knebelmelken.* Vgl. chnödle.

chnöie (gchnöiet), **chnöile** (gchnöilet) *knien.* Zss.: abe-; ane-; hère-.

chnöilige Uw. *kniend.* Chnöilige bätte.

Chnole m. (ö) 1. *Knollen.* D Suppe hät wider Chnöle. Zss.: Chnölemilch w., *heisse Milch und Mehl zu Brei vermischt, Milchbrei.* 2. *Knötchen im Gewebe.* 3. Das isch en ticke Chnole, *dickes Kerlchen (bes. bei kleinen Kindern).* 4. *Geld.* I ha käi Chnöle (pop.). 5. *dummer Kerl,* auch Chnolebock m.

Chnöli m. *kleiner, dicker Mensch.*

Chnöörschpel siehe Chröösсhpel.

chnoorze (gchnoorzet) 1. *sich abmühen.* An ere Sach chnoorze. Zss.: ume-, *sich an etwas abmühen.* 2. *knausern.*

Chnoorzete w. 1. *umständliches, mühsames Tun.* 2. *Knauserei.*

Chnoorzi m. 1. *langsamer Arbeiter.* 2. *Knauser.*

chnootsche (gchnootschet) 1. *platschen.* Zss.: ume-. Im Dräck umechnootsche, *im Kot umherplatschen.* Im Täigg umechnootsche, *im Teig herumrühren.* 2. *mit Geräusch verschlingen.* Chriesi chnootsche.

Chnootschete w. 1. *Matsch von Beeren, die zusammenkleben.* 2. *Kot auf der Strasse.*

Chnopf m. (ö) 1. *Knopf.* Ra.: Äim d Chnöpf iitue, *in der Freiheit beschränken, den Meister zeigen.* Zss.: -loch s.; -stifeli s.; -trucke w., *Knopfschachtel.* 2. *Knospe.* D Roose händ Chnöpf. De Chnopf isch em uufggange, *er beginnt zu begreifen.* Er hät de Chnopf uuftaa, *er hat sich gut entwickelt.* 3. *Stecknadelkopf.* 4. *kleiner, dicker Mensch.* 5. *Kind.* Du chliine Chnopf, en hèèrzige Chnopf. Miini Chnöpf, *meine Schüler* (Lehrersprache). 6. *Knoten.* En Chnopf mache, *verknoten.* En Chnopf i de Läitig haa, *nicht begreifen* (pop.). 7. Chnöpf (Mz.), *Geld* (pop.). Vkf. **Chnöpfli** s., 1. *Knöpfchen.* Zss.: -schue m., *Schuh mit Knopfreihe* (va.); -stifel m., *Stiefel mit Knopfreihe* (va.). 2. *Spätzle.* Zss.: -täigg m., *Spätzleteig.* 3. *Mehlklösschen.* 4. *Kind.* Zss.: -haupme m., *Anführer einer Kindergruppe.*

chnöpfle (gchnöpflet) *«Chnöpfli», Spätzle zubereiten.*

Chnoschp m. *Rohrkolbenblätter als Fassdichtung.* Me truckt Chnoschp i d Nuet.

Chnotter m. (ö) *Knorren, kropfartiger Auswuchs an Baumstämmen.* Zss.: Chnotterstäcke, m., *Knotenstock.*

chnottere (gchnotteret) *rumpeln, poltern.*

chnotterig *mit Knorren bewachsen, knorrig.*

Chnuleri m. *schrulliger Mensch.*

Chnüpf m., **Chnüpfi** w. 1. *Seidenfaden zum Einknüpfen in den Zettel an Stelle eines unbrauchbar gewordenen.* 2. *die volle Spule davon.*

chnüpfe (gchnüpft) *zerrissene Fäden (im Zettel) knüpfen.*

Chnüpferli s. *kleines Halstuch.*

Chnüppel m. *Knüppel.* Vgl. Chnüttel.

chnure (gchnuret) *knurren.*

Chnuri m. *wer viel und gern knurrt, Knurriger.*

chnuschper *knusperig.*

chnütsche (gchnütschet) *zerdrücken, quetschen.* D Pletter chnütsche und de Saft usetrucke; Chèèrne chnütsche; Wide chnütsche, *die Rinde weich schlagen, damit sie sich besser löst.* Sandstäi chnütsche, *zu Sand zermalmen.* Zss.: chnütschblau (chnischtblau, -bloo ZO.), *blau geschlagen.*

Chnüttel m., **Chnütter** m. 1. *Knüppel, derber Knotenstock.* 2. *Geschwulst, Eitergeschwür.*

chnüttle (gchnüttlet) meist in Zss.: abe-, zäme-, *mit einem Prügel niederschlagen, durchprügeln.*

Chnüü s. (Wemf. Mz. Chnüüne) 1. *Knie.* Ra.: De Chumber nüd über d Chnüü uselaa, *sich die Sorgen fernhalten.* Zss.: -blätz m., a) *Flicken am Hosenknie, Knieschützer.* b) *rundes, dünngezogenes Fasnachtsgebäck;* -bräch m., *gemeines Kreuzkraut;* -büügi w., *Kniebeuge;* -rieme m., *Knieriemen des Schuhmachers;* -schiibe w., *Kniescheibe;* -schliiffer m., *Kind, das auf den Knien rutscht, Knierutscher;* -schlotter m., *Kniezittern;* -schnapper m., *Gelenkschwäche nach langem Bergabgehen;* -tüüff, *knietief;* -wèèrmer m. 2. *Biegung.* Deet, wo d Straass es Chnüü macht.

chnüüble (gchnüüblet) *grübeln.* Zss.: ume-, *herumgrübeln.* Er chnüüblet scho lang a dère Sach ume; use-, *herausklauben;* zäme-, *(Geld) mühsam zusammensparen.*

Chnüüblerei w. *Grübelei, Klauberei.*

Chnüüblete w. *Grübelei, Klauberei.*

chnüüle (gchnüület), **chnüüne** (gchnüünet), **chnüündle** (gchnüündlet) *knien.* Zss.: abe-, *niederknien.* Vor äim abechnüündle, *um Verzeihung bitten.*

Chnüüle w., **Chnüüne** w. *eine Art Hahnenfuss.*

chnüündlige *kniend.* Chnüündlige schüüsse.

Chnuupe m. (üü), **Chnupe** m. (ü) 1. *rundliche Erhöhung, verhärtete Geschwulst, Beule beim Vieh.* 2. *rundlicher, kugeliger Gegenstand.* De Chnuupe vom Chnobli. 3. *Knäuel, Büschel, Haufen.* En Chnuupe Chriesi, Tane, Hüüser. Zss.: -saager m., *Geizhals, Rappenspalter.*

Chnuus m. (üü) *Fadenknäuel, Wirrwarr.* Ame Chnuus ligge, *an einem wirren Haufen liegen.* Vkf. **Chnüüsli** s., 1. *knorrenartiger Auswuchs, knuspriger Auswuchs am Brotlaib.* 2. *dicker Mensch.*

Chnüüs m., **Chnüs** m. *Kauz.*

Chnüüsi (Mz.) *Kniestrümpfe* (Schsp., jg.).

cho, choge, auch **che** (unbetont) *Begleitwort vor Infinitiv.* Vgl. go. Chumm cho ässe! *komm essen.* S chunt cho(ge) schneie, *es kommt schneien.* Er isch en cho hole, *er kam ihn holen.*

Choch m. (Chòch, jg. Chöch) *Koch.*

choche (gchochet) *kochen.* Z Mittag choche, mache. Gchochet Hèrdöpfel, *gebratene (!) Kartoffelscheiben* (ZO., va.). Zss.: Chochhèèrd m.

chòchele (gchòchelet) 1. *kochen* (Ksp.). 2. *fein kochen.* 3. *auf kleinem Feuer kochen, köcheln.*

Chocherei w. (-e) *Kocherei.*

chöcherle (gchöcherlet) *auf kleinem Feuer kochen, köcheln.*

Chochete w. *bestimmte Menge Kochgut.* Die Öpfel gänd grad e Chochete.

Chòchi w. (jg.-ö-, Mz.-ene) *Köchin.*

Choder m. *Auswurf.*

chodere (gchoderet), **chödere** (gchöderet) *spucken.*

Choderete w., **Chöderete** w. 1. *Spucken.* 2. *durch Spucken verursachte Verunreinigung.*

Choderi m., **Chöderi** m. 1. *wer häufig spuckt, Spuckender.* 2. *Husten mit starkem Auswurf.* De Choderi haa.

Chöderlig m. *ausgespucktes Schleimhäufchen, Auswurf.*

Chog m. (Chöge) 1. eig. *abgemagertes, verendetes Tier, Kadaver.* 2. *Scheltwort, milder als «Chäib».* Nim di in acht vor dem Chog! *dem geriebenen Kerl.* Das sind wüeschti Chöge, *unanständige, hässliche Wesen, Dinge.* En fuule, tume Chog. En Söichog, *Schweinekerl.* Das isch en Chog, *das ist ungeschickt.* Das isch en Chog von ere Rächnig, *eine schwierige Rechnung.* Er hät alls Chogs probiert, *alles Erdenkbare.* Du verbränte Chog! *o je, ei verflucht.* Kän Chog isch choo, *niemand kam.* Er tuet kän Chog, *er tut nichts.* Zss.: chogemèèssig, *sehr, ausserordentlich.* Er lüügt chogemèèssig. Vkf. **Chögli** s., *schlaue, durchtriebene, witzige Person.* Vgl. Chögli m.

chogääs(s) *wählerisch im Essen.*

choge als Verstärkung: Dè choge Lappi! *dieser Dummkopf.* En choge Wääg, *steiler, mühsamer Weg.* Es choge Mäitli, *anmutig, übermütig, verführerisch.* Es choge Züüg! *eine dumme Sache.* Uw. Choge schwèèr, *sehr schwer.*

choge (gchoget) 1. *eilen, eilig gehen, rennen.* Chog doch nüd esoo! 2. *sich abschinden.* Da mueme choge vo frūe bis spaat.

choge (vor Infinitiv) siehe cho.

Chogerei w. (-e) *verzwickte Geschichte, unangenehme Sache.*

Chogete w. 1. *Drängen, aufgeregtes Tun, Betriebsamkeit.* Ir händ e Chogete. 2. *Wirrwarr, z.B. verwickeltes Garn.*

chogisch *sehr, stark.* S hät mer chogisch wee taa, *es schmerzte mich sehr.*

chögle (gchöglet) *gifteln.* Er fèèt wider aa chögle. Si händ di ganz Ziit gchöglet mitenand, *sich giftig geneckt.* Zss.: uus-.

Chögler m. *Giftler.* Vgl. Chog.

Chöglerei w. *Giftelei.*

Chöglete w. *Giftelei.*

Chögli m. *Giftler.*

chöie (gchöiet) *kauen.* Ra.: Lang an öppis z chöie haa, *etwas schwer überwinden.*

Chöiete w. 1. *geräuschvolles Kauen.* 2. *vorgekaute Speise.*

Chòiffer m., **Chòifferi** w. (-ne) *Käufer(in).* I ha kän Chòiffer gfunde.
chòiffig *zum Kauf einladend, bes. vom Vieh.*
chòiffli *käuflich.*
chöisle (gchöislet) *langsam kauen* (ZO.).
Chöitsch(gi) m. *Kaugummi* (Schsp.).
Chölaug siehe Chülaug.
Cholbe m. (ö) *Kolben.* 1. *Schaft des Gewehres, der Armbrust.* 2. *kolbenähnlicher Fruchtstand, z.B. beim Mais.* 3. *verkohlter Kerzendocht, Lichtschnuppe.*
Cholder m. 1. *Koller (Wutkrankheit) des Pferdes.* 2. *Schmollen, mürrisches, reizbares Wesen.* De Cholder haa.
choldere (gcholderet) 1. *störrisch sein, von Pferden.* 2. *schmollen.* Er hät de ganz Taag gcholderet.
Cholderete w. *Schmollerei.*
Cholderi m. 1. *Koller.* Er hät de Cholderi. 2. *Schmoller.* Er isch en Cholderi. Zss.: -chopf m.; -grind m.
cholderig 1. *kollerkrank, vom Pferd.* 2. *launenhaft, zänkisch.*
chole (gcholet) 1. *Holz zu Kohle brennen.* 2. *wie Kohle glimmen.*
Chole w. 1. *Kohle.* Zss.: -bapiir s.; -gaas s.; -handlig w.; -hèèrd m.; -huuffe m.; -maa m., -mane (Mz.), *Kohlenlieferant;* -sack m.; -schopf m. Vkf. Chöleli s. S isch mer es Chöleli i s Aug choo, *Kohlenstaub.* 2. *Geld* (auch Chöle) (pop.).
Chölener m. *Köhler.*
Choli m. 1. *Rappe.* 2. *Mensch mit schwarzem Haar und dunklen Augen* (humor.). 3. *Dampflokomotive* (fam.).
Cholraab w. (-e), **Cholrèèb** w. (-e) *der Kohlrabi.* Vkf. Cholrèèbli s.
Chöltsch m. eig. *kölnisches Tuch; dunkelblau oder rot gewürfelter Stoff zu Bett- und Kissenbezügen, Kölsch.*
chöne (cha, mer chönd; Mw. chöne) *können.* Si chönd s guet mitenand, *sie verstehen sich.* Mach s wie s chasch! *mach es, wie du es vermagst.* Du chasch kän Dräck, *weisst überhaupt nichts.* Chan i gaa? *darf ich gehen?* Ir chönd s nu sääge, *braucht nur zu befehlen.* Du chasch mi verbaarme, *ich bemitleide dich.* Die chan em s, *sie sagt ihm zu.* Das cha mer s näime nüd rächt, *ist nicht nach meinem Geschmack, sagt mir nicht zu.* Chasch mer! *das will ich nicht* (pop.).
choo (chume, mer chönd, jg. chömed; Mw. choo; Wf. Gw. chämm, chömm, Wf. Vh. chèèm, chiem) *kommen.* Ra.: Söll mer äine choo und sääge, *es soll jemand behaupten wollen.* I chumen au, *beim Jassen eine Partie mitmachen.* Er chunt i der Ziitig, *wird in der Zeitung erwähnt.* Si chunt mit eme Chind, *sie ist schwanger.* S Chind chunt all Nacht, *das Kind muss jede Nacht gewartet werden.* Er chunt wider, *wird wieder gesund, funktioniert wieder.* D Boone chömed, *sie keimen.* S chunt schwaarz unen uuf, *ein Gewitter naht.* De Bach chunt hööch, *hat Hochwasser.* S chunt chalt ine, *kalte Luft strömt ein.* S chunt cho räägne, *es wird bald regnen.* Äim wüescht, fräch choo, *jemandem grob begegnen.* S chunt em, *er erinnert sich, es dämmert ihm.* Er chunt scho (na), *er wird sich schon noch entwickeln.* S nöi Gwand chunt em guet, *steht ihm gut.* I chume z früüre, *ich fange an zu frieren.* Er isch en cho hole, *er kam ihn holen.* Mag i no gchoo (pchoo)? *reicht die Zeit, das Geld?* Chumm iez! *ach was.* Chumm scho! *hör auf damit.* Chunt s bald? *ist's bald fertig?*
Zss.: aa-, 1. *ankommen, eintreffen.* 2. *Feuer fangen.* S Holz wott nöd aachoo. 3. S isch mi aachoo, *ich verspürte Lust;* ab-, *vom normalen Weg abkommen.* Me chunt en nümen aab, *wird ihn nicht mehr los;* abe-, *herunterkommen (auch geschäftlich oder nervlich);* ane-, 1. *anstossen.* An öppis anechoo. 2. *etwas erreichen.* Er chunt nienen ane, *er erreicht nichts; die Arbeit geht ihm mühsam vonstatten;* dethèèr-. Wie chunsch mer au dethèèr? *wie (nachlässig) bist du gekleidet? was fällt dir ein?* devoo-; draa-; drii-; füre-, *hervorkommen, hervorgucken;* furt-, 1. *fort, in die Fremde kommen.* 2. *gestohlen werden;* füür-, 1. *vorkommen, erscheinen, z.B. im Traum.* 2. *durchbrennen.* S Ross chunt füür; hindere-, *ins Gefängnis kommen;* hinedrii-, *zurückbleiben (in der Schule);* ie-; ine-; naa-, *verstehen, begreifen;* über-, 1. *erhalten.* Dèè chunt über! *bekommt*

eine Tracht Prügel. 2. Öppis mit überchoo, *etwas mitbekommen, verstehen;* ue-; ufe-, *hinaufkommen;* um-, *umkommen;* ume-, *zurückkommen;* uuf-; uus-; voor-; wäg-, *gestohlen werden;* zäme-; zue-; zrugg-.

Chool m. 1. *Stück Kohle zum Zeichnen.* 2. *Holzkohle.* Zss.: -huuffe m., *Kohlenmeiler;* -schwaarz.

Chööl m. *Kohl.*

chööle (gchöölet) *die äussersten Blätter an Kohlköpfen abbrechen.*

Choolrèèb siehe Cholraab.

Choor m. (öö) *Chor, Singkreis.* Zss.: -gsang m., *Sonntagssingen aller Schüler* (va.). Vkf. Chöörli s. E guets Chöörli.

Choor s., jg. m. (öö) *Chor (der Kirche).* Vkf. **Chöörli** s., *erhöhter Teil des Kirchenschiffes.*

Choorb m. (öö) *Korb.* En Choorb zum Poschte, *Einkaufskorb.* Vkf. **Chöörbli** s. 1. S Chöörbli für s Broot, für d Äier. 2. *behaarte Stelle an den Hinterbeinen der Biene, wo der Blütenstaub aufgenommen wird.* Zss.: -waar w., *üble, anrüchige Familie* (pop.).

choorbe (gchorbet) *korbflechten.*

Choorber m. *Korbmacher.*

chöörble (gchöörblet) *erbrechen* (pop.).

Chöörblete w. *Erbrochenes* (pop.).

Choorn s. *Korn.* 1. *Samenkorn des Getreides.* Vkf. Chöörndli s. Es Chöörndli Sand, Hagel, Pulver. Ra.: Er hät mer e käs Chöörndli ggèè, *gar nichts.* 2. *Brotgetreide.* Vgl. Frucht.

Choot siehe Chaat.

chòòtle (gchòòtlet) *mit Strassenkot spielen.* D Chind chòòtled gèèrn.

Chopf m. (ö) *Kopf.* De Chopf iischüüsse, *einrennen.* Uf de Chopf staa, *sich auf den Kopf stellen.* D Chöpf zämehaa, *zusammenstecken.* De Chopf anehaa, *herhalten.* De Chopf mache, *schmollen.* De alt Maa isch no guet im Chopf, *geistig frisch.* Er hät s im Chopf, *geistesgestört.* Er hät s grooss im Chopf, *hat hochfahrende Pläne.* Zss.: -bèèrli s., *Haarnetz;* -gaarn s., *Haarnetz;* -hüüsli s., *Schränkchen zum Schutz der Gewichtssteine einer grossen Schwarzwälder Uhr;* -nüssli s., *Kopfnuss* (Schsp.); -pariiser m., *Kopfwärmer* (Ssp.); -salaat m.; -stand mache, ütr. *sich entsetzen;* -tuech s.; -wee s.; -weegamäle w., *Stahlhelm* (Ssp., jg.). Vkf. **Chöpfli** s., 1. (Ksp.: Chopfli s., Chopfeli s., Chöpfeli s., Chopfi s., Chöpfi s.) *Köpfchen.* 2. *gestürzte Portion Pudding oder Flammeri.*

chopfe (gchopfet) 1. *trotzen, schmollen.* Er hät wider emaal gchopfet. 2. *mühsam begreifen.* Er chopfet s nüd, *er begreift es nicht, schwer.*

chöpfe (gchöpft) *köpfen, enthaupten.*

Chopfete w. 1. *Kopfende des Bettes.* 2. *Trotzen.*

Chopfi m. *Schmoller, Trotzkopf.*

chöpfig 1. *kopfförmig.* 2. *kopfgross.* En chöpfige Chratte, Choorb.

chöpfle (gchöpflet) 1. *trotzen, schmollen.* 2. *in Kopfform auswachsen, z.B. vom Kohl, Salat.* 3. *mit dem Kopf stossen, beim Fussball.* 4. *kopfüber ins Wasser springen.*

Chöpfler m. 1. *Kopfsprung beim Baden.* 2. *Kopfstoss beim Fussball.*

chöpflige *kopfvoran.*

choschper, jg. **choschtbar** *wertvoll, prächtig, kostbar.*

Choscht w. *Kost, Speise, Nahrung.* A d Choscht gaa, *Kostgänger sein.* A d Choscht gèè, *in Kost geben.* Öpper a d Choscht nèè, *als Kostgänger aufnehmen.* E gueti Choscht, *gute Verpflegung.* Choscht und Loschii, *Unterkunft und Verpflegung.* Zss.: -frau w., *Kostgeberin;* -gält s.; -gänger m.; -gängerei w., *Kostgeberei;* -huus s., *fabrikeigene Kostgeberei; Wohlfahrtshaus einer Fabrik;* -löffel m., *Inhaber einer Kostgeberei* (humor.); -suppe w., *Suppe mit Bohnen und Gerste.*

choschte (gchoscht) *kosten.* Was choschted mer? *was müssen wir bezahlen (nach einer Zeche)?* Was hät das Huus gchoscht?

Choschte m. (ö) *Unkosten, Auslagen.* Er hät en Huuffe Chöschte anegmacht, *Kosten verursacht.* Si sind uf Gmäindschöschte häi spediert woorde, *per Schub.*

Choschtez m. *Thymian.*

choschtli *kostbar, teuer.* Das isch choschtlis Tuech, *teurer Stoff.* Er isch choschtli aagläit, *vornehm, kostbar, teuer angezogen.*

chosle (gchoslet) *sudeln, schmieren (z.B. beim Essen).*

Choslete w. *Schmiererei.*

Chosli m. 1. *Husten mit Auswurf.* Zss.: -hueschte m., *Husten mit Auswurf.* 2. *durch Altersbeschwerden behinderter Mensch, Altersgebrechlicher.*

Chotz m. *Erbrochenes* (vulg.). De Chotz uufbutze.

chotze (gchotzt) *erbrechen* (vulg.). I ha müese chotze. S isch zum Chotze, *ekelhaft.* Uusgsee wien e gchotzeti Milchsuppe, *blass aussehen* (pop.). Zss.: aa-. Das chotzt mi aa, *das stösst mich ab* (vulg.); uus-. Ganz uusgchotzet, *völlig erschöpft* (vulg.).

chötzele (gchötzelet) *Brechreiz verspüren.* S chönt äin chötzele, *verleiden.*

chötzelig *Brechreiz verspürend, zum Erbrechen gereizt.* S isch mer ganz chötzelig gsii.

Chotzerei w. *Erbrechen.*

Chotzete w. *das Erbrechen, Erbrochenes.*

Chouchle w., jg. **Chunkle** w. *Kunkel, Spinnrocken.* Ra.: Vil Wèèrch a der Chouchle haa, *viel Arbeit haben.*

Chouscht w. (öi) *Ofenkunst, Feuerherd.* I der Chouscht füüre. Vkf. **Chöischtli** s., *Ofensitz.*

Chraa m. (Chrȍȍ), jg. **Chraam** m. *Kram.* Ra.: Si hät de ganz Chraa vor ale Lüüte uusphackt, *das Geheimnis preisgegeben.* Äim in Chraa mache, rede, *sich voreilig einmischen.* Bring mer en Chraa häi! *ein Geschenk.* Da hämer de Chraa! *Bescherung.* Vkf. **Chrȍȍli** s., *Zuckergebäck.* Zss.: -laade m., *Konditorei;* -stand m.

Chrääb s. 1. *Geschlinge von Faserwurzeln.* 2. *schwimmendes Laichkraut.*

Chraage m. (ää) *Kragen.* 1. *Hals, Gurgel.* De Chraage lèère, *seinem Zorn Luft machen.* Er jagt alls de Chraagen aab, *vertrinkt alles.* Das passt mer nöd in Chraage, *das ist nicht nach meinem Geschmack.* 2. *Halsteil an Kleidungsstücken.* En suubere Chraage, *Hemdkragen.* ütr. Der Chraage vo der Guttere, *Flaschenhals.* S Pier hät en hööche Chraage, *zu viel Schaum im Glas.* Zss.: -chnöpfli s., *Kragenknopf;* -wiiti w., *Kragenweite.* Ra.: Das isch nöd miini Chraagewiiti, *das ist nicht mein Geschmack.* Vkf. **Chräägeli** s., *Halsteil an Bluse, Kinderjäckchen.*

Chraam siehe Chraa.

chraame (gchraamet) *kaufen.* Chraamed mer öppis! Händ er braav gchraamet? *eingekauft.* Ra.: Er hät mer alls wider gchraamet, *hinterbracht.*

Chraamete w. *eingekaufte, zum Verschenken bestimmte Kleinigkeit.*

Chraane m. (ää), älter **Graane** m. *Kran.*

Chraapf m., **Chrȍȍpf** m. (-e), meist Mz. oder Vkf. **Chrȍȍpfli** s., *Krapfen, eine Art Pfannkuchen mit Füllung.*

Chraapfe w. *Armbrustspanngerät.*

chraaze (gchraazet) *mühsam gehen, sich schleppen, bei Altersschwäche.*

Chraazi m. *Schwächling, Hilfloser.*

Chräbel m. *Kratzwunde, Narbe, Schramme.* Dè Chräbel han i vo der Chatz. Vkf. **Chräbeli** s., 1. *kleine Kratzwunde.* 2. *bestimmtes Anisgebäck.* Baademer Chräbeli, *aus Baden.* 3. *Koseform für Kätzchen, kleines Kind.*

chräbele (gchräbelet) *krauen, leicht kratzen, kitzeln.* S chräbelet mi im Hals, *kitzelt mich.*

chrable (gchrablet) *kriechen.* Zss.: devoo-; ume-.

chräble (gchräblet) *kratzen, ritzen.* D Chatz hät mi gchräblet.

Chräblerei w. *das Kratzen.*

Chräblete w. *Gekratze.*

Chräbli m. *Kind oder Tier, das kratzt.* Zss.: -chatz w., *widerspenstiges, wildes Mädchen.*

Chrach m. (ä) *Krach, Streit.* Die händ wider emaal Chrach mitenend. De Mäischter hät Chrach gschlage, *aufbegehrt.* Zss.: -brüeder m., *Raufbold.*

chrache (gchrachet) *krachen, donnern.* Das chrachet, *donnert.* Er mues bllääche, das d Schwaarte chrachet, *teuer bezahlen.* Die zwäi chrached scho wider, *streiten.*

Chrache m. *abgelegener Ort.* Im letschte Chrache hine.

chrächele (gchrächelet), **chrächle** (gchrächlet) *leicht krachen.* Ra.: Wänn s nüd echli chrächelet, sind s nüd zfride, *einander gern ein wenig necken.*

Chracher m., **Chrachli** m. *hinfälliger Mann.* Dè alt Chracher, *gebrechlicher, alter Mann.*

Chracherei w. (-e) *Streiterei, Krach.*

Chrachete w. *Streiterei, Gekrache.*

chrächze (gchrächzet) *keuchen, mühsam arbeiten* (ZO.).

Chraft w. (Chreft) *Kraft.* Zss.: -mäntsch m.; -proob w.; -stuck s., *Kraftleistung;* -wèrch s.

Chräis m. *Kreis.* Chräis Chäib, *Arbeiterviertel der Stadt Zürich* (pej.). Zss.: -rund; -saagi w., *Kreissäge.*

chrale (gchralet) *Blasen bilden, perlen, moussieren.* De Wii chralet, chrälelet.

Chrale w., älter **Chròiel** m. *Kralle.* Vkf. Chròieli. Zss.: Chräleligraas s., *Knäuelgras.*

Chrale w. 1. *Korallenkügelchen, Glasperle.* Zss.: -chette w.; -schnuer w. 2. *Perlenkette* (va.). Vkf. **Chräleli** s., *Kette z.B. aus Löwenzahnstengeln* (Ksp.). Zss.: -chranz m., *künstlicher Trauerkranz.*

Chrampf m. (ä) 1. *Krampf.* En Chrampf im Aarm. 2. *körperliche oder geistige Anstrengung.* Das isch en Chrampf gsii. Zss.: -aadere w. Vkf. **Chrämpfli** s. Chrämpfli mache, riisse, *unsaubere Geschäfte treiben* (pop.).

chrampfe (gchrampfet) *streng arbeiten* (pop.). Er chrampfet vom Morge früe bis z Aabig spaat. Zss.: ab-, *sich abmühen.* Er chrampfet (si) äinen aab.

Chrampfer m., **Chrampfi** m. *hart Arbeitender.* Zss.: -buude w., *Arbeitsstätte, in welcher hart gearbeitet wird.*

Chrangel m. 1. *Garn.* 2. *Fadenknäuel.* 3. *Ranke von Schlingpflanzen.*

chrangle (gchranglet) *sich ringeln, kräuseln, winden.* D Wule chranglet. D Boone fanged aa chrangle, *sich um die Stange winden.*

Chranglete w. *verwirrte Fäden, Wirrwarr.*

chranglig *verknäuelt.*

chrank *krank.* En chrank(n)e Maa, e chrank(n)i Frau, e chranks Chind.

Chranket w. (-e) *Krankheit.*

chränkle (gchränklet) *kränkeln.*

chränkli *kränklich.*

Chranz m. (ä) 1. *Kranz.* En Chranz schüüsse. Ra.: Das chunt nöd i d Chränz! *kommt nicht in Frage.* Zss.: -jumpfere (Mz.), *Ehrendamen.* 2. *Kegelformation (mittlerer Kegel bleibt stehen).* Vkf. **Chränzli** s., *Runde, Beisammensein, meist von Frauen.*

chranze (gchranzet) *Kränze winden.* Äim chranze, *einem Verstorbenen einen Kranz winden.*

chränzle (gchränzlet) *den Rand eines Taschentuchs besticken.*

Chräps m. (-e) 1. *Krebs.* Zss.: -chluppe w., -chluppi w., *Krebsschere;* -chuttle w., *fingiertes Gericht.* 2. *die mit hölzerner Gabel versehene Spindel des Spinnrades.*

chräpse (gchräpset) 1. *Krebse fangen.* 2. *rückwärtsgehen.* Zss.: zrugg-, *seine Forderungen zurückstecken.* Er isch zruggchräpset.

chräsme (gchräsmet) 1. *krabbeln, kriechen, wimmeln.* Zss.: ume-. En Huuffe Tierli chräsmed uf em Boden ume. 2. *klettern.* Uf en Baum (ue) chräsme.

Chräsmer m. *Kletterer* (pop.).

Chräsmete w. 1. *Gewimmel.* 2. *Kletterei.*

Chräsmi m., **Chräsmeli** m. *unruhiges Kind, das auf alle Stühle klettert.*

Chratte m. (ä) 1. *Korb zum Pflücken von Kirschen, Beeren.* Ra.: Rüne wien en Chratte, *nicht wasserdicht sein.* Er hät s wien en Fùùrz im Chratte, *einer, der überall durchkommt.* Mer chönt fascht mäine, en Chratte wèèr e Zäine, *man sieht sich getäuscht.* 2. *steingefülltes, korbähnliches Flechtwerk bei Entwässerungsarbeiten.* 3. De Chratte haa, *Menstruation* (pop.). Zss.: -maa m., *Hausierer mit Körben;* -macher m. Vkf. Chrättli s.

chrättele (gchrättelet) *kleine Arbeiten verrichten, spielerisch arbeiten, werkeln.* Zss.: ume-. An öppis umechrättele, *herumhantieren.*

Chrätteler m. *langsamer Arbeiter.*

chrättle (gchrättlet) *korbflechten* (ZO.).

Chratz m. (Chretz) *Kratzer.* En Chratz vo der Chatz. Zss.: -bùùrschte w., 1. *Metallbürste.* 2. *widerborstiger Mensch;* -iise s., *Kratzeisen, z.B. des Kaminfegers.*

Chratz m. *enger Raum zwischen Ofen und Wand, Ofenwinkel.*

chratze (gchratzet) *kratzen, krauen.* Ra.: De muesch nüd chratze, was di nüd biisst, *dich nicht um fremde Dinge kümmern.* Er hät schwèèr z chratze, *muss sich sehr mühen, um sich finanziell über Wasser zu halten.*

Chratzer m. *Scharre, Kratzeisen.*

Chratzerei w. *Gekratze.*

Chratzete w. 1. *Zusammengekratztes, besonders Teig im Teigtrog.* 2. *zerhackte Omelette.*

chrautere (gchrauteret) *stümperhaft arbeiten, pfuschen.*

Chrauteri m. *(handwerklicher) Stümper, Pfuscher.*

Chrèè w. m. (-e) *Krähe.* Ra.: Uusgsee wien e grupfti Chrèè, *sehr mager sein.* De Chrèèe rüeffe, *sich heftig erbrechen.* Zss.: Chrèèenäscht s.

Chrèèchzi m. *Person mit krächzender Stimme, Krächzender.*

chrèèe (gchrèèet) 1. *krähen, vom Hahn.* 2. *schreien, von Menschen.* Chrèè ä nüd esoo! Zss.: Chrèèhaane m., Chrèèane m., *Schmaus, Fest nach der Weinlese oder anderer Ernte.*

chrèèze (gchrèèzet) *eine Last auf dem Rücken tragen, ein Kind huckepack tragen.* Vatter, tue mi chrèèze! (Ksp.).

Chrèèze w. *Rückentragkorb.* Ra.: E ganzi Chrèèze voll rede, *Wortschwall.* Um Chraa und Chrèèze choo, *Hab und Gut verlieren.* Du bisch en eebigi Chrèèze, *zudringliches Kind.* Zss.: -puggle, -pugglis mache, *huckepack tragen* (Ksp.).

Chrèèzete w. *Plackerei mit einer Rückentraglast.*

Chrenkni w. *Kranksein, Kränklichkeit.*

Chressech m., **Chressich** m. *Brunnenkresse, Gartenkresse.*

Chretz m. *Kratzer.* I ha d Händ vole Chretz. Zss.: -iise s., *Kratzeisen, das man bei Glatteis an den Schuhen befestigt.* Vkf. Chretzli s.

chretze (gchretzt) *kratzen, ritzen.* I ha mi a dèm Nagel gchretzt. De Wii chretzt, *ist herb, sauer.* Zss.: ii-, *einritzen.*

Chretzeli s. *Kratzeisen, das man bei Glatteis an den Schuhen befestigt.*

Chretzer m. 1. *mit Zacken versehener Bremsklotz.* 2. *saurer Wein, Krätzer.* 3. *ausgewachsener Barsch.* Vkf. Chretzerli.

Chribel m. 1. *Schnörkel.* 2. *Unterschrift, Visum* (pop.). 3. *Bleistift* (pop.).

chrible (gchriblet) *kritzeln.*

Chriblete w. 1. *Gekritzel.* 2. *Kribbeln.*

Chrie w. (-e), **Chrieche** w. *kleine Pflaumenart.*

Chrieg m. *Krieg, Streit, Händel.* Bis Naachbers isch wider emaal Chrieg. Zss.: Chriegsmaa m.

chriege (gchrieget) *zanken, streiten.* Zu Kindern: Chrieged er scho wider?

Chrieger(l)is mache *Krieger spielen* (Ksp.).

Chriegete w. *Streitigkeiten, sich häufende Kriege.*

chriemsch *merkwürdig, unordentlich.* En chriemsche Pùùrscht.

chriesele (gchrieselet) *Kirschen pflücken und sich dabei gütlich tun.*

Chrieset m. 1. *Kirschenernte.* 2. *Kirschenzeit.*

Chriesi s. (Wemf. Mz. Chriesene) *Kirsche.* Hèrti, rooti, wäichi, wildi Chriesi. Suuri Chriesi, *Weichselkirschen.* Wältschi Chriesi, *grosse, braune Kirschen.* Chriesi güne, *pflücken.* A d Chriesi gaa, *unerlaubt pflücken.* Zss.: Chries(i)baum m., *Kirschbaum;* Chriesibluescht m., *Kirschblüte;* -blüet m., *Kirschblütezeit;* -brägel m., *Kirschenbrei mit Mehl und gerösteten Brotwürfelchen;* -chratte m., *Korb zum Kirschenpflücken;* -gauch m., *Beerenwanze;* -haagge m., *Holzhaken, mit dem man die Kirschzweige heranzieht;* -hunng m., *Kirschenkonfitüre;* -mues s., *Kirschenbrei;* -muul s., *dunkle Lippen vom Kirschenessen;* -näggel m., *Fruchtansatz der Kirschen;* -stäi m., *Kirschkern;* -wasser s., *Kirsch;* -wèèe w., *Kirschenkuchen.*

chriesne (gchriesnet) *Kirschen pflücken.*

Chriid w. (-e) *Kreide.* Zss.: Chriidebüchsler m., *Usterapfel (süss);* -chängel m., *Kreiderinne an der Wandtafel;* -stumpe m., *Kreidestumpf.*

chriide (gchriidet) in Zss.: aa-, uuf-, *ankreiden.*

Chriide w., **Chride** w. *Kreidemehl.* Chriide zum Mösch *(Messing)* butze. Ra.: Chriide fürelaa, 1. *zerrissenen Hosenboden haben.* 2. *offenen Hosenschlitz haben.*

Chrììs s. *Reisig.* Zss.: -ascht m., *Tannenast;* -bääse m., *Reisigbesen;* -bock m., *Gestell zum Binden der Reisigbündel;* -bùùrdi w., *Reisigbündel;* -hacker m.; -huuffe m.; -naadle w., *Tannennadel;* -tili w., *Boden für Reisigbündel im Stallgebäude.*

chrììse (gchrììset) *Reisig hacken, abhauen.*

Chrine w. 1. *Rinne im Gelände.* Mer laat d Bòim d Chrine aab, *schleift sie durch eine Rinne talwärts.* 2. *Kerbe in Brettern.* 3. *Rille in Grammophonplatte.* 4. *Gleis (Eisenbahn).*

Chrineliine w., **Chringeline** w. *Krinoline.*

chringeltùùr *klapperdürr.*

chringle (gchringlet) *klingen, klirren, mit Schlüsseln, beim Anstossen der Gläser.*

Chripf siehe Chrüpf.

Chrips m. in: Äinen am Chrips nèè, *beim Kragen packen.*

Chrischt m. (-e) *Christ.* Zss.: Chrischchindli s., 1. *Christkind.* 2. *Weihnachtsgeschenk.* Das isch (mer) s schöönscht Chrischchindli; Chrischtblueme w., *Christrose;* Chrischtemäntsch m., *Christ;* Chrischtmonet m., *Dezember.*

chrischtli 1. *christlich.* 2. Zun ere chrischtliche Ziit häichoo, *nicht allzu spät oder allzu früh heimkommen* (pop.).

Chritz m. 1. *eingeritzter Strich, Schramme auf Holz usw.* 2. *Gewinnstrich beim Jassen.* Er hät zwee Chritz. 3. *Streit, Zank.* Si händ Chritz mitenand.

chritze (gchritzt) *ritzen.* Es Tüechli chritze, *mit der Nadel eine Naht vorzeichnen.*

chritzle (gchritzlet) *kritzeln.*

Chritzlete w. *Gekritzel.*

Chròiel m. 1. *Kralle.* D Chatz hät d Chròiel füre glaa. 2. *zwei- oder dreizinkiger Karst.* 3. *Stechgabel der Fischer.* Vkf. Chròieli s.

chròiele (gchròielet) *sachte kraulen.*

chròile (gchròilet) *kratzen.* Zss.: uuf-, *Boden aufkratzen;* uus-, *Unkraut hacken;* zäme-, *zusammenraffen.*

Chròilete w. *Gekratze.*

Chrokedììl s. 1. *Krokodil.* 2. *alte, lange Güterzugslokomotive.*

Chròòli s., *kleines Zuckergebäck.* Vgl. Chraa.

Chròòmer m., **Chròòmeri** w. (-ne) *Krämer(in), Hausierer(in).* Spring zum Chròòmer dure go Wichsi hole! En Chròòmer chunt. Das isch en Chròòmer, *Krämerseele.* Zss.: -laad m., *Kiste des Hausierers;* -laade m., *Verkaufsladen;* -stand m.; -trucke w., *Warenkiste des Hausierers.*

chròòmere (gchròòmeret) *Kleinhandel betreiben, hausieren.*

Chròòmeris mache, Chròòmerlis mache *Krämer spielen, Verkaufsladen spielen* (Ksp.).

chròòmle (gchròòmlet) *Zuckerbackwerk, entbehrliche Dinge einkaufen.*

Chròòmli m. *wer gern Geld ausgibt für Kram, Kauflustiger.*

Chroon w. (-e) *Krone.* Vkf. Chrööndli s.

Chröös s. *Gekröse.* Zss.: -ängel m., *Lieblingskind.* Si isch em Grosvatter sin Chröösängel.

Chrööschpel m., **Chnöörschpel** m. *Knorpel im Fleisch.*

chrööschpelig *knorpelig.*

chroose (gchrooset) *knarren, knistern, knirschen, rascheln.* Tùùrs Hòi chrooset. Es chrooset bi jedem Schritt.

Chroosete w. *Geknirsch, Geraschel.*

Chropf m. (ö) *Kropf.* En Chropf am Baum. Ra.: Er laat em / si kän Chropf wachse, *sagt alles geradeheraus.* De Chropf lèère, *seinen Unmut heraussagen.*

chrosle (gchroslet) *wimmeln, krabbeln.*

Chroslete w. *Gewimmel.*

Chrott w. (-e) *Kröte.* Ra.: Uf em Gält hocke wien e Chrott, *geizig sein.* Häsch e Chrott im Hals? *wenn einer sich räuspert.* De bisch e fuuli Chrott, *Faulpelz.* Zss.: Chrottenaff m., *dummer Kerl;* Chrottebluem w., *Löwenzahn;* -chröös s., *Eingeweide der Kröte;* -haar s. Es Chrottehaar im Sack haa, *Glück haben;* -hegel m., *schlechtes Taschenmesser;* -läich m.; -mèèssig, *ausserordentlich, sehr;* -naar m., *dummer Kerl;* -pösche m., *Löwenzahn;* -stächer m., *langes Messer* (pop.); -taub, *sehr aufgebracht;* -züüg s., *verfluchtes Zeug.* Vkf. **Chröttli** s., *Schelt- oder Kosewort.* Du bisch es (tuusigs) Chröttli! *als Lob.*

Chrott w. in: I der Chrott sii, *in Geldnöten.*

chrotte (gchrottet) *schwer arbeiten.* De Puur mues chrotte, bis er de Zeis dusse hät.

Chrottete w. 1. *enger, überfüllter Raum.* I soonere Chrottete findt me nüüt. 2. *mühsame Arbeit.* Das isch e Chrottete gsii, bis mer dur s Tobel uuf gsii sind! 3. *finanzielle Bedrängnis.* Äntli simer zur Chrotteten uus, *es geht uns finanziell besser.*

Chrotti m. *Pfuscher.*

chrucke (gchrucket) 1. *Schnee wegschieben, räumen.* 2. *mit einem Gerät rühren.* D Güle chrucke. 3. *(mit Krücken) mühsam gehen.* Er chrucket devoo.

Chrucke w. 1. *Krücke.* A de Chrucke gaa. 2. *Bein.* Der Chue äis a d Chrucke haue. I ha miini Chrucke aagschlage. 3. *Schürgerät.*

Chrueg m. (Chrüeg) *Krug.* En Chrueg voll Wasser. Vkf. **Chrüegli** s., 1. *Krüglein.* 2. *Wärmflasche* (va.).

Chrugel m. (ü) 1. *Knäuel.* Er hät s ganz Bett ame Chrugel. Ame Chrugel ligge, *zusammengerollt.* 2. *kleine, untersetzte Person.* Das isch en ticke Chrugel.

chrugele (gchrugelet), **chrugle** (gchruglet) *knäueln.* Zss.: zäme-, *zerknüllen.*

Chrugele w. *Knäuel.* E Chrugele Gaarn.

Chrumb m., jg. **Chrumm** m. (ü) *Biegung, Wegkrümmung, Kurve.*

chrumb, jg. **chrumm** *krumm.* E chrumbs Muul mache. E chrumbs Bäi haa, *hinken.* Chrumm luege, *scheel schauen.* Bis am chrumbe Drizääni, *auf unbestimmte Zeit.*

chrümbe (gchrümbt), jg. **chrüme** (gchrümt) *sich krümmen.* De Nagel hät si gchrümt.

Chrümbi w. *Kurve.* Er wont i der Chrümbi.

Chrungele w. 1. *Knäuel.* E Chrungele Gaarn. Vkf. Chrüngeli s. 2. (auch **Chrungeli** w.) *Gespenst zur Weihnachts-, Fasnachtszeit.* Vgl. Chlungeri. Zss.: -nacht w., *Gespensternacht vor dem 23. und 31. Dezember.*

Chrüpf w., jg. **Chripf** w. (-e) 1. *Futterkrippe.* S Fueter i d Chrüpf gèè. 2. *enger Wohnraum, kleines Haus.* Äng wien in ere Chrüpf ine. Vkf. Chrüpfli s. Die Chamer isch nu es Chrüpfli.

Chrüpfete w., jg. **Chripfete** w. 1. *Enge, bes. von überfüllten Wohnräumen.* 2. *Gedränge.*

Chrüppel m. 1. *Krüppel.* 2. *Dummkopf* (vulg.). Zss.: -buude w., *sehr schlechte Firma* (vulg.). E verdammti chäibe Chrüppelbuude, *ausserordentlich schlechte Firma* (vulg.).

chrüpple (gchrüpplet) *streng arbeiten.* Häsch nonig gnueg gchrüpplet? Uf s Äxame chrüpple.

Chrüsch s. *Kleie.* Vgl. Grüsch. Zss.: -lappete w., *Kleie mit heissem Wasser angerührt als Pferdetränke.*

chrüschele (gchrüschelet) *rascheln, flüstern.*

chrüschle (gchrüschlet) *wühlen, stöbern.* Zss.: ume-. Im Gält umechrüschle.

Chrusel m. (ü) *Kraushaar, Locke* (ZO.). Er hät de Chopf vole Chrüsel. Zss.: -bäi s., *Gelenkknochen* (?); -beeri s., *Stachelbeere;* -chopf m., *Krauskopf;* -chranket w., *Milbenkrankheit der Rebe;* -grind m., *Krauskopf* (pop.); -haar s.

chrüsele (gchrüselet) 1. *sich kräuseln.* Miini Haar tüend si vomesälber chrüsele. 2. *sanft kitzeln.* 3. *prickeln.* S tuet äim ganz chrüsele, wämer da abe lueget.

Chrüsi m. in: En alte Chrüsi, *alter Kerl.*

Chrüsimüsi m. *Mischmasch, Gemengsel, Durcheinander.* Das isch en Chrüsimüsi i dère Trucke ine! Er schwätzt en Chrüsimüsi, *dummes, wirres Zeug.*

chrusle (gchruslet) *sich ringeln.* Vgl. chrüsele.

Chrusle (Mz.) *Stachelbeeren.*

Chrusle w. *bauchiger Steinkrug für Most, Wein.*

Chrusle w. *Locke.* Vkf. Chruseli s., Chrüseli s. Chrüseli mache.

Chrusli m. *Krauskopf.*

Chrutz m. 1. *kleines, baufälliges Haus.* 2. *enger, armseliger Raum.* 3. *in alten Bauernhäusern Raum zwischen Ofen und Wand, Ofenwinkel, mit Ofentreppe.*

Chrutzete w. *Enge eines Raumes.*

chrüüche (gchroche) *kriechen.* Vor äim uf em Ranze chrüüche, *sich ducken* (pop.).

chruus *kraus.*

Chruuse w. *Halskrause.*

chrüüse (gchrüüset) *kraus machen, kräuseln.*

Chruut s. (Chrüüter) 1. *Krautgewächs, im Gegensatz zu Gras oder Holzgewächs.* 2. *Heilkraut.* 3. *Blätter von Gemüsepflanzen.* 4. *bestimmte Küchengewächse, bes. Mangold.* Ra.: Das haut si wie Chruut, *lässt sich leicht mähen.* Dèè lueget ä i s Chruut, *er schielt.* Z Chruut und Fätze schlaa, *zusammenhauen, verhageln.* Zss.: -gaarte m., *Krautgarten;* -schlämpe m., *angefaultes Blattstück;* -siene w., -siige w., *Küchensieb für Kraut;* -stììl (Mz.) *Mangold(stiele);* -wèèe w., *Krautkuchen;* -wickel m., *Kohlroulade.* Chrüüterfraueli s., *Kräuterkennerin, Kräuterhausiererin;* Chrüütermandli s.,

Kräuterkenner. Vkf. **Chrüütli** s., 1. *Heilkraut.* 2. Ra.: Das isch es Chrüütli! *Taugenichts.*

chruute (gchruutet) 1. *sich mit oder im Kraut zu schaffen machen.* 2. *etwas zerhacken wie weiches Kraut.* Zss.: ab-, *Blätter einer Krautpflanze abbrechen.*

Chrüüteler m. *Kräuterliebhaber.*

Chrüüter m. *Kräuterschnaps.* En Kafi Chrüüter, bitte!

Chruutete w. 1. *allerlei Kraut.* 2. *Durcheinander.*

chruutig 1. Ew. *krautig.* Chruutigs Hòi, *wenn die Kräuter das Gras überwiegen.* 2. Uw. *bedenklich, misslich.* S macht chruutig abe, *es regnet heftig.* S isch chruutig zueggange, *es ging toll zu.*

chruutis nur in Verb. chruutis und buutis, *alles, insgesamt.*

Chrüütler m. *Kräuterhausierer.*

Chrüüz s. 1. *Kreuz.* Ra.: Es Chrüüz a d Tili mache, *ein Kreuz an die Decke machen, wenn etwas Seltenes geschieht.* Über s Chrüüz sitze, *Schneidersitz.* Zss.: -jass m., *Jass zu vieren;* -schnabel m., *Fichtenkreuzschnabel;* -siech m., *dummer Kerl* (vulg.); -spinn w.; -stock m.; -taub, *sehr zornig;* -tumm, *sehr dumm;* -wiis. 2. *Sorge, Not, Plage.* Vkf. **Chrüüzli** s. Chrüüzli mache, *Erkennungszeichen auf Wäsche usw.* Zss.: -stìich m., *Kreuzstich beim Sticken.* Ra.: Dè laufft im Chrüüzlistìich, *hat einen Rausch.*

chrüüze (gchrüüzt) *kreuzen.* Zss.: aa-, *mit einem Kreuz bezeichnen, ankreuzen.*

chrüüzle (gchrüüzlet) *Kreuzstiche machen.* Zss.: aa-, *mit einem Kreuzlein bezeichnen, ankreuzen.*

Chübel m. *Eimer, Kehrichteimer.* En Chübel voll Wasser hole. Ra.: Er hät de Chübel umgheit, *das Unglück ist geschehen.* Hau s in Chübel! *geh weg.* ütr. Wo isch miin Chübel? *mein Hut.* Zss.: -maa m. (meist -mane Mz.), *Kehrichtabfuhrmann, -leute.* Sind d Chübelmane scho daa gsii? -waage m., *Kehrichtwagen.* Vkf. **Chübeli** s., *Gefäss für Salz, Tinte usw.* Zss.: -brüeder m., *Farbenbruder in Studentenverbindung.*

chüble (gchüblet) *polternd schlagen.* Trumechüble, *Trommel schlagen* (humor.). Es hät gchüblet, *Autozusammenstoss gegeben.*

Chüblete w. *polternder Lärm.*

Chuchi w. (-ene) *Küche.* Ra.: Es rüücht i iedere Chuchi, *es gibt überall etwas Widriges.* Äim i d Chuchi gsee, *seine Heimlichkeiten kennen.* Zss.: -butz m., *Küchenmagd;* -chaschte m., -chäschtli s., *Küchenschrank;* -chrüütli s., *Gewürzkraut;* -gschìir s.; -lumpe m., *Lappen;* -mäitli s., *Küchenmädchen;* -mòider m., *Küchenschnüffler;* -pùùrscht m., *Küchenjunge;* -ruschtig m., *Küchenausrüstung, Küchenkleider;* -schäle w., *Küchenschelle (Pflanze);* -schmöcker m.; -schnòiggi m., *Küchenschnüffler;* -schooss w., *Küchenschürze;* -tiger m., *Küchenchef* (Ssp.); -traguuner (Mz.), *Küchenpersonal* (pop.).

Chue w. (Chüe) 1. *Kuh.* Das passt wien e Chue i s Muusloch, *passt nicht zusammen.* Die verstaat so vil von ere Huushaltig wien e Chue vom Tanze, *versteht gar nichts.* D Chue mache, *Possen treiben.* All Chüe sind emaal Chelber gsii, *jeder macht Dummheiten, ist unerfahren.* Zss.: -chalb s., *weibliches Kalb;* -dräck m., *Kuhfladen; -füdli s., Dummkopf;* -glogge w.; -schäle w.; -tätsch m., *Kuhfladen;* chüewaarm, *kuhwarm.* Grad ase chüewaarm, *brühwarm.* 2. *Dummkopf* (Schsp.). Zss.: -baabe w., -baabi s., *Dummkopf.* 3. Zss.: -naagel m., *Frostschmerzen in den Zehen und Fingerspitzen.* Vkf. Chüeli s.

Chue w. 1. *vorn aufwärts gekrümmte Schlittenkufe.* 2. *Kinderschlitten.*

Chueche m. (Chüeche) 1. *Kuchen.* 2. *Schlittenkufe.*

chüechle (gchüechlet) *kleine Kuchen im Fett backen.* Ra.: Dèè mäint, me chüechli nu für in, *es drehe sich alles um ihn.* Mer wänd der dänn chüechle! *nimm dich in acht.* Zss.: zäme-, *basteln, improvisiert arbeiten.*

Chüechlete w. 1. *das Kuchenbacken.* 2. *Durcheinander, improvisiertes Handeln.*

Chüechli s. 1. *Kleingebäck.* Ra.: Uufgaa wien es Chüechli, *beleibt werden, wieder aufblühen.* 2. *Dummkopf.* Du bisch es Chüechli!

Chüeffer m. *Küfer, Böttcher.*

chüeffere (gchüefferet) *das Küferhandwerk betreiben.*

Chüejer m. *Kuhhirte.*

chuel, jg. **chüel** *kühl.*

chuele (gchuelet), jg. **chüele** (gchüelet) *kühl werden.* S hät gchuelet, *ist kühler geworden.*

chüele (gchüelt) *kühlen.* Die Umschlèèg chüeled. Zss.: ab-.

Chüeler m. 1. *Kühlschrank.* 2. *Kühler im Auto.*

Chüeli w. *Kühle.* De Wii a d Chüeli tue.

Chüentsch w. (-e) *Samenkapsel der Herbstzeitlose.* Zss.: -pletter (Mz.), *Blätter der Herbstzeitlose, zum Auflegen auf Wunden benutzt.*

chugele (gchugelet) *kugeln, rollen, kollern.* Zss.: use-. I ha de Choorb la fale, da sind all Öpfel usegchugelet.

chügele (gchügelet) *mit kleinen Kugeln spielen, marmeln.*

chugelig *kugelig.*

Chügelis mache *mit Marmeln spielen, marmeln* (Ksp.).

Chugi m. *Kugelschreiber* (pop.). Vkf. Chugeli m.

Chugle w. 1. *Kugel, Geschoss, Spielkugel.* Zss.: Chugelschriiber m., *Kugelschreiber;* Chuglestäi m., *runder Kieselstein.* 2. *Rausch* (pop.). Vkf. Chugeli s., in: Chugelibiir w., *Kugelbirne (Sorte).* **Chügeli** s., *Kügelchen;* auch: *winzige homöopathische Pille (Globuli).*

chüle (gchület) *einen blau schlagen.*

Chüle w. *Beule, Wundmal am Kopf von Schlag.* Zss.: Chülaug s., *blau geschlagenes Auge.*

Chum-mer-z-Hülff m. *hilfreicher Mensch.*

Chumber m., jg. **Chumer** m. *Kummer, Angst.* I chume sicher häi, heb kä Chumber! *zweifle nicht daran.* Zss.: -chrèèze w., -greet w., -trucke w., *wer sich unnötig sorgt, Schwarzseher.*

chümbere (gchümberet) *sich kümmern, sorgen.* Was chümberisch ä, es gaat der ja guet.

chumbli, chumli *zweckmässig, bequem, nützlich, passend, willkommen.* Vgl. chämli. Die tick Pelzchappe isch mer gar chumbli gsii.

Chümi m. 1. *Kümmel (Pflanze und Frucht).* Lange Chümi, wilde Chümi, *gemeiner Feldkümmel.* Zss.: -spalter m., *Pedant;* -wèèe w., *Kümmelkuchen;* -wegge m. 2. *Bub, Kerl* (fam.). En chliine Chümi, en schööne Chümi (leicht tadelnd). Ra.: Dè verstaat de Chümi, *ein pfiffiger Kerl.* Du bisch en Chümi! *wunderlich, seltsam.* En truurige Chümi, *trauriger Kerl.* 3. *Geld* (pop.).

Chund m. (-e) *der Kunde.* Zss.: Chundehuus s. I s Chundehuus gaa, *auf die Stör gehen.*

chünde (gchünt) *kündigen.*

Chundsami w. *Kundschaft.*

Chundscheft w., jg. **Chundschaft** w. 1. *Zeugnis vor Gericht.* Chundscheft sääge, *Zeugnis ablegen.* 2. (Chundschaft) *Kundschaft.* Uf Chundschaft sii, *Kunden besuchen.*

Chünel m., **Chüngel** m. *Kaninchen.* Vkf. **Chüngeli** s. Zss.: -bock m.; -braate m.; -klup m., *Kaninchenzüchterverein;* -puur m., *Kleinbauer* (pej.); -staal m.; -züchterveräin m., 1. *Kaninchenzüchterverein.* 2. *irgendein Verein* (humor.).

Chüng m. (-e, im Kartenspiel: zwee Chüng) 1. *König, nur noch im Kartenspiel.* 2. De Chüng im Doorff, *Dorfgewaltiger.*

Chüngel m. *König* (humor.).

chüngele (gchüngelet) *unsystematisch, unergiebig arbeiten* (pop.). Zss.: ume-, *herumbasteln, herumfingern;* zäme-, *zusammenbasteln, ungeschickt zusammenstellen* (pop.).

Chüngelete w. *unergiebige Arbeit* (pop.).

Chüngeli siehe Chünel.

chüngle (gchünglet) *Junge werfen, jungen, vom Kaninchen.* Die chünglet scho wider, *von einer Frau, die viele Kinder bekommt* (vulg.).

Chunkle siehe Chouchle.

Chunscht w. (ü) *Kunst, Fertigkeit.* Vgl. Chouscht. Zss.: -griff m., *besonderer Handgriff;* -stuck s., *besondere Leistung.*

chünschtle (gchünschtlet) *improvisiert arbeiten* (pej.).

Chünschtler m. *Künstler.*

chünschtlere (gchünschtleret) *mit leichter Hand etwas bewerkstelligen.* Waas hät dèè wider gchünschtleret?

chünschtli *künstlich.* E chünschtlis Bäi.

Chupfer s. *Kupfer.* Zss.: -blätz m., *mit Kupfer durchzogener Küchenlappen,*

Topfscheuerlappen; -chessi s., *Kupferkessel;* -gelte w., *Kupferzuber;* -gschììr s.; -pfane w.; -schmììd m.; -schmitte w., *Kupferschmiede.*

chüpferi *kupfern.*

Chuppele w. 1. *Pferdekoppel.* 2. *Dolde von Früchten.* E Chuppele Chriesi.

Chupple w. *Kuppel.*

Chuscht m. *Geschmack.*

chuschtiere (-t) *kosten, probieren.* Zss.: uus-, *Kostprobe machen.*

Chuss (ü) *Kuss.* En Chuss gèè, *küssen.* Vkf. Chüssli s. (Ksp.).

Chüssi s. *Kissen.* Es Chüssi aazie, *Kissen beziehen.* Zss.: -zieche w., -ziechli s., *Kissenbezug.* Vkf. **Chüsseli** s. Es Chüsseli uf der Hand, *Anschwellung von einem Insektenstich.*

Chutscheli s., **Chutschi** s. *Kälblein* (Ksp.).

Chütt m. *Kitt.*

Chutte w. *Kutte.* 1. *Mönchskutte.* 2. *Talar des Geistlichen* (humor.). 3. *Kittel, Rock.*

chütte (gchüttet) *kitten.*

Chüttene w. *Quitte.* Zss.: -hunng m., *Quittenkonfitüre;* -päschtli s., *Quittenkonfekt;* -schlee s., *Quittengelee.*

Chuttle (Mz.) *Kutteln, Kaldaunen.* Ra.: Äim d Chuttle butze, *ausschelten, die Meinung sagen.* Lache, das s äim d Chuttle erschodlet, *lachen, dass der Bauch wackelt (erschüttert wird).* Zss.: -blätz m.; -fläck m., *Stück roher Kutteln;* -metzger m.; -metzgerei w.

Chuttler m. *Kuttelmetzger.*

Chuttlerei w. *Kuttlerei.*

chutz! *weg, fort! (Scheuchruf an Katzen).*

chützle (gchützlet) *kitzeln.* D Giige chützle, *Geige spielen* (pop.).

chützlig *kitzlig (empfindlich).*

Chuuder m. *Werg, die beim Hächeln von Hanf und Flachs zurückbleibenden Fasern.* Zss.: -gaarn s.; -wältsch s. *Kauderwelsch.*

chuudere (gchuuderet) nur in Zss.: ab-, uus-, *ausschelten.*

chüüderle (gchüüderlet) *einem schöntun, schmeicheln.* Er chüüderlet em. Du chasch mer chüüderle! *ich pfeife drauf.*

Chüüderli m. 1. *Geizhals.* 2. *kleiner Mensch* (pej.).

chuum *kaum, knapp.* Er isch chuum jèèrig, *er ist knapp ein Jahr alt.* Er chunt chuum d Stäägen uuf, *er kann nur schwer (mühsam) Treppen steigen.*

Chùùrps m., w. (-e) 1. *Kürbis.* 2. *Kopf* (humor.). Uf d Chùùrps überchoo, *geschlagen werden.*

chùùrz *kurz.* Chùùrzi Waar, *Kurzware.* Händ chùùrzi Ziit! *viel Vergnügen.* Chùùrzer maache, *kürzen.* En Rock chùùrzer mache. Hw. En Chùùrz haa, *Zeitvertreib haben.* Zss.: -fueter s., *Kurzfutter, Häcksel;* -stììler m., *Kurzstielkirsche.*

chùùrze (gchùùrzet) *kürzer werden.* D Taage chùùrzed. Der Aate chùùrzet.

chùùrze (gchùùrzt) *kürzen* (jg.).

Chùùrzi w. *Kürze.*

chùùrzli *kürzlich, jüngst.*

chuute (gchuutet) *tosen, brausen.* De Wind chuutet dur s Chämi aab. Es Schiff isch dethèèr z chuute choo, *dahergebraust.* D Pùùrschte händ denand verhaue, das es gchuutet hät, *geknallt.*

Chuuter m., **Chuter** m. *Täuberich, Täuber.*

Chuutete w. *Getöse.*

Chuuz m. *Kauz, Waldkauz.*

D

Siehe allenfalls unter T

d bestimmter Artikel Ez. weiblich und Mz. *die;* vgl. di. D Frau, d Mane; uf d Straass.

daa *da, hier.* Bliib daa! Lueg ä daa! Ziit isch daa, *die Zeit ist gekommen.* Er isch nüme daa, *gestorben.* Daa derdure, *hier hindurch.* Daa demit, *hiermit.* verst. dèè daa, die daa, das daa, *dieser, diese, dieses.* Als Satzeinleitung: Daa hät er gsäit ... Zss.: -äne, *da drüben;* -debii, *dabei;* -dihine, *hinten;* -divorne, *vorne;* -draa, *daran;* -drin, *darin;* -drüber, *darüber, hierhinüber;* -druff, *darauf;* -drum; -dure, *hierdurch;* -hère, *hierher;* -ine, -dine, *drin;* -obe, -dobe, *droben;* -une, -dune, *da unten;* -usse, -dusse, *draussen;* -zuene, *hier.*

Daam w. *Dame.* Vkf. Däämli s.

daas *dieses.* Daas Jahr laat si besser aa weder

s letscht, *dieses Jahr scheint besser zu werden als das letzte.* Zss.: -mal, *diesmal.*

däi 1. *dort* (ZO., ZU.). 2. *da* (ZO.). Däi und deete, *hier und dort.*

däne *drüben, jenseits.* Däne über em Bach.

dänn *dann.*

das 1. *dass.* 2. *damit.*

Dätti m. *Vater* (Ksp.).

de unbet. *du;* vgl. duu. De wììrsch dänn gsee! *du kannst dann sehen.*

de, vor Vokal **den,** Wemf. Mz. *den.* Gib s de Vögle, den Änte ! Uf de Tächere.

de, vor Vokal **der** 1. bestimmter Artikel *der, den.* De Baum, der Öpfel. Er hät de Fuess und der Aarm proche. Vor Vor- und Familiennamen, z.B. de Hans, *Hans;* de Buume, *Baumann;* de Täll, *Wilhelm Tell;* de Gööté, *Goethe.* 2. statt *am* vor Uw. im Superlativ. Er cha s de bescht, *am besten.* Mer chönt s der eenscht epèère, *am ehesten entbehren.* Si hät e de mäischt gfuxt, *am meisten gefoppt.* 3. erstarrtes *den.* De Gottswile, *um Gottes willen.* De bräite, de lange, de hööche Wääg, *der Breite, der Länge, der Höhe nach.*

debii siehe derbii.

dedurdùùr siehe derdurdùùr.

dedùùr siehe durdùùr.

dèè (bet.), **dè** *dieser.* Dè Baum isch alt. Dèè und dise, *dieser und jener.* Dän bin i au nöd dèè, *dann habe auch ich nichts dagegen.* Zss.: -maal, *diesmal.* Für dèèmaal laan i die Uusrèèd gälte; -wääg, edèèwääg, *derart, so, auf diese Weise.* Das gaat nüd dèèwääg!

Deegee w. *darstellende Geometrie* (Schsp.).

deet, deete *dort.* Deet staat er. Zss. (auch det-): -ane, *dorthin;* -äne, *dort drüben;* -dure, *dorthindurch;* -hère, *dorthin;* -hine, *dort hinten;* -ie, *dorthinein;* -ine, *dort drin;* -obe, *dort oben; -ufe, dorthinauf;* -une, *dort unten;* -use, *dorthinaus.* Bis deet- und änenuse, *endlos;* -usse, *dort draussen.*

defüre siehe durfüre.

defùùr siehe derfùùr.

degääge siehe dergääge.

degidiere (-t) *dekatieren.*

Deis in: uf Deis gèè, *auf Kredit.*

dèm, dèm daa *diesem.* Dèm (daa) mues men e Sach e paarmaal sääge.

demit siehe dermit.

denaa siehe dernaa.

denäbet siehe dernäbet.

denand *einander;* vgl. enand. Si händ denand gèèrn, *lieben einander.* Denand naa, *einander nach, unmittelbar aufeinander folgend, ununterbrochen.*

dène Wemf. Mz. *diesen.* Dène hät me s gsäit. Dènen alte Lüüte.

der siehe de.

der, jg. **de** Wesf., Wemf. des weibl. Artikels, *der* (vgl.W.Gr.). A de(r) Mueter aa, *nach der Mutter zu schliessen.* Nüd de(r) Ziit haa, *keine Zeit haben.*

deraab, derap siehe duraab.

derbii, debii *dabei.* De(r)bii sii, derbii zue, *unmittelbar daneben, dabei.* Iez hät er s wider gmacht, debii han em s doch verbotte.

derdurdùùr, dedurdùùr *hindurch.*

derdùùr siehe durdùùr.

dère *solche, derartige.* Git s dère Fraue? I ha gnueg dère Sache, *genug solche Dinge.* Zss.: -wääg, *auf solche Art und Weise, so.*

derfüre siehe durfüre.

derfùùr, defùùr *dafür.* I cha nüüt defùùr.

dergääge, jg. **dergäge; degääge,** jg. **degäge** *dagegen.* I hä nüüt degääge, wänn d gaasch.

dergliiche *dergleichen.* Er tuet dergliiche, *er tut als ob.* Er tuet nöd dergliiche, *will nichts merken, tut keinen Wank.*

derhinder *dahinter.* Öpper mues derhinder (gaa), *jemand muss sich an die Aufgabe machen.*

derhindere siehe durhindere.

dèrig, edèrig *solch.* Dèrige Wii, dèrig Lüüt. Dèrigs, *so etwas.*

derii siehe durii.

dermit, demit *damit.* I bi nüd zfride demit.

dernaa, denaa *demgemäss, entsprechend.* Er hät em dernaa taa. I chume dernaa dèm, das i der Ziit hä, *je nachdem, dass ich Zeit habe.* Bi dernaa Lüüte, *bei gewissen Leuten.*

dernäbet, denäbet *daneben.* Er isch denäbet choo. Denäbet glanget, *daneben gegriffen,* auch ütr.

derthèèr, dethèèr *daher.* Dethèèr choo, *daher*

kommen. ütr. Wie chunsch mer au dethèèr!? 1. *wie siehst du aus!? (Kleidung).* 2. *wie benimmst du dich!?*

deruuf siehe duruuf.

deruus siehe duruus.

dervoo, devoo *davon.* Er isch uuf und devoo.

dervoor, devoor *davor.* I cha der nüd devoor sii, *ich kann dich nicht hindern.*

derwääge *deswegen.*

derwärt siehe Wärt.

derwider, dewider *dawider.*

derwiile *unterdessen, derweilen.*

derziit siehe unter Ziit w.

derzue *dazu, überdies.*

derzwüschet *dazwischen.*

descht, deschte(r) *desto.* Deschter ee, deschter eener, *desto eher.* Deschte minder, *um so weniger.*

desidiere (-t) *desertieren.*

desse *dessen.* Er vermag si desse nüüt. Mer achtet si desse nüüt. Zss.: dessethalb(e), *deswegen.*

dethèèr siehe derthèèr.

detwäris *quer.* Er macht alls detwäris, *macht alles verkehrt.*

devoo siehe dervoo.

devoor siehe dervoor.

dewider siehe derwider.

Dezämber m. *Dezember* (jg.).

di (unbet.), **dich,** (bet.) **dìich** *dich* (vgl.W.Gr.). Hät er di gsee? Wänn i dìich nüd hett!

di w. best.Art. *die* vor Ew. Di alt Frau, di alte Ziite. Vgl. d.

diäne *drüben.*

Dibidäbi m. *Appenzeller* (humor.).

dich siehe di.

didele (tidelet) *dudeln.*

die hinw. Fw. w. *diese.* Die Bìir wott i nùùd.

die, diene (Mz.) *diese.* Die schwiged iez. Diene, wo das gsäit händ. Die Taag, Jaar hèèr. Die da hine! *jene Leute.* Die z Bèèrn obe, *die Landesregierung.*

diebe (tiebet) *stehlen.* Er hät mer öppis tiebet.

diemaal *jüngst.*

diene siehe die.

diene (tienet) 1. *dienen, nützen.* 2. *als Dienstmädchen arbeiten.* Si gaat go diene. Bim Diene hät si sich di ganz Uusstüür zämegspaart. Zss.: zue-, *Handreichungen tun.*

Dienscht m. 1. *Dienst.* Er hät em en Dienscht taa, *Gefälligkeit erwiesen.* 2. *Arbeitsausübung.* Er hät Dienscht. 3. *Militärdienst.* Er isch im Dienscht. I kän en vom Dienscht hèèr. Zss.: -kameraad m., -koleeg m., *Militärkamerad;* -mäitli s., *Hausangestellte.*

Dienschte (Mz.) *Dienstleute, Knechte, Mägde.*

Dietschi m. *Zehnfrankennote* (humor.); ital. dieci.

Differänz w. (-e) 1. *Unterschied.* 2. *Meinungsverschiedenheit, Streitigkeit.* Si händ Differänze wägem Eerb.

diffisiil, diffissiil *heikel, schwierig.* Die Aarbet isch diffisiil. Er isch bim Ässe diffisiil.

dihäim(e) *daheim.*

dihine *(dort) hinten.* Er isch dihine, 1. *z.B. im Tal hinten.* 2. *im Gefängnis* (pop.).

dìich siehe di.

diim *deinem.* Säg s diim Brüeder!

diin m., **dii(ni)** w., **diis** s. *dein.* Diin Brüeder, dii(ni) Schwöschter, diis Chind (vgl. W.Gr.).

diinere *deiner.* Säg s diinere Schwöschter!

dine *drinnen.* Dine bliibe, *im Haus bleiben.* Dine phalte, bliibe, hocke, sii, *nachsitzen in der Schule* (Schsp.). Zss.: -höckler m., *Nachsitzer* (Schsp.).

Ding s. *Ding.* Bim Dings (daa), bim Dings pums, *bei X (wenn einem der Name nicht einfällt).* Vgl. Deis.

diobe *droben.*

dise *jener, der andere,* Disen und jäne, *jeder beliebige.* Dises Maal, *jenes andere Mal.* Zss.: -wääg, *auf (jene) andere Art, anders.*

Diss w. *Dissertation, Doktorarbeit* (Stsp.).

diune *drunten.*

divorne *(dort) vorn.*

Diwaan siehe Tiwaan.

Diwisiööndler m. *Divisionskommandant, Oberstdivisionär* (Ssp.).

Dixionèèr m., **Dix** m. (Schsp.) *Wörterbuch.*

dobe *droben.* Er isch dobe im Zimer.

Dodoli s. 1. *Puppe* (Ksp., ZO.). 2. *Mutter* (Ksp., ZU.).

doo *dann, damals.* Und doo hät er gsäit. Doo isch er na chlii gsii.

Dööpièss s. *zweiteiliges Kleid.*

Doorff s. (Dööffer) *Dorf.* Z Doorff choo, gaa, *einen Besuch machen.* Zss.: -bäiz w., *Dorfwirtschaft;* -bäizer m., *Wirt der Dorfwirtschaft;* -hächle w., -schnòre w., *Dorfklatschbase.* Vkf. **Dööfffli** s., 1. *kleines Dorf.* 2. *Niederdorf (Altstadtquartier Zürichs).*

Doorffete w. *Besuch.*

Dööffler m. *Dorfbewohner.*

Dööschwoo m. 1. *bestimmte Automarke.* 2. *kleines, billiges Auto, etwa 2 PS.*

doozmaal *dazumal, damals.*

Dossié s. *der* oder *das Dossier.*

draa *daran.* Spaat draa sii, *im Rückstand sein, verspätet sein.* Zss.: -ane, *dicht heran;* -dure, *daran vorbei;* -hère, *dicht daran;* -hìì, *dranhin;* -zue, *nahe dabei.*

draab *darüber.* Er isch draab verschrocke. Zss.: drababe, *hinunter, herunter.*

Dräck m. *Dreck, Schmutz.* Ja, en Dräck! *dummes Zeug.* Das nützt en Dräck, kän Dräck, *nützt nichts.* In Dräck lange, *in etwas Unangenehmes geraten.* Er hät öppis Dräcks gmacht, *etwas Dummes angestellt.* Iez hämer de Dräck! *Jetzt haben wir die Bescherung.* Daa hocke wien es Pfund Dräck, *sehr faul sein.* Zss.: -baabi s., *schmutzige Frau;* -bandi w., *schlechte Leute* (vulg.); -bäne w., *Kotkarren;* -bueb m., *Schmutzfink;* -chäib m., *schlechter Kerl* (vulg.); -füdli s., *Schmutzfink* (vulg.); -gääl, *schmutziggelb;* -joggel m., -michel m., *Schmutzfink;* -kaff s., -näscht s., *kleiner, abgelegener Ort;* -nass, *sehr nass;* -oornig w., *Unordnung;* -sack m., *Schmutzfink;* -seckel m., *schlechter Kerl* (vulg.); -siech m., *schlechter Kerl* (vulg.); -sou w., *Schmutzfink;* -ueli m., *unreinliches Kind.*

dräckig 1. *schmutzig.* 2. *gemein.*

dräckle (träcklet) *mit Dreck spielen oder arbeiten.* Zss.: ume-.

drei m., w., **drüü** s. *drei.* Drei Mane, drei Fraue, drüü Chind. Drizää, *dreizehn.* Er hät mit dreine gredt, *mit dreien.* Vgl. Drüü. Zss.: Dreiangel m. (-ängel), 1. *Dreieck.* 2. *winkelförmiger Riss in Kleidern.* Drüüegg s., *Dreieck.*

Dreier m. *Dreier.* 1. *drei Deziliter.* En Dreier Wii. Vkf. Dreierli s. 2. *Tramlinie Nr. 3.* 3. *Zeugnisnote Drei.* 4. *Angehöriger des Jahrgangs 1903.*

dreierle (treierlet) *(häufig) einen Dreier trinken.*

drii, dri *darin, darein, hinein.* Öppis drii gèè, *darüberhinaus geben.* Zss.: Driibäi s., *Knochen, den der Metzger als Zugabe dreingibt;* -schnuri m., *wer häufig dazwischenredet, Dreinredner.* En eebige Driischnuri.

driissg *dreissig.* Er isch driissgi, *30jährig.* Si isch in Driissge, *zwischen 30 und 40 Jahre alt.*

Driissger m., **Driissgeri** w. (-ne) *Dreissiger(in), Angehörige(r) des Jahrgangs 1930.*

drin *drinnen.* Zss.: -ie, *hinein;* -ine, *drinnen;* -ume, *drinherum;* -une, *untendrin.*

dritt *dritt.* Mer sind mitenand z dritte Chind, *wir haben gemeinsame Urgrosseltern.* Zss.: Drittklässler m., *Schüler der dritten Klasse;* -sekler m., *Schüler der dritten Sekundarklasse.*

Drittel m. das *Drittel.*

drizää siehe unter drei.

drob *darob, darüber.* Er wont drob zue, *ein Stockwerk weiter oben.*

Dröögeler m. *Drogensüchtiger.*

drüber *darüber.* Chunsch drüber? *verstehst du?* (humor.). Zss.: -abe, *nachher, darauf;* -äne, *jenseits;* -dure, -ie, -ine, -use, *darüber hinaus.* D Milch süüt drüberuse.

druff, druuf *darauf.* Druff sii wien en Häftlimacher, *sehr gut aufpassen.* Äine druff haa, *schnell arbeiten, gut bewandert sein* (pop.). Er isch schwèèr druff, *sehr darauf erpicht.* Er gaat schwèèr druff, *setzt sich unerhört ein.* Druuf und draa. Zss.: drufabe, *unmittelbar nachher;* drufobe, *darauf, darüber;* drufue, drufufe, *darauf, darüber.*

drum 1. *darum.* Drum bin i ggange. 2. *nämlich.* I bi drum chrank gsii. 3. Es isch mer nüd drum, *ich habe keine Lust.*

drunder *darunter.* Zss.: -dùùr, -dure, *untendurch;* -une; -undere.

drususe *daraus, heraus.*

drüü siehe drei.

Drüü s. 1. *Zahl Drei, die Drei.* 2. *drei Uhr.* Am Drüü. Zss.: -auto s., *3-Uhr-Postauto;* -zùùg m., *3-Uhr-Zug.* 3. *Note Drei.* Er hät es Drüü im Zügnis. Zss.: -bisvieri s., Drüüehalber m. (jg.), *Note Dreieinhalb, Dreibisvier.* 4. *Tram Nr. 3.* S Drüü chunt.

druuf siehe druff.

druus *daraus.* Er isch druus, *hat sich davongemacht.* Druus choo, 1. *etwas (gut) verstehen.* Dè chunt druus, *ist auf der Höhe, beschlagen* (jg.). Dè chunt nüd druus, *ist der Aufgabe nicht gewachsen* (jg.). 2. bdl. *den Faden verlieren.* Zss.: drususe, *daraus heraus.*

Dschenerel m. *Oberstbrigadier (Einsterngeneral)* (pop., jg.).

Düffuur m. *Zwanzigfrankennote* (pop.).

Duft m., **Tuft** m. *Rauhreif.* D Bòim sind voll Duft.

dufte, tufte (-et) *Rauhreif ansetzen.* Es duftet. Vgl. schmöcke.

dune *drunten.* Er isch dune, *mutlos, geschwächt.* D Priis sind dune, *tief.*

Dunschtig m. (-e) *Donnerstag.* Bim Dunschtig! Potz Dunschtig! *potztausend.*

dur siehe dùùr und die hier folgenden Wörter.

duraab, deraab, derap *hinunter, nach unten, talwärts.* D Straass deraab.

durchelte (-et) *kalt machen, abkühlen.* D Stube isch ganz durcheltet, *abgekühlt.*

durdùùr, derdùùr, dedùùr *hindurch.*

dure *durch, hindurch.* Wo gaat s dure zum Paanhoof? D Sole sind dure, *durchgelaufen.* Schmaal dure müese, *sehr sparsam leben müssen.*

durenand *durcheinander.* Alls durenand mache. verst. -dure.

Durenand m. *das Durcheinander.*

durfüre, derfüre, defüre *nach vorn.*

durgaa (-gange) *durchgehen, überprüfen.* Er durgaat all Brief.

durhäi *nach Hause.*

durhindere, derhindere *nach hinten.*

durii, derii *(auf dem Weg) hinein, nach innen, stadteinwärts.* Er gaat d Straass derii.

durlöchere (-et) *durchlöchern.*

durlufte (-et) *durchlüften.* Es Zimer durlufte.

durlüüchte (-et) *durchleuchten, röntgen.* Me hät en müese durlüüchte.

durnòise, durnòisle (-et) *durchstöbern, durchwühlen.* Er hät all Schublaade durnòiset.

durnosche (-et) *durchwühlen.*

durnüele (-et) *durchwühlen.*

dursueche (-t) *durchsuchen.*

durtribe *durchtrieben.* En durtribne Kärli. Hw. en Durtribne m., *Abgefeimter.*

durue *aufwärts, nach oben.*

duruuf, deruuf *aufwärts, nach oben, bergwärts.* Deruuf lauffe.

duruus, deruus *(auf dem Weg) hinaus, nach aussen, stadtauswärts.*

durzoge *durchwachsen (von Speck, Fleisch).* Durzogne Späck.

Durzùùg m. *Zugluft.* Er cha de Durzùùg nüd liide, *erträgt die Zugluft nicht.* Mir händ wider Kafi Durzùùg! *es zieht* (humor.).

dusse *draussen, ausserhalb.* Er sitzt dusse vor em Huus. Er isch vo dussen ie, *ist Deutscher.*

duu (bet.), **du** (halbbet.), **de, d, t** (unbet.) *du* (vgl. W. Gr.). Duu deet! *du dort.* Du chunsch mer grad rächt! Du miini Güeti! Alls, was d säisch. De chasch choo, wänn t witt.

dùùr, dur *durch.* Dur s Zimer dùùr. D Sole sind dùùr, *durchgelaufen.* Zss.: siehe oben, auch: durgänt, *durchgehend (von Zimmern);* -schii m., im Dùùrschii, *bei Vollmond;* dùùrum, *darum;* dùùrume, *allenthalben, überall, durchwegs;* dùùrewääg, *allerorten, überall.*

E

e (vor Vokal **ed)** geschwächtes *und.* In: Äin-e-zwänzg, äin-ed-achzg.

e (vor Vokal **en)** 1. unbestimmter weibl. Artikel *eine.* E Frau, en Änt. 2. unbestimmter sächl. Artikel *ein* vor Ew. E liebs Chind; en aartigs Chind. 3. (jünger **en)** *ihn.* Hebed e! *haltet ihn fest.* Vgl. W. Gr.

è-è *nein (formelhaft).*

eb, öb Bw. 1. *ehe, bevor.* Gang, eb s chunt go räägne. 2. *ob.* I wäiss nüd, eb er s wott.

ebe 1. *flach, waagrecht.* S gaat ebe naae, *ebenhin.* Zss.: ebenaa, *ebenhin.* 2. *eben, glatt.* D Gelte isch ebe voll. 3. *gerade, völlig, passend.* Das isch ebe rächt, *gerade recht.*

Ebe das han i wele sääge! *das wollte ich gerade sagen.* Eben ase, *gerade so.* 4. eben-ebe! *wohl also.*

Ebni w. (-ene) *Ebene.*

echli *ein wenig.* Echli Broot. Echli vil, *ziemlich viel.* Red echli luuter! Es gaat mer echli besser, *es geht mir etwas besser.* Vgl. chlii.

edèèwääg siehe dèèwääg.

Ediker m. nur in: de Frässer Ediker, *krankhafte Esslust.*

ee *eher, lieber, leichter.* Ee weder duu, *eher als du.* Säb scho ee, *das schon eher.* I will em s ee laa, *es ihm lieber lassen.*

Ee w. *Ehe.*

èè! *pfui* (Ausruf des Ekels, Befremdens, Spottes). Èè aber ää, *aber auch.* Èè mache, *Notdurft verrichten* (Ksp.).

eebig 1. *ewig.* Das tuet er eebig nie, *nie und nimmer.* Das isch en eebige Luug, *unverschämte Lüge.* Er hät en eebigi Sach mit em, *macht viel Aufhebens.* Der eebig Umgang, der Eebig haa, a) *endlosen Umlauf haben (Schraube, Schallplatte).* b) *ständig dasselbe erzählen.* Du eebige Hagel! (Du) eebige Bongschuur! *ums Himmels willen.* 2. *sehr.* Eebig früntli, lang, starch. Das langet eebig, *reicht sehr gut.* Mängs eebigs Maal, *sehr oft.*

Eebigkäit w. *Ewigkeit.*

èèggi! (auch **äägg**i) *pfui.* Èèggi, schäm di! Èèggi mache, *die Notdurft verrichten* (Ksp.). verst. èèggi-èèggi!

eeländ 1. *gebrechlich, krüppelhaft.* Er hät en eelände Vatter. 2. *kläglich, armselig.* En eeländs Gwändli. 3. *übel, unwohl.* S isch mer eeländ. 4. verst. *sehr.* Eeländ guet, schöön usw.

Eeländ s. *Elend.* S trunken Eeländ, *Trinkerelend.* Ra.: Trüebsaal blaase und Eeländ giige, *lustlos sein.*

Eeländi w. *Schwäche, Übelkeit.* Er isch vor Eeländi umgfale.

Eelänket w. *Elend, Armut.*

Eelockete (Mz.) *Futterlöcher im Stall.*

Èèmd s., **Èènd** s. *Emd (zweiter Grasschnitt).*

èèmde (gèèmdet), **èènde** (gèèndet) *emden.*

èèmdele (gèèmdelet) *nach Emd riechen.*

Èèmdet m. *Emdernte, Emdzeit.*

Èèmeli s., **Ò̀òmli** s. *Sauerkirsche.*

eener, ender *eher, lieber.* Du chasch es eener sääge. Du bisch eener choo weder ìich, *früher.*

Eer w. (-e) *Ehre.* D Eer aatue, *Ehre erweisen.* Gwüss uf Eer! *gewiss.* Zss.: Eerejumpfer w., *Ehrenjungfrau;* -woort s. Eerewoort! *ganz sicher* (Schsp.); -zäie s., -zäicheli s., *Frühlingsschlüsselblume.*

èèr (bet.), **er** (unbet.) *er* (vgl. W.Gr.). Èèr isch es gsii. Er chunt.

Eerb m. (-e) *Erbe.*

Eerb s. *Erbschaft.* S Eerb aaträtte. Zss.: -schaft w.; -stuck s.; -tante w.; -unggle m., *Erbonkel.*

eerbe (geerbt) *erben.*

Èèrde w. *Erde.* verst. Äim ali Èèrdeschand sääge. èèrdeguet, *sehr gut.* Es isch mer chotzèèrdeschlächt, *elend zumute.* Zss.: èèrdbebne. Es èèrdbebnet, *die Erde bebt.* Èèrdguu m., *erdiger Nachgeschmack des Weines, der Randen usw.*

èèrdi *irden.*

eere (gaare) *pflügen* (va.). Z Sèèet eere, *unmittelbar vor dem Säen pflügen.*

èèrgere (gèèrgeret) *ärgern.*

Èèri s. (Wemf. Mz. -ene) *Ähre.*

Eerle w. *Erle.* Zss.: -zäpfli s., *Erlenfrucht.*

eerli (eerlicher, eerlichscht) 1. *ehrlich.* En eerlis Chind, en eerlichi Frau. Eer- und redli täile. 2. *wirklich* (jg.). Eerli, ich bis nöd gsii.

eerli Ew. *erlen, aus Erlenholz.* Eerlis isch s bescht Holz. Eerleni Stäcke.

Eerm m. *Hausflur im Bauernhaus, Ern* (va.).

Eermel m. *Ärmel.* Ra.: S hät mer der Eermel ie gnaa, *es hat mich erwischt, ich bin hängengeblieben.* Zss.: -böckli s., *Bügelbrett für Ärmel, mit Fuss.*

Èèrn w. *Getreideernte.*

èèrne (gèèrnet) *ernten.*

èèrnscht Ew. *ernst.*

Èèrnscht m. *Ernst.* Isch es der Èèrnscht? Er hät Èèrnscht, *ist eifrig, fleissig.*

eerpli *erblich.*

eerscht *erst, erster.* I bi der eerscht. Er bigäärt eerscht na uuf, *auch noch, zu allem übrigen.* Er isch eerscht grad fèrtig woorde, *eben fertig geworden.* Eerscht na! *jawohl.* Zss.: Eerschtklässler m., Eerschtklässlerli s.,

Schüler(in) der ersten Klasse; -sekler m., *Schüler der ersten Sekundarklasse.*

Eerschti w. in: I der Eerschti, *am Anfang.*

Èèrtigi w. *Artigkeit.*

èès (bet.), **es, s** (unbet.) *es* (vgl. W. Gr.). Èès hät s gmacht. Wèr isch es? Er hät s und vermag s.

efang, efange, efangs, efèngs, efanig, efèè, efènig 1. *vorläufig, einstweilen.* De chöntsch efang gaa. I han efang aagfange. 2. *bisher, erst.* S isch efang Ziischtig, *erst Dienstag.* S isch efang äine daa, *erst einer ist da.* 3. *bereits, schon.* Er hät efang drüü Chind, *bis jetzt hat er drei Kinder.* 4. *denn, doch.* Das wèèr mer efang! 5. *endlich.* Chunsch efang!

Effòi s. *der Efeu.*

ege (geget) *eggen.*

Ege w. *Egge.*

Egg s. (-e), **Egge** m. *Ecke.* Er isch um s Egg, um der Egge z schüüsse choo. Scho um der Egge! *schon vorbei.* Dè hät en Egge, es Egg aab, *ist verschroben.* Vkf. **Egg(e)li** s., 1. *das Plätzchen (am Tisch).* 2. *Schandecke.* I s Eggli staa (fam.).

eggäge *entgegen.*

eggig *eckig.* In Zss.: drüü-, *dreieckig;* vier- usw.

Egli m. *Barsch (Fischart).*

Egöchsli s. *Eidechse.*

ehè, ehèè *a ja! ja so?* Vgl. ähä.

Eie w. *Eibe.* Zss.: -baum m.; -beeri s.

eii *aus Eibenholz, eibenhölzern.*

ekäin, ekän siehe käin.

eläi, eläige *allein.*

eläktrisch *elektrisch.*

Eläktrisch s. *Strom, Elektrizität;* vgl. Iläktrisch.

Elasch(t) m., s., **Elaschtig** m. *Gummiband, Gummi elasticum* (va.).

Eleboge m. (ö) *Ellbogen.*

elebögle (geleböglet), **ellbögle** (gellböglet) *sich mit Ellbogen Platz verschaffen, stossen.*

elf *elf.* Er isch elfi, *11 Jahre alt.* Der elft, *der elfte.*

Elfer m. 1. *Tram Nr. 11.* 2. *Angehöriger des Jahrgangs 1911.*

Elfi s. 1. *Zahl Elf, die Elf.* 2. *elf Uhr.* Es isch Elfi. Uf die Elfi choo, *gegen 11 Uhr kommen.* 3. *Tram Nr. 11.* Zss.: -auto s., *11-Uhr-Postauto;* -zùùg m., *11-Uhr-Zug.*

Elftel m. *das Elftel.*

Elggermaa m. *Teigmann um St. Niklaus.*

Ell w. (Ele) *Elle.* Zss.: -schiit, *Ellenstab des Zimmermanns;* -stäcke m., *Ellenstab.* Vgl. Eleboge, elebögle.

ellerli sellerli sigerli saa, ribedi rabedi knoll *bestimmter Abzählvers* (Ksp.).

eltele (geltelet) *altern.*

Elti w. *Alter.*

Eltscht m. 1. *Vater* (pop.). Miin Eltschte, der Eltscht, *mein Vater.* 2. *Meister, Schulleiter* (pop.).

em *dem.* I säg es em Vatter (vgl. W.Gr.). Vgl. am.

em *am.* Em Friitig em Vieri, *am Freitag um vier Uhr.*

em (unbet.) *ihm.* Gib em en Öpfel! (vgl. W.Gr.).

emaal *einmal.*

emänd, amänd *vielleicht, vermutlich.* Er chunt emänd gaar nüüd, *er kommt vielleicht nicht.*

emäng siehe mäng.

eme, emene *einem.* Eme (emene) Bättler öppis gèè.

en 1. *ein, einen.* En Maa staat vor de Tüür. I gsee en Maa choo. 2. (älter **e**) *ihn.* Er gseet en.

enand, denand *einander.* Das gaat für enand dure, *aneinander vorbei.* Si sind underenand abenand choo, *sie haben sich entzweit.* Vgl. underenand.

enandrigsnaa *rasch aufeinanderfolgend, eins aufs andere.*

ender siehe eener.

ene (unbet.) *ihnen.* I gib ene nüüt (vgl. W. Gr.).

Engschti w. *Angst.* Mer sind in äiner Engschti gsii.

eniede, eniedere, eniedwädere *jeder.*

entschuldigiiged-Si! *Entschuldigung, Verzeihung!* (humor.).

epaar *einige.* Es sind nu epaar choo. Epaar Buebe.

epchoo, etchoo (-choo) *einem begegnen, entgegenkommen.* Er isch mer geschter epchoo, *begegnet.*

epèère (-t) *entbehren.*

Epelette w. *Epaulette, Schulterklappe.*
Epi w. *Schweizerische Anstalt für Epileptische, Zürich.*
Eppeeri s. *Erdbeere.* I d Eppeeri gaa, *Erdbeeren suchen.* Zss.: -bluescht s., *Erdbeerblüten;* -chrättli s., *Körbchen zum Pflücken von Erdbeeren;* -mäie m., *Sträusschen Erdbeeren;* -näggel m., *Fruchtansatz, unreife Erdbeere;* -öpfel m., *Rotapfel;* -stuude w., -stüüdeli s., *Erdbeerpflänzlein.*
er (unbet.) *ihr* (Mz.); vgl. W.Gr. Händ er s au gsee? *Habt ihr es gesehen.*
er (unbet.) siehe èèr.

---

er- vgl. die entsprechenden einfachen Zeitwörter

---

erbäindle (-et) *Knochen aus dem Fleisch entfernen.*
erbèèrmli *erbärmlich.*
erböögge (-et) *erbetteln (als Maskengestalt).*
erbrügle (-et) *einen durchprügeln.* Vgl. ver-.
erbudle (-et) *tüchtig hernehmen, schlagen.*
erbùùrschte (-et) *durchprügeln.*
erchäibe (-et) *durchprügeln.*
erchale (-et) *gerinnen, vom Fett.*
erchäne (-t) *erkennen.*
erchèèrndle (-et) 1. *den Kern herausschälen.* 2. *einer Sache auf den Grund gehen, ergründen.* Das mues erchèèrndlet sii.
erchiese (-et) *eine Speise prüfend kosten.* I cha nüd erchiese, vo waas dè Wii so en Guu hät, *ich kann nicht erkennen, woher der Wein so schmeckt.*
erchlause (-et) *als umhergehender Nikolaus etwas erwerben.* E paar Franken erchlause.
erchlèère (-t) *erklären.*
erchlöpfe (-t), **erchlüpfe** (-t) *jemanden erschrecken.*
erchroone (-et) *erfreuen.*
erchruute (-et) *durchprügeln.*
erchüenzle (-et) *erschmeicheln.* Er hät die Stell erchüenzlet.
erchuschte (-et) *schmeckend prüfen, besonders Wein kosten* (Tösstal).
erchute (-et) *tüchtig durchprügeln* (ZO.).
ere (unbet.) *ihr* (Ez.) Gib ere daas! *gib ihr das* (vgl. W. Gr.).
Èrèss (RS.) w. *Rekrutenschule.*
erfloone (-et) *tüchtig durchprügeln.*
ergable (-et) *bekommen, gewinnen, erhaschen.* Er hät no en Platz ergablet.
ergattere (-et) *durch List erhaschen, erwischen, ergattern.*
ergèè 1. *sich ergeben.* S Chind hät si ergèè, *ist eingeschlafen.* 2. *sich erbrechen.* I ha mi ergèè, *ich musste brechen.*
ergeltschtere (-et) *einem Angst einjagen, jemanden ängstigen.* Vgl. vergelschtere.
ergetze (-t) *vergessen machen.* S Läid ergetze. Gott ergetz i s Läid! *Gott möge euch trösten.*
Èrggel m. 1. *Erker.* 2. *Nase* (humor.)
ergiite (-et) *zusammenraffen, vom Geizigen.*
ergräme (-t) *betrüben.* I bin ergrämt.
ergschudere (-et) *zerzausen, an den Haaren nehmen.*
ergschuupe (-et), **ergschuuple** (-et) *zerzausen.*
erhaare (-et) *an den Haaren reissen, zerzausen.*
erhabere (-et) *durchprügeln.*
erhaue (-t) *durchprügeln.*
erhocke (-t) *ersitzen.*
erhunde (-et) *sich abrackernd etwas erwerben.*
erhuuse (-et) *ersparen.* Er hät vil erhuuset.
Erhuusets s. *Erspartes.*
eriifere (-et) *sich ereifern.* Du muesch di nüd eriifere.
erjasse (-et) *durch Jassen erwerben, gewinnen.*
erjude (-et) *erschwindeln.*
erlääse *auslesen, sortieren, säubern.*
erlange (-t) *mit der Hand erreichen.* I ha der Öpfel mögen erlange.
erlauffe (erloffe) *durch Gehen ein Ziel erreichen.*
erlicke (-t) *merken, innewerden, begreifen.* D Chatz hät s erlickt, wo si ine cha. Er hät s glii erlickt, *begriffen.*
erliide (-litte) *ertragen, erleiden.* I erliide das Gschräi nùùd.
erluuschtere (-et) *erlauschen, abhorchen.*
erluuse (-et) *zerzausen, derb züchtigen, ausbeuten.* Er hät de Baum scho erluuset, *die schönsten Früchte gepflückt.*
ermane (-et) *durch Heirat erwerben (Mannesgut).*
ernodere (-et) *durchstöbern.*
ernòise (-et) *durchstöbern, wühlen.* D Chäschten ernòise.

ernuefere (-et) *wieder aufleben, sich ermuntern.*
ernüüsse (-nosse) *niesen.* I ha müesen ernüüsse, *musste niesen.*
erpasse (-t) *auf jemanden warten, einander treffen.* Öpper erpasse.
erräble (-et) *zusammenscharren, mühsam erarbeiten.* Er hät siis Vermögeli erräblet.
erraggere (-et) *mühsam zusammenscharren, durch schwere Arbeit erarbeiten.*
erschodle (-et) *schütteln.*
erschröckli *schrecklich* (va.).
erschütte (-t) *verschütten.* Es Glaas Wasser erschütte.
ersine (-et) *erfinden.*
ersoorge (-et) *sorgenvoll erwarten.* I ha dè Psuech ersoorget.
erstraale (-et) *durchprügeln.*
erstrütte (-et) *durch übereilige Arbeit erreichen.*
erstunken und erloge *erlogen, unwahr* (pop.).
ertaube (-t) *zornig werden.*
ertöffle (-et) *durchprügeln.*
ertschudere (-et) *zerzausen.*
ertschuupe (-t) *an den Haaren reissen, zerzausen.*
erwaare (-et) *wahr werden, bewahrheiten.* Es hät si erwaaret, was er gsäit hät.
erwaarme (-et) *warm werden.*
erwele (-t) *erwärmen, kochen.* D Milch erwele.
erwiibe (-et) *durch Heirat erwerben (Frauengut).*
erwütsche (-t) *erwischen.*
es unbest. Art. *es.* Es Huus.
Esch w. (-e) *Esche.*
eschi *aus Eschenholz, eschen.*
Eschper w. *Esparsette.*
Eschtemii w. *Achtung* (ZO.).
eschtimiere (geschtimiert) *wertschätzen.* En geschtimierte Maa.
Esel m. (Esle) 1. *Esel.* 2. *Dummkopf.* 3. *Querholz unter dem Kelterbaum.* 4. *Werkbank der Küfer und Wagner; Schneidbank.*
esèrig siehe sèrig.
esèttig siehe sèttig.
esoo, eso (unbet.); vgl. so. 1. *so.* S isch esoo gsii. Esoo isch es gmäint. 2. *solch* (vor Artikel). Esoon en Maa, esoon e Frau. Vgl. sèrig, sèttig, sorig, sottig. 3. *etwa.* Er isch eson en Bueb vo zää Jaare, *von etwa zehn Jahren.*
esorig siehe sorig.
esottig siehe sottig.
Ess w. (-e) *Esse.*
essele (gesselet) *nach Essig riechen, schmecken.*
Essig m., **Essech** m. (va.) *Essig.* Zss.: -guttere w., *Essigflasche;* -hafe m., ütr. *Sauertopf;* -muetere w., *Essigmutter;* -stìch m., *Essigstich.*
et- Vs. *ent-.*
Etigette w. *Etikette.* Vkf. Etigettli s.
etlaa *entlassen.*
etleene (-t) *entlehnen.* Vgl. vertl-.
etli, etlichi *etwelche, einige.*
etnucke (-t) *einschlummern.* Vgl. vertn-.
etrüne (etrune) *entrinnen.* Vgl. vertr-.
etschlipfe (-t) *ausgleiten.* Vgl. vertschl-.
etschlòòffe (-t) *einschläfern.* Vgl. vertschl-.
etschlüüsse (etschlosse) *entschliessen.*
etwütsche (-t) *entwischen.* Vgl. vertw-.
etz, etze *jetzt.*
etze (getzt) 1. *weiden.* 2. *durch Säure ätzen.*
ewääg, ewäg *(hin)weg.* Gang ewääg! *geh weg.* Ganga mer ewäg(g)! *hör mal auf* (pop.). Vgl. wääg.
Ex s. *(schriftliche) Prüfung* (Schsp.).
Ex- (Ssp.) in Zss.: -bluuse w., *Exerzierwaffenrock;* -hose (Mz.), *Exerzierhose;* -hudle (Mz.), -lümpe (Mz.), *Exerzierkleidung;* -tönü s., *Exerziertenü.*
Exämpel siehe Äxämpel.
exe (gexet) *exerzieren* (Ssp.).

F

Siehe allenfalls unter V
faa siehe fèè.
Faach s., jg. **Fach** s. (Fächer) *Fach.* 1. *Abteil eines Grundstückes, bes. Weinberges.* Vkf. Fäächli s. Es Fäächli Rääbe. 2. *Abteil eines Gestells, Schrankes, einer Schublade.* Vkf. Fächli s. 3. *Beruf, Handwerk.* Er isch guet i siim Fach.
fääge (gfääget) 1. *scheuern, fegen.* Zss.: ab-, abscheuern. Abgfääget Eermel, *blanke Ärmel.* Fäägnäscht s., *unruhiges Kind;*

fäägnäschte (gfäägnäschtet), auch ume-, *sich unruhig benehmen;* Fäägsand m., *Fegsand.* 2. *schnell fahren (z.B. Eisenbahn).* Dèè fääget schöön!

Fääger m. *Kauz, Kerl, Schlingel.* Du chliine Fääger! En riiche Fääger.

Fäägete w. *Putzerei.*

Faal siehe Fall.

Fääl s. (-er), jg. **Fäll** s. 1. *Tierfell.* Ra.: Äim s Fääl gärbe, *durchprügeln.* 2. *Schorf oder Kruste auf heilenden Wunden.* Er hät de Chopf vole Fääler. Vkf. **Fääli** (Mz.), *Skifelle.*

Faane m. (ää) 1. *Fahne.* Du häitere Faane! *ums Himmels willen.* 2. *Stück Zeug, (abgenütztes) Kleid.* I legge dè Faane nümen aa. 3. *Rausch.* Er hät en Faane häiträit. Vkf. **Fäändli** s., a) *Fähnlein.* b) *billiges Kleidchen* (humor.).

faare (gfaare) *fahren.* Uf Züri faare. In Chlee faare, *Klee holen.* Z Acher faare, *pflügen.* Faaredi Haab, *bewegliches Gut (im Gegensatz zu Liegenschaft).* Zss.: ab-, 1. *abfahren.* 2. *weggehen* (pop.). Faar ab! 3. *abblitzen.* Dèè isch dänn schöön abgfaare! ii-; uus-. Faarprüeffig w.; -uuswiis m., *Führerschein;* -veräin m., *Pontonierfahrverein* (Ssp.).

Faart w. *Fahrt.* Zss.: Faarteplaan m., *Fahrplan.* Vkf. **Fäärtli** s., *angenehme Ausfahrt, Ausflug.*

Faase m. *die glatt und einfach abgeschrotete Kante an Stein und Holz.* Zss.: Faastäfer s., *Getäfel.*

Fääse m. *Hülse des Korns samt Inhalt.*

faasere (gfaaseret) *fasern.*

Faasere w. *Faser.*

faaserig *faserig.*

fääserle (gfääserlet) *sich in kleine Fasern auflösen, zerfasern.*

fable (gfablet) *faseln, phantasieren.* Zss.: zäme-. Öppis zämefable.

Fabli m. *Schwätzer, Aufschneider.*

Fabrikler m., **Fabrikleri** w. (-ne) *Fabrikarbeiter(in)* (pej.).

Fach siehe Faach.

Facht s. 1. *Fadensträhne, Seilsträhne.* 2. meist Vkf. **Fächtli** s., *Beigarn beim Stricken.*

fächte (gfochte) 1. *fechten.* 2. *sich beeilen.* Mer müend fächte, wämer s Hòi wänd iebringe vor em Rääge. Er ficht wie nüd gschiid. 3. *betteln, von Handwerksburschen.*

fäcke (gfäcket) *zanken.* Si händ gfäcket mitenand. Zss.: ume-, *umherfahren.*

Fäcke m., **Fäckete** w. 1. *Flügel, Fittich.* Ra.: D Fäcke lampe laa, *mutlos sein.* D Fäcke stutze, *zähmen.* 2. *lange Haare.* D Fäcke schniide (pop.). 3. *Flügel des Fracks.* Ra.: Heb en an Fäcke! *halt ihn!*

Fackel m. *Zettel* (pop.).

Fade m. (ä) *Faden.* Z Fade schlaa, *vornähen, heften; ein Geschäft vorbereiten.* Ra.: D Sach hät Fade, *die Sache ist gut, in Ordnung.* Fäde zie, a) *Fäden bilden, von abgestandenem Wein.* b) *hörbar atmen.* c) *weggehen* (pop.). Zss.: -chrüngeli s., *Fadenknäuel;* -schlaag m., *Heftnaht, Heftfaden zum Vornähen;* -spüeli s., *Fadenspule;* -zåindli s., *Fadenkörbchen.* Ra.: Si isch fascht zume Fadezäindli woorde, *zappelig.* Vkf. Fädeli s. Sis Lääbe hanget ame Fädeli.

fädere (gfäderet) *federn.* Dè Wage isch guet gfäderet.

Fädere w. *Feder, Schreibfeder, Daunen.* I d Fädere gaa, *zu Bett gehen.* Us de Fädere müese, *aufstehen.* Zss.: -chruut s., *Krauskohl;* -chüssi s.; -halter m.; -putsch m., *Federbusch;* -roor s., *zylindrischer Behälter für Federhalter, Bleistift usw.* (va.); -spitz m.; -tecki w.; -tschuupe m., *Federbusch;* Fäderlääsis s., *Federlesens.* Vkf. **Fäderli** s. Zss.: -spìil s. (Schsp., va.).

Fädi w. *Frauenfachschule Zürich* (Schsp.).

fädle (gfädlet) in Zss.: ab-, *Fäden von Hülsenfrüchten abziehen;* ii-, *einfädeln.*

Fädlig m. *ein Stück Nähfaden.*

fädme (gfädmet) in Zss.: ab-, *Fäden von Hülsenfrüchten abziehen;* ii-, *einfädeln.*

fagiere siehe vagiere.

Fäich m. *Hühnerhirse, als Vogelfutter verwendet.*

fäil *feil.* Öppis fäil haa, *feilbieten.* Die Mäitli händ fäil, *stellen sich zur Schau.*

fäin *fein, gut* (jg.); vgl. fiin. En fäine Tessèèr!

Fäischter s., jg. **Fänschter** s. *Fenster.* Zss.: -balche m., -bale m., *Fensterladen, Verschlussladen;* -chrüüz s.; -flügeli s., *Fensterflügel;* -schiibe w.

fäischterle (gfäischterlet) *fensterln.*

fäiss *fett.* E fäissi Sou. Ra.: Sälber ässe macht fäiss. Fäisses Fläisch, fäisse Chèès, en fäisse Bode, e fäissi Pstelig, *eine grosse Bestellung.*

fäisse (gfäisset) *fett werden.*

Fäissi w. 1. *Tierfett, in Küche und Apotheke gebraucht.* 2. *Wohlbeleibtheit.* Dè isch e Fäissi!

Faktaasch w. *Zustellgebühr (Post).*

Falch m. (-e) *Falbe (hellbraune Kuh, hellbraunes Pferd).*

Falche (Artikel unbekannt), auch Zss. - graas n., *fahles, trockenes Gras an Böschungen, Waldrändern.*

falchere (gfalcheret) *dürres Gras anzünden* (ZO.).

Fald, jg. **Falt** m. (ä) *Kleiderfalte.* Vkf. Fäldli s. Zogni Fäldli, *beim Nähen durch blosses An- und Zuziehen gebildet;* gläiti Fäldli, *vorgelegte Falten.*

Fäld s. (-er) *Feld.* Zss.: -poscht w., *Militärpost;* -pöschtler m., *Feldpostsoldat, -unteroffizier;* -rôiel m., *Feldweibel* (Ssp.); -wili m., *Feldweibel* (Ssp.).

fäldle (gfäldlet) *fälteln.*

fale (gfale) *fallen.* Uf de Bode fale. Gfales Obs, *Fallobst.* De Baneeter isch gfale, *das Barometer ist gesunken.* Zss.: abe-, *hinunterfallen;* um-, *umfallen.*

fale (gfalet) *an der Türklinke rütteln.*

Fale w. 1. *Türklinke.* D Tûûr isch uf der Fale, *angelehnt.* Vkf. Fäleli s. S hät es Fäleli am Sekretèèr, *kleines Schloss.* 2. *Tierfalle.* 3. Ra.: Dè macht e Fale! *sieht sonderbar aus.* Das macht e kä Fale (pop.), a) *stellt nichts vor.* b) *sieht sonderbar aus.*

fälele (gfälelet) *an der Türklinke rütteln.*

Fälg w. (-e), jg. **Felge** w. *Felge.* Ra.: Uf de Felge sii, *erschöpft sein* (pop.).

falge (gfalget) 1. *Reben im Sommer leicht hacken.* 2. *Brachfeld ein zweites Mal leicht pflügen.*

fälge (gfälget) *mit Felgen versehen, felgen.*

faliere (-t) *bankrott gehen, Konkurs machen.*

Falimänt s. 1. *Bankrott, Konkurs.* 2. *Fall, Sturz* (humor.). S hät es Falimänt ggèè, *Kind ist umgefallen.*

Fäliss m. (-e) *Schultornister, Felleisen* (ZU.).

Fall m. (ä), älter **Faal** m. 1. *Gefälle.* Em Wasser mee Fall gèè. 2. *Fall.* Zss.: -fläisch s., *Fleisch aus Notschlachtung.*

Falt siehe Fald.

faltsch 1. *treulos, unaufrichtig.* En faltsche Siech, *ein hinterhältiger Kerl* (vulg.). 2. *böse, zornig, feindlich gesinnt.* Iez wìrd i dänn faltsch, *zornig.* 3. *falsch, unecht.*

Familie w. *Familie.* Zss.: -feez m., *Familienfest* (Schsp.); -tach s., *grosser Schirm;* -türgg m., *Familienspaziergang, Familienfest* (jg., humor.).

Famulie w. *Familie* (humor.).

fange siehe fèè.

Fangis (älter **Fèèis) mache** *Fangspiel machen, haschen* (Ksp.).

Farb w. (-e) *Farbe, auch Spielkartenfarbe.* Farb aagèè, *beim Jassen die der ausgespielten Farbe entsprechende nachspielen.*

färbe (gfärbt) *färben.*

färbele (gfärbelet) *nach frischer Farbe riechen.*

Färberei w. (-e) *Färberei.*

Färbi w. *Färberei.*

färbig *farbig.*

Fare m., **Farechruut** s. (-chrüüter) *Farnkraut.*

Fäscht s. *Fest.* Zss.: -brüeder m., *wer häufig Feste besucht.* Vkf. Fäschtli s. Es Fäschtli boue, *veranstalten* (pop., jg.).

fascht, fasch *fast.* Fasch nüüt. vst. faschtgaar, fascht und gaar.

fäschte (gfäschtet) *ein Fest feiern, festen.* Geschter hämer gfäschtet.

Fasel m. 1. *junges, nicht zur Mästung bestimmtes Kleinvieh.* Zss.: -sou w., *Zuchtschwein;* -stier m.; -vee s., *Jungvieh.* 2. *junger Waldbestand.* Zss.: -schoss s., *Frühjahrszweig an Reben.*

fasnachte (gfasnachtet) 1. *Fasnacht feiern.* 2. Es fasnachtet, *es geht auf die Fasnacht zu, Fasnachtsstimmung kommt auf.*

fasnächtle (gfasnächtlet) *an Fasnacht mitfesten.*

Fasnächtler m. *Fasnachtsnarr.*

Fasnecht w., jg. **Fasnacht** w. *Fasnacht.* Ra.: Dèè chunt hinedrii wie di alt Fasnacht, *kommt als letzter.* Zss.: Fasnechtsblätz m., *bestimmtes Fasnachtsgebäck;* -böögg m., *vermummte Person an der Fasnacht;* -chüechli s., *bestimmtes Fasnachtsgebäck.*

Fasoon w. *Fasson.*

Fass s. *Fass.* Zss.: -tuug w., *Fassdaube.* Vkf. **Fässli** s. Zss.: fässlitroole, fässlitrööle, *sich einen Abhang hinunterrollen lassen* (Ksp.).

fasse (gfasst) 1. *anfassen, ergreifen, packen.* Si händ en gfasst, *den Dieb erwischt.* 2. *fassen, füllen.* E Quäll fasse. Choorn fasse, *in Säcke füllen.* 3. *Essen oder Ausrüstungsgegenstände erhalten, entgegennehmen* (Ssp.). De Spatz fasse, *das Essen.* Gönd go fasse! Zss.: naa-, *nochmals Essen beziehen* (Ssp.); zrugg-, *Essen oder Ausrüstungsgegenstände zurückbringen* (Ssp.).

Fassig w. *Behälter für Flüssigkeiten.*

fätze (gfätzt) *in Fetzen hangen.* S isch alls gfätzt an em.

Fätze m. 1. *(abgerissenes) Stück, Lappen.* En Fätze Bapiir. 2. *Fetzen.* Miin Schirm isch z Hudlen und Fätze. 3. *stämmiger Mann* (pop.).

Fätzete w. *eine Menge Fetzen.*

fauk *zu Ende.* Fauk gaa, *zugrunde gehen.* Fauk sii, *vernichtet sein, von Sachen und Personen.*

Fauk m. (Fòik) *auflodernde Flamme, kurzes Flämmchen.* Das nützt kän Fauk, *ist wertlos.*

fauke (gfaukt) *fortjagen.*

Faus nur in Verb. äim de Faus bräne, *Böses nachreden.*

Fazeneetli s. *Taschentuch* (va.). bdl. Es schneit Fazeneetli, *in grossen Flocken.*

Fèè w. *altes Fuchsweibchen.*

fèè, faa, jg. **fange** (i fèè[ne], faa[ne], er fèèt, faat; mer fönd; Wf.Vk. fieng; Mw. gfange) *fangen.* Zss.: aa-, *anfangen;* ab-; ii-; uuf-.

Fèèis s. *Fangspiel* (Ksp.). Fèèis mache, *Fangen spielen.*

Feek w. 1. *Kurzform von Veronika.* 2. *liederliche Frau.* Das isch e chäibe Feek.

fèèle (gfèèlt) 1. *fehlen.* Das fèèlti no! *kommt nicht in Frage.* 2. *missraten, misslingen.* S isch e gfèèlts Jaar, *Fehljahr.* S cha nüd fèèle, *der Erfolg muss sich einstellen.* S hett chöne fèèle, *schief gehen.* S fèèlt si nüd vil, *es könnte auch anders kommen.* E gfèèlti Sach, *misslungene Sache.* E gfèèlts Tuech, *Taugenichts.*

Fèèrch m. *Pferch.*

Fèèri w. (-ene) *Fähre.*

fèèrle (gfèèrlet) *ferkeln.*

Fèèrli s. *Ferkel.* Zss.: -moor w., -sou w., *Mutterschwein.*

Fèèrliwasser s. *Heilmittel zum Einreiben aus dem Kloster Fahr bei Zürich* (humor.).

fèèrn Uw. *letztes Jahr, vor einem Jahr.* Er isch fèèrn gstoorbe.

fèèrndrig Ew. *letztjährig.* Das isch fèèrndrige Wii.

Fèèrnsee m. *Fernsehapparat.* De Fèèrnsee isch kabutt.

Fèèrnsee s. *Fernsehen (Institution).* Was chunt im Fèèrnsee? S Fèèrnsee hät wider emaal en Schmare praacht.

Fèèrse m. 1. *die Ferse.* 2. *Fersenstück des Strumpfs.*

Feert w. *Fuhre, Ladung.* E Feert Hòi.

Feez m. *Fest, Unterhaltungsanlass* (Schsp.). Zss.: -brüeder m., *wer häufig Unterhaltungsanlässe besucht* (pop.).

feeze (gfeezt, gfeezet) *festen* (Schsp.).

feischter *finster, dunkel.* E feischteri Nacht, *dunkle Nacht.* Feischter wie in ere Chue ine, *stockdunkel.*

feischtere (gfeischteret) *finster werden, dunkeln.* Es feischteret.

Feischteri w. *Finsternis, Dunkelheit.*

feischterlige Uw. *im Dunkeln.* Mer händ s müese feischterlige mache.

feischtermüüsle (gfeischtermüüslet) *im Dunkeln sitzen; Blindekuh spielen.*

fele (gfelt) *fällen.* Zss.: Fell-Laade m., *Falltür.*

Felge, felge siehe Fälg, fälge.

felig *fällig.*

Felse m. *Fels.* Zss.: Felsmocke m., *Felsbrocken.*

feltsche (gfeltscht) *fälschen.*

Feltschni w. *Falschheit, Zorn.* I bin e Feltschni woorde, *in Zorn geraten.*

fèrgge (gfèrgget) 1. *fertig gemachte Heimarbeit abliefern.* 2. *unfreundlich abweisen.* Dè han i zur Stuben uus gfèrgget. 3. *einen Kauf rechtskräftig ausfertigen.*

Fèrgger m. 1. *Angestellter, der Heimarbeit aushändigt, abnimmt, bezahlt, prüft.* 2. *Spediteur, Geschäftsvermittler, Expedient.*

Fèrie w. *Ferien.* Zss.: -lüüt (Mz.), *Ferienleute;* -tächniker m., *Lehrer* (humor.).

fèrtig *fertig.* Ra.: S isch fèrtig mit em, *er stirbt.* Er isch fèrtig ggange uf siim Häime, *hat alles verloren.*

fescht 1. *fest.* 2. *gesund, kräftig.* E feschti Gsundhäit. 3. *gedrungen.* En chliine, feschte Kärli. 4. *hart.* D Bire sind na fescht, *noch nicht ganz reif.* 5. *sehr, stark, arg.* S tuet mer nüd fescht wee, *es schmerzt nicht allzusehr.* S hät fescht gräägnet, *heftig geregnet.*

ficke (gfickt) *Kleinigkeiten entwenden, naschen, stehlen.* Er hät en Öpfel gfickt. Er hät scho emaal gfickt.

Ficki m. *Nascher; wer Kleinigkeiten entwendet.*

fideel *fidel, lustig, vergnügt.*

Fideeli s. *Fadennudeln.*

Fidibus m. 1. *Aschenbecher mit Aufsatz (für Schwefelhölzchen).* 2. *Pfeifenanzünder* (Stsp.).

Fiduuz m. *Lust, Mut zu etwas.* Er hät kä Fiduuz.

Fieber s. *Fieber.* Zss.: -mässer m., *Fieberthermometer.*

fiele (gfielet) *feilen.*

Fiele w. *Feile.*

Fielete w. *Feilspäne.*

figelant siehe vigelant.

figereetle (gfigereetlet) *herumfunktionieren.* Zss.: ume-.

figge (gfigget) *etwas oder sich an etwas reiben.* Nöi Schue figged, *drücken.* S figget en öppis, *etwas drückt oder reibt oder wurmt ihn.* Hock still! Was figgisch umenand? *hin und her rutschen.* Zss.: dure-, *durchwetzen.* Duregfiggeti Hose.

Figgete w. *beständiges Rutschen, Reiben.*

Figgi m. *Hin-und-her-Rutschender.*

Figgi w. in: E Figgi und e Müli, *Zwickmühle (beim Mühlespiel).* ütr. *doppelter Vorteil; zwei Wege zur sicheren Erlangung eines Zieles.*

fiig (jg.) *feig.*

Fiig w. (-e) *Feige.* Zss.: Fiigeplatt s., *Feigenblatt.*

fiin 1. *fein, dünn.* Fiine Fade, fiini Naadle. Zss.: -gjaaret, *mit engen Jahresringen.* 2. *zart.* E fiins Stimmli. 3. *sittsam.* Er isch nüd de Fiinscht, *ohne Zartgefühl.* 4. Hw. Das isch en Fiine, *subtile Bemerkung.*

Fiineli s. *schmächtige, auch zartfühlende Person.*

Fiini w. *Feinheit.*

Fiinoo m. *Schlaukopf, pfiffiger Kerl.*

Fiir w. (-e) *Feier.* Zss.: -aabig m., *Feierabend.* S isch Fiiraabig für en, *Ende des Tuns, des Lebens;* -aabiglüüte s., *Abendglockenläuten.*

fiire (gfiiret) *feiern.* Hoochsig fiire, *Hochzeit feiern.*

fiirli *feierlich.* Ra.: Du bisch en Fiirliche! *Lausbub* (pop.).

Fìrscht m., w. *Dachfirst.*

Fiirtig m. *Feiertag.*

fìs *feige* (Schsp., jg.).

Filz m. *Filz.* Zss.: -luus w., 1. *Filzlaus.* 2. *Einrappenstück* (humor.).

filze (gfilzt, gfulze) *etwas entwenden.*

Fimel m. *männlicher Hanf, Femel.*

Fimel m. *Schrulle.*

Find m. *Feind.*

finde (gfunde) *finden.* Zss.: ab-; use-; zrächt-.

Finettli s. 1. *schmächtiges Kind.* 2. *Hundename* (fam.).

Finger m. *Finger.* Öppis i d Finger nèè, *etwas anpacken.* Öpper i d Finger nèè, *jemanden straff halten.* Zss.: -beeri s., *Fingerspitze, Fingerkuppe;* -naagel m.

fingerle (gfingerlet) *fingern.*

Fingerlig m. *Fingerling, Schutzüberzug über Finger.*

Fink m. (-e) *leichtsinniger Mensch.* En truurige Fink. Zss.: Finkestrììch m. in: de Finkestrììch nèè, *weglaufen.*

Finke m. 1. *Filzpantoffel.* Ra.: D Finke lupfe, chlopfe, *Reissaus nehmen.* 2. *Autopneu* (pop.).

fintli *feindlich.*

Firlifanz m. *Firlefanz, Tand.*

Fisch m. *Fisch.* Zss.: -bäi s.; -graat m.; -luus w., *Karpfenlaus;* -räigel m., *Fischreiher;* -wei m., *Fischadler;* -wiis, *wie Fisch zubereitet.* Vkf. **Fischli** s., *Silberfischchen in Speisekammern, Büchern usw.*

fischele (gfischelet) *nach Fisch riechen.*

Fischez w. *Fischereiregal, Recht zum Fischen.*

fischpere (gfischperet) 1. *unruhig sein, zappelig tun, leises Geräusch verursachen.* 2. *flimmern, vom Licht.*

Fischperi m. *wer hastig tut, zappeliger Mensch.*

fischperig *unruhig, zappelig.*

Fischü s. *wollenes Halstuch* (va.); frz. fichu.

Fisel m. 1. *schmächtige Person, Schwächling.* 2. *Sohn* (frz. fils).

Fiser m. *schlecht gedrehte Stelle im Garn.*

fisere (gfiseret) *ausfasern.*

fiserig *ausgefasert.*

fiserle (gfiserlet) *fein regnen, nieseln.*

Fiserli s. *Fläumchen, Fäserchen.*

Fisigugg m. (-er), **Fisiguggi** m. *kleinlicher, engherziger Mensch.*

Fisimatänte (nur Mz.) in Verb. Fisimatänte mache, *Flausen machen.*

Fitz m. *Hieb, Schlag mit einer Gerte.*

fitze (gfitzt) *mit einer Gerte, Rute, Peitsche schlagen.* Nidel fitze, *Rahm mit kleinem Besen schlagen.* Vgl. gfitzt. Zss.: dure-, *durchprügeln.*

Flädli → 429

Fitze w. *Birkenrute.* Er hät d Fitze überchoo, *ist mit der Rute geschlagen worden.* De Samichlaus hät e Fitze daaglaa.

Flaade m. 1. *Fladen.* En Flaade mache, *einen Autozusammenstoss haben* (pop.). 2. *Rausch.* Häsch en Flaade! *du bist verrückt* (pop.). Vkf. **Flädli** s., *Suppeneinlage.* Zss.: -suppe w.

Flaame m. *anschwellendes Euter trächtiger Kühe.*

Flaarz m. 1. *breiter Kot- oder Schmutzfleck.* 2. *Klumpen Erde, Eis, Schnee.* En groosse Flaarz mache, *beim Hacken.* 3. *breite Pflanzenwucherung.* 4. *niedriges, breites Haus* (ZO.).

flaarze (gflaarzet) 1. *sich auf dem Boden ausbreiten, vom Unkraut.* 2. *faul herumliegen.* I gaane uf s Ofebänkli go flaarze.

flach *flach.* Flach usechoo, *nicht erfolgreich sein* (pop.).

Flack m. *hochsteigende Flamme.*

Fläck m. (-e) 1. *Fleck.* 2. *Flicken, Flicklappen.* S isch kän guete Fläck an em, *er ist zerlumpt.* 3. *Ort, Platz.* Mer chunt nüd ab Fläck. En Aarbet am rächte Fläck aafange, *richtig angreifen.* 4. *krankhafte Erscheinung, z.B. schwarzer Brenner (an Reben).* Fläck im Aug, *grauer Star.* 5. *scheckiges Vieh, Fleckvieh, auch Kuhname.* Mer händ zwee Fläck im Staal.

flacke (gflacket) *lodern, flackern.*

fläcke (gfläcket) *einen Flicken aufsetzen.*

Fläder m. *altes Holzhaus mit niedrigem, breitem Dach.*

fladere (gfladeret) 1. *flattern, von jungen Vögeln, Insekten.* D Sumervögel fladered. Zss.: uuf-. 2. *flackern, von Flammen.* 3. *wachsen, wuchern.* Fladere laa, *Pflanzen frei wuchern lassen.* D Sach la fladere, *sich selbst überlassen.*

flädere (gfläderet) 1. *Flüssigkeit verschütten, Wäsche im Wasser schwenken.* 2. *dem Boden entlang kriechen.* D Hüener flädered im Sand, *wühlen sich in den Sand ein.*

Fläderlig m. *Ohrfeige.*

Fläisch s. *Fleisch.* Zss.: -baad s., *überfülltes Schwimmbad* (humor.); -bäi s., *Knochenzugabe zum verkauften Fleisch;* -bank w.; -flüüg w., *Fleischfliege;* -haagge m., *Fleischhaken;* -mässer s.; -mèèrt m., *überfülltes Schwimmbad* (humor.); -mocke m., *Fleischbrocken;* -schau w., *Fleischbeschau,* ütr. auch *überfülltes Schwimmbad* (humor.); -spiise m., *Hautsplitter am Finger, Niednagel;* -tiger m., *Fleischliebhaber;* -vogel m., *Fleischroulade.* Vkf. **Fläischli** s. Das isch es Fläischli gsii! *ein besonders gutes Stück Fleisch.*

fläischle (gfläischlet) *nach Fleisch riechen oder schmecken.*

flame (gflamet) *flammen, Flammen schlagen.* D Tùùrpe flamed nǜǜd.

Flamm w. (Flame) *Flamme.*

fläne (gflänet) *weinen.*

Flangge w. 1. *Seite, Richtung.* Uf ale Flanggen usse. 2. *Ohrfeige.*

Fläre w. 1. *Ohrfeige.* 2. *Stück Haut, Narbe von einem Schlag.* Fläre abhaa. 3. *Schmutzfleck.* Du häsch en schwarze Flären im Gsicht. En Fläreni der Schooss, *in der Schürze.*

Flasch m. *Radiergummi.* Zss.: -bale w., *Gummiball;* -bändeli s., *Gummiband.*

Fläsche w. 1. *Flasche.* 2. *ungeschickter Kerl* (Schsp.). Du bisch e schööni Fläsche!

Flätschge m., **Fletschge** m. *Quetschung, Schürfung an Baumstämmen, an gefallenem*

Obst, am Körper. I han a der Hand en Flätschge aab, *eine Hautschürfung.*

flätschnass *tropfnass.*

Flättere w. *Ohrfeige.*

flattiere (gflattiert) *schmeicheln, liebkosen.* Zss.: Flattierbüsi s., *Schmeichelkatze.*

Flattöör m. (-i) *Schmeichler.*

Flauder in Zss.: -aarbet w., *schlechte, flüchtige Arbeit.*

Flecklig m. *Bohle, dickes Brett.*

flecklige Uw. in Verb. flecklige umfale, *jäh, schwer umfallen.*

fledere (gflederet) *spritzen, verspritzen.*

Flederete w. *Verspritztes.*

fletsche (gfletscht) *platschen, planschen.* D Chind fletsched am Brune.

Fletschete w. *Planscherei.*

Fletschge siehe Flätschge.

Flick m. *Flicklappen, geflickte Stelle.* Besser en Flick als es Loch. Zss.: -waar w.

flicke (gflickt) *flicken.* Ra.: Äim am Züüg (ume)flicke, *nörgeln, dreinreden.* Äim äis flicke, *eine hinhauen.*

Flickerei w. (-e) *das Flicken; das Verbessern.*

Flickete w. *das Flicken, Flickarbeit.*

flie (gfloe) *fliehen, meiden.* Dè müend er flie, *ihn meiden.* Fliend! *macht Platz!*

Fliiss m. *Fleiss.*

fliissig *fleissig.*

flingg *flink.*

flisme (gflismet), **flismere** (gflismeret) *flüstern.* Was flismed er zäme?

Flittersche w. *Märzglöckchen, Knotenblume* (ZU.).

Floo w. (Flöö) *Floh.* Ra.: Er ghöört d Flöö hueschte, *ist überklug.* I wett lieber en Sack voll Flöö hüete weder dène Chinde luege, *diese Kinder sind schwer zu bändigen.* Da gumped ja d Flöö a d Tecki, *das ist ja wirklich erstaunlich.* Zss.: -bick m., *Flohbiss;* Flööbode m., *Balkon, die obersten Plätze im Theater, Theatergalerie;* Floodräck m.; -mèèrt m., *Flohmarkt;* -pulver s.; -schnatte m., *Schwellung von Flohbiss.*

flööchne (gflööchnet), **flööchte** (gflööchtet) *etwas retten, in Sicherheit bringen.*

Flööchner m. *Feuerwehrmann des Rettungsdienstes.*

flööle (gflöölet) *in Sicherheit bringen, etwas retten* (Wth.).

Flòòmli s. Rahmdecke auf der Milch.

floone (gfloonet) 1. *Flöhe fangen.* 2. *sich drücken, faulenzen.* Zss.: ume-, *sich von der Arbeit drücken, müssiggehen.*

Flooner m. *Drückeberger, Faulenzer.* Zss.: -pöschtli s., *Posten mit wenig Arbeit, Musseposten* (humor.).

Flööte w. 1. *Flöte.* 2. *Prostituierte* (pop.).

flöötele (gflöötelet) *Flöte spielen* (fam.).

Flööti w. *Blockflötenstunde* (Schsp.).

Flooz m., **Flùùrz** m. 1. *Floss.* 2. *Wasserlache, Harn von Kindern.* En Flooz mache.

flööze (gflöözt), **flùùrze** (gflùùrzt) *flössen.*

flotsche (gflotschet) 1. *planschen.* D Änte flotsched. D Wösch flotsche, *die Wäsche spülen.* Zss.: flotschnass, *tropfnass.* 2. *waten.* Zss.: ume-. Lueg, wie die Buebe im Gumpe umeflotsched! *in der Pfütze umherwaten, -stampfen.* 3. *in zu weitem Kleid stecken.* Dè flotschet i siim Tschoope, *er schwimmt förmlich in seinem Rock.*

Flotschi w. *Waschanstalt* (humor.).

Flucht w. (-e) *Flucht, Fluchtlinie.* S isch i der Flucht, *in gerader Richtung, ausgerichtet.*

fluderig siehe pfluderig.

Fluech m. (Flüech) *Fluch.* Das isch en Fluech, *eine verwünschte Sache.* En Fluech sääge, *einen Fluch tun.* Käs Flüechli tue, *sanft sein.* Du bisch en Fluech! *verfluchter Mensch* (Scheltwort).

flueche (gfluechet) *fluchen.* Flueche wien en Hänker.

Fluecher m., **Fluechi** m. *Fluchender.*

Flugi w. *Flugzeug* (fam.).

Fluss m. (ü) 1. *Fluss.* 2. *krankhafter Ausfluss.* De wiiss Fluss, *Weissfluss.*

Flüüg w. (-e) 1. *Fliege.* 2. *Blütennarbe beim Obst.* 3. *querliegende Krawatte.* Zss.: Flüügedräck m., *Fliegenschmutz;* -fänger m.; -gaarn s., *Netz gegen Fliegen für die Pferde;* -schliiffi w., *Glatze* (humor.). D Flüügeschliiffi richte, *sich kämmen;* -stòiber m., *Fliegenwedel.*

flüüge (gfloge) 1. *fliegen.* Ra.: Wäme wott flüüge, mues me Fäcke haa. Das isch weder gstole no gfloge, *unwahr, unglaublich.* Zss.:

abe-, *hinunterfallen.* 2. *durch die Prüfung fallen, durchfallen* (auch: dureflüüge). 3. *aus einer Anstellung entlassen werden* (auch: useflüüge).

Flüüger m. 1. *Flugzeug.* 2. *Flieger, Pilot.* Er isch bi de Flüüger, *bei der Fliegertruppe.*

Flüügi w. *Militärflugplatz in Dübendorf.*

fluume (gfluumet) *moppen mit Flaumbesen.*

Fluumer m. *Mop (Flaumbesen).*

Flùùrz siehe Flooz.

flùùrze siehe flööze.

Flüüss s. *Fliesspapier, Löschblatt* (Schsp.). I jedem Heft hät s es Flüüss.

flüüsse (gflosse) 1. *fliessen.* 2. *eitern, von Wunden.* De Finger flüüst imer no, *er eitert immer noch.* 3. *Geschriebenes trocknen.* I mues no flüüsse. Zss.: Flüüssbapiir s., *Löschpapier;* -blatt s., *Löschblatt.* Vgl. Flüüss.

focke (gfocket) *in grossen Flocken schneien.* Es focket.

Focke m. (ö) *Flocke, Büschel von Haaren, Wolle usw.* Es schneit i ganze Föcke.

föif *fünf.* Ra.: Dè cha nüd uf föif(i) zele, *ist beschränkt, dumm.* Zss.: Föifbissächsi s., *Note Fünfeinhalb;* -fränkler m., *Fünffrankenstück* (jg.); -gänger m., *Fahrrad mit 5 Gängen;* -liiber m., *Fünffrankenstück;* -viertel Stund, *1¼ Std.;* föifefüfzg, *fünfundfünfzig;* -halber m. *Note 5½, die Fünfeinhalb* (Schsp., jg.).

Föifer m. *Fünfer.* 1. *Fünfrappenstück.* Er mäint, er chön de Föifer und s Weggli haa, *alles beanspruchen.* 2. *Tram Nr. 5.* 3. *Note Fünf, eine Fünf* (Schsp.). Ich han en Föifer überchoo, gholt, *in der Prüfung Note Fünf erhalten.* 4. *Angehöriger des Jahrgangs 1905.* Zss.: -mocke m., *grosses Bonbon;* -nöötli s., *Fünffrankennote* (va.).

Föifi s. 1. *Zahl Fünf, die Fünf.* Vgl. Puureföifi. 2. *fünf Uhr.* Es isch Föifi. Guet Nacht am Föifi! *höhnischer Ausruf über einen Fehlschlag.* Zss.: -auto s., *5-Uhr-Postauto;* -zùùg m., *5-Uhr-Zug.* 3. *Fünfrappenstück.* 4. *Note Fünf.* 5. *Tram Nr. 5.*

föift *fünft.* Zss.: Föiftklässler m., *Schüler der fünften Klasse.*

Föiftel m. *das Fünftel.*

Fòik m. *Darmwind. Wer hät en Fòik abglaa?*

fòike (gfòikt) 1. *verjagen.* D Hüener fòike. Me hät en gfòikt, *entlassen.* Zss.: furt-, use-, *wegjagen, hinausjagen* (ZO.). 2. *heimlich Wind von sich geben.*

fòime (gfòimt) *abschöpfen (Schaum oder fette Bestandteile).* Zss.: ab-; zäme-, *zusammenraffen.*

Fòimer m. *trichterförmiges Fischernetz.* Vkf. Fòimerli s., *kleines Netz.*

Fòisel m. *Büschel von Haaren, Fasern (z.B. Haarbüschel am Schwanzende des Viehs), Quaste.* Zss.: -chappe w., *Zipfelmütze mit Quaste.*

fòiserle (gfòiserlet) *nieseln, fein regnen, schneien.*

Fòiserli s. *leichte Schneeflocke.*

Fòitsch w. 1. *Hündin.* Ra.: Er isch weder Hund na Fòitsch. 2. *gemeine Dirne.*

folge (gfolget) *folgsam sein, gehorchen.* Ir müend der Mueter folge.

fööne (gfföönet) 1. *föhnen.* Es föönet, *der Föhn weht.* 2. *Wind von sich geben* (Schsp.).

Fööne m., jg. **Föön** m. 1. *Föhn.* 2. *Haartrockner.* 3. *Darmwind* (Schsp.).

Foorschter m., **Fooschter** m. *Förster.*

Footööl m. *Lehnsessel.*

foppe (gfoppet) *sticheln, foppen.*

föpple (gföpplet) *hämisch foppen, sticheln.* Zss.: uus-.

Föppli m. *Fopper.*

For w. (-e), **Fore** w., jg. **Fòre** w. *Föhre, Kiefer.* Vgl. fòri. Vkf. Fòrli s. Zss.: Foreschiggeli s., *Föhrenzapfen;* Forigeli s., Forniggeli s., *Föhrenzapfen.*

Forchpäändli s., **Forchpaan** w. *Forchbahn.*

Fòre w. *Forelle.* Vkf. Fòrndli s., *junge Forelle.*

fòri *aus Föhrenholz, kiefern.* Fòris Holz. Hw. Fòris s., *Föhrenholz.*

Form w. *Form.* Zss.: -trüle w., *Knopf mit hölzerner Spindel als Spielzeug, Knopfkreisel.* Vkf. **Fòrmli** s., 1. *Blechform zum Ausstechen von Teig für Backwerk.* 2. *Model zum Giessen.* 3. *Stoffknopf.*

fòrme (gfòrmt) *in eine bestimmte Form bringen, formen.*

Fòrndli siehe unter Fòre.

fòrschele (gfòrschelet) *auf schlaue Art etwas zu erfahren suchen. erforschen, nachforschen.* Zss.: uus-.

Fosfoor m. 1. *Phosphor.* 2. Sträng diin Fosfoor e chli aa! *denk doch mal nach* (pop.).

fötele (gfötelet) *fotografieren* (fam.).

Foti m. *Fotoapparat, Kamera.*

Foti w. *das (die) Foto, Fotografie.* Vkf. Föteli s. (fam.).

Fotzel m. (ö) 1. *Lappen, Fetzen an zerrissenen Kleidern.* D Fötzel lamped überaal abe, *hängen hinunter.* 2. *Quaste, Troddel.* Zss.: -chappe w., *Zipfelmütze;* -schnitte w., *gebackene Eiermilch-Brotschnitte.*

Fötzel m. 1. *Stück Papier.* Vkf. Fötzeli s. Es Fötzeli Bapiir. 2. *Lump* (pop.). Ra.: Use mit dem frönde Fötzel! *raus mit dem Fremden.* Zss.: -chäib m., *Lump* (vulg.); -oornig w., *Lumpenordnung;* -siech m., *Lump* (vulg.).

fötzele (gfötzelet) 1. *zerlumpt aussehen.* Das fötzelet, *sieht liederlich aus.* 2. *Papierfetzen zusammenlesen* (Schsp.).

fotzle (gfotzlet) *sich ausfasern.* Das Tuech fotzlet gèèrn. Vgl. verfotzle.

fötzle (gfötzlet) *necken, spotten, sticheln.* Si händ aafèè fötzle, glii hät äis Woort s ander ggèè. Zss.: uus-, *auslachen.*

fötzlig, fötzelig *zerfetzt, zerrissen, zerfasert.*

Fox m. *tragbares Funkgerät.*

Foxli m. *Hündchen* (fam.).

Frä siehe Frau.

Fraag w. (-e) *Frage.* Zss.: Fraagizäie s., *Fragezeichen.*

fraage (Wf. frieg, Mw. gfraaget), **fròòge** (gfròòget) *fragen.* S isch um s Fraage z tue, *es geht ums Fragen.* Er fraaget dèm nüüt naa, *kümmert sich nicht darum.* Zss.: aa-; ab-; naa-; uus-. Vgl. fròògle.

Fraass m. *Fressen.* En tole Fraass, *ein sehr gutes Essen* (pop.). En truurige Fraass, *ein schlechtes Essen* (pop.).

fräch *frech, unverschämt.* Hw. Si hät e Frächi, *ein freches Maul.*

Frächi w. *Frechheit.*

Frack m. (ä) *Frack.* S hät en am Frack, *er ist verloren, getroffen.*

fracke (gfracket) in Zss.: ab-, 1. *fortgehen.* 2. *sterben* (vulg.).

Frangsé federal s. *holperiges Deutschschweizer-Französisch.*

Franke m., **Fränkler** m. Vkf. **Fränkli** s. *Einfrankenstück.* En Franke drei-, viertuusig, *drei- bis viertausend Franken* (va.).

fransle (gfranslet) *fasern, ausfransen.*

Fransle (Mz.) *Fransen an einem Kleid.*

Franz s. *Französisch* (Schsp.).

frässe (gfrässe) *fressen, essen* (vulg.). D Lüüt müend rächt z frässe haa, *die Truppe braucht gute Verpflegung* (Ssp.). Er hät s nöd gfrässe, *nicht akzeptiert* (pop.). Zss.: aa-. Er isch aagfrässe, *von einer Sache gepackt* (pop., jg.). Frässbäiz w., -bäizli s., *Gasthaus für gutes und reichliches Essen* (pop.); -chäib m., *Vielesser* (vulg.); -sack m., -tiger m., *Vielesser;* -zädel m., -zädeli s., *kleiner Notizzettel* (pop.).

Frässer m. *Fresser.*

Frässer Ediker m., **Frässer Rettiger** m. *krankhafte Esslust.*

Frässeri w. (-ne) *Fresserin.*

Frässete w. *Schmauserei, unmässiges Essen.*

fratt 1. *wundgerieben* (va.). 2. *frech, übermütig* (ZO., va.).

Frau w. (e), unbetont **Frä** w. 1. *Frau.* D Frä Buume, *Frau Baumann.* 2. *Ehefrau.* Miini Frau, d Frau. 3. *Mädchen* (Schsp.). E gueti Frau, *hübsches Mädchen.* Zss.: Frauemänteli s., *Frauenmantel, Alchemilla vulgaris;* -schüeli s., *Frauenschuh, Cypripedium calceolus.* Vkf. **Fraueli** s., auch: *Meisterin eines Hundes* (fam.).

Fraueli w. *Frauenbildungsschule Zürich* (va.); *jetzt Diplommittelschule.*

Frävel m. *Holzdiebstahl, Wildfrevel.*

frävle (gfrävlet) *freveln, bes. in Wald und Feld.*

frei 1. *frei.* I bi so frei, *Höflichkeitsformel beim Eintreten in Raum oder beim Schöpfen.* Ra.: Zum Hèrr Frei gaa, *auf den Abort gehen* (humor.). Zss.: freistänt, *freistehend.* 2. *freundlich, gut, gefällig.* Bis ä frei! *sei artig.* 3. en freine, e freini, *leutselig.* Si isch (e) psunderbaar e Freini, *besonders gutherzig.* En freine Maa. Er isch dänn scho no en Freine, *fremdet nicht* (Kind). 4. Uw. (vor Uw. oder Ew. oft unbet. und gekürzt zu **fre)** *recht.* Er isch frei taub woorde, *er ist wirklich* *zornig geworden.* Fre vil, *gar oft;* fre spaat, *ziemlich spät.*

Freihäit w. (-e) *Freiheit.*

Freini w. *Freundlichkeit, Güte.* Er isch von ere Freini, mer mues grad stuune.

Freiwi s. *freiwillige hauswirtschaftliche Fortbildung für Burschen* (Schsp.).

Frida w., auch **Tante Frida, Frida Bünzli** w. *Forchbahn, abgekürzt FB* (pop.).

Fride m. *Frieden.* Mached wider Fride! *versöhnt euch.* Si händ de Fride, *sind zufrieden* (pop.). Zss.: Fridesrichter m. *Friedensrichter, amtlicher Vermittler;* Fridhoof m. *Friedhof, Kirchhof.*

fridli *friedlich.*

friili *freilich, allerdings.* Ja friili, *ganz gewiss.*

Friinig w. *rechter Winkel.* S isch i der Friinig, *im rechten Winkel.* D Friinig nèè, mache, *einen rechten Winkel herstellen.*

Friise w. *Frisur, Haartracht* (Schsp., jg.).

Friitig m. *Freitag (Wochentag).*

frisch 1. *neu, ungebraucht, sauber.* E frisches Hämp aalegge, *sauber.* Frischi Waar. E frischi Siite aafange, *neue Seite.* Frisch aafange, *von vorne anfangen.* 2. *kühl.* Hütt isch es frisch.

frische (gfrischet) *kühler werden.* Es hät gfrischet.

Frischi w. *Frische, Kühle.*

Frisel m. *Friesel (Hautausschlag).*

Friwolitee w. *mit Schiffchen hergestellte Handarbeit, Spitzen.*

Fròid w. (-e) *Freude.* Fròid an öppis haa, *sich an etwas freuen.* Zss.: Fròidemäitli s., *Geburtsankünderin;* -riich in: E fròideriichs Nöijaar! *gesegnetes Neujahr.* Vkf. Fròidli s.

fròie (gfròit) *(sich) freuen.* S fròit mi kä Bitz, *es freut mich gar nicht.*

Fròili s. 1. *unscheinbare, kleine Frau.* 2. *Jungfer.* Fròili Mäier, Jumpfer Mäier, *Fräulein Meier* (va.).

Früläin s. 1. *Fräulein.* 2. *Anrede für Kellnerin.* Fröläin, zaale! 3. (älter w.) *Kindergärtnerin.*

Fröli s. *Kindergärtnerin* (fam.).

Frömi w. *Frömmigkeit.*

Frömlig m. *Frömmler.*

fromm 1. *fromm, in religiösem Sinne.* 2. *gutmütig.* E fromms Ross.

frönd 1. *unbekannt.* S chunt mer alls frönd voor. 2. *fremd, Gegensatz von «eigen».* Er mues alls dur frönd Lüüt la schaffe, *hat zu wenig eigene Leute.* Hw. **Frönd** (de Frönd, en Frönde m.; di Frönd, e Fröndi w.; s Frönd, es Frönds s.; Mz. Fröndi, di Frönde), *Fremde(r), Fremdling.* Zss.: -spraach w.

frönde (gfröndet) 1. *menschenscheu sein, fremden.* S Chind fröndet, *scheut sich vor Fremden.* 2. *fremd anmuten.* Die Geget hät mi gfröndet.

Fröndi w. *Fremde.* Er isch i der Fröndi.

Fröntler m. *Schweizer Anhänger einer nazifreundlichen Gruppe (Front)* (va.).

froo *froh.* verst. I bi gottefroo, *sehr froh.* Zss.: froomüetig, *frohmütig,* nur in Verb. e froomüetigi Wonig, *freie, sonnige Wohnung.*

frò̀òge siehe fraage.

Frò̀ògerei w. *ewiges Fragen.*

Frò̀ògi m., **Frò̀ògli** m. *zudringlicher, lästiger Frager.* Zu Kindern: Bisch du en eebige Frò̀ògli!

frò̀ògle (gfrò̀òglet) *unablässig fragen, forschen nach etwas.* Zss.: uus-, *ausfragen.*

Frò̀òglete w. *Fragerei.*

frööli *fröhlich.*

froone (gfroonet) *Frondienste leisten.*

Fròòni w. *Frohgefühl.* I bin e Fròòni gsii, *ich war von grosser Freude erfüllt.*

Frösch w. (-e) *der Frosch.* Ra.: Uf em Gält hocke wie d Frösche uf em Tüüchel. Zss.: Fröschebäi s.; -gumpe m., *Froschteich;* -läich m., *Froschlaich;* -weier m., *Froschteich.* Vkf. **Fröschli** s., *kleines Mädchen* (fam.). Es isch eersch na eson es Fröschli gsii, *das Kind war vor kurzem noch klein.*

Froscht m. (ö) *Frost.* Zss.: Frosch(t)blaatere w., 1. *Frostbeule.* 2. *Gänsehautbläschen.*

Frucht w. 1. *Getreide.* D Frucht trösche, *dreschen.* Zss.: -chamer w., *Kornkammer;* -chaschte m., *Kornbehälter.* 2. *Frucht* (jg.).

früe (en früene, e früeni, es frües) *früh.* Er chunt scho am früene Morge. Zss.: Früegnueg m., *ein Langsamer, der immer noch früh genug zu sein meint;* -schichtler m., *Arbeiter der Frühschicht.*

Früelig m. *Frühling.* Zss.: Früeligsbutzete w., *Frühjahrsreinigung.*

früendrig Ew. *früher.*

früener *ehedem, früher.*

Früeni w. *Frühe.* In aler Früeni, *sehr früh.*

fruetig *fruchtbar, von Obstbäumen, vom Boden.*

Fründ m., **Fründin** w. *Freund(in).*

Fründschaft w. *Freundschaft.*

früntli (früntlicher) *freundlich, leutselig.* Dè chunt mer au na früntli! *unfreundlich, grob.*

Früntlichi w. *Freundlichkeit.* Dè isch e Früntlichi gsii, *sehr freundlich.*

früüre (gfroore) 1. *frieren.* I han a d Händ gfroore. S früürt mi, *ich friere.* 2. Es hät mi gfroore, *es hat mich gefreut* (humor., fam.).

Fuchs m. (ü) *Fuchs.* Ra.: I han en Fuchs ghööre bäle, s wiirt namaal chalt. ütr. Er isch en Fuchs, *durchtrieben.* Verst. -root; -taub, -wild, *wütend.* Zss.: -hòòli w.; -loch s., *Fuchshöhle;* -schwanz m., *kurze Handsäge.*

füchsele (gfüchselet) *nach Fuchs riechen.*

fuchsig 1. *fuchsähnlich.* 2. *rötlich angelaufen.*

Fuck m. (ü) *Küken.* Vkf. Fückli s. (ZO.).

Fucker m. *kleines Kind* (fam.).

füdele (gfüdelet) *einem schöntun, schmeicheln.*

Füdeler m. *Schmeichler.*

Fudi s., **Füdi** s. *Gesäss* (fam.); vgl. Füdli. Zss.: Fudipuuder m., *Kinderpuder.*

fudle (gfudlet) *breitspurig gehen* (vulg.).

Fudle w. 1. *grosses, fettes Gesäss.* 2. *dicke, watschelnde, auch träge, unordentliche Frau.*

Füdli s. *Gesäss* (pop.); vgl. Fudi. Uf s Füdli gèè, überchoo, *Schläge geben, bekommen.* De chasch mer i s (im) Füdli blaase! *das will ich nicht* (vulg.). S Füdli voll Aarbet haa, *viel Arbeit haben.* Lupf emaal s Füdli! *rühr dich.* Zss.: -bagge m., *Hinterbacke;* -blutt, *ganz nackt;* -bürger m. (auch Füübüü m.), *Spiesser;* -gsicht s., *fades Gesicht;* -hock m., -schlitte m., *Hockschlitten;* -täsche w., *Gesässtasche an Hose;* -trucke w., *Hockschlitten aus Bretterkufen;* -waarm, *lauwarm.*

füecht *feucht.* Ra.: Er hät echli füecht, *ist beschwipst.* Er macht si füecht, *wichtig.*

füechte (gfüechtet) *Feuchtigkeit ziehen, feucht sein.* S füechtet i dère Wonig, *ist feucht.*

füechtele (gfüchtelet) *nach Feuchtigkeit riechen.*

Füechteli m. *Prahler.*

füechtelig *nach Feuchtigkeit riechend.*

Füechti w. *Feuchtigkeit.*

Fueder s. 1. *Fuder.* 2. *Rausch.* Er hät es Fueder glaade.

Fuer w. (-e) 1. *Fuhre, Ladung.* E Fuer Holz. ütr. E Fuer haa mit öpperem, *viel Mühe mit jemandem haben.* Zss.: -halterei w.; Fuerme m., *Fuhrmann;* Fuermezmittaag m., *reichhaltiges Mittagessen;* Fuerwèrch s., a) *Fuhrwerk.* b) *(grosses) Auto* (humor., jg.); -wèrche, a) *mit Fuhrwerk arbeiten.* b) *unsorgfältig arbeiten.* Dè fuerwèrchet äis im Züüg ume! 2. *lärmendes Treiben, Lustbarkeit.* Das isch e Fuer gsii, me hät nüüt me ghöört! 3. *Kot des Viehs.* D Fuer gaat nüüd, *der Darm entleert sich nicht.*

fuere (gfueret) 1. *schnell sättigen.* Dè Chueche fueret. 2. *koten.* D Chue fueret tünn, *hat flüssigen Kot.*

füere (gfüert) 1. *führen.* 2. *ertragen.* Er mag öppis gfüere, *er erträgt ziemlich viel Wein.* Zss.: aa-; ab-; abe-; ane-; furt-; ii-; ine-; uuf-; uus-; zäme-; zue-.

Füerer m. *Führer.*

Fuess m. (üe) *Fuss.* 1. *Körperteil.* Ra.: Uf d Füess choo, a) *aufrecht zu stehen kommen.* b) *wirtschaftlich sich verbessern.* D Sach hät Füess überchoo, *ist gestohlen worden.* Zss.: -baad s., *Getränk (z.B. Kaffee) in der Untertasse* (pop.); -bale w., -böle m., *der Fussball;* -bälele, *(häufig) Fussball spielen;* -bode m.; -gänger m.; -rischt m.; -wääg m. 2. *Strumpffuss.* 3. *Sockel eines Gegenstandes.* 4. *alte Masseinheit (30 cm).*

fuesse (gfuesset) *gehen* (pop.).

Fuessete w. *Fussende des Bettes.*

Fueter s. 1. *Futter.* De Chüene Fueter gèè. I s Fueter faare, *Futter (Gras) holen.* Zss.: -niidig, *missgünstig.* 2. *Kleiderfutter.* 3. *Futteral.* Zss.: -fass s., *Wetzsteinfutteral.*

fuetere (gfueteret) 1. *das Vieh füttern.* 2. *essen* (pop.). So e paar Chind fuetered äis zäme, *essen viel.*

füetere (gfüeteret) 1. *Kleider füttern.* 2. *einen Ofen inwendig auskleiden.*

Füeteri w. *Kleiderfutter.* Ra.: Er git em nüd

d Füeteri, *kommt ihm nicht gleich.* Das git em nüd d Füeteri, *reicht lange nicht aus.* Es macht kä Füeteri, *sieht schlecht aus* (ZO.).

füfzg *fünfzig.* Er isch füfzgi, *50jährig.* Si isch in Füfzge, *zwischen 50 und 60 Jahre alt.*

Füfzger m., **Füfzgeri** w. *Fünfziger(in), Angehörige(r) des Jahrgangs 1950.*

Füfzger m., **Füfzgi** s. *Fünfzigrappenstück.* Zss.: Füfzgernöötli s., *Fünfzigfrankennote.*

füle (gfüllt) *füllen.* Äine füle, abfüle, *jemanden betrunken machen* (pop.). E gfüllti Schoggelaade, en gfüllte Biberflaade, *mit etwas gefüllt.* Zss.: ab-; ii-; uuf-; uus-.

Füli m. *Füllfederhalter.*

Füli s. *Füllen, junges Pferd.*

Fund m. *Fund.* Vkf. **Fündli** s., *gelungener Fund.*

Fundamänt s. *Fundament.* Er cha s us em Fundamänt, *sehr gründlich.*

Fündlig m. *Findling (Stein).*

Funk m. in: en Funk gèè, *durchs Telefon anrufen, telefonieren* (pop.).

funke (gfunket) *telefonieren* (pop.). Zss.: drii-, *dreinreden.*

funkzioniere (gfunkzioniert) 1. *funktionieren.* 2. *amten* (pop.). Als Pfaarer funkzioniere. 3. *fruchtlos hantieren* (auch ume-).

Funzle w. *Taschenlampe* (pop.).

für Vw. 1. *für.* Da häsch für s Lache! *da hast du deinen Lohn.* Äine für schlächt aaluege, *für schlecht halten.* Er chunt für sicher, *er kommt sicher.* Für im Winter, *für den Winter.* Nüüt für unguet! *nehmt es nicht übel.* 2. *gegen.* Öppis für de Tùùrscht. Es Mitteli für s Zaawee. Das isch guet für s Magewee. 3. (jg. **vor**) *vor.* Äis Bäi für s ander stele. Für si abeluege, *vor sich hinunterschauen.* Für enand dure gaa, *aneinander vorbeigehen.* Für drei Wuche hìì, *nach Verlauf von drei Wochen.* 4. *um.* Si zangged für nüüt, *wegen nichts.* 5. füùr-, *trennbare betonte Vs. bei Zeitwörtern,* z.B. -choo, *vorkommen, erscheinen (z.B. im Traum);* -hebe, *vorhalten.* 6. *Vs. bei Hauptwörtern,* z.B. Fürbitt w.; -fuess m., *Fuss des Strumpfes;* -haupt s., *Kopfende des Ackers, Angewende;* -tach s., *Vordach;* -tuech s., *Schürze;* -witz m.

fürchtig *fürchterlich, schrecklich, sehr.* Si sind fürchtig hinderenand ggraate, *in Streit geraten.* Es tuet mer fürchtig wee.

fure (gfuret) in Zss.: aa-, *erste Furche ziehen.*

Fure w. (-), **Furi** w. (Furene) *Ackerfurche.* Vkf. Füreli s. Füreli für d Setzlig im Gaarte.

füre Uw. *hervor.* Chumm füre! Dur s Doorff füre, *das Dorf einwärts.* Zss.: -wääg m., *Weg nach vorn, Hinweg.*

fürele (gfürelet) *kleine Furchen ziehen.*

Furer m. *Fourier* (Ssp.).

Furgge w. *langstielige, zweizinkige Ladegabel.*

Fürhang siehe Voorhang.

furibund *wütend* (va.).

fürlieb in: Mit öppis fürlieb nèè, *vorlieb nehmen.*

fürnäm *vornehm.*

Fürnämi w. *Vornehmheit.*

fürsi, fürschi *vorwärts (eig. und finanziell).* I chume nüme fürsi. Fürsi und hindersi, *vorwärts und rückwärts.* Er cha daas fürsi und hindersi, *geläufig.*

furt 1. Uw. *fort.* Er isch furt, *nicht zu Hause.* Er isch furt choo, *weggezogen, in die Fremde gegangen.* 2. Vs. *fort-,* z.B. furtgheie, -rüere, *wegwerfen* usw.

Füsel m. *Füsilier* (Ssp.). Er isch bi de Füsel, *Infanterie.*

füsele (gfüselet) 1. *mit kleinlicher Genauigkeit, aber ohne Erfolg arbeiten.* 2. *schöntun, schmeicheln.* Zss.: ume-. Er füselet imer um siin Mäischter ume.

Füseler m. *Schmeichler, Hofmacher.*

Füserli s. *Fläumchen, Fäserchen.*

fusle (gfuslet) *Branntwein, Fusel trinken.* Zss.: ume-, *herumtrinken.*

futtere siehe pfuttere.

Füübüü m. *Spiesser;* vgl. Füdlibürger.

fuuge (gfuuget) *transportieren, Lasten tragen* (pop.). Zss.: abe-; hère-; ue-; ume-; use-.

fuul *faul.* 1. *verwesend.* Fuuli Äier. Zss.: -äi s., *bestimmtes Kinderspiel (Kreis-Laufspiel).* 2. *träge.* En fuule Hund, *fauler Kerl* (pop.). Zss.: -fieber s., *Unlust.* Dè hät s Fuulfieber, *ist faul* (humor.); -hunde, *faul sein.* 3. *müde, schläfrig.* I bi fuul, i gaa i s Bett. 4. *schalkhaft, verschmitzt.* E fuuls Mäitli (va.). Das isch en Fuule! *durchsichtige*

Ausrede, schlechter Witz. Fuul sprütze, *dumme Bemerkungen machen* (pop.). 5. S hett chöne fuul gaa, *es hätte schlimm gehen können.* Ich nüd fuul und hau em äini ane, *ohne langes Besinnen gebe ich ihm einen Streich.*

Fuulänz m., **Fuulänzer** m. *Faulenzer.*

fuulänze (gfuulänzet) *faulenzen.*

Fuulänziaa w. *Influenza* (humor.).

fuule (gfuulet) *faulen, verwesen.* Zss.: aa-; ab-; use-, *ausscheiden in Wettbewerb* (pop.).

füülele (gfüülelet) *nach Fäulnis riechen oder schmecken.* Zss.: Füüleliguu m., *Fäulnisgeschmack.*

Füüli w. 1. *Fäulnis.* 2. *Trägheit.* Vor luuter Füüli staat er nu̇d uuf. Ich bin e Füüli, *sehr müde.* 3. *Schlechtigkeit.* Äim ali Füüli sääge, *jemanden beschimpfen.* Ali Füüli triibe, *schlimme Streiche spielen.* Er isch ali Füüli, *schlecht im Betragen.*

Fuulitis w. *das Faulsein* (humor.). Si hät d Fuulitis.

Fuulket w. *Faulheit, Trägheit* (va.). Er hät d Fuulket, *ist faul.*

Füür s. *Feuer.* Zwüschet Füür und Liecht, *in der Abenddämmerung.* Ra.: S isch Füür im Tach, *zornig sein.* Füür schmöcke, *Lunte riechen.* Füür a de Füess haa, *pressieren* (humor.). S Füür im Elsaass, z Holand gsee, *Lichtempfindung bei heftigem Schlag.* Füür im Füdli haa, *unruhig sein.* Zss.: -bluem m., *Mohnblume;* -flamm w., *Feuerflamme im Gesicht;* -horne, *das Feuerhorn blasen;* -haagge m., *Feuerhaken;* -ilge w., *Feuerlilie;* -root; -sprütze w., *Feuerspritze;* -stäi m., *Zückerchen, Bonbon;* -tüüfel m., 1. *bestimmtes Feuerwerk.* 2. *jähzorniger Mensch;* -weer w., *Feuerwehr;* -zünd(el)root, *brandrot.* Vkf. Füürli s. Es Füürli mache im Fäld.

fu̇u̇r siehe für.

fu̇u̇rche (gfu̇u̇rcht) *fürchten.* De Chlii fu̇u̇rcht d Hünd. S fu̇u̇rcht mer. Zss.: Fu̇u̇rchbääsi w., -greet w., *Angsthase, ängstliche Person.*

füüre (gfüüret) 1. *feuern, heizen.* Zss.: aa-; ii-, *den Ofen einheizen.* 2. *Brennen verursachen.* Dè Schnaps füüret. 3. *schmerzen.* I ha mi gschnitte, das füüret!

füürig *feurig, brennend, glühend.* E füürigs Schiit, *ein brennendes Scheit.* De Himel isch füürig, *brennend rot.*

füürioo! *Ruf bei Feuersbrunst.*

füürle (gfüürlet) *kleines Feuer machen.*

Fu̇u̇rz m. (u̇u̇) 1. *abgehende Blähung, lauter Darmwind.* En gfroorne Fu̇u̇rz, *Bezeichnung des Forchdenkmals* (pop.). 2. *ausgefallene Idee.* Was hät dèè wider für en Fu̇u̇rz im Chopf! (pop.) Zss.: -idee w.; -troche, *sehr trocken, dürr.*

fu̇u̇rze (gfu̇u̇rzet) *laut Wind von sich geben.* Zss.: ume-, *sich geschäftig herumtreiben* (pop.).

Fu̇u̇rze w. *Blasinstrument (aus hohlen Stengeln), Tute* (Ksp.).

Fu̇u̇rzerei w. *Windlassen.*

Fu̇u̇rzete w. *Windlassen.*

Fuuscht w. (üü) *Faust.* Zss.: -rächt s.; -tick. Vkf. Füüschtli s. I s Füüschtli lache, *schadenfroh lachen.*

fuuschte (gfuuschtet) *die Faust machen, schimpfen.* Gäg äine fuuschte, *Fäuste ballen.* Hät dèè gfuuschtet! *geschimpft.*

füüschtig *faustgross, von Steinen, Kartoffeln usw.*

Füüschtlig m. *Fausthandschuh, Fäustling.*

füüschtlige *mit der Faust.* Füüschtlige mäle, *vollhandmelken.*

fuxe (gfuxt) 1. *necken, reizen.* 2. *reuen.* Es fuxt mi, as i nüd ggange bi.

Fuxi m. *Spötter.*

G

g- Vs. *ge-* in Vh. und nach «mögen». Ich mag na gchoo, *es reicht noch.*

gaa (i gaa, gaane, mer gönd; Wf. Gw. gang, göng, Wf. Vh. gieng, giengti; Mw. ggange) 1. *gehen.* I gaa zum Naachber dure, *hinüber.* Er gaat i s Ilge, i s Lätte, *ins Schulhaus Ilgenstrasse, Letten.* S gaat kän Wääg, *es geht auf keine Weise.* Ales gaat graad furt, *alles geht seinen gewohnten Gang.* Chasch wider gaa? *auf den Abort.* S gaat uf de Sumer, *dem Sommer entgegen.* Laa mi gaa! *lass mich los; erlaube mir zu gehen.* Er hät früe müese gaa,

er starb jung. D Wänd uuf gaa, *sich erzürnen, hochgehen.* Es isch schnäll ggange mit em, *er starb plötzlich.* 2. *geschehen.* Was gaat hütt? Was isch mit dem Mässer ggange? Hütt mues öppis gaa! *heute muss etwas fertiggebracht werden; heute muss es hoch hergehen.* 3. *dauern, währen.* De Film gaat zwoo Stund. Es gaat no lang, bis er chunt. Gaat s na lang? *zögerst, trödelst du noch lange?* 4. Wie gaat s, wie staat s? *wie geht es* (humor.).
Zss.: aa-, a) *beginnen.* S Theaater gaat em Achti aa. b) *angehen.* S gaat di nüüt aa. Die gönd is nüüt aa, *sind mit uns nicht verwandt;* ab-, *verwelken.* Die Bluem gaat ab, *stirbt ab;* dure-; ewäg(g)-, *weggehen.* Gang mer ewäg(g)! *hör auf damit* (pop.); furt-, *fortgehen;* ie-, *hineingehen;* ii-, a) *aufhören zu bestehen.* b) *eingehen, einlaufen (z.B. Wäsche);* ine-, *hineingehen;* übere-, *vergären;* ume-, a) *umhergehen,* b) *sich verbreiten.* D Gripp gaat ume; undere-, *ins Bett gehen;* use-, *hinausgehen;* usenand-, a) *sich trennen.* b) *ausdehnen, dick werden;* uus-; wiiter-; zäme-; zue-, *schliessen.* D Tùùr gaat zue, *schliesst sich.*

Gaab w. (-e) *Gabe, Geschenk.* Vkf. Gääbli s.

gaabe (ggaabet) *ein Geschenk machen.* Si hät ene am Hoochsig schöön ggaabet, *reiche Geschenke gemacht.*

gaage (ggaaget) *schaukeln.* Uf em Stuel gaage. An öppis ume gaage, *herumrütteln.*

gaagele (ggaagelet) *schaukeln, schlenkern, in den Hüften wiegen.* Zss.: Gaagelistuel m., a) *Schaukelstuhl.* b) *Wackelstuhl;* -tisch m.

Gaagi m. 1. *wer auf einem Stuhl schaukelt, Schaukelnder.* 2. *wer mit dem Kopf oder dem ganzen Körper wackelt, Wackelnder.*

gääl *gelb.* S gääl Wägeli, *angeblich Irrentransportwagen,* z. B. Mer lönd s gääl Wägeli choo. Zss.: -sucht w., *Gelbsucht;* -süchtig.

gääle (ggäälet) *gelb werden.* D Frucht gäälet.

Gääli w. *gelbe Farbe, das Gelbsein.*

gäällacht(ig), gäällächt(ig) *gelblich* (va.).

gaar Uw. *ganz, völlig, besonders, arg.* Er mäint grad gaar, èr eläi heig rächt, *er glaubt vollends.* Gaar won er wäiss, *besonders da er weiss.* Dè triibt s ä gaar, *treibt es zu arg.* Zss.: Gaarnüüteler m., 1. *unbedeutender Mensch.* 2. *Mensch, der nichts gelten lässt, Kritikaster.*

Gaar siehe Ggaar.

Gaarb w. (-e) *Garbe.* Zss.: Gaarbeband s., *Band zum Garbenbinden;* -chnebel m., *zum Festknoten des Garbenbandes;* -säil s.; -stock m., *Stapel, Haufe von Garben in der Scheune.*

gaarbe (ggaarbet) *Garben binden.* De Haber gaarbet si hüür guet, *lässt sich leicht binden.*

gaare (ggaaret) *knarren.* S Tänntoor gaaret.

Gaarn s. 1. *Garn.* Zss.: -chrungele w., *Garnknäuel;* -strange w., -strängli s., *Garnsträhne;* -winde w., *Garnhaspel.* 2. *Fangnetz für Fische.* Gaarn zie. Vkf. **Gäärndli** s., *Schmetterlingsnetz.*

Gaart m. (-e) *lange Haselrute mit eiserner Spitze zum Antreiben des Viehs.*

Gaarte m. (ää) *Garten.* Zss.: -chräps m.; vgl. Wère; -haag m., 1. *Gartenzaun.* 2. *künstliches Gebiss* (humor.); -hòieli s., *kleine Gartenhacke;* -hüüsli s.; -scheie (Mz.), *Gartenzaunlatten;* -schnägg m., *Ackerschnecke;* -stùùd w., *Pfosten;* -töggeli s., *Zaunlatte;* -wääg m. Vkf. Gäärtli.

gaartne (ggaartnet) *gärtnern.*

Gäärtner m. *Gärtner.* Zss.: -schooss w., *Gärtnerschürze.*

gäärtnere (ggäärtneret) *den Beruf des Gärtners betreiben, gärtnern.*

Gaas s. *Gas.* Gaas gèè, *sich beeilen.* Zss.: -hèèrd m.; -rüssel m., *Gasmaske* (Ssp.); -strumpf m., *Glühstrumpf* (va.).

gaase (ggaaset) 1. *schnell fahren, sich beeilen.* 2. *Wind von sich geben* (pop.).

gääsele (ggääselet) *nach Gas riechen.*

Gaasi w. *Gaswerk.*

gäbele (ggäbelet) 1. *mit der Gabel arbeiten.* 2. *sich spalten, von Haaren.* Miini Haar gäbeled si.

Gabelwei m. *brauner Milan.*

gäbig *praktisch, handlich, ansprechend.* En gäbige Kärli, *ein flotter, hilfreicher Mensch.* Das isch chäibe gäbig, *sehr praktisch.* Hw. en Gäbige m., *angenehmer Mensch.*

gable (ggablet) *mit der Gabel arbeiten.* D Hòier gabled wie verruckt, *wenden das Gras sehr schnell.* Die gabled äis zäme! *essen viel.* Bim

Schwüme, Ruedere gable, *ungeschickte Bewegungen machen.*

Gable w. *Gabel.* Zss.: -stìil m., *Stiel einer Heugabel usw.;* -zingge m., *Gabelzinken, Gabelspitze.* Vkf. **Gäbeli** s. Zss.: -maa m., *Teufel* (fam.).

Gabli m. *in den Bewegungen Unbeholfener.*

gablig *ungeschickt, zappelig.*

Gabrioole w. *Kapriole, Spass.*

Gade m., s. (ä) 1. *Kammer zum Aufbewahren von Vorräten.* 2. *Schlafkammer für Dienstboten.*

gaga *dumm, senil.*

gäge *gegen.* Gäge mìir isch er aaständig, *mir gegenüber.* Er isch nüüt gäge siin Vatter, *verglichen mit seinem Vater.* Zss.: Gägäimross s., *Linkspferd im Zweigespann.* Gägemeer s., *Gegenmehr;* gäg(en)enand, *gegeneinander;* -rächt s.; -schwäär m., *Mitvater (Schwiegervater des Sohnes oder Vater der Schwiegertochter);* -täil s.

Gäget w. (-e) *Gegend.*

Gagg m. *Kot, Stuhl* (pop.). En Gagg i de Hose haa, *Angst haben, unsicher sein* (pop.).

gagge (ggagget) 1. *gackern.* S Hüendli gagget. 2. *stottern* (humor.). Zss.: zäme-. Was dèè zämegagget! *unverständlich redet.* 3. *stuhlen* (vulg.).

Gaggelaali m., **Gaggelaari** m. *dummer Schwätzer.*

gaggele (ggaggelet) *den Darm entleeren, koten, vom Hund* (fam.).

gaggelig *buntscheckig, grell in Farben.*

gäggeligääl *senfgelb.* Vgl. äggeli.

Gaggi s. *Kot, Stuhl* (Ksp.). Mach es Gaggi!

Gaggo m., auch **Kako** m. *Kakao.* Im Gaggo usse, *fernab, sehr abgelegen* (pop.). Ich bi wider de Schorsch Gaggo, *Hängemann, Prügelknabe, Sündenbock* (pop.).

Gäi m. *Bursche, Typ* (pop.); engl. guy. En tole Gäi, en truurige Gäi. Si hät en Gäi, *Freund.*

gäiggle (ggäigglet) *purzeln, drollig umfallen, jählings kopfüber stürzen.* Dè isch rächt in Bode use ggäigglet.

Gäigglete w. *das Purzeln.*

Gäin m. *das Gähnen.* En Gäin tue, ablaa.

gäine (ggäinet) *gähnen.*

Gäinerei w. *wiederholtes Gähnen.*

Gäini m. *Gähnender.*

Gäischt m. (-er) *Geist.* S isch mer im Gäischt zwider, *kann es nicht leiden.* Dè hät en Gäischt, *Hochmut.* Dè Wii hät kä Gäischt mee, *wenig Alkohol.*

gäischte (ggäischtet) *spuken.*

Gäisle w. *Peitsche.* Ra.: Mit de Gäisle chlöpfe, zwicke, *deutlich sagen.* Zss.: -schnuer w.; -stäcke m., *Peitschenstiel;* -zwick m., *äusserster Teil der Schnur.*

Gäiss w. (-e) 1. *Ziege.* Ra.: Er isch häimlifäiss wie d Gäisse, *verbirgt seinen Reichtum.* Das schläckt ekä Gäiss ewääg, *daran ist nichts zu ändern.* En Bock, *stechende Karte,* und e Gäiss, *nicht stechende Karte beim Jassen.* Zss.: Gäissbock m.; -böckele, *nach dem Ziegenbock riechen;* -vögler (Mz.), *Gamaschen* (Ssp.); Gäissebluem w., *Wucherblume;* -blüemli s., *Massliebchen;* -böleli s., -boon w., -bööndli s., *Ziegenkot;* -chèès m.; -häimeli s., *kleiner Bauernhof;* -milch w.; -päärtli s., *Ziegenbart;* -puurli s., *Kleinbauer;* -staal m. 2. *Kinderschlitten mit Rückenlehne.*

gäisse (ggäisset) *herumklettern, -springen,* meist Zss.: ume-.

gäissele (ggäisselet) *nach Ziegen riechen, schmecken.* D Milch gäisselet.

Gäize w. *Handhabe zur Führung des Pfluges, Sterz.* I d Gäize ligge, *in schwerem Erdreich auf den Pflug drücken.*

galaare (ggalaaret) *umherschauen.* Zum Fäischter uus galaare. Wunderfitzig galaare, *neugierig umherschauen.*

Gale w. *Galle.* Zss.: -stäi m.

Gäle w., **Gele** w. *gellende Stimme.* Hät dèè e Gele! *führt der ein grosses Maul.*

Galge m. (ä) *Galgen.* verst. -hööch, *sehr hoch;* -mèèssig, *sehr;* -verruckt; -wee. De Finger tuet mer galgewee. Zss.: -holz s. Faltsch wie Galgeholz, *unaufrichtig;* Galgenoornig w., *Unordnung;* Galgeschlingel m.; -siech m., 1. *abgefeimter Kerl* (vulg.). 2. *starker Rausch* (vulg.); -strick m., -vogel m., *Schurke.*

Galiott (auf o bet.) m. *Scheltwort für Personen.* Als Verst. Galiottesiech m.; galiottefräch, *sehr frech;* -schlächt, *sehr schlecht.*

Galitaag m. *Gallustag.*

gäll, gäll ä, (Mz.) **gäled, gäled Si** *gelt, nicht wahr.*

Galööri m. *einfältiger Mensch, Tölpel.*

galt Ew. *keine Milch gebend, von Rind, junger Ziege, auch wegen Krankheit.* Zss.: -chue w., *Kuh, die keine Milch gibt;* -vee s., *Jungvieh.*

Gält s. *Geld.* Zss.: -pöschtler m., *Geldbote der Post;* -ranze m., *Geldbeutel;* -sack m., *Portemonnaie;* -schiisser m., *«Geldmacher»;* -seckel m., *Geldbeutel;* -täsche w., *Geldbeutel.*

gälte (ggulte) *gelten.* Iez gilt s! a) *es gilt ernst.* b) *es eilt.* Iez gilt s em, *zeigt er grossen Eifer.* Was gilt de Wii? *wie teuer ist der Wein.* Es hät böös ggulte, *es wurde laut geredet, geprahlt.*

Gamäle w. *Kochgeschirr der Soldaten.*

Gamel m. *Lust, Mutwillen, fröhlicher Lärm, Jubel, Lustbarkeit.* Das hät mer de Gamel gnaa, *meine Zuneigung verscherzt.*

Gämf *Genf.* Uf Gämf ie/abe, *nach Genf.*

Gamfer m. *Kampfer.*

Gamööl m. *närrischer, läppischer Kerl, Narr.*

gampe (ggampet) *schaukeln, wackeln.* De Tisch gampet. Zss.: Gampibrune m., *Ziehbrunnen;* Gampiross s., *Schaukelpferd.*

gampfe (ggampfet) *wiegen, schaukeln.* Uf em Stuel gampfe. Vgl. giigampfe.

gämpfe (ggämpft) *auf die Kante heben, umkippen.* Zss.: um-. De Waage, s Schiffli gämpfet um.

Gampfi w. *aus einem Waagbalken bestehende Schaukel, Wippe.* Vgl. Giigampfi.

Gämpfi w. *Schaukel, Wippe.* Ra.: S isch uf der Gämpfi mit em, *es geht zur Neige mit ihm.*

Gäms w. (-e) *Gemse.*

gang Uw., nur in der Ra.: gang (gäng) und gääb, *üblich.*

Gang m. (ä) 1. *Bewegung.* D Laui hät wenig Gang, *die Lawine bleibt stecken.* Z Gang bringe, *zuwege bringen.* Z Gang choo, *mit etwas zurechtkommen.* S gaat mer in äim Gang, *in einem Mal erledigen.* In Gänge sii, *unterwegs sein.* Zss.: -wärch s., *Beine* (humor.). 2. (Maal-) *Getriebe in der Mühle.* 3. *Reihe, Runde, Tour.* En Gang lisme, *stricken.* 4. *Hausflur.* Si stönd im Gang usse. Zss.: -chamer w., *Zimmer mit Türe nach dem Flur, Gang.* 5. *Gang, Geschwindigkeitsstufe beim Auto.*

Gang-go-Klup m. in: im Gang-go-Klup sii, *von Pensioniertem, der im Haushalt mithilft* (humor.). Vgl. gang go … hole!

gangbaar *stark begangen, besucht.* E gangbaari Wirtschaft.

gänggele (ggänggelet) *tändeln, trödeln.* Das isch nüd gschafft, das isch ggänggelet, *das ist nicht gearbeitet, sondern getrödelt.*

Gänggeler w. *wer zum Schein arbeitet; Tändelnder.*

Gänggeli m. *unpraktischer Pröbler.* Zss.: -aarbet w., *wertlose Arbeit;* -waar w., *Trödelkram;* -wèrch s. *wertlose Arbeit;* -züüg s., *wertloses Gerät, wertloses Zeug.*

gangglig *wackelig.*

gängglig *tändelnd; langsam, läppisch arbeitend.*

Gans w. (ä) *Gans.* Zss.: -braate m. Vkf. **Gänsli** s., ütr. *Schwätzer, Schwätzerin.*

Gant w. (-e) *öffentliche Versteigerung, Auktion.* Uf d Gant choo, *versteigert werden.*

gante (ggantet) *versteigern.*

Gänterli s. *Kästchen, meist in der Wand eingelassener Schrank.*

gänts in Zss.: siehe iigänts, uusgänts.

ganz *ganz.* En ganze Huuffe. Er tuet wie ganz, *benimmt sich steif bei der Arbeit.* Er isch ganz de Vatter. Ganz früener, *noch viel früher.*

Garaasch w. 1. *Garage (Abstellraum).* 2. *Autoreparaturwerkstätte.*

Gara(a)schischt m. *Garagist.*

Garacho in: im Garacho, *mit Windeseile, schnell.*

Garamell s. *Karamel.*

gärbe (ggärbt) 1. *gerben.* 2. *prügeln.* 3. *sich erbrechen.*

Gärbi w. *Gerberei.*

Garette w. *Schubkarren.*

garettle (ggarettlet) *mit Schubkarren Ware transportieren.*

Gargle w. *Rille am Ende der Fassdaube, für den Boden.*

Garotte w. *Karotte, Mohrrübe.* Vkf. Garöttli s.

Gascht m. (Gescht) *Gast.* Z Gascht choo, *auf Besuch kommen.* E wüeschte Gascht, *ein garstiger, schlimmer Kerl.* En läide Gascht, *unwillkommen.* Zss.: -huet m. Ra.: De Gaschthuet abzie, *sich abnützen, altern.*

Gaschtig w. *Wirtshausgäste.* De Rössliwiìrt hät vil Gaschtig.

Gasèrne w. *Kaserne.*

Gass w. (-e) *Gasse.* Äini ab der Gass hüüraate, *bettelarmes Mädchen heiraten.* Uf d Gass gaa, *ins Freie gehen.* E Gass schüüsse, *beim Kegelspiel.* Über d Gass, *(Abgabe von Getränken und Speisen) zum Mitnehmen.* Zss.: Gassebueb m., *Gassenjunge;* -chind s., *Gassenmädchen;* -lächler m., *nach aussen freundlicher, zu Hause mürrischer Mensch, Freundlichtuer.*

Gatter m. 1. *Gittertor.* 2. *Schranke am Leiterwagen.* 3. *Verschlag für Hühner.* 4. *grosses Kiessieb.* Ra.: Dè isch scho dur de Gatter gjagt woorde, *hat viele Widerwärtigkeiten überstanden.* Vkf. **Gätterli** s., *Laufgitter für Kinder.*

Gattig w. *Gattung, Gestalt, Aussehen.* Dè macht e gueti Gattig, *sieht gut aus.* Das macht e kä Gattig, *verstösst gegen die Form, den Anstand.* Es macht d Gattig, es well räägne, *es scheint regnen zu wollen.* Aler Gattig für Lüüt, *recht verschiedenartige Leute.*

gattige (ggattiget) in Zss.: aa-, *anpacken.*

gattli *stattlich* (ZO.).

Gätzi s. *langstielige, metallene Schöpfkelle.*

Gauch m. (Gȍich) *Beerenwanze.*

Gaudi s. *Gaudium.* Es Gaudi haa, mache.

Gauffle w. *hohle Hand, insbesondere was darin Platz hat, Handvoll.* E Gauffle Salz, Chriesi. Zss.: -wiis, *eine Handvoll um die andere* (ZO.).

Gauggel m. (Gȍiggel) 1. *leichtsinniger, eitler junger Mensch, Possenreisser.* Esoo en junge Gauggel müesst me vogte, *bevormunden.* Zss.: -mandli s., *Possenreisser, Spassmacher.* 2. *täppischer junger Hund.*

gauggle (ggaugglet), **gȍiggle** (ggȍigglet) *den Hanswurst spielen, sich närrisch gebärden.*

Gaul m. (ȍi) *Gaul, Pferd.* Mach mer de Gaul nöd schüüch! *Sprich nicht von der Sache, reiz mich nicht!*

gaume (ggaumet) *hüten, Acht haben.* Bime Chind gaume. Em Chind gaume. I mues gaume, die andere gönd as Fäscht, *das Haus hüten.*

Gautsch siehe Ggautsch.

Gawalerii w. *Kavallerie.*

Gawalerischt m. *Kavallerist.*

Gax m. 1. *schriller Ton eines Stotterers.* 2. *Ruf, Gackern der Henne.* 3. Er säit bald gix, bald gax, *bald dieses, bald jenes.* Es isch gix wie gax, *eins so viel wie das andere.*

gaxe (ggaxet) *stammeln, stottern.* Chan i s gaxe? *kommt mir das Wort in den Sinn?* (pop.).

Gaxi m. *schlechter Redner, Stammler, Stotterer.*

Gäxnaas w. *naseweise, vorlaute Person.*

Gchaar s. *Keuchen, Röcheln bei Katarrh.*

Gchafel s. 1. *das Zerkauen.* 2. *etwas Zerstückeltes, Zerkautes.*

gchale (ggchalet) *gerinnen.* S Fett gchalet.

gchant *leicht, mühelos.* Gchant so schöön, *ebenso schön.* Das hän i gchant möge glupfe, *das konnte ich leicht heben.*

gchantli, jg. **gchäntli** *leicht erkennbar.* Uf dem Bild isch er guet gchantli. I bi der gchantli defüür, *erkläre, dir einen Betrag zu schulden.*

gchäppelet *berauscht* (pop.).

Gchèèr s. *Geschimpfe, Nörgelei, Streiterei.*

Gchett s. *Graben, Mühlekanal.*

Gchiich s. *anhaltendes Keuchen.*

gchindelig, chindelig *kindisch, läppisch.*

gchläbrig *klebrig.*

Gchläpper s. *das Klappern.*

Gchlöön s. *Gejammer.*

Gchlopf s. *Geklopfe.*

Gchlöpf s. *Geknalle.*

gchlundrig *fröstelnd.* Si sind so gchlundrig daaghocket.

Gchnätt s. *mühsames, langandauerndes Kneten.*

gchnättig 1. *gut knetbar.* 2. *teigig, nicht ausgebacken.* Gchnättigs Broot.

Gchnoorz s. *mühsames Hantieren.*

gchnoorzig *wenig freigebig, knauserig.* Er isch gchnoorzig. Uw. S gaat gchnoorzig zue, *mühsam.*

Gchnootsch s. *aufgeweichte Erde, Matsch.* Isch daas es Gchnootsch um s Huus ume!

Gchöch s. 1. *Kocherei.* 2. *Gekochtes* (pej.).

Gchömm s. *Kleidung* (va.).

gchoo siehe choo.

Gchotz s. *Erbrochenes, Erbrechen.*

gchötzelig *Brechreiz verspürend.* S isch mer gchötzelig.

Gchratz s. *Gekratze.*

gchretzig 1. *zum Kratzen geneigt, kratzlustig, z.B. von der Katze.* 2. *geizig.*

gchritzlig *kratzend.* En gchritzlige Griffel.

Gchroos s. *dumpfes Knirschen, Rascheln, etwa von dürrem Laub.*

gchruslig *lockig.*

gchruuse *kraus* (va.).

gchrüüslet *gekräuselt.*

ge siehe go.

ge, gen *nach* (va.). Ge Züri, gen Äisidle, *nach Einsiedeln.*

Gebi m. *Geburtstag* (Schsp.).

Geburi m. *Geburtstag* (pop., jg.).

gèè (i gibe, mer gänd; Wf. Gw. er gäb; Wf. Vh. gèèb, gèèbi, gèèbti; Mw. ggèè) *geben.* Ggèè isch ggèè! *geschenkt bleibt geschenkt.* Du gisch es, *du verteilst die Karten (beim Jass).* Er isch gloffe, was gisch, was häsch, *was er konnte.* Er git en Schuelmäischter, *er wird Lehrer.* Hät s öppis ggèè mit em? *ist ihm etwas zugestossen.* Es hät en ggèè, *er ist verunglückt, er hat sich verletzt.* S git nüüt druus, *daraus wird nichts.* Dänn git s es es anders Maal, *es gibt sicher später eine Gelegenheit.* Er cha s guet gèè, *kann eine (lustige) Sache gut darstellen.* Er git s gschwule, *tut vornehm.* Es git s, *es kommt vor.* Git s es? *wird's bald.* Iez git er em, *gibt dem Fahrzeug Tempo.* Es wott s nüd gèè, *will nicht gelingen.* Es git s dän scho emaal, *es wird sicher eine Gelegenheit geben.* Er git Mati, *unterrichtet Mathematik.* Wänn s öppis gèèb mit em Häiri, *wenn Heinrich stürbe.* Zss.: aa-, 1. *antreiben.* D Giigampfi aagèè. 2. *anzeigen.* Er git aa, *zeigt sich an (Zug durch Glockensignal).* De Hund git aa, *bellt.* Ra.: Er git hööch aa, *schneidet auf.* 3. *weismachen.* Äim öppis aagèè; ab-, 1. *schwach, alt werden.* Er hät abggèè. 2. *die militärische Ausrüstung zurückgeben, aus der Wehrpflicht entlassen werden.* I gaa go abgèè. 3. *Getreide auf Sammelstelle bringen, abliefern.* 4. de Presidänt abgèè, *das Amt des Präsidenten niederlegen;* drii-, *dreingeben;* füre-, *herausgeben;* hèèr-, *sich erbrechen* (ZU.); ie-, *Vieh füttern im Stall;* ii-, 1. *etwas eingeben, füttern (Apparat, Computer).* 2. *ein Gesuch stellen.* Muesch nu iigèè, dänn chasch gaa, *stell ein Gesuch, dann bekommst du Urlaub* (Ssp.); ue-, *Heu, Garben hinaufreichen;* ume-, 1. *zurückgeben.* Umegèè gilt, *Gegenschlag erlaubt.* 2. *antworten, widersprechen;* use-, 1. *Wechselgeld geben.* 2. *sich erbrechen;* uuf-, 1. *aufgeben.* 2. *bestellen (Ware);* uus-, 1. *ausgeben.* 2. *ausreichen.* Es git wool uus; zäme-, *ein Paar trauen;* zue-.

Gèè siehe Ggèè.

gèèch *jäh, steil.* E gèèchs Glück, *unerwartetes Glück.* Er isch gèèch woorde, *jähzornig.* En gèèche Stutz, *steiler Hang.* Nimm s nöd z gèèch! *arbeite nicht zu angestrengt!* Zss.: -schützig, *jähzornig.*

Gèèchi w. *Steilheit, steiler, abschüssiger Ort.*

gèèchlige Uw. *jäh.* Er isch gèèchlige gstoorbe.

Gèèg m. *undeutlich sprechender, törichter Schwätzer.*

gèèggele (ggèèggelet) *ohne Ernst und Fleiss arbeiten, tändeln.*

gèèggelig *langsam, bedächtig, furchtsam.*

Gèèggi m., **Gèèggel** m. *allzu bedächtiger, ängstlicher, wehleidiger Mensch.* Zss.: Gèèggistimm w., *Kastratenstimme.*

gèèlig *überaus gross, bes. vom Hunger.*

Gèèpli s. *festlicher Schulterüberwurf.*

Geere m. 1. *halber rechter Winkel.* 2. *die zwei äussersten, halbmondförmigen Dauben des Fassbodens.* 3. *dreieckiges Giebelfeld.* Z Geere schniide, *keilförmig schneiden.* Zss.: -schild, m., *dreiwinkliger Acker.*

Geerig w. (-e) *Gehrung, spitzwinkliger Zuschnitt, besonders bei Bilderrahmen.*

gèèrn (lieber, liebscht) *gern.* Äine, äini, öppis gèèrn haa, *jemanden, etwas lieben.* Chasch mi gèèrn haa! *du kannst mir gestohlen werden.* Er verchelt si gèèrn, *erkältet sich leicht.* verst. moordsgèèrn, schüüli gèèrn. Gèèrnschtens, *sehr gerne* (humor.).

Gèèrni w. *Gerntun.* In der Wendung: S isch nüd grad wäge der Gèèrni, *nicht, dass ich es besonders gern täte.*

Gèèrschte w. *Gerste.* Zss.: Gèèrschtenacher m.; Gèèrschtebick m., *Goldammer;* -grütz w.,

Gerstengrütze; -güsel m., *Gerstenhülsen;* -schliim m. Vkf. **Gèèrschtli** s., *kleines Vermögen* (humor.). Er hät siis Gèèrschtli duretaa, *ausgegeben,* im Trochne, *gesichert.*

Geert w. (-e) *Gerte.*

gèèssig Ew. *gut zum Essen, essbar.*

Geewee m. *Grössenwahn.*

Gegee w. (Zürich), **Gegere** w. (Wth.) *Geografie* (Schsp.).

gegget, geggig *eckig.* Zss.: drüü-, vier- usw.

gele (ggelet) *schreien, gellen, tönen.*

Gele w. *gellende Stimme.* E Gele haa, *laut reden, das grosse Wort führen.* Heb d Gele zue! *halt den Mund* (pop.).

Gelerettli s. *Uhr* (humor., va.); frz. quelle heure est-il?

Gelte w. 1. *kleiner Zuber, Kübel mit zwei Griffen.* Es räägnet wie mit Gelte. Zss.: -hebi s., *Zubergriff, -handhabe;* -maa m., *Hausierer mit Zubern, Kübeln* (va.). Vkf. Geltli s. 2. *Frau* (vulg.). En alti Gelte. 3. *altes Auto* (pop.).

Generee s. in: I s Generee gaa, im Generee zaale, *auf gemeinsame Rechnung* (va.).

Gèrtel m. *Hippe, Rebmesser.*

geschter *gestern.*

Gfaar w. (-e) *Gefahr.* Schaff nüd z vil, s hät kä Gfaar! *mach dir keine Sorgen.*

gfäcket *zerlumpt, zerfetzt.*

gfale *gefallen.* Es gfallt mer daa.

Gfale m. *Gefallen.* En Gfale tue.

Gfälg s. *Felgenkranz.*

gfarbet, gfarbig *farbig.*

gfätterle siehe gvätterle.

Gfätti siehe Gvätti.

Gfèèch s., **Gfèècht** s. 1. *lautes, ausgelassenes Treiben, von Kindern.* 2. *unruhige Geschäftigkeit, Eile, Hast.* 3. *viel Wesens, Aufhebens.* Die hät es Gfèèch mit irem Chindli!

Gfeert s. *Fuhrwerk, Chaise.*

gfelig 1. *dienstfertig, zuvorkommend.* Er isch en gfelige Maa. 2. *vom Glück begünstigt.* Dè isch imer gfelig gsii. 3. Wänd Si gfeligscht mitchoo! *auffordernd, bitte.*

Gfell s. 1. *Gefälle.* 2. *Glück.* Er hät Gfell ghaa, *Glück gehabt.*

Gfess s. *innerer Kissenbezug aus festem Stoff.*

Gfigg s. *Gekratze, Reiben.*

gfitzt 1. *pfiffig.* 2. *verschlagen.* Hw. en Gfitzte, *pfiffiger, durchtriebener Kerl.*

gfläcket, gfläckig *gefleckt, bes. vom Vieh.*

gflackig *flackernd, lodernd.*

gflamet *flammenartig gemustert.*

Gflänn s. *Weinen.*

Gfleder s. *verspritztes Wasser.*

Gfletsch s. *Lache von ausgeschütteter Flüssigkeit.* Die mached es Gfletsch!

Gfletz s. in Zss.: Mane- bzw. Wiibergfletz, *Männerseite bzw. Frauenseite im Kirchenschiff* (va.).

Gflick s. *Flickwerk.*

Gflotsch s. *Matsch.* Das isch es Gflotsch gsii um s Huus ume!

Gflüech s. *anhaltendes Fluchen.*

Gfòik s. *Treiben, Jagen.* Es Gfòik mache, *viel Aufhebens machen.*

gfolgig, gfölgig *folgsam.*

gfoorli, gfòòrli (gfòòrlicher) *gefährlich.* Nöd so gfòòrli, *nicht so bedeutend.*

gfoset *schwammig.*

gfotz(e)lig, fötzlig *zerfetzt, zerrissen.* Gfotz(e)ligi Hose. ütr. Das säit er esoo gfotzelig, *höhnisch.*

gfraulig *fraulich.*

gfrèèss *gefrässig.* Gsund und gfrèèss, *gesund und munter.*

Gfrèèss s. 1. *Maul von Tieren.* 2. *Mund* (pop.). I hau der äis i s Gfrèèss. 3. *Grimasse.* Es Gfrèèss schniide. Vkf. **Gfrèèssli** s., *Kindergesicht, Mädchengesicht.*

gfrììre siehe gvrììre.

gfròit *erfreulich.* E gfròits Stuck, *ein Stück Hausrat nach Wunsch.* E gfròiti Sach, *eine erfreuliche Sache.* En gfròite Pùùrscht, *ein wackerer Bursche.* Hw. Öpper Gfròits, *sympathischer Mensch.*

Gfròòg s. *Gefrage.*

gfroore *gefreut* (humor.). Es hät mi gfroore.

Gfröörlig m. *kälteempfindliche Person.*

Gfröörni w. 1. *Frost, Frostwetter.* 2. *Frostbeulen.*

gfröschtelig *kühl.* Gfröschteligs Wätter.

gfrüüre (gfroore) *gefrieren.*

gfùùrchig 1. *furchterregend, Schrecken*

einflössend. E gfüürchigs Tier. 2. *furchtsam.* Was tuesch esoo gfüürchig?

gfuxig *ärgerlich.* Das isch gfuxig für mi.

Ggaar m. *Autocar, Ausflugsomnibus.* Zss.: -faart w., -fäärtli s.; -räis w.

Ggautsch m. *die Couch, Liegesofa.*

Ggèè m. s. *Quai, Kai.*

Gglarinett s. *Klarinette.*

gglidlet *fein gegliedert.* Räin gglidlet.

Ggloschaar m. *Vagabund, Verwahrloster* (frz. clochard).

Gglu m. *Höhepunkt* (frz. clou). Das isch de Gglu!

Ggòiss s. *Gekreisch.*

Ggoli m. *Rennradpneu, -schlauch.*

Ggoli s. *Kollo, Frachtstück.* Wie mängs Ggoli häsch?

Ggomang m. *das Benehmen* (frz. comment). Dè hät kän Ggomang, *benimmt sich schlecht.*

Ggrochs s. *Stöhnen.*

ggrützelet *fein gekörnt, körnig geronnen.*

gguraschiert *mutig, unternehmungslustig.*

Gguschett s. 1. *Liegewagenplatz, Couchette.* 2. *Liegewagen (Bahn).* D Gguschett sind hine.

ghaagget, ghaaggig *verschnörkelt, bes. von der Schrift.*

ghaatschig *faul, träge im Gehen oder bei der Arbeit.*

Ghack s. *Zerhacktes.*

Ghäck s. 1. *gehacktes Fleisch.* 2. *gehacktes Reisig, als Notbehelf für Streue.*

Ghackets s. *Hackfleisch.*

ghäisse 1. *heissen, befehlen.* Er hät en ghäisse d Öpfel uuflääse, *er hiess ihn, befahl ihm.* 2. *heissen (dem Namen nach).* Wie ghäissisch du? 3. *bedeuten.* Das ghäisst öppis, *bedeutet, heisst etwas.*

ghaldig *geneigt, schief.*

ghalmig *in Halmen stehend, vom Gras.*

Ghalt m. *Lohn, Salär, Gehalt.*

Ghalt s. (Ghälter) 1. *Behälter.* 2. *Fach im Schrank.* Vkf. Ghältli s., *Fach (in einer Truhe).*

ghämpeerm(e)lig *hemdsärmelig.*

ghampflig *handvoll.* En ghampflige Stäi, *faustgrosser Stein.*

ghämpflige Uw. *mit voller Hand.* Ghämpflige mäl(ch)e.

ghangglig *schleppend im Gang, die Glieder hangen lassen.*

Ghänk s. 1. *Gehänge.* 2. *Anhang.* Dè hät aliwiil es Ghänk biin em, *einen Anhang von Personen.* Dè hät e bööses Ghänk, *verwickelte geschäftliche Beziehungen.* 3. *Anhängsel, Flitter, Zierat.*

ghass *gram, feindlich, abgeneigt.* Äim ghass sii.

ghässig *gehässig, unverträglich, barsch.* En ghässige Maa.

ghauderig *oberflächlich, flüchtig.*

ghauig *gut schneidend.* E ghauigs Mässer.

ghebig, phebig *zäh festhaltend, nicht nachgebend, geizig.*

Gheck s. *Fuchsfamilie mit Jungen.*

Ghèès s. *Kleidung* (va.).

Ghei s. *Umstände, Wesen.* Es Ghei haa, *viel Aufhebens machen.*

gheie (-t) 1. *fallen* (pop.). Er isch d Stäägen aab gheit, *die Treppe hinuntergefallen.* Öpper gheie laa, *jemanden fahrenlassen.* Zss.: ab-, *abfallen, wegfallen;* abe-, *hinunterfallen;* drii-, *hineinfallen;* drüber-, drüberie-, *darüberstolpern;* dure-, *durchfallen;* ie-, *hineinfallen,* auch ütr.; übere-, *sauer, alkoholisch werden (Milch, Wein);* ue-. Er isch d Stäägen uegheit, *hat schnell Karriere gemacht* (pop.); um-, *umfallen;* ume-, *herumstreichen;* use-, *hinausfallen;* uuf-, *aufbrechen, sich öffnen;* zäme-, *zusammenbrechen, einstürzen.* 2. *werfen.* Zss.: furt-, *wegwerfen;* use-, *hinauswerfen;* wäg-, *wegwerfen.* 3. *reuen* (ZO.). Es cha mi gheie. O, wie s mi iez gheit!

gheiig, gheitli *ärgerlich, verdriesslich.*

ghèrelig *nach Herrenart.* Ghèrelig tue, *den Herrn spielen.*

ghèrrsch *stolz, vornehm, hochfahrend, wie ein Herr auftretend.*

Ghèrrschni w. *Vornehmheit in Kleidung und Benehmen.*

Ghessni w. *Hass.* E Ghessni überchoo, *zu hassen beginnen.*

Ghetz s. *Hetze.* Isch daas wider es Ghetz!

Ghick s., **Chick** s. *Rauhreif.* Über Nacht hät s Ghick aagsetzt.

ghicke (-et) *Rauhreif ansetzen.*
Ghock s., **Ghöck** s. *das Wirtshaushocken.*
ghöcklige Uw. *sitzend.*
ghogeret, ghögeret, ghogerig, ghögerig *hügelig, bucklig, höckerig.*
Ghòi s. *Durcheinander.*
Ghöör s. *Gehör.*
ghööre (-t) 1. *hören.* Er ghöört nüme guet. 2. *gehören.* Das Huus ghöört mii. Die Straaff hät em ghöört, *hat er verdient.*
ghöörig Uw. *ziemlich, gebührend.* S räägnet ghöörig, *es regnet stark.* S hät mer ghöörig wee taa, *ziemlich weh getan.*
ghòòrig *behaart.*
ghoornet *gehörnt.* Schöön ghoornets Vee.
ghotterig *holperig.*
Ghüder m. *Abfall, Unordnung.* Zss.: -chübel m., *Kehrichteimer, Abfalleimer.*
Ghudi siehe Kudi.
ghudlig *unordentlich, nachlässig.* Öppis ghudlig mache.
Ghülffe m., **Ghülffme** m. *Gehilfe.*
ghungrig *hungrig.* Ghungrig driiluege.
Ghüscht s. *unruhiges Treiben.*
ghuuffet, ghuufftig *gehäuft voll, gut gemessen.* E ghuuffeti Zäine voll.
ghüüfflige *in Haufen, haufenweise.*
Ghüül s. *Geheul.*
ghüür *geheuer, sicher.* Es isch mer nüd ganz ghüür bi dère Sach.
Ghüüs s. *Gehäuse.* 1. *Gebäude* (pej.). 2. *kleiner Raum.*
ghuuset, ghüüslet *kariert.*
Gibätt s. *Gebet.*
gibèère (giboore) *gebären.* Wänn bisch giboore?
Gibike in: Vo Gibike sii, *freigebig sein.*
Gibisnüüt m. *Knauser, Geizhals.*
Giböi s. *Gebäude, Bauwerk* (jg.).
Gibott s., jg. **Gebott** s. *Gebot.*
Gicht w. (-er) *Gicht, Krämpfe, Zuckungen, bes. bei Kindern.*
Gidanke m., jg. **Gedanke** m. *Gedanke.*
Gidult w. *Geduld.*
Giesse m. *Wasserfall.*
Gifitz m. *Kiebitz (Vogel).*
Gift s. *Gift.* Zss.: -blòòterli s., *Giftblase;* -chrott w., *Frau mit boshafter Zunge, Lästerin;* -sack m., *Gasmaske* (Ssp.); -schiisser m., *Lästerer, Spötter* (vulg.); -sprütze w., *Frau mit boshafter Zunge, Lästerin* (pop.).
gifte (ggiftet), **giftle** (ggiftlet) *ärgern, sticheln, spötteln.*
Giftler m., **Gifti** m., **Giftli** m., **Giftleri** w. (-ne) *ausfällige, stichelnde Person, Spötter(in).*
Giftlerei w. (-e) *boshafte Neckerei, Spöttelei.*
Giftlete w. *boshafte Neckerei, Spöttelei.*
gigele (ggigelet) *kichern, unterdrückt, mutwillig lachen.* Zss.: Gigelisuppe w., 1. fingiert, *«Lachsuppe»* (fam.). Händ er Gigelisuppe ghaa? *was lacht ihr immer.* 2. *Person, die nicht mehr zu kichern aufhören kann, unaufhörlicher Kicherer.* Du bisch e Gigelisuppe! (fam.).
giigaage (ggiigaaget) *hin- und herschwanken.*
giigaagele (ggiigaagelet) *hin- und herschwanken.*
giigampfe (ggiigampfet), **giirigampfe** (ggiirigampfet) *wiegen, schaukeln, wippen.* Uf em Stuel giigampfe.
Giigampfi w. (-ene) *Schaukel, Wippe.*
giige (ggiiget) *geigen.* Dem wil i de Marsch giige, *Beine machen.* Ra.: Es hät ggiiget, *es ist gelungen, es hat geklappt.*
Giige w. 1. *Geige.* Zss.: -boge m.; -chaschte m.; -haarz s. 2. *Scham, Geschlechtsorgan der Frau* (vulg.).
giigele (ggiigelet) *tändelnd geigen.*
Giigeligupf m. *Sprung in die Höhe,* nur im Tanzspruch: Giigeligupf und Braatisbäi.
Giir m. (-e) *Geier.*
giiräite (ggiiräitet) *schaukeln.*
Giiräiti w. (-ene) *Seilschaukel.*
giire (ggiiret) *knirschen, knarren.* D Tüür giiret. De Schnee giiret. D Schue giired. Zss.: Giirischue m.
Giirete w. *Knirschen, Knarren.*
Giiri m. *Knirschen (von Leder).* De Giiri in Schuene haa.
giirig *knarrend, knirschend.*
giirigampfe siehe giigampfe.
Giiritz m. (-e) 1. *Seeschwalbe.* 2. *Kiebitz (Vogel).* Zss.: Girizemoos, *Ort, wohin die Seelen alter Jungfrauen verwünscht wurden.*
Giit m. *Geiz.* Ra.: Er frisst uf de Giit hìì, in Giit ine, *isst übermässig, wenn es nichts*

kostet; will andern nichts lassen. Zss.: -chraage m., -hagel m., -hund m., -näpper m., *Geizhals;* -wurm m., *Mitesser.*

giite (ggiitet) *geizig sein, knausern.* Giite und spaare isch zwäierläi.

Giiter m., **Giiteri** w. (-ne), **Giiti** m. *Geizhals.*

giitig 1. *geizig.* 2. *fleissig.*

Giitigi w. *geizige Art, Geiz.* Vor luuter Giitigi hät er nüüt ggässe.

giixe (ggiixet) *kreischen, hellen, durchdringenden Ton erzeugen.* D Muus giixet, *die Maus pfeift.* D Saage giixet, wäme si fiilet, *kreischt, wenn man sie feilt.*

Gilzge m. *Wipfel.* Bis in Gilzgen ue chlädere.

Gimi s. *Gymnasium.*

gine (gginet) *bersten, klaffen.* En Schue ginet, *wenn eine Naht geplatzt ist.* De Bode ginet, *die Erde ist rissig.*

Gingel m. *Geizhals.*

Gingg m. *Fusstritt.* Äim en Gingg gèè.

gingge (ggingget) *Fusstritte geben.* Er hät en ggingget. Es gingget, *es hapert.* S hät ggingget, *es schlug fehl.*

gingle (gginglet) *geizen, die Rappen spalten.* Er isch mee as giitig, er ginglet.

Ginöffel m. *Laffe, Tölpel.*

ginöffle (-et) *gedankenlos gaffen, Maulaffen feilhalten.*

Gipfel m. 1. *Gipfel (eines Berges).* 2. (oft Vkf. **Gipfeli** s.) *Kipfel, Hörnchen (Kleingebäck).*

Gips siehe Ips.

Giriging(g)eli s. *etwas Baumelndes.*

Gischpel m. *zappeliges, unruhiges Kind; Zappelphilipp.*

gischpelig *unruhig, zappelig, bes. von Kindern.*

gischple (ggischplet) *unruhig sein* (Kind). Zss.: ume-.

Gitaare (auf i bet.) w. *Gitarre.*

gitäärele (ggitäärelet) *Gitarre spielen.*

Gitter s. *Gitter.* Vkf. **Gitterli** s., *Lattenkiste, Stiege.* Es Gitterli Barile.

gitz-gitz! *Lockruf für Ziegen.*

Gitzge m. *Wipfel.*

Gitzi s., **Gitzeli** s. *Zicklein.* Zss.: -braate m.; -fläisch s.

gitzle (ggitzlet) *Zicklein werfen, zickeln.*

Giwi in Ra.: Uf em Giwi sii, *auf der Hut, Lauer sein* (frz. qui-vive).

Giwix m. **Giwitz** m. *Kiebitz (Vogel).*

gix siehe gax.

Gjääg s. *Treiben, Hast.*

gjaaret in Verb. grob, fiin, räin gjaaret, *weite bzw. enge Jahrringe aufweisend, vom Holz.*

Gjòik s. *Treiben, Jagen.*

Gjool s. *Gejohle.*

Gjòòmer s. *Gejammer.*

Gjufel s. *hastiges Treiben, Eile.* Me chunt in es Gjufel ie, *gerät in eine Hetze, Hast.*

gjümpferlig *jungfräulich aussehend, zart, zimperlich.* Gjümpferlig uusgsee, tue.

Gjuuchs s., **Gjuuchz** s. *Jauchzen.*

glaare (gglaaret) 1. *glänzen.* 2. *gefrieren, dass es glänzt.* Zss.: Glaariis s., *Glatteis, durchsichtiges Eis;* glaariise (gglaariiset), *Glatteis bilden.* Es glaariiset.

glaarig 1. *hellfarbig, bunt, grell.* E glaarigs Chläid. 2. *leicht vereist, glatteisig.* D Straass isch glaarig.

Glaas s. (Gleser) 1. *Glas.* S Glaas im Gsicht haa, *viel oder häufig trinken.* Hol es Tutzet Glaasnegel und de Schwammgumihamer! *scherzhafter Befehl an jungen Lehrling* (humor.). Zss.: -aug s., *Auge* (humor.); -öpfel m., *bestimmte Apfelsorte;* -spiise m., *in die Haut gedrungener Glassplitter;* -schèèrbe m.; -schiibe w. 2. *Wetterglas.* 3. *Brille.* Vkf. **Glesli** s. 1. *Gläschen.* Bimene Glesli, *bei einem Glas (Wein).* 2. *kleine Glasringe auf dem Zettelrahmen, durch welchen die Seidenfäden laufen.* 3. *Hyazinthe.*

glaase (gglaaset) 1. *Glasarbeiten machen, Fensterscheiben usw. einsetzen.* 2. *Glasgeschirr zerbrechen* (humor.).

glaasere (gglaaseret) *das Glaserhandwerk betreiben.*

Glaasi w. *Glasfabrik, Glashütte.*

glaasig *glasartig, z.B. von wässerigen Kartoffeln, von der Haut der «Glaasöpfel».*

glächerig *lächerlich, zum Lachen reizend.* Das isch äifach glächerig!

Glächter s. *Gelächter.*

Gläck s. *Gemisch von Salz, Kleie, Hafer usw. für das Stallvieh.*

Glafer s. *Geschwätz.*

Gläich s. 1. *Gelenk, Glied.* I han es Gläich proche. Er hät s in Gläiche, *leidet an*

Rheuma. Ra.: Er verrodt kä Gläich, *rührt keinen Finger* (auch ütr.). Zss.: -sucht w., *Gliedersucht.* 2. *Stengelglied an Pflanzen, Knoten an Halmen.* 3. *Glied, Ring einer Kette.* Es Gläich hät glaa, *ein Kettenglied ist gesprungen.*

gläiche (ggläichet) *sich rühren.* Er cha si nüme gläiche, *kann sich nicht mehr rühren.*

gläichig *gelenkig* (ZO.).

Gläis s. *Geleise, Gleis.* Vgl. Glȍis.

gläitig Ew. *hurtig, flink, behende.* E gläitigs Muul haa, *zungenfertig sein.* En gläitige Pùùrscht, *ein flinker Bursche.* Uw. *schnell, bald, sofort.* Chumm gläitig! *komm schnell.* S isch gläitig ggange, *es ging schnell.*

Gläitigi w. *Schnelligkeit, Behendigkeit.* Das isch e Gläitigi ggange.

Glamp s. *was heraus- oder herunterhängt, von Kleidern.*

glampig *schlaff herabhängend, welk.* Glampig sii, *welk, von Pflanzen.*

Gländer s. *Geländer.*

glangge (gglangget) *hin und her baumeln, von Glocken, Ohrgehängen, Perpendikeln.*

Glangge w. *etwas Baumelndes, z.B. Ohrgehänge, von Früchten.*

Glangger m. 1. *Pendel.* 2. *Ohrgehänge.* Vkf. **Glänggerli** s. Zss.: -züüg s., *kleine Dinge zum Anhängen.*

glanz *glänzend, klar.* S wird hinecht glanz, *sternklar und kalt.* Mer händ en glanzne Himel, *klaren Nachthimmel.*

Glanz m. 1. *Glanz.* Zss.: -liibet w., *Glanzleinwand.* 2. *wolken- und dunstfreier, klarer Nachthimmel im Winter.*

glanze (gglanzet), **glanzne** (gglanznet) *sternklar sein oder werden.* Wänn s hinecht glanzet, so gfrüürt s.

glänze (gglänzt) 1. *glänzen.* 2. *mit Glanz versehen, appretieren.*

glänzig Ew. *glänzend.*

Glarinett siehe Gglarinett.

Glasse w., **Glassé** s. *Speiseeis, Gefrorenes.*

glasüüre (gglasüüret) *glasieren.*

glatt (gletter, glettischt) 1. *glatt.* En glatte Zettel, *einfarbig.* Glatt um s Muul ume, *bartlos.* ütr. De glatte Wääg, *ohne Schwierigkeiten.* Du bisch mer en Glatte! *vor dir muss man sich in acht nehmen.* 2. *lustig.* En glatte Chäib, *lustiger Kerl* (pop.). Öppis Glatts. *verst.* souglatt. Mer händ s (sou)glatt ghaa. 3. Uw. *ohne Bedenken.* Glatt abschlaa, *rundweg abschlagen.* Suuber und glatt mach i daas, *ohne weiteres.*

glatte (gglattet) *glatt werden.* S glattet, *wenn die Wolken zum eintönigen Regenhimmel werden.*

Glattfälde in Ra.: Si chunt vo Glattfälde, *flachbrüstige Frau* (pop.).

glaube (gglaubt) *glauben, für wahr halten.*

Glaube m. (Glȍibe) *Glaube.* Er hät emaal de Glaube, *er glaubt daran.* Er hät em de Glaube, *er vertraut ihm.* Das sind eso alti Glȍibe, *abergläubische Überlieferungen.*

gleerig Ew. *gelehrig.*

gleert Ew. 1. *gelehrt.* 2. *gelernt.* Er isch en gleerte Schniider, *ein gelernter Schneider.*

Glèès s. *glasartige Ader im Gestein.*

Gleschti w. *Glasur, Email.* Wänd er na d Gleschti frässe? *Zuruf an Heisshungrige* (pop.).

gleschtig *glasig, glatt, vom Eis.*

glesi *gläsern.* E glesis Aug; gleseni Ringli; gleseni Strümpf, *durchsichtige Strümpfe* (va.).

glesig *glasähnlich, durchsichtig, hart wie Glas.* En glesigen Öpfel, *nach Erfrieren glasartig geworden.*

Glesli siehe Glaas.

glesüürig *glänzend.*

glette (gglettet) 1. *glätten.* 2. *bügeln, plätten.* Zss.: Glettiise s., a) *Bügeleisen, Plätteisen.* b) *Dampflokomotive der Südostbahn* (va.); *Dampflokomotive der Ürikon–Bauma-Bahn mit Abteilen für Personen, Post und Gepäck* (va.); *erste elektrische Versuchslokomotive (Seebach–Wettingen).* Glettibock m., *Bügelbrett mit Beinen;* -brätt s., *Bügelbrett;* -ofe m., *Ofen zum Erwärmen des Bügeleisens;* -maa m., *hölzerne Unterlage für die zu bügelnde Wäsche.*

Gletteri w. (-ne) *Plätterin.*

Glettete w. *die zu bügelnde Menge Wäsche; Bügelarbeit; Bügeltag.*

glidle (gglidlet) *ein Glied, Gelenk bewegen.*

Gliger s. *notdürftiges Nachtlager im Freien* (humor.).

gligglige *liegend.*
glii (gliiner) *bald, früh.* S isch glii gschee, *bald erledigt.* Chumm glii wider! *komm bald wieder.* Glii drüberabe, *kurz darauf.*
gliich 1. *gleich.* verst. haar-; tupfet-. Dergliiche tue, *vortäuschen;* desgliiche, *ebenso, gleichfalls.* S isch mer gliich, *gleichgültig, gilt mir gleich.* Er gseet em Vatter gliich, *er gleicht dem Vater.* S gseet em gliich, wie wänn s wett cho schneie, *es macht den Anschein.* Es gaat im Gliiche (zue), *es geht im selben Tun.* Hw. de Gliich. Du bisch doch imer de Gliich! *du machst schon wieder eine Ungeschicklichkeit.* Zss.: -gwicht s.; -schwèèr s., *Gebäck, dessen Zutaten ungefähr gleiches Gewicht haben.* 2. *doch.* Mer gönd iez gliich, *gleichwohl.* I wil der gliich no öppis sääge, *doch noch etwas sagen.* Das isch gliich drüber dure, *doch zu arg.*
gliiche (ggliche) *gleichen.* Er hät em ggliche. Das gliicht em! *sieht ihm gleich.*
Gliichhäit w. *Gleichheit.* S isch käi Gliichhäit gäge wien ìich s ghaa ha, *die jetzigen Verhältnisse sind ganz anders.*
gliichig *gleich beschaffen, ähnlich.* E gliichigs Huus.
gliichlacht(ig) *ungefähr gleich* (va.).
gliichlig *gleich, gleichmässig.* Gliichlig lisme, wääbe, *gleichmässig stricken, weben.* Für s Gliichlig git s e paar Näme, *für dasselbe.*
Gliichligi w. *Gleichartigkeit.*
Glìid s. (Glider) 1. *Körperglied.* 2. *Rang, Grad.* Mer sind im eerschte Glìid verwandt. 3. *Reihe.* Uf äis Glìid aaträtte! *bei Turnern, Soldaten.*
gliilacht(ig) *bald* (va.).
Gliisserli s. *Hahnenfuss (Pflanze).*
Glimpf m. *Durchziehnadel.*
gling *kling (Schallwort).* Gling-gling, gling-glang.
Glinzerli s. *Hahnenfuss (Pflanze).*
glitzere (gglitzeret) *glitzern.*
glitzerig *schimmernd, funkelnd.* Glitzerigi Auge.
Glitzerli s. *Hahnenfuss (Pflanze).*
glòcheret *löcherig.* Glòcherete Chèès.
glöcherig *löcherig.*
glochet *durchlocht.*
glòchlet *fein durchbrochen.* En glòchlete Saum.
Glogg w. (-e) *Glocke.* Zss.: Gloggebluem w.; -chaal m., *Glockenklöppel, -schwengel;* -glüüt s., *Glockengeläute;* -spìil s.; -stuel m. Vkf. **Glöggli** s. Ra.: I ha näime ghöört es Glöggli lüüte, *ich habe ein Gerücht gehört.* Zss.: -böögg m., *einfältiger Mensch* (jg.); -spìil s., a) *Schellenbaum.* b) s Glögglispìil mache, *am Schulsilvester die Hausglocken betätigen* (Schsp.).
glogge (gglogget) *sich wie eine Glocke glockig formen, sich bauschen.* Das Chläid glogget schöön.
glöggle (gglögglet) *kleine Glocken erklingen lassen, bimmeln.*
Glòiff s. *Lauferei.*
Glòis s., jg. **Gläis** s. *Geleise, Gleis.*
Gloon m. 1. *Zirkusclown.* 2. *leicht beschränkter Mensch.*
Gloorgg s. *undeutliches, unverständliches Sprechen, Lallen.*
Gloschaar siehe Ggloschaar.
glotze (gglotzt) *glotzen.* Zss.: Glotzchaschte m., -chischte w., *Fernsehapparat* (pop.).
glouse (gglouset), **glöisele** (gglöiselet) *glimmen, glühen.*
Glouse m. (Glöise), **Gluese** w. *Feuerfunke.* D Glöise sind zum Chämi uus choo. Vkf. Glöisli s. Es Glöisli vo Hoffnig, *eine leise Hoffnung.*
Glu siehe Gglu.
Glück s. *Glück.* Zss.: Glückshüübli s., *lose Haut am Kopf des Neugeborenen (Glückszeichen).*
glückhaftig Ew. *vom Glück gesegnet, glücktragend.* Nur in Wunsch- und Gebetsformeln, z.B.: Gäb is de lieb Gott en guete, glückhaftige Taag!
glückli (glücklicher, glücklichscht) *glücklich.*
glüe (gglüet) *glühen.* Zss.: -süttighäiss, *glühend heiss.* Zss.: -wùùrmli s., *Leuchtkäfer.*
glüeig *glühend.* En glüeige Traat.
Gluet m. (üe) *glimmendes Kohlestück.* S hät vil Glüet i der Äsche. Vkf. Glüetli s.
Gluet w. *Glut.*
glugge (gglugget) *glucken.*
Gluggere w., **Gluggeri** w. (-e) 1. *Gluckhenne,*

Bruthenne. 2. *Mutter mit vielen Kindern, Kindertante* (fam.).
gluggerig *brütig.*
Glump s. *Plunder, Unordnung.*
Glumpf m. (ü) *Schusterahle, Sattlerahle.*
glümpfig *fein, glatt beim Anfühlen, z.B. bei Seife.*
glunge 1. *originell, seltsam.* En glungne Kärli. 2. *aussergewöhnlich.* Das isch scho na glunge!
glungg *gluck (Schallwort).*
Glungg s., **Glüngg** s. *essbare Eingeweide des Schlachtviehs (Lunge, Herz, Leber usw.).*
Glungge w. *nachlässige Frau.*
glungge (gglungget), **glüngge** (gglüngget) 1. *schaukeln, schwanken, schlaff herabhängen, z.B. von Kleidern am Leib.* 2. *nachlässig umhergehen, schlendern, sich herumtreiben.* 3. *gurgelnd tönen, wenn etwas ins Wasser fällt.*
Glungger m. (meist Hämp-) *wer im blossen Hemd dasteht; Hemdenmatz* (Ksp.).
Glünggi m. 1. *Mensch, der schlaff einhergeht.* 2. *Strolch, Lump* (pop.).
Gluscht m. (ü) *Gelüste, Appetit.* S git nu für de Gluscht Chriesi, *eine Kostprobe.* Iez häsch für de Gluscht! *es ist dir recht geschehen.* Das isch en sältene Gluscht, *seltsames Vergnügen.* Es chunt mi de Gluscht aa, *ich hätte Lust.*
gluschte (ggluschtet) *gelüsten, verlangen.* S gluscht mi nu̓ud, *ich habe keine Lust.*
gluschtig *begierig, begehrlich.* Machsch mi gluschtig?
glüschtig *verlockend.* D Truube sind hüür nüd glüschtig.
glüschtle (gglüschtlet) *oft und viel gelüsten.*
Glüschtler m. *Lüstling.* En alte Glüschtler.
Glüschtli m. *wer alle möglichen Gelüste hat; Lüstling.*
glutzgere (gglutzgeret) *gelüsten.*
gluure (ggluuret) *blinzeln, lauern.*
glüürle (gglüürlet) *blinzeln, lauern.*
glüüssle (gglüüsslet), **glüüsse** (gglüüsset) *lauern, spähen, verstohlen schauen.* Zss.: Glüüsaug in: Glüüsauge mache, *mit gekniffenen Augen lauern.*
Glüüssler m. *wer heimlich auf etwas lauert, Heimtückischer, Lauernder.*
Glüüt s. *Geläute.* De Waage mues Glüüt und Gschäll haa.
gmaach Ew. *gemächlich, langsam.* Er isch en gmaachen Aarbäiter. Uw. Nu echli gmaach! *nur gemach.* Gmaach tue, *behutsam zu Werke gehen.*
gmäggelig *widerlich riechend, von leicht faulendem Fleisch.* Gmäggelige Hame, *übelriechender Schinken.*
gmäi (gmäine, gmäini) 1. *gemeinsam.* Mer händ d Schüür gmäi. Zss.: -wèrch s., *unbezahlte Gemeinschaftsarbeit.* 2. *gewöhnlich.* De gmäi Maa, *Mann aus dem Volk.* Gmäi mache, *sich herablassen.* 3. *gemein.* En gmäine Kärli.
Gmäind w. (-e) 1. *Gemeinde.* Di ganz Gmäind redt devoo, *es ist Dorfgespräch.* A d Gmäind choo, *der öffentlichen Unterstützung anheimfallen.* 2. *Gemeindeversammlung.* Hütt isch Gmäind. Vor d Gmäind bringe. Zss.: -ame m., *Betreibungsbeamter;* -ameni w., *Frau des Betreibungsbeamten;* -raat m., *Gemeinderat,* a) *Gemeindebehörde.* b) *Mitglied der Behörde;* -rö̓ööteni w., *Frau eines Gemeinderates;* -schriiber m., *Gemeindeschreiber;* Gmäindslaad m., *Gemeindearchiv;* -muni m., a) *der Gemeindekorporation gehörender Zuchtstier.* b) *Gemeindepräsident* (humor.); -presidänt m., *Gemeindepräsident, Bürgermeister;* -seckel m., *Gemeindekasse* (va.).
gmaseret *maserig.*
gmèrkig *leicht begreifend, schnell und richtig beobachtend, aufgeweckt.* En gmèrkige Kärli.
gmo̓ichig siehe mauchig.
gmödelet *geformt; mit Figuren, Mustern bedruckt; fassoniert.* Gmödeleten Anke, *Formbutter.*
gmögig *anziehend, angenehm.* Er isch en gmögige Maa, *sympathisch.*
gmöisig *fleckig.*
Gmöögg s. 1. *das Meckern.* 2. *das Reklamieren.*
Gmö̓öl s. (-er) 1. *minderwertiges Gemälde.* 2. *Geschmier.*
Gmöön s. *undeutliches Singen, Gesumm.*
Gmoscht s. *Gedränge* (pop.).
gmoset *mit Flecken bedeckt, befleckt.*
Gmüder s. *Durcheinander von Abfällen.*
Gmües s. *Gemüse.* ütr. jungs Gmües, *junge*

Leute (humor.). Zss.: -blätz m., *Stück Gemüseland;* -mèèrt m., *Gemüsemarkt.* Vkf. **Gmüesli** s., *besonders zartes Gemüse.*

Gmüeser m., **Gmüesler** m., **Gmüesli** m., **Gmüeseri** w. (-ne) *Gemüsehändler(in).*

Gmüet s. *Gemüt.* Zss.: Gmüetsbetrìib m., *lässiger Betrieb;* -moore w., *träge Person, Phlegmatiker* (pop.).

gmüetli (gmüetlicher, gmüetlichscht) *gemütlich.*

gmügglet *mit mückenähnlichen Punkten bedeckt.*

gmuuderig *unfreundlich, matt.* Gmuuderig(s) Wätter, gmuuderig(i) Lüüt.

gmuusig *wortkarg* (ZO.).

Gnaad w. (-e) *Gnade.* Äine z Gnaad aanèè, *zu Gnaden, aus Erbarmen sich jemandes annehmen.* De Bueb hät d Gnaad nüüd, *bringt es nicht über sich.* Gnaad der Gott, das er di nüd gseet! *ein Glück, dass er dich nicht sieht.* Gnaad Gott dèm, won en stöört! *wer ihn stört, hat nichts Gutes zu erwarten.*

gnaage (ggnaaget) *nagen.* Er hät nüüt mee z gnaage, *hat nichts mehr zu beissen.* Zss.: ab-, *benagen.*

gnäägele (ggnäägelet) *gemütlich an einem Knochen nagen.*

Gnaagi s. *Eisbein.*

Gnäischt m. (-e) *Funke.*

gnäischte (ggnäischtet) *Funken sprühen.* S Füür gnäischtet i der Schmitte. Zss.: ume-, *unruhig umherfahren, nicht still sitzen.*

gnappe (ggnappet) *wackeln, schwanken, locker sein.* De Tisch, en Nagel, en Zaa gnappet. Ässe bis äim d Oore gnapped. Vor Müedi gnapped mer d Bäi. Zss.: ab-, *endlich weggehen.* Er isch äntli emaal abggnappet.

Gnappi m. in: En alte Gnappi, *alter, gebrechlicher Mann.*

gnèègge (ggnèègget) *weinerlich bitten, klagen, bes. von Kindern.*

Gnèèggi m. *ein weinerlich Bittender.* Du bisch en eebige Gnèèggi!

Gnepf m. In Verb. de Gnepf überchoo, *schläfrig werden.* Zss.: -bäne w., *Stosskarren zum Umkippen, Kippkarren.*

gnepfe (ggnepft) *kippen, aus dem Gleichgewicht kommen.* De Tisch gnepfet, *steht nicht fest.* Er gnepfet mit em Stuel, *er schaukelt mit dem Stuhl.* S gnepfet mit em, *seine Vermögensverhältnisse stehen schlecht.* Zss.: ii-, *einnicken.*

Gnepfi w. 1. *Kippe.* Uf der Gnepfi sii, *im Begriff, zu fallen.* Er isch uf der Gnepfi usse, *auf dem äussersten Rand.* ütr. S isch uf der Gnepfi mit em, *steht vor dem Bankrott.* 2. *Lenkschemel eines Langholzwagens.* 3. *Hebestange.*

gnidlig *sahnig.*

gnifelig siehe nifelig.

Gniipe w., **Gniiper** m. *Schusterkneif.*

gniipig *knauserig.*

gniischte (ggniischtet) *kleinlich, sparsam, engherzig im Haushalt sein, knausern, geizen.* Zss.: zäme-. Die gniischtet äis zäme!

Gniischti m. *Geizhals, Knauser.* Zss.: -hund m.

gniischtig *geizig.*

gnisselet, gnisselig 1. *knauserig, kleinlich.* 2. *durch Knötchen verunreinigt, von Garn, Geweben.*

Gnò̀is s. *das Naschen, Nascherei.*

gnò̀isig *wählerisch, naschhaft.* D Gäisse sind gnò̀isig.

Gnööt s. *Drängerei, hastiges Bitten.*

gnoot, gnootli *genau.* Öppis gnoot aaluege, Gnootli luege, *unverwandt hinblicken.*

Gnosch s. *Durcheinander.*

Gnossami w. *Genossenschaft.*

Gnüder siehe Gmüder.

gnueg *genug.*

gnüegele (ggnüegelet) *allmählich genug bekommen.*

Gnüel s. *Durcheinander.*

Gnuss m. *Genuss.* Vkf. Gnüssli s.

Gnuusch s. *Durcheinander.* Es Gnuusch im Fadezäindli.

gnüüsse (ggnosse), **nüüsse** (gnosse) *niesen.*

gnüüsse (ggnosse) *geniessen.* Die händ mi schöön ggnosse! *strapaziert* (pop.).

gnüütelig siehe nüütelig.

go, goge, auch **ge** (unbetont) *Begleitwort vor Infinitiv.* Gang go Broot hole! *geh Brot holen.* Er mues scho go(ge) verdiene, *steht schon im Erwerbsleben.* Er isch go(ge) luege, *schauen gegangen.* Vgl. cho.

Göffel m. *einfältiger, törichter Mensch.*

göffle (ggöfflet) 1. *klaffend auseinandergehen,*

zu weit sein, von Kleidern. 2. *sich einfältig benehmen.* Zss. ume-, *gaffend umherlaufen, von Kindern.*

goge siehe go.

Goggeli s. *Ei* (Ksp.).

Goggi s. *Coca–Cola.*

goggnueg *gut genug.*

Gòi s. *Gau.* Uf d Gòi gaa, *vom Metzger, der auf dem Land Vieh einkauft.* Ra.: Äim i s Gòi choo, *in die Quere, ins Gehege kommen.* Abgeschwächt zu **-gi** in Aargi s., *Aargau;* Chläggi, *Klettgau;* Tuurgi, *Thurgau.*

Gòifer m. *Geifer, Speichel.* Zss.: -ludi m., *Geiferer;* -lätsch m., -latz m., *um den Hals gebundenes Geiferlätzchen.*

gòifere (ggòiferet) 1. *geifern.* 2. *grobe, giftige Bemerkungen machen, keifen.*

Gòiferete w. *das Geifern.*

Gòiferi m. *Geiferer.*

Gòiggel m. *Spassmacher, närrischer Kerl.* De Gòiggel mache.

gòiggle (ggòigglet) *spielen, Spass treiben mit Kind, Hund.*

Gòiss m. *Schrei.* En Gòiss ablaa, *einen Schrei ausstossen.*

Gòiss s. siehe Ggòiss.

gòisse (ggòisset) *einen schrillen Schrei ausstossen, schreien, kreischen.* Wèèr hät esoo ggòisset?

Gòissete w. *das Schreien.*

Gold s. *Gold.* Gold am Huet, *Merkmal an der Mütze für hohen Offizier* (Ssp.). En Huuffe Gold, *viele hohe Offiziere* (Ssp.). Zss.: -amsle w., *Pirol;* -küschte w., *rechtes Zürichseeufer* (jg.); -küschten-Äxpräss m., *SBB-Triebzug der rechtsufrigen Zürichseelinie* (jg.); -rääge m., 1. *Goldregen (Pflanze).* 2. *Gruppe hoher Offiziere* (Ssp.). De Goldrääge chunt; -stückli s., -vögeli s., *Goldmünze.*

goldi siehe guldi.

Göler s. *der Göller, Nacken- und Schulterkragen bei Trachtenhemden.*

Goli siehe Ggoli.

Gomang siehe Ggomang.

Gomfitüüre w., **Gomfi** w., **Gumfi** w. *Konfitüre.* Zss.: Gomfibroot s., *Brot mit Konfitüre.*

gomilffoo *schicklich, perfekt* (frz. comme il faut).

Goniagg m. *Kognak.* Vkf. Goniäggli s.

Gonteiner m. *grosser Gemeinschaftsabfallbehälter* (jg.). De Gonteiner lèère, *auf den Abort gehen* (pop., jg.).

Goo m. (ö) *langstieliger Wasser- oder Jaucheschöpfer.*

Gòòder s. *Sehnen im Fleisch.*

Goof m. (-e) *Kind,* in Ez. *Mädchen,* in Mz. *Kinder.* En fräche Goof. Vkf. Gööfli s. Du aarms Gööfli!

gööge (ggööget) *sich erbrechen* (Ksp.).

Töögel m. *Spassmacher, Possenreisser, Narr.*

töögle (ggööglet) *Mutwillen treiben, närrisch tun.*

Gööl m. *mutwilliger, närrischer Mensch.*

goole (ggoolet), **gööle** (ggöölet) *Narreteien treiben, schäkern.* De Hans und s Mariili gooled äisder mitenand, *schäkern.* D Chatz goolet mit ere Chrungele, *spielt mit einem Knäuel.* Zss.: uus-. Iez isch uusggoolet! *genug der Narreteien.*

Goolete w. *Gaukeln und Spielen, bes. von jungen Katzen.*

Gooli m., **Gööli** m. *Spassmacher, einfältiger Kerl.* Mit äim de Gooli mache, *jemanden zum Narren halten.*

Gooli m. *Torhüter beim Fussball usw.*

göölig *mutwillig, einfältig.*

goone siehe guene.

Göönerwiil *Grossüberbauung der Firma Göhner* (humor.).

goope (ggoopet) *spielen, balgen, bes. von jungen Katzen.*

Goopete w. *scherzhafte Balgerei.*

Goopi m., **Gooperi** w. (-ne) 1. *kindisch Spielende(r).* 2. *spiellustige Katze.*

goople (ggooplet), **gööple** (ggööplet) *spielen von Tieren.*

töötsche (ggöötschet) *im Wasser planschen, mit Wasser spielen.* D Chind göötsched am Brune.

Göötscherei w. (-e) *Planscherei.*

Göötschete w. *Planscherei.*

gopf! gopferchlemi! gopferteckel! gopferteli! gopfertoori! gopfridboonebluescht! gopfridli! gopfridsigerist! gopfridstudebecker!

gopfridstutz! gopfridstü(ü)deli! *ums Himmels willen* (vulg.).

gopfergässe *gottvergessen.* Uw. *furchtbar* (pop).

goppel 1. *freilich, gewiss, allerdings, hoffentlich.* Chunsch mit? Goppel ä, *ja freilich.* Häsch es verstande? Goppel au. 2. *wohl, doch wohl.* De bisch goppel nüd gschiid! *wohl nicht gescheit, von Sinnen.* Me lüütet goppel öpperem i s Graab, *man scheint jemandem zu Grabe zu läuten.*

Göppel m. *Fahrzeug (Fahrrad, Auto)* (pop.).

Gorner m. *Ecke (im Fussballspiel).*

Gosch w. (-e) 1. *Maul des Rindviehs, Schnauze des Schweins.* 2. *Mund* (vulg.). I hau der äis uf d Gosch.

Gotlett s. 1. *Kotelett.* 2. *Backenbart* (pop.).

Gott m. *Gott.* Wüsse, wo Gott hockt. Du eebige Gott, *allmächtiger Gott.* De lieb Gott. Dem Hèrrgott de Taag abstääle. I tuusig Gotts Name. Gämer de Gottswile öppis! De(r) tuusig Gottswile, um s tuusig Gottswile, *um Gottes willen. Flüche:* Du Hèrrgottstunder(chäib)! *Gruss:* Gott grüezi; *verkürzt:* grüezi. *Wünsche:* Hälff der Gott! *Zuruf beim Niesen.* Vergält s Gott! *Dankformel.* Bhüet is Gott, *vor Unglück und Gefahr.* Jeesis Gott! *Ausruf des Schreckens.* Bigoscht, bigoppelig (verh.). Zss.: Gotterbaarm, *fingierter Ortsname.* De bisch no sibe Stund hinder Gotterbaarm gsii, *noch nicht geboren gewesen.* Er isch nüd vo Gotterbaarm, *er ist geizig;* gottserbèèrmli, -jäämerli, *jammervoll;* -leschterli, *lästerlich;* gottefroo, *herzlich froh;* gottegnueg, *reichlich.* I ha gottegnueg von em; gottloos. S frȯit mi gottloos, *ausserordentlich* (pop.); gottstrȯȯffli, *lasterhaft.* Er hät e gottstrȯȯfflis Lääbe gfüert; gottvergässe, *ruchlos, arg.* Er hät en gottvergässe verhaue; gottwilche! *willkommen* (va.); gottewool, *ich glaube wohl.* Götterloosche w., *zweiter Rang, Galerie im Opernhaus* (pop.).

Gotte w. (Gottene), **Gotti** s. (Ksp.), auch Tante-Gotte w. *Taufpatin.* Zss.: Gottebueb m., *Patenkind (Knabe);* -chind s., *Patenkind (Mädchen).* Vkf. **Gotteli** s., *Patenkind.*

Gotthardchinees m. *Italiener* (humor., pop.).

Götti m. (Göttene) *Taufpate.* Ra.: Er mäint, er sei s groosse Hunds Götti, *er sei etwas ganz Besonderes.* En häitere Götti! *ein seltsamer Kerl.* Zss.: -batze m., *Neujahrsgeldgeschenk des Paten an das Patenkind;* -bueb m., *Patenkind (Knabe);* -chind s., *Patenkind* (älter nur *Mädchen,* in Mz. jg. *Mädchen und Knaben);* -gschänk s., *Patengeschenk.*

Gouscht m. *Gunst, Wohlgefallen.* Mit Gouscht, *mit Verlaub.*

Gox m. 1. *Koks.* 2. Das isch grobe Gox, *das ist eine Anmassung, Taktlosigkeit.* 3. *Geld* (pop.). Ich ha kä Gox me.

Göx m. *Hut* (pop.). Vkf. Göxli s.

graa (en graane, e graani; grȯȯner), jg. **grau** *grau.* Graani Haar. Graane Chèès, *schimmeliger Käse.*

Graab s. (Greber) *Grab.* Zss.: Graabstäi m., 1. *Grabstein.* 2. *Erkennungsmarke des Soldaten* (Ssp.). Vkf. Grebli s. (Ksp.). Wotsch i s Grebli abe? *gib acht.*

graabe (ggraabe) *graben.* Er hät es Loch ggraabe. Zss.: ii-, *eingraben,* uus-, *ausgraben.* Grabgable w., *Grabgabel;* Grabschuufle w., *Grabschaufel.*

Graabe m. (Grääbe) *Graben.* Er isch no nüd über all Grääbe, *noch nicht über alle Schwierigkeiten.* Vkf. Grääbli s., *kleine Wasserrinne.*

grääch 1. *fertig (mit einer Arbeit).* 2. *bereit.*

Grääch s. *oberster Raum unter dem Dach (Lagerraum).*

graad (greder, gredischt). 1. Ew. *gerade.* En graade Wääg. E graadi Rächnig haa, *quitt sein.* 2. Uw. (unbet. **grad**). S isch mer grad gliich, *vollkommen gleich.* S isch grad rächt, *der Betrag stimmt genau.* S hät grad no uf de Zùùg glanget, *es reichte eben noch auf den Zug.* I chume graad, *sofort.* Gra(a)d au no! *auch das noch!* Graad abe, *geradenwegs hinunter;* graad druf abe, *kurz darauf;* graad-use brüele, rede, sääge, *hinausschreien, offen reden.* Zss.: -dure; -füre; -übere; -uus, graaduus gaa, *geradeaus gehen.*

Graad m. *Stufe, Funktion.*

Graad s. *der Grad.*

grääde (ggräädet), **rääde** (gräädet) *siebend säubern.*

graagge (ggraagget) *unruhig umherrutschen.*

gräägnerisch siehe räägnerisch.

Graan s. 1. *Korn.* 2. *Gewichtsteilchen, Gran.* S fèèlt käs Graan, *genau gewogen.* Vkf. Grȍȍndli s.

graane (ggraanet) 1. *grau werden.* Er graanet scho. 2. *Schimmel ansetzen, schimmelig riechen oder schmecken.* S Broot graanet. Vgl. grȍȍnele.

Graane m., jg. **Chraane** m. *Kran.*

Graane w. (ää) meist Mz. *Wurzelfasern der Weinrebe.* D Rääbe müend Grääne haa.

Graanium m., **Graanie** (Mz.) *Geranie.*

graape (ggraapet), **graaple** (ggraaplet) *herumtasten, umhertappen.* Mer händ müese graape, bis mer a der Häiteri gsii sind, *wir mussten herumtasten, bis wir ans Licht kamen.* Zss.: ume-, umenand-, *herumtasten.*

graapelig *krabbelig.* S wìrt mer ganz graapelig.

Graas s. (Greser) *Gras.* Zss.: Graasaff m., *Dummkopf (Scheltwort);* -bääre w., *Schubkarren für Gras;* -blätz m., *kleines Stück Wiesland;* -boge m., *Netz zum Tragen von Gras;* -chaare m., *Schubkarren für Gras;* -choorb m., -chrèèze w., *Rückentragkorb für Gras;* -grüe, *grasgrün;* -mugg w., -müggli s., *Grasmücke;* -pösche m., *Grasbüschel.* Vkf. Gresli s.

graase (ggraaset) 1. *Gras mähen, einbringen.* 2. *Unkraut jäten.*

Graat m. (Grȍȍt) 1. *Fischgräte.* 2. *Berggrat.* Vkf. **Grȍȍtli** s., *erhöhter Teil an Häkel- und Strickarbeiten.*

graate (ggraate) 1. *geraten.* De Wii isch hüür ggraate, *gut ausgefallen.* 2. *gelingen.* S isch mer ggraate, *gelungen.* Zss.: anenand-, *zusammenstossen, in Streit geraten;* näbetdure-, *entgleisen.* Graatwool s., *Geratewohl.* Uf s Graatwool.

Gräbel m. *geräuschvolles Gewimmel, Gedränge, Durcheinander.* Isch daas en Gräbel gsii uf der Straass!

grad siehe graad.

Gragel s. *Wirrwarr, Gewimmel.*

graglet, gragelig in Verb. mit «voll»: graglet voll, *dicht gedrängt.* verst.: griglet-graglet voll Öpfel, *voller Äpfel.*

Gragööl s. *Geschrei, wilder Lärm.* Es Gragööl mache.

gragööle (ggragöölet) *wild lärmen.*

Gragööli m. *Lärmender.*

gräigelig *hoch aufgeschossen, schlank, von Menschen und Pflanzen.* Gräigelig Escht.

gramause (ggramauset) *bitten, betteln.*

Gramofoon m. *das Grammophon.*

gramȍise (ggramȍiset) *ächzen, klagen.*

grampe (ggrampet) *krampen, Geleise mit Schotter stopfen.* Zss.: Gramphaue w., *Stopfhacke.*

Gramper m. 1. *Gleisstopfer, Gleismonteur.* 2. *hart Arbeitender.*

grämple (ggrämplet) *Kleinhandel treiben.*

Grämpli s. *Befestigungsklammer.*

Grampool m. *Lärm, Tumult.* Zss.: -schiibe w., *Fünffrankenstück* (humor.).

grampoole (ggrampoolet) *lärmen.*

Grändel m. *Deichsel des Pfluges, Pflugbaum.*

grandig *grossartig.* (pop.). Er bout grandigi Hüüser, *gross, prunkhaft.* Du gisch es grandig, *du treibst grossen Aufwand.*

grangschiert *gewandt, forsch.* Das isch en grangschierte Maa, *ein gewandter Mann.*

Gränn s. *Rennen, Jagen.*

Granse w. (ä) 1. *Fischerkahn.* 2. *Bug bzw. Heck des Schiffes.*

Gränzer m. *Grenzwächter.*

grässli (grässlicher, grässlichscht) *grässlich.*

Grattel m. *Hochmut, Stolz.* De Grattel haa.

Grättel m. *Achsschere (am Vorderwagen).*

grau siehe graa.

graulacht(ig) *gräulich* (va.).

Grawatt w. (-e) *Krawatte.* Vkf. **Grawättli** s., *hübsche Krawatte.* Am Grawättli nèè, *am Kragen nehmen* (humor.).

grede (ggredet) *gerademachen.* En Nagel grede.

Gredi w. (-ene) *Geradlinigkeit.* I d Gredi bringe, *ins Blei bringen.* Er müend e Schnuer spane, suscht bringed er kä Gredi ane.

Grèèd s. *Gerede.* I s Grèèd choo.

Grèèm w. in: Kafi Grèèm, *Kaffee mit Rahm.* Vgl. Nidel.

Grèème w. *Krem, Creme.*

Greet w. 1. *Kurzform für Margarete.* 2. E tumi Greet, *dumme Frau.* Vkf. **Greetli** s., *kleines Geschwür am Augenlid, Gerstenkorn.* Du chunsch es Greetli über.

Grèèt s. *Gerät.*

grèèzt *gärend.* Grèèzte Moscht. Hw. Grèèzte m., *gärender Obstwein.*

gregeliert *gewandt, energisch.* E gregelierts Fraueli.

Grescht s. *drängendes Bitten.*

greschte (ggreschtet) *inständig bitten, mahnen, nötigen.* Zss.: ume-. Si grescht an äim ume, bis me jaa säit.

Greschtel m. *eine Art Hackfleisch.*

Greschti m. *wer andere mit Bitten oder Mahnen drängt, belästigt; Dränger.*

gresele (ggreselet) *nach Gras schmecken, von der Milch.*

Gricht s. *Gericht, Gerichtsbehörde.* Miin Maa isch am/im Gricht, *er ist Richter.* Er chunt vor Gricht. Zss.: Grichtshandel m., *Prozess;* -wätter s. I wott e käi Grichtswätter, *ich will nicht prozessieren.*

Gricht s. *Türrahmen, Fensterrahmen.*

Grick s. *die edleren Eingeweide des Schlachtviehs (Herz, Lunge, Niere, Leber).*

Grie s. *die edleren Eingeweide des Schlachtviehs (Herz, Lunge, Niere, Leber), meist in Mehlbrühe gegessen.*

Grie s. *Kies.* Zss.: -bäne w., *Kieskarren;* -grueb w.; -schwalb w., *Uferschwalbe.*

griene (ggrienet) *kieseln, schottern.*

grienig *kiesig.* Grienige Bode, *Kiesboden.*

Gries s. *Griess.* Zss.: -bappe m., *Griessbrei;* -määl s.; -mues s., *Griessbrei.*

Griff m. 1. *das Greifen.* Im Griff sii, *bei Schwingern, die einander anfassen.* Er hät s im Griff, *er ist geübt, gewandt, versteht etwas gründlich.* 2. *Greifbarkeit, Festigkeit.* Das Tuech hät Griff, *ist stark.* D Griff, *Körperstellen beim Vieh, an denen man die Fettigkeit feststellen kann.* 3. *Griff auf der Geige.*

Griffel m. 1. *Griffel, Schreibstift für Schiefertafel* (va.). 2. *Bleistift* (Schsp.).

griffig 1. *fett, vom Mastvieh.* 2. *fest, von Geweben.*

grigge (ggrigget), **griggle** (ggrigglet) *steif, wacklig gehen.* Er grigget truurig devoo, *geht sehr mühsam.* Zss.: ume-, *unruhig umherrutschen.*

Griggele w. *Gabelung.*

Griggi m. *Hinkender* (pej.).

griggig *grätschend.*

griglet, griglig in Verb mit «voll». Dè Baum isch griglet-graglet volen Öpfel, *dicht voller Äpfel.*

griiffe (ggriffe) *betasten, mit Händen greifen.* De Metzger griifft es Stuck Vee (vgl. Griff). Dè Luug cha me griiffe, *handgreifliche Lüge.* Zss.: aa-; ii-; voor-; zue-.

griine (ggrine) 1. *still weinen* (va.). 2. *klagend zwitschern.* 3. *tropfen, weinen, von der beschnittenen Rebe.*

Griit w., **Griite** w. 1. *Kurzform von Margrit.* 2. *Mädchen* (Schsp.). E toli Griite, *flottes Mädchen.* 3. *Prostituierte* (pop.). Vkf. **Griitli** s., *Gerstenkorn am Augenlid.*

Griitibänz m. *Teigmann* (jg.).

Grile w., älter **Grüle** w. *Grille.*

Grind m. 1. *Ausschlag am Kopf, Schorf.* 2. *Kopf* (vulg.). Er macht de Grind, *schmollt.* De Grind verhaue, *verprügeln.* Uf de Grind gèè, *verprügeln.* Uf de Grind überchoo, *Schläge einstecken.* Öppis uf de Grind stele, *etwas auf den Kopf stellen.* Äine am Grind nèè, *raufen.* En hèrte Grind, *starrköpfig, eigensinnig.* De Grind setze, *trotzen.*

gring *gering.* 1. *der Menge nach.* En gringe Loo. 2. *dem Werte nach.* Gringi Waar, *minderwertig.* En gringe Prueff, *der nicht viel einträgt.* 3. *gering von Stand.* Ra.: En gringe Maa cha doch guet staa.

gringlet *geringelt, mit Ringen versehen.* Gringleti Haar, *gekräuselte Haare.* E gringlets Beckeli, *ringförmig gestreiftes Schälchen.*

Gripp s. *Gerippe.*

Gripp w. *Grippe.*

gripplet *gerippt.*

grislet *gesprenkelt.*

grob (gröber, gröbscht) *grob.* Grobi Schiiter, *Klötze.* Grobs Tuech, *fester, starker Stoff.* Hät s na grobi? *grossformatige Briefe (Post).* Ra.: Was grob isch, hebet lang, *Beschönigung der Grobheit.* En groben Überschlaag mache, *Überschlagsrechnung.* Zss.: -gjaaret, *mit weiten Jahresringen.*

grobe (ggrobet) *grob werden.* Er hät ggrobet, *ist grobschlächtiger geworden.*

Gröbi w. *grobe Beschaffenheit.*

groblacht(ig) *gröblich* (va.).

Grochs m. (ö) *Schmerzenslaut, Stossseufzer.* En Grochs ablaa. Vkf. Gröchsli s.

Grochs s. siehe Ggrochs.

grochse (ggrochset) *ächzen, jammern, seufzen, stöhnen.* Di alte Lüüt grochsed gèèrn.

gröchsele (ggröchselet) *leise ächzen, seufzen, von kleinen Kindern bei unruhigem Schlaf.*

Grochserei w. *Gestöhn.*

Grochsete w. *Gestöhn, Gejammer.*

Grochsi m., **Grochseri** w. (-ne) *wer anhaltend klagt, stöhnt; Jämmerling.* Er isch en eebige Grochsi.

Groggi s. *Lageskizze, Kroki.*

groggiere (ggroggiert) *krokieren.*

gröie (ggröit) *reuen.* Mach nüd, das s di gröit! *dass es dich reut.*

gröiig *reuig.*

Gròikts s. *Rauchfleisch.*

Gròipschte m. *Pflugscharhalter, Riesterstab am Pflug.*

grölelet *kraus, lockig.* Grölelets Haar.

Gröll s. *Glöcklein, Schellenband am Pferdegeschirr.*

Gròòndli siehe Graan.

gròònele (ggròònelet) 1. *schimmlig werden oder riechen oder schmecken.* 2. *grau werden, ergrauen.* Es gròònelet im Haar (humor.). Vgl. graane.

gròònelig *schimmlig, bes. von Brot.*

Gròòni m. *Name für graue Katze.*

Gròòni w. *Angegrautsein.*

Groosi s., **Gröösi** s., **Grooseli** s., **Groosseli** s. *Grossmutter* (fam.).

grooss (gröösser, grööscht) 1. Ew. *gross.* Im Früelig chum i i di grooss Schuel, *gehe ich in die Primarschule* (Ksp.). 2. Ew. *grossartig, einmalig, ausgezeichnet* (jg.). Grooss usechoo, *erfolgreich sein.* 3. Uw. *sehr.* I chönt nüd grooss rüeme, *ich habe nichts zu rühmen.* S Wasser isch nüd grooss warm, *nicht sehr warm.* 4. Hw. De Grooss chunt häi, *der älteste Sohn.* Di Grooss isch im Wältsche, *die älteste Tochter ist im Welschland.* E Groosses, a) *Erwachsener.* b) *ein grosses Glas Bier.* Ra.: E Groossi haa, *viel schwatzen, prahlen* (pop.). Zss.: Grosätti m., *Grossvater* (va.); Groossbueb m., *Enkel;* -chind s., *Enkel, Enkelin;* -gchotzet, *angeberisch, prahlerisch* (vulg.); -hans m., *Prahler;* -hanse, *prahlen;* -hansig, *prahlerisch;* Grosmueter w.; Grosvatter m.

groosse (ggroosset) *gross werden, heranwachsen.* Er hät ggroosset.

Gröössi w. (-ene) *Grösse.*

groosslacht(ig) *ziemlich gross* (va.).

Grotze m. (ö) *Wipfel der Bäume.*

grüble (ggrüblet) 1. *grübeln.* 2. *eine Baugrube ausheben* (pop.). Zss.: füre-, *hervorholen.* Alti Gschichte füregrüble; ume-; use-.

Grübler m. *kleine Baumnuss mit festsitzendem Kern.*

grublet *kraus, wirr.* Grublets Haar.

grüblig *kraus, unordentlich im Haar.*

Gruch m. Geruch. Vkf. Grüchli s.

grüe, grüen (grüener, grüenscht) 1. *grün.* Grües fuetere, *Gras füttern.* s Grüe, *Schnittlauch, Petersilie (als Suppenbeilage).* En grüene Schii, *Einzahlungsschein.* Als Hw. en Grüene m., a) *Einzahlungsschein* (pop.). b) *Ausgespucktes* (Schsp., Ssp.). Zss.: -fink m.; -spaa m.; -spächt m. 2. *frisch.* Grüeni Stückli, *Apfelschnitze;* grüeni Boone. 3. *unreif.* D Öpfel sind na grüe.

Grueb w. (-e) *Grube, bes. zur Aufbewahrung von Feldfrüchten.* Vkf. **Grüebli** s., *Wangengrübchen, Kinngrübchen.*

gruebe (ggruebet) siehe ruebe.

gruebe (ggruebet) 1. *eine Grube ausheben.* 2. *alte Rebstöcke zur Verjüngung eingraben.*

grüeble (ggrüeblet) *Bohnen, Nüsse aus bestimmter Entfernung in ein Grübchen rollen* (Ksp.).

Grüeff s. *das Rufen.*

Grüem s. *das Rühmen.*

Grüemsel s. *das Rühmen.*

gruene *grünen.*

gruene siehe ruebe.

Gruenet w. *Zeit des Grünens.*

gruenlacht(ig), grüelacht(ig) *grünlich* (va.).

Gruez m. (ü), jg. **Gruess** m. *Gruss.*

grüeze (ggrüezt) *grüssen.*

grüezi! *Grüss Gott! (allgemeiner Gruss tagsüber).* Grüezi mitenand! *Gruss an mehrere Personen.* Grüezi wool! (pop.). Go grüezi säge, *begrüssen, kurz besuchen.*

grugelet, grugelig *rund, walzenförmig, leicht aufrollend.*

Grüjèèr m. *Greyerzer (Käsesorte).*

Grüle siehe Grile.

Grumpel s. *Gerumpel.* I han es Grumpel i miim Buuch.

Grümpel m. *Trödel, altes Zeug, Altwaren, Plunder.* Zss.: -chamer w.; -schüüsse s., *kleines Schützenfest mit wenig wertvollen Gaben;* -turnier s., *Laiensportwettkampf;* -waar w., -züüg s., *Altwaren.*

grumpfig *zerknittert.*

grümple (ggrümplet) *sich am «Grümpelschüüsse» beteiligen.*

Grund m. (ü) 1. *Grund.* 2. *Fundament, Grundfläche.* De Grund graabe, *das Fundament graben.* Ra.: Me sött en ugspitzt in Grundsboden ie schlaa, *derbe Verwünschung.* In Grund und Boden ie schäme, *vor Scham in die Erde kriechen.* verst. Äim Grundèèrdelaschter sääge, *grob beschimpfen.* Grundèèrdeschlächt, *sehr schlecht.* 3. *Erdreich, Boden.* Guete Grund, *gute Erde.*

gründele (ggründelet), **gründle** (ggründlet) *nach Nahrung tauchen.*

gründig *viel und tief gute Erde habend, tiefgründig.*

grungge (ggrungget) *kränkeln.*

Grünggel m. *Unentwickeltes, Zwerghaftes.* Du chliine Grünggel! *zu Kind* (humor.). Zss.: -bìir w., *im Wachstum zurückgebliebene, verkümmerte Birne;* -waar w., -züüg s., *Kleinkram.* Vkf. Grünggeli s.

Grüpf m. *kleine, verwachsene Person.* Schwig, du Grüpf! *schweig, Kind.*

Grupp w. *Diphtherie, Halsbräune, Krupp;* frz. le croup.

Grüsch s., **Chrüsch** s. *Kleie.* Ra.: Er redt, wie wänn er Grüsch im Muul hett, *undeutlich.*

grüschle (ggrüschlet) 1. *mit Kleie spielen.* 2. *in einer Tasche, Schublade herumwühlen, stöbern.* 3. *Sachen vermengen, verfälschen, von Krämern, Wirten.*

Grüschlete w. *das Herumwühlen.*

Gruscht m. 1. *festtägliches Kleid.* 2. *Anzug überhaupt.* Er träit Sundig und Wèèrchtig de gliich Gruscht. 3. *Geschirr, Service.* De nöi Gruscht staat uf em Tisch.

Grüscht s. *Baugerüst.* Zss.: -stang w.

grüschte (grüschtet) *ein Gerüst errichten.*

Grüsel siehe Grüüsel.

Grüsi siehe Grüüsi.

Grütz w. *Grütze.* ütr. Er hät vil Grütz, *ist gescheit.* Häsch kä Grütz? *keinen Verstand.* Vkf. **Grützeli** s., *Knöllchen, Klümpchen im Haferbrei, in der Rührmilch.*

grütze (ggrützet), **grützele** (ggrützelet) *im Kleinen Handel treiben, markten.*

grützelet siehe ggrützelet.

Grüübe w. *Griebe (Rückstand beim Fettauslassen).*

gruugge (ggruugget) *gurren (Tauben).*

gruumig (grüümiger) *geräumig* (jg.).

gruupe (ggruupet) *kränkeln.* Dè gruupet scho de ganz Winter.

Gruus m. *Grausen, Abscheu.* I ha de Gruus draa ggässe.

gruusam 1. *grausam, heftig.* En gruusame Schmèèrz. 2. *sehr.* Er git s gruusam gschwule, *treibt grossen Aufwand.* Er isch gruusam epfintli, *äusserst empfindlich.*

Gruusami w. *Grausamkeit.*

Grüüsch s. *Geräusch.*

gruuse (ggruuset) *Grauen, Abscheu empfinden, grausen, ekeln.* S gruuset mer, *es ekelt mich.* Er fluechet, das s em Tüüfel drab gruuset.

Grüüsel m., **Grüsel** m. *garstiger, grober, unsauberer Mensch.* Du bisch en (wüeschte) Grüsel!

Grüüsi m., **Grüsi** m. *Scheusal, garstiger Mensch.*

gruusig (grüüsiger) 1. *widerlich, eklig.* S isch gruusig zueggange, *abscheulich.* E gruusigs Tier, *ekelhaft.* Gruusigi Witz verzele, *zoten.* 2. *gewaltig.* En gruusige Hunger, Tùùrscht. 3. *sehr.* Gruusig chalt, gruusig froo. Er hät si gruusig gänderet, *er hat sich sehr stark verändert.*

grüüsli, grüüseli *grässlich, schrecklich.* E grüüseligs Luege, *schrecklicher Anblick.* Grüüseli chalt, *sehr kalt.*

Gsääg s. *Gerede, Gerücht.* E blööds Gsääg, *dummes Gerede.* S gaat es Gsääg ume, *ein Gerücht geht um.*

gsägne (-et) *segnen.* Si bhüete und gsägne, *sich in Gottes Namen bewahren.* Gsägnis Gott alisame! *Gott behüte uns.*

Gsang s., jg. m. (ä) 1. *Gesang.* 2. *Gesangstunde.* Hütt isch käs Gsang. Mer gönd i s Gsang, *in den Gesangverein.* 3. *Kindergeschrei* (Ksp.).

gsatzli *gesetzt, ruhig.*

Gsätzli s. 1. *Melodie, kleines Tonstück.* Es Gsätzli blaase. 2. *Vers, Strophe.* Es Gsätzli uufsääge.

Gschaar w. (-e) *Schar.* Ganz Gschaare sind choo. Vkf. Gschäärli s. Es Gschäärli Chind.

gschaffig *emsig, arbeitsam.* Gschaffig Lüüt.

Gschäft s. (-er) *Geschäft.* I s Gschäft gaa, *zur Arbeit gehen (Büro, Laden).* Ra.: Das isch käs Gschäft, *nicht in Ordnung.* Wie lang gaat das Gschäft na? *wie lange dauert die Geschichte noch.* S Gschäft fürelaa, *sich entblössen* (pop.). Vkf. **Gschäftli** s. Gschäftli mache (pej.). Es Gschäftli erledige, *auf den Abort gehen* (pop., humor.). Zss.: -macher m., *Winkelagent.*

gschäfte (gschäftet) *geschäftig sein, Handel treiben.* Was gschäftisch? *was für Geschäfte hast du.* Mit dèm Maa cha mer guet gschäfte, *geschäftlich gut verkehren.*

gschägget *scheckig, bunt, gefleckt.*

gschäggig *scheckig, bunt, gefleckt.*

Gschaler s. *Vordergestell des alten Pfluges.* Zss.: -redli (Mz.), *Vorderräder des Pfluges.* Ra.: Auge mache wie Gschalerredli, *grosse Augen.*

gschalkig *zum Schmollen geneigt, übellaunig.*

Gschäll s. *Schellengeläute.*

gschämig *beschämend.* Es wèèr gschämig, nüüt z gèè. Hw. en Gschämige m., *Schamloser,* e Gschämigi w., *Schamlose.*

Gschämigi w. *Schande, Schamlosigkeit.*

gschände (-t) 1. *verletzen, schänden, beschädigen.* I ha mi gschändt. Gschänded nüüt! *beschädigt nichts.* 2. *Lebensmittel wegwerfen, vergeuden.*

gschandt 1. *zerstörungssüchtig, zu schaden geneigt.* Öisers Chätzli isch nüd gschandt, *richtet keinen Schaden an.* 2. *naschhaft, wählerisch im Essen.* E gschandti Gäiss. Mer sind efange gschandt.

Gschänk s. *Geschenk.* Ra.: Susch häsch dänn s Gschänk! *sonst gerätst du in Schwierigkeiten* (pop.).

Gscharei s. *Umtriebe.*

Gscharr s. *Gescharre.*

Gschätter s. *Geknatter, Scheppern.*

gschätterig *scheppernd.*

gschätzelig in: gschätzelig tue, *schäkern, tun wie Verliebte.*

Gschau s., **Gschòi** s. *Schau, Anschauen, Betrachten.* Si hät d Tochter uf s Gschau gfüert, *zum Tanzanlass geführt.* Zum Gschau staa, *sich den Blicken aller aussetzen.* Uf Gschau gaa, *auf Brautschau gehen.* Allne Lüüt zum Gschòi, *für alle ersichtlich.*

gschaue (-et) 1. *ansehen, betrachten.* Im Gaarte d Blueme gschaue. D Stadt go gschaue. 2. *untersuchen.* S Wasser gschaue, *Harn untersuchen.* S Vee gschaue, *Vieh in Kaufabsicht genau prüfen.*

gschee (Wf. Gw. gschäch, Wf. Vh. gschèèch, Mw. gschee) *geschehen.* Es gscheet der nüüt. Es gscheet der ganz rächt! I laa der nüüt gschee, *lasse nichts auf dich kommen.* S isch em wool gschee, das er hät chöne stèèrbe, *ein Glück, dass er sterben konnte.* Gschèèch nüüt Böösers! *möge nichts Schlimmeres geschehen.*

Gschèèr s. *Geschäftigkeit.* Es Gschèèr mache, *viel Wesens.*

gschèèrbelig *unrein klingend.*

Gscherei s. (-e) *Unannehmlichkeit.* Mer hät en eebigs Gscherei mit em. Es Gscherei haa, mache, *unnötige, lästige Geschäftigkeit.*

Gschicht w. (-e) 1. *Erzählung, Geschichte.* I chume nüd us dère Gschicht, *ich werde nicht klug.* 2. Mach käi Gschichte! *keine Dummheiten, keinen Aufwand.* 3. *Unliebsames.* Er hät Gschichte mit em Nachber, *Streit;* mit em Mage, *Magenleiden.*

Gschick s. *Geschicklichkeit.* Er hät en äiges Gschick, *ein besonderes Geschick.*

gschickt 1. *passend, bequem.* Das chunt mer gschickt. 2. *gewandt, geschickt.* En gschickte Gsell. Öppis gschickt i d Händ nèè. 3. *kenntnisreich.* En gschickte Schüeler, *der seine Sache kann.*

Gschickti w. *Geschicklichkeit.*

gschide *geschieden.* E gschidni Frau. Hw. en

Gschidne m., *geschiedener Mann;* e Gschidni w., *geschiedene Frau.*

gschienggig *schief im Gang.* Gschienggig devoo lauffe.

gschiid (gschiider, gschiidscht) *gescheit, klug, verständig, vernünftig.* Tuen echli gschiider! *benimm dich vernünftiger.* Ra.: E gschiidi Naase haa, *klug sein.* Gloffe wie nüd gschiid, *sehr schnell.* Die wùùrded (wùùrdid) au gschiider hòre! *die sollten aufhören.*

Gschiidi w. *Gescheitheit.* Dèè isch e Gschiidi! *der ist gescheit.*

gschiinig *glänzend, auffällig glänzend.* Das Tuech isch mer z gschiinig. Si hät s gèèrn echli gschiinig, *sie will etwas scheinen.*

Gschììr s. 1. *Geschirr (im Haushalt).* Zss.: -blätz m., *Geschirrlappen;* -brätt s., *Tropfbrett;* -geltli s., *Abwaschbecken;* -lumpe m., -luudere w., *Abwaschlappen.* 2. *Werkzeug.* En Handwèrcher mues rächts Gschììr haa. 3. *Beschirrung für Zugtiere.* ütr. Sälber i s Gschììr staa, *selber Hand anlegen.* Er isch i iedes Gschììr guet, *man kann ihn überall brauchen.* I s Gschììr stele, *arbeiten lehren.* D Mueter hät iri Chind im Gschììr, *fest in der Hand.* Du chunsch nöd schöön im Gschììr, *bist nachlässig gekleidet.* 4. *beim Webstuhl: Gesamtheit der durch Litzenfäden verbundenen Schäfte.* E nöis Gschììr iizie. 5. *Scheltwort für Frau, Schlampe.* E tums, wüeschts Gschììr. Vkf. Gschììrli s., a) *Kindergeschirr (Spielzeug).* b) *Fressnapf für Tiere.*

gschììre (-et) *mit jemandem, etwas zurechtkommen.* Dèrewääg cha me nüd gschììre, *so kann man nicht wirtschaften.* Mit sèrige Lüüte isch böös gschììre, *schwer auszukommen.* I mues ganz eläi gschììre, *allein mit etwas fertig werden.* Zss.: aa-, 1. *aufzäumen.* 2. *einrichten.* 3. *ankleiden* (humor.).

Gschimpf s. *Schimpfen.*

gschinierli *peinlich.*

Gschiss s. *Getue* (vulg.). Macht dèè es Gschiss! *Aufhebens.* Es Gschiss haa, mache mit äim, *jemanden hochspielen.*

gschisse *lumpig* (pop.). E Gschicht mache wägen e paar gschissne Fränkli.

Gschlaarp s. 1. *Geschmier, breiige Masse.* 2. *schleppender Gang.*

gschlaarpig *schleppend, schwerfällig im Gang.*

gschlacht *gutartig, bes. vom Vieh.* E gschlachts Stuck Vee.

Gschlächt s. (-er) 1. *Geschlecht.* 2. *Familienname.* Wie ghäissed er zum Gschlächt?

Gschläck s. *Ablecken, Schleckerei, Küssen.*

gschläcket *geschniegelt.*

gschläckig *wählerisch im Essen und Trinken.*

Gschläik s. *Liebelei.* Es Gschläik haa mit öpperem, *ein Verhältnis haben* (pej.).

Gschlamp s. *herunterhängender Lappen, schlaff sitzendes Kleid.*

Gschlämp s. *was schlaff herunterhängt, z.B. Milchfetzen.* I ha s Gschlämp i der Milch nüd gèèrn.

gschlampig *schlaff herabhängend, unordentlich, nachlässig.* Gschlampig dethèèr choo, lauffe, *schlaff, energielos gehen.* Gschlampige Chabis, *in Streifen geschnittener, gekochter Weisskohl.*

Gschletz s. *das Zuschlagen der Türe.*

gschliichig 1. *schleichend, heimtückisch.* En gschliichige Kärli; gschliichig rede, *unaufrichtig.* 2. *schleimig, von zerkochten Speisen.*

gschliimig *schleimig.* En gschliimige Schnägg; gschliimigs Züüg.

Gschlììrgg s., **Gschlììrp** s. *Geschmier, von schlechter Malerei, Schrift.* Es Gschlììrp am Himmel, *Gewölk.* Vgl. Schlììrp.

gschlipfe (-t) *ausgleiten.* Gschlipf nùùd! De Täler isch mer us de Hände gschlipft.

gschlipferig *schlüpfrig, glatt.* Händ Soorg, s isch gschlipferig! En Fisch isch gschlipferig.

gschlòòffrig *schläfrig.* Gschlòòffrig driiluege, *verschlafen aussehen.*

Gschlotter s. *Schlottern.*

gschlotterig *schlotternd vor Frost, Angst.*

Gschlüder s. 1. *fade, schale Brühe, z.B. von Wein, Kaffee, Suppe.* 2. *zu Brei zerkochte Speise.*

gschluderig 1. *breiig, von zerkochten Speisen.* 2. *nachlässig, oberflächlich, schludrig.* E gschluderigi Aarbet. Gschluderig aagläit, *nachlässig angezogen.*

Gschlùùrz s. *Sudelei, Geschmier.*
gschlùùrzig *flüchtig, oberflächlich, unordentlich.*
gschlüüsse (ggschlosse) *schliessen.*
Gschmack m. 1. *Geschmack.* 2. *Geruch.* I ha de Gschmack scho i der Naase. Vkf. **Gschmäckli** s. Die Zigaare hät e guets Gschmäckli. Das Fläisch hät es Gschmäckli, *üblen Geruch.*
gschmätterig *splitterig, bes. von rasch aufgeschossenem Jungholz.*
Gschmier s. *Schmiererei.*
gschmierig *schmierig.*
gschmöcke (-t) *riechen, den Geruch wahrnehmen.* Gschmöcksch öppis? Vgl. schmöcke.
gschmöckig 1. *wohlriechend, duftend.* En gschmöckige Mäie, *duftender Blumenstrauss.* Hw. Öppis Gschmöckigs, *Duftstoff.* 2. *übelriechend.* Gschmöckigs Fläisch.
Gschmòis s. *Gemengsel, unnützes Zeug.* Wèr wett au dèrigs Gschmòis phalte? I ha nüüt weder Gschmòis, *schlechte Karten beim Spiel.* Es Gschmòis isch da binenand, *Gesindel.*
Gschmüder s. *Kehricht, Abfall.*
gschmuech, gschmuuch *unbehaglich.* S wìrt mer ganz gschmuech, *unheimlich zumute.*
gschmürbelig *ranzig.* Der Anke wìrt gschmürbelig. Gschmürbeligs Fläisch, *nicht mehr ganz frisches Fleisch.*
gschmuslet, gschmuslig *leicht beschmutzt, schmierig.* E gschmuslets Hämp; gschmusligi Händ.
gschmǜǜrzelig *knauserig.* E gschmǜǜrzeligs Ässe; en gschmǜǜrzelige Loo.
gschnääper *barsch, schnippisch.*
Gschnaarch s. *Schnarchen.*
Gschnäder s. *Geschwätz, Geplapper.*
gschnäderfrèèssig *heikel, wählerisch im Essen.*
Gschnäfel s. 1. *ungeschicktes Zerschneiden, Schnitzelei.* 2. *Schnitzel (Abfall).* 3. *schwierige, umständliche Operation* (pop.).
gschnäll (gschnäler) *schnell.* Chöntsch mer na gschnäll hebe? *kurz halten.* Vgl. schnäll.
gschnätzlet in Ra.: Daas gaat wie gschnätzlet, *geht spielend.*
Gschnätzlets s. *feingeschnittenes Fleisch.*
Gschnauz s. *barsches Befehlen, Anschnauzen.*
gschnauzig *barsch, kurz angebunden.* En gschnauzige Mäischter.
gschnèèper(ig), pschnèèper *schnippisch, schroff in der Rede.*
gschniglet *geschniegelt.* En gschniglete Kärli.
gschniidig *scharf schneidend.*
Gschnitt s. *Schnitterschar* (va.).
gschnòiggig *naschhaft.*
gschnòrig *geschwätzig.*
Gschnòrigs s. *Vorderteil des Schweinsrüssels.*
Gschnorr s., **Gschnòrr** s. *Geschwätz* (pop.). Was dè verzellt, isch nüüt as es Gschnorr, *dummes Geschwätz.* Das isch es Gschnorr, *lärmiges Reden.*
gschnotte *knapp passend, bemessen.*
gschnotteret *innerlich ausgetrocknet, rissig, verschrumpft.* Gschnottereti Runggle.
gschnotterig *durch Siedehitze zitternd bewegt, wallend.*
Gschnuder s., **Gschnüder** s. *triefender Nasenschleim.*
gschnuderig, gschnüderig 1. *mit Nasenschleim beschmiert.* 2. *schleimig, schlüpfrig, von Speisen.*
gschnueper(ig) *kurz angebunden, abweisend, unwirsch.* Die Lüüt sind schüüli gschnueperig. En gschnuepere Pùùrscht.
gschnüert *geschnürt.* Hw. en Gschnüerte m., *höherer Offizier.*
Gschnurigs s. *kleine Nascherei.* Häsch öppis Gschnurigs ume? *etwas Geräuchertes.*
gschnutig *unwillig, aufgeregt* (ZO.). E gschnutigs Züüg, *unwirsches, ungestümes Benehmen.*
Gschnuuf s. *das Atmen.*
Gschnùùrpf s., **Gschnǜǜrpf** s. *schlechte Näh- oder Flickarbeit.*
Gschnüüz s. *Schneuzen.*
gschobe siehe schiebe.
Gschòi siehe Gschau.
Gschöpf s. *Geschöpf.* Das isch mer es Gschöpf! *anrüchige Person.* Vkf. Gschöpfli s., *Kind* (fam.).
Gschräi s., jg. **Gschrei** s. *Geschrei.* Es Gschrei mache, *Lärm, grosses Aufheben machen.* I s Gschrei choo, *ins Gerede kommen.*
Gschrift siehe Schrift.

Gschriibsel s. *undeutlich, schlecht Geschriebenes.*

Gschroot s., **Gschrööt** s. *Schrot.*

gschruubet *eingebildet, hochnäsig, geziert.* En gschruubete Kärli.

gscht! *fort! weg! Ruf zum Vertreiben von Hühnern, Vögeln, Vieh.*

Gschuder siehe Tschuder.

gschuderig siehe tschuderig.

gschuld, tschuld *schuldig.* I bi nüd gschuld.

Gschupf s. *Stossen, Anstossen.*

gschupft *närrisch, überspannt, verrückt.*

Gschütz s. *Geschütz.*

gschützig *hastig, übereilt, ungestüm.*

Gschützlig m. *unbesonnen handelnder Mensch.*

gschützt *windgeschützt.*

Gschüüch s. *Popanz.* Es Gschüüch von ere Frau, *aufgetakelte Frau.*

gschuuderig 1. *struppig, zerzaust.* 2. *uneben, von der Haut bei Gänsehaut.*

gschuumig *schaumig.*

Gschuupe m., **Gschupe** m. *Haarschopf.* Äine bim Gschupe nèè.

Gschwabel s., **Gschwafel** s. *Geschwätz.*

gschwabelig *schwach, unsicher auf den Beinen, schwankend.* I bi gschwabelig i de Bäine.

gschwäige (-et), **gschwäigge** (-et) *zum Schweigen bringen durch Zureden, besänftigen.* Es Chindli, s Gwüsse gschwäige. Mer wänd e go gschwäige, *seine Bedenken verstummen machen.*

gschwale (-et) *anschwellen, aufschwellen, von Brot usw.* S Broot iimocke, das es gschwali.

gschwall *aufgequollen.* D Stückli müend gschwall wèèrde, *Apfelschnitze müssen beim Dörren zuerst weich werden und aufschwellen.*

gschwambelig *schwankend, unsicher.*

gschwappelig siehe schwappelig.

Gschwätz s. *Geschwätz.*

Gschwellti (Mz.) *Pellkartoffeln, Schalenkartoffeln.*

gschwind (gschwindischt) *geschwind, schnell.* E Gschwinds, *behendes Mädchen.* De gschwinder Wääg, *der kürzere Weg.* Das isch gschwind gsäit, *bald gesagt.*

gschwinde (gschwunde) *ohnmächtig werden.* Es isch mer gschwunde.

Gschwindi w. *Geschwindigkeit.* I der Gschwindi, *Eile.*

gschwule *geschwollen.* En gschwulne Bagge, *geschwollene Wange.* Ra.: Dè git s gschwule! *gibt sich protzig, grossartig.*

Gschwulscht w. (ü), **Gschwülni** w., älter **Gschwulket** w. *Geschwulst.*

gschwungne Niidel m. *Schlagrahm, Schlagsahne.*

Gschwüschterti (meist Mz.) *Geschwister* (Mz.). Zss.: -chind (Mz.), *Geschwisterkinder, Cousins, Cousinen;* -chinds-chind (Mz.), *Kinder von Cousins und Cousinen; Cousins und Cousinen im zweiten Grad.*

Gschwüschterts s. *ein Geschwister.*

gsee (i gsee[ne], mer gseend; Wf. Gw. gsäch, Wf. Vh. gsèèch; Mw. gsee) *sehen, erblicken.* Vgl. luege. Si gseend denand gèèrn, *sind verliebt.* I will gèèrn gsee, wie s use chunt, *mich nimmt wunder, wie es herauskommt.* Ra.: Dè hät mi gsee! *einmal und nicht wieder.* Hw. Er isch um s Gsee choo, *erblindet.* Zss.: aa-; ab-; abe-; ane-; drii-. Dè gseet böös drii, *sieht übel aus;* ie-, *hineinsehen;* ii-, *einsehen;* uus-, *aussehen.*

Gsell m. (Gsele) 1. *Handwerksgeselle.* 2. *Kerl* (pop.). En fräche, schööne, tume Gsell. Die Gsele!

Gsellschaft w. (-e) 1. *Gesellschaft.* Ra.: Hütt häsch Gsellschaft zum Häigaa, *Begleitung auf dem Heimweg.* 2. *Leute* (pej.). Die Gsellschaft!

Gsetz s. *Gesetz.* Zss.: -buech s.

gsetzli *gesetzlich.*

gsetzt *gesetzt, besonnen.* En gsetzte Maa.

Gsicht s. (-er) *Gesicht.* Äine z Gsicht überchoo, *zu Gesicht bekommen.* Das macht e käi guets Gsicht, *nimmt sich schlecht aus.* Siis Gsicht hät abgnaa, *die Sehkraft hat nachgelassen.*

Gsims s. *Gesimse.*

gsinnt *gesinnt.*

gsöielig *unreinlich, unordentlich.*

gsòipfig *seifig.* Gsöipfigs Wasser, *Seifenwasser.*

gsòipft *geseift.* bdl. Es gaat wie gsòipft, *mühelos.*

gsööd *was schnell gar wird.* Gsöödi Bööndli.

Gsòòm s. *Sämerei, gemischtes Vogelfutter.*

Gsottes s. *Siedfleisch, Wellfleisch.*

Gsou s. *Geschmier, von einer Arbeit.*

Gspaa s. *Gespann, bespanntes Fuhrwerk.*

Gspaane m. *Gefährte, Kamerad.* Das Chind hät kän Gspaane. Vkf. Gspäändli s. Er hät es Gspäändli überchoo, *bekam ein Brüderchen oder Schwesterchen.*

Gspäischt s., jg. **Gspän(g)scht** s. (-er) *Gespenst.*

gspäischte (-et) *spuken.* Es gspäischtet i dem Huus. Zss.: umenand-, *umhergeistern.* Wo gspäischtisch umenand?

gspäischtig *gespenstig.*

gspane in Verb.: z gspane staa, *bereit stehen, zu Diensten stehen.*

Gspass m. (ä) *Spass.* Gspass aparti! *Scherz beiseite.* Zss.: -joggel m.; -vogel m. Vkf. Gspässli s. Er mag e käs Gpsässli verliide, verträäge, *erträgt keinen Scherz.*

gspasse (-et) *spassen.* S isch nu gspasset. Das gspasset si nu̇u̇d, *erträgt keinen Spass.*

Gspassi m. *Spassmacher.*

gspässig *lächerlich, sonderbar, zweifelhaft.* Gspässig Lüüt, *sonderbare Menschen.* Dè hät gspässigi Auge gmacht! *er war unangenehm überrascht.* E gspässigi Sach, *zweifelhaft.* De bisch hütt so gspässig, *so sonderbar.* S wi̇rt mer gspässig, *wird mir übel.* Gspässig tue, aaluege usw., *sich sonderbar benehmen usw.* Hw. en Gspässige m., *Sonderling.*

Gspässigi w. *Seltsamkeit.*

Gspeer s. *Hindernis, Gesperr.* Du machsch es Gspeer, *brauchst viel Platz.*

gspeerig *sperrig, viel Platz beanspruchend.* Gspeerigs Gstüüd.

Gspi̇il s. 1. *Brautjungfer* (va.). 2. *Begleiterin der Taufpatin* (va.).

Gspȍiz s. 1. *Spucke.* 2. *wertloses Zeug.* Das isch ja nu Gspȍiz.

Gspoor w., jg. **Gspuur** w. *Spur, Fährte.*

gspöör *spröde, ausgetrocknet.* S Broot isch gspöör.

gsporet *gespornt.* Gstiflet und gsporet.

Gspött s. *Spott.* Äine zum Gspött haa, *über jemanden spotten.* Er isch zum Gspött woorde, *er hat sich zum Gespött gemacht.*

Gspräng s. 1. *aufgeregte Rennerei.* Was isch daas hütt für es Gspräng! 2. *vereinzelte Früchte an den Bäumen.*

gspränggelet *gesprenkelt.*

gspredelet *gesprenkelt.*

gsprigelet, gspriggelet *gesprenkelt.*

Gsprȍȍch s., **Gsprèèch** s. *Gespräch.*

gsprȍȍchig, gsprèèchig *gesprächig.*

gsprȍȍchle siehe sprȍȍchle.

Gsprütz s. 1. *Spritzen.* D Chind mached es Gsprütz am Brune. 2. Tumms chäibe Gsprütz! Blööds Gsprütz! *Unsinn, Geschwätz.*

Gsprüür s. *Spreu.* Zss.: -chüsseli s., *Spreukissen;* -sack m.; -seckli s.

Gspuur siehe Gspoor.

gspüüre (ggspüürt) *fühlen, spüren.* Mer gspüüred de Winter choo. Me mag s gspüüre, *man merkt es.* Zss.: aa-, *anmerken;* use-, *herausfühlen.*

Gspüüri s. *Gespür, Spürsinn.*

Gspuuse m. *Bräutigam.*

Gspuuse (Mz.), **Spuuse** (Mz.) in Verb.: Gspuuse mache, *Flausen, Umtriebe.*

Gspuuse w. *Braut, Liebste.* Vkf. Gspüüsli s., *Liebste.*

Gspuusi s. *Braut, Liebste.*

gstaa (ggstande) *bekennen, gestehen.* Zss.: ii-, *eingestehen;* zue-, *zugestehen.*

gstaabe (ggstaabet) *starr werden, steif werden.*

gstaabet *steif, ungelenk.*

Gstaabi m. *ungelenker Mensch, Unbeholfener.* De bisch en Gstaabi!

gstaabig *steif, ungelenk.* Vor Chelti gstaabigi Finger.

gstäächlig *ganz aus Stahl verfertigt, stählern.* E gstäächligs Biel.

Gstaad m. *grosser Aufwand, Luxus, bes. an Kleidern.* En groosse Gstaad triibe. I cha kän Gstaad mache mit miim Gwändli, *keinen Staat machen.* Si hänkt alls an Gstaad, *gibt alles für die Kleider aus.* Im Gstaad choo, *im Festtagsgewand.* Mit dèm Brüütigam chasch kä Gstaad mache, *nicht prunken, kein Aufsehen erregen.*

gstääget *treppenartig angeordnet, z.B. von Reben.* Gstäägeti Haar, *schlecht geschnitten.*

gstablig *steif, ungelenk.* Gstabligi Finger. Hw. Er isch en Gstablige, *Schwerfälliger, Unbeholfener.*

gstächig *stechend.* Gstächigi Auge, *stechender Blick.*

gstäinig *steinig.*

Gstalt s. *Oberteil des Frauenkleides.* Zss.: -rock m., *ganzes Frauenkleid.* Vkf. **Gstältli** s., *Untergewand, Strumpfhalter für Kinder* (va.).

Gstalt w. (-e) *Gestalt.*

Gstampf s. *Stampfen.*

Gständ s. *Gedränge.*

gständlige *stehend.*

Gstank m. *Gestank.*

gstänt *stehend.* De Wii gstänt trinke. S Holz gstänt verchauffe, *noch nicht gefällte Bäume verkaufen.*

gstaubig *staubig.*

gstecket vole *prallvoll.*

Gstelaaschi s. *unförmiges, sperriges Ding; Unordnung.* Die händ es Gstelaaschi in irer Wonig! *überladene Wohnung.*

Gstell s. (-, -er) *Gestell.* ütr. Dè hät es Gstell, *eine Gestalt* (humor.).

gstiflet *gestiefelt.*

gstìlet *gestielt.* Gstìleti Chriesi, *Kirschen mit Stielen.* ütr. Gstìleti Auge, *lüsterne, gierige Augen, Stielaugen.*

gstobe *leicht verrückt.* Dè isch ja gstobe!

Gstòik s. *energisches Scheuchen.*

gstoobet (ZO.) siehe gstaabet.

gstoosse vole *prallvoll.*

gstopfet vole *prallvoll.*

gstotzig *steil.*

gstraamet *gestreift.* E gstraameti Chatz. De See isch gstraamet, *von Wellen bewegt.*

gstrackt *starr, steif.*

gstrauig *strohähnlich.*

Gstrèèz s. 1. *starker Strahl einer Flüssigkeit.* 2. *Platzregen.*

gstrodlig *siedend.* Gstrodligs Wasser.

Gstrütt s. *Hast.* Isch daas es Gstrütt gsii!

gstüberchoo *geklaut* (humor.). Häsch du daas gstüberchoo? (gstole + überchoo).

gstudiert *studiert.* Hw. en Gstudierte m., Gstudierti (Mz.), *Akademiker.*

Gstüedel s. *sperriges, wackliges Gestell.*

gstüle (-et), **gstüchle** (-et), **gstǜürchle** (-et) *stolpern, straucheln.*

Gstüli m. *läppischer Mensch.*

Gstungg s. *Gewirr, Durcheinander.*

Gstürm s. *Aufregung.*

Gstüüd s. *Gebüsch, Gesträuch.*

gstǜürchle siehe gstüle.

Gsücht s. (-er) *Gicht, Rheumatismus.* Gsüchter im Aarm.

Gsudel s. *Sudelei, bes. von flüchtiger Schrift.* Das Gsudel cha kän Mäntsch lääse.

Gsuech s. 1. *mühsames Suchen.* Du häsch au en eebigs Gsuech, bis du diini Sache findsch! 2. *Gesuch.*

gsüechig *in kleinlicher Weise gewinnsüchtig.* Das sind gsüechig Lüüt! Hw. en Gsüechige m., *Gewinnsüchtiger.*

Gsüechigi w. *Gewinnsucht.*

gsüessig *süsslich, z.B. von gefrorenen Kartoffeln.*

Gsüff s. *schlechtes Getränk, Gesöff* (vulg.).

gsüffig *leicht, angenehm zu trinken, süffig.* E gsüffigs Wiili, *leckerer Wein.*

gsümerig *sommerlich warm, sommerlich bekleidet.*

Gsums s. *Summen.* Da isch es Gsums i dèm Struuch!

gsund (gsünder) *gesund.* Gsund und froo, gsund und luschtig, gsund und buschper, gsund und gfrèèss, *wohlauf.* En gsunde Prìis, *hoher Preis* (pop.).

gsunde (gsundet) *gesund werden, gesunden.*

Gsundhäit w. *Gesundheit,* auch als *Zuruf beim Zutrinken, beim Niesen.*

Gsündi w. *Gesundheitszustand.* Dè isch e Gsündi, *von unverwüstlicher Gesundheit.*

gsundiget *sonntäglich gekleidet.*

Gsunket w. *Gesundheitszustand* (va.).

Gsur s. *Surren.*

Gsuus s. *Gesause.*

Gubel m. (ü) *Hügel, Felsabhang.* Vkf. Gübeli s.

gudere (gguderet) *gurgeln, gluckern.* De Wii guderet i der Fläsche. S guderet i miine Tèèrme, *kollert in meinem Gedärme.* De Bode guderet, *bei Moorboden.*

güdere (ggüderet) 1. *ein gurgelndes Geräusch verursachen, wenn Kinder ins Wasser blasen oder es ausgiessen, spritzen.* Tüend er wider güdere? 2. *unordentlich ausgiessen.* De Wìrt güderet mit dem Wii. 3. *panschen.*

Güderete w. 1. *Planscherei.* 2. *schlechtes, zusammengeschüttetes Getränk.*

Güderi m. 1. *Weinpanscher.* 2. *dummer Kerl, Schlingel.*

guene (gguenet), in ZU. **goone** (ggoonet) *sich gierig hinstellen, betteln, bes. wo gegessen wird.* Guenisch wider?

Gueni m. *Schmarotzer, zudringlicher Mensch.*

guet (besser, bescht) *gut.* Bis so guet! *sei so gut; bitte.* Wänn er wänd so guet sii, *wenn ihr so freundlich sein wollt.* Er isch i kän Schue ine guet, *nirgends zu brauchen, macht alles falsch.* I bi der guet defüür, *gutstehen für etwas.* En guete Schluck, *tüchtiger Schluck.* Es isch mer nöd guet, *ich bin unwohl.* Isch der guet? *ist die Sache in Ordnung?* (pop.). Hw. Er hät de Guet(e), *gute Laune.* Guete Taag! Guettaag ! Guets Täägeli! *Guten Tag.* Guete Bongschuur! *Guten Tag* (humor.). Guete Morge! Gueten Aabig! Gueten Abig (a kurz) Frä Sandmäier, Frä Seeholzer! *ums Himmels willen* (pop.). Guet Nacht! Guet Nacht em Sächsi! *ums Himmels willen* (pop.). Guete Namittaag! (humor.). verst. bode-; hunds-; moords- usw. Zss.: Guetgnueg m., *ein Zufriedener;* Guetnachtgschichtli s., *kurze Gute-Nacht-Geschichte.*

Guet s. (Güeter) *Gut.* Ra.: Er hät vil uf de ligede Güeter, *schläft gern.* Zss.: Güeterex w., *Güterexpedition.* Vkf. Güetli s., *kleiner Hof, Sitz.*

guete (gguetet) *gut, besser werden.* Mis Bäi guetet. S Wätter guetet. Es hät gguetet mit em, *er gehorcht besser.*

Guete m. 1. *Grüss Gott!* (Wth.) 2. En Guete! *guten Appetit! Mahlzeit!*

Güeti w. *Güte.*

güetig *gütig.* Tanke, Si sind güetig! *nein, danke.*

güetli *gütlich.* Güetli abmache, *sich friedlich vereinbaren.*

Guetmüetigi w. *Gutmütigkeit.*

Guetsi s., **Guets(e)li** s., **Gueteli** s., **Guezli** s. *kleines Feingebäck, Zuckergebäck.* ütr. En alts Guezli, *älteres Fräulein* (pop.).

guetsle (gguetslet), **guezle** (gguezlet) *Kleingebäck backen.*

Guetslete w., **Guezlete** w. *das Kleingebäck backen.*

gufe (ggufet) *mit Stecknadeln befestigen, stecken.*

Gufe siehe Gùùf.

güfele (ggüfelet) *mit Stecknadeln befestigen, stecken.*

Gufere w. *der Koffer.* Vkf. **Güferli** s. Zss.: -räisende m., *Reisevertreter* (humor.).

Gugelfuer w. 1. *schlecht geladene Fuhre.* 2. *Scherz, Spass, Possen.* Gugelfuer triibe.

gugge (ggugget) *gucken, heimlich hervorschauen.* Si gugget hinder em Voorhang füre.

Guggeere w. 1. *Dachfenster,* 2. *Lukarne.* Vkf. Guggeerli s. Vgl. Guggehüür.

güggehüü! *kikeriki.*

Guggehüür, -hüü s. *Dachfenster, Lukarne.* Vkf. Güggehüürli s. Vgl. Guggeere.

Güggel m. 1. *Hahn.* De root Güggel uf em Tach, *brennendes Haus.* D Auge vertrèèe wien en Güggel. Er hät en Chopf wien en Güggel, *blutrot vor Aufregung, Zorn.* De Güggel söll mi bicke! *Verwünschung.* Zss.: -chambe m., *Hahnenkamm;* -root wèèrde, *rot werden wie ein Hahnenkamm;* -schwanz m.; -sprung m., a) *Hahnensprung.* b) *kurze Strecke.* c) *kurze Zeit.* 2. *Pferd* (Ssp.). Vkf. **Güggeli** s., *Backhähnchen.* Zss.: -fridhoof m., *dicker Bauch* (humor.).

güggele (ggüggelet) *gucken, heimlich hervorschauen.* D Ärbse güggeled füre, *spriessen hervor.* Zss.: use-.

Guggemööli s. *gemeine Unke.*

Guggemusig w. *Fasnachtsmusik(gruppe).*

Gugger m., **Gugguu** m. *Kuckuck.* Ra.: Was Guggers machsch? *was zum Kuckuck machst du?* Ale Gugger, *alles mögliche.* Um de Gugger nööd, *einfach nicht.* Bim Gugger! *beim Kuckuck.* Wäiss de Gugger waas! *was kuckucks.* Zss.: Guggerziit s., *Kuckucksuhr.* Guggubluem w., -blüemli s., *Buschwindröschen;* Gugguspȍiz m., *Kuckucksspeichel auf Pflanzen;* Guggu-Uur w., -üürli s., *Kuckucksuhr.*

Gugger m., meist Vkf. **Güggerli** s. 1. *kleiner Fensterflügel.* 2. *Dachfenster.* 3. *kleiner Giebelbau* (ZO.).

Gügger m. *Gelbbauchunke (?).*

güggerüggüü! *kikeriki.*

güggle (ggügglet) *blicken.* Zss.: uus-.

güggsle siehe güxle.

Guggumere w. 1. *Gurke*. 2. *dumme, ungeschickte Frau.*
Gugguu siehe Gugger.
guguus dadaa! *Ruf beim Versteckenspielen mit kleinen Kindern* (Ksp.).
guldi, guldig, goldi, jg. **goldig** *golden, goldig.*
güle (ggület), **güllne** (ggüllnet), **güllnere** (ggülneret) *Jauche fahren, mit Jauche begiessen, düngen.*
Güle w. 1. *Jauche.* Güle füere, *Jauche fahren.* Ra.: Klaar wie Güle, *Ausdruck für unklare Beweise.* Zss.: -bäne w., *Jaucheschubkarren;* -bock m., *dreibeiniges Gestell zum Aufstellen der Jauchetanse;* -bützi s., *Jauchetümpel;* -chaschte m., *Jauchegrube;* -chrucke w., *Krücke zum Aufwühlen der Jauche;* -fass s., *Jauchefass;* -grünggel m., *Unke* (ZU.); -güügger m., *Unke;* -loch s., *Jaucheloch, -grube;* -mügger m., *Unke;* -puur m., a) *Bauer* (vulg.); b) *unordentlicher, konfuser Mensch* (vulg.); -schüeffi s., *Jaucheschöpfer;* -suuger m., *Tabakpfeife* (humor.); -tause w., *Jauchetanse, Jauche-Rückentraggefäss;* -traag m. (jg. -troog), *Jauchetrog;* -vertäiler m., ütr. *wer überall salbadert, übler Schwätzer* (humor.); -waage m., *Jauchewagen;* -wurm m., *Fliegenmade.* 2. *schlechter Kaffee usw.* (pop.).
Gült w. (-e) *Pfandbrief.* Zss.: -brief m.
gümele (ggümelet) *radieren.* Zss.: uus-, *ausradieren.*
Gumfitüüre w., **Gumfi** w., **Gomfitüüre** w. *Konfitüre.*
Gumi m. *Handelsreisender, Tuchreisender, Commis* (pej.).
Gumi m. (ü) *Gummi.* 1. *Radiergummi.* 2. *Klebstoff.* Zss.: -lasch s., *Gummiband* (va.).
gumiere (ggumiert) 1. *radieren.* 2. *gummieren.*
Gump m. (ü) *Sprung.* En Gump nèè, *einen Sprung tun.* Zss.: -esel m., *hüpfendes Kind.* Vkf. Gümpli s.
gumpe (ggumpet) *hüpfen, springen.* Er chunt z gumpe, *kommt gesprungen.* S Gumpe wìrt em scho na vergaa, *er wird sich noch mildern, mässigen.* Zss.: ab-, *abspringen;* abe-, *hinunterspringen;* furt-; ine-; ufe-; use-; uuf-.
Gumpe m. (ü) *Tümpel, Pfütze.* Vkf. Gümpli s. Es Gümpli im Anke, *wenn sich im Buttertopf ein Grübchen mit flüssiger Butter bildet.*
gümperle (ggümperlet), **gümpele** (ggümpelet) *leicht, zierlich hüpfen, springen.*
Gumpete w. *Hüpfen.*
Gumpi m. *Hüpfender.*
Gumpis in Zss.: Böckli- s., Sack- s., Säil- s., *Hüpfspiel;* s.d.
Gumsle w. *Frau* (vulg.).
gune (ggunet) *gönnen.* Er mag em s nüd gune.
güne (ggune) 1. *gewinnen.* I hän es Loos ggune. 2. *pflücken.* Öpfel güne.
Gunggel m. *schwacher, nur einmal gebrannter Fusel, Schnaps.*
Günggel m. *Penis* (vulg.).
Gunggele w. *nachlässig, liederlich gekleidete Frau.*
Gunggelibrüe w. *abgestandene Brühe, z.B. Kaffee.*
Günis s. *Spiel auf Gewinn.* Günis mache.
Gunte m. (ü) *eiserner Keil mit Ring, um Baumstämme wegzuschleifen.*
Gunte m. (ü) *Tümpel, Pfütze.*
Gupé s. *Wagenabteil.*
Gupf m. (ü) *Kuppe.* 1. *Bergkuppe.* 2. *Hutkopf, Hutkuppe.* 3. *stumpfes Ende des Eies, der Nuss.* Spitz uf Gupf, *beim Ostereierstossen.*
güpfe (ggüpft) 1. *auf den Fussspitzen stehen.* 2. *aufjucken.* 3. *hüpfend gehen.*
gupiere (ggupiert) *lochen (Billett).*
Gupong m. *Coupon, Kupon.*
Guraaschi s., **Gurääschi** s. *Mut.*
guraschiert siehe gguraschiert.
Gürbe m. *Krummholz, welches Schiffsboden und -wände zusammenhält, Spant.*
gure (gguret) *girren.*
Gure w. 1. *alte Stute.* 2. *Dirne.* 3. *Frau mit unangenehmen Eigenschaften.* E wüeschti, böösi Gure.
gurgle (ggurglet), älter **gùùrgele** (ggùùrgelet) *gurgeln.*
Gurgle w., älter **Gùùrgele** w. *Gurgel.* Vkf. Gürgeli s.
Guri m. *Schnapp-Pferd (Schreckgestalt am Silvester,* ZO.).
Guri m. *Truthahn.* Ra.: En Chopf haa wien en Guri, *rot vor Zorn.* Zss.: -root, *feuerrot;* -rööter m., *Truthahn.*

Guri s. *Mut* (frz. courage). Er hät käi Guri.

Gurimusch m. *Mischmasch* (ZO.).

Gursett s., **Gorsett** s. *Korsett.*

Guschett siehe Gguschett.

Guschi s., **Gusché** s. *Bett* (fam.). I s Guschi gaa.

Guscht m. *Geschmack.*

Güsel m., s. 1. *Abfall, Kehricht.* Zss.: -chübel m., *Kehrichteimer;* -maa m., *Kehrichtabfuhrarbeiter;* -trucke w., *Abfallbehälter* (va.); -waage m., *Kehrichtabfuhrwagen.* 2. *das Schlechteste einer Gattung, Gesindel.* S isch ale Güsel binenand gsii. Zss.: -waar w., *Ausschussware.*

Gusèng m., **Gusäng** m. *Vetter, Cousin.*

Gusiine w. *Base, Cousine.* Vkf. Gusiindli s.

gusle (gguslet) 1. *schneien und regnen durcheinander.* Lueg ä, wie s guslet! 2. *Flüssigkeiten mischen.* 3. *stochern, aufscheuchen,* auch ütr. Daa sett men emaal e chli gusle! *Ordnung schaffen.* Zss.: ume-, *durchwühlen, herumstochern.*

Guslete w. 1. *Sudelwetter.* 2. *Panschen.*

guslig 1. *stürmisch, vom Wetter.* 2. *trübe, vom Wein.*

Gutsch m. (ü) *Schwall.* Er hät mer en Gutsch Wasser aagrüert.

gutsche (ggutschet) *stossweise überfliessen.* De Milchhafe isch z voll, d Milch gutschet (überuse).

gutschiere (-t) *kutschieren, auskommen.*

gutschle (ggutschlet), **gütschle** (ggütschlet) *stossweise überfliessen.*

Guttere w. 1. *Flasche.* Zss.: -butzer m., *Flaschenbürste.* Vkf. Gütterli s. Zss.: -tokter m., *Kurpfuscher.* 2. *Prostituierte* (vulg.).

Guu m. (üü) *Geschmack.* Die Suppe hät kän Guu. Ra.: S git alerläi Güü. Äim de Guu nüd haa, *nicht gewogen sein.* Vkf. **Güüli** s. Es hät e guets Güüli, *schmeckt sehr gut.* Es hät es Güüli, *einen kleinen Beigeschmack.*

güüde (ggüüdet) *vergeuden, schwelgen, verschwenden.* Mit vilem güüdet me.

Güüder m., **Güüdi** m., **Güüderi** w. (-ne) *Prasser, Schlemmer, Verschwender(in).* Ra.: De Huuser mues en Güüder haa, *der eine spart, der andere verschwendet (besonders von Vater und Sohn).*

Gùùf w. (Gufe), **Gufe** w. *Stecknadel.* Zss.: Gufebett s., *Nadelkissen.* Wänn t nöd braav bisch, chunsch i s Gufebett! *humor. Drohung an unfolgsames Kind;* -büchsli s.; -chnopf m., *Stecknadelkopf;* -chüssi s., *Nadelkissen.* Vkf. Güfli s.

guuge (gguuget) 1. *auf Blasinstrument blasen.* 2. *übermässig (Alkohol) trinken* (humor.).

Guuge w. *Blasinstrument aus Papier, Rinde, Pflanzenstengeln.* Ra.: Käi Aanig ha vo Guuge blaase, *überhaupt nichts verstehen.*

güügele (ggüügelet) 1. *auf Blasinstrument blasen.* 2. *übermässig (Alkohol) trinken* (humor.).

Guugemööndli s. *Salamander.*

Gùùrps m. *Rülps.* De Gùùrps, Gùùrpsi haa.

gùùrpse (ggùùrpset) *rülpsen.*

Gùùrpsete w. *andauerndes Rülpsen.*

Gùùrpsi m. 1. *Rülpsender.* 2. De Gùùrpsi haa, *andauerndes Rülpsen.*

Gùùrt m. (ùù) *Gürtel.*

güüsse (ggosse) 1. *giessen.* Glogge güüsse. En ggossne Bode, *Zementboden.* 2. *schlittern, glitschen* (ZU.).

Güüssi w. *Giesserei.*

Guuti-Guuti s. *Leckerbissen* (Ksp.).

Guutsche w. 1. *Kutsche.* 2. *Polsterbank in der Stube um den Ofen.* Vkf. **Güütschli** s., *Kinderbettchen* (Ksp.).

Guutschme m. *Kutscher.*

Guutschner m. *Kutscher.*

Guutsi s., **Guuzi** s. *Biskuit* (fam.). Zss.: Guutsi-Guutsi s., *Biskuit* (Ksp.).

Guwèèr s., **Gguwèèr** s. *Briefumschlag, Kuvert.*

Güx m. *Schnaps* (pop.).

güxle (ggüxlet) *verstohlen blicken, gucken.* Zss.: füre-, *hervorgucken;* ie-, *besuchen* (fam.); use-, *hervorschauen.*

Gvatter m. *Gevatter, Taufpate* (va.). Äim z Gvatter staa. Zss.: Gvatterlüüt (Mz.), *Pate und Patin;* Gvatterschaft w., *Patenschaft.*

gvätterle (-et) 1. *spielen von Kindern.* 2. *langsam arbeiten, ohne Ernst etwas betreiben.* Iez wìrt nüme gvätterlet, iez wìrt gschaffet! 3. Mit äinere gvätterle, *tändeln, vertrauten Umgang pflegen.*

Gvätterler m., **Gvätterli** m. *Tändelnder.* Zss.: Gvätterliaarbet w., *unwesentliche, knifflige*

Arbeit, Tändelei; -sach w., *Spielzeug, Tand;* -schuel w., *Kindergarten;* -schüeler m., *Kindergartenschüler;* -züüg s., *Spielzeug.*

Gvätterlete w. *Spielerei, Tändelei.*

Gvätti w. *Kindergarten* (fam.). Zss.: -tante w., *Kindergärtnerin* (va.).

Gviert s. *Viereck, Rechteck, Quadrat.* S Zimer hät vier Meeter im Gviert, *4 m²*.

gvrììre (-et) *sich irren.* Mer sind im Wääg gvrììret. I bin um es Zwäi gvrììret, *habe mich verrechnet, verlesen.* Bi dene Lüüte simer gvrììret, *haben wir uns getäuscht.*

Gwaagg m. (-e), **Gwäägg** m. (-e) (ZU.) 1. *Krähe.* 2. *Rabe.* 3. *Ente.* 4. *Frosch* (Ksp.). Zss.: Gwaaggechopf m., *Dummkopf* (pop.).

gwaagg! *quak (Schallwort für Rabengekrächz, für Gequak des Frosches).*

gwaagge (ggwaagget) *krächzen, vom Raben; quaken, vom Frosch.*

Gwääl s. *Gewölle.*

gwaare (-et) 1. *wahrnehmen.* I ha mi desse nüd gwaaret. 2. *sich hüten* (va.). Gwaar di! *hüte dich.*

Gwächs s. 1. *Gewächs.* Äiges Gwächs, *Eigengewächs.* 2. *Geschwür, Geschwulst.*

gwächsig *dem Wachstum förderlich.* Gwächsigs Wätter.

Gwafföör m. *Coiffeur, Haarschneider, Frisör.*

Gwafföörlis mache *Coiffeur spielen* (Ksp.).

Gwafföös w. *Coiffeuse, Frisöse.*

gwaggle (-et) *wanken, wackeln.* En Zaa gwagglet. Mit em Chopf gwaggle. Dè gwagglet, er hät goppel en Ruusch, *ist berauscht und wankt.* Zss.: ume-, umenand-, *ziellos umhergehen.*

Gwagglete w. *wackelige Sache.*

Gwaggli m. 1. *wer im Gehen wackelt, Wackelnder.* 2. *Dummkopf* (pop.). Zss.: -chopf m., *Dummkopf* (pop.).

gwälet *gewellt.* Gwälets Haar.

Gwalt w. (-e) *Gewalt, Macht, Stärke, Kraft.* Dè hät e Gwalt, *Kraft.* Mit Gwalt riich wèèrde, *allem zum Trotz.* Mit Tüüfels Gwalt, *unter allen Umständen.* Zss.: Gwaltskärli m., *überaus starker Kerl.*

Gwand s. *Gewand, Kleid, Anzug.* Zss.: -luus w., *Kleiderlaus.* Vkf. **Gwändli** s., *Soldatenuniform* (humor.).

gwäne (ggwänet) *gewöhnen.* I bi mi desse ggwänet, *daran gewöhnt.*

Gwanet w. (-e), jg. **Gwonet** w. *Gewohnheit.* Er hät s i der Gwanet. Das sind tumi Gwanete.

Gwäsch s. *Geschwätz.*

gwässerig *wässerig.*

Gweer s. *Gewehr.*

Gwèèrb m. 1. *Gewerbe.* Zss.: -schuel w., *Berufsschule* (va.). 2. *bäuerliches Heimwesen.* Vkf. Gwèèrbli s., *kleines Heimwesen.*

gwèèrbe (ggwèèrbet) *emsig arbeiten, ein Gewerbe betreiben.*

gwèèrbig siehe gwirbig.

gweerig 1. *arbeitsam.* 2. *unerschrocken.*

Gwelb s., jg. **Gwölb** s. *Gewölbe.*

gwèrchber, gwèrchig *arbeitsam, fleissig.*

gwèrtige in Verb. gwèrtiget sii, *gewärtig sein.*

Gwett s. *Wette.*

Gwicht s. *Gewicht.* Zss.: -stäi m.

gwicklet in: faltsch gwicklet sii, *unrichtige Auffassung haben* (pop.).

Gwiiggli s. *Waldkauz.*

gwiixe (ggwiixet) *kreischen.*

Gwild s. *Wildschosse an der Rebe.*

Gwind s. *Schraubengewinde.*

gwinterig *winterlich.*

gwirbig, gwèèrbig *arbeitsam, betriebsam.*

gwöndli *gewöhnlich.*

gwonet *gewohnt.* I bi mi gwonet.

Gwonet w. (-e) *Gewohnheit;* vgl. Gwanet. Vkf. Gwönetli s., *eigenartige Gewohnheit.*

gwonkli *gewöhnlich* (va.).

Gwülch s. *Gewölk.*

Gwunder m., s. *Neugier.* Us em Gwunder choo, *Neugier befriedigen.* Zss.: -chele w., -chratte m., -fitz m., -naas w., *Neugieriger;* -fitzig, *neugierig, lüstern nach Neuigkeiten.*

Gwunderi m. *Neugieriger.*

gwunderig *neugierig.*

Gwunderlig m. *Neugieriger.*

Gwünn m. *Gewinn.*

gwüss *gewiss.* Er isch uf eme gwüssnen Alter. Gwüssni Lüüt. I bi s gwüss nüd gsii. Dè wott gwüss hüüraate, *wahrscheinlich.* Gwüss uf Eer und Säligkäit, *ganz gewiss* (va.). verst. gwüssgott!

Gwüsse s. *Gewissen.*

Gwùùrz s. *Gewürz.*

H

hä-ä! *nein, gar nicht.*

haa (i ha, hä(n), du häsch, mer händ; Wf. Gw. häi(g), hei(g), heb; Wf. Vh. hett; Mw. ghaa; Befehlsform heb! händ!) 1. *haben.* De muesch es iez haa, *die Folgen tragen.* De Bueb isch nüd zum Haa, *unerträglich.* I ha s nüd chöne haa, *ich konnte es nicht leiden.* Si hät das Chind wien en äiges, *behandelt es wie ein eigenes.* Händ er ghaa? *seid ihr satt?* Händ er scho ghaa? *habt ihr schon gegessen?* Das hämer nanig ghaa, *noch nicht behandelt* (Schsp.). Wie häsch es? *wie geht es dir?* (pop.). Iez häsch (es) ghaa, *es ist passiert.* Wer nöd wott, hät ghaa! *sich eine gute Gelegenheit entgehen lassen.* Jungi haa, es Chind haa, *gebären.* Er wott s haa, a) *er verlangt.* b) *behauptet.* Händ s nüd für übel! *nehmt es nicht übel.* Wie hämer s? *wie stehen wir zueinander? was unternehmen wir?* I han öppis mit em, *habe Streit.* Er hät de Guet, *gute Laune.* Äim de Wile haa, *gewogen sein.* S hät s iez! *es genügt.* S hät s glii, *geschieht leicht.* S hät en, *hat ihn getroffen, erwischt.* S hät di! *erwischt, beim Fangspiel* (Ksp.). Hät s dèè? *ist er nicht ganz bei Sinnen?* Er hät s und vermag s, *er kann es sich leisten.* Vo Ine hämer s grad ghaa, *von Ihnen haben wir soeben gesprochen.* Äis go haa, *etwas trinken.* Si hät s im Rugge, *Rückenkrankheit, Rückenschmerzen.* Mer händ de Maaler, *wir haben den Maler im Hause.* Chan ich de Hèrr Mäier haa? *kann ich Herrn Meier sprechen?* 2. *halten* (vgl. hebe). De Choorb, de Huet haa. S Bäi fùùr haa, *Bein stellen.* D Chue am Strick haa. S Ross hüüf haa, *zum Stehen bringen.* Er isch nüme z haa, *nicht mehr zu halten.* Er müend linggs haa, *links halten, steuern.* Still haa, *sich ruhig verhalten.* Er hät s mit äinere, *hat ein Liebesverhältnis.* I hä s mit em Kafi, *liebe den Kaffee, ziehe Kaffee vor.* Er hät vil uf ere, *er hält grosse Stücke auf sie.* Sundig haa, *Sonntag feiern.* 3. *Hilfsverb für das Perfekt (Vh.), auch Plusquamperfekt (Vorvergangenheit) und Konjunktiv II (Wf. Vh.).* I ha s doch gsäit ghaa. Wänn t nu gschwige hettisch! Zss.: aa-, *(ein Kleid) tragen.* Si hät en nöie Rock aa; ab-, *abhalten, abwehren;* ane-, *den Kopf hinhalten;* bhaa siehe phaa; hère-, *herhalten;* hinder-, *hintanhalten, zurückhalten;* über-, *zurückhalten.* Er cha s nüd überhaa z rede; um-, *etwas als Kleidungsstück am Leibe tragen.* Si hät es Fazeneetli um, *als Kopf- oder Halsbedeckung;* under-, *etwas darunterhalten;* use-, *bestreiten, unterhalten.* Di ganz Huushaltig usehaa; uuf-, a) *anhalten.* b) *in die Höhe heben, emporhalten.* D Hand uufhaa; uus-, *ausreichen.* S Gält hät en nüd uus, *reicht nicht bis zu seinem Tod;* voor-, *vorhalten.* En Fèèler voorhaa; zäme-. D Händ zämehaa, *zum Gebet falten;* zue-, a) *zuwenden.* Äim öppis zuehaa. b) *geschlossen halten.* De Chaschte zuehaa.

Haab w. (-e) *kleiner Schiffshafen.* Zss.: -haagge m.; -muur w., -müürli s., *Hafenmauer.* Vkf. Hääbli s., Hòòbli s.

Haab w., s. *künstlicher Sauerteig.*

Haab w. 1. *Halt, Festigkeit, Dauer.* Haab haa, *Fuss gefasst haben.* S hät käi Haab, *keinen Bestand, z.B. das Wetter, die Gesundheit.* 2. *Habe, Besitz.* Faaredi Haab.

Haaf m. (Hòòf) *Hof, erhalten in Lokalnamen.* Vgl. Hoof.

Haafe m., **Hafe** m. (ä) 1. *Henkeltopf.* Zss.: -chèès m. in Ra.: jede Haafechèès, *jede Belanglosigkeit.* 2. *Kochtopf.* 3. *Nachttopf, Toilette* (pop.). I mues uf de Haafe. 4. *blasses, schlecht aussehendes Mädchen* (Schsp., jg.). Vkf. **Häfeli** s. Zss.: -brand m., *Schnaps* (humor.); -schuel w., *Kindergarten* (va.); -schüeler m., *Kindergartenschüler* (va.); -wèrch s., *Hexenwerk, Zauberei.* Vgl. Häfi.

Haag m. (èè, jg. ää) 1. *Hecke.* 2. *Zaun.* Ra.: Alls bis an Haag abe, *alles bis auf die letzte Einzelheit.* Hinder allne Hèège, *überall.* Über all Hèèg sii, *über alle Schwierigkeiten hinaus, auf und davon sein.* Er isch nüd hinderem Haag füregschloffe, *nicht von schlechter Abkunft.* Haag ufe, Haag abe, *unschlüssig.* Äim nüd über de Haag troue, *misstrauen.* Under em Haag dure frässe, *sich mit anderen Frauen einlassen.* Am Haag sii, *in der*

Klemme, in Schwierigkeiten sein. Zss.: -aff m., *Dummkopf;* -heer m., *Raubritter, Zwingherr;* -mässer s., *Hippe;* -mueter w., *Wurzelstock in Grünhag mit Grenzzeichen* (va.); -roos w., *Heckenrose;* -stäcke m., *Zaunstecken.*

haage (ghaaget) *einzäunen.* Zss.: ii-, *umzäunen.*

haagge (ghaagget) 1. *mit Haken ziehen.* Zss.: ab-, *markieren;* abe-, *herunterhaken;* ii-, *einhaken;* use-. 2. *schlecht schreiben.* Zss.: hère-.

Haagge m. (ȍȍ) *Haken.* En lange Haagge, *lange, magere Person.* Ra.: Äim de Haagge schlaa, *das Bein stellen.* Zss.: -maa m., *Wassergeist;* -naase w.; -schruub w. Vkf. siehe Hȍȍggli.

Haaggeri w. *weibliche Maskengestalt am 30. Dezember.*

Haane m. (ää) *Hahn, Gas-, Wasserhahn.* Zss.: -burger m., *Brunnenwasser* (humor.).

Hääni s. *Fasshahn.* S Hääni iischlaa, *den Hahn ins Fass treiben, schlagen.*

Haar s. *Haar.* Bime Haar, *beinahe.* Zss.: -aff m., *Felltornister* (Ssp.); -bändel m., *Haarband;* -bode m., *Kopfhaut;* -gliich, *aufs Haar gleich;* -gschuder m., *zerzauster Haarschopf;* -gschuupe m., *Haarbüschel;* -naadle w., *Haarnadel;* -öiel m., *wirrer Haarschopf;* -ööl s. S isch zum Haarööl säiche! *es ist zum Verzweifeln* (vulg.); -putsch m., *Haarbüschel;* -ribel m., *Haarknoten;* -rupf m., *Rupfen an den Haaren;* -schèèrer m., *Haarschneider, Coiffeur, Frisör;* -schnale w., *Haarspange;* -schniider m., *Haarschneider, Coiffeur, Frisör;* -schnuer w., *Band zum Aufbinden des Haares;* -wachs s., a) *Sehne in gesottenem Fleisch.* b) *aus Haar geflochtene Schnur.* Vkf. **Hȍȍrli** s. Er isch um käs Hȍȍrli besser, *um nichts besser.* Zss.: -dieb m., -gottlieb m., *Haarschneider* (Ksp.).

haar, har, jg. **hèèr** *her.*

haare (ghaaret) *haaren.* D Chatz haaret.

haarig 1. *mit Haaren bewachsen, behaart.* 2. E haarigi Gschicht, *haarsträubende Geschichte.* S isch haarig, *unglaublich.* 3. *ausserordentlich, sehr.* Haarig chalt, grooss, tüür.

Haarli-tramp-mäin-Soon m. *Fahrrad* (humor.; nach Fahrradmarke «Harley»).

Haarpfe w., jg. **Haarffe** w. *Harfe.*

Haarpfenischt m., jg. **Haarfenischt** m. *Harfenspieler.*

Haarz s. *Harz.* Ra.: Haarz a der Chappe haa, *nicht gerne grüssen.*

häärzele (ghäärzelet) *nach Harz riechen.*

Haarzete w. 1. *Klebrigkeit.* 2. *mühsames Vorankommen.*

haarzig *mühsam.* Das isch e haarzigi Gschicht.

Haas m. (-e) *Hase,* auch *Kaninchen.* Ra.: De Haas uselaa, *Sache preisgeben.* Äim en Haas i d Chuchi schicke, *jemandem einen Vorteil verschaffen.* Zss.: Haasebööndli s., *Exkremente des Hasen;* -braate m.; -chlee m.; -fääl s., *Hasenfell;* -fuess m.; -pfäffer m., *gebeizter Hasenbraten;* -schaart w.; -schmalz s., *Hasenfett.* Vkf. **Hääsli** s., 1. *Häschen.* 2. *Mädchen* (fam.).

Haatsch w. (-e) *nachlässige, unordentliche Frau.* Vkf. Hȍȍtschli s.

haatsche (ghaatschet) *nachlässig einhergehen.* Zss.: devoo-; ume-.

haatschig *nachlässig.*

Habasch m. *Havas (eig. Nachrichtenagentur).* Ra.: Verzel kän Habasch! *keinen Unsinn, keine Lüge.*

Haber m. *Hafer.* Ra.: Was gilt de Haber? *wenn man jemand Ungezogenen beschämen will.* Lange Haber überchoo, *Peitschenhiebe.* Zss.: -brei m.; -chrüpf w., *bewegliche Haferkrippe;* -gries s.; -güsel m., *Haferabfall;* -määl s.; -motoor m., *Pferd* (humor.); -mues s., *Haferbrei;* -sack m., 1. *Futtersack für Pferde.* 2. *Tornister* (Ssp.). 3. *Tenderdampflokomotive* (humor.); -säligkeit w., *kleiner Besitz* (humor.); -strau s., *Haferstroh;* -stumpe m., *Haferstoppel;* -suppe w.

habere (ghaberet) 1. *Hafer säen.* 2. *Pferde mit Hafer füttern.* Ra.: E ghaberets Ross und en gwiinete Maa *(der Wein getrunken hat)* sind nöd umzbringe. Zss.: ab-, *verprügeln;* uus-, *durchprügeln.* 3. *essen* (pop.). Zss.: abe-. Gschnäll öppis abehabere.

habli *wohlhabend.* En habliche Maa, e hablichi

Frau. Das isch de hablichscht Puur im Doorff.

hächle (ghächlet) 1. *(Flachs) hecheln.* 2. *bekritteln,* meist in Zss.: dure-, uus-, *verlästern.*

Hächle w. *Hechel.* 1. *kammartiges Werkzeug zum Reinigen und Trennen der Fasern des Flachses und Hanfes.* ütr. Äine dur d Hächle zie, *jemanden bekritteln, herabsetzen.* 2. *Krauthobel.* 3. *zänkische, verleumderische Person.*

Hächleri w. (-ne) *Klatschbase, Schwätzerin.*

Hächt m., **Hècht** m. 1. *Hecht.* 2. *Hechtsprung.* De Hächt mache.

hacke (ghacket) *hacken.* D Rääbe, d Hèrdöpfel hacke. E Tane hacke, *die Äste einer Tanne weghacken.* S Fläisch hacke. Zss.: Hackbraate m.; -stuel m., *Bank zum Schneiden von Häcksel.*

häckele (ghäckelet) *Erdreich leicht hacken.*

Hacker m. 1. *Hackender.* 2. *Fünfzigfrankennote* (va., pop.).

häckerle (ghäckerlet) *häckseln.*

Häckerlig m. *Häcksel.*

hackermänt, hackermoscht verh. für sackermänt, *ums Himmels willen.*

Häfi s. *Töpfchen* (Ksp.). Gang uf s Häfi!

Hafner m. 1. *Töpfer.* 2. *Ofenbauer.*

hafnere (ghafneret) *Hafnerhandwerk betreiben.*

Haft m. (ä) 1. *Naht, bes. bei Operationen.* Häft mache. Dère sött me chöne en Haft a s Muul mache (humor.). 2. *Metallklammer, Fibel.* 3. *Strohband zum Binden der Reben.* Er cha kä rächt Häft mache, *kann nicht richtig binden, knoten.* Vkf. **Häftli** s., *Kleiderhäkchen und -öse, Heftel.* D Häftli iitue, eig. und ütr.: *den Übermut dämpfen.* Zss.: Häftlimacher m. Uufpasse wien en Häftlimacher, *sehr gut aufpassen.* Druff sii wien en Häftlimacher, *eifrig arbeiten.*

häftle (ghäftlet) *hefteln.* Zss.: ii-, *ein Kleid durch Einhängen der Häkchen, Heftel schliessen.*

Hage m. (ä) *Zuchtstier.* Zss.: Hageschwanz m., *Prügel, Peitsche* (eig. *das Glied des Zuchtstiers);* -schwanze, *prügeln.*

Hagebueche w. *Hagebuche, Hainbuche.*

Hagebutz w., jg. **Hagebutte** w. *Hagebutte.*

Hagel m. (Hagle) 1. *Hagel.* ütr. Äim de Hagel abetue, *tüchtig ausschelten.* Zss.: -kanoon w.; -stäi m., *Hagelkorn;* -wätter s. 2. *Kerl.* En grobe Hagel, *Grobian;* en tume Hagel, *Dummkopf;* en luschtige, liebe Hagel, *Kerl.* verst. Hèrrgotts-, Stèèrne-, Wältshagel. 3. Ra.: Er wäiss kän Hagel, *weiss nichts.* Er macht ale Hagel durenand, *alles durcheinander.* Was Hagels isch daas? *was zum Kuckuck ist das?* Das isch en Hagel! *wie ungeschickt, wie dumm.* Bim Hagel! Potz Hagel ! *Ausrufe der Beteuerung, des Staunens.* verst. Bim eebige Hagel! En Hagels Stolz, Lèèrme, *übermässiger Stolz, Lärm.* Zss.: Hagelsbueb m., *pfiffiger Bub;* -gschiid, *sehr gescheit;* -mèèssig; -luschtig, *sehr lustig;* -tum, *stockdumm.* Vkf. **Hageli** s. Du bisch es Hageli, *übermütiges, munteres, flinkes Mädchen.* E chliises, schlaus, es chäibe, choge Hageli.

hagle (ghaglet) 1. *hageln.* 2. *fluchen.* 3. *rennen, laufen.* Dè cha no hagle. Zss.: abe-, *hinunterrennen;* devoo-, *davonrennen;* ine-, *hineinrennen;* ume-, *herumspringen;* use-, *hinausrennen;* zäme-, a) *verhageln.* b) *zusammenfluchen.* c) *zusammenprallen.*

häi *heim, nach Hause.* Häsch wiit häi? *einen weiten Heimweg.* S gaat (gäge) häi zue, *der Heimat entgegen.* Chömed guet häi! *gute Heimkehr.* Zss.: -bringe, *heimbringen, nach Hause bringen, (eine Karte) in Sicherheit bringen (beim Jassen);* -choo; -faare; -faart w.; -fèrgge, *heimschaffen;* -gaa; -gèè, *bei Versteigerungen dem Meistbietenden zuschlagen;* -räis w.; -räise; -schicke, wörtlich und ütr.; -schriibe, ütr. *verlorengeben.* Dè cha häischriibe, *mit dem ist es zu Ende;* -spediere, *heimbefördern;* -tue, *heimführen.* S Hòi häitue. Ra.: I wäiss nöd, won en mues häitue, *nicht genau lokalisieren können;* -wääg m., *Heimweg;* -wee s., *Heimweh;* -weeplettli s., *kleine Zeitung aus der Heimat, die ein Auslandschweizer abonniert;* -zue, *heimwärts;* -zünde, *jemanden abweisen.*

häi! 1. *hei (Ausruf der Freude, Überraschung).* 2. *schnell! (Aufforderung zur Eile).* Häi, mach fürsi! *beeile dich.* Häi nomaal! In Kinderliedern: hoppe häie, riite häie usw.

Häid m. (-e) 1. *der Heide.* Zss.: Häidefüür s., *glimmender Russ an der Pfanne.* 2. verst. häidechalt, *sehr kalt;* -gält s., *grosse Summe;* -lèèrme m., *grosser Lärm;* -mèèssig, -mèèssig vil, *sehr;* -lùùg m., *unverschämte Lüge;* -tüür, *sehr teuer;* -wätter s., *schlechtes Wetter.*

Häidebeeri s., **Häidelbeeri** s. *Heidelbeere.* Zss.: -brägel m., *Gericht aus Heidelbeeren;* -hunng m., *Heidelbeerkonfitüre;* -mues s., *Heidelbeerbrei;* -stuud w., *Heidelbeerstaude.*

Häier m. *Fünffrankenstück* (pop.).

häiggel, jg. **häikel** *heikel.*

Häil s. *Heil* nur in Formeln. Äim Häil und Säägе wöische. Zss.: -böle m., *Heilzwiebel;* häiloos, *heillos, sehr.* S hät häiloos gstunke. S isch häiloos chalt.

Häiland m. *Heiland.* En hölzene, hölzige Häiland, *Verkünder irgendeiner Heilslehre.* En glismete Häiland, *Frömmler, Sektierer.* Du liebe Häiland! verst. bei Flüchen: Du Häilands Chäib! En Häilands Tuner.

häilande (ghäilandet) *fluchen* (pop.).

häile (ghäilt) *heilen.* Im Kinderreim: Häile, häile Sääge.

häilig *heilig.* En häilige Sundig, *kirchlicher Festtag.* Amene häilige Wèèrchtig, *an einem gewöhnlichen Werktag* (humor.). verst. bei Flüchen: Häilige Bimbam! Häilige Chäib! Häilige Siech! Häiligs Tunerwätter! Du häiligs Verdiene! (vulg.).

häilige (ghäiliget) *heiligen.*

Häilige m. (-i), **Häiligi** w. *Heiliger, Heilige.* Zss.: Häiligebildli s. Vgl. Helge.

häime in: vo häime choo, *von zu Hause kommen.* Vgl. dihäim.

Häime s. 1. *Heimat, Vaterhaus.* Er hät kä rächts Häime. 2. *Heimwesen, Bauerngut.* E schööns Häime. Vkf. Häimeli s., *kleiner Bauernhof.*

häimelig *gemütlich, wohnlich, anheimelnd.* E häimeligi Stube.

Häimet s. *Bauerngut, Heimwesen.* Vkf. Häimetli m.

Häimet w. *Heimat.* Zss.: -doorff s.; -land s.; -oort s., jg. m., *Heimatort, Bürgerort;* -schutz m., 1. *Heimatschutz.* 2. *ums Himmels willen* (pop.); -schii m., *Heimatschein, Bürgerschein;* -spraach w.

häimli, älter **hòimli** *heimlich, geheim, versteckt, verborgen.* E häimlis Tue, *Geheimniskrämerei.* Häimli haa, *verheimlichen.* Häimlichi Fröid. Zss.: häimlifäiss, *gesünder, reicher, als es scheint, heimlich reich.*

Häinimuuch(er) m. (-müüch, -müücher) *Grille.*

Häinze w. *Gestell zum Trocknen von Gras usw.*

Häiseri w. *Heiserkeit.*

häisle (ghäislet) *geifern.*

häiss *heiss.* Das isch en häisse (Lauff), *heikle Angelegenheit* (pop.).

häisse nur im Sinne von *bedeuten.* Was söll das häisse? Daa häisst s uufpasse. Vgl. ghäisse.

häiter 1. *vergnügt, fröhlich.* 2. *hell, klar.* Am häiter hele Taag. Häiter mache, *erhellen.* Häiter blau, *hellblau.* 3. En häitere Chümi! *sonderbarer Kerl.* E häiteri Gschicht! *sonderbare Bescherung.* Daas cha häiter wèèrde! *kann ja «nett» werden.* Du bisch (mer) en Häitere! (iron.).

häitere (ghäiteret) *hell, sonnig, schön werden.* Es häiteret wider, *es hellt auf.*

Häiteri w. *Helle.* Daas isch e Häiteri! Äim vor der Häiteri staa, *vor dem Licht stehen.*

häize (ghäizt) *heizen.* Zss.: dure-; ii-.

Häizer m. 1. *Betreuer einer Heizanlage, Heizer.* 2. *Beimann auf Lokomotive (ursprünglich Heizer).*

Häizete w. *das Heizen.*

Häizi w. *Heizmaterial.* Zss.: -bock m., *Gestell zum Binden von Reisigbündeln;* -bùùrdi w., -bùùrdeli s., -wäle w., *Reisigbündel zum Heizen.*

Häizig w. 1. *Heizung, Heizanlage.* 2. *Heizmaterial.*

hakermänt siehe hackermänt.

häl, jg. **hell** (heler, helscht) *klar, lauter, rein.* S häl Bluet, Wasser. De ganz häl Taag, *den lieben langen Tag.*

halb *halb.* Öppis halb und halb nèè, *zu gleichen Teilen.* En halbe Bueb, 1. *noch ein Knabe.* 2. *(von Mädchen) fast ein Knabe.* Wänn nu s Halb waar isch, *die Hälfte.* Halb voll, halb lèèr. Es isch halbi Zwäi, *halb zwei Uhr.* Anderthalb, dritthalb, vierthalb. I ha s halbe tänkt, *ich dachte doch.* Zss.: -batzig, *nicht viel taugend, minderwertig;* -bräit; -fäiss, *halbfett;* -fränkli s., *Fünfzigrappenstück;*

-läbig, Hw. en Halbläbige, *energieloser Mensch* (pop.); -liini, *halbleinen;* -ruuch, *halbschwarz (Brot);* -schlau, Hw. en Halbschlaue m., *Trottel, beschränkter Mensch;* -schue m., 1. *Halbschuh.* 2. *dummer Kerl* (pop.); en Halbsiidene m., *Stutzer, Geck;* -täägler m., *Halbtagsangestellter* (jg.).

halde (ghaldet) *(sich) auf die Seite neigen.* S Hòifueder haldet echli.

Halde w. *Abhang.* E gèèchi, stotzigi Halde, *jäh, steil.* Vkf. Häldeli s.

haldig, abhaldig *geneigt, abfallend.* De Grund isch abhaldig, *der Boden ist geneigt.*

hale (ghalet) *widerhallen.* Es halet i der Chile.

haleegere (ghaleegeret) *lärmen.*

hälffe (i hilffe, mer hälffed; Wf. Gw. hälffi, Wf. Vh. hulff; Mw. ghulffe) *helfen.* I cha mer nüd hälffe, *ich kann nichts dafür, es ist mir unangenehm.* Zss.: ab-; uus-.

Hälffio! *zu Hilfe!*

halftere (ghalfteret) *an die Halfter nehmen, anhalftern* (ZO.). Zss.: ab-, *jemanden ablenken.*

Halftere w. *Halfter, Zaum.* Em Ross d Halftere aalegge.

Hali s. *Hallenbad* (Schsp., jg.).

Häli s. *junges Schaf.* Tue wien es Häli, *übermütig springen, hüpfen.* Zss.: -bock m., *Honiggebäck in Form eines ruhenden Schafes.*

häli! *Lockruf für Schafe und Ziegen.*

Halm m. (ä) *Holm einer Axt, einer Hacke.*

Halm m. (-e, auch Hälm) 1. *Gras-, Getreidehalm.* 2. Mz. Hälm, *Stoppeln.* D Hälm umetue, *Das Stoppelfeld pflügen.* Vkf. Hälmli s. Hälmli zie, *auslosen.*

Hälm m., jg. **Helm** m. 1. *Helm.* 2. *spitz zulaufendes Kirchturmdach.* 3. *Deckel des Destilliergefässes in der Schnapsbrennerei.*

Hals m. (ä) *Hals.* Hals- und Bäibruch! *Gruss vor dem Skifahren* (humor.). Zss.: -band s.; -briisli s., *Einfassung am Hemdkragen;* -cheeri w., *Halsstarre;* -chette w., -chetteli s.; -chrale w., *Perlenhalskette* (va.); -tuech s. Ra.: Im Halstuech choo, *in übler Lage sein;* -wee s.; -zäpfli s., *Gaumenzäpfchen.* Vkf. **Hälsli** s., *Fadenstück zwischen Knopf und Stoff.*

Hälslig m., **Hälsig** m. *Halsstrick für Tiere.* D Chue am Hälslig nèè. Äim de Hälslig gèè, *mit einem dünnen Seil züchtigen.* Zss.: -schaaber m., *Geizhals, Kleinigkeitskrämer.*

halt Uw. *eben, nun einmal, freilich, vielmehr.* S isch iez halt emaal esoo, *nun einmal.* I bi halt chrank gsii, *eben.* S isch halt äifach schöön gsii, *wirklich schön.* Du chasch es haa, aber halt nüd vergääbe. I wìrde chuum fèrtig, halt dänn du hälffisch mer, *es sei denn.*

halte (ghalte) 1. *anhalten, stillstehen.* Halt gschwind! Halt Pùùrschtli! 2. *festhalten.* Äim halte, *bei einem Vertrag bleiben.* 3. *sich halten.* De Stoff halt si guet, *bewährt sich.* Er hät si guet ghalte, *hielt sich tapfer.* Zss.: aa-; ab-; uuf-; uus-.

Halungg m. (-e) *Halunke.* Haa-lungge! *als Echoruf in den Bergen* (pop.). Vkf. Halünggli s.

halungge (ghalungget) *sich wie ein Halunke benehmen.* Zss.: ume-, *sich herumtreiben;* uus-, *verkommen.*

halünggele (ghalünggelet) *sich wie ein Halunke benehmen.*

Hambitzgi s., jg. **Amäise** w. *Ameise.*

Hamburger m. *Soldat im ersten Wiederholungskurs* (Ssp.).

Hame w. (ä) *Schinken.* Ra.: Hame und Braatis haa, *in der Fülle leben.* Zss.: -bäi s., *Schinkenknochen;* -schnätz m., -schnitz m., *Schinkenscheibe.* Vkf. **Hämeli** s., *Griff in der Mitte des Sensenstiels für die rechte Hand.*

Hamer m. (ä), 1. *Hammer.* Zss.: -schmìid m., *Grobschmied;* -schmitte w. 2. Hämer (Mz.), *Geld* (Schsp., jg.). 3. *als Fluchwort:* Bim Hamer! Potz Hamer! Das isch de Hamer! *das ist die Höhe.* verst. Das isch de Bleihamer! *das ist die absolute Höhe.* Vkf. **Hämerli** s. Zss.: -klavier s., *Xylophon.*

hamere (ghameret), **hämere** (ghämeret) *hämmern.*

Hamerete w., **Hämerete** w. *Hämmern.*

hämerle (ghämerlet) *leicht hämmern.*

Hamf m. 1. *Hanf,* siehe Hauff. 2. *Brot.* En Schole Hamf, *ein Stück Brot* (pop.).

Hämp s. (Hämper) *Hemd.* Zss.: -eermel m., *Hemdsärmel;* -eermlig(e) *hemdsärmelig;* -glungger m., *wer im blossen Hemd dasteht, Hemdenmatz;* Hämperbriisli s.,

Hemdeneinfassung an Hals und Ärmeln, Hemdkragen; -bruscht w., *Hemdbrust;* -chnöpfli s., *Hemdenknopf;* -chraage m., *Hemdkragen;* -schlitz m., *Hemdeinschnitt;* -spitzli s., *Hemdenspitzen;* -stock m., *Hemdrumpfteil;* -strungg m., -stungg(el) m., *wer im blossen Hemd dasteht, Hemdenmatz.* Vkf. Hämpli s.

Hamperch s., **Hanter(e)ch** s. *Handwerk* (va.). Zss.: Hamperchslüüt (Mz.), *Handwerker;* Hamperchsmaa m., *Handwerker.*

hämpfele (ghämpfelet) *mit der Hand fassen.* D Chind hämpfeled Sand, *spielen mit Sand.*

hämpfergstältli *selbstverständlich* (humor.).

hampfle (ghampflet) *mit der Hand umfassen.* D Chriesi hampfle, *ganze Hände voll auf einmal pflücken, essen.*

Hampfle w. *Handvoll.* E Hampfle Salz. Zss.: -wiis, *ganze Hände voll.* S Gält hampflewiis usegheie, *händevoll verschleudern.* Vkf. Hämpfeli s. Er isch nu na es Hämpfeli (Eeländ), *abgemagert.*

hämpflige mäle *vollhandmelken.*

Hand w. (ä) *Hand.* E Wùùrscht vo Hand ässe, *von Hand, ohne Messer und Gabel.* Ra.: I wett defùùr nüd d Hand umcheere, *beides ist gleichviel wert.* Vo Hand nèè, *tapfer, keck zugreifen.* D Aarbet chönnt der a d Händ hère choo, *zu einem, der nicht gerne arbeitet.* S gaat em nüüt us der Hand, *er ist linkisch in der Arbeit.* Ab der Hand sii, *abgelegen sein.* Über d Hand iischänke, *mit der linken Hand eingiessen.* Öppis z Hande nèè, *in Verwahrung nehmen.* Äim öppis z Hande gèè, *anheim geben.*

Zss.: -bale w.; -briisli s., *Einfassung am Ärmel;* -cheerum, *sofort;* im Handcheerum, *im Handumdrehen;* -fescht, *kräftig, wehrhaft;* -gält s., *Angeld;* -giessi s., 1. *Giesskanne.* 2. *Wascheinrichtung an der Wand* (va.); -glänk s. Ra.: Handglänk maal phii, *grob geschätzt* (humor.); -hebi s., *Handhabe, Griff;* -oorgele w., *Handharmonika;* -öörgele, *Handharmonika spielen;* -öörgeler m., *Handharmonikaspieler;* -ross s. *Handpferd, Rechtspferd im Zweigespann;* -saage w., -saagi w. *Handsäge;* -schlitte m., *von Hand gezogener oder gelenkter Schlitten;* -tuech s.; -umcheer, *sofort, schnell;* im Handumcheer, *im Handumdrehen;* -wèrcher m. Vkf. Händli s., in Ksp. Handli s., Händeli s., Handeli s., Handi s., Händi s.

Handel m. 1. *Handel.* De Handel mit Wii, Vee. 2. *Geschäft.* Im Handel sii, *über ein Geschäft verhandeln.* Ra.: S isch mee Wandel als Handel, *wenig Kauflust.* 3. Er hät no de Handel gmacht, *hat zusätzlich Handelskurse besucht.* 4. *Angelegenheit, Sache.* Isch daas ale Handel? *die ganze Sache.* Vkf. Händeli s., *kleines Kram- oder Tauschgeschäft.*

Händel m. (eig. Mz. von Handel) *Streit, Zank.* Er hät imer Händel mit em Naachber. Zss.: -macher m., *streitsüchtiger Mensch;* -sucht w.; -süchtig.

händele (ghändelet) *mit Kleinkram Handel treiben.*

Handeli w. *Handelsschule in Zürich.*

Handi m. *Handarbeitsunterricht für Knaben* (Schsp.).

handiere (ghandiert) *hantieren.*

handle (ghandlet) *Handel treiben, Kaufgeschäfte abschliessen.* Er handlet mit aler Gattig Waar.

händle (ghändlet) *streiten, zanken.* Händled doch nüd imer!

Händler m., **Händleri** w. (-ne) *Händler(in), Hausierer(in).*

Händlete w. *Gezänk.*

Handlig w. (-e) *Verkaufsladen, Geschäft.* Zss.: Handligsghülffe m., *Verkäufer* (va.).

Händsche m. *Handschuh.* Vo Händsche, *von Hand* (pop.). Zss.: -läder s. Vkf. Händschli s.

Händscheli s. *Schlüsselblume.*

Handsgi w. *Handarbeitsunterricht für Mädchen* (Schsp.). Zss.: -leereri w., *Handarbeitslehrerin* (Schsp.).

Hang m. (ä) *Abhang.* Mer sind über all Häng abegfaare. Ra.: Mer sind am Hang, *in Verlegenheit, in der Patsche.*

hange (Wf. Vh. hieng, Mw. ghanget) *hangen.* D Wösch hanget. All Escht hanged voll Öpfel. S hanget (nüd) a dem, *es kommt (nicht) darauf an.* Er hanget am Vatter, *ist anhänglich.* Zss.: ab-. Es hanget von im aab; abe-, *herunterhangen;* zäme-.

Hängel m. *Lätzchen.*

hängele (ghängelet) *Kinder gängeln.*

Hangete w. 1. *unordentlich Aufgehängtes.* 2. *Unerledigtes, z.B. schwebender Rechtshandel, unerledigte Schuldforderung, aus Nachlässigkeit ruhendes Geschäft.*

Hanggel m. *Mensch mit nachlässigem Gang, Energieloser.*

hanggle (ghangglet) *schleppend gehen.*

Hanggli m. *wer nachlässig, schleppend geht, Energieloser.*

Hängscht m. 1. *Hengst.* 2. *Erotiker* (vulg.).

Hänitaarm m. *Vogelmiere, Sternmiere, Hühnerdarm (Unkraut).*

hänke (ghänkt) 1. *hängen.* De Huet an Nagel hänke. Zss.: aa-. De Schnee hänkt aa, *sich anhängen;* ab-, a) *loskuppeln (Eisenbahnwagen).* b) *sich befreien von, sich entfernen (z.B. im Wettkampf).* c) *stehlen* (pop.); ii-, a) *einhängen.* b) *sich einsetzen;* uuf-; uus-. Ra.: Es hät mer uusghänkt, *ich konnte nicht mehr mitmachen* (pop.); zäme-. 2. *henken.* Ra.: Er tèèt si hänke, wänn en de Strick nüd röiti, *von einem Geizhals.*

Hänker m. *Henker.* Faare wien en Hänker, *sehr schnell fahren* (pop.). Zss.: -chnächt m.; -mööli s., *Henkersmahlzeit.*

Hänkete w. 1. *unordentliches Hangen von Dingen, Hangendes.* 2. *unentwirrbare Verknüpfung geschäftlicher Verpflichtungen.*

Hänki w. *Aufhängevorrichtung.*

Hans *Hans.* Ra.: S isch Hans was Häiri, *einer wie der andere, eines wie das andere.* Zss.: Hansetrüübli s., *Johannisbeere;* Hansueli m., *gutmütiger, einfältiger Mensch.*

hänsle (ghänslet) *hänseln, foppen, necken.*

Hänslete w. *Neckerei, Fopperei.*

Hanterech siehe Hamperch.

hantle (ghantlet) *vormelken.*

hantli (meist nur Uw.) *geschickt, schnell, behende.* Er macht s hantli. Mer sind hantli fèrtig, *sofort.* Aber hantli! *aber rasch!*

Häpfe w. *Hefe.* De Wii isch uf de Häpfen une, *geht zur Neige (Bodensatz wird sichtbar).* Zss.: -bränz m., *Hefebranntwein;* -chranz m., *Hefegebäck in Kranzform, Hefenkranz.*

happere (ghapperet) *hapern, mangeln.* Es happeret an allen Egge, *es steht allenthalben schlecht.*

Happich m. *Habicht* (va.).

harb, hèrb *herb.* Harbe Wii, *herber Wein.* En harbe Winter, *strenger Winter.*

Häre w. *Dirne.*

Häri s. 1. *unbestimmtes Tier, das schreiende, wiehernde, schnarrende Töne erzeugt (Grille, Häher, Specht)* (ZO.). 2. *innere Unruhe, Neigung zum Umherschweifen.* Er hät s Häri überchoo, *Trieb nach Abenteuern.* D Chatze händ s Häri, *Brunst.*

Harligging m. *Harlekin, Spassmacher, Possenreisser* (humor.). Vgl. gingge.

Harmonii w. 1. *Harmonie.* 2. *Blasmusikkorps.* D Harmonii hät gspilt.

Harnisch m., s., **Haanisch** m. 1. *Harnisch* (va.). 2. *Armbrust.* Zss.: -blätz m., *Scheuerlappen zum Reinigen von Metallgeschirr.*

Haschpel m. (ä) 1. *Haspel.* 2. *papierenes Windrad (Spielzeug).*

haschple (ghaschplet) 1. *aufwinden, haspeln.* 2. *unordentlich arbeiten.* 3. *unverständlich reden.* Zss.: abe-, *herunterleiern.*

Haschpli m. *hastig und verworren Redender.*

hase (ghaset) in Zss.: ab-, devoo-, furt-, *sich davonmachen.*

Hasel *Hasel-,* nur in Zss.: -haag m.; -nuss w., -nüssli s.; -ruet w., *Haselrute;* -stäcke m.; -stuud w., *Haselstaude.*

häsele (ghäselet) *nach Hase riechen, schmecken.*

haseliere (ghaseliert) *aufbegehren, fluchen, schimpfen, streiten, zanken.* Er cha nu haseliere.

Hasle w. *Hasel (Fischart).*

hasli, haslig *aus Haselholz.* En haslene, haslige Stäcke.

Hass m. *Hass.* Nur in Wendungen: En Hass haa uf äine. Äim en Hass aarüere.

hässele (ghässelet) 1. *in gereizter Stimmung sein.* 2. *keifen.*

hässig Ew. *verdrossen, gereizt, streitsüchtig.* En hässige Mäischter, Leerer. Uw. Er isch hässig uufgstande, *übellaunig.*

Hässigi w. *Verdrossenheit, üble Laune.* Er isch vor Hässigi nüd z verbutze, *nicht auszustehen.*

hätschi! hätzi! *hatschi (Schallwort für den Laut beim Niesen).*

Hätzle w., **Hätzler** m., **Häxler** m. *Häher.*

Hau m. (Hòi) 1. *Hieb, bes. durch Axthieb entstandene Kerbe.* Ra.: S gaat wider de Hau, *das Unternehmen schlägt fehl.* 2. *Holzschlag, bes. in Flurnamen erhalten.* Zss.: -baart m., -baarte w., -mässer s., *Metzgerbeil.*

haubanke (ghaubankt) *lästern, toben* (Kn. A.).

Hauche m. (Hòiche) 1. *eiserner Mauerhaken.* 2. *Türkloben, Fensterkloben.* 3. *Riegelhaken, Klinkhaken an Türpfosten.*

haudere (ghauderet) *flüchtig, hastig, liederlich arbeiten, pfuschen, stümpern.* Drufloos haudere.

Hauderi m. *Pfuscher, hastig und oberflächlich Arbeitender.* Zss.: -hau m., *fahrige, leichtsinnige Person.*

haue (ghaue) 1. *hauen, schlagen.* Er hät en ghaue. Ra.: Seig s ghauen oder gstoche, haui s oder stächi s (ZO.), *unter allen Umständen.* 2. *fällen.* En Wald haue. 3. *schneiden.* Stäcke, Ruete haue. D Sägisse haut nüüt. In Finger haue. 4. *gehen* (pop.). Ich hau s i s Näscht, *ins Bett.* Er hät s ghaue, *ist gegangen.* Hau s in Chübel (= h-i-k, humor.)! *mach, dass du fortkommst.* Das haut nöd, *so geht es nicht, es klappt nicht* (pop.). 5. Ra.: Die haut s, *treibt grossen Aufwand, ist sehr unternehmungslustig.* Dèè haut de Sport! *er macht seine Sache sehr gut, er reüssiert.* Zss.: ab-, a) *abschneiden.* Ra.: Dèè haut mir ja käi Broot ab! *Der hat mir nichts zu befehlen, von dem bin ich nicht abhängig.* b) *weggehen* (pop.). Hau (s) ab! naa(e)-, *nachlaufen* (pop.); uuf-. Es haut mer uuf, *geht mir auf die Nerven* (pop).

Haue w. *Hacke mit Schneide.* Zss.: -stìil m., *Stiel der Hacke.* Vkf. Hòieli s.

Hauff m., jg. **Hamf** m. *Hanf.* Ra.: S hät Lüüt ghaa wie Hauff, *viele Leute.* Zss.: -blätz m., *Hanfland;* -böögg m., -lööli m., *Vogelscheuche;* -pünt w., *Hanfacker, Hanfpflanzung;* -riibi w., *Hanfreibe;* -saame m., *Hanfsamen.* Ra.: Lääbe wie d Vögel im Hauffsaame, *üppig leben.*

Haumiblau s. in: Hol Haumiblau! *scherzhafter Befehl an jungen Lehrling.*

Haupme m. *Hauptmann.*

Haupmeni w. *Frau des Hauptmanns.*

Haupt s., **Haut** s. 1. *Haupt, Kopf* (va). Zss.: -hööchlige, *hochmütig, erhobenen Hauptes.* 2. *Stück Vieh.* Er hät zää Haupt Vee im Staal. 3. (meist Vkf.) *Kopf des Kohls, Salates.* 4. *Querjoch am Rechen.* Vkf. Hòi(p)tli s.

Haus(s) m., w. *Tribut eines ortsfremden Bräutigams an die Burschenschaft* (va.).

Haut siehe Haupt.

Häx w. (-e) *Hexe.* Dethèèr choo wien e Häx. Ra.: Füüre, wie wäme wett e Häx verbräne. Schelte: En alti, wüeschti Häx. Zss.: Häxenascht m., *missgebildeter Ast;* Häxebääse m., 1. *Hexenbesen an Bäumen.* 2. *zänkische Frau;* -bränz m., *volksetymologische Umdeutung von Exuperantius, dem dritten Zürcher Stadtheiligen;* -chruut s.; -mäischter m.; -schutz m., -schuss m.; -tanz m., *Tanz nur von Frauen;* -wèrch s. Das isch käs Häxewèrch, *kein Kunststück.* Vkf. **Häxli** s., 1. *kleine Hexe.* 2. *Kosewort.* E tuners, e liebs Häxli. 3. *kleine Flasche Hexenbräu (dunkles Bier).*

Haxe w. *Fuss* (pop.). A d Haxe früüre, *an die Füsse frieren.*

häxe (ghäxet) *hexen.* I cha nüd häxe, *nicht alles auf einmal machen.* Es gaat wie ghäxet, *schnell, fliessend.* Zss.: ane-, *herbeizaubern.*

Häxerei w. (-e) *Hexerei.* Das isch kä Häxerei, *das ist nicht schwierig.*

Häxete w. *Hexerei.*

Häxler siehe Hätzle.

Häxlis mache *Hexe spielen* (Ksp.).

hè 1. *Fragepartikel was, wie.* Hè, was häsch gsäit? Hè? *wie bitte?* (pop.). 2. *Ausruf ei! nun!* Hè, s isch ämel waar! Hè, wänn i sääge! Gäll hè! *siehst du nun.* Hè, bisch es duu! *ei, bist du das!* 3. verst. Hè ja! Hè friili! *ja natürlich.* Hè moli! *ja, ja.* Hè näi! *doch nein, bestimmt nicht, ganz und gar nicht.* Hè nu! *nun also.*

heb *ob.*

Hebann w. (-e) *Hebamme.* Ra.: Da isch d Hebann au nüme gschuld, *wenn einer im hohen Alter stirbt.* Dèè hett e rächti Hebann ggèè, *von einem Mann, der sich gern mit Frauen unterhält.*

hebe (ghebet) *halten, festhalten.* Hebed en! *haltet ihn fest.* Heb di am Gländer! Vgl. haa. Zss.: ane-, *hinhalten, herhalten, ausreichen;* dure-, *durchhalten;* fescht-, *festhalten;* fûûr-, a) *bremsen, aufhalten.* b) *vorhalten;* hère-, a) *hinhalten.* Die Suppe hät nöd hèreghebet, *nicht für lange Zeit gesättigt.* b) *herhalten.* hüüf-, *aufhalten;* uuf-, *hochhalten.* D Hand uufhebe; zäme-, *zusammenhalten.* Hebrächt m., Hebrächtli s., *Rechthaber.*

Hebel m. *Sauerteig.* De Hebel gaat uuf, *geht auf.* De Hebel nüd verschrecke, *während der Gärung nicht rütteln.* Ra.: Uufgaa wien en Hebel, *schnell wachsen, dick werden.*

Hebi 1. w. *Halt, Rückhalt.* I hä kä Hebi, *keinen Halt, kann nirgends anfassen.* S hät kä Hebi, *haftet nicht.* I hän e Hebi an em, *Rückhalt.* I hä Hebi uf en, *habe rechtlich Regress auf ihn.* 2. s. *Griff, Henkel.* Es Hebi a der Zäine.

heble (gheblet) 1. *Sauerteig zubereiten.* 2. *herumfunktionieren* (jg.). Er heblet am Motoor ume.

Heblete w. 1. *Zubereitung des Sauerteigs.* 2. *Teigbrei.*

Hècht siehe Hächt.

hecke (gheckt) *stechen.* S hät mi es Biili gheckt.

Hecker m. *vom Frost rissige Haut.* De Hecker haa.

hee! *he.* 1. *Ausruf.* Hee, du Chliine! Hee, fluech nüd so! Hee daa! 2. *Anruf.* Hee, mach echli! verst. Hee-hee! *was fällt euch denn ein?*

hèèl 1. *glatt, schlüpfrig.* En hèèle Bode. 2. *glattzüngig, falsch, schmeichlerisch.* Das isch en Hèèle. Zss.: -büsi s., *Flattierkatze, Schmeichler;* -büsele, *schmeicheln.*

Hèèl s. *Hehl.* Ooni Fèèl und Hèèl, *makellos (Formel beim Verkauf des Viehs).*

hèèle (ghèèlet) 1. *schlüpfrig werden, Glatteis bilden.* 2. *schmeicheln, liebkosen.* Hèèle wien es Büsi, *heucheln.*

Hèèler m., **Hèèleri** w. (-ne) *Heuchler(in), Schmeichler(in).*

Hèèlete w. *Heuchelei, Schmeichelei.*

Hèèli w. *Glattzüngigkeit, Falschheit.*

heepe (gheepet) *laut rufen, schreien.* Heep doch nüd esoo!

Heepe w. 1. *gellende Stimme.* 2. *Person mit gellender Stimme.*

Heeper m., **Heeperi** w. (-ne) *gellend sprechende Person.*

Heepete w. *lautes Sprechen, Rufen.*

Heer m. *Häher.* Nur in Zss.: Heeregääggi m., -hätzler m., -häx m., -häxler m., *Eichelhäher;* -vogel m., *Habicht.*

Heer m. *Herr (Pfarrer)* (va.). Vgl. Hèrr. Nur noch in Ra.: Bätte wien en Heer, *inbrünstig.* Säg s niemertem weder s Heere Büsi, *Verschwiegenheitsformel.* Zss.: Heereschlitte m., *vornehmes Schlittengespann* (va.); -wool, *sehr wohl.*

hèèr *her.* Zss.: -gäge, *dagegen:* -wärts, *auf dieser Seite, diesseits.*

Hèèrd m. 1. *Erde.* De Hèèrd im Gaarte isch guet. ütr. Hèèrd uufrüere, *Aufsehen erregen.* Er mues Hèèrd haa, *muss sterben.* Zss.: -guu m., *Erdgeschmack bei Wein.* 2. *Kochherd.*

Hèèrd w. (-e) *Herde.* E Hèèrd Chind, *viele Kinder.*

hèèrde (ghèèrdet) in Zss.: ab-, *von Erde säubern;* über-, *mit fruchtbarer Erde überstreuen;* ue-, *Ackererde hinaufschaffen* (ZO.).

hèèrdele (ghèèrdelet) *nach Erde riechen oder schmecken.*

hèèrdi, hèèrdig *erdig.*

Hèèrz s. *Herz.* Zss.: -chääfer m., *geliebte Person;* -chämerli s.; -chlopfe s.; -chügeli s., *Herzpillen;* -grueb w., -grüebli s.; -hüüsli s., *Herzkämmerlein* (Ksp.).

hèèrzig *nett, allerliebst.* E hèèrzigs Chindli.

hèèrzli *herzlich.* Mer sind hèèrzli wol z fride. Hèèrzlichi Wöisch!

Heft s. (-er) *Schreibheft.* Zss.: Hefterbiig w., *Heftstapel.* Vkf. **Heftli** s., *Zeitschrift.* Zss.: -romaan m.

hefte (gheftet) 1. *heften, anbinden.* D Rääbe hefte. Zss.: Heftschaub m., *Strohband zum Binden der Rebtriebe.* 2. *(Wunden) nähen.*

Hefter m., **Hefteri** w. (-ne) *Rebenbinder(in).*

Heftet s. *Zeit des Anheftens der Rebtriebe.*

Hefti s. (Mz. Wemf. -ene) *Griff, Heft, z.B.*

eines Messers. Ra.: S Hefti i d Hand nèè, *die Zügel ergreifen, Leitung übernehmen.*

Hegel m. 1. *Taschenmesser.* 2. *Messer* (pop.). Dè Hegel haut nüüt, *schneidet nicht.* 3. *Grobian, Lümmel.*

hegene (ghegenet) *mit mehrangliger Schnur fischen.*

Hegene w. *Fischschnur mit mehreren Angeln.*

hegle (gheglet) 1. *mit schlechtem Messer schneiden.* 2. *ärgern, foppen.* Sie hegled enand. Es hät mi gheglet.

Hegochs m. (-e), **Hegöchsli** s. *Eidechse.*

Hektaare w. *das (der) Hektar (100 Ar).*

Helblig m. *ein der Länge nach gespaltenes oder durchsägtes Rundholz.*

Held m. (-e) *Held* (meist ironisch gebraucht). Du bisch mer en Held! *wenig tapfer.* Er isch kän Held im Rächne. Zss.: Heldestuck s., -stückli s., *Bubenstück.*

helde (gheldet) 1. *neigen, schiefstellen.* S Fass isch bald lèèr, me mues es helde. Ra.: D Gleser helde, *trinken.* 2. *sich richten nach jemandem.* D Lüüt helded si nüd gägen öis.

hele (ghelet) *hell werden.*

Helfti w. (-ene) *Hälfte.* Di äint, di ander Helfti. Uf der Helfti sii, *Hälfte der Schwangerschaft.*

Helge m. eig. *Heiligenbild,* auch *Bildchen.* En truurige Helge, *schlechtes Bild.* Zss.: -buech s., *Bilderbuch;* -schii m., *Heiligenschein* (ZO.). Vkf. Helgeli s. Helgeli aaluege, gschaue, *Bilder betrachten* (Ksp.).

Heli m. *Helikopter, Hubschrauber* (jg.).

Heli w. *Helligkeit.*

hell (heler, hellscht) *hell.* E heli Stimm. S wìrt wider früe hell (älter: häiter), *früh Tag.* Hw. e(s) groosses Hells, *ein grosses Glas helles Bier.*

Hell w., jg. **Höll** w. *Hölle.* Zss.: Hele-, Hölegstank m.; -straaff w. Vgl. höle.

Helm siehe Hälm.

helse (ghelset) *schenken, bes. vom Paten zu Weihnachten usw.* Dem Gottechind helse. Zss.: uus-, *zu schenken aufhören.* I tue miis Gottechind nüd uushelse, *ich schenke ihm weiterhin.* Helswegge m., *Neujahrswecken des Paten* (va.).

Helsete w. *Patengeschenk, Geschenk* (va.).

Helveezia w. *Helvetia.* Lueg, die Helveezia! *welch grosse, stattliche Frau.* Ra.: Du Helveezia! *o weh!* (va.).

hend! (Mz. zu hescht) *schaut!* Hend er e daa! *ei, da habt ihr ihn.* I cha s nüd biliger gèè, hend er.

hèrb siehe harb.

Hèrbèèrg w. (-e), **Hèrbrig** w. (-e) *Herberge.* Ra.: Uf d Hèrbèèrg gaa, choo, *von der Braut, die sich das Heimwesen des Bräutigams ansieht.*

Hèrbscht m. *Herbst.* En schööne Hèrbscht mache, *viel Wein bekommen.* Zss.: -chatz w.; -graas s.; -mèèrt m., *Herbstmarkt;* -monet m., *September;* -wätter s.; -ziitloose w.

hèrbschte (ghèrbschtet) 1. *Herbst werden.* Es hèrbschtet. 2. *Herbsternte einbringen.*

hèrbschtele (ghèrbschtelet) *langsam Herbst werden.*

hèrbschtelig *herbstlich.*

Hèrdöpfel m., **Hòrdöpfel** m., **Hòröpfel** m. 1. *Kartoffel.* Hèrdöpfel setze; hacke; schwele, *kochen.* Ums Himels Hèrdöpfel wile! *ums Himmels willen* (humor.). Zss.: -acher m.; -bappe m., *Kartoffelbrei;* -bluescht m., *Kartoffelblüten;* -buuch m., *Hängebauch* (humor.); -chiime m., *Kartoffelkeimling;* -chlötzli s., -möckli s., *Kartoffelklötzchen;* -pfnotte (Mz.), *Kartoffelklösse;* -raffle w.; -role (Mz.), *die runden Kartoffelsamen;* -rööschti w., *in Scheiben geschnittene oder grob geraffelte gebratene Kartoffeln* (jg.); -saame m., *Saatkartoffeln;* -sack m.; -schnaps m.; -stock m., *Kartoffelbrei, Kartoffelpüree;* -stössel m.; -stuud w., *Kartoffelkraut;* -tampf m., *Kartoffelbrei.* 2. *die Null beim Jassen, Schiessen.*

hèrdöpfle, hòrdöpfle, hòröpfle (ghèrdöpflet) *Kartoffeln ernten.*

hère (ghèret) *jemanden als Herrn behandeln.* Mer wänd nüd ghèret sii.

hère *her, hin.* Hère mit em Gält! Bis a d Wand hère. Vs. *her-, hin-* bei Ztw., trennbar.

hèrele (ghèrelet) *sich nach Herrenart geben.*

hèrelig *herrenmässig.*

hèrkulaanum! *o weh!*

Hèrr m. (Hère) 1. *Herr.* Hèrr Leerer (va.). Hèrr jeegerli (au)! *ums Himmels willen.* Zss.: Hèrenaabig m.; Hèrefasnacht w.; -lääbe s.;

-lüüt (Mz.); -sitz m.; -waar w., *Herrenpack.* 2. *Fabrikant* (ZO.). S Hère Land. Vkf. **Hèrrli** s., *Sohn reicher Eltern, Herrchen, Geck.* Vgl. Heer.

Hèrrgott m. (gewöhnlich mit Artikel) *Herrgott.* Zum Hèrrgott bätte. Bhüet is de Hèrrgott! Em Hèrrgott de Taag abstääle, *faulenzen.* I aler Hèrrgotte Früeni, *sehr früh morgens.* verst. Di lieb Hèrrgotte Sune, *die liebe Sonne.* Was tuesch de ganz Hèrrgotte Taag? Flüche: Dè Hèrrgotts Chäib, Tuner, *Mordskerl.* Vor Ew. hèrrgottefroo, -wool. Zss.: Hèrrgottechääferli s., *Marienkäfer.* Vkf. Hèrrgöttli s. Er tuet wien es Hèrrgöttli. Schlaaffe wien es Hèrrgöttli, *ausgezeichnet schlafen.*

hèrrli (-chi) *herrlich.*

Hèrrschaft w. (-e) 1. *herrschaftliche, vornehme Familie.* Si dienet bin ere Hèrrschaft. 2. *Dienstherrschaft.* D Hèrrschaft isch nüd dihäime. 3. verh. für *Herrgott.* Hèrrschaft nonemaal! Hèrrschaft ine! *ums Himmels willen!*

hèrrschaftli *herrschaftlich.*

hèrsche (ghèrscht) in Zss.: ab-, *bezahlen, abtragen.*

hèrt *hart.* Ra.: S hät e(n) hèrt, *er ist schwerkrank.* De Hèrt usecheere, usehänke, *sich mutig zeigen.* Zss.: -hölzi, *aus Hartholz, harthölzern.* En hèrthölzene Chaschte.

Hèrti w. (-ene) *Härte.*

hèrtne (ghèrtnet) *härten.*

hesch(t)! *siehst du.* Hesch, s isch nüd waar! Hesch es deet! *sieh, dort ist's.* Vgl. hend.

Hettigèèrneli, Hettgèèrndli siehe Nüüteli.

Hetz w. *Hetze.*

hetze (ghetzt) *hetzen.* Zss.: aa-; ab-; ume-; uuf-.

Hick m. *Kerbe, Einschnitt.* En Hick mache, *Kerbe schlagen.* Vkf. **Hickli** s., 1. De Chaschte hät es Hickli überchoo. 2. *leichter Rausch, Schwips.*

hicke (ghickt) *ankerben, einkerben.* D Hèrdöpfel hicke. Zss.: ii-.

hie Uw. *hier.* Er isch vo hie.

Hie m. *Beigeschmack von Getränken und Speisen.*

hiee (hie-e gesprochen; ghiee), **hie(n)ele** (ghienelet) *einen scharfen Beigeschmack haben.* S Fläisch hät nach Chabis ghiee. Das hieet na mee, *schmeckt nach mehr.*

hiesig, hiessig *von hier.* Er isch nüd hiesig, *ist ein Fremder.* Sind er au wider hiesig? *zurückgekehrt.* Hiesige Chabis, *einheimischer Kohl.*

Higromeeter m. *das Hygrometer.*

hìì *hin.* Uf daas hìì, *daraufhin.* Näimet hìì, *irgendwohin.* Niene hìì, *nirgendshin.* Es isch hìì, *es ist dahin, verdorben, zugrunde gerichtet.* Vs. trennbarer Verben.

hììrne (ghììrnet) *nachdenken, studieren* (jg.).

Hììrni s. *Gehirn.* Zss.: hììrnwüetig, hììrnmüetig, *wütend.*

Hììrse w. *Hirse.*

hììrte (ghììrtet) *das Vieh besorgen, hüten, füttern* (ZO.). S isch ghììrtet und tränkt.

hììrtig *anspruchslos, nicht wählerisch im Essen.*

Hììrtig w. (-e) *Fütterung.* E Chue a d Hììrtig gèè.

Hììrz m., jg. **Hirsch** m. (-e) *Hirsch.* Ra.: Er isch en Hirsch, *sticht heraus.* Zss.: -gwei s., *Hirschgeweih.*

hilèèsig *nachlässig.*

Himbeeri s. *Himbeere.*

Himel m. (Wemf. Mz. Himle) *Himmel.* Er isch under em Himel nüüt, *taugt nichts.* Himel ine! *um Gottes willen!* Zss.: -bett s.; -bettste w., *Himmelbettstatt;* -èèrdeschand w., *sehr grosse Schande;* -riich s.; -siech m., *Tausendsassa bzw. Teufelskerl.* Das isch scho en Himelsiech! *bewundernd.* Himelsiech! *zum Teufel nochmal.*

himle (ghimlet) *sterben* (pop.). Er hät schier müese himle, *starb beinahe.* Zss.: aa-, *schwärmerisch anschauen.*

Himleze w. *verzierte Kirchendecke.*

hinder *hinter.* Hinder em Huus; hinder s Huus; hinder em Huus abe, dure, obe, ufe, une, zue; hinder der Schüür hine; hinder d Schüür hindere. Ra.: Hinder d Chriesi gaa, *sich vergreifen an.* Hinder de Chaschte gaa, 1. *sich über den Kasteninhalt hermachen.* 2. *den Kasten ordnen.* S hinder Bäi füre nèè, *tapfer ausschreiten.* Uf di hindere Bäi staa, *sich auf die Hinterbeine stellen.* De hinderscht Rappe, *der letzte Rappen.* S hinderscht Bäi isch go luege, *jedermann.* Vgl. zhinderscht.

Zss.: -achs w.; -bäi s.; -baum m., *Hinterwelle am Webstuhl;* -fûûr sii, *verwirrt sein;* -gaa, *hintergehen.* Er hindergaat äin; -gstell s., *Hinterteil beim Vieh;* -gschüe s., *hinterer Teil des Schuhs;* -hand w., *Letzter beim Ausspielen (Jass);* -laa, *hinterlassen.* Er hinderlaat nüüt; -sine, *sich hintersinnen, schwermütig werden.* Er hindersinet si fascht; -siite w.; -stuck s., *Fleisch vom Hinterteil des Schlachtviehs;* -triibe, *hintertreiben.* Er hindertriibt ales. -tûûr w.; -waage m.

Hinder m. *Gesäss.* Äis uf de Hinder überchoo. Tue no de Hinder butze! De Hinder lupfe, *sich aufmachen* (ZO.). Vkf. Hinderli s. (Ksp.).

hindere *nach hinten, rückwärts.* Gönd hindere! *tretet zurück.* Hindere mit em! *ins Gefängnis mit ihm.* Er isch hindere choo, *ins Gefängnis gekommen.* Jag die Schüss emaal hindere! *in die Scheibe.* Potz Chäib hindere! *verflucht nochmal.* Vs., bei Ztw. trennbar. Zss.: -wääg m., *Weg nach hinten, Hinweg.*

hinderenand *hintereinander.* Vs. bei Ztw., trennbar, z.B. -choo, *in Streit geraten;* -bringe, *entzweien.*

Hinderlig m. *Hindernis, Schaden, Nachteil.* Im Hinderlig sii, *benachteiligt sein; im Rückstand sein.* Di jüngschte Gschwüschterti händ de Hinderlig ghaa, *waren beim Erben im Nachteil.* Sit er gfalen isch, hät er en Hinderlig, *ist er behindert.* Dè isch mer en Hinderlig, *er ist mir ein Hindernis.*

hinder(r)uggs, hinderüggsli *hinterrücks.*

hinder(r)üggsle (-et) *hinterhältig, listig, hinter dem Rücken handeln.*

Hinder(r)üggsler m. *Hinterlistiger.*

hindersi, hinderschi *rückwärts.* Hindersi gaa; hindersi mache, *mit Verlust arbeiten;* hindersi sitze, *beim Fahren rückwärts sitzen;* hindersi und fürsi, *vor- und rückwärts.* Öppis hindersi und fürsi erchèèrndle, *gründlich überdenken, beraten.* Zss.: -gang m., *Rückwärtsgang;* -jass m., *Jass (Kartenspiel) auf kleinste Punktzahl.*

hine *hinten.* Im Glarnerland hine. Ra.: Hine und vorne nöd druus choo, *überhaupt nicht verstehen.* S nützt hine und vorne nüüt, *nützt gar nichts.* Hine und vorne schöön tue, *schmeicheln.* Hèrr Mäier hine, Hèrr Mäier vorne, *wenn einer immer schmeichelt.* Zss.: (vor Vokal hinen-) hinenabe, *hintenhinunter.* Es gaat hinenabe mit em, *es geht zu Ende mit ihm, geschäftlich schlecht;* -draa, -drazue, *hintendran, dahinter;* -drii, *hinterdrein, hinterher, nachträglich;* -dure, *hintenherum;* -füre, *hervor.* Chumm emaal hinefüre! Er chunt us em Wägitaal hinefüre, *stammt aus dem Wägital;* -naa, *hintennach;* hinenie/ine, *hintenhinein;* -ufe, *hintenhinauf;* -ume, *hintenherum;* -use. Ich bi fasch(t) hinenuse, *fast vom Schlag gerührt;* -usse, *(hinten) draussen;* -uuf.

hinecht, hingächt (ZO.) *heute nacht.*

hinke (ghunke) *hinken.*

Hinki m. *Hinkender.* Zss.: -pott m., *Hinkender,* eig. *hinkender Bote.*

Hirsch siehe Hìrz.

Hirschel m. *Maulwurfsgrille* (ZO.).

Hischtooriker m. 1. *Historiker.* 2. *Hysteriker* (humor.).

Hitz w. (-e) *Hitze.* Hitze haa im Chopf, *fiebrig sein.* Er hät no Hitze, *Leidenschaft, Liebesglut* (humor.). Zss.: -blaatere w., *Hitzbläschen;* -schlaag m.

hitzge (ghitzget) *schlucksen, glucksen.*

Hitzgi m., s. *Schluckauf.* De Hitzgi-Hätzgi haa. Hitzgi-Hätzgi hinder em Haag, nim mer ä miin Hitzgi aab *(Spruch gegen Schluckauf).*

hitzig *hitzig.* E hitzigi Chranket, *akute Krankheit.* Hw. en Hitzige, *Aufbrausender.*

ho! hoo! *ho (Ausruf).* verst. ho-ho! hoo-hoo! Ho-hopp! Ho-rutsch! Ho-ruck!, *bei gemeinsamem Schieben oder Heben von Lasten.* Zss.: Hooglaaser m., *Glaser, der rufend durch die Strassen geht.*

Hobel m. (ö) *Hobel.* Ra.: Blaas mer de Hobel uus! *Abweisung einer Zumutung.* Zss.: -bank m.; -iise s., *Hobeleisen;* -spaa m., *Hobelspan.*

höbele (ghöbelet) *jemandem schmeicheln, zu Gefallen reden.* Äim hine und vorne höbele.

Höbeler m. *Schmeichler, Scharwenzel.*

hoble (ghoblet) *hobeln.* ütr. Dè wìrt scho na ghoblet, *wird manierlicher.* En unghoblete Kärli, *ungeschliffener Kerl.*

Hock m. (ö) 1. *Sitz.* Wo hät s daa en Hock? Ame Hock sitze, *zusammengekauert sitzen.* 2. *Haufe.* En Hock Nusse. Hock uf Hock, *haufenweise, bes. von Früchten an Zweigen.* 3. (auch **Höck)** *gemütliches Zusammensitzen, Beisammensein.* Vkf. **Höckli** s., 1. *Heimwesen.* E schööns Höckli. 2. Ame Höckli sitze, *zusammengekauert sitzen.* En aarms Höckli, *im Wachstum zurückgebliebenes Kind.*

hocke (ghocket) 1. *sitzen* (pop.). Äine hocke laa, *im Stich lassen* Zss.: aa-, *ankleben (in Kochgefäss).* Es hocket aa, *klebt;* ab-, *Platz nehmen;* daa-. Daahocke wien es Pfund Dräck, Schnitz, *ungehörig, faul dasitzen;* dine-, *nachsitzen* (Schsp.); über-, *über die Polizeistunde sitzen bleiben;* ume-, umenand-, *herumsitzen;* uuf-, *aufsitzen.* Öpperem uufhocke, *aufsässig sein;* zue-, *sich zu Tische setzen.* Hocked zue! 2. *bleiben.* Wo bisch ghocket? *wo stecktest du.* Dehäi hocke; im Bett hocke. 3. *im Gefängnis sein.* Er hocket imer na.

Hockere (Mz.), meist Vkf. **Höckerli** (Mz.), *Buschbohne.*

Hockete w. *langes Beisammensein.*

Hocki m. *wer gern und lange sitzenbleibt, Hocker,* z.B. en Wìrtshuushocki.

Hocki w. *Hocke (turnerische Übung).*

höckle (ghöcklet) *sitzen* (fam.). S Chind cha scho höckle, *es sitzt schon.* Binenand höckle, *gemütlich beisammensitzen.* Zss.: ine-. Gömer na nôime go inehöckle?

höcklige *sitzend, kauernd.*

hödele (ghödelet), **höderle** (ghöderlet) *trippeln.*

Höderli s. *Kleinkind, das zu gehen beginnt* (fam.).

hodle (ghodlet) 1. *trippeln.* 2. *mit grobem Sieb Getreide reinigen, säubern.*

Hodli m. 1. *Kleinkind* (fam.). 2. *gutmütiger, beschränkter Mensch.*

höfele (ghöfelet) *schmeicheln.*

hofeli, hofli *nett, schmuck, hoffärtig.* Hofli dethèèr choo.

höfeli, höfli *freundlich, höflich.* Tanke höfli! *mit höflichem Dank.* Uw. Höfeli tue, *sachte, leise, behutsam sein.* Öppis höfeli abstele, *sorgsam hinstellen.*

hoffärtig, hofärtig *hochfahrend, vornehm gekleidet, stolz.* Die chunt hoffärtig dethèèr.

Hoffärtigi w., **Hofärtigi** w. *Hoffart, Stolz.* Si wäiss nüd wie tue vor Hoffärtigi.

Hoffert w. *Hoffart.* Alls a d Hoffert hänke, *putzsüchtig sein.* D Hoffert mues liide, *Spott über Modetorheiten.* D Hoffert vo dère Bruut, *Kleiderpracht.* Stinkedi Hoffert, *Samtblume, Tagetes patula.*

hoffetli *hoffentlich.*

Hoffnig w. (-e) *Hoffnung.* I der Hoffnig sii, *schwanger sein.*

hofiere (ghofiert) 1. *schmeicheln, schöntun.* 2. *stuhlen.* I s Bett hofiere.

Hoger m. (ö) 1. *Buckel.* D Chatz macht en Hoger. Zss.: -frôili s., *Bucklige (Spitzname);* -mandli s., *Buckliger;* -naase w.; -rugge m., *Buckel;* -ueli m., *Buckliger.* 2. *Höcker, Hügel, Anhöhe.* De Hoger abe schlittle. Vkf. **Högerli** s. Es Högerli am Finger, *Gichtknoten.*

hogere (ghogeret) 1. *geduckt umhergehen, einen Buckel machen.* Bim Jätte mues me hogere, *sich bücken.* Zss.: devoo-. Devoohogere wien en alte Maa; ufe-, *von brünstigen Kühen.* 2. *Güterwagen über Ablaufberg fahren lassen.*

Hogeri m. *wer aus Faulheit gebückt geht.*

Högerlig m. *Buckliger.*

hoi! *Grüss Gott* (pop., jg.).

Hôi s. *Heu.* Ra.: Daas frisst käi Hôi, *das Aufbewahren von Dingen kostet nichts.* Mer händ s Hôi uf der gliiche Büüni, *die gleichen Ansichten, Interessen.* Iez isch gnueg Hôi dune! *jetzt ist's aber genug.* Gält, Schulde haa wie Hôi, *im Überfluss.* Zss.: -beeri s., *Heidelbeere;* -bèère m., *Heunetz;* -blueme (Mz.), *Heublumen, zum Ansäen und für Heilbäder;* -bode m., *Heudiele, Heuboden;* -broosme (Mz.), *zerbröckeltes Heu;* -bùùrdi w., *Heubürde, Heutraglast;* -büüni w.,*Heudiele, Heuboden;* -gable w.; -graas s., *zum Heuen bestimmtes Gras;* -gümper m., -güpfer m., *Heuschrecke;* -lüücher m., *grosser Haken zum Herausziehen des Heues;* -monet m., *Juli;* -pfnüsel m., *Heuschnupfen;* -schnuppe m., *Heuschnupfen;* -schoche m., -schöchli s., *Heuhaufen;* -stock m.; -stöffel m., -ströffel m., *Heuschrecke;* -tili w., *Heudiele, Heuboden.*

hòie (ghòiet) 1. *heuen.* 2. *hastig arbeiten, pfuschen* (pop.). Zss.: ume-. I der ganze Wält umehòie, *umherreisen* (pop.); zäme-, *etwas unsorgfältig, hastig tun* (pop.). Dè hòiet wider äis zäme!

Höiel m. (meist **Nachthöiel**) *Eule.*

hòiele (ghòielet) *Erde leicht hacken.*

Hòieli s. *Haue.*

Hòier m., **Hòieri** w. (-ne) *Heuer(in).*

Hòier m. *Fünffrankenstück* (pop.).

Hòiet m. *Heuernte.*

Hòiffler m. *Frühbirne (Sorte).*

hòimli siehe häimli.

hòiptle (ghòiptlet), **hòitle** (ghòitlet) *eine Kopfform bilden.* De Salaat hòiptlet.

Hòiptli siehe Haupt.

Hòiptlig m. 1. *Häuptling.* 2. *Hauptmann* (Ssp.).

hòische (ghòische, ghòischt) *heischen, erbitten.* Was hòisched er für d Öpfel? *was verlangt ihr.* Mer tòòrff nü hòische, *betteln.*

Hòischeri w. (-ne) *Heischende.*

Hòischete w. *zudringliches Heischen.*

Hòischi m. *Heischender.*

hòitle siehe hòiptle.

Hòitli siehe Haupt.

hokus pokus verschwindibus! *Spruch, um etwas verschwinden zu lassen* (fam.).

holdere (gholderet) 1. *sich lärmend, närrisch gebärden.* 2. *drauflosschwatzen.*

Holder(e) m. *Holunder.*

Holderibock m., **Holderihoo** m., **Holderistock** m. *närrische, fahrige Person, Wildfang, Springinsfeld.*

hole (gholt) *holen.* Zss.: ab-; ii-; naa-; uuf-; uus-.

höle (ungebeugtes Ew.); vgl. Hell. 1. *fürchterlich.* E hölen Angscht, Müe; en höle Luug, *Erzlüge;* en höle Tùùrscht. Zss.: -mèèssig, *arg, sehr* (Uw.). S tuet hölemèèssig wee; -taub, *sehr zornig.* 2. *fabelhaft* (pop.). En höle Fraass, *fabelhaftes Essen.*

Holihoo m. *fahriges, leichtsinniges Mädchen, Wildfang, Springinsfeld.*

hölisch 1. Ew. *fabelhaft, aussergewöhnlich gut.* En hölische Tüp, *ein feiner Kerl.* Es isch hölisch gsii, *wundervoll.* 2. Uw. *sehr, ausserordentlich.* Hölisch häiss.

Höll siehe Hell.

holops *munter, lustig.* Mer sind holops de Bèèrg ab gsprunge.

Holz s. 1. *Holz.* 2. *Scheit, Stück Holz.* 3. *Wald.* I s Holz gaa. Im Holz usse. Ra.: Holz vor em Huus haa, a) *Scheiterbeige, Holzstapel.* b) *einen vollen Busen.* Es schlaat i s lèèr Holz, *es blitzt in den noch kahlen Wald.* Es fèèlt am Holz, a) *an der Begabung.* b) *an Nachwuchs.* Zss.: -bììr w., *wild wachsende Birne;* -bisse m., *Holzkeil;* -bock m., a) *Zecke.* b) *ungeschlachter Mensch;* -böde (Mz.), *Holzschuhe;* -chääfer m., *Borkenkäfer;* -fangis mache, *Fangspiel machen mit Berühren von Holz* (Ksp.); -hacker m., *Fünfzigfrankennote* (pop., va.); -klass w., *zweite Klasse in der Eisenbahn* (humor.); -risi w., *Holzriese im Gelände;* -rugel m., *rundes Stück Holz;* -saage w., -saagi w., *Waldsäge;* -schiiter m., *Fünfzigfrankennote* (pop., va.); -schlegel m., *Holzhammer* (ZO.). Ra.: Mit em Holzschlegel druufschlaa, tüüte, winke, *deutlich beibringen;* -wääg m., *Holzweg.* Vkf. Hölzli s.

holze (gholzet) *holzen, Bäume fällen.* Zss.: ab-, *Holz schlagen, kahlschlagen.*

hölze (ghölzet) *Rebschosse schneiden.*

hölzele (ghölzelet) *nach Holz riechen, schmecken.*

Holzer m. *Holzfäller, Holzhauer.*

hölzi, jg. **hölzig** *hölzern.* En hölzene Täler.

hölzig 1. *hölzig, zäh.* Hölzigi Rüebli. 2. *steif, ungelenk.* En hölzige Kärli.

hölzle (ghölzlet) *Glücksspiel mit Zündhölzchen machen.*

honett *vornehm, ehrsam.*

honoorig *anständig.* Si honoorig uuffüere.

hoo siehe ho.

Hoo- *Hoch-* in Zss.: Hoodunschtig m., *Gründonnerstag;* -huuffe m., *alter, mit Gras und Moos überwachsener Ameisenhaufen;* -rugge m., 1. *Höckerrücken.* 2. *Rückenstück des geschlachteten Viehs.*

höö *erzürnt, unwirsch.* Bisch höö mit mer?

Hòòbli siehe unter Haab.

Hooch- *Hoch-* in hd. Lehnwörtern: Hoochachtig w., *Hochachtung;* Hoochmuet m.; -muetsaff m., iipildete Hochmuetsaff; -muetsfötzel m.,

-muetsgüggel m., -muetsnaar m., *Hochmütiger;* -schuel w.; -schii m. Kän Hoochschii (von ere Aanig) haa, *keine Ahnung von etwas haben;* -tüütsch s., *Hochdeutsch;* -ziiter m., *Bräutigam.*

hööch (hööcher, hööchscht) *hoch.* E hööchi Muur; z dreie hööch, *drei Mann hoch;* e hööchs Tier, *einflussreiche Person;* hööch aagèè, *protzen, angeben;* hööch nèè, *foppen;* hööch haa, *beschwipst sein;* hööch singe, *angeben, prahlen.* Es isch hööchschti (Isepaan), *höchste Zeit* (pop.); de hööchewääg anestele, *hochkant, aufrecht hinstellen.* Hw. en Hööche, Hööchere m., *(Unter-)Offizier* (Ssp.).

Hööchi w. (-ene) *Höhe.* Uf de Hööchene schneit s. I d Hööchi schüüsse, *stark wachsen.*

Hoochsig s., **Hoochstig** s. (-e) *Hochzeit.* Hoochsig haa, *Hochzeit halten.* S Hoochsig chunt us der Chile, *die Brautleute.* Zss.: -chnaab m., *Begleiter eines weiblichen Hochzeitsgastes* (va.); -gaab w., *Geschenk für Brautleute;* -gwand s., *Hochzeitskleid, Hochzeitsanzug;* -jumpfer w., *weiblicher Hochzeitsgast;* -lääbe s., *fröhliches Treiben an der Hochzeit;* -mäie m., *Hochzeitssträusschen;* -rock m.; -schüüsse s., *Böllerschiessen an der Hochzeit.*

Hoof m. (öö) 1. *Bauernhof.* Hoof und Häime, *Haus und Hof.* Zss.: -räiti w., *Hofplatz, Hausplatz vor dem Bauernhaus.* 2. *Hofraum.* Teppich im Hoof chlopfe. 3. *Lichtschein um Sonne und Mond.* De Maa/Mòò hät en Hoof. Vkf. Hööfli s.

hò̀òggle (ghò̀ògglet) 1. *häkeln.* Es Teckeli hò̀òggle. 2. *Fingerziehen machen.* 3. *die Krallen sehen lassen.* D Chatz hò̀ògglet.

Hò̀òggleté w. *Häkelarbeit.*

Hò̀òggli s. (vgl. Haagge) 1. *Häkchen.* Ra.: S hät überaal es Hò̀òggli, *eine Schwierigkeit.* 2. *Häkelnadel.* Zss.: -fade m., -gaarn s., *Häkelgarn;* -muschter s. 3. *magere Frau.*

hool 1. *hohl.* 2. *blöde, dumm* (Schsp., jg.).

hoole (ghoolet) *hohl werden.* S Fass hoolet, *leert sich langsam.*

hoole (ghoolet) *hoo rufen, johlen, jauchzen.* De Nachthöiel hoolet, *die Eule ruft.*

hò̀òle (ghò̀òlt), jg. **hööle** (ghöölt) *höhlen.* Wämer äis hööle? *eine Flasche Wein trinken.*

hò̀òlele (ghò̀òlelet) *hohl tönen.*

Hò̀òler m., jg. **Hööler** m. *Hohlmesser in Löffelform zum Herausschneiden des Apfelkerngehäuses.*

Hò̀òli w., jg. **Hööli** w. (-ene) *Höhle.*

Hööni w. *Zorn, Unwille.* Öppis i der Hööni tue.

hò̀òre (ghò̀òrt) *Haare verlieren, wechseln.* S Tuech, d Chatz hò̀òret si.

hò̀òri *hären, aus Haar gewoben, geflochten.* E hò̀òreni Uurechette.

hò̀òrig *haarig.* Zss.: root-, lang- usw.

hoorsam *vorsichtig, sachte, leise.*

hoosche (ghooschet) *etwas leicht in die Höhe werfen.* Zss.: -bale, 1. (m.) *Spielball aus Wollgarn.* 2. (w.) *Frau mit vielen übereinandergetragenen Röcken* (ZO., va.). -bale, -bälele, *mit Wollgarnball spielen.*

hööschele (ghööschelet) *etwas leicht in die Höhe werfen.*

Höötöö w. *Höhere Töchterschule Zürich* (va.).

Hò̀òtschli siehe Haatsch.

hopp! *hopp.* Hopp Schwiiz! *Aufmunterungsruf an Schweizer im internationalen Sport.*

hoppass! *halt, genug.* Hw. Hoppass m., *kleiner Wildfang.*

hoppasse (ghoppasset) *ausgelassen tun, possenhafte Sprünge machen.*

hoppe (ghoppet) 1. *auf einem Bein hüpfen.* 2. *ungeschickt tanzen.* Zss.: Hoppedihoo m., Hoppelihopp m., Hoppeliko m., *Springinsfeld, Wildfang.*

hoppere (ghopperet) *holpern.*

hopperig *holperig.*

höpperle (ghöpperlet) *trippeln.*

Hoppis mache *ein kleines Kind auf den Knien wippen machen* (Ksp.).

hoppla! hopplä! *hoppla!* Hoppla Schorsch! *halt mal!*

hops 1. *schwanger* (vulg.). Äini hops mache. 2. *etwas verrückt, verwirrt.* Du bisch ja hops im Gsicht! (Schsp.).

Hops m. (ö) *sprungähnlicher Schritt beim Tanzen, Hüpfer.*

hopse (ghopset) *hüpfen.*

Hopser m. *alter Tanz im Zweivierteltakt, Ecossaise.*

horänd *horrend, unmässig.* Horänd tüür.

hòrchle (ghòrchlet) meist in Zss.: uus-, *aushorchen.*

Hòrdöpfel siehe Hèrdöpfel.

hòre (ghòrt), auch **uufhòre** *aufhören.* Hòr! Hòr iez (emaal)! Hòr äntli (uuf)! Es hòrt (uuf) räägne.

Horn s. (Hörner), älter **Hoorn** s. 1. *Horn.* Zss.: -gäiss w., *Hörnerziege;* -huut w.; -schlitte m., *Lastschlitten mit vorn aufgebogenen Kufen;* 2. *Beule (am Kopf).* Vkf. **Hörndli** s., **Hööorndli** s., 1. *Hörnchen.* Ra.: D Hörndli fürelaa, *sein Wesen verraten.* D Hörndli abstoosse, *ruhiger, erfahrener werden.* 2. *bestimmte Teigwarensorte.*

hörndle (ghörndlet) *auf dem Horn blasen.*

horne (ghornet), **hoorne** (ghoornet) *auf dem Horn blasen.* Das isch zum Horne! *nicht zu glauben* (pop.).

horne (ghornet), **hornere** (ghorneret) unpersönlich, *schneien und regnen mit Wind, bes. vom Februarwetter.* Es hornet.

hörni *hörnern, aus Horn bestehend.* E hörnis Mässerhefti, *Messergriff aus Horn.*

Hornig m., **Horner** m. *Februar.*

Hornuus(s) w. (-e) *Hornisse.*

Hòröpfel, hòröpfle siehe Hèrdöpfel, hèrdöpfle.

hoscht! *rechtshin! (Zuruf an Zugtiere zum Rechtsgehen).*

Hose (Mz.) *Hose.* I d Hose! *an die Arbeit* (pop.). Zss.: -bäi s.; -bale m., *Hosenklappe;* -brünzler m., *Hosennässer;* -bueb m., *kleiner Knabe;* -füdli s., *Hosenboden;* -lade m., *Hosenschlitz;* -lätter m., *Schlottern der Hose;* -lupf m., *Ringkampf;* -ringge m., *Hosenschnalle;* -sack m., *Hosentasche;* -säicher m., 1. *Hosennässer* (vulg.). 2. *Feigling* (pop.); -schlotter m., 1. *Schlottern der Hose.* 2. *Angst;* -schiisser m., *Feigling* (pop.); -spaner, -spanis überchoo, *Schläge auf den Hosenboden bekommen;* -stooss m., meist -stööss (Mz.), *unteres Ende der Hosenbeine.* Vkf. **Hösli** s., 1. *kleine Hose.* 2. *Höschen der Biene.* 3. *Federkleid an den Füssen von Hühnern, Tauben.* 4. *Blütenkelch des Getreides.* 5. *Garnverwicklung.* 6. *Kartonröhrchen, Filzröhrchen für Garnspule.*

hösele (ghöselet) *wackelig gehen, trippeln.* Zss.: devoo-; naae-. S Chind höselet der Mueter naae; ume-.

Höseler m., **Hösi** m. *schwächlicher, furchtsamer Mensch.*

Hosli m. *kleiner Knabe, der die ersten Hosen trägt* (fam.).

hott! *rechtshin! (Zuruf an Zugtiere zum Rechtsgehen).* Zss.: -ume! -ume hü! Zss.: Hottebäi s., *rechtes Vorderbein des Pferdes.*

hotte (ghottet) 1. hüschte und hotte, *antreiben, drängen.* 2. *tanzen* (Schsp.).

hottere (ghotteret) *rütteln, schütteln, holpern.* Uf dèm Wääg hotteret s.

Hotterete w. *das Holpern.*

hotterig *holperig.* E hotterigi Straass.

hötterle (ghötterlet) *trippeln.*

hotzle (ghotzlet) 1. *den Inhalt eines Sackes zusammenrütteln.* 2. *spöttisch lachen.*

hou! *ach so! ach was!*

hü! *vorwärts! (Zuruf zum Antreiben des Zugviehs).* Hü zäme! *vorwärts miteinander.* Zss.: -ross s., -rössli s., *Pferd* (Ksp.); -rösslis mache, -rössle, *Pferd und Fuhrmann spielen* (Ksp.); -ume! *seitwärts.*

hübsche (ghübschet) *hübscher werden.*

hübscheli *sachte, behutsam, sorgfältig.* Es Glaas hübscheli abstele. Nu hübscheli! Hübscheli tue, *behutsam vorgehen.*

Hübscheli s. *hübsches Mädchen.*

hübschere (ghübscheret) *beim Jassen die Karten gegen bessere eintauschen.*

Hübschi w. *Schönheit.* Vo der Hübschi hät me nüd gläbt.

hübschlacht(ig), hübschlächt(ig) *ziemlich hübsch* (va.).

Hudel m. (Hudle) 1. *Lumpen, Fetzen.* I Hudle und Fätze. Um Hudel und Haab choo, *Hab und Gut verlieren.* 2. *Nichtsnutz, Lump.* Uusgsee wien en Hudel. Zss.: -bueb m., *Bettelknabe;* -chind s., *Bettelkind;* -oornig w., *Unordnung;* -phack s., -waar w., *Lumpenpack;* -wätter s., *schlechtes Wetter;* -züüg s., *Lumpenware.* Vkf. **Hudeli** s., **Hüdeli** s., **Hudi** s., *verwahrlostes Kind.*

Hudigääggeler m. *volkstümliches Tanzmusikstück* (pej.).

hudle (ghudlet) 1. *Geld, Vorrat verschleudern.* 2. *nachlässig arbeiten, pfuschen.* 3. *jemanden tüchtig schütteln.* 4. unpersönlich: es hudlet, *es schneit, regnet, windet durcheinander.*

Hüeber m., **Hüeberlig** m. *Schuhkappe.*

hüebere (ghüeberet) *Schuhkappe aufsetzen.*

Hueff m. *Huf.*

Huen s. (Hüener) 1. *Huhn.* Ra.: De Hüenere d Schwänz uufbinde, *etwas Überflüssiges tun.* Ales wien es Huen la ligge, *grosse Unordnung haben.* Zss.: Hüeneraug s.; -bale m., -bäleli s., *Verschlussladen am Hühnerhaus;* -chrèèze w., *Hühnertragkorb;* -dräck m., *Hühnermist;* -füdli s., *aufstehende Haare am Hinterkopf;* -huus s.; -huut s., *Gänsehaut;* -läitere w.; -maal s., *Festmahl der Herrenstubengesellschaft der Stadt Winterthur;* -oornig w., *Unordnung, Durcheinander;* -stägli s., *Hühnerleiter;* -trääger m., *Hühnerhändler;* -tribel m., *breiiges Hühnerfutter;* -vogel m., *Hühnerhabicht.* 2. *alberne Person, Dummkopf.* E tums Huen. Vkf. Hüendli s.

hüenere (ghüeneret) meist in Zss.: ume-, *sich herumtreiben, sich unzüchtig benehmen.*

Hüenerete w. *Unordnung.*

Huer w. (-e) *Hure.* Vkf. Hüerli s.

huere als Verst. (vulg.): e huere Chelti, *grosse Kälte;* huere Siech!, *als Ausruf; es huere Züüg, dumme Sache.* Uw. huere guet, *sehr gut;* huere schöön, *sehr schön.*

huere (ghueret) *huren.* Zss.: ume-.

Huerete w. *das Huren.*

hueschte (ghueschtet) *husten.* Vgl. wueschte. Da git s nüüt z hueschte! *nichts auszusetzen.*

Hueschte m. *Husten, Katarrh.* Vgl. Wueschte.

hüeschtle (ghüeschtlet) *hüsteln.*

Huet m. (Hüet) 1. *Hut.* Ra.: En alte Huet, *dummes Zeug.* Das isch kän alte Huet wärt, *ist nichts wert.* Ööl am Huet, *beschwipst.* Zss.: -gupf m., *Hutkopf;* -numere w. Das isch nöd miini Huetnumere, *nichts für mich;* -rand m., *Hutkrempe.* 2. *Stahlhelm* (Ssp.). 3. *Policemütze* (Ssp.).

huet! *Obacht! Vorsicht! (Warnruf beim Schlitteln).*

hüete (ghüetet) *hüten, bes. Vieh.* Mer chönd na hüete, *das Vieh noch weiden lassen.*

Hüeterbueb m., *Hütejunge, Hirtenknabe.*

Huft w. (Hüft) 1. *Hüfte.* 2. *Hüftstück (Fleisch).* Es Pfund vo der Huft.

Huimänt m. *Augenblick.* Im Huimänt, *augenblicklich, sofort.*

Hülff w. (-e) 1. *Hilfe.* 2. *Helfer.* Er isch mer e gueti Hülff. En Chumm-mer-z-Hülff, *ein Hilfsbereiter, ein Helfender.*

hülffio! *zu Hilfe.* Hülffio brüele, *nach Hilfe schreien.*

Hulftere w. *wolliger Schneeball (Pflanze).*

hülpe (ghülpet) *hinken.*

Hülpi m. *Hinkender.*

Hültsch w. (-e) *Hülse.*

hültsche (ghültschet) in Zss.: uus-, 1. *enthülsen.* 2. *ausbeuten.*

Humbel m. (ü), meist Vkf. **Humbeli** s. *Hummel.* Zss.: -näscht s.

Hund m. (ü) 1. *Hund.* De Hund git aa, *bellt.* Ra.: Äim de Hund abetue, *ausschelten.* Äim uf de Hund gèè, *durchprügeln.* S groosse Hunds Götti sii, *grosse Meinung von sich haben.* Uf em Hund sii, *erschöpft sein (auch finanziell).* Bi jeder Hundsverlochete, *bei jeder wichtigen und unwichtigen Angelegenheit, oft.* Under alem Hund! *unter aller Kritik.* An äim de schlächt Hund mache, *einen treulos im Stich lassen.* De Hund voll überchoo, *durchgeprügelt werden.* De Hund voll lache, *starke Schadenfreude empfinden.* Zss.: Hundsdräck m.; Hundshuus s.; -schmäär s., *Hundefett;* -schwumm m., *Schwimmen nach Art der Hunde.* 2. *Scheltwort, Verstärkung von Flüchen.* Chäibe, fuule, tume Hund. Er verchaufft ale Hund, *alles mögliche.* Zss.: Hunds-chäib m.; -chalt; -chog m.; -fude (Mz.), *Samenkapseln und Blätter der Herbstzeitlose;* -gmäin, *sehr gewöhnlich* (jg.); -kärli m.; -komuun, *sehr gewöhnlich* (jg.); -miseraabel, *sehr schlecht;* -schlächt; Hundwaar w., a) *Ausschussware.* b) *Gesindel;* Hundszüüg s., *fatale Sache.* Vkf. Hündli s., Hundli s. (fam.), Hundeli s. (Ksp.).

hunde (ghundet) *schwer arbeiten, sich plagen.* Zss.: ab-, *sich zu Tode arbeiten.*

hündele (ghündelet) 1. *nach Hund riechen.* 2. *sich einschmeicheln.*

Hündeler m. *Hundebesitzer.*

Hunderei w. (-e) *Plackerei.*

hundert (-i) *hundert.* Ra.: Bisch nöd ganz hundert, *du bist dumm, du spinnst.* De hundertscht. Hunderti vo Franke, *Hunderte.* Z hundertewiis, *zu Hunderten.*

Hunderter m. 1. *Hundertfrankennote.* 2. *Hundert-Kilometer-Geschwindigkeit.* Mit emene Hunderter faare. Zss.: Hunderternöötli s., *Hundertfrankennote.*

Hundete w. *Plackerei.*

Hunger m. *Hunger.* Zss.: -grueb w., *Hungergrube beim Vieh;* -liider m., -schlucker m., *Hungerleider;* -tuech s.

Hunng m., s. 1. *der Honig.* Ra.: S isch im Lääbe nüd alls Hunng und Siide, *nicht alles leicht.* Zss.: -broot s., *mit Honig bestrichenes Butterbrot;* -haafe m., *Honigtopf.* 2. *Konfitüre, Marmelade.*

hunnge (ghunnget) 1. *Honig ernten.* 2. *Konfitüre bereiten.* 3. *gelieren.* Es hunnget.

hünngele (ghünngelet) *nach Honig riechen oder schmecken.* Zss.: uus-, *jemanden ausnützen.*

Hunziker m. *Hund* (humor.).

hupfe (ghupft), jg. **hüpfe** (ghüpft) *springen.* Zss.: über-, *überspringen.*

Hüpfis s. *Hüpfspiel* (Ksp.). Hüpfis mache.

hüpp! *vorwärts! (Ruf zum Antreiben der Zugtiere).*

huppelihuu! *juchhe (Ausruf der Freude).*

hurle (ghurlet) *herumwirbeln.*

Hurli m. *Brummkreisel.* Zss.: -bueb m., 1. *Wildfang.* 2. *Brummkreisel;* -huu m., *Schreckmännchen.*

Hurlig m. *junges, fruchttragendes Rebschoss.*

hürne (ghürnet) *auf dem Horn blasen* (va.). Vgl. horne.

hurtig *flink, schnell.* Chumm hurtig!

Husche w. *Schlag mit der flachen Hand, Ohrfeige.* Äim e Husche gèè. Zss.: -bale w., *Spielball aus Wollgarn.* Vgl. hoosche.

hüscht! *linkshin! (Zuruf an Zugtiere zum Linksgehen).* Zss.: -ume! Hüschtebäi s., *linkes Vorderbein des Pferdes.*

hüschte (ghüschtet) *Zugtiere antreiben.* Hüschte und hotte, *antreiben, energisch drängen.*

husiere (ghusiert) *hausieren.*

Husierer m., **Husiereri** w. (-ne) *Hausierer(in).* Zss.: -chrèèze w., *Tragkiste des Hausierers;* -volch s.; -waar w.

Hutscheli s. *Kälblein* (Ksp.).

hütt *heute.* Chum i hütt nüüd, chum i moorn, *es eilt mir nicht.* Zss.: hüttemorge, *heute früh.*

Hutte w. *Rückentragkorb.*

Hütte w. 1. *Hütte.* 2. *Sennhütte, Käserei.* D Milch i d Hütte trääge. Zss.: -gält s., *Milchgeld;* -rodel m., *Liste der Milchlieferanten und ihrer Milchlieferungen.* 3. *Haus* (pop.). Zss.: -finke (Mz.), *gestrickte Hausschuhe.*

hüttig *heutig, neuzeitlich, modern.* De Rock isch nüme hüttig. S Broot isch nüme hüttig, *nicht mehr frisch.* Zss.: hüttig(s)tags, *heutzutage.*

hütze (ghützt) *den Inhalt eines Gefässes zusammenrütteln.* E Tause voll Truube hütze. E ghützti Tause voll.

Huube w. *Haube.* 1. *Kopfbedeckung der Frau.* 2. *Eisenhaube.* Ra.: Äim z nèèch uf d Huube choo, *zu nahe treten.* Äim ab der Huube gaa, *nicht mehr belästigen.* 3. *Turmkuppel.* Vkf. Hüübli s.

Huuch m. *Hauch.*

huuche (ghuucht) *hauchen.* I d Händ huuche.

hüüchle (ghüüchlet) *heucheln.*

Hüüchler m. *Heuchler.* Zss.: -kumoode w., *Harmonium* (pej.).

hüüf! *halt (Zuruf an Zugtiere zum Anhalten).* Hüüf haa, hebe, *Zugtiere zum Stehen bringen, anhalten.*

Huuffe m. (üü) 1. *Haufen.* S Gält vom Huuffe nèè, *Geld verschwenden.* Zum groosse Huuffe ghööre, *zum Durchschnitt gehören.* An en Huuffe gheie, *hinwerfen.* 2. *bestimmte Menge.* Drei Hüüffe Hòi. 3. *grosse Menge.* En Huuffe Chriesi, Öpfel, Chind, Land usw. Er wäiss en Huuffe, *weiss viel.* En Huuffe z tue, *viel zu tun.* Vkf. Hüüffeli s. E rächts Hüüffeli, *eine beträchtliche Menge.* Wien es Hüüffeli Eeländ, *zum Gotterbarmen, jämmerlich.*

hüüffele (ghüüffelet) *häufeln.* Hèrdöpfel, d Frucht hüüffele.

hüüne (ghüünet), jg. **hüüle** (ghüület) *heulen.* De Hund, s Chind hüünet.

hüüp! *Ruf beim Versteckspiel* (ZO.).

huupe (ghuupet) 1. *durch die hohle Hand rufen.* 2. *hupen.*

Huupe w. 1. *Blashorn aus Weidenrinde oder Löwenzahnstengel.* 2. *Autohupe.* Vkf. Hüüpeli s.

Hüüpe w. *röhrenförmiges Gebäck (alte Zürcher Spezialität).* Zss.: -beck m.; -maa m., *Hausierer mit «Hüüpe».*

Huupete w. *Huperei.*

hüür *heuer.* S git hüür nüd vil Obs.

Hüüraat w. (-e) *Heirat.*

hüüraate (ghüüraate) *heiraten.* Er isch ghüüraate, *verheiratet.* Hw. en Ghüüraatne, 1. *ein Verheirateter.* 2. *Mostgemisch (halb vergoren, halb süss)* (pop.).

hüüraschple (ghüüraschplet) *heiraten* (humor.).

Hùùrd w. (-e) *Obsthürde, Kartoffelhürde.*

hùùrdriich *sehr reich.*

huure (ghuuret) *niederkauern, sich ducken.* Zss.: abe-.

Hüürepäiss m. 1. *Gericht der ersten Früchte und Gemüse.* 2. *Leckerbissen.*

Hüürespiegel m. *Eulenspiegel.*

Huurete w. *das Niederkauern.* Zss.: Huurete-Fèèis mache, *Spiel, bei dem die zu Fangenden niederkauern* (Ksp.).

hüürig *heurig.* Hüürige Wii. Bisch ä kä hüürigs Hääsli mee, *nicht mehr der (die) Jüngste.*

Hüürlig m. 1. *junger Fisch (Barsch).* 2. *junger, unerfahrener Mensch, Neuling.*

hùùrne siehe hürne.

Huus s. (Hüüser) *Haus.* Bi wem sind er z Huus? *bei wem wohnt ihr?* ütr. E(s) verruckts Huus, *überspannte Person.* Zss.: -bèèrg m., *Berg im näheren Umkreis;* -broot s., *hausgebackenes Brot;* -cheer m., *Kehrordnung;* -eerm m., *Hausflur;* -frau w.; -gschäft (Mz.); -haltig w.; -helteri w.; -lüüt (Mz.), 1. *Mieter.* 2. *Flöhe, Läuse* (humor.); -mäischter m., *Vermieter;* -me m., *Mieter;* -meni w., *Mieterin;* -metzgete w., *Hausschlachtung;* -pflääg w., 1. *Hauspflege, -organisation.* 2. *Haushalthilfe;* -ròiki w., *Fest beim Bezug eines neuerbauten Hauses, Hauseinweihung;* -rööteli s., *Hausrotschwanz;* -taage (Mz.), *Frühling;* -wìis w., *Wiese um das Bauernhaus;* -wùùrz w., *Dachwurz.* Vkf. **Hüüsli** s., 1. *kleines Haus.* ütr. Ganz zum Hüüsli uus sii, *ausser sich vor Freude.* Zss.: -schnägg m., *Gehäuseschnecke, Weinbergschnecke.* 2. *Karo, kleines Quadrat.* 3. *Abort.* I mues uf s Hüüsli. Zss.: -bapiir s., *Toilettenpapier;* -güle w., *Fäkalien, Jauche.*

huuse (ghuuset) 1. *hausen, wohnen.* Zäme huuse, *zusammenleben.* Zss.: ii-, *sich häuslich niederlassen, sich einrichten.* 2. *sparen.* Bin Riiche leert me huuse.

hüüsele (ghüüselet) *in kleinsten Dingen sparen, geizen.*

Huuser m. *Sparer, Sparsamer.*

Huusi m. *Sparer, Sparsamer.*

Huusi w. *Haushaltungsschule* (Schsp.).

hüüsle (ghüüslet) *etwas in Quadrate aufteilen, karieren.*

huusli *sparsam.* E huuslichi Frau, huuslichi Lüüt.

Huut w. (üü) *Haut.* Ra.: Er isch en Schölm, won e d Huut aarüert, *er ist durch und durch ein Dieb.*

I

Vorbemerkung

i = kurz, meist offen
ii = lang, geschlossen
ìì = lang, offen.

i (unbet.), **ich, ìch** (bet.) *ich* (vgl.W.Gr.). I bi daa. Halt, ìch chumen iez draa.

i (unbet.), **öi** (bet.) *euch* (vgl.W.Gr.). Mer gänd i nüüt.

i (vor Vokal **in**) Vw. *in;* vgl. in. I der Chile, in ere Chile. I s Naachbers äne, *beim Nachbarn.* I d Beeri gaa, *Beeren suchen gehen.* I der Au (obe), *in Au (Ortsname).* Vgl. unter zue. I de Hunderte, *100 oder etwas darüber (z.B. 120 oder 140);* i di Hunderti, *einige Hundert.* Das gaat i di Hunderti vo Franke.

Ibidum s. eig. I bi tumm, *ich bin dumm.* Aprilscherz: Gang hol Ibidum!

Ibsche w., **Ibschte** w. *Eibisch.*

Idee w. *Idee.* Er folget kä Idee, käs Ideeli, *gehorcht überhaupt nicht.*

Idiot m. *Idiot.* Zss.: Idiotebagger m., *Skilift* (humor.); -hügel m., *Hügel für Skiänfänger* (humor.).

ie *je.* Ie lenger, ie lieber, *je länger, desto lieber.* Oft zu i oder e geschwächt: i lenger, e lenger. In adverbialer Verbindung: öpped-ie, *hinwieder.* Ie weniger das d schimpfsch, deschter ee(ner) folged s der, *je … desto …*

ie, ine (i geschlossen) 1. *hinein, herein.* Si wänd ie/ine. verst. In es Huus ie/ine gaa. Über s Huus ie/ine flüüge. Vgl. änen-, hinen- usw. 2. Vs. *hinein-, herein-* bei Ztw., trennbar, z.B. iegaa, er gaat ie; ietue, *heimführen (Heu, Getreide).*

iede m. (**iedi** w., **iedes** s.), auch **eniede** m., **eniedere** m., **eniedi** w., **eniedes** s., jg. **jede** m., **jedi** w., **jedes** s. *jeder, jede, jedes.*

ietwädere, en ietwädere *jedweder.*

iez, ieze, iezed, jg. **jetz** *jetzt.* I chumen iez dänn, *bald, nächstens.* Als Füllsel gebraucht: Dè Bueb chan iez flueche! *wie er fluchen kann!* Du bisch iez en starche! *bist du stark!* Du bisch iez äine! *du bist mir einer!*

iezig *jetzig.* Der iezig Leerer.

Igel m. 1. *Igel.* 2. *stachlige Schale der Kastanie.*

ii 1. *hinein, herein.* Zum Fäischter ii. 2. Vs. *ein-,* bei Ztw. trennbar, z.B. iilaade, *einladen.* 3. Vs. von Hw., *Ein-,* z.B. Iigang usw.; siehe unten.

Iibe w. *Eibe.*

Iibuck m. (Iibück) *Einbuchtung, Kerbe.*

Iibund m. *Patengeschenk zur Taufe.*

ìich (bet.) *ich.* Vgl. i.

Iidee (ID.) m. *innerer Dienst* (Ssp.).

iifaam *infam, schlimm.*

Iifaar w. *Einfahrt zu Scheune.*

Iifer m. *Eifer, Erregung.* Er hät Iifer, *ist fleissig.* Er hät s im Iifer taa, *in der Erregung.* In Iifer choo, *sich ereifern.* Zss.: -sucht w.

iifere (giiferet) *eifern.*

iiferig *eifrig.*

iigänts (vor Hw.) *anfangs, zu Beginn.* Iigänts Wuche.

Iigchlämts s. *Doppelbrotscheibe mit Einlage* (jg.). En Iigchlämts.

Iil w. *Eile.*

Iilache siehe Liilache.

Iiläitig (-e) w. *Einleitung.*

Iinämerei w. 1. *Zahlstelle einer Bank.* 2. *Billettverkaufsstelle bei der Bahn.*

iipildet *eingebildet.*

ìirdi *irden.* Ìirdis Gschìir; ìirdeni Waar.

ìire (gìiret), **ìirze** (gìirzet) *mit «Ihr» anreden.* Vgl. ir.

Iirichtig w. 1. *Einrichtung.* Das isch en Iirichtig! *das ist kompliziert.* 2. *Geschlechtsorgan der Frau* (pop.).

Iis s. *Eis.* Zss.: -bäär m.; -blueme w.; -chaschte m., *Kühlschrank;* -chlotz m., *Eisklotz;* -grèèm s., *Speiseeis;* -mocke m., *Eisklumpen;* -paan w., *Eisbahn;* -schole m., *Eisschollen;* -weier m.; -zapfe m.; -zapfechalt, *sehr kalt.*

Iischriib m. *Einschreibebrief.*

iise (giiset) 1. *Eis brechen.* 2. *Eis ansetzen.* S iiset.

Iise s., **Ise** s. *Eisen.* Zss.: -fangis s., *Fangspiel mit Berühren von Eisen* (Ksp.); -huet m.; -mèèssig, *eisenhart;* -paan w., *Eisenbahn.* Hööchschti Iisepaan, *höchste Zeit* (pop.); -päändle, *Eisenbahn spielen;* -päändler m., *Eisenbahner.* Vkf. **Iiseli** s., **Iseli** s., 1. *eiserne Schuhbeschläge, Sohlenschützer.* 2. *Geld* (pop.). Mach d Iiseli füre, Bappi! *gib mir Geld.*

iisi, isi (i spitz), jg. **iisig, isig** *eisern.*

iisig 1. *vereist.* 2. *eiskalt.* En iisige Wind.

Iisprützig w. *Einspritzung.* ütr. I mues dèm emaal en Iisprützig gèè, *ihn ermahnen* (pop.).

Iistand m. (Iiständ) *Spende beim Eintritt in eine Stelle.* Zss.: Iistandspredig w., *Antrittspredigt.*

iitel *eitel.* En iitle Fratz.

Iitraag m. (Iiträäg) *Eintrag, Einschuss, Querfäden beim Weben.*

Iitumpf m., **Iitümpfi** w. *durch Schlag entstandene Einbuchtung in Möbeln, Gefässen.*

Iivernèè s. *Einvernehmen.*

iiverstande *einverstanden.*

Iiweiig w., **Iiwiiig** w. (-ii-ig, Mz.-e) *Einweihung.*

Iizaalig(s)schii m. *Einzahlungsschein, Zahlkarte, Erlagschein.*

Iizuug m. (Iizüüg) *Einzug, Einfädelung der Kettenfäden in der Hausweberei.*

iläktrisch, jetzt **eläktrisch** *elektrisch.* ütr. Er isch ganz iläktrisch woorde, *gespannt auf etwas.*

Iläktrisch s., jetzt **Eläktrisch** s. *Strom, Elektrizität.*

Ile w., **Ilge** w. *Lilie.* Zss.: -pletter, *Lilienblätter.*

Ilme w. *Ulme.*

ilmi *aus Ulmenholz.*

Ilschiit s. (-er) *Waagscheit.*

im (bet.) *ihm.* Im gib i daas nǜǜd.

im *im.* Im Huus. Im Vergäss, *aus Unachtsamkeit.* Im Füfzgi, *im Jahre 1950.* Im Zolikerbèèrg (Ortsname). Vgl. unter zue.

Imb m., **Imd** m. *Bienenschwarm, Bienenstock.* En Imb rischpe, *einen Bienenschwarm einfangen.* Zss.: Imbehuus s., *Bienenhaus;* -jaar s.; -laade m., *Brett für die Bienenstöcke an der Wand von Scheunen.*

Imbe w. *Biene.* Vkf. Imbli s., Imbeli s.

Imbeeri s., **Impeeri** s. *Himbeere.*

Imbeler m. *Imker.*

Imbis m. *Mittagessen.* Z Imbis choche, ässe.

Imergrüe s. *Immergrün.*

Imfulänze w. *Grippe, Influenza* (humor.).

in (bet.) *ihn.* I gsee in nǜǜd. Das gaat in aa.

in Uw. in Verb. mit «sii», «haa», *drin-* Er hät d Chnöpf in, *eingeknöpft.* S Vee isch in, *im Stall.*

in Vw. *in den.* 1. Wenf. Ez. Er isch wiit in See usegschwume, *in den See hinaus.* 2. Wemf. Mz. In Hüüsere, *in den Häusern.*

Indi f. *Industrieschule in Zürich* (Schsp., va.).

Indiaanerlis s. *Indianerspiel* (Ksp.). Indianerlis mache.

ine (i geschlossen) siehe ie.

ine (i offen) *innen, drinnen, inwendig.* De Baum isch ine hool. Inen im Haag, *innerhalb des Zaunes.* Im Huus ine, *im Haus drin.* Zss.: -draa, *drinnen, innenseits;* -dure, *innen hindurch, inwendig;* -fǜǜr, *inwendig;* inenuse, *von innen heraus.*

ine *inne.* Ine wèèrde.

ine, Ine *ihnen, Ihnen* (vgl. W.Gr.).

inenand *ineinander.* D Wääge sind inenand gfaare. Zss.: -grächnet, *durchschnittlich.*

iner (inerscht) *inner.* Di iner Muur. S inerscht Zimer, *das innerste.* Vgl. zinerscht.

inert, inet *innerhalb, binnen.* Ine(r)t eme Monet.

Inger m. *Engerling.*

Inschinöör m., **Inscheniöör** m. *Ingenieur.*

Inschter m. *Instruktionsoffizier* (Ssp.).

Inschti s. *Institut* (Schsp.).

Inschtiduut s. *Institut.*

intrássant *interessant.*

Intrássi s. *Interesse.*

Ips m. *Gips* (va.). Zss.: -lättli s., *Gipslatte.*

ipse (gipset), jg. **gipse** (ggipset) *mit Gips bestreichen, gipsen.*

ipsi, jg. **gipsi** *aus Gips, gipsern.*

ir (unbet.), **ìır** (bet.) *ihr;* vgl. ìıre. Grüezi, ir Hère! *guten Tag, meine Herren.*

ire (bet. Wemf.) *ihr.* Das ghöört ire.

ire (Possessiv-Pron.) *ihr.* Ire Maa, iri Frau, ires Vermöge.

irrlèèss *sehr gut* (Schsp., jg.).

is Fw. (unbet. Wemf.) *uns.* Chumm zuen is!

isch *ist.* Was isch loos?

Ise siehe Iise.

isi(g) siehe iisi(g).

Isigel s. 1. *Zugewicht beim Fleischauswägen.* 2. *schwere Belastung, Servitut.* Sonen Pùùrscht isch für die Lüüt e bööses Isigel.

Itsch s. *Italienisch* (Schsp.).

J

jä (unbet.), **jää** (bet.) 1. unbet. *ja, freilich, ei.* Jä friili, jä gwüss, jä gäll! *siehst du!* Jä nu! *nun denn.* Jä näi! *doch nein.* 2. bet. *halt mal!* Jää, was wänd er? Jää, pass uuf! Jää, nänäi! *wirklich nicht.*

ja, jaa *ja.* verst. ja-jaa.

Jaamer m. *Jammer.* Zss.: -chatz w., -chratte m., -chrèèze w., -greet w., -täsche w., -trucke w., *Jämmerling.*

jaamere (gjaameret) *jammern, laut klagen.*

Jaamerete w. *Gejammer.*

jäämerli, jämerli *jämmerlich.* Jämerli schreie, früüre. verst. gottsjäämerli wee, chalt, *erbärmlich weh, kalt.*

Jaar s. 1. *Jahr.* All Jaar emaal, *jährlich einmal.* Über s Jaar, *in einem Jahr, ein Jahr später.* Uf d Jaar choo, *ins Alter kommen.* Si isch in Jaare, *Wechseljahre der Frau.* Mit de Jaare, *mit zunehmendem Alter, im Laufe der Jahre.*

S nöi Jaar aawöische, *zum neuen Jahr Glück wünschen.* Zss.: -gang m.; -gängerveräin m.; -tuusig s.; -zaal w.; jaarilang. Vkf. Jòòrli s. 2. Grobi, räini Jaar, *weite, enge Jahresringe.*

jaare (gjaaret) *sich jähren.* Es jaaret si hütt.

Jääs m. *Gärung.* I s Jääs choo, *von Wein, Most usw.*

jääse (gjääse) *gären.* De Wii jist. D Bire jääsed; si sind gjääse.

jääsele (gjääselet) *nach vergärendem Wein, Most riechen.*

jage (gjagt), ZO. **jaage** (gjaagt) 1. *jagen.* 2. *zur Eile antreiben.* S Vee jage. En fuule Pùùrscht jage. 3. *fortjagen.* De Hund, d Chatz jage. Zum Tüüfel jage. Zss.: abe-, *hinunterjagen;* devoo-, *davonjagen;* ine-, *hineinjagen;* furt-; ue-, ufe-, *hinaufjagen;* use-, *hinausjagen;* ume-, *umherjagen;* uuf-, *aufscheuchen, Vieh zum Aufstehen zwingen.* Jaghund m., *Jagdhund.*

Jager m., **Jaager** m. 1. *junges Schwein.* 2. *grösseres Ruderschiff.*

Jagerei w., **Jaagerei** w. (-e) *Hetzerei, Abhetzen, ermüdendes Treiben.*

Jagete w., **Jaagete** w. *Hetzerei, Abhetzen, ermüdendes Treiben.*

Jagge w. *Jacke.* Vkf. Jäggli s., *Jäckchen.*

Jagis mache, Jaagis mache *jagen spielen* (Ksp.).

Jakob *Jakob.* Ra.: Das isch nöd de waar Jakob! *das ist nicht die beste Lösung.*

jämerli siehe jäämerli.

jäne in: Disen und jäne, *jeder beliebige.*

Jäner m. *Januar.*

Japanees m. *Japaner* (humor.).

Jascht m. (Jäscht) *Erhitzung, Blutwallung.* I bin in Jascht choo, *war erhitzt.* Jäscht und Hitze haa, *Fieberanfälle.*

jaschte (gjaschtet) *wallen, vom Blut.* S jaschtet mer im Chopf, *mein Blut siedet.*

Jass m. *beliebtes bestimmtes Kartenspiel mit vielen Varianten.* En Jass mache, chlopfe. En Jass z ander, *zu zweit.* Er isch bim Jasse abegheit, *hat eine Partie verloren.* Zss.: -chaart s., *ein Spiel Jasskarten;* -teppich m. Vkf. Jässli s.

jasse (gjasset) *Jass spielen, jassen.* Zss.: uus-. Öppis uusjasse, *etwas bereinigen, erledigen.*

Jasser m. *Jassspieler.*

Jasserei w. (-e) *andauerndes Jassen.*

Jassete w. *andauerndes Jassen.*

Jassi m. *wer viel Jass spielt; Jassliebhaber.*

Jätt s. *Unkraut.* S Jätt uustue, *jäten.* Zss.: -haue w., -hòieli s., *Hacke zum Jäten;* -huuffe m., *Haufe ausgerissenen Unkrauts.*

jätte (gjättet) *jäten.* Zss.: use-. Es hät en usegjättet, *aus der Bahn geworfen,* auch ütr. (pop.). Es hät d Sicherig usegjättet, *durchgebrannt* (pop.).

jede m., **jedi** w., **jedes** s. *jeder, jede, jedes.* Vgl. iede.

jeeminee! *ums Himmels willen.* Hèr Jeeminee, Frä Portmenee! (pop.).

jèèrig *einjährig.*

jeesis! *ach,* eig. *Jesus.* verh. jee! jeeger! jeemer! jeeminee ! jeses! schwächer: jeegerli (au)! jeemerli! Ausrufe: Hèr jee! Jeesis Gott! Jesses! *ach.* jeemersgott!

Jeger m. *Jäger.*

jegere (gjegeret) *den Jägerberuf ausüben.* Zss.: ume-, *ruhelos umherschweifen.*

Jegeris mache, Jegerlis mache *Jäger spielen* (Ksp.).

jesses siehe jeesis.

Joch s. (Jöcher) 1. *Joch für Zugvieh (Stirnjoch).* Vgl. Chääl. 2. *Querholz am Schlitten.*

jödele (gjödelet) *jodeln* (fam.).

jodle (gjodlet) 1. *jodeln.* 2. *singen* (Schsp.).

Jodler m. *Jodler.* Zss.: -chöörli s., *Jodlergruppe;* -fäscht s.

Jodlerei w. (-e) *das Jodeln, Jodelei.*

Jodlete w. *das Jodeln, Gejodel.*

Jogg m., **Joggi** m., **Joggeli** m. *einfältiger Mensch,* eig. *Jakob.* En äifeltige Joggi. Zss.: Joggebärger m., *frühe Apfelsorte;* -luuner m., *launischer Mensch, Sonderling.*

Joggel m. *beschränkter Kerl.*

joggle (gjogglet) nur in Zss.: devoo-, *plump, nachlässig gehen;* ume-, *sich herumtreiben;* umenand-.

Johanis-chruut w. *Johanniskraut.*

jòike (gjòikt) *verscheuchen, fortjagen.* D Hüener zum Gaarten uus jòike.

Jokobi in: z Jokobi, *am Jakobstag, 25. Juli (alter Zinstermin).* Zss.: -taag m.

Joo m. *schmaler Streifen Landes als vorgesteckter Abschnitt bei* *landwirtschaftlichen Arbeiten* (ZO.). Mer wänd na en Joo nèè, *in Angriff nehmen.*

joole (gjoolet) 1. *laut rufen, grölen.* 2. *schreien, von der Eule.*

Joolete w. *Gejohle.*

jòòmerle (gjòòmerlet) *halblaut klagen, sich dauernd ein wenig beklagen.*

Juck m. (ü) *jäher Sprung.* En Juck nèè. En Juck mit äim choo, *kleine Strecke.*

jucke (gjuckt) *springen, einen Sprung machen.* Über s Säil jucke. Zss.: uuf-, 1. *aufspringen.* 2. *schnell reagieren* (pop.).

jude (gjudet) *rücksichtslos auf Gewinn bedacht sein.* Zss.: ab-, *ablisten, ergattern.*

jüdele (gjüdelet) *an jüdische Geschäftspraktiken erinnern.*

jufle (gjuflet) *nervös arbeiten* (pop., jg.).

Juflete w. *Hetzerei* (pop., jg.).

Jufli m. *wer hastend, nervös arbeitet* (pop., jg.).

Juget w. 1. *Jugend, Jugendalter.* Zss.: -huus s. 2. *Neugeborenes.* Si händ Juget überchoo.

Jugi w. 1. *Jugendherberge.* 2. *Jugendriege (Turnverein).*

juhäie (gjuhäiet), **juhäi mache, juhee-e** (gjuheeet) *sich wohl sein lassen, dauernd Feste feiern, ausgelassen sein.*

Juhee s. 1. *oberster Rang im Theater.* 2. *Dachzimmer.*

juhuu! *juhe, juchhe.*

Jumpfer w. (-e) *Jungfrau, Jungfer.* Die händ zwoo strami Jumpfere, *Töchter.* Guete Taag, Jumpfer Spöri, *Fräulein Spörri* (va.). Zss.: Jumpfererèèd w., *erste öffentliche Rede.* Vkf. **Jümpferli** s., *ältere unverheiratete Frau.*

jümpferle (gjümpferlet) *sich zimperlich gebärden.*

jung (jünger) *jung.* En junge Maa, e jungi Frau, e jungs Büsi. Jungi Bäi haa, *rüstig sein.* Hw. de Jung, *der Sohn;* di Jung, *die Tochter;* di Junge, *Kinder (auch erwachsene).* S Jung, *das junge Tier.* Zss.: -holz s., *junger Wald;* -volch s., *junge Leute.*

junge (gjunget) *jung, jünger werden, aussehen.* Dè hät goppel gjunget.

Jüngel m. *ungezogener Junge, Bengel.*

jüngle (gjünglet) *Junge werfen, jungen.* Ra.: De wirsch öppe nüd jüngle! *Vorwurf an einen Ungeduldigen.*

jupelihee! jupelidaa! *juchhe, juchheissa.*

Jüppe w. *Jupe, ländlicher Frauenrock.* Ra.: Der Mueter a der Jüppe hange, *an Mutters Rockzipfeln hangen.* Er striicht um d Jüppen ume, *schleicht den Mädchen nach.* Zss.: -schlitz m., *Rockschlitz;* -schmöcker m., *Schürzenjäger.*

juscht *just, gerade, eben.* I ha juscht wele gaa. Das hät juscht na gfèèlt.

juschtamänt, juscht-am-änd *just, gerade, eben* (frz. justement).

Juuchert w., **Juchert** w., **Juurt** w. (-e), **Juute** w., **Juurete** w. *Juchart (Feldmass, 36 a).*

Juuchs m. *Freudenschrei, Jauchzer.* En Juuchs ablaa, *jauchzen.*

juuchse (gjuuchset) *jauchzen.*

Juuchser m., **Juuchzer** m. *Jauchzer.*

Juuchsete w., **Juuchzete** w. *das Jauchzen.*

Jùùd m. (Jude) *Jude.* Zss.: Judebueb m.; -chriesi s., *Judenkirsche;* -frau w.; -schuel w. Ra.: Es gaat zue wien in ere Judeschuel, *lärmig.*

Juurete, Juute siehe Juuchert.

K

Siehe allenfalls unter Ch-, Gch-

Kaan m. 1. *Kahn.* 2. *grosses Auto* (pop.). 3. *Flugzeug* (pop.). 4. *Bett* (pop.).

Kaasis m. *Streitsache, Meinungsverschiedenheit, Streitfall.* Si händ en Kaasis ghaa mitenand.

Kaavau (KV) m., s. 1. *kaufmännischer Verband.* 2. *kaufmännische Lehre, Ausbildung* (pop.). Si macht de Kaavau.

kabooris *kaputt, defekt* (Schsp.).

Kabut m. (Kabüt) *Soldatenmantel.* De Kabut role.

kabutt *kaputt.* En kabuttne Haafe. E kabuttni Läitig. E kabutts Schloss. Öppis kabutt mache. I bi kabutt, *erschöpft.* Da lachsch di kabutt! *lachst du dich krank.*

Kabuz w. (-e) *Kapuze.* Vkf. Kabüzli s., *Winterkopfbedeckung für Mädchen* (va.).

Kadaschter s. *Kataster.*

Kadi m. *Kompaniekommandant* (Ssp.).

Kafelantis m. *Strafpredigt.*

käfele (-et) *behaglich Kaffee trinken.*

Käfelete w. *gemütliches Kaffeetrinken.*

Kaffer m. (-e) *Dummkopf, Einfaltspinsel.* Vkf. Kafferli s.

Kafi m., s. 1. *Kaffee.* Kafi awègg, *Kaffee mit Schnaps.* Kafi Bränz, *Kaffee mit Schnaps.* Kafi Chrüüter, *Kaffee mit Kräuterschnaps.* Kafi fèrtig, *dunkler Kaffee + Zucker + Schnaps, im Glas fertig zubereitet* (jg.). Kafi (im) Glaas, *ein Glas Kaffee.* Kafi glade, *Kaffee mit Schnaps.* Kafi gomplé, *Kaffee mit Milch, Brot und Beilagen.* Kafi Grèèm, *Kaffee mit Rahm.* Kafi Güx, *Kaffee mit Schnaps.* Kafi Luz, *verdünnter Kaffee + Zucker + Schnaps, fertig zubereitet* (eig. *Luzerner Kaffee).* Kafi Schnauz, *Kaffee + Zucker + Schnaps + Schlagrahm.* Kafi Siitewaage, *Kaffee und ein Gläschen Schnaps gesondert.* Kafi Sprutz, *Kaffee mit Schnaps.* Kafi Starchstroom, *Kaffee mit Schnaps.* Kafi Toppelgrèèm m., *Kaffee mit zwei Portionen Rahm, Sahne.* Kafi Trääsch, *Kaffee mit Tresterschnaps.* Kaschtrierte Kafi, *koffeinfreier Kaffee* (humor.). Zss.: -beckeli s., *henkellose Kaffeetasse;* -boon w., *Kaffeebohne;* -bulver s., *Kaffeepulver;* -chante w., *Kaffeekanne;* -chränzli s., *Kaffeegesellschaft, Kaffeerunde;* -gruscht m., *Kaffeegeschirr;* -haafe m., *Kaffeetopf;* -jass m., *Jassspiel beim Kaffee;* -möcke (Mz.), *Brotbrocken in Kaffee;* -müli w., *Kaffeemühle;* -rugel m., *Kaffeesurrogat* (va.); -satz m.; -sììb s., -sììbli s.; -tiere w., *Kaffeekanne* (frz. cafetière); -znacht m., *Nachtessen, bestehend aus Kaffee, Milch und Brot mit Beilagen.* Vkf. Käfeli s. Es Käfeli nèè. 2. ütr. Das isch en Kafi, *dummes Zeug* (pop.). Kafi Durzùùg, *Zugluft* (humor.).

Kafi s. *Café, Kaffeehaus.*

käin (bet.), **kän** (unbet.), älter **ekäin, ekän,** (vgl. W.Gr.) *keiner.* (e)käin, (e)kän Aabig, (e)käi, (e)kä Frau, (e)käs Chind. Als Hw.: Käne m., Käni w., Käs s. Er hät no nie kän Lõi gsee, *noch nie einen Löwen gesehen.* Er tuet käs Muul uuf/abenand, *er schweigt.*

Kako siehe Gaggo.

Kaktuss (ü) m. *Kaktus.* Kaktüss pflanze, *stuhlen* (vulg.).

Kaländer m., **Koländer** m., **Keländer** m. *Kalender.* Ra.: Kaländer mache, *trüben Gedanken nachhängen.* Mach nüd, so chunsch in Kaländer! *ins Gerede.*

Kalefuuni s. *Kolophonium* (va.).

kalfaktere, kalfaatere (-et) *unseriös über jemanden schwatzen.*

Kamile w., **Karmile** w. *Kamille.* Zss.: -blüemli s., *Kamillenblüte;* -umschlèèg (Mz.).

Kampf m. *Kampf.* Zss.: -sack m., *Kampfanzug* (Ssp.).

Kämpfer m. 1. *Kämpfer.* 2. *Kampfanzug* (Ssp.).

Kamuff s. *Tölpel, Dummkopf* (pop.).

kän siehe käin.

Kanaalbank w. *Zürcher Kantonalbank* (pop.).

Kanaschter m. *gemeine Person.*

käne (känt) *kennen.* Dè hän i käne gleert! *seinen Charakter habe ich kennengelernt.* Zss.: ab-, *aberkennen;* uus-. Känzäie s., *Kennzeichen.*

Kanebee s. *Kanapee.*

Kanenier m. *Kanonier.*

Kanoon w. (-e) *Kanone.* Zss.: Kanonenaff m., *starker Rausch;* Kanoonebutzer m., 1. *langstielige Bürste zum Reinigen des Kanonenrohrs.* 2. *Rohrkolben (Pflanze);* -roor s. Du häiligs Kanoneroor! *ums Himmels willen;* -ruusch m., -siech m., *starker Rausch;* -stifel m., *Dragonerstiefel;* -voll, *stark betrunken.*

kant siehe gchant.

kante (-et) *singen* (Ssp.).

Kanti m. *Kantonsspital.*

Kanti w. *Kantonsschule.*

kantli, käntli siehe gchantli.

Kantonees m. *bewusster Anhänger eines Kantons* (humor.).

Kantonemänt s. *Truppenunterkunft.*

Kantoon m. (Kantöön), **Kanton** m. 1. *Kanton.* Er schafft bim Kantoon, *ist kantonaler Angestellter.* De grooss Kantoon, *Deutschland* (humor.). Zss.: Kantoonsraat m.; -rööteni w., *Frau eines Kantonsrates.* Vkf. **Kantööndli** s. Zss.: -gäischt m., *engherziger Föderalismus.* 2. En schlächte Kantoon, *übler Geselle* (pop.).

Kantusprügel m. *Liederbuch der Studenten* (Stsp.).

kanzleie (-et) *eine Handänderung im Grundbuch eintragen.* Mer sind go kanzleie.
Kapäll w. (Kapäle) *Kapelle.*
Kaperaal m. (Kaperȍȍl), jg. **Korperaal** m. (Korperȍȍl) *Korporal.*
Kapitel s. *Kapitel.* 1. *Abschnitt eines Buches.* Ra.: Äim s Kapitel verlääse, *jemandem den Text lesen, jemanden tüchtig abkanzeln.* 2. *Versammlung von Lehrern, Pfarrern.*
kapitle (-et) in Zss.: abe-, *eine Strafpredigt halten, jemanden abkanzeln.*
Kapiziinerli s. *Kapuzinerkresse.*
Karabumser m. *Karabiner* (Ssp., humor.).
karfange, karfanglig *stockfleckig, schimmlig.*
Karfangel m. 1. *Moderfleck, Stockfleck in Wäsche.* 2. *aufgedrehte Garnsträhne.*
karfankle (-et) *muffig riechen.*
Karfiool m. *Blumenkohl* (va.).
karisiere (-t), **karissiere** (-t) *flirten, liebeln.*
Karisiererei w., **Karissiererei** w. (-e) *Flirt, Liebelei.*
Kärli m. *Kerl.*
Karmile siehe Kamile.
Karsumpel m. meist: de ganz Karsumpel, *die ganze Habe* (humor.).
Kartonaasch m. *Handfertigkeitsunterricht für Knaben (Primarschule).*
Kartonaaschi w. *Kartonagefabrik.*
kaschmiir *nein* (humor.), eig. *du kannst mir ...*
Kaschtaanie w. 1. *Kastanienbaum.* 2. *Kastanie.*
Kaschtäll s. *Kastell.*
Kaschtüttere w. *Kastanie* (Schsp.).
Kasèrne w., **Gasèrne** w. *Kaserne.*
Kasse w. 1. *Kasse.* Kasse mache, a) *Kasse abrechnen.* b) *Kasse prüfen.* 2. *Sparkasse.* Zss.: -büechli s., *Sparheft.* Vkf. Kässeli s. Öppis i s Kässeli tue, *in die Sparbüchse legen.*
Kasserolié m. *Küchenjunge.*
Kassiino s. *Vergnügungsstätte, Kasino.*
Kataar m. *Katarrh.*
katolisch *katholisch.* Ra.: Es isch zum katolisch wèèrde, *zum Aus-der-Haut-Fahren.*
Katrii *Katharina.* Di schnäll Katrii, *Durchfall* (pop.).
kauffmänisch *kaufmännisch.* Hw.: Er hät s Kauffmänisch gleert, gmacht, *er hat sich kaufmännisch ausgebildet.*
Kautsch m. *die Couch, Liegesofa.*
Keländer siehe Kaländer.
Kilo s. 1. *Kilo(gramm).* 2. *Tausendfrankennote* (pop.).
Kippi w. *Kippe* nur in Ra.: S isch uf der Kippi, *Grenzfall.* Er hät Kippi gmacht, 1. *hat Konkurs gemacht* (pop.). 2. *ist gestorben* (vulg.).
Kirsch m. *Kirschwasser.*
Klaföif(i) s. *Klavier* (humor.).
Klang m. *Geld* (pop.).
Klass w. (-e) *Klasse.* Zss.: Klassenaabig m., *abendliches Klassentreffen;* Klassefeez m., *Schülerfest* (Schsp.).
Klavi w. *Klavierstunde* (Schsp.).
klavierle (-et) *klimpern.*
klèress *klar* (Schsp.).
Kluft w. *Kleidung* (Stsp.).
Klup m. 1. *Klub, Sportverein.* 2. *Gruppierung von Leuten.* Was isch daas für en Klup? (pop.).
Klupischt m. *Angehöriger des Schweizerischen Alpenklubs* (humor.).
Knäisel m., **Knȍisel** m. (ZO.) *Knirps* (pop.).
Knall m. 1. *Knall.* 2. *Geld* (pop.).
Knoot m. *grober, ungebildeter Kerl* (Stsp.).
knuute (-et) *knuten, tyrannisieren.* Äine knuute, *streng behandeln.*
Köbi m., **Köbel** m., **Köbeli** m. 1. *Kurzformen von Jakob.* 2. *Kerl.* Du bisch en Köbi! Das isch en gspässige, häitere, glungne Köbi. Das sind mer na Köbene! (Mz.).
Koländer siehe Kaländer.
Koleeg m. (-e) *Kollege.* Bis doch Koleeg! *verhalte dich wie ein Kollege* (pop.).
koles(s)aal *kolossal.*

Kom-, Kon- siehe auch Kum-, Kun-.

Kombinäsli s. *Combinaison, Leibchen mit Unterhose kombiniert* (va.).
Komf m., **Komfer** m., **Komfi** m. *Konfirmandenunterricht* (Schsp.).
Kondiiter m. *Konditor.*
König m. (-e) *König.* Vgl. Chüng. Der änglisch König. Zss.: Königscheerz w., *Wollkraut.*
Konsi m. *Konsum(laden).* Vgl. Kunsuum.
Konsi s. *Konservatorium als Musikschule* (pop.).
Kori w. *Korrespondenz* (Schsp.).
Korpis m. *Korporal* (Ssp.). Vgl. Kaperaal.

Korpus m. *Ladentisch.*
Krèète w. *Berggrat* (jg.).
Kudi s., **Ghudi** s. *unordentliche Frau.* Zss.: -fasnacht w.
küen *kühn.*
Kulöör s. *die Couleur* (Stsp.). Legg s Kulöör aa!
Kumedi s., meist w. *Komödie, Possen, Umtriebe.* E Moordskumedi, *grosse Umtriebe.* Die Chind verfüered e Kumedi, *sie lärmen, treiben Unfug.* Mach käi Kumedi! *mach keine Schwierigkeiten.* Zss.: -waage m., *Schaustellerwagen.*
Kumeet m. (-e) *Komet.*
Kumet m. *das Kumt, Kummet.* Ra.: Wider in alte Kumet ie, *wieder in alte Gewohnheit.*
Kumfäkt s., junger **Komfäkt** s. *Konfekt.*
Kumfäkzioon w., **Komfäkzioon** w. *Konfektion.*
Kumferänz w., **Komferänz** w. *Konferenz.*
kumferiere (-t) *sich besprechen, Sitzung abhalten.*
kumfermiere (-t) *konfirmieren.*
Kumfirmand m. (-e), **Kumfirmandin** w. (-e), jünger **Komfermand(in),** *Konfirmand(in).*
Kumfort m., **Komfort** m. *Komfort.*
kumfuus, komfuus *konfus, verwirrt.*
Kumidant m., **Komandant** m. (-e) *Kommandant.*
kumidiere, komidiere (-t) *kommandieren.*
Kumissèèr m., **Komissèèr** m. *Kommissar.*
Kumissioon w., jünger **Komissioon** w. (-e) *Kommission.* Kumissioone mache, *einkaufen gehen.*
kumood *bequem.*
Kumoode w. *Kommode.* Zss.: -trucke w., *Kommodenschublade.*
Kumpaan m. (-e) *Kumpan, Gefährte, Helfershelfer.*
Kumpenii w., jünger **Kompanii** w. (-e) *Kompanie (Truppeneinheit).* Zss.: -chalb s., *Spassmacher* (Ssp.); -kumidant m.; -ziit w., *verbindliche Zeit* (Ssp.).
kumpitänt *zuständig, massgebend, kompetent.*
Kumpitänz w., **Kompitänz** w. (-e) *Kompetenz.* Zss.: -gäärtli s., *Zuständigkeitsbereich.*
kumpliziert, kompliziert *kompliziert.*
Kumposcht m., **Komposcht** m. *Kompost.*
Kumpott m., jünger **Kompott** m. *das Kompott.*
kundeliere (-t), jünger **kondeliere** *kondolieren, Beileid aussprechen.*
Kundi m. 1. *wandernder Handwerksbursche, Landstreicher.* 2. *Bursche, Kerl* (pej.). 3. *Kondukteur, Schaffner* (pop.).
Kundiktöör m. (-e) *Kondukteur, Schaffner.*
Kundiktöös w. *Schaffnerin.*
kunsiquänt, konsiquänt *konsequent.*
Kunsuum m., jünger **Konsuum** m. (-süüm) *Konsumladen.* Zss.: -büechli s., *Heft für Warenbezüge.*
Kunte m. *Rechnung, Konto.*
Kunterfäi s. *Abbildung, Porträt* (humor.).
Kunterfoor s. *Afterleder an Schuhen.*
Kuntoor s., **Kontoor** s. *Kontor, Büro.*
kunträär *konträr, verkehrt.* S gaat ales kunträär, widrig. S kunträär Gägetäil (humor.).
Kunträäri s., **Kunteräälri** s. *Gegenteil.*
Kuntrole w., **Kontrole** w. *Kontrolle.*
Kunzèrt s., **Konzèrt** s. *Konzert.*
kurigiere, korigiere (-t) *korrigieren.*
kurioos *sonderbar.* Das gaat kurioos zue.
Kurs m. (ü) *Kurs.*
Kuur w. (-e) *Kur.* E Kuur mache. Äine i d Kuur nèè, *in strenge Zucht nehmen.*
kuure (-et) *eine Kur machen.*
küürle (-et) *zum Vergnügen Kurorte besuchen.*
kuurlig *seltsam, sonderbar* (jg.).

L

laa (i laa(ne), laasch, laat; lönd; Wf. Gw. las, lös; Befehlsform la(s), lönd, Wf. Vh. liess(i), liesst(i); Mw. glaa) *lassen.* 1. *nachgeben, sich lösen.* S laat, *gibt nach.* 2. *reissen, zerbrechen.* D Schnuer laat. S Glaas hät glaa. 3. *fahrenlassen, loslassen.* En Göiss laa, *einen Schrei ausstossen.* ütr. Haar laa, *Verluste erleiden.* 4. *bleiben lassen.* Me sött s laa, wie s isch. E Pfanen oob laa, *auf dem Feuer lassen.* 5. *übriglassen.* S Voorig laa, *den Überschuss belassen.* 6. *zugestehen.* Daas mues men em laa. 7. *unterlassen, ablassen von.* Er mues s Trinke laa. Er cha nüd devoo laa, *er kann es nicht lassen.* 8. *Verbindung mit Infinitiv.* I hä d Waar la choo, *kommen lassen.* I hän en la gaa, *gehen lassen.* Sii laa, *unberührt, unbehelligt lassen, unterlassen.* Zss.: aa-, *anlassen.* Er hät si guet aaglaa, *ist geschickt;* ab-, *loslassen.* En Säich ablaa, *Pfuscharbeit leisten* (vulg.); abe-, *herunterlassen, hinunterlassen.* S Fäischter abelaa, *Fenster öffnen (z.B. beim Auto).* D Hosen abelaa. D Poscht abelaa, *Briefe einwerfen.* En Rock abelaa, *verlängern.* Ra.: Äin am Säil abelaa, *jemandem einen Streich spielen, ihn narren.* De Laaden abelaa, *sich der Sache verschliessen;* dihine-, *zurücklassen;* dine-, *drinnenlassen;* dure-, *durchlassen.* D Windjagge laat glii dure, *lässt den Regen bald durch;* dusse-, *draussenlassen;* füre-, *hervorlassen;* ii-, *herein-, hineinlassen.* S laat si ii, *Dauerregen setzt ein;* ine-, *herein-, hineinlassen;* loos-; use-, *hinauslassen.* E Maargg uselaa, *eine Marke aus dem Automaten beziehen.* Moscht uselaa; uss-, *auslassen;* uuf-, sich uuflaa, *sich gross machen;* uus-. Anken uuslaa, *Butter auslassen.* S Vee uuslaa, *Vieh weiden lassen;* zäme-; zue-, 1. *gestatten.* 2. *zulassen (den Stier zur Kuh oder umgekehrt);* zwäg-, *sich erholen, sich gut entwickeln.* Er hät si guet zwägglaa.

Laa s., **Looch** w. (ZO.) *gekennzeichneter Grenzbaum.*

Laab s. *Lab.* Zss.: -maage m., *Labmagen, Teil des Wiederkäuermagens.*

lääbe, läbe (gläbt) *leben.* Zss.: ii-; uus-. Läbchueche m., *Honiggebäck, Lebkuchen;* -haag m., *grüne Hecke.*

Lääbe s., **Läbe** s. *Leben.* Ra.: S isch käs Lääbe in em, *er ist träge, wenig regsam.* Für s Lääbe gèèrn räise. Hèrr du miis Lääbe! *um Gottes willen.* Tags miis Lääbes, *meiner Lebtage.* Die verfüered es Lääbe! *machen einen Lärm.* Das isch es Lääbe uf der Straass! *ein Treiben.* Men isch s Lääbes nüd sicher. Zss.: lääbesgfôôrli *lebensgefährlich;* -gröössi w.; -mittel s.; -wiis w.; -zäie s., *Lebenszeichen.*

Lääbere m. *Leber.* Ra.: Er hät d Lääbere uf der Sunesiite, *ist durstig.* Zss.: -blüemli s., *Leberblümchen;* -spissli s., *am Spiess gebratene Leberstücke.* Vkf. **Lääberli** s., *Gericht von Leber.* Ra.: Es isch em öppis über s Lääberli gchroche, *etwas Unangenehmes hat ihn getroffen.*

Laad w. (-e) 1. *Lade, Kasten, Truhe.* Vgl. Gmäindslaad. 2. *Lade am Webstuhl.*

laade (glaade) *einladen (Gäste).* A s Hoochsig laade. Zss.: ii-, *einladen (Gäste).*

laade (glaade) 1. *eine Last laden.* Was händ er glaade? Ra.: Dè hät glaade, *ist betrunken.* 2. *auf dem Erntewagen das Heu oder Getreide ordnen.* Zss.: Ladgable w., *grosse Grasgabel, Heugabel.* 3. *ein Gewehr laden.* Ra.: Er isch glaade, *voll Zorn.* Dèm hän i glaade, *dem werde ich die Meinung sagen.* Äin uf de Saabel laade, *jemanden hochnehmen.* Zss.: ab-; ii-, a) *einladen (Waren).* b) *Obst, Gemüse auf Sammelstelle bringen;* uuf-; uus-.

Laade m. (Lääde) *Laden.* 1. *langes, meist ungehobeltes Brett.* En Laade anelegge. ütr. Bring s uf de Laade! *bring es her* (pop.). Uf de Laade choo, *auf den Tisch kommen* (pop.). Öppis uf em Laade haa, *etwas können, begabt sein.* Vkf. Läädli s., *Brettchen im Schrank, Büffet, an der Wand.* 2. *Fensterladen, Klapptüre, verschliessbare Öffnung beim Hühnerhaus.* D Läädli uuf und zue tue. Ra.: Er hät de Laaden abeglaa, *er hat sich einer Sache verschlossen.* 3. *Verkaufsladen.* En Laade uuftue, zuetue, *einen Laden eröffnen, schliessen.* Zss.: -büez w., *Schwarzarbeit;* -gaumer m., *Ladenhüter;* -gumi m., *Verkäufer-Büroangestellter* (pej.); -gumsle w., *Verkäuferin* (pej.); -jumpfere w., *Verkäuferin* (va.). Vkf. Läädeli s. I dem Läädeli chaufft me guet. Zss.: -stèèrbe s., *Eingehen kleiner Verkaufsgeschäfte* (Zeitungssprache, jg.). 4. *Geschäft im weitesten Sinn.* En äigne Laade haa (pop.). An Laade legge, *sich für etwas einsetzen.*

läädele (gläädelet), **lädele** (glädelet) *den Einkaufsgeschäften nachgehen* (fam.). Gaasch go läädele?

Laader m. *Lader (z.B. auf dem Heufuder).*

Lääder s., **Läder** s. 1. *Leder.* Zss.: -blätz m., *Lederstück;* -gùùrt m., *Ledergürtel;* -händsche m., *Lederhandschuh;* -öpfel m., *bestimmte Apfelsorte;* -rieme m.; -schùùrz m.; -züüg s. 2. *liederliche, faule Frau.*

läädere (gläädere), **lädere** (gläderet)

1. *Lederarbeit machen.* 2. *faulenzen, üppig leben.* Zss.: ume-.

lääderi, jg. **läderi** *aus Leder, ledern.*

lääderig *lederähnlich, zäh.* E lääderigs Blätzli.

Laadig w. (-e) 1. *Ladung.* S chunt wider e Laadig, *ein Regenschauer.* 2. Er hät e ghöörigi Laadig, *einen tüchtigen Rausch.*

Laag w. (-e) *Lage.*

laagere (glaageret) *lagern.*

laago mio! *eiei, ach was.*

laale (glaalet) 1. *lallen, leise vor sich hin singen.* 2. *nachlässig, gleichgültig arbeiten.* Zss.: ume-, *müssig herumstehen.*

laam 1. *lahm (als Gebrechen).* 2. *matt, müde.* Dè Wii macht äin laam. En laame Wurff, *Langweiler* (pop.). Zss.: -süüder m., *Langweiler* (pop.).

Laama s. *Lama.* Er isch e fèrtigs Laama, *Langweiler* (pop.).

laame (glaamet) 1. *lahm sein.* 2. *gelähmt werden.*

Laami m. *langsamer Arbeiter.*

lääne siehe lèène.

Lääne siehe Lèène.

laare (glaaret) *langsam arbeiten.* Zss.: ume-, *faulenzen.*

Laarff w. (-e) *Gesichtsmaske, hässliches Gesicht.* E Laarff mache, *ein Gesicht schneiden.* Zss.: Laarffegsicht s., *Fratze.* Vkf. **Läärffli** s. Die hät e schööns Läärffli, *hübsches, aber geistloses Gesicht.*

lääse (i lise, lääsed, Mw. gläase) *lesen.* Zss.: ab-; abe-, *vorlesen, herunterlesen;* dure-; uuf-; uus-; zäme-. Lääsibuech s.; -ratz m., *Leseratte;* -zäie s., *Lesezeichen.*

Lääsi m. *Leseratte.*

läbig *lebend.* De Chèès, de Schinke isch läbig, *mit Maden durchsetzt.* En läbige Haag, e läbigi Maarch, *Baum, Hecke, die die Grenze bezeichnen.* Ra.: Er isch na wüescht läbig, *ist noch bei guten Kräften.* Hw. s Läbig, *das gesunde, blosse Fleisch.* Das gaat i s, a s Läbig, *trifft die empfindliche Stelle.* Die nämed s vo de Läbige, *fordern übersetzten Preis.*

Läbis m. *Lebensmittelverein LVZ (Einkaufsläden, Unternehmung, in Zürich).*

Läbtig siehe Läptig.

lache (glachet) *lachen.* Zss.: aa-; uus-.

lächere (gläacheret) 1. *zum Lachen reizen.* 2. *lächerlich vorkommen.*

lächerli (lächerlicher) in: Mir isch nüd lächerli z Muet, *nicht ums Lachen.*

Lachete w. *anhaltendes Lachen, Gelächter.*

Lachi m. *Lachender.*

Lächler m. *wer das Lächeln zur Schau trägt, Lächelnder.*

läcke (gläckt) 1. *lecken, meist mit Bezug auf die Salzlecke für das Vieh.* Zss.: Läcksucht w., *krankhafter Lecktrieb des Viehs;* -täsche w., a) *Hirtentasche mit Lecksalz.* b) *Damentasche* (humor.). 2. Läck mer! Läck mer am Tschoope, Tschööpli! Läck beck, böck (ZO.)! Läääck! *ums Himmels willen* (pop.). Läck mer am Füdli! *du kannst mich am Arsch lecken* (vulg.). Zss.: Läck-mer-am-Arsch-Stimig, *schlechte Stimmung* (vulg.).

Läcker m. (-e) *mutwilliges Kind* (humor.). Du chliine Läcker! *kleiner Schelm, pfiffiger Knabe.* Zss.: Läckersbueb m.; -chind s.; -kärli m., -maa m., *pfiffiger Mann;* -züüg s., 1. *nichtsnutziges Zeug.* 2. *fataler Umstand.*

Läckerli s. *bestimmtes Biskuit.* Basler Läckerli, Züri-Läckerli (Spezialitäten).

Lädelete w. *Einkaufsbummel* (fam.).

lädere (gläderet) *flackern, lodern.* De ganz Tachstock läderet.

Lafeete w. 1. *Lafette.* 2. *Mund* (pop.). Heb dii Lafeete zue!

lafele (glafelet), **lafere** (glaferet) *albern schwatzen.* Lifere, nüd lafere! *leisten, nicht reden.*

Lafere w. *Mund* (vulg.). E tumi Lafere haa, *albernes Zeug reden.*

Laferi m. *dummer Schwätzer* (pop.).

Läff s. (-er) 1. *Maul des Rindviehs, Pferdes.* 2. *Mund* (vulg.). Dìir ghöört äis uf s Läff. Halt s Läff! *schweig.* 3. *Gesicht.* Dèè macht es Läff! *schneidet ein Gesicht.* 4. ütr. Dèè Schue hät es Läff, *wenn die vordere Naht sich gelöst hat.*

Laffe w. *Schulter des Rindes, Schweines.* Lèèr, voll i de Laffe. Vkf. Läffli s., *geräuchertes Schulterstück des Schweines.*

läfze (gläfzet), **läfzge** (gläfzget) nur in Zss.: ine-, *schlürfend trinken.*

Läfz(g) w. (-e) 1. *Lefze, Lippe des Rindviehs, Pferdes, Hundes.* 2. *Lippe des Menschen* (vulg.). I ha mi uf d Läffzge pisse.

lagg *schlapp.*

Lagg m. 1. *Lack.* Zss.: -schue m., -schüeli s., *Lackschuhe.* 2. *Abfuhr* (Schsp.). Du bisch im Lagg, *in Verlegenheit.*

Laggel m. *Dummkopf.*

laggiere (-t) 1. *lackieren.* 2. *blossstellen.* Äine laggiere. Er isch laggiert, *betrogen.*

Laggòi m., jg. **Laggäi** m. (-e) 1. *Lakai.* 2. *Possenreisser, drolliger Kauz.*

laggoore (glaggooret) *blossstellen* (humor.).

Läi m. *Lehm.* Läi graabe; beere, *kneten.* Zss.: -bappe m., *Lehmbrei;* -bode m., *lehmiger Grund;* -chäib m., *Männchen aus Lehm;* -chnole m., *Lehmklumpen;* -götzli s., *kleine Statue aus Lehm;* -grueb w.; -schole m., *Lehmklumpen;* -tüüfel m., *Männchen aus Lehm.*

Läich m. 1. *Laich.* 2. *gewohnter Gang, Schleichweg, Neigung.* De Läich i s Wìrtshuus haa, *Hang, Neigung zum Wirtshaus.* Siin Läich känn i efang, *seine geheimen Wünsche.*

läiche (gläichet) 1. *laichen.* 2. *gewohnten Besuch bei einem Mädchen machen.* Zss.: naae-, *nachgehen, von brünstigen Hunden;* ume-, *sich auf Schleichwegen herumtreiben.*

läid 1. *leid.* S isch mer läid. Er tuet äim läid. 2. *unartig, unerträglich.* Er isch läid mit der Frau. S Chind tuet läid, *ist unartig.* Er isch kän läide Pùùrscht, *kein übler Bursche.* Das sind kä läidi Lüüt, *ganz nette Leute.* 3. *unangenehm, übel, misslich, fatal.* E läidi Sach. Nöd läid, *nicht übel.* Dèè wìrt nüd läid lose, *wird nicht übel erstaunt sein.* Er hät nüd läid gfluechet, *sehr geflucht.*

Läid s. *Leid, Weh, Schaden.* I s Läid choo, *in Trauer kommen.* S Läid aasääge. *jemandes Tod mündlich anzeigen.* S Läid abnèè, *Trauerbezeugungen entgegennehmen.* Zss.: -band s., *Trauerband;* -bank m., -stuel m., *Bank, Stuhl in der Kirche für die nächsten Verwandten des Verstorbenen;* -lüüt (Mz.), *die zur Beerdigung, zum Leichenmahl Gebetenen;* -maal s., -mòòli s., *Leichenmahl;* -spiise m., *Niednagel am Finger.* Vgl. zläid.

läide (gläidet) *hässlicher, unerträglicher, bösartiger werden.*

Läidi w. *mürrisches, unerträgliches Wesen, Bösartigkeit.*

läii *aus Lehm, bestehend.*

läiig, läinig *aus Lehm, lehmig.* Läi(n)ige Bode, *lehmige Erde.*

Läischt m. (-e) *Leisten.*

Läischtig w. (-e) *Leistung.*

läite (gläitet) *leiten (Zugtier).* Zss.: Läitsäil s., *Zugleine, Zügel.*

Läitere w. *Leiter.* Zss.: -baum m., *Holm der Steigleiter;* -spettel m., -spertel m., -sprettel m., *Leitersprosse;* -waage m., *Leiterwagen;* -zäigel m., *Leitersprosse.* Vkf. **Läiterli** s. Zss.: -chruut s., 1. *Schafgarbe.* 2. *Kerbel.*

Läitig w. *Leitung.* Ra.: E langi Läitig haa, *schwer begreifen.*

läle (glälet) 1. *keuchend die Zunge heraushängen lassen, vom Hund, hecheln.* 2. *auflodern, lecken, züngeln, vom Feuer.* D Flame händ zum Tach uus glälet.

Läle w. *Zunge des Hundes, Pferdes, der Kuh.*

Läli m. 1. *Person mit dicker und grosser Zunge.* 2. *dummer, nichtsnutziger Bursche.*

lamaasche (glamaaschet) *träge sein, faulenzen, langsam arbeiten.*

Lamaaschi m. *fauler, langsamer Mensch.*

lamaaschig *langsam, träge.*

lamäntiere, lamidiere (-t) *lamentieren, aufbegehren, laut schimpfen.*

lamere (-et) *lammen.*

Lamere w. *Mutterschaf.*

Lamp w. (-e) *Lampe.* Zss.: Lampeglaas s.; -liecht s.; -schii m.

Lämp m. *arbeitsscheuer, gleichgültiger Mensch.* Er isch en Lump und en Lämp.

lampe (glampet) 1. *schlaff herabhängen.* Er laat ales lampe, *ist mutlos.* De Hund laat de Schwanz la lampe, *lässt den Schwanz hängen.* Zum Hals uus lampe, *zum Hals heraushängen, überdrüssig sein.* 2. *welken.* Zss.: abe-, *herabhängen;* use-, *heraushängen.*

Lämpe m. *Wamme am Hals des Rindviehs.*

Lamperii w. (-e) *Behang über Fenstern oder Türen.*

Lampi m. in: De Lampi überchoo, *welk werden.* De Lampi haa, *den Mut verlieren.*

Zss.: -muul s., *Hängemaul;* -oore (Mz.), *Hängeohren.*

lampig *schlaff, herabhängend, welk.* Lampige Salaat, lampigi Blueme.

Land m. *Land.* 1. *ertragfähiger Boden, Grundbesitz.* En Hoof mit vil Land. 2. *Land im Gegensatz zu Berg, Flachland.* I s Land abegaa. 3. *Landschaft im Gegensatz zur Stadt.* Er isch uf s Land use zoge, *er wohnt jetzt auf dem Lande.* 4. *festes Land im Gegensatz zu Wasser, Ufer.* Em Land naa faare, *dem Ufer entlang.* 5. *als politischer Begriff* (Mz. Länder). Öises Land isch chlii. Ra.: Äim us em Land frässe, *von Gästen, die nicht zu befriedigen sind.* I ha gsee, was Lands, *wie es steht, wo hinaus es will.* Zss.: -äi s., 1. *einheimisches Ei.* 2. *unbeholfene Person vom Land* (humor.); -bäiz w., *Landgasthof;* -bueb m., *Knabe vom Land;* -bumeranz w., *Landpomeranze;* -chaart w.; -jeger m., älter Landeger m., Lanteger m., 1. *Gemeindepolizist.* 2. *geräucherte und gepresste Wurst;* -mäitli s., *Landmädchen;* -pott m., *«Landbote» (Zeitung);* -rääge m., *Dauerregen;* -sturm m.; -tientschler m., *Bauernhelfer;* -weer w.; Lands-chraft w., *Person aus der gleichen Gegend, die man in der Fremde findet, Landsmann* (va.); -gmäind w., *Landsgemeinde;* -lüüt (Mz.); -maa m.

Lande w. *Gabeldeichsel.* Vkf. Ländeli s.

lände (gländet), jg. **lande** (glandet) *landen.* Ra.: Er cha nüd lande, *kommt nicht an.* Zss.: uus-, *ein Ende nehmen.*

Landeger siehe Landjeger.

Landi w. *Schweizerische Landesausstellung in Zürich 1939.* Zss.: -döörffli s., *Dorfteil an der Landi 1939.*

Ländi w. (-ene) *Landestelle, Anlegeplatz für Schiffe.*

Ländi w. *Lendengegend.* Nur in Ra.: E rächti Ländi haa, *kräftige Lenden haben, wohlbeleibt sein.* Zss.: -ross s., *schweres, starkes Pferd.*

Landsgi m. *Landrover-Auto* (pop.).

lang (lenger) *lang.* Lange Haber überchoo, *Peitschenhiebe bekommen.* Langi Ziit, Langiziit haa, *Heimweh, Sehnsucht haben, sich langweilen.* Iez häsch di lengscht Ziit tòibelet, *lange genug getrotzt.* Das isch na lang nüd waar, *keineswegs wahr.* I ha kä Ziit zum no lang Thee mache. De langewääg umgheie, *der Länge nach hinfallen.* E Langs und e Bräits mache, *hin- und herreden.* Ie lenger ie lieber, *immer lieber.* Zss.: -fädig, *langwierig, weitschweifig;* -haarig; -holz s.; -lòiffle, *skilanglaufen;* -stììler m., *Kirschensorte mit langen Stielen;* -wììd w., *Langbaum beim Wagen.*

lange (glanget) 1. *länger werden.* D Taage langed. 2. *hinreichen, ausreichen.* S Broot langet nùùd, *reicht nicht aus.* S langet iez! *es ist genug.* Zss.: aa-, *berühren;* abe-, *hinuntergreifen;* ane-. Mer wäiss nie, wo das anelanget, *wo das hinführt;* drii-, *hineingreifen;* hère-, *berühren;* hìì-, *hinreichen;* ie-, ine-, *hineinstrecken, hineingreifen.*

langlacht(ig), langlächt(ig) *ziemlich lang* (va.).

langsam (langsamer, langsamscht, seltener: lengsemer, lengsemscht) *langsam, allmählich.* Mer müend aafèè langsam prässiere (humor., statt: langsam aafèè prässiere).

langsame (glangsamet) *langsam(er) werden.*

Langsami w., **Langsemi** w. *Langsamkeit.* Das gaat e Langsami!

langwiilig *langweilig.*

Lanteger siehe Landjeger.

läntli *ländlich.* En läntliche Znacht, *einfache Abendmahlzeit, z.B. mit Schalenkartoffeln und Beilagen.*

lappe (glappet) *schlürfen.* D Chatz lappet d Milch.

läppere (gläpperet) *trinken, schlürfen* (pej.). Zss.: zäme-. Es läpperet si zäme, *es zählt sich* (pop., jg.).

Lappete w. 1. *das Auslecken.* 2. *allzu dünne Brühe* (pej.).

Lappi m. (Lappene) *gutmütiger, alberner, unbeholfener Mensch, Dummkopf, Narr.* De Lappi mache, *Narrenpossen treiben.* Mit äim de Lappi mache, *einen zum Narren halten.* Du tume Lappi! Ra.: Lappi tue d Augen uuf! *pass auf.* verst. en Eerz-, Moords-, Tunerslappi. Zss.: -züüg s., *Narrenzeug.*

läpple (gläpplet) *lecken.*

läptig 1. *lebendig.* I bin nu na halbe läptig, *erschöpft.* 2. *lebhaft, rüstig.*

Läptig m. 1. *Lebenszeit.* Siiner Läptig hät er müese huuse, *sein ganzes Leben lang (immer) musste er sparen.* 2. *Lärm, Treiben.* Das isch en Läptig! 3. Er hät en guete Läptig, *er ist gut genährt.*

Larifaari m. *törichter Mensch.*

Larifaari s. *Larifari, Unsinn.* Zss.: -züüg s., *dummes Zeug.*

Laschbändeli s. *Gummiband.* Vgl. Elascht.

Lascht m., jg. w. (-e) *die Last.* En schwèère Lascht, jg. e schwèèri Lascht.

Laschter s. 1. *Laster.* Äim ali Laschter sääge, *einem derb die Meinung sagen.* 2. *angeborenes Gebrechen, besonders bei Pferden, Kühen.* 3. *liederliche Frau.* Das isch e wüeschts Laschter.

Latättere w. *Laterne* (humor.).

Latèèrne w. *Laterne.* Zss.: -garaasch w., *Parkplatz auf öffentlichem Grund* (humor); -pfoschte m., *Laternenpfahl;* -schii m.; -stùùd w., *Laternenpfahl.*

latiinisch *lateinisch.* Latiinischi Zeerig, *kostenlose Verpflegung (z.B. bei Verwandten, Freunden).*

Latsch s. *Latein* (Schsp.).

Lätsch m. 1. *Schleife, Schlinge, Masche.* En Lätsch mache, *Schleife bei Bändern, Schuhriemen, Schnüren machen.* 2. *mürrisches, weinerliches Gesicht, Schmollmund.* Mach kän Lätsch!

lätsche (glätschet) *eine Schleife machen.* S Halstuech lätsche. Zss.: aa-, *eine Strickarbeit anstricken;* ab-, *eine Strickarbeit abstricken.*

lätsche (glätschet) *schlürfend, schmatzend saugen.* Am Nuggi lätsche, *am Lutscher saugen.* Zss.: dure-, *durch Lutschen zersaugen.*

lätsche (glätschet) *weinen* (ZU.).

Latschi m. *Dummkopf.*

Lätschi m. *weinendes Kind* (ZU.).

lätschle (glätschlet) *kleine Schleifen aufnähen.*

Latt w. (-e) *Latte, für Dachdeckungen, Zäune; Visierlatte.* ütr. Öpper, öppis uf der Latt haa, *jemanden, etwas nicht leiden mögen.* Dur d Latt gaa, *entwischen, entgehen.* Zss.: Lattehaag m., *Lattenzaun;* -pfaal m., *Lattenpfosten;* -pfèèrch m., *Lattenpferch;* -stùùd w., *Lattenpfosten.* Vkf. **Lättli** s. Zss.: -gautsch m., -kautsch m., *Lattencouch;* -zie, *in der Badanstalt sich auf einem Lattenrost unter Wasser vorwärtsziehen (Knabenvergnügen).*

Lätt m., s. *Lehm, zur Bearbeitung noch unbrauchbar.* Lätt trätte, schlaa, *Lehm bearbeiten.* Zss.: -bale m., *Lehmklumpen;* -grueb w.

latte (glattet) *mit Latten versehen.* Äng, wiit latte.

Lätter m. 1. *dünnflüssiger Kot der Kühe.* De Lätter haa, *Durchfall beim Vieh.* 2. *Schlottern der Strümpfe.*

lättere (glätteret) 1. *Breiartiges fallen, überfliessen (lassen).* D Chue laat lättere. De Hunng über s Glaas la lättere. 2. *rutschen.* Zss.: ab-, *abrutschen.* D Spuele lättered aab, *das aufgewundene Garn rutscht von der Spule ab;* usenand-, *auseinanderfallen.* D Chrìsbùùrdi lätteret usenand. 3. *schlottrig herabhangen, von Strümpfen.*

Lättere w. 1. *alte Kuh, die an chronischem Durchfall leidet.* 2. *ungepflegte Frau* (vulg.).

Lätterete w. 1. *Durchfall, bei der Kuh.* 2. *Kot.*

lätterig 1. *dünnfallend, von Kuhkot.* 2. *locker gestrickt oder gespult.*

lättig in: äi-, zwäilättige Haag, *mit einer bzw. zwei Längslatten versehener Zaun.*

lättig *lehmig, tonhaltig.* Lättige Bode.

lättle (glättlet) *mit Gipslatten versehen.* Zss.: aa-, *Gipslatten anschlagen.*

Latüttere w. *Laterne* (humor.).

Latwèri w. *Latwerge* (va.).

Latz m. (ä) 1. *Latz (Kleidungsteil).* 2. *Mund* (pop.). Heb de Latz (zue)! *schweig.* En tume Latz haa, *schnöden.* En tume Latz mache, beleidigt sein. Ra.: De Latz abelaa, *ärgerlich werden.* Vkf. Lätzli s., *Kindermundtuch, Lätzchen.*

lätz *verkehrt, falsch.* Di lätz Siite vom Tuech, *Rückseite des Stoffes.* Öppis lätz aahaa, aalegge, *verkehrt tragen, anziehen.* Di lätz Chappe, *falsche Mütze.* De lätz Wääg, *falscher Weg.* Di lätz Hand, *linke Hand.* Di lätz Ziit, *Unzeit.* Ir sind lätz draa, *seid falsch* *unterrichtet.* An Lätze choo, *an den Unrechten geraten.* S Wätter isch lätz, *ungünstig.* Öppis Lätzes aastele, *etwas Dummes.* Ohä lätz! *oh weh.* Ra.: D Chappen isch lätz, *es droht Unheil.* S isch mer in lätze Hals choo, *ich habe mich verschluckt.* De lätz Finger verbinde, *etwas Verkehrtes tun.* Er tuet wie lätz, *verrückt.* Vercheert statt lätz, *verkehrt* (humor.). Zss.: -chopf m., *Querkopf;* -chöpfig, *querköpfig.*

lätze (glätzet) *schiefgehen.*

Lau s., jg. **Loo** s. *die Lohe.* 1. *gerbsäurehaltiger Saft.* 2. *Gerberlohe.* Zss.: -bäizi w., *Gerbebeize;* -määl s.; -stampfi w., *Lohestampfwerk;* -stock m., *Lohkuchen.*

Laub s. *Laub.* 1. *das einzelne Blatt.* 2. *Laub.* S Laub gäälet. Die mit Laub am Huet, *höchste Offiziere (Brigadiere und höhere Offiziere)* (Ssp.). Zss.: -chääfer m., *Maikäfer;* -chrèèze w., *Rückenkorb für Gras und Heu* (ZO.); -frösch m.; laubsäägele, *mit der Laubsäge arbeiten;* -säägeli s., *Laubsäge;* -sack m. Vkf. Lòibli s.

laube (glaubet) 1. *gefallenes Laub sammeln.* 2. *an Weinreben überflüssige Blätter und Triebe ausbrechen.*

Laube w. 1. *Galerie am Hause.* Vkf. Lòibli s. 2. *Mund* (vulg.).

Laubet m. *Zeit des Laubsammelns.*

Laubi m. 1. *Rufname für Zugochse.* 2. *Vielesser, dicker Mensch* (humor.).

Lauff m. (Lòiff) 1. *Lauf.* En Lauff mache, *Spaziergang.* Chauff und Lauff, *Handel und Wandel.* In Lauff choo, *in Fahrt geraten.* 2. *Gewehrlauf.* bdl. En häisse (Lauff), *eine heikle Sache* (pop.). Zss.: -gatter m., *Laufgitter;* -meeter m., *laufendes Meter.* Am Lauffmeter, *am laufenden Band, dauernd;* -stäcke m., *Spazierstock, Bergstock.*

lauffe (Wf. Vh. luff, Mw. gloffe, ZO. glauffe) 1. *gehen.* Mer sind gloffe, *zu Fuss gegangen.* Leere lauffe, *gehen lernen.* Wie laufft de Pöschtler? *welchen Zustellgang hat der Postbote?* 2. ütr. D Uur laufft nüd, *geht nicht.* Es laufft si i s Gält, *kommt teuer zu stehen.* Es laufft nüüt, *ist nichts los.* D Aarbet laufft nu e so zur Hand uus, *geht wie am Schnürchen.* En lauffede Brune, *Röhrenbrunnen.* Zss.: aa-, *anlaufen, rosten;* ab-; abe-, *hinuntergehen, hinunterfliessen;* ane-. An äine anelauffe, *(zufällig) jemandem begegnen;* druus-, *weglaufen;* dure-, a) *vorbeigehen.* b) *durchlaufen.* D Sole durelauffe; füre-, *nach vorn gehen;* furt-, *weglaufen, weggehen;* hindere-, *nach hinten gehen;* ii-; naa-, *nachlaufen;* use-, *hinausgehen;* uus-, *ausfliessen;* zäme-, *zusammenlaufen.* D Lüüt sind zämegloffe, *haben sich angesammelt.*

Lauffe m. *Wasserfall (meist nur als Name).*

Lauffete w. *unnützes Hin-und-her-Laufen.*

Laugeli s., **Lòigeli** s. *Laube (kleiner Fisch), meist als Köder verwendet.*

laugne (glaugnet) *leugnen.* Er hät vor Gricht ales glaugnet. Zss.: ab-, *verleugnen, abstreiten.*

Laui w. (-ene) *Lawine.*

Ledi w. *Ladung eines Lastschiffes.* Zss.: -schiff s. (Kurzform: **Ledi** m.), *Lastschiff.*

ledig 1. *unverheiratet, ledig.* En alte Ledige, *Junggeselle.* I bi no wüescht ledig, *bin noch zu haben.* 2. *frei von Lasten.* E ledigs Häime, *schuldenfreier Hof.*

Lee s. *Lehen.* Z Lee haa, gèè, *in Pacht haben, geben.*

lèèg *sanft ansteigend, geneigt.*

leene (gleent) *leihen, borgen.* Er hät em s Ross gleent. I hän em Gält gleent. Zss.: uus-.

lèène (glèènet), **lääne** (gläänet) *lehnen.* Zss.: aa-, *anlehnen;* füre-, *nach vorn lehnen;* hindere-, *zurücklehnen;* use-, *hinauslehnen.*

Lèène w., **Lääne** w. *Lehne, Geländer.* Zss.: Lèènstuel m.

Leer w. (-e) *Lehre, Berufslehre, Lehrzeit.* Zss.: -blätz m., 1. *Lappen, an dem man flicken lernt.* 2. *Lehrprobe, Lehrstück;* -bueb m., *Lehrling, Lehrjunge;* -chind s., *Lehrmädchen, Lehrtochter;* -gält s.; -gotte w., 1. *Schneiderin, die Arbeitstöchter ausbildet.* 2. *Arbeitslehrerin* (Schsp.). 3. *Pedantin;* -mäischter m.; -mäitli s., *Lehrmädchen;* -tochter w., *Lehrmädchen;* -ziit w.

lèèr *leer.*

Leerch w. (-e) *Lärche.*

Leerch w. (-e) *Lerche.*

leerchi *aus Lärchenholz, lärchen.*

leere (gleert) 1. *lehren.* Ich will di leere folge! *Gehorsam lehren.* 2. *lernen.* Leere schriibe, *schreiben lernen.* Zss.: aa-; uus-.

lèère (glèèrt) *leeren.* De Chaschte lèère. De Maa/Mòò lèèret, *der Mond nimmt ab.* S lèèrt im Saal, *er leert sich.* De Chropf lèère, *sich ausreden, das Herz ausschütten.* Zss.: aa-, *angiessen;* abe-, *schnell und viel trinken;* uus-, 1. *verschütten.* 2. *stark regnen.* Es hät uusglèèrt. 3. *mit einem Gefährt umkippen.* Si händ uusglèèrt.

Leerer m., **Leereri** w. (-ne) *Lehrer(in).*

Leererlis s. *Lehrer-und-Schüler-Spiel* (Ksp.). Leererlis mache.

Lèèri w. *Leere.*

Lèèrli s. *kleine, leere Garnspule.*

lèèrme (glèèrmet) *lärmen.*

Lèèrme m. *Lärm.* En Lèèrme mache. Vkf. Lèèrmli s.

Lèèrmi m. *Lärmender.*

lèèrmig *dem Lärm ausgesetzt.* E lèèrmigi Wonig.

lèèss, lèèssig *gut* (Schsp., jg.). verst. irrlèèss, *sehr gut.*

Leewat m. *Raps* (va.).

Lefti m. *Leutnant* (Ssp.).

Legele w., **Legle** w. *grosses, längliches Fass zum Transport von neuem Wein.* Vkf. **Legeli** s., **Legli** s., *Handfässchen für das Getränk der Erntearbeiter.*

legge (i legge, du läisch, er läit; mer legged; Wf. Vh. läiti; Mw. gläit), jg. **lege** (gläit) *legen.* D Hüener legged, *legen Eier.* S hät mi gläit, *ich bin gestürzt, erkrankt.* Er hät mi wele legge, *übervorteilen* (pop.). Zss.: aa-, *anziehen, ankleiden.* Sich anderscht aalegge, *sich umziehen;* ab-, *niederlegen.* D Chatz hät abgläit, *Junge geworfen.* Tüend Si ablegge! *legen Sie bitte ab (zu Eintretendem);* abe-, *hinunterlegen;* ane-, *hinlegen;* hère-, *hinlegen.* Äine hèrelegge, *Tüchtiges vollbringen* (pop., jg.); ie-, a) *hineinlegen.* b) *übervorteilen;* ii-; undere-, *nachlegen.* Öppis underelegge, *grobes Scheit ins Feuer legen;* uuf-, *auflegen;* voor-, *etwas vorbringen;* wäg-; zäme-, *zusammenlegen, zusammenfalten;* zue-, *hinzusetzen, hinzulegen, hinzufügen;* zwääg-, *zurechtlegen, bereitlegen.*

Leggeri w. (-ne) *Legehenne.*

Leggete w. *Lage, Schicht.* E Leggete Anke, Chruut.

Legi w. *Legitimationskarte* (Schsp., Stsp.).

Legi w. (Legene) *Sperrvorrichtung in einem Weidezaun; primitive Verzäunung auf Viehweiden.*

Legichaschte m. *Buchstabenkasten (für Schüler).*

Legle siehe Legele.

leis siehe liis.

Leisi s. *Linse* (va.). Zss.: -choscht w., *Linsengericht;* -suppe w., *Linsensuppe.*

Lengi w. (Lengene) *Länge.* 1. *räumlich.* D Lengi nèè, *Länge messen.* 2. *zeitlich.* Das gaat i d Lengi, *zieht sich hin.* Gaat daas e Lengi! *dauert das lange.*

leschèèr *ungezwungen, formlos, zwanglos* (jg.); frz. léger. Dè ninnt s chäibe leschèèr! *er nimmt es sehr gemütlich.* En leschèère Tüpp, *ein ungezwungener Mensch.*

leschtere (gleschteret) *lästern, schmähen, schimpfen.* Dèè hät äis gleschteret! Zss.: Leschtermuul s., *Lästermaul.*

leschterli *lästerlich, abscheulich.* Leschterli flueche. Leschterli tüür, *äusserst teuer.* verst. gottsleschterli.

leschtig 1. *den Magen belastend.* 2. *lästig.*

letscht *letzt.* S letscht Jaar, *vergangenes Jahr.* Ra.: Das wèèr mer nüd de Letscht, *ich gäbe ihm vor anderen den Vorzug.* Er isch nüd de Letscht, *nicht der Ungeschickteste.* Das isch dänn scho de letscht Mäntsch! *schlechter Kerl* (pop.).

letschti *letzthin, neulich, kürzlich.*

Letschti w. *die letzte, jüngste Zeit.* Uf d Letschti use, *gegen das Ende eines Zeitraumes.*

letze (gletzt) 1. *einen Hochzeitszug aufhalten, um ein Geschenk zu erhalten.* 2. *verletzen.*

Letzi w. (-ene) 1. *Abschiedsgeschenk, letztes Patengeschenk, Abschiedsschmaus.* Letzi trinke; Letzi hòische, *erbitten.* 2. *bleibender Schaden einer Verletzung oder Krankheit.* 3. *Schutzwall.*

licke (glickt) *Fassdaubenfugen abdichten.*

Licki w. *Mischung von Harz, Stärke, Wachs zum Abdichten.*

lidere (glideret) *Felle gerben.* Zss.: ab-. I bi abglideret, *ermüdet, ermattet;* dure-.

lieb 1. *lieb.* Zss.: de Liebgott, *der liebe Gott.* 2. *freundlich, artig.* Bis lieb! Bis en Liebe! *sei artig (Aufforderung an Kind oder Hund).* 3. *angenehm, erwünscht.* S isch mer lieb, das d chunsch. 4. Ra.: Er tuet uf der liebe Wält nüüt, *er arbeitet nichts.* 5. Uw. z lieb. De muesch nüd z lieb choo, *brauchst dir nicht die Mühe zu nehmen zu kommen.* I wett nüd z lieb öppis sääge, *es lohnt sich nicht, etwas zu sagen.* Vgl. zlieb.

Liebi w. *Liebe.* Ra.: D Liebi mues zangget haa, *was sich liebt, neckt sich.*

Liebschaft w. (-e) *Liebesverhältnis.* Er hät e Liebschaft.

liecht (liechtischt) *leicht.*

Liecht s. (-er) *Licht.* Mach Liecht! *zünd die Lampe an.* Z Liecht gaa, *auf Abendbesuch zur Geliebten gehen.* Under Liecht choo, *bei der Dämmerung.* Liecht im Chäler haa, *Hosenschlitz offen haben* (pop.). Zss.: -butzschèèr w., *Dochtschere;* -mis w., *Lichtmess;* -stubete w., *abendliches Zusammensitzen;* -stüüber m., *Nachtfalter;* -stock m., *Öllichtstock* (va.). Vkf. Liechtli s.

Liechter m. *junger Mann, der zur Nachtzeit sein Mädchen besucht; Liebhaber.*

liechtere (gliechteret) *die Geliebte besuchen.*

Liechti w. *Leichtigkeit.*

Liechtikäit w. *Leichtigkeit.*

Lied s. (-er) *Lied.* Zss.: Liederchranz m., *Gesangverein, Singgruppe.* Vkf. Liedli s.

liederli *liederlich.*

Liene w. *Lehne, Geländer* (selten; vgl. Lèène).

liepli *lieblich.*

lifere (gliferet) *liefern.* Ra.: Er hät en gliferet, *im Ringen, Schwingen geworfen.* Die lifered öppis, *leisten etwas, stellen etwas an.* Lifere, nüd lafere! *leisten, nicht reden.*

Liferig w. (-e) 1. *Lieferung.* 2. *Plackerei, Mühe.* Mer händ e Liferig ghaa, bis mer das Fueder glade ghaa händ. Das isch e schööni Liferig! *Bescherung.*

Lifi s. *unordentliches, leichtsinniges Mädchen.*

Ligerig m., **Ligerlig** m. *Lagerbalken für Fässer, Bretterboden.*

ligge (i ligge, du liisch, er liit; mer ligged; Wf. Vh. lèèg; Mw. glääge), jg. **lige** (gläge) *liegen, sich legen.* Er liit im Graas, er liit i s Graas. I gaan echli go ligge, *ich lege mich etwas hin.* Liggeds Hòi, vil Liggeds haa, *viel Heu liegend haben.* Es liit dine, *es ist möglich* (jg.). Er hät s mit de liggete Güetere, *schläft gern.* Zss.: ab-, *sich niederlegen;* ane-, *sich hinlegen;* uuf-, *belasten.* S Ässe liit mer uuf, *auf dem Magen.*

ligglige *liegend.* Ligglige schüüsse.

Ligi w. *Liegenschaftenverwaltung* (pop.).

Ligi w. *Liegestunde* (fam.).

ligoore (gligooret) *ändern.* S Wätter ligooret.

Lii s. nur in Zss.: Halblii, *Halbleinen;* Liilache s., Iilache s. (ZO.), *Bettuch, Leinenlaken, Leintuch.*

Liib m. (Liiber) 1. *Leib.* Guet bi Liib sii, *wohlgenährt sein.* Vo Liib choo, *abmagern.* Zss.: -ääändli, *ähnlich (körperlich).* 2. *Gebärmutter.* De Liib usetrucke, *Gebärmuttervorfall haben, von Kühen, Pferden.* Vkf. **Liibli** s., *Unterleibchen, Unterhemd.*

liibermänts *durchaus,* meist in Verb. mit «alls», *alles zusammen.* S hät alls liibermänts verhaglet.

Liibig w. (-e) *Dicke einer Röhre.*

Liich w. (-e) 1. *Leiche.* S hät scho wider e Liich ggèè, *einen Todesfall.* D Liich aasääge, *den Todesfall dem Geistlichen mitteilen.* Zss.: Liichebaar w., *Leichenbahre;* -bläich; -gschau w., *Leichenschau;* -tuech s.; -waage m. 2. *Beerdigung, Bestattung, Leichenbegängnis.* E groossi Liich. Zss.: Liichemaal s., -mòòli s., *Leichenmahl.*

liichele (gliichelet) *nach Leiche riechen.*

Liìd s. *Viertel eines geschlachteten Stückes Rindvieh oder Schwein.* Di vordere Liìd, *Schulterblätter;* die hindere Liìd, *Hüften und Schenkel.*

liide (glitte) *leiden, ertragen, dulden.* De muesch di echli liide, *etwas gedulden.* Das liid i nüüd, *ertrage ich nicht.* Es mag s no liide, *es geht gerade noch.*

Liide s. *Leiden, Gebrechen.*

Liilache siehe unter Lii.

Liim m. *Leim.* Us em Liim gheie, *aus der Form*

fallen. Zss.: -süüder m., 1. *Leimsieder.* 2. ütr. *langsamer, energieloser Mensch.*

liime (gliimet) *leimen.* Zss.: aa-; ie-, ine-, *hereinlegen;* uuf-; zäme-.

Liine s. *Leinwand.* Zss.: Liinööl s., *Leinöl;* -saame m., *Leinsamen;* -tuech s., Lintuech s., *Leintuch, Bettuch.* Vgl. unter Lii.

liini, jg. **liinig** *leinen.*

liire (gliiret) 1. *leiern.* Obenabe liire, *herunterleiern.* 2. *langsam, gleichgültig arbeiten.* De liirisch a dèren Aarbet ume, *du trödelst.* 3. *herumdrehen, herumwinden.* Ra.: Lieber en Batze liire, als zwee verfiire, *besser arbeiten als feiern.* Zss.: Liirechübel m., *Butterfässchen;* -naagel m., *Stecknagel am Wendepflug.* ii-, *einpacken, einwickeln;* uus-, a) *ausweiten.* b) *auswinden.* En Wäschlumpen uusliire.

Liire w. 1. *Geleier.* 2. *Langsamkeit beim Arbeiten.*

Liirete w. 1. *Geleier.* 2. *Langsamkeit beim Arbeiten.*

Liiri m. 1. *Langsamkeit.* Er hät de Liiri überchoo, *die Arbeit ist ihm verleidet.* 2. *langsamer Arbeiter.*

liis, liisli, liislig (älter: **leis**) *leise, sanft, sachte.* Liis rede. D Suppen isch liis, leis, *zu wenig gesalzen.*

Liischt w. (-e) *Holzleiste.* Zss.: Liischtebruch m., *Leistenbruch.*

liislige Uw. *leise.* Er hät mer s liislige gsäit.

Limenaade w. *Limonade.*

Limet w., älter **Limig** w. *Limmat (Fluss).* Zss.: -ateen, *Stadt Zürich* (humor.).

lind 1. *weich, gar.* Linds Broot. S Fläisch isch nanig lind, *noch nicht gar.* Lindi Siide, *abgekochte Seide.* 2. *schal, kahmig, vom Wein.* De Wii isch lind. Zss.: -schäälig, a) *weichschalig (Eier).* b) *überempfindlich.*

linde (glindet) *weich werden.* D Truube linded. Zss.: aa-, *anfangen weich zu werden;* dùùr-, *vom Regen durchnässt werden.*

Linde m. *Lindenblütentee* (Kurzform).

Linde w. 1. *Lindenbaum.* 2. *Lindenblüte.* Zss.: -baum m.; -bluescht s., *Lindenblüte;* -holz s.; -thee m., *Lindenblütentee.*

lindi *aus Lindenholz.*

Lindi w. *Weichheit.*

Ling m. *Fertigkeit* (ZO.). Er hät en Ling für daas, *natürliches Geschick.*

linge (glinget) *liniieren* (ZO., va.). Zss.: ab-, *liniieren.*

linge (glunge) *gelingen.* S linget em öppen öppis, *es gelingt ihm hie und da etwas.*

Linge m. (va.), **Linger** m. (va.), **Liniaal** m. *das Lineal.*

Linge w., **Lingele** w. *Linie* (ZO., va.).

lingg, linggs 1. *links (gelegen).* Di lingg Siite; linggs lauffe. Er isch linggs, *linkshändig.* 2. *verkehrt.* Di lingg Siite vom Tuech, *die innere Seite;* linggs lisme. Ra.: Das isch lingg, *gefehlt.* Er isch nüd lingg, *nicht ungeschickt.*

lingsam *schnell, gewandt* (va.). E lingsami Wääberi, e lingsams Mäitli.

lisme (glismet) 1. *stricken.* Vèèrs bim Lisme: inestäche, umeschlaa, durezie und abelaa. Ra.: En glismete Chileturm, *aus vielen Balken bestehend.* En glismete Maage haa, *viel essen können.* Mit de Bäine lisme, *mit übereinandergreifenden Füssen gehen.* 2. *pfuschen* (pop.). Dè lismet wider emaal.

Lismer m. 1. *Stricker.* 2. *gestricktes Wams.* Zss.: -chöörbli s., *Strickkörbchen;* -gaarn s.; -naadle w.; -schoope m., *gestricktes Wams;* -züüg s., *Strickzeug.*

Lismerei w. (-e) *nachlässiges Stricken.*

Lismeri w. (-ne) *Strickerin.*

lismerle (glismerlet) *nicht ernsthaft stricken.*

Lismete w. 1. *Strickarbeit, Strickzeug.* 2. *Durcheinander* (pop.).

lisöölele (glisöölelet) *nach Lysol riechen.*

Litenei w. (-e) *Litanei, eintöniges Gerede.*

Liter m. *der* oder *das Liter.* Zss.: -guttere w., *Literflasche;* -määs s., *Litermass.*

Litz m. 1. *Saum an Stoffen.* 2. *verlängerter Einschnitt, Öffnung an Hosen, Hemden.*

litze (glitzt) 1. *umbiegen, stülpen.* 2. *zu Fall bringen* (pop.). Uf em Iis hät s mi glitzt, *bin ich gestürzt.* Bi dère Waal hät s en glitzt, *ist er nicht gewählt worden.* Es litzt en, a) *er macht Bankrott.* b) *muss bald sterben* (vulg.). Zss.: hindere-, ue-, ume-, *aufkrempeln.* D Eermel umelitze.

Liz s. *Lizentiat (akademischer Grad).*

Loch s. (Löcher) 1. *Loch.* Underem Loch staa, *unter der Türöffnung.* Zum Loch uus, *weg.*

De Zùùg chunt us em Loch, *aus dem Tunnel.* Im Loch sii, i s Loch choo, *Gefängnis.* Iez haued mer s s Loch aab, *bergab.* S isch s Loch ab, *verloren.* Suuffe wien es Loch, *viel (Alkohol) trinken* (pop.). (Es stimt) uf s Loch, *ganz genau.* Zss.: -brune m., *Zisterne;* -büütel m., *Stechbeitel.* Vkf. **Löchli** s. Zss.: -gang m., *Lochverzierung beim Stricken;* -sììb s.; -zange w., *Lochzange, Kupierzange.* 2. *Maul* (vulg.). Heb s Loch zue! *halt das Maul.*

loche (glochet) *Löcher machen in Billette, für Pfähle usw.* Zss.: ii-, *einsperren, gefangensetzen;* voor-, *ein Loch für einen Pfahl bohren.*

lòchle (glòchlet) *kleine Löcher machen.*

locke (glockt) *locken, herbeirufen.* Em Vee, de Chüene, ere Chatz locke. Zss.: ine-; use-.

Locki siehe Loki.

löckle (glöcklet) *locken.*

lödele (glödelet), **löderle** (glöderlet) *wackeln, locker sein.*

Lödeler m., **Löderli** m. *liederlicher Mensch, Verschwender.*

Löffel m. 1. *Löffel.* Ra.: Me sött de Löffel nüd z früe us der Hand gèè, *nicht zu früh auf seine Rechte verzichten.* Zss.: -hänki w., *Aufhängevorrichtung für Kochlöffel, Löffelleiste;* -stììl m. 2. *Ohr des Hasen.* 3. *Laffe.* Du bisch en Löffel (pop.). Zss.: -schliiffi w., *Schule, wo man Lebensart lernt* (humor.).

löffle (glöfflet) *löffeln.* Zss.: ine-; uus-.

Löfflete w. *Hantieren mit Löffeln bei Tisch.*

Löfti m. *Leutnant* (Ssp.).

Lòi m. (-e) *Löwe.* Zss.: Lòiebank w., *Bank Leu;* Lòiemüüli s., *Löwenmaul (Pflanze).*

lòi, lòò, lòòig 1. (meist in Zss. mit «waarm») *lauwarm.* 2. *schlaff.*

lòible (glòiblet) 1. *Laub fressen, von Ziegen.* 2. *an Reben überschüssige Blätter und unfruchtbare Triebe ausbrechen.*

lòie (glòiet) *weich machen, von Wäsche.* Zss.: aa-, *einweichen;* uus-, *aufweichen.*

lòiffele (glòiffelet) *trippeln, zu gehen beginnen, unsicher gehen* (Ksp.).

Lòiffer m. 1. *Läufer.* Er isch en guete Lòiffer. 2. *langer Teppich für Treppe oder Korridor.* Vkf. **Lòifferli** s., 1. *junges Schwein.* 2. (auch **Lòifterli** s.) *Schiebefensterchen.*

lòiffig 1. *brünstig, bes. von Hunden.* 2. *flüssig, von Wachs, Leim, Harz usw.*

Lòigeli siehe Laugeli.

Lòii w. (-ene) *Erdrutsch, Schneerutsch.* Vgl. Laui.

Lòise w. *Stütz- oder Verbindungsscheit zwischen Wagenleiter und Achsenende.*

Lòitsch m. 1. *herumstreichender brünstiger Hund.* 2. *wer sich müssig herumtreibt, Vagabund.*

Lòitsch w. (-e) *Dirne.* Vkf. Lòitschli s.

lòitsche (glòitschet) *herumstreichen, von brünstigen Hunden, Dirnen.* Zss.: ume-.

Lokematiiv s., w. (-e), **Lokomotiiv** w. *Lokomotive.* Kurzform **Loki** w. Zss.: Lokifüerer m.

Loo m. (Löö) 1. *Lohn.* Vkf. Lööndli s., *geringer Lohn.* 2. ütr. *Vergeltung, Strafe.*

Loo s. siehe Lau.

Loobe w. 1. *Kuh* (fam.). 2. *läppische Person.* E tumi Loobe. Vkf. **Loobeli** s., 1. *Kuh* (Ksp.). 2. *Geld* (pop.).

Looch (ZO.) siehe Laa.

Lood s., **Loot** s. 1. *Lötmasse aus Blei und Zinn.* 2. *altes kleines Gewicht, Lot.* Es fròit mi käs Lood, *es freut mich gar nicht.*

löödig, löötig *lauter, rein.* Löödigs Gold; löödige Wii; Hèrdöpfel löödig ässe, *ohne Salz.*

Lööl m., **Lööli** m. *Dummkopf, Tölpel;* Tume Lööli; de Lööli mache, *sich närrisch benehmen.* Zss.: Löölichäib m., *Tölpel;* -tschob m., *geisttötende Arbeit* (vulg., jg.).

lööle (gläölet) nur in Zss.: ume-, *müssig herumstreichen.*

loone (gloont), **lööne** (glöönt) in Zss.: ab-, *entlöhnen.*

Loorboone (Mz.) 1. *Lorbeeren, als Arzneimittel gebraucht.* 2. *Lorbeerkranz* (humor.).

loorgge (gloorgget), **lùùrgge** (glùùrgget) *das R hinten (am Gaumensegel) oder unvollkommen sprechen.*

Loorggi m., **Lùùrggi** m. *wer mit Gaumen-R spricht.*

Loorind s. *Rohrdommel.* Ra.: Tue wien es

Loorind, *laut lärmen, sich mutwillig benehmen.*

Loos w. 1. *Mutterschwein.* 2. *Dirne.*

Löösi w. *Bilge, Kielraum des Schiffes.*

Loosig w. 1. *Erlös aus dem Verkauf von Waren.* Händ er e gueti Loosig ghaa? *habt ihr viel verkauft.* D Loosig mache, *Kassensturz machen.* 2. *Kot des Wildes* (Jsp.).

Löösig w. (-e) *Lösung.*

löösle (glööslet) *Los ziehen.*

lööte (glöötet) 1. *löten.* Zss.: aa-; zäme-; zue-. Löötcholbe m.; -iise s. 2. *reichlich trinken* (humor.).

Lööter m. 1. *herumziehender Spengler, Kesselflicker.* Zss.: -waar w., *vagabundierendes Gesindel.* 2. *charakterloser Mensch, armer Tropf.* 3. *Gewohnheitstrinker.*

Löötete w. *Trinkgelage* (pop.).

Lööti m. (-er) *Trinker.*

Lööti w. *Lötmasse.*

löötig siehe löödig.

lootsche (glootschet), **löötsche** (glöötschet) *lutschen, mit Geräusch saugen.*

lösche (glöscht) *löschen.* Zss.: ab-. Ra.: Es hät mer grad abglöscht, *ich verlor den Zusammenhang; es war mir zu viel* (pop.). Löschbapiir s., *Fliesspapier, Löschblatt.*

loschiere (gloschiert) *logieren, wohnen.*

Loschii s. *Logis, Unterkunft.* Choscht und Loschii, *Verpflegung und Unterkunft.*

lose (gloset) *horchen, lauschen, zuhören.* Los emaal! *hör mal zu.* Muesch halt lose, wämer öppis säit! A der Tüür lose, *horchen.* Zss.: ab-, 1. *abhören.* 2. *zuhören (z.B. einer Klage);* ume-, *herumhorchen;* zue-, *zuhören.*

lösele (glöselet) 1. *heimlich oder oberflächlich lauschen, hinhören.* 2. *horchen* (Ksp.).

Löseler m. *Lauscher, Horcher.*

Lotter m. 1. *nachlässiger, liederlicher Kerl, Lump.* 2. *loses Herunterhängen der Strümpfe.* Zss.: -aarbet w., *liederliche Arbeit;* -bett s., *primitives Sofa;* -buude w., *baufälliges Gebäude;* -hütte w., *baufälliges Haus;* -kärli m.; -mäntsch m.; -oornig w., *Unordnung;* -waar w., *Ausschussware.*

lottere (glotteret) 1. *locker, lose sein.* D Fale lotteret. Zss.: abe-, *schlottrig herabhängen, von Kleidern.* D Socke lottered abe. 2. *ein Lotterleben führen.*

Lotterete w. *Wackelzustand, Baufälligkeit.*

Lotteri m. *unzuverlässiger Mensch.*

lotterig *wackelig, lose.*

lötterle (glötterlet) 1. *wackeln, lose zusammenhalten.* Es lötterlet echli. 2. *unsolid leben.* Er fangt aa lötterle. 3. *in die Lotterie setzen.*

Lucke w., **Luckete** w. *Lücke, z.B. Öffnung bei Futterraufe.*

Lueder s. *Luder.* Zss.: -lääbe s.; -mäntsch m.; -mèèssig; -wèrch s., *schlechtes Zeug, schlechte Arbeit.* Vkf. Lüederli s., *Dirne.*

luedere (gluederet) in Zss. ume-, *sich herumtreiben.* Vgl. verluedere.

lüedere (glüederet) 1. *ludern.* 2. *Wild mit Aasköder anlocken* (Jsp.).

luege (glueget) *schauen, betrachten.* Lueg ä daa! *schau mal an.* Öpperem luege, *jemanden pflegen.* Zun ere Sach luege, *um etwas besorgt sein.* Äim uf d Finger luege, *überwachen.* Lueg für dìich! *kümmere dich um deine Angelegenheiten.* Das isch es Luege! *was für ein Anblick.* Es isch käs Luege, *nicht zum Hinschauen.* Zss.: aa-, *anschauen;* ab-, *abgucken, abschreiben;* abe-, *hinunterschauen;* dure-, *hinüberschauen, durchsehen;* ii-, *beim Versteckenspiel die Augen verdecken;* ine-, *hineinschauen, besuchen* (fam.); ufe-, *hinaufschauen;* ume-, a) *umherschauen.* b) *zurückschauen.* Ooni ume(z)luege, *ohne zu zögern.* Im Umeluege, *sofort;* use-, a) *hinausschauen, herausschauen.* b) *Nutzen bringen;* zue-, *zuschauen;* zrugg-, *zurückschauen.*

lüegele (glüegelet) 1. *verstohlen, vorsichtig, neugierig blicken.* 2. *schauen* (Ksp.).

Luegete w. *Aussicht.*

Luegi w. *Blick, Gesicht* (humor.). E gueti Luegi haa, *gut sehen.* E chrumbi Luegi, *schielendes Auge.*

Luegisland 1. *Aussichtspunkt.* 2. *höchster Turm einer Burg.*

Luft m. *Wind, Luftzug.* De Luft blaast. Ab em Luft, hinderem Luft sii, *windgeschützt, auf der Leeseite.* Vkf. Lüftli s., *angenehmer, schwacher Luftzug.*

Luft w. (ü) *Luft.* Äim d Luft uselaa, ütr. *jemanden ernüchtern.* Gsìbeti Luft, *Gefängnis* (humor.). Zss.: -schützler m., *Angehöriger des Luftschutzes.*

lufte (gluftet) 1. *winden.* Es luftet. 2. *lüften.* Es Zimer lufte. 3. *wittern* (Jsp.).

Luftibus m. *oberflächlicher Mensch.*

luftig 1. *dem Winde ausgesetzt, luftig, windig.* 2. *locker, porös.* En luftige Gugelhupf.

lüftle (glüftlet) *beim Fahrrad die Luft entweichen lassen (Bubenstreich).*

Lüfzger m., **Lüfzgi** m. *Leutnant* (Ssp.).

lugg (lugger, lügger, luggschte, luggischte) 1. *locker, lose.* E luggs Säil. Nüd lugg laa, *nicht locker lassen.* Lugg lisme, *locker, weitmaschig stricken.* 2. *schwach, weichlich.* E luggs Hèèrz, *weichherzig.*

lugge (glugget) *locker, schlaff werden.* D Chelti lugget, *die Kälte lässt nach.* Es Säil lugget, *lockert sich.* Es lugget, *die Arbeit nimmt langsam ab.* De Hueschte lugget, *löst sich.*

Lüggi w. *Schlaffheit.*

Lüggöör m. *Likör.*

Lugi w. (Lugene) *Lüge.* Zss.: Lugihund m., -muul s., *Lügner.*

lüle (glület) *saugen, lutschen* (Ksp.).

Lüler m., **Lüli** m. *Lutschbeutel, Schnuller.*

Lümde m. *Leumund.* En guete Lümde haa.

Lümelburg w. *altes Knabengymnasium Zürich* (Schsp., va.).

lümle (glümlet) *lümmeln, sich umhertreiben.* Zss.: ume-; umenand-.

Lump m. (-e) *Lump.* Z Lumpe gaa, choo, *bankrott werden, sein.* Zss.: Lumpenaarbet w., *minderwertige Arbeit;* Lumpefueder s., *schlecht geladener Wagen;* -gschäft s., *unsolid arbeitendes Geschäft;* -gschìr s., *liederliche Person;* -hund m.; -kärli m., *Lumpenkerl;* -kudi m., *schlampige Fasnachtsgestalt;* -lääbe s.; -liedli s., *lustiges Lied;* -lööndli s., *Hungerlohn;* Lumpenoornig w.; Lumpephack s., *Gesindel;* -täschli s., *Kind* (fam.); -volch s., *Gesindel;* -züüg s., *wertloses Zeug.* Vkf. **Lümpli** s. Ra.: Em Lümpli ghöört na s Stümpli, *Rest.*

lumpe (glumpet) *liederlich über seine Mittel leben.* Er hät glumpet. Zss.: uus-, *Bankrott machen.*

Lumpe m. (Lümpe) *Lappen, Fetzen.* En Lumpe zum Abwäsche. Lümpe zie, *weggehen* (Schsp.). Zss.: -maa m., *Lumpensammler;* -samler m., *letzter Regionalzug am Abend* (humor.).

lümpele (glümpelet) *verwahrlosen, herunterkommen.* Er fèèt aa lümpele.

lümpelig 1. *Stoff, der sich gering anfühlt.* 2. *liederlich.*

Lumperei w. (-e) *Lumperei, dummer, mutwilliger Streich.* Er hät nu Lumpereie im Chopf.

lumpig *lumpig, knauserig, kleinlich.*

Lune m., **Lund** m. (ZO.), **Lung** m. *Lünse, Achsnagel.*

Lunge w. *Lunge.* Zss.: -bröötli s., *Zigarette* (humor., jg.).

Lungge w. *Lunge des Viehs als Speise.* Vgl. Glungg.

Lunte w. *Lunte, Feuerschwamm.*

Lupf m. (ü) *das Heben.* En schwèère Lupf, *grosse Anstrengung.* Uf der eerscht Lupf, *gleich das erste Mal.* En rächte Lupf tue, *tief in die Tasche greifen.*

lupfe (glupft) *heben.* De Fuess lupfe, en Sack lupfe. Ra.: Er lupft käs Bäi, *rührt sich nicht.* De Huet lupfe, *lüften.* Es lupft en, *er macht Bankrott.* Es lupft mi, *mir wird übel.* Zss.: ab-, *Karten abheben (beim Kartenspiel);* abe-, *herunterheben;* über-, *sich überanstrengen (auch finanziell).* Er hät si überlupft.

Lupfer m., **Lupferli** s. *Lappen zum Anfassen heisser Pfannen.*

Lupfete w. *schwere Last, Bürde.*

lüpfig 1. *hebbar, was einer ohne Hilfe zu heben vermag.* En lüpfige Stäi. 2. *hinreissend, von Tanzmusik.* En lüpfige Ländler.

Luppe w. *Lupe.*

Luschti m. *Rufname für Zugochsen und Zugkühe.*

luschtig (lüschtiger, lüschtigscht) *lustig.* Das wèèr mer na luschtig! *nicht doch.*

Lüsèèrne w., **Lüsèèrme** w. *Luzerne, Schneckenklee.*

Lusi s. *Musse, ungebundenes Treiben* (frz. loisir). Hütt hämer Lusi.

Lusi gèè *Gehör schenken.* Vgl. lose.

Lusimänt s. *Lustbarkeit, freie Zeit.*

Lütter m., **Lütteri** m. *Durchfall, Diarrhöe.*

lüttere (glütteret) *dünn koten.*

Lütterete w. *Durchfall, Diarrhöe.*

lützel *klein* (in Namen, va.).

Luu m. *Laune, Anwandlung.* Im Luu sii, *guter, schlechter Laune sein.*

lüüche (glüüchet) 1. *herausziehen, bes. Heu aus dem Heustock.* 2. *Pflanzungen von Rüben, Salat usw. lichten.* Zss.: füre-, use-, *etwas aus jemandem herauslocken.*

Lüüchte w. *Leuchte.*

Luudere w. *Waschlappen.* Es Gsicht wien e Luudere, *voller Falten.*

lüüderle (glüüderlet) *riechen wie ein schmutziger Waschlappen.*

Lùùg m. (ùù) *Lüge.*

lüüge (gloge) *lügen.* Lüüge wie truckt, das si de Bode büügt. Zss.: aa-, *belügen.*

Lüüger m., **Lüügeri** w. (-ne) *Lügner(in).*

Lüügerei w. (-e) *Lügerei.*

Luuma w. *Luftmatratze* (Schsp., jg.).

luunig *launisch.*

lüünisch *launisch.* En lüünische Gsell.

Luur w. *Lauer.*

luure (gluuret) *lauern.* Vgl. gluure.

Lüüre w. 1. *Rückstand beim Schmelzen von Butter* (vgl. Ankelüüre). Zss.: -süüder m., *langsamer, schwerfälliger Mensch;* -wegge m., *Wecken mit «Lüüre».* 2. *Nachdruck, Nachpressung bei Most, Wein.* 3. *schlechtes Getränk.* Zss.: -brüe w.

Luurespiegel m. *Eulenspiegel.*

lùùrgge siehe loorgge.

Lùùrggi siehe Loorggi.

Luus w. (üü) *Laus.* Ra.: Äim uf d Lüüs gèè, *Kopfnüsse geben.* Äim d Lüüs abetue, *jemanden derb ausschelten.* Zss.: -aarbet w., *die Augen anstrengende Arbeit;* -bueb m., *Lausbub;* -buebeversicherig w., *Ärzteversicherung* (humor.); -chäib m., *Schlingel* (pop.); -hund m., *Halunke;* -kärli m.; -mäitli s., *freches, vorwitziges Mädchen* (humor.); -salbi w., 1. *Läusesalbe.* 2. *Ziger-Butter-Gemisch* (humor.); -strèèl m., *Läusekamm;* -tante w., *Person, die die Schüler auf Läuse untersucht, Gehilfin bei Läusebekämpfung;* -waar w., *freche, gemeine Menschen;* Lüüs-chruut s., *Läusekraut.*

luuschtere (gluuschteret) *heimlich lauschen.* Zss.: uus-, *ausspionieren, erlauschen.*

lüüschterle (glüüschterlet) *ängstlich, heimlich horchen, spähen.*

luuse (gluuset) *lausen, Läuse fangen.* En Hund luuse. Dè wett i luuse, *dem wollte ich den Kopf waschen.* Zss.: ab-, *entlocken, abzwacken, abnehmen* (pop.).

Luuser m. 1. *engzahniger Kamm.* 2. *mutwilliges Kind, Lausbub.*

luusig *lausig, erbärmlich, armselig.* E luusigs Gwändli, Gschänk; en luusige Kärli, Fötzel.

luusse (gluusset) *lauern, bes. auf Wild.*

lüüssle (glüüsslet) *lauern, bes. auf Wild.*

luut (lüüter, lüütischt) *laut.* Luut tue, *lärmen.* Er hät e Luuti, *eine laute Stimme.* Zss.: -baar wèèrde, *ruchbar werden;* -prächt, *prahlerisch, aufgeblasen.*

Luut m., **Luute** w. *Laut, Stimme.* Dè hät e gueti Luute.

Lüüt (Mz.) 1. *Leute.* Di groosse Lüüt, *Erwachsene.* Aler Gattig Lüüt, *verschiedenartige Menschen.* Ra.: Er isch gèèrn bin Lüüte, er hät s gèèrn mit de Lüüte, *liebt Geselligkeit.* Tue wie d Lüüt, *sich anständig, vernünftig benehmen.* 2. *Angehörige, Anhänger.* Miini Lüüt, *meine Verwandten.* Er hät siini Lüüt, *seine Arbeiter, Anhänger, Helfer, seine Gruppe.* Zss.: lüütsälig, *leutselig.*

Luute w. *Laute.*

lüüte (es lüüt, jg. es lüütet; Mw. glüüt, jg. glüütet) *läuten.* Emen Imb mit der Sägisse lüüte, *einen Bienenschwarm durch Schlagen auf eine Sense zum Setzen bringen.* Zss.: aa-, *anrufen, telefonieren;* ii-, *einläuten;* uuf-, *anrufen, telefonieren;* uus-, *ausläuten;* zrugg-, *jemandem telefonieren, der uns nicht erreicht hat; zurückrufen.*

Lüütenand m. (Lüütenänd) *Leutnant.*

luuter (lüüterer, lüüterscht) 1. *lauter, klar, ungetrübt.* Luuters Wasser. Die Sach isch nöd ganz luuter, *nicht ganz sauber.* Zss.: -bacher m., -bächler m., *Brunnenwasser* (humor.). 2. *rein, unvermischt.* Luuters Gold. Er hät luuter Buebe, *lauter Knaben.* Zss.: -löötig, *ganz rein.*

lüütere (glüüteret) *läutern, klären.*

Lüüteri w. 1. *Lauterkeit einer Flüssigkeit.* 2. *trübe, ungeniessbare Flüssigkeit bei der Branntweindestillation, die noch geläutert wird, Vorlauf bzw. Nachlauf.*

Lüüti w. 1. *das Lautsein, Schallstärke.* Dè redt e Lüüti! 2. *Klingel, Läutwerk.*

M

Maa m., **Mòò** m. (Mồồ), jg. **Mond** m. (Mönd) 1. *Mond.* Zss.: Maaschii m., *Mondschein;* -häiter, *mondhell;* -häiteri w., *Mondhelle.* 2. *ringförmiger Fleck, z.B. auf Stoffen.*

Maa m. (Mane) *Mann.* 1. *Mensch* in Ra.: Sit Maas Tänke, *seit Menschengedenken.* 2. *männliche Person.* 3. *Ehemann.* Miin Maa, de Maa. 4. *Popanz.* De schwarz Maa, Böölimaa. 5. *zweites Glied von Zss., oft verkürzt zu* -me, z.B. Fuerme, *Fuhrmann,* Haupme, *Hauptmann.* Zss.: Manenaarbet w., *Männerarbeit;* Manesach w., *Pflicht des Gatten, des Ehemannes;* -siite w., *Seite der Kirche, wo die Männer sitzen;* -stuel m., *Kirchenstuhl eines Mannes;* -volch s., *Männerwelt.* Nimm di in acht vor em Manevolch! vor de Manevölchere! *hüte dich vor Männern;* Mannsbild s., *Mannsperson.* Vkf. **Maali** m., *Ehemann* (fam.). **Mandli** s. 1. En alts Mandli. 2. *Ehemann* (fam.). **Mändli** s., *Männchen.* 1. *männliches Tier.* 2. *als Figur.* De Hund macht s Mändli, *setzt sich auf die Hinterbeine.* De Soldaat macht s Mändli, *erweist die Ehrenbezeugung,* ütr. *tut den Oberen schön.*

Maad w. (-e) *Mahd, Schwade.* Vkf. Määdli s. S Hồi zu Määdlene zämeräche.

Määder m. *Mähder, Schnitter.*

määdle (gmäädlet) *Gras zu Schwaden rechen.*

Maage m. (ää) *Magen.* Zss.: -bräne s., *Sodbrennen;* -broot s., *bestimmtes Süssgebäck;* -cheeri w., *Übelkeit;* -pitter m.; -pschluss m., *krankhafte Veränderung des Magenmundes;* -wee s.

maager, mager (megerer, jg. mègerer, meger(i)scht, mèger(i)scht) 1. *mager.* 2. *fettarm.* Magers Fläisch. Zss.: -chèès m.; -milch w.

maagere (gmageret), **magere** (gmageret) *magern.* Zss.: ab-.

maagerlacht(ig), magerlacht(ig), maagerlächt(ig), magerlächt(ig) *etwas mager* (va.).

Maagsaame m. 1. *Mohnsamen.* 2. *Mohnpflanze.* Vgl. Mägi.

Maal s. (meist Vkf. **Mồồli** s.) *Mahl.* 1. *Mahlzeit.* Es gfrässes Mồồli, *eine willkommene Gelegenheit* (humor.). 2. *Speisemenge.* Es Mồồli Chäfe güne, *für eine Mahlzeit reichend.* Es Mồồli Milch, *soviel, als auf einmal gemolken wird.*

Maal s. (Mồồler, Vkf. **Mồồli** s.) *Mal.* 1. *Zeichen, Merkmal.* E blaus Maal, *blauer Hautfleck.* 2. (Mồồli) *farbiges Kontrollzeichen am Anfang und Ende eines Gewebes.* 3. *Zeitpunkt.* S ander Maal, *das nächste Mal.* Dèèmaal, *diesmal;* mängmaal, vilmaal usw. Uf s Maal, *plötzlich.* Nu wägeme Mồồli, *einmal ist keinmal.*

Mäál s. *Mehl, Getreidemehl.* Ra.: Das isch gspässigs Määl, *sonderbare Angelegenheit.* Äim sääge, wie tüür s Määl isch, *jemandem den Standpunkt klar machen.* Zss.: -bappe m., *Kleister;* -beeri s., *Beere des Mehlbeerbaumes;* -blüemli s., *Schlüsselblume* (ZO.); -bire w., *Birne mit mehligem Fleisch;* -bůůrschte w., *Mehlbürste, zum Wegwischen des Mehlstaubs vom Brot.*

maale (gmaale) 1. *mahlen.* Kafi maale. Zss.: Maalgang m., *Getriebe in der Mühle.* 2. *kauen, vom Vieh.*

maale (gmaalet) *malen.* Zss.: aa-; ab-; uus-.

määlele (gmäälelet) *nach Mehl riechen.*

Maaleschloss s., **Maalerschloss** s., **Maaleschlössli** s., **Maarderschloss** s. *Vorhängeschloss.*

Maalete w. *Mahlmenge.*

Maali w. *Malerfarbe* (Ksp.). De häsch d Händ voll Maali. Zss.: -buech s., *Malbuch;* -trucke w., *Farbschachtel.*

maane (gmaanet) 1. *an etwas gemahnen, erinnern.* Er maanet mi a siin Vatter, *erinnert mich.* 2. *mahnen.* Tue mi maane!

Maarch w. (-e) *Grenzlinie, Grenzhecke, Grenzstein.* Maarche versetze. De Baum staat uf der Maarch. Zss.: -stäi m., *Grenzstein.*

maarche (gmaarchet) *Grenzsteine setzen.* Zss.: uus-, *etwas bereinigen.*

Maarche m. (ää oder èè) *Grenzstein, Grenzzeichen.*

Määrchler m. *Einwohner der March (Kanton Schwyz).*

Maarder m., älter **Marter** m. *Marder.* Zss.: -pelz m.

Maarderschloss siehe Maaleschloss.

Maarg s. *Mark in Knochen und Pflanzen.* Es Bäi mit vil Maarg. Zss.: -bäi s., *Markknochen;* -stängel m., *Holunderzweig.*

Maargg w. (-e) *Marke, Briefmarke.* Zss.: Maarggerändli s.; Maarggeschmitte w., *Post als Markenherausgeberin* (humor.).

määrggele (gmäärggelet), **määrggle** (gmäärgglet) *Marken sammeln und einkleben.*

Määrggeler m., **Määrggler** m. *Markensammler.*

Maas siehe Moos.

Määs s. *Mass.* 1. *Längenmass.* S Määs nèè, *abmessen.* Dè hät s Määs! *ist übermässig gross, dick.* 2. *Trockenmass für Korn, Hafer.* Es Määs Haber. 3. *Flüssigkeitsmass.* Es Määs Milch, *ein Liter.* Vkf. **Määsli** s., *halber Liter.*

Maass w. (-e) 1. *Art und Weise.* S gfalt mer us der Maasse guet. 2. *altes Flüssigkeitsmass.* Zss.: -guttere w., *Flasche für eineinhalb Liter;* -schnuer w.; -staab m.; -stäcke m.

maassläidig *verdrossen, missmutig.* S Wätter macht äin maassläidig.

mache (er machet, macht; Mw. gmach(e)t; Wf. Vh. miech) *machen.* Es Chläid mache, *anfertigen.* De Lööli, de Naar mache, *Spass treiben.* De schlächt Hund an äim mache, *einen im Stich lassen.* Fangis mache, *Fangen spielen.* Holz mache, *zurüsten.* Es Gsicht mache, *schmollen.* Äin faltsch mache, *erzürnen.* Wüescht mache, *verunreinigen.* Äim häiss mache, *zusetzen.* Mer söttid mache, *sollten arbeiten, uns beeilen.* Um waas mached mer? *worum spielen wir?* Mach e chli! *beeile dich.* Vil Hòi, Wii mache, *reichlich ernten.* Gält, es Vermöge mache, *reich werden.* Boone mache, *stecken.* Kafi, Zmittaag mache, *zubereiten.* S Haar mache, *frisieren.* D Stube mache, *kehren.* Äim d Sach mache, *den Haushalt besorgen.* Gvätterlis mache, *Vater und Mutter spielen.* Es Museum mache, *besuchen.* Ganz Finnland mache, *bereisen.* S Matterhorn mache, *besteigen.* Dèè macht mer s, *behandelt mich schnöde.* Hät s der öppis gmacht? *hast du dir weh getan?* Er hät öppis gmacht, *verbrochen.* Öppis go mache, *die Notdurft verrichten.* I s Bett, i d Hose mache, *harnen.* S Wätter macht si, *bessert.* Er macht si, *lässt sich gut an.* Dänn macht er ... *dann antwortet er ...* Chopfwee mache, *bewirken.* En Hèèrzimfarkt mache, *erleiden.* Macht äim de Hund öppis? *beisst er?* I mache dänn öppis, 1. *etwas zum Essen zubereiten.* 2. *ein Fest vorbereiten.* Mach s guet! *Formel beim Abschied.*

Zss.: aa-, 1. *befestigen.* 2. *anrühren, mischen.* 3. *begeistern;* ab-; abe-. Das macht abe! *regnet stark;* ane-, 1. *befestigen.* 2. *hinharnen.* 3. *(Unangenehmes) bereiten.* Er hät der Mueter vil Umues anegmacht; dranume-, *erwägen, planen;* drüberabe-, *darüberharnen;* drumume-, *zögernd unternehmen;* dure-, 1. *durchstehen.* Schwèèri Ziite, e Chranket duremache. 2. *durchfesten.* Si händ di ganz Nacht duregmacht; füre-, *hervornehmen, hervorklauben* (pop.); fürsi-, *sich beeilen;* hère-, *anbringen;* hìì-, *töten* (vulg.); hindersi-, *Defizit machen;* ii-, *einmachen;* mit-, 1. *mitmachen.* 2. *erleiden, durchmachen.* Dè macht äine mit; naae-, *nachahmen;* paraat-, 1. *bereitlegen.* 2. *sich bereit machen;* ume-. An ere Chranket umemache, *erkranken;* use-, *hervornehmen, herauslösen;* uuf-, 1. *öffnen.* 2. *aufspielen.* Äis uufmache; uus-, 1. *ausradieren, wegwischen (z.B. Fleck).* 2. *foppen.* Das D-Lüüt-Uusmache, *Klatschsucht;* voor-, *einen Gewinn erzielen;* wiiter-, *militärisch aufsteigen;* zue-, *schliessen;* zäme-, *zusammenfügen;* zwääg-, *bereitlegen, vorbereiten.*

mächele (gmächelet) 1. *machen* (Ksp.). 2. *kleinliche, unnütze Arbeit tun, kleinlich hantieren.* Er mächelet öppis.

Macherloo m. (-löö) *Macherlohn.*

Macheschaft w. (-e) 1. *Art des Machens.*

E truurigi Macheschaft, *Machwerk.* 2. *Ausführung, Herstellung.* D Macheschaft hät mee gchoscht weder s Tuech.

Machete w. *lebhaftes, lärmendes Treiben.*

Machi w. *Herstellung, Machart.* I d Machi gèè, *in Arbeit geben.*

mächtig 1. *mächtig, gewaltig.* E mächtigs Fueder Hòi. S isch mächtig im Tue, *man betreibt es eifrig.* 2. *schön, grossartig* (pop.).

Madam w. (-e) *Frau, die vornehm tut.*

Maderatz w., **Madratz** w. (-e) *Matratze.*

Mäfferpfünz m. *Pfefferminze* (humor.). I nim en Mäfferpfünz, *Pfefferminztee.*

Magd w. (ä) *Magd, Dienstmädchen.*

magerlacht(ig) siehe maagerlacht(ig).

mäggele (gmäggelet), **mèèggele** (gmèèggelet) *ranzig riechen, schmecken, von Fleisch, bes. von schlecht geräuchertem Schweinefleisch.* Zss.: Mäggeliguu m., *ranziger Geruch, Geschmack von Speck, Schinken.*

mäggelig *ranzig riechend oder schmeckend.*

Mägi m. *Mohn.* Zss.: -bluem w., *Mohnblume;* -böögg m., *Vogelscheuche;* -chopf m., *Mohnkapsel;* -ööl s., *Mohnöl.*

Magisii s. *Magazin* (va.).

mäi! *denk dir* (eig. Befehlsform von mäine). Mäi, die händ s schöön ! *wie die es schön haben.* Mäi, i chume! *pass auf, ich komme.* Mäi-mäi! *hüte dich.*

Mäie m. 1. (auch **Mäi**) *Mai.* Aafangs, iigänts Mäie, *Anfang Mai.* Uusgänts Mäie, *Ende Mai.* Zss.: Mäienanke m., *Maibutter;* Mäiechääfer m., *Maikäfer;* -chääfere, *Maikäfer sammeln;* -chatz w., *im Mai geborene Katze;* -riisli s., *Maiglöckchen.* 2. *Blumenstrauss.* En Mäie mache. Ra.: Dem träit mer e kän Mäie, *dem ist man nicht wohl gesinnt.* Zss.: -gäärtli s., *Blumengarten;* -gschììr s., *Blumentopf;* -stock m., *Topfpflanze.* 3. *Name für im Mai geborene Kühe, vornehmlich von gelblicher Farbe.*

Mäier m. *Major* (Ssp.).

Mäieraa m. *Majoran.*

mäierèèn *mündig, majorenn, volljährig.*

Mäiländerli s. *süsses Mürbeteigplätzchen.*

mäinäid w. *sehr.* S isch mäinäid schöön.

mäinäidig, mäinäidisch Ew. *meineidig.* verst. Das isch en mäinäidige Luug, *verfluchte Lüge.*

mäine (gmäint) *meinen.* D Naare mäined. I mäine, es wèèr Ziit, *ich glaube.* S hät em, mäin i, nüüt gnützt, *es scheint ihm nichts genützt zu haben.* S chönt äine mäine, *man könnte glauben.* Vgl. mäi, mäini.

mäini *offenbar.* Er isch mäini scho daa.

Mäinig w. (-e) *Meinung.* Ab der Mäinig choo, *irre werden.* Öpper ab der Mäinig bringe, *aus dem Konzept bringen.* S hät e Mäinig, *es ist eine ernste, bedenkliche Sache.* S hät e Mäinig, so vil Chind aazlegge, *will etwas heissen.* S isch e Mäinig mit em, *ein Jammer mit ihm.*

Mäis s. *der Mais.* Mäis mache, *Widerstand leisten, Verwirrung stiften* (Schsp.).

Mäis w. (-e) *Meise.* Vkf. Mäisli s., Mòisli s.

mäischt auch **meenscht, meescht,** *meist.* De mäischt Täil, *die meisten.*

Mäischter m. *Meister.* Mäischter Hämerli, *Schlaukopf, Hexenmeister.* Zss.: -chatz w., *wer immer befehlen will, Herrschsüchtige;* -loos, 1. *ungezogen, mutwillig.* 2. *heikel, wählerisch beim Essen;* Mäischtersfrau w.; -lüüt (Mz.).

mäischtere (gmäischteret) *meistern, befehlen wollen.* Si wott alls mäischtere, *in allem befehlen.* Si mag d Chind nüme gmäischtere, *wird ihrer nicht mehr Herr.*

Mäischteri m. *Herrschsüchtiger.*

mäischteriere (gmäischteriert) 1. *die Meisterprüfung bestehen.* 2. *ein Handwerk selbständig als Meister betreiben.*

mäischtes *meistens.*

mäise (gmäiset) *reklamieren* (Schsp.).

Mäisel m. *Meissel.*

Mäiser m. 1. *Reklamierer* (Schsp.). Du bisch en eebige Mäiser! 2. *Italiener* (vulg.).

Mäiserei w. (-e) *das Reklamieren* (Schsp.).

Mäisete w. *das Reklamieren* (Schsp.).

mäisle (gmäislet) *meisseln.*

Mäisse w. *zweijähriges Rind* (ZO.; va.). Zss. Mäiss-chue w., -rind s.

Mäitli s. 1. *Mädchen.* 2. *lediges, heiratsfähiges Mädchen* (va.). 3. *Magd, Dienstmädchen.* 4. *Versprochene, Verlobte.* Er hät es Mäitli, a) *eine Tochter.* b) *eine feste Freundin.* Zss.:

-füseler m., *Schmeichler (bei Mädchen);* -klass w.; -naar m.; -name m.; -roli m., *Wildfang;* -schmöcker m., *Schürzenjäger.*

Mäjöörel m. *Major* (Ssp.).

Makroone w. *Makkaroni (Teigwarensorte).* Vkf. **Makrööndli** s., *bestimmtes Kleingebäck.*

Maläscht s., **Moläscht** s. (-e) *körperliche Beschwerden* (ital. molestia). S Bäi macht mer Maläschte.

mälche siehe mäle.

Mälcher m. *Melker.*

mälde (gmäldet) 1. *melden.* Beim Jassen: drüü, füfzgi mälde, *eine Sequenz anmelden.* 2. *berichten* (Schsp.). Nöd zum Mälde! *unerhört, nicht zu glauben* (pop.). Zss.: aa-; ab-.

mäle (gmule), jg. **mälche** (gmulche) *melken.* Chnödlige mäle, *Knebelmelken.* Hämpflige mäle, *vollhandmelken.* Zss.: Mälchstuel m., *Melkstuhl.*

malefiz, malifiz verst. Uw., *sehr.* En malefiz en guete Wii, *ausgezeichneter Wein.* Zss. -blond, *rotblond;* -chalt; -hèrt usw.

Malefiz, Malifiz negativ-verst. im Sinn von *verdammt* in Zss.: -bueb m.; -ruusch m.; -siech m.

Maletschlössli s. *Vorhängeschloss.*

mälig, mälchig, *Milch gebend.* bes. in Verb. ring-, zèèch-.

Malöör s. *Unglück, Unfall.* S isch mer es Malöör passiert.

Maluune w. *Melone, gemeiner Kürbis.*

malz *faulig, infolge Feuchtigkeit verdorben, von Bohnen, Kartoffeln, Äpfeln.*

Malz s. *Malz.* Zss.: -zucker m., *Malzbonbon.*

Mame w., **Mami** s., **Mameli** s. *Mutter* (fam.).

mämele (gmämelet) 1. *Milch aus der Saugflasche trinken.* 2. *behaglich Wein schlürfen.* 3. *dem Trunk ergeben sein.*

Mämeli s., **Mämi** s. *Saugflasche* (Ksp.).

Mandaat s. *Postanweisung.* Zss.: -trääger m., *Geldbote.*

Mandle w. 1. *Mandelkern.* 2. *Gaumenmandel, Rachenmandel.*

Mandli, Mändli siehe unter Maa.

mane (gmanet) *einen Mann nehmen, heiraten.*

mäne (gmänet) *das Zugtier beim Pflügen lenken.* Zss.: Männbueb m., *Leitknabe;* Männchue w., *Leitkuh im Gespann.*

Mänerchöörler m. *Mitglied eines Männerchores.*

mäng, männg, emäng *manch* (meist nur Ez.). Mänge Maa, vor mängem Monet, emängi Frau, vo mängere Frau. Me tuet mängs, wo me nüd sött, *man tut manches, das man nicht sollte.* Zss.: mängsmaal, mängsmaale, mängmaal, *manchmal, oft.*

mängerläi *mancherlei.*

mangle (gmanglet) 1. *mangeln, nötig haben, bedürfen.* I mangle nüüt, *ich habe nichts nötig.* 2. *vermissen.* Mer händ en gmanglet.

manierli (manierlicher) *manierlich.*

Manigfalt s., **Mänigfalt** s. *Blättermagen beim Vieh.*

Männbueb siehe unter mäne.

Männchue siehe unter mäne.

Mano m. *Mann* (pop.).

Manoggel m., **Manöggel** m., (humor.) **Mansgöggel** m. *Männchen.* Vkf. Manöggeli s. D Chind zäichned Manöggeli.

Manscheete w., jg. **Manschette** w. *Manschette.* Äim Manscheete aalegge, *Handfesseln.*

Manschester m. *Manchestersamt, Kord.* Zss.: -hose (Mz.).

Mantel m. 1. *Mantel.* 2. *Pneu.* Zss.: -figger m., *Pneubremse am Fahrrad* (pop.).

Mäntsch m. (-e) *Mensch.* Zss.: mäntschemügli, *menschenmöglich.*

mäntschele (gmäntschelet) *menscheln.* S mäntschelet überaal.

Marascht siehe Muerascht.

Märe w. 1. *Mähre.* 2. *Frau* (vulg.). E böösi, fuuli, ticki Märe.

Mariaasch m. s. *Mariage, Kartenspiel, in dem König und Dame eine besondere Rolle spielen.*

mariaaschle (gmariaaschlet) *Mariage spielen.*

Mariahilf w. *Lohnzahlung* (pop.). Wänn isch Mariahilf? *Zahltag.*

Marii w., **Mari** w., **Marei** w., **Mareili** s. *Marie.* Zss.: Mariiechääferli s., *Marienkäfer.*

marixle siehe morixle.

Mariziisli *siehe Naareziisli.*

maroodi *übermüdet, marschunfähig, marode.*

Marsch m. *Marsch.* Äim de Marsch mache, *jemanden schelten.*

marsche (gmarschet) *gehen* (pop.).
Martiini *Martinstag.* Zss.: -gans w., *Martinigans;* -mèèrt m.; -mòòli s., *Martinimahl.*
Masch w. (-e) *Masche.*
Mäsche m., **Mòisch** m. *weiblicher Hanf, grober Hanfstengel.*
Maschine w. *Maschine.* Äi Maschine mache, *einen Durchlauf der Waschmaschine.*
maschinele (gmaschinelet) *mit der Nähmaschine arbeiten.*
Mascht w. *Mästung.* Zss.: -vee s.
maschtig 1. *fettreich, sehr nahrhaft.* Maschtigs Ässe, *stopfende Speise.* 2. *üppig, rasch gewachsen.* Maschtigs Graas. 3. *fruchtbar.* Maschtige Bode.
Maser m. (Masere) *Maserholz, knorriger Auswuchs an Bäumen.*
Masere w. *Masern.*
maseriere (maseriert) *die Holzmaserung nachmachen, masern.*
Mäss w. (-e) *Messe.*
mässe (i misse, missisch, misst; mässed; Mw. gmässe) *messen.* Zss.: aa-; ab-; uuf-, *Schläge versetzen;* uus-. Dèè misst ä d Straass uus, *wankt betrunken hin und her.*
Mässer s. *Messer.* Er isch underem Mässer gsii, *er wurde operiert.* Zss.: -hebi s., *Messergriff;* -rugge m.; -spitz m.
mässere (gmässeret) 1. *beim Raufen das Messer brauchen.* 2. *mit beinernen Knöpfen nach einem im Boden steckenden Messer werfen (Spiel).*
Mässerete w. *Messerstecherei.*
mässerle (gmässerlet) *mit Messer spielen.*
Matängeli s., **Matäneli** s., **Madäneli** s. *Frühlingsschlüsselblume* (ZU.).
Matèèi *Wesf. von Matthäus* in: S isch Matèèi am letschte, *am Ende.*
Materi (auf e bet.) w. *Eiter in den Wunden.*
Mati w. (Zürich), **Maté** w. (Wth.) *Mathematik* (Schsp.).
Matsch m. (ä) *Match, Wettkampf.* Beim Jassen: *eine Partie, bei der die eine Partei alle Stiche macht.* Matsch wèèrde, *keinen Stich machen.*
Matt w. (-e), **Matte** w. *Wiese* (westl. See, Limmat). Vkf. Mätteli s.
Mätt m., s., **Mètt** m., s. *Met.* Süess wie Mätt.
Matuur w. *das Matur, die Matura, Maturität(sprüfung), Reifeprüfung, Abitur.*
Mätz w. (-e) *Dirne.*
Mauch m. (Mòich) 1. *kropfartiger Auswuchs am alten Rebholz.* 2. *Schmarotzer, Nascher, auf Heimlichkeiten erpichter Mensch.*
mauchig, gmòichig *von innen her faulend, morsch, wurmstichig, kropfig, von Weinreben.*
maue (gmauet), **miaue** (gmiauet) *miauen.* Zss.: ine-, *miauen, wenn die Katze hinein will;* use-, *miauen, wenn die Katze hinaus will.*
Maugel m., **Mauggel** m. *Dämmerung.*
maugge (gmaugget), **mauggle** (gmaugglet) 1. *kränkeln.* De Bluemestock maugget. 2. *vor Übelbefinden flüstern.* Zss.: ab-, *langsam erlöschen, dahinsiechen;* uus-, *verenden.*
Mauggel m. *Katze* (fam., ZO.).
mauggelig *unsicher, trüb.* Mauggeligs Wätter.
mause (gmauset) 1. *kläglich miauen.* 2. *weinerlich sprechen.* 3. *stibitzen, stehlen.*
mausé *mausetot, tot* (pop.). D Chatz isch grad mausé gsii.
Mausi m., **Mauseri** w. (-ne) 1. *durch ihr Miauen lästig werdende Katze.* 2. *wer undeutlich, mit verstellter Stimme spricht.*
me (vor Vokal **men), mer** *man* (vgl. W. Gr.). Men altet halt, *man wird eben alt.*
Mech m. *Mechaniker* (pop.).
Mechaanik w. *mechanische Einrichtung, z.B. Bremsvorrichtung am Wagen.* Muesch no d Mechaanik aazie, *bremsen.* Lass d Mechaanik loos! *Bremse lösen.* Zss.: -bängel m., *Bremsstange.*
Medali s. *Medaillon* (va.).
mee (gesteigert: meener) *mehr.* 1. Ew. *grösser, bedeutender.* Er isch mee, weder das i tänkt hä. De meener Täil, *der grössere Teil, die meisten, meistens.* 2. Hw. Meeneri händ s gsäit, *mehrere.* 3. Uw. Chumm mee züen is! *besuch uns häufiger.* Chunt s der mee esoo? *hast du öfter solche Einfälle?* 4. in festen Verbindungen: Nüüt des mee, *nichts desto mehr.* Mee de gnueg, *mehr als genug.* Mee de waar, *nur zu wahr.* Mee (d)as gnueg, *mehr als genug.* Das isch scho mee prüelet, *eher gebrüllt.* Ie mee, *je mehr.* Wänn i minder und mee cha, so chum i, *wenn ich irgend*

kann. 5. geschwächt zu **me, mi:** nüüt me, nüüt mi, *nichts mehr;* niemert mi, *niemand mehr;* nami, *noch mehr;* nüme, *nicht mehr.* verst. Zss.: meebesser (humor.). Hw. E Fläsche vom Meebessere, *vom guten Wein.* Di Meebessere, *die Reichen.*

mèèe (gmèèet) *mähen.* Ra.: E gmèèets Wisli, *eine unverhoffte Gelegenheit.*

mèègge (gmèègget) 1. *meckern, von Ziegen.* 2. *verdriesslich weinen, schreien, von Kindern.* Was mèèggisch ä?

mèèggele siehe mäggele.

Mèèggi m. *weinerlich klagendes Kind, Jämmerling.*

Mèèggis mache in: Nüd lang Mèèggis mache, *nicht viel Aufhebens machen, sich nicht zieren.*

Mèèndig m. (-e) *Montag.*

meenere (gmeeneret) *zunehmen, grösser werden.* S Gält meeneret si.

meenscht siehe meescht.

Meer s. *Mehrheit.* S offe Meer, *durch Handerheben bezeugtes Mehr.*

meere (gmeeret) *abstimmen durch Handerheben.*

Mèèrli s. *Märchen.* Ra.: Verzapf käi Mèèrli! *erzähl keinen Unsinn.*

Meerroor s. *Bambus.* Zss.: -stäcke m., *Bambusrohr.*

Mèèrt m. *Markt.* 1. *Jahrmarkt.* 2. *Wochenmarkt.* 3. *Marktplatz.* 4. *langwierige Unterhandlung, Getue.* Mached ä nüd eson en Mèèrt! Zss.: -choorb m.; -lüüt (Mz.), *Marktbesucher;* -netz s., *Netz für Marktware;* -stand m., *Verkaufsstand.*

mèèrte (gmèèrtet) *markten, feilschen.*

Mèèrtete w. *Markten, Feilschen.*

Meerze m., **Meerz** m., **Mèèrz** m. *März.* Im Meerze. Zss.: -blüemli s., *Huflattich;* -bluescht m., *Märzblüten;* -fläcke (Mz.), *Sommersprossen;* -glöggli s., 1. *Schneeglöckchen* (Kn.A.). 2. *Märzglöckchen, Knotenblume;* -sprig(g)eli (Mz.), -sprigel (Mz., va.), *Sommersprossen;* -sunn w.

mèèrzele (gmèèrzelet) *mit kleinem Kram Tauschhandel treiben, bes. von Kindern.*

Mèèrzeler m. *wer immer etwas Kleines zu tauschen oder zu verkaufen hat, Kleinkrämer.*

meescht, meenscht, meerscht *meist.* Vgl. mäischt.

mèèssig in Zss., *nach Art von, gemäss,* z.B. iisemèèssig, *hart wie Eisen.* Vgl. chäibe-, choge-, söimèèssig.

Meeter m. 1. *der* oder *das Meter (m).* 2. *Einfrankenstück* (pop.).

meetrig *meterlang,* z.B. zwäimeetrig, *2 m lang.*

megere (gmegeret) *mager machen.* D Sumergèèrschte megeret de Bode. Zss.: ab-, *mager machen;* uus-, *mager machen.*

Megeri w. *Magerkeit.*

megerle (gmegerlet) *mager werden, von kleinen Kindern, Tieren.*

Megerlig m., **Megerlimucki** m. 1. *magere Person.* 2. *mageres Tier.* 3. *magere Pflanze.*

Merèng s. *Meringue.* Zss.: -schaale w.

mèrke (gmèrkt) *merken.* 1. *erkennen, bemerken.* De mèrksch nüd vil, *begreifst langsam.* 2. *spüren.* Mèrksch, wie s sticht? Das mag mer gmèrke, wänn alls uufschlaat. S hät um s Mèrke gwaarmet, *ist merklich wärmer geworden.*

Mèrki w. *Auffassungsgabe, Gedächtnis.* E gueti Mèrki haa.

Mèrkige *fingierter Ortsname.* Er isch nüd vo Mèrkige, *begreift langsam.*

Mèrkmaarx m. in Ra.: Äim en Mèrkmaarx gèè, *einen deutlichen Wink geben.*

mèrssi! 1. *danke.* Mèrssi säge, *danken.* 2. Mèèrssi! *ums Himmels willen.*

Mèscher m. *Major* (Ssp., jg.).

meschte (gmescht) *mästen.* Söi meschte.

Metali w. *Metallarbeiterschule in Winterthur.*

Metié s. *Handwerk, Beruf.* Daas isch ja siis Metié! *er macht das beruflich.*

Mettel m., **Mettle** w. *Engerling* (ZU.).

Metzg w. (-e) *Metzgerei, Schlachthaus.*

metzge (gmetzget) 1. *schlachten.* E Sou metzge. 2. *das Gewerbe des Metzgers betreiben.* Er metzget nüme, *hat den Metzgerberuf aufgegeben.* 3. rbez., *sich gut halten.* Die Chue metzget si guet, *liefert guten Ertrag.* Er hät si guet gmetzget, *hat sich wacker gehalten.* S hät si guet gmetzget, *die Sache ist geraten.*

Metzgete w. 1. *Hausschlachtung.* 2. *das damit verbundene Mahl, Schlachtplatte, Geschenk von Nachbarn.* Ra.: Plange wie de Hund uf d Metzgete, *etwas sehnsüchtig erwarten.*

mi (unbet.), **mich,** (bet.) **mìich** *mich* (vgl. W.Gr.). Er hät mi gsee. Mìich gseet er nùùd.

miaue siehe maue.

Mies s. *Moos.* Zss.: -bode m., *Moosboden;* -chüssi s., *Moospolster zwischen Fenstern zum Schutz gegen Kälte;* -pösche m., *mit Moos bewachsene Erdscholle.*

miese (gmieset) 1. *Moos sammeln,* 2. *Moos ansetzen.*

miesig *bemoost.*

Miet w. in: z Miet sii, *in Miete sein.* Zss.: Mietzeis m., *Mietzins.*

Mieti w. (-ene) *Miete.*

Miggis m. *Durcheinander, Gemenge, Plunder.*

mìich siehe mi.

miide (gmide) *meiden.*

Miiggeri w. *Katze* (fam.).

Miiggi s. *Katze* (fam.).

miin *mein.* Miin Vatter, mii Mueter, miis Chind (vgl. W. Gr.). Hw. Miine, *mein Gatte.* Miini, *meine Gattin* (pop.).

miinetwä(ä)ge, auch **wäge miine** *meinetwegen.*

miis *schlecht, übel* (pop.). Mir isch miis, *übel.* Em Gschäft gaat s miis. E miisi Aarbet, *ungenügende Arbeit.*

Miiz w., **Miizeli** s. *Katze* (fam.).

Milch w., älter **Milech** w. *Milch.* Milch süüde, *kochen;* erwele, *erwärmen;* abnèè, *abrahmen.* D Chue chunt wider a d Milch, *beginnt wieder Milch zu geben.* D Milch abegèè, 1. *beim Melken die Milch nicht zurückhalten.* 2. *Widerstand aufgeben, Ansprüche mässigen.* Ra.: Dräck i d Milch mache, *Spiel verderben.* Zss.: -bappe m., *Milchbrei;* -blätz m., *rundes, dünngezogenes Fasnachtsgebäck;* -büebli s., *Weichling;* -büechli s., 1. *Büchlein zum Aufschreiben des Milchbezuges oder der Milchlieferungen.* 2. *kleines, schäbiges Notizheft* (pop.). 3. *Schulzeugnis* (Schsp.); -chessi s., *Milchkessel;* -gschìir s.; -gsichtli s.; -haafe m., *Milchtopf;* -maa m.; -mocke m. (meist Mz. -möcke), -möckli s., *Milchbrocken;* -mues s., -müesli s., *Milchbrei;* -rodel m., *Liste der Milchlieferanten;* -schoppe m., *Saugflasche, auch ihr Inhalt;* -siene w., -sieneli s., -siendli s., *Milchsieb;* -sìib s., *Milchsieb;* -söili s., *Ferkel;* -straass w.; -suppe w., *Milch mit Brotbrocken;* -süppli s., *Krankensüppchen.* Vkf. Milcheli s. (Ksp.).

milchele (gmilchelet) *nach Milch schmecken, riechen.*

Milcheri w. (-ne) *gute Milchkuh.*

milchi(g) *mit Milch gekocht.* Milchi(g)s Habermues.

Milioon w. (-e) *Million.* Potz Milioone! *potz tausend.* verst. Milioone Hagel! En milioone Ruusch.

miliöönisch *sehr.* Miliöönisch häiss, chalt, wee.

Militèèr s. *Militär.* Zss.: -chopf m., *Militärbegeisterter;* -dienscht m.; -gwand s., *Uniform;* -hegel m., *Soldatenmesser.*

militèèrle (gmilitèèrlet) 1. *Soldat spielen.* 2. *gerne und viel Militärdienst leisten.*

Milke w. *Kalbsbries, Kalbsmilch.*

Miltau m. *Mehltau.*

Milzi w. *Milz.*

minder (mindscht) *weniger, schlechter.* Mee oder minder, *mehr oder weniger; geringwertig.* Minderi Waar. En mindere Kärli, *schlechter, gemeiner Kerl.* Di mindscht Waar, *schlechteste Ware.*

mindeschtes *mindestens.*

minggelig *kleinlich.*

Minuut w. (-e) *Minute.*

mir, mìir (bet.), **mer** (unbet.) 1. *mir.* Gimer en Öpfel! Gib en mìir, nüd ire! Zss.: mìiraa, *meinetwegen.* 2. *wir.* Mir händ das gsäit.

Miraasch m. *sog. Goldküstenexpress bzw. bestimmter Triebwagenzug der rechtsufrigen Zürichseelinie* (pop., jg.).

mische (gmischt) *mischen von Flüssigkeiten.* Zss.: drii-. Si driimische, *sich einmischen.*

mischle (gmischlet) *mischen.* D Chaarte mischle. Hüenerfueter mischle. Öppis mischle, *etwas arrangieren, einfädeln.* Under s Volch mischle, *verbreiten.*

Mischlete w. 1. *Mischsaat, meist Roggen und Dinkel.* 2. *Machenschaften.*

Mischple w. *Mispel.*

Mischt m. (vgl. Buu) *Mist.* 1. *fester Stalldünger.* Mischt füere, zette, *Mist aufs Feld führen,* *ausbreiten.* Ra.: Dèè Mischt wèèr gfüert, *die Sache ist besiegelt.* 2. *Düngerhaufen.* Das ghöört uf de Mischt, *ist wertlos.* 3. *verfaultes Zeug, Unrat.* S Hòi isch nu na Mischt. 4. Ra.: Er mues äim äisder Mischt mache, *Spiel verderben.* En Mischt verzele, *dummes Zeug schwatzen.* Die Aarbet isch en Mischt, *wertlos.* Zss.: -bäne w., *Mistkarrette;* -bole m., *Mistklumpen;* -chäib m., *schlechter Kerl* (vulg.); -chaare m., *Mistkarren;* -chratzerli s., *ganz junges Hühnchen;* -fink m.; -fueder s.; -furgge w., -gable w., *Mistgabel;* -grueb w.; -huuffe m.; -joggel m., *unreinlicher Mensch;* -stock m.; -waage m.; -würffi w., *Mistgrube.*

mischte (gmischtet) 1. *misten, ausmisten.* De Chüene mischte. 2. *Mist aufs Feld führen.* 3. *mit Mist düngen.* Zss.: uus-.

Mischtle w., **Mischle** w. *Mistel.*

miseraabel, misseraabel, misseraablig *elend, erbärmlich.* E miseraabligs Gsöff! S isch mer miseraabel.

mit 1. Vw. *mit.* Im Handel sii mit em Huus, *über den Hausverkauf unterhandeln.* De Hansli isch mit eme Jaar gloffe, *im Alter von.* 2. Uw. *damit.* Use mit! *heraus damit.* Furt mit! *fort damit.* 3. Vs. bei trennbaren Verben, z.B. mitnèè.

Mitbringerli s. *Mitbringsel.*

mitenand *miteinander, zusammen.* Grüezi mitenand! Guet Nacht mitenand!

mitsant, jg. **-samt** *zusammen mit.* D Chriesi mitsant de Stäine ässe.

Mittaag m. *Mittag, Nachmittag.* De Zmittaag mache, *Mittagessen bereiten.* Zss.: -ässe s.; -lüüte s.; -schlòòffli s.; -ziit w.

mittel *mittel.* I nime de Kafi mittel, *halb Kaffee, halb Milch.*

Mittel s. *Mittel.* Vkf. **Mitteli** s., *Arzneimittel.*

Mitter m. *Mitrailleur* (Ssp.).

Mitti w. (Mittene) *Mitte.*

mitts, de mitts, z mitts, jg. **z mittst** *mitten.* Mitts derdure, *mittendurch.* Z mitts im Doorff, *mitten im Dorf.*

Mittwuche m. *Mittwoch.*

Mixtuur w. (-e) *Mixtur, Arznei.* Zss.: Mixtuuregütterli s., *Medizinfläschchen.*

mocke (gmocket), jg. **vermocke** (-et) *in Brocken zerbrechen, zerfallen (Torf, dürres Holz).* Zss.: ii-, *einbrocken.*

Mocke m. (ö) 1. *grosser Brocken von Käse, Brot usw.* En Mocke Broot. Zss.: mocke-, möckewiis, *brockenweise.* 2. (Mz.) *in Milch, Milchkaffee eingebrocktes Brot.* Ra.: Möcke jodle, *erbrechen.* 3. *dicker Mensch.* Das isch en rächte Mocke.

Mockete w. *Zerbröckeltes, z.B. Torf, Käse.*

mockig, möckig *in Brocken zerbrechend, zerbröckelnd.*

möckle (gmöcklet) *in kleine Brocken zerlegen.* Zss.: drii-, *Brocken hineingeben;* ii-, *einbrocken.*

Möcklete w. *Anhäufung kleiner Brocken.*

Model s. 1. *Model, Backform.* Zss.: -bröötli s., *in einer Form gebackenes Brot.* Vkf. Mödeli s. Es Mödeli Anke. 2. *Vorlage für Handarbeit.* 3. *Ähnlichkeit.* S Model vom Vatter haa, *dem Vater gleichen.*

mödele (gmödelet) *mit Form pressen, formen (Butter).* Gmödelete Anke.

modle (gmodlet) *modeln.* Dè mues me modle, *Lebensart beibringen.*

mòff *übelgelaunt* (pop., jg.).

möge (i ma(a)g, magsch, mag; mer möged, mönd ZO.; Wf. Gw. mög, Wf. Vh. möcht(i), mieg; Mw. möge) 1. *mögen, Lust haben.* I mag nüd ässe, *habe keinen Hunger.* I mag nüme, *bin satt.* 2. *gewogen sein.* Er mag mi nüüd, *er kann mich nicht leiden.* I mag en, *schätze ihn.* S Wätter hät is möge, *das Wetter war uns günstig.* 3. mit g- des zugehörigen Verbs, *vermögen, können, imstande sein.* Magsch es ghebe? *kannst du es halten.* Er mag s gmache, *kann ökonomisch leidlich bestehen.* I mag nüd gchoo mit em Loo, *der Lohn reicht mir nicht aus.* I mag en nüd gsee, *ich kann ihn nicht ausstehen.* 4. *erreichen, hinreichen.* I mag em naa, *hole ihn ein.* Es mag grad no ine, *es reicht noch knapp.* 5. *übertreffen.* Er hät en möge, *besiegt, z.B. beim Schwingen.* 6. *übermannnen.* Es hät mi möge, *es traf mich.* 7. S mag si verträäge, *es lohnt sich.*

Mögi w. *Esslust, Appetit.* E rächti Mögi haa, *viel essen mögen.*

Möich m. 1. *Mönch.* 2. *kastriertes männliches Pferd, Wallach.*
Möider m. *brünstiger Kater.*
mòie (gmòiet) 1. *wiederkäuen.* 2. *kauen* (pej.).
mòiele (gmòielet) *behaglich kauen.*
Mòii w. 1. *das Wiederkäuen.* 2. *Wiedergekäutes.* 3. *Maul, Mund* (pop.).
mòisch, möltsch, mösch 1. *überreif, mehlig, von Äpfeln.* 2. *morsch, von Holz.*
Möischter s. *Münster.*
Mòisli siehe unter Mäis.
Molch m. 1. *Molch.* 2. *Dummkopf* (pop.). En trüebe Molch, *langweiliger Mensch.*
Mold siehe Mult.
Molechopf siehe unter Mool.
moleschtiere (-t) *belästigen.*
Moli m. *kleine, dicke Person.* Zss.: -chopf m., -grind m., *pausbäckiges Gesicht.* De Molichopf mache, *Trotzkopf machen.*
Molki w. *Molkerei.*
moll, verst. **mo-moll** *jawohl; ja, doch; doch, doch.*
möltsch siehe mòisch.
mondiere siehe mundiere.
Moneete (Mz.) *Geld* (pop.).
Monet m. (Monet, Mönet) *Monat.* Zss.: Monetseppeeri s., *bestimmte Erdbeersorte;* -loo m.: -zeis m.
mönig *monatig.* E mönigs, dreimönigs Chalb.
Mönü s. 1. *Speisekarte.* Bringed Si mir s Mönü! 2. *Speisenfolge, Speisenzusammenstellung.* I hett gèèrn s Mönü 6.
Mööbel s. 1. *Möbel.* En alts Mööbel, *altes Möbelstück, Gerümpel.* 2. *Kerl* (pej.). E fuuls Mööbel, *ein fauler Kerl.* Das isch es Mööbel! *zu allerlei Streichen aufgelegter Mensch.*
Moode w. 1. *Art, Brauch, Gewohnheit.* Er hät das i der Moode, *das pflegt er zu tun.* E nöii Moode aafange. 2. *Eigenheit, Sonderheit.* Vkf. Möödeli s. Dè hät Möödeli. Nöii Möödeli aanèè, *sich auffällig machen.* 3. *Mode.* Zss.: Moodenaff m., *geschmackloser Modenarr;* Moodebaabi s., -bääbi s., *Modepuppe, Modedämchen;* -frätzli s., *Modepuppe;* -gèèggel m., *Modenarr.*
möödig *modisch;* vgl. alt-, nöi-.
möögge (gmöögget) 1. *meckern, blöken, brüllen (Vieh).* 2. *unartikulierte Laute ausstossen, undeutlich reden.* 3. *reklamieren.*
Mööggerei w. (-e) *unverständliches, mürrisches Reden; halblautes Stöhnen.*
Mööggete w. *unverständliches, mürrisches Reden; halblautes Stöhnen.*
Mööggi m. *wer oft missvergnügt vor sich hin brummt; brummiger Mensch.*
Mool m. (Mole) *Molch.* Vkf. Mòòli s. Zss. Molechopf m., *Kaulquappe.*
mòòlele (gmòòlelet) *planlos malen* (Ksp.).
Mòòli siehe Maal.
mööne (gmöönet) *leise vor sich her singen, summen.*
Mööni m. *einer, der ohne Worte singt, Summender.*
Moor m. (-e) *Mohr, bes. einer der drei Könige aus dem Morgenland.* Zss.: Moorechopf m., *Mohrenkopf (kopfähnliches Gebäck mit Schokoladeguss).* Vkf. **Möörli** s., *schwarzes Hündchen oder Kätzchen.*
Moor w. (-e) 1. *Mutterschwein.* 2. *dicke, hässliche Frau.*
Moorch w., **Moroche** w., **Morache** w., meist Mz. **Moorche** w. *Morchel.*
Moord m. (öö) *Mord.* Uf Moord und Brand, *aus Leibeskräften.* verst. vor Ew., Uw.: moordsfäiss, *sehr dick;* -gèèrn; -guet; -mèèssig, *fürchterlich, gewaltig, sehr.* E moordsmèèssigi Chelti; -tüür; -vil. vor Hw.: Moordsaff m., *starker Rausch;* -glück s.; -hunger m.; -kumedi w., *grosse Umtriebe;* -lèèrme m.; -ruusch m.; -tùùrscht m.
möörde (gmöördt) 1. *morden.* 2. *Tiere quälen.*
Möörderei w. (-e) *qualvolle Arbeit, Plackerei.*
möörderli *mörderisch, furchtbar, entsetzlich.* Möörderli brüele.
moordioo! *mordio!* Zss.: -fuerme m., *roher, die Tiere misshandelnder Fuhrmann;* verst. -lèèrme m., *Riesenlärm;* -ruusch m.; -stifel m., *Stiefel mit langen Rohren.*
moorn *morgen.* Zss.: moorndess, *tags darauf;* moornemorge, *morgen vormittag;* moornzaabig, *morgen abend.*
moorndrig *morgig, am kommenden Tag.* S moorndrig Fäscht, *das morgige Fest.* Moorndrigs druuf, *am Tage darauf.*

Moorx m. 1. *anstrengende Arbeit.* 2. *Pfuscharbeit*. En Moorx ablaa.

moorxe (gmoorxet) 1. *sich abmühen.* 2. *pfuschen.* Zss.: ab-, *abwürgen, abdrücken (z.B. Schraube);* ie-, ine-, *hineinzwängen;* ume-, an öppis umemoorxe, *gewaltsam herumhantieren.*

Moos s., älter **Maas** s. *Moor, feuchtes, sumpfiges Land.* Zss.: -wei (auch Moswei) m., *Mäusebussard.*

Moos w. (Mose, Möse) *Fleck.* E grossi Moos im Rock, *Schmutzflecken.* D Öpfel händ Möse, *Quetschungen.* Dè schöön Tisch hät e Moos, *einen Hieb, eine Beule.*

Moosis m. *Moses.* Äine Moosis leere, *zur Ordnung weisen.*

Mööz w. (-e) *sittlich anrüchige Frau.* Vkf. **Möözli** s. *kleines Kind* (Ksp.). Du chliises Möözli!

Möps (Mz.) *Geld* (Schsp., jg.).

Morge m. (ö) *Morgen.* All Mörge, *jeden Morgen, morgens.* Guete Morge! *guten Morgen.* Morge! *guten Morgen.* Vgl. Zmorge. Zss.: Morgenässe s., *Frühstück;* Morgerock m.; -root s.; -stèèrn m.; -sunn w.

morixle (gmorixlet), **marixle** (gmarixlet), **murixle** (gmurixlet) *umbringen, töten* (vulg.).

moroche (gmorochet) *streng arbeiten, sich plagen.*

Mörsel m., älter **Mürsel** m. 1. *Mörser (Küchengerät).* 2. *Geschütz.*

mösch siehe mȍisch.

Mösch s. *Messing.* S Mösch butze, 1. *Messing reinigen.* 2. *jemandem die Meinung sagen.* S isch alts Mösch, *dummes Geschwätz.*

möschi(g) *aus Messing, messingen.*

Moscht m. (ö) 1. *Obstsaft, Obstwein, Most.* En Moscht, *ein Glas Most.* Zss.: -bììr w., *saftreiche Birne zum Mosten;* -chopf m., *Mensch mit dickem Kopf, Dickschädel;* -chrusle w., *Mostkrug;* -indie, *Kanton Thurgau* (humor.); -möckli s., *getrocknetes Rindfleisch (als* Moschtbröckli *ostschweizerische Spezialität);* -stande w. Vkf. Möschtli s. Es Möschtli nèè, *ein Gläschen Most trinken.* 2. *Benzin* (pop.). Ich ha kä Moscht me. 3. Potz Moscht! *ei der Tausend.*

moschte (gmoschtet) 1. *mosten (Obstsaft, Obstwein bereiten).* 2. *Obst mit den Zähnen zerquetschen.* 3. *drücken, drängen.* Zss.: ine-, *hineinquetschen.*

möschtele (gmöschtelet) *nach Most riechen, schmecken.*

Moschtete w. 1. *das Mostpressen.* 2. *Gedränge.*

Moschti w. *Mosterei.*

möschtle (gmöschtlet) *oft (alkoholhaltigen) Most trinken.*

Möschtler m. 1. *starker Mosttrinker.* 2. *saftige Spätbirnensorte.*

Möschtleri w. *Mostbirne.*

Mot (Mz.) *Motorfahrer* (Ssp.). Er isch bi de Mot.

Motoor m. *Motor.* Zss.: -waage m., *Triebwagen (Bahn);* -wägeler m., *Motorfahrer* (Ssp.). Vkf. Motöörli s. Er isch wien es Motöörli, *immer geschäftig.*

Mott s. *Branderde mit Asche.* Zss.: -huuffe m., *Brandhaufe aus Reisig, Kartoffelkraut oder Unkraut, mit Rasen überdeckt.*

motte (gmottet) *schwelen, glimmen.* S mottet in em ine, *er grollt.*

Muchel m. 1. *Zuchtstier; schöner, fetter Stier.* 2. *starker, gedrungener Mann.* 3. *wer bei Erntearbeiten zurückbleibt, träger Arbeiter.* Vkf. Mucheli s., *wohlgenährtes Kind.*

mucker *lebhaft, munter.* Dè isch no mucker für siis Alter.

Müdé w. *Mutter* (Schsp., jg.).

Müe w. *Mühe.*

müed *müde.*

müede (gmüedet) *unablässig bitten.* D Chind händ gmüedet. Zss.: ume-, *lang und inständig bitten.* An öpperem umemüede.

Müedete w. *unablässiges, lästiges Bitten.*

Müedi m. *unablässig Bittender.* Du bisch en eebige Müedi!

Müedi w. *Müdigkeit.* I bin e Müedi gsii, *war sehr müde.*

Muelte w., **Multe** w. *Teigmulde, Backtrog.* Zss.: -chratzer m., *Teigschaber;* -chratzete w., *zusammengekratzte Teigreste;* -schaaber m., *Teigschaber;* -schaabete w., *Teigrest in der Backmulde.*

Muer s. *Schlamm, Morast.*

Muerascht m., **Marascht** m. *Morast.*

Mues s. *das Muss.* S isch käs Mues debii, *es steht frei.* Zss.: -hüüraat w. *Mussheirat.*

Mues s. 1. *Brei, Mus,* z.B. Öpfelmues. 2. *in formelhafter Verb. mit «Broot».* Er isch bi siis Vatters Mues und Broot, *er führt keinen eigenen Haushalt.* 3. *jede breiartige Masse.* Isch daas es Mues gsii uf der Straass! Z Mues und z Fätze verzeere, *gründlich zerreissen.* Zss.: -alt, *sehr alt;* -lind, *breiweich;* -ueli m., auch Musueli m., *Esslätzchen, Geiferlätzchen.* Vkf. Müesli s.

Mues w. *Spielraum, bes. auf der Wippe.* Du häsch z vil Mues.

Müesaal w. *Mühsal.*

müesälig *mühselig.*

muese (gmueset) *zu Mus werden.* D Öpfel muesed gèèrn.

müese (mues, muesch, mues; mer müend; Wf. Gw. mües, Wf. Vh. müest; Mw. müese) 1. *müssen.* Me mues die Aarbet mache. Er hät müese stèèrbe, *starb unerwartet.* 2. *sollen.* Mues i? als Drohung: *soll ich?* Er mues öppis Tumms gmacht haa, *er soll dumme Streiche gespielt haben.* Er mues chrank sii, *er soll krank sein.* De muesch di nüd füürche, *brauchst dich nicht zu fürchten.* 3. *dürfen.* De muesch öppe nüd mäine, *du darfst nicht glauben.*

müesele (gmüeselet) *nach Mus, Brei riechen, schmecken.*

Muesete w. 1. *breiartiges Gemenge.* 2. *dichtes Gedränge.*

muesig *breiig.*

müessig, müesig *müssig.*

Muet m. *Mut.* S isch mer übel z Muet. Zss.: -wile m., *Mutwillen.*

Mueter w. (Müetere) 1. *Mutter.* D Mueter, *meine Mutter.* 2. *Gattin* (fam.). Zss.: -gottesli s., *kleines Muttergottesbild;* -guet s., *mütterliches Vermögen;* -maal s.; -milch w.; -spraach w.; -stock m., *alter Hauptstamm der Rebe;* -titti s., *verwöhntes Kind, Schosskind.* Vkf. Müeterli s., Mueterli s., Müeti s., Mueti s.

Muetere w. 1. *Schraubenmutter.* Vkf. Müeterli s. 2. *Essigmutter.* 3. *alter Wurzelstock in einem Grünhag, oft Grenzmarkierung.*

müeterle, Müeterlis mache *Mutter spielen* (Ksp.).

muetig *mutig.*

muff *übelgelaunt* (pop.).

müffe (gmüffet) *muffeln, muffig sein.*

müffele (gmüffelet) 1. *muffeln, langsam kauen, von Ziegen, Kaninchen.* 2. *wenig, appetitlos essen.*

Muger m. 1. *rundlicher, kurzer Gegenstand.* 2. En chliine Muger, *kleiner, rundlicher Mensch.*

mugere (gmugeret) *zum Scherz quälen, jemanden in der Rippengegend kitzeln.*

Mugg w. (-e) 1. *Mücke.* Ra.: Das isch en alti Mugg, *alter Witz.* Zss.: Muggepüggel m., *Mückenstich bzw. Schwellung;* -stìich m.; -tänz (Mz.) mache, *Ausflüchte brauchen;* -tätscher m., *Fliegenklappe.* Vkf. Müggli s. 2. *künstliche Mücke zum Fischen.* 3. *kleiner Schnurbart.* 4. *dichte, mückenähnliche Stelle in einem Schleier; eingewobene Blümchen in Geweben; Häkelmuster.* 5. *Korn am Gewehr.* Äin uf d Mugg nèè, *aufs Korn nehmen.* Äine uf der Mugg haa, *jemanden nicht leiden können, ein scharfes Auge auf ihn haben.* 6. (Mz.) *im geistigen Sinn: Launen, Mucken.* Er hät Muggen im Chopf.

Müggel m., **Müggeler** m. in Zss.: Ooremüggeler, *Ohrwurm.*

Mügger siehe Müügger.

Muggetüüsler m. *Duckmäuser* (humor.).

müggle (gmügglet) *mit «Mugge» versehen.* Gmügglete Stoff.

mügli *möglich.* Zss.: -macher m., *Betreibungsbeamter* (humor., va.).

Müler m. (-e), **Müleri** w. (-ne) *Müller(in).* Zss.: -blüemli s., *Gänseblümchen, Massliebchen;* -chnächt m., *Mahlknecht.*

mülere (gmüleret) *das Müllergewerbe betreiben.*

Müli w. (-ene) 1. *Mühle.* Z Müli faare. Ra.: Äim z Müli gèè, *jemanden prügeln.* Dur d Müli dure, *durch alle Etappen.* I de Müli sii, *in der Betriebsamkeit des Geschäftes sein.* Zss.: -fuerwèrch s., *Mühlfuhre;* -raad s.; -ross s., *schweres Pferd.* 2. *Mühle im Brettspiel.* D Müli uuf und zue tue. Zss.: -spìil s.; -stäi m., *Stein des Mühlespiels.*

3. *Übersetzungsverhältnis am Fahrrad.* E chliini Müli.

Mult m., **Mold** m. *mürbe werdende, in Staub zerfallende Erde, bes. im Weinberg, Mulm.*

Mumpf m. *Mumps, Ziegenpeter.*

Mumpfel m. (ü) *Mundvoll, Bissen.* En Mumpfel Wùùrscht. Vkf. Mümpfeli s. Gueti Mümpfeli haa, *gut zu essen haben, gut leben.*

mümpfele (gmümpfelet) *kleine Bissen langsam kauen.*

mumpfle (gmumpflet) *kleine Bissen langsam kauen.*

Mund m. in Zss.: -harmonii w., *Mundharmonika;* -stuck s., 1. *Mundstück eines Blasinstrumentes.* 2. *Mundwerk.* E guets Mundstuck haa. Vgl. Muul.

mundiere (mundiert), **mondiere** (mondiert) *montieren, Maschinen aufstellen.*

Mundierig w. (-e) 1. *Kleidung.* 2. *Kartoffelschale* (humor.). D Hèrdöpfel mit der ganze Mundierig.

Mundöör m. (-e) *Monteur.*

Munduur w. (-e) 1. *Montur, Uniform.* 2. *Kartoffelschale* (humor.).

mungge (gmungget) 1. *undeutlich reden, brummen.* Was munggisch? Öppis vor si ane mungge, *vor sich hin brummen.* 2. *munkeln.* Me mungget alerhand.

Munggeli s. *Murmeltier.* Zss.: -bruu, *murmeltierfarben.*

Munggi m. *wer undeutlich redet; brummiger, unfreundlicher Mensch.*

Muni m. 1. *Zuchtstier, Bulle.* Ra.: Auge mache wien en Muni. En Chopf haa wien en Muni, *halsstarrig sein.* Zss.: -chopf m., -grind m., *dickes, finsteres Gesicht;* -fisel m., *Glied des Stieres, als Prügel gebraucht;* -seckel m., *Glied des Stieres;* -stier m., *eigentlicher Zuchtstier.* 2. *jähzorniger, starker, plumper, auch sehr sinnlicher Mann.*

munte (gmuntet) 1. *mühsam kauen, von Zahnlosen; vorkauen, vorkosten, bes. des Säuglingsbreies.* 2. *undeutlich, unterdrückt reden.*

munter *munter.* Scho munter? *Grussfrage.*

müntli *mündlich.*

Münz s. *Kleingeld, Scheidemünze, Wechselgeld.* Häsch Münz? Si hät oordli Münz, *ist reich.*

Münze w. *Minze.* Zss.: -thee m., *Pfefferminztee.*

munzig (munziger) *winzig.* Munzig chlii.

mupf *barsch, unfreundlich, kurz angebunden.*

Mupf m. (ü) *leichter Stoss.* Er tuet kän Mupf, *keinen Wank.*

müpfe (gmüpft) *stossen.*

mupper *gesund.* Er isch wider mupper.

murb (murber), älter **mùùr** *weich, mürbe.* D Fasnechtschüechli sind murb. Murbs Holz.

murbe (gmurbet) 1. *weich, mürbe werden, bes. von Obst.* 2. *nachgiebig werden.* Dè murbet scho no.

mure (gmuret) 1. *murren.* I will der für s Mure! *Drohung.* 2. *aufbegehren.* Was git s z mure?

Mure w. 1. *Milchbrötchen (Fest- und Examengebäck).* 2. *Mitbringsel aus der Stadt.*

Muri m. *Murrkopf.*

murixle siehe morixle.

Murmeli s. *Murmeltier.*

Muschgetäler m. *Muskateller.*

Muschgetnuss w., **Mutschgetnuss** w. *Muskatnuss.*

Muschle w. *Muschel.* Vkf. **Müscheli** s., 1. *kleine Muschel.* 2. *bestimmte Teigwarensorte.*

Muschter s. *Muster, Vorlage, Modell.* ütr. Du bisch es Muschter! *Original, Tunichtgut.* Zss.: -blätz m., *Vorlage;* -chaart w., *Musterkarte;* -phäckli s., *Probe zur Auswahl;* -platz m., *Platz für militärische Musterungen.* Vkf. **Müschterli** s., 1. *kleines Muster.* 2. *Anekdote, Begebenheit.* Es Müschterli verzele.

muschtere (gmuschteret) 1. *mustern, prüfen.* 2. *Truppen mustern.* 3. *energisch antreiben, derb zurechtweisen.* Dè muschteret siini Lüüt, *er treibt sie zur Arbeit an.* Dìch will i muschtere! *dir will ich zeigen, was du zu tun hast.* I s Bett muschtere, *energisch ins Bett schicken.*

Muschterig w. (-e) 1. *militärische Musterung.* 2. *saubere Geschichte, Ordnung.* Das isch e schööni Muschterig!

Musig w. (-e) 1. *Musik.* ütr. I verstaa nüüt vo dère Musig, *von der Sache.* Zss.: -ghöör s. Du häsch au gaar käs Musigghöör! *merkst auch gar nichts!* 2. *Musikkapelle.* Er isch bi der Musig, *Mitglied einer Blechmusikkapelle.*

musige (gmusiget), **musike** (gmusiket) *musizieren.*

Müsle w. *Rundholz verschiedener Länge,* Vkf. Müs(e)li s. (ZO.).

Mutsch m. (ü) *Dickkopf.* Zss.: -chopf m., -grind m., *Dickkopf, Schmoller;* -gäiss w., *hornlose Ziege.*

mütsch 1. *morsch, von Holz.* 2. *teigig, von innen her faulend, bes. von Früchten.*

Mutschgetnuss siehe Muschgetnuss.

Mutschli m. 1. *dicker, plumper Mann, Knabe.* 2. *kleines Kind.* 3. *rundliches Brötchen, grosse Semmel.*

Mütt w. *altes Getreidemass, Scheffel* (va.).

Mutte w. *rundes, flaches Milchgefäss, früher aus Holz, zum Aufbewahren der Milch bis zum Abrahmen, Aufrahmgefäss.*

muttere (gmutteret) *heimlich murren, unzufrieden vor sich hin brummen.* S Chindli mutteret und trȍisset de ganz Taag. Er mutteret öppis, *brummt etwas.*

Mutteri m. *Murrkopf.*

müttig *ein «Mütt» fassend.* En müttige Sack, *grosser Getreidesack.*

Muttle w. *hornlose Ziege.*

Mutz m. (-e) *Bär.*

mütze (gmützt) *sich putzen, von der Katze.* Zss.: uuf-, *sich herausputzen.*

Mützger m. 1. *Spitzmaus.* 2. *kleiner, dicker Mensch.*

Muuch m., **Muuchi** m. *verschlossener Mensch, Stubenhocker.*

muuche (gmuuchet), **muuchle** (gmuuchlet) *am Boden rutschen.* S Chind muuchlet i der Stuben ume.

Muuchlete w. *das Vorwärtsrutschen auf dem Boden.*

muudere (gmuuderet) 1. *matt sein, unlustig herumsitzen, leicht kränkeln.* 2. *sich mausern, von Vögeln.* 3. *leicht schlafen, im Halbschlaf liegen.* 4. *trübe sein, vom Wetter.* S Wätter muuderet, *ist unsicher.*

Muuderi m. *kränklicher Mensch.*

müüderle (gmüüderlet) *leicht, wohlig schlummern.*

Müüderli s. 1. *leichtes, kurzes Schläfchen.* 2. *Schlummertüchlein.*

muudrig *matt, kränkelnd.*

Müügger m., **Müger** m. *Wassermolch.*

Muul s. (Müüler) 1. *Mund.* Heb s Muul zue! *schweig.* Die hät es Muul! *klatscht gern.* Er tuet käs Muul abenand, *schweigt hartnäckig.* Ra.: Es Muul haa wien e lauffedi Schuld, *geschwätzig sein.* Die hockt nüd uf s Muul, *weiss sich zu wehren.* S Muul verriisse, uufriisse, *aufbegehren, schimpfen.* Es Muul mache, *unzufriedenes Gesicht.* D Hand uf s Muul gèè, *ins Gesicht schlagen.* De Lüüt i d Müüler choo, *ins Gerede kommen.* S Muul uuf und d Auge zue! *Kinderscherz mit Süssigkeiten.* 2. *Maul der Tiere.* – Zss.: -choorb m., -chratte m., *Maulkorb;* -egge m., *Mundwinkel;* -esel m.; -füüli w., *Mundfäule;* -giige w., *Mundharmonika;* -oorgele w., -öörgeli s., *Mundharmonika;* -schäle w., *Maulschelle;* -täsche w., *Schwätzerin;* -wèrch s., *Mundwerk.* Aber: Mundstuck s., Mundwasser s. Vkf. Müüli s.

muule (gmuulet) *maulen, reklamieren.* Zss.: ume-, *widersprechen.*

Muur w. (-e) *Mauer.* Vkf. Müürli s.

mùùr siehe murb.

muure (gmuuret) *mauern.*

Muurer m. 1. *Maurer.* 2. (auch **Müüri** w., Stäimüüri w.) *Verstopfung durch Kirschsteine* (humor.).

mùùrxe (gmùùrxet) *mühsame Arbeit verrichten, sich abmühen.* Mer händ müese mùùrxe, bis mer s im Sack ghaa händ. Er mùùrxet iedes Wöörtli use, *bringt jedes Wort nur mühsam heraus.*

Mùùrxerei w. (-e) 1. *mühsame Arbeit.* 2. *Pfuscharbeit.*

Mùùrxete w. *mühsame Arbeit.*

Muus w. (üü) 1. *Maus.* Ra.: Es Frässe wie jung Müüs, *zartes Gericht.* De Müüse häize, *unnütz heizen.* Alt Müüs gönd au i d Fale, *Alter schützt vor Torheit nicht.* Bis dänn hüpft no mängi Muus in en anders Loch, *bis dann gibt es noch manche Änderung.* Zss.: -chaat m., -chegel m., -dräck m., *Mäusekot;* -fale w.; -huuffe m., *von Feldmäusen aufgeworfener Haufen;* -loch s.; -nass, *tropfnass;* -tood. 2. Mz. Müüs, *Bizeps, Oberarmmuskel.* 3. *Kind* (fam.). Du liebi Muus! Vkf. **Müüsli** s. (Ksp.: **Muuseli** s.,

Müüseli s.) 1. *Mäuschen.* Zss.: -choorb m., *eng geflochtener Rückenkorb;* -chruut s., *Gartensalbei;* -chüechli s., *Gebäck mit Salbeiblättern;* -pletter (Mz.), -stock m., *Gartensalbei;* müüslistile. 2. *Liebling* (fam.). 3. *geliebtes Mädchen* (pop.).

muuse (gmuuset) 1. *Mäuse fangen.* 2. *sich mausern.* Zss.: dure-, *durchschlängeln, sich anpassen.* 3. *bedrückt, verstockt, verdriesslich sein.* Er muuset nu esoo.

müüsele (gmüüselet) *nach Mäusen riechen.*

Muuser m. 1. *Mausfänger, Maulwurffänger.* 2. *Duckmäuser.*

Muuseri w. (-ne) *fleissig mausende Katze.*

Muusi m. *Duckmäuser, verstockter Mensch, Schleicher.*

muusig 1. *in Mauserung begriffen.* 2. *gedrückt, niedergeschlagen.*

Mux m. *Regung.* Er macht kän Mux, *verhält sich still.* Vkf. **Müxli** s. Zss.: -stile, *ganz still.*

muxe (gmuxt) *sich rühren.* Da wìrtt nüd gmuxt! *da gibt es keinen Widerstand.* Käne hät si gmuxt, *keiner rührte sich, gab ein Lebenszeichen.*

müxle (gmüxlet) *sich rühren.* Si händ nüd tȍȍrffe müxle, *durften sich nicht rühren.*

N

na *noch.* Na mee, *noch mehr.* Hütt na, *heute noch.* S isch mer na so gliich, *eigentlich sogar lieber.* Namaal, nanemaal, *noch einmal.* Na chli, *noch ein wenig.*

naa, na, jg. **nach** Vw. *nach.* Na der Schuel, *nach der Schule.* Naa em Ässe. Naa eme Wiili, naame Wiili, *nach einer Weile.* Naa den Äise, Zwäie, Drüüne, Viere, Föife, Sächse, Sibne, Achte, Nüüne, Zääne, Elfe, Zwölfe, *nach 1 Uhr usw.*

naa, naae 1. Uw. *nach.* Söttsch em naa! *geh ihm nach.* Em Wääg, Bach naa(e), *dem Weg, Bach entlang.* De Wind chunt vom Bèèrg naa(e), *vom Berg her.* Mer sind verwandt vom Vatter naa(e), *väterlicherseits.* Er isch vo rächte Lüüte naae, *stammt ab.* De Wäize isch naa, *der Zeit entsprechend gut gewachsen.* Bisch naa? *bist du so weit?* – naadinaa, naad(i)snaa, naadi(g)snaa, naatnaa, *allmählich, nach und nach.* Zss.: Naabrief m., *Schuldbrief;* -bùùrg m., *Nachbürge;* -enand, *nacheinander;* -fiseli s., *spät- und letztgeborenes Kind, Letztgeburt;* -fraag w.; -guu m., *Nachgeschmack;* -hülff w.; *Nachhilfe;* -räche, *nachrechen;* -rächete w., *zuletzt zusammen-, nachgerechtes Gras, Heu;* -sumer m.; -wiseli s., *spät- und letztgeborenes Kind, Letztgeburt.* Namittaag m., *Nachmittag.* 2. Vs. von trennbaren Verben.

Naab w. (-e) *Nabe.* Zss.: Naabenäpper m., *Radnabenbohrer.*

nääbet, näbet *neben.* Nä(ä)bet em Huus. Zss.: -abe, *daneben hinunter;* -chamer w., *Nebenzimmer;* -draa, *daneben;* -dure, *vorbei an;* -enand, *nebeneinander;* -ine, *zwischenhinein;* -stube w., *Nebenzimmer;* -ume, *drumherum;* -use, *seitlich über etwas hinaus;* -usse (wone), *abseits, abgelegen;* -zue, *nebenan.*

Naabig! *Guten Abend* (pop.).

naach *nahe* (va.); vgl. nèèch, nȍȍch.

Naachber m. (-e), **Naachberi** w. (-ne) *Nachbar(in).*

Naachpuur m. (-e), **Naachpüüri** w. (-ne) *Nachbar(in).*

Naachtlig m. *Narr, gutmütiger Kerl.*

Naadle w. *Nadel.* Zss.: -briefli s.; -büchsli s.; -chüssi s., *Nadelkissen;* -füdli s., *Nadelende, stumpfer Teil der Nadel;* Naadlenööri s., *Nadelöhr;* Nadlespitz m.; -stìich m. Vkf. **Nȍȍdeli** s., 1. *kleine Nadel.* 2. *kleiner Fisch.*

naae siehe naa (Uw.).

Naae siehe Naue.

naage siehe gnaage.

Naagel m., **Nagel** m. (Negel) *Nagel.* Zss.: -chopf m.; -fescht; -näpper m., *Nagelbohrer;* -nöi; -schmìid m.; -schmitte w., *Nagelschmiede;* -trucke w., *Nagelkasten.* Vkf. Negeli s. Er hät mer nüd Negelis grooss ggèè, *gar nichts.* Bis uf s Negeli use waarte, *bis zuletzt.*

Näägeli s. 1. *Nelke.* Zss.: -putsch m., *Nelkenbusch;* -stock m. 2. *Gewürznelke.*

naagle (gnaaglet) *nageln.* Gnaagleti Schue. Zss.: aa-; zue-.

Naagler m. *wer nagelt, Nagelschmied.*

Naaglerei w. (-e) 1. *Nagelschmiede.* 2. *das Nageln.*

Naar m. (-e) 1. *Narr.* De Naar ablaa, *sich närrisch benehmen.* Für en Naare haa, mit äim de Naar mache, *zum Narren halten.* 2. *missratene Gemüsepflanze.* Under em Chabis hät s en Huuffe Naare. Zss.: Naarenanngli s., *Inful, Lichterhut der Silvesterkläuse* (ZO.); Naarenascht m., *unfruchtbarer Ast;* Naarebäi s., *die empfindliche Stelle am Ellbogen;* -chappe w.; -gang m., *vergeblicher Gang.* S Gschäft isch zue gsii, i han en Naaregang gmacht; -huus s., *Irrenhaus;* -sach w., *närrischer Einfall;* -säil s. in Ra.: Am Naaresäil abelaa, umefüere, *zum besten halten;* -stuck s., -stückli s., *Narrenstreich;* -züüg s., *Narrheiten.* Vkf. Näärli s., *Kosename für kleines Kind.*

Naarchtig m., **Naachtig** m., **Naarchtlig** m., **Naachtlig** m. *Narr, einfältiger Mensch.* Du bisch en Naarchtlig! *Närrchen* (fam.).

naarchtig, naachtig *närrisch, albern, einfältig.* E naarchtigs Tue.

naare (gnaaret) *mit jemandem spielen, tändeln, scherzen, bes. von Kindern, Verliebten.*

Naaretei w. (-e) *Narrheit, dummes Zeug, Possen.*

Naareziisli s., **Mariziisli** s. *gemeine Narzisse.*

naarhaft 1. *nahrhaft.* 2. *anstrengend.* E naarhafti Bèèrgtuur, Prüeffig. 3. En naarhafte Priìs, *hoher Preis.*

näärisch, jg. **närrsch** *närrisch, dumm.* Närrsch tue.

näärle (gnäärlet) *tändeln, scherzen.*

Näärv m. (-e) *Nerv.* Ra.: Das hät mer de letscht Näärv uusgrisse, *das hat mich sehr erbost.* Zss.: Näärvefieber s., *Typhus;* -fluss m., *Eiterausfluss an den Fingern.*

Naase w. *Nase.* Da sind vier Naase, *vier Personen.* E fiini, gschiidi Naase haa, *guten Spürsinn haben.* Ra.: Äim uf d Naase gèè, *derb zurechtweisen.* Dem gscheet s uf d Naase rächt, *geschieht ihm recht.* Äim uf d Naase schiisse, *sich jemandem gegenüber alles erlauben* (vulg.). D Sach hät e Naase, *hat ihre Schwierigkeiten.* I ha d Naase voll, *ich habe genug.* Zss.: -bäi s.; -blüete s., *Nasenbluten;* -lumpe m., *Taschentuch* (pop.); -ring m.; -spitz m., *Nasenspitze;* -stüüber m.; -welo s., *Brille* (humor.); -zipfel m., *Nasenspitze;* Naastuech s., *Taschentuch;* Naastuechzipfel m., *Taschentuchecke.* Vkf. Nääsli s. In Ksp.: Naaseli s., Nääsi s., Naasi s.

nääsele (gnääselet) *die Nasen aneinander reiben* (Ksp.).

nääsle (gnääslet) *näseln.*

Naat w. (Nòòt) 1. *Naht an Kleidern usw.* Ra.: Äim d Nòòt iitue, *jemanden in die Schranken weisen.* 2. *Falz an Metallgeräten.* 3. *Verwachsungslinie an der Bohnenhülse.* Vkf. Nòòtli s.

Naatere w. *Natter.* Vgl. Aatere.

naatnaa siehe naa.

Näbel m. *Nebel.* Zss.: -hoorn s.; -loch s., *Ort mit häufigem Nebel;* -meer s.; -spalter m., *Dreiröhrenhut.* Vkf. Näbeli s.

Näbi m. *«Nebelspalter» (Zeitschrift).*

näble (gnäblet) *nebeln.* Zss.: ii-.

näblig *neblig.*

nachane *nachher.*

Nacht w. (ä) *Nacht.* Äine über Nacht haa, *zum Übernachten.* Z Nacht, *in der Nacht, nachts.* De Znacht, *Nachtessen.* Guet Nacht! *Gruss.* Guet Nacht (em Sächsi)! *ums Himmels willen.* Zss.: -bueb m., *Nachtbube, der Unfug treibt;* -buebestückli s., *nächtlicher Streich;* -buebesune w., *Mond* (humor.); -chappe w., *Nachtmütze;* -gschiìr s., -haafe m., *Nachttopf;* -hèrb(e)rig w., *Nachtherberge;* -(h)öiel m., *Eule;* -huube w., *Nachthaube;* -liechtli s., *kleines Nachtlicht;* -maal s., *Abendmahl* (kirchlich, va.); -sack m., *Reisesack;* -schichtler m., *Arbeiter der Nachtschicht;* -schlutte w., *Nachtjacke;* -tischli s.; -wächter m.

nächt 1. *gestern abend.* 2. *letzte Nacht.*

nachte (gnachtet) *Nacht werden.* Es nachtet. Zss.: ii-, *einachten.* Nach em Iinachte, *nachdem es Nacht wurde.*

nächtig *nächtlich.*

nackig, nacktig *nackt.*

Nacktigi w., **Nackigi** w. *Nacktheit.*

Näggel m. 1. *unentwickelte Frucht bei Kirschen,*

Erdbeeren. 2. *Schädel, Kopf* (humor.). En hèrte Näggel. Äim uf de Näggel gèè.

näggele (gnäggelet) 1. *spielerisch, zwecklos sich mit etwas beschäftigen.* Amenen Ascht näggele, *einen Ast leicht schütteln.* Zss.: ume-. An öppis umenäggele, *herumfingern.* 2. *klappern, von der Mühle, vom Storch.* 3. *kritteln.*

Näggeler m. *rüttelnde Reguliervorrichtung an der Trichtermündung der Obstmühle.*

Näggeli m. *stümperhafter, kleinlicher Bastler.*

Näggi s. 1. *Schramme, die man nähen muss.* 2. *Verletzung mit bleibendem Nachteil.* Er hät es Näggi verwütscht.

näi *nein.* verst. durch Wiederholung und Zusätze: nä-näi, näi au, wèèger näi, gwüss näi, näi bhüetis, bhüetis näi, näi biwaar, è näi, ä näi, näi aber au!

näime, näimet, nòime 1. *irgendwo.* Dè hän i scho näime gsee. 2. *irgendwie.* Wänn i näime cha, se chum i. Diin Maa isch näime nüme wie früener, *wie mir scheint.* Zss.: näimenane, *irgendwohin;* näimehèèr, *irgendwoher;* -hère, -hìì, *irgendwohin;* näimenue, -ufe, *irgendwo hinauf;* -use, *irgendwo hinaus.*

näimer, nòimer (Wemf. -em) *irgend jemand, irgendwer* (va.); vgl. öpper.

Näimike *fingierter Ort, Irgendwo* (humor.).

näimis, nòimis *irgend etwas* (va.); vgl. öppis.

näiwele (auf e bet.) *irgendwelcher, ein gewisser.* Näiwele Wääg mues es doch gaa.

Näll s. *Neun der deutschen Spielkarten.*

Name m. (ä) *Name.* Das hät kän Name, *ist nicht auszudrücken.* Er hät de Name, er sei giitig, *gilt als geizig.* Das hät en Name, *will etwas heissen.* Zss.: Namesvetter m., Namisvetter m. (va.); Namistaag m. Vkf. **Nämeli** s., *gewobenes oder gedrucktes Namensschild für Wäsche.*

namse (gnamset) *nennen, erwähnen.* Me hät en gnamset.

Napolioon m. *Zwanzig-Franken-Goldstück* (va.).

Näpper m. 1. *Bohrer.* 2. *Penis von kleinen Knaben* (fam.). Vkf. Näpperli s.

näppere (gnäpperet) *an etwas herumstochern, erfolglos arbeiten, basteln.* Zss.: ume-, *herumstochern.*

närisch siehe näärisch.

Näschple w. *Mispel(baum).*

Näscht s. (-er) 1. *Nest.* 2. *Bett* (pop.). I s Näscht gaa. 3. *Ortschaft* (pop.). E chliises Näscht. 4. *schadhafte Stelle an Käse, Schinken; kranke Stelle im Gewebe.* 5. E fuuls Näscht, *fauler Kerl.*

näschte (gnäschtet) 1. *nisten.* 2. *das Bett machen* (humor.). 3. *sich im Bett herumwälzen.* Zss.: ume-.

Näschtete w. 1. *unruhiges Hin- und Herwälzen im Bett.* 2. *flüchtiges Betten.*

nass (nesser, nessischt) *nass.* verst. fläder-; flätsch-; flotsch-; pudel-; säich-; tropf-.

Natterkund w. *Naturkunde* (Schsp.).

natütterli *natürlich* (Schsp.).

natüürli *natürlich.*

Naue m., **Naae** m. *grosse Barke mit breitem Boden.*

Nazioon w. (-e) 1. *Nation.* 2. *Bande, Gesindel* (pej.). Ir sind e truurigi Nazioon!

nè-è *nein* (pop.).

ne-näi! *nein, gar nicht.*

necke (gneckt) *necken.*

nèè (i nime, ninsch, nimsch, nint, nimt; nänd, jg. nämed; Wf. Gw. näm, Wf. Vh. nèèm, Mw. gnaa) *nehmen.* I mues öppis nèè, *etwas zu mir nehmen, essen.* De Kafi nèè, *trinken.* Das nint em de Guu, *entzieht ihm den Geschmack.* D Öpfel cha me nèè, *pflücken.* Denand nèè, *handgemein werden.* Äine für öppis nèè, *gerichtlich belangen.* Das nint äim d Schue, *arg mitnehmen.* Das Gift hät d Müüs gnaa, *getötet.* S hät en gnaa, *aufs Krankenlager geworfen.* S nint de See, *er gefriert.* En Gump nèè, *springen.* En Rank nèè, *ausweichen.* Nämed mer no das Reschtli! *erledigen wir den Rest noch.* Zss.: aa-, 1. *annehmen.* 2. *adoptieren;* ab-, 1. *vermindern, kleiner werden, magern.* 2. *abrahmen.* D Milch abnèè. 3. *glauben.* Er nimmt em s ab. 4. *einander über die Finger verwickelte Fäden abnehmen (Kinderspiel);* abe-, *herunternehmen;* druuf-; füre-, *hervornehmen;* hère-, *drannehmen, herannehmen;* hööch-, *hänseln;* ii-, *einnehmen;* ie-, ine-, *hereinnehmen;* mit-; naae-, *jemandem nachhelfen, jemanden einarbeiten;* ue-, *heraufholen;* ufe-; ume-, 1. *zurücknehmen.* 2. *Saum machen, säumen.* 3. *überzeugen;* unenuse-. Es hät mi unenuse gnaa, *ich bin gefallen;* use-; uuf-, 1. *vom Boden aufheben.* 2. *Kleinkind aus dem Bett nehmen.* 3. *Boden feucht reinigen.* 4. *Samen empfangen, von weiblichem Tier;* uus-. 1. Es Näscht uusnèè. 2. Äine uusnèè, *jemandem ein Geheimnis entlocken* (pop.); zäme-; zrugg-. De Gaarte zruggnèè, *im Herbst räumen.*

nèèch (nèècher, nèèchscht), in Wth., ZU. **nòòch** (nòòcher, nòòchscht) *nahe.* Viertel nèèch Zääni, *9 Uhr 45.* Er hät nèèch i d Schuel, *einen kurzen Schulweg.* Öppis vo nèèchem aaluege, *aus der Nähe betrachten.* Zss.: -zue, *beinahe.* S hät nèèchzue en Meeter Schnee. Es sind nèèchzue drei Stund.

nèèche (gnèèchet), **nèèchere** (gnèècheret), **nòòchere** (gnòòcheret) *näher kommen, sich nähern.* S Wätter nèècheret, *Gewitter kommt.* S nèècheret em, *der Zeitpunkt rückt näher.*

nèècherle (gnèècherlet), **nòòcherle** (gnòòcherlet) *näher rücken.*

Nèèchi w., **Nòòchi** w. *Nähe.* De Nèèchi naae gaa, *den näheren, nächsten Weg einschlagen.*

Nèèdlig m., **Nòòdlig** m. *eingefädeltes Stück Faden.*

nèèe (gnèèiet) *nähen;* älter: büeze. Zss.: Nèèchöörbli s., *Nähkorb;* -chüssi s., *Nähkissen;* -maschine w.; -maschinele, *maschinennähen;* -schatule w., *Nähzeugschachtel;* -schuel w., *Mädchen(hand)arbeitsschule, Nähunterricht;* -stübli s., *Nähstube.*

Nèèeri w. (Nèèerene) *Näherin, Schneiderin.*

Neeger m. *Neger.* Chrampfe wien en Neeger, *sehr hart arbeiten.* Dän bin i wider de Neeger, *der Leidtragende.* Zss.: -doorff s., *Niederdorf (Quartier der Zürcher Altstadt)* (humor.); -oornig w., *Unordnung;* -schwäiss m., *Ersatzkaffee* (Ssp.). Vkf. **Neegerli** s., 1. *kleiner Neger.* 2. *als Sammelbüchse nickender Neger.* S Neegerli mache, *sich (untertänig) bedanken.*

Nèèschi w. *Mädchen(hand)arbeitsschule, Nähunterricht.* Zss.: -leereri w., *(Hand-)Arbeitslehrerin.*

negele (gnegelet) *kleine Nägel einschlagen.*

nèrvöös *nervös.* E nèrvööses Welo, *Moped, Kleinmotorrad* (pop.).

neschtle (gneschtlet) nur in Zss.: ii-, *einen Schuhriemen einziehen.*

nesse (gnesst) *nässen.* S nesset under em Hääni, *wird nass unter dem Fasshahn.*

nessele (gnesselet) *nach Nässe riechen.*

Nessi w. *Nässe.*

Nessle nur in Zss.: Bränessle w., *Brennessel.*

nett *nett.* 1. *hübsch, anmutig.* E netts Hüüsli. 2. *gefällig, freundlich.* En nette Maa; en nette Hösi, *ein rechter Hasenfuss.* 3. Ra.: Dè isch mer nett choo! *behandelte mich unfreundlich.*

netze (gnetzt) *netzen.* De Fade netze. S netzt, *wird nass von feinem Regen, Nebel.* Zss.: aa-, *annässen, benetzen.* Netz di aa, vor d iegumpsch!

Nibel m. *mürrisches, finsteres Gesicht, Schmollmund.* En Nibel mache. Vkf. Nibeli s.

Nichte w. *Nichte.* Vkf. Nichteli s. (fam., auch für erwachsene Nichte).

nid siehe nüd.

Nidel siehe Niidel.

nider *niedrig.* E nideri Stube.

Nideri w. 1. *geringe Höhe.* 2. *Niederung, tiefere Lage.* I der Nideri isch alls gfroore.

nidle siehe niidle.

nidsi *abwärts.* Da gaat s gèèch nidsi, *steil abwärts.* S gaat nidsi mit em, *es geht abwärts mit ihm (körperlich oder wirtschaftlich).* Zss.: Nidsigänt m., 1. *Zeit, während der die Kulminationshöhe des Mondes abnimmt (irrtümlich auch Phase des abnehmenden Mondes).* 2. ütr. *Nachlassen der Körperkräfte;* Nidsipurgatz w., *Abführmittel.* Vgl. Obsigänt.

nie *nie.* I hä nie niemerem nüüt gsäit, *nie jemandem etwas gesagt.* Zss.: Niegnueg m., *Nimmersatt;* niemee, *nie mehr.*

Niele w. *Waldrebe.* Niele rauche. Zss.: -gstrüüch s.; -putsch m., *Waldrebengesträuch.*

niemer, niemert *niemand.* Niemerem öppis sääge. S wäiss niemert nüüt, *niemand weiss etwas.*

Niemerli s. *Niemals.* Zss.: Niemerlistaag m. Am Niemerlistaag, *am (St.) Nimmerleinstag.*

niene *nirgends, nirgendwo.* I hän en niene gsee. Zss.: nienenane, *nirgendhin;* nienedure, *nirgends hindurch;* -hèèr; -hìì; nienen ume sii, *nirgends sein;* -wäägeli s., *fingiertes, in Aussicht gestelltes Geschenk* (vgl. Nüüteli); -zue.

Nieneli s. *fingiertes, in Aussicht gestelltes Geschenk* (Ksp.).

Nienike *fingierter Ort.* Er isch vo Nienike, *aus Nirgendwo.*

Niere w. *Niere.* Zss.: Nierefäissi w., *Nierenfett;* -stäi m.; -stuck s. Suuber über s Nierestuck, *makellos dastehen.* Vkf. **Nierli** s., *geschnetzelte und gebratene Niere.*

Niet w. (-e) *der Niet, Nietnagel.*

niete (gnietet) *nieten.*

Niete w. *Niete (z.B. beim Lotteriespiel, im Berufsleben usw.), Versager.* E fèrtigi Niete, *unfähiger Mensch.*

nifele (gnifelet) 1. *umständlich, erfolglos an etwas herumklauben.* 2. *unleserlich schreiben.*

Nifeler m., **Nifeli** m. *Nörgler, Pedant.*

nifelig 1. *verkümmert, winzig.* E nifeligs Gsicht; e nifeligi Schrift. 2. *knifflig, subtil.* E nifeligi Aarbet.

nigelnagelnöi *nagelneu.*

Niggel m. 1. *unentwickelte Frucht.* Vgl. Näggel. 2. *schmutziger, garstiger Kerl.* verst. Söiniggel.

niggele (gniggelet) 1. *leicht und schnell nicken.* 2. *spielend an etwas herumklauben.* 3. *sticheln, nörgeln.* Da git s nüüt z niggele und näggele! *keine Kritik!* 4. unpersönlich, *ärgern.* S niggelet mi, *geht mir im Kopf herum, ärgert mich.*

Niggeler m. 1. *tändelnd, umständlich Arbeitender.* 2. *Kritikaster, Pedant.*

niggelig *pedantisch, kleinlich.*

Niid m. *Neid.* Niid und Hass.

nììd siehe nüd.

Niidel m., **Nidel** m. 1. *Rahm, Sahne.* De Niidel abnèè, *Milch abrahmen.* Gschwungne Niidel, *Schlagrahm, Schlagsahne.* Zss.: -becki s., *Rahmbecken;* -chèès m., *Rahmkäse;* -haafe m., *Topf, Schüssel für den Rahm;* -pöörtli s., *Ansatz von Rahm am Rande eines Gefässes;* -stöössli s., *in Rahm getunkte Brotschnitte* (ZO., va.); -tùùrtli s., *kleines Rahmgebäck;* -wèèe w., *Rahmkuchen;* -zältli s., *braungebranntes Rahmbonbon.* 2. *Haut auf der gekochten Milch.* Zss.: -schlämpe m., *Rahmfetzen in gekochter Milch.*

niidig *neidisch.* Er isch em niidig, *beneidet ihn.*

niidle (gniidlet), **nidle** (gnidlet) *Rahm ansetzen.* D Milch niidlet. ütr. Es niidlet uf em See, *der See beginnt zuzufrieren.*

Niss w. (-e) 1. *Nisse, Ei der Laus.* De Chopf voll Nisse. Ra.: Er hät mer nüd e Nisse grooss ggèè, *gar nichts.* Äim d Nissen abetue, *derb die Wahrheit sagen.* Uf d Nisse gèè, *Kopfnüsse.* 2. *Eigenheit, Tücke.* Das hät Nisse.

nissele (gnisselet) *kleinlich sein, nörgeln.*

Nisseler m. *Nörgler, auf Vorteil Bedachter.*

nisselig, gnisselig 1. *kleinlich, knauserig.* 2. *durch Knötchen verunreinigt, im Garn, Tuch.*

nix *nichts,* in: Nix barix (und Öpfelschnitz), *gar nichts* (humor.).

nò-ò *nein* (pop.).

nöd, nööd siehe nüd.

nodere (gnoderet) *stochern, wühlen, grübeln.* Im Füür nodere. Zss.: ume-, *durchwühlen;* uuf-, *aufwühlen.* En alti Gschicht uufnodere, *aufwärmen.*

Noderete w. *heftiges Aufwühlen.*

Noderi m. *Wühler, Grübler.*

Nodiz w. *Notiz.* Zss.: -büechli s.

nöechli *beinahe* (ZO.).

Nogg m., **Nögg** m., **Noggi** m., **Nöggi** m., **Nöggel** m., **Nöggeli** m. 1. Kurzformen von *Jakob.* 2. *gutmütiger Schalk, närrischer, drolliger Kerl, Narr.*

nöi *neu.* E guets Nöis! *ein gutes neues Jahr.* Zss.: -bou m.; -jaar s.; -jòòrle, *Neujahr feiern;* -möödig, *neumodisch.* Nöimöödig dethèèr choo; nöipache, älter: nüüpache, *frisch gebacken.*

Nöi m. *neuer Wein.* Es Glaas Nöie.

Nöi s. 1. *das Neue.* 2. *Neumond.* Im Nöi.

nöie (gnöiet) *neu werden, besonders vom Mond.*

Nöii w. *Zustand der Neuheit.*

nòime siehe näime.

nò̀ise (gnò̀iset), **nò̀isle** (gnò̀islet) *naschen, stehlen.* D Chind und d Gäisse nò̀ised gèèrn. In Sache nò̀ise, *herumstöbern.* Zss.: ume-. Was tuesch wider umenò̀isle?

Nò̀iser m., **Nò̀isi** m. *Nascher.*

Nò̀iseri w. *im Fressen wählerische Ziege.*

Nol m. *Lünse, Achsnagel* (Wth.).

Nölgg m. 1. *Unke.* 2. *Dummerchen* (humor.).

noobel (nööbler, nööbelscht) *nobel, vornehm.* Tue nöd eso noobel! *eingebildet.*

nooblacht *nobel, vornehm* (va.).

nò̀ò̀ch siehe nèèch.

nò̀ò̀chberle (gnò̀ò̀chberlet) *sich vertraulich nähern, näherrücken, bes. von Burschen und Mädchen.*

nò̀ò̀che siehe nèèche.

nò̀ò̀cherle siehe nèècherle.

Nò̀ò̀chi siehe Nèèchi.

nò̀ò̀dele (gnò̀ò̀delet) *Nadeln verlieren (z.B. Christbaum).*

Nò̀ò̀deli siehe unter Naadle.

Nò̀ò̀dlig siehe Nèèdlig.

Nooneli s. *Mundtüchlein für Säuglinge* (Ksp.).

Noot w. (-e) *Note.* Häsch e gueti Noot überchoo? E chliini Noot, *Hundertfrankennote* (humor.). Zss.: Nootebüechli s. Vkf. **Nöötli** s., 1. *Note.* 2. *Geldschein.* 3. *Rechnung.*

Noot w. 1. *Notwendigkeit, Bedürfnis, Zwang.* Das gaat für d Noot, *reicht für das dringendste Bedürfnis aus.* 2. *Bedrängnis.* Er isch schüüli i der Noot. 3. *Krankheit.* Er hät Noot am Wasser, *Beschwerden beim Wasserlösen.* 4. *Schwierigkeit, Mühe.* Er wìrt Noot haa, *es wird ihm schwer werden.* Das isch e Noot mit dìr, *eine Plage.* 5. *Elend, Not.* Zss.: -fescht, *beharrlich.* Nootfescht tue, *beharrlich, hartnäckig sein.*

nööte (gnöötet) *nötigen, drängen.* Hò̀r uuf nööte! Zss.: ume-. An äim umenööte, *anhaltend bitten;* uuf-, *aufdrängen.*

nootebeeni *notabene, übrigens.* Das isch nootebeeni waar.

Nööter m., **Nööti** m. *unablässig Bittender.*

nootig *bedürftig.* I bi nootig draa, *leide Mangel.* E nootigs Püürli. *ein Schuldenbäuerlein.*

nöötig *notwendig.* Nöötig sii, haa. S wèèr si nöötig, *es wäre zu hoffen.*

nootli *dringend, angelegentlich.* Äim nootli zuerede. Öppis nootli aatinge, *dringend ans Herz legen.*

noppe (gnoppet), **noppere** (gnopperet) *an etwas herumzupfen, herumzerren.* Zss.: ume-, *herumzerren.* Noppzängli s., *kleine Zange, um Noppen aus dem Gewebe zu entfernen.*

Nörgeli m. *Nörgler.*

nosche (gnoschet) 1. *suchend in etwas wühlen.* In allne Trucke nosche. 2. *an etwas herumfingern, herumtasten.* 3. *herumschnuppern, von Ziegen, Schafen.*

Noschete w. 1. *eifriges Durchwühlen.* 2. *Unordnung.*

Novämber m. *November* (jg.).

Nöwöö m. *Neffe.*

nu *nun.* Hè nu! *nun also.* Zss.: nusodänn, *nun also.*

nu, jg. **nume** *nur.* S isch nüd nu wäge dem, *nicht nur darum.* Er chèèm nu nie züen is, *er besucht uns nie.* Er hät überchoo, was er nu hät wele, *was er sich wünschte.*

Nuck m. (ü) *Schläfchen.* Vkf. Nückli s., Nuckerli s. Es Nückli mache.

nucke in Zss.: et- (etnuckt), ii- (iignuckt), *einschlummern.* I bi ob em Lääse etnuckt.

nüd, nù̀ù̀d, nöd, nööd, (Wth.) **nid, nì̀d** *nicht.* Es cha sii wie nù̀ù̀d, *es kann sein oder nicht.* Eener wie nù̀ù̀d, *sehr wahrscheinlich.* Was es da nüd für Lüüt ghaa hät! *wie viele Leute hier waren!* Nöd zum Sääge! *unglaublich.* Nöd zum Mälde! *unglaublich.* Nüd e Wunder, *kein Wunder.* Zss.: Nüdfolgi m., *ungehorsames Kind;* Nüdguet m. De Nüdguet haa, *schlechter Laune sein.*

nudle (gnudlet) *liebkosend drücken, herzen.* Es Chind nudle.

Nudle w. 1. *Nudel.* Vkf. Nüdeli s. 2. *breiter Galon an Offiziersmütze* (Ssp.).

Nudli w. *Nudelfabrik.*

nüechtele (gnüechtelet) *modrig, muffig riechen, schmecken.* S nüechtelet i dère Chamer. S Broot nüechtelet.

nüechtelig *modrig, muffig.*

nüechter *nüchtern.* Dè isch nüme nüechter, *betrunken.*

Nüechteri w. *Nüchternheit des Magens.*

nuefer *körperlich, geistig wohlauf, munter,*

frisch. Er isch wider ganz nuefer. Nuefere Pschäid gèè, *keck antworten.*

nuefere (gnueferet) *sich aus dem Zustand der Schlaffheit, Schläfrigkeit aufraffen, sich erfrischen.*

nüele (gnüelet) *wühlen, bes. von Schweinen.* Zss.: ume-, 1. *herumwühlen.* 2. *Skandalgeschichten aufrühren.*

Nuet w. (üe) *Nut.* Zss.: -hobel m., *Nuthobel;* -iise s., *Nuteisen.*

nuete (gnuetet) *nuten.*

nugge (gnugget) *lutschen.*

nuggele (gnuggelet), **nüggele** (gnüggelet) *lutschen.*

Nuggi m. *Lutschbeutel, Schnuller.* Ra.: Es hät mer grad de Nuggi usegjagt, *ich habe die Geduld verloren* (pop.).

nülele (gnülelet) *viele Nullen aneinanderhängen, als Schreibübung.*

Nuler m. 1. *Null beim Schiessen.* 2. *Angehöriger des Jahrganges 1900.*

Null s. *Null.* Zss.: nullkomaplötzli, *sofort* (humor.).

nüme *nicht mehr.* S wìrt mer nüme besser! *Ausruf des Erstaunens.* Das isch nüme nüüt! *das will etwas heissen.* Er wott nüme mee schaffe, *er will nicht noch mehr arbeiten.*

numènd(s), numänds, numeds *einfach, kurzweg; mir nichts, dir nichts* (va.). Er isch numènd uf si zue, *kurzweg.* Er isch numènd umgfale, *plötzlich.*

Numere w. 1. *Nummer.* 2. *Original, Spassmacher.* Das isch e Numere!

nundedie *Fluchwort* (frz. nom de Dieu). Potz nundedie! *potztausend.*

Nunn w. (Nune) *Nonne.* Zss.: Nunechlooschter s.; -chrȍȍpfli s., *bestimmtes Klostergebäck;* -fȕȕrzli s., *bestimmtes Klostergebäck* (vulg.).

Nusch m. (ü) 1. *derber Stoss von Hörnern einer Kuh, von einer Mistgabel.* 2. *Beule, auch Vertiefung im Getäfer.*

nüsche (gnüscht) 1. *stossen, bes. mit Hörnern.* 2. *mit den Fäusten puffen.* Zss.: ume-, *stossend wühlen, von Schweinen.* Im Frässen umenüsche.

Nüschel m. 1. *Maul, Schnauze der Tiere.* 2. *Nase, Kopf des Menschen* (vulg.). De Nüschel in alls strecke. En hèrte Nüschel, *harter Kopf.* En Nüschel mache, *ein Gesicht schneiden, schmollen.*

nüschele (gnüschelet) *mit raschelndem Geräusch in etwas wühlen.*

nüschtere (gnüschteret) *schnüffeln, an etwas herumzupfen, herumtasten.* Er nüschteret dra ume, bis es kabutt isch, *zerrt an der Sache herum.* 2. *stöbern, wühlend suchen.* Er nüschteret i allne Chäschte.

Nüschterli s. *Kette kleiner Glasperlen, zu Halsketten oder auf Stickereien aufgereiht.*

Nuss w. (Nusse) *Baumnuss.* E wältschi Nuss, *Walnuss.* Ra.: E Nuss mit eme Löchli, *leeres Geschwätz.* Zss.: -baum m.; -bȍimi, *aus Nussbaumholz;* -chèèrne m.; -gipfel m., *mit Nussbrei gefülltes Hörnchen;* -gipfelposchtuur w., *unstattliche Person* (Schsp.); -schaal w., *Nussschale;* -tangg w., *Aussenschale, grüne Schale der Walnuss;* Nuss(e)tööder m., *Nussknacker.* Vkf. **Nüssli** s. Zss.: -chruut s., *gemeiner Feldsalat;* -salaat m., *Feldsalat.*

nusse (gnusset) *Nüsse sammeln.*

nüssle (gnüsslet) *mit Nüssen um Nüsse spielen.*

Nüssler m. *Feldsalat.*

nutz *nütze.* Das isch zu nüüt nutz, *unbrauchbar.* Er isch zu nüüt nutz, *taugt zu nichts.* Zss.: -chue w.; -vee s.

nutze (gnutzt) *nutzen, Ertrag sichern.* S Land nutze.

Nutze m. *Nutzen.* 1. *Ertrag.* De Nutze ab em Land. 2. *Gewinn, Anteil.* Daa isch de Nutze chlii.

nütze (gnützt) *nützen.* Als Verst.: S isch guet ggange, besser nützti nüüt, *man konnte es sich nicht besser wünschen.*

Nutzig w. *Ertrag.* Nutzig vom Land, von Rääbe usw.

nützli *nützlich.*

nȕȕd siehe nüd.

Nuudeli s. *Schlummertüchlein* (Ksp.).

nüümee *nichts mehr.*

nüün *neun.* Er isch nüüni, *9 Jahre alt.* De nüünt, *der neunte.* Zss.: -zää, *neunzehn;* -ezwänzg, *neunundzwanzig.*

Nüüner m. *Neuner.* 1. *Tram Nr. 9.* 2. *Angehöriger des Jahrgangs 1909.*

Nüüni s. 1. *Zahl Neun, die Neun.* Zss.: -maal s., *Mühlespiel;* -stäi m., *Stein des Mühlespiels.*

2. *neun Uhr.* Es isch Nüüni. Zss.: -auto s., *9-Uhr-Postauto;* -schlòòffer, *Langschläfer;* -zùùg m., *9-Uhr-Zug.* 3. *Tram Nr. 9.*

Nüüntel m. *das Neuntel.*

nüünzg *neunzig.* Er isch nüünzgi, *90jährig.* Si isch in Nüünzge, *zwischen 90 und 100 Jahre alt.* Er gaat is Nüünzgischt, *89 Jahre alt.*

Nüünzger m., **Nüünzgeri** w. (-ne) *Neunziger(in).* 1. *Neunzigjährige(r).* 2. *Angehörige(r) des Jahrgangs 1890.*

nüüsse (gnosse), **gnüüsse** (ggnosse) *niesen.* Vgl. ernüüsse.

nüüt *nichts.* Nüüt isch! *nichts da.* Er hät nüüt, *es fehlt ihm nichts.* I vermag mi desse nüüt, *ich trage keine Schuld.* Er tuet s um nüüt, *umsonst.* Z nüüte gaa, *zugrunde gehen.* Er hät nie nüüt taa, *nie etwas gearbeitet.* S isch niene nüüt loos, *nirgends etwas los.* Nüüt weder lache, *nichts als lachen.* Wider nüüt und aber nüüt, *überhaupt nichts.* Das isch nüüt! *das kommt nicht in Frage.* Nüüt für unguet! *Entschuldigung!* Nüüt mee, *nichts mehr.* Nüüt des mee, nüütesmee, *nichtsdestomehr.* Nüüt des minder, nüütesminder, *nichtsdestoweniger.* Zss. siehe unten.

Nüüteler m. *armseliger Kerl.*

Nüüteli s. *fingiertes, in Aussicht gestelltes Geschenk* (Ksp.). E guldis Nüüteli und e silberis Nienewäägeli und e silberis Hettigèèrneli.

nüütelig *unansehnlich.* Si gseet nüütelig uus.

nüütguets(ig) 1. *nichtsnutzig.* 2. *ausgelassen, mutwillig.*

Nüütguets(n)i w. *Übermut, Mutwille.*

nüütig 1. *wertlos, nichtig.* Nüütigi Waar, *wertlose Ware.* 2. *unansehnlich, schwächlich.* E nüütigs Mandli, *schmächtig.* S isch mer ganz nüütig, *leeres Gefühl im Magen.*

Nüütnutz m. *Nichtsnutz, Taugenichts.*

nüütnutzig *nichtsnutzig, unnütz. übermütig.*

Nüütnutz(n)i w. *Ausgelassenheit, freches Wesen.*

nüüträchts(ig) *nichtsnutzig.* Hw. En Nüüträchts gèè, *ein Taugenichts werden.*

Nüüträchts(n)i w. *Übermut, Schelmerei.*

nüütwärts(ig) *nichtsnutzig.* Hw. En Nüütwärts sii.

Nüütwärtsni w. *Mutwillen.*

nüüzg *nichts* (humor.). Das choscht nüüzg Rappe, *nichts.*

O

ob (unbet.), **oob** (bet.) *über.* D Milch isch oob. Ra.: Äim es Baad oob haa, *eine Strafe bereit halten.*

ob (Vw. mit Wemf.) 1. *oberhalb, über.* Ob em Huus. S Bild hanget ob der Kumoode. 2. *bei, während.* Ob em Lääse vertnuke, *während des Lesens einnicken, einschlummern.*

öb siehe eb, seb.

Obacht in Verb. Obacht gèè, *acht geben, aufpassen.* Gib Obacht! *pass auf.*

obe Uw. *oben.* Oben uf em Büechergstell. Uf em Chaschten obe, *auf dem Schrank.* Uf em Baum obe, *auf dem Baum.* Oben am Wald, *oberhalb des Waldes.* Zss.: obenaa, *obenan;* -aab, *obenweg.* De Nidel obenaab nèè; -abe, *von oben herunter.* Obenabe choo; obedraa, *oben, darüber;* -drii, *obendrein;* -druff, *obenauf;* -dure, *obenhin;* -füre, -fùùr, *obenhin.* Obefüre gaa, obefùùr häigaa; -hindere; -imdoorff, Hans Obenimdoorff, *wichtige Person;* obenie, -ine, *obenhinein.* Obenine gaa, 1. *nach vorn gebückt.* 2. *bei oberer Instanz vorsprechen;* -übere, *obenhinüber;* -ume, *obenherum;* -use, *obenhinaus.* D Milch chunt obenuse, *überfliesst.* Er hät obenuse wele, *wollte höher hinaus;* -uuf, *obenauf.* Obenuufchoolraab w., *Kohlrabi;* -zue, *weiter oben.*

Ober m. *Ober im Kartenspiel.*

ober, oberscht *ober, oberst.* Zss.: Oberchoolraab w., -choolrèèb w., -cholrèèbli s., *der Kohlrabi;* -holz s., *Baum, im Gegensatz zu Gestrüpp;* -jehu(di) m., *hoher Chef* (humor.); -lääder s.; -länder m., 1. *Einwohner des Zürcher Oberlandes.* 2. *Oberleutnant* (Ssp.); -lefti m., -löfti m., -lüfzger m., -lüfzgi m., *Oberleutnant.* (Ssp.); -luft m., *Oberwind;* -liintuech s., *oberes Bettuch;* -rock m., *Oberkleid;* -schnòri m., *Wichtigtuer, Angeber* (Schsp.); -stift m., *älterer Lehrling von mehreren;* -stübli s., ütr.

Gehirn; –tili w., *Dachboden;* -tilimòider m., *Kinderschreck* (ZO.).

Obli s. *Hauswirtschaftsobligatorium für Mädchen* (Schsp.).

Obme m. *Obmann, Vorsitzender, Präsident.*

Obs s., jg. **Obscht** s. *Obst.* Zss.: -jaar s.; -trääsch s., *Obsttrester;* -wachs s., *Obstertrag.* Vkf. **Obsli** s., *geringer Obstertrag.*

obse (gobset), **obsne** (gobsnet) *Obst einsammeln.*

öbsele (göbselet) *nach Obst riechen.*

obsi *nach oben, aufwärts.* Iez gaat s obsi. S isch em alls obsi choo, *er musste sich erbrechen.* D Haar sind em obsi gstande, *die Haare standen ihm zu Berge.* Er isch obsi choo, *emporgekommen.* Zss.: Obsigänt m., *Zeit, während der die Kulminationshöhe des Mondes zunimmt (irrtümlich auch Phase des zunehmenden Mondes);* vgl. Nidsigänt; -naase w., -nääsli s., *Stupsnase;* -purgatz w., *Brechmittel.*

Ochs m. (-e) *Ochse.*

ochse (gochset) *büffeln, streng arbeiten* (Schsp., Stsp.).

oder *oder.* Er chunt scho na sii Straaff über, oder es git kän Hèèrgott, *sonst.* Er cha nienen ane, oder er nèèm sii Frau mit, *es sei denn.* Säg d Waret, oder lueg dänn! *andernfalls.*

Ofe m. (Öfe) *Ofen.* Ra.: Am Ofen uufstaa, *faulenzen.* Hinder em Ofe hocke, *Stubenhocker sein.* Dè mues me nüd hinder em Ofe sueche, *er ist durchtrieben.* Vor em Broot in Ofe schlüüffe, *voreilig sein.* Öppis im Ofe haa, *schwanger sein* (pop.). Zss.: -bach m., *Teigmenge, die auf einmal gebacken wird, Backmenge;* -bale m., *Falltüre über dem Ofen;* -bank m.; -brueter m., *wer immer hinter dem Ofen sitzt, Ofen-, Stubenhocker;* -chachle w.; -chnopf m.; -chratz m., *Ofenwinkel;* -chrucke w., *Ofenkrücke, Ofenscharre;* -chüechli s., *kleines Ofengebäck;* -hock m., *Ofenhocker;* -roor s., a) *Abzugsrohr des Ofens.* b) *Wärmerohr im Ofen.* c) *Gesichtswärmer* (Ssp.); -röörli s., *Wärmerohr im Ofen;* -sitz m., *Sitz zwischen Ofen und Wand, Ofenwinkel;* -stääge w., *Ofentreppe;* -stängli s., *Stange rund um den Ofen;* -stùùd w., *Ofenfuss;* -tòòrli s., *Ofentürchen;* -wèèrmi w. Vkf. Öfeli s.

öfele (göfelet) *nach frischausgestrichenem Ofen riechen.*

offeriere (-t) *anbieten.* Was tòòrff ich Ine offeriere? *was darf ich anbieten ?*

öffetli *öffentlich.*

Offiss s. *Anrichteraum in Gaststätte.* Zss.: -pùùrscht m., *Anrichtegehilfe.*

Offlete w. *eine Art Waffeln, sprödes braunes Gebäck, Oblate.*

ofne (gofnet) *Öfen setzen.*

Öfzgi m. *Offizier* (Ssp.).

oha lätz! *wie ungeschickt!*

ohä!, oohä! *wie ungeschickt!*

oi! *o (Ausruf der Überraschung oder Bewunderung).* Oi, iez chunt dèè na! Oi, duu bisch aber useputzt!

öi (bet.), **i** (unbet.) *euch* (vgl. W.Gr.). I wott nüüt wüsse von öi. Gänd i kä Müe!

öie, öiere *euer* (vgl. W.Gr.). Öi(er)e Vatter, öi(er)i Mueter, öie(r)s Chind.

Öiel m., **Höiel** m. *Eule.*

òigere (gòigeret) *spähen, aufpassen* (ZO.).

òigle (gòiglet) *okulieren.*

Òimer m., auch **Äimer** m. *Eimer.*

öis (bet.), **is** (unbet.) *uns* (vgl. W.Gr.). Er hät s von öis. Er hät s is gsäit.

öischtele (göischtelet) *nach Unschlitt riechen, schmecken.*

öise, öisere *unser.* Öis(er)e Vatter, öis(er)i Mueter, öise(r)s Chind. Hw. Öis(er)e m., *unser Sohn* (fam.); Öisi, Öis(er)i w., *unsere Tochter* (fam.). Zss.: öiseräin, -äis, *jemand wie wir; ich.* Öiseräin miech daas nie!

Oktoober m. *Oktober* (jg.).

ööd 1. *kraftlos, fade, wenig gesalzen.* D Suppen isch ööd. 2. *schwach, blöde.* S isch mer ööd im Mage.

Öödi w. *Schwächegefühl, Leeregefühl im Magen.*

Ööl s. *Öl.* Ra.: S isch zum (Haar)ööl brünzle, säiche, *aus der Haut zu fahren* (vulg.). Ööl am Huet haa, *angetrunken sein.* Zss.: -farb w.; -götz m., *unbeholfener Mensch,* eig. *hölzerner Lichtstock für die Ampel;* -müli w.;

-riibi w., *Ölpresse;* -saame m., *Rapssamen;* -stampfi w., *Ölpresse;* -stiize w., -stiizli s., *Ölkännchen mit Ausgussröhrchen.*

Ȍȍl m. *Aal* (eig. Mz.).

ööle (göölet), **ȍȍle** (gȍȍlet) 1. *Öl pressen.* 2. *ölen.*

öölele (göölelet) *nach Öl riechen oder schmecken.*

Ööli w., **Ȍȍli** w. *Ölmühle.*

öölig siehe göölig.

Oomacht w. (-e) *Ohnmacht.*

oomächtig 1. *ohnmächtig.* 2. (pop.). En oomächtige Kärli, *unmöglicher Kerl.* En oomächtigi Sach, *eine vertrackte Geschichte.* S isch oomächtig gsii, *langweilig.* Oomächtig guet, schöön usw., *sehr...*

Ȍȍmli siehe Èèmeli.

ooni *ohne.* Ooni Huet. Das isch nüd ooni, *recht gut.*

Oor s. (-e) 1. *Ohr.* Ra.: Uf d Oore gèè, *Ohrfeigen austeilen.* Em Tüüfel es Oor ablauffe, *unsinnig.* Häsch d Ooren im Sack? Häsch Schübel in Oore? *hörst du nicht gut?* I hä s in Oore, *leide an Ohrenübel.* Mäi, i laa der d Oore staa, *Drohung an Kind* (humor., fam.). Händ der d Oore nüd glüütet? *hast du nicht gespürt, dass wir von dir sprachen?* Zss.: Oorfiig w., *Ohrfeige;* oorfiige, *ohrfeigen;* Oorebeckeli s., *Trinkschale mit zwei Handhaben, Ohrentasse;* -bindi w., *Ohrenbinde;* -glangge w., -glangger m., -glanggere w., *Ohrgehänge, bes. von Kirschen;* -läppli s.; -lüüte s., *Ohrenklingen;* -müggel(er) m., -niggel(er) m., *Ohrwurm;* -phänk s., *Ohrgehänge;* -ringli s.; -schlängge m., *Ohrgehänge;* -schmalz s.; -schübel m., *Ohrenpfropf;* -suuse s.; -tokter m., *Ohrenarzt.* 2. ütr. I dem Buech hät s en Huuffen Oore, *Eselsohren.* Vkf. Öörli s. in Äieröörli.

oorche siehe urche.

öördele (gööördelet) *sorgfältig und niedlich ordnen.*

Öördeler m. *Ordnungsliebender.*

oordli (öördlicher, öördlichscht), **oordeli, oordlig** 1. *ordentlich.* En oordliche Maa, en oordlichi Frau, en oordlis Chind. D Mäitli sind öördliger weder d Buebe, *haben mehr Ordnung.* 2. verst. *ziemlich, beträchtlich.* En oordliche Sack voll, *ziemlich voll.* En oordliche Schluck, *ein tüchtiger Schluck.* S hät oordeli Öpfel ggèè, *ziemlich viel.* 3. *befriedigend.* Er hät si oordli ghalte. I bin oordli zwääg. 4. S isch oordli, wie wänn s hett müese sii, *es ist gerade, wie wenn ...* Das chan i nüd oordli sääge, *nicht eben.* Mues das oordli hütt sii? *ausgerechnet heute.* I wäiss nüd oordli, wän er chunt, *nicht genau.*

Öördligi w. *Reinlichkeit, Bravheit.*

oorgele (goorgelet) *Orgel spielen.*

Oorgele w., jg. **Oorgle** w. *Orgel.* Zss.: -pfiiffe w. Vkf. **Öörgeli** s., *Drehorgel, Leierkasten.* Es laufft wien es Öörgeli, *wie am Schnürchen.* Zss.: -maa m., *Drehorgelspieler;* -schliiffschue (Mz.), *Schlittschuhe, mit Schlüssel festgedreht.*

öörgele (gööörgelet) 1. *Handharmonika spielen.* 2. *Drehorgel spielen.*

Oorgelischt m., jg. **Organischt** m. (-e) *Organist.*

Ööri s. 1. *Öhr, Öse.* 2. *Henkel.*

Öörlike 1. *Oerlikon, Quartier Zürichs.* 2. Ra.: I gaa uf Öörlike, *ich gehe ins Bett, schlafen* (humor.).

Oornig w. (-e) *Ordnung.* I d Oornig mache, *ins reine bringen.* E wüeschti Oornig mache, *Unordnung machen.* Zss.: -schiisser m., *Ordnungsfanatiker* (vulg.). Vkf. **Öörnigli** s., *übertriebene Ordnung und Reinlichkeit* (humor.).

Oort s., jg. m. *Ort, Stelle.* Mer sind am rächten Oort. A täil Oorte, *manchernorts.* Ra.: Am Oort usse ligge, *am Bettrand liegen.* De Bängel am tickschten Oort haa, *im Vorteil sein.* Zss.: -brätt s., *Seitenbrett, z.B. eines Bettgestells;* -graabe m., *Strassengraben;* -hȍi s., *rauhes Heu (von Randwiesen);* -rääbe w., *am Rande des Weinbergs stehende Reben;* -schiit s., *Zugscheit, Waagscheit für die Zugstränge;* -wìis w., *abgelegene Randwiese.* Vkf. **Öörtli** s., 1. Öppis an es Öörtli tue, *aufbewahren.* De Profiit isch ame chliinen Öörtli, *Gewinn ist klein.* Zss.: -gäischt m., *engherziger Ortsgeist.* 2. *Abort.* An es Öörtli gaa. 3. *gemieteter oder gekaufter Kirchenstuhl* (va.).

Ooschtere w. *Ostern.* Naa der Ooschtere. Zss.:

Ooschteräi s.; -bluem w., *Küchenschelle;* -haas m.; -mèèndig m., *Ostermontag;* -sundig m., *Ostersonntag.*

ööschtriichisch *österreichisch.* Hw. im Ööschtriichische, *in Österreich.*

Oozifer siehe Uzifer.

Opere w. *Oper.* Zss.: -gugger m., 1. *Opernglas.* 2. *Fernglas.*

Opermänt *als Ausruf.* Botz Galen und Opermänt! *potz Galle und Gift.*

Öpfel m. 1. *Apfel.* Zss.: -blueschts., *Apfelblüten;* -bütschgi s., *Apfelkerngehäuse, Überrest eines Apfels beim Essen, Apfelüberrest;* -bütschgiborer m., *Apfelkerngehäuseentferner;* -chèèrndli s., *Apfelkern;* -chüechli s., *kleines Apfelgebäck;* -flüüg w., *Kelch, Blütennarbe des Apfels;* -güner m., *Obstpflückgerät;* -hunng m., *Apfelkonfitüre, Apfelmarmelade;* -hùùrd w., *Apfelgestell;* -huut w., *Apfelschale;* -moscht m., *Apfelsaft;* -mues s., *Apfelmus, Apfelbrei.* Ra.: I s Öpfelmues lange, *in etwas Unangenehmes greifen* (pop.); -rööschti w., *Gericht aus geröstetem Brot mit Äpfeln;* -saft m.; -schnägg m., *schneckenförmiger Kuchen mit Apfelfüllung;* -stückli s., *Apfelschnitz, roh, gekocht oder gedörrt;* -wèèe w., *Apfelkuchen;* -wegge m., *Apfelwecken.* Vkf. Öpfeli s. 2. *Kopf* (vulg.).

öppe 1. *irgendwo.* S mues öppen ume sii, *die Sache muss irgendwo sein.* Zss.: öppenane, *irgendwohin;* -die, *hie und da, gelegentlich, zuweilen, manchmal;* -hèèr. Er wìrt vo öppehèèr sii, *von irgendwoher;* -hìì. Er hät s öppehìì praacht, *zu etwas gebracht.* 2. *zuweilen.* Mer losed öppe, *wir hören zuweilen zu.* S git s öppe, *es ereignet sich zuweilen.* 3. *etwa, vielleicht, wohl.* Isch es öppe daas? *ist es vielleicht dieses.* Häsch es öppe vergässe? *hast du es wohl vergessen.* Wottsch öppen öppis? *willst du etwa Schläge.* Hät der öppen öpper öppis taa? *hat dir etwa jemand etwas zuleide getan.* S isch öppe Vieri, *etwa vier Uhr.* Öppe mänge, *wohl mancher.* Öppe vil, *etwelche, einige.* Du wirsch ämel öppen ä choo, *hoffentlich kommst du auch.* S wìrt öppe nüd sii! *es wird doch wohl nicht sein.* Prässier öppen echli! *beeile dich doch ein wenig.*

öpper, öppert *jemand.* S chlopfet öpper. Da hät öpper öppis verloore, *hat jemand etwas verloren.* Er isch dän öppen au öpper, *er ist jemand, ein Mann von Bedeutung.* Öpperem rüeffe.

öppis *etwas.* Häsch öppis verloore? *hast du etwas verloren?* Öppis hät em ghöört, *eine Lektion tat ihm gut.* Chumm, wänn d öppis bisch! *wenn du Mut hast.* Er hät em/si öppis aataa, *sich das Leben genommen.* Er isch öppis i de driissge, *um die dreissig Jahre alt.* Si händ gfluechet öppis Schüülis, *furchtbar geflucht.* Öppis hät im Stèèrne, öppis im Ochse ggässe, *die einen assen im Sternen, die anderen im Ochsen.* Mached öppis! *macht vorwärts.*

OR (o-èr) w. *Oberrealschule* (va.).

orangsch *orange.*

Orangsche w. *Orange, Apfelsine.*

ordinèèr *gemein.* En ordinèèri Phersoon. Hw. Ordinèèri, 1. m. *billiger Schnaps* (va.) 2. s. *Mundportion für Soldat; alltägliche Kost.* Er verdient nüd emaal s Ordinèèri, *sein tägliches Essen.* Uw.: für ordinèèri, *gewöhnlich.*

Ordööwer s. *Vorspeise* (frz. hors-d'œuvre).

orginell *originell.*

OS (o-èss) w. *Offiziersschule* (Ssp.).

Oschte m. *Osten.*

Ottegolooni s. *Eau de Cologne, Kölnischwasser.*

ou! *o (weh)!* Ou, miin Fuess! Ou, iez hän i s vergässe! Ou ja! *o ja.* verst. ou, ou, ou!

Ouschlig m. *Unschlitt, Tierfett.*

P

Siehe allenfalls unter B

Paan w. (-e) *Bahn, Eisenbahn.* Uf d Paan gaa, *auf den Bahnhof gehen.* Mit der Paan gaa, *mit dem Zug reisen.* Uf d Paan tue, *zum Bahnhof bringen, führen.* Zss.: -hoof m.; -loo m., *Fahrtaxe* (va.); -räi m., *Bahnböschung;* -wächter m., -wèrter m. *Bahnschrankenwärter;* -wächterhüüsli s.,

Bahnwärterhäuschen. Vkf. **Päändli** s., *Schmalspurbahn, Seilbahn, Luftseilbahn.*

päändle (-et) 1. *häufig bahnfahren.* 2. *mit Kindereisenbahn spielen.*

Päändler m. *Bahnangestellter.*

paane (-et) *einen Weg bahnen.* S isch nanig paanet gsii, *der Weg war noch nicht gebahnt.*

paar *einige.* Vor e paar Taag. E paar Maal, *einige Male.* Mit e paarne, *mit einigen.*

Paar s. *Paar.* Ra.: Dè hät es Paar Auge gmacht, *geglotzt, gestaunt.* Vkf. **Päärli** s. Es Päärli, 1. *Geschwisterpaar (jung).* 2. *Liebespärchen.* 3. *ein Paar (z.B. Strümpfe, Würste).* E jungs Päärli, *junges Ehepaar.* Zss.: päärliwiis, *paarweise.*

päärle (-et) 1. *paarweise ordnen.* 2. *sich paaren.*

Paart m. (ää), jünger **Baart** m. Bart. De Paart abetue, *sich rasieren.* D Hèrdöpfel händ scho Päärt, *die Kartoffeln keimen.* Ra.: En Baart (ii)fange, *eine Schlappe einstecken müssen* (jg.). Zss.: -schaaber m., *Coiffeur, Friseur* (humor.). Vkf. Päärtli s.

Paartli m., jg. **Baartli** m. *Mann mit (grossem) Bart, Bärtiger.*

Päch s. *Pech.* Ra.: Päch gèè, *Reissaus nehmen.*

päche (-et) *davonrennen.* Zss.: devoo-. Er isch devoopächet.

pächiere (-t) *davonrennen.* Zss.: devoo-. Er isch devoopächiert.

padänt siehe badänt.

Padänt siehe Badänt.

padäntiere siehe badäntiere.

pagaare (-et) *zahlen* (humor., jg.).

Päiass m. (-e) *Hanswurst, Possenreisser, Hampelmann.* De Päiass mache, *den Hanswurst spielen.*

päiasse (-et) *den Hanswurst spielen.*

päischte (-et) *schwer, stossweise atmen, keuchen, ächzen, jammern, hasten.* Du päischtisch d Stäägen uuf, *keuchst die Treppe hinauf.* Päischt ä nüd esoo, de chunsch na früe gnueg! *haste nicht so.*

Palaari m. *Rausch* (pop.).

Palmsundig m. (-e) *Palmsonntag.*

Pandüüle w. *Wanduhr.*

Panduur m. (-e) 1. *jassähnliches Kartenspiel.* 2. *Gelegenheitsarbeiter, Taglöhner auf Abruf.* 3. *Gauner.* Zss.: Panduurebäiz w., *anrüchiges Lokal.*

panduure (-et) *jassähnliches Kartenspiel spielen.*

Paner s. *die Zehn der deutschen Spielkarten.*

päng! *Schallwort.* Päng vole, *ganz voll.*

Pängsette w. *Pinzette.*

Pangsionaat s. *Pensionat, Schülerheim, Internatsschule.*

pangsioniere (-t) *pensionieren.*

Pangsioon w. *Pension.*

Paniermääl s. *Semmelmehl, Semmelbrösel.*

Pantoffel m. (Pantoffle) *Pantoffel.* Vkf. Pantöffeli s.

Panzerchèès m. *Dosenkäse* (Ssp.).

Pänziin s. *Benzin.*

pänziinele (-et) *nach Benzin riechen*

Papegäi m., **Papigäi** m. (-e) *Papagei.*

papp in: Er hät nöd papp gsäit, *er sagte kein Wort* (jg.).

Pappele w., **Papple** w. *Pappel.*

paraad, peraad, praad *bereit.* S Ässen isch paraad. Äim paraad staa, *bereitstehen, abpassen.*

Paraadi w. *Bereitschaft.* Paraadi staa.

pardong!, pardoon! *Entschuldigung!*

pariere (-t) *parieren.* 1. *sich fügen.* Er hät müese pariere. 2. *auf etwas beharren.* I pariere druff. 3. *aushalten.* Er mag s nüd pariere.

Pariiser m. 1. *aus Paris, Pariser.* 2. *Kondom, Präservativ* (vulg.).

parle (-et) *wirr, unverständlich durcheinanderreden.*

parliere (-t) 1. *in einer fremden Sprache reden.* Wältsch parliere. 2. *munter drauflosreden.*

Part m. (-e) 1. *Partei im Rechtsstreit.* Me mues beed Parte aalose. 2. *Mieter.* I dem Huus hät s vier Parte.

Partèèr s. *Erdgeschoss.*

Partei w. (-e) *Partei.* Zss.: -bonz m., *Parteiführer.*

parteiisch *parteiisch.* En parteiische Leerer.

Partii w. (-e) 1. *Spielpartie.* E Partii mache. Zwoo Partiie. 2. *Heirat.* E gueti Partii. 3. *Teil eines Dings.* E böösi Partii, *an einer Strasse, einem Kleid.* 4. *Anzahl gleicher Art.* E Partii Waare.

partuu *um jeden Preis, durchaus.* Er wott s partuu haa.

päschele (-et) *basteln, tändelnd arbeiten.* Er hät aliwiil öppis z päschele, *ist nie müssig.* Zss.: ume-, *herumbasteln, herumdoktern.* An öppis umepäschele, *an etwas herumbasteln.* An äim umepäschele, *herumdoktern.* Päscheliaarbet w., *kleine, wenig ausgiebige Arbeit.*

Päscheler m., **Päscheli** m. *Bastler, langsamer Arbeiter.*

paschge (-et), **päschge** (-et) 1. *eine Arbeit bewältigen.* 2. *die Kräfte messen.*

Paschi m. 1. *Kurzform für Sebastian.* 2. En fuule Paschi, *Faulenzer.*

Päschlete w. *kleine Hantierung.*

Pascht m., **Paschtmilch** m. *pasteurisierte Milch.*

Paschteete siehe Baschteete.

Paschter siehe Baschter.

Paseldang m. *Zeitvertreib* (va.); frz. passer le temps.

Paseschier m., **Passeschier** m. *Reisender.* Zss.: -guet s., *Reisegepäck.*

Pass m. (ä) *Bassstimme.* Dè hät en ghüüslete Pass, *ist unsicher beim Singen.* Zss.: -giige w.; -giiger m.; -giigegsicht s., *unzufriedene, schmerzverzogene Miene.*

Pass m. (ä) 1. *Reisepass.* 2. *Bergpass.* 3. Ra.: Äim z Pass staa, *auf jemanden warten, jemandem auflauern, zu Diensten stehen.* Äim guet, übel z Pass sii, *gut, übel gesinnt sein.*

passaabel *leidlich, erträglich.* S Ässe isch passaabel.

Passang m. in: Am Passang, *an der Heerstrasse* (va.).

passe (-et, -t) 1. *passen, ein Spiel vorbeigehen lassen, ohne mitzuspielen.* 2. *auf etwas (ruhig) warten.* De chasch lang passe, bis i wider chume, *du kannst lange warten.* Dè cha mer passe! *ich will nichts von ihm wissen.* Uf öppis passe, *warten, lauern.* 3. *sich schicken.* Das passt si nůůd, *schickt sich nicht.*

Passe w. *Serie von 5 Schüssen.*

Passer s. *die Zehn der deutschen Spielkarten.*

Passeschier siehe Paseschier.

passiere (-t) 1. *passen, ein Spiel vorbeigehen lassen, ohne mitzuspielen.* I passiere dasmaal, *ich gebe das Spiel weiter.* 2. *vorbeigehen.* Lönd d Lüüt passiere! 3. *angehen.* Frage: Wie gaat s? Antwort: S passiert, *es geht leidlich.* 4. *geschehen, zustossen.* Es isch em öppis passiert.

pässle (-et) 1. *warten, lauern.* 2. *Domino spielen* (ZO.).

Patroon m. 1. *Geschäftsinhaber.* 2. En suubere Patroon, *unseriöser Kerl.*

Patroon w. (-e) *Patrone.*

Patrulie w. *Patrouille, Streife.* Zss.: -lauff m., *Geländelauf* (Ssp.).

patsch, pätsch *patsch.* Er säit alls pätsch use, *sagt die Sache ungeschminkt.*

patsche (-t), **pätsche** (-t) *platschen.* Das hät pätscht, won er i s Wasser gfalen isch.

patte (-et) *ausreichen, klecken.* S pattet käs Gält, *das Geld reicht nicht aus.* S pattet alls nüüt, *es hilft alles nichts.*

patzet *gefleckt.* E patzets Ross, *Apfelschimmel.*

pauschig *bauschig, wulstig, sperrig, bes. von Kleidungsstücken.* Pauschigs Hȍi, *sperriges Heu.*

Pawiliong s. *der Pavillon.*

pchiime (-et) *trotz Schwierigkeiten endlich gedeihen.* Er pchiimet si wider, *er kommt wieder zurecht.*

pchoo siehe choo.

peelände (-et) *betrüben, grämen.* S hät mi peeländet, *es traf mich tief, es schmerzte mich.*

Peeländi w. *Gerührtsein.*

pèèpe (-et) *auf einer Tute blasen, tuten.*

Pèèpe w. 1. *Blashorn.* 2. *Tute aus Karton.* Vkf. Pèèpeli s.

pèèpele (-et) *auf einer Tute blasen, tuten.*

Peeterli m. *Petersilie.*

Pelz m. *Pelz.* ütr. Dè hät en Pelz! *Haarschopf.* D Milch hät en Pelz, *Fetthaut.*

pene (pent) *schlafen* (pop.).

Peni m. *Strafstoss* (Schsp.); engl. penalty.

peraad siehe paraad.

Pèrong m. *Bahnsteig.*

Peschtalozzi m. 1. *gutmütiger Mensch.* 2. *Zwanzigfrankennote* (va., pop.).

Peschti w., jg. **Beschtie** w. *Bestie, wüster Kerl.* Tue wien e Peschti.

Petrool s. *Petrol.* Zss.: -funzle w., *Petrollampe* (pop.).

petröölele (-et) *nach Petrol riechen.*

Pfaad m. *Pfad, gebahnter Weg.* Pfaad mache, *einen Pfad bahnen.* Zss.: -schlitte m., *Schneepflug.*

pfaade (-et) *Weg bahnen.* Si händ scho am Morge früe pfaadet, *den Schnee weggeräumt.*

Pfaal m. (Pfòòl) *Pfahl.* Vkf. Pfòòli s.

Pfaarer m. (ää) *Pfarrer.* Ra.: De Pfaarer prediget nu äimaal, *die Sache wird nicht wiederholt.* Zss.: Pfaarhuus s.; Pfaariisatz m., *Amtseinsetzung eines Pfarrers;* Pfaarerstochter w., *Pfarrerstochter.* Ra.: Nu under öis Pfaarerstöchterere gsäit, *nur in diesem Kreise gesagt.* **Pfaareri** w. (-ne) 1. *Pfarrfrau.* 2. *Pfarrerin.*

Pfadi m. *Pfadfinder.* Vkf. Pfäderli s.

Pfadi s. *Pfadfinderin.*

Pfadi w. *Pfadfindergruppe, Pfadfinderbewegung.* Er gaat i d Pfadi.

Pfaff m. (-e) *Pfarrer* (pej.). Zss.: Pfaffechäppli s., 1. *Pfaffenhütchen (Spindelbaum).* 2. *bestimmtes Zuckergebäck.*

Pfäffer m. *Pfeffer.* Zss.: -münz w., *Pfefferminze.*

pfäffere (-et) 1. *pfeffern.* 2. *schiessen* (Ssp.). Zss.: aa-, *bewerfen;* ie-. Dè Schuss hän i iepfäfferet, *das Schwarze getroffen.* verst. pfäfferet chalt, *sehr kalt.*

Pfaffi m. *Konfirmandenunterricht* (Schsp., Wth.).

Pfämet s. *Anteil an einer Speise; richtiges Mass.* Da häsch diis Pfämet! Vkf. Pfämetli s.

pfände (-dt) *pfänden.*

Pfane w. *Pfanne.* Ra.: Der eerscht bi der Pfane richt aa, *wer zuerst kommt, hat den Vorteil.* Zss.: -blätz m., *Topflappen;* -chratzete w., *Angebratenes, das als Leckerbissen ausgekratzt wird;* -flicker m., -ribel m., *kleine Topfbürste;* -ring m.; -stììl m.; -teckel m.; -teckle, *lärmen durch Zusammenschlagen zweier Pfannendeckel.* Vkf. **Pfändli** s., 1. *Pfännchen.* 2. *Gelenkpfanne bei Menschen und Tieren.*

pfänigganz *gut erhalten* (va.).

Pfauebüüni w. *Schauspielhaus Zürich.*

Pfeischte w., jg. **Pfingschte** w. *Pfingsten.* Zss.: Pfeischtmèèndig m.; -sundig m.

Pfèrsi m., **Pförsi** m., s. (va.) *Pfirsich.*

Pfiffi s. *Pips (Hühnerkrankheit).* Äim s Pfiffi nèè, 1. *vom Pips heilen.* 2. ütr. *von Stolz, Übermut heilen.* S Pfiffi haa, *tolle Laune haben.*

pfiiffe (pfiffe) *pfeifen.* Ra.: Es gaat wie pfiffe, *es geht leicht.* De chasch mer pfiiffe, *du bemühst dich umsonst.* Das isch mer pfiiffegliich, *vollkommen gleichgültig.* Zss.: aa-, *jemanden schelten;* uus-.

Pfiiffe w. *Pfeife.* Ra.: Me mues d Pfiiffe mache, wän s im Saft sind, ütr. *die günstige Gelegenheit benutzen.* E Pfiiffe faare, stecke, *Schussfahrt machen (beim Skifahren).* Zss.: pfiiffegraad, *schnurgerade;* -holz s., *Weide, aus deren Ruten die Knaben Pfeifen schneiden;* -ruet w., *Weidenart, aus der Pfeifen geschnitten werden;* -teckel m. Ra.: Ja Pfiiffeteckel! *ach was* (pop.). Vkf. **Pfiiffeli** s., 1. *Signalpfeife als Spielzeug.* 2. es Pfiiffeli Tubak, *eine Pfeife Tabak.* 3. *Penis kleiner Knaben.*

pfiiffele (-et) *leise vor sich hin pfeifen.*

Pfiil m. *Pfeil.* De Pfiil mache, *Pfeilsprung ins Wasser.* Zss.: -boge m., *Schiessbogen.*

pfischtere (-et) *backen* (va.).

pfitze (-t) *wegrennen.*

Pflääg w. (-e) 1. *Pflege.* Er hät e gueti Pflääg. Zss.: -chind s. 2. *Aufsichtsbehörde der Schule, Kirche usw.* Er isch i der Pflääg, *gehört einer Aufsichtsbehörde an.*

pflääge (-t) *pflegen.* Zss.: uus-, *jemanden bis zum Lebensende pflegen.*

Pflääger m. 1. *Mitglied einer Aufsichtsbehörde (Kirche, Schule usw.).* 2. *Kassier einer Zunft.* 3. *Krankenpfleger* (jg.).

pflaarze (-et) *faul herumliegen, faulenzen.*

Pflaatsch m. *Kotfleck.*

Pflaatsch w. *nachlässige, faule Person.*

pflaatsche (-et) *faulenzen.*

pflädere (-et) *Wäsche im Wasser schwenken.*

Pfläderete w. *Unordnung mit Wasser.*

pfläne (-t) *weinen* (va.). Zss.: uus-, *auslachen.*

Pflanz w. (-e) *Pflanze.* Zss.: -blätz m., *Stück Land für Gemüsebau, Schrebergarten.* Vkf. Pflänzli s.

Pflänz (Mz.) *Flausen, Umstände.* Mach kä Pflänz! *Flausen, Dummheiten, unangebrachte Komplimente.* Nüd lang Pflänz mache, *nicht* *viel Federlesens.* Pflänz im Chopf, *närrische Einfälle, Flausen.*

pflanze (-et) 1. *Gemüse pflanzen.* 2. *züchten.* Ra.: Schölme pflanze, *Diebstahl gewähren lassen.*

Pflaschter s. 1. *Pflaster.* Es Pflaschter uuflegge, *ein Heilpflaster.* S Pflaschter überchoo, *einen Denkzettel bekommen, Schaden davontragen.* Vkf. Pfläschterli s. Es Pfläschterli für de Vertruss, *Trostpflästerchen.* 2. *Mörtel.* Zss.: -bueb m., *Mörtelträger auf dem Bauplatz;* -chele w., *Mörtelkelle;* chübel m.; *Mörtelkübel;* -muelte w., *Mörteltrog;* 3. *Faulenzer(in).* E fuuls Pflaschter.

pflaschtere (-et) 1. *pflastern, Heilpflaster auflegen.* Die hät öppis pflaschteret! *viel mit dem Arzt zu tun gehabt.* 2. *mit Mörtel hantieren, bewerfen.*

Pflegel m. (Wemf. Mz. Pflegle) 1. *Dreschflegel.* ütr. De Pflegel uufhänke, *Beruf an den Nagel hängen.* Zss.: -hänki w., -legi w., -löösi w., *(Schmaus beim) Erntefest.* 2. *grober Mensch.*

pflegle (-et) 1. *vordreschen.* 2. *derb dreinschlagen.* Drufloos pflegle.

pfleschtere (-et) *Strasse pflästern.*

pflètschnèss in: O jèss, pflètschnèss! *ja, ja; sicherlich* (Schsp.).

Pflüder m. *Nassschnee, Matsch, dickflüssige Masse.* Zss.: -ȍigli Mz., *verschwommene Augen nach Alkoholgenuss.*

pfludere (-et) 1. *quatschen (dickflüssige Masse), hervorsprudeln.* 2. *pfuschen.*

pflüdere (-et) *nass, weich sein, vom Schnee.* Es pflüderet.

Pfluderete w. 1. *Entweichen der Luft beim Rühren dickflüssiger Massen.* 2. *Pfuscharbeit.*

Pflüderete w. *Nassschnee, dickflüssige Masse.*

Pfluderi m., **Pfludere** w. 1. *unordentliche Person.* 2. *flüchtig Arbeitender, Pfuscher.*

pfluderig 1. *breiig, zerfliessend, von Speisen.* 2. *nachlässig.*

pflüderig *halbgetaut, weich, von Schnee.*

Pflueg m. (üe) *Pflug.* Zss.: -baum m., *Pflugbaum, Grendel;* -hau(p)t s., *Pflughaupt (unten);* -raad s., -redli s. Ra.: Auge mache wie Pfluegredli.

Pflungg w. (-e) *nachlässige, anrüchige Frau.* Vkf. Pflünggli s.

pflungge (-et) in Zss.: ume-, *liederlich gekleidet herumstreichen.*

Pflunggi m., **Pflunggeri** w. (-ne) *nachlässige Person.*

Pflutsch m., **Pflotsch** m. *Matsch, Nassschnee.*

Pfluum w. (-e) *Pflaume.* Vkf. **Pflüümli** m., *Pflaumenschnaps.*

pflüümle (-et) in Zss.: ane-, 1. *hinschleudern.* 2. *etwas flüchtig erledigen;* hère-, *hinschleudern;* ie-, ine-, *hineinpraktizieren.*

Pfnèèchs m. *ächzender Laut.*

pfnèèchse (-et), **pfnèèchzge** (-et) *keuchen, ächzen, schnarrend durch die Nase atmen.*

Pfnèèchsete w., **Pfnèèchzgete** w. *Ächzen.*

Pfnott m. *Unbeholfener, Schwerfälliger* (ZO.).

Pfnott w. (-e) 1. *Kloss.* Daahocke wie Pfnotte. 2. *körperlich und geistig verkümmerte Person.*

pfnuchse (-et), **pfnuchze** (-et) 1. *keuchend atmen.* 2. *durch die Nase pfeifen.* 3. *schluchzen, verhalten weinen.*

Pfnuchsete w., **Pfnuchzete** w. *Gejammer, Ächzen.*

Pfnüsel m. *Schnupfen, Nasenkatarrh.* De Pfnüsel überchoo, *Schnupfen bekommen.*

pfnüsle (-et) *den Schnupfen haben, näseln.*

Pfnüslete w. *Katarrhzustand.*

Pfnüsli m. *wer häufig dem Schnupfen unterliegt; Verschnupfter.*

pfnüslig *mit Schnupfen behaftet, verschnupft.*

pfnuttere (-et) *unterdrückt reden, lachen, kichern.*

pfnuuse (-et) *hörbar und mühsam atmen.*

Pfnuuser m., **Pfnuuseri** w. (-ne) *mühsam Atmender, Schniefer, Schnaubender.*

Pfnuusete w. *das Schnauben.*

pfȍȍle (-et) *pfählen.*

Pförsi siehe Pfèrsi.

Pfoschte m. (ö) 1. *Pfosten.* 2. *dickes Bein.* Mèrssi, hät die Pföschte!

Pfoschtemänt s. *Postament* (va.).

Pfösi m. *Knirps.*

Pfruend w. (Pfrüende) *Pfründe.* Zss.: -huus s., *Pfrundhaus.*

Pfrüender m., **Pfrüenderi** w. (-ne) 1. *Pfrundhausinsasse* (va.). 2. *Faulenzer.* Daahocke wien en Pfrüender, *träge* (ZO.).

pfrüendere (pfrüenderet) *faulenzen, untätig herumsitzen.*

pfud!, pfudi!, pfüdi! *pfui.* Ä pfudi, las säb sii! *pfui, lass das liegen* (Ksp.).

Pfüder m., **Pfüderi** m. *kleines Kind, im Wachstum Zurückgebliebener.* En hèèrzige Pfüder, *nettes kleines Kind.* Vkf. Pfüderli s.

pfudere (-et) *unordentlich, flüchtig arbeiten, pfuschen.* Zss.: aa-, *anbrüllen.*

pfüdere (-et), **pfüderle** (-et) in Zss.: devoo-, *davontrippeln* (fam.).

Pfüdi m. (-ene) 1. *Knirps* (fam.). 2. *Schmierer.* Du wüeschte Pfüdi! 3. *Schwächling, Feigling.* En truurige Pfüdi. 4. *Pfadfinder* (pej., Schsp.).

pfudle (-et) 1. *nachlässig, unordentlich gekleidet gehen.* Zss.: ume-, umenand-. 2. *flüchtig, unordentlich arbeiten, pfuschen.* Das isch pfudlet und nüd gschafft.

Pfudler m., **Pfudli** m. *Pfuscher.*

Pfudlete w. *Pfuscherei.*

pfudlig *pfuscherhaft.*

pfuele (-et) 1. *sich im Schmutz wälzen, von Tieren.* 2. *hastig, unordentlich, flüchtig arbeiten.*

Pfueleri w. (-ne) *verschwenderische, unordentlich haushaltende Frau.*

Pfulme m. 1. *breites Federkissen unter dem Kopfkissen.* 2. *Wendeschemel des Bauernwagens.*

Pfund s. 1. *Pfund, 500 Gramm.* Ra.: S isch weder Pfund na halbs mit em, *man kann ihn zu nichts brauchen.* Er hockt daa wien es Pfund Dräck, Schnitz, *faul, teilnahmslos.* Zss.: Pfundbröötli s., *einpfündiges Brot;* -busle w., *übermässig dicke Frau;* -öpfel m., *besonders grosser Apfel.* 2. *Zwanzigfrankennote* (pop.). Vkf. Pfündli s. Es Pfündli Fläisch, *etwas wenig.*

pfunde (-et) *stuhlen* (vulg.).

Pfünder m., meist Vkf. **Pfünderli** s. *einpfündiges Brot* (entsprechend: Zwäi-, Vierpfünder).

pfündig *ein Pfund schwer.* En äipfündigs Broot. ütr., in Wetterregel: Isch de Mäie chüel und windig, wèèrded d Schüüre voll und pfündig.

Pfunzle w. 1. siehe Funzle. 2. *dickliche Frau* (pop.).

Pfupf m., **Pfupfer** m. *Kleinmotorrad* (pop.). Vkf. Pfupferli s.

pfure (-et) *schwirren, sausen.* Zss.: aa-, *jemanden anfahren;* abe-, *hinuntersausen;* devoo-, *davonrennen;* dure-, *vorbeisausen;* furt-; häi-, *heimrennen;* ine-, *hineinsausen;* ume-, umenand-. E Flüüg pfuret umenand; use-; verbii-.

Pfuschi m. *Pfuscher.*

pfuttere (-et) *brummen, murren, Unwillen äussern, schelten.* Er pfutteret über di ganz Wält.

Pfutteri m. *Murrkopf, Schimpfender.*

Pfütz m. *Geräusch des Platzens, Knall.* Bi dère Fläsche hät s de Zapfen usegjagt, do hät s en Pfütz ggèè.

pfütze (-t) 1. *geräuschvoll zerplatzen.* D Blaatere isch pfützt, *die Blase platzte.* 2. *zischen.* S glüeig Iise pfützt, wäme s i s Wasser tunkt. 3. *rasch entwischen.* Zss.: devoo-, *davoneilen.* Si sind devoopfützt, *haben Reissaus genommen;* ine-. Er isch i s Huus inepfützt, *hineingeschlüpft.*

Pfützer m., **Pfützi** m. *Hitzkopf, voreiliger Mensch.*

Pfuus m. 1. *Schlaf* (fam.). 2. *Strom, Elektrizität* (fam.). Da isch kä Pfuus druff, *kein Strom.* Zss.: -bagge m., -bäggli s., *Pausbacken;* -baggig, *pausbackig;* -eermel m., *Puffärmel.*

pfuuse (-et), **pfüüse** (-et) 1. *zischen.* De Tampf pfuuset. De Wii pfuuset, *beginnt zu gären.* 2. *brausen.* De Luft pfuuset, *der Wind braust.* 3. *sausend dahinfahren, -fliegen.* Zss.: devoo-. De Schlitte isch devoopfuuset. 4. *schlafen* (pop.). Er pfuuset imer na. Zss.: dure-, *durchschlafen;* ii-, *einschlafen;* uus-, *ausschlafen.*

Pfuusi m. *Langschläfer.*

Pfüüsli (Mz.) *Fühlhörner der Schnecke, der Insekten.* Schnägge, Schnäggehüüsli, zäig mer diini Pfüüsli!

---

ph- ist in den folgenden Wörtern als p-h-, nicht f- auszusprechen

---

phaa (-) *zurückhalten, behalten.* Er mag s Ross phaa. Er mag alls phaa, was er ghöört, *er vermag alles im Gedächtnis zu behalten.* Er mag s nüme phaa, 1. *ist dem Konkurs nahe.* 2. *kann etwas nicht mehr zurückhalten.* Vgl. phebe.

phaab *dicht.* 1. *wasserdicht.* 2. *enggefügt.*

phäbig 1. *wohlhabend.* 2. *bequem, schwerfällig.* 3. *beleibt.*

Phack s. 1. *Paket.* Zss.: -bapiir s.; -trääger m., a) *Paketbote.* b) *Gepäckträger am Fahrrad;* -waage m., *Gepäckwagen.* 2. *Gesindel.* Das isch es Phack! Vkf. **Phäckli** s.,1. *kleines Paket.* Es Phäckli Stümpe. Zss.: -trääger m., *Paketbote.* 2. *Sprung ins Wasser mit angezogenen Beinen* (Schsp.).

phacke (-t) 1. *packen.* Zss.: aa-; ii-, a) *einpacken.* b) *essen.* Hät dèè iiphackt! *viel gegessen;* uuf-; uus-, a) *auspacken.* b) *unverblümt seine Meinung sagen* (pop.); zäme-, *zusammenpacken.* Ra.: Dèè hät grad chöne zämephacke, *konnte nichts erreichen.* 2. *begreifen, glauben.* Hät er s phackt?

phäckle (-t) 1. *kleine Pakete machen.* 2. *ergreifen, verhaften.* De Landjeger hät en phäcklet.

Phaltis m. *Geschenk zum Heimnehmen (an einen Gast).*

phange (-et) *an etwas haften, hängenbleiben.* Er isch am Nagel phanget, *hängengeblieben.* Er isch i siiner Rèèd phanget, *in der Rede steckengeblieben.*

Phänk s. 1. *Türbeschlag, Fensterbeschlag.* 2. *aufgehängte Kleidung, Wäsche.*

Phauke w. 1. *Pauke.* 2. *dicker Bauch.* E Phauke schwinge, *dicken Bauch haben.*

phaupte (-et), älter **phaute** (-et) *behaupten.*

Phaupti m. *Rechthaber.*

phebe (-et) *etwas festhalten.* Vgl. phaa.

phebig *geizig, knauserig.*

Pheek w. (-e) 1. *Dirne.* 2. *weibliches Wesen* (vulg.). Die Mäitli sind fuuli Pheeke.

Phelter m. *Behälter.*

phersee *selbstverständlich, wahrlich, doch, bitte* (va.).

Phèrsoon w. (-e) *Person, bes. Frau.* Das isch e Phèrsoon, *Frau, die etwas vorstellt.* Vkf. **Phèrsööndli** s., *kleine, elegante, zierliche Frau.*

phii *griechischer Buchstabe pi.* Ra.: Handglänk maal phii, *grob geschätzt* (humor.).

Phòik w. *Rede, Strafrede.*

phööre (-t) 1. *abhören; von Kindern Gelerntes aufsagen lassen; ausfragen.* Dèè mues i dä na phööre. 2. *konfirmieren.* Er isch scho phöört, *schon konfirmiert* (va.). Zss.: Phöörbueb m., *Konfirmand;* -chind s., -mäitli s., *Konfirmandin;* -gwand s., -gwändli s., -rock m., *Konfirmandenkleid* (va.).

phüete (-et) *behüten, bewachen, bewahren.* Phüet is Gott! *Gott bewahre.* Phüet di Gott! *Lebewohl.* Er hät si phüetet und gsägnet. Phüet is näi! *sicher nicht.* Ä phüet is au! *ums Himmels willen.* Phüet is trüüli! *ums Himmels willen.* Zss.: (E schööns) Phüetigott sääge, *sich verabschieden.*

Phunkt m. (ü) *Punkt.* Phunkt Schluss, *alles fertig.* Vkf. **Phünktli** s. Phünktli schinde, *nach guten Noten streben, sich einschmeicheln.* Zss.: -schinder m., *Einschmeichler.*

Pier s. *Bier.* Ra.: Dè han (hett) i no gschickt go Pier hole, *er hat mir nichts zu befehlen (ich kannte ihn schon als klein).* Zss.: -fuerme m., *Fuhrmann eines Bierfuhrwerkes;* -idee w., *ausgefallene, dumme Idee.* Vkf. Pierli s. Es Pierli, *ein Glas Bier.*

Piet s. *Gebiet,* z.B. in: Züripiet, Züripieter usw.

Pigeet s., **Pigett** s., jg. **Piggé** s. *Pikett.* Uf Piggé.

Pigge siehe Piigge.

piggeniere (-t) *necken, foppen.* Öpper piggeniere.

piggiere (-t) 1. *fein nähen, vom Schuster.* 2. *Setzlinge verpflanzen.* 3. *kränken.* Si isch piggiert, *pikiert.*

piigge (-et) 1. *stechen* (Ksp.). Mues di piigge? 2. *ärgern.*

Piigge m., **Pigge** w. *geheimer Groll.* Er hät en Piigge uf en, *trägt ihm etwas nach.*

Piigger m. *kleines Pferd* (humor.). Vkf. Piiggerli s. Das isch käs Ross, nu esoo es Piiggerli.

Piike-Niike s. *Picknick, Essen im Freien* (humor., jg.).

Piipser m. *Taschensuchgerät.*

pildet Ew. *gemustert, von Stoffen.*

Pile w., älter **Püle** w. *Pille.* Vkf. Püleli s.

pilze (-et) *Pilze suchen* (jg.). Vgl. Schwamm.

pinggelig *kleinlich, übergenau.*

Pint w., **Punt** w. (-e) *Pinte, Kneipe, Wirtshaus.* Zss.: Pintecheer m., *fortgesetzter Wirtshausbesuch.*

Pipi s. *Harn* (Ksp.). Pipi mache, *Wasser lösen.*

Pirg s. *Bergland des Zürcher Oberlands.*

Pischama (auf i betont) s. *Schlafanzug.*

Pischte w. 1. *Skipiste.* 2. Ra.: Uf d Pischte gaa, *auf Kundenbesuch gehen* (pop.).

Pitteri w. *Bitterkeit.*

pitterli *bitterlich.*

pitti, jg. **bitté** 1. *bitte.* Gib mer s pitti! Lass di pitti nüd stööre! *lass dich doch ja nicht stören.* Zss. (verst.): Mach pitti-pätti! *mach di Gebärde des Bittens* (Ksp.). Da han i schöön müese pitti-pätti mache, *sehr anhalten.* 2. in Ausrufen: Ä pitti! *so, so.* Näi pitti! *nicht doch.* Pitti ä! *denk mal.*

Plaag w. (-e) *Plage.* S isch e Plaag mit em, *man hat Mühe mit ihm.* Zss.: -gäischt m., *Quälgeist.*

plaage (-et) *plagen, quälen, necken.* De tȍȍrffsch de Hund nüd plaage, *quälen.* Die zwäi plaaged enand gèèrn, *necken sich.*

Plaagete w. *Plackerei, das Plagen.*

Plache w. *Plane.*

pläike (-t) *Wäsche bleichen.* Pläikts Züüg.

pläm-pläm, plèm-plèm *schlapp.* I bi pläm-pläm, *ich bin schlapp* (pop., jg.).

plampe (-et) 1. *baumeln.* D Glogg plampet uus, *klingt aus.* Alls la plampe, *alles gehen lassen, die Energie verlieren.* 2. *schlaff herabhängen.* D Blueme plamped, lamped.

Plämpel m., **Plämper** m. 1. *Perpendikel einer Uhr.* 2. *Glockenschwengel.* 3. *Penis* (pop.).

plämperle (-et), **plämplämperle** (-et) *langsam, träge, tändelnd arbeiten.* Zss.: ume-.

Plämperli m. *Langweiler.*

Plampi m. *Mensch, der vor Trägheit, Trunkenheit schwankt; Unentschlossener; Einfältiger.*

plampig *schlaff herabhängend.* Dè Mäie isch plampig, *dieser Strauss ist welk.*

plange (-et) *ersehnen, sich sehnen.* Er planget uf de Fiiraabig. Ra.: Er hät Blätz ab planget, *konnte es kaum erwarten.*

plangge (-et) *seine Sachen auf der «Plangge» ordnen* (Ssp.). Häsch scho plangget? De Ranze plangge, *sich hinlegen* (Ssp.).

Plangge w. *Ablegebrett über den Betten in Kaserne* (Ssp.).

planiere (-t) *planen.* Zss.: uus-, *einen Plan ausarbeiten.*

Plapperi m., **Plappere** w. *Schwätzer(in).*

Plätsch m. *Platsch.* Es hät en rächte Plätsch ggèè.

plätsche (-t), **pletsche** (-t) *platschen.*

Platt s. (Pletter) 1. *Blatt.* 2. Es Platt, *Karte im Spiel.* Drüü Platt wiise, *Sequenz melden.* 3. *Hundertfrankennote* (pop.). Vkf. **Plettli** s. Was staat im Plettli? *Lokalblatt, Vereinsblatt.*

Platte w. *Platte.* Vkf. **Plättli** s., 1. *Plättchen.* Zss.: -bode m., *gefliester Boden.* 2. *Gericht.* Er hät gèèrn e guets Plättli.

Plattfuessindiaaner m. *Mensch mit Plattfüssen* (humor.).

plattig in Verb. plattig vole, *ganz voll.*

plättle (-et) *mit kleinen Platten, Fliesen belegen.* E plättleti Chuchi.

Platz m. *Platz.* Vkf. **Plätzli** s., *besonders guter Platz.* Mir sueched no es Plätzli für öises Büsi.

platze (-t) *sich setzen* (humor.). Platzed Si sich! *nehmen Sie Platz!*

plätzlet *aus Lappen zusammengestückelt.*

Plauderi m. *Schwätzer.*

Plèèg s. *Besatz von Kleidern.*

Plèèr s. 1. *Geplärr, Gebrüll des Rindviehs.* 2. *Blöken der Schafe.*

plèère (-et) 1. *plärren, blöken, brüllen.* Die plèèred! *singen misstönig.* 2. *weinen* (pop.). Plèèr doch nüüd!

Plèèschter m., **Plèèschteri** w. (-ne) *körperlich und geistig träger Mensch.*

plèèschtere (-et) *faul herumsitzen, herumliegen.* Zss.: ume-.

Pleger m. 1. *in Fäulnis übergehendes Ding.* Das Stuck Holz isch en Pleger. 2. *Faulenzer, Tagedieb.* 3. *Kind* (fam.). Du chliine Pleger!

plegere (-et) *herumliegen, herumsitzen.* Im Gaarte plegere. Zss.: ume-.

Plegeri m. *Faulenzer.*

plegerig *faul herumliegend.*

plegge (pläit) *belegen.*

Pless m. *Blesse; Hund, Pferd mit weissem Fleck oder Streifen auf der Stirn.*

pletsche (-t) *platschen.* Hät daas pletscht!

pletschere (-et) *plätschern.*

Pletschi m. *wer beim Gehen plump auftritt; Schwerfälliger; Plattfüssiger.*

pletschig *schwerfällig, unbeholfen.* E pletschigs Wääse, *schwerfällige Art.*
plette (-et) *in einem Buch blättern.* Zss.: ume-, *herumblättern.*
plettere (-et) *in einem Buch blättern.* Zss.: ume-, *herumblättern.*
plettle (-et) *blättern.*
Plettli siehe Platt.
plettrig *blättrig.*
Ploch s., **Plocher** m. *Bohnerbürste.*
Ploch s. (Plöcher) 1. *Holzbock, Holzklotz, Stück eines Baumstammes.* Es Ploch Lääde, *Bretter.* Ra.: Das isch äine wien es Ploch. 2. *dicker, vierschrötiger, ungeschlachter Mensch.*
ploche (-et) 1. *bohnern.* 2. *schnell autofahren, dahinsausen* (pop.). Zss.: ume-, *ausgiebig umherfahren.*
Ploder m. *Rausch* (pop.).
plodere (-et) *schwatzen.* Zss.: Plodertäsche w., *Schwätzer(in).*
Ploderi m. *Schwätzer.*
plòiderle (-et) 1. *lallen* (Ksp.). 2. *nett plaudern, sich unterhalten.*
Ploni m. *dicker, aufgedunsener Mensch.*
plonig *aufgedunsen.*
plötzli *plötzlich* (jg.). Null koma plötzli, *unverzüglich, sehr rasch* (humor.).
pluemet *geblümt.* E pluemeti Tecki.
plüemlet *geblümt.*
Plumpe w. *grosse Kuhschelle.*
Plütschi s. *Rundholz, Holzklotz, Brennholz von etwa einem Meter Länge.* Ra.: I hä Bäi so schwèèr wie Plütschi, *müde Beine.*
Pnöö m. *Reifen.* Zss.: -hamer m., *Presslufthammer.*
poche *prahlen.* Er hät pochet, er mög zwee Zäntner trääge.
pòchisch *prahlerisch.* Er hät mer pòchisch Pschäid ggèè.
pocket *ungeschmeidig, steif.* Vgl. bocke.
pödelet *knapp einen Gefässboden bedeckend.* S Chrättli isch eerscht pödelet. Vgl. bödele.
poget *gebogen.*
pòitsche (-t) *peitschen.* Zss.: dure-; uus-.
Pòitsche w. *Peitsche.*
Polänte w. *Gericht aus Maismehl oder Maisgriess, Polenta.*
Poli s. *Eidgenössische Technische Hochschule* (älter: *Polytechnikum).* Zss.: -päändli s.
Poliaaner m. *Studierender an der Eidgenössischen Technischen Hochschule (Poly)* (humor.).
Polüüp m. 1. *Polyp.* 2. *Polizist* (pop., jg.).
Pönteler m. *Pontonier* (Ssp.).
Poort s. (Pöörter) 1. *Rand, Böschung.* Er isch am Poort usse gstande. Ra.: Er chunt a käs Poort, *wird mit einer Sache nicht fertig, kommt zu nichts.* Er isch am Poort, *in Verlegenheit.* 2. *Borte.* Vkf. **Pöörtli** s., 1. *Rasenweg zwischen den Kammern im Weinberg.* 2. *Kuchenrand.* Es Pöörtli uufsetze. 3. *Borte.* Eermel mit eme Pöörtli.
poorzet in: poorzet vole, *prall voll.*
Pöötèèterli s. *Feuerzeug* (pop.).
Porchile w. *Empore in Kirchen.*
Porte w. *Pforte, Tor im alten Zürich.*
Portloo m. *Frankatur* (va.).
Portmenee s., **Portminee** s. *Geldbeutel, Portemonnaie.*
Pösche m. 1. *Büschel.* En Pösche Graas, Chlee usw. Pöschewiis Blueme abzeere, *büschelweise Blumen abreissen.* 2. *vereinzelter Strauch.* En Widepösche, *Weidenbusch.* 3. *Rasenstück.* Pöschen abstäche. 4. *Haarbüschel.* Äim en Pösche Haar uuszeere.
Poschettli s. *Zier(taschen)tuch.*
Poscht w. *Post.* D Poscht schlög schiint s wider uuf. I mues no schnäll uf d Poscht. Öisi Poscht wird renowiert. Isch d Poscht scho daa gsii? Hütt hät s vil Poscht. Zss.: -chaart w.; -chind s., *Kind, das Botendienste tut;* -chnächtli s., *niedriger Postangestellter* (va.); -fröläin s., *Schalterbeamtin;* -gumi m., *Postbeamter* (pej.); -halter m.; -schegg m., 1. *Postscheck.* 2. *Einzahlungsschein, Zahlkarte.* 3. *Postscheckamt;* -stämpfel m., *Poststempel.*
Poschtamänt s. *Türpfosten, Sockel.*
poschte (-et) *Einkäufe besorgen;* jg., pop. auch *kaufen.* Es Huus poschte. Zss.: Poschterchoorb m., Poschtichoorb m., *Einkaufskorb;* -wäägeli s., *Einkaufswägelchen.*
Poschte m. (ö) *Posten.* Er hät en guete Poschte,

eine gute Stelle. Das isch kän Poschte, *fällt nicht ins Gewicht* (pop.). Vkf. **Pöschtli** s. E guets Pöschtli, *eine gute Stelle.*

Poschtilioon m. *Briefträger, Postbote* (humor.).

Pöschtler m., **Pöschtli** m., **Poschtli** m. *Postbote, Briefträger.*

Poss m. (ö) 1. *Überstrumpf, Gamasche.* 2. *Bursche, Kerl.* En uugwänte Poss, *ungezogener Bursche.* Vkf. Possli m., Pössli s. En chliine Possli, e chliises Pössli, *Bürschchen.*

Pott s. 1. *Angebot bei Steigerung.* Es Pott tue, *ein Angebot machen.* 2. in Verbindungen: z eerschte Potts, *zum ersten Angebot, zuerst;* z letschte Potts, *zum letzten Angebot;* äis Potts, *plötzlich;* al(i)pott, *immer wieder.* 3. *Zahlungsbefehl.* Äim es Pott schicke. 4. *Jahresversammlung (bei Zünften usw.).* Zum Pott iilaade.

potz, botz *potz.* verh. für «Gottes». Potz Chäib! Potz Dräck! Potz (eebige) Hagel! Potz Häimetland! Potz häitere Faane! Potz Himel-Èèrde! Potz Milioone! Potz Wält! Potz (eebige) Wätter! *ums Himmels willen.*

praad siehe paraad.

praage (-et) *starr, steif werden.*

prächte (-et) 1. *prahlen.* 2. *(laut) schwatzen.*

Prächti m. *Prahler, Aufschneider.*

präiche (-t) *treffen.* Er hät s guet präicht, *gut getroffen.*

Praliné s. *die Praline, das Praliné.*

Präschte m. *Gebrechen, Gebresten.*

präschthaft 1. *gebrechlich.* En präschthafte Maa. 2. *schadhaft.*

präschtiere (-t) *aushalten, ertragen.* I hä s nüd chöne präschtiere, *von einem Kranken, Verschuldeten.* D Mueter cha s ooni Mäitli nüd präschtiere.

prässant *eilig, dringlich.* I ha (s) prässant.

prässiere (-t) *sich beeilen, eilen, drängen.* S prässiert, *es eilt.* I bi na daa, wänn s prässiert, *wenn es not tut.*

Prässiererei w. (-e) *Hast, Hetzerei.*

Prässierete w. *Hast, Drängen, eilfertiges Tun.*

Predig w. (-e) *Predigt.*

predt *beredt.*

Pree m., s. *der, das Beste, Vorzüglichste* (va.). Er isch de Pree under siine Brüedere.

Prèèg s. *Gepräge von Münzen.*

prèèmt Ew. *am Rande versengt, bes. von Blättern der Rebe, durch Frost.*

Preesi s. *der Beste, Vorzüglichste.* S Preesi vo der Familie.

Preesis m. *Präsident.*

Prèèt s. *rohe Wurstmasse, Brät.*

prèètig *reif, zeitig zu etwas, meist von Schlachttieren.* E prèètigi Sou, *fett genug zum Schlachten.* S Fläisch isch prèètig zum Choche. D Strümpf sind prèètig für i d Wösch. Prèètig i s Bett, *schlaftrunken.* E prèètigs Mäitli, *mannbar, heiratsfähig.*

prelaagge, (-et), **prelaate** (-et) *prahlen, grosse Worte machen.*

Prelaaggete w. *Geschwätz.*

Prelaaggi m. *wichtigtuerischer Schwätzer, Prahler.*

presänt in: Öppis presänt haa, *gegenwärtig haben.*

Presänt s. (-er) *Geschenk.*

Presidänt m. (-e), **Presi** m. *Präsident, Vorsitzender.*

Pricht m. *Bericht.*

prichte (-et) *berichten, mitteilen.* Zss.: ab-, *absagen.*

Priemscht m. 1. *Biestmilch.* 2. *Biestmilchkuchen.*

Priimeli s. *Primel.*

Priis m. *Preis.*

pring *schmächtig.* En pringe Pùùrscht.

Pringi w. *Schmächtigkeit, Schwächlichkeit.*

prise Ew. *eng, knapp.* De Zapfe isch prise. Er git s Määs prise, *genau bemessen.*

probiere (-t) *versuchen, kosten.*

Probiererli s. *Kostprobe (vor allem von Kleingebäck).*

Prodikoll s., **Protikoll** s. *Protokoll.*

Profässer m. *Professor.*

Profässionischt m. *Handwerker* (va.).

Profax m. *Professor* (Schsp.).

Profi m. 1. *Berufssportler.* 2. *Tüchtiger in einem Fach.*

profidiere (-t) *gewinnen, Nutzen ziehen.*

profizeie (-t) *prophezeien, voraussagen.*

Profizeiig w. *Voraussage.*

Prokeraater m. *Prokurator, Advokat* (va.).

Proleet m. (-e) *Grosssprecher, Prahler.*

proleete (-et) *prahlen.*

Promenaade w. *Promenade.* Zss.: -chrüüzig w., *Bastardhund* (pop.).

Proob w. (-e) *Probe.* Äine uf d Proob nèè, *auf Probezeit.* I d Proob gaa, *in die Gesangsstunde eines Vereins gehen.* Vkf. Pröóbli s.

proobe (-et) *eine Probe vornehmen, üben, proben.*

prööble (-et) *Versuche anstellen, ausprobieren, experimentieren.*

Prööbler m., **Prööbli** m. *wer gern experimentiert; Experimentierfreudiger.*

Prööblete w. *wiederholter oder langandauernder Versuch.*

Pröötsch s. *albernes Gerede.* Vgl. bröötsche.

proper *sauber, ordentlich.* E propers Mäitli.

Proschpäkt m. *Prospekt.*

proscht! *prosit.* Proscht Fäschthütte! *ums Himmels willen* (pop.). Proscht Näägeli! *ums Himmels willen* (pop.).

proschte (-et) *anstossen, zutrinken.* Zss.: zue-, *zutrinken.*

prosoole (-et) *es sich beim Essen wohl sein lassen, prassen.*

Protikoll siehe Prodikoll.

Prozänt s. *Prozent.* Prozänt gèè, *Rabatt gewähren.*

Prueff m. (Prüeff) *Beruf.* Vo Prueffs wäge, *beruflich.*

Prüel s. *Gebrüll.*

Prügel siehe Brügel.

prumpfe Ew. *faltig, runzlig.* Vgl. grumpfet. Das prumpfe Mandli. En prumpfne Öpfel.

Prütsche w. *Pritsche.*

Prüüss m. (-e) *Preusse.* Vkf. **Prüüssli** s., *Prussien (Biskuit).*

psässe *besessen.* Tue wie psässe. Das gaat wie psässe, *sehr schnell.*

Pschäid m. *Bescheid, Auskunft, Antwort.* Gib Pschäid! *gib Antwort.* I cha kä Pschäid gèè, *Auskunft.* I tue der Pschäid, *trinke dir zu.*

pschäide *bescheiden.*

pschände (pschänt) 1. *leicht verletzen.* I ha mi a dèm chäibe Glaasschèèrbe pschänt. 2. *verschwenden (Lebensmittel).*

pschaue (-t) *beschauen, besichtigen.* Blüemli pschaue.

pschelke (-t) 1. *schelten, tadeln.* 2. *warnen* (ZO.).

pschicke (-t) *kommen lassen.* De Tokter pschicke.

pschiisse (pschisse) 1. *beschmutzen, besudeln.* Dè pschiisst vil Hämper bi siiner Aarbet. Er isch pschisse gsii, *über und über mit Kot bespritzt.* 2. *betrügen* (vulg.). Si händ en bim Eerb pschisse. Zss.: Pschiiss-chäib m., *Betrüger* (vulg.); -hund m., *Betrüger* (vulg.).

Pschiisser m., **Pschiissi** m. *Betrüger* (vulg.).

Pschiisserei w. *Betrügerei* (vulg.).

Pschiss m. *Betrug, Betrügerei.* Das isch en Pschiss! *das geht nicht* (pop.).

pschlaa (pschlaage) *beschlagen.* D Tüür, s Fäischter, s Ross pschlaa.

pschlaage *schlagfertig.*

Pschlaagfuess m. *Schusterdreifuss.*

pschläcke (-t) *belecken.*

Pschlèèg s. *Beschlag, Metallteil zum Schutz, Schmuck.*

Pschluss m. *Beendigung, Abschluss* (va.). Zum Pschluss vo dère Inspäkzioon…

pschlüüsse (pschlosse) 1. *schliessen.* Häsch d Tüür pschlosse? *mit dem Schlüssel geschlossen.* Zss.: ii-, *einschliessen;* use-, *aussperren (mit Schlüssel).* 2. *beschliessen.*

pschniide (pschnitte) 1. *beschneiden.* D Bòim pschniide. 2. *schälen.* Si hät d Hèrdöpfel pschnitte, *rohe Kartoffeln geschält.* Zss.: Pschniidesel m., -stuel m., *Schneidbank.*

pschnotte 1. *spärlich bemessen, kärglich, knapp.* D Schue sind pschnotte, *zu eng, knapp.* Es gaat pschnotte, *es geht zur Not.* 2. S Glaas isch pschnotte vole, *bis zum Rand voll.*

pschööne (-t) *beschönigen.*

pschriibe (pschribe) 1. *beschreiben, schildern, verzeichnen* (va.). 2. *amtlich aufschreiben.*

Pschriibig w. (-e) 1. *Beschreibung.* 2. *amtliche Vermögensaufzeichnung, Inventar* (va.).

pscht! *still! Ruhe!*

pschussli, jg. **pschüssig** *ausgiebig.*

pschütte (-et) *mit Jauche düngen.*

Pschüttete w. *reichliche Jauchedüngung.*

Pschütti w. 1. *Regenschauer.* Es chunt e Pschütti. 2. *Jauche.* Zss.: -loch s., *Jauchegrube.*

pschüüsse (pschosse) *ausreichen, fruchten, ergiebig sein.* Hät s pschosse? *wohl ausgegeben.* S pschüüsst nüüt, *ist nicht ergiebig.*

psetze (-t) 1. *besetzen.* En Platz psetze, *belegen.* 2. *pflästern.*

Psetzi w. (-ene) *Steinpflästerung.* Zss.: -stäi m., *Pflasterstein.*

psine (psune) *besinnen, nachdenken, sich überlegen.* Psinn di, was d machsch! I psin mi nüme, *erinnere mich nicht mehr.* I bi nüd grad psune gsii, *im Augenblick nicht schlagfertig genug.* Zss.: uus-. I bi uuspsune, *mein Entschluss ist gefasst.*

psitze (psässe) *sich beherrschen.* Psitz di! *beruhige dich.* Er hät si nüd chöne psitze, *beherrschen.*

psoffe *betrunken, besoffen* (vulg.). Hw. en Psoffne, *ein Betrunkener* (vulg.).

psoorge (-et) 1. *besorgen, für jemanden einkaufen.* Er psoorget mer d Öpfel. 2. *warten, unterhalten, pflegen.* De Gaarte psoorge. 3. *heimzahlen.* Dèm han i s psoorget! (pop.). 4. *schwängern* (pop.). Äini psoorge.

pstaa (pstande) 1. *fest werden, gerinnen.* S Bluet pstaat. 2. *stillstehen.* D Uur pstaat.

pstäcke (-et) *steckenbleiben.* De Wage isch im Dräck pstäcket, pstäcke plibe.

pstande *gesetzten Alters.* E pstandni Frau.

pstänt *bestanden, gesetzten Alters.*

Psteck s. *Besteck.*

pstele (-t) *bestellen.* Zss.: ab-.

Pstelig w. (-e) *Bestellung.*

pstüle (-t) *stolpern.*

Psuech m. (Psüech) *Besuch.* Vkf. Psüechli s. Es Psüechli mache, *kleinen Besuch machen.* Es Psüechli chunt, *ein lieber Besucher kommt.*

psueche (-t) *besuchen.*

psunderbaar Uw. *hervorragend.* E psunderbaars Gfell, *besonderes Glück.*

psunderhäitli *besonders.* Dè Mantel cha me bruuche, psunderhäitli, wänn s chalt isch.

psunderig *aussergewöhnlich.*

psunders Uw. *besonders.* Me chüechlet der nüd psunders, *man wartet dir nicht besonders auf.*

Puck m. (ü) *Falte, Biegung, Kerbe.*

pucke (-t) *bücken.* Puck di! Zss.: ume-, *falten.*

Puckis mache *sich bücken, Bücklinge machen.*

Pudel m. *Pudel.* De Pudel mache, *niedrige Dienste verrichten.* Wien en Pudel behandle, *schlecht behandeln.* Vkf. Pudeli s.

pudere (-et) *sich schütteln, aufplustern.* D Hüener puderet si.

pudlet *zottig.* Pudlets Haar.

Puff m. (ü) 1. *Stoss.* Er hät mer en Puff ggèè, *einen Stoss versetzt.* 2. *Bausch am Ärmel.* Zss.: -eermel m., *Puff-, Bauschärmel.* 3. *Borg, Kredit.* Uf Puff gèè, nèè.

Puff s. 1. *Arbeit, Stress* (pop.). 2. *Unordnung, Durcheinander* (pop.). Das isch e fèrtigs Puff!

puffe (-t), **püffe** (-t) *mit den Fäusten oder Ellbogen stossen, puffen.*

Püffel m. 1. *Büffel.* 2. *Grobian.* 3. *aus Wolle gestrickte Ärmelweste* (ZO.).

Puffert m. *Terzerol, Sackpistole.* Vkf. Püffertli s.

Puggel m. 1. *Buckel, Erhöhung.* S Doorff liit uf eme Puggel. D Chatz macht en Puggel. 2. *Rücken.* En bräite Puggel. Ra.: Chasch mer de Puggel aberutsche! *das nehme ich dir nicht ab.* Dèè sell mer de Puggel uufstiige! *davon will ich nichts wissen.* De Puggel voll lache, *herzhaft lachen.*

Püggel m. 1. *knotige Schwellung, Knötchen im Gewebe.* Vkf. Püggeli s. 2. *der Tor* (pop., ZO.).

puggle (-et) 1. *auf den Rücken nehmen, aufladen.* S Chind puggle. 2. *sich bücken.* Er pugglet si, *steht gebückt da.* Dè pugglet, *schmeichelt, bückt sich untertänig.*

pugglet Ew. *uneben, holprig, höckerig.* En pugglete Wääg. Pugglet gaa, *gebückt gehen.*

pugglig 1. *bucklig.* 2. En pugglige Chäib, *widerborstiger Kerl.* Tue nöd eso pugglig!

Püle siehe Pile.

Puli m. *Pullover.*

Pulver siehe Bulver.

pülvere siehe bülvere.

Pumaade w., jg. **Pomaade** w. *Pomade.*

pumaadig *bequem, phlegmatisch.*

Pumper m. *die Pumpe.*

Pumpi w. 1. *Pumpe.* 2. *Herz* (pop.). 3. *dummer Kerl* (Schsp.).

Pumpis Mz. *Schläge.* Pumpis gèè, überchoo, *austeilen, bekommen.*

Punt m. (ü), jünger **Bund** m. (ü) 1. *Bund.* Zss.: -haagge m., *grosser Haken;* -rieme m., in Ra.: Es gaat an Puntrieme, *es wird ernst.* Äim de Puntriemen iitue, *streng halten.* 2. *Strohband an Reben.* 3. *Hosenrand, Rockrand am Gürtel.* 4. *Bündel.* En Punt Latte, Stroo. Bünd abbinde, *Briefpost bündeln, zusammenschnüren.* 5. *Balkenviereck jedes Stockwerks.* Vkf. **Püntli** s., *Stoffstreifen zwischen Brusteinsatz und Hemdstock des Männerhemdes.*

Punt w. siehe Pint.

Pünt w. (-e) *Pflanzland, Schrebergarten.*

Punte m. (ü) *Spund eines Fasses.* Zss.: -loch s.; -voll, *prall voll.*

Püntel siehe Bündel.

Puntenööri s. *Ehre, Ehrgefühl* (frz. point d'honneur). Äinen am Puntenööri nèè, *bei der Ehre packen.*

püntig, jg. **bündig** *bündig, aufeinander passend, winkelrecht.* Püntig absaage, *genau abschneiden.*

Püntiker m. *Schrebergartenpächter* (Wth.).

Puntle w. *Büschel, Strauss.*

Püntner m. *Graubündner.* Zss.: -fläisch s., *luftgetrocknetes Rindfleisch;* -land s., *Kanton Graubünden.*

Purfet s. *Büffet* (va.).

Purgatz w. *Abführmittel.*

Purligiiger m. *saurer Wein.*

purlimunter *wohlauf.*

püschele (-et) *zierlich zusammenbinden;* ütr. *zierlich ordnen, herausputzen.* S isch alls wie püschelet, *alles blitzsauber und wohlgeordnet.* Zss.: zäme-, *ordnen, sortieren;* zwääg-. E Rèèd zwäägpüschele, *eine Rede vorbereiten.*

puschle (-et) *zu einem Büschel binden.* De Böle puschle, *Zwiebeln zusammenbinden.*

Puschle w. *Büschel, Strauss.* E Puschle Blueme; e Puschle Chind; e Puschle Fraage. Vkf. Püscheli s. Es Püscheli Blueme.

Putsch m. (ü), Vkf. Pütschli s. 1. *Baumgruppe, Gesträuch, Busch.* En Putsch Tändli. 2. *Büschel.* 3. *Stoss.* Äim en Putsch gèè. 4. *Revolte, Volksauflauf.*

putsche (-t) *revoltieren.*

pütsche (-t) *anstossen, zusammenstossen.* D Chüe, d Gäisse pütsched, *stossen einander mit den Hörnern.* Er pütscht mi aliwiil, *er stösst mich immer.* Zss.: aa-, *anstossen;* zäme-, *zusammenstossen.*

Pütscheft w. *Petschaft.*

Pütschete w. *wiederholtes Anstossen.*

Pütschi m. *unbesonnen dreinfahrender Mensch, Ungeduldiger.*

pütschiere (-t) *verkorken.* Pütschierte Wii.

Putter m. *Butter* (jg.). Vgl. Anke. Es gaat wie Putter, *wie geölt.*

pützlet *herausgeputzt.* Pützlet dethèèr choo, *herausgeputzt sein.*

puupe (-et) 1. *auf dem Blashorn blasen, tuten.* 2. *prahlen, wichtig tun* (pop., jg.).

Puupe w., **Puupi** w. *Blashorn, Tute.* Vkf. Püüpeli s.

püüpele (-et) *auf dem Blashorn blasen, tuten.*

puur *rein, lauter, unvermischt.* Puurs Wasser, puure Wii.

Puur m. (-e) 1. *Bauer, auch als Schachfigur; Bube, Unter (Spielkarte).* 2. *grobe, nachlässig arbeitende Person* (pop.). 3. Chalti Puure (Mz.), *eingetrocknetes Sperma* (vulg.). Zss.: Puurebroot s.; -bueb m.; -chlobe m., *vierschrötiger Mensch* (vulg.); -chnebel m., a) *junger Bauer.* b) *bäurischer, tölpelhafter Mensch* (vulg.); -doorff s.; -fasnecht w., *Fasnacht (acht Tage nach der Herrenfasnacht);* -föifi s., *ungebildetes Mädchen vom Land (ursprünglich römische Zahl V);* -frau w., *Bäuerin;* -gmäind w.; -guet s., -güetli s.; -gwèèrb m., *Bauernbetrieb;* -hame m., *Bauernschinken;* -joggel m., *Bauerntölpel* (pej.); -land s., a) *Landschaft (im Gegensatz zur Stadt).* b) *freies Land, Landwirtschaftszone (im Gegensatz zur Bauzone,* jg.). c) *Gebiet der oberen Glatt;* -lüüt (Mz.), *Bauersleute;* -maa m., *Bauer;* -metzgete w., *Mahl mit ländlichen Schlachtprodukten;* -schüblig m., *Bauernschübling;* -späck m.; -stand m.; -stìich m., *was im Jass mit dem «Puur» gestochen wird;* -stube w.; -sùù m., *Bauernsohn;* -totsch m., *Bauernmädchen* (pej.); -tschumpel m., *Bauerntölpel* (pej.); -tüütsch s., *Mundart* (humor.). Vkf. 1. **Püürli** s., Puurli s., *Kleinbauer.* 2. **Püürli** s., *Brötchen.*

puure (-et) 1. *Landwirtschaft treiben, den Bauernberuf ausüben.* 2. *grob, nachlässig arbeiten, Maschinen schlecht behandeln* (pop.).

Puurerei w. *Bauerngewerbe.*

Püüri w. (-ne), **Püüreni** w. *Bäuerin.*

püürle (-et), **püürele** (-et) 1. *Landwirtschaft im kleinen, nebenbei betreiben.* 2. *den Bauer verraten in Kleidung usw.*

Puursami w. *Bauernschaft.*

püürsch *bäurisch, bäurisch gekleidet.* Die Püüri chunt na rächt püürsch dethèèr, *trägt noch die Tracht.*

Pùùrscht m. (-e) 1. *Bursche, Junge.* En gschaffige Pùùrscht. D Pùùrschte, *die ledigen Burschen.* Si hät all Pùùrschte für de Naare. 2. *Kind.* En chliine Pùùrscht. 3. *fester Freund eines Mädchens.* Si hät en Pùùrscht. Vkf. Pǜǜrschtli s. E gfitzts Pǜǜrschtli, *ein aufgeweckter Knabe.* Warnung: Pǜǜrschtli, Pǜǜrschtli! *nimm dich in acht.*

Pùùrscht w., älter **Pùùrsch** w. *Jungmannschaft.* D Pùùrscht hät s emaal esoo, *die Jungmannschaft will es so haben.*

Pǜǜrschtel m. *Bursche* (fam.). En fräche Pǜǜrschtel.

pùùrzet in Verb. pùùrzet vole, *gestopft voll.* verst. pùùrzetèèrdevole.

Puusch m. (üü) *Wulst, Gebinde von Stroh als Unterlage für Fässer.* Vkf. Püüschli s., *Bäuschchen, z.B. von Watte.*

Puwère, Puwèère (Mz.), meist Vkf. **Puwè(è)rli** s., *grüne Erbse* (frz. pois verts).

Q

Quaderaat s. *Quadrat.* Zss.: -schangli m., *Tölpel* (pop.).

Quädi s. *Platz.* Nur in Ra. zu Kindern: Gang i diis Quädi! Hock an es Quädi! *setz dich irgendwohin.*

Quäll w. *Quelle.*

Quatsch m. *Quatsch.* Quatsch mit Soose! *dummes Zeug* (pop.).

Quèèri w. *Quere.* Äim i d Quèèri choo.

R

raa siehe raam.

Rääb w. (-e) *Rebe.* D Rääbe bögle, *in Bogen binden.* D Rääben iilegge, *alte Rebstöcke zum Verjüngen in die Erde eingraben.* Si sind in Rääbe, *im Weinberg.* Zss.: Räbbèèrg m., *Weinberg;* -gèrtel m., *Rebmesser, Hippe;* -laub w., *Reblaube;* -laub s.; -lüüt (Mz.), *Arbeiter im Weinberg;* -maa m., -me m., *Arbeiter im Weinberg;* -puur m., *Weinbauer;* -schèèr w.; -stäcke m., *Rebstecken;* -stickel m., *Rebstecken;* -stock m.; -stuck s., *Weinbergparzelle;* -wèrch s., *Weinbergarbeit.*

Raach w. *Rache, Groll, Hass, Neid.* E Raach isch mi aachoo, *Zorn überfiel mich.*

Raad s. (Reder) *Rad.* Zss.: -fälge w.; -naab w.; -rȍiff m., *Radreif;* -schue m.; -späi(ch)e w., *Speiche.* Vkf. **Redli** s. ütr. Er hät es Redli z vil, *ist überspannt, verrückt.* Es Redli z wenig, *beschränkt.* Es Redli Wùùrscht, *eine Wurstscheibe.* Zss.: -bueb m., *Radfahrer* (Ssp.).

räädе (gräädet), **gräädе** (ggräädet) *siebend säubern.*

Räädlete w. *Abfall beim Sieben.*

Rääf s. 1. *Rückentrage, Rückentraggestell.* 2. *zänkische, bösartige Frau.*

Rääg w., **Räägel** w., **Räägeli** s. 1. *Regula.* 2. Es Räägeli, *magere, gebrechliche Person.*

raage (graaget) *recken, den Körper strecken.* Graaget und gstaabet, *starr und steif.* Zss.: füre-; ume-, *unruhig sein;* uuf-.

Räägе m. *Regen.* Zss.: -boge m.; -gutsch m., *Regenguss;* -mantel m.; -schirm m.; -sprutz m., *Regenspritzer;* -taag m.; -tach s., *Regenschirm;* -tropfe m.; -wasser s.; -wätter s.; -wulch w., *Regenwolke.* Vkf. Räägeli s., *feiner Regen.*

räägele (gräägelet) *leicht regnen.*

räägne (gräägnet), **räänge** (grräänget) (ZO.) *regnen.* Zss.: abe-, *in Strömen regnen;* ine-, *durch das Dach hindurch regnen.*

räägnerisch, gräägnerisch, gräägnig *regnerisch.*

Raam w. (-e), jg. **Raame** m. *Rahmen.*

raam, raan, älter **raa** *dünn, mager, schlank, schmächtig.* En groosse raame Kärli. Raam wien e Wììd, *schlank wie eine Gerte.*

raame (graamet) *einrahmen.* Zss.: ii-.

Räämlig m., **Rèèmlig** m. *hagere, hochgewachsene Person.*

Raaschi s. *unordentliche, liederliche Frau.*

raase (graast) *rasen, schnell fahren, wüten, toben.* Zss.: devoo-; umenand-.

Raase m. *Rasen* (jg.). Zss.: -mèèer m., *Rasenmäher.* Under de Raasemèèer choo, *Haare schneiden lassen* (humor., jg.); -ziegel m., *ausgestochenes Rasenstück* (Ssp.).

raasig *rasend.* Das hät en raasig gmacht. S isch ggange wie raasig, *rasend schnell.*

raass Uw. 1. *scharf, von Werkzeugen.* Raass haue. ütr. Raass rüeffe, *schreien.* 2. *rasch, hurtig.* Raass gaa. 3. *heftig, stark* (va.). S hät en raass ggèè, *er ist schwer verunglückt.*

Raat m. (Rôôt) 1. *Rat.* 2. *Beratung.* Händ er groosse Raat? 3. *Behörde.* 4. *Ratssitzung.* Hütt isch Kantoonsraat. Zss.: Raatshèrr m.; Raat(s)huus s.

raate (de raatisch, Wf. Vh. er riet, Mw. graate) 1. *raten.* Er wäiss em/si nüd z raate, *er weiss sich nicht zu raten.* 2. *erraten.* Raated, was isch daas? Zss.: aa-; ab-; zue-.

Raaterei w. (-e) *das Hin-und-her-Raten.*

Raatmerii-Raatmeraa mache *unschlüssig sein, werweissen.*

raatsame (graatsamet) *pflegen, besorgen.* S Hôi raatsame, *alles vorkehren, dass es dürr wird.*

Räb- siehe Rääb-.

rabauze (grabauzet) *barsch reden.*

Rabauzi m. *wer barsch redet, barscher Mensch.*

rabauzig *barsch, rabiat, heftig, brutal.*

räble (gräblet) 1. *zappeln.* Äine räble laa, *zappeln lassen.* 2. *angestrengt arbeiten, sich abschinden.*

räche (grächet) *rechen.* Zss.: zäme-.

Räche m. *Rechen.* Zss.: -maa m., *Hausierer mit Rechen;* -macher m.; -zaa m., -zingge m., *Rechenzinke.* Vkf. Rächeli s.

Rächemaal s., **Rächemôôli** s. *Festmahl bei Abnahme einer Vereinsrechnung.*

Rächer m. *der Rechende.*

Rächete w. (auch Naarächete w.) *zuletzt zusammengerechtes Gras, Heu; Rest.*

rächne (grächnet) 1. *rechnen.* Si cha nüd rächne, *nicht haushalten.* 2. *abrechnen.* Mit äim rächne. 3. *anrechnen, berechnen.* Was rächnet men uf de Meeter? Zss.: aa-; ab-; dure-; ii-; uus-; voor-; zäme-.

Rächner m. *Rechner.*

Rächnete m. *Rechnerei.*

Rächnig w. (-e) *Rechnung.*

rächt *recht.* 1. *rechts (gelegen).* Di rächt Siite, Hand. 2. *richtig.* De bisch am rächten Oort. De rächt Wääg. De rächte Wääg anestaa, *sich richtig hinstellen.* Di rächt Siite vom Tuech. Ja säg s rächt! *wirklich? (Ausdruck des Erstaunens).* 3. *ordentlich, passend.* E rächts Wìrtshuus. Si hät en rächte Maa. Rächt Lüüt, *ordentliche Leute.* Das Gwand isch na lang rächt, *dieses Kleid geht noch.* 4. *echt.* Di rächte Zää, *Zähne.* E rächti Püüri, *Bäuerin.* 5. *viel, sehr.* Es hät rächt Lüüt ghaa. S isch rächt chalt. S isch rächt en guete Wii.

Rächt s. *Recht, Rechtsanspruch.* S Rächt aarüeffe, *den Rechtsweg beschreiten.* Äine i s Rächt nèè, *vor Gericht laden.* Er staat an hööche Rächte, *der Konkurs steht ihm bevor.* S staat an Rächte, *ist beim Gericht anhängig.* A d Rächt gèè, *betreiben.*

rächtli *rechtlich.* In Verb. sträng rächtli.

rächts 1. *rechts.* 2. *rechtshändig.*

Rächtsami w. (-ene) *alle Benutzungsrechte eines Besitzes.*

rächtschaffe 1. *rechtschaffen.* 2. Uw., *gehörig.* Rächtschaffe tüür, *recht teuer.* Rächtschaffe driihaue, *tüchtig prügeln.*

Räckholdere (meist Mz.) *Wacholder.* Zss.: -beeri s.; -bränz m., *Wacholderschnaps;* -latwèri w., *Wacholderlatwerge;* -pösche m., *Wacholderstrauch;* -stuud w., *Wacholderstrauch.*

Radiisli s. *Radieschen.*

Radio m., **Raadioo** m. *das Radio.*

rafe (grafet) *mit Dachsparren versehen.* S Huus isch scho grafet.

Rafe m., **Raafe** m. *Dachsparren.* Zss.: -wiiti w., *Abstand zwischen zwei Dachsparren.*

raffle (grafflet) *raspeln, reiben, schaben.* En Öpfel raffle. Grafflete Chèès, *geriebener Käse.*

Raffle w., **Raffli** w. 1. *Reibeisen.* 2. *Raspel, Holzfeile.* 3. *Gebiss* (humor.).

Rageet w. (-e) *Rakete.*

raggere (graggeret) *rackern.* Er hät siiner Läptig graggeret. Zss.: ab-; zäme-.

Raggerer m., **Raggeri** m. *Geizhals.*

Räi m. 1. *Rain, Abhang.* Obe, unen am Räi. Zss.: räiaab, *abwärts;* -uuf, *aufwärts.* 2. *beim Pflügen stehengebliebener Streifen.* Dè macht luuter Räi. 3. *Scheibenwall bei Schiessständen.* Vkf. Räindli s.

räiche (gräicht) *holen* (Kn.A.).

Räie m. *Reigen, Ringeltanz.*

Räie w. *Reihe.* An e Räie staa. E Räie Hüüser. Zss.: räiewiis. Vkf. Räieli s.

räiele (gräielet) *kleine Reihen machen beim Pflanzen und Säen.*

Räigel m. 1. *Reiher, Fischreiher.* 2. *langer, hagerer Mensch.*

räigelig siehe gräigelig.

räiggle siehe räite.

räigle (gräiglet) *aufstengeln, bes. von Salat, Blumenkohl.*

Räiglig m. *aufgeschossene Pflanze.* Die Setzlig sind alls Räiglig.

räin 1. *rein, fein, zart.* Räine Hèèrd, *feine Erde.* Räins Grie, *feiner Kies.* 2. *klein gespalten.* Räini Schiiter mache. 3. *enggelocht, enggezahnt.* E räins Sìbli.

Räini w. *Feinheit eines Gewebes, Siebes usw.*

Räis w. (-e) 1. *Reise.* Zss.: -füerer m.; -kasse w.; -plaan m.; -sack m., *Reisetasche.* 2. *Reisegesellschaft.* S chunt e Räis. Vkf. Räisli s.

räischte (gräischtet) *riesen, Holzstämme zu Tal gleiten lassen.* Zss.: Räischtiise s., *Eisenstange zum Holzgleiten.*

Räischti w. (-ene) *Gleitbahn für gefällte Baumstämme, Holzriese.*

räise (gräist) 1. *reisen.* 2. *gehen* (humor.). Von äim Wìrtshuus zum andere räise. De Schnee mues räise. Ra.: Dè hät früe müese räise, *sterben.* Zss.: ab-; uus-.

räise (gräist) 1. *rüsten, herrichten.* 2. *dengeln* (ZO.). D Sägisse räise, *die Sense schärfen.* 3. *eine Sache beendigen, einrichten.* Zss.: aa-, *einrichten.*

räite (gräitet) 1. *Hanfstengel entfasern.* 2. *auf dem Webstuhl die aufgespannten Längsfäden ordnen.*

räite siehe giiräite.

Räitel m. *Spannknebel zum Festdrehen eines Seils, einer Kette.*

Räiti w. (-ene) 1. *Platz vor dem Haus.* 2. *Strecklänge des Zettels am Webstuhl.* D Räiti lööse, *zusammengeklebte Fäden lösen.*

räitle (gräitlet) *etwas zusammenschnüren (mit Spannknebel).* E Bùùrdi Holz räitle.

Räitlig m. *schlankes Stämmchen und daraus gewonnenes, geschmeidiges Rundholz.*

Ramel m. 1. *Raufbold.* Zss.: -bandi w., *Gruppe rauflustiger Burschen.* 2. *männlicher Feldhase.*

ramisiere (gramisiert), **ramüsiere** (gramüsiert) *zusammenraffen* (frz. ramasser). Zss.: zäme-. D Vögel ramisiered d Chörndli zäme. I mues de hinderscht Rappe zämeramisiere.

ramle (gramlet) 1. *brünstig sein, von Tieren.* 2. *sich balgen, raufen.* D Buebe ramled gèèrn.

Ramlete w. *Rauferei.*

Ramli m. *Raufbold.*

ramlig 1. *brünstig, von Tieren.* 2. *geil* (vulg.).

rämple (grämplet) nur in Zss.: aa-, *anrempeln.*

rams siehe Rams.

Rams m. *jassähnliches Kartenspiel* (va.). Er isch rams, *macht keinen Stich und muss den Einsatz ersetzen.*

ramse (gramset) *«Rams» spielen.*

Rand m. (Ränder, Ränd) *Rand.* Vkf. **Rändli** s. I wett e Maargg mit eme Rändli.

Rand w., **Rande** m., w. *rote Rübe, rote Bete.* Zss.: Randesalaat m.

rändaabel *rentabel.*

rändiere (grändiert) *rentieren, lohnen.* Es hät grändiert, *es schaute viel heraus.*

räne (gränt) *rennen, rasch gehen, laufen.* Zss.: aa-; abe-; dure-; furt-; ie-, ine-; naae-; ufe-; use-.

Räne s. 1. *Rennen, Wettrennen.* 2. *Rendez-vous zwischen Knabe und Mädchen* (Schsp.). Er hät es Räne.

Range w. *Reihe.* An e Range staa.

rangge (grangget) *sich bewegen, sich recken.* S Chindli hät si grangget. Er hät si lang grangget, bis er d Waret gsäit hät, *er wand sich lange, bis er die Wahrheit sagte.*

ränggele (gränggelet), **ränggle** (grängglet) *sich*

winden, drehen, krümmen, räkeln. Er hät s chöne ränggele, *zu seinem Vorteil wenden.* Vgl. ringgle. Zss.: dure-. Er hät si duregränggelet, *sich durchgeschlängelt.*

Ranggete w. *anhaltende Bewegung, Krümmen, Drehen.*

rangschiere (rangschiert) 1. *rangieren.* Zss.: Rangschierpaanhoof m., auch Rangschier m., *Verschiebebahnhof.* Er isch im Rangschier une. 2. ütr. Er hät en rangschiert, *zur Ordnung gewiesen.*

rangschiert siehe grangschiert.

Räni w. *Rinne, bes. Ausflussrinne beim Tropfbrett.* Moscht ab der Räni, *frisch ab Presse.*

Rank m. (ä) *Wendung, Biegung, Kurve.* De Rank nèè, *eine Kurve nehmen.* Er macht en Rank um en ume, *er meidet ihn, geht ihm aus dem Weg.* Z Rank choo, *mit etwas zurechtkommen, fertig werden.* Er känt all Ränk, *alle Kniffe, Kunstgriffe.* De Rank finde, *sich zu helfen wissen.* Vkf. **Ränkli** s. Dè wäiss s Ränkli z nèè, *seinen Vorteil zu wahren.* Der Sach s rächt Ränkli gèè, *die richtige Wendung geben.*

ränke (gränkt) *umbiegen, wenden, eine Kurve nehmen.* Daa cha me nüd ränke, *hier kann man nicht wenden.* Ra.: Heb Soorg im Ränke! *sei vorsichtig, mach keine Dummheiten* (humor.).

ranze (granzet) *herumzerren.* Mit äim ranze, *um den Preis streiten.* Zss.: aa-, *anrempeln.*

Ranze m. (ä) 1. *Reisesack, Tornister, um den Leib gebundener Geldsack* (va.). 2. *Bauch von Mensch und Tier* (vulg.). Er hät en ticke Ranze. De Ranze voll haa, *satt sein.* De Ranze voll lache, *aus Leibeskräften lachen.* Uf em Ranze ligge, *träge herumliegen.* Uf de Ranze gèè, *Prügel geben* (pop.). De Ranze voll überchoo, *Prügel bekommen.* De Ranze plangge, *sich hinlegen* (Ssp.). Chasch mer an Ranze hange! *du kannst mich gern haben* (pop.). Zss.: -pfiiffe s., -wee s., *Bauchweh* (vulg.).

Ränzler m. *Kopfsprung mit Bauchlandung (beim Baden)* (Schsp.).

Ranzli m. *Mann mit dickem Bauch, Dickbauch* (humor.).

Rapp m. (-e) *Rappe.*

Rappe m. *Rappen.* Er isch um de hinderscht Rappe choo, *hat alles verloren.* Zss.: -spalter m., *kleinlicher, knausriger Mensch;* -stuck s., *Rappenstück.* Vkf. Räppli s. Miini paar Räppli, *meine kleinen Ersparnisse.*

Rappel m. *üble Laune, starke Verstimmung.* Hütt hät er wider de Rappel.

räppig nur in Zss.: föif-, zääräppig, *im Werte von fünf, zehn Rappen.*

räpple (gräpplet) 1. *mit Rappenstücken spielen.* 2. *(rappenweise) sich summieren.* Es räpplet si.

Räppler m., auch Äiräppler m. *Rappenstück.*

Räpplete w. *Menge Rappenstücke.* I wott nüd eso ne Räpplete.

Räps m. *Raps.* Zss.: -ööl. s.

raschpe (graschpet), **räschpe** (gräschpet) 1. *zusammenscharren, mit Besen zusammenkehren.* 2. *einen ausgeflogenen Bienenschwarm fangen.*

Räschpi s. *dürres Laubholz, Reisig, Rebholz.* Zss.: -bůůrdeli s., *kleines Reisigbündel aus Rebholz;* -holz s., *Abfallholz;* -huuffe m.

raschple (graschplet) *mit der Raspel feilen.* Ra.: Süessholz raschple, *schöntun, verliebt tun, sein.*

Raschple w. *Raspel.*

Räschte m., jg. **Reschte** m. *Rest.* En Räschte jünger, *ziemlich viel jünger* (pop.). Vkf. Räschtli s., Reschtli s. Nämed mer na das Reschtli! *erledigen wir den kleinen Rest noch.*

Rasse w. *Rasse.* Das isch e zèèchi Rasse, *von gesunden Kindern.* Dè hät kä Rasse, *kein Temperament, keinen Mut.*

rassiere (grassiert), jg. **rasiere** (-t) *rasieren.* Zss.: Rasierbänsel m., *Rasierpinsel;* -mässer s.; -sòipfe w., *Rasierseife.*

Rassierer m., **Rasierer** m. *Barbier, Coiffeur, Frisör.*

rassle (grasslet) *rasseln.* Zss.: devoo-, furt-, *wegfahren;* ume-, *umherfahren* (pop.); Rasselbandi w., *wilde Gesellschaft.*

Rasslete w. *Gerassel.*

rätsch-päng! *Knall auf Fall.*

rätsche (grätschet) 1. *Hanf brechen, mit der Hanfbreche.* 2. *klappern mit der Schnarre.*

3. *schreien, krächzen, von der Elster.*
4. *klatschen, schwatzen.*

Rätsche w. 1. *Klapper, Schnarre, z.B.* Fasnechtsrätsche. 2. *Hanfbreche, Flachsbreche.* 3. *altes Gewehr.* 4. *Klatschbase, Schwätzerin.*

Rätscher m., **Rätscheri** w. (-ne) *Schwätzer(in), Verleumder(in).*

Rätschete w. 1. *Hanfbrechen.* 2. *Klatsch, Klatscherei.*

Ratte m. *Kornrade.*

Ratz m. (-e) 1. *die Ratte.* 2. En bööse Ratz, *als Schelte.* Vkf. Rätzli s.

ratze (gratzet), **rätze** (grätzet) *hörbar nagen, von Tieren.*

Ratzete w., **Rätzete** w. 1. *Zernagtes, Rest.* 2. *Abgeschabtes, z.B. mit einem Messer, Abfall.*

rätzle (grätzlet) *schaben.* Öpfel rätzle.

rau *roh.* 1. *nicht gekocht.* Raue Späck, *geräucherter, ungekochter Speck.* 2. *nicht verarbeitet.* Raui Stäi, *unbehauene Steine;* raui Balke, *ungehobelte Balken;* raue Chalch, *ungelöschter Kalk.*

Rauch m. (Ròich) *Rauch.* Ra.: En äigne Rauch haa, *eigene Haushaltung führen.* Er hät en Rauch, *Einbildung.* S hät Rauch i de Chuchi, *gereizte Stimmung.* Vkf. Ròichli s. Ra.: Won es Ròichli isch, isch au es Füürli, *kein Gerücht ohne Grund.*

rauchig *rauchig, rauchend.* En rauchigen Ofe, *rauchender Ofen.*

Rauk m. (Ròik) *Rauch(wolke).*

rauke (graukt), **rauche** (graucht) *rauchen.* E Pfiiffe, Zigaare rauke.

Rauker m. *Raucher.*

raule (graulet) 1. *kläglich miauen.* 2. *rasch, barsch reden.*

Raup w. (-e) *Raupe.* Vkf. Ròipli s.

Rausel m., **Raussel** m. *mutwilliges Mädchen, ungestümes Kind.* Vkf. **Rauseli** s., *schwarzer Lockenkopf.*

reaal *rein, unvermischt.* En reaale Wii.

Reaal w. *Realschule.* Er gaat i di zwäit Reaal, *in die 2. Klasse der Realschule.*

Reback m. *Marge, Gewinn, bei Verkauf* (pop.). En guete Reback.

rebäliere (-t) *trotzen, widerspenstig tun.*

Rebäll m. (Rebäle), **Rebäli** m. *Rebell, aufbegehrerischer, trotziger Bursche.*

Rebidaz m., **Ribidaz** m. 1. *Reputation, guter Ruf.* 2. *Ehrgefühl, Schamgefühl.* Er hät käi Rebidaz. 3. *Eigensinn, Dünkel.* De Rebidaz git em s nüd zue, *sein Dünkel lässt es nicht zu.*

rebidaze (grebidazt) *auf etwas beharren* (ZO.).

rebidiere (-t) *repetieren, wiederholen.* Zss.: Rebidierschuel w., *Ergänzungsschule* (va.); -schüeler m.

rede (gredt) *reden, sprechen, sagen.* Red ä öppis! *sag doch etwas.* Dè cha rede wien es Buech. Me hät über en gredt, *über ihn gesprochen.* E Sach z Bode rede, *eine Sache gründlich besprechen.* Da red ìich! *hier befehle ich.* Mit äim tüütsch rede, *jemandem die Wahrheit sagen.* Er redt en Chabis (zäme), *schwatzt Unsinn.* Em Rede aa isch er en Sanggaler, *der Sprache nach ist er Sankt Galler.* Zss.: aa-; drii-; drumume-, *um den Brei herum reden;* mit-; naae-; uus-; zue-.

redere (grederet) *rädern, aufs Rad flechten.*

Rederei w. (-e) *Gerede, Geschwätz.*

rederig *rädrig* in Zss.: zwäi-, vierrederig.

rederle (grederlet), **redle** (gredlet) *eine Wurst in Scheiben schneiden.*

redli *redlich, ehrlich.* Redli siis Broot verdiene. Eer- und redli täile. Er hät si redli ghalte, *er hat sich tapfer gehalten.*

Ree s. *Reh;* vgl. Reech. Zss.: -bock m.; -braate m.; -gäiss w.; -rugge m., 1. *Rehrücken (Fleischstück).* 2. *bestimmtes Feingebäck.* Vkf. Reeli s.

Rèèb w. (-e) *weisse Rübe.* Ra.: Mèrke, wo de Späck in Rèèbe liit, *seinen Vorteil herausfinden.* Chruut und Rèèbe alls durenand, *Gemisch, Wirrwar.* Rèèbe süüde, *schnarchen.* Zss.: Rèèbechlötzli s., *Rübenstücklein;* -grueb w.; -guu m., *Geschmack der Milch von Kühen, die mit Rüben gefüttert wurden;* -hobel m.; -liechtle, *mit Rübenlichtern umherziehen;* -liechtli s., *ausgehöhlte Rübe als Laterne;* -liechtliumzuug m.; -mues s., *Rübenbrei;* -schnätterlig s., *Weissrübenstücklein, früher oft eingemacht oder gedörrt;* -schnitz m.;

-schwanz m., *Wurzel der weissen Rübe;* -stampfi w., *Rübenstampfe.*

rèèbele (grèèbelet) *unangenehm nach Rüben schmecken, von der Milch.*

rèèbne (grèèbnet) *weisse Rüben aussäen, ernten.*

Reech s. *Reh* (va.). Noch in Hausnamen, z.B. Reechbèrg.

rèèch *ranzig schmeckend.*

rèèchele (grèèchelet), **rèèele** (grèèelet) *ranzig riechen oder schmecken, von Butter, Milch.*

rèèchelig, rèèelig *bitter, scharf, ranzig.*

Reechlig m. *ausgewachsener Barsch.*

Rèèd w. *Rede.* Er wott s nüd a der Rèèd haa, *will es nicht wahr haben.*

Rèèm m. *Oberbalken* (ZO.).

Rèèmichue w. (-chüe) *dunkelbraune oder schwarze Kuh.*

Rèèmlig siehe Räämlig.

reere (greeret) *abfallen.* D Truube reered, *die Beeren fallen ab.* De Wäize reeret, *die Körner fallen heraus.* De Sand reeret, *rieselt herunter.*

reerig *leicht abfallend, von Trauben(beeren).*

rèèss 1. *scharf, stark gesalzen.* Rèèsse Chèès. D Suppen isch rèèss. 2. E rèèssi Antwort, *eine scharfe Antwort.* En rèèsse Mäischter, *strenger Meister.*

Rèèssi w. 1. *Schärfe.* D Hame isch von ere Rèèssi, *der Schinken ist zu stark gesalzen.* 2. *Härte, Verbitterung.*

rèètig in Verb. rèètig wèèrde, *schlüssig werden.*

refermiert *reformiert.*

Regänt m. (-e) *Regent.* Das isch en Regänt, *herrische Person.* Zss.: Regäntestäcke m., *herrschsüchtige Person.* Vkf. Regäntli s., *herrschsüchtige Frau.*

regeliere (gregeliert) *regulieren.* S Ziit regeliere, *die Uhr richtig einstellen.* Vgl. gregeliert.

regiere (gregiert) *regieren.* De Leerer mag d Chind nüme gregiere, *der Lehrer wird der Kinder nicht mehr Herr.* Los, wie die überobe regiered! *hörst du, wie sie über uns lärmen.* D Soldaate händ böös gregiert, *übel gehaust.*

Regierig w. (-e) 1. *Regierung.* Die Partei isch a d Regierig choo, *zur Herrschaft gelangt.* D Regierig abgèè, *das Hausregiment einem Jüngeren überlassen.* Das isch mer e Regierig! *das scheint eine nette Ordnung zu sein.* Zss.: Regierigsraat m. 2. *Ehefrau* (humor.). I mues d Regierig fraage.

Regimänt s. (Mz. Regimänter *als militärische Einheiten) Regiment.*

Regimäntler m., **Regimänter** m. *Regimentskommandant, Oberst* (Ssp.).

Regle w. *Regel.*

Regruut m., **Regrut** m. (-e) *Rekrut.* Zss.: Regruuteschuel w.

rekeriere (-t) *rekurrieren*

reklemiere (greklemiert) *sich beschweren, reklamieren.* Er hät en Schlüssel greklemiert, *zurückverlangt.*

rekumidiere (-t) *empfehlen.*

rele (grelet) *Körnerfrüchte enthülsen, schroten.* Grelets Chorn, greleti Gèèrschte.

Relegiige w. *Religionsunterricht* (Schsp., vulg.).

Reli w. (-ene) *Mahleinrichtung zum Enthülsen.* Ra.: Dèren ires Muul laufft wien e Reli, *zungenfertige Person.*

Remiise s., w. *Wagenschuppen, Geräteschuppen.*

Renemee s. *Renommee, Ruf.* Er hät e guets Renemee.

Renigloode w. *Reineclaude, Reneklode (Pflaumenart).*

reperiere (-t) *instandstellen.*

repopiere (-t) *Scherzverb ohne Bedeutung,* z.B. Wo cha me repopiere? (zu Stationsvorstand). Hòred uuf repopiere!

Reschpäk m. *Respekt.*

Reschtbroot s. *Restaurationsbrot, belegtes Brot.*

Reschte siehe Räschte.

Reschterant s. *Gasthaus, Wirtshaus.*

reseniere (greseniert) *aufbegehren, schimpfen* (frz. raisonner). Was häsch wider z reseniere?

Resenieri m. *Tadelsüchtiger.*

Rettig m., **Rettich** m. *Rettich.*

Rettig w. (-e) *Rettung.*

retuur, rötuur *zurück, rückwärts.* Retuur gaa, *rückwärts gehen.* Retuur nèè, *Hin- und Rückfahrt lösen.* Uschter retuur! *Rückfahrkarte nach Uster, bitte.* Zss.: -bileet s., *Fahrkarte für Hin- und Rückfahrt;* -rabatt

m., *Rückfahrtermässigung;* -schèèse w., *eine treffende Antwort, Retourkutsche.*
Retuure w. *Retourware.*
revelutze (grevelutzt) *aufbegehren, protestieren.*
Revelutzer m., **Revelutzi** m. *Revolutionär, Widerspenstiger, Aufbegehrender.*
Rex m. *Rektor einer Mittelschule* (Schsp.).
rezänt *stark gewürzt.*
Ribel m. 1. *zusammengedrehter Strohwisch, zusammengeballtes Papier.* 2. *kleiner Pfannenbesen.* 3. *Haarknoten.* 4. *Schmollmund.* En Ribel mache. 5. *ungebärdige Person.* Er isch en Ribel. Vkf. **Ribeli** s., a) *Brotknöllchen, Teigknöllchen.* Zss.: -suppe w. b) *Trotzköpfchen.* Du bisch es Ribeli!
Ribidaz siehe Rebidaz.
rible (griblet) *kräftig reiben.* S Gsicht, d Wösch rible.
Riblete w. *das Reiben, Bürsten.*
richte (gricht) *richten.* D Uur richte. Es Fass, s Ässe richte, *bereitstellen, zurechtmachen.* I cha s nüd richte, *es passt mir nicht.* Bisch gricht? *bist du bereit?* Zss.: aa-; ii-; uus-; zue-. Richtschiit s.; -schnuer w.
Richter m. 1. *Richter.* 2. *grober Kamm.*
richtig *richtig.* Vgl. rächt. En richtige Kirsch, *echter Kirsch.* Isch es richtig mit dem Handel? *ist das Geschäft abgeschlossen.* Esoo öppis isch glii richtig, *ist bald geschehen.* De häsch es richtig müesen uusplaudere, *du musstest es natürlich ausplaudern.* Ganz richtig git s es nööd, *strenggenommen gibt es das nicht.*
Richtig w. (-e) *Richtung.*
Rick m. 1. *kleine Öse.* 2. *Masche im Strumpf.* 3. *Gebinde, unterbundener Teil einer Strange Garn.* 4. *Häusergruppe.* En Rick Hüüser. Vkf. Rickli s.
Ridigüül m. *Handarbeitsbeutel* (va.); frz. réticule.
Rieme m. 1. *Riemen.* An äim Rieme, *ohne Unterbruch* (pop.). En Rieme jünger, *ziemlich viel jünger* (pop.). Vkf. Riemli s. S Riemli verschlauffe, *Riemchen einschlaufen* (Ssp.). S Riemli iitue, *Riemchen einschnallen.* 2. *Penis* (vulg.). Hät dèè en Rieme! *grosses Glied* (vulg.).
riesche (grieschet) *sich herumtreiben.* Wo ane rieschisch wider? Zss.: ume-. De Hund rieschet de ganz Taag ume; umenand-. Rieschfüdli s., *unruhige Person* (pop.).
Riesche w. *herumstreichende, liederliche Frau.*
Rieschete w. *das Herumtreiben.*
Rieschter m. *Flicklappen am Schuh.*
rieschtere (grieschteret) 1. *Schuhe mit Flicken ausbessern.* 2. *obenhin flicken, an etwas ungeschickt herumhantieren.* Zss.: zwääg-. Öppis zwäägrieschtere.
Rieschtere w. *Streichbrett am Pflug.*
Riet s. (-er) 1. *Ried, Sumpfland.* 2. *Riedgras.* Zss.: -bòisel s., -büseli s., *Riedgrasbüschel.*
Rigel m. 1. *Türriegel.* De Rigel stoosse. 2. *Querholz beim Fachwerk.* Zss.: -huus s.; -muur w.; -wand w. Vkf. **Rigeli** s., *Öse für ein Häkchen.*
rigle (griglet) 1. *riegeln.* E grigleti Muur, *Mauer mit Fachwerk.* 2. *jemanden aufrütteln.* Dè will i rigle! Zss.: ume-, *an etwas rütteln, herumriegeln.* D Chue riglet a der Chrüpf ume, *rüttelt an der Krippe;* zue-.
rigoole (grigoolet) *den Rebberg tief umgraben.*
riibe (gribe) 1. *reiben.* De Hamf riibe, *die verholzten Bestandteile lösen und die Fasern zum Hecheln weich machen.* Zss.: ab-, a) *abwischen.* b) *sehr anstrengen, überfordern* (Ssp.); ii-, *einreiben;* uuf-, *den Boden aufwaschen;* uus-. Riibiise s., a) *Reibeisen.* b) *zänkische Frau.* 2. *zahlen* (pop.).
Riiber m. 1. *Werkzeug zum Reiben, Glätten, Glänzen des Gewebes.* 2. *Verschluss des Hahns.* Vkf. Riiberli s. S Riiberli fescht zuetrèèe.
Riibete w. *langandauerndes Reiben.* Riibete und Fäägete.
Riibi w. (-ne) *Hanfreibe.*
riich *reich.*
Riich s. *Staatsbesitztum, Gemeindebesitztum.* Das Stuck stoosst a s Riich.
Riichi w., jg. **Riichtum** m. *Reichsein, Reichtum.*
Riif w. (Rife) 1. *Kruste auf heilender Wunde.* Er hät s Gsicht vole Rife. 2. (Mz.) *Hautausschlag, Schorf (auch an Obst).* Zss.: Rifechopf m., -grind m., *mit Schorf bedeckter Kopf;* -gsicht s.; -muul s.
riiff *reif.*

riiffe (griiffet), **riiffne** (griiffnet) *reifen.*

Riiffe m. *Reif.* Es hät Riiffe ghaa.

Riiffi w. *Reife.*

Riis s. *das Reis, junger Zweig.* Zss.: -bääse m., *Reisigbesen.*

Riis s. *der Reis.*

Rììs m. (Rise), jg. **Rise** m. 1. *Riese.* De (grooss) Rise, *Riesenschwung am Reck.* Zss.: Risemäis m., *grosser Aufruhr* (pop., jg.); Riseraad s.; Riseschwung m., *grosse Welle am Reck.* 2. *tausend Franken* (pop.). Das choscht zwee Rise, *zweitausend Franken.*

Rììs s. 1. *Spielbezirk, gezogene Grenzlinie bei Ballspielen.* Zum Rììs uusspringe. 2. *markierter Platz zum Aufstellen von Spielfiguren.* S Rììs isch voll, *alle Kegel sind aufgestellt.* Ra.: Chumm mer nüd i s Rììs! *ins Gehege.*

Riischte m. 1. *lange, glatte Hanffaser.* 2. *ungebleichte Leinwand.* Zss.: -gaarn s.; -haar s., *flachsfarbenes Haar.*

riischti 1. *aus «Riischte» bereitet, hanfen.* Riischtis Gaarn. Hw. Riischtis, *hanfenes Gewebe.* 2. *hellblond, vom Haar.*

riise (grise) *herabfallen, bes. von Laub, überreifem Obst.* S Laub riiset scho. Grises Obs.

riisele (griselet) *leise herabfallen, von Laub, Reif, Schnee.*

Riislòiffer m. (eig. **Räislòiffer**) *Reisläufer, Söldner* (va.).

riisse (grisse) 1. *reissen* (vgl. zeere). A de Haare riisse. Es riisst mi, *ich habe Gliederreissen.* Zss.: aa-, *anreissen, vorzeichnen;* ab-, a) *abreissen.* b) *übervorteilen, zu hohen Preis fordern;* abe-, *herunterreissen;* furt-; wäg-. Riissbrätt s., *Reissbrett.* 2. *entzweigehen.* D Strick händ grisse. 3. *ritzen* (Handwerkersprache). 4. Hw. s Riisse s., *Verlangen, Drang* (pop., jg.).

Riit w. *nicht mehr trächtige, aber brünstige Kuh.*

riite (gritte) *reiten.* Zss.: riitsäile, *seilschaukeln.* vgl. säiliriite. Riitsäil s., *Schaukelseil, Seilschaukel;* -schuel w., 1. *Reitschule.* 2. *Karussell.*

Riiter m., älter **Rüüter** m. *Reiter.*

riitere (griiteret) *sieben.*

riitere (-et) in Zss.: ume-, *herumtollen.*

Riitere w. *grosses, eher weitmaschiges Sieb, z.B. für Korn.*

Riiterei w. 1. *das Reiten* (pej.). 2. *berittene Truppe, Reiterei.*

Riiteri w. (-ne) *Reiterin.*

Riiteris, Riiterlis mache *Ross und Reiter spielen* (Ksp.).

Rind s., meist Vkf. **Rindli** s. *Rind.* Zss.: Rindfläisch s.; Rindsbraate m.; Rindermèèrt m., *Rindermarkt;* Rinderstaar m., -store m. (ZO.), *gemeiner Star;* -wäid w.

Rinde w. 1. *Rinde von Pflanzen.* 2. *Brotrinde, Brotkruste.*

ring Ew. 1. *mühelos, leicht.* E ringi Aarbet. Er isch ring zu dère Sach choo. 2. *bequem, leicht zu handhaben.* En ringe Pflueg. 3. *erträglich.* En ringe Winter. 4. Es wììrt mer ring um s Hèèrz, *leicht ums Herz.* Uw. Das trääg i ring, *das trage ich ohne Mühe.* S isch mi nüd ring aachoo, *fiel mir nicht leicht.* Ring dezue, ring devoo, *wie gewonnen, so zerronnen.* De gaasch ringer dèè Wääg, *du nimmst besser diesen Weg.* Zss.: -höörig, *schalldurchlässig, hellhörig.* E ringhöörigi Wonig; -mälchig, *leicht zu melken.*

Ring m. *Ring.* Zss.: -schlaa (-schlaagis) mache, *Ringspiel machen* (Ksp.); -schruub w.; -stäche s.; ringsetume, zring(s)um(e), *ringsum.* Vkf. Ringli s. Ringli zäichne, *kleine Kreise zeichnen.*

ringe (gringet) *beringen.* De Stier ringe.

ringe (gringet) *erträglicher werden.* Es ringet em iez.

Ringel in Zss.: Ringelräie m., *Ringeltanz* (Ksp.). Vgl. zringelume.

Ringge m. *Schnalle an Hose, Gürtel.* Ra.: Äim de Ringgen iitue, *jemanden in Zucht halten.*

ringgle (gringglet) 1. *sich winden, drehen,* oft verst. mit ränggle. De Wuurm tuet si ringgle und ränggle. Die cha si ringgle, *in den Hüften wiegen.* ütr. Dèè chan alls ringgle (ränggle), *er bringt alles fertig.* Er hät s na chöne ringgle (ränggle), *er konnte die Sache noch drehen, sich herauswinden.* 2. *massregeln, bändigen.* Dèè will i scho ringgle.

Ringi w. *Leichtigkeit, Mühelosigkeit.*

ringle (gringlet) 1. *sich ringeln.* D Haar tüend si

ringle, *kräuseln.* 2. *Rinde ringelweise abschälen.* 3. *beringen.* En Stier ringle.

Rippi s., jg. **Ripp** s. 1. *Rippe.* 2. *Längs- oder Querholz unter einem Bretterboden.* 3. *Geweberippe;* vgl. gripplet. 4. *zänkische Frau.* Isch daas es Ripp! Vkf. **Rippli** s. Rippli mit Chruut, *Rippenstück mit Sauerkraut.*

ripse (gripset), **ripsche** (gripschet) *stark reiben.* De Chraage ripset. S Vee ripset a der Chrüpf. De Schuebändel isch fascht duregripset, *durchgescheuert.*

Ripsete w. *starkes, wiederholtes Reiben.*

Rischale-Roschale s. *bestimmtes Ballspiel* (Schsp., va.).

rischpe (grischpet) *am Zettelkasten die Fadenkreuze machen.*

Rischpi s. 1. *Fadenkreuzung zwischen den Nägeln am Zettelrahmen.* Ra.: I s Rischpi choo, *in die Klemme kommen.* Äinen i s Rischpi nèè, *scharf hernehmen.* Öppis im Rischpi haa, *etwas im Wurf haben.* 2. *Rispe, büschelförmiger Fruchtstand.*

Rischti s., jg. **Rischt** m. *Rist, Fussrücken.*

Rise siehe Rììs.

Risel m. 1. *Graupel, kleine Hagelkörner.* 2. *gesprenkeltes Tier (Huhn, Kuh usw.).*

risgiere (risgiert, grisgiert), **rischgiere** (rischgiert, grischgiert) *wagen, riskieren.*

Risi w. (-ene) *Rinne als Gleitbahn für Baumstämme, Holzriese.*

risig 1. *riesig.* En risige Hunger, e risigi Fröid. 2. *grossartig, wundervoll.* Das isch risig!

risle (grislet), **risele** (griselet) 1. *rieseln.* Zss.: abe-, *herabrieseln;* use-, *hinausrieseln.* 2. *graupeln.* Zeerscht hät s grislet, *kleinkörnig gehagelt.*

Rislete w. *fortdauerndes Herabrieseln.*

Riss m. 1. *vom Schreiner oder Zimmermann gezogene Linie.* Näbet em Riss hoble, *über die Linie hinaus hobeln.* 2. *Zeichnung, Entwurf, Bauplan.* 3. *Riss.* En Riss i der Muur.

Ritt m. 1. *Ritt.* 2. Er hät de Ritt i s Wììrtshuus, *Zug zum Wirtshaus.* Er hät en chäibe Ritt, *lästiges Drängen.*

ritteriere (gritteriert); frz. retirer. 1. *den Rückzug antreten, klein beigeben.* Er hät si gwüsst z ritteriere, *er verstand es, sich aus der Sache zu ziehen.* 2. *sich auffangen (vor Fall), auch finanziell.*

rittlige *rittlings.*

Ritz m. 1. *Ritz, geritzte Stelle im Metall usw.* 2. *Ritze, schmale Spalte in der Wand.*

ritze (gritzt) *ritzen.* Ra.: Die Sach wèèr gritzt, *auf gutem Weg.* Zss. aa-, *anzeichnen.*

Rock m. (ö) 1. *Rock als Frauenkleid.* 2. *Rock als Männerkleid, Amtsmantel, Talar, Soldatenrock* (va.). Vgl. Tschoope. Zss.: -eermel m.; -zipfel m. Vkf. **Röckli** s., 1. *Kinderkleidchen.* 2. *hübsches Damenkleid.*

rode (grodt) 1. *von der Stelle bewegen, rühren.* D Händ rode, *tüchtig arbeiten.* Kän Finger rode, *keinen Finger rühren.* An öppis rode, *an etwas rühren.* S Määl im Sack rode, *aufrühren.* 2. *sich regen, rühren.* S rodt si käs Bäi, *niemand rührt sich.* Daa cha me si chuum rode, *hier kann man sich kaum regen.* Ir müend i halt rode, *eure Wünsche, Beschwerden vorbringen.* S Gwüsse hät si grodt, *das Gewissen regte sich.*

Rodel m. (ö) *Verzeichnis, Liste.* Im Rodel staat s. De Rodel abelääse. Ir chöned mer de Rodel schicke, *die Wunschliste der Brautleute.*

Rogge m. *Roggen.* Zss.: -broot s.; Roggenèèri s., *Roggenähre;* -määl s.; -schaub m., *Roggenstroh;* -strau s., *Roggenstroh.*

Röi w., jg. **Röii** w. *Reue.* Zss.: -chauff m., *Kauf mit Rücktrittsrecht;* -gält s., *Abstandszahlung;* -müetig.

Rȍiber m. *Räuber.* Rȍiber und Poli mache, *Räuber spielen* (Ksp.). Zss.: -bandi w.; -gschicht w.; -haupme m.

rȍibere (grȍiberet) *stehlen.*

Rȍiberlis mache *Räuber spielen* (Ksp.).

rȍibig 1. *gierig,* nur in der Wendung: en rȍibige Hunger. 2. *brünstig, von Katzen.*

rȍichere (grȍicheret) *räuchern.*

röie (groue) *reuen, bereuen, bedauern.* S röit mi. S isch mi, s hät mi groue.

Rȍiel m. *Kater.*

rȍiele (grȍielet) *nach Kater riechen.* Zss.: ume-, *umherstreichen.*

Rȍiff m., **Rȍift** m. *Kruste, Rinde.*

Ròiff m. *Reifen.* En Ròiff am Fass aatriibe. Ra.: S isch em en Ròiff aab, *er ist wieder um ein Jahr älter.*

ròiffle (gròifflet) 1. *mit dem Reifen spielen* (Ksp.). 2. *eilen, herumspringen.* Zss.: ume-. Han ìì müesen umeròiffle! *von Pontius zu Pilatus gehen.* 3. *leiten, betreuen* (pop.). Er ròifflet di ganz Buuden eläi. 4. *gedeihen* (pop.). Es ròifflet, *es geht gut voran.*

röiig *reuig.* Röiig wèèrde, sii, *bereuen, reuig werden.*

ròike (gròikt), jg. **ròichere** (gròicheret) *räuchern.* Gròikte Späck.

ròikele (gròikelet) *nach Rauch riechen.*

ròile (gròilet) *miauen (Katzen in Brunstzeit).* Zss.: aa-, *derb anfahren, schelten.*

Ròimaatisch s. *Rheumatismus.*

ròisch *brünstig, von Geflügel.*

Rolaade w. *Fleischröllchen* (frz. roulade).

role (grolet) *rollen.* De Kabut role, *den Soldatenmantel rollen.* Vgl. Role.

Role w. *Rolle.* Zss.: Rolehaafe m., verh. für *Hölle;* Rollhaar s., *Haarlocken;* -laade m. De Rollaade gaat äim abe, *einer Sache überdrüssig werden* (pop.); -stääge w., *Rolltreppe;* -waage m., *Wagen, der auf Rollen bewegt wird.* Vkf. **Röleli** s., 1. *Haarlocke.* Röleli mache. 2. *Glöcklein am Pferdegeschirr.* Zss.: Röleliböögg m., *Maskenfigur mit Schellenkleid;* -chappe w., *Schellenkappe.*

rölele (grölelet) 1. *Haare kräuseln.* 2. *schellen, von Glöckchen am Pferdegeschirr.* 3. *tröpfeln, von Wasser.* Zss.: abe-.

Roli m. *Rollkragenpullover* (jg.).

Roli m. 1. *Rollwagen zum Transport schwerer Lasten.* 2. *Rassel (Kinderspielzeug).* 3. *Wildfang.*

Roon m. *modernder Baumstamm, Baumruine.*

Roor s. 1. *Rohr.* 2. *Schilfrohr.* Zss.: -chue w., -muni m., -rind s. (auch Loorind), *Rohrdommel;* -spatz m., *Rohrsänger.* Schimpfe wien en Roorspatz. Vkf. **Röörli** s. Zss.: -hose (Mz.), *enge Hose.*

Rööre w. *Röhre.* ütr. Hät, füert dèè wider e frächi, groossi Rööre! *freches, grosses Maul.*

röörig in Zss.: zwäiröörig, *mit zwei Röhren versehen.*

röörle (gröörlet) 1. *in dünnem Strahl herausfliessen.* Zss.: abe-; use-. 2. *röhrenförmige Falten an einem Kleide machen.*

Roos w. (-e) *Wassergrube zum Einlegen und Erweichen der Hanf- und Flachsstengel, Flachröste, Hanfröste.*

Roos w. (-e) 1. *Rose.* Zss.: Roosechnopf m.; -chranz m.; -hèrdöpfel m.; Roosenöpfel m.; roseroot; Roosestììl m.; -stock m.; -stuud w.; -wasser s. Vkf. Röösli s. Zss.: -chööl m., *Rosenkohl.* 2. (Roose) *eine Spielkartenfarbe.* Zss.: Roosenass s.; -ober m.; -under m.

röösch 1. *ausgetrocknet, spröde, dürr.* Rööschs Hòi. S Broot isch schöön röösch, *knusprig.* 2. *heftig dreinfahrend.* En röösche Tunder.

Rööschi w. *Zustand der Trockenheit, bes. von Heu, Erde.*

Rooscht m. *Rost, Bratrost, Gitter, Grill.*

rööschte (gröschtet) *rösten.* Mäl rööschte; grööscht(et)i Määlsuppe.

Rööschti w. *geraffelte, gebratene Kartoffeln oder Kartoffelscheiben* (aus dem Berndeutschen; zürichdeutsch: prööötlet Hèrdöpfel). D Finger ab der Rööschti! *Hände weg!* (pop).

roosse (groosset), **roose** (groost), **rööse** (grööst) *Hanf, Flachs rösten, die Stengel einweichen oder auslegen.* Groossete Hauff.

root (rööter, rööt[i]scht) *rot.* Dèè root Siech! *Schimpf auf Rothaarigen.* Dè mit em roote Päärtli, *Teufel.* Kän roote Rappe, *gar kein Geld.* I hä nu Roots im Sack, *nur Kupfergeld* (va.). Zss.: -chäppli s., *Rotkäppchen (Märchengestalt);* -chruut s., *gekochter Rotkohl;* -brüschtli s., *Rotkehlchen;* -güügger m., *Rotkehlchen, Dompfaff;* -hüüserli s., -schwänzli s., *Hausrotschwanz;* -pagget, -pägglet, *rotbackig;* -tann w., *Fichte.*

roote (grootet), **röötele** (gröötelet) *rot werden (Trauben, Kirschen).*

Rööteli s. 1. *Rothaariger.* 2. *rote Katze* (fam.). 3. *Rotforelle, Seesaibling.* Zuger Rööteli. 4. *Rotkehlchen, Rotschwänzchen.*

Rööti w. (-ene) 1. *Röte des Himmels.* 2. *entzündete Stelle am Körper.*

rootlacht(ig), rootlächt(ig) *rötlich* (va.).
röötle (gröötlet) *mit dem Rotstein, Rötel (nach)zeichnen.* Zss.: aa-.
rȍȍtle (grȍȍtlet) *raten* (fam.). Tȍȍrffsch drüümaal rȍȍtle!
röötsch *rötlich, bes. von Haaren.* Hw. en Röötsche m., *Rothaariger.*
Rööz m. *einmaliges Harnlassen (von Kindern).* Zss.: -blätz m., *Unterlage für Bettnässer.*
rööze (grööz t) *das Bett nässen, von Kindern, harnen.* I s Bett rööze.
Röözer m., **Röözi** m., **Röözeri** w. (-ne) *Bettnässer(in).*
Röözete w. *mehrmaliges Harnlassen, von Kindern.*
Rosbif(f) s., **Rossbüff** s. *Roastbeef.*
Roscht m. 1. *Rost (auf Eisen).* 2. *Rostpilz.*
roschte (groschtet) *rosten.*
roschtig 1. *rostig.* 2. *rostfleckig, von Obst.*
Rosiindli s. *Rosine, Korinthe.* Zss.: -rääb w., *Jungfernrebe.*
Ross s. 1. *Pferd* (in Ksp. Mz. Rösser). Ra.: Schaffe wien es Ross, *viel arbeiten.* Suuffe wien es Ross, *viel trinken.* Das Mitteli chönt es Ross tööde, *besonders starke Arznei.* Zss.: -aarbet w., *schwere Arbeit;* -bììs s., ütr. *starkes Gebiss;* -bole m., *Pferdeapfel;* -bolesammler m.; -boppele w., *Pferdeapfel;* -brèèm w., *grosse Rinderbremse;* -bumbele w., *Pferdeapfel;* -cheschtene w., *Rosskastanie;* -chnächt m.; -chopf m., *Kaulquappe;* -chümi m., *wilder Kümmel;* -egel m., *Pferdeegel;* -fläisch s.; -gschììr s.; -haar s.; -haarmadraz w.; -hueb w., *Huflattich;* -iise s., *Hufeisen;* -kuur w., *strenge Kur;* -maage m., *Magen, der alles verträgt;* -mèèssig; -metzg w.; -metzger m., a) *Pferdemetzger.* b) *Schulzahnarzt* (Schsp.); -möörder m., *Maulwurfsgrille;* -natuur w., *zäher Mensch;* -negel (Mz.). Rossnegel verdaue, *alles verdauen* (humor.); -säich m., *Pferdeharn;* -schwanz m., a) *Pferdeschweif.* b) *Pferdeschwanz (Haartracht);* -staal m.; -strigel m. 2. *stämmige, grosse Frau.* E fèrtigs Ross! Vkf. **Rössli** s., a) *Pferd.* Zss.: -gschììr s., *Gabeltragriemen* (Ssp.); -riiti w., *Karussell;* -spììl s., *Stab* (Ssp.). b) *Pferd im Schachspiel.*

rosse (grosset) *gehen wie ein Pferd, stampfen.* Zss.: ume-, *sich wild herumtreiben.*
rössele (grösselet) *nach Pferden riechen.*
Rösseler m. *Reiter, Kavallerist* (pop., Ssp.).
rössig *brünstig, von der Stute.*
rössle (grösslet) 1. *mit Pferd (und Wagen) häufig ausfahren.* Zss.: ume-; umenand-, *umherreisen.* 2. *mit Pferden handeln.* 3. *Pferd und Fuhrmann spielen* (Ksp.).
Rösslete w. *häufiges Umherreiten, Umherfahren.*
Rösslis mache *Pferd und Fuhrmann spielen* (Ksp.).
rotiere (grotiert) *geschäftig sein* (pop.). I s Rotiere choo, *mit der Arbeit nicht nachkommen.*
rötuur siehe retuur.
Rous m. (Rouse ZO., Röis), **Rouss** m. (öi) *Runse, Schlucht, Tobel.* Vkf. Röisli s.
RS (èr-èss) w. *Rekrutenschule.*
Rubel m. *Kraushaar.* Vkf. **Rubeli** s. Zss.: -chopf m.; -grind m.; -haar s., *struppiges Haar.*
Rubel m. 1. *Rubel,* 2. *Einfrankenstück* (pop.).
Rübeli s. *geripptes Baumwollzeug, Rippensamt, Manchesterstoff.* Zss.: -baarchet m.; -hose w.; -samet m.
ruble (grublet) *bei heftigem Wind schneien und regnen.* S rublet wien im Hornig, *es stürmt wie im Februar.*
rublig 1. *kraus, wirr, von Haar.* Vgl. grublet. 2. *rauh, uneben, von Leder, Haut, Rinde.*
rüchle (grüchlet) 1. *wiehern, vom Pferd.* 2. *grunzen, vom Schwein.*
rucke (gruckt) *rücken.* Ruck echli uf d Siite! De Stuel rucke. Ruckt s mit der Aarbet? *geht es vorwärts?* Es ruckt gäge di Sächsi. Zss.: aa-, *eintreffen;* ii-, *in den Militärdienst einrücken;* uus-.
Rue w. *Ruhe.* Gänd, händ, hebed Rue! *seid ruhig.* Vkf. Rüeli s.
Rueb w. (-e) *grosse Rübe, Mohrrübe, Möhre.* Vkf. **Rüebli** s., *Gartenrübe, Karotte.* Ra.: Das isch ggange wie Rüebli schabe, *die Sache ging leicht.* Das hät siin Wääg wie s Rüeblischabe, *geht seinen bestimmten Weg.* Zss.: Rüeblichruut s.; -graas s., *wild wachsende Mohrrübe;* -land s., *Kanton*

Aargau (humor.); -RS w., *Hauswirtschaftsobligatorium der Schülerinnen* (humor.); -schnitz m., *Rübenstücklein;* -schwanz m.

ruebe (gruebet), **gruebe** (ggruebet), **gruene** (ggruenet) *ruhen, ausruhen.* Zss.: uus-.

rüebig, jg. **rueig, ruig** *ruhig.*

Ruech m. (-e) *Grobian, Rohling.*

rueche (gruechet) *sich grob benehmen, grob drauflosgehen.* Zss.: ume-.

Rueder s. *Ruder.* Zss.: -schiffli s.

ruedere (gruederet) *rudern.* Zss.: ume-; umenand-.

Ruedi m. (eig. *Rudolf) Wildfang.* Du bisch en rächte Ruedi! *von burschikos sich benehmendem Mädchen.*

Rueff m. (üe) *Ruf, Leumund.*

rüeffe (grüefft, Wf. Vh. rieff) 1. *rufen.* Rüeff nüd z luut! *behaupte es nicht zu sehr.* 2. *herbeirufen.* Er hät em Vatter grüefft. Ra.: De Chrèèe rüeffe, em Ueli rüeffe, *erbrechen.* Zss.: uus-, 1. *ausrufen.* 2. *laut reklamieren* (pop., jg.).

Rüeffete w. *anhaltendes lautes Rufen.*

rueig siehe rüebig.

Ruem m. *Ruhm.*

rüeme (grüemt) *rühmen, loben.* Wie gaat s? I chönt nüd rüeme, *es geht mir nicht gut.*

Rüemerei w. (-e) *Rühmerei.*

Rüemete w. *Rühmerei.*

rüere (grüert) 1. *umrühren.* S Määl rüere, *beim Rösten.* Es Äi rüere, *schlagen.* Zss.: drii-; zäme-. Rüerchele w., *Rührlöffel.* 2. *buttern* (ZO.). Zss.: Rüerchübel m., *Butterfass;* -fass s., -fässli s., *Butterfass;* -glaas s., *Butterglas;* -milch w., *Buttermilch.* 3. *werfen.* En Stäi rüere. Ra.: En Stäi in Gaarte rüere, *einen Gegendienst leisten* (humor.). De Bängel hööch rüere, *hohe Forderungen stellen.* Zss.: aa-; abe-; ane; dure-; furt-; ie-; ine-; naae-; ufe-; use-; uuf-.

ruesam *geruhsam.*

Ruess s. *Russ.* Zss.: -fläcke m., -schlängge m., *Russfleck.*

ruesse (gruesset) 1. *russig werden.* D Lampe ruesset. 2. *russen.* S Chämi ruesse. D Naase ruesse, *sich schneuzen* (pop.). 3. *beischlafen* (vulg.). Vgl. ruusse.

rüessele (grüesselet) *nach Russ riechen oder schmecken.*

ruessig *russig.*

Ruet w. (-e) *Rute, Gerte.* Ra.: D Ruet hinder em Spiegel fürenèè, *ein Kind züchtigen.* Vkf. Rüetli s. Rüetli abhaue, *Weidenruten schneiden.* Ra.: S isch kän Baum, er isch nüd z eerschten es Rüetli gsii, *alles war einmal klein.*

Rugel m. (ü) 1. *Rundholz.* Tani Rügel. 2. *Rolle.* Si hät alls an en Rugel gmacht, *unordentlich zusammengerollt.* Ra.: Das spilt kän Rugel, es chunt uf äin Rugel use, *es spielt keine Rolle.* 3. *kleines, dickes Kind.* Das isch en Rugel. Vkf. **Rugeli** s., 1. *kleines, dickes Kind.* 2. *Röllchen, Scheibchen.* Es Rugeli Wùùrscht, Gält. Zss.: -chümi m., *Koriander, als Gewürz.*

rugele (grugelet) 1. *rollen, wälzen.* Es Fass rugele. 2. *walzenförmig aufrollen, wickeln.* Bapiir, Täigg rugele. Zss.: abe-, *hinunterrollen;* devoo-, *davonrollen;* furt-; ume-, *umherrollen;* use-, *hinausrollen;* uuf-, *aufrollen;* zäme-, *zusammenrollen.*

Rugele w. *etwas Walzenförmiges.* E Rugele Tuech, *Stoffballen;* e Rugele Föifliiber, *eine Rolle Fünffrankenstücke.* Vkf. Rügeli s.

Rugge m. (ü) *Rücken.* Zss.: Ruggegraat m., *Wirbelsäule;* -lèène w., *Rückenlehne;* -maarg s., *Rückenmark;* -schwumm m., *Rückenschwimmen;* -stuck s., *Stück vom Rücken von Schlachtvieh;* -wee s., *Rückenschmerzen.* Ruggsack m., *Rucksack.* Vkf. Rüggli s.

rüggle (grügglet) *rütteln.* De Wind rügglet am Fäischter.

rügglige *rücklings.* Rügglige schwüme.

Rumbele w. *alte, schlechte Messerklinge.*

Rumel m. 1. *Lärm, Geschrei.* Hinecht isch en Rumel gsii uf der Straass. 2. *geräuschvolles Treiben, Rummel.* De Rumel gaat wider aa.

rumoore (grumooret) *rumoren, polternd arbeiten.*

Rumoorete w. *geräuschvolle Bewegung, Lärm.*

Rumpel m. *Gepolter.* Vgl. Grumpel. Zss.: -chaschte m., *altes Klavier;* -chischte w., *alter (Bahn-)Wagen.*

rumpelsurig *mürrisch, unwillig.*

Rumpf m. (ü) 1. *Falte, zerknitterte Stelle an Kleidern usw.* Dè Stoff git gèèrn Rümpf, *knittert leicht.* 2. *Runzel.* Rümpf a der Stiirne, *Runzeln.* 3. *unförmige Masse.* An en Rumpf schlaa, *zu einer unförmigen Masse zusammenschlagen, -prügeln.* Ra.: I bin ame Rumpf, *ich bin erschöpft.*

rumpfe (grumpfet) *Falten bekommen, knittern.* S Tuech rumpfet.

rümpfe (grümpft) *rümpfen, in Falten legen.* D Naase, d Stiirne rümpfe.

rumpfig *zerknittert.*

rumple (grumplet) *rumpeln.* Das rumplet da obe, *es lärmt, es donnert.*

Rumplete w. *dumpfer Lärm, Gerumpel, Kollern im Magen.*

rund (ründer, ründischt) *rund.* Ra.: Er hät rund(i) Füess, a) *schmerzhafte Füsse (beim Wandern).* b) *ist betrunken.* Das isch mer z rund, *zu arg.*

Rundäle w. 1. *Rondell, rundes Gartenbeet.* 2. *Windlicht.*

runde (grundet) *rund werden.* Dè hät grundet, *ist dicker geworden.* Zss.: ab-; uuf-.

ründe (gründet) *abrunden.*

Rundi w. (-ene) *Runde.* D Rundi mache. E Rundi zaale, *Trinken bezahlen.*

Ründi w., jg. **Rundig** w. *Rundung.* I der Ründi gmässe, *am Umfang.*

rundlacht(ig), rundlächt(ig) *rundlich* (va.).

Rundumeli s. *kleines, rundes Ding.*

rüne (grune) 1. *rinnen, leck sein.* S Fass hät grune. D Nase rünt. De rünsch mäin i! *zu Kind, das genässt hat* (humor.). 2. S Netz rünt, *das Netz treibt in der Strömung (Fischerei).*

Rung m. (ü) *Ruck, kurze Kraftanstrengung, Anlauf.* Na en Rung, und dänn hämer s. Iez isch wider en Rung ggange. I äim Rung. Vkf. **Rüngli** s., *Weilchen.* Es Rüngli waarte. Es Rüngli druuf, *kurz nachher.*

runggle (grungglet) *Runkelrüben ernten.*

Runggle w., jg. **Runkle** 1. *Runkelrübe.* Runggle uustue, *ernten.* 2. *Panzerwurfgranate* (Ssp.).

Runggungele w. *dicke, nachlässige Frau.*

rungguuse (grungguuset), **rungguusse** (grungguusset) *lärmen, rumoren, besonders von sich tummelnden Knaben.*

Runtschele w. 1. *Kotklumpen an den Hinterschenkeln des Viehs.* 2. *Schmutzknöllchen auf der Haut.*

runtschelig *mit Schmutzknöllchen bedeckt, von der Haut.*

runzle (grunzlet) *runzeln.*

Runzle w., **Runzele** w. *Runzel.* Vgl. Rumpf. Vkf. Rünzeli s.

Rupf m. (ü) 1. *das Zupfen an den Haaren, Ohren.* Äim en Rupf gèè, *an den Haaren ziehen.* 2. *die ausgerupften Federn.* En Rupf Fädere. En halbe Rupf, *die beim Verarbeiten der Textilfaser durch Rupfen ausgeschiedenen Unreinigkeiten.*

rupfe (grupft) 1. *rupfen.* Chriesi rupfe, *Kirschen ohne Stiel pflücken.* Echli Graas rupfe. An Haare rupfe. 2. *jemanden ausbeuten.* Dè händ s ghöörig grupft! 3. *schmerzen.* S rupft mi wider, *ein Leiden macht sich wieder bemerkbar.*

Rupfete w. 1. *Wortwechsel.* 2. *Schmerzanfall, von Rheumatismus usw.*

rüpfle (grüpflet) *ein wenig rupfen.*

rüschte (grüscht, jg. grüschtet) *rüsten.* S Gmües rüschte, *zurüsten.* S Ässe isch grüscht. Sind er grüscht? *angezogen.*

Ruschtig w. *Ausrüstung.* 1. *Kleider, Gewand.* En alti Ruschtig. 2. *Werkzeug.* D Ruschtig zämenèè. 3. *Zeug, Plunder, alter Kram.*

Russ siehe Ruuss.

Rüssel m. 1. *Rüssel.* 2. *Nase* (vulg.). Hät dèè en Rüssel im Gsicht! *grosse Nase.* 3. *Mund* (vulg.). Mach kä son en Rüssel! *Schmollgesicht.*

Rutsch m. (ü) *Rutsch, Ruck.* Es gaat en Rutsch, *es geht einen Ruck, ein Stück vorwärts.* In äim Rutsch, *auf einmal.* Zss.: -wiis, *ruckweise.*

rutsch! *ruck!* Hoo rutsch! *hau ruck, ho ruck (Arbeitsruf).*

rütsche (grütscht) *rutschen, rücken, gleiten.* Er rütscht gäge di Nüünzgi, *er ist bald 90 Jahre alt.* Zss.: abe-, *hinunterrutschen;* dure-. Rütsch dure! *rück weg;* furt-; übere-. Rütsched guet übere! *beginnt das neue Jahr gut* (pop.); ume-. S Chind rütscht uf em Boden ume; umenand-; zäme-.

Rutscherli s. *Kleinski für kleine Kinder.*

Rütschete w. *das Zusammenrücken, das Geräusch beim Rücken von Stühlen.*

Rütschi w. *Warenrutschbahn, Rutsche.*

rüttle (grüttlet) *rütteln.*

Rützeli (Mz.), **Grützeli** (Mz.) 1. *Klümpchen, Knöllchen in Brei, in geronnener Milch.* 2. *Hautbläschen.*

rützelig, grützelig 1. *voll Knöllchen, von geronnener Milch.* 2. *uneben, von der Haut bei Gänsehaut.*

rüübis und stüübis *mit Stumpf und Stiel, restlos.*

ruuch (rüücher, rüüch[i]scht) 1. *rauh.* Ruuchs Gaarn usw. E ruuchi Zunge, en ruuche Hals, *leichter Katarrh;* ruuchs Ässe, *geringe, herbe Speisen.* Zss.: Ruuchbroot s., *Schwarzbrot, Graubrot;* -hòòrig, *rauhhaarig;* -lääder s., *Rindsleder.* 2. *grob.* Ruuchi Aarbet, *harte Arbeit;* ruuchi Chind, *ungezogen, grob.*

ruuche (gruuchet) *rauh werden, von der Haut, vom Wetter, vom Benehmen.*

rüüche (groche) *rauchen.* S Chämi rüücht. S rüücht uf de Wise; de See rüücht, *dampft, nebelt.* Ra.: Häsch gsee rüüche? *merkst du, dass ich recht habe?* Es rüücht mer, *ich habe genug davon* (pop.). Zss.: uuf-. Es rüücht mer uuf, *ein Licht geht mir auf.* Vgl. rauke.

rüüche (grüücht) *rauh machen.* E Stäiplatte rüüche. Grüüchts Lääder.

rüüchele (grüüchelet) *rauh riechen oder schmecken.*

Rüüchi w. *Rauheit,* a) *von der Oberfläche eines Gegenstandes,* b) *vom ungeschliffenen Wesen eines Menschen.*

ruuchlacht(ig), ruuchlächt(ig) *ein wenig rauh* (va.).

ruugge (gruugget) *gurren, von Tauben.*

Ruugger m. *einer, der wie eine Taube gurrt; Gurrender.*

ruume (gruumt) *räumen, leeren.* De Chaschte ruume. Ra.: D Stube isch nüd gruumt, *es sind unbefugte Zuhörer da.* Zss.: ab-; ii-; use-; uuf-; uus-; zäme-, *aufräumen.*

Ruume (Mz.) 1. *Fettkruste am Pfannenrand.* D Ruume abchratze. 2. *Schmutzstreifen im Gesicht, am Hals* (humor.).

Ruusch m. (-sch scharf; -üü-) *Rausch.* Zss.: -chind s., *im Rausch gezeugtes Kind;* -gauggel m., -maa m., -mänggel m., *Betrunkener.* Vkf. Rüüschli s.

Ruusch s. (-sch weich) *rote Lippenfarbe.* Ruusch uuflegge, *Lippen rot färben.*

ruusche (gruuschet) *rauschen.*

Rüüsche w. meist Vkf. **Rüüscheli** s., *Faltenbesatz an Frauenkleid.*

Rüüsch(e) w., *Fischreuse.*

Ruuss m., jg. **Russ** m. 1. *Russe.* 2. *grosser Schwabenkäfer.* 3. *ungeschlachter Kerl, unbändiges Kind.*

ruusse (gruusset), **ruesse** (gruesset) *herumtollen.* Zss.: ume-, umenand, *sich herumtollen.*

ruusse (gruusset) 1. *grunzen, schreien, von Schweinen.* 2. *schnarchen.*

rüüssig 1. *brünstig, vom Schwein.* 2. *mannstoll.*

rüüte (grüütet) *roden.* Rüüte und stocke, *roden und Baumwurzeln ausgraben.* Zss.: Rüüthaue w., *Hacke zum Roden;* -land s., *urbares Land.*

Rüüter m. 1. *Reiter.* 2. *wilder Knabe, Wildfang.* Vgl. Riiter.

rüütig, rüüdig *räudig, von Mensch und Tier, von Pflanzen mit Auswüchsen.*

S

s 1. Artikel *das.* S Chind. 2. *des.* S Vatters Huus. S Mäiers, *Meiers (Familie Meier).* S Profässers, *die Familie von Professor...* Mit s Häiris, *mit Heinrichs Familie.* 3. *es* (unbetonte Form). S hät, *es hat.* Iez hät s es! *es genügt.*

sä! *Lockruf für Haustiere.* Chumm sä-sä-sä!

Saabel m., jg. **Sääbel** m., **Sèèbel** m. 1. *Säbel.* Ra.: Äine uf de Saabel laade, *jemanden herausfordern.* 2. *Bajonett* (Ssp.).

saable (gsaablet), jg. **sääble** (gsääblet), **sèèble** (gsèèblet) 1. *säbeln.* Zss.: ab-, *abschneiden.* De Baart, Broot absaable. zäme-. 2. *operieren* (pop.).

Sääch s. *Pflugmesser, Sech, das den Boden aufschneidet.* Zss.: -bisse m., -wegge m., *hölzerner Sechkeil, zum Befestigen im Pflugbaum.*

saage (gsaaget) 1. *sägen.* Er mag (s) nöd

gsaage, *er bewältigt es nicht* (pop.).
2. *schnarchen.* Er hät di ganz Nacht gsaaget, *geschnarcht.* Zss.: ab-. Ra.: Mit abgsaagete Hose daastaa, *ratlos dastehen;* abe-; dure-; use-.

Saage w., **Saagi** w. (-ene) 1. *Säge.* Zss.: -chnopf m., *Handgriff der Säge;* -fiele w., *Feile zum Schärfen der Säge;* -gstell s.; -platt s.; -schnuer w., *Sägeschnur, Spannschnur der Säge;* -zaa m., *Sägezahn;* Sagbock m.; -holz s., *zum Sägen geeignete Baumstämme;* -määl s.; Sagmäälstübli s., *Kopf* (humor.); Sagspȍȍ (Mz.), *Sägespäne.* Vkf. Saageli s. 2. Du tumi Saage! *dummer, ungeschickter Mensch.* 3. *Ausruf des Ärgers, der Überraschung.* Du verbrännti Saage!

Sääge m. *Segen.* De Sääge gèè, *segnen.* Isch daas de ganz Sääge? *die ganze Ernte.*

sääge, säge (säisch, säit; säg!; Wf.Vh. säiti; Mw. gsäit) *sagen, reden, sprechen, erzählen, erklären, behaupten, darlegen, befehlen, heissen, nennen.* S säit si ume, *es spricht sich herum.* Wie säit me dèm? *wie heisst das.* Me hät em gsäit s Hansjogge, *man nannte ihn ...* Hw. s Sääge, *das Sagen.* Das isch esoo es Sääge, *das sind so Redensarten.* Zss.: aa-; ab-; graaduse-; naa-; ume-, *herumschwatzen;* use-, *heraussagen;* uuf-; uus-, *aussagen;* voor-; waar-; zue-.

Säägel m. *das Segel.* Ra.: Las de Säägel abe! *mässige dich.* Zss.: -baum m., *Mast;* -flüüger m., *Segelflugzeug;* -säil s., *Segeltau;* -schiff s.; -stang s.; -tuech s., *grobe Leinwand.*

säägele (gsäägelet) *Holzsägearbeiten ausführen.*

Saager m. *Sägemüller.*

Saagete w. 1. *Sägespäne.* 2. *Schnarchen* (pop.).

Saagi w. (-ene) *Sägemühle, Sägerei.*

säägle (gsääglet) *segeln.* Zss.: abe-, *hinunterfallen;* devoo-. Lueg, wie dè devoosääglet! *schnell geht;* drüberuus-, *das Ziel überfahren;* furt-; ie-.

Saal m. (ää) *Saal.* Zss.: -tochter w., *Kellnerin, Serviererin.* Vkf. Sääli s.

saame (gsaamet) *Samen erzeugen, von Pflanzen.* De Salaat saamet.

Saame m. (Sȍȍme) 1. *Samen.* Zss.: -böle m., -böleli s., *Samenzwiebel;* -choorn s., -chöörndli s., *Samenkorn;* -frau w., *Hausiererin mit Sämereien;* -ritter m., *Sanitäter (Samariter)* (Ssp.). 2. *erster Einsatz beim Spiel.* I hä na miin Saame. 3. *Geld* (pop.). Vkf. Sȍȍmli s., *Sämchen; Spieleinsatz; kleiner Geldrest.* Mit dèm Sȍȍmli chan i nüüt aafange.

Saar s. *Seeschlamm.* Zss.: -bache w., -wììd w., *Schwarzpappel.*

säärele (gsäärelet) *erdigen Beigeschmack haben, bes. von Karpfenfleisch.*

Saarg m. (ää) *Sarg.* Zss.: -naagel m., *starke Zigarre (Brissago).* Ra.: Saargnaagel sii, *tödlichen Kummer verursachen.*

Saat w. *Aussaat.*

saatane (gsaatanet) *wüten, toben.*

Saatle w. *Längsstreifen des Ackers von der Breite ennes Samenwurfes.*

säb (de säb m., di säb w., säb s., Mz. di säbe; Wemf. em säbe/säbem m., de säbe/säbere w., säbem s., Mz. de säbe/säb(n)e; vgl.W.Gr.) 1. *jener.* 2. (säb) *das.* Säb möcht i gsee! Ja, wänn säb isch, *wenn dem so ist.* Säb scho! *das wohl.* Zss.: säbemaal, säbetsmaal, *jenesmal, dann;* säbewääg, *auf jene Art.*

Sach w. (-e) *Sache, Geschäft, Angelegenheit, Vorkommnis, Umstand.* Wèè(r) macht d Sach? *wer führt die Haushaltung?* Zur Sach tue, *einer Krankheit vorbeugen, Abhilfe schaffen.* Das wird e Sach absetze! *Aufsehen erregen.* Si hät wider iri Sach, *Menstruation.* Vkf. **Sächli** s., **Sächeli** s. Siis Sächeli mache, 1. *seine Obliegenheiten erfüllen.* 2. *Notdurft verrichten.* 3. I Sache Sächeli, *in Liebesdingen.*

sächs *sechs.* Was choschted sächs(i)? *sechs Stück.* Er isch sächsi, *sechs Jahre alt.* I bi mit sächsen i d Schuel, *ich ging mit sechs Jahren in die Schule.* Vor de Sächse, *vor sechs Uhr.* Z sächse, *zu sechst.* Zss.: sächzää, *sechzehn;* sächsesächz, *sechsundsechzig.*

Sächser m. *Sechser.* 1. *Tram Nr. 6.* 2. *Note 6.* 3. *Punktezahl 6 beim Schiessen.* 4. *Angehöriger des Jahrgangs 1906.*

Sächsi s. 1. *Zahl Sechs, die Sechs.* 2. *sechs Uhr.* Es isch Sächsi. Es schlaat Sächsi. Guet Nacht am Sächsi! *ums Himmels willen.* Zss.: -auto s., *6-Uhr-Postauto;* -lüüte s.,

Sechseläuten (Zürcher Frühlingsfest); -lüütebögg m., *Popanz (Schneemann), der am Sechseläuten verbrannt wird;* -schiff s., *6-Uhr-Schiffskurs;* -zùùg m., *6-Uhr-Zug.* 3. *Zeugnisnote Sechs.* 4. *Tram Nr. 6.* Zss.: -tram s., *Tram Nr. 6.*

sächst sechst. Zss.: Sächstklässler m., *Schüler der sechsten Klasse.*

Sächstel m. *das Sechstel.*

sachti, sachtli *sachte.* Sachtli rede, *leise sprechen.*

sächzg *sechzig.* Er isch sächzgi, *60jährig.* Si isch in Sächzge, *zwischen 60 und 70 Jahre alt.* sächzgischt, *sechzigster.*

Sächzger m., **Sächzgeri** w. (-ne) *Sechziger(in).* 1. *Sechzigjährige(r).* 2. *Angehörige(r) des Jahrgangs 1960.*

Sack m. (Seck) *Sack, Tasche.* D Händ in Sack tue, *die Hände in die Taschen stecken.* Händ er Seck dihäime? *Frage an jemanden, der immer die Türe offen lässt.* Ra.: Öppis, öpper im Sack haa, *in sicherem Besitz haben.* Öpper in Sack nèè, *jemanden kaltstellen.* Mir müend a d Seck, *weiterarbeiten* (humor.). Zss.: -gaarn s., *Sacknetz;* -gass w.; -gumpe s., -gumpete w., -gumpis s., *Sackspringen;* -hegel m., -mässer m., *Taschenmesser;* -tuech s., *Taschentuch;* -uur w., *Taschenuhr;* -vole, *stark betrunken.*

sacke (gsacket) *zusammenballen.* Es sacket si über em Bèèrg, *das Gewölk ballt sich zusammen.* Zss.: ii-, *einsacken, einstecken (auch Vorwurf usw.);* ume-, *junge Tiere, Kinder zum Scherz wie einen Sack herumwerfen;* umenand-, *wie einen Sack schütteln;* uuf-, *einem einen Schlag versetzen;* zäme-, a) *etwas zusammenraffen, einstecken.* b) *zusammenbrechen* (jg.).

sackermänt! *sackerment, ums Himmels willen* (eig. Sakrament). verh. sackerlott, sackermoscht, sackermängge, verst. sackerdie, sackernundedie; vgl. hackermänt.

Sackermänter m. *Allerweltskerl.*

Sädel m. *Sitzstange für Geflügel.*

sädere (gsäderet) 1. *tropfen.* 2. *trippeln* (ZO.). 3. *(hinunter-)sausen, besonders vom Schlitten.* Er hät sädere laa, *den vollen Lauf gelassen.* Las es la sädere! *lass der Sache den Lauf.*

sädle (gsädlet) *sich auf die Sitzstange setzen.* D Hüener sind go sädle.

Saffere m., jg. **Saffraan** m. *Safran.*

Sägisse w., **Säägisse** (Kn.A.), **Sägesse** (ZO.) *Sense.* Zss.: -hame m., *Griff am Sensenstiel;* -platt s., *Sensenblatt;* -ring m., *Ring zum Befestigen des Blattes;* -rugge m., *Rücken des Sensenblattes;* -tangel m., *Senseschneide;* -woorb m., -wùùrb m., *Sensenstiel.*

sägne (gsägnet) *segnen.* Es gsägnets nöis Jaar! En gsägnete Taag!

Säich m. 1. *Harn von Tieren.* 2. *Harn von Menschen* (vulg.). Ra.: Das Wasser isch waarm wien en Säich. Äim de Säich lüütere, *jemanden hernehmen, zur Verantwortung ziehen.* Im sibete Säich ligge, *von Langschläfern.* Zss.: -blätz m., *Unterlage für Bettnässer;* -bueb m., *Dummkopf;* -haafe m., *Nachttopf;* -nass, *durch und durch nass;* -waarm, *lauwarm;* -wätter s., *Regenwetter.* 3. *dummes Zeug* (vulg.). Das isch en Säich! En Säich ablaa, schwätze, *dummes, unnötiges Zeug machen, reden.* Dè huere Säich stinkt mer dänn gruusig! *dieses dumme Zeug missfällt mir ausserordentlich* (vulg.). Dèè hät mer wider en schööne Säich aaggèè! *falsche Auskunft erteilt* (vulg.). Zss.: -aarbet w., *langweilige, eintönige, mühsame Arbeit* (vulg.); -waar w., *wertloses Zeug* (vulg.).

säiche (gsäicht) 1. *harnen, von Tieren und Menschen* (vulg.). Ra.: S isch zum (Haar)ööl säiche, *um aus der Haut zu fahren.* 2. *überfliessen* (vulg.). D Tachtröiffi säicht. 3. *undicht sein* (vulg.). S Böötli säicht. 4. *stark regnen* (vulg.). Es säicht, was s abe mag. Gsäicht hät s wien e Moore. Zss.: aa-, a) *anharnen* (vulg.). b) *beschimpfen, erniedrigen* (vulg.); dure-, *Wasser durchlassen.* Es säicht dure (vulg.); ie-, *hineinregnen* (vulg.).

säichele (gsäichelet) *nach Harn riechen* (vulg.). D Windle säichelet.

Säicherei (-e) w. 1. *häufiges Harnlassen* (vulg.). 2. *anhaltender Regen* (pop.).

Säichete w. 1. *häufiges Harnlassen* (vulg.). 2. *anhaltender Regen* (pop.).

Säigel m., **Zäigel** m. *Leitersprosse.* E Läitere

mit driissg Säigel. Bäindli wie Läiteresäigel, *dünne Beinchen.*

säiger *fädenziehend, kahmig, bes. von abgestandenem Wein.*

Säil s. *Seil.* Ra.: Am lätze Säil zie, *etwas verkehrt machen.* Äin am Säil abelaa, *einen üblen Streich spielen.* Zss.: Säiltänzer m.; -tanze, -tänzle, *seiltanzen.* Vkf. **Säili** s., *Spielseil für Kinder.* Zss.: Säiligumpis s., *Seilspringen* (Ksp.); -riite, *seilschaukeln* (Ksp.); -riiti w., *Seilschaukel* (Ksp.).

Säiler m. *Seiler.*

Säilerei w. (-e) *Seilerei.*

Säite w. 1. *Saite eines Musikinstruments.* 2. *Transmissionsschnur am Spinnspulrad.*

sakermänt siehe sackermänt.

Salaat m. (Salòòt) 1. *Salat.* De Salaat hòi(p)tlet, *bildet den Kopf.* Zss.: -hòi(p)tli s.; -ööl s.; -setzlig m. Vkf. Salòòtli s., *schmackhafter Salat.* 2. *Durcheinander* (pop.). En fèrtige Salaat!

Salb s. (-e) *Schmiere, Fett.*

salbaadere (gsalbaaderet) *salbadern.*

Salbaaderi m. *alberner Schwätzer, Salbader.*

salbe (gsalbet) *salben.* D Schue, d Reder salbe, *einfetten, schmieren.* De Hals salbe, *die Kehle anfeuchten.* Ra.: Schmiere und salbe hilfft alethalbe. De Puggel salbe, *prügeln.* Zss.: dure-, *durchprügeln;* ii-.

Salbeeter m. 1. *Salpeter.* 2. *Salpeterbeize zum Einpökeln des Fleisches.*

salbeetere (gsalbeeteret) *Fleisch in Salpeterbeize beizen.*

Salbei w., älter **Salbiine** w. *Salbei.*

sälbele (gsälbelet) *salben.*

sälber *selber.* I han em/mir sälber nüd trouet, *ich getraute mich nicht.* Das leert me vome sälber, *von selbst.*

Salbete w. *Geschmier.*

Salbi w. 1. *Heilsalbe.* 2. *Schuhfett.* Vgl. Salb.

sälbverständtli *selbstverständlich.*

sali siehe salü.

sälig *selig.* Ra.: Er pfuuset sälig, *schläft behaglich.* De Vatter sälig, *der verstorbene Vater.*

Säligkäit w. *Seligkeit.* Uf Eer und Säligkäit.

sälte *selten.*

sältse 1. *wunderlich, wählerisch.* Er isch sältse bim Ässe. 2. *missmutig, launisch.* De Chlii isch mäin i sältse,

Sältslig m. *Hypochonder.*

Sältsni w. *Launenhaftigkeit, Missmut.* Dè isch e Sältsni.

salü!, sali!, salé! *grüss dich!* (vertraulich), intim: sali, sali!, humor. erweitert: Salü, Bänz! Sali zäme! *Grüss Gott, ihr alle.* Salü duu, gäll de känsch mi nüüd! *Maskengruss.* verst. Sali Vreene, hoi!

Salutischt m. *Heilsarmee-Angehöriger.*

Salz s. *Salz.* Ra.: Er isst kä Hampfle Salz mee, *lebt nicht mehr lang.* Salz und Pfäffer, *Schärfe und Witz.* Zss.: -büchs w.; -fass s.; -fässli s.; -ringli s., *bestimmtes Salzgebäck;* -stängel m., *Bierstengel.*

salze (gsalze) *salzen.* Zss.: hère-. Äim äini hèresalze, *eine gesalzene Ohrfeige geben;* ii-, ütr. *vergelten.*

sälze siehe sältse.

Samet m. *Samt.* Zss.: -bändel m., *samtenes Band;* -chäppli s.; -hose w.; -näägeli s., *Samtnelke;* -rock m.; -schilé s., *Samtweste;* -schoope m., *Samtkittel.*

sametig *samten, aus Samt.* Sametigi Eermel.

Sämf m. 1. *Senf.* Ra.: Siin Sämf dezue gèè, *seine unangebrachte Meinung äussern.* 2. *dummes Zeug* (pop.). Das isch en Sämf! En Sämf zämeschwätze, *dumm schwatzen.*

Sami-Niggi-Näggi m. *Sankt Nikolaus* (Ksp.).

Samichlaus m. (-chlòis) 1. *Sankt Nikolaus.* 2. *Dummkopf* (jg.).

sammle (gsamlet) *sammeln.* Zss.: aa-; ii-.

Sammlete w. *Häufchen ausgelegten Getreides.*

samschtaage (gsamschtaaget), **samschtige** (gsamschtiget) *Samstagsreinigung ausführen.*

Samschtig m. *Samstag.*

Sand m. *Sand.* Zss.: -chöörndli s.; -gatter m., *Sandsieb;* -grueb w.; -ledi s., *Lastschiff für Sand;* -mändli s., *Sandmännchen;* -stäi m.; -uur w.

sande (gsandet) 1. *sanden, Sand streuen.* 2. *Sand gewinnen, sieben.* 3. *zu schleimen anfangen, vom Wein.*

sändele (gsändelet), **sändle** (gsändlet) *mit Sand spielen* (Ksp.).

Sändwitsch s. *belegtes Brötchen.* Zss.: -chind s., *mittleres von drei Geschwistern* (jg.).

Sänerei w. (-e) *Dorfsennerei.*

sanggalisch *sanktgallisch.* Hw. im Sanggalische, *im Kanton St. Gallen.*

Sanickel m., **Saniggel** m., **Sarniggel** m. *Heilkraut, Sanicula.*

Sanitas m. *Sanitäter* (Ssp.).

Sanitèètler m. *Sanitäter* (Ssp.).

Sänkel m. *Senkblei.* Im Sänkel sii, *senkrecht stehen.* Ra.: In Sänkel stele, *zur Ordnung weisen.* Er isch nüme im Sänkel, *betrunken.*

sänkle (gsänklet) 1. *loten, die Senkrechte mit dem Senkblei bestimmen.* 2. *zur Ordnung weisen.*

Sänn m. (Säne) *Senn, Käser in einer Dorfsennerei.* Zss.: -hütte w., *Sennhütte, Dorfsennerei;* Sänechäppli s.; -chessi s., *grosser Käsekessel;* -gschììr s., *Sennereigerät.*

Säntänz m. *letztes Stück (einer Speise).* Das isch de letscht Säntänz, *das letzte aufgetragene Gericht.* Zum Säntänz, *zu guter Letzt.* Am Säntänz usse, *am Ende einer Entwicklung.* Das hät em de Säntänz ggèè, *hat der Sache den Rest gegeben.* Iez gaat s an Säntänz, *es kommt zur Entscheidung.*

Santehansebeeri s. *Johannisbeere.*

Santiin m. *Rappen* (va.); frz. centime.

Santimeeter m., jg., pop. **Santi** m. 1. *Zentimeter.* 2. *Metermass.*

Säntürong m. *Gürtel, Leibgurt* (Ssp.); frz. ceinturon.

sapperlott! *ums Himmels willen.* Zss.: Sapperlottsbueb m., *Tausendsassa.*

Sapperlotter m. *Tausendsassa.*

Sappermänt m., **Sappermänter** m. *verwünschter Kerl.* Auch als gutmütige Schelte: en starche, schlaue Sappermänter.

sappermoscht! *ums Himmels willen.*

Sarass m. (-e) 1. *schwerer, langer Nagel.* 2. *schwerer Rausch.* Er hät en Sarass ghaa. 3. *energischer Kerl, Tausendsassa.*

säre (gsäret) *dahinsausen, davonrennen.* Zss.: abe-. De Wecker isch abegsäret, *heruntergerasselt*

Sasse w. *Schöpfgefäss der Fischer und Schiffer.*

Sässel m. *Sessel.* Zss.: -bäi s.; -lèène w.; -rugge m. Vkf. **Sässeli** s. Sässeli trääge, *sesseltragen (bestimmtes Kinderspiel).* Zss.: -tanz m.

Sattel m. (ä) *Sattel.* Zss.: -fescht; -gurt m.; -rieme m.; -ross s.

sattle (gsattlet) *satteln.* Zss.: um-, *den Beruf wechseln.*

sattlere (gsattleret) *das Sattlerhandwerk ausüben.*

Satz m. (ä) *Satz.* 1. *Angepflanztes, bei Reben.* En Satz Rääbe. 2. *Serie.* En Satz Täler. 3. *Vorrat an Waren, Geld; Einsatz beim Spiel.* Me mues echli en Satz haa, wäme wott es Gschäft aafèè. 4. *Satz in der Sprache.* 5. *Bodensatz,* z.B. Kafisatz. 6. *Sprung.* En Satz nèè, *einen Sprung machen.* Ra.: Äinen i d Sätz bringe, *in Zorn versetzen.* I d Sätz choo, *in Aufregung geraten.* Zss.: -zäie s., *Satzzeichen.*

sauge (gsauget), jg. **sòige** (gsòiget) *säugen.* Es Chalb sauge. Es Chind sauge (pop.). Zss.: Saugchalb s.

Saum m. (Sòim) 1. *Saum an Stoffen.* En Saum mache. 2. *altes Flüssigkeitsmass (etwa 120–150 l).*

saume (gsaumet) *einen Stoff säumen.*

Schaab w., **Schab** w., auch m., **Schaabe** w., **Schabe** w. (Schabe) 1. *Motte.* 2. *Schaber, Kratzwerkzeug.* 3. *Mädchen* (Schsp., Ssp.). E toli Schabe. Vkf. **Schäbeli** s. E guets Schäbeli, *nettes Mädchen* (Schsp.).

schaabe siehe schabe.

schaad *schade.* S isch kä schaad, *es ist nicht schade.* verst. chäibe schaad (pop.), choge schaad (pop.), eebig schaad.

Schaaff s. (Schòòff) *Schaf.* Zss.: -bock m., *Widder;* -braate m.; -fläisch s.; -gaarb w., *Schafgarbe;* -seckel m., *Schafskopf, Dummkopf* (Schimpfwort, vulg.); -wule w., *Schafwolle.* Schaaffs-chopf m., *Schafskopf.* Vkf. **Schòòffli** s. Zss.: -wulch w., *Zirruswolke.*

Schaal w., jg. **Schaale** w. 1. *Schale, flaches Gefäss.* E Schaale Gold, *Tasse mittelstarken Milchkaffees.* E Schaale hell, *Tasse hellen Milchkaffees.* Vkf. Schääleli s. 2. *Anzug* (pop.). Er hät di nöi Schaalen aa.

Schaalig w. (-e) *gepflasterter Strassengraben.*

Schaar siehe Gschaar.

Schäär m. (-e) *Maulwurf.* Zss.: -huuffe m.,

Maulwurfshaufen; -muus w., *Maulwurf;* -muuser m., *Maulwurffänger.*

schaarff, schaarpf (ZO.) *schneidend, scharf.* E schaarffs Mässer. En schaarffe Mäischter, *strenger Meister.* S Mässer haut schaarff, *schneidet gut.* Er isch scharff uf s Wiibervolch, *Schürzenjäger.* Äini schaarff mache, *eine Frau reizen* (vulg.). I bi nüd schaarff druuf, *nicht erpicht darauf.* Hw. Drei Taag Scharffe, *scharfer Arrest* (Ssp.).

Schaart w. (-e) *Scharte.*

schabe (gschabet), **schaabe** (gschaabet) *schaben, kratzen.* Rüebli schabe. D Rääbe schabe, *vor der Weinlese nochmals aufkratzen.* I mues mi schabe, *rasieren* (pop.). Er schabet uf der Giige, *kratzt auf der Geige.* Raggere und schabe, *Geld zusammenkratzen.*

Schab(e) siehe Schaab.

Schaber m., **Schaaber** m. 1. *Kratzwerkzeug, Schaber.* 2. *Rasierapparat* (humor.).

Schaberei w., **Schaaberei** w. (-e) *wiederholtes Schaben.*

Schabete w., **Schaabete** w. *das Zusammengekratzte.*

Schäbetli siehe Schappert.

Schabi m., **Schaabi** m. *ungeschickter Rasierer.*

schäbig 1. *abgeschabt, ärmlich, dürftig.* E schäbigs Gwändli. 2. *kleinlich, lumpig.* En schäbige Kärli.

Schabo s. *Jabot, Rüsche, als Einsatz an Frauenkleidern.*

Schache m. *kleines Gehölz* (va.).

Schachtle w. 1. *Schachtel.* Vkf. Schächteli s. Es Schächteli Zündhölzli. 2. *Frau* (vulg.). En alti Schachtle. Vgl. Trucke.

schade (er schadt, Wf. Vh. schadti, Mw. gschadt) *schaden.* S schadti nüüt, s chönt nüüt schade, *es wäre heilsam, wünschenswert.*

Schade m. (ä) *Schaden.* En Schade haa, z Schade choo, *Schaden erleiden.* Furt mit Schade! *Ausruf, wenn man Ware unter dem Preis abgibt.* En Schade am Bäi devooträäge, *einen bleibenden Nachteil davontragen.* Er macht d Schäde, *behandelt Schadenfälle (Versicherung).* Zss.: -frȯid w., *Schadenfreude;* -froo, *schadenfroh.*

schädere siehe tschädere.

schäderis, tschäderis *quer, schief, schräg.*

schädli *schädlich.*

schaffe (gschaffet, gschaffe) 1. *arbeiten.* Er cha nüme schaffe, *er kann nicht mehr arbeiten.* Si gaat go schaffe, *sie arbeitet auswärts.* Schaffe und wèrche, *viel arbeiten.* Er schafft bi de Straass, bim Tram, *er ist Strassenarbeiter, Strassenbahner.* Bätt und schaff! *bete und arbeite.* 2. *schaffen.* Das macht mer z schaffe, *macht mir zu schaffen.* Das Jaar hämer guet gschaffet, *gute Geschäfte gemacht.* S Holz, de Täigg schaffet, *das Holz verzieht sich, der Teig hebt sich.* Zss.: aa-; ab-; ue-, *sich emporarbeiten;* uuf-, *aufgehäufte Arbeit erledigen;* uus-, *ausarbeiten;* zue-, *weiterarbeiten.*

schäffele (gschäffelet) *gemächlich, ohne Anstrengung arbeiten.*

Schaffer m., **Schaffi** m., **Schafferi** w. (-ne) *fleissige(r) Arbeiter(in).* Er isch en Schaffer.

Schafferei w. *das Arbeiten.* Das isch mer au e Schafferei! *Ausruf, wenn man immer gestört wird.*

Schaffuuse, Schaffhuuse *Schaffhausen.*

Schaffuuser, Schaffhuuser m. 1. *Schaffhauser.* 2. *bestimmte Jassart.*

schaffuusere (gschaffuuseret), **schaffhuusere** (gschaffhuuseret) 1. *den Schaffhauser Dialekt sprechen.* 2. *den Schaffauserjass spielen.*

schaffuusisch, schaffhuusisch *schaffhausisch.* Hw. im Schaff(h)uusischen usse, *im Kanton Schaffhausen.*

Schafräiti w., **Schaffräiti** w. *Küchenschrank* (ZO.).

schagere (gschageret), **schaggere** (gschaggeret) *sich abrackern.* Schinde und schagere.

Schageri m., **Schaggeri** m. *wer sich abrackert, Arbeitswütiger.*

Schagett s., **Schaggett** s. *Damenjacke.* Vkf. Schagettli s.

Schägg m. (-e), **Schäggi** m. *Scheck, scheckiges Tier.*

Schäiche m., **Scheiche** m., **Scheie** m. *Schienbein, Schenkel, Bein* (pop.). I früüren a d Schäiche, *ich friere an die Füsse.*

Schäid m. *Scheitel.* Em Chind en Schäid mache.

schäide (er schäidt; gschäide, jg. gschide) *scheiden, sich trennen.* Si sind naa eme Jaar wider gschäide, gschide. Gschidni Milch, *geronnene Milch.* Zss.: Schäidhaag m., *Grenzhecke;* -stöckli s., *Grenzmarkierung;* Schäidunder m., Schidunder m., *Unterschied* (humor.).

Schäide w., **Schäidi** w. *Scheide.*

Schäidig w. (-e) *Ehescheidung.*

Schäitle w. *Scheitel.* Vgl. Schäid.

schälb *schief, schräg, scheel.* E schälb glaades Hòifueder. Äin schälb aaluege, *schief, missgünstig betrachten.*

schale (gschalet) *lachen* (Schsp., jg.). Da händ ali gschalet.

schäle (gschälet) 1. *schellen, klingeln, läuten.* ütr. Iez hät s gschälet, *jetzt ist es gefehlt, ist es genug.* Mit dèm hät s gschälet, *geht es zu Ende.* Die schälet i der ganze Gmäind ume, *sie schwatzt überall herum.* 2. *telefonieren.* Tue mer schäle! (pop.). Zss.: ab-, *Glockensignal geben zur Zugsabfahrt.*

Schäle w. *Schelle, Glocke.* 1. *kleine Viehschelle.* 2. *Handschelle.* 3. *eine Spielkartenfarbe.* Schäle isch Trumpf. Zss.: -gaggi m., -gȍȍggel m., -schaaggi m., -schȍȍggel m., *Schellenbauer (Spielkarte).* 4. *Hodensack* (vulg.). 5. *dumme, faule Frau* (vulg.). En alti Schäle.

schälele (gschälelet) *schwach klingeln.*

Schälerei w. (-e) *wiederholtes Schellen.*

Schälete w. *wiederholtes Schellen.*

Schalk m. (ä) *Schmoller, Trotzkopf.* De Schalk haa, *trotzig schweigen, trotzen.* Zss.: -chopf m., -grind m. (vulg.).

schalke (gschalket) *schmollen.* Es wìrt nüd gschalket.

schälkele (gschälkelet) *schmollen.*

Schalkerei w. (-e) *Schmollen.*

Schalkete w. *Schmollen.*

Schalki m. *Schmoller.*

schalte (gschalte, jg. gschaltet) 1. *mit der Stange ein Schiff vorwärtsstossen, einen Wagen stossen, schieben.* 2. *begreifen* (pop.). Hät s gschalte? *hast du begriffen?*

Schalte w. *Bootsstange, Bootshaken, Stake, um ein Schiff vorwärtszustossen.* Zss.: Schaltstang w.

Schalter m. *Schalter.* Zss.: -fröläin s.; -ziit w. *Öffnungszeit.*

Schalusii w., **Schalisii** w., **Scharisii** w. (-e), auch **-laade** m. *Fensterladen, Klappladen.* Zss.: -läädli s., *bewegliches Brettchen des Fensterladens.*

schaluu *eifersüchtig, neidisch, erzürnt.*

schambriere (-t) *Wein temperieren.*

Schämdinüüt m. *schamloser Kerl.*

schäme (gschämt) *sich schämen.* Schäm di! S hät mi gschämt, *ich schämte mich.* Zss.: aa-. Mich schämt s aa.

schampaar siehe schandbaar.

Schampanier m. *Champagner Wein.*

Schämpis m. *Champagner Wein* (pop.).

Schand w. *Schande, Schmach.* Äim ali Schand sääge, *die Meinung sagen.* verst. Himelèèrdeschand. Zss.: -bänkli s., *Schandbank, auf die sich die Schüler zur Strafe setzen müssen* (va.); -luus w., *kleines, mit Haaren bewachsenes Muttermal;* -muul s., *Schandmaul.*

schandbaar (gesprochen: schampaar) 1. Ew. *schandbar, schändlich.* 2. Uw. *sehr.* Schandbaar guet.

schände siehe gschände.

Schang *Jean.* Vkf. **Schangli** m. *unbeholfener, gutmütig beschränkter Bursche.* De Schangli mache, *jede Arbeit machen müssen.*

Schanger m. *Art* (frz. genre). Dè Schanger Lüüt, *diese Art Leute.*

schangschiere (gschangschiert) *wechseln.* D Chläider schangschiere.

schänke (gschänkt) 1. *schenken.* 2. *eingiessen.* Schänk zue! *halt beim Einschenken nicht inne.* Zss.: ii-, *eingiessen.* Das hät iigschänkt, *ergiebig sein (Ertrag, Anstrengung);* uus-.

Schänkeli s. *fingerförmiges, im Fett gebackenes Gebäck.*

schäntli *schändlich.* Si hämer s schäntli gmacht, *sie haben mich schändlich behandelt.*

Schanz w. (-e) *Schanze.*

schanze (gschanzt) 1. *Schanzen aufwerfen.* 2. *angestrengt arbeiten* (Schsp.). Zss.: Schanzchnoche m., 1. *Schanzwerkzeug* (Ssp.). 2. *Streber* (Schsp.).

schänzle (gschänzlet), **schänzele** (gschänzelet) *foppen.* Zss.: uus-.

Schäppel m., meist Vkf. **Schäppeli** s. 1. *Schapel, Kränzchen aus natürlichen* *oder künstlichen Blumen, z.B. als Schmuck für Pferde an Hochzeitskutschen.* 2. *Verzierung an der Trachtenhaube.*

Schappert m., **Scharpet** m., **Scharbet** m., 1. *Schürze der Frauen.* 2. (meist Vkf. Schäbetli s., Schärpetli s.) *weite Kinderschürze.*

schäpple (gschäpplet) *Kränze, bes. Totenkränze winden.*

schärbis *quer, schief, schräg.*

schare (gscharet) *scharren.* Vgl. schore. Ra.: Go schare, *sich an ein Mädchen heranmachen, von Knaben* (Schsp.). Zss.: Schariise s., *Scharreisen.*

Scharer m. *Scharre, Kratzeisen.*

Scharete w. *Zusammengekratztes (aus der Pfanne).*

schargere (gschargeret), **schèrgere** (gschèrgeret) *zusammenraffen, knausern* (ZO.).

Scharis m. (ä) *Kratzfuss und der damit verbundene Bückling.*

Scharisii siehe Schalusii.

Schärpetli siehe Schappert.

Scharsché m. *Einschreibebrief, Chargé.* Ra.: Dè hät en Scharsché überchoo, *hat Kündigung des Arbeitgebers erhalten* (jg.).

scharsché, scharschiert *eingeschrieben (Post).*

scharwänzle (gscharwänzlet) *scharwenzeln.*

Schäslong w. *Ruhebett, Couch.*

schasse (gschasst) *wegweisen* (pop.). Me hät en gschasst.

Schatte m. *Schatten.* Ra.: Er hockt am Schatte, *sitzt im Gefängnis.* Potz verreckt am Schatte! *ei verflucht!* (pop.). Zss.: -halde w., -poort s., *Schattenhang;* -siite w., *Schattenseite.*

schattehalb *auf der Schattenseite, schattenseits.*

schättere (gschätteret) 1. *rasseln, klappern, scheppern, klirren.* D Fäischter schättered, *die Fenster klappern.* S hät i der Chuchi gschätteret, *geklirrt.* 2. Es schätteret, *die Schulglocke läutet* (Schsp.). Zss.: Schätterichaschte m., *altes Klavier;* -stimm w., *brüchige Stimme.*

Schättere w. 1. *alte Maschine.* 2. *altes Klavier.* 3. *verbrauchte Stimme.* 4. *alte hässliche Frau.*

Schätterete w. *Gerassel, Geklirr.*

Schatule w. 1. *Schatulle, Kästchen für Nähzeug, Schmuckkästchen, Geldkassette.* 2. *dicke Frau.* En alti Schatule.

Schatz m. 1. (Mz. Schetz) *Schatz.* 2. (Mz. Schätz) *Liebste(r).* Zss.: -brief m., -briefli s., *Liebesbrief.* Vkf. Schätzli s. Ksp.: Schatzeli s., Schätzi s., Schatzi s. Zss.: Schatzibäi s., *Liebling* (fam.).

schätzele (gschätzelet) *flirten, kosen, liebeln.*

Schätzelis mache *flirten, liebkosen* (Ksp.).

Schatzig w. (-e) *amtliche Schätzung.*

Schaub s. (Schòib) *Getreidestroh, aus dem man Bänder zum Binden der Garben, Reben dreht* (va.). Zss.: -band s., *Strohband;* -guttere w., *mit Stroh umhüllte Flasche.* Vkf. **Schòibli** s., 1. *Strohbündel.* 2. *Strohuntersatz (für heisse Gefässe).*

schaube (gschaubet) in Zss.: uus-, *aussondern.*

Schaufäischter s. *Schaufenster.*

schaurig siehe schuurig.

schedige (gschediget) *schädigen.* Die hämer gschediget, *auf ihre Kosten gelebt.*

schèèch *schief, von der Seite.* Schèèch luege, *scheel blicken.*

schèèche (gschèèchet) *schielend sehen, schräg anschauen.* Was schèèchisch esoo? *was schaust du so misstrauisch.* Zss.: füre-, *nach vorn schielen;* hindere-, *nach hinten schielen;* übere-, *hinüberschauen;* ume-, umenand-, *umherschauen;* use-.

Schèèchi m. *Umherspähender.*

Schèèr m. *Maulwurf.* Zss.: -muuser m., *Feldmauser.*

Schèèr w. 1. *Schere.* Zss.: Schèèreschliiffer m., a) *Scherenschleifer.* b) *Hundebastard.* 2. *bestimmte Turnübung am Barren.* D Schèèr mache. 3. *bestimmte Tanzform.* D Schèèr mache.

schèèrb *trocken (von Brot, Gartenerde).*

Schèèrb m. (-e), **Schèèrbe** m. 1. *Scherbe.* 2. *Brotanfang, Brotende.* 3. *Schmollmund.* En Schèèrbe mache. VKf. Schèèrbli s.

schèèrbele (gschèèrbelet) 1. *Scherben geben.* Bim Zämeputsch hät s gschèèrbelet. 2. *misstönen.* Die Musig schèèrbelet, *spielt falsch.* Zss.: Schèèrbelimusig w., *misstönende Musik;* -stimm w., *krächzende Stimme.* 3. *kriseln.*

schèère (gschoore) *die Haare schneiden.* De Hund isch frisch gschoore.

Schèèrer m. *Coiffeur, Frisör, Haarschneider* (humor.).

Schèèrme m. *Dach, Schutz* (ZO.). Am Schèèrme sii.

Schèèse w., **Scheese** w. 1. *leichte Kutsche, Chaise.* Zss.: -bock m., *Kutschbock;* -ross s.; -wäägeli s. Vkf. Schèèsli s., Scheesli s. 2. *Frau* (pej.). E verruckti Schèèse!

schèèsele (gschèèselet) *umherkutschieren.* Zss.: ume-; umenand-.

Scheff m. 1. *Chef, Leiter.* 2. *Küchenchef.* 3. *Anrede für irgend jemanden* (humor.). Grüezi Scheff!

Schegg m. *Scheck.* Zss.: -amt s., *Postscheckamt.*

Scheiche, Scheie siehe Schäiche.

Scheie w. *Zaunlatte.* Zss.: -haag m., *Staket, Lattenzaun.* Vkf. Scheieli s.

schele (gschelt) *schälen.* Öpfel schele; gschelt Hèrdöpfel. Zss.: Schellhaue w., *Schürfhacke;* -pflueg m., *Schürfpflug.*

Scheler m. *Schäleisen, Werkzeug zum Entrinden der Bäume.*

Schelfere w., **Schilfere** w. *Schale von Früchten, Kartoffeln.*

Schelm m., **Schölm** m. (-e) 1. *Dieb.* Faare wien en Schelm, *sehr rasch fahren.* 2. *Schalk.*

scheniere (-t), **schiniere** (-t) 1. *hinderlich sein, stören.* Dè Chnopf scheniert mi. 2. *sich schämen.* Er scheniert si.

schenierli, schinierli *beschämend.*

Schenii (auf ii bet.) s. *Genie.* I bi käs Schenii im Jasse.

scheps *schief.* Er hät de Huet scheps aa.

schèrgere siehe schargere.

Schèrgeri m., **Schèrgere** w. *Raffgierige(r), Knauser, Knauserin* (ZO.).

schèris *quer, schief, schräg.*

Scheste w. *Geste.* Er hät e Scheste gmacht, *hat sich grosszügig gezeigt.*

schetze (gschetzt) *schätzen.* Er isch öppe füfzgi, schetz i.

Schetzer m. *amtlicher Schätzer.*

Schetzig w. (-e) *Schätzung.* Zss.: schetzigswiis, *schätzungsweise.*

Schewi m. 1. *Auto Marke Chevrolet* (pop.). 2. *(gutes) Auto* (humor.).

Schick m., **Schigg** m. *vorteilhafter Handel.* Er hät en guete Schick gmacht.

schicke (gschickt) 1. *schicken, senden.* Äinen in Abrele schicke, *in den April schicken.* Mer hät en gschickt, *entlassen, fortgejagt.* 2. *sich schicken, sich fügen.* Er hät si nüd chöne drii schicke. Unpersönlich: S schickt si guet, *es kommt gelegen.* Das schickt si nüüd, *geziemt sich nicht.* Zss.: ab-; furt-, 1. *absenden.* 2. *einen Zug abfertigen;* ii-; zue-.

Schidunder siehe unter schäide.

schiebe (gschobe), **schüübe** (gschobe) 1. *schieben, beim Jass.* I schiebe (oder: Gschobe), *überlasse die Bestimmung des Trumpfes dem Partner.* ütr. Gschobe! *danke gleichfalls* (humor.). 2. *neue Zähne bekommen, vom Vieh, Pferd.* 3. *sich davonmachen.* I mues schiebe, s isch Ziit, *ich muss gehen, es ist Zeit.* Soo, iez schieb aber! *mach, dass du fortkommst.* Dè isch gschobe, wo de Vatter choo isch, *er hat sich davongemacht.*

Schieber m. 1. *Schieber.* Ra.: De Schieber abelaa, *aufhören zu arbeiten* (pop.). Vkf. Schieberli s., *Schiebefensterchen.* 2. *Essbesteck für kleine Kinder.* 3. *bestimmte Jassart.* En Schieber mache. 4. *bestimmte Tanzart.* 5. *Rausch.*

schiebere (gschieberet) 1. *eine Partie «Schieber» spielen.* 2. *einen «Schieber» tanzen.*

schiech *schief, verzogen.* S isch mer alls schiech ggange, *mir ist alles schief gegangen.*

schieff *schief.* Hw. En Schieffe dine haa, *eine ungenügende Note haben* (Schsp.).

Schiengg m., **Schienggi** m., **Schienggeri** w. (-ne) *wer beim Gehen seitlich schief auftritt, die Füsse nachschleift; Schlurfer.*

schiengge (gschiengget) *schlurfen, beim Gehen die Schuhe schieftreten.* Zss.: ab-, *schieftreten.* Abgschienggeti Schue, *seitlich ausgetretene Schuhe;* dethèèr-; devoo-, *unbeholfen gehen;* ume-; umenand-; use-; uus-, *Schuhe austreten.*

schier Uw. *beinahe.* Er isch schier Achtzgi. I hä die Nacht schier nüüt gschlaaffe. S mag si schier nüd verliide, *es lohnt sich kaum.* Me hät schier niene Rue, *man hat fast nirgends*

Ruhe. Me tòòrff s schier nüd sääge, *man darf es kaum sagen.* verst. schiergaar, *beinahe.*

Schiess m. in: Ja bim Schiess! *Ausruf der Verwunderung.* verst. Bim Tunders Schiess!

Schifer m. *Schiefer.* Zss.: -stäi m.; -tafele w., *Schiefertafel.*

schifere (gschiferet) 1. *absplittern (Steine).* 2. *rutschen.* I bi nu so gschiferet. 3. *flache Steine über eine Wasserfläche werfen (Knabenspiel).*

Schifere w. *grosser, flacher Kieselstein.*

schiferle (gschiferlet) *flache Steine über eine Wasserfläche werfen (Knabenspiel).*

Schiff m. *Regenguss* (pop.). S chunt na en Schiff. Zss.: -ländi w., *Pissoir* (Schsp.).

Schiff s. 1. *Schiff.* Schiff und Gschìır, *Fahrhabe.* Zss.: -ländi w., *Schifflandestelle, Anlegeplatz.* Vkf. Schiffli s. Schiffli faare, *mit Kahn fahren.* Zss.: Schifflisticker m.; -stickerei w.; -zältli s., *schiffförmiges Bonbon aus Lakritze.* 2. *Kirchenschiff.* 3. *Warmwasserbehälter im Kochherd.*

schiffe (gschiffet) 1. *stark regnen* (pop.). 2. *harnen* (pop.). 3. in Zss.: ab-, *bei Prüfung versagen* (Schsp.).

Schiffenèèr w., **Schiffoniere** w. *Kleiderschrank.*

Schiffi w. *Pissoir* (Schsp.).

schiffle (gschifflet) 1. *mit einem Ruderboot fahren.* 2. *Papierschiffchen fahren lassen.*

Schiffme m. *Schiffer.*

schigg *elegant.* Si chunt schigg dethèèr.

Schigg m. *Kaugummi, Kautabak* (frz. chique). En Schigg im Muul haa.

Schigg m. *Schick* (frz. chic). Schigg haa, *Geschmack haben, bes. in Kleidern.*

schigge (gschigget) *Kaugummi oder Tabak kauen.*

Schiggel m. *gutmütige Schelte auf einen einfältigen, unbeholfenen Kerl.*

schiggeniere (-t) *schikanieren, ärgern, quälen.*

Schigger m., **Schiggi** m. *Tabakkauender, Kaugummikauender.*

Schiggoori m., w., **Schiggeree** m., w. *Zichorie.*

Schigolo m. *Geck.*

Schii m. *Ski.*

Schii m. 1. *Glanz, Licht.* Zss.: -wùùrmli s., *Leuchtkäfer.* 2. *äusserer Schein, Anschein.* Er git z vil uf de Schii. Em Schii aa, *dem Anschein nach.* Ra.: Ja kän Schii! *gewiss nicht.* 3. *schriftliche Bescheinigung,* z.B. Tauffschii usw.

Schiibäi siehe unter Schine.

Schiibe w. *Scheibe.* Zss.: -stand m., *Schützenscheibenstand.* Vkf. Schiibli s., Schiibeli s. (ZO.).

Schiihuet siehe unter Schine.

schiine (gschune, gschine) *scheinen.* D Sunn schiint. Das Chläid schiint, *fällt auf.*

schiinig *auffällig, grell.*

schiints *offenbar.*

Schìrt w. *Schulterblatt.*

Schiiss m. 1. *Exkrement, Kot* (vulg.). Zss.: -bole m., *Exkrement;* -chegel m., *Exkrement;* -dräck m., *Kothaufe.* In Schiissdräck lange, *in den Kot greifen,* als Ra., *zu seinem Nachteil handeln* (pop.). Das isch kän Schiissdräck wärt, *gar nichts wert* (pop.). Die Chind folged en Schiissdräck, *gehorchen gar nicht* (pop.). En Schiissdräck chum i, *keinesfalls komme ich* (pop.); -gelte w., -geltli s., *Wiesenschaumkraut;* -haafe m., *Nachttopf* (vulg.); -huuffe m., *Kothaufe;* -huus s., -hüüsli s., *Abort* (vulg.). 2. verst. in Zss.: (teilweise vulg.) -angst w., *Riesenangst;* -bueb m., -büebli s., -chind s., *Schelte oder Kosename für Knabe, Mädchen;* -früntli, *übertrieben freundlich* (pop.); -fuul, *sehr faul;* -glump s., *Plunder;* -hund m., *Schweinehund;* -kärli m., *Saukerl;* -mäitli s., *Schelte oder Kosename für Mädchen;* -waar w., *schlechte Ware;* -züüg s., *schlechte Sache.* Ra.: Ja, Schiissebach! *ach was.* schiissegliich, *völlig egal.*

schiisse (gschisse) *scheissen, von Tieren; koten, von Menschen* (vulg.). Ra.: I wett nüd schiisse, *es ist mir völlig gleichgültig.* Ja, schiisse! *ach was.* I schiiss der drii! *derbe Ablehnung.* I schiissen uf s Gält, d Oornig, *ich gebe nichts auf …* Wäge dem gschissne Föifer, *des lumpigen Fünfers wegen.* De Tüüfel schiisst de Groosse uf de Tisch, *die Reichen erhalten noch mehr.* Dè cha mer i d Chappe schiisse! *kann mir gestohlen werden.* Zss.: aa-. Das schiisst mi aa, *das mag ich nicht* (pop.).

Schiisser m. 1. *ängstlicher Mensch, Feigling.*

Vgl. Gält-, Gift-, Hose-, Tüpfli-. 2. *Durchfall* (vulg.). Ra.: Wänn dèè nu bald de Schiisser überchèèm! *wenn er nur bald aufhörte* (pop.).

Schiissi w. 1. *Abort* (vulg.). Ra.: I d Schiissi lange, *sich täuschen* (vulg.). Zss.: -butzer m., *Toilettenreiniger* (vulg.); -tuur w., *Abortreinigung* (Ssp.). 2. *Gesäss* (humor.).

Schiit s. (-er) 1. *Scheit.* Zss.: Schiiterbiig w., a) *Scheiterstapel.* b) *grosse Brust* (pop.); -stock m., Schiitstock m., *Stammstück zum Holzspalten, Hackklotz.* Vkf. Schiitli s. Zss.: -verbanis mache, *Stecken spielen* (Schsp.). 2. *Fünfzigfrankennote* (pop., va.).

schiite (gschiitet) *Holz spalten.* Er hät de ganz Taag gschiitet. Zss.: zäme-, *zusammenstauchen* (pop.).

Schiiter m. *Holzspalter.*

schiitle (gschiitlet) *Holz spalten.*

schile (gschilet) *schielen.* Dè schilet. Er schilet zuen em dure, *er blinzelt zu ihm hinüber.*

Schilé s. *Weste.* Zss.: -täschli s.

Schiler m. *Ding mit schillernder Farbe.* Zss.: -tafet m., *Taft;* -wii m., *Schillerwein.*

Schilf m. *Schilf.* Vgl. Roor. Zss.: -röörliklup m., *Verband zum Schutz des Landschaftsbildes am Zürichsee* (humor.).

Schilfere w., **Schelfere** w. *Schale von Früchten, Kartoffeln.*

Schili m. *Schielender.* Zss.: -bingg m., -binggel m., -binggi m., -mangg m., -manggel m., *Schielender* (pej.).

Schilt m. 1. *Aushängeschild.* 2. *Seitenbruststück des Rindviehs.* 3. *Brötchen in Kreuzform.* Zss.: -wegge m.; -zipfel m. 4. *Giebeldreieck.* Vkf. **Schiltli** s., *Namentäfelchen an Türen usw.*

Schilte w. *eine der vier Farben der deutschen Spielkarten.*

Schimpf m. 1. *Schmach.* Schimpf und Schand. 2. *Tadel.* Er hät Schimpf überchoo, *wurde getadelt.* Zss.: -name, *Schimpfwort.*

schimpfe (gschumpfe) *schelten.* Über äine, mit äim schimpfe, *über jemanden schelten, jemanden ausschelten.*

Schimpfer m., **Schimpfi** m., **Schimpferi** w. (-ne) *Scheltende(r).*

Schimpferei w. (-e) *anhaltendes Schimpfen.*

Schimpfete w. *anhaltendes Schimpfen.*

schimpfiere siehe verschimpfiere.

Schimpfis *Tadel, Schelte* (Ksp.). Schimpfis gee, *tadeln.* Schimpfis überchoo, *getadelt werden.*

schinagle (gschinaglet) *unterdrücken, schikanieren.*

schinde (er schindt, Wf. Vh. schindti, Mw. gschunde) *schinden.* 1. *Rinde von Stämmen abschälen.* 2. *die Haut abziehen, an Tieren.* Ra.: Er liess si lieber schinde, weder das er naagèèb. E gschundes Bett, *Bett ohne Überzüge* (humor.). 3. *plagen, quälen.* S Vee schinde. 4. *sich abmühen.* Siis Lääbe lang schinde. 5. E Chaart schinde, *beim Jassen eine Spielkarte zurückhalten für einen besseren Stich.* 6. *sich um etwas bemühen.* Phünkt schinde, a) *sich durch Fleiss Gunst erwerben.* b) *beim Jassen auf eigenen Vorteil spielen.* Fründschaft schinde, *sich auffällig um eine Freundschaft bemühen.* Iidruck schinde, *auf jemanden Eindruck machen wollen.*

Schinderei w. (-e) *Plackerei.*

Schindi m. *wer besessen arbeitet oder andere zu übermässiger Arbeit anhält; Arbeitswütiger, Leuteschinder.* Zss.: -chäib m., *Leuterschinder;* -hund m., *Leuteschinder;* Schindmääre w.; -mässer s., *Messer zum Entrinden der Bäume, Schälmesser.*

schindle (gschindlet) 1. *Schindeln schneiden.* 2. *mit Schindeln decken.* E gschindlets Tach.

Schindle w. *Schindel.* Zss.: -tach s.; -wand w.

schine (gschinet) *schienen.*

Schine w. 1. *Schiene.* Ra.: Er isch ab der Schine, *hat sich davongemacht.* Zss.: Schiibäi (eig. Schinbäi) s., *Schienbein;* Schineblitz m., *Schnellmotorwagen (Eisenbahn).* 2. *dünnes Band zur Verfertigung von Schachteln.* Zss.: -trucke w., *Spanschachtel;* Schinhuet m., Schiihuet m., *Strohut.*

schinegle (gschineglet) *sich abmühen.*

Schiner m. *kreisrunder Korb mit zwei Henkeln.*

schiniere siehe scheniere.

schinierli siehe schenierli.

Schinke m. *Schinken.* Vkf. Schinkli s.

Schipf w., **Schipfi** w. *schräg in den Fluss gestelltes Wehr, heute nur noch Lokalname.*

Schirm m. *Schirm.* De Schirm zuetue, *sterben* (vulg.). Zss.: -chappe w., *Schirmmütze;*

-flicker m.; -fueter s., *Schirmfutteral;* -gstell s.; -laad w., *Archiv einer Behörde;* -laade m., *Schirmgeschäft;* -stäcke m., *Schirmstock;* -stäng(e)li s., *Schirmstange.*

Schischi m. *Schnörkel, Firlefanz* (frz. chichis).

Schiss m. *Angst* (pop.). Schiss haa, *Angst haben.* Im Schiss sii, *in Verlegenheit, übler Lage sein.* All Schiss, *alle Augenblicke.* Zss.: -brüeder m., -haas m., *ängstlicher Mensch.*

schitterig, jg. **schitter** *schwach, abgemagert, gebrechlich, bes. von Vieh, Menschen.* E schitterigs Mandli. Das isch schitter, *schäbig, enttäuschend.*

Schix w. (-e) *Dirne.*

schlaa (i schlaa(ne), schlaasch, mer schlönd; Wf. Gw. schlag, jg. schlög; Wf. Vh. schlieg; Mw. gschlaage, gschlage) *schlagen.* Zss.: aa-, 1. *anschlagen.* 2. *anstossen (Gläser);* ab-, 1. *abweisen.* 2. *billiger werden.* 3. *verprügeln.* 4. En abgschlagne Kärli, *mit allen Wassern gewaschen;* abe-, *hinunterschlagen;* ane-, *hinschlagen;* drii-; druuf-; dure-, *durchprügeln;* furt-; graad-; ie-, *hineinschlagen;* ii-, *einschlagen;* übere-; überenand-; ume-, *sich mit etwas Unangenehmem abgeben;* umenand-, *herumschlagen;* use-. Häsch s Abonema usegschlaage?; uuf-; uus-; zäme-; zue-.

Schlaaff m. *Schlaf.* Ab em, vom Schlaaff choo, *erwachen.* De Schlaaff chunt mi aa, *ich werde, bin schläfrig.* Zss.: -chappe w., *Schlafmütze* (auch ütr.); -huube w., *Schlafhaube;* -pelz m., *träger Mensch.* Vkf. Schlȍȍffli s.

schlaaffe (Wf. Vh. schlieff, Mw. gschlaaffe) *schlafen.* Er schlieff bis em chrumbe Drizääni, *er würde dauernd weiterschlafen.* Zss.: ii-; uus-.

Schlaag m. (Schlèèg) 1. *Schlag.* Schlèèg überchoo, *Schläge bekommen.* Z Schlaag choo, *zurechtkommen.* Uf äin Schlaag, *auf einmal.* Zss.: Schlagholz s., *schlagbares Holz;* -ring m.; -wèrch s., *Schlagwerk.* 2. *Schlaganfall.* Vkf. Schlegli s. 3. *Zimmer, Bude* (Stsp.). I bi di ganz Wuche nüd zum Schlaag uus choo, *kam nicht aus dem Hause.* En chliine, sturmfreie Schlaag. 4. *Rasse.* Das isch en guete Schlaag Lüüt. 5. *Auffangrinne unten am Rebberg.* 6. De Schlaag zue! *Türe zu!*

Schlaarp m. (-e) 1. *(ausgetretener) Hausschuh, Pantoffel.* 2. *schleppend gehender Mensch, Schlurfer.* 3. *Schmutzfleck, Klecks.* En Schlaarp im Gsicht. Vkf. **Schläärpli** s., *faules, dummes, leichtfertiges, verwöhntes Mädchen.*

schlaarpe (gschlaarpet) 1. *schmieren, sudeln.* S Heft voll schlaarpe. 2. *schleppend gehen, schlurfen.* Lupf d Füess und schlaarp nüd esoo! Zss.: abe-, *hinunterschlurfen;* dethèèr-, *daherschlurfen;* devoo-, *davonschlurfen;* ufe-, *hinaufschlurfen;* ume-, umenand-, *umherschlurfen.* 3. *aufstreichen.* S Hunng uf s Broot schlaarpe.

Schlaarperei w. (-e) *schleppendes Gehen, Schlurfen.*

Schlaarpete w. *schleppendes Gehen, Schlurfen.*

Schlaarpi m. 1. *Schmierer, Sudler.* 2. *langsam und schleppend gehender Mensch, Schlurfer.* Mach fürsi, du Schlaarpi! *mach vorwärts, du Faulpelz.* Zss.: -schue m., *ausgetretener Schuh.*

Schlabutz m. (Schlabütz) 1. *leckeres Mahl, Schmaus.* 2. *Schelte, Verweis.* En Schlabutz überchoo.

schlächt *schlecht.* S isch mer schlächt, *ich fühle mich unwohl.* Er isch schlächt zwääg, *gesundheitlich nicht gut dran.* Äine schlächt mache, *jemanden herabsetzen.* Er hät em s schlächt gmacht, *er hat ihn schlecht behandelt.* verst. èèrde-, grundèèrde-, hundsschlächt.

schlächte (gschlächtet) *schlecht(er) werden.* De Wääg schlächtet.

Schläck m. 1. *Leckerbissen.* 2. *Vergnügen, Annehmlichkeit, Gewinn.* En guete Schläck (Schick) mache, *einen guten Handel abschliessen.* Das isch kän Schläck, *keine Kleinigkeit.* Zss.: -bääsi w., *Nascherin;* -muul s., -müüli s., *Leckermaul.*

schläcke (gschläckt) *schlecken.* 1. *lecken.* D Chatz schläckt si. Mänge schläckti d Finger dernaa, *mancher wäre froh darum.* 2. *Leckerbissen, Süssigkeiten verzehren.* Zältli, Schoggelaade schläcke. 3. Ra.: Er chunt dethèèr wie gschläckt, *geschniegelt.* Die Wonig isch wie gschläckt, *blitzsauber.* Zss.:

ab-; uuf-; uus-; zäme-. Schläckstängel m., *Lutscher, Stielbonbon.*

Schläcker m., **Schläcki** m., **Schläckeri** w. (-ne) *Nascher(in).*

Schläckerei w. (-e) *Zuckerzeug, Nascherei.*

Schläckete w. 1. *Lecken von Tieren.* 2. *gegenseitiges Abküssen Verliebter.*

Schläich m. *Schleichweg, heimlicher Pfad.* De Schläich haa, *mit Vorliebe irgendwohin gehen.* Vgl. Schlich.

schläike (gschläikt) *schleppen.* En schwèère Sack schläike. Zss.: abe-, *hinunterschleppen;* dethèèr-, *heranschleppen;* devoo-, *davonschleppen;* furt-, *fortschleppen;* ie-, *hineinschleppen;* ii-, *einschleppen;* mit-; ufe-, *hinaufschleppen;* ume-, umenand-. Ra.: Me hät en i der Ziitig umegschläikt; use-; zäme-.

Schläike w., **Schläiki** w. (-ene) 1. *Rutsche, Schleife für schwere Lasten.* 2. *Schleppangel zum Fischen.*

Schläikete w. 1. *das Schleppen einer Last.* 2. *eine sich lange hinschleppende Arbeit.* 3. *Schlepplast.*

schlämm Uw. *schief, schräg.* S gaat esoo schlämm ufe, abe, dure, *es geht allmählich, langsam schräg hinauf, hinab, hinüber.*

Schlampamp m. *liederlicher Mensch.*

schlampampe *(gschlampampet) unordentlich einhergehen.*

Schlampamperei w. (-e) *Nachlässigkeit.*

schlampampig *nachlässig, träge.*

schlampe (gschlampet) *schlaff, lose herabhängen, bes. von Kleidern.* S schlampet alls an em. Zss.: devoo-. Die schlampet nu esoo devoo, *ist nachlässig gekleidet.*

Schlampe w. (ä) 1. *herabhängender Fetzen, Lappen.* Vkf. Schlämpli s. Ra.: Jedes Ämtli hät es Schlämpli, *auch das kleinste Amt bringt etwas ein.* 2. *unordentliche Frau.* Isch daas e Schlampe!

Schlämpe m. *Lappen, Fetzen.* Schlämpe hanged eren abe, *sie geht in Fetzen.* Es sind ganzi Schlämpen usechoo, *im Auswurf eines Kranken.* S hät Schlämpen i der Milch, *Hautfetzen auf gekochter Milch.*

Schlampi m. *langsamer, träger Mensch; Langweiler.*

schlampig siehe gschlampig.

schlämpig *häutig, von Fleisch.* Schlämpigi Waar.

Schlang w. (-e) *Schlange.* Zss.: Schlangefänger m., *wer andere überlistet, Bauernfänger;* Schlangefraass m., *miserables Essen* (pop.). Vkf. Schlängli s.

Schlängg m. *nachlässiger, fauler Mensch.* De Schlängg haa, *keine Lust zur Arbeit.* Zss.: -hoorn w., *abwärts gekrümmtes Horn der Kuh.*

schlängge (gschlängget) *schlendern.* Zss.: devoo-.

Schlängge m. 1. *Haken zum Festmachen von Fensterläden, Verschluss kleiner Türen, ringförmiger Schubladengriff, Ring am Türklopfer.* 2. *Schreibschnörkel.* Er hät na müesen en Schlängge draa mache. 3. *zusätzliche kritische Bemerkung.*

schlänggere (gschlänggeret) *schlenkern.*

schlängle (gschlänglet) 1. *sich schlängeln.* 2. *Schlangenlinien ziehen.*

schlänze (gschlänzt) *geuden.*

schlau (schlauer, schlò̀ier) *schlau.* Das isch na lang nüd de Schlauscht, Schlò̀ischt, *er ist etwas dumm.* Zss.: -bèrger m., -mäier m., *Schlaukopf.*

Schlauff m. (Schlò̀iff) 1. (auch **Schlauffe** w.) *Schleife, Schlinge.* En Schlauff, e Schlauffe mache. 2. *Pelzmuff.* Vkf. **Schlò̀iffli** s., *wollenes Halstuch oder Kopftuch.*

Schlawagg m. (-e) eig. *Slowake.* Ra.: Er chunt dethèèr wien en Schlawagg, *ist fremdländisch, verdächtig angezogen.* Als Scheltwort: Du chäibe Schlawagg! *Spitzbube.*

Schlee s. *Gelee (eingedickter Fruchtsaft).*

Schlee w. (-e) *Schlehe (Schwarzdorn).* Zss.: -blueschtm., *Schlehblüte;* -stuud w., *Schlehstaude;* -toorn m., *Schlehdorn.*

Schlegel m. 1. *Schlegel, Schlagholz; Werkzeug des Küfers, Maurers, Steinhauers; Trommelschlegel.* Ra.: Das gaat Schlegel a Wegge, *Schlag auf Schlag.* 2. *enghalsige Flasche.* 3. *Keule (Fleisch).*

Schleger m. *Raufbold* (Schsp.). Das isch en fèrtige Schleger!

Schlegerei w. (-e) *Rauferei, Schlägerei.*

schlegle (gschleglet) 1. *trommeln.* 2. *dreinschlagen.*

Schleglete w. *Rauferei, Schlägerei.*

Schlegli siehe Schlaag.

schletze (gschletzt) 1. *Türen, Fenster zuschlagen.* Zss.: zue-. 2. *umwerfen.* Es hät si an Bode gschletzt. 3. *Geld, Ware verschwenden.*

Schletzer m., **Schletzi** m., **Schletzeri** w. (-ne) *Vergeuder(in), wer alle Vergnügen mitmacht.*

Schletzerei w. (-e) 1. *Verschwendung.* 2. *Zuschlagen von Türen, Läden.*

Schletzete w. 1. *Verschwendung.* 2. *Zuschlagen von Türen, Läden.*

Schlich m., **Schlìich** m. *Schlich.* Äim uf de Schlich gaa, *jemandem auf der Spur folgen.* Uf de Schlich choo, *auf die Spur kommen.*

schlichte (gschlichtet) *die Längsfäden oder ein Gewebe mit Weberkleister bestreichen.*

Schlichter m. *wer berufsmässig «schlichtet» (Textilindustrie).*

Schlichti w. *Weberkleister.*

Schlick m. *Schleife, Masche.* En Schlick mache, *z.B. die Krawatte binden, eine Schnur lose knüpfen.*

Schliesse w. *Fasskeil.*

Schliessguuf w. *Sicherheitsnadel.*

Schliesshaagge m. *Sicherheitshaken.*

schliessli *schliesslich.*

schlifere (gschliferet) *schlittern.*

schliferig *schlüpfrig, von gefrorenem Boden.*

schliiche (gschliche) *schleichen.* Zss.: ab-, *(unerlaubterweise) weggehen* (pop.). Es wird dän nöd abgschliche! (Ssp.); ie-.

Schliicher m., **Schliichi** m., **Schliicheri** w. (-ne) *Schleicher(in), Schmeichler(in), Heuchler(in).*

schliiffe (gschliffe) 1. *gleiten, glitschen, Schlittschuh fahren.* Uf em Iis schliiffe. 2. *schleifen, schärfen.* Es Mässer schliiffe. Chaarte schliiffe, *auf dem Güterbahnhof Frachtbriefe kopieren* (humor., va.). Gschliffni Mässer, Gleser usw. ütr. E gschliffes Muul. Dè chunt mer gschliffe! *er kommt mir gerade recht.* Hw. Das isch en Gschliffne, *ein Gewandter, in allen Sätteln Gerechter.* Zss.: ab-; ii-. Schliiffschue m., *Schlittschuh;* -schuene, -schüendle, *Schlittschuh fahren;* -stäi m., *Schleifstein.*

Schliiffer m. 1. *Schleifer.* 2. *Schlingel.* Du bisch en Schliiffer!

Schliiffi w. (Schliiffene) 1. *glitschige Bahn auf dem Eis.* E Schliiffi mache. 2. Kurzform von «Löffelschliiffi». Öpper i s Wältschland i d Schliiffi schicke, *um Französisch bzw. feinere Manieren zu lernen.* 3. *Reservedienstgruppe (Bahn).*

Schliim m. *Schleim.*

schliime (gschliimet) *schleimen; Schleim entwickeln, z.B. von kochender Gerste.*

schliimig siehe gschliimig.

Schlìirgge (Mz.) *Pantoffeln, Hausschuhe.*

Schlìirp m. 1. *Schmutzfleck, Klecks.* En Schlìirp im Gsicht, im Heft. 2. *energieloser Mensch.* Er isch en Schlìirp. Vkf. **Schlìirpli** s., *unansehnliche Frau.*

Schlìirp(e) m. *Pantoffel, Hausschuh.*

schlìirpe (gschlìirpet) 1. *klebrigen, dickflüssigen Stoff aufstreichen.* Hunng uf s Broot schlìirpe. 2. *schmieren beim Malen, Schreiben.* Farb uf d Zäichnig schlìirpe. 3. Es schlìirpet, *der Himmel bedeckt sich mit Wolkenfetzen, bewölkt sich.* 4. in Zss.: devoo-, *davonschlurfen.* Er schlìirpet devoo.

Schlìirperei w. (-e) *pfuscherhaftes Malen.*

Schlìirpete w. *pfuscherhaftes Gemälde, Geschmier.*

Schlìirpi m. 1. *Pfuscher, Schmierer.* 2. *wer langsam geht, arbeitet; Langsamer.*

Schlìirplig m. *Schmutzfleck, Klecks.*

schliisse (gschlisse) *zerstören, zugrunde richten.* De muesch nüd alls schliisse! Es Huus schliisse, *abbrechen.* Dè Stoff isch nüd zum Schliisse, *sehr dauerhaft.* Es Vermöge schliisse, *verschwenden.*

Schliisse w., **Schliise** w., meist Mz. *Stoffasern, die an Kleidern, abgetrockneten Gläsern haften.* 2. *gezupfte Leinwand, Scharpie.*

schliissig *was zu rasch aufgezehrt, verbraucht wird, unergiebig.* E schliissigi Sòipfe.

schlingge (gschlungge, gschlingget) 1. *schlenkern.* D Bäi schlingge. S hät mi schier gschlungge, *auf die Seite geworfen.* 2. *misslingen, fehlschlagen.* S hät em/en gschlungge, gschlingget, *das Schicksal hat ihn* *herumgeschlagen.* Öi schlingget s scho na! *es wird euch noch schiefgehen.*

Schlingger m. *hölzerner Handgriff in der Weberlade, mittels dessen das Schiffchen durch den Zettel hin und her geschnellt wird.*

Schlinggi m. *liederlicher Mensch.*

Schlinggis s. *Schwenkspiel* (Ksp.). Si mached Schlinggis.

Schlipf m. *kleiner Erdrutsch.*

schlipfe (gschlipft) *gleiten.* Zss.: uus-, *ausgleiten.* Ra.: D Hand isch em uusgschlipft, *hat geohrfeigt* (humor.).

schlipfrig siehe gschlipferig.

Schliss m. *Abbruchmaterial.*

schlitte (gschlittet), jg. **schlittle** (gschlittlet) 1. *Schlitten fahren.* Zss.: abe-. 2. E Sach schlittle laa, *einer Sache den Lauf lassen.* Alls la schlittle, *alles über sich ergehen lassen.*

Schlitte m. 1. *Schlitten.* Vgl. Chessler-, Füdli-, Gäiss-, Hand-, Hoorn-, Stooss-. Ra.: Es hät mer de Schlitte verschlage, *die Sache ging fehl.* Zss.: Schlittchue w., *Schlittenkufe.* 2. *Schwebesitz für Turmarbeiter.* 3. *Fahrzeug, z.B. Strassenbahn* (pop.). Chunt ächt dè Schlitte bald? 4. *alte Frau.* En alte Schlitte (pej.).

Schlittlete w. *das Schlittenfahren.*

Schlitz m. *Schlitz.* Zss.: -eermel m., *geschlitzter Ärmel;* -rock m.; -sack m., *über die Schulter getragener Hausierersack.*

schlòiffe (gschlòifft) *einfädeln.*

Schlòii w. *Schlauheit.*

Schlòòffe w., **Schlòòffi** w. *Schläfe.*

schlòòffele (gschlòòffelet) *ein wenig schlafen* (Ksp.). Zss.: ii-.

Schlòòffer m. *Schläfer.*

schlòòfferig *schläfrig.*

Schloot m. *Zigarette* (pop.).

schloote (gschlootet) *rauchen* (pop.).

Schloss s. (Wemf. Mz. Schlosse, jg. Schlösser) 1. *Türschloss.* D Tüür isch nüd im Schloss, *nicht eingeklinkt.* 2. *Schliesse an einem Buch.* 3. (Mz. Schlösser) *Schloss, Burg.* Zss.: -hund m. Früüre wien en Schlosshund, *stark frieren.* Vkf. Schlössli s., *Knipsschloss an Schmuckgegenständen.*

schlossere (gschlosseret) *schlossern.*

Schlotter m. 1. *Schüttelfrost.* 2. *Angst, Furcht.* De Schlotter überchoo. Zss.: -gotte w., -götti m., *Stellvertreter der abwesenden Taufpaten;* -hose w., a) *Pluderhose.* b) *Pflanzenname: Kuckucks-, Taglichtnelke, Bachnelkenwurz;* -milch w., *Quark.*

schlottere (gschlotteret) *schlottern, zittern.* S schlotteret alls an em, *an einem Abgemagerten.*

Schlotteri m. *das Schlottern.* De Schlotteri haa, *schlottern.*

schlötterle (gschlötterlet) *leicht schlottern, zittern.* D Chätzli schlötterled.

Schlötterlig m., **Schnötterlig** m. (ZO.) 1. *anzügliche, derbe Bemerkung.* 2. *Spitzname, Übername.* Äim en Schlötterlig aahänke.

schluchzge (gschluchzget) *schluchzen.*

Schluck m. (ü) *Schluck.* Es Glaas i äim Schluck uustrinke, *ein Glas in einem Zug leeren.* En guete Schluck, *ein guter Tropfen.* En Schluck und en Truck! ... *und die Medizin ist geschluckt.* Zss.: -wee s. Vkf. Schlückli s.

schlucke (gschluckt) *schlucken.* Zss.: abe-, *hinunterschlucken.*

schlückle (gschlücklet) *in kleinen Schlücken trinken.*

Schluder m. *saure, noch nicht ganz dicke Milch.*

schludere (gschluderet) 1. *halbdicke Flüssigkeit umrühren.* 2. *flüchtig arbeiten, pfuschen.* Zss.: ane-, *eine Arbeit nachlässig hinwerfen;* devoo-, *lässig einhergehen;* zäme-, *zusammenschmieren.*

schlüdere (gschlüderet) 1. *mit Getränken unachtsam umgehen, verschütten.* 2. *beim Schlitteln mit den Absätzen bremsen* (ZO.).

Schluderi m. *unordentlicher Mensch, Pfuscher.*

Schlüderi m. *wer unordentlich isst und trinkt, Sudler.*

Schlufi m. (-ene) 1. *verwahrlost aussehender Mensch.* Dethèèr choo wien en Schlufi. 2. *bedauernswerter Mensch.* En aarme Schlufi. 3. *Spitzbube.* De bisch en Schlufi. 4. *Kosewort.* Du liebe Schlufi!

Schlumermueter w. *Zimmervermieterin* (Stsp.).

Schlumpf m. (ü) *Mundvoll.* Vkf. Schlümpfli s. Es Schlümpfli Mues, Hèrdöpfel.

Schlungg m. (ü) 1. *einmaliger kräftiger Schwung.* In äim Schlungg, im Schlungg, *auf* *einmal, im Nu.* 2. beim Jassen: Im Schlungg uusmache, *abgekürztes Verfahren beim «Uusmache».*

Schlunggis *Ein-Wurf-Spiel beim Kegeln.* Schlunggis mache, *alles auf ein Spiel setzen.*

Schlünzlig m. 1. *vorstehendes Ende eines Knotens.* 2. *Verdickung in einer Flüssigkeit, z. B. Gerinnsel im Schweineblut.*

Schlupf m. (ü) *Unterkunft, Obdach.* Er hät na en Schlupf gfunde. Vkf. Schlüpfli s.

Schlüpferli s. 1. *Wurf im Kegelspiel, bei dem die Kugel mitten durch das Ries hüpft, ohne zu treffen.* 2. *gestrickter Halbhandschuh.*

Schlüssel m. *Schlüssel.* Zss.: -bluem w., -blüemli s., *Primel;* -loch s.; -punt m., *Schlüsselbund.* Vkf. **Schlüsseli** s., 1. *Schlüsselchen.* 2. *Schlüsselblume.*

Schlutte w. *weites, nicht anschliessendes Oberkleid für Frauen.* Vkf. **Schlüttli** s., *Jäckchen des Wiegenkindes.*

Schluuch m. (üü) 1. *Schlauch.* Vkf. Schlüüchli s. 2. *scharfes Exerzieren* (Ssp.). Zss.: -mäischter m., *Drillmeister* (Ssp.).

schluuche (gschluuchet) *jemanden bei der Arbeit scharf hernehmen* (Schsp., Ssp.).

schlüüdere (gschlüüderet) *schleudern.* Zss.: furt-; ie-; ine-; umenand-; use-.

Schlüüdere w. *Schleuder.*

schlüüffe (gschloffe) *schlüpfen.* I s Bett schlüüffe. Ra.: Öpperem fascht i s Füdli schlüüffe, *vor jemandem kriechen* (pop.). Er isch gschloffe, *er kam im Examen knapp durch.* Zss.: abe-, *hinunterschlüpfen;* dure-, *hindurchschlüpfen;* ie-, ine-, *hineinschlüpfen;* use-, *herausschlüpfen.*

schluune (gschluunet) *schlafen* (pop.).

Schlùùrz w. (-e) *nachlässig gekleidete Frau.* Das isch e Schlùùrz.

schlùùrze (gschlùùrzet) *sudeln, vergeuden.* Was die mit de Chläidere schlùùrzet! *was die Frau Kleider verbraucht, vergeudet.*

Schlùùrzete w. 1. *Schmiererei, Gesudel.* 2. *unhaushälterisches Umgehen mit Speisen, Vergeuden.*

schlüüsse siehe pschlüüsse. Zss.: Schlüüssgùùf w., *Sicherheitsnadel.*

Schmaach w. nur in Verb.: S isch e Schmaach und e Schand, *eine Schande.*

schmaal (schmèèler) 1. *schmächtig, schlank.* E schmaals Pùùrschtli. En schmaale Wurff, *magerer Bursche* (Schsp.). Schmaali Bagge, *eingefallene Wangen, mageres Gesicht.* 2. *knapp, knauserig, karg.* Schmaal dure müese. 3. *schmal.* En schmaale Wääg.

schmaale (gschmaalet) *schmächtig, mager werden.* Er hät gschmaalet.

Schmaale m. 1. *langer, dünner Grashalm.* 2. *Sammelname für dünne Gräser, Schmielgras.*

Schmäär m., s., jg. **Schmèèr** s. *rohes, tierisches Fett, Schmer.* Ra.: Der Chatz de Schmèèr abchauffe, *unvorteilhaft einkaufen.* Zss.: -buuch m., *Schmerbauch.*

schmäisse (gschmisse) *schleudern, werfen.* Zss.: aa-; abe-; furt-; ie-; ine-; ufe-; ume-; use-; zäme-.

Schmalz s. *ausgelassenes Fett.* Ra.: Chraft im Aarm und Schmalz im Handglänk. Zss.: -bììr w., *Butterbirne (Sorte);* -boon w., *bestimmte Bohnensorte.*

schmalze (gschmalze) *mit Fett übergiessen.* Hèrdöpfel schmalze.

Schmätter m. 1. *Zeug* (pop., jg.). 2. *Rausch* (vulg.).

schmättere (gschmätteret) *schmettern.* En Stäi i s Fäischter schmättere, *werfen.* En Taktschritt schmättere (Ssp.). Zss.: abe-; ane-. Äim äini aneschmättere, *eine Ohrfeige geben;* furt-; ufe-; use-; zäme-; zue-. D Tüür zueschmättere, *zuschlagen.*

Schmättere w. *dicke, schwerfällige Frau* (pej.).

schmättrig *brüchig, spröde, bes. von Jungholz.* S buechi Holz isch schmättrig.

schmatze (gschmatzet), **schmatzge** (gschmatzget) *schmatzen.*

Schmaus m. *bestimmte Jassart.*

schmause (gschmauset) *einen «Schmausjass» spielen.*

schmaxle (gschmaxlet) *schmatzen.*

Schmèèr siehe Schmäär.

schmelze (gschmulze) *zerfliessen, schmelzen.*

schmide (gschmidet) *schmieden.*

Schmier w. 1. *unangenehme, missliche Sache.* Iez hämer d Schmier! Was choscht di ganz Schmier? *was kostet die ganze Geschichte?* 2. *Prügel.* Er hät Schmier überchoo.

3. *Polizei* (pop.). D Schmier chunt.
4. Schmier staa, *Wache stehen bei Streichen.*

schmiere (gschmiert) 1. *schmieren, salben.* De Rugge schmiere, *salben;* d Reder schmiere, *schmieren;* i schmiere, *beim Jassen: ich werfe eine Karte hoher Punktzahl in den Stich des Partners;* d Gurgle schmiere, *trinken.* E gschmierts Muul, *eine geläufige Zunge.* Ra.: Schmiere und salbe hilfft alethalbe. 2. *bestechen.* 3. *sudeln.* Zss.: aa-, a) *anstreichen.* b) *anschwindeln;* ab-, *verprügeln;* ane-. Äim äis aneschmiere, *eine Ohrfeige geben;* hère-, a) *hinschmieren.* b) *eine Ohrfeige geben.* Äini hèreschmiere; uus-, *durchprügeln.* Schmieraalie w., -aaschi w., *Geschmier;* -fink m., -joggel m., *Schmierer;* -sòipfe w., *Schmierseife.*

Schmieri m., **Schmiereri** w. (-ne) *unreinlicher Mensch, Pfuscher(in).*

Schmieri w. *Schmiere, Fett für Schuhe, Maschinen usw.*

Schmìid m. (Schmide) *Schmied.* Vkf. Schmidli s. Ra.: Bim Schmìid iegaa, nöd bim Schmidli, 1. *sich an den Ranghöchsten wenden.* 2. *zum Fachmann gehen.*

schmirbele (gschmirbelet), **schmürbele** (gschmürbelet) *ranzig riechen, ranzig schmecken.*

schmirgle (gschmirglet) *schmirgeln.* Zss.: drüberuus-, *vorgesehenen Haltepunkt überfahren (Eisenbahn).*

Schmisettli s. 1. *Chemisette.* 2. *gestärkte Hemdbrust.* 3. *kurzes Damenhemd.*

Schmitte w. *Schmiede.* Ra.: Vor di rächt Schmitte gaa, *vor den Richter gehen, an die richtige Person gelangen.*

schmöcke (gschmöckt) 1. *duften.* Die Blueme schmöcked guet. 2. *riechen.* Da schmöckt öppis, *riecht unangenehm.* Ra.: Er hät de Braate gschmöckt, *hat Lunte gerochen.* Dè mag i nüd gschmöcke, *nicht ausstehen.* Das chan i doch nüd schmöcke! *wie soll ich das wissen?* Zss.: Schmöckschiit s., *Nase* (pop.).

Schmöcker m. Vgl. Buebe-, Mäitli-. Ra.: Er hät en guete Schmöcker, *er sieht die Dinge voraus.*

Schmöcki w. 1. *Parfüm.* Zss.: -gütterli s., *Parfümfläschchen;* -wasser s., *Parfüm.* 2. *Nase, von Tieren und Menschen* (pop.). Er hät e gueti Schmöcki, a) *eine gute Nase.* b) *erkennt rasch seinen Vorteil.*

schmòize (gschmöizt) *schleudern, werfen* (ZO., va.).

schmölele (gschmölelet) *schmunzeln.*

schmucke (gschmuckt) 1. *anschmiegen.* 2. *sich ducken, kauern.* Under d Bettecki undere schmucke, *unter die Bettdecke kriechen.* I bi z alt, i schmucke mi nùùd, *ich bin zu alt, um mich zu ducken.*

schmürbele siehe schmirbele.

schmusle (gschmuslet) *leicht beschmutzen, besudeln.* Dè Stoff schmuslet, *nimmt leicht Schmutz an.*

Schmusli m. *Schmierer.*

schmuslig *leicht beschmutzt, unsauber.* E schmusligi Bluuse.

Schmuttere w. *dicke Frau* (pej.). E ticki Schmuttere.

Schmutz m. *tierisches Fett.* Schmutz uuslaa, *Fett auslassen.* Zss.: -fink m., *Schmierer;* -pfändli s., *Fettpfännchen.*

Schmutz m. (ü) *Kuss.* Vkf. Schmützli s.

schmützge (gschmützget) 1. *(eine Speise) mit Fett übergiessen.* D Chnöpfli schmützge. 2. *einfetten, schmieren.* Frisch gschmützget Gweerlòiff, *frisch gefettete Gewehrläufe.*

schmutzig 1. *fett.* D Chüechli sind echli schmutzig, *das Backwerk ist etwas fett.* 2. *fettig.* E schmutzigi Pfane. 3. *schmutzig.* Schmutzig Händ.

Schmutzli m. *Begleiter des Nikolaus* (jg.).

schmuuchle (gschmuuchlet), **schnuuchle** (gschnuuchlet) *sich an etwas schmiegen.* Under d Bettecki schmuuchle.

schmùùrzele (gschmùùrzelet) *knausern, kargen.* Hütt wird nüd gschmùùrzelet mit em Anke.

Schmùùrzeler m., **Schmùùrzeli** m. *Knauser, Geizhals.*

Schmuus m. *Geschwätz, Gerede.* Die reded en Schmuus, *die reden blödes Zeug* (Schsp.). Zss.: -gält s., *Schmiergeld.*

schmuuse (gschmuuset) *schöntun, kosen, liebeln.* Mit äim schmuuse.

Schmuuser m., **Schmuusi** m., **Schmuuseri** w. (-ne) *Schmeichler(in), Liebkosende(r).*

Schnaagg m. (-e) *die Schnake, Stechmücke.*

schnaagge (gschnaagget) *mühsam, langsam gehen.*

Schnaagge m. (Schnöögge) 1. *Einfall, Spass.* Äim en Schnaagge aagèè, *einen Bären aufbinden.* 2. *Schimpf, Übername, Spitzname.* Äim en Schnaagge aahänke, *einen Übernamen geben.* Esoo en Schnaagge bliibt lang sitze.

Schnaaggete w. *langsames Gehen, Tun.*

Schnaaggi-Schaaggi m. *Dampfzug der Sihltalbahn* (humor.).

Schnaarch m. *einmaliges Schnarchen.* En luute Schnaarch tue.

schnaarche (gschnaarchet), **schnaarchle** (gschnaarchlet) *schnarchen.*

Schnaarcherei w. (-e), **Schnaarchlerei** w. (-e) *lästiges Schnarchen.*

Schnaarchete w., **Schnaarchlete** w. *wiederholtes Schnarchen.*

Schnaarchi m., **Schnaarchli** m. *Schnarcher.*

Schnaarz m. 1. *Krümmung, Biegung, bes. die aufgebogene Kufe des Hornschlittens.* 2. *Schmollmund.* En Schnaarz mache. 3. I äim Schnaarz, *in einem Zug.*

schnaarze (gschnaarzt) *knarren, kreischen.* D Brämse schnaarzed.

Schnabel m. (ä) *Schnabel.* Heb de Schnabel! *schweig.* Zss.: -gäiss w., *Schnappesel (Mittwintergestalt,* ZO., Kn.A.); -griite w., *zungenfertige Frau.* Vkf. **Schnäbeli** s., *Penis kleiner Knaben* (fam.).

schnäbele (gschnäbelet) *schnäbeln.*

schnabeliere (-t) *schmausen.*

schnable (gschnablet) 1. *rasch, eilfertig reden.* 2. *essen* (humor.).

Schnabli m. *Schwätzer.* Vgl. Schwabli.

schnädere (gschnäderet) 1. *schnattern, von Vögeln.* 2. *plappern, schwatzen.*

Schnädere w. *Schwätzerin, Klatschbase.* Zss.: Schnädergäx w., *Schwätzerin.*

Schnäderete w. 1. *Geschnatter, von Hühnern.* 2. *Geschwätz.*

Schnäderfrèèss m. *beim Essen wählerischer Mensch.*

schnäderfrèèssig *wählerisch beim Essen.*

Schnäderi m. *Schwätzer.*

Schnäfel m. *Schnitzel, Abfall.* En Schnäfel Broot, Chèès. Vkf. Schnäfeli s.

schnäfle (gschnäflet) 1. *schnitzeln, schneiden.* Zss.: ab-; drii-; ume-. Me tòòrff nüd am Broot umeschnäfle; use-. 2. *operieren* (pop.). Zss.: use-. *herausoperieren, wegoperieren* (pop.).

Schnäfler m., **Schnäfli** m. 1. *Schnitzler.* 2. *Chirurg* (humor.).

Schnäflete w. *ungeschicktes, zweckloses Zerschneiden.*

Schnägg m. (-e) 1. *Schnecke.* Ra.: Ziit haa, wie de Schnägg ab der Brugg, *höchste Zeit haben.* Öperem en Schnägg in Sack iestoosse, *jemandem etwas Unangenehmes sagen.* Zss.: Schnäggehöörndli s., *Fühlhörner der Schnecke;* -huus s.; -hüüsli s.; -stääge w., *Wendeltreppe;* -tänz (Mz.), *Umschweife, Flausen.* Mach kä Schnäggetänz!; -zouft w. Scherzfrage: Bisch i de Schnäggezouft? 2. *schneckenförmiges Gebäck.* 3. *Haarschnecke.* 4. *langsame Person.* 5. *Kosename.* Du chliine, hèèrzige Schnägg! 6. *Mädchen* (Schsp.). En guete Schnägg. 7. *Fünffrankenstück, einstige Fünffrankennote* (pop.). Vkf. Schnäggli s.

schnägge (gschnägget) *langsam wie eine Schnecke gehen.*

Schnäggete w. *mühsames, langsames Gehen.*

schnäiffe (gschnoffe, gschnäifft) *stehlen* (Schsp.).

schnäiggle (gschnäigglet) *beschneiden, stutzen, z.B. gefällte Bäume.*

Schnäigglete w. *Abfall, bes. von Reisig.*

schnäisle (gschnäislet) *von einem Tannenast die Nebenzweige und Nadeln abhauen.* Gschnäislets Chriis, *behauenes Reisig.*

schnäitle (gschnäitlet) *beschneiden, stutzen, z.B. gefällte Bäume.*

schnale (gschnalet) *schnallen.* De Kabut uf de Tornischter schnale, *aufschnallen.* Zss.: aa-. Sich öppis aaschnale, *etwas erwerben* (pop.); ab-; uuf-; zäme-.

Schnale w. 1. *Schnalle.* 2. *Dirne* (vulg.).

schnäll, gschnäll *schnell.* Di schnäll Katrii, *Diarrhöe* (humor.).

Schnäpf m. (-e) 1. *Schnepfe.* Ra.: Guet Nacht, Schnäpf! *da wird nichts draus.* Zss.: Schnäpfestrìich m. De Schnäpfestrìich nèè, *sich davonmachen.* 2. *vorlautes Mädchen.*

3. *Dirne.* Zss.: Schnäpfeströ̀ch m. Uf de Schnäpfeströ̀ch gaa, *Dirnen nachstreichen.*

Schnapp m. *einmaliges Schnappen.* Ra.: Im Schnapp, *im Hui.* De letscht Schnapp tue, *sterben* (pop.).

schnappe (gschnappet) 1. *schnappen.* Go Lufft schnappe, *spazieren gehen* (fam.). Zss.: ii-; übere-, *durchdrehen, verrückt werden.* 2. *trinken* (pop.). Gömer no äis go schnappe? *ein Gläschen trinken.*

Schnäpper m. 1. *Fahrzeug.* En alte Schnäpper, *altes Fahrzeug (z.B. Fahrrad).* 2. *Schnappvorrichtung an Türe.*

Schnaps m. (ä) 1. *Branntwein.* En Schnaps trinke, *ein Gläschen Branntwein trinken.* Zss.: -idee w., *ausgefallene, dumme Idee.* 2. Er hät Schnaps überchoo, *er hat einen Verweis, Prügel bekommen.* Vkf. Schnäpsli s.

schnapse (gschnapset) 1. *Schnaps, Branntwein brennen.* 2. *Schnaps, Branntwein trinken.*

schnäpsele (gschnäpselet) *nach Branntwein riechen, schmecken.*

Schnapser m., **Schnapseri** w. (-ne), **Schnäpsler** m. *Branntweintrinker(in).*

schnäpsle (gschnäpslet) *häufig, gern Schnaps, Branntwein trinken.*

Schnatte m. 1. *Hautstriemen von Ruten- und Peitschenhieben.* 2. *Schwellung von Insektenstichen.*

Schnattere w. 1. *Hautstrieme von Ruten- und Peitschenhieben.* 2. *Schwellung von Insektenstichen.*

Schnätterlig m. *Stück, Schnitz von Weissrüben, früher gedörrt oder zu Gemüse.*

Schnätz m. *Schnitzel von Speisen.* En Schnätz Chèès.

schnätze (gschnätzt) *schneiden, schnitzen, von Küfern, Wagnern, Zimmerleuten.*

schnätzle (gschnätzlet) *schnitzeln, in kleine Stücke zerschneiden.* Geschnätzlets Fläisch, gschnätzlete Böle. Zss.: abe-, 1. *schnell erledigen.* 2. *schnell heruntersagen.*

Schnauz m. (ȍi) 1. *Schnurrbart.* Ra.: I bi uf em Schnauz, *erschöpft* (pop.). En Schnauz iifange, *Tadel bekommen* (pop.). 2. *Kohle-, Russfleck im Gesicht, Flecken auf sauberer Wäsche.* Zss.: Schnauzpheeter m., *Schwarzpeter.* Schnauzpheeterlis mache. 3. *Grasbüschel (nach dem Mähen), vorstehende Fäden bei Näharbeit.* D Schnȍiz abhaue. 4. *Einfrankenstück* (pop.). Vkf. Schnȍitzli s.

schnauze (gschnauzt) *barsch, unwirsch reden.* Er cha nüüt weder schnauze. Zss.: aa-, *barsch abfertigen.*

Schnauze w. 1. *Schnauze.* 2. *Schneepflug.*

Schnauzi m. *wer barsch redet, Schnauzender.*

Schnauzli m. *Mann mit grossem Schnurrbart, Schnurrbärtiger* (humor.).

Schnee m. *Schnee.* S macht en Schnee zwääg. S läit en Schnee ane, *es schneit.* Ra.: Potz roote, schwarze Schnee! *von etwas Unerhörtem.* Zss.: -bale w., *Schneeball;* -gäiss w., *Wildgans;* -glöggli s., *Schneeglöckchen;* -häsli s., *niedliche Skifahrerin;* -luft m., *Schneewind;* -maa m., *Schneemann;* -rugele w., *grosse Schneekugel;* -schnüüze w., *Schneepflug;* -schuufler m.; -stogele w., -stögeli s., *Schneeklumpen an den Schuhabsätzen;* -wittli s., *Schneewittchen (Märchengestalt).* Vkf. **Schneeli** s. E chliises Schneeli, *leichter Schneefall.* Was für es Schneeli! *wenig oder sehr guter Schnee.*

schneebele (gschneebelet) *Schneebälle werfen.* Zss.: ii-, *mit Schnee einreiben (Kinderspiel).*

schneie (gschneit) *schneien.* Ra.: S schneit Fazeneetli, Wäschlümpe, Liilache, *in grossen Flocken.* Au wänn s Chatze schneit, *auch beim schlimmsten Schneegestöber.* Es hät em böös uf d Chappe gschneit, *er musste viel einstecken, er wurde schwer enttäuscht.* Zss.: abe-, *herunterschneien;* hère-, *hinschneien;* ii-, *einschneien;* ine-, *hineinschneien;* uus-, *aufhören zu schneien;* zäme-. Es hät en Huuffe zämegschneit, *grosse Mengen geschneit.*

schneiele (gschneielet) *leicht, in kleinen Flocken schneien.* Es schneielet und beielet.

schnele (gschnelt) 1. *schnellen.* De Boge schnelt guet, *der Bogen schnellt den Pfeil gut ab.* Öppis la schnele, *etwas Gespanntes loslassen.* Zss.: ab-; furt-; ue-. schnellbögle (gschnellböglet), *mit einer gespannten Schnur etwas in die Luft schnellen.* 2. *stehlen* (pop.).

Schneler m. *Umdrehungszähler am Garnhaspel.*

Schnelig m. *Nasenstüber.*

schniide (er schniit, Wf. Vh. schniiti, Mw. gschnitte) 1. *schneiden.* In Finger schniide, haue. Äine schniide, *operieren* (pop.). E Sou schniide, *kastrieren.* Ra.: Er hät si gschnitte, a) *hat sich verrechnet.* b) *Wind gelassen* (Ssp.). Zss.: aa-; ab-. Ra.: Abgschnitte der Alt, *gleicht sehr stark seinem Vater;* abe-; drii-; dure-; ie-; ii-; use-; uuf-; uus-; zäme-; zue-. Schniidstuel m., *Schneidbank.* 2. *bewusst übersehen.* Äine schniide.

Schniider m., **Schniideri** w. (-ne) 1. *Schneider(in),* Ra.: Dethèèr choo wien en Schniider, *unordentlich, nachlässig in Kleidung, Gang, Haltung.* Zss.: -gsell m.; -mäischter m.; -zouft w., *Schneiderzunft.* 2. De Schniider haa, *die Regel, Menstruation.* Zss.: -binde w., *Damenbinde* (vulg.). 3. beim Jassen: *die Hälfte der nötigen Punktzahl.* Us em Schniider uus sii.

schniidere (gschniideret) *schneidern, das Schneiderhandwerk betreiben.* Zss.: zwääg-, *zurechtschneidern.*

Schniiderei w. (-e) 1. *Schneiderei.* 2. *Schneiderwerkstatt.*

Schniidete w. *Schnitte.* E Schniidete Broot.

schniidig, gschniidig *scharf schneidend.*

Schnitt m. 1. *Schnitt, Zuschnitt.* 2. *Ernteertrag.* En Schnitt Haber. 3. *Gewinn, vorteilhafter Handel.* Er hät en guete Schnitt gmacht. 4. *Schärfe, z.B. der Sense* (ZO.). Zss.: -lauchlocke w., *gerades Haar* (humor.).

schnittig *scharf schneidend.* E schnittigs Mässer. Vgl. schniidig.

Schnitz m. 1. *kleines Stück, Schnitte.* Zss.: -broot s., *Brot mit Beigaben aus alten Kuchen oder Patisserie* (va.). 2. *Schnitz, (gedörrtes) Obststücklein,* z.B. Öpfelschnitz. Daahocke wien es Pfund Schnitz, *phlegmatisch.* 3. *Policemütze* (Ssp.). Vkf. Schnitzli s.

schnitzig 1. *scharf schneidend.* 2. *freigebig.* Er isch nüd schnitzig. 3. Es gaat schnitzig, *zügig voran.*

schnòigge (gschnòigget) *prüfend versuchen oder durchsehen; schnüffeln.* I han im Buech afig e chli gschnòigget.

Schnòigge w. *Nase* (pej.), *Schnauze.* Dèè hät e schööni Schnòigge gschnitte! *Grimasse geschnitten.* Muesch diini Schnòigge wider driihänke? *dich in alles einmischen.*

Schnòiggi m. *Schnüffler, wählerische Person beim Essen.*

schnòiggig *wählerisch beim Essen.*

Schnolgge m. (ö) 1. *Knollen* (ZO.). 2. (Mz.) *Kartoffelklösse in Brühe.*

schnööde (gschnöödet) *verächtlich reden, behandeln.*

Schnöödiaan m. *verächtlich Redender, Handelnder, Herablassender* (Stsp.).

Schnoppeltore w. (eig. Doppelschnore) 1. *Bulldoggenschnauze.* 2. *Schwätzer* (humor.).

schnore (gschnoret), **schnòre** (gschnòret) *schwatzen, prahlen, reden* (vulg.). Dè schnòret äis zäme! *schwatzt viel.* Zss.: aa-, *anfahren, anrempeln;* drii-, *dreinreden;* ume-, *herumschwatzen;* use-, *herausschwatzen;* zäme-; zue-, *weiterreden.*

Schnore w., **Schnòre** w., **Schnure** w. 1. *Schnauze von Tieren, Rüssel des Schweins.* 2. *Mund* (vulg.). Halt d Schnore! *schweig.* Uf d Schnore hocke, *schweigen.* I bi au nöd uf d Schnore ghockt, *ich habe auch nicht geschwiegen.* Das macht kä Schnore, *das sieht nicht gut aus.* D Schnore z vorderscht haa, *sich überall vordrängen.* D Schnore voll nèè, *prahlen.* E tumi Schnòre füere, *dumm, vorlaut reden.* E tumi Schnòre mache, *ein dummes Gesicht machen.* Äim uf d Schnòre gèè, *jemanden verprügeln.* Uf d Schnore überchoo, *Prügel bekommen.* Uf d Schnòre (use)gheie, *umfallen.* Hät dèè e Schnore gschnitte! *machte der eine böse Miene.* I bi schöön uf de Schnore! *erschöpft* (pop.). Zss.: -giige m., -giigeli s., *Mundharmonika* (pop.); -pflutteri m., *Redelust.* Er hät de Schnorepflutteri, *er ist allzu redselig* (pop.); -wagner m., *Schwätzer;* -wagnere, *viel reden;* -wiib s., *Schwätzerin.* Vkf. Schnòrli s.

Schnorer m., **Schnòrer** m. *Schwätzer, Grosssprecher.*

Schnorete w., **Schnòrete** w. *Geschwätz, Gerede.*

Schnörggel m. 1. *Nase* (vulg.). Heb diin Schnörggel uf d Siite! 2. *Schnörkel.*

Schnori m., **Schnòri** m. *Schwätzer,*

Grosssprecher. verst. Oberschnòri m. Vgl. Schnuri.

schnottere (gschnotteret) *stark wallend sieden* (ZO.). S Wasser schnotteret.

Schnötterlig siehe Schlötterlig.

Schnuder m. *Nasenschleim beim Menschen*. Zss.: -beeri s., *Eibenbeere;* -bueb m., *junger Laffe;* -goof m., *freches Kind* (pop.); -hund m., *dummer Kerl* (vulg.); -lumpe m., *Taschentuch* (vulg.); -naase w., *laufende Nase*. ütr. *junger Laffe*.

schnudere (gschnuderet) 1. *stossweise durch die verstopfte Nase atmen*. 2. *den Nasenschleim zurückziehen*. 3. *den Schnupfen haben* (vulg.). Er schnuderet.

Schnüderete m. *Nasenkatarrh* (pop.).

Schnuderi m., **Schnüderi** m. 1. *Verschnupfter*. 2. *Lausbub, Nichtsnutz, Schlingel*. Dè jung Schnuderi! *dieser Besserwisser*. 2. *laufende Nase*. Er hät de Schnuderi.

schnuderig, schnüderig *schleimig, auch von Speisen* (vulg.). E schnuderigs Gläis, *glitschig*.

Schnüderlig m. 1. *Schleimzapfen, Schleimklumpen an der Nase*. 2. *junger Laffe*.

Schnuer w. (Schnüer) *Schnur*. Ra.: Er hät d Schnüer überchoo, *die Korporalschnüre erhalten*. D Schnüer abverdiene, *als Korporal für die Beförderung Schuldienst leisten*. Vkf. **Schnüerli** s. Ra.: Er hät en am Schnüerli, *er entgeht ihm nicht*. Zss.: -schrift w., *verbundene Handschrift* (Schsp.).

schnüere (gschnüert) *schnüren*. Zss.: aa-. Es Wupp aaschnüere, *anrüsten;* ab-. De Stadhalter hät en abgschnüert, *angefahren, zurechtgewiesen;* ii-, *einschnüren;* voor-, *mit einer Richtschnur vorzeichnen;* zäme-; zue-.

Schnüerig w. (-e) *Schnürung*.

Schnüfel m. *Schmollmund*. Vkf. Schnüfeli s.

schnüfele (gschnüfelet) *schnüffeln, schnuppern*.

Schnüfeler m. *Schnüffler*.

schnufere (gschnuferet) *schnuppern*.

schnügg *reizend* (fam., jg.).

Schnugger m., **Schnüggel** m. *Liebling* (fam.).

Schnuggi m. *Liebling* (fam.). verst. Schnuggi-Puggi m.

schnuggig *reizend, entzückend* (fam.).

Schnupf m. 1. *Schnupftabak*. Zss.: -tebak m., *Schnupftabak;* -trucke w., *Schnupftabakdose*. 2. Es haut s wie Schnupf, *das Gras lässt sich leicht mähen*. Er träit de Sack wie Schnupf, *ohne Mühe*. Im Schnupf, *sofort, im Nu*.

schnupfe (gschnupft) 1. *die Luft stossweise und hörbar durch die Nase ein- und ausatmen*. 2. *schnupfen*. 3. Ra.: Es wird nüd gschnupft! *es wird nichts daraus*.

Schnupfer m. *Tabakschnupfer*.

Schnupfete w. *Prise Schnupftabak*.

Schnupperleer w. *Probelehre, Schnupperlehre*.

schnure (gschnuret) in Zss.: ii-, *schrumpfen, von Äpfeln, Kartoffeln;* zäme-, *zusammenschrumpfen*.

schnure (gschnuret) *schnurren, fauchen, von Katzen*. Zss.: aa-, *anfauchen;* devoo-, *wegsausen;* verbii-, *vorbeisausen*.

Schnure siehe Schnore.

Schnuri m. *Schwätzer, Grosssprecher*. Zss.: -chäib m., *dummer Schwätzer* (vulg.). Vgl. Schnori.

schnurig *brummend*.

schnusig, schnuslig *niedlich, reizend* (fam.).

schnute (gschnutet) *brummen* (ZO.). Dè hät gschnutet, *von zornigem, rohem Menschen*. Vgl. gschnutig. Zss.: ume-, *unwillig umhergehen* (ZO.).

schnuuchle siehe schmuuchle.

Schnuuf m. (ü) *Atem, Atemzug*. Ra.: De Schnuuf isch em uusgegange, vergange, *er musste aufhören*. Vkf. Schnüüfeli s.

schnuufe (gschnuufet) 1. *atmen*. I gaa go schnuufe, *in die Atemtherapie*. 2. *keuchen, schnaufen*. I hä müese schnuufe de Bèèrg uuf. Zss.: aa-, *anhauchen;* ii-; uuf-; uus-, *ausschnaufen, ausatmen*.

schnüüfele (gschnüüfelet) *leicht atmen* (Ksp.).

Schnüüfeler m. *Schnüffler* (ZO.).

Schnuufer m. 1. *engbrüstiger Mensch*. 2. *Kerl*. En aarme Schnuufer, *armer Schlucker*. En junge Schnuufer, *Besserwisser*.

schnuufere (gschnuuferet) *laut, stossweise atmen* (ZO.).

Schnuufete w. *das Schnaufen*.

Schnùùrggel m. *Schmollmund*.

Schnùùrpf m. (ùù) 1. *flüchtig, stümperhaft geflickte Stelle an einem Kleidungsstück,*

Flickstelle. 2. *Blatternarbe.* 3. *Blatternarbiger.* Vkf. **Schnùùrpfli** s., *Kümmerling.*

schnùùrpfe (gschnùùrpft) 1. *zusammenschrumpfen, runzlig werden, bes. vom Obst.* 2. *beim Nähen den Stoff zusammenziehen.* Das isch nüd püetzt, das isch gschnùùrpft. Zss.: zäme-, *unordentlich nähen;* zue-, *flüchtig zunähen.*

Schnùùrpfi w. *Mädchenhandarbeitsschule* (Schsp.).

schnùùrpfig *blatternarbig* (va.).

Schnùùrpfli m. *Blatternarbiger* (pej., va.).

Schnùùrpflig m. *verkrümmter, verwachsener Mensch.*

Schnuuz m. in: I äim Schnuuz, *im Nu.*

Schnüüz m. *einmaliges Schneuzen.* Vgl. Gschnüüz.

schnüüze (gschnüüzt) 1. *sich schneuzen, Nase putzen.* 2. *schnauben, fauchen, von Katzen.* Die Chatz schnüüzt, wän me si aalanget. 3. *heftig aufbegehren, von Menschen.* Zss.: aa-, *anfauchen, jemanden anfahren;* abe-, a) *sich tüchtig schneuzen.* b) *hinuntersausen;* devoo-, *zornig davonlaufen;* dure-, *vorbeisausen, vorbeirasen;* ume-, *herumfauchen, ziellos umherrennen;* use-, *zornig hinauslaufen;* uuf-, *erschreckt auffahren;* verbii-, *vorbeisausen.*

Schnüüzete w. *wiederholtes Schneuzen der Nase.*

Schnüüzi w. *Taschentuch* (humor.).

scho *schon.*

Schö m., **Schöberli** m., **Schöbi** m. *Ich (als Person);* frz. je. De Schö (Schöberli) wäiss das scho, *ich weiss das schon.*

Schoche m. (ö) *Haufen, grosse Menge.* En Schoche Graas, Aarbet. Vkf. Schöchli s., *kleiner Heuhaufen.*

schöchle (gschöchlet) *das Heu zu kleinen Haufen schichten.*

schodle (gschodlet) *rütteln, schütteln.*

schöferle (gschöferlet) in Zss.: ab-, *abweisen.*

Schofföör m. *Chauffeur, Fahrer.* E Porzioon für en Schofföör, *grosse Portion.*

Schoggelaade w., **Schoggi** w. *Schokolade.* Zss.: Schoggigrèèm w., *Schokoladecreme;* -milcheli s., *Kakaogetränk* (Ksp.); -stängeli s.; -taaler m.; -täfeli s., *Schokoladestücklein.* Vkf. (Ksp.) Schöggeli s., Schoggeläädeli s.

schòike (gschòikt) *verscheuchen.*

Schole m. (ö) 1. *Scholle, Ackerscholle, Erdscholle.* D Schöle verschlaa, *Schollen zerkleinern.* 2. *Klumpen, Stück, Brocken* (pop.). En Schole Broot, Hamf. Er hät en Schole glachet, *laut gelacht.* Schöle lache. Vkf. Schöleli s.

schölele (gschölelet) *in kleine Stücke zerschlagen.*

Schölm siehe Schelm.

Schömel m. *Schemel.* Vkf. Schömeli s.

Schoo m. (Mz. Wemf. Schöne) *Grans, Bug bzw. Heck des Weidlings, Flusskahns* (ZU.).

schoofel *schäbig.* Er chunt schoofel dethèèr.

Schòòffis s. *Schaffleisch.*

schöön *schön.* Schööner nützti nüüt! *es gäbe nichts Besseres.* Du bisch (mer) en Schööne! *wie kommst du mir vor?* En Schööne (schöönen Aabig)! *ich wünsche einen schönen Abend* (jg.). Gib s schöön Händli! *gib die rechte Hand* (Ksp.).

schoone (gschoonet) 1. *schonen.* 2. *aufheitern, nicht mehr regnen.* Es schoonet hütt na.

schööne (gschöönet) *schön werden.* Es schöönet all Taag.

Schoonerli s. *Sohlenschützer.*

Schööni w. *Schönheit.* Es chunt nüd eläi uf d Schööni aa.

schoonkli *schonsam, schonend, rücksichtsvoll, behutsam, gelinde.* Schoonkli faare mit äim, *rücksichtsvoll behandeln.*

schoope (gschoopet) in: Er isch gschoopet, *er ist mit einem Wams bekleidet.* Zss.: aa-, *dicke Kleider anziehen;* ii-, *sich einhüllen, einmummen.*

Schoope m., **Tschoope** m. (öö) *Kittel, Rock des Mannes.*

schoopig *geistig beschränkt.*

schoorpe (gschoorpet) *das Erdreich leicht schürfen.* Zss.: ab-, *oberflächlich abschürfen.*

Schooss w. (öö) *Schürze.* Vkf. Schöössli s.

Schopf m. (ö) 1. *Schuppen.* 2. *schlecht gebautes oder baufälliges Gebäude* (pop.). Vkf. Schöpfli s.

schoppe (gschoppet) *stopfen, hineinstossen.* Er schoppet alls in Sack, *steckt alles in die*

Tasche. S Muul voll schoppe, *vollstopfen.* Zss.: abe-; ie-. Hät dèè iegschoppet! *viel gegessen;* ine-; undere-, *unterlegen, darunterstopfen;* uus-; zue-.

Schoppe m. (ö) *Schoppen.* 1. *Hohlmass: 3 ¾ dl.* 2. *Glas Wein, Bier.* Vkf. Schöppli s. Es Schöppli Wii. 3. *Flasche für den Säugling, Saugflasche.* I mues em Chind de Schoppe gèè. Vkf. Schöppli s.

schöppele (gschöppelet) *Saugflasche geben.*

Schöppeler m. *Trinker.*

Schopper m. (ö) *wer im Kartenspiel etwas versteckt.*

schore (gschoret) *scharren.* De Hund schoret im Gaarte. Zss.: füre-; hindere-; use-; uuf-; wäg-. De Schnee wägschore; zäme-.

Schore w. *Kratzeisen, Scharreisen.*

Schorer m. *Kratzeisen, Scharreisen.*

Schorete w. 1. *zusammengescharrter Strassenkot.* 2. *Teigreste im Backtrog (Teigtrog).*

Schorsch m. *Georg(es).* Ich bi wider de Schorsch Ggaggo, *Prügelknabe, Sündenbock* (pop.).

Schoss s. *der Schoss, Trieb.* D Rääbe händ scho Schoss. Vkf. Schössli s.

Schotte w. *Molke, flüssiger Teil der sauren Milch.*

schottere (gschotteret) *schütteln.*

Schottisch m 1. *Schotten, grosskarierter, bunter Stoff.* 2. *bestimmter Tanz.*

schottle (gschottlet) *rütteln.* Mach, das es nüd schottled! *beim Verpacken eines Gegenstandes.* Vgl. schodle.

Schraage m. 1. *Schragen, Holzgestell, Bock mit gekreuzten Beinen.* 2. *Schlachtbank für Kleinvieh.* 3. *Pritsche.* Er liit uf em Schraage, a) *ist bettlägerig.* b) *auf dem Operationstisch.* 4. *Bretterrahmen,* z.B. Tüürschraage. 5. *Verschlag unter dem Dach.*

Schräck(e) m. *Schrecken.*

schräckhaft *schreckhaft, schreckerregend.*

Schrädel m. (ZO.), **Schrätteli** s. *dämonisches Wesen, der Alp, Nachtmahr.* De Schrädel truckt en, *Alpdrücken.*

schrädle (gschrädlet), **schrattle** (gschrattlet) *drücken, vom Alp.*

Schrame m. (a oder ä) *die Schramme, Schnitt, Schlagwunde, Kratzwunde, Narbe.*

Schrämpf m. *Hautschürfung* (ZO.). En Schrämpf im Gsicht.

Schräne w. (ZO.) 1. *Wunde, Narbe.* 2. *grosser Riss, tiefe Furche in der Erde.*

Schrank(e) m. (-e) *die Schranke, Zaun* (va.).

schränke (gschränkt) *schränken, quer, schräg stellen.* E Saagi schränke, *die Sägezähne auswärtsbiegen.*

Schranz m. (ä), auch **Schlanz** m. *Riss, Spalte.* En Schranz in Hose. ütr. De Fride hät en Schranz. En Schranz in Buuch lache, *stark lachen* (pop.). Zss.: -musig w., *Jazzmusik* (pop.).

schränze (gschränzt) 1. *reissen.* S Tuech schränze. De Stoff schränzt gèèrn, *reisst leicht.* Zss.: ab-, *abreissen, wegreissen.* Es Stuck Tuech abschränze; abe-, *herunterreissen;* use-, *herausreissen;* uuf-; wäg-, *wegreissen.* 2. *eilen.* Zss.: devoo-, *fortrennen, davonsprengen, von Pferden.* 3. *Wind fahren lassen* (vulg.). Wèèr hät daa wider gschränzt? 4. *schreien.* Das Chind hät bi der Tauffi gschränzt, *laut geweint.* 5. ütr. *zu unnötigen Versicherungsabschlüssen überreden* (pop.).

schräpfe (gschräpft), **schröpfe** (gschröpft) 1. *schröpfen, zur Ader lassen.* 2. *jemanden überfordern, ausbeuten.* 3. *bei allzu fettem Getreide die obersten Spitzen abschneiden.*

Schrätteli siehe Schrädel.

schrattle siehe schrädle.

schrèèg *schräg.* Ra.: En Schrèège dine haa, *in schlechtem Lichte dastehen.*

schrèège (gschrèèget) 1. *in schräger Richtung gehen.* 2. *den Reitkamm am Webstuhl in schräger Richtung halten.* Zss.: ab-. En abgschrèègets Zimer.

Schrèègi w. (-ene) 1. *Schräge, schräge Lage.* 2. *Schrägmass des Schreiners, Zimmermanns.*

schrèègle (gschrèèglet) *betrügen, übervorteilen, missbrauchen.*

Schrei m. *Schrei.*

schreie (gschroue) *schreien, weinen.* S Chind schreit.

Schrift w. (-e), **Gschrift** w. (va.) *Schrift, Schriftwerk.*

schriftli *schriftlich.*
schriibe (gschribe) *schreiben.* Zss.: aa-; ab-; ane-; häi-; ii-; ine-; naa-; ume-, *zurückschreiben;* use-; uuf-; uus-; voor-; zäme-; zue-. Schriibmaschine w.
schriibmaschinele (gschriibmaschinelet) *maschinenschreiben.*
Schriibe s. 1. *Schreiben.* 2. *Eheversprechen* (va.).
schriibele (gschriibelet) *schreiben* (Ksp.).
Schriibeli s., **Schriibli** s. *Schreibzeug, Bleistift* (Ksp.).
Schriiber m., **Schriiberi** w. (-ne) 1. *Schreiber(in).* 2. *Amtsschreiber.* Vkf. Schriiberli s., *Schreiberlein* (pej.).
Schriiberei w. (-e) 1. *vieles Schreiben.* 2. *Kanzlei.*
schritte (gschritte) *Land mit Schritten abmessen.* I hä das Stuck Land gschritte.
schrittle (gschrittlet) *kleine Schritte machen.*
schroote (gschrootet) *schneiden.* Hȍi schroote.
Schröötel m. *Stechbeitel des Schreiners.*
Schrooter m. *Polizist* (pop.).
Schrooterei w. *Polizeiposten* (pop.).
schröpfe siehe schräpfe.
Schroppe m. (ö) 1. *Abfall beim Behauen von Steinen, Steinsplitter.* 2. *Stein* (pop.). Schröppe naarüere, *Steine nachwerfen.*
Schrumpf m. *Falte, Runzel.*
Schrund m. (ü) *Spalte, Ritze, z.B. im Holz.* Vkf. Schründli s.
Schruub w. (-e) *Schraube.* D Schruub mache, a) *ohnmächtig werden* (vulg.). b) *sterben* (vulg.). Zss.: Schruubstock m.; Schruubechopf m.; -gwind s.; -muetere w.; -schlüssel m.; -zier m. Vkf. Schrüübli s.
schruube (gschruubet) *schrauben.* Zss.: aa-; ab-; ane-; ii-; ine-; uuf-; uus-; zäme-; zue-.
schrüüble (gschrüüblet) *sachte schrauben.*
scht! *fort! Schreckruf zum Vertreiben von Hühnern, Vögeln, Vieh.*
Schübèère w., **Schüpèère** w. *Patronentasche* (va.); frz. giberne.
Schübel m. 1. *Pfropf.* Häsch Schübel in Oore? *hörst du schlecht?* 2. *Dummkopf.* 3. *kleinere oder grössere Menge.* En Schübel Hȍi, Gält. ütr. En Schübel lache, *hellauf lachen.*
Schübeli s. *verkümmerter Kohlkopf* (ZU.).
Schüblig m. *Schübling, geräucherte Wurst, Speckwurst.*
Schudel m., **Tschudel** m. 1. *halbgewachsenes Rind.* 2. *kleine Frau.* 3. *wirres, ungekämmtes Haar.*
Schuder m. 1. (auch **Schuderöiel** m.) *wirrer Haarschopf.* Vgl. Gschuder, Tschuder. 2. *verkümmerter Kohlkopf.*
schudere (gschuderet), **tschudere** (-et) 1. *aufplustern.* 2. *schaudern, kränkeln.*
schuderig *struppig, zerzaust.* Vgl. gschuderig, tschuderig.
Schue m. *Schuh.* De Schue in Hinder überchoo, *Undankbarkeit ernten.* En Schue voll usezie, *eine Abfuhr erleiden.* Zss.: -bändel m., *Schuhriemen, Schnürsenkel;* -butz m., *Schuhputzer.* Äim de Schuebutz mache, *sich zu allem hergeben;* -chäschtli s.; -haagge m., *Schuhhäklein (für Knöpfchenschuhe);* -laade m.; -läischt m.; -lätsch m., *Knoten mit den Schuhriemen;* -lotter m. Er hät de Schuelotter, *Schuh mit lockerem Riemen;* -macher m.; -numere w. Das isch nöd miini Schuenumere, *das ist nicht mein Geschmack;* -schmieri w., *Schuhfett;* -sole w.; -wichsi w.
Schüeffi s., **Schüepfi** s. *Schöpfgefäss, Stieleimer.*
schüeig *einen Schuh messend (= 30 cm).*
Schuel w. (-e) 1. *Schule.* Schuel gèè, *unterrichten.* Schuel haa, a) *Unterricht nehmen (Schüler).* b) *Unterricht geben (Lehrer).* Zss.: Schuelaaser m., *Schultornister* (va., ZU.); Schuelerbueb m., *Schüler;* Schuelerchind s., *Schülerin;* Schuel(er)goof m., *Schulkind* (fam.); Schuelleerer m.; Schuelermäitli s., *Schülerin;* Schuel(er)räis w.; Schuelschatz m., *Schulliebste(r);* Schuel(er)täsche w., *Schultasche* (va.); Schuel(er)theek m., *Schultornister;* Schuelvatter m., *Vater eines Schülers;* Schuelwacht w., *Teil einer Schulgemeinde;* Schuelzaani m., *Schulzahnarzt* (Schsp.). 2. *Rekrutenschule* (va.). Er hät d Schuel im föifedriissgi gmacht, *er machte die Rekrutenschule 1935.*
schuele (gschuelet) *schulen, ausbilden, in Zucht nehmen.* D Chind müend gschuelet sii. En gschuelete Maa, *gebildeter Mann.* Dè isch bi siim Mäischter gschuelet woorde, *in Zucht*

genommen worden. Zss.: uus-. Er isch uusgschuelet, *seine Schulbildung ist beendet.*

Schüeler m., **Schüeleri** w. (-ne) *Schüler(in).* Vgl. Schuel.

schuene (gschuenet) *gehen, wandern* (pop.). Zss.: devoo-, *mühsam gehen;* mit-, *mittappen;* ume-, umenand-, *herumgehen.*

Schueni m. 1. *Wanderer* (pej.). 2. *Schuhmacher* (pop.).

schuepe (gschuepet), älter **schuupe** (gschuupet) *Erdreich leicht schürfen.* D Rääbe schuepe. Zss.: ab-.

Schüepfi siehe Schüeffi.

Schüepp m. (-e) 1. *Schuppe, Haarschuppe.* 2. *Grind, Hautausschlag bei kleinen Kindern.* 3. *Rasenstück.*

schuerigle (gschueriglet) *zurechtweisen.*

Schuggel m. *unachtsamer Mensch.*

schuggele (gschuggelet), **schunggele** (gschunggelet) *etwas schüttelnd bewegen.* Zss.: ab-, *abschütteln;* ume-, *umherschieben, herumstossen, jemanden verächtlich behandeln.*

Schuhuu m. *Eule* (Ksp.).

Schülpe m. *Erdscholle, abgestochenes Rasenstück.*

Schümel m., jg. **Schimel** m. *Schimmel (Pferd).*

Schund m. 1. *Abfall, Plunder, Schund.* Zss.: -büecher Mz. 2. *Unsinn, Geschwätz, Possen* (Stsp.). Schund triibe, schwätze.

Schungge m. *Buch* (pop.). En alte, langwiilige, ticke Schungge.

schunggele siehe schuggele.

Schuntele w. 1. *unordentliche Frau.* 2. *zerwühltes Bett.*

Schüpèère siehe Schübèère.

Schupf m. (ü) *Stoss.* Äim en Schupf gèè.

schupfe (gschupft) *stossen.* Zss.: ane-, *hinschieben;* füre-, *nach vorn stossen;* ume-, umenand-, *herumstossen.* Vgl. gschupft.

schüpfle (gschüpflet) *leicht stossen.*

Schüpong m. *Jupon, Unterrock.*

Schüpp m. *Frauenrock* (frz. jupe).

Schuss m. (ü), älter **Schutz** m. (ü) 1. *Schuss.* Er hät e paar Schüss abggèè. ütr. De Schuss isch dusse! *die Sache ist entschieden.* De Schuss isch hinenuse ggange, *die Sache lief verkehrt.* 2. *Wurf im Kegelspiel.* I hä na en Schuss z guet. 3. *Hast, Eile.* Öppis im Schuss mache. I bin im Schuss! 4. *Einschlag, Querfäden beim Weben.* 5. *Regenguss.* En Schuss Rääge. 6. *Bescherung, Strafe, Schaden.* Dè hät en Schuss überchoo. 7. Ab Schutz! *aus der Bahn (des Schlittens).* 8. *Mädchen.* En guete Schuss, *hübsches Mädchen* (Schsp.).

Schüssel m. *Brotschaufel zum Einschiessen der Brotlaibe, Schieber.*

Schüssle w. 1. *Schüssel.* 2. *Schädel* (vulg.). Ra.: En Sprung i der Schüssle haa, *leicht verrückt sein.*

schütte (du schüttisch, Mw. gschüttet, gschütt) 1. *schütteln.* Er hät si gschütt vor Lache. D Better schütte, *Kissen und Decken schütteln.* Zss.: abe-, *herunterschütteln.* Nusse abeschütte; use-; uuf-. 2. *schütten, giessen.* Wasser in Wii schütte. Lueg au, wie s schütt! *wie es heftig regnet.* Zss.: aa-. De Kafi aaschütte, *Kaffee aufbrühen;* ab-, *abgiessen, wegschütten;* abe-, *hinunterschütten.* Es Glas Wii abeschütte, *rasch trinken;* ii-; ine-; uus-, *ausgiessen;* zäme-; zue-. Schüttstäi m., *Ausgussbecken, Gussstein.*

Schütti w. (-ene) 1. *Regenschauer, Platzregen.* Es isch e Schütti choo. 2. *oberster Boden im Bauernhaus, Dachraum zum Aufbewahren von Vorräten.*

schüttle (gschüttlet) *schütteln.* Zss.: abe-; use-.

Schutz m. *Schutz.* Zss.: -gatter m., *nervöser Mensch, Wildfang.*

Schütz m. (-e) *Schütze.* Zss.: Schützen-Elfi s., *Schützenbataillon 11* (va.); Schützehuus s.; -könig m.; -wùùrscht w., *bestimmte Frischwurst (grösser als Zervelat).*

schutzig, schutzlig *hastig, übereilt, unachtsam.*

schutzle (gschutzlet) 1. *planlos hin und her rennen.* 2. *planlos, flüchtig arbeiten.*

Schutzli m., *fahriger, etwas unbedachter, nervöser Mensch.*

schutzlig *unruhig, unbesonnen, nervös.*

Schützlig m. *junger Trieb an Pflanzen.*

schüübe siehe schiebe.

schüübis gaa *zugrunde gehen.*

schüüch 1. *schüchtern.* Er isch schüüch. 2. *scheu.* S Vee wìrt schüüch. Mach mer de Schimel nüd schüüch! *lass ihn in Ruhe.*

schüüche (gschoche) *scheuen.* Er hät si

gschoche, *er scheute sich.* D Chöschte schüüche.

Schüüchi w. 1. *Scheu, Schüchternheit.* 2. in Zss.: Vogelschüüchi w., *Vogelscheuche.*

Schuuder m. *Schauder, Schauer, Fieberfrost.* Zss.: -(h)öiel m., *Eule.* Vgl. gschuuderig.

schuudere (gschuuderet), **tschuudere** (-et) *schauern, schaudern.*

schüüfele (gschüüfelet) *mit Schäufelchen hantieren.* Zss.: ab-, *jemanden abweisen.*

schuufle (gschuuflet) *schaufeln.* Zss.: ab-, *sich einer unangenehmen Sache, Person entledigen;* ewäg-; furt-; use-; zäme-; zue-.

Schuufle w. 1. *Schaufel.* 2. *Pik, Schippe der französischen Spielkarten.* Vkf. **Schüüfeli** s., 1. *Essbesteck für kleine Kinder.* 2. *Schulterblatt eines Schlachttieres.*

schüüli(g) 1. Ew. *schauderhaft, unangenehm.* E schüüligs Chind, *ungezogenes Kind.* E schüüligs Loch im Chopf, *ungewöhnlich grosses, gefährliches Loch.* 2. Uw. *sehr, arg.* Er isch schüüli mager, *sehr mager.* S tuet mer schüüli läid, *ich bedaure ausserordentlich.* Schüüli froo.

Schuum m. *Schaum.* Vkf. **Schüümli** s., 1. *wenig Schaum.* 2. *kleines Gebäck aus Eierschaum.*

schuume (gschuumet) *schäumen.* Zss.: ab-, *Schaum abschöpfen.*

schuumig *schaumig.*

Schüür w. (-e) 1. *Scheune.* 2. *Tenne* (Weinland). 3. *Mund* (pop.). Mach d Schüür zue!

schǜürge (gschǜürget) *schieben.* Hälffe schǜürge. Zss.: ane-; ewäg-; furt-.

Schǜürgi m. *langsamer, linkischer Mensch.*

schuurig, jg. **schaurig** 1. Ew. *schaurig, schauerlich.* 2. Uw. *sehr, ausserordentlich.* Schuurig guet. Schaurig schön.

Schùùrpf m. (ǜü) *Streifwunde, Schürfung, auch an Bäumen.* Vkf. Schǜürpfli s.

schǜürpfe (gschǜürpft) *sich schürfen.*

Schǜürpflig m. *Schürfung.*

Schùùrz m. (ǜü) *Arbeitsschürze für Handwerker.* Vkf. Schǜürzli s.

schüüsse (schüüssti, Mw. gschosse) *schiessen.* ütr. Es schüüsst mer, *Gliederreissen.* Es isch em in Chopf gschosse, *zu Kopf gestiegen.* Es isch zum Schüüsse, *köstlich.* Zss.: aa-; ab-, *verblassen.* D Farb isch abgschosse, *verblasst;* abe-. En Vogel abeschüüsse, *schiessen.* D Stäägen abeschüüsse, *hinunterrennen;* devoo-, *davonrennen;* furt-, *wegwerfen;* ii-. Es Gweer iischüüsse; ie-; ume-, *umherrennen;* use-, *hinausrennen;* uuf-, *auffahren;* zäme-, *zusammenstossen.*

Schüüsse s. *das Schiessen.*

Schüüsset m. *Übungsschiessen, Schiessübung.*

Schüüssete w. *Schiesserei, Schiesslärm.*

Schwaab m. (-e) 1. *Schwabe.* Zss.: Schwaabechääfer m., *Küchenschabe;* -lätsch m., *bestimmte Knotenart.* 2. *Deutscher* (pej.). Zss.: Schwaabefrässer m., *Deutschenhasser;* -land s., *Deutschland* (pej.); -mäitli s., *Dienstmädchen aus Deutschland* (va.). Vkf. **Schwȍȍbli** s., *Regenbremse.*

Schwääb w. *Schwebnetz, Fangnetz für Forellen und Felchen.*

schwääbele (gschwääbelet), **schwȍȍbele** (gschwȍȍbelet) *sprachlich den Deutschen verraten, schwäbeln*

Schwaabike s. *Deutschland* (humor.).

Schwaabiker m. *Deutscher* (humor.).

Schwääbin w., **Schwȍȍbin** w. 1. *Schwäbin.* 2. *Deutsche* (pej.).

Schwaabinger m. *Deutscher* (humor.).

schwääble siehe schwäfle.

Schwaager m. (Schwȍȍger) *Schwager.*

schwaarte (gschwaartet) in Zss.: ab-, 1. *die Speckschwarte wegschneiden.* 2. *tüchtig verprügeln;* dure-, *durchprügeln.*

Schwaarte m. 1. *grosses Bild.* 2. *altes Auto* (pop., jg.).

Schwaarte w. *Schwarte.* Äin verhaue, das d Schwaarte chrached, *tüchtig verprügeln.*

Schwaartli m., **Schwaarti** m. *Schulabwart* (Schsp.).

schwaarz *schwarz.* Zss.: -t(h)ee m., *schwarzer Tee.*

schwaarze (gschwaarzet) 1. *schwärzen.* 2. *schwärzer werden, bes. aufziehen, von Gewitterwolken.* Es schwaarzet.

schwaarzlacht(ig), schwaarzlächt(ig) *schwärzlich* (va.).

schwäbe (gschwäbt) *schweben.*

Schwäbel siehe Schwäfel.

schwabelig siehe schwablig.

Schwäbi w. *Schwebe,* nur in Ra.: Uf der Schwäbi sii.

schwable (gschwablet) *viel, dumm schwatzen, plappern.* Zss.: voor-, *vorschwindeln.*

schwäble siehe schwäfle.

Schwabli m. *Schwätzer, Prahler.* En tume Schwabli.

schwablig, schwabelig *schwindlig.* S isch mer schwab(e)lig woorde.

schwach (schwächer) *schwach.* Ra.: I staa dìr 20 Stütz schwach, *ich schulde dir 20 Franken* (pop.). Zss.: Schwachströömler m., 1. *Fernmelde- und Elektronikapparate-Monteur (FEAM).* 2. *Abstinent* (humor.).

schwache (gschwachet) *schwach werden.* Er schwachet, *seine Kräfte nehmen ab.* Zss.: ab-, *schwächer werden;* uus-, *vor Altersschwäche sterben.*

schwadere (gschwaderet) 1. *planschen, plätschern.* D Änte schwadered uf em See. D Chind schwadered im Wasser, *planschen.* 2. *drauflosschwatzen.* Zss.: devoo-; ume-; uus-, *Wäsche im Wasser ausschwenken.*

Schwaderete w. *Planscherei, Spritzen mit Wasser.*

Schwadronöör m., **Schwadronööri** m. *Prahler, Schwätzer.*

Schwäfel m., älter **Schwäbel** m. *Schwefel.* Zss.: -hölzli s., *Zündhölzchen, Streichholz* (va.).

schwafle (gschwaflet) *schwatzen.*

schwäfle (gschwäflet), älter **schwäble** (gschwäblet) *schwefeln.* Es Fass schwäfle; d Rääbe schwäfle; gschwäflete Wii.

Schwafli m. *Schwätzer.*

schwäie siehe schwèèe.

Schwäin s. *Glück, Chance* (pop.). I ha Schwäin ghaa. Verst. Affeschwäin, Souschwäin, *grosses Glück.*

schwäisse (gschwäisst), **schwäize** (gschwäizt) 1. *schwitzen.* S Holz schwäisset. S Fass schwäisset, *ist undicht. 2. in heisser Butter dämpfen, rösten.* Böle schwäize. Zss.: ab-, *mit Butter übergiessen.*

schwäissele (gschwäisselet) *nach Schweiss riechen.*

Schwäizi w. *heisse Butter, Butterbrühe, die man über Speisen giesst.*

Schwalb(e) w. 1. *Schwalbe.* 2. *kleineres Kursschiff (auf dem Zürichsee).*

schwale (gschwalet) *wallen, von Flüssigkeiten.*

Schwall m. (ä) 1. *Wallung siedenden Wassers.* En Schwall drüber gaa laa. 2. *Schwall.* En Schwall Wasser isch gäg mer choo.

schwäme (gschwämt) *schwemmen.* Zss.: aa-; ab-; ane-; dure-, *spülen;* furt-; ii-; ine-; undere-; use-; uuf-; uus-; wäg-.

Schwämi w. (Schwämene) *Schwemme.*

Schwamm m. (ä) *Pilz* (jg.); vgl. Schwumm. Mer gönd i d Schwämm, *gehen Pilze suchen.*

schwampele (gschwampelet), **schwambele** (gschwambelet) *schwanken, wanken.* Er schwampelet, mäin i, *ist leicht betrunken.*

schwampelig *schwankend, taumelnd vor Schwäche.*

Schwände w. *Lymphdrüsenschwellung.*

Schwängel m., **Schwänkel** m. 1. *Uhrpendel.* 2. *Glockenschwengel.*

schwänke (gschwänkt) 1. *schwenken, schwingen.* 2. *ausspülen.* D Wösch schwänke. Zss.: ab-, a) *abspülen.* b) *vom Weg abbiegen;* ie-, *einschwenken;* übere-, *hinüberschwenken;* uus-, *ausspülen.*

Schwanz m. (ä) 1. *Schwanz, Schweif.* Ra.: De Schwanz lampe laa, *den Mut sinken lassen.* Es isch kän Schwanz im Staal, *kein Stück Vieh.* Kän Schwanz isch choo, *niemand.* Er hät kän Schwanz gfange, *keinen einzigen Fisch.* Er isch em Tüüfel uf de Schwanz trampet, *hat etwas Unangenehmes gesagt.* 2. *Penis* (vulg.). 3. *herabhängende Haarsträhne, mit Band gefasstes Haarbüschel, dünner Zopf.* Vkf. Schwänzli s.

schwanze (gschwanzet) 1. *schwanken.* De Chaschte schwanzet, *steht nicht fest.* 2. *schwänzeln.* De Hund schwanzet. Ra.: Er redt sovil, wien e Chue schwanzet, *redet viel.* 3. *geziert, wiegend gehen.* 4. *müssig umhergehen* (pop.). Si gaat wider go schwanze. Zss.: ab-, *die Schwänze der Kühe losbinden;* ume-; umenand-, *umherstreichen;* uuf-, *die Kuhschwänze aufbinden.*

schwänze (gschwänzt) 1. *den Unterricht schwänzen* (Schsp.). 2. *tüchtig strafen.* Me sött en ghöörig schwänze.

Schwanzeri w. (-ne) 1. *Begleiterin der*

Taufpatin. 2. *Stellvertreterin der Hebamme bei der Taufe* (ZO.).

Schwanzi m. *wer viel herumstreift, Herumstreichender, Vagierender.*

schwänzle (gschwänzlet) 1. *mit dem Schwanz wedeln.* 2. *sich schwänzelnd bewegen, von Fischen.* 3. *geziert gehen.* Zss.: ume-, *von Fischen, die die Angel umkreisen.*

schwappele (gschwappelet), **schwapple** (gschwapplet) 1. *schwanken, schwapsen.* S Schiffli schwapplet. D Milch schwapplet i der Tasse, i der Tause. 2. *schwankend gehen* (ZO.).

schwappelig, gschwappelig 1. *schwankend, von Flüssigkeiten in einem Gefäss.* 2. *schwindlig.* Es isch mer gschwappelig.

schwarbe (gschwarbet), **schwaarbe** (gschwaarbet) 1. *Heu zu Schwaden zusammenrechen.* 2. *die Haut vom Brei weglöffeln.*

Schwarbel m. *unachtsamer, unbesonnener Mensch.*

schwarble (gschwarblet) 1. *Herumliegendes zusammenraffen.* 2. *alles durcheinander schwatzen.* 3. *im Gehen zu wanken anfangen, von kleinen Kindern.* Zss.: zäme-, *soviel als möglich zu erwerben suchen, zusammenraffen.*

schwarblig *unstet.*

schwarz siehe schwaarz.

Schwätterlig m. *Ohrfeige* (va.).

Schwätz m. 1. *Geschwätz, Geplauder.* En Schwätz ablaa, *plaudern.* 2. *Ausspruch.*

schwätze (de schwätzisch, er schwätzt; gschwätzt) *reden, sprechen, plaudern, schwatzen.* Er schwätzt nüd gèèrn vor de Lüüte, *er spricht nicht gern in grösserem Kreis.* Mer händ no echli gschwätzt, *geplaudert.* Die schwätzt i der ganze Gmäind ume, *ist eine Klatschbase.* Zss.: aa-, *jemanden anreden;* ane-. An e Wand aneschwätze, *erfolglos zu jemandem reden;* dethèèr-; drii-, *dreinreden;* hère-. An öpper hèreschwätze, *mit Worten überschütten;* ii-, *einreden;* ume-, umenand-, *herumschwatzen;* use-, *herausreden;* uuf-, *aufschwatzen;* uus-, *ausplaudern;* voor-; zäme-, *viel reden;* zue-, *immerzu reden.* Schwätzbääsi w., *Schwatzbase, Schwätzerin.*

Schwätze w. *Schwätzerin.*

Schwätzer m., **Schwätzeri** w. (-ne), **Schwätzi** m. *Schwätzer(in), Verleumder(in).*

Schwätzete w. *Geschwätz.*

schwätzig *geschwätzig, schwatzhaft.*

schwaudere (gschwauderet) *wortreich, unbesonnen schwatzen, prahlen.*

Schwèchi w. (Schwèchene) *Schwäche, Schwächeanfall.* Er hät scho e paar Schwèchene ghaa.

Schweed m. (-e) 1. *Schwede.* 2. (Mz.) *rote Rübe, rote Bete, Rande* (ZO.).

schwèèe (gschwèèet), **schwäie** (gschwäiet), **schweie** (gschweiet) *schwingen, schwenken.* En Faane schweie. Zss.: ume-; uus-. En nasse Huet uusschweie.

Schwèèer m. *Schwager.*

Schwèèeri w. *Schwägerin* (selten).

Schwèègeri w., **Schwòògeri** w. (-ne) *Schwägerin.*

schwèèr 1. *schwer.* 2. *schwierig.*

Schwèèr w. *Schwäre, eiternde Wunde.*

schwèère (gschwèèret) *schwer werden, dick werden.* Er hät gschwèèret.

schwèère (gschwèèrt) *schwären, eitern.*

Schwèèri w. (-ene) *Schwere, Gewicht.*

schwèèrlacht(ig), schwèèrlächt(ig) *ziemlich schwer* (va.).

schwèèrli *schwerlich.*

schwèèrze (gschwèèrzt) *schwärzen.* Zss.: aa-.

Schwèèrzeli s. *Schwarzhaarige (Mädchen oder junge Frau).*

Schwèèrzi w. (-ene) *Schwärze.*

schweie siehe schwèèe.

Schweie w. *Schwinge, Flügel.*

schweiele (gschweielet) *ein wenig schwingen, schwenken.*

Schweiki w. (-ene) 1. *dumme Rede.* 2. *dummer Streich* (ZU.).

schwele (gschwelt) 1. *sieden.* Hèrdöpfel schwele; gschwelt Hèrdöpfel, *Pellkartoffeln.* 2. *schwellen.* De Finger isch gschwule. Gschwule tue, *sich protzig benehmen.* Zss.: aa-; uuf-.

Schweli w. *Stauung, Flusswehr.*

Schwetti w. (-ene) 1. *Lache, Pfütze,*

ausgeschüttetes Wasser. E Schwetti mache, *alles mit Wasser bespritzen.* 2. *lange Rede.* 3. *grosse Menge.* E Schwetti Gmües.

Schwibele w. 1. *drehbarer Türriegel.* 2. *Kurbel, Griff an Geräten.*

Schwick m. *Augenblick, flüchtiges Sehen.* Er hät en nu im Schwick gsee, *flüchtig gesehen.* Im Schwick isch es gschee, *es ist sofort, augenblicklich geschehen.*

schwiempele (gschwiempelet) *schwanken, wanken.*

schwige (i spitz; Wf. Gw. schwigi, Wf. Vh. schwigti; Mw. gschwiget) *schweigen, verstummen.*

Schwige s. (i spitz) *Schweigen.*

Schwiger m. (i spitz), **Schwigeri** w. (-ne) *Schweiger(in).*

Schwiger m. (i dumpf) in Zss.: -mueter w.; -sùù m.; -tochter w., -töchterli s.; -vatter m.

Schwiger w. (i dumpf), **Schwigeri** w. (-ne) *Schwiegermutter* (va.).

Schwii s. *Schwein,* nur in Zss.: Schwiinsläder s.; -rippli s., *Schweinsrippenstück.*

schwiine (gschwune) *schwinden, abnehmen.* S Holz schwiint. Schwiinede Moo, *abnehmender Mond.* I hä gschwune, *bin abgemagert.* Es isch mer gschwune, *ich wurde ohnmächtig.*

schwiinele (gschwiinelet) *nach Schweinefleisch riechen.*

schwiini, jg. **schwiinig** *schweinern.* Hw. Schwiinis s., jg. Schwiinigs s. *Schweinefleisch, Schweinernes.*

Schwiini w. *Muskelschwund.*

Schwiiz w. 1. *Kanton und Hauptort Schwyz (Urkanton).* 2. *Schweiz.*

Schwiizer m., **Schwiizeri** w. (-ne) 1. *Schweizer(in).* Zss.: -tüütsch s., *Schweizerdeutsch;* -volch s., *Schweizervolk.* 2. *Schwyzer(in) (Bewohner des Kantons Schwyz).*

schwiizere (gschwiizeret) 1. *Schweizerart verraten.* 2. *Mundart des Kantons Schwyz sprechen.*

schwilig, gschwilig *schwielig.*

Schwill w., **Schwile** w. *Schwiele, Hautblase.*

Schwinde siehe Schwinte.

Schwindel m. *Schwindel, Betrug.* Zss.: -mäier m., *kleiner Schwindler.*

schwindle (gschwindlet) 1. unpers. *schwindlig werden.* Es schwindlet mer. 2. *schwindeln, flunkern, lügen.* Zss.: aa-, *belügen;* use-, *sich herauslügen;* zäme-.

schwindlig, gschwindlig *schwindlig.*

schwinge (gschwunge) *schwingen, schlagen.* Niidel schwinge, *Rahm schlagen.* Zss.: ab-, *verprügeln;* obenuuf-; ufe-; ume-; uus-, *prügeln, auspeitschen.*

Schwingeri w. (-ne) *Flachs- und Hanfschwingerin.*

Schwinget m. *Schwingfest.*

Schwingi w. (-ene) *Wäscheschleuder.*

Schwinte w., **Schwinde** w. *Lymphdrüsenschwellung.*

Schwirbel m. 1. *Schrulle.* Er hät de Schwirbel. Zss.: -chopf m., *Wirrkopf;* -gäischt m., *Taumelgeist.* 2. *Kurbel an Geräten, Maschinen.*

Schwirbele w. *Kurbel.*

schwirble (gschwirblet) *taumeln.*

schwirblig *schwindlig, wirr im Kopf.*

schwire (gschwirt), in ZO. auch **schwirme** (gschwirmt) *«Schwire» einschlagen, um Grenzen abzustecken, pfählen.* Zss.: aa-, *weidende Ziegen an Pflöcken anbinden;* ab-, *mit Pfählen abgrenzen.*

schwire (gschwirt) *schwirren.* Zss.: aa-, *herbeieilen;* ab-, *davoneilen;* ume-, *hastig umherlaufen.*

Schwire m. 1. *zugespitzter Holzpflock zum Einrammen* (ZO.). 2. *Grenzpfahl, auch neben Marksteinen.*

schwirig *schwierig.*

schwitze (gschwitzt) *schwitzen.* Zss.: ab-. Sich äine abschwitze, *stark schwitzen;* use-, *herausschwitzen;* uus-, *ausschwitzen.* Schwitzchäschtli s. in Ra.: Äine i s Schwitzchäschtli nèè.

schwitzig *leicht in Schweiss geratend.*

schwòòbele siehe schwäähele.

Schwòòbli siehe Schwaab.

Schwoof m. *Tanz* (Stsp.).

schwoofe (gschwoofet) *tanzen* (Stsp.).

Schwòògeri siehe Schwèègeri.

schwööre (Wf. Vh. schwöörti; Mw. gschwoore) *schwören.*

Schwöschter w. (-e) *Schwester.*

schwüel *schwül* (jg.).

Schwumbele w., **Schwumele** w. *Seebinse, bes. deren Stengel und Blätter, zum Schwimmen zusammengebunden.*

Schwümbi s. *Schwimmbad* (Schsp., jg.).

schwüme (gschwume) 1. *schwimmen.* Zss.: devoo-; furt-; ume-; zue-, *weiterschwimmen.* Schwümuntsgi m., *Schwimmunterricht* (Schsp.). 2. ütr. *nicht mitkommen, nicht verstehen, unsicher sein.* Zss.: Schwümfäscht s., *schwierige Prüfung* (Schsp.).

Schwümer m., **Schwümeri** w. (-ne) 1. *Schwimmer(in).* 2. Das isch en fèrtige Schwümer! *Unfähiger* (pop.).

Schwumm m. (ü) 1. *Schwimmart,* z.B. Ruggeschwumm. 2. *Pilz.*

Schwung m. (ü) *Schwung.* Er isch in Schwung choo, *hat etwas freudig angepackt.* Er hät en i d Schwüng praacht, *erzürnt.* Vkf. Schwüngli s.

se (e unbet.) schwachtonige Form von: 1. *so.* Wänn er chunt, se frȍit s mi. 2. *sie* (vor folgendem s). Hät se si nüd gfrȍit? *hat sie sich nicht gefreut?* Händ se s vertȍibt? *haben sie sie erzürnt?* 3. *es* (vor folgendem s). Wett se si? *möchte es sie (z.B. das Kind die Katze)?* Hät se s groue? *hat es sie gereut?* Hät se si ghaue? *hat es sich geschnitten?*

sè! Mz. sènd! *da sieh, da nimm;* vgl. see. Sè da häsch! Sè iss! Das isch dii, da sè! *das gehört dir, da nimm.* Chumm sè, sè, sè! *Lockruf.*

seb, jg. **eb, öb** Bw. 1. *ob.* Er hät gfrȍȍget, seb mer ä weled mit. Er hät nüd gsäit, seb er göng, *ob er gehe.* 2. *ehe, bevor.* Chasch nüd chlopfe, seb d ie chunsch? *bevor du eintrittst.* I glaub s nu̍ůd, seb i s sälber gsee hä.

Secht siehe Seel.

Seckel m. (Wemf. Mz. Seckle) *Säckel.* 1. *Beutel, bes. für Geld.* 2. *öffentliche Kasse,* z.B. Gmäinds-, Staatsseckel. Zss.: -mäischter m., *Kassier, Quästor* (va.). 3. *Hodensack, Penis* (vulg.). 4. *Scheltwort für Männer.* En blööde, tume Seckel. Zss.: -siech m., *Dummkopf* (vulg.).

seckle (gsecklet) *rennen, eilen* (vulg.). Zss.: ab-; devoo-; furt-; hìì-; ine-; ume-; umenand-; use-.

See m. (-e) *See, Seegebiet.* Die sind vom See, *stammen aus dem Seegebiet.* Zss.: -baadi w., *Seebadanstalt;* -bueb m., *Anwohner des Zürichsees;* -chue w., *Unterwasser-Mähmaschine;* -gfröörni w., *das Zufrieren des Sees, die Eisdecke;* -gmäind w., *Gemeinde am Zürichsee;* -halb, *seewärts;* -klüppler m., *Ruderrennboot;* -roos w., *Seerose.* Vkf. Seeli s.

see! *Anruf, he.* Vgl. sè. See, Chliine! *hör, Kleiner.* See, zäig di emaal! *lass dich mal betrachten.* See, pass uuf! *pass doch besser auf.* See, wìrts bald! See, was häsch? *lass sehen, was du hast.* See, see! *nicht so ungestüm.*

Sèèbel siehe Saabel.

sèèble siehe saable.

seechte (gseechtet), **sèèchte** (gsèèchtet) *Wäsche mit Aschenlauge übergiessen, waschen, laugen* (va.). Zss.: Seechtchessi s., -haafe m., *Waschkessel;* -stande w., *Waschbottich;* -tuech s., *Seihtuch für Aschenlauge.*

Seechtig siehe Seel.

sèèe (gsèèet) *säen.*

Sèèet m. *Aussaat.* En früene, spaate Sèèet.

Seel w. (-e) 1. *Seele.* Es isch mii Seel waar, *bei meiner Seele, es ist wahr.* verst. Mii Gott Seel isch es esoo, *bei Gott.* verh. Mii Secht! Mii Seechtig! Zss.: Seeleschlosser m., *Feldprediger* (Ssp.); -schmätter m., *seelischer Kater;* -türgg m., *Feldgottesdienst* (Ssp.); -wèèrmerli s., a) *Brustwärmer.* b) *Schnäpschen.* 2. *das Innerste eines Dinges,* z.B. Fadeseel, Kaabelseel.

seer *wund, offen.* Seeri Händ, seeri Finger.

Sèèrbel m. *was nicht recht gedeihen will, von Pflanzen, Tieren; Kümmerling.* Die Setzlig sind luuter Sèèrbel. Vkf. Sèèrbeli m., s., *Schwächling.*

sèèrble (gsèèrblet) *absterben, kränkeln, welken, im Wachstum zurückbleiben.*

Sèèrblete w. *das Dahinsiechen.*

Sèèrblig m. *was nicht recht gedeihen will, von Pflanzen, Tieren; Kümmerling.* Das Chätzli isch en Sèèrblig.

Sèèrle w. *lange Stange.* Zss.: -haag m., *Schrägzaun aus Stangen.*

Sefi m. *Wacholderart.* Zss.: -baum m., *Sadebaum, Sefistrauch.*

Sekretèèr m., **Seklitèèr** m. 1. *Schreibschrank.* 2. *Sekretär, Schreiber.*

Sekundar w., **Sek** w., **Seki** w. *Sekundarschule* (Schsp.). Er gaat i di dritt Sek, i di letscht Sek, *in die 3. Klasse, letzte Klasse der Sekundarschule.* Zss.: -leerer m. ütr. Der alt Sekundarleerer, *der erfahrene Praktiker.*

sele siehe söle.

Sele w., **Sell** w. (Sele) *Schwelle.*

Seleri m., **Selerli** m. *Sellerie.*

selewie! *halt mal!* (ZO.).

selig, sölig *solch, derartig.* En selige Maa, e seligi Frau, e seligs Mäitli.

semele (gsemelet) *laufen, eilen* (pop.). Zss.: naa-, *nachlaufen* (pop.); use-.

Semi s. *Seminar* (pop.).

Septämber siehe Settämber.

Sèrbila(a) m., jg. **Sèrwila(a)** m., **Sèrwela(a)** m. *Zervelatwurst (Frischwurst).* Zss.: Sèrbelifinger m., *kurzer, dicker Finger* (pop.); Sèrwelaquartier s., *Stadtkreise 3, 4 und 5 in Zürich* (pop.).

sère nur in Verb. **sèrewääg** *so, auf diese Art.*

sèrig, esèrig *solch, derart* (vgl. W.Gr.). Sèrig Lüüt.

serwiere (-t) *servieren.* Zss.: Serwierboi m., *fahrbares Serviertischchen.*

Sèrwiette w. *Mundtuch, Serviette.*

Sèrwiss m. *Bedienung im Gastgewerbe.* Si schafft im Sèrwiss. Isch de Sèrwiss debii? *Trinkgeld inbegriffen.*

Seschter m. *Trockenmass für Körner (etwa 15 l).* Ra.: En Chopf wien en Seschter, *unförmig grosser Kopf.*

Settämber m., jg. **Septämber** m. *September.*

sèttig, esèttig *solch.*

setze (gsetzt) 1. *setzen.* Zss.: ab-. Ra.: Es chönt öppis absetze, *es könnte unangenehme Folgen haben.* uuf-. Uufgsetzts Broot, *Vierpfundbrot* (va.). Setzböle m., *Setzzwiebel;* -chopf m., -grind m., *Trotzkopf* (vulg.); -chöpfig, *eigensinnig.* 2. *sich senken.* S Huus hät si gsetzt.

setzig *halsstarrig, bes. von Pferden.*

Setzlig m. 1. *Setzling.* 2. *junger, unreifer Mensch* (humor.). 3. *Schüler der untersten Lehrerseminarklasse* (va.).

sèwääg *so, auf diese Weise.*

si *(sie)* siehe sii.

si (unbet.), **sich,** (bet.) **siich** *sich* (vgl. W.Gr.). Er fürcht si(ch), älter: er fürcht em (vgl. W.Gr.). Es mag si nüd verträäge, *ist nicht der Rede wert.*

sibe *sieben.* Ra.: Öppis dur sibe Böde dure phaupte, *hartnäckig behaupten.* Er isch sibni, *7 Jahre alt.* Zss.: sibenezwänzg, *siebenundzwanzig;* sibezää, *siebzehn;* Sibechätzer m., *Tausendsassa;* -schlòòffer m., *Langschläfer;* -siech m., *Tausendsassa, gefitzter Kerl* (pop.).

sibet *siebent.* Zss. -klässler m., *Schüler der siebenten Klasse.*

Sibetel m. *das Siebtel.*

sibezg *siebzig.* Er isch sibezgi, *70jährig.* Si isch in Sibezge, *zwischen 70 und 80 Jahre alt.*

Sibezger m., **Sibezgeri** w. (-ne) *Siebziger(in).* 1. *Siebzigjährige(r).* 2. *Angehörige(r) des Jahrgangs 1970.*

Sibner m. *Siebener.* 1. *Tram Nr. 7.* 2. *Angehöriger des Jahrgangs 1907.*

Sibni s. 1. *Zahl Sieben, die Sieben.* 2. *sieben Uhr.* Es isch Sibni. Es schlaat Sibni. Zss.: -auto s., *7-Uhr-Postauto;* -zùùg m., *7-Uhr-Zug.* 3. *Tram Nr. 7.*

sich siehe si.

sicher *sicher.* De bisch guet sicher, i chume nùùd, *du kannst dich drauf verlassen.* Das isch so sicher as öppis, *so gewiss als etwas.* Sicher und häilig, *Beteuerung.*

Sicherig w. *Sicherung.* Es hät e Sicherig putzt, useghaue, *durchgebrannt.* Ra.: Es hät em e Sicherig putzt, *er ist wütend geworden.*

sichle (gsichlet) *sicheln.*

Sichle w. *Sichel.*

sid *seit.* 1. Uw. Sid geschter; sid doo, *seit dann.* 2. Bw. Das hät s na nie ggèè, sid d Wält staat.

Side w. (i spitz) *Seide.* Zss.: -bapiir s., *Seidenpapier;* -beeri s., *Himbeere* (ZO.); -fade m.; -fèrgger m., *Geschäftsvermittler im Seidengewerbe* (va.); -hèrr m., *Seidenfabrikant;* -wääber m.

Sidele w. *Stabelle.*

sider, jg. **sidhèèr** *seither.* Es sind e paar Jaar sider. I hän en sider nie gsee.

sidi (i spitz), jg. **sidig** *seiden.* En sidene Rock, e sidis Halstuech; sidi, sideni Strümpf. Hw. en Sidene m., *Angehöriger der oberen Zehntausend* (va.). Sidis s., *Seidengewebe.*

Sidian m., **Sidiaan** m. *wilder Kerl* (frz. citoyen). Dè verfluecht Sidiaan! Er hät taa wien en Sidiaan, *er tobte.* Auch Anerkennung: Das isch en Sidiaan, was dè nüd alls cha!

Sidlig w. 1. *Siedlung.* 2. *Bauernhof (Neusiedlung, Aussiedlung).*

Siech m. (-e) eig. *Siecher, Aussätziger.* 1. meist *Scheltwort.* Dè tum, eklig, fuul Siech. Blööde Siech! *Dummkopf* (vulg.). En aarme Siech, *armer Kerl, Schlucker* (pop.). Du häilige Siech! (vulg.). En abgschlagne Siech, *durchtrieben* (vulg.). Da isch öppis Siechs loos, *da ist etwas im Tun, da stimmt etwas nicht.* verst. Chrüüz-, Galge-, Huere-, Malefiz-; siecheschwèèr; -tüür usw. 2. als Ausdruck der Anerkennung, *Kerl.* Dè cha turne wien en Siech; en starche Siech; en flotte Siech; en liebe Siech; en Sibesiech; es hät en Siech voll Lüüt, *grosse Menschenmenge;* de Siech marggiere, *sich aufspielen, sich hervortun* (pop.). 3. *Rausch* (vulg.). Er hät en Siech.

sieche (gsiechet) *rennen* (vulg.). Zss.: abe-; devoo-; furt-; ie, a) *hineinrennen.* b) *auf etwas hereinfallen;* ume-; umenand-; use-.

siechehaft als Steigerung. Dè spilt siechehaft, *grossartig* (pop.).

siene (gsienet) *seihen.* D Milch isch nüd gsienet. Gsieneti Milch.

Siene w. *grosses Sieb.* Vkf. Sieneli s., *kleines Sieb zum Seihen von Milch, Kaffee.*

Sigel s. 1. *Siegel.* Zss.: -lagg m., *Siegellack;* -ring m. 2. *Gewichtsergänzung beim Fleischauswägen.*

sigle (gsiglet) 1. *siegeln.* 2. *Vertrag abschliessen* (humor.).

Sigrischt m., älter **Sigerischt** m., **Sigerscht** m. *Sigrist, Küster, Mesmer.*

Sigstèèrn m. *Zisterne, Senkgrube für Abwasser* (va.).

sii (bet.), **si** (unbet.), Mz. auch **s** (unbet.) *sie* (Ez., Mz.), *Sie* (vgl. W.Gr.). I ha sii gmäint, nüd in. Er gseet si gèèrn. Das ischi, *ist sie.* Mer händ Si scho lang nüme gsee. Iez chömed s.

sii (bi, bisch, isch; sind; Wf. Gw. sei(g), Vh. wèèr; bis! sind! Mw. gsii) *sein* (Verb). Bis stile! Sind stile! S Fäscht isch nüüd, *das Fest findet nicht statt.* Hütt isch nüüt! *die Umstände sind nicht günstig.* Las mi sii! *lass mich in Ruhe.* Las das sii! *berühr das nicht; lass das liegen.* Das wèèr mer na! *nicht doch.* Er isch uf Züri, *er fuhr nach Zürich.* Er isch z Mèèrt, *er ging auf den Markt.* Er isch von ere, *er hat sie verlassen.* I bi früe undere, *ich ging früh zu Bett.* Zss.: draa-, *an der Reihe sein, an etwas sein;* furt-; uuf-; uus-; wäg-; zäme-; zue-, *geschlossen sein.*

Sìì m., jg. **Sinn** m. *Sinn.* 1. *Sinnesorgan.* Siini föif Sìì. 2. *Verstand, Gedächtnis.* Z Sìì choo, *sich erinnern.* Es isch mer nüd de Sìì draa choo, *ich erinnerte mich nicht mehr daran.*

Sììb s. *Sieb.* Ra.: Es Gidèèchtnis wien es Sììb haa, *sehr vergesslich sein.* Vkf. Sììbli s.

sììbe (gsììbet) *sieben, seihen.*

Siidis siehe unter sidi.

siie (gsiit), jg. **siize** (gsiizt) *siezen.*

siige (gsige, gsiiget) *seihen, bes. Milch.*

Siige w. *grosses Sieb.*

Sììl w. *Sielenzeug, Riemenwerk der Zugtiere.* Zss.: -schiit s., *Zugscheit;* -schnuer w., *Zugstrang.*

siin *sein* (Fw.). Siin Huet, sii(ni) Mueter, siis Chind (vgl. W.Gr.). Em Vatter siin Brüeder, *der Bruder des Vaters.* Das isch siine *das ist der seine, gehört ihm.* Siini mues iez nüme go schaffe, *seine Frau muss nicht mehr arbeiten gehen.*

Siite w. *Seite.* Zss.: -graabe m., *Strassengraben;* -sprung m.; -stäche s.

siitig *seitig,* z.B. viersiitig.

siitlige *seitlings.* Siitlige abegheie, *auf der Seite hinunterfallen.*

silberi, jg. **silberig** *silbern.*

Silväschter m. *Silvester.*

silväschterle (gsilväschterlet), **silväschtere** (gsilväschteret) *Silvester feiern.*

Simel m. *Weizenmehl, Mehl zu Semmeln.* Zss.: -määl s.; -ring m., *Brezel.*

Simpelfransle siehe Zimpelfransle.

Sims s., älter **Sinz** s. *Fensterbrett, Sims.*

sine (gsinet) *eichen.* Zss.: Sinnaagel m., *Eichmarke.*

sine (gsinet) *sinnen, denken.* An öpper sine, *an jemanden denken, seiner gedenken.*

Siner m. *Eichmeister.*

singe (gsunge) *singen.* Hööch singe, *angeben, prahlen* (pop.). Zss.: aa-, *anschreien, zurechtweisen.* Singbuech s., *Gesangbuch.*

Singerei w. *lästiges Singen.*

Singete w. *lästiges Singen.*

sirache (gsirachet) *fluchen, toben.* Zss.: ume-, *lärmend umherfahren.*

Sitz m. *Sitz.* Vkf. **Sitzli** s., 1. *kleiner Sitz.* 2. *schön gelegenes Haus.*

sitze (gsässe) *sitzen, sich setzen.* Uf em Stuel sitze. Ra.: Uf s Muul sitze, *schweigen.* Zss.: ab-, *sich setzen;* ane-, *sich hinsetzen;* ine-, *einheiraten;* ume-, *herumsitzen;* uuf-, *aufsitzen;* zäme-, *zusammensitzen.*

Sitzig w. (-e) *Sitzung.*

sitzlige *in sitzender Stellung, sitzend.* Sitzlige schriibe.

slalöömle (gslalöömlet) *sich durchschlängeln, im Verkehr* (humor.).

so siehe soo.

Sock m. (Söck), jg. **Socke** m. (Socke) 1. *Socken.* Es Paar Söck, Socke. Si uf d Socke mache, *aufbrechen.* Vkf. Söckli s. 2. *Scheltwort.* En truurige Sock(e), *trauriger Kerl.*

söggele (gsöggelet) *gern und oft trinken; in kleinen Zügen behaglich trinken.* Vgl. süggele. Er hät aafèè söggele, *begann zu trinken.*

Söggeler m., **Söggeli** m. *Trinker.*

Söi- siehe Sou-.

söiele (gsöielet) 1. *nach Schwein riechen.* 2. (auch **söile** [gsöilet]) *sudeln, schmieren.* Tue nöd söiele!

Söielete w. *Verschmieren, Verschmiertes.*

sòifere (gsòiferet) *tropfen, heraussickern.* Der Äiter sòiferet. S Fass sòiferet.

Sòiferete w. *das Herausgesickerte.*

sòiferle (gsòiferlet) *tropfenweise austreten, tröpfeln.*

Söiliamt s. *Knonauer Amt.*

sòimle (gsòimlet) *einen Stoff säumen.* Zss.: ii-.

sòipfe (gsòipft) *seifen.* Vgl. gsòipft. Zss.: ii-, *einseifen,* auch ütr.

Sòipfe w. *Seife.* Zss.: -blaatere w., *Seifenblase;* -guu m., *Seifengeschmack;* -schuum m., *Seifenschaum;* -wasser s.

sòipfele (gsòipfelet) *nach Seife riechen oder schmecken.*

Soldaat m. *Soldat.*

soldäätele (gsoldäätelet) *Soldat spielen.*

Soldaatis s., **Soldäätelis** s. *Soldatenspiel* (Ksp.). Soldäätelis mache.

söle, sele (i söll, sött, sott; er söll, *solle,* er sött, *sollte;* Mw. söle, sele, *gesollt) sollen.* Die söled mer taa haa, *sie müssen sich schön benommen haben.* S isch mer, i sött en käne, *ich müsste ihn kennen.*

sölig siehe selig.

sondiere siehe sundiere.

sonig siehe sorig.

soo (bet.), **so** (unbet.) *so.* 1. *Ausruf.* Jä soo! Sooli! (fam.). Sooli soo! (fam.). Sooseli! (fam.). Sooseli, säit s Rooseli, *so, so* (humor.). Wie gaat s? So-soo--la-laa, *so recht und schlecht.* 2. Uw. Erweiterte Form: esoo, eso. Esoo isch es gmäint. 3. in Verb. mit Artikel, *solch.* Soon en (esoon en) Maa. Mit soo eme Chind. 4. *ohnehin, in jeder Weise.* Er tuet soo alls dure, *verschwendet ohnehin alles.* 5. *etwa, wie.* Er isch (e)so en Bueb vo zää Jaare, *ein Knabe von etwa 10 Jahren.* Emaal so (se) säit er, *da sagt er einmal.*

Soo, Soon siehe Sùù.

Sòòmis m. 1. *erster Einsatz beim Spiel, bes. von Bohnen, Nüssen.* I hä miin Sòòmis wider. 2. Dè hät en schööne Sòòmis binenand, *ein grosses Vermögen zusammengespart* (humor.).

Soorg w. (-e) *Sorge, Besorgnis, Angst; Sorgfalt.* Heb Soorg zur Sach! *trag Sorge zu den Dingen.* Heb Soorg, es gaat en Tritt abe! *pass auf.* Heb der Soorg! *trag dir Sorge.* De muesch söörger haa, *du musst mehr Sorge tragen.* Heb Soorg bim Ränke! *Wunsch an Auto- oder Skifahrer* (humor.). Zss.: -haa s., *das Sorgetragen;* -heber m., *wer sich Sorge trägt;* Soorgechind s.; -stuel m., *Lehnstuhl.* Vkf. Söörgeli s., *kleine Sorge.*

soorge (gsoorget) *sorgen.*

Soose w. *Sauce.* Ra.: Iez wèèr i schöön i der Soose! *ich sässe in der Tinte.* Vkf. Sööseli s., *besonders feine Sauce* (fam.).

sorig, esorig, sonig *solch, derartig.*

Sort w. (-e), **Sorte** w. *Sorte.* E früeni Sort Öpfel. Die Sort(e) Lüüt, *solche Menschen.*

sortiere (-t) *sondern, ordnen.*

sötterle (gsötterlet) *schwach sieden.*

sottig, söttig, settig, esottig *solch.* Sottigi Waar.

Sottiise (Mz.) *Dummheit, Frechheit.* Sottiise mache, *Streiche spielen, Frechheit begehen.*

Sou w. (Söi) *Schwein.* Ra.: Gfrèèss wien e Sou, *gefrässig.* Uusgsee wien e Sou, *schmutzig sein.* Brüele wien e Sou, *brüllen, schreien.* Tue wie d Söi, *sich laut, unanständig benehmen.* Zss.: Sou-, Söi- (meist verst.): -blaatere w., *Schweineblase;* -blööd, *sehr ungeschickt;* -boon(e) w., *Ackerbohne, Saubohne;* -büez w., *sehr unangenehme oder grosse Arbeit;* -bùùrscht w., *Schweinsborste;* -chäib m., *Schweinehund* (vulg.); -chog m., a) *Schweinehund* (vulg.). b) *schwierige Aufgabe* (pop.); -chrampf m., *strenge Arbeit;* -fale w., *hässlicher Eindruck.* Das macht e Söifale!; -fiin, *wundervoll fein;* -fläisch s., *Schweinefleisch;* -füessli s., *Fuss des geschlachteten Schweins, Schweinshaxe;* -gelte w., *Schweinefutterkübel;* -gfell s., *grosses Glück;* -glatt, *sehr lustig, sehr gemütlich;* -glogg w., in Ra.: A der Söiglogg lüüte, *zoten;* -goof m., *Lausbub;* -guet, *sehr gut;* -hääfeli s., in: Söihääfeli, Söiteckeli, *von zwei Personen zweifelhaften Charakters, die einander ihre Fehler vorwerfen;* -huereverrecktechäib, *Fluch* (vulg.); -hund m., *Schweinehund;* -jasset m., *Wettjassen um ein Schwein;* -jogg m., -kärli m., -ludi m., *unsauberer Mensch;* -mèèssig, *sehr, arg.* Söimèèssig chalt; -michel m., *unsauberer Mensch;* -moore w., *Schweinehund* (vulg.); -nabel m., *Schweinsnabel samt Fett zum Einreiben von Sägeblättern;* -niggel m., *unsauberer Mensch;* -öörli s., *Schweinsohr;* -paschi m., *unsauberer Mensch;* -rippli s., *Schweinsrippchen;* -säich m., a) *Schweinsharn.* b) *grösster Unsinn;* -schmutz m., *Schweinefett;* -schnòrli s., *Schweinsrüssel;* -schöön, *sehr schön;* -schwaab m., *Deutscher* (vulg.); -schwäin s., *grosses Glück* (pop.); -schwänzli s.; -staal m., *Schweinestall,* ütr. *Unordnung;* -stäiss m., *schwierige, ermüdende Arbeit, Marsch* (pop.); -stande w., *Schweinefutterkübel;* -stock m., *Löwenzahn* (ZU.); -trucke w., *Gefäss zum Zubereiten des Schweinefutters, Schweinefuttergefäss;* -tumm, *sehr ungeschickt;* -zuber m., *Bütte zum Brühen des geschlachteten Schweins.* Vkf. **Söili** s. Ra.: Driischüüsse wien es Söili i d Tränki, *unbedacht handeln.* Zss.: -fueter s., *Schweinefutter;* -triiber m., *Schweinetreiber, wer Schweine auf den Markt treibt.* Ra.: Er hät Gält wien en Söilitriiber, *ist reich.*

soue (gsouet), **söie** (gsöiet) *unordentlich mit etwas umgehen, beschmutzen.* Dè souet mit em Broot, *er vergeudet das Brot.* D Chind händ gsouet am Brune, *haben am Brunnen alles beschmutzt.* Zss.: aa-, *in Gebrauch nehmen.* Es Wäschtüechli, Liintüecher aasoue (pop.); ume-. Im Züüg umesoue, *planlos herumfahren.*

Souerei w., **Söierei** w. (-e) *Schweinerei, Verunreinigung.* S isch e Souerei, wie d redsch, *du sprichst unflätig,* Dè hät e schööni Souerei aagricht, *einen Skandal verursacht.*

sovel, sövel *soviel.*

Sozi m. 1. *Sozialist.* 2. *Soziussitz eines Motorrades.*

Spaa m. (Spòò) *Span.* Vkf. Spòòndli s. Spòòndli mache.

Spaale w. *Schulterstück des Rindes, Schweines* (va.); it. spalla.

Spaan m. (ä) *Uneinigkeit, Streit.*

spaare (gspaart) *sparen, ersparen.* Zss.: ab-, *absparen.* Er hät em/si s Brot am Muul abgspaart; ii-, *einsparen;* uuf-; zäme-.

späärele (gspäärelet) *kleinlich sparen.*

Spaarer m. *Sparer.*

spaat (spòòter, spòòtischt) *spät.*

spachtle (gspachtlet) 1. *spachteln.* 2. *mit gutem Appetit essen* (Schsp.).

Spachtle w. *Spachtel.*

Späck m. 1. *Speck.* Zss.: -chämerli s., *Arrestlokal im Schulhaus* (Schsp.), eig.

Speckkammer. 2. verh. in Ra.: Das nützt kän Späck, *gar nichts.* Zss.: -nass, *tropfnass.* 3. Du chliine Späck! *Knirps.*

spacke (gspacket) *spähen, aufpassen, spekulieren* (va.). Uf öppis spacke.

späckig *speckig, speckartig, fettig, schmierig.* De Chraage isch ganz späckig.

Spagetti (Mz.) 1. *Spaghetti.* 2. ütr. *schmaler Galon an Offiziersmütze* (Ssp.).

Spägi m. *magere Person; körperlich schlecht entwickelter Knabe.*

späiche (gspäicht) 1. *in die Speichen greifen.* 2. *entlassen* (pop.) Me hät en gspäicht. Zss.: use-, *hinauswerfen, entlassen.*

Späiche w. 1. *Speiche.* 2. *Sprosse der Leiter.*

Spalt m. (ä) *Spalt.* Vkf. Spältli s. S Fäischter, d Tüür isch es Spältli offe.

spalte (gspalte) *spalten.* Zss.: ab-; abenand-.

Spälte m., w. (-e) 1. *gespaltenes Holzstück, Scheit.* 2. *Schlegel, Schenkel von Kühen, Ochsen, Rindern.*

Spalter m. *Holzspalter.*

spältig *leicht spaltbar, von Holz.*

Spältig m. *grob gespaltenes Stück Holz, grobes Scheit.*

spändiere (gspändiert) *schenken, spenden.* Er hät öppis gspändiert. Zss.: Spändierhose (Mz.). Ra.: Spändierhosen aahaa, *freigebig sein.*

Spändifòiz *Streiche, Possen, Flausen, Umstände* (va.). Spändifòiz mache.

spane (Wf. Vh. spanti; gspane) 1. *spannen.* Es Säil spane. Uf öpper, öppis spane, *es auf jemanden, etwas abgesehen haben, etwas merken.* Zss.: aa-, *einspannen, anspannen;* ii-; uuf-; uus-, *ausspannen.* a) *aus dem Gespann nehmen (Zugtiere).* b) *ein Mädchen einem andern wegnehmen* (Schsp.); zäme-. 2. *bremsen.*

Spaner m. 1. *Spannvorrichtung.* 2. *Muskelkrampf,* z.B. Wadespaner.

Spang w. (-e) 1. *Spange.* 2. *hölzerne Verbindungsstange am Zaun* (Zss.: Spangehaag, m.), *am Webstuhl.* 3. *Verbindungslatte an Kirchenstühlen als Fussstütze.* 4. *Wandleiste für Pfannen, Teller usw.* Vkf. Spängli s.

Spängler m. *Spengler, Klempner.*

spänglere (gspängleret) *das Handwerk des Spenglers betreiben.*

Spänglerei w. (-e) *Spenglerei, Klempnerei.*

Spani w. (-ene), **Späni** w. (-ene) *Wagenbremse.*

spänig *widerstreitend, widerspenstig* (va.).

spaniifle (gspaniiflet) *scharf, gespannt ausschauen, aufpassen.*

spanisch *spanisch.* Spanisches Nüssli, *Erdnuss.* Zss.: Spanisch-Bröötli-Paan w., *erste Eisenbahn (Zürich–Baden).*

Spänzer m., w. *Teil der Frauenkleidung, Jacke* (va.).

spärbere (gspärberet) *spähen, lauern, aufpassen.* Er hät scho lang druuf gspärberet. Zss.: dure-, *hinüberspähen;* ume-, umenand-, *umherspähen;* uus-, *ausspähen.* D Augen uusspèrbere, *sich beinahe blind sehen.*

spare siehe spaare.

Spare m., **Spaare** m. *Sparren, Pfahl, Pfosten.*

Spargimänt s. (-er) 1. *Vorspiegelung, Ausflucht, Vorwand.* Mach kä Spargimänter! *brauch keine Ausflüchte.* 2. *unnötige Umschweife, Umstände.* Mach kä so Spargimänter wäge dem Gschänkli! 3. *Grimasse, Possen, Narretei.*

spargimäntiere (-t) *heftig Gebärden machen, gestikulieren, Scherz treiben.*

sparig *gespreizt, vom Astwerk.*

Spass siehe Gspass.

spatte (gspatte) 1. *mit dem Spaten arbeiten.* Zss.: ab-, *Rasen abstechen;* abe-, *mit dem Heuspaten Heu vom Heustock abstechen.* 2. *Ferse des Strumpfes unterlegen.* 3. *ein Kleid mit Spickeln, Zwickeln versehen.*

Spatte m. 1. *Spaten.* 2. *Fetzen, dreieckiger Lappen, der auf die Strumpfferse genäht wird, Spickel, Zwickel.* Vkf. Spättli s.

spättle (gspättlet) *mit dem Spaten arbeiten.*

Spatz m. (-e) 1. *Sperling.* De bisch en chliine Spatz! *Kosename für ein Kind.* Ra.: Spatze jage, *betteln.* 2. *tägliche Fleischration des Soldaten, d.h. das Stück Fleisch in der Suppe* (Ssp.). Vkf. **Spätzli** s., 1. *kleiner Sperling.* 2. *Liebling* (fam.). 3. *Mehlklösschen, Spätzle.* 4. *Neujahrsgebäck für Kinder, in Form sitzender Vögel.*

Spatzig w. (-e) *Spielraum, örtlich und zeitlich.* Dè Schlüssel hät z wenig Spatzig. En Teckel von ere Büchs mues Spatzig haa. Las mer no echli Spatzig! *räume mir noch etwas Zeit ein.*

Spazier m. *Spaziergang* (fam.).

spaziere (gspaziert) *spazieren.* Zss.: ab-, *sterben* (vulg.); ie-, ine-, *hineinspazieren.* Spaziered Si nu ine! *treten Sie ein* (humor.); ume-, umenand-, *herumspazieren;* use-.

spazierele (gspazierelet) *schlendern.*

spazifizottle (-et) *spazieren* (humor.).

Spedakel m. *Lärm.*

speere (gspeert) 1. *stemmen.* Mit de Füesse a der Wand speere. 2. *stützen, festmachen.* Die Wand mues me speere. 3. *sperren.* D Tüür speert, *schliesst nicht.* Er speert si mit Händen und Füesse. Zss.: aa-; ab-; ii-; ine-; ufe-, *durch Stützen heben;* use-, *hinausschliessen;* uuf-, *öffnen.* D Fäischter uufspeere; zäme-, *zusammensperren;* zue-, *zuschliessen.* Speerangelwiit offe, speeroffe, *ganz offen.*

speerig, sperig *sperrig.* 1. *viel Platz beanspruchend.* Die Escht sind speerig. 2. *widerspenstig, eigensinnig.* Die Chue isch en speerige Chog.

Speerlig m. *Sparren, Stütze, Strebe.*

Speezer m. *Spezereihändler* (ZO.).

spekeliere (-t) *spekulieren.* Er spekeliert uf das Huus, *er wünscht es zu kaufen.*

sperig siehe speerig.

Spertel siehe Spettel.

spèrze (gspèrzt), **speerze** (gspeerzt) *stemmen, anstemmen.* Es Hòifueder spèrze, *beim Fahren mit Gabeln stützen.* E Läitere spèrze, *eine aufzustellende Leiter mit den Füssen stemmend stützen.* ütr. *sich wehren gegen etwas.* Er spèrzt si. Zss.: aa-, *anstemmen.* Mit de Bäine aaspèrze; ii-, *einstemmen.* D Füess iispèrze, *z.B. an einer Halde.*

Spèrzi m. *wer sich gegen Fortschritt sperrt, Fortschrittsgegner.*

spette (gspettet) 1. *stundenweise bezahlte Hausarbeit verrichten.* Em Morge gaat si go spette. Zss.: Spettfrau w. 2. *befristet arbeiten, vikarisieren, z.B. Lehrer, temporäre Arbeitskräfte* (humor.).

Spettel m., **Spertel** m., **Spittel** m. 1. *Sprosse an Leiter, Futterraufe.* D Läitere hät z wenig Spettel. 2. *Stab an Zaun, Treppengeländer, Tragkorb.*

Spetter m. *Hilfsknecht, Hilfsbote.*

Spetteri w. (-ne) *Haushalthilfe, Aufwartefrau.*

Spez w., **Spezi** w. 1. *Spezialprüfung.* 2. *Spezialschule, Spezialklasse für Minderbegabte.*

Spezerei w. (-e) *Spezerei.* Zss.: -gschäft s.; -händler m.; -laade m.

Spezi w. *scharfes Gewürz.*

Spezialischt m. 1. *Spezialist.* 2. *Liebhaber* (humor.). I bin kän Spezialischt für Spinaat und Chruutstiil.

Spick m. *verbotenes Hilfsmittel, Abguckzettel in der Schule* (Schsp.). Zss.: -zädel m., *Abguckzettel.*

spicke (gspickt) 1. *spicken.* En Braate spicke. 2. *reichlich versehen, füllen.* De Gältseckel isch gspickt voll. 3. *schleudern, fortschnellen.* Chriesistäi spicke. Mit dère Bumm cha me guet spicke, *mit dieser Glaskugel trifft man die Marmeln gut.* En Chegel spicke, *einzelne Kegel treffen.* Ooschteräier spicke, *ein Geldstück in ein Osterei werfen.* 4. *verstohlen abgucken, abschreiben* (Schsp.). Zss.: aa-, *anschnellen, anwerfen;* ab-, a) *wegschnellen.* b) *abgucken, abschreiben* (Schsp.); abe-, *hinunterschleudern.* Es hät mi ab em Wagen abegspickt; ewäg-, *wegschleudern;* furt-; use-, *hinausschleudern;* zrugg-, *zurückschleudern.*

Spickel m. 1. *Zwickel an Kleidungsstücken.* 2. *Verstärkung an Strümpfen.* Vkf. Spickeli s.

Spicker m. 1. *wer beim Marmeln, Kegeln gut trifft.* En guete Spicker. 2. *wer abguckt* (Schsp.).

spienzle (gspienzlet) 1. *spähend schauen, spionieren.* Lueg, wie dè spienzlet! Zss.: ume-. 2. *necken, foppen.*

spiesse (gspiesst) *spiessen.* Zss.: aa-; uuf-.

spiessle (gspiesslet) *längliche Stücke schneiden, bes. Rüben.* Vgl. spissle.

Spiessli siehe Spissli.

Spiicher siehe Spiir.

Spìil s. (-er) 1. *Spiel.* 2. *Militärmusikkorps.* S Spìil chunt mit uf de Waggel. Vkf. Spìili s. Was triibt dèè wider für es Spìili? *was führt er im Schild.*

Spiir m., **Spiicher** m. *Speicher.* 1. *freistehendes Vorratshaus bei einem Bauernhaus.* 2. *Lagerraum für Getreide, Kleider usw.*

Spiir m. *Mauersegler.*

Spiis w. *Speise.*

spiise (gspise) *speisen,* Händ er guet gspise?

Spiise m., **Spiisse** m., **Spiis** m. (-e) *in die Haut gedrungener Splitter, Schiefer.*

spile (gspilt) *spielen.* Zss.: a-; ii-; naa-, *im Kartenspiel dieselbe Farbe weiter ausspielen;* mit-; uus-; voor-; zäme-; zue-.

Spile w. *Spindel.*

Spiler m., **Spileri** w. (-ne) *Spieler(in).*

Spilerei w. (-e) *Spielerei.*

Spimugg w., **Spilmugg** w. *Spinne,* auch *Spinnwebe, Spinnennetz.*

Spindle w. *Spindel.*

spine (gspune) *spinnen.* ütr. Er spint, *er ist geistesgestört, phantasiert, schwatzt dummes Zeug.* Das isch gspune! *das ist Phantasie.* Zss.: aa-, a) *einen Faden anspinnen.* b) *etwas anzetteln, beginnen;* ab-, *das Werg fertigspinnen;* dùùr-, *durchspinnen.* Spinnchäib m., Spinnsiech m., *Phantast, Wirrkopf* (pop.).

Spiner m., **Spineri** w. (-ne) 1. *Spinner(in).* 2. *Phantast, Verschrobener, Wirrkopf.*

Spinerei w. (-e) 1. *Spinnerei.* 2. *verrückte Idee, Verschrobenheit.* I ha gnueg vo dère Spinerei.

Spini m. *Phantast, Verschrobener, Wirrkopf.*

Spinn w. (Spine) *Spinne.* Zss.: -huppele w., *Spinnennetz, Spinnwebe.* Vkf. Spindli s.

Spint m. *Splintholz.*

spintisiere (-t) *sinnen, grübeln.* Zss.: naa-, *nachsinnen;* uus-, *ausdenken, aussinnen.*

Spintisierer m. *Grübler.*

spiraale (gspiraalet) 1. *eine Spiralfeder spannen.* 2. *gefügig machen, drillen.* De hämer gspiraalet (humor.).

Spiraali w. *Offiziersaspirantenschule* (Ssp.).

Spiritus m. 1. *Weingeist, Spiritus.* 2. *Geist.* Dem fèèlt s am Spiritus (Stsp.).

spissle (gspisslet), **spiessle** (gspiesslet) *Würste mit Hölzchen versehen, speilen.*

Spissli s., jg. **Spiessli** s. *aufgespiesste Fleischstückchen zum Braten, sogenannte Spiessli.*

Spitaal m. (Spitòòler) *das Spital, Krankenhaus.* Ra.: Mer sind im gliiche Spitaal chrank, *leiden am selben Übel.*

spitòòlele (gspitòòlelet) *nach Spital riechen.*

Spittel m. *Armenhaus.*

Spittel siehe Spettel.

Spittler m. 1. *Insasse eines Armenhauses, Pfrundhauses.* 2. *blödsinniger, einfältiger, langsamer Mensch* (pej.).

Spitz m. 1. *die Spitze.* Spitz und Gupf, *beim Ei.* En Spitz Land, *kleines Stück Land.* Ra.: En Spitz gèè, *giftige Bemerkung machen.* Es hät kän Spitz, *keinen Sinn.* Zss.: -bueb m., a) *Spitzbube.* b) *bestimmtes Gebäck;* -graas s., *Rispengras;* -mäitli s., *freches Mädchen* (humor.). 2. *Hunderasse.* 3. *leichter Rausch.* Vkf. **Spitzli** s., 1. *Spitzchen.* 2. *Penis kleiner Knaben* (fam.).

spitze (gspitzt) 1. *spitzen.* En Stäi spitze, *an einem Stein etwas wegmeisseln.* Hèrdöpfel spitze, *schneiden* (humor., Ssp.). Zss.: ab-, *wegmeisseln;* use-, uus-, *herausmeisseln;* zue-. 2. *mit Reden sticheln, anspielen.* Hät er daas uf in gspitzt? *auf ihn gemünzt.*

spitzig *spitzig.* Das isch e spitzigi Sach, *eine gefährliche Sache.* Spitzig wääge, *knapp wägen.*

spitzle (gspitzlet) 1. *spitzig machen.* 2. *Spitzen machen.* Zss.: uus-, *klein auszacken.* 3. *mit Worten sticheln.*

Spòiger m. *verdickter Speichel.*

Spöivogel m. *Spassvogel, Spassmacher.*

Spòiz m. 1. *Auswurf.* Zss. -trucke w., *Spucknapf.* 2. *Speichel.* Zss.: -chnebel m., *Blockflöte* (Schsp.). 3. *Kleingeld* (Stsp.). I hä kän Spòiz mee. Das isch kän Spòiz wèrt, *ist wertlos.*

spòize (gspòizt) 1. *spucken.* Er isch de gspòizt Vatter, *dem Vater sehr ähnlich* (pop.). Zss.: aa-; abe-, *hinunterspucken;* furt-; use-, *ausspucken.* 2. *giftige Bemerkungen machen, sticheln* (pop.).

Spòizer m., **Spòizi** m. *wer gewohnheitsmässig spuckt; Spuckender.* Vkf. Spòizerli s.

Spòizete w. *fortgesetztes Spucken.*

spòizle (gspòizlet) *spucken.*

spoliere (-t) *umherstreifen, umherstreichen.* Zss.: ane-. Wo bisch wider anespoliert?

ume-, umenand-; uus-, *auskundschaften, ausspionieren.*

spòòndle (gspòòndlet) 1. *Kleinholz, Späne machen.* 2. *Parkettboden spänen.*

Spòòti w. (-ene) *Späte.* Er hät in aler Spòòti na tängelet.

Spòòtlig m. *Nachzügler.*

spore (gsporet) *spornen.* Er isch gsporet, *gespornt.* Zss.: aa-.

Spore m. 1. *Sporn.* 2. Er hät en Spore z vil, *er hat Hochmut, Grössenwahn.*

sportle (gsportlet), **spörtle** (gspörtlet) *Sport treiben.*

Sportle (Mz.) *Gebühren, Sporteln.*

Spraach w. (-e) *Sprache.*

spradle (gspradlet) *spritzen, z.B. wenn ein Stein ins Wasser geworfen wird; bei einer Brause.* verst. *zischend spritzen.* D Suppe spradlet, *kocht brodelnd, spritzt heraus.*

Spradler m. *schaufelförmiger Wasserverteiler, Jaucheverteiler.*

Spradlete w. *das Spritzen, z.B. von Wasser auf heisse Butter.*

spräite (gspräitet) *ausbreiten, spreizen.* Zss.: uus-.

Spräiti w. (-ene) 1. *Decktuch.* 2. *Tauftuch für den Täufling.*

Sprange m. *Holzsplitter, Stumpf eines Astes* (ZO.).

spränge (gsprängt) 1. *sprengen.* 2. *wegwählen.* Sie händ de Presidänt gsprängt. 3. *laufen, traben machen.* Zss.: devoo-. D Ross sind devoogsprängt; ewäg-, *davonrennen, davonlaufen;* furt-, *davonrennen, davonlaufen;* ume-, umenand-, *umherjagen;* use-, *hinaussprengen;* uuf-, *aufjagen.*

Spränzel m. 1. *Latte, Gitterstab, Scheit.* 2. *hochaufgeschossener, magerer Mensch.*

Spriess m. (-e), **Spriesse** w. *Strebe, Stütze.*

spriesse (gspriesst) *stützen, abstützen.*

Sprigel m. *aufgeschossenes, mageres Kind.*

Sprigeli s. *Sprenkel.* Er hät d Huut voll Sprigeli, *Hautflecken.*

Spriise m., meist Vkf. **Spriis(s)eli** s. *ein wenig, Prise (z.B. Salz).* Käs Spriisseli, *gar nichts.*

springe (gsprunge) 1. *springen.* Nur in Ra.: Er cha nüd wiit springe, *er erreicht nicht viel.* 2. *laufen, rennen.* Er isch gsprunge, *gerannt.* 3. *bersten, platzen, reissen, zerspringen.* S Glaas isch gsprunge. Zss.: springsäile, *seilspringen.* ab-. S Hebi isch abgsprunge, *der Henkel ist abgefallen;* devoo-, *davonrennen;* ewäg-, *weglaufen;* furt-; ie-; ii-; naa-; ume-; umenand-; use-; uuf-; zue-. Springkonkeränz w., *Pferdewettspringen;* -säil(i) s., *Springseil.*

Springerei w. (-e) *hastiges Umherlaufen, Lauferei.*

Springete w. *Lauferei.*

sprodle (gsprodlet) *sprudeln* (ZO.).

spròisse (gspròisst), **spròize** (gspròizt) *sich spreizen, grosstun.* Er wott si spròize.

spròòchle (gspròòchlet), **gspròòchle** (ggspròòchlet) *gemütlich plaudern.*

Spruch m. (ü) 1. *Spruch.* 2. *Witz, Geschwätz.* Sprüch riisse, *Witze machen.* Mach kä Sprüch! *Redensarten, leere Worte.* Vkf. **Sprüchli** s. D Chind händ Sprüchli uufgsäit, *Verslein.* Zss.: -baroon m., *Sprüchemacher* (humor.).

sprudle (gsprudlet) *sprudeln.*

sprudlig *sprudelnd.*

Sprung m. (ü) *Sprung, Riss.* S Glaas hät en Sprung. Ra.: Er chunt i d Sprüng, *gerät in Aufregung, Schrecken.* Was macht er für Sprüng? *wie geht es ihm? wie treibt er es?* Er macht kä groossi Sprüng mee, *seine Kräfte haben nachgelassen.* En Sprung i der Platte haa, *immer das gleiche erzählen.* En Sprung i der Schüssle haa, *nicht ganz bei Sinnen sein.* Zss.: -brätt s.; -fädere w.; -schanze w. Vkf. Sprüngli s.

Sprutz m. (ü) 1. *Guss von Wasser.* De Bluemen en Sprutz Wasser gèè. En Sprutz Rääge, *kurzer Regen.* 2. *Blutfleck, Farbfleck, Kotspritzer.* De bisch voll Sprütz. Zss.: -wiis, *stossweise.* Vkf. Sprützli s.

sprütze (gsprützt) *spritzen.* D Blueme, d Rääbe sprütze. Fuul sprütze, *gifteln* (pop.). Zss.: aa-; ab-, a) *etwas wegspritzen.* b) *wegfliegen;* ii-, a) *Wäsche mit Wasser besprengen.* b) *jemanden ermuntern, aufstacheln;* ufe-, *hinaufspritzen;* use-, *hinausspritzen;* uuf-. Sprützchante w., *Giesskanne;* -fäärtli s., *kleine Ausfahrt.*

Sprütze w. *Spritze, Einspritzung.* A der Sprütze

sii, *in Schlüsselstellung sein.* Zss.: -hüüsli s., *Lokal für Feuerwehrgeräte;* -mannschaft w.

Sprützelchèèrndli s. *Apfelkern, Birnenkern.*

Sprützer m. 1. *Wedel.* 2. *trichterförmiges Gefäss zum Besprengen der Wäsche oder Böden, Zerstäuber.* 3. *junger, unerfahrener Mensch.* Dè jung Sprützer.

Sprützete w. 1. *das Herumspritzen.* Was mached ìır für e Sprützete am Brunne! *wenn Kinder am Brunnen planschen.* 2. *leichter Regenschauer.*

sprutzle (gsprutzlet) *brotzeln.*

Sprützlig m. 1. *Kotspritzer.* 2. *übermütiger, junger Mensch, Geck, Prahler.*

Sprüü w. *Spreu.*

Spuel (ZO.) m. (üe), **Spuele** w. *Spule.* Vkf. **Spüeli** s., 1. *Fadenspule.* 2. *Halm des Schilfrohrs.* Zss.: Spüeliroor s., *Schilfrohr.*

spuele (gspuelet) 1. *spulen.* S Gaarn spuele, *Garn aufwinden.* S Auto spuelet, *die Räder drehen leer.* Zss.: ab-; uuf-. 2. *schnurren.* D Chatz spuelet. 3. *eilen* (pop.). I mues spuele. Zss.: devoo-.

spüele (gspüelt) *spülen.* Zss.: ab-; abe-; dure-; ewäg-; furt-; use-; uus-.

Spueler m., **Spueleri** w. (-ne) *Spuler(in).*

Spunte m. (ü) 1. *Spund.* Ra.: Es hät em de Spunten usegjagt, *er konnte sich nicht mehr beherrschen.* 2. *Kneipe.*

Sputnik m. *Zugbegleitungswagen (Eisenbahn).*

Spuur w. (-e) *Spur.* Vkf. Spüürli s. Es gaat es Spüürli besser, *ein bisschen.*

spuure (gspuuret) 1. *spuren, bahnen.* De Wääg isch gspuuret. 2. *nachfolgen, gehorchen* (pop.). Er wott nüd spuure, *will sich nicht einordnen.*

Spuuse siehe Gspuuse.

st! sst! *Ruhe! still! horch!*

staa (staa(ne), staasch, staat; stönd; stand!; Wf. Gw. stand, stönd, Vh. stiend; Mw. gstande) 1. *stehen.* Zss.: aa-, a) *antreten, passen.* b) *sich schicken.* Es staat der aa, zeerscht Grüezi z sääge; ab-, *abstehen, absterben.* Die Bluem staat aab; abe-, *hinuntertreten;* ane-, *sich hinstellen;* füre-, *nach vorn treten;* hindere-, *nach hinten treten;* ie-; ii-; ufe-; um-, a) *misslingen, missglücken* (pop.). b) *sterben* (vulg.); ume-, umenand-, *herumstehen;* use-; uuf-; uus-; voor-; zäme-; zue-. 2. mit Vw., *gern haben, mögen* (pop.). Er staat uf Birchermüesli, Läberli.

staabe (gstaabet) 1. *wandern* (humor.). 2. *Stoff mit dem Meterstab abmessen.* 3. *Stoff auf Stablänge falten.*

Staaber m., **Stoober** m. (ZO.) *Tuchmesser, Textilkontrolleur.*

Stääg m. 1. *Steg, schmale Brücke.* 2. *Steg der Spannsäge.*

Stääge w., **Stäge** w. 1. *Treppe, Stiege.* E ganzi Stääge Chind, *Kinder jeden Alters.* Zss.: -fässler m., *Hauswein;* -fässli s., *Fass mit Hauswein;* -gländer s., *Treppengeländer;* -huus s.; -tritt m. Vkf. Stäägeli s., Stägeli s. Ra.: Stägeli uuf, Stägeli aab, *hin und her machen, unentschlossen sein.* 2. *Bockleiter.* 3. *treppenförmig geschnittenes Haar.*

stäägere (gstäägeret), **stägere** (gstägeret) *waghalsig klettern, bes. von Kindern, Ziegen.* Zss.: ufe-, *hinaufklettern;* ume-, *herumklettern.*

Stäägeri m. 1. *Kind, das überall hinaufklettert.* 2. *Kletterer* (humor.).

Staal m. (ää), jg. **Stall** m. (ä) *Stall.* Zss.: -drang m. Er hät Staaldrang, *es zieht ihn nach Hause* (pop.); -latèèrne w., 1. *Stallaterne.* 2. *wer langsam begreift* (humor.).

Staal m. *Stahl.* S Mässer am Staal abzie, *das Messer am Wetzstahl schärfen.* Zss.: -chübel m., *Stahlhelm* (Ssp.).

stääle (stile, si stääled; Mw. gstole) *stehlen.* Zss.: ab-. Ra.: Em Hèrrgott de Taag abstääle, *müssiggehen;* ewäg-; zäme-.

stäälele (gstäälelet) *nach Stall riechen.*

stäänds, ständs *stehend.*

Staat, Staad m. 1. *Aufwand, Prunk, Luxus, besonders von Kleidern.* Mit dèm Gwand chasch kän Staat mache. Staat, Gstaat triibe, *Aufwand treiben.* 2. in Zss.: *sehr gross, grossartig,* z.B. Staats-chue w.; -hèrdöpfel m.; -wisiite w., *hoher Besuch* (humor.). 3. *Kanton, auch Eidgenossenschaft.* Zss.: Staatsbiitraag m.; -chäler m., *Staatskellerei im Kanton Zürich;* -chrüppel m., a) *Armee-Untauglicher* (pej.). b) *Staatsangestellter* (pej.); -seckel m., *Staatskasse* (va.); -straass w.; -waldige (Mz.).

4. *(fremder) Staat.* In Staate, *in den Vereinigten Staaten (USA).*

Stabäle w. *Holzstuhl, Stabelle.*

Stabli m. *steifer, ungelenker Mensch.*

stäche (gstoche) *stechen.* Zss.: aa-. a) Es Fass aastäche, *anzapfen.* b) *jemanden zur Rede stellen, ausfragen;* ab-, a) *abstechen (Spielkarte).* b) *abtun, umbringen.* c) *beim Stricken abnehmen.* E Masch abstäche, *die Maschen verringern;* abe-, a) *niederstechen.* b) *direkt bergabsteigen;* dure-; ine-; ume-, *umgraben;* use-, *herausstechen, hervorragen;* uuf-. Stächbüütel m., *Stechbeitel;* -schuufle w., *Spaten.*

stächig *stechend.* Stächigi Tòòrn, Auge.

stächle (gstächlet) 1. *stählen, härten.* 2. *hart gefrieren.*

stächli *stählern.*

stachlig *stachlig.* Hw. E Stachligi w., *alte Zwanzigfrankennote (wegen abgebildeter Silberdistel).*

stacke (gstacket) in Zss.: ume-, *herumtreten.*

stäcke (gstäckt) intrans. *stecken;* vgl. stecke. De Schlüssel stäckt, *steckt im Schloss.*

Stäcke m. 1. *Stock, Stab, Pfahl.* Er mues am Stäcke lauffe, *am Stock gehen.* De Roosebòimli mues me Stäcke gèè. Ra.: En Stäcke dezue stecke, *es bleiben lassen.* Zss.: -haar (Mz.), *gerades Haar.* 2. *magere Person.* Isch daas en Stäcke! Vkf. **Stäckli** s. Zss.: -bäi s., *dünne Beine;* -gumper m., *Städter* (pej.); -spììl s., *Spiel mit gespitzten Pflöcken;* -verbanis mache, *Stecken spielen* (Ksp.).

Stackel m., **Stachel** m., **Starkel** m., **Starchel** m. *Gabelstange (zum Kahn), Stake* (Ssp.).

stäckig *glatt, gerade, von Haaren.* Miini Haar sind ganz stäckig.

stackle (gstacklet), **stachle** (gstachlet) *einen Kahn staken* (Ssp.).

stäckle (gstäcklet) *mit kleinen Stecken spielen.* Zss.: ume-, umenand-, *ziellos umhergehen.*

Stadhalter m. *Statthalter.*

Stadischtik w. *Statistik.*

Stadt w. (Stedt) *Stadt.* Zss.: Stadtame m., *Betreibungsbeamter;* Stadhuus s., *Stadthaus;* Stadtpresidänt m., *Stadtpräsident, Bürgermeister;* Stadraat m., *Stadtrat (Person und Behörde, Exekutive);* Stadtschriiber m., *Stadtschreiber;* -stifti w., *Lehrstelle bei der Stadtverwaltung.*

Staduute (Mz.) *Satzungen.*

Stäfz m., **Stäfzg** m. 1. *Stift aus Eisen oder Holz.* 2. *geschnittenes vorjähriges Rebschoss.*

stage (gstaget) *steif werden, steif sein.*

Stagel w., **Stagele** w. 1. *Stecken, Stange, Pfosten.* 2. *überschlanke, magere Person.* Vkf. Stageli s.

staggele (gstaggelet) *stottern, stammeln.* Zss.: use-, *stotternd vorbringen;* voor-, *stotternd vortragen.*

Staggeli m. *Stotterer, Stammler.*

Stäi m. 1. *Stein.* Es hät Stäi ggèè, *gehagelt.* Ra.: En Stäi vor der Hööli haa, *ein Stubenhocker sein.* Legg en Stäi vor d Hööli! *sei still* (pop.). En suure Stäi mache, *schlecht gelaunt sein* (pop.). En Stäi ab em Hèèrz haa, *erleichtert sein.* Zss.: -bock m.; -bole m., *rundlicher Stein;* -bruch m.; -cholepass m., *sehr tiefe Stimme* (humor.); -mandli s., *Steinmännchen auf Gipfel;* -näpper m., *Steinbohrer;* -ranze m. Häilige Stäiranze! *verdammt noch mal* (pop., jg.); -sack m., *Kirschkernensack (Fusswärmer);* -schèèr w., *fingiertes Werkzeug (Spass).* Hol d Stäischèèr!; -schlegel m.; -schlüüdere w., *Steinschleuder.* 2. *Kern beim Steinobst.* Zss.: -müüri w., *Verstopfung durch Kirschkerne.* 3. *Fleischverhärtung in der Birne.* Stäi in Bire. 4. *Geld, Franken* (pop.). Ich ha kä Stäi me. Das choscht föif Stäi. 5. verst. Stäiesel m., *Dummkopf;* -èèrdegnueg, *ganz genug;* -hagelvoll, *stark betrunken;* -hundalt, *sehr alt.*

stäindle (gstäindlet) *Steine werfen* (Ksp.). Zss.: uus-, Chriesi uusstäindle, *Kirschen entsteinen.*

stäini *steinern.*

stäinig *mit Steinen bedeckt, steinig.*

Stäiss m. *beschwerlicher Marsch, anstrengende Arbeit* (pop.).

stäisse (gstäisst, humor. gstisse) *angestrengt marschieren* (pop., jg.).

staliere (gstaliert) *beharren, aufbegehren* (jg.). Er hät gstaliert.

Stalig w. (-e) *Stallung.*

Stall siehe Staal.

stäme (gstämt) *stemmen.* Stäi stäme, *Steine heben.* ütr. Me hät en gstämt, *aus einem Amt* *entlassen.* Zss.: use-, *herausmeisseln.* Es Loch usestäme. Stämboge m.; stämbögle, *stemmbogenfahren (beim Skifahren);* -iise s., *Brecheisen.*

stämig *baumstark.* En stämige Kärli.

Stamm m. (ä) 1. *Stamm.* Vkf. Stämmli s. 2. *regelmässige Zusammenkunft, Stammtischrunde.* Hütt zaabig hämer Stamm. Zss.: -bäiz w., *Stammlokal.*

Stämpenei w. (-e) *Umschweife, Vorwand, Geflunker, Ausflucht.* Mach kä Stämpeneie! *mach keine Dummheiten, Umschweife.*

stämpeneie (gstämpeneiet) 1. *unnötige Dinge tun.* 2. *Einwände machen.*

stampfe (gstampfet) *stampfen.* Mer händ müese Dräck stampfe, *im Schmutz umhergehen.* Zss.: abe-; ii-; ume-, *umherstampfen;* zäme-.

Stämpfel m. *Stempel.* De Stämpfel cheere, *Stunde oder Datum am Stempel neu einstellen.* Zss.: -chüssi s., *Stempelkissen.*

stämpfele (gstämpfelet) *leicht oder wiederholt stampfen.* Er stämpfelet vor Tòibi. Zss.: devoo-, *davontrippeln;* ume-.

Stampfer m. *Stössel.*

Stampfete w. *andauerndes Stampfen.*

Stampfi w. (-ene) *Stampfmühle.*

stämpfle (gstämpflet) 1. *stempeln.* Zss.: ab-. 2. *Arbeitslosenunterstützung beziehen.*

Stand m. (ä) *Stand.* Zss.: -gotte w., -götti m., *Stellvertreter des abwesenden Taufpaten.*

Stande w. 1. *Kufe, Bottich, Zuber.* E Stande voll Wasser. Vkf. Ständli s. 2. *grosse, dicke Frau.*

Ständer m. *erigierter Penis* (vulg.).

Ständli s. *Ständchen.* Si händ eren es Ständli praacht.

ständlibutz *stehend* (humor.); lat. stantibus. Ständlibutz äis trinke.

ständlige, ständlige *stehend.* Ständligen ässe.

ständs siehe stäänds.

Stang w. (-e), jg. **Stange** w. 1. *Stange.* E Stange stele, *harnen* (vulg.). Zss.: Stangebüüger m., *Zugführer* (pop.). 2. *Deichsel.* Zss.: Es Stangeross, *Deichselpferd.* 3. *hochaufgeschossener Mensch.* 4. *hohes Glas (Bier).* E Stange hell. Vkf. Stängli s., Stängeli s.

Stängel m. 1. *Stengel, Halm.* Vkf. Stängeli s. 2. *langer, magerer Mensch.*

stängle (gstänglet) *Stengel treiben.* Zss.: uuf-. De Salaat tuet uufstängle, *schiesst auf, statt Köpfe zu bilden.*

stantebeeni, stantepeedi *stante pede, umgehend.*

stapfe (gstapfet) *stapfen.*

Stapfe w. 1. *steiler, treppenartiger Fussweg.* 2. *Fussspur, Stapfen.*

Stapfete w., **Stapflete** w. *Stufenweg.*

stapfle (gstapflet) *trippeln, gehen.*

Stapfle w. *Stufe, Stapfen.*

stäpfle (gstäpflet) *trippeln.*

Stapi m. *Stadtpräsident Zürichs (Kurzform).*

starch (stèrcher, stèrchscht) *stark.* En starche Maa, e starchi Läitere, e starchs Tier.

starche (gstarchet) *stark werden.*

Starchel, Starkel siehe Stackel.

staregangs *stracks.*

stärig *starr, steif.* Stärigi Haar.

starze (gstarzt) *strotzen.* D Hose starzed vor Dräck.

starzig, gstarzig 1. *hartfaserig, von Stoffen.* 2. *steif vor Schmutz, Nässe.*

Staub s. *Staub.* Zss.: -lumpe m., *Staubtuch;* -suuger m., *Staubsauger;* -suugere, *staubsaugen.* Vkf. Stöibli s.

staube (gstaubet) *stauben.* Vgl. stüübe. Zss.: ab-, 1. *Staub wischen.* 2. *stehlen, entwenden* (pop.); uus-, 1. *von Staub reinigen.* 2. D Hosen uusstaube, *jemanden prügeln.*

Staubete w. *aufgewirbelter Staub.*

Stazióöndler m. *Stationsbeamter* (pop.).

stecke (gsteckt) trans.; vgl. stäcke. 1. *stecken.* Boonestickel, Hèrdöpfel stecke. Zss.: aa-. Aagsteckti Öpfel, *angefaulte Äpfel;* ab-; abe-; ie-; ii-; um-, *aufhören, sich beruflich verändern* (pop.); uuf-. En Aarbet uufstecke, *aufgeben;* uus-. 2. *zu merken geben, jemanden auf einen Gedanken bringen.* Steck em s! 3. *eilen* (pop.). Äine stecke.

stedtisch *städtisch.* Hw. en Stedtische m., *Stadtangestellter.*

Stedtler m., **Stedtleri** w. (-ne) *Städter(in).*

stèèrbe (stiirbe, si stèèrbed; Mw. gstoorbe) *sterben.* Zss.: ab-; uus-;

Stèèrbet m. *grosses Sterben, bei Seuchen.*

Stèèrn m. (-e) *Stern.* Zss.: Stèèrnebèèrg! *ums*

Himmels willen; stèèrnebütschgi! *verdammt nochmal;* -chäib! *verdammt nochmal;* -föifi! *ums Himmels willen;* -füfzgi! *ums Himmels willen;* -hagelvoll, *völlig betrunken;* -siech! *verdammt nochmal* (vulg.); -verrecktechäib! *verdammt nochmal* (vulg.); -verruckt, stèèrnsverruckt, *wütend.* Vkf. Stèèrndli s.

stele (gstelt) *stellen.* Ra.: Z Reed stele, *zur Rede stellen.* Er hät en gstelt, *zur Rechenschaft gezogen.* Er stelt si, *nimmt sich zusammen, rafft sich auf.* Er hät de Chambe gstelt, *ist selbstbewusst.* Er mues si das Jaar stele, *zur Rekrutierung gehen.* Zss.: aa-, *ansetzen* (va.). Hambizgigäischt, Trääsch aastele; ab-, *ausschalten.* Es hät mer grad abgstelt, *ich konnte nicht mehr mitmachen* (pop., jg.); abe-, a) *hinunterstellen.* b) *trinken, hinunterleeren* (pop.). Es Glaas Pier abestele; ane-. Öppis anestele, *etwas auftischen.* Äine böös anestele, *anschwärzen;* ie-; ii-; um-; uuf-, *aufstellen.* Das hät mi uufgstelt, *hat mir Kraft, Mut gegeben* (pop., jg.); uus-; zäme-. Stellmiaa m., *unbeholfener Mensch, der zu allen Verrichtungen aufgefordet werden muss.*

Stelete w. *die Menge Früchte, die man bei einmaligem Stellen der Leiter pflücken kann.*

Stelig w. (-e) *Stellung.*

stelisiere (-t) *sterilisieren.* Zss.: Stelisierglaas s.

Stell w. (Stele) *Stelle, Stellung, Anstellung.* A der Stell, *sofort.* Zss.: -vertrampe, *stellvertreten* (humor.); -vertramper m., *Stellvertreter* (humor.).

stelze (gstelzt) *steif gehen, stelzen.* Zss.: ume-.

Stelze w. 1. *Stelze.* 2. *Stellsteg an Fahrzeugen.* 3. *Locheisen für Rebstickel.* Zss.: -bäi s. (Mz.), *magere, lange Beine.*

stenele (gstenelet) *stenografieren* (pop.).

Steni w. (Schsp.), **Steno** w. *Stenografie.*

Stèrchi w. (-ene) 1. *Stärke.* 2. *Stärkemehl.*

stèrig *steif (Tuch).*

stettig *eigensinnig, widerspenstig, störrisch.* E stettigs Ross.

stibäle (gstibole) *stibitzen, entwenden* (humor.) (stibiize + stäle).

stibiize (gstibiizt) *entwenden.*

Stickel m. *zugespitzte Stange, Stützpfahl.* Zss.: -boon w., *Stangenbohne.*

Stickermäiteli s. *Fünfhundertfrankennote* (pop., va.).

stickle (gsticklet) *pfählen.* Boone, Rääbe stickle.

stier *ohne Geld, geldlos* (pop.).

Stier m. (-e) *Stier, Ochse.* Zss.: Stierenaug s., *Spiegelei;* Stierechalb s., *männliches Kalb;* Stieregrind m. Er hät en Stieregrind, *einen harten Kopf, ist unnachgiebig.*

stiere (gstieret) in Zss.: aa-, *anglotzen* (vgl. stire); dure-, *durchsetzen.*

stierig *brünstig, von Kühen.* D Chue isch stierig.

Stifel m. *Stiefel.* Ra.: En Stifel zämeschwätze, *Unsinn reden.* Zss.: -chnächt m., *Stiefelknecht, Gerät zum Ausziehen der Stiefel.*

stifle (gstiflet) 1. *sich stiefeln, ankleiden.* 2. *steif schreiten, gehen.* Zss.: devoo-, *weggehen;* ume-, *zwecklos umhergehen.* 3. in Zss.: zäme-, *zusammenbringen;* zwääg-, *basteln.*

Stift m. 1. *Stift.* Vkf. Stiftli s. 2. *Lehrling, Lehrtochter, Lehrmädchen* (pop.). Zss.: Stiftebuech s., *Lehrlingsbuch;* -vatter m., *Lehrlingsbetreuer.*

stifte (gstiftet) 1. *stiften, schenken.* 2. *Berufslehre durchlaufen* (pop.). Er hät bin Sulzere gstiftet, *er durchlief eine Lehre bei Gebrüder Sulzer AG.*

Stifti w. *Berufslehre* (pop.).

Stigele w. *Zaunstiege aus Sprossen.*

stigelisinig *verwirrt, verrückt.* Bi dem Lèèrme wìirt me halbe stigelisinig.

stigle (gstiglet) *klettern.*

Stìich m., jg. **Stich** m. *Stich.* En Stich mache, *beim Jassen, abstechen.* De Wii hät en Stìich, *schmeckt nach Essig.*

stiiff *steif.* Stiiff und fescht phaupte, *hartnäckig behaupten.* Hw. En Stiiffe, *erigierter Penis* (vulg.).

Stiiffi w. *Steifheit.*

stiige (gstige) 1. *steigen.* Zss.: ab-; abe-, *hinuntersteigen;* ii-; naa-, *begreifen* (Schsp.); übere-, *hinübersteigen;* ue-, ufe-, *hinaufsteigen;* um-; use-, *hinaussteigen;* uuf-, *aufsteigen;* uus-, *aussteigen.* 2. *begreifen* (pop.). Stiiged er? 3. *wütend werden* (pop.). Dèè isch dän schöön gstige!

Stììl m. *Stiel, Stengel, Halm.*

stììle (gstììlet) *einen Stiel anbringen.* Zss.: ab-, *abstielen.* D Chriesi abstììle, *die Fruchtstiele der Kirschen entfernen.*

Stììrz m. (-e) *Fusstritt.* Er hät em en Stììrz ggèè.

stììrze (gstììrzt) *Fusstritte geben, stossen.*

Stiize w. *Krug, Kanne, oft dreibeinig, aus Metall.* Zss.: -chopf m., *Kopf mit hoher Stirne.* Vkf. Stiizli s., *Kännchen mit Ausgussröhrchen.*

stile, still (stilner, stilnischt) *still.* Bis stile! *sei ruhig.* Hw. en Stilne. Zss.: Stillsitzer m., *Tilsiterkäse* (humor.); -ständer m., *Kirchenpfleger* (ZO., va.).

Stili w. *Stille.*

stilne (gstilnet) *still werden.*

Stilni w. *Stille.*

stime (gstimt, jg. gstume) *stimmen.* Hät s gstume? Sind er scho go stime? *habt ihr eure Stimme schon abgegeben (bei Wahl, Volksabstimmung).* Zss.: aa-; ab-; ii-; zue-.

Stimm w. (-e) *Stimme.*

Stink m. *Exkrement.* En Stink mache; ich mues en Stink (Ksp.). Ra.: Er hät en Stink i de Hose, *er hat keinen Mut mehr* (vulg.). Vkf. Stinkli s. Stinkli mache (Ksp.).

stinke (gstunke) *stinken.* Es stinkt mer, es stinkt em Unggle, *es widert mich an* (pop.). Zss.: aa-, *anwidern.* Es stinkt mi aa wie Güle; ab-, *mit Spott, unverrichteter Dinge abziehen* (pop.). Stinkbäiz w., *schlechte Kneipe;* -bümi m., *stinkender Mensch;* -chèès m., *kleiner Knabe* (fam.).

Stinker m. *Scheltwort, meist scherzhaft für Knaben.* Du chliine Stinker!

stinkig in: stinkigi Hoffert w., *Sametblume, Tagetes.*

stire (gstiret) *starren.* Zss.: aa-, *starr auf etwas hinsehen, jemanden anstarren;* vgl. stiere.

stochere (gstocheret) *stochern.* Zss.: ume-. Im Täler umestochere, *lustlos essen.*

Stock m. (ö) 1. *Strunk, Stamm des Baumes.* Dur Stöck und Stuude, *durch dick und dünn.* Ra.: Daastaa wien en Stock, *steif dastehen.* En groosse Stock, *grosser Kerl.* 2. *Blumenstock.* 3. *aufgeschichteter Haufe.* En Stock Fueter. 4. *Häuserblock.* Um de Stock umelauffe. 5. *Stockwerk.* 6. *Rumpfteil des Hemdes.* De Stock vom Hämp. 7. *unverteilter Kartenrest beim Jass.* D Stöck, *Trumpfober und -könig.* 8. *ungelenker, stumpfsinniger Mensch.* Was sind ìır für Stöck! 9. verst. *sehr,* z.B. stockfuul; -hagelvole, *stark betrunken;* -tumm usw. Zss.: -uur w., *Standuhr.* Vkf. **Stöckli** s., *kleiner Blumenstock.* 2. *Block von Rechenaufgaben.*

stocke (gstockt) *Wurzelstöcke spalten, ausgraben.* Zss.: use-; uuf-; uus-, *roden.*

Stocker m. *wer Wurzelstöcke ausgräbt, Holzhauer.*

stockig *eigenwillig, befangen, unbeholfen, zugeknöpft.*

Stoff m. 1. *Stoff.* 2. *Droge, Rauschgift* (jg.). Vkf. **Stöffli** s., *guter oder hübscher Stoff.*

stöffele (gstöffelet) *trippeln, mit kleinen, tastenden Schritten gehen* (Ksp.). Zss.: ume-.

stoffle (gstofflet) 1. *steif, schwerfällig gehen.* 2. *gehen* (humor.). Zss.: devoo-; ume-; umenand-.

Stoffle (Mz.) *Stoppeln.*

Stöffler m., **Stöffeli** m. *armer Tropf.*

Stogel m., **Stogle** w., **Stoggele** w. *gegabelte Stange, Aststütze für fruchtbeladene Äste.* Vkf. **Stögeli** s., 1. *Stöckelabsatz.* Zss.: -schue m., *Schuh mit hohem Absatz.* 2. *klebender Klumpen am Schuh.* I cha nüd guet lauffe, i ha Stögeli an Schuene, *vom Schnee.*

Stögel m. *hagerer Bursche.*

stögele (gstögelet) 1. *trippelnd gehen, von Kindern.* 2. *mit hohen Absätzen klappernd gehen.* Zss.: devoo-.

Stoggeli m. *langbeiniger, unbeholfener Mensch.*

stòike (gstòikt) *scheuchen, verscheuchen.* Flüüge stòike. Zss.: ewäg-; furt-; use-. D Hüener us em Gaarte usestòike.

Stole m. 1. *Stollen.* I mues wider in Stole, *an die Arbeit* (humor.). 2. *Schneeklumpen an Absätzen, Pferdehufen.*

Stolz m. *Stolz.* Zss.: -güggel m., *Hochmütiger.*

Stölzi w. *Stolz.*

stölzle (gstölzlet) *stolz tun, stolz reden.*

Stölzlig m. *Hochmütiger.*

Stölzni w. *Stolz.*

Stoober (ZO.) siehe Staaber.

Stöör w. *Stör, Auswärtsarbeit eines Handwerkers.* Si händ de Schniider uf der

Stöör. Zss.: -metzger m.; -schniider m., -schniideri w.

stööre (gstöört) *stören.* Er isch gstöört, *geisteskrank.*

Stööri m. *Störenfried.* Du bisch en eebige Stööri!

Stöörig w. (-e) *Störung.*

Stoorze w. *Strunk von Gemüsepflanzen.*

Stooss m. (öö) *Stoss.* Zss.: -bääre w., *Schubkarren;* -schlitte m.

stoosse (gstoosse) 1. *stossen.* Hilff mer stoosse! 2. *schieben.* Zss.: aa-; ab-; ane-; ewäg-; furt-; häi-, *Mädchen heimbegleiten* (Schsp.); um-; ume-; undere-; uuf-; zäme-; zue-. 3. *zerstossen, zermalmen.* Gstoossne Zucker. 4. *grenzen.* De Gaarte stoosst a d Straass. 5. *schwärmen, von Bienen.* D Imbeli stoossed.

Stöössli (Mz.) *Pulswärmer.*

stöpple (gstöpplet) *autostoppen* (pop., jg.).

Stöpsel m. 1. *Pfropfen.* 2. *ungelenker Mensch, Dummkopf.*

Storchel m., **Störchel** m. *langbeiniger Mensch* (ZO.).

stottere (gstotteret) in Zss.: ab-, *in Raten abzahlen (pop.).*

Stotze m. *Keule, Schenkel von Schlachttieren.* Es Stuck vom Stotze.

stotzet *steil* (ZO.). Da gaat s stotzet duruuf.

stotzig *steil.*

Stotzwand w. (-wänd) *äussere, alte Bretterwand* (ZO.).

Straaff w. (-e) 1. *Strafe.* 2. *Plage.* Es isch e Straaff mit dene Chinde, si wänd nüd folge.

Straal m. (-e) 1. *Strahl.* 2. *Blitzschlag.* 3. *Fluchwort.* Bim Straal! verst. in Zss.: Straalshagel m.; -gaggelaari m.; -häx w.; -naar m. usw.

straale (gstraalet) *laufen, fallen.* Zss.: abe-, *hinunterfallen;* durab-. Er isch de Räi durabgstraalet; um-, *umfallen, straucheln;* ume-, *herumstreifen.*

straalig 1. Ew. *verflucht, verwünscht.* Bim straalige Hagel! 2. Uw. *schrecklich, sehr.* Es hät straalig grägnet.

Straam m., **Straame** m. 1. *Streifen.* 2. in Ausrufen: Gott-Straam, *Fluch.* Wol bim Straam! *Beteuerung.*

straamigs Uw., *schrecklich, sehr* (ZO.).

Straass w. (-e) *Strasse.* Er schafft bi der Strass, *als Strassenarbeiter.* D Straass mache, a) *reinigen.* b) *auf den Strich gehen* (pop.). Zss.: Straassebütschgi m., *Strassenkehrer* (Schsp., pej.); -chrüüzer m., *grosses Auto;* -chrüüzig w., 1. *Strassenkreuzung.* 2. *Bastardhund* (pop.); -graabe m.; -lööli m., *Strassenkehrer* (Schsp., vulg.); -mäischter m.; -poort s.; -wüscher m., *Strassenkehrer.* Vkf. Strö̊össli s.

straassne (gstraassnet) 1. *eine Strasse bauen, instand stellen.* 2. *einen Weg bahnen.*

sträbele (gsträbelet) *strampeln.*

strable (gstrablet) *zappeln, strampeln.* Zss.: abe-; ufe-; use-.

Strablete w. *Strampeln, Gezappel.*

Strabli m., **Sträbli** m. *Strampelkind.*

strablig *zappelig.*

strabliziere (-t) *strapazieren.* Es Chläid zum Strabliziere.

Sträich m. *Streich.* All Sträich, *alle Augenblicke.*

sträichle (gsträichlet), **sträichele** (gsträichelet) *streicheln.*

Sträiffig w. *leichter Schlaganfall.*

Strämé s. *Strandbad* (Schsp., jg.).

strample (gstramplet) *strampeln, zappeln.* Zss.: Strampelhösli s., *Strampelhöschen;* -sack m., *Strampelsack für Säuglinge.*

Strang m. (ä) 1. *Zugstrick, Zugriemen.* 2. *starke Strömung in Flussmitte.*

sträng *streng, heftig, kräftig.* E strängi Aarbet. En stränge Wääg, *mühsamer Weg.* Er hät s sträng, *hat viel zu tun.*

Strange w. *Strange, der Strang.* E Strange Gaarn. Vkf. Strängli s.

Strängi w. *Strenge.*

Strau s. *Stroh.* Zss.: -binder m., *wer gedroschenes Stroh bindet, Strohbinder* (va.); -blüemli s., *Strohblume;* -sack m. (O) du allmächtige Strausack! *ums Himmels willen* (humor.).

strauig *strohern, aus Stroh.*

strecke (gstreckt) *strecken, straffen, gerademachen, spannen.* Zss.: aa-, *spannen;* ane-, *hinreichen;* füre-, *hervorstrecken;* ufe-, *hinaufstrecken;* use-, *herausstrecken.*

D Zunge usestrecke; uuf-. (D Händ) uufstrecke, *Hände in die Höhe strecken, hochhalten (Schule, Abstimmung);* uus-.

Strecki w. (-ene) *Strecke.*

Strèèl m. *Kamm.*

strèèle (gstrèèlet) 1. *kämmen.* Ra.: Putzt und gstrèèlet, *aufgeputzt.* ütr. *jemandem die Meinung sagen.* 2. *ordnen.* Das mues me emaal e chli strèèle. 3. *züchtigen.* I mues di goppel strèèle, *in die Finger, Zucht nehmen.* Zss.: dure-; use-; uus-.

Strèèz m. *hervorbrechender Wasserstrahl, Guss.* En Strèèz, *kurzer Regenguss.*

strèèze (gstrèèzt) 1. *wuchtig hervorschiessen, von Flüssigkeiten, durch eine Öffnung spritzen.* De Brune strèèzt. Es strèèzt, *regnet heftig.* Er laat strèèze, *harnen.* Zss.: abe-, *heftig regnen;* ie-; use-. S Wasser strèèzt use. 2. *rennen, jagen, eilig davongehen.* Er strèèzt in Stèèrne füre. Mer händ la strèèze, *sind stramm marschiert.*

Strèèze w. *Wasserstrahl, Düse (z.B. einer Giesskanne).*

Strèèzete w. 1. *Guss Wasser.* 2. *Regenschauer, Platzregen.*

Strich siehe Strìich.

strichle (gstrichlet) *stricheln, Strichlein zeichnen.* E gstrichlets Gwand, *gestreift.* Er hät en gstrichlete Tschoope, *ist ein Zuchthäusler.*

Strick m. 1. *Strick, Seil, Zugstrang.* Ra.: Kän Strick verriisse, *keine grosse Leistung erbringen.* 2. *ungezogener Junge, Lausbub, Schlingel.*

striele (gstrielet) *sich herumtreiben, herumstreichen, von Menschen und Tieren.* Wo strielet er ume? Dè Hund strielet gèèrn. Zss.: naa-; ume-; umenand-.

Strieler m., **Strieleri** w. (-ne) *Umherstreichende(r), von Menschen und Tieren.*

Strieli m. *Umherstreichender.* Zss.: Strielibueb m., -mäitli w., -hund m.

Strieme m. *Striemen.* Strieme am Rugge, *z.B. von Peitschenhieben.*

Strigel m. 1. *Striegel.* 2. *als Anker dienendes Gerät beim Fischen.*

strigle (gstriglet) 1. *striegeln.* 2. *derb anfassen.* Dè hät me gstriglet und gstrèèlet. 3. *zanken, ausschelten, prügeln.*

Strìich m., jg. **Strich** m. 1. *Strich.* En Strich Land, Wald. I hän en uf em Strìich, *ich kann ihn nicht leiden.* 2. *Zitze des Euters.*

striiche (gstriche) 1. *streichen, malen.* D Wand striiche. Zss.: aa-; ab-; dùùr-. 2. *aufstreichen.* Anken uf s Broot striiche. 3. in Zss.: zwääg-, *glattstreichen.* 4. *davonlaufen, sich drücken.* Er striicht si. Zss.: häi-; naa-; ume-.

striichele (gstriichelet), **striichle** (gstriichlet) *streicheln, liebkosen* (Ksp.).

Striicherli s. *Streicheln der Wangen* (Ksp.).

Striime m. *Wolkenstreifen, Dunststreifen, Regenstreifen.*

Striit m. *Streit.*

striite (gstritte) *streiten.* Zss.: ab-, *leugnen.*

Striiti m. *Streitsüchtiger.*

Striizi m. *Taugenichts, Vagabund, Schlingel.*

strödele (gströdelet) 1. *in spärlichem Strahle fliessen, von Wasser, Blut.* 2. *schwach sieden.*

strodle (gstrodlet) 1. *wallend sieden.* 2. Es strodlet i mer ine, *es kocht in mir.*

strodlig *siedend.* Strodligs Wasser. ütr. Es isch mer strodlig häiss woorde.

Strôi w., **Strôii** (sprich öi-i) w. *Streu, Riedgras, Strohlager für Tiere.*

strôie (gstrôit) 1. *streuen.* 2. *dem Vieh Streu unterlegen.* Zss.: ii-; uus-.

strôine (gstrôinet) *Laub, Riedgras als Streu einheimsen, heimbringen.*

Strolch m. (-e) *Strolch.* Zss.: Strolchefaart w., *Schwarzfahrt mit gestohlenem Auto, Motorrad; Strolchenfahrt.*

strolche (gstrolchet) *vagabundieren, umherfahren.* Zss.: devoo-; ume-; umenand-.

strôôffli *sträflich.* verst. gottsstrôôffli.

Strôôffzgi w. *Strafaufgabe* (Schsp.).

Stroomer m. *Elektriker* (pop.).

strôôssle (gstrôôsslet) *häufig unterwegs sein, umherschlendern.*

Strubel m. 1. *struppiges, wirres Haar.* Zss.: -haar s., *wirres Haar.* 2. *Mensch mit wirrem Haar, Strubelkopf.* Vkf. Strubeli s. 3. *Wirrwarr, Durcheinander, Streit, Zank.* En Strubel haa, *Streit haben.*

struble (gstrublet) 1. *durcheinander regnen und schneien.* 2. *hasten.*

Strublete w. *Schneegestöber und Regen durcheinander.*

Strubli m. *Strubelkopf, Struwwelpeter.*

strublig *struppig, wirr, vom Haar.*

strudle (gstrudlet) *strudeln, von Wasser* (ZO.).

Strudli m. *hastig, flüchtig Arbeitender, Schludriger.*

strudlig *siedend* (ZO.).

Strumpf m. (ü) *Strumpf.* Ra.: D Strümpf binde, *sich beeilen, reisefertig machen, sich davonmachen.* Si uf d Strümpf mache, *gehen.* Er isch hütt nüd im Strumpf, *schlecht gelaunt, unwohl.* Zss.: -bändel m., *Strumpfband;* -lätter m., -lotter m. De Strumpflotter haa, *schlottrige, herabhängende Strümpfe haben.*

Strümpfel m. *Zapfen, Stöpsel.*

Strumpfi (Mz.) *Strumpfhose* (fam.).

Strumpfi w. *Strumpffabrik.*

strumpfig *zusammengeschrumpft.*

Strupf m. (ü) 1. *Falte, zerknitterte Stelle an Kleidern.* 2. *unfolgsames Kind, Knirps.*

strupfe (gstrupft) *ziehen, zerren, reissen.* Zss.: aa-, *enge Handschuhe, Strümpfe anziehen;* ab-, 1. *Beeren, Blätter abstreifen.* 2. *enge Kleider ausziehen;* hindere-, ufe-, zrugg-, *Ärmel usw. hochstreifen;* übere-, *überziehen.*

strüpfle (gstrüpflet) *anmelken, die Euterspitzen streifen.*

Strüpflig m. 1. *zu enges und zu kurzes Kleidungsstück.* 2. *Knirps.*

Struppe m. *Band, Riemen, Schlaufe.*

Strupper m. *Fegbürste mit langem Stiel.* Zss.: -bu̇ůrschte w.; -stìil m.

struppiere (-t) *verletzen, verstümmeln.*

strütte (gstrüttet) *hastig arbeiten, sich übereilen.* Muesch nüd strütte, mer händ gnueg Ziit!

Strütter m., **Strütti** m., **Strütteri** w. (-ne) *Hastende(r).*

Strütterei w. (-e) *hastiges Arbeiten.*

Strüttete w. *hastiges, angestrengtes Arbeiten.* Isch das hütt e Strüttete! *welche Hast.*

struub 1. *struppig, rauh, kraus, vom Fell der Tiere.* 2. *zerzaust, ungekämmt, unordentlich.* 3. Es gaat struub zue, *es geht drunter und drüber.* E struubi Wuche, *eine hektische Woche.*

strüübe (gstrüübt) *sträuben, zerzausen, sich sträuben* (ZO.).

Strüübeler m., **Strüübler** m. *eingetrockneter Apfel.*

Struuch m. (ü) *Strauch.*

struuche (gstruuchet) 1. *oberflächlich pflügen, damit das Unkraut abstirbt.* 2. *im Rebberg das Unkraut weghacken.* Zss.: Struuchräi m., 1. *ungepflügter Ackerstreifen.* 2. *Zwiespalt.*

Struum m. (üü), **Struume** m. (üü) *Wellengekräusel.*

struume (gstruumet) *stürmen, aufwallen, strömen.* Es struumet gägem Schiff zue.

Struuss m. *Strauss (Vogel).* Zss.: Struussenäi s.; Struussefädere w.

Struuss m. (ü) 1. *Strauss.* Vkf. Strüüssli s. 2. *Streit, Kampf, Streitigkeit.* Er hät scho mänge Struuss mit em ghaa.

strüüsse (gstrüüsst) *aufrichten, aufstellen, sträuben.* De Güggel tuet de Chambe strüüsse.

Stube w. (jg. -ene) *Stube, Wohnzimmer.* Zss.: -hock m., -hocker m., *Stubenhocker;* -hockete w., *andauerndes Stubensitzen;* -mäischter m., *Verwalter (in Zünften, historischen Gesellschaften usw.).* Vkf. Stübli s.

Stubete w. *Zusammenkunft befreundeter Familien; geselliges Beisammensein junger Leute.* Z Stubete gaa.

Stüchel m. *krüppeliger Baum, Baumstrunk.*

Stuck s., **Stucki** s. *Stück.* Es Stuck Broot, Land. E Stucker zää, e Stucki zää, *etwa zehn.* 14 Stuck sind choo, *14 Personen.* Er hät s vom Stuck, *arbeitet im Akkord.* Vkf. **Stückli** s., 1. Mz. *(gekochte) Apfel-, Birnenschnitze.* Tu̇ůri Stückli, *gedörrte Apfelschnitze.* Zss.: -chaschte m., *Truhe für gedörrtes Obst.* 2. *Feingebäck.* 3. *Posse, Streich.* Es Stückli uuffüere.

stucke (gstuckt) 1. *Bäume, Hecken beschneiden, stutzen.* Zss.: abe-. En Baum abestucke, *stutzen;* um-, *fällen;* uuf-, *Bäume von unten herauf lichten.* 2. *mit Stücken ergänzen,* in Zss.: aa-, *durch Einsetzen von Stücken flicken;* zäme-, *zusammensetzen, zusammenstellen.*

stückle (gstücklet) *Äpfel, Birnen in Stücke schneiden.*

Studänt m. *Student.* Zss.: Studäntebuude w., *Studentenzimmer* (Stsp.); -fueter s., 1. *Dörrfrüchtemischung.* 2. *Brot-Apfel-Gericht.*

Studiererei w. *unrationelles Studieren.*

Stuel m. (ü) 1. *Stuhl.* Vkf. Stüeli s. 2. *Kot.* Arzt: Bringed Si na de Stuel!

stuele (gstuelet) 1. *Stühle aufstellen, bestuhlen.* En gstuelete Saal. Zss.: abe-, *auf Tische gestellte Stühle wieder herabstellen;* ue-, ufe-, uuf-, *Stühle auf Tische stellen.* 2. *Darm entleeren, stuhlen.*

stügele (gstügelet) *mit dem Fuss anstossen, stolpern.*

stüle (gstület) *stolpern.*

Stülze w. 1. *Stelze, als Spielzeug.* 2. *Krücke.* Zss.: Stülzbäi s., *Stelzfuss.*

Stülzi m. *wer an Krücken geht, Krückengänger.*

stumpe (gstumpet) *stutzen, beschneiden.* En gstumpete Baum, *gestutzt, verstümmelt.*

Stumpe m. (ü) 1. *Stumpf.* ütr. En chliine Stumpe, *kleine, dicke Person, besonders von Kindern.* Uf de Stümpe sii, *erschöpft sein* (pop.). Zss.: -gläis s., *nicht durchgehendes Geleise, Sackgleis.* 2. *stumpfe Zigarre.* De Schwiizer raukt gèèrn Stümpe. 3. *Zervelatwurst.* Vkf. **Stümpli** s. Es Stümpli Wii im Fass, *Rest.* Ra.: Em Lümpli ghöört na s Stümpli.

stümperle (gstümperlet) *trippeln.*

Stümperli s. *rundliches Kind* (Ksp.).

Stund w. 1. *Stunde.* Vkf. Stündli s. S letscht Stündli, *Todesstunde.* 2. *Unterricht.* Er isch na i der Stund.

stündele (gstündelet) *einer religiösen Gemeinschaft, Sekte angehören.*

Stündeler m., **Stündeleri** w. (-ne) *Angehörige(r) einer Sekte, Sektierer(in), Frömmler(in); Mucker.*

Stunggel m. 1. *Stampfwerkzeug.* 2. *Hemd ohne Ärmel, Rumpfteil des Hemdes.*

stünggele (gstünggelet) *trippeln, im blossen Hemd herumspringen.* Zss.: ume-.

stunggle (gstungglet) *Flüssigkeiten durcheinanderschütteln.*

Stupf m. (ü) *Stoss.* Äim en Stupf gèè. Vkf. Stüpfli s. Es Stüpfli Kafi, *ein bisschen.*

stupfe (gstupft) 1. *einen Stoss versetzen, stossen.* Er stupft mi imer bim Schriibe. 2. *setzen, pflanzen.* Boone, Hèrdöpfel stupfe. 3. *antreiben.* Wän mer en nüd imer stupft, se vergisst er s. 4. *mahnen, erinnern.*

Stupfete w. *wiederholtes Stossen.*

Stupfi m. *Störenfried.*

stüpfle (gstüpflet) *leicht anstossen.* Er hät en gstüpflet.

Sturis m. 1. *Streit.* 2. *Rausch.* En Sturis haa.

sturm *aufgeregt, verwirrt, schwindlig.* I bi ganz sturm.

stürme (gstürmt) 1. *stürmen.* 2. *aufgeregt tun.* Zss.: furt-; ume-; umenand-.

Stürmi m. *ungeduldiger oder aufbrausender Mensch.* verst. -chäib m.

Stutz m. (ü) 1. *steile Halde, jäher Abhang.* 2. *Franken* (pop.). Föif Stutz. Häsch na Stütz? *Geld* (pop.).

stutze (gstutzt) 1. *stutzen, stutzig werden.* 2. *kürzen, zurückschneiden.* D Bòim stutze.

Stutzer m. *Jagdgewehr, Stutzen.*

stüübe (gstobe) 1. *stauben.* De Sack stüübt. 2. *rennen, eilen.* Zss.: devoo-. Er stüübt devoo.

Stüübe m. in: Er isch kän Stüübe Määl wärt, *überhaupt nichts.*

Stüüber m. *Stütze, Stützbalken, Sperrbalken.*

stüübere (gstüüberet) *durch Stütz-, Sperrbalken stützen.*

stüübis und rüübis (auch rüübis und stüübis), **stüübets und rüübets** (ZO.) *alles, restlos.* Er hät alls stüübis und rüübis uufgässe.

Stuuch m. *vorspringender Teil am Fuss des Ambosses zur Befestigung im Ambossstock* (ZO.).

stuuche (gstuucht) 1. *stauchen, stumpf schmieden.* Äim de Huet stuuche, *zum Scherz den Hut zusammendrücken.* Zss.: zäme-. 2. *entwenden.* Öppis stuuche. 3. *temperieren* (pop.).

Stuuche w. *viereckiges (weisses) Kopftuch.* Zss.: -bläich, *kreideweiss.*

Stuud w. (-e) 1. *Staude, Busch, Strauch.* Ra.: I d Stuude gaa, *austreten (im Freien)* (pop.). Zss.: Stuudepösche (Mz.), *Staudengebüsch.*

2. *Reisigbündel.* Stuude mache. Zss.: Stuudechnebel m., *Stecken;* -bock m., *Gestell zum Binden von Reisigwellen.* Vkf. Stüüd(e)li s.

Stùùd w. (-ùù) *Pfahl, Pfosten, Stütze.* Vkf. Stüdli.

stuude (gstuudet) 1. *Reisig sammeln.* 2. *Gebüsch aushauen.*

stüüdele (gstüüdelet) in Zss.: use-, *hinauszögern.*

Stüüff- *Stief-* in Zss.: -chind s.; -mueter w.; -soon m.; -tochter w.; -vatter m.

Stüüffmüeterli s. *Stiefmütterchen.*

stuune (gstuunet) *staunen, sich wundern.* I ha nu müese stuune. Zss.: aa-.

Stüüper m. *Pfosten zum Unterstellen.*

Stüür s. *das Steuer.* Zss.: Stüürme m., *Steuermann.*

Stüür w. (-e) *die Steuer.* Zss.: -amt s., *Steueramt, Finanzamt;* -zädel m., *Steuererklärung.*

Stùùrchel m. 1. *missgestaltete, verkümmerte, aufgeschossene Pflanze.* 2. *langbeiniger, magerer Mensch.* 3. *grober Mensch.*

stùùrchle (gstùùrchlet) *stolpern, straucheln.*

stüüre (gstüüret) 1. *ein Schiff steuern.* 2. *Steuern bezahlen.* Zss.: bii-, *beisteuern;* uus-, *mit einer Aussteuer ausstatten;* zäme-, *Geld sammeln, zusammenlegen.*

Stùùrz m., auch Zss. Stùùrzblääch s. *Weissblech.*

Stùùrz w., **Stùùrze** w. *Strunk.* Vgl. Storze.

stùùrzi *blechern* (va.).

Sucht w. 1. *Krankheit, bes. Staupe der Hunde.* 2. *Begierde.* S Jasse isch bi dèm e Sucht.

Sudel m. (ü) 1. *Entwurf, Kladde.* En Sudel mache. Zss.: -heft s., *Entwurfsheft;* -wätter s., *Regenwetter.* 2. *Arbeitskleid.* Im Sudel sii, *im Arbeitskleid stecken.*

südere (gsüderet) 1. *heraussickern, von Flüssigkeiten aus lecken Fässern.* 2. *mit leisem Geräusch sieden.*

Süderete w. *das Heraussickern von Flüssigkeit, Schaum, Verunreinigung.*

Süderi m. *alter Griesgram.* Ra.: De Süderi dine haa, *übel gelaunt sein.*

sudle (gsudlet) 1. *sudeln, schmieren.* Zss.: aa-, *besudeln.* 2. Es sudlet, *es regnet und stürmt.*

Sudler m., **Sudli** m., **Sudleri** w. (-ne) *Sudler(in), Schmierer(in).*

Sudlete w. *schlecht Geschriebenes, Geschreibsel.*

sueche (gsuecht) *suchen.* Zss.: ab-; uus-; zäme-.

Suecherei w. (-e) *langes Suchen.*

Suechete w. *langes Suchen.*

Suechi w. *Suche.* Uf d Suechi gaa.

süechle (gsüechlet), **süechele** (gsüechelet) 1. *sorgfältig suchen, Nachlese halten, besonders in Weinbergen.* 2. *schnüffeln.*

Süechler m. *Egoist.*

süess *süss.* Süessen Anke, süesse Nidel. Zss.: -brand m., *mit Schwefel und Gewürzen getränkte Leinwandstreifen zum Schwefeln der Fässer, Süssbrand;* -chääfe w., *Zuckererbse;* -holz s. Süessholz raschple, *verliebt, schön tun;* -ööl s., *Speiseöl* (va.); -truck m., *Traubensaft ab Presse.*

süesse (gsüesst), **süessge** (gsüessget) *süss machen, süssen.*

süessele (gsüesselet), **süessgele** (gsüessgelet) *süssen Geschmack haben, bes. von gefrorenen Kartoffeln, Äpfeln.*

Süessgeli s. *Taubnessel.*

Süessi w. *Süsse, Süssigkeit.*

süesslacht(ig), süesslächt(ig) *süsslich* (va.).

Suff m. (ü) *Rausch* (pop.). En Suff haa.

Süffel m. *Trinker, Trunkenbold* (pej.).

sug-sug! *Lockruf für Schweine.*

Suggel m., **Süggel** m. *Schwein* (fam.). Vkf. **Suggeli** s., **Sugeli** s., **Sügeli** s., 1. *junges Schwein.* 2. *unreinliches Kind* (fam.).

suggele (gsuggelet), **süggele** (gsüggelet) *lutschen, Flüssigkeit einsaugen.*

Suggeler m., **Süggeler** m. *Trinker* (fam.).

Sulz s. 1. *Sulze, Salzbrühe.* 2. *Gallert.* 3. *Schneebrei, Schneematsch.*

sulze (gsulzet) *Eis bilden.* De Bach sulzet.

Sumer m. (ü) *Sommer.* Zss.: -frucht w., *Sommergetreide;* -gwand s., *Sommerkleid;* -huet m.; -schööpli s., *Sommerkittel;* -vogel m., *Schmetterling;* -wätter s.; -ziit w. Vkf. **Sümerli** s., *schöner Sommer.*

Summ w. (Sume) *Summe.* Vkf. Sümmli s., *nette Summe.*

Sumpf m. *Sumpf.* Zss.: -tuur w., *fortgesetzter Wirtshausbesuch, Zechfolge.*

sümsele (gsümselet) *summen.*

Sünd w. (-e) 1. *Sünde.* 2. *Verstoss, Schande, Verbrechen.* S isch e Sünd, wien er mit em Broot umgaat. S isch Sünd und schaad ums Gält. 3. verst. es Sündegält, *grosse Summe;* -loo m., *grosser Lohn;* -tüür, *sehr teuer;* -wüescht, *hässlich.* Zss.: Sündebock m.; -regischter s.

sündere (gsünderet) *auslesen, sortieren, sondern.*

sunderhäitli *besonders.*

sundiere (gsundiert), jg. **sondiere** (gsondiert) *sondieren.*

Sundig m., **Suntig** m. (-e) *Sonntag.* Si Sundig aalegge, *sich sonntäglich kleiden.* Zss.: -gruscht m., -gstaad m., -gwand s., -gwändli s., *Sonntagskleid;* -gsicht s., *freundliches Gesicht;* -hals m. S isch mer öppis in Sundighals (in lätze Hals) choo, *ich habe mich verschluckt;* -hose w., *die gute Hose;* -schooss w., *die gute Schürze;* -schuel w., *Sonntagsschule, Kindergottesdienst.*

sundige (gsundiget) *sich sonntäglich anziehen.* I bi gsundiget.

sündige (gsündiget) *sündigen.*

sune (gsunet) *sonnen.* D Better sune.

sünele (gsünelet) *sonnenbaden.*

Sunete w. *das Sonnen (von Betten, Kleidern usw.).*

Sunn w., **Sune** w. *Sonne.* Zss.: Sunebaad s.; -bedle, *sonnenbaden;* -bluem w.; -halb, *sonnseitig;* -liecht s.; -röösli s., *Sonnenröschen;* -schii m., *Sonnenschein;* -siite w., *Sonnenseite;* -stìich m. Vkf. Süneli s. S Süneli schiint (Ksp.).

Suppe w. *Suppe.* Ra.: I der sibete Suppe es Tünkli verwandt sii, *entfernt verwandt sein.* Zss.: -bäi s., *Suppenknochen;* -chele w., *Suppenschöpfkelle;* -grüe s., *Suppengrün;* -löffel m.; -schüssle w., *Suppenschüssel;* -täler m., *Suppenteller;* -toni m., *Suppenliebhaber;* -trüli w., *zappelndes Kind, Zappelphilipp.* Vkf. Süppli s.

sure (gsuret) 1. *surren.* Zss.: aa-, *schelten.* Er hät mi schöön aagsuret! 2. *rennen.* Zss.: aa-, *herbeirennen* (ZO.). Er chunt aazsure; ume-, *umherrennen.* 3. *schmerzen.* Das suret!

Suri m., **Surli** m. *Kreisel.* Zss.: Surlibueb m., *Brummkreisel.*

Surimutz m. *Griesgram, Murrkopf.*

surimutzig *mürrisch, griesgrämig* (ZO.).

surle (gsurlet) *mit dem Kreisel spielen, kreiseln.*

sürmle (gsürmlet) *missmutig, träge arbeiten, zaudern.*

suscht, susch *sonst.* Das gseen i suscht, *das sehe ich ohnehin.* Das han i nu esoo suscht gsäit, *ich habe es zum Scherz, Schein gesagt.* Das chunt nüd vo suscht, *nicht von selbst.* De chasch es suscht haa, *du kannst es umsonst haben.* I cha suscht nüd chlaage, *ich kann mich nicht gerade beklagen.* Das simer suscht ä Lüüt! *das sind mir auch merkwürdige Leute.*

Sutt m. (ü) *Sud, zu siedende oder gesottene Menge.* En Sutt Wösch; en Sutt oobtue.

süttere (gsütteret) *murren, brummen.*

Sütteri m. *brummiger Mensch, Griesgram.*

sütterle (gsütterlet) *schwach sieden* (ZO.).

süttig *siedend.* Süttig häiss.

suttiil, jg. **subtiil** *subtil, fein.*

Sùù m. (ǜǜ), jg. **Soo** m. (öö), **Soon** m. (öö) *Sohn.* De Sùù, *mein Sohn.* Sùù vo Prueff, *Herrensöhnchen* (humor.). Zss.: Sùùsfrau w., *Schwiegertochter;* -guet s., *Sohneserbe, was der Sohn erbt.* Vkf. **Sǜǜndli** s. (fam.). S Mueters Sǜǜndli, *Muttersöhnchen.*

suuber (süüberer) *sauber, rein.* Suuber wüme, *sorgfältig Trauben lesen.* Suuber trösche, *gut ausdreschen.* Suubers Holz, *astfreies Holz.* Ra.: Dèè isch nüd suuber (über s Nierestuck), *dem ist nicht zu trauen.* E suubers Mäitli, *ein hübsches Mädchen.* Er hät suuber de Verstand verloore, *er hat ganz den Verstand verloren.* S hät suuber nüüt gnützt, *es nützte gar nichts.* Suuber und glatt, *spielend.*

suubere (gsuuberet) *sauber werden.* S isch gsuuberet um s Huus ume, *aufgeräumt.*

süübere (gsüüberet) *sauber machen, säubern.*

Süüberete w. 1. *Säuberung.* 2. *Nachgeburt der Kuh* (ZU.).

Süüberi w. 1. *Sauberkeit.* 2. *Nachgeburt der Kuh.*

süüberli, süüferli Uw. *artig, schonend.* Süüberli tue.

Süüch w. (-e) 1. *Seuche, bes. Maul- und Klauenseuche.* D Süüch gaat ume. Zss.: Süüchenauto s., *Auto zum Abtransport verseuchter Tiere.* 2. *schwierige Lage.* Das isch e Süüch! *wie ungeschickt* (pop., jg.).

süüde (es süüdt; Wf. Vh. es süüdti; Mw. gsotte) 1. *sieden.* D Milch süüde. S Wasser hät gsotte. Hw. Gsottes s., *Siedfleisch, Wellfleisch.* Zss.: Süüdfläisch s., *Fleisch zum Sieden.* 2. *liebeln* (pop.).

Süüdete w. *was man auf einmal sieden kann, Siedemenge.* E Süüdete Fläisch.

suuffe (Wf. Vh. sùùff, suuffti; Mw. Vh. gsoffe) 1. *von Tieren, saufen.* 2. *von Menschen, übermässig trinken* (vulg.). Er suufft, *er ist ein Trinker.* Äis go suuffe. Ra.: Da müest äine Tinte gsoffe haa, *da müsste einer schön dumm sein.* Zss.: Suuffludi m., *Trinker.* 3. Was suufft so äine? *wieviel Benzin braucht dieses Auto?* (pop.).

süüffele (gsüüffelet) *gern und häufig trinken.* Er süüffelet gèèrn.

Süüffeler m. *Trinker* (fam.).

Suuffer m., **Suufferi** w. (-ne) *Trinker(in)* (vulg.).

Suufferei w. (-e) *Trinkgelage* (vulg.).

Suuffete w. *Trinkgelage* (pej.).

süüfzge (gsüüfzget) *seufzen.*

Süüfzger m. *Seufzer.*

suuge (Wf. Vh. suugti; Mw. gsoge) *saugen, von Tieren.* Di Junge suuged a der Alte, *von Menschen* (pop.). Em Chind z suuge (trinke) gèè, *die Brust geben.* Ra.: Am lèère Taape suuge, *nichts zu essen und zu trinken haben, leer ausgehen.* Zss.: aa-, *herbeikommen* (Ssp.). Tüend emaal aasuuge!

Suuge (Mz.) 1. *Warzen der weiblichen Brust.* 2. *Brust.* Vkf. Süügeli s. (Ksp.).

Süül w. (-e) *Säule.*

suume (gsuumet) 1. *hindern.* Das suumet mi nùùd, *stört mich nicht.* 2. *zögern.* De häsch di lang gsuumet, *hieltest dich über Gebühr lange auf.*

suur (süürer) *sauer.* Zss.: -ampfle w., *Sauerampfer;* -chabis m., *Sauerkohl;* -chlee m.; -chruut s., *Sauerkraut;* -gùùrps(i) m., *saures Aufstossen;* -hampfle w., *Sauerampfer.*

Süür w. (-e) *Eiterbläschen.* S Gsicht voll Süüre haa. Zss.: Süüregsicht s.; -püggel m., *eitriger Pickel, Eiterbläschen.* Vkf. Süürli s.

suure (gsuuret) *sauer werden.* De Wii suuret.

süürele (gsüürelet) *säuerlich riechen oder schmecken.* D Milch süürelet.

süürelig *säuerlich.*

Suurgraaniker m. *Sauergrauech (Apfelsorte).*

Süüri w. (-ene) *saure Beschaffenheit, Säure.*

suurlacht(ig), suurlächt(ig) *säuerlich* (va.).

Süürler w. *Sauerbirne.*

sùùrpfle (gsùùrpflet) *schlürfen.* Tue nüd esoo sùùrpfle!

Sùùrpflete w. *Schlürfen.*

Suus und Bruus *Saus und Braus.*

suuse (gsuuset) 1. *sausen.* Es suuset mer in Oore. Mit em Schlitte de Räi aab suuse. De Bagge hät mer gsuuset, *die Wange schmerzte mich vom Schlag.* Zss.: aa-; abe-; ane-; devoo-. 2. *gären.* Es suuset im Fass.

Suuser m. *Sauser, junger gärender Wein.* Suuser im Stadium. De Suuser isch übere, *die Gärung ist vorbei.* Zss.: -fass s., *Sauserfass;* -fuer w., *eine Fuhre Sauser;* -sundig m., *Sausersonntag;* -ziit w., *Sauserzeit.*

suusere (gsuuseret) 1. *Sauser trinken.* 2. *die Sauserzeit geniessen.*

süüserle (süüserlet) 1. *gemütlich Sauser trinken.* 2. *nach Sauser riechen.*

T

Siehe allenfalls unter D

t unbet. *du;* vgl. duu und W.Gr. Mach s, wie t witt!

Taachte m. (òò), **Toochte** m. (ZO.) *Docht.*

taachtig *langsam, faul, unanstellig.*

Taag m. (Taag, Tääg, Taage) *Tag.* Guete Taag! Taag wool! Für drei Taag, *für drei Tage.* In alte Taage, *im Alter.* Ra.: Z aarme Taage choo, *verarmen.* Taags und miis Lääbes, *solange ich lebe.* De ganz gschlage Taag, *den lieben langen Tag.* Zss.: -blatt s., *Schwätzer, Neuigkeitenvermittler* (humor.); -dieb m.; -gält s.; -häiteri w., *Tageshelle;* -loo m.; -lööner m., -nòier m. (va.), *Taglöhner;* -löönere, -nòiere (va.), *im Taglohn arbeiten;* -räis w.; -wach w.; -wèrch s. Vkf. **Täägli** s.

Was für es Täägli! *welch wundervoller Tag (Wetter).* Guets Tääg(e)li! *Guten Tag* (fam.).

taage (-et) 1. *Tag werden.* 2. *klar, verständlich werden.* Es taaget em, *es geht ihm ein Licht auf.*

taape (-et) *mit der Hand berühren.* Zss.: aa-, *berühren;* ume-. Er taapet gèèrn an äim ume, *wird zudringlich.*

Taape m. (Tö̀ö̀pe) 1. *Pfote.* Vkf. Tö̀ö̀pli s. De Hund git s Tö̀ö̀pli, *Pfote.* 2. *Hand* (vulg.). Ra.: Er hät dräckig Tö̀ö̀pe. Am lèère Taape suuge, *leer ausgehen.* Zss.: -händsche m., *Handschuhe.* 3. *Tatze, Schlag auf die Hand (Schülerstrafe).* Er hät en Taape überchoo. Zss.: -stäcke m., *Tatzenstock des Lehrers.*

Taapi m. 1. *schwerfälliger Mensch.* 2. *zudringlicher Mann, bes. gegenüber Frauen.*

taapig 1. *schwerfällig.* 2. *zudringlich gegenüber Frauen.* Er hät e taapigs Gmüet.

Taar siehe Toor.

Taare w. 1. *Dörrblech.* 2. *Gestell zum Trocknen von Flachs* (va.). Ra.: Öppis uf der Taare haa, *noch etwas zu sagen haben.*

Taarm m. (Tèèrm) *Darm.* Er hät s in Tèèrme, *Darmkrankheit.*

Taasch w., **Taatsch** w. 1. *gemeine Kröte.* 2. *langsamer Mensch.*

Taatsch m., in ZO. **Tootsch** m. (öö) *einfältiger, beschränkter Mensch.*

Taatscheri w. *Kreuzkröte* (ZO.).

Tabeet s. in Ra.: Öppis uf s Tabeet bringe, *etwas zur Sprache bringen.*

Tabeete w. 1. *Tapete.* 2. *Haut* (pop.). D Tabeeten isch abechoo, *die Haut schält sich (Sonnenbrand).* 3. *Tausendfrankennote* (pop.).

Taberett s., **Taburett** s. *Hocker.* Vkf. Taberettli s.

tabiziere (-t) *tapezieren.*

Tablaar s. *Fach, Brett in einem Gestell, Schrankbrett.*

Tablo s. *Gemälde.*

Tach s. (Tächer) 1. *Dach.* Ra.: Äim uf s Tach gèè, *jemanden durchprügeln oder derb zurechtweisen.* Zss.: -chängel m., *Dachtraufe;* -fiìrscht m.; -latte w.; -schade haa, *nicht ganz bei Verstand sein* (pop.); -spare m.; -stuel m.; -tecker m.; -ziegel m. 2. *Schirm* (pop.). Vkf. **Tächli** s. Zss.: -chappe w., *Schirmmütze.*

Täch s. *Technikum* (pop.).

Täche m. *Dekan (der Kirche)* (va.).

Tachs m. (ä und -e) 1. *Dachs.* Zss.: -bou m.; -fläisch s.; -hö̀ö̀li w.; -hund m.; -schade m. 2. *Hundename.* 3. *Tornister* (Ssp.).

tächse (-et) *den Dachs jagen.*

Tächsel m. *Hohlbeil, Rundaxt.*

Tächser m. *Dachshund.*

Tadel m. *Tadel, Fehler, Mangel.* Vkf. Tädeli s. A dem Tuech isch ekäs Tädeli.

tädere (-et) *schwatzen, hinterbringen.* Dè gaat alls go tädere. Zss.: ume-; uus-.

Tädi m. *Vater* (Ksp.).

Tafèère w., **Taffèère** w. 1. *Taverne* (va.). 2. *Wirtshausschild, Firmenschild.* 3. *Gesicht.*

Tafele w., **Tafle** w. *Tafel.* Vkf. Täfeli s.

täfele (-et) *schwatzen, klatschen.* Zss.: ume-; uus-, *etwas ausplaudern.*

Täfeli m. *Schwätzer.*

Täfer s. *Getäfel.*

täfere (-et), **täfele** (-et) *täfeln.*

Tafle siehe Tafele.

Täflike *Ort mit vielen Strassenschildern und Verbotstafeln* (humor.).

Tag- siehe unter Taag-.

tagge (-et) *ticken.*

Taggel m. 1. *Dackel.* Vkf. Taggeli s. 2. *dummer Kerl.*

täggele (-et) 1. *etwas lässig tun.* 2. *schmeicheln, liebkosen.*

taggle (-et) *endlos marschieren* (Ssp.). Zss.: devoo-.

taggle in Zss.: uuf-, *sich aufputzen.* Isch die uuftagglet! *aufgetakelt.*

Täggscht m. *Text.*

Tagi m. *Kurzform für Tages-Anzeiger (Zeitung).*

taglöönere siehe unter Taag-.

Tagme m. *Taglohnarbeit.* Uf de Tagme gaa, *im Taglohn arbeiten.*

Tagnö̀ier, tagnö̀iere siehe unter Taag-.

täichsle (-et) *einrichten, ordnen, erledigen* (jg.). Wie wämer das täichsle?

täigg 1. *überreif, teigig, von Birnen.* Täiggi Bire. 2. *müde, schläfrig* (pop.). I bi täigg.

3. *nachgiebig, zermürbt.* Zletscht isch er täigg woorde.

Täigg m. *Teig.* Zss.: -aff m., *Dummkopf* (pop.).

täigge (-et) 1. *Teig kneten, bereiten.* Zss.: aa-, a) *anteigen.* b) ütr., *etwas vorbereiten, in die Wege leiten* (pop.). 2. *überreif werden, von Birnen.*

täiggig *teigig, teigähnlich.*

täiggle (-et) *aus Erde, Sand Teig machen* (Ksp.). Zss.: aa-, *etwas anrichten, anzetteln, einfädeln.*

Täil m. *Teil.* En Täil, täil, *gewisse, manche;* täil Lüüt; a täil(nen) Oorte. Vkf. Täili s.

täile (-t) *teilen.*

täilig - täilig *gewisse, manche.* Täilig sind defȕȕr, täilig degäge.

Täjȍȍr s. *Schneiderkostüm, Jackenkostüm* (frz. tailleur).

Täler m. *Teller.* Zss.: -chappe w., *flache Mütze.*

Tämpel m. *Tempel.* Zum Tämpel uus jage, *wegschicken* (pop.). Haued s zum Tämpel uus! *weg mit euch* (pop.).

Tämperänz w. *Abstinenz.*

Tämperänzler m. *Abstinent.*

Tampf m. (ä) 1. *Dampf.* Ra.: Tampf gèè, *sich beeilen.* Zss.: -baad s.; -maschine w.; -pfane w., *Dampfkochtopf;* -schiff s., a) *Dampfschiff.* b) *sehr grosser Schuh* (humor.); -schiffstääg m.; -walzi w., *Dampfwalze;* -welo s., *Motorrad* (va.). 2. *Rausch.* Er hät en Tampf.

tampfe (-et) *dampfen.* Zss.: aa-, *herbeikommen* (pop.). Er chunt aaztampfe, *er eilt herbei, kommt angefahren;* ab-, *weggehen, verreisen, abfahren* (pop.).

tämpfe (-t) *dämpfen.* En Rock tämpfe, *feucht plätten.*

Tämpfete w. *Dampfentwicklung (z.B. in der Waschküche).*

Tämpi w. *Temperatur* (pop.).

Tampis m. *leichter Rausch.*

tämpo-tüüfel *sehr rasch* (pop.).

tämporèère (-t), **tämperèère** (-t) *zeitweilig arbeiten* (jg.).

Tangel m. *Dengel, ausgedengelter Blattrand der Sichel, Sense.* Zss.: -gschȉȉr s., *Dengelzeug;* -hamer m., *Dengelhammer;* -stäi m.; -stock m., *Dengelamboss, Dengelblock.*

tängele (-et) *dengeln.* Zss.: Tängel(i)hamer m., *Dengelhammer;* -stäi m.; -stock m., *Dengelamboss, Dengelblock;* -stuel m.

Tangg w. *grüne Baumnussschale.*

tängg *teigig, ungenügend gebacken.*

tangge (-et) in Zss.: uus-. D Nusse uustangge, *die Baumnüsse aus den grünen Schalen lösen.*

tanggig *feuchtweich, teigig, klebrig.* Tanggige Bode; tanggigs Broot.

Tango m. *Tango.* Das spilt ekän Tango, *keine Rolle* (pop.).

tani, jg. **tanig** *tannen, aus Tannenholz.* E tanis Brätt, en tanige Tisch. Hw. Tanis s., *Tannenholz.*

tänk *vermutlich, wohl, denk ich.* De Köbi wȉrt tänk ä choo. Tänk wol! *natürlich.*

tanke (tanket) *danken.* Er hät nüd gèèrn tanket. Tanke höfli! *vielen Dank.*

tänke (-t) *denken.* Tänk wol! *natürlich!* Ra.: Chasch tänke, Babettli! *kommt nicht in Frage* (humor.). Zss.: naa-; uus-. Es isch nüd zum Uustänke, was hett chöne gschee, *es ist unvorstellbar.*

Tänkeli s. *Stiefmütterchen (Pflanze).*

Tankigott m. *Dank.* En Tankigott sääge, haa.

Tann (Tane) w., jg. **Tane** w. *Tanne.* Zss.: Tanechrȉȉs s., *Tannenreisig.* Vkf. Tändli s.

Tänn s. *Tenne, Fussboden der Scheune.* Zss.: -riisete w., *Abfall, Ausfall beim Hochziehen der Getreidegarben;* -taar s., jg. -toor s., *Tennentor;* -tȍȍrli s., *Tennentür.*

Tante w. *Tante.* Zss.: Tante-Gotte w., *Taufpatin.*

Tanz m. (ä) *Tanz.* Uf de Tanz gaa. Ra.: Mach kä Tänz! *keine Umstände.* Zss.: -bäi s. S Tanzbäi schwinge, *eifrig tanzen;* -bode m., *Tanzboden, Tanzdiele.* Uf de Tanzbode gaa; -paar s. Vkf. Tänzli s.

tanze (-et) *tanzen.* Tanze wie de Lump am Stäcke, *übermütig tanzen.* Zss.: aa-. Er hät müese aatanze, *antreten, herbeieilen* (pop.); dure-. Si händ di ganz Nacht duretanzet; ume-, *herumtanzen.*

Tanzete w. 1. *das Tanzen.* 2. *soviel Personen, als zum Tanzen notwendig sind, Tänzerpaar.*

ütr. E Tanzete Chind, *gleichviel Knaben und Mädchen.*

tänzle (-et) *tänzeln.* Zss.: devoo-; ie-; use-.

täppele (-et) *trippeln.* Zss.: devoo-.

tärche (-et) *lauschen.*

Täsche w. 1. *Tasche.* D Fraue händ gèèrn mängerläi Täsche, *Handtaschen.* Zss.: -buech s., *Taschenbuch;* -lamp w.; -lampi m., *Faulenzer;* -pfunzle w., *Taschenlampe* (pop.). 2. *Hülse der Bohnen, Erbsen.* 3. *Scheltwort für Frau.* Die tunders Täsche, *durchtriebene Person.*

Tasse w. *Tasse.* Vkf. Tässli s. Ninsch na es Tässli?

Tätsch m. 1. *Breitgedrücktes.* Zss.: -huus s., *niedriges Haus.* 2. *Schiessscheibe aus Lehm* (va.). Zss.: -mäischter m., a) *Aufsichtsperson beim Zürcher Knabenschiessen.* b) *Organisator;* -schiibe w. 3. *Schlag, Prügel.* S Chind hät Tätsch überchoo, *Schläge auf das Gesäss.* Ra.: En Tätsch im Gsicht, *Rausch.* En Tätsch a de Büchs haa, *nicht bei Verstand sein* (Schsp.). Uf äin Tätsch, *auf einmal.*

tätsche (-t) *klatschen, knallen.* Hütt tätscht s wider emaal, *regnet es heftig.* S hät mäin i tätscht, a) *eine heftige Auseinandersetzung gegeben.* b) *einen Autozusammenprall gegeben.* Zss.: abe-, *niederprasseln, von Regen;* ane-, a) *eine Ohrfeige geben.* Äim äini anetätsche. b) *rasch erledigen* (jg.); um-, *umfallen;* use-, a) *herausfallen.* b) *eilig erledigen* (jg.); uuf-, *aufprallen;* zäme-, *zusammendrücken, zusammenstossen.*

Tätschete w. *Klatschen von Schlägen.*

tätschle (-et), **tätschele** (-et) *tätscheln, liebkosen, streicheln.*

Tätschlete w. *Tätscheln.*

Tatteri m. *Furcht, Verzagtheit.* Er hät de Tatteri.

Tattle w. *Dattel.*

taub 1. *taub, gehörlos.* 2. *zornig, wütend, erbost.* Es hät en taub gmacht, *es erzürnte ihn.* Mach mi nüd taub! 3. verst. hagels-, chrüüz- usw., *sehr zornig.* 4. *leer.* E taubi Nuss, *Nuss ohne Kern.*

Taucherli s. *Belche, Blesshuhn, Zwergtaucher.*

taue (-et) *tauen.* Zss.: uuf-.

Tauele w., **Tauere** w. *gemeiner Hohlzahn (Pflanze).*

tauffe (-t) *taufen.*

Tauffete w. 1. *Taufe, Taufhandlung.* 2. *Tauffest.* 3. *Taufgesellschaft.* 4. *Taufmahl.*

Tauffi w. (-ene) *Taufe, Tauffest.* Zss.: Tauffgruscht m., *Taufkleid, Taufausrüstung;* -mòòli s., *Taufmahl;* -stäi m.

taune (-et) *im Taglohn arbeiten.*

Tause w., **Tausse** w. *Rückentraggefäss.*

Täxeler m. *Taxichauffeur* (pop.).

Taxi m., s. *das Taxi, die Taxe, der Taxameter.*

Tebischang m. *Schlemmer, Verschwender* (va.); frz. débaucher.

tecke (-t) 1. *decken.* Zss.: ab-, *überdecken.* En Kanaal abtecke; Abtecker m., *Abdecker, Schinder;* ii-, *eindecken, zudecken;* um-. Es Tach umtecke, *neu decken;* uuf-; zue-. 2. *begatten, durch das männliche Tier.*

Teckel m. 1. *Deckel.* Ra.: Äim äis uf de Teckel gèè, *Verweis erteilen.* 2. *Kopfbedeckung* (humor.). Zss.: -schnägg m., *Nonne* (vulg.). 3. *Detektiv, Polizist* (humor.). Vkf. **Teckeli** s., 1. *kleiner Deckel.* 2. *kleine Zierdecke.*

Tecki w. (-ene) *Decke.*

teckle (-et) 1. *einen Deckel machen, von der Schnecke.* D Schnägge teckled. 2. *den Hut lüften.* Wem häsch tecklet? Zss.: ab-, a) *die Deckel von den erntereifen Honigwaben entfernen.* b) *scharf abfertigen.*

Tee s., jg. **Thee** m. *Tee.* Ra.: Absitze und T(h)ee trinke, *abwarten.* Zss.: -chante w., Teekanne; -chränzli s., *Teekränzchen.* Vkf. T(h)eeli s.

Teefang m. nur in Ra.: De Teefang nèè, *Reissaus nehmen.* Äim (öppisem) de Teefang gèè, *den Gnadenstoss, vernichtenden Schlag versetzen.*

Tèèggel m. 1. *weichliche, verzärtelte Person.* 2. *scheuer, furchtsamer Mensch.* Dè Bueb isch en Tèèggel.

tèèggele (-et) 1. *streicheln, liebkosen.* 2. *mit Wasser, Lehm spielen* (Ksp.). 3. *tändeln (statt arbeiten).*

Tèèggeler m. *unentschlossener, zimperlicher Mensch.*

Tèèggeli m. *verweichlichter Mensch, Weichling.*

tèèggelig 1. *unbeholfen, tändelnd.* 2. *zimperlich, verzärtelt, kleinmütig.*

Tèèggi m. *langsamer, furchtsamer, unbeholfener Mensch, Weichling.* De bisch kän Bueb, de bisch en Tèèggi.

teere (-t) *dörren.* S Obs teere. Zss.: Teeröfeli s., *kleiner Dörrofen.*

tèère (-et) 1. *zaudern, langsam sein, unentschlossen sein.* 2. *lang schwatzen.*

Teeri w. *Dörranlage, Trocknungsanlage.*

tèèrle (-et) *sich Zeit lassen, langsam sein.* Zss.: Tèèrlimèèrli m. *langsamer Mensch* (ZU.).

Tèètel m. *Soldat* (Ssp.).

Teli s. *Telefonanruf* (jg.).

telifoniere (-t) 1. *telefonieren.* 2. *austreten (auf den Abort), die Toilette aufsuchen* (pop.).

Telifoon s. *Telefon.* Gänd Si mer es Telifoon! *Rufen Sie mich an!*

Telifööndler m. 1. *Telefonmonteur.* 2. *Telefonsoldat* (Ssp.).

Teligrööfler m. *Telegrafensoldat* (Ssp., va.).

Tepesche w. 1. *Telegramm.* 2. *Brief* (heute selten).

Tepo s. 1. *Tram- oder Lokomotivdepot.* 2. *Magazin einer landwirtschaftlichen Genossenschaft.*

Tessèèr m. *das Dessert, Nachtisch.*

---

th- ist als t-h- zu lesen

---

theaatere (-et) *Theater spielen. ütr. sich aufspielen, sich verstellen.*

theääterle (-et), **theòòterle** (-et) *Theater spielen.* Mer theääterled gèèrn.

Thee siehe Tee.

Theek m. *Schultornister.* Vkf. **Theekli** s., *Mappe, z.B. von Lesezirkel* (va.).

Theekunte m. *Lohnabzug zur Deckung allfälliger Schäden* (va.); frz. décompte.

Theer m. *Teer, Asphalt.* Zss.: -straass w., *Strasse mit Hartbelag, Asphaltstrasse.*

theere (-et) *teeren, asphaltieren.*

Thermomeeter m. *das Thermometer.*

tick 1. *dick.* Ticki Äier, *hartgesottene Eier.* Ra.: I ha s tick, *ich habe es satt.* Er hät s tick hinder den Oore, *ist schlau.* Tick dine sii bi öppertem, *Liebling sein von jemandem.* Zss.: -gchopfet, *dickköpfig;* -mutsch(li) m., -sack m., *dicker Mensch.* 2. *dicht.* S Graas staat tick. Ticki Wüpper, *dichte, schwere Gewebe.* De Sack isch tick voll, *prallvoll.* 3. *(sehr) gut, flott* (pop.). Das isch tick gsii! E ticks Ässe, en ticke Fraass, *vorzügliches, reichhaltiges Essen.* 4. *reich* (pop.). En ticke Brüeder. 5. *unangenehm.* Das isch tick! *ungebührlich* (jg.). Ticki Poscht.

ticke (-et) 1. *dick werden.* Er hät oordli ticket. 2. *gerinnen.* D Milch ticket.

Ticki w. (-ene) *Fettleibigkeit, Dicke, Dichte.*

Tiechsel m. (Tiechsle) *Deichsel.*

tiechsle (-et) *etwas lenken, einrichten.* I will luege, as i die Sach cha tiechsle, *die Sache zu jemandes Gunsten ordnen.* Zss.: ab-, *abziehen, sich davonmachen* (Schsp.); häi-, *heimgehen, heimkehren* (ZO.).

Tier s. *Tier.* ütr. E hööchs Tier, *sehr einflussreiche Person* (pop.).

tierisch *hart, streng* (pop.).

Tierli s. *Kornelkirsche.* Zss.: -baum m., *Kornelkirschbaum.*

tiferiere (-t) *differieren, sich unterscheiden.*

tifig *gewandt, geschickt, behende, flink.* Aber tifig! *aber rasch!* Er schafft tifig, *arbeitet rasch.* Er isch en Tifige. Er isch nöd grad de Tifigscht!

Tifigi w. *Gewandtheit, Behendigkeit.*

tifiliere (-t) 1. *defilieren, vorbeimarschieren.* 2. *paradieren, stolzieren* (ironisch). Er tifiliert mit der Pelzchappe s Doorff duraab. Zss.: ab-, *abmarschieren, sich davonmachen.*

tige 1. *ausgetrocknet, nur halb gedörrt.* I ha d Bire lieber, wänn s tige sind, als ganz tùùr. 2. *luftgetrocknet, von Fleisch.* Tiges Schwiinis.

Tiger m. 1. *Tiger.* 2. *Haustier mit gestreiftem Fell, besonders Katze; auch Tiername.* 3. *Fussmarsch* (Ssp.). 4. *Rausch.* Er hät en Tiger (pop.). Vkf. **Tigerli** s., 1. *getigerte Katze.* 2. *Rangierdampflokomotive (fauchend).*

tigere (-et) *marschieren* (Ssp.).

tigeret *tigerartig gestreift.* S tigeret Chätzli.

tigge (-et) *ticken.*

tiggis-täggis, tiggi-taggi *tick-tack.*

tigne (-et) in Zss.: ii-, *eintrocknen.* S Riet isch iitignet.

Tiich m. (-e) 1. *Einsenkung im Gelände.* Me

mues de Tiich im Acher uusfüle. 2. *aus Brettern gefügter Mühlekanal.*

tiiche (-et) *leise gehen, schleichen.* De Hüüsere naae tiiche, *den Häusern entlang schleichen.* Zss.: ane-, *heranschleichen;* devoo-, *wegschleichen;* naae-, *nachschleichen;* ume-, umenand-, *scheu, verdächtig umherschleichen.*

Tiichi m. *heimtückischer Mensch, Duckmäuser.*

Tìrggel m. 1. *dünnes Honiggebäck mit aufgeprägten Figuren.* 2. *langweiliger Kerl.* Er isch en Tìrggel. 3. *Rausch.* Er hät en Tìrggel, *ist leicht betrunken.*

tildere (-et) 1. *unaufmerksam, zaudernd arbeiten, leichtsinnig handeln.* 2. *trällern, vor sich hin singen.*

Tili w. (-ene) 1. *Decke eines Zimmers.* 2. *Dachboden.*

Till m. *dickes, ungehobeltes Brett, Bohle, für Stallböden, Brücken.*

Timber m. *Dunst.*

timber, timberig, timer 1. *dunstig.* 2. *dämmerig.*

timbere (-et) *dämmern.* Es timberet.

tinge (-et) *dingen.* Zss.: aa-, *gebieten, nahelegen.* Er hät em aatinget, er söll s sääge; ii-, *einstellen, in Dienst stellen* (va.).

Tinte w. *Tinte.* Zss.: -chübeli s., -fässli s., -gschìr s., *Tintenfass;* -lumpe m., *Tintenlappen;* -schläcker m.; -tolgge m., *Tintenklecks.*

Tips m. *leichter Rausch.* Vkf. Tipsli s.

tiräkt, thiräkt *direkt.*

Tiräkter m., **Thiräkter** m. (Tiräktere, jg. Tiräktoore; Th-) *Direktor.*

Tirigänt m. *Dirigent.*

tirigiere (-t) *dirigieren, befehlen.*

Tisch m. *Tisch.* Zss.: -bäi s.; -macher m., *Schreiner* (va.); -trucke w., *Schublade.* Vkf. Tischli s.

tische (-et) *Tisch decken.* Zss.: aa-, *den Tisch decken;* ab-, *den Tisch abräumen.*

tischgeriere (-t) *sich unterhalten, diskutieren.*

Tischkurs m. *Unterhaltung, Diskussion.*

Tischpidaat m. *Disputation, Streitgespräch* (va.).

tischpidiere (-t) *disputieren* (va.).

Tischpuut m. *Streitgespräch.*

Tischtle w. 1. *Distel.* 2. *Zwanzigfrankennote* (pop.).

Titti s. 1. *Puppe* (Ksp.). 2. *zimperliches Kind.* Zss.: -bääbi s., *Puppe;* Titti-Tatti-Spraach w., *kindliche, reichlich mit Diminutiven durchsetzte Sprache.*

Tiwaan m. *Ruhebett, Couch.*

tiwidiere (-t), **tividiere** (-t) *dividieren.* Zss.: use-, *herausfinden, ausklügeln.* Hw. Er isch en Uustiwidierte, *auf seinen Vorteil Bedachter.*

tobe (-et) *toben, wüten.* Zss.: ume-; uus-.

Tobel s. *Tobel, Schlucht.* Vkf. Töbeli s.

tobiasse (-et) *toben, wüten.*

Tochter w. (Töchtere), **Tòchter** w. (-e) 1. *Tochter.* D Tochter, *meine Tochter.* Zss.: -maa m., *Schwiegersohn.* 2. *erwachsenes Mädchen.* Zss.: Töchterechoor m., *Damenchor;* Töchterschuel w. (va.). Vkf. **Tòchterli** s., 1. *Tochter* (fam. *auch erwachsene Tochter).* 2. (auch **Tächter** w. ZO.) *Gerstenkorn am Augenlid.*

Tòchti w. *Töchterschule* (va.).

Tockebaabe w. *Puppe* (va.).

Tockete w. 1. *Büschel Werg.* 2. *Puppe.*

töderle (-et) *lallen* (Ksp.).

Töff m., s. *Motorrad.* Töff mit Flöötenetwii, *Motorrad mit Seitenwagen* (humor.). Vkf. Töffli s., *Motorfahrrad, Kleinmotorrad.*

töffle (-et) in Zss.: uus-, *durchprügeln.*

toge *gebückt, gebeugt.* Er hät galtet, er gaat ganz toge.

Togge w. *zurechtgeschnittenes Holzscheit.* Zss.: -baabeli s., 1. *beschränkte, einfältige Frau.* 2. *herausgeputztes Mädchen;* -bääbeli s., *aus einem Holzscheit geschnitzte Puppe.* Vkf. **Töggeli** s., *(senkrechter) Zaunstab.*

töggele (-et) *sachte klopfen.* Ra.: Er hät si nüd a de Zääne la töggele, *liess nicht mit sich spassen.*

töggele (-et) *Tischfussball spielen* (jg.).

Toggeli s. *Mahr, Nachtgeist.*

Töggeli s. 1. *Zaunlatte, kleiner Holzpflock.* Zss.: -haag m., *Lattenzaun.* 2. *Spielfigur bei Brettspiel.*

tòibele (-et) 1. *trotzen, schmollen, durch Weinen erzwingen* (Ksp.). 2. *toben, wüten.* Zss.: uus-, *den Zorn verlieren.* Er hät uustòibelet, *hat sich beruhigt.* 3. Es tòibelet echli, *es schneit ein wenig.*

Tòibeli m. *Wütender, Trotzkopf.*

Tòiberich m. *zorniger Mensch* (ZO.).

Tòibi w. *Wut, Zorn.* In äinere Tòibi, *wütend.* D Tòibi verbiisse. E Tòibi wèèrde, *wütend werden.*

tòie (-et) 1. *verdauen.* 2. *entgelten.*

tòiele (-et) 1. *leicht tauen.* 2. *leicht, fein regnen, nieseln* (ZO.).

töischtig *dunstig.*

Tokter m. (ö) 1. *Doktor (Titel).* De Tokter mache, a) *doktorieren.* b) *mühsame Arbeit machen* (pop.). Hèrr Tokter, *Anrede an irgend jemanden* (humor.). 2. *Arzt.* De Tokter hole, *Menschen- oder Tierarzt rufen.* Das isch grad daas, wo mer de Tokter verschribe hät, *das Angemessene, Gewünschte* (humor.). Zss.: Tokterkunte m., *Arztrechnung;* Toktersluüt (Mz.), *Arztfamilie;* Tokterruschtig w., *Arzneimittel in Hausapotheke;* Tokterwaar w., *Medikamente.* Vkf. Tökterli s., *Arzt* (pej.).

toktere (-et) 1. *den Arztberuf ausüben.* 2. *ärztlich behandeln oder sich behandeln lassen.* Er hät müese s ganz Jaar toktere. 3. *ausbessern, kurieren.* Zss.: ume-, *herumdoktern, sich abmühen.*

tökterle (-et) 1. *nach Arznei riechen.* 2. *langsam, ziellos, schwerfällig arbeiten.* Zss.: ume-, *herumdoktern, sich abmühen.* An öppis umetökterle.

Tökterlis mache *Arzt spielen* (Ksp.).

Tökti m. in: De Tökti, gebraucht für einzelnen *«Dr. X»* in Schule, Firma usw.

Tolder m. *Wipfel des Baumes.*

tole (-et) *dulden, ertragen.*

Tole w. *Abwasserschacht, Abwasserkanal.* Zss.: -teckel m., 1. *Schachtdeckel.* 2. *Fünffrankenstück* (pop.).

tolgge (-et) *klecksen.* Zss.: aa-.

Tolgge m. (ö) 1. *Klecks, meist von Tinte.* En Tolgge mache. Ra.: Er hät en Tolgge im Räinheft, *sein Ruf ist befleckt.* 2. *Rausch.* Er hät en Tolgge.

toll *toll, ausgezeichnet* (Schsp.). Das isch toll!

Tollfuess m. (-füess) *Klumpfuss.*

Tolliise w. *Wasserleitung aus Steinen* (va.); frz. coulisse.

Tomaate w. (betont auf o oder aa) 1. *Tomate.* 2. *Schlag mit dem Knie in die Seite des Oberschenkels* (Schsp.).

Tone w. 1. *Tonne.* 2. *Tausendfrankennote* (pop.).

Tönü s. *Tenü, Kleidung, Aufmachung.* Tönü blau, *Überkleid* (Ssp.); Tönü grüen, *Exerzierkleid* (Ssp.). Zss.: -feez m., -figg m., *Umziehübung* (Ssp.).

toobe siehe tobe.

Toochte siehe Taachte.

toochtig siehe toorchtig.

tood *tot.* Vgl. toot. Er isch tood. Zss.: -èèrde-, *sehr* (zu negativen Begriffen), z.B. toodèèrdebläich, toodèèrdemüed.

toode (-et) *langsam (ab)sterben, von Pflanzen und Tieren* (va.).

tööde (tööt) 1. *töten.* 2. *aufknacken (Nüsse).*

Toon m. *Ton.* Ra.: Bin i uf em rächte Toon? *richtig unterrichtet.* Vkf. Tööndli s. Me ghöört käs Tööndli.

tööne (-t) *klingen, tönen.* Es töönt guet, *es klingt gut.*

tòòple (-et) 1. *tasten, berühren (vor allem Frauen).* 2. *langsam gehen* (ZO.).

Tòòpli m. *zudringlicher Mann (gegenüber Frauen).*

Toor s., älter **Taar** s. *das Tor.* Vkf. Tòòrli s., jg. Töörli.

toorchtig, toochtig 1. *töricht, dumm, einfältig.* 2. s toorchtig Òòderli, *die empfindliche Stelle am Ellbogen.*

toore (-et) *dorren, dürr werden.* Zss.: ab-, *absterben, verdorren;* uus-, *austrocknen.*

Toorebueb m. (-e) *Dummkopf, Tölpel.*

Toorejoggel m. (-joggle) *Dummkopf, Tölpel.*

tòòrffe (i tòòrff) *dürfen.* Er hät tòòrffe wider uufstaa.

toorgge (-et) *kneten.* Zss.: ume-. Im Täigg umetoorgge; zäme-.

Toorggel m. 1. *Dummkopf.* 2. *Rausch.*

tòòrle (-et) *Türen häufig öffnen und schliessen.*

Toorn m. (òò) *Dorn.* Zss.: -haag m., *Dornenhecke.* Ra.: Gseesch wie dur en Toornhaag uus, *zerzaust.*

tòòrnig *dornig.*

toot *tot.* Vgl. tood. En toote Hund. Hw. en Toot(n)e m. (Mz. Tootni), *Toter.* Zss.: Tootebaar w., *Totenbahre;* -bäindli s., *bestimmtes Kleingebäck;* -baum m., *Sarg* (va.); -bett s.; -blüeter m., *blauer Flecken in der Hand, Blutfleck;* -chopf m.; -glogg w., *Totenglocke;* -grebli s., *Grab* (fam.); -maal s.; -stili w.; Tootenuur w., Tootewùùrm m., *Holzwurm im Getäfer.*

töötele (-et) *nach Leiche riechen.* Es töötelet i dèm Zimer. Ra.: Schmöcksch, wie s töötelet? *Drohung.*

töötli *tödlich.*

Tootsch siehe Taatsch.

Topf m. *Topf.* Haus in Topf! *geh, verschwinde.*

topfe (-et) in Zss.: um-, *Pflanze umtopfen, in anderen Topf setzen.* Äine umtopfe, *auf den Abort gehen* (vulg.).

Toppel s. 1. *Doppel.* Zss.: -zäntner m., *Doppelzentner, 100 kg.* 2. *Einsatz, der zum Schuss auf die Stichscheibe berechtigt.*

topple (-et) *auf die Stichscheibe schiessen.*

topplet *doppelt.*

Totsch m. (ö) 1. *etwas Breitgedrücktes.* 2. *beschränkte Person, Dummkopf.* Vkf. Tötschli s.

tottere (-et) *sachte schlagen, klopfen.*

tötterle (-et) *sachte schlagen, klopfen.* Es hät mer tötterlet, *hatte leichtes Herzklopfen, leichte Angst.*

Totz m. (ö), **Totze** m. (ö) *Holzklotz.* Vkf. Tötzli s., *Holzklötzchen zum Spielen.*

Totz s., **Totzet** s. *Dutzend.* Mer sind öppen es Totz, Totzet gsii. Zss.: z totzetwiis, *dutzendweise.*

tötzle (-et) *Holzklötze spalten.*

Touscht m. *Dunst, Nebel* (va.). Kän (blasse) Touscht, *keine Ahnung.* Vgl. töischtig.

Traab m. *Trab.* Trab! *in Trab (Zuruf an Pferd).*

traabe (-et) *traben.* Zss.: voor-, *vor der Obrigkeit vorsprechen* (pop.). Er mues uf em Stüüramt voortraabe.

Trääff m. *Augenblick* (ZO.). I dem Trääff, *jetzt, in diesem Augenblick.* I säbem Trääff hämer grad Fèrie ghaa.

Traag m., jg. **Troog** m. (öö) *Trog.*

Traage w. 1. *Tragbahre.* 2. *Traggestell des Maurers.* 3. *Gestell für Blumentöpfe.*

trääge (i trääge, de träisch, er träit; mer trääged; Wf. Vh. träiti; Mw. träit) *tragen.* Zss.: aa-; abe-, *hinuntertragen;* ane-, *hintragen;* devoo-; dure-; ewäg-; furt-; ie-; ii-; naae-, *nachtragen;* ufe-; ume-; use-; uuf-; uus-; voor-; zäme-; zue-. Träägbääre w., *Tragbahre.*

Trääger m. *Träger.* Zss.: -laade m., *vom Lastschiff ans Land gelegtes Ausladebrett.* -schooss m., *Trägerschürze*

trääget 1. *tragend.* Träägete Schnee, *festgefrorener Schnee.* 2. *trächtig.* E träägeti Chue.

Träägete w. *Traglast.*

Traame m. *behauener Balken.*

Traasch w., **Trascht** w. *Lage Getreide beim Dreschen.*

Trääsch s. *Trester.* Kafi Trääsch, *Kaffee mit Schnaps.* Zss.: -bränz m., *Tresterbranntwein;* -fass s.; -huuffe m.; -stande w., *Tresterfass.*

Traat m. (Trööt) 1. *Draht.* An Traat hange, *telefonieren gehen* (pop.). Am Traat hange, *telefonieren* (pop.). Zss.: -gitter s.; -schmitte w., *Drahtschmiede;* -säil s. 2. *Reckstange* (Turnersprache). Am Traat hän i versäit, *die Reckübung ist mir nicht gelungen.* 3. *Geld* (pop.).

Trachter m. *Trichter.* Vkf. Trächterli s.

trääffe (i triffe, de triffsch; mer trääffed; Mw. troffe) *treffen.* Zss.: aa-; zäme-.

Traguuner m. *Dragoner.*

traktiere (-t) 1. *misshandeln, belästigen.* 2. *bewirten.* Si händ is noobel traktiert, *gut bewirtet.*

Tram s. *das, die Tram, Strassenbahn.* Zss.: -bäi s., *Tramway, Tram(bahn)* (va.); -bileet s., *Strassenbahnfahrkarte;* -hüüsli s., *Strassenbahnwartehalle;* -insle w., *Schutzinsel;* -pfündli s., *Zwanzigrappenstück* (humor., va.).

Trämel m. *zersägter Baumstamm, schweres Stück Holz.* ütr. En fuule Trämel, *träger Kerl.*

trämle (-et) *mit dem Tram, mit der Strassenbahn fahren.*

Trämler m. *Strassenbahner.*

Tramp m. *schwere Gangart.* ütr. Es gaat alls im alte Tramp wiiter, *es bleibt alles beim alten.*

trampe (-et) 1. *stapfen, plump gehen.* Zss.: aa-, *antreten* (Ssp.); drii-, ine-, *hineinstapfen, unerwartet besuchen,* ütr. *auf etwas hereinfallen;* zäme-, *zusammentrampeln;* zue-, *weitergehen, weitermarschieren.* 2. *Pedale treten (Fahrrad).* 3. *per Anhalter, Autostopp reisen, trampen.*

trämpele (-et) 1. *trippeln.* 2. *zornig stampfen, von Kindern.*

Trampete w. *starkes Auftreten, Stapfen.*

trang *gedrängt, knapp, eng.* Die Tùùr gaat trang, *geht knapp, mühsam.*

Träng m. *Train (Militär).* Zss.: -soldaat m.

Tränki w. (-ene) *Tränke.*

Trap siehe Traab.

Trappe m. *leerer Beerenstand der Traube, Traubenkamm, Rapp.*

träppele (-et) *trippeln.*

Trapple w. *längerer Stufenweg mit eingelegtem Holz bei jedem Tritt* (va.).

Trascht siehe Traasch.

trätte *treten.* Zss.: aa-; ab-; ii-; uuf-; uus-.

Trätte w. *Tretbrett beim Spinnrad, bei der Nähmaschine.*

Tratz m., jg. **Trotz** m. *Trotz.*

tratze (-et) *reizen, necken, ärgern, trotzen.*

trätzle (-et) *reizen, necken, ärgern.* Er tòòrffed de Hund nüd trätzle.

Trätzler m., **Trätzleri** w. (-ne) *Neckende(r).*

Trauffi w. (-ene) *Traufe.*

traume (-et) *träumen.* Es hät mer traumet.

trawäle (-et) *arbeiten* (frz. travailler).

trèèe (-et) *drehen.* Zss.: aa-; ab-; dure-, *die Nerven verlieren* (pop.); ie-; uuf-; uus-; zue-. Trèèbank m., *Drehbank.*

trèèff *treffend, schlagfertig.*

Trèèm s. (Trèèmer) *behauener Balken.*

Trèèner m. *Trainingsanzug, Sportanzug.*

treschaagge (-et), **trischaagge** (-et) *misshandeln.*

Tribel m. 1. *Mehlbrei, Beerenbrei.* 2. En fuule Tribel, *träger Kerl.* 3. *lebhaftes Treiben, Trubel.*

tribeliere (-t) *quälen, bei der Arbeit hetzen, nicht in Ruhe lassen.*

Tribenaal m. *lärmendes Gedränge.*

tribene (-et) *durch Lärmen und Schlagen des Wassers Fische aufscheuchen und ins Netz jagen.* Zss.: Tribeneflotscher m., -stòiber m., *lange Scheuchstange mit rundem Holzklotz zum «Tribene»;* -netz s., *Treibnetz.*

trible (-et) *zur Arbeit antreiben.*

triele (-et) *geifern.*

Trieler m. *Geiferlatz für Kinder.*

Triff m. *Augenblick.* I dèm Triff, *jetzt, in diesem Augenblick.*

triibe (tribe) *treiben.* Tribes Gmües, *aufgetrieben, stark gedüngt.* Was triibsch? *Was machst du beruflich?* Zss.: aa-; ab-; furt-; um-. Land umtriibe, *Land bearbeiten* (va.); uuf-; uus-; zäme-; zue-. Triibsöili s., *junges Mastschwein* (ZO.).

Triiber m. *junges Schwein.* Vkf. Triiberli s.

trinke (trunke) *trinken.*

trischaagge siehe treschaagge.

troche (tröchner, tröchnischt) *trocken.* Ra.: Er isch nanig troche hinder den Oore, *noch unerfahren.* Troche wien es Chääferfüdli, *sehr trocken.* Zss.: -bröötler m., *sachlicher, gefühlsarmer Mensch.*

trochne (-et) *trocken werden.* D Wösch trochnet schnäll bi dem Wätter.

tröchne (-et) *trocknen.* D Wösch uufhänke zum Tröchne. Zss.: aa-; ab-, a) *abtrocknen.* S Gschììr abtröchne. b) Äine abtröchne, *jemanden derb zurechtweisen* (pop.); ii-; uuf-.

Tröchni w. *Trockenheit.*

tröi (-er, -scht) *treu.*

tròie (-t) *drohen.*

Tròiffi w., **Trauffi** w. (-ene) *Traufe.*

Tröii w. *Treue.*

tröisse (-et) 1. *unzufrieden weinen, murren.* 2. *weinerlich bitten, etwas erzwingen wollen, bes. von Kindern.*

Tröissete w. *weinerliches Bitten.*

Tröissi m. *Kind, das häufig etwas erzwingen will; Quengler.* Zss.: -bueb m.; -chind s.

Troli m., **Trolibus** m. *Trolleybus.*

Troog siehe Traag.

troole (-et) *rollen, wälzen.* Zss.: abe-, *hinunterrollen, hinunterfallen.* Vom Stuel abetroole; ane-, *heranrollen;* devoo-; ine-, *hereinfallen, unerwartet kommen;* um-, *umfallen, stürzen;* ume-, *sich wälzen.* Me tòòrff nüd in Wisen umetroole. Es troolet mer im Muul ume, *liegt mir auf der Zunge;* use-, *hinausrollen, hinausfallen.* ütr. De

Bluescht troolet grad use, *es blüht alles plötzlich;* zäme-, *zusammenstürzen.*

trööle (-et) 1. *wälzen.* Es Fass trööle. Zss.: Tröölholz s., *Wallholz, Nudelholz.* 2. *etwas hinauszögern, hinhalten.* Das isch äine, wo gèèrn tröölet, *einen Prozess in die Länge zieht.* 3. *prozessieren.*

Trööle w. *grosse Walze.*

Trööler m. *wer etwas absichtlich in die Länge zieht, Trödelnder; Prozesssüchtiger.* Zss.: -buess w., *Geldbusse für Prozesssüchtige.*

Tröölerei w. (-e) *Trödelei, absichtliches In-die-Länge-Ziehen.*

Tröölete w. *Trödelei, absichtliches In-die-Länge-Ziehen.*

Trò̀òmli s. *Fadenstück.* S Trò̀òmli wider finde, *den Faden, den Anschluss (wieder) finden.* An äim Trò̀òmli, *ununterbrochen.*

Troon m. 1. *Thron.* 2. *Nachttopf* (fam.). Vkf. Trööndli s.

Trooscht m. *Trost.* Dèè isch nüd rächt bi Trooscht, *nicht recht bei Sinnen.* (O) du miin Trooscht! *ums Himmels willen.*

trooschtli *getrost.*

trò̀òti *aus Draht, drahten.*

tropfet-nass *tropfnass.*

Tropfete w. *andauerndes Tropfen.*

Tröpflete w. 1. *langsames Tropfen.* 2. *spärlicher Besucherzustrom an einer Veranstaltung, spärlicher Bestellungseingang.*

trösche (-et) *dreschen.* Zss.: Tröschpflegel m., *Dreschflegel.*

Tröscher m. *Drescher.* Zss.: -porzioon w., *grosse Portion.*

Tröschete w. 1. *Drescharbeit.* 2. *Menge Korn, die aufs Mal gedroschen wird.*

Trotte w. *Kelter, Presse.* Zss.: Trottbaum m.; Trottbett s.

Trottinett s., **Trotti** s. *Trittroller (Kinderfahrzeug).*

Trottoar s. *Trottoir, Gehsteig.* Zss.: -amsle w., *Prostituierte* (pop.); -mischig w., *Bastardhund* (pop.).

troue (-t) 1. *vertrauen.* 2. *ein Ehepaar kirchlich einsegnen, trauen.* 3. *wagen.* Er trout si nǜǜd.

Truck m. *Druck.*

Truck s. *Gedränge.*

trucke (-t) 1. *drücken, stossen.* S Laub truckt, *spriesst.* Zss.: aa-, *anpressen, andrücken;* abe-, *hinunterdrücken, verschlingen;* dure-; ii-; ine. Äim äine inetrucke, *jemanden verleumden, schädigen;* ufe-; ume-; uuf-; uus-; wäg-; zäme-; zue-. 2. *pressen, keltern.* 3. *drucken.*

Trucke w. 1. *Schachtel, Schublade.* Vkf. Trückli s. 2. *Scheltwort für Frau.* Alti Trucke, *altes Weib;* choge, falschi, fuuli, langwiiligi usw. Trucke.

Trucker m. 1. *(Buch-)Drucker.* 2. *Kot* (fam.).

Truckerei w. (-e) 1. *Gedränge, Stossen.* 2. *Druckerei.*

Truckete w. *Gedränge, Stossen.*

trüe (-t) *zunehmen, dicker werden.* Er hät trüet.

trüebe (-et) *trübe werden.*

Trüegle w. *Bindeholz am Heuseil* (ZO.).

Truese w. 1. *Bodensatz im Weinfass, Weinhefe.* Zss.: -bränz m., -schnaps m. *Weinhefebrand.* 2. *Rückstand beim Einkochen von Butter.* Zss.: -wegge m.

trugeli, trugli *trügerisch* (ZO.).

trüle (-et) 1. *drehen.* Trüll di um! *dreh dich um.* E Rundi trüle (Sport). Zss.: aa-, *andrehen.* Öpperem öppis aatrüle, *aufschwatzen, zum Kauf veranlassen;* dure-, *durchdrehen;* ie-; ue-, *hinaufdrehen, hinaufwinden;* uus-. 2. *drillen, exerzieren.* Dèè chan i scho na trüle, *gewöhnen.* Zss.: ii-, *eintrichtern.* Öppis iitrüle.

Trüli w. (Trülene) *Drehvorrichtung* (z.B. Äichhörndlitrüli, *im Käfig), Drehkreuz (Abschrankung).* Er isch schöön i d Trüli choo! *geriet in grosse Schwierigkeiten.*

Trumbeete w. *Trompete.*

trumbeete (-et), **trumbeetele** (-et) *trompeten.*

Trume w., **Trumle** w. *Trommel.* Zss.: -chüble, *trommeln* (pej.); -schlegel m., *Trommelstock.*

trume (-et), **trumle** (-et) *trommeln.* Zss.: use-; uus-; zäme-.

Trümel m. 1. *Schwindelanfall.* 2. *Taumelloch (Unkraut).*

trümele (-et) *anhaltend trommeln.*

Trumidaar s. *Dromedar.*

trümlig *schwindlig.* Es wi̊rt mer trümlig. En trümlige Chäib, *komischer Kerl* (pop.). E trümligi Sach, *unklare Sache* (pop.).

Trumm s. 1. *aufgewickelte Garnsträhne.*

2. *Fadenanfang, Fadenende.* S rächt Trumm, *in einem Fadenknäuel.* 3. *Beigarn (zum Wirken).* 4. *Schusterzwirn.* Vkf. Trümli s., *Beigarn.*

trumpe (-et) *langsam und träge gehen, sein.*

trümpele (-et) *trippeln.*

trumpiere (-t) *sich täuschen.* I ha mi trumpiert.

Truube m. *Traube.* Zss.: -blüeet m., *Traubenblütezeit;* -bück(t)i s., *Traubentraggefäss;* -hunng m., *Traubengelee;* -schutz m., *Traubenansatz der Rebe;* -stande w.; -trääsch s., *Traubentrester.* Vkf. Trüübli s.

Trüübel m. 1. *verkümmerte Traube.* 2. *Grünling, Neuling, Bürschchen.* Dè jung Trüübel!

Trüübli s. *Johannisbeere.*

trüüffet-nass *tropfnass.*

trüüge (troge) *(sich) täuschen, trügen.* Dè Wääg trüügt, *täuscht in bezug auf seine Länge usw.* Er hät si troge, *hat sich getäuscht.* Das trüügt!

trüüli *wahrhaftig, wirklich.* Phüet is trüüli näi! *wirklich nicht.* Trüüli wool und (i) Gotts Name, *Grussformel* (va.).

Truur w. *Trauer.* Zss.: -band s.; -chäärtli s.; -schleier m.

truure (-et) *trauern.*

truurig (trüüriger, trüürigscht) 1. *traurig.* 2. E truurigi Büez, *mühsame, langwierige Arbeit.*

Trüüsche w. *Trüsche, Quappe, Aalraupe.*

tschädere (-et), **schädere** (gschäderet) *klirren, klappern.* Zss.: abe-, *hinunterpurzeln, hinunterrasseln.* De Wecker isch abetschäderet.

Tschädere w., **Tschättere** w. *alte herausgeputzte Frau* (pop.).

tschäderis siehe schäderis.

tschäppe (-et) *einfangen, verhaften* (pop., jg.).

tschau!, tschau-tschau! *Auf Wiedersehen! Grüss dich!* (fam.); ital. ciao. Tschau zäme!

tschènt *flott, grosszügig* (pop., va.). En tschènte Tiip.

Tschèss m. *Jazz* (jg.).

tschiengge siehe schiengge.

Tschiggita m. *violett-gelber Triebwagenzug* (span. chiquita, *Bananenmarke)* (jg.).

Tschiip m. *Jeep.*

Tschingg m. (-e), **Tschinggelemoore** w. *Italiener* (vulg.). Zss.: Tschinggeschiissi w., *Stehklosett* (vulg.). Vkf. **Tschinggeli** s., 1. *kleiner, hübscher Italiener.* 2. *(hübsches) Italienermädchen.*

Tschingg s., **Tschinggisch** s. *Italienisch* (Schsp.). Was händ er im Tschingg ghaa?

Tschitschipäändli s. *Eisenbahn* (Ksp.).

Tschooli m. *gutmütiger, etwas beschränkter Mensch.* En guete Tschooli.

Tschoope siehe Schoope.

Tschopp m. *Arbeitsstelle* (pop., jg.); engl. job.

Tschudel siehe Schudel.

Tschuder m., **Gschuder** m. *wirrer Haarschopf.* Vgl. Schuder. Zss.: -chopf m., -grind m., *ungekämmter Kopf;* -haar s., -(h)öiel m., *ungekämmtes Haar.*

Tschüder m. 1. *unscheinbarer Mensch.* 2. *armseliger, kleiner Salatkopf.* Vkf. Tschüderli s.

tschudere siehe schudere.

tschuderig, gschuderig *struppig, zerzaust.* Vgl. schuderig. En gschuderige Spatz.

Tschuderihuu m. 1. *Nachahmung des Eulenrufes.* 2. *zerzauster Haarschopf.*

Tschugger m. *Polizist* (vulg.).

Tschuggerei w. 1. *Polizeiwesen* (vulg.). 2. *Polizeimannschaft* (vulg.).

Tschuhuu m. *Eule.*

tschuld, gschuld *schuld, schuldig.* Èr isch draa tschuld.

Tschumpel m. *Tölpel, Trottel.* Zss.: (Huere) Tschumpelchäib, Tschumpelsiech! *Dummkopf* (vulg.). Vkf. **Tschumpeli** s., 1. *naive, beschränkte Person.* 2. *kleine Flasche Bier.*

tschumple (-et) *marschieren* (pop.). Zss.: ume-, *ziellos umherziehen.*

Tschungel m. *Dschungel.* Zss.: -expräss m., *Bremgarten–Dietikon-Bahn* (humor.).

tschüss!, tschüsé!, tschüssli! *Auf Wiedersehen!* (pop., jg.).

tschutte siehe tschuute.

tschuudere (-et), **schuudere** (gschuuderet) *schauern, schaudern.*

Tschuupe m. (üü), **Tschupe** m. (ü) *wilder, ungebärdiger Haarschopf.* Zss.: -grind m.; -haar s. Vkf. Tschüüpli s.

tschuute (-et), **tschutte** (-et) *Fussball spielen.* Zss.: ume-, umenand-, *herumstossen.* Tschuut(i)böle m., *Fussball;* Tschuutimätsch m., *Fussballspiel;* Tschuut(i)platz m., *Fussballplatz.*

Tschuuter m. *Fussballspieler.*

Tschuuterei w. *Fussballspielen.*

Tubak m. *Tabak.* Ra.: Das isch schaarffe Tubak, *eine Zumutung.* Er schwätzt bis an en Tubak, *schwatzt endlos.* Das nützt kän Tubak, *überhaupt nichts.* Zss.: -pfiiffe w.; -wasser s.

tubake (-et) *Tabak rauchen, Pfeife rauchen.* Er tubaket gèèrn naa em Fiiraabig. Zss.: uus-, ütr. 1. *zahlungsunfähig werden.* 2. *sterben.*

tubäkele (-et) *nach Tabak riechen.*

tubäkle (-et) 1. *mit Wohlbehagen rauchen.* 2. *Tabak schnupfen.*

Tubäkler m. *Raucher.*

Tubel m. 1. (ü) *Holznagel, Pflock.* 2. (Mz. Tuble) *beschränkter Kopf, Starrkopf, Dummkopf.* Vkf. **Tubeli** s., *blödsinnige, einfältige Person.* Zss.: tubelisicher, *narrensicher.*

Tübel m. *Dübel.*

Tuble w., jg. **Tubloone** w. *Dublone.*

tüble (-et) *dübeln.* Mer müend tüble, d Schruube hebed susch nùùd.

tublig *einfältig.*

Tuchel m., **Tüchel** m. 1. *Haubentaucher.* 2. *kleiner, breitschultriger Mensch, Knirps.* 3. *Ochse.*

Tuck m. *listiger Streich.* Äim en Tuck spile.

tucke (-t) *sich ducken.*

tudle (-et) 1. *Dudelsack spielen.* 2. *ein Blasinstrument schlecht spielen.*

tue (i tue, tuene; mer tüend; Wf. Gw. tüeg, Wf. Vh. tèèt; Mw. taa) *tun.* Uf d Paan tue, *zur Bahn bringen.* Wie tuet s? *wie geht es* (pop., jg.). Uf d Siite tue, *ersparen.* En Tüüt tue, *zu verstehen geben.* Tüend nüd esoo! *treibt es nicht so laut.* Dèè tuet! *begehrt auf, jammert.* Das tuet! *es stürmt.* S tuet s! *es genügt, es reicht aus.* Äim öppis tue, *misshandeln.* Zss.: aa-. Er hät sich öppis aataa, *Selbstmord begangen;* ab-, 1. *ausziehen.* Wotsch nöd de Tschoopen abtue? 2. *pflücken (z.B. Bohnen).* 3. *(Haustier) töten;* abe-, 1. *hinunterstellen, -bringen.* 2. *Obst ernten.* 3. *jemanden herabwürdigen;* ane-, *hinstellen;* de(r)fùùr-, *entgegenwirken, abwehren;* drii-; dure-, 1. *hinübertragen.* 2. *verschwenden;* dùùr-, 1. *durchstreichen.* 2. *ausreden, absprechen.* Daas laan i mer nüd dùùrtue; ewäg-; furt-, *wegschaffen;* hìì-, 1. *hinlegen, versorgen.* 2. *lokalisieren.* I wäiss nöd, won en mues hììtue; ie-, *Heu, Emd heimführen;* ine-; inenand-; ii-. En Chnopf iitue, *schliessen;* oob-. D Milch oobtue, *aufs Feuer stellen;* ufe-; um-, *fällen;* ume-, *zurückbringen;* undere-, 1. *ins Bett legen.* 2. *begraben;* use-. D Hèrdöpfel usetue. D Güle usetue, *Jauche verteilen;* uuf-, 1. *öffnen.* En Laade uuftue, a) *einen Fensterladen öffnen.* b) *ein Ladengeschäft eröffnen.* 2. Es tuet (wider) uuf, *das Wetter bessert sich;* uus-, *auswischen, ausgraben;* wäg-; zäme-, *zusammenordnen, zusammenschieben; Heu zu Schwaden rechen;* zue-, 1. *schliessen.* 2. *anschaffen.*

Tue s. *Tun.* Das isch mer es Tue! *Benehmen.* Das isch äi(s) Tue, *das spielt keine Rolle, das ist gleich.* Zss.: **Tuedium** s., *Benehmen.* Mached au nöd e soo es Tuedium! *Wesen, Komplimente.*

Tuech s. (Tuech, Tüecher) 1. *Tuch, Stoff.* Zss.: -gschäft s.; -händler m.; -laade m. Vkf. Tüechli s. 2. Das isch es Tuech! *übermütige, leichtsinnige Person.* E schlächts Tuech, *schlechter Kerl.*

tuechig, tüechig *tuchen.* Hw. Tüechigs.

Tüele w. *Vertiefung.*

Tüfteler m. *Pedant, Tüftler.*

tüftle (-et), **tüftele** (-et) *klügeln, tüfteln, auskundschaften.* Zss.: use-, uus-, *ausklügeln, aushecken.*

Tuget w. (-e) *Tugend.*

Tüggel m., **Tüggeler** m. verhüllend für Tüüfel, *Teufel.*

Tuggemüüsler m. *Duckmäuser.*

Tule w. *Dohle.*

Tüle w. *Röhrchen, Einsatzstück im Spritzsack für Rahm.*

Tulipaa w. (-ne) *Tulpe.*

Tumi w. in: E Tumi haa, *reklamieren* (pop.).

Tümi w. *Dummheit.* Isch dèè von ere Tümi! Tuesch wider e Tümi! *bist du töricht.*

tumm (tümer, tümmscht) *dumm.* Tume Chäib, Esel, Hagel, Lappi, Siech usw. Tumm tue, *sich schlecht aufführen.* Tumms (chäibe) Züüg! *dummes Zeug* (pop.).

tummlächtig *etwas dumm, beschränkt* (va.).

Tunder m., jg. **Tuner** m. *Donner.* verst. in Ausrufen: Hä z Tunder! *zum Donner.* Tunder Hagel namaal! *zum Donner nochmal.* Tunder wile! *ums Himmels willen.* Ir tunders Naare! *ihr dummen Kerle.* Was machsch daa Tunders? Zss.: -wätter m., *Tausendsassa;* -wätter s., *Donnerwetter;* tundershübsch, -nett, *sehr nett.*

tundere (-et) *donnern.*

tüne (-et) *dünn werden.*

Tüne w. *Flachkuchen* (Kn.A., ZU.).

Tunell s. *der Tunnel.*

tunellele (-et) *nach Tunnelluft riechen.*

Tüni w. *Dünne, Dünnheit.*

tunke (-t) *dünken.* Es tunkt mi, es tüecht mi (va.), s Wätter besseri.

tunke (-t) *tunken, eintauchen.*

tunkel (tünkler, tünklischt) *dunkel.* Tunkel wien in ere Chue (ine), *dunkel wie in einer Kuh.* Hw. e(s) Tunkels, *ein Glas dunkles Bier.*

tunkle (-et) *dunkeln.*

tünkle (-et) 1. *tunken, eintauchen.* S Broot i d Milch tünkle. 2. *Geschlechtsverkehr haben* (vulg.).

Tünkli s. *feingeschnittenes Brot, Brotschnitzel als Suppeneinlage.* Ra.: S sibet Tünkli i de Suppe; us de sibete Suppe es Tünkli, *entfernt verwandt.* Zss.: -suppe w.

Tünkli w. *Dunkelheit.*

tunklige *im Dunkeln.*

tünn (tüner, tünnscht) *dünn.* En tüne Fade. Zss.: -pfiff m., *Durchfall.*

Tüntel m. 1. *Klöppel.* 2. *Garnspule* (va.).

Tuntle w. *kleine, dicke, plumpe Frau.*

tüntle (-et) *Schnüre flechten, Kordeln stricken.*

Tüp m. *Kerl.* En tole, tschènte Tüp.

Tupé s. *Einbildung, Frechheit* (frz. le toupet).

Tupf m. (-e) *Tupfen.* Uf de Tupf gliich, *genau gleich.* Vkf. **Tüpfli** s., *Pünktchen.* S Tüpfli uf s I. Zss.: -schiisser m., *Pedant;* -schiisserei w., *kleinliches Getue, Pedanterie.*

tüpfe (-t) *etwas treffen.* Er tüpft guet, *trifft gut.* Es hät en tüpft, *er wurde getroffen,* auch ütr. Zss.: aa-, 1. *leicht berühren.* 2. *anspielen.*

tupfet *getupft.* Tupfet gliich, *genau gleich.*

Tüpfi s. 1. *Pfännchen.* 2. *eingebildete, eitle weibliche Person.*

Tüpfi w. *Treffsicherheit.* Er hät e schlächti bzw. gueti Tüpfi, *trifft schlecht bzw. gut* (Schsp.).

tüpfle (-et) *tüpfeln, punktieren.* E tüpfleti Schooss, *getüpfelte Schürze.*

tüppig *schwül.* Tüppigs Wätter.

tüpsle siehe tüüpsle.

Türgg m. (-e), **Türggin** w. (-e) *Türke, Türkin.*

Türgg m. 1. *Manöver, Marsch* (Ssp.). 2. *harte Arbeit.* De Türgg isch abverheit, *die Sache misslang* (pop.).

türgge (-et) *einen Marsch machen* (pop.). Zss.: dure-, *durchexerzieren.* Das müemer emaal rächt duretürgge!; ume-, *tüchtig marschieren.*

Türgge m. 1. *Mais, Maismehl.* 2. *Maisspeise* (ZO.). Zss.: -cholbe m., *Maiskolben;* -mäál s., *Maismehl;* -mues s., *Maisbrei.*

türle (-et) *Türen häufig öffnen und schliessen.*

Turni m. *Turnplatz* (Schsp., jg.).

Turpe (Mz.) *Torf.* Zss.: -bock m., *Gestell zum Torftrocknen;* -böckli s., *aufgeschichtete Torfstücke, Torpfstapel;* -broosme m., *Torfabfall;* -mäál s., *Torfmull;* -mocke m., *Torfstück;* -mässer s.; -riet s.; -stöckli s., *Torfstück.*

Tusch m. *die Tusche.* Zss.: -fädere w., *Tuschfeder;* -gütterli s., *Tuschfläschchen.*

tusche (-et) *duschen.*

Tuschi w. *Dusche.*

tuschuur, auch **tuschuurimer** (humor.) *immer* (va.).

Tusel m., **Tösel** m. *leichter Rausch, Schwindel.*

tuslig *schwindlig.* Es isch mer ganz tuslig.

tütsche (-t) *schlagen, stossen.* Äier tütsche, *Ostereier aneinanderschlagen.* Zss.: aa-; ii-, *einstossen, beschädigen;* zäme-, *zusammenstossen.*

Tütscher m. *Stoffbefeuchter, beim Bügeln.*

Tutswit m. *Durchfall* (humor.); frz. tout de suite.

tutti-ggwanti *alle, alles zusammen* (ital. tutti quanti).

Tuttlinger m. *Deutscher* (humor.).

Tuub w. (-e) *Taube.* Zss.: Tuubenäi s.,

1. *Taubenei.* 2. *Einfrankenstück* (pop.); -dräck m.; -huus s.; -schlaag m., a) *Taubenschlag.* b) *Mansarde, Dachzimmer* (humor.); tuubetänzig, *närrisch, verrückt.* Vkf. Tüübli s.

Tüübe w., jg. **Tuube** w. *Tube.*

tüübele (-et) 1. *girren, gurren.* 2. *Tauben züchten.*

tuuch *gedrückt, eingeschüchtert, kleinlaut, still.* Er isch tuuch häi choo.

tuuche (-et) *sich ducken, besonders aus Furcht.*

Tüüchel m., **Tüül** m. 1. *Teuchel, hölzerne Wasserleitung, Brunnenleitungsröhre.* 2. *Trompeter* (Ssp., humor.).

tuuchle meist in Zss.: naa-, *heimlich nachlaufen;* ume-, *umherschleichen.*

tüüchle (-et) *Teuchel legen.* Zss.: ane-, *herleiten;* füre-, *hervorleiten;* zue-.

tüüderle (-et) 1. *ein Blasinstrument schlecht spielen.* 2. De chasch mer tüüderle! *ich will nichts davon wissen, es ist mir gleichgültig.*

Tüüfel m. *Teufel.* Ra.: Mer sind fascht ds Tüüfels woorde, *wurden fast närrisch, verrückt.* Ale Tüüfel, *solches Zeug.* Das isch alls äin Tüüfel! *läuft aufs gleiche hinaus.* Es nimmt mi de Tüüfel wunder! *es wundert mich sehr.* Er chrampfet em Tüüfel es Oor ab, *er arbeitet unaufhörlich, nutzlos.* Dèè isch em Tüüfel ab em Chaare gheit, *ist ein boshafter Kerl.* En Tüüfel jawoll! *keineswegs.* Zss.: Tüüfels-chrȍieli s., *Mutterkorn (Schmarotzerpilz).* Vkf. **Tüüfeli** s., *Kosewort für Personen.*

tüüff *tief.*

Tüüffi w. (-ene) *Tiefe.*

tüüfle (-et) *stürmen, hasten.* Zss.: devoo-, *davonrennen.* Er isch devootüüflet, was gisch, was häsch.

Tuug m. *Tuff.* Zss.: -stäi m., *Tuffstein.*

Tuug w. (-e) *Daube, Fassdaube.*

Tüül siehe Tüüchel.

Tuume m. *Daumen.*

tüümele (-et) *am Daumen lutschen.*

Tüümeler m. *Daumenlutscher.*

tüümle (-et) *Handschellen anlegen, Hände fesseln.* Si händ de Schelm tüümlet.

Tüümlig m. *Däumling, Fingerüberzug.* De Finger bööset, i mues en Tüümlig aalegge.

tuupe (-et) *sich ducken, sich still verhalten* .

tüüpsle (-et), **tüpsle** (-et) *sich ducken.*

Tuur w. *Dauer.* Zss.: -chaart w., *Dauerkarte;* -gascht m.; -uuftraag m., *Dauerauftrag.*

Tuur w. 1. *Runde.* De Briefträäger isch uf de Tuur. 2. *Tour, Ausflug, Reise.* In äiner Tuur, *fortwährend.* Ra.: Säb isch e fuuli Tuur! *unseriöse Sache.* Vkf. Tüürli s., *kleine oder hübsche Reise.*

tüür *teuer.* Die Waar isch z tüür.

tȕȕr *dürr, gedörrt.* Tȕȕri Bire.

Tȕȕr w. (-e) *Türe.* Zss.: -fale w., *Türklinke;* -gricht s., *Türpfosten;* -pschlèèg s., *Türbeschlag;* -sele w., *Türschwelle.* Vkf. **Tȕȕrli** s. Zss.: -striichi w., *Fasskitt.*

tuure (-et) *dauern, leid tun.* Er tuuret mi.

Tuurgi m. *Thurgau.*

Tüüri w. *Teuerung.*

tȕȕrle siehe türle.

Tùùrn m., jg. **Turm** m. (ü) *Turm.*

Tùùrscht m. *Durst.*

Tùùrte w. *Torte.*

tuusche (-et) *tauschen.* Zss.: ii-; um-; uus-.

tuusig *tausend.* In Ausrufen: Potz tuusig! Bim tuusig! Tuusige Wätter! *ums Himmels willen.* Um tuusiggottswile! verst. tuusigs froo, *sehr froh.* Zss.: Tuusigfüessler m., *Tausendfüssler;* -guldichruut s., *Tausendgüldenkraut;* Tuusigskärli m., *Tausendsassa;* tuusigwüchig, *etwa zwanzigjährig (von Mädchen);* tuusigwiis, *zu Tausenden.*

tüüssele (-et), **tüüssle** (-et), **tüüsele** (et-), **tüüsle** (-et) *leise gehen, schleichen.* Zss.: aa-. Er isch aaztüüsele choo; devoo-; ie-; ume-; use-.

Tüüsseler m., **Tüüsler** m., **Tüüsli** m. *Schleicher, Leisetreter.*

Tüüt m. *Deut, Zeichen.* En Tüüt gèè.

tuute (-et) *tuten, hupen.* Wänn s Näbel hät, tuuted s am See.

Tuute w. *Tute, Blashorn.* Vkf. Tüüteli s.

tüüte (tüüt, tüütet) *deuten.* Er hät uf en tüüt, *auf ihn gezeigt.* Ra.: Mit em Holzschlegel tüüte, *deutlich zu verstehen geben.*

tüütele (-et) *in kurzen Stössen tuten.* Er hät es Hörndli überchoo; iez tüütelet er di ganz Ziit.

tüütli (tüütlicher, tüütlichscht) *deutlich.*

tüütsch *deutsch.* Di tüütsch Schwiiz. Ra.: Chasch nüd tüütsch? *kannst du nicht reden?* I han em s tüütsch gsäit, *deutlich gesagt.* Me mues tüütsch rede mit em, *klarmachen.* Hw. en Tüütsche, *Deutscher.* Zss.: Tüütschland.

Tüütsch s. *Deutschland.* I s Tüütsch use, *nach Deutschland.* Im Tüütschen usse, *in Deutschland.*

tuuze (-et) *duzen.*

Tuuzis mache *jemandem das Du anbieten.*

twäär quer. Vgl. zwäris. Zss.: -hand w., *Handbreite;* -wind m., *Westwind am Zürichsee, Querwind.*

twäris siehe zwäris.

U

u- (vor Vokal **un-)** Vs. *un-.*

übel *übel.* Er isch nüd übel en gleerte Pfarrer, *ein nicht wenig gelehrter Pfaarer.*

über I. Vw. 1. *über.* 2. *während.* Über d Fèrie. 3. *nach.* Über daas abe, *darauf.* Äis über s ander Maal, *immer wieder.* Em viertel über Achti, *um 8.15 Uhr.* Ra.: Über s Jaar im andere Sumer, *niemals* (humor.). II. Vs. *über-,* bei Ztw. teils trennbar, teils, so bei den folgenden, untrennbar, unbetont.

überaal *überall.*

überabe *von oben hinunter.*

überachere (-et) *über die Grenze hinaus pflügen.*

überäne *jenseits.*

überässe *sich überessen.* Er hät si überässe.

Überbäi s. *Überbein, harte Geschwulst am Handgelenk.* Zss.: -paan w., *Ürikon–Bauma-Bahn* (humor., va.).

überbèère (-et) *sich mit Früchten überladen.* Wänn si d Bòim nu nüd überbèèred!

überblädere (-et) *ausschütten, überschütten.*

überblüe (-t) *zu reichlich blühen.* D Bòim händ si fèèrn überblüet, *zu stark geblüht.*

überbocke (-et) *kopfüberstürzen, überkippen.*

überböckle (-et) *überpurzeln.*

überbödele (-et) *den Boden eines Gefässes knapp überdecken.* De Täler isch chuum überbödelet gsii.

überboue (-t) *bauen über Vermögen.* Er hät si überboue.

überbrüele (-et) *überschreien.*

überbrünzle (-et) *überharnen.* Er hät wenig Land bim Ḥuus; s chönt s äine überbrünzle (vulg.).

überbruuche (-t) *überbeanspruchen, überanstrengen.* S Vee überbruuche.

überbürzle (-et) *einen Purzelbaum schlagen, sich überschlagen, kopfüberstürzen.*

überbüüte (-botte) *überbieten.*

überchaare (-et) *überfahren* (pop.).

überchegle (-et) *verstauchen.* De Fuess überchegle.

überchlaaftere (-et), **-chlȍȍftere** (-et) *versperren, unordentlich hinlegen.*

überchlòibe (-t) *überkleben.*

überchrugele (-et), **überchugele** (-et) *einen Purzelbaum schlagen.* Ra.: I bi schier überchugelet vor Lache.

überdure *hinüber.*

übere *hinüber.* Über d Muur übere gaa. De Suuser isch übere, *alkoholisch geworden (Wein).* S Gröbscht isch übere, *das Schwierigste ist überstanden.*

übereggs *übereck, quer, schräg, kreuzweise.*

überenand *übereinander.*

überflüüge (-floge) *überfliegen.*

überfrȍȍge (-et) *überfragen, zuviel fragen.* I dère Sach bin i überfrȍȍget, *weiss ich keinen Bescheid.*

überfüere (-t) *überführen.*

Überfüerig w. (-e) *Überführung.*

übergaa (-gange) *übergehen, überspringen.*

übergämpfe (-t) *überkippen, das Übergewicht bekommen.*

übergänt *faulend, in Fäulnis übergehend, bes. von Fleisch.* Übergänts Fläisch.

übergèè (-) 1. *übergeben.* 2. *sich erbrechen.* Er hät si übergèè.

übergingge (-et) *sich überanstrengen.* Er hät si übergingget.

übergnepfe (-t) *das Übergewicht bekommen, überkippen.*

übergriene (-et) *mit Geröll, Kies überschütten, beschottern.*

übergrigge (-et) in Verb. alls übergrigge, *allen Platz für sich beanspruchen.*

übergriiffe (-griffe) *sich überanstrengen.* Er übergriifft si nüd bim Helse, *gibt nicht zu viel als Geschenk.*
übergumpe (-et) *überspringen.*
übergüne (übergune) *vorpflücken.*
Übergwand s., **Übergwändli** s. *Überkleid.* S Übergwändli aalegge.
überhaa (-) *sich enthalten.* Er cha si nüd überhaa z rede, *er kann nicht schweigen.*
überhaschple (-et) *geschwind überlesen, durchsehen.*
überhefte (-et) *die höher gewachsenen Rebtriebe an die Pfähle binden.*
überheie (-t) 1. *umfallen, umkippen, bes. im Fussgelenk.* Er überheit gèèrn bim Lauffe. 2. *irrsinnig werden.* Er isch überheit.
überhine, überhinde *hinten im Haus.*
überhocke (-et), (fam.) **überhöckle** (-et) *im Wirtshaus über die Polizeistunde hinaus sitzen bleiben.* Dè überhocket gèèrn.
Überhocki m. *wer über die Polizeistunde hinaus sitzen bleibt, Übersitzender.*
überhole (-t) *überholen.*
überholze (-et) *über die Grenze hinaus Holz fällen.*
überhölze (-et) *die Rebschosse zu lang schneiden.* Zwölf Auge schniide isch überhölzet.
überhölzle (-et) 1. *übertreiben, überspannen, überanstrengen.* 2. *überrumpeln, übertölpeln, übervorteilen.* 3. *etwas unordentlich abtun.* 4. *verrückt machen.* Das chönt äin überhölzle.
überhupfe (-t) *überspringen, in der Reihenfolge übergehen.* Er hät en überhupft.
überie, überine *hinüber, über etwas hin.*
überixe (-et), **überixle** (-et) *durchixen (auf Schreibmaschine).*
überlaa (-) *überlassen.* Äim en Aarbet überlaa.
überlääbe (-t) *überleben.* Das überlääbt er nüůd.
überlaade *überladen.* De Waage isch überlaade, *zu schwer geladen.*
überlauffe (-loffe) 1. *überlaufen.* D Milch überlaufft, *läuft beim Sieden über.* ütr. Es isch em überloffe, *konnte nicht mehr an sich halten.* 2. *jemandem durch Besuche lästig fallen.* En guete Fründ sött me nüd überlauffe.
überlegge (-läit) 1. *überlegen.* Überlegg der s, was d säisch. 2. *umbiegen, zurückfalten.*
Überlegig w. (-e) *Überlegung.*
überlitze (-t) *zurückfalten.* D Eermel überlitze.
überluege (-et) 1. *überblicken, überschauen.* 2. *(absichtlich) übersehen.* 3. *sich irren.* Er hät si überlueget, er hät gmäint, es sei nèècher.
überlupfe (-t) 1. *sich beim Heben einer Last überanstrengen.* Er hät si a dère Chischte überlupft. 2. *sich finanziell oder geistig zuviel zumuten.* Er hät si a dèm Chauff überlupft.
überluut *überlaut.* Überluut lache.
übermaale (-et) 1. *überstreichen, beschmutzen.* 2. *eine Kuh täglich nur einmal melken.*
Übermääss s. *Übermass.*
übermäle (-mule) *eine Kuh vor dem Kalben über die normale Zeit hinaus melken.*
übermarche (-et) 1. *absichtlich Marksteine versetzen.* 2. *sich überanstrengen, überfordern, zu weit gehen in Ansprüchen.* Er hät bi dèren Aarbet übermarchet.
übermèèe (-mèèet) 1. *über die Grenze hinaus mähen.* 2. *obenhin, flüchtig mähen.*
übermoorn *übermorgen.* Er chunt eerscht übermoorn häi.
Übermuet m. *Übermut.* Dè isch en Übermuet! *übermütiger Bursche.*
übermüetig *übermütig.*
übermuule (-et) *überschreien, jemanden nicht zu Worte kommen lassen.* Chasch nüüt mache, er übermuulet all.
übernächtig 1. *unausgeschlafen, übernächtig.* Mer wänd s lieber schriftli mache, mer sind halt übernächtig. 2. *vergänglich, hinfällig.*
übernächtle (-et) *die Nacht festend durchmachen.* Mer händ übernächtlet.
Übernächtler m. *Übernachtender (Bettler, junge Leute).*
Übername m. (-näme) *Spottname, Spitzname, Zuname.* Äim en Übername aahänke.
übernèè (-naa) 1. *übernehmen.* 2. *überfordern, übervorteilen.* Er hät mi übernaa mit siiner Rächnig. 3. *überreden, verleiten.* Öpper übernèè. 4. *übermannen, von Gemütsbewegungen.* D Tòibi übernint en. Es

hät en übernaa, *er musste weinen, liess dem Zorn freien Lauf.* 5. *sich zuviel zumuten.* Er übernint si na.

übernèèe (-et) *flüchtig umnähen.*

überobe *droben, im oberen Stockwerk.*

überräne (-t) *überrennen.* De Hund hät en fascht überränt.

überrede (-redt) *überreden.*

überriiff *überreif.*

überrisse *stark übertrieben* (pop.).

Überrööti w. *Gesichtsrose.*

überrüere (-t) 1. *jemanden umwerfen, umrennen.* 2. *verrückt machen.* Es hät en überrüert. 3. *bankrott machen.*

überrumple (-et) *jemanden überraschen.* Er hät is überrumplet, *mit seinem Besuch.*

übersalbe (-et) *überschmieren.* Das isch nüd gmaalet, das isch übersalbet.

überschaffe (-et) *sich überarbeiten.* Dè überschaffet si ä nüd.

überschetze (-t) *überschätzen.*

überschlaa (-schlaage) 1. *überschlagen, schätzen.* 2. *leicht erwärmen.* D Milch, d Stuben isch überschlaage. 3. *umwerfen.* Es hät en überschlaage, *er ist gestürzt.* 4. *vergewaltigen* (pop.).

Überschlaag m. (-schlèèg) 1. *Schätzung, Berechnung.* 2. *eine Art Purzelbaum, bei dem man nur die Hände aufstützt.* 3. (Mz.) *Kompresse.*

überschlìirpe (-et) *flüchtig anstreichen.* Dè hät die Wand ä nu überschlìirpet.

überschlucke (-t) *sich verschlucken.*

überschnaagge (-et) *etwas flüchtig, obenhin betreiben.*

überschniide (-schnitte) *beim Getreideschnitt über die Grenze hinaus schneiden.*

überschnore (-et), **überschnȯre** (-et), **überschnure** (-et) *jemanden überreden, überschwatzen.* Chasch nüüt mache, er überschnȯret di (pop.).

überschnudere (-et) 1. *mit Nasenschleim besudeln.* 2. *etwas flüchtig durchsehen* (vulg.). 3. *jemanden überschreien* (vulg.).

überschriibe (-schribe) *vermachen, jemandem etwas zuweisen.* Er hät em s Huus überschribe.

Überschue m. *Überschuh, Galosche.*

überschütte 1. *einen Baum leicht schütteln, damit das ausgereifte Obst falle.* 2. *übergiessen, überdüngen.*

überschwäme (-t) *überschwemmen.*

übersetze (-t) 1. *übersetzen.* 2. *den Preis zu hoch ansetzen.* En übersetzti Rächnig.

Übersetzig w. (-e) *Übersetzung.* S Welo hät e chliini Übersetzig.

übersitze (-sässe) *im Wirtshaus über die Polizeistunde hinaus sitzen bleiben.*

überspane (-t) *überspannen.* ütr. Si isch echli überspannt, *verstiegen, halb verrückt.*

überstaa (-stande) *überstehen, überdauern.*

überstä(ä)nt, überstö(ö)nt *überreif.* Überstänts Graas. Überstänts Holz, *das schon lange hätte gefällt werden müssen.*

überstele (-stellt) 1. *umwerfen.* Es hät de Waage überstellt. ütr. Es hät en überstellt, a) *er hat Bankrott gemacht.* b) *er ist verrückt geworden.* 2. *vergewaltigen* (pop.).

überstelig *übermütig.* En übersteligs Chind.

Übersteligi w. *Übermut.*

überstime (-t) *überstimmen.*

überstöönt siehe überstä(ä)nt.

überstriiche (-striche) *überstreichen.*

überstrodle (-et) *überwallen, überkochen.*

überstrütte (-et) *übereilen.*

überstudiere (-t) *sich geistig überarbeiten.* Er hät si überstudiert.

Überstund w. (-e) *Überstunde.*

übersuuffe (-soffe) *zuviel trinken.* D Chue hät si übersoffe.

übersüünig *kurzsichtig* (va.).

überträäge (-träit) *übertragen.* Me hät dè Fuessballmatsch im Radio nüd überträit.

übertrampe (-et) *verstauchen, vertreten.*

überträtte (-) *verstauchen, vertreten.* Er hät si überträtte, *den Fuss verstaucht.*

übertriibe (-tribe) *übertreiben.* Übertriib ä nüd eso!

Übertriibig w. (-e) *Übertreibung.*

übertue (-taa) *sich überanstrengen, sich zuviel zumuten.* Er übertuet si, wänn er eso witermacht.

überübermoorn *in drei Tagen, einen Tag nach übermorgen.*

überue, überufe *hinauf.*

überune *drunten, im unteren Stockwerk.*

überuse *über etwas hinaus.*

überwiise (-wise) *überweisen, überführen.* Me hät en chöne überwiise, das er gstole hät. S Gält überwiise.

überwindle (-et) *überwendlich nähen.*

überzüüge (-t; humor. überzoge) *überzeugen.*

üble (güblet) *sich verschlimmern.* Es üblet mit em, *sein Zustand verschlimmert sich.*

uchrischtli 1. *unchristlich.* 2. *sehr früh oder sehr spät, unzeitig.* Zu was für ere uchrischtliche Stund!

Uchruut s. *Unkraut.*

ue *hinauf.* Vgl. ufe. Er gaat überue, *er geht hinauf, nach oben.* Uf Chuur ue, *nach Chur.*

üebe (güebt) *üben.* Zss.: ii-.

Üebig w. (-e) *Übung.*

üepli *üblich.*

Üetlibèèrg m. *Ütliberg (Bergname).* Zss.: -paan w., -päändli s.

uf Vw.; vgl. uuf. 1. *auf.* Uf de Chaschte. Uf s Maal, uf emaal, *plötzlich.* 2. *nach (Richtung).* Uf Uschter; uf Basel abe; uf Luzèèrn ie; uf Bèèrn ue; uf London übere; uf Schaffuusen use. 3. *zu.* Uf d Aarbet, *zur Arbeit.* 4. *auf... hin.* Uf d Nacht. Uf di Nüüni, *gegen 9 Uhr.* 5. Uf s Ässen abe, *nach dem Essen.* 6. *erpicht auf.* Uf em Gält sii; uf em Ässe sii; uf de Mäitlene sii. 7. *aufgrund.* Uf Chrankeschii, *auf Kosten der Krankenkasse.*

ufe *hinauf;* vgl. ue. Ufe gaa. Chumm ufe! Zss.: -wääg m., *Aufstieg.* Uf em Ufewääg, *beim Hinaufgehen.*

ufenand *aufeinander.* Leg das nur ufenand!

Uflaat m. (Uflòòt) *unflätiger Mensch.* Er isch en Uflaat, wien er redt.

uflèètig *unflätig, wüst.* Das isch mer au en uflèètigs Rede, Tue!

Ufride m. *Zwietracht, Unfriede.* Si händ der Ufride im Huus.

ufrüntli *unfreundlich.* Dè isch iez ä ufrüntli. En ufrüntliche Pùùrscht; en ufrüntlis Mäitli.

Ufueg m. *Unfug.*

Ufwachs m. *junges Gehölz, Jungwald.*

ugèèrn *ungern, widerwillig.*

ugfèèr *ungefähr.* Ugfèèr in ere Halbstund.

ugfelig *von Missgeschick verfolgt.* Er isch ugfelig im Staal.

Ugfell s. *Missgeschick, Unglück.* Dè Puur hät vil Ugfell im Staal. Ra.: S isch käs Ugfell, s hät au es Gfell de(r)bii, *in jedem Unglück steckt etwas Glück.*

ugfröit *unerfreulich.*

ugfròòget *ungefragt.*

uggässe *ohne gegessen zu haben, nüchtern.* Er isch uggässe i s Bett.

ughòische *unverlangt.*

ughüür *ungeheuerlich.*

Ughüür s. *Ungeheuer.*

Uglägehäit w. (-e) *Unannehmlichkeit, Schwierigkeit, Mühe.*

uglaupli *unglaublich.*

ugliich *ungleich.*

Uglück s. *Unfall.*

ugmüetli *ungemütlich.*

ugraad 1. *ungerade, krumm.* 2. *unrecht, unbillig, unpassend.* Er isch nüd ugraad, *er denkt, handelt nicht unbillig.* Er isch kän Ugraade, *ist rechtschaffen.* Si händ nie öppis Ugraads zäme ghaa, *sind immer gut ausgekommen.* Er säit ekäs ugraads Woort, *kein unpassendes, böses Wort.* 3. *ungenau.* Achtzg ugraad, *zwischen 80 und 90 (z.B. Franken, Meter).*

ugrächt *ungerecht.*

ugriint, ungriint 1. *ungereimt, unpassend.* En ugriinti Sach. 2. *ungebärdig, roh.* Ugriint tue, *sich grob benehmen.*

ugschalet *schallos.* En ugschalets Äi.

ugschauet *ohne gesehen zu haben; unbesehen.*

ugschickt *ungeschickt.* De ninsch die Aarbet ugschickt i d Händ.

ugschlaaffe *ohne geschlafen zu haben.*

ugsinet *plötzlich, unverhofft, unerwartet.* Er isch ugsinet choo. Öppis Ugsinets.

ugstrèèlet *ungekämmt.*

ugsund *ungesund.* Er hät na kä ugsundi Stund ghaa, *war nie krank.*

ugwaar *ungelegen.* S chunt mer truurig ugwaar, *es passt mir ganz und gar nicht.*

ugwäsche *ungewaschen.* En ugwäsches Muul, *ein Lästermaul.*

Uhäil s. *Unheil.*

uhäimli *unheimlich.*

ui! *autsch.* Ui, iez hämi ghaue!

uliidig *unleidlich, missmutig, unerträglich.* Er

isch uliidig woorde, wil er hät müesen eso lang waarte, *er wurde missmutig.*

uluschtig *unangenehm, unfreundlich.* Uluschtigs Wätter.

um 1. *um.* Um s Huus ume. Um e Wääg sii, *in der Nähe sein.* Um di Vieri, *etwa um 4 Uhr.* Er isch um di Vierzgi ume, *etwa 40 Jahre alt.* Es isch um s Probiere z tue, *es lohnt den Versuch.* Um s Verrode nüd, *um keinen Preis.* 2. *für.* Äim um e Stell luege. Um Gält und gueti Woort. 3. Uw. De Baum isch um, *gefällt.* 4. Vs. *um-.*

Umbou m. (-böi) *Umbau.*

ume 1. *herum.* E Süüch gaat ume, *eine Seuche geht um.* ume sii, a) *vorbei sein, beendet sein.* D Ziit isch ume. b) *vorhanden sein, hier sein.* Es isch nüüt, es isch niemer ume. 2. *zurück.* Chumm ume! *komm zurück.*

Umechäärelete w. *andauerndes Herumfahren.*

Umefäägete w. *unruhiges Umherschweifen, Herumvagieren.*

Umefaari m. *unsteter Mensch.*

Umefùùrzete w. *nervöses, unruhiges Treiben* (pop.).

Umehocki m. *Wirtshaushocker.*

Umehueri m. *Wüstling, Lüstling.*

umenand *herum, umher.* D Chind räned umenand.

umesuscht *umsonst.* Die Aarbet isch umesuscht gsii.

umfaare (-) 1. *umfahren.* 2. *eine Stoffkante mit Faden umnähen.*

umgaa (-gange) *umgehen.* Er hät s Gsetz umgange.

Umgäbig w. (-e) *Umgebung.*

umgcheert *umgekehrt.* Ra.: Umgcheert isch ä gfaare, *so geht es richtig.*

Umhang m. (-häng) *Vorhang.*

Umlauff m. (-lòiff) 1. *Frauenrock.* 2. *Umdrehung.* D Uur hät der eebig Umlauff, *die Feder ist gesprungen.* 3. *Panaritium, Fingerentzündung.*

umschlaa (umschlaage) *umhüllen, umwinden, umnähen.*

umschriibe (umschribe) *umschreiben, umgrenzen.*

Umschwung m. *Land ums Haus, Umgebung.*

Umtuech s. (-tüecher) *Wickeltuch für Säuglinge.*

Umues s. *Umstände, Mühsal.* Er hät z vil Umues mit is, *zu viel Scherereien mit uns.*

umügli *unmöglich.*

unachtbaar, unachtber *unscheinbar von Gestalt, Wert.*

unäis *uneinig.* Si sind wider emaal unäis.

under I. Vw. 1. *unter.* Under der Tecki. Undere under d Tecki! *ins Bett!* 2. *innerhalb, während.* Under em Jaar, *im Laufe des Jahres.* Under eme Jaar, *binnen Jahresfrist.* Under Liecht, *in der Dämmerung.* II. Vs. *unter-,* bei Ztw. untrennbar, unbetont (siehe unten).

underbinde (-bunde) *unterbinden.*

underbliibe (-blibe) *unterbleiben.*

underbräche (-broche) *unterbrechen.*

Underbruch m. (-brüch) *Unterbrechung.*

Underchifel m. *Unterkiefer.*

underdes, underdesse *unterdessen, inzwischen.*

undere *nach unten.* Häi und undere! Undere mit dììr! *ins Bett, unter die Decke* (fam.). Vs. bei Ztw., trennbar, z.B. undereschoppe, *darunterstopfen.*

underenand *durcheinander, vermischt.* S liit ales underenand. Vs. bei Ztw., trennbar, z.B. underenandmache, *vermischen.* Alerläi Gmües underenandmache.

underfrässe *unterwühlen, unterspülen.* De Bach hät s Poort underfrässe, *das Ufer unterspült.*

underfüere (-t) *unterführen.*

Underfüerig w. (-e) *Unterführung.*

Undergade m. *Vorratskammer* (va.).

underhänds in: Öppis underhänds haa, *mit etwas beschäftigt sein.*

Underholz s. *Unterholz, Niederholz im Wald.*

Underjüppe w. *Unterrock* (va.).

underlegge (underläit) 1. *etwas unter einen Gegenstand legen, unterlegen, polstern.* 2. *tüchtig essen* (pop.).

Underliibli s. *Unterleibchen, Unterhemd.*

undermaarche (-et) *unterschreiten* (Zeit).

undernèè (-naa) *unternehmen.* Mer müend öppis undernèè.

underobsi *durcheinander.* Alls underobsi, z underobsi rüere, *durcheinanderwerfen.*

Underschäid m., jg. **Underschììd** m. *Unterschied.*
underschäide (-schide) *unterscheiden.*
underschetze (-t) *unterschätzen.*
underschidli *verschieden.*
underschlaa (-schlaage) 1. *unterschlagen.* 2. *unterteilen.* Mer underschlönd das grooss Zimer.
Underschlauff m. *Unterschlupf.*
underschriibe (-schribe) *unterschreiben.*
underspeere (-speert) *von unten stützen.* Me hät müese s Voortach underspeere.
understaa (-stande) *unterstehen, wagen, sich erkühnen.* Understand di und säg nüd d Waret!
Understift m. *jüngerer Lehrling* (pop.).
understüüpere (-et) *fruchtbeschwerte Äste stützen.*
Undersuech m. (-süech) *Untersuchung.*
undertags *bei Tag, tags.*
underwääge, underwäge in Verb. underwääge laa, *unterlassen.*
underwiise (-wise) *unterweisen, Religionsunterricht erteilen.*
Underwiisig w. (-e) *Religionsunterricht, Konfirmandenunterricht.* Er gaat i d Underwiisig.
underzwüschet *inzwischen, unterdessen.*
une *unten.* Zss.: -draa, *einen Stock weiter unten.* Er wont unedraa; -drazue, *weiter unten;* -dure, *unten (durch);* -füre, *untenhervor.* D Chatz chunnt unefüre; Unefüregüggsler m., *Duckmäuser;* unenie, *im Erdgeschoss;* -ue, *von unten herauf.* Er chunnt vo Basel unenue; -uuf, *von unten herauf;* unezue, *unmittelbar darunter.*
uneeli *unehelich.* En uneelis Chind, en uneeliche Bueb. Hw. es Uneelis s., *uneheliches Kind.*
uneerli *unehrlich.*
unerwelt in: unerwelti Milch, *rohe, ungekochte Milch.*
Unggle m. *Onkel.*
Uni s. *Universitätsspital* (jg.).
Uni w., **Uniwèrsitèèt** w. *Universität.*
unnger *ungern* (ZO., va.); vgl. ugèèrn.
unoordetli *unordentlich.*
unöötig *unnötig.* En unöötigs Muul ha, *sinnlos schwatzen.*
Unti m., **Untsgi** m. *(katholischer) Religionsunterricht* (Schsp.).
UO w. *Unteroffiziersschule* (Ssp.).
upass, upässli *leicht erkrankt, unwohl.*
uphulffe *unbeholfen.* Er tuet ä gaar uphulffe, *er ist besonders unbeholfen.*
urche 1. *rein, unvermischt.* De Wii urche trinke. Issisch du urche Uufschnitt? *Aufschnitt ohne Brot.* 2. *lauter, sauber.* S Wätter isch nüd urche, *ist zweifelhaft, unsicher.* Das isch nüd urche, *nicht geheuer.* Er isch nüd urche, *nicht zuverlässig.* Es isch nüd urche Fròid gsii.
urchig *urwüchsig.* En urchige Schwiizer.
uring *unbequem, mühsam.* Das isch en urings Ligge, *unbequem zu liegen.*
Ürte w. 1. *Anteil, Beitrag, Zeche.* 2. *Hochzeitsgeschenk (an Brautpaar oder Hochzeitsgast).* Öppis i d Ürte gèè.
Urtel s. *Urteil.*
Urue s. *Unruhe.*
urüebig *unruhig.*
us siehe uus.
uschiimber *unscheinbar.*
uschiniert *ungeniert, ungehemmt.* Nämed Si uschiniert! *bitte bedienen Sie sich.*
Uschteröpfel m. *bestimmte Apfelsorte (süss, klein, goldgelb).*
use 1. *hinaus, heraus.* Use usem Doorff! *aus dem Dorf hinaus.* Use mit dìr! Händ er use möge? a) *ging das Aufstehen gut (am Morgen)?* b) *war es kostendeckend?* Use müese, a) *aufstehen müssen.* b) *ein Lokal verlassen müssen.* 2. Vs. *heraus-, hinaus-,* bei Ztw. trennbar, z.B. in usechoo, usegaa. Gang use!
Usebutzete w. *Grossreinigung, Hausputz.*
Usefòikete w. *das Hinauswerfen.*
Usegält s. *Wechselgeld.*
Usemischtete w. *Ausmisten.*
usenand *auseinander.*
usepützlet *herausgeputzt.*
usinig *unsinnig, wahnsinnig.*
usööd *mürrisch, reizbar, unwirsch.*
Usööd m. *widerwärtiger Mensch.*
uss siehe uus.
usse 1. *aussen.* Ussen am Huus. Er chunt vo

ussen ie, *von draussen.* Zss.: -dure, *ausserhalb.* Ussedure gseet das Huus guet uus, *von aussen;* -füür, *ausserhalb, äusserlich.* Es fèèlt em inefüür und ussefüür, *innen und aussen;* ussenume, *aussenherum.* 2. *auswendig.* Er chan alls usse, *er weiss alles auswendig.*

usser *äusser.* Di usser Wand. S usserscht Zimer, *das äusserste.* Vgl. zusserscht.

ussert *ausser.* Er hät nüüt gschribe ussert eme Gruez.

Ussewacht w. *äusserer Dorfteil* (ZO.).

Ussland s. *Ausland.*

Ussländer m. *Ausländer.*

usswändig *auswendig.*

usswärts *auswärts.* Er isch hütt usswärts.

usuuber 1. *unreinlich.* 2. *unzuverlässig, anrüchig.* En usuubere Kärli.

utrüüli *unheimlich.* Es isch utrüüli still i der Stube. Utrüüli fale, *unglücklich fallen.*

uu- Vs. *un-;* siehe u-.

Uu-Flaade m. *starker Rausch* (pop.).

uuf; vgl. uf. 1. Uw. Sind er scho uuf? *aufgestanden.* D Mueter isch wider uuf, *nicht mehr bettlägerig.* Vo Huus uuf, *von Hause aus.* Uuf und èèndli, *fast gleich.* Er isch uuf und èèndli de Vatter. 2. Vs. *auf-,* bei Ztw. trennbar, z.B. uuftue, *öffnen.*

Uufbruch m. 1. *Umbrechen von Wiesen.* 2. *umgebrochenes Land, Neubruch.*

uuffelig *auffällig.*

Uuffert w., **Uufert** w. *Himmelfahrt, Auffahrt.*

uufgläit *aufgelegt, gelaunt,* in Verb. mit «guet, schlächt» usw. Er isch nöd guet uufgläit, *er ist übel gelaunt.*

uuflüpfisch *rebellisch, widersetzlich.* En uuflüpfische Kärli.

Uufpasser m. *Aufsichtsperson, Polizist* (va.).

Uufregig w. *Aufregung.*

Uufrichti w. *Richtfest (im Baugewerbe).*

Uufschlaag m. (-schlèèg) 1. *Aufschlag an Kleidern.* 2. *Preiserhöhung.*

Uufschnitt m. 1. *Aufschnitt.* En Vierlig Uufschnitt. 2. *Aufschneiderei.* Was dè verzelt, isch scho mee en Uufschnitt.

uuftuneret *aufgetakelt, herausgeputzt.* Chunt die uuftuneret dethèèr!

Uufwachs m. *Jungwald.*

Uufzgi (Mz.) *Schulaufgaben* (Schsp.).

uufzoge *übermütig, lebhaft.*

uuhuere *ausserordentlich* (vulg.). En uuhuere Huuffe, *sehr viel.* En uuhuere Mäis, *grosse Aufregung.*

Üüle w. *Eule.*

Uur w. *Uhr.* ütr. D Uur uufzie, *Kind beim Hochziehen überrollen* (fam.).

Uurespiegel m. *Eulenspiegel* (ZO.).

uus, us, uss 1. Vw. *aus.* Us em See use zie. Ra.: S wèèr nöd us em Wääg, *es wäre nicht unangebracht.* S Häidi isch mer us den Auge gwachse, *ich erkenne Heidi fast nicht mehr.* I chume nöd us em, *sein Wesen ist mir nicht klar.* 2. Uw. Zum Huus uus choo. I han em Vieri uus, *Schulschluss um 16 Uhr* (Schsp.). Uus und aame, *endgültig Schluss.* 3. Vs. *aus-,* bei Ztw. trennbar, z.B. in uuslaa, *hinauslassen;* usslaa, *überspringen, auslassen.*

Uusbou m. *Ausbau.*

Uusbuck m. (Uusbück) *Ausbiegung, Wölbung.*

Uuschlopfer (Uus-chlopfer) m. *Teppichklopfer,* in: Mues i der Uus-chlopfer hole? *Drohung gegen unartige Kinder.*

Uuschoo (Uus-choo) s. *Auskommen.* S isch käs Uus-cho mit em, *mit ihm ist schwer auszukommen.*

Uusduur w. *Ausdauer.*

Uusfrööglete w. *gründliche Ausfragerei.*

Uusfuer w. *Ausfuhr.*

Uusgaab w. (-e) *Ausgabe.*

uusgänds (vor Hw.) *am Ende.* Bis uusgänds Hornig, *bis Ende Februar.*

uusglächnet *leck geworden.*

Uusgliich m. *Ausgleich.*

uusglumpet *bankrott.*

uusgschämt *schamlos.* En uusgschämte Kärli.

uusgschaubet *ausgeschieden.* Uusgschaubeti Waar.

Uushülff w. (-e) *Aushilfe.*

Uuskumpft w. (ü), **Uuskouft** w. (öi) (va.) 1. *Auskunft.* 2. *Auskunftsbüro.*

Uuslumpete w. *Schlussfest der Fasnacht* (jg.).

Uusnaam w. (-e) *Ausnahme.*

Uusnèèer m. *Abnäher (Naht).*

uusrangschiert *ausgedient.* En uusrangschierten Äidginoss, *ausgedientes Kavalleriepferd.*

Uusrèèd w. (-e) *Ausrede.*

Uusrueff m. (-rüeff) *Ausruf.*
Uusschaubete w. *Ausverkauf, Ausscheidung.*
Uusschlaag m. (-schlèèg) 1. *das Ausschlagen eines Pferdes.* 2. *Ausschlag der Waage.* 3. *Trieb der Pflanzen.* 4. *Hautausschlag.*
Uusstìich m., jg. **-stich** m. 1. *entscheidender Gang im Wettkampf.* Er isch mit äim in Uusstich choo. 2. *Ausstich, Auslese, bes. von Wein.*
Uusstüür w. (-e) *Aussteuer.*
uustienet *ausgedient.* Das Ross isch uustienet.
uustiwidiert in: Hw. en Uustiwidierte m., *Schlaukopf.*
Uustuusch m. (-tüüsch) *Austausch.*
Uusverchauff m. (-chòiff) *Ausverkauf.* Mer händ die Schue im Uusverchauff gchaufft.
Uuswiichi w. *Ausweichstelle.*
Uuswiis m. *Ausweis.*
Uuswindmaschine w. *Schwingmaschine, Wäscheschleuder.*
Uuszeerig w. *Schwindsucht.* Er isch a der Uuszeerig gstoorbe.
Uuszùùg m. 1. *Zusammenfassung.* 2. *jüngste Altersklasse der Armee, Auszug.*
Uuter s. *Euter.*
uverhofft *unverhofft.*
uvernöiftig, jg. **uvernümpftig** *unvernünftig.*
Uvernouft w., jg. **Unvernumpft** w. *Unvernunft.*
uverschant *unverschämt.* Das isch uverschant tüür, *sehr teuer.*
uwächsig *im Wachstum zurückbleibend.*
uwägli *nicht übel, günstig.* Er hät s uwägli präicht, *er hat es gut getroffen.*
uwèèrd *unwillkommen.*
Uwöörtli s. *böses Wort.* Er hät käs Uwöörtli gsäit.
uzalt *ohne zu zahlen.* Er isch uzalt use.
uzelt *ungezählt.*
uzfride *unzufrieden.*
Uzifer s., **Oozifer** (ZO.) s. *Ungeziefer.*
uzüüget *fettlos.*

V

Siehe allenfalls unter F
va siehe vo.
vagiere (-t) in: Zss. ume-, umenand-, *herumstreichen, sich unruhig herumtreiben, vagieren.*
Väschper m. *Vesper.* Z Väschper ässe, lüüte. Vgl. Zväschper. Zss.: -glogg w.; -lüüte s., *Vesperläuten.*
väschpere (gväschperet) *vespern.*
väschperle (gväschperlet) *gemütlich vespern* (fam.).
Vatter m. (Vättere), **Vatti** m. (fam.) *Vater.* De Vatter, 1. *mein Vater.* 2. *mein Gatte* (fam.). Zss.: -huus s.; -land s.
vatterländisch *vaterländisch.* Als Verst. vatterländisch flueche, schimpfe, suuffe.
Vätterlis mache *Vater spielen* (Ksp., humor.).
Vee s. *Vieh.* Es Hau(p)t, es Höi(p)tli Vee, *ein Stück Vieh.* Zss.: -gschau w., *Viehschau;* -gschìir s.; -staal m.; -stand m., *Viehstand, z.B. bei einer Ausstellung;* -tokter m., *Tierarzt.* Vkf. **Veeli** s., *Viehhabe, Viehbestand* (fam. oder pej.).
Vèèrs m. *Vers.* Vèèrs mache, *schwatzen, grosse Worte machen.* Dèè hät mer en Vèèrs verzellt! *mich ausgescholten, mir Vorwürfe gemacht.* En Vèèrs dezue mache, *einen langen Kommentar dazu geben.* Vkf. **Vèèrsli** s. Vèèrsli brünzle, *Verse schmieden* (vulg.). Zss.: -brünzler m., *Versmacher* (vulg.).
Veieli s. *Veilchen.*
Velo s. *Fahrrad* (nur humor., sonst Welo; s.d.).

ver- vgl. die entsprechenden einfachen Zeitwörter

veraarge (-et) *verargen, übelnehmen.*
veraberwandle (-et) *einen Gegenstand verlegen.* Wèèr hät mer miis Buech veraberwandlet?
verabgaabe (-et) *versteuern.* De Hund verabgaabe, *Hundesteuer bezahlen.*
verakkidiere (-t) *verdingen, eine Arbeit vertragsweise übernehmen oder vergeben.*
veralaage (-et) *besteuern, einschätzen.* Er isch starch veralaaget, *stark besteuert.*
veralte (-et) *veralten.* De bisch nanig veraltet, *du bist noch jung.*
verankne (-et) *Rahm zu Butter schlagen, buttern.*
verassossiere (-t), **verassoziere** (-t) *sich geschäftlich verbinden.*

veräxgüsiere (-t) *sich entschuldigen.* Er hät si veräxgüsiert.

verbääbele (-et) *verzärteln, verhätscheln.* verst. **verbi(ba)bääbele.**

verbaarme (-et) *erbarmen.* Er isch nüd z verbaarme, *nicht zu bemitleiden.* De bisch en Aarme z verbaarme, *ich bedaure dich* (humor.).

Verbaarme s. *Erbarmen.* Verbaarme haa mit äim.

verbache (-et) 1. *sich verkleben, hart werden, verharschen.* D Wunde verbachet. 2. *durch Backen (Resten) verwerten.*

verbäcke (-et) *mit der Hacke zerkleinern, zerhacken.* D Fure verbäcke, *die Ackerfurche zerkleinern.*

verbändle (-et) *mit Bändern einfassen.* En Rock verbändle.

verbappe (-et) *verkleistern, zusammenkleben.* Verbappeti Auge. E verbappets Muul, *klebriger, schleimiger Mund.*

verbappele (-et) *durch Plaudern verscherzen.*

verbèèe (-et) *welk machen.* S Bool isch verbèèet, *die Blütenknospen, durch Frost und folgenden Sonnenschein.*

verbèèrge (-boorge) *verbergen.* De verboorge Stìich, *Lungenstich.*

Verbèèrgis s. *Versteckspiel* (Ksp.). Verbèèrgis mache.

Verbèèrmket w., **Verbèèrnket** w., **Verbèènket** w. *Erbarmen.*

Verbèèrmscht s. *Erbarmen.*

verbèèrschte (-et) *vor Stöhnen beinahe sterben* (va.).

verbessere (-et) *verbessern.*

Verbesserig w. (-e) *Verbesserung.*

verbibääbele, verbibabääbele siehe verbääbele.

verbicke (-t) *durch Picken verletzen, beschädigen.* Öise Vogel cha me nüd zum Chefi uuslaa; er verbickt alls.

verbii, verbei *vorbei.* Uus und verbii, *endgültig vorbei.* Vs., bei Ztw. trennbar, z.B. in verbiichoo.

verbiige (-et) *durch einen Holzstapel etwas verdecken.* Er hät äim fascht d Fäischter verbiiget.

verbiisse (-bisse) *verbeissen, zerbeissen.* De Hund hät mer miini Schue verbisse.

verbinde (-bunde) *verbinden, zubinden.* En Hèrdöpfelsack verbinde. De Finger verbinde.

verbisse (-et) *verkeilen.* De Hauestiil verbisse, *den Hackenstiel verkeilen.*

verbitte (-bätte) *verbitten.* I will mer daas verbätte haa.

verblaage (-et) *verschimmeln.* Verblaagets Broot.

verblaase (-) 1. *ein Blasinstrument durch Blasen zugrunde richten.* 2. *empören, in Harnisch bringen* (pop.). Es hät mi verblaase, *ich konnte nicht mehr schweigen.*

verblädere, verplädere (-et) *zerspringen, zerplatzen, zu einem Brei werden.* Er hät es Äi la tätsche, es isch verbläderet. Wän men e Bluetwùùrscht lang süüdt, se verpläderet si.

verblätzet *mit vielen Lappen geflickt.* Verblätzeti Hose.

verbliibe (-blibe) *zurückbleiben.* Er isch verblibe, *er hat (beim Schiessen) die nötige Punktzahl nicht erreicht.* Ew. verblibe, *umgekommen, verstorben.*

verblöie (-t) *verprügeln.*

verblô̂ôterle (-et) *vertändeln, vergeuden.* Ziit verblô̂ôterle. Gält verblô̂ôterle.

verbludere (-et) *zerplatzen.*

verblüdere (-et) *weich, breiig werden.* D Bìir verblüderet.

verblüderle (-et) *zerkochen, von Gemüsen.*

verblüe (-t) *verblühen.*

verblüemt, verblüemlet *verblümt.*

verblüete (-et) *verbluten.* Ew. verblüetet, *blutbeschmiert.* Er isch verblüetet häichoo.

verbocke (-et) *eigensinnig werden.* Er isch ganz verbocket, *störrisch geworden.*

verbödele (-et) *den Boden eines Gefässes mit Ware bedecken.* De Chratte isch verbödelet.

verbögle (-et) *ein volles Beerenkörbchen mit Blättern decken und diese durch gebogene Sperrstäbchen feststecken.*

verbööle (-et) *verbeulen.* En verböölete Huet.

verböönele (-et) *vereiteln.* Dem wämer d Sach scho verböönele!

verboorze (-et) *durch Strampeln in Unordnung bringen, verwirren, zerstrampeln.*

verbore (-et) *falsch bohren, durch Bohren verderben.*

verboret *verstockt.*

Verbott s. *Verbot.*

verboue (-t) *verbauen.* Ra.: Vil Gält verboue.

verbraate *zu stark braten.* Mer sind fascht verbraate, *vor Hitze fast umgekommen.*

verbräche (-broche) 1. *zerbrechen.* S Glaas isch verbroche. 2. *etwas verbrechen.* Was hät er verbroche?

verbrägle (-et) 1. *zerfallen, zerfahren.* D Hèrdöpfel sind verbräglet, *beim Kochen zerfallen.* 2. *verhageln.* Das Wätter hät alls verbräglet. 3. *durchlöchern.* D Schützeschiibe händ s rächt verbräglet.

verbrande (-et) *brandig werden, vom Brand zerstört werden, von Wunden, Körperteilen.* S isch alls verbrandet gsii.

verbräne (-brune, jg.-brännt) *verbrennen.*

verbrännt 1. *sehr.* Es isch verbrännt luschtig gsii. Das isch (en) verbrännt en guete Wegge, *ein überaus guter Wecken.* 2. in Ausrufen wie: Du verbrännti Zäine! (pop.). Verbrännte Chäib! (vulg.). Verbrännt namaal!

verbrèème (-t) 1. nur verneint: *sich nicht rühren, keinen Laut von sich geben.* Er hät si nüd verbrèèmt, won er Wix überchoo hät, *als er geschlagen wurde.* 2. *mit Pelz einfassen, verbrämen.*

verbriefe (-t) *verbriefen, etwas urkundlich festhalten, sicherstellen.*

verbriegget *verweint.* Si hät ganz verbriegget uusgsee.

verbroche *zerbrochen.* Hw. Verbroches, Verbrochnigs für 50 Rappe, *zerbrochenes Gebäck.*

verbrocke (-et) *zerbrechen, zerbröckeln.*

verbroosme (-et) 1. *zu Brosamen machen.* Lueg ä, wie das Chind s Broot verbroosmet! 2. *zu Brosamen werden.*

verbröösmele (-et) 1. *zerbröckeln, zerfallen.* Es isch eso troche, das de Hèèrd verbröösmelet, *das die Erde zerbröckelt.* 2. *klein zerstückeln, zerkrümeln.* 3. *vertändeln, vergeuden.* Ziit, Gält verbröösmele.

verbroote (-et) *Brotlaibe formen* (ZO.). De Täigg verbroote.

verbrüe (-t) *verbrühen.* Er hät si d Finger verbrüet.

verbrüelet *verweint.* E verbrüelets Gsicht.

verbruete (-et) *vor Hitze ersticken.* I dère Bachstube verbruetet me fascht.

verbrügle (-et) *verprügeln.*

verbrumbeerele (-et) *Zeit, Geld verschwenden.*

verbrune *verbrannt* (va.).

verbrünzle (-et) *mit Harn nässen, durchnässen.* De Chlii hät scho wider s ganz Bett verbrünzlet (vulg.).

verbruuche (-t) 1. *verbrauchen, aufbrauchen.* 2. *gebrauchen.* Er isch hütt nüd z verbruuche, nüd zum Verbruuche, *es ist nichts mit ihm anzufangen.*

verbüeze (-t) *zunähen.* Es Loch verbüeze.

Verbutz m. (ü) *Verputz, Putz.*

verbutze (-t) 1. *eine Mauer verputzen.* Er hät s Huus la verbutze. 2. *verprassen, durchbringen.* Er hät alls verbutzt. 3. mit Verneinung: *nicht ausstehen, nicht leiden können.* I chan en nüd verbutze. Das chan i nüd verbutze.

verbüüge (-boge) *verbiegen.* S Roor isch verboge.

verbüüle (-et) *voll Beulen machen, verbeulen.* S Auto isch ganz verbüület.

verbüüte (-botte) *verbieten, untersagen.* En Wääg verbüüte, *Durchgangsverbot verfügen.* Äim s Huus verbüüte, *Hausverbot verfügen.*

verchaare (-et) *überfahren.* Er wèèr fascht verchaaret woorde.

verchäärtle (-et) *beim Kartenspiel verlieren.* Er verchäärtlet en Huuffe Gält.

verchachle (-et) *eine Sache verderben* (pop.).

verchafle (-et) 1. *zernagen.* De Hund hät s Stuelbäi verchaflet. 2. *unsauber schneiden.* Verchaflete Stoff.

verchäibe (-et) *zerstören, verpfuschen, verderben* (vulg.). Er verchäibet äim alls.

verchalte (-et) *erkalten.* S Ässe verchaltet.

verchätzere (-et) *verleumden.* Si hät en i der ganze Gmäind ume verchätzeret.

verchauffe (-t) *verkaufen.* Ra.: Er isch verchaufft, *gebunden, iemandem ausgeliefert.*

Vercheer m. *Verkehr.* Zss.: Vercheerszäie s., *Verkehrszeichen.*

vercheere (-t) 1. *verkehren.* 2. *verstellen.* D Stimm vercheere.

vercheert *verkehrt.* Ra.: Vercheert statt lätz, *gerade umgekehrt* (humor.).

verchèèse (-et) *zu Käse machen.*

verchegle (-et) 1. *Geld durch Kegelschieben verspielen.* 2. *durch Dummheit etwas verscherzen, verderben.* S Glück verchegle. 3. *verrenken* (pop.). De Fuess verchegle. 4. *beschmutzen.* S Bett vercheglet (vulg.).

verchelte (-chelt, -cheltet) *sich erkälten.* I hä mi vercheltet.

verchiiche (-et) 1. *ausschnaufen, Atem schöpfen.* 2. *sterben* (vulg.).

verchiìse (-et) *empören, in Harnisch bringen* (pop.). Es hät mi verchiìset, *ich konnte nicht mehr schweigen* (pop.).

verchinde (-et) *kindisch werden, senil werden.*

verchlääbe (-t), **verchläbe** (-t) *verkleben.*

verchlaaftere (-et), **verchlòòftere** (-et) *vollpfropfen, Dinge anhäufen.* Das Zimer isch mit siiner Waar verchlòòfteret.

verchlaage (-t) *verklagen.*

verchläme (-t) *unterdrücken* (pop.). I ha s verchlämt.

verchlänke (-t) *verklingen, von Glocken.* Es hät scho verchlänkt.

verchliinere (-et) *kleinhacken, verkleinern, zerkleinern.*

verchlòibe (-t) *verkleben, zukleben.*

verchlòòftere siehe verchlaaftere.

verchlopfe (-et) 1. *schlagen, z.B. ein Ei.* 2. *verprügeln.* 3. *verprassen.*

verchlöpfe (-t) 1. *zerknallen.* En Bapiirsack verchlöpfe, *einen luftgefüllten Papiersack zerschlagen.* 2. *bersten machen vor Lachen, Wut usw.* Es hät en fascht verchlöpft. 3. *Geld durchbringen, verschwenden.* Er hät siis Vermöge verchlöpft.

verchlupfe (-t), **verchlüpfe** (-t) 1. *jemanden erschrecken.* Er hät si verchlupft. 2. *in Schrecken geraten.* Er isch verchlupft.

verchnele (-t) 1. *zerbrechen.* En Stäcke verchnele. 2. *bersten, platzen.* Er isch fascht verchnellt vor Lache.

verchnode (-et) *zusammendrücken.*

verchnoorzet *verklemmt, gehemmt.*

verchnootsche (-et) *zerdrücken, zerknittern.*

verchnüpfe (-t) 1. *verknoten.* 2. *verwickeln, verwirren, z.B. den Zettel beim Weben.*

verchnütsche (-t) *zerdrücken, erdrücken, zerknittern.* Es hät en verchnütscht, *z.B. von einer Schuttmasse erdrückt.*

verchoche (-et) *zerkochen.* S Fläisch isch verchochet.

verchodere (-et) *mit Auswurf besudeln* (pop.).

verchoge (-et) *in roher Weise verderben, beschädigen.* Er cha nüüt weder äim d Sach verchoge.

verchöie (-et) *zerkauen.* Das Hämp gseet uus wie verchöiet, *ganz zerknittert.*

Verchòiffer m. *Verkäufer.* Zss.: -laade m., *Kaufladen für Kinder* (Ksp.).

Verchòifferlis mache *Verkaufen spielen* (Ksp.).

verchole (-et) *verkohlen.*

verchoo (-) *verkommen.* Er isch i der Fröndi verchoo, *er verkam in der Fremde.*

verchoschtgälte (-et) *jemanden gegen Entgelt in Kost geben.* Dè Bueb hät me verchoschtgältet.

verchöschtige (-et) 1. *Geld für etwas aufwenden, in Unkosten stürzen.* 2. verneint: *sich wenig Mühe geben.* Si hät si a dem Aabig nüd verchöschtiget.

verchotze (-et) *durch Erbrechen besudeln* (vulg.). Er hät de ganz Bode verchotzet.

verchraame (-et) *verkaufen.* Wie cha men ä dèrigi Waar verchraame!

verchräbele (-et) *bersten, aus der Haut fahren.*

verchräble (-et) *zerkratzen.* D Chatz hät mi verchräblet.

verchrachet 1. *verfeindet.* Die beede Brüedere sind mitenand verchrachet. 2. *verliebt.* Si isch in en verchrachet.

verchrangle (-et) *sich verwickeln (Schnüre).*

verchratze (-et) *zerkratzen.*

verchretze (-t) *zerkratzen.* E verchretzts Gsicht. Pass uuf, susch verchretzisch de Tisch!

verchrible (-et) *verkritzeln.*

verchriide (-et) *mit Kreide verschmieren.*

verchritzle (-et) *verkritzeln.*

verchròile (-et) *zerkratzen.*

verchroose (-et) *zermalmen, zerquetschen, zerknittern.*

verchrotte (-et) *verpfuschen.*

verchrugele (-et), **verchrugle** (-et) *zerknittern, zerknüllen.*

verchrümbe (-t) *verkrümmen, verbiegen.*

verchrüpple (-et) *verkrüppeln.* En verchrüpplete Baum.
verchrüüche (-chroche) *sich verkriechen.* Er hät si verchroche.
verchruute (-et) *derb verprügeln.*
verchüechle (-et) 1. *zum Kuchenbacken verbrauchen.* 2. *vergeuden.* 3. *verderben.*
verchuele (-et) *sich abkühlen, kühl werden.* Me laat s verchuele.
verchüele (-et) trans., *abkühlen.* Di häiss Suppe verchüele.
verchüle (-et) *einen blau schlagen.*
verchünde (-chündt) 1. *verkünden.* 2. *Ehe verkünden.* Er isch verchündt, *d.h. seine Ehe.*
Verchündig w. (-e) *Eheverkündigung.*
verdeerbe (-doorbe) *verderben.* Er hät s mit em verdoorbe.
verdiene (-t) *verdienen.* Zss.: ab-, *militärische Beförderung durch Schuldienst ableisten.* D Schnüer, de Korpis abverdiene.
Verdingbueb m. *Pflegekind* (va.).
verdräcke (-et) *beschmutzen.* De Bode verdräcke.
verdure *vorbei.*
verebne (-et) *ausebnen, ausgleichen.* Es Gaartebettli verebne, *ein Gartenbeet ausebnen.*
verfaare (-) 1. *auseinandergehen, zerfallen, zerlaufen.* D Hèrdöpfel sind bim Choche verfaare. 2. *sich verfahren, irregehen.* Mer händ is verfaare.
verfätze (-et) *zerfetzen.* Er laufft ganz verfätzet ume, *zerlumpt.*
verfigge (-et) *durch Reiben verderben, abnützen, zerreiben.* Verfiggeti Chläider, e verfiggets Säil.
verfindet *verfeindet.*
verflixt 1. Ew. *verflucht.* 2. Uw. *sehr.* Verflixt guet, schöön usw.
verflüeche (-t) 1. *verwünschen.* 2. *sich verschwören.* Me mues si nüd verflüeche.
verfluecht *verflucht, verwünscht, verhext.* S isch wie verfluecht. Verflüechter ä! *verdammt, verwünscht noch einmal.*
verfluemeret, verfluemet *schlimm.* E verfluemerets Mäitli, *ein nichtsnutziges, leichtsinniges Mädchen.* E verfluemereti Chelti, *schauerliche Kälte.*
verflüüge (-floge) *sich verfliegen.* Dè Flüüger hät si verfloge.
verfotzle (-et), **verfötzle** (-et) *zerzausen, zerfetzen.* Verfotzlet, verfötzlet umelauffe, *in Fetzen, zerlumpt gehen.*
verfrässe (-) *zernagen, zerfressen.* D Schabe händ alls verfrässe. Ew. Er isch verfrässe, *gefrässig, naschhaft* (vulg.).
verfrööre (-t) *erfrieren machen.* Verfröörti Finger, Händ, *erstarrt vor Kälte.*
verfrüüre (-froore) *erfrieren.*
verfüere (-t) 1. *verführen.* 2. *Ware wegführen.* 3. *ausüben, etwas tun.* D Chind verfüered en Lèèrme, es Gschwätz, *sie lärmen, schwatzen.*
verfuerwèrchet *verfahren, verpfuscht.*
verfuule (-et) *verfaulen.*
vergaa (-gange) 1. *zergehen, sich auflösen.* De Zucker vergaat. 2. *sich vergehen.* Er hät si vergange.
vergaabe (-et) *letztwillig vermachen.* Er hät fascht siis ganz Vermöge vergaabet.
vergääbe 1. *unentgeltlich.* Er macht die Aarbet vergääbe. 2. *umsonst.* Nüd vergääbe chiichet er esoo, *nicht umsonst keucht er so.*
vergääbis 1. *unentgeltlich.* Z vergääbisse mache, *ohne Gewinn spielen.* 2. *umsonst.*
vergaffe (-et) *staunend sich vergessen.*
vergalte (-et) *die Milch verlieren, von Kühen, Ziegen.*
vergälte (-gulte) *vergelten.* Vergält s Gott! *danke.*
vergänggele (-et) *vertändeln, verscherzen, sein Geld verschwenden.*
vergänggerle (-et) *Ware unvorteilhaft verkaufen, verschleudern, verramschen.*
vergante (-et) *öffentlich versteigern.* Siis Häime wiirt vergantet.
Vergäss m., **Vergääss** m. *Vergesslichkeit.* Das isch im Vergäss gschee, *aus Unachtsamkeit, Versehen.*
vergässe (-) *vergessen.*
vergässli, vergässloos *vergesslich.*
Vergässlig m. *Vergesslicher* (ZO.).
vergchoo, verkoo (-) *begegnen.* Er isch mer uf em Paanhoof vergchoo.
vergèè (-) 1. *verzeihen.* 2. *eine Arbeit, einen Auftrag vergeben.* De Bou isch vergèè.

vergèèggele (-et) *verzärteln, verwöhnen.* En vergèèggelete Bueb.

vergelschtere (-et) *einschüchtern, ausser Fassung bringen.* S Ross isch vergelschteret, *durch rohe Behandlung störrisch geworden.*

vergheie (-t) *verfallen, zerfallen.*

vergifte (-et) *vergiften.* Ra.: Schaffe wie vergiftet, *mit grösstem Einsatz* (pop.).

vergigele (-et) *sich zu Tode lachen, vor Lachen vergehen.*

vergingge (-et) 1. *jemanden mit Fusstritten traktieren.* 2. *sich durch Zappeln, zappelnde Arbeit erschöpfen.*

Vergissmäinicht s. 1. *Vergissmeinnicht (Blume).* 2. *Kalender zum Eintragen von Geburtstagen.*

vergitzle (-et) *vor Aufregung, Ungeduld, Lachen usw. bersten, aus der Haut fahren.* Er isch fascht vergitzlet, eb er häd chöne gaa.

Vergliich m. 1. *Vergleich.* Es isch kän Vergliich. 2. *Beilegung eines Streites.*

vergliiche (-gliche) 1. *vergleichen.* 2. *einen Streit schlichten.*

vergnepfe (-t) *einnicken.*

vergòifere (-et) *durch Geifer besudeln.*

vergòiggele (-et) *verscherzen, durch Nachlässigkeit, Leichtsinn verlieren, (dumm) verschleudern.* Gält vergòiggele.

vergöischtig Ew. *neidisch, missgünstig.* Er isch äim uf alls vergöischtig.

vergolde (-et) *in Geld umwandeln, verkaufen* (humor.).

vergöötsche (-et) *eine Flüssigkeit verschütten.*

Vergouscht m. *Missgunst.*

vergraane (-et) *verschimmeln, zugrunde gehen.* D Hèrdöpfel sind bi dère Nessi vergraanet.

vergraate *missraten.* D Chüechli sind vergraate.

vergrämple (-et) *unvorteilhaft verkaufen, verramschen.*

vergriggelet *verkrüppelt, von Bäumen.*

vergriiffe (-griffe) *sich vergreifen.*

vergròònele (-et) *verschimmeln, zugrunde gehen.*

vergrütze (-et) *unvorteilhaft verkaufen, verramschen.*

vergschudere (-et) *zerzausen.* Vgl. vertschudere.

vergüdere (-et) *Flüssigkeiten in kleineren Mengen unbedacht, unnütz verschütten.* Pass doch uuf, de vergüderisch d Milch!

verguete (-et), jg. **vergüete** (-et) *vergüten, ersetzen.* De Schade verguete.

vergülde (-et) *vergolden* (va.).

vergumpe (-et) *sich austollen.* Me mues d Chind la vergumpe. D Chriesi sind vergumpet, *die Kirschenzeit ist vorbei.*

vergune (-et) *missgönnen.* Er vergunet äim iedes Fròidli.

Verguner m. *Neider.* S isch besser, me heb en Verguner weder en Verbaarmer.

vergusle (-et) *verregnen.* S Sächsilüüte hät s hüür verguslet.

vergütterle (-et) *vergehen vor Lachen oder Ungeduld.* Er isch fascht vergütterlet.

vergüüde (-et) *vergeuden, verschwenden.* S Liecht vergüüde, *Licht am Tag brennen lassen.*

vergwäne (-t) *verwöhnen.* Vgl. vertwäne.

verhaa *etwas zurückhalten, verhalten.* S Lache verhaa, *unterdrücken.* Vgl. verhebe, verthaa.

verhaage (-et) *verzäunen, versperren.* En Wääg verhaage.

verhaagge (-et) *verunstalten, verwirren, schlecht schreiben.*

verhaare (-t) *bei den Haaren reissen, zausen, die Haare zerzausen, durchwühlen.* Er isch verhaaret, *seine Haare sind zerzaust.*

verhaarze (-et) *mit Harz bestreichen, verharzen.*

verhaatsche (-et) *unachtsam zertreten.* Er lueget nüd, er verhaatschet alls im Gaarte.

verhächle (-et) *über jemanden schwatzen, andere bekritteln.* Wänn die zwoo binenand sind, verhächled s d Lüüt.

verhacke (-et) *kleinhacken (Fleisch, Gemüse), zerhacken.*

verhädere (-et) 1. *verwickeln, verwirren.* D Hüener verhädered d Frucht, *sie scharren das zum Trocknen hingelegte Getreide durcheinander.* 2. *sich versprechen.* Er hät si verhäderet. 3. *Streit bekommen.*

verhagle (-et) 1. *durch Hagel verwüsten, verhageln.* Es hät alls verhaglet. 2. ütr., *vernichten (z.B. Arbeit, Pläne).*

verhäile (-et) *heilen, verheilen.* Das verhäilet gschnäll.

verhäize (-t) *verheizen.* Mer händ dè Winter en Huuffe Holz verhäizt.

verhälffe (-hulffe) *verhelfen.*

verhalte (-) 1. *sich benehmen.* Er hät si guet verhalte. 2. *finanziell unterstützen.*

verhandle (-et) *verhandeln, über jemanden reden.* Si händ en verhandlet.

verhänke (-t) 1. *auseinanderhängen.* D Wösch verhänke. 2. *verdecken.* D Bèèrg sind verhänkt, *mit Wolken, Nebel verdeckt.*

verhaue (-) 1. *zerschneiden.* S Fläisch verhaue. 2. *verprügeln.* Si händ denand verhaue. 3. *sich verrechnen.* Er hät si böös verhaue.

verhebe (-et); vgl. verhaa, verthebe. 1. *verhalten, zurückhalten.* Bitti verheb s! *bitte, schweig.* S Lache verhebe, *unterdrücken.* 2. *wasserdicht, luftdicht schliessen.* D Fäischter verhebed nùùd. De Haane verhebet guet. 3. unpersönlich, *den Anforderungen genügen* (jg., pop.). Das verhebet nööd.

verheie (-t) 1. *zerbrechen.* 2. *verderben.* S Spììl verheie. De Bueb hät siis Spilzüüg verheit. Zss.: ab-, *misslingen.*

verhirte (-et) *als Futter verbrauchen, verfüttern.*

verhocke (-et) 1. *einen Platz durch Sitzen versperren.* 2. *etwas durch Sitzen, Lagern verderben.* Si hät de Rock verhocket. 3. *verstopfen.* D Tole isch verhocket, *der Abfluss ist verstopft.* En verhockete Pfnüsel, *Stockschnupfen.*

verhòie (-et) *verderben, durcheinanderbringen.*

verhöile (-et) *zerzausen.* S Chindli hät em Vatter s Haar verhöilet. Gseesch duu verhöilet uus!

verhööre (-t) 1. *verhören.* 2. *belauschen, aufspüren* (Jsp.).

verhudlet *zerrissen, zerfetzt, zerlumpt.* Verhudlet dethèèr choo.

verhüenere (-et) 1. *durcheinanderbringen, verderben.* Er isch verhüeneret, *durch ausschweifendes Leben erschöpft.* 2. *etwas verlegen.*

verhüete (-et) *verhüten.*

verhunnge (-et) *zu Konfitüre verarbeiten.*

verhusiere (-t) *durch Hausieren verkaufen, feilbieten.*

verhüürate (-et) *verheiraten.*

verììre (-et) *sich verlaufen, sich irren* (jg.). I bi verììret, auch: gverììret. Vgl. gvrììre.

veriise (-et) *zu Eis werden, vereisen.*

verjääse (-et) *fertig gären, vergären.*

verjage (-t) 1. *zersprengen.* Es hät em d Hose verjagt, *weil sie zu eng war.* ütr. Es hät en schier verjagt vor Lache. Es hät mi verjagt, *ich konnte nicht mehr schweigen* (pop.). 2. *Konkurs machen, fallieren* (pop.). Es hät en verjagt.

verjasse (-et) *beim Kartenspiel Zeit oder Geld verlieren.* Er hät de ganz Namittaag verjasset, Gält verjasset.

verjätte (-et) 1. *zersprengen.* 2. *empören* (pop.). Es hät en verjättet, *er konnte nicht mehr schweigen.*

verjuhäie (-et) *sein Vermögen vergeuden.*

verlaa (-) *verlassen.* Er hät en verlaa. I verlaa mi druuf.

verlääbe (-läbt) 1. *verleben.* 2. *Geld verbrauchen, vergeuden im Wirtshaus, auf einer Reise.* I hä uf dère Räis über hundert Franke verläbt.

verläädere (-et), **verlädere** (-et) *verprassen.*

Verlaag m. (ää) 1. *Verlag.* 2. *Unordnung.* Hät dèè en Verlaag uf em Tisch!

verlääge Ew. 1. *verlegen.* 2. *abgestanden.* Verläägne Salaat.

verlaame (-et) *lahm, träge werden.*

verlääse (-läse) *prüfen, auslesen, erlesen.* D Öpfel verlääse.

verläche (-et), **verlächne** (-et) *leck werden.* S Fass isch verlächet.

verläide (-et) *verleiden.*

Verläider m. *Überdruss.* De Verläider überchoo, *überdrüssig werden.*

verlampe (-et) *verwelken.* D Setzlig verlamped.

verlättere (-et) 1. *verschütten.* D Suppe verlättere. 2. *zerfallen, auseinanderfallen.* S Äi isch verlätteret.

verlauere (-et) *vernachlässigen, verpassen* (jg.).

verlauffe (-loffe) 1. *zerfliessen.* Der Anke verlaufft, es isch z warm. 2. *weggehen, auseinandergehen.* D Lüüt händ si glii verloffe. 3. *sich verlaufen.* I hä mi verloffe. 4. *mit Gehen Zeit verbrauchen.* Er hät vil Ziit verloffe.

verlaugne (-et) *leugnen, verleugnen, in Abrede stellen.*

verleere (-t) *verlernen.* Vgl. vertleere.

verlegge (-läit) 1. *verlegen.* Äim de Wääg verlegge. 2. *etwas irgendwohin legen, verschleppen.* Das Hüendli verläit gèèrn siini Äier. Es Buech verlegge. 3. *breit hinlegen, belegen.* Häsch di ganz Stube verläit mit diim Bapiir.

Verlegig w. *Verlegung (längerer Ausbildungsdienst ausserhalb der Kaserne)* (Ssp.).

verletze (-t) 1. *aufhalten, hindern* (va.). Es Bruutfueder verletze. 2. *verletzen.*

verlickt *erpicht.* D Chatz isch uf s Stääle verlickt.

verliederle (-et) *vernachlässigen, durch Nachlässigkeit verderben, verlieren.* Huus und Häime verliederle.

verliide (-litte) *ertragen, aushalten.* Er mag nüüt mee verliide. Ra.: Es mag si nüd verliide, *ist nicht der Rede wert.*

verliime (-et) *leimen, verleimen.*

verloche (-et) *verscharren.* Si händ e Chue müese verloche.

verlöcheret *durchlöchert.*

verloge 1. *erlogen.* Das isch alls verloge. 2. *lügenhaft.* En verlogne Kärli.

verlööle (-et) *unnütz vertun.*

verloone (-et) 1. *für Lohn ausgeben.* Wänn i bim Wümet alls mues verloone, se rändiert s nüüd. 2. *lohnen.* Es verloont si, *es lohnt sich.*

verloose (-et) *auslosen.*

verlööte (-et) *vertrinken.*

verlösche (-t) *auslöschen, erlöschen.* S Füür isch verlöscht.

verlose (-et) *sich verhören.* Er hät si verloset.

verlottere (-et) *verlottern, zerfallen, zugrunde gehen.* S Huus verlotteret ganz. Er chunt verlotteret dethèèr, *nachlässig gekleidet.*

verlötterle (-et) 1. *zuviel Geld für die Lotterie verbrauchen.* 2. *vertrinken.* 3. *verkommen.*

verluedere (-et) *verprassen, verschwenden.*

verluege (-et) 1. *sich versehen, falsch sehen.* 2. *staunend sich vergessen.* Er hät si i si verlueget, *in sie verliebt.*

verlufte (-et) *lüften, auslüften, dem Wind aussetzen.* D Chläider verlufte.

verlumpe (-et) 1. *verschwenden, verprassen.* Er hät siis Gält verlumpet. 2. *bankrott gehen.* Er isch verlumpet.

verlumpet *zerlumpt.*

verlupfe (-t) nur in Ra.: Käs Bäi, käs Füdli verlupfe, *keinen Fuss, kein Gesäss heben; sich nicht rühren.*

verlüümde (-et) *verleumden.*

verlüüre (-loore) *verlieren.*

verluuse (-et) *zerzausen, derb züchtigen.*

verluute (-et) *verlauten.*

verlüüte (-et) *zu läuten aufhören.* Es hät verlüütet.

vermaale (-) *zermahlen.* Obs vermaale. Vermaalni Nusse, *gemahlene Nüsse.*

vermache (-t) 1. *letztwillig vermachen.* 2. *Holz kleinhacken.* 3. *stopfen, vermachen.* Es Loch vermache.

vermäne (-t) *etwas auseinanderführen.* De Mischt vermäne.

vermänggele (-et) 1. *heimlich essen.* 2. *vertuschen.*

vermäntele (-et) *verbergen.*

vermeenere (-et) *vermehren.*

vermeere (-t) 1. *vermehren.* 2. *multiplizieren* (Schsp.).

vermetzge (-et) *zum Schlachten verwenden.* Die Gäiss cha me vermetzge.

vermiese (-et) *vermoosen.* D Wìis isch vermieset.

vermiide (-mide) *vermeiden.*

vermocke (-et) 1. *in Brocken zerlegen.* 2. *zerfallen.* S Holz vermocket.

vermöckle (-et) *zerbröckeln.*

vermöge (-) 1. *Mittel zu etwas haben.* Er vermag es Auto. Er hät s und vermag s, *er kann es sich gut leisten.* 2. *imstande sein, vermögen.* Er vermag z waarte.

vermögli *wohlhabend.*

vermòòlele (-et) *übermalen, Bilder bemalen* (Ksp.). De Bueb hät s ganz Buech vermòòlelet.

vermoorxe (-et) 1. *durch gewaltsames Handhaben beschädigen.* 2. *an etwas ersticken* (ZU.). Er isch fascht vermoorxet.

vermoschte (-et) 1. *zu Most machen.* Die Bire mues me vermoschte. 2. *zerquetschen.*

vermose (-et) *beflecken, beschmutzen.* En vermosete Rock. Vermosets Obs, *fleckiges Obst.*

vermuese (-et) *breiweich werden.* D Bire vermuesed, me mues si vermoschte.

vermunggele (-et) *vertuschen.* D Hauptsach tuet me vermunggele.

vermurbe (-et) *vermodern, zerfallen.* Vermurbets Holz.

vermuure (-et) *zumauern.*

vermuuse (-et) *die Mauserung vollenden, ausmausern.*

vermuxe (-t) *sich rühren.* Er hät si nüd vermuxt.

vermüxle (-et) *sich rühren.*

vernaare (-et), **vernare** (-et) *vernarren.* Er isch i si vernaret.

vernäärle (-et), **vernärle** (-et) *vernarren.*

vernäschte (-et) *Bett in Unordnung bringen, zerwühlen.*

vernèè (-naa, -noo) 1. *vernehmen.* 2. *jemanden einvernehmen, verhören.*

vernetze (-t) *durchnässen.* Vernetzti Frucht, *nass gewordenes (geschnittenes) Getreide.*

verniffe 1. *zusammengeschrumpft, verkümmert, klein, unansehnlich.* 2. *verschlagen, tückisch.* E verniffes Gsicht.

vernodere (-et) *zerwühlen.* D Müüs vernodered de Bode. S Füür vernodere, *im Feuer herumstochern.*

vernöiftig, jg. **vernümpftig** *vernünftig.*

vernosche (-et) *etwas beim Herumwühlen verlegen.* Er hät siini Uur vernoschet.

vernosse Ew. *schwächlich, ungesund im Aussehen.*

Vernouft w. (va.), **Vernumpft** w. *Vernunft.*

vernudle (-et) *jemanden scherzend drücken, kneten.* Es Chind vernudle.

vernüüte (-et), **vernüütige** (-et) *als unbedeutend, wertlos hinstellen, herabsetzen, herabwürdigen, geringschätzen.* Er wott äim imer alls vernüüte.

vernüütige siehe vernüüte.

veroonika! o veroonika! *ums Himmels willen.*

verpäändle (-et) *Geld mit Bahnfahren verbrauchen.*

verpäche (-et) *verpichen, mit Pech dicht machen.*

verpäschele (-et) *die Zeit mit nutzlosem Tun vergeuden.* Er verpäschelet sii Ziit, statt das er öppis tèèt.

verpaschtere (-et) *durch Rassenmischung bastardieren; entarten.* En verpaschterete Taggel.

verpasse (-et) *verpassen.* I will em s scho verpasse, *ihn daran hindern.*

verpfäffere (-et) *zu stark pfeffern, verpfeffern.*

verpfiiffe (verpfiffe) *verraten* (pop.).

verpflääge (-pflägt) *verpflegen.*

verpflädere (-et) *zu Brei zerplatzen (Obst usw.).*

verpflaschtere (-et) 1. *mit Mörtel bewerfen, mörteln.* 2. *mit Heilpflaster belegen.*

verpfludere (-et) *verpfuschen.* Vgl. verpfudle.

verpfnèèchse (-et) *aufhören zu ächzen, keuchen.*

verpfnüslet *mit starkem Schnupfen behaftet, verschnupft.*

verpfnuuse (-et) *Atem schöpfen; ausschnaufen.*

verpfrüende (-et) *jemand in einem Pfrundhaus unterbringen.*

verpfudle (-et) *verpfuschen.* E Sach verpfudle.

verpfuele (-et) *durch Unordentlichkeit verderben.* De häsch de Rock rächt verpfuelet, *arg zerknittert.*

verphää (-) *zurückhalten* (Schsp.). Chasch es no verphää?

verplaage (-et) 1. *verschimmeln, vermodern.* S Holz isch verplaaget. Verplaagets Hòi, *von der Nässe grau geworden.* 2. *unsachgemäss behandeln.*

verplädere siehe verblädere.

verplämpämperle (-et) *vertändeln, verschleudern.*

verplampe (-et) *welken.* D Setzlig verplamped.

verplämperle (-et) *verschleudern, vergeuden, verschwenden.* Er hät si verplämperlet, *in Liebschaften verloren.* Ziit verplämperle, *vertrödeln.*

verplegere (-et) 1. *vermodern.* Verplegerets Züüg, *Zeug, das lange herumlag.* 2. *mit Faulenzen zubringen.* Ziit verplegere.

verplettere (-et) *entblättern.* D Roose verplettered.

verpschäide (-et) *jemandem Auskunft geben.* Öpper verpschäide.

verpülvere (-et) *verschwenden, vergeuden, verprassen (Geld usw.).* Er hät en Huuffe Gält verpülveret.

verpuure (-et) *unbeholfen werden.* Er isch ganz verpuuret.

verquante (-et) *verkaufen, Ware verschleudern, verramschen.* Alti Waar verquante.

verquätsche (-t) *zerquetschen.*

verräägne (-et) *verregnen.*

verraate (-) 1. *verraten.* Verraat di nüüd, *bewahre das Geheimnis.* 2. *erraten, treffen.* De häsch es verraate.

verräble (-et) 1. *langsam und elend zugrunde gehen, verenden.* D Chatz isch verräblet. 2. *vor Zorn, Ärger, Ungeduld vergehen.*

verräche (-et) *mit dem Rechen verteilen.* D Schèèrhüüffe verräche, *Maulwurfshaufen.* Es Bettli verräche, *ein Beet glattrechen.*

verrächne (-et) *verrechnen.* De chöntsch di verrächne.

verräise (-t) 1. *verreisen, wegreisen.* 2. *schnell weggehen* (pop.). Dè isch dänn schöön verräist!

verräne (-rännt) *sich in etwas verbeissen, festbeissen.*

verränke (-t) *verrenken.*

verrätsche (-t) *ins Gerede bringen, hinter dem Rücken angeben, bes. Kinder bei Erwachsenen; verraten.* Er hät en bim Leerer verrätscht.

verrätze (-t) *zernagen.* D Müüs händ s Broot verrätzt.

verrauke (-t) *verräuchern.* E verraukti Stube, *rauchgefüllt.*

verrecke (-t) *verenden, von Tieren, von Menschen* (vulg.). Das isch zum Verrecke, *zum Draufgehen* (vulg.). Zss.: ab-, *misslingen* (vulg.).

verreckt 1. *verflucht* (vulg.). Potz verreckt! Verreckt am Schatte! Du verreckti! Dè verreckt huere Souchäib! S Verrecktisch, wo s git, *das Unangenehmste, Schwierigste, was es gibt* (vulg.). 2. verst. *sehr.* Verreckt guet, schöön.

verrede (-redt) 1. *sich verschwören, beteuern, geloben.* I hett mi verredt, es wèèr waar. 2. *unbesonnen etwas sagen, verraten.*

verrible (-et) *zerreiben.*

verrichte (-t) *verrichten, ausführen.* I mues öppis go verrichte, *noch etwas arbeiten.* I will s verrichte, *einen Auftrag übermitteln.*

Verrichtig w. (-e) *Ausführung, Besorgung von Geschäften.* Gueti Verrichtig! *Wunsch, eine Sache möge gelingen.*

verrieschtere (-et) *das Oberleder der Schuhe mit Flicken versehen.* Die Schue sind ganz verrieschteret.

verrigle (-et) *verschliessen, versperren.* E Tüür, en Wääg verrigle.

verriibe (-ribe) *zerreiben.* D Salbi uf der Hand verriibe.

verriise (-rise) *abfallen, bes. von erfrorenen Fruchtansätzen* (ZO.).

verriisse (-risse) *zerreissen.* Bapiir verriisse. Verrissni Hose. ütr. Er hät s Muul verrisse, *geschimpft, getadelt.* Es hät mi verrisse, *ich konnte mich nicht mehr halten vor Lachen* (jg., pop.).

verriite (-ritte) 1. *durch Herumrutschen verderben.* D Hose verriite. 2. *Geld verbrauchen durch Karussellfahren.* Öppis tuen i verriite.

verripse (-et) *abscheuern.* D Hose verripse.

verritte *durch Bergrutsche überdeckt.* Verrittne Bode.

verrode (-rodt) *sich bewegen, rühren.* Er verrodt si nüüd. Ra.: Um s Verrode nööd, *um keinen Preis.*

verrööze (-t) *mit Harn nässen, durchnässen.* Er verröözt imer na s Bett, *ist ein Bettnässer.*

verroschte (-et) *verrosten.*

verrössle (-et) *durch Pferdehaltung, Pferdehandel oder durch unnötiges Herumfahren, Herumreiten sein Geld verschwenden.*

verrucke (-t) *von der Stelle rücken, verrücken.*

verruckt *verrückt.* S isch zum verruckt wèèrde. Verst. verruckt guet, *sehr gut.*

verrueffe Ew. *verrufen.*

verrüeffe (-t, älter: -rueffe) *widerrufen.* Di alte Föifliiber sind verrüefft, verrueffe, *ausser Kurs gesetzt.*

verrüemt Ew. *berühmt, rühmlich bekannt.*

verrüere (-t) 1. *zu Brei rühren.* 2. *bewegen.* D Händ verrüere, *gestikulieren.* 3. beim Kartenspiel: *eine Karte unbedacht auswerfen.* Er hät s Ass verrüert. S Spìl isch verrüert, *die Karten sind falsch verteilt.*

verruesse (-et) *verrussen, russig werden.* S Chämi isch verruesset.

verrugele (-et) *unordentlich zusammenrollen, zerknittern.*

verruiniere (-t) *völlig ruinieren.*

verrumpfe, verrümpfe, verrumpfle (-et) *zerknittern.*

verrupfe (-t) *zerzausen, zerreissen.* Blueme verrupfe.

verrütsche (-t) 1. *verrücken.* En Stuel verrütsche. 2. *abscheuern.* S Chläid verrütsche. 3. Ra.: I ha doch schier müese verrütsche, *vor Ungeduld, Aufregung beinahe vergehen.*

verrüüche (-roche) 1. *in Rauch aufgehen, verrauchen.* 2. *verdunsten.* De Schnaps isch verroche. ütr. D Töibi verrüücht, *der Zorn verraucht.*

versaable (-et) 1. *mit Säbelhieben traktieren.* 2. *unordentlich zerschneiden.* S Broot versaable.

versaage (-et) *zersägen.* Holz versaage.

versääge (-säit) 1. *ablehnen, zurückweisen.* Er hät nie käs Ässe versäit. 2. *versagen.* D Zündig hät versäit.

Versääger m. 1. *Versager.* 2. *Fehlschuss beim Schiessen.*

versaame (-et) *Samen ausstreuen.* S Graas versaamet.

versacke (-et) 1. *einen hernehmen, verprügeln.* 2. *in Säcke abfüllen (Post).*

versackuure (-et) *überlisten, verführen, schädigen.*

versäiche (-t) *durch Harn verunreinigen, nässen* (vulg.). Versäichti Fèrie, *verregnete Ferien* (vulg.).

versalbe (-et) 1. *beschmutzen, verschmieren.* 2. *verprügeln.*

versalbeetere (-et) *zu stark mit Salpeter beizen.* S Fläisch isch versalbeeteret.

versalze 1. *versalzen.* 2. ütr. *verderben, durchkreuzen.* Äim e Fröid versalze.

versammle (-et) *versammeln.*

Versammlig w. (-e) *Versammlung.*

versänke (-t) *versenken.* Ra.: Iez hämer wider äine versänkt, *(Ball) ins Tor geschossen* (Schsp.).

versässe *versessen.* Er isch ganz versässe uf s Tanze.

verschaffe (-t) 1. *verschaffen.* 2. *verarbeiten.* Holz verschaffe. 3. *durcharbeiten, kneten.* De Täigg verschaffe.

verschäide (-schäide) *verscheiden, sterben.*

verschameriere (-t) *sich einschliessen* (ZU.).

verschänke (-t) *verschenken.*

verschèère (-et) 1. *zerschneiden.* 2. *beim Scheren verderben.*

verschiebe (-schobe) *verschieben.*

verschiengge (-et), **vertschiengge** (-et) *Schuhe schieftreten.* Ver(t)schienggeti Schue.

Verschiengger m., **Vertschiengger** m. *wer gewohnheitsmässig Schuhe schieftritt.*

verschiffe (-t) 1. *verregnen* (pop.). S hät di ganz Räis verschifft. 2. *durch Harn verunreinigen* (pop.).

verschiisse (-schisse) *durch Kot verunreinigen* (vulg.).

verschiite (-schitte) *zu Scheitern spalten.*

verschimpfe (-schumpfe), **verschimpfiere** (-t) *jemanden oder etwas durch Schmähen herabsetzen, herabwürdigen.* Si verschimpft all Lüüt.

verschisse *verkehrt* (vulg.). Es isch verschisse gloffe, *schief gelaufen.* De verschisse Täil in Hände haa (abgekürzt V.T.), *im Nachteil sein* (Ssp.).

verschlaa (-schlaage) 1. *verschlagen.* D Stimm verschlaa. ütr. En verschlagne Kärli. 2. *zerschlagen.* Es Glaas verschlaa. 3. *verprügeln.* Si händ denand verschlaage. 4. *verspunden.* Es Fass verschlaa.

Verschlaag m. (-schlèèg) *Lattenverschlag.*

verschlaarpe (-et) *beschmutzen, verschmieren.*

verschläcke (-t) 1. *vernaschen.* E verschläckts Chind, *an Leckereien gewöhnt.* 2. *abküssen.* Er hät si verschläckt.

verschläike (-t) *verschleppen, verlegen.* En verschläikte Pfnüsel, *verschleppter Katarrh.*

verschlauffe (-t) 1. *in eine Schlaufe ziehen* (Ssp.). Es Riemli verschlauffe. 2. *sich* *unauffällig entfernen* (Ssp.). Gömer is go verschlauffe!

verschletze (-t) *vergeuden, verschwenden, verprassen.* Er hät en Huuffe Gält verschletzt.

verschliime (-t) *verschleimen.*

verschlììrpe (-et), **verschlììrgge** (-et) 1. *verschmieren.* 2. *totfahren* (vulg.). S Auto hät en grad verschlììrpet, *tödlich überfahren.*

verschliisse (-schlisse) 1. Ziit verschliisse, *Zeit auf irgendeine Weise zu Ende bringen, vertun.* 2. *etwas abnützen.*

verschlinge (-schlunge) *verwickeln.* S Gaarn hät si verschlunge.

verschlòiffe (-t) *schwänzen, versäumen* (ZO., Schsp.).

verschlucke (-t) *verschlucken, hinunterschlucken.* D Tòibi verschlucke.

verschludere (-et) 1. *verschmieren.* 2. *vergeuden, vertun, besonders Geld.*

verschlüüdere (-et) *verschleudern.*

verschlüüffe (-schloffe) *sich verbergen, verkriechen.*

verschlùùrze (-et) 1. *verschmieren.* Sache verschlùùrze. ütr. E verschlùùrzets Gwitter, *Gewitter, das in Landregen übergeht.* 2. *vergeuden.*

verschmättere (-et) *zerschmettern.*

verschmatze (-t) *abküssen.* Si händ enand umaarmet und verschmatzt.

verschmèèrze (-t) *etwas verwinden, verschmerzen.* Das wèèr na z verschmèèrze, *zu ertragen.*

verschmiere (-t) *verschmieren, verschmutzen.* S Gsicht verschmiere bim Ässe. D Händ verschmiere.

verschmòike (-t) *verbergen, verheimlichen.* Im verschmòikte, *im geheimen, insgeheim.*

verschmusle (-et) *verschmutzen, besudeln.* Er verschmuslet alls.

verschmützle (-et) *abküssen.*

verschnäfle (-et) *in kleine Stücke zerschneiden, zerstückeln; durch Schneiden verunstalten, unbrauchbar machen.*

verschnäpfe (-t), **vertschnäpfe** (-t) *sich (mit Worten) verraten.* Er hät si vertschnäpft, *ein Geheimnis preisgegeben.*

verschnapse (-et) 1. *zu Schnaps brennen.* Chriesi verschnapse. 2. *das Geld für Schnaps ausgeben.* Er verschnapset siin Loo. Er isch verschnapset, *durch Branntweintrinken heruntergekommen.*

verschnätzle (-et) *in kleine Stücke zerschneiden, zerstückeln.* S Gmües verschnätzle.

verschneie (-t) *verschneien.*

verschniide (-schnitte) 1. *zerschneiden.* Ra.: Dèè verschniidt d Wèèe, *gibt den Ton an.* 2. *unzweckmässig, falsch schneiden.* D Schniideri hät de Stoff verschnitte.

Verschnittes s., **Verschnittnigs** s. *Aufschnitt.*

verschnòre (-et), **verschnure** (-et) 1. *sich versprechen* (pop.). Er hät si verschnòret. 2. *sich (mit Worten) verraten.* 3. *verleumden.* Er hät en verschnuret.

verschnudere (-et) *mit Nasenschleim besudeln.* Ra.: Er hät verschnuderet, *die Kinderschuhe ausgetreten, ist erwachsen.*

verschnüere (-t) *verschnüren.*

verschnupft 1. *erkältet.* 2. *verstimmt, beleidigt.*

verschnure (-et) *zusammenschrumpfen.* D Öpfel verschnured.

verschnure siehe verschnòre.

verschnuufe (-et) *Atem schöpfen, ausschnaufen.*

verschnùùrpfe (-et), **verschnǜǜrpfe** (-et) 1. *schrumpfen, runzlig werden.* 2. *einen Riss liederlich vernähen.*

verschnüüze (-t) *ein Taschentuch durch Schneuzen verbrauchen.* Er verschnüüzt all Taag es Naastuech.

verschòiche (-t) (ZO.), **verschòike** (-t) *scheu machen, verscheuchen.*

verschööne (-et) *aufhören, schön zu sein, Schönheit einbüssen.* S Chläid verschöönet.

verschoppe (-et) 1. *verstopfen, zustopfen.* Es Loch verschoppe. 2. *verbergen, verstecken.* S Gält in Strumpf verschoppe. 3. *etwas verlegen.* Wo hät er ächt de Brief verschoppet?

verschosse 1. *verblichen.* En verschossne Voorhang. 2. *verliebt.* Er isch i d Räägel verschosse (pop.).

verschräcke (-schrocke) *erschrecken, einen Schrecken bekommen.* I bi z Tood verschrocke.

verschränze (-t) 1. *zerreissen.* D Hose

verschränze. 2. *verprügeln.* Äim d Hose verschränze.

verschrecke (-t) 1. *erschrecken, in Schrecken versetzen.* 2. *verscheuchen, vertreiben.* D Hüener verschrecke.

verschreie (-t) *verleumden, ins Gerede bringen.*

verschriibe (-schribe) 1. *letztwillig vermachen.* 2. *beurkunden.* 3. *verordnen.* De Tokter hät em öppis verschribe. 4. *sich verschreiben.* 5. *schreibend aufbrauchen.*

verschrocke Ew. *furchtsam.* Er isch nüd verschrocke, *nicht verlegen.*

verschroue Ew. 1. *verweint.* E verschroues Gsicht. 2. *verrufen, verleumdet.* Er isch verschroue.

verschrumpfe (-et), **verschrumpfle** (-et) *einschrumpfen.* E verschrumpfets Mandli.

verschruube (-et) *verschrauben.*

verschuggele (-et) *etwas aus Unaufmerksamkeit verlegen,* I hä de Schlüssel verschuggelet.

verschunde Ew. *zerschunden.* E verschundes Gsicht.

verschupfe (-t) *beiseite schieben, verstossen.* E verschupfts Chind, *beiseite gesetzt, verschüchtert.* Ra.: De gseesch verschupft uus, *entstellt, blass.*

verschütte (-et, -schütt) 1. *unachtsam verschütten, ausschütten.* 2. *verwirken, verscherzen, einbüssen.* Er hät s biin em verschütt. S Glück verschütte. 3. *zur Unzeit gebären, abortieren, von Menschen.*

Verschüttig w. (-e) *Fehlgeburt.*

verschüttle (-et) *durcheinanderschütteln.*

verschüübe (-schobe) 1. *verschieben.* 2. *den Zahnwechsel beendigen.* D Chue hät verschobe.

verschüüche (-schoche) *verscheuchen.*

verschuudere (-et), **vertschuudere** (-et) *zerzausen, Haare in Unordnung bringen.*

verschüürffe (-t), älter **verschüürpfe** (-t) *sich schürfen.* Er hät si verschüürfft.

verschüüsse (-schosse) 1. *erschiessen.* Me hät s Ross müese verschüüsse. 2. *verschiessen.* Mer händ all Patroone verschosse. 3. *fehlschiessen.* Er hät si verschosse, *hat z.B. in die falsche Scheibe geschossen.* 4. *abschiessen.* S Wätter verschüüsse, *mit Hagelkanonen Unwetter abwenden.* Vgl. verschosse.

verschwäie (-t), **verschweie** (-t), **verschwèèe** (-t) *schwingen, schlenkern.* D Èèrm verschwäie.

verschwätze (-t) 1. *verleumden, ins Gerede bringen.* 2. *sich versprechen.*

verschwèère (-t) *eiternd aufschwellen, ein Geschwür bilden.*

verschwele (-t) 1. *zum Aufschwellen bringen, wässern.* E Stande verschwele. Äin verschwele, *jemandem zu trinken geben, bis er genug hat.* 2. *einen Ehrenbecher, Kranz usw. einweihen, eine Ernennung, Beförderung feiern.* De Turnveräin hät siin Chranz verschwellt.

verschwige Ew. 1. *verschwiegen.* 2. *schweigsam.*

verschwiine (-schwine, -schwune) *schwinden, eingehen.* S Holz verschwiint.

verschwinde (verschwunde) 1. *verschwinden.* 2. *auf den Abort gehen, die Toilette aufsuchen.* I mues no schnäll go verschwinde.

Verschwindis mache *verschwinden* (fam.).

verschwitze (-t) 1. *aufhören zu schwitzen.* S Hòi hät verschwitzt. D Hèrdöpfel müend verschwitzt haa, *müssen vor dem Einkellern trocken sein.* 2. *vor Schwitzen zugrunde gehen.* I verschwitze fascht. 3. *Kleider usw. verschwitzen.* 4. *etwas vergessen* (pop.).

verschwòòbele (-et) 1. *sich dem Deutschen anpassen.* 2. *von Deutschen überfremdet werden.*

verschwòògeret Ew. *verschwägert.*

verschwööre (-schwoore) *schwören.* Verschwöör di nüd! *gib kein voreiliges Versprechen.*

verschwule Ew. *verschwollen.* D Tüür, d Fäischter sind verschwule. Verschwullni Auge.

verschwume *verschwommen.*

verseckle (-et) *jemanden narren, täuschen, hereinlegen* (vulg.).

versee (-) *versorgen, bedienen.* Mit dem Chnächt simer versee.

Versee s. *Versehen.* Us Versee, *versehentlich.*

versèèe (-et) *verstreuen.* De versèèisch alls, *von einem Mädchen, das den Inhalt der Schürze auf den Boden streut.*

versèèrble (-et) *zugrunde gehen, verkümmern.*

versetze (-t) 1. *versetzen.* 2. *verpfänden.* 3. *umpflanzen, Pflanzen neu setzen.* De Salaat versetze.

Versicherig w. *Versicherung.* Zss.: Versicherigshängscht m., *Versicherungsvertreter* (pop.).

versieche (-et) *verderben* (vulg.). Er versiechet äim ales.

versigle (-et) *siegeln, versiegeln.*

versitze (-sässe) 1. *einen Platz versperren.* 2. *lange sitzen bleiben.* Mer händ is versässe.

versöiele (-et) *verschmutzen, verschmieren.*

versole (-et) 1. *verprügeln.* 2. *hereinlegen.* Dèè hät mi schöön versolet! Mit dèm simer versolet, *ohne Hilfe.*

versoorge (-et) 1. *versorgen.* ütr. Si sind ali versoorget, *in guter Stellung.* 2. *aufheben, aufbewahren.* 3. *in Pflegeanstalt verbringen, z.B. Geisteskranken.*

versoue (-et) 1. *verschmieren, verschmutzen.* 2. *verekeln.* Er hät is de ganz Aabig versouet. 3. *verschwenden.* Gält versoue.

verspääne (-et) *Fugen von Fassdauben, Brettern usw. durch Holzspäne verschliessen.*

verspaare (-t) *aufsparen.* Alls uf d Letschti verspaare.

verspalte *spalten.* Holz verspalte.

verspeere (-t) *verspreizen, versperren, mit Sperrhölzern stützen, festmachen.* E Wand verspeere, *die Wand stützen.* En Wääg verspeere, *den Weg versperren.*

verspekeliere (-t) *verspekulieren.*

verspiise (-spise) *verspeisen.*

verspile (-t) *verspielen, verlieren.*

verspine (-spune) *verspinnen.*

verspȍȍndle (-et) *Holz zu Spänen schneiden.*

verspȍȍte (-et) 1. *sich verspäten.* I ha mi verspȍȍtet. 2. *verpassen.* I ha de Zùùg verspȍȍtet.

Verspȍȍtig w. (-e) *Verspätung.*

verspotte (-et) 1. *verspotten.* 2. *vortäuschen.* Das sött Gold verspotte, *vortäuschen.*

verspöttle (-et) *bespötteln.*

versprāche (-sproche) *versprechen.* Er isch versproche, *verlobt.*

Versprāche s. *Versprechen, Gelöbnis.*

verspradle (-et) 1. *verspritzen, sich spritzend ausbreiten.* D Güle verspradlet, *die Jauche verspritzt.* 2. *spritzend besudeln.* D Suppe hät di ganz Chouscht verspradlet.

versprāite (-et) *ausbreiten.* D Chüechli uf em Täler versprāite. D Bäi versprāite, *Grätschstellung einnehmen.*

versprānge (-t) *zersprengen, zerreissen.* Es hät d Muur versprāngt. Es hät en fascht versprāngt vor Lache, *er platzte beinahe vor Lachen.*

versprānzlet Ew. *vergittert* (ZO.).

verspriesse (-t) *versperren, verkeilen.*

verspriisle (-spriislet) 1. *zerkleinern, zersplittern.* 2. *in Splitter zerbrechen.* S Glaas verspriislet.

verspringe (-sprunge) *zerspringen.*

versprütze (-t) 1. *verspritzen.* Er hät s Gwand versprützt. 2. *zerspringen, platzen, bersten.* Er versprützt vor Ticki, vor Lache. Das isch zum Versprütze, *zum Platzen, Bersten.*

verstaa (-stande) *verstehen, begreifen.* Er hät lang ghaa, bis er verstande hät, was i mäine, *er begriff lange nicht, was ich wollte.*

verstäche (-stoche) 1. *erstechen.* 2. *zerstechen, durchlöchern, mit Stichen bedecken.* D Schnaagge händ äin verstoche. 3. *leicht, notdürftig zunähen.* Es Loch im Strumpf verstäche.

verstampfe (-et) *zerstampfen, zertreten.*

verstaube (-stobe) *aufhören zu stauben.* Es hät verstobe, *der Staub hat sich gesetzt.*

verstaubet Ew. *voll Staub, verstaubt.* Verstaubeti Schue.

verstecke (-t) 1. *verbergen.* 2. *verstopfen.* De Haane isch versteckt. E versteckti Naase, *bei Schnupfen.* 3. ütr. Er isch nüd versteckt, *nicht dumm, blöde.*

Versteckis s. *Versteckspiel* (Ksp.). Versteckis mache.

verstèète (-et) 1. *festmachen.* S Fäischter, de Laade verstèète. 2. *fest zuknöpfen.* En Sack verstèète. 3. *das Fadenende vernähen.* De Fade verstèète.

verstele (-stellt) 1. *auseinanderstellen, spreizen.* D Bäi verstele. 2. *umstellen, verändern.* D Mööbel verstele. 3. *an einen unrichtigen Ort weglegen, verlegen.* Er hät s Buech verstellt. 4. *versperren.* Er hät di ganz Stube mit siiner Waar verstellt. 5. *entstellen,* *verunstalten.* Er isch ganz verstellt. 6. *sich verstellen.* De bruuchsch di nüd z verstele.

versticke (-t) *ersticken.*

verstiige (-stige) *sich versteigen.* D Gäisse händ si verstige.

verstȯibe (-t) *verjagen, verscheuchen.* D Hüener verstȯibe.

verstȯike (-t) *verjagen, verscheuchen.*

verstole Ew. *verstohlen, heimlich.* Er isch verstole inechoo.

verstolnig in: im verstolnige, *verstohlenerweise, heimlich.*

verstopfe (-t) *verstopfen.* ütr. Er isch verstopft, *zugeknöpft, übelgelaunt.*

verstraale (-et) *verderben, zerschlagen.*

verstrecke (-t) *durch Strecken beschädigen, überanstrengen.* I hä mi verstreckt.

verstriiche (-striche) *verstreichen.* 1. *breitstreichen.* De Hunng uf em Broot verstriiche. 2. *glattstreichen, verschliessen.* Es Loch verstriiche.

verstrȯie (-t) *auseinanderstreuen, zerstreuen.*

verstruble (-et) *zerzausen.*

verstrupfe (-t) *vor Ungeduld, Aufregung, Ärger vergehen.* I bi fascht verstrupft.

verstrupft Ew. 1. *zerzaust.* En verstrupfte Bääse. 2. *verrückt.* Me wi̇rt bin öi ganz verstrupft.

verstückle (-et) *zerstückeln.*

verstupfe (-t) 1. *Setzlinge erdünnern.* 2. *durch Stechen beschädigen.*

verstüübe (-stobe) *auseinanderstieben, verschwinden.* D Hüener sind verstobe.

verstuuche (-t) *verstauchen.*

verstuune (-t) *sich wundern.* Me mues si verstuune draab, *sich darüber wundern.* Verstuunt driiluege, *verwundert, erstaunt dreinschauen.*

verstu̇ürchle (-et) *stolpern.*

verstu̇ürchlet Ew. *verkrüppelt, invalid.*

verstüüre (-et) *versteuern.*

versudle (-et) *verschmieren, beschmutzen.* Es Heft versudle.

Versuech m. (Versüech) *Versuch.* Vkf. Versüechli s.

versueche (-t) *versuchen, kosten.* D Suppe versueche.

Versuecherli s., **Versüecherli** s. *Kostprobe.*

versuggele (-et), **versüggele** (-et) 1. *lutschen, im Munde zergehen lassen.* 2. *vertrinken.* Er versüggelet Huus und Häime, *verliert durch Trinken allen Besitz.*

versumpfe (-t) *auf Abwege geraten, verkommen.*

versündige (-et) *versündigen.*

versure (-et) *nachlassen, vergehen, vom Schmerz.* S Zaawee/de Zaa hät versuret. ütr. S Häiwee isch versuret, *vergangen.*

versüübere (-et) *die Nachgeburt von sich geben, von Kühen.* D Chue hät versüüberet.

Versüüberig w. *Nachgeburt der Kuh.*

versüücht Ew. *verseucht.*

versüüde (-sotte) *zu stark sieden.* S Fläisch isch versotte.

versuuffe (-soffe) 1. *vertrinken* (vulg.). Er hät alls versoffe. Er isch ganz versoffe, *im Trunk verkommen.* 2. *ertrinken* (vulg.). S isch äine versoffe. ütr. Er versuufft i siine Chläidere, *die Kleider sind ihm zu weit.* I der Aarbet versuuffe, *in der Arbeit untergehen.*

versuuge (-soge) *lutschen.* Die Bire cha me versuuge.

versuume (-t) *versäumen, verpassen.* I hä nüüt z versuume, *keine Eile.* Er hät mi versuumt, *aufgehalten.*

versuure (-et) *versauern, griesgrämig werden, verkümmern, verbittern.* Me sött em hälffe, er versuuret suscht.

versuuse (-et) *nachlassen, vergehen, von leiblichen Schmerzen.*

vertaage (-taaget), **vertage** (-taget) *verschieben, vertagen.*

vertaape (-et) *beschmutzen, mit schmutzigen Händen verunreinigen, verderben.* D Schiibe vertaape, *die Fenster beschmutzen.*

vertäfele (-et) 1. *täfeln.* 2. *jemanden verleumden, verklagen.* Er hät en vertäfelet.

vertäfere (-et) *verprügeln.*

vertämpfe (-t) *ausbügeln.*

vertämple (-et) *verderben.*

vertätsche (-t) 1. *zerbrechen, zu Brei zerquetscht werden.* S Äi isch vertätscht. 2. *etwas zerquetschen.* 3. *verprügeln.* De Vatter hät de Bueb vertätscht. 4. *empören.* Ra.: Es hät mi vertätscht, *ich konnte nicht mehr schweigen* (pop.). 5. *jemanden* *anklagen, verleumden.* Er hät en bim Leerer vertätscht.

vertatteret, vertätteret Ew. *verwirrt, gehemmt.*

vertchoo (-) *begegnen.*

vertecke (-t) *verheimlichen.* Er ruckt nüd use mit der Spraach; er mues sicher öppis vertecke.

vertèèggele (-et) *verzärteln.* Wie die iri Chind vertèèggelet!

vertèère (-et) *Zeit vertändeln, sich versäumen.* D Ziit vertèère.

verthaa (-) *Flüssigkeit zurückhalten.* Vgl. verhaa.

verthebe (-t) *Flüssigkeit zurückhalten.* Vgl. verhebe.

vertinge (-t) *verdingen.*

vertläide (-et) *Lust verlieren.* Er isch mer vertläidet. Vgl. verläide.

vertleene (-t) *leihen, borgen.* Es Buech vertleene.

vertleere (-t) *verlernen.* Er hät alls vertleert.

vertnucke (-t) *einschlummern, einnicken.* Er isch vertnuckt.

vertòibe (-t) *erzürnen.* Er hät mi vertòibt. I bi vertòibt, *zornig.*

vertoktere (-et) *Geld für Arzneien und Arzt ausgeben.*

vertökterle (-et) *Geld für Arzneien und Arzt vergeuden.*

vertoore (-et) *verdorren.* Dè Stock isch vertooret, *dieser Blumenstock ist verdorrt.*

vertöörle (-et) *durch Dummheit verscherzen, vertändeln.* Ziit vertöörle.

vertopple (-et) *verdoppeln.*

verträäge (-träit) 1. *ertragen.* Er verträit de Lèèrme nüüd. 2. *austragen.* D Ziitige verträäge. 3. Ra.: S mag si nüd verträäge, *ist nicht der Rede wert.*

Verträäger m. *Austräger (von Zeitungen).*

vertrampe (-et) 1. *mit dem Fuss zerstampfen, zertreten.* S Graas, en Schnägg vertrampe. 2. *moralisch vernichten.* 3. D Füess vertrampe, *nach langem Sitzen sich etwas bewegen.*

vertrangschiere (-t) *auseinandertrennen, zerschneiden.*

verträtte 1. *den Fuss vertreten, verstauchen.* 2. *jemanden vertreten.*

vertreschaagge (vertreschaagget) 1. *beschädigen.* 2. *misshandeln.*

vertriibe (-tribe) *vertreiben.*

vertrinke (-trunke) 1. *ertrinken.* Es isch äine bim Baade vertrunke. 2. *vertrinken.* Er hät alls vertrunke.

vertröchne (-et) *vertrocknen, austrocknen.*

vertrödele (-et) *Zeit vertun, Zeit vertändeln.*

vertroole (-et) *durch Wälzen zerwühlen, zusammendrücken.* S Graas, s Bett vertroole.

vertrööle (-et) *vertändeln.* D Ziit vertrööle.

vertropfe (-et) *abtropfen.* D Wösch la vertropfe.

vertröpfle (-et) *langsam abtropfen.*

vertrösche (-et) *verprügeln.* Er hät en böös vertröschet, *arg verprügelt.*

vertroue (-t) *vertrauen.* Zss.: aa-, *anvertrauen.* Äim öppis aavertroue.

Vertroue s. *Vertrauen.*

vertrucke (-t) 1. *zerdrücken.* De häsch mer de Huet vertruckt. S Lache vertrucke, *unterdrücken.* 2. rbez., *sich davonmachen, sich verbergen.*

vertruckt *hinterlistig.* En vertruckte Kärli.

vertrüdele (-et), **vertrüdle** (-et) *verwirren.* S Gaarn isch vertrüdelet. ütr. Er isch, tuet ganz vertrüdelet.

vertrüle (-et) *verdrehen, verwickeln.* ütr. Er isch ganz vertrület, *verwirrt.* En vertrülete Hagel, *ein Wirrkopf, verstörter Mensch.*

vertrüne (-trune) *entrinnen, entweichen.*

vertrüüsse (-trosse) *verdriessen.*

vertschlaaffe (-e) 1. *einschlafen.* Er isch vertschlaaffe. 2. *sich verschlafen.* Er hät si vertschlaaffe.

vertschlipfe (-t) *ausgleiten, entgleiten.* I bi vertschlipft, *ich bin ausgeglitten.* D Sòipfe isch mer vertschlipft, *entglitten.*

vertschlòòffe (-t) *einschläfern.* Me hät en müese vertschlòòffe.

vertschudere (-et) *zerzausen.* Gseesch duu vertschuderet uus!

vertschuute (-et) *verramschen* (pop.).

vertuble (-et) *dumm vertun, vergeuden.* (pop.). Er hät ales Gält vertublet.

vertüble (-et) *dübeln, verzapfen, verkeilen, mit Dübeln befestigen.* En Haagge i der Muur vertüble.

vertue (-taa) 1. *etwas ausbreiten, auseinanderlegen.* S Bett, s Graas vertue. 2. *sich breitmachen.* Er vertuet si i dèm Stuel. 3. *verschwenden.* Er hät ales vertaa.

vertume (-et) 1. *dumm werden.* 2. *vergeuden, verschwenden.* Er hät siis Vermögeli vertumet.

vertüne (-t) *verdünnen.*

vertuschiere (-t) 1. *geringschätzig behandeln, herabsetzen, verunglimpfen.* 2. *verheimlichen, verbergen.* Er hät mängs müese vertuschiere, *er musste manches verheimlichen.*

vertütsche (-t) *zerstossen, zerschlagen, anschlagen.* E vertütschts Äi.

Vertüüffig w. (-e) *Vertiefung.*

vertüüfle (-et) *zugrunde richten, verderben.* Er hät is alls vertüüflet.

vertüüre (-et) *verteuern.*

vertùùrschte (-et), **vertûûrschte** (-et) (ZO.) *verdursten.*

vertuusche (-et) *vertauschen.*

vertwaarme 1. *warm werden.* I hä lang nüd chöne vertwaarme. 2. *vertraut werden.*

vertwache (-et) *erwachen.* I bi z spaat vertwachet.

vertwäne (-t) *verwöhnen, verziehen.* Me hät en vertwänt.

vertwütsche (-t), **verwütsche** (-t) 1. *entwischen.* Er hät chöne vertwütsche. 2. *erwischen.* Si händ de Schelm vertwütscht. 3. *hereinlegen, überlisten.*

verüble (-et) *verübeln.* Me chan em s nüd verüble.

verufaale (-et) *verunfallen, verunglücken.* Er isch verufaalet.

veruhuuse (-et) *verschwenden.* S Gält veruhuuse.

veruschicke (-t) *durch Ungeschicklichkeit verderben.*

veruse *hinaus.* Veruse gaa, *ins Freie gehen.*

verusse *draussen.* Er isch verusse.

veruus *voraus;* vgl. vooruus. Veruus gaa, *vorausgehen.*

verwaale (-et), **verwale** (-et) 1. *zerwühlen.* 2. *auswalken.* De Täigg verwaale.

verwaare (-t) *verwahren.*

verwächsle (-et) *verwechseln.*

verwäge Ew. *verwegen.* E verwägne Pùùrscht.

verwänt *überaus, sehr.* Verwänt guet. E verwänt tifigs Mäitli, verwänt es tifigs Mäitli, *sehr flink.*

verwäsche Ew. *verwaschen.* Dè Rock gseet verwäschen uus.

verwèèrche (-et) *verarbeiten.* Er hät müese verwèèrche, was mer em gsäit hät.

verwèrffe (-worffe) 1. *verwerfen.* Es Gsetz verwèrffe. 2. *Fehlgeburt haben.* Öisi Chue hät verworffe.

verwifle (-et) *flickend stopfen.* D Wösch verwifle.

verwiile (-et) *verweilen, sich unterhalten.* Die Chind chönd si guet verwiile, *unterhalten.*

Verwiis m. *Verweis, Tadel.*

verwiise (-wise) *verweisen, tadeln.* Er hät en müese verwiise.

verwöische (-t) *verwünschen.*

verwöne (-t) *verwöhnen.* Vgl. vertwäne.

verwoorge (-et) *ersticken.* Er isch fascht verwoorget a dèm Bütschgi. Ra.: Um s Verwoorge nööd, *um keinen Preis.*

verwundere (-et) *wundern, sich verwundern.* I hä mi nüd verwunderet, das er eso öppis macht.

verwüsche (-t) *verwischen.*

verwütsche siehe vertwütsche.

verwûûrge (-t) 1. *ersticken.* 2. *erwürgen.* Er hett en bald verwûûrgt, *beinahe erwürgt.*

verwùùrme (-et) *wurmig werden.* S Holz isch verwùùrmet.

verwùùrschte (-et) *zu Würsten verarbeiten.*

verwûûrschtle (-et) *zerknüllen, durcheinanderbringen.*

verzäige (-t) *anzeigen.* Me hät en bi der Polizei verzäigt.

verzapfe (-t) 1. *verzapfen.* 2. *erzählen, zum besten geben* (pop.). Hät dèè en Mischt verzapft! Er verzapft imer s gliich.

verzèègget *zäh.* Verzèèggets Fläisch.

verzeere (-t) *zerreissen.* D Hose, s Bapiir verzeere.

verzeise (-et) *verzinsen.* Das Huus verzeiset si nûûd.

verzele (-t) 1. *erzählen.* E Gschicht verzele. 2. *sich verzählen.* Er hät si bim Usegèè verzelt.

verzette (-et) *Gras zum Dörren ausbreiten.*

verzie (-) *verzeihen.* I chan em daas nüd verzie.
verzie (-zoge) *sich verziehen, aus der Form kommen.* De Stoff hät si verzoge.
verzue *vorbei.*
verzüttere (-et) *verzetteln, gedankenlos auseinanderrupfen.*
Verzütterete w. *Verzettelung.*
verzuusle (-et) *zerzausen.*
verzwatzle (-et) *vor Ungeduld vergehen, sich verzehren.* Er verzwatzlet fascht, wil er eso lang mues waarte.
verzwicke (-t) *die überschüssigen Rebschosse abkneifen.*
verzwiifle (-et) *verzweifeln.* S isch zum Verzwiifle.
Vètsch m. *Vater* (Schsp., va.).
Vetter m. (-e) 1. *Vetter.* 2. *Onkel.* 3. *überhaupt Verwandter.* Zss.: -götti m., *Taufpate.* Ra.: Du bisch en suubere Vettergötti, *ein sauberer Kerl* (auch ironisch); -maa m., *Verwandter.* Vkf. **Vetterli** s. in Zss.: -wirtschaft w., *Vetternwirtschaft.*
vielett *violett.* Di Vielette (Mz.), *Heerespolizei, Militärjustiz* (Ssp.).
vier *vier.* Z viere trösche, *zu viert dreschen.* Zss.: -bisföifi s., *Note Viereinhalb;* -egg s., 1. *Viereck.* 2. *Quadrat* (fam.); -zä, *vierzehn.* Im vierzäni, *im Jahre 1914.* Vierehalber m. *Note 4½, die Viereinhalb* (Schsp.); -vierzg, *vierundvierzig.*
Vierer m. *Vierer.* 1. *Tram Nr. 4.* 2. *Note 4.* 3. *Angehöriger des Jahrgangs 1904.*
Vieri s. 1. *Zahl Vier, die Vier.* 2. *4 Uhr.* Am Vieri, *um 4 Uhr.* Z Vieri ässe, *Vesperbrot einnehmen.* Vgl. Zvieri. Zss.: Vieriauto s., *4-Uhr-Postauto;* -zùùg m., *4-Uhr-Zug.* 3. *Note Vier, die Vier.* 4. *Tram Nr. 4.*
Vierlig m. *ein Viertelpfund, 125 Gramm.*
viert *viert.* Zss. Viertklässler m., *Schüler der vierten Klasse.*
Viertel m. *das Viertel.* Viertel nèèch Vieri, *15.45 Uhr.* Viertel ab Vieri, *16.15 Uhr.* Es isch Viertel ab. En Viertel über de Chämistäcke, *Antwort auf die Frage: Wie spät ist es?* (ZO., humor.). Vkf. **Vierteli** s., *Viertelliter.* Es Vierteli Wii, *Viertelliter Wein.*
viertle (-et) 1. *Viertelstunden schlagen.* Die Chilenuur viertlet. 2. *vierteilen.*
vierzg *vierzig.* Er isch vierzgi, *40jährig.* Si isch in Vierzge, *zwischen 40 und 50 Jahre alt.*
Vierzger m., **Vierzgeri** w. (-ne) *Vierziger, Angehörige(r) des Jahrgangs 1940.*
vigelant *gewandt, flink, aufgeweckt.*
Viich s. (-er) 1. *Ungeziefer, Insekt.* 2. *irgendein Tier* (Verlegenheitsausdruck, pop.). Tue wien es Viich, *lärmen.*
Viicherei w. (-e) *etwas Viehisches, Rohheit, Unmenschlichkeit.* Das isch kä Aarbet mee; das isch e Viicherei.
Viisi m. in Ra.: Öppis im Viisi haa, *in Aussicht haben.*
Viizitanz m. *Veitstanz.*
Vik m. *Vikar (katholischer Geistlicher)* (Schsp.).
vil 1. *viel.* Das isch dänn scho no z vil! *das ist nicht zu glauben.* Echli vil, *ziemlich viel.* 2. *häufig.* Er chunt vil zuen is, *er besucht uns oft.* Zss.: -brüüchig, *vielbrauchend, anspruchsvoll, umständlich;* -maal; -siitig.
Vili w., **Vilni** w. *Menge, Fülle.* Vor Vili, *wegen der grossen Menge.*
vilicht *vielleicht.*
violett siehe vielett.
Viööndli s., **Vihööndli** s. *Veilchen.*
visidiere (-t) *untersuchen* (va.).
Vizi *Vize-* in Zss.: -götti m., *Stellvertreter des Taufpaten, Vizepate;* -gotte w., *Stellvertreterin der Taufpatin, Vizepatin.*
vo, va, vu *von.* Wemf. vom, vam, vum. Vo doo aa, *seither.* Vo woo? *woher?* Vo mìr uus, *meinetwegen.* Vo Aug schetze, *mit blossem Auge.* Vo Hand ässe, *mit blosser Hand.* Vo Hand zäichne, *aus freier Hand.* Vo(m) Verstand choo, *den Verstand verlieren.* Vo wääge, *wegen.* vo Muralt, *von Muralt (Familienname).*
voderhändig in: s voderhändig Ross, *rechtes Pferd im Zweigespann.*
Voderhandross s. *Rechtspferd im Zweigespann.*
Vogel m. (ö) *Vogel.* Ra.: Dè hät en Vogel, *ausgefallene Idee* (pop.). Zss.: -chefi s.; -Èff m., *Buchstabe V* (fam.); -hȍi s., *Eier-Brot-Speise;* -näscht s.; -päch s., *Pechvogel* (humor.); -rätsche w., *Schnarre,*

Klapper zum Verscheuchen der Vögel; -schüüchi w., *Vogelscheuche.*
Vkf. **Vögeli** s., 1. *Vögelein.* Zss.: -tante w., *Läusebekämpfungsgehilfin;* -wool, *wohlauf.* 2. *ausgefallene Idee.* Häsch du es Vögeli?
vogle (gvoglet) 1. *schikanieren* (Ssp.). 2. *koitieren* (vulg.).
Voglerei w. *das Schikanieren* (Ssp.).
Vogt m. (ö) 1. *Vogt.* 2. *Vormund.*
vogte (gvogtet) *bevormunden.* Mer hät en müese vogte.
Volch s. (Völcher) *Volk.* Daas Volch! *welche Menschenmenge bzw. welcher Pöbel.*
Völi w. 1. *Übersättigung.* Vo dem Bitzli chunt mer d Völi nüd über, *wird man nicht satt.* 2. *Blähung, Trommelsucht (beim Vieh).*
Völk s. *Völkerball* (Schsp.).
voll, vole (völlner, völl(n)ischt) *voll.* S Glaas isch vole. D Tööss hät vole ghaa, *führte Hochwasser.* All Händ vole. Er isch voll, 1. *satt.* 2. *betrunken.* Vole mache, 1. *füllen.* 2. *beschmutzen (Kleider, Bett usw.).*
vollne (gvollnet) *Vollmond werden.* Es vollnet.
Völlni w. *Völle, Vollsein, Fülle, Überfluss.*
vomesälber *von selbst, automatisch, selbsttätig.*
vonenand 1. Uw. *voneinander, auseinander.* 2. Vs. *auseinander-,* bei Ztw. trennbar, z.B. vonenandbringe, -gaa, -mache, -spränge, -tue, -zeere.
voor; vgl. vor. 1. *vorn.* Voor am Huus, *vorn am Haus.* 2. *voraus.* Er isch mer vil voor, *er ist mir viel voraus.* 3. *übrig, überschüssig.* Es isch na öppis voor plibe. 4. *bevorstehend, vorhabend.* Was händ er voor? 5. Es isch mer wie voor, *ich ahne etwas.* 6. Vs. *vor-,* bei Ztw. trennbar, z.B. in voorstaa, *vorstehen;* vgl. für.
vooraa *voran.* Vooraa gaa.
vooraab *vorweg.* Vooraab nèè, *vorwegnehmen.*
voorabe *vornhinunter.*
Voorässe s. *Ragout.*
voordraa, voordrazue *vorndran.*
voordure *vornvorbei.* Voordure lauffe.
voorewääg *vorweg, der Reihe nach, nacheinander.*
Voorgspaa s. *Vorgespann.*
Voorhand w. 1. *Vorhand, das Recht, die erste Karte auszuspielen.* 2. *Erstkaufsrecht.*
Voorhang m. (ä), älter **Fürhang** m. *Vorhang.* Zss.: -ringli s. Vkf. Voorhängli s.
voorie, voorine *vornüber, gebeugt.* Er laufft efang böös voorie, *geht sehr gebückt.*
voorig *übrig, überschüssig, überflüssig.* Das isch voorig, *bleibt als Rest.* Voorig haa, *mehr haben, als man braucht.* Er hät ä nüüt Voorigs, *ist knapp an Geld.* Mir händ nüme Voorigs, *nicht mehr viel Zeit.* Voorig gnueg, *mehr als genug.*
Voorlaag w. (-e) 1. *Vorlage.* 2. *Vorleger.*
Voormaa m. *Vordermann.*
Voorname m. *Vorname.* Das isch nu de Voorname, *nur der Anfang* (pop.).
Voorschlaag m. (-schlèèg) *Vorschlag.*
Voorschusshamer m. in: De Voorschusshamer hole (humor.), *zum Necken des Lehrlings.*
Voortel m. *Vorteil, Kniff.* Vkf. Vöörteli s.
voorträffli *vortrefflich.*
voorübere *vornüber.*
voorue, voorufe *vornhinauf.*
voorume *vornherum.*
Voorumeli s. *Bäuchlein.*
voorune *vorn unten, vor dem Hause unten.*
vooruse *vornhinaus.* Er hät s Zimer vooruse.
voorusse *draussen, auf der Vorderseite.*
vooruus *voraus;* vgl. veruus. Im vooruus, *zum voraus, vor allem, besonders.*
Voorzäie s. *Vorzeichen.*
voorziitig *vorzeitig.*
voorzue siehe vorzue.
voorzügli *vorzüglich.*
vor; vgl. voor, auch für. 1. Vw. *vor.* Vor em Huus. Vor ere Wuche. Vor den Äise, Zwäie, Drüüne, Viere, Föife, Sächse, Sibne, Achte, Nüüne, Zäne, Elfe, Zwölfe, *vor 1 Uhr usw.* Äim vor öppis sii, *jemanden an etwas hindern.* Vor em sälber, a) *vor sich selber.* b) *von selbst.* Vor altem, *früher.* 2. *aus, wegen.* Vor luuter Giit, *aus Geiz.* Vor em Lèèrme ghöört me s Lüüte nöd. 3. Bw. *bevor.* Gang, vor s chunt cho räägne! Vor er chunt.
voraa *vorn, voraus.*
vorabe *vornhinunter.* Vorabe luege, *vor sich hinunter schauen.*
vorane *vorher.*
vorder (vorderscht) *vorder, letzt.* Di vorder Wuche, *letzte Woche, die Woche vorher.*

Zss.: -achs w.; -granse m., *Bug, Vorderteil des Fischerkahns;* -gstell s., *Vorpflug.*

Vorfäischter s. 1. *Vorfenster.* 2. (Mz.) *Brille* (humor.).

vorfèèrn *vorletztes Jahr.*

vorgänds *vorzeitig.* Öppis vorgänds mache.

Vorgängeri w. (-ne) *Wochenpflegerin* (va.).

vorgänt *übrigbleibend.* Vorgänti Waar.

vorgeschter *vorgestern.*

vorhinig *vorherig.*

vori, vorig *vorhin.*

vornächt *vorgestern nacht.*

vorne *vorn.* Zss.: vornenabe, *vornhinunter;* vornedure, *vornvorbei.* Vornedure isch er früntli, *nach vorne;* vornenie, vornenine, *vornhinein;* vornenue, vornenufe, *vornhinauf;* vornenuse, *vornhinaus;* vornenusse, *vorn, davor.*

vorvorgeschter *vor drei Tagen.*

vorzue *fortwährend, vorweg, der Reihe nach.* Mer müend vorzue luege, *fortwährend prüfen.*

Vreeneli s. *Zehnfranken- oder Zwanzigfrankengoldstück.*

VT siehe unter verschisse.

vu siehe vo.

W

Waab w. (-e), **Wabe** w. *Wabe.*

wääbe (gwobe) *weben.* Zss.: Wääbgade m., *Webkeller;* -stuel m., *Webstuhl.*

Wääber m. *Weber.* Zss.: -baum m.; -chlüppli s., *Weberklammer;* -näscht s., *Fadenknäuel;* -schiffli s.

Wääbi w. *Weberei* (pop.).

Waag w. (-e), **Wòòg** w. (ZO.) 1. *Waage.* 2. *Wasserwaage.* 3. *Wagenwaage, Doppelwaage.* Zss.: -naagel m.; -ring m.; -schiit s.

Wääg m. *Weg.* Äim us Wääg gaa, *den Weg freigeben.* Übergehend in Uw.: De bräitewääg anestaa, *sich breit hinstellen.* De langewääg aneligge, *der Länge nach sich hinlegen.* De hööchewääg stele, *hochstellen.* De lätzwääg, *falsch, verkehrt.* Zss.: -chnächt m., *Strassenwärter;* -luegere w., *Wegwarte, Zichorie (angebaute und wilde);* -rächt s.; -schnägg m., *rote Wegschnecke;* -wiiser m., *Wegweiser.*

wääg, wäg, wägg, ewääg, ewäg, ewègg *weg.* Wäg dermit! Vs. *weg-,* bei Ztw. trennbar, z.B. in (e)wägtue, *wegwerfen.* Vgl. ewääg.

waage (gwaaget) *wagen.*

Waage m. (ää) *Wagen.* Zss.: -gläis s.; -gstell s.; -läitere w.; -raad s.; -säil s.; -salbi w., -schmieri w., *Wagenschmiere.* Vkf. Wäägeli s.

wääge (gwoge) 1. *wiegen.* De Sack wigt füfzg Kilo, *er wiegt 50 kg.* 2. *wägen.* Mer wääged d Öpfel, *wir wägen die Äpfel.*

wäägele (gwäägelet) *mit Kinder-, Puppenwagen hin und her fahren.* Zss.: ume-.

wääger, wäägerli siehe wèèger.

Wäägise siehe Wägisse.

Waal m. (ä) *Schwall siedenden Wassers.* En Waal über s Gmües la gaa.

Waal w. (-e) *Wahl.*

waale (gwaalet), **wale** (gwalet) *sich wälzen.* Er waalet si im Graas. Zss.: uus- *auswalzen, auswalken.* De Täigg uuswaale. Waalholz s., *Wallholz, Nudelholz.*

Waape s., jg. **Wappe** s. *Wappen.*

Waar w. (-e) 1. *Ware.* Zss.: Waarehuus s. Vkf. Wäärli s., a) *Habseligkeiten.* Pack dis Wäärli zäme! b) *Penis* (fam.). 2. *Leute* (pej.).

waar, wòòr (ZO.) *wahr.* Zss.: -sääge, *wahrsagen;* -säägeri w., *Wahrsagerin.*

waare (gwaaret) *wahrnehmen* (va.). Vgl. gwaare.

wääret *während.* Zss.: wääretdèm, wääretdess(e), *während.*

waarli, wäärli *wahrlich.* Vgl. wèèrli.

waarm (wèèrmer, wèèrmscht) *warm.* En waarme Brüeder, *ein Homosexueller* (pop.). Hw. en Waarme m., *ein Homosexueller* (pop.).

waarme (gwaarmet) *wärmer werden.* Es waarmet.

waarne (gwaarnt) 1. *warnen.* 2. *die Schussabgabe melden (Schiessplatz).*

Waarner m. *wer die Schussabgabe meldet (Schiessplatz).*

wäärschaft, wèèrschaft 1. *dauerhaft, fest, solid.*

Wäärschafts Tuech. 2. *bodenständig.* En wèèrschafte Puur.

Waas w., jg. **Waase** w. *Vase.* Vkf. Wääsli s., Wääseli s.

waas, unbet. **was** *was.* Was für en (m.), was für e (w.), was für es (s.), was fürig (Mz.)? *was für ein, welcher, welche, welches, welche?* Was für en Baum isch daas? Was für äine isch daas? Was für es Bild hät er gchaufft? Was für äis? Vkf. waaseli (fam.); waaseliwaas (Ksp.).

Wääse s. *Wesen.* Es Wääsis mache, *Aufhebens machen.*

Wach w. *Wache.* Wach chlopfe/haa/schiebe/staa, *wachen, Wache stehen.* Zss.: -mäischter m., *Wachtmeister;* -mäischterschnüer (Mz.), *Gradabzeichen eines Wachtmeisters.*

wachber, jg. **wach** *wach.* Wachber wèèrde, *erwachen.*

wachse (gwachse) *wachsen.* Ra.: Dè wachst mäin i ä nüme, *von einem alten Mann, der kleiner wird.* Wachsete Maa, *zunehmender Mond.* Zss.: aa-; ie-; uus-; zäme-; zue-.

Wächsel m. *Wechsel.*

wächsi *wächsern.*

wachsig, wächsig *dem Wachstum förderlich;* vgl. gwächsig. Das isch wächsigs Wätter.

wächsle (gwächslet) *wechseln.* Zss.: ab-; uus-.

Wächslete w. *Satz Leibwäsche, Wechselwäsche.*

Wacht w. *Gemeindeteil.*

wächtere (gwächteret) *Wachtdienst versehen, wachen, aufpassen.* Die wächtered zum Luege, wänn äine spaat häichunt, *sie passen auf, ob einer spät nach Hause kommt.*

Wachtle w. *Wachtel.*

Wade w. *Wade.* Zss.: -schnapper m., *Zittern in den Waden, Kniegelenken;* -spaner m., *Wadenmuskelschmerz.* Vkf. **Wädli** s., *Eisbein.*

Wädel m. 1. *Vollmond,* eig. *Abnehmen des Mondes.* 2. *Wedel, Staubwedel.*

wädele (gwädelet) 1. *wedeln.* 2. *rasch, mit kurzen Schritten eilen.* Dè cha no wädele! Zss.: devoo-, *davoneilen.*

wädle (gwädlet) *wedeln.* De Hund wädlet. Uf de Schiine wädle.

Waffle w. *Waffel.* Vkf. Wäffeli s.

wafürig *was für welche.* Wafürig Öpfel sind daas?

wäg siehe wääg.

wäge, wäg Vw. *wegen.* 1. wäge dem, wäge desse, wäge säbem, *deswegen.* Wäge dem chum i. Wäge desse bruuchsch nüd z brüele, *deswegen brauchst du nicht zu weinen.* 2. wäg im, *seinetwegen;* wäg ire, *ihretwegen.* Wäg im chum i z spaat. 3. wäge miine/mììr, *meinetwegen, von mir aus, soviel an mir liegt.* Wäge miine chasch gaa, *von mir aus kannst du gehen.* Wäge mììr chasch mache, was d wottsch, *meinetwegen mach, was du willst.*

wägere (gwägeret) *schreien, von der Elster.*

wägerum *warum* (humor.).

wägg siehe wääg.

Waggel m. *Ausmarsch, Marsch, Wanderung.* Si hät si uf de Waggel gmacht (ZO.). Si gaat uf de Waggel, *sie geht auf den Strich.*

Wägisse m. *Pflugschar.*

wagnere (gwagneret) *den Wagnerberuf ausüben.*

Wäibel siehe Wòibel.

wäible siehe wòible.

wäich *weich.* Ra.: Äine wäich schlaa, *die Glieder zerschlagen.* Er isch wäich woorde, *er gab nach.* Hw. De Wäich usehänke, *schlapp machen* (pop.).

Wäich w. (-e) *Weiche (bei Geleisen).*

wäiche (gwäicht) *weich werden.* S Fläisch wäichet, *das Fleisch wird gar.* Vgl. wäike.

Wäichmaschter m. *Wachtmeister* (Ssp., humor.).

Wäid w. (-e) *Weide.* S Vee isch uf der Wäid. Zss.: -schüür w., *Feldscheune.*

wäide (gwäidet) *weiden.* Mer gönd go wäide, *das Vieh auf die Weide treiben und hüten.*

wäidli *schnell, eilig.* Chumm wäidli!

Wäidlig m. *Weidling, Kahn.*

wäike (gwäikt) *weich machen.* Z wäike tue, *aufweichen, einweichen.* Zss.: ii-, *einweichen.* D Wösch iiwäike; uuf-.

wäine (gwäinet) *tropfen, vom Weinstock.*

Wäis w. (-) *Waise.* Zss.: Wäisechind s.; -chnaab m. Wien en Wäisechnaab, *stiefmütterlich;* -huus s.; -raat m., *Waisenbehörde.*

Wäisse m., jg. **Wäize** m. *Weizen.* Zss.: -schaub m., *Weizenstroh zum Aufbinden der Reben.*

walche (gwalchet) *walken.*

Walchi w. (-ene) *Walkmühle, Walkerei.*

Wald m. *Wald* (jg.); vgl. Holz. Zss.: -lüüt (Mz.), *Bewohner von Schönenberg ZH;* -tüüfel m., 1. *Kettenhebelzug zum Fällen von Bäumen.* 2. *Hand-Motorsäge.*

wäle (gwälet) 1. *das Wagenseil anziehen.* 2. *Wellen schlagen.* Es wälet uf em See.

Wäle w. 1. *Winde, Seilwelle am Heu- oder Garbenwagen für das Bindeseil.* Zss.: -bängel m., *Wellenscheit am Wagen;* -baum m., *Wellbaum;* -chnebel m., *Wellenscheit am Wagen.* 2. *Welle.* E Wäle riisse, *sich ausleben* (pop.). Zss.: Wällblääch s., *Wellblech;* Wällkartong m., *Wellkarton.* Vkf. Wäleli s. 3. *Reisigbündel.*

Walme m. *Heuboden, Heuraum neben der Tenne.*

Wält w. *Welt.* Uf d Wält choo, *geboren werden.* Ra.: Er hät truurig ab der Wält müese, *er starb nach langer Krankheit.* Zss.: wältfrönd, *weltfremd.* verst. Wältèèrdestraaff w., *sehr grosse Strafe;* Wältshagel m., Wältskärli m., *Allerweltskerl.*

wältli *weltlich.*

wältsch *welsch.* Wältschi Zwätschge, *grosse Sorte.* Hw. en Wältsche, *ein Welscher.*

Wältsch s. *Westschweiz, Welschland.* Si isch im Wältschen ine. Zss.: -land s.

Walz w. 1. *Walze.* 2. *Wanderschaft.* Er gaat uf d Walz.

walze (gwalzt) 1. *glätten, pressen.* 2. *wandern* (humor.).

wande (gwandet) *beim Kegelschieben mit der Kugel die Wand berühren.*

wandere (gwanderet) *wandern.* Zss.: Wanderwäägler m., *Angehöriger der Wanderwegbewegung.*

Wändroor s. *Strahlrohr.* Zss.: -füerer m., 1. *Strahlrohrführer bei der Feuerwehr.* 2. *Chef* (allg., humor.).

wane (gwanet) *worfeln, schüttelnd säubern.*

Wank m. *Bewegung.* Er tuet kän Wank, *er rührt sich nicht.*

wänn *wenn, wann.* Wänn öpper chunt, las en ie, *wenn jemand kommt.* Wänn chunt er ächt häi? *wann kommt er wohl nach Hause?*

Wäntele w. 1. *Wandlaus, Wanze.* 2. *flache Schnapsflasche.* Vkf. Wänteli s.

wäpfe (gwäpft) 1. *beim Langfuhrwerk den selbständigen Hinterwagen lenken.* 2. *davoneilen.* 3. *mit einem Fuss angeben beim Schlitteln usw.*

Wäpfe w. *hintere Lenkstange am Langfuhrwerk.*

Waret w., **Woret** (ZO.) w. (-e) *Wahrheit.* Bliib bi der Waret! Er hät em e paar Warete gsäit. Vkf. **Wòretli** s., *Beinahe-Wahrheit.*

wärt, wèrt *wert.* Das isch nüüt wärt.

Wärt m., **Wèrt** m. *Wert.* Es hät kän Wärt, no öppis z sääge, *es ist nutzlos, weiterzureden.* S isch si nüd derwärt, *lohnt sich nicht.*

was siehe waas.

wäsche (gwäsche) *waschen.* D Händ wäsche. Vgl. wösche. Zss.: ab-, *abwaschen;* uus-. Abwäschbecki s., *Spülbecken;* Wäschbecki s., *Waschbecken;* -blätz m., *Waschlappen;* -lumpe m., a) *Waschlappen.* b) *Weichling, Feigling;* -luudere w., *Waschlappen.*

Wäschpi s. 1. *die Wespe.* Zss.: -näscht s.; -stìich m., a) *Wespenstich.* b) *Brust des jungen Mädchens* (Schsp.). 2. *Motorroller (Vespa).*

Wase m. *Wiesland.* Zss.: -pösche m., *ausgestochenes Rasenstück.*

Wasser s. *Wasser.* S Wasser abschlaa/lööse, *harnen.* Zss.: -chalb s., *Fadenwurm;* -chängel m., *Wasserröhre;* -fale w., *bewegliches Fallbrett zum Stauen des Wassers;* -gätzi s., *kleine Schöpfkelle;* -gumpe w., *Tümpel;* -jumpfer w., *Libelle;* -noot w.; -schmöcker m., *Rutengänger, Quellensucher;* -stande w., *Wasserbottich;* -stelz w., *Bachstelze;* -sucht w.; -suppe w.; -träägete w., *Wasserhose.* Vkf. **Wässerli** s., *Mineralwasser* (pop.).

wässerle (gwässerlet) *harnen* (pop.).

Wätsch m. *Ohrfeige.*

Watte w. *Watte.* Zss.: -blätz m., *wattierte Unterlage für Kinder;* -bòisel m., *Wattenbausch;* -rock m., *wattierter Unterrock.*

Wätter m. *Kerl.* Du bisch en häikle Wätter! *ein*

schlimmer Kerl. Du tuusige Wätter! Zss.: Wätterskärli m.

Wätter s. *Wetter, Gewitter.* E groosses Wätter, e schwèèrs Wätter, *Unwetter.* Es isch nüd guet, wänn s Wätter über de Bèèrg inechunt. Potz Wätter! *ums Himmels willen.* Tue wien es Wätter, *schelten, toben.* Zss.: -bock m., *grosse Gewitterwolke;* -glaas s., *Barometer;* -läich m., *Wetterleuchten;* -läiche, -läine, jg. -lüüchte, *wetterleuchten;* -macher m., *Meteorologe* (humor.); -pricht m., *Wetterbericht;* -siite w.; -vogel m., *wetterfühlige Narbe.* verst. wätteraartig, *sehr artig;* wätter(s)nett, *sehr nett.* Vkf. **Wätterli** s., *sehr schönes Wetter.* Es Wätterli hämer ghaa!

wättere (gwätteret) 1. *gewittern.* De ganz Taag hät s gwätteret. 2. *fluchen, schimpfen.* Zss.: zäme-. Hät dèè äis zämegwätteret! *zusammengeschimpft, zusammengeflucht.*

watz *scharf.* Watz wèèrde, sii, mache, *begierig werden, sein, machen.* Er hät is ganz watz gmacht mit siim Verzele.

Wauwau m. *Hund* (Ksp.).

we siehe wie.

wè siehe wèèr.

wecke (gweckt) *wecken.* Zss.: Weckrunzle w., *Weckordonnanz* (Ssp.).

Wecker m. *Wecker.* Ra.: Das gaat mer uf de Wecker, *auf die Nerven* (pop.).

weder 1. *doch, oder.* Weder wèèr wäiss, *doch wer weiss.* 2. *nur, ausser.* I wäiss alls weder daas nüüd, *ich weiss alles, nur das nicht.* 3. *als.* Er isch gröösser weder ìich, *grösser als ich.* Hät s mee gchoscht weder hundert Franke? Me hät nüüt weder Vertruss, *nichts als Verdruss.* Es isch anderscht usechoo, weder das me tänkt hät, *es kam anders, als man dachte.* I wäiss der kän andere Raat, weder de gaasch sälber.

wee (weener, wee[n]scht) *weh.* Es tuet wee, *es schmerzt.*

Wee s. 1. *Schmerz.* 2. S faled Wee, *Fallsucht, Epilepsie.* Er hät s Wee ghaa, *einen epileptischen Anfall.*

weebere (gweeberet), **weefere** (gweeferet) *wimmern, winseln, wehklagen.* Er weeberet wäge jedem Bitzeli.

Weeberi m. *Wehleidiger.*

Wèècht(e) w., **Wèèchtele** w. *Schneewehe, Wächte.*

Wèèe w. *Flachkuchen* (z.B. Böle-, Öpfel-). Vgl. Tüne. Zss.: -blääch s.; -ròiff m., *Kuchenrand;* -schüssel m., *langstielige hölzerne Ofenschaufel zum Einschiessen des Kuchenblechs.*

Wèèete w. *Schneewehe.*

Weegee w. *Wohngemeinschaft* (WG.) (jg.).

wèèger, wèègerli, wääger, väägerli *wahrlich, wirklich.* Es isch wèèger esoo.

wèèle siehe wele.

weeliidig *wehleidig.*

Weer s. *Wehr, Stauwerk.* Zss.: -stäi m., *Eckstein an einem Haus als Schutz.*

wèèr (bet.), **wèr, wèè** (bet.), **wè** (vgl. W.Gr.) 1. *wer.* Wèè(r) isch daa? 2. *wen.* Wèè(r) händ er gsee? *wen habt ihr gesehen?* Vgl. wèèrwäise.

wèèrbe (gwoorbe) *werben.* Zss.: Wèèrbehängscht m., *Werbefachmann* (pej.).

Wèèrch s. *Werg (gebrochener Hanf, Flachs).*

Wèèrchtig m., **Wèèchtig** m. (-e) *Werktag.* Zss.: -gruscht m., -gwand s., *Werktagskleid;* -hals m. Es isch mer öppis in Wèèrchtighals choo, *ich habe mich verschluckt;* -rock m.; -schooss w., *Werktagsschürze;* -schue m.

wèèrd *willkommen, wert.* Wèèrd choo/sii.

wèèrde (wìrde, wìrsch, wìrt, si wèèrded; Wf. Vh. wùùrd, wùùr; Mw. woorde) *werden.* Er isch am 12. Mäi woorde, *wurde geboren.* Er isch grooss woorde.

weere (gweert) *wehren, sich anstrengen, sich bemühen.* Er cha si scho sälber weere, *sich selber verteidigen.* Er weert si, *bemüht sich, strengt sich an.*

wèèrli *wahrlich, allerdings, leider.* Ja wèèrli. Wèèrli, es isch esoo.

wèèrme (gwèèrmt) *wärmen.* S Bett wèèrme. Zss.: aa-; uuf-; voor-.

Wèèrmi w. *Wärme.* Isch daas e Wèèrmi i dère Stube!

Wèèrmuet siehe Wùùrmet.

wèèrschaft siehe wäärschaft.

wèèrwäise (gwèèrwäiset) *mutmassen.* Si wèèrwäised scho lang, wèèr zeerscht draa chöm.

Wèèrz w. (-e) *Warze.*

Wegge m. *Wecken, kleines Weissbrot.* Vkf. **Weggli** s., 1. *Semmel, Brötchen.* Ra.: Er wott de Föifer und s Weggli, *er will alles.* Zss.: Wegglibeck m., *Feinbäcker;* -bueb m., *Weichling* (pop.); -chnüü (Mz.), *weiche Knie* (pop.); -frau w., *Brötchenverkäuferin;* -määl s.; -täigg m. 2. *Geschlechtsteil kleiner Mädchen* (pop.).

Wei m. *Weih.*

weie (gweit) *weihen.* Zss.: ii-, *einweihen.* Weirauch m.; Weirauchfass s. Ra.: S Weirauchfass schwänke, *jemandem lobhudeln* (pop.); -wasser s.

Weier m. *Weiher.*

weisse (gweisset) *vor Schmerzen laut schreien, jammern, kreischen.*

wele (gwelt), jg. **wèèle** (gwèèlt) *wählen.* Zss.: uus-.

wele (i will, i wott, du witt, du wottsch, er will, er wott; mer wänd; Wf. Gw. well, Vh. wett; Mw. wele) *wollen.* Ra.: Wart i will der! *Drohung.* S wott em, *das Glück ist ihm hold.* Wer nöd wott, hät ghaa! *die Gelegenheit ist verpasst.* Da mues äine nüüt me wele! *die Sache ist besiegelt.*

wele m., **weli** w., **weles** s. (Wemf. welem m., welere w., welem s.) *welcher, welche, welches.* Wele Huet, weli Täsche, weles Buech, weli Brief müend uf d Poscht? Weler Gattig Lüüt sind daas? *welcher Art.*

welewääg 1. *wahrscheinlich, vermutlich.* Er chunt welewääg echli spȍȍter. Welewääg isch er scho furt. 2. Ja welewääg! *keinesfalls.*

Weli w. *Wahl* (pop.). D Weli haa.

Welo s. *Fahrrad.* Nervööses Welo, *Moped* (humor.). Zss.: -faare, a) *radfahren.* b) ütr. *«nach unten treten, nach oben sich ducken»; schöntun;* -faarer m., a) *Radfahrer.* b) *Anpasser, Einschmeichler;* -gstell s., *Brille* (Schsp., jg.); -klupp m., *Radfahrerverein;* -macher m., *Fahrradmechaniker;* Stud. Welomech., *Berufsbezeichnung für irgend etwas* (humor.); -tüürli s., *kleiner Radausflug;* -uuswiis m. Vkf. Welööli s.

welze (gwelzt) *wälzen.*

Wèrch s. *Werk.* Guet Wèrch! *gutes Gelingen (der Arbeit).* D Wèrch (Mz.), *die städtischen Werke Zürichs (Elektrizitätswerk, Wasserwerk, Gasversorgung usw.).* Zss.: -aadere w., *arbeitsame Frau;* -bank m.; -mäischter m., *Werkmeister;* -me m., 1. *Arbeiter, bes. Landarbeiter.* 2. *Taglöhner;* -statt w., *Werkstatt;* -sträich m. in Ra.: Kän Wèrchsträich tue, *nichts tun;* -züüg s., *Werkzeug.*

wèrchber *arbeitsam, fleissig.*

wèrche (gwèrchet), **wère** (gwèret) *arbeiten.* D Rääbe wèrche, *bearbeiten.* Äim öppis z Läid wère, *Schaden zufügen.*

Wère w. 1. *Maulwurfsgrille, Erdkrebs.* 2. *Gerstenkorn am Auge.* 3. *Dasselbeule beim Rindvieh.* Zss.: -püggel m., *kleine Geschwulst.*

wèret Vw. *während.* Zss.: -dess, *inzwischen, währenddessen.*

Wèrfüür s. *Maulwurfsgrille.*

Wèrpff w. *Rolle mit dem Längsfaden am Webstuhl* (va.).

Wèrt siehe Wärt.

Wett w. *Wette.* E Wett iigaa. Zss.: Wetttränis s., *Wettrennen.* Wetttränis mache, *wettrennen* (Ksp.).

Wetti w. *Feuerweiher, untiefer Tümpel.*

wetze (gwetzt) *wetzen.* D Sägisse wetze, *Sense wetzen.* Zss.: use-, *sich herauswinden.* Wetzfueter s., *Futteral für Wetzstein;* -stäi m., *Wetzstein;* -stäischwumm m. Ich cha nu de Wetzstäischwumm, *ich kann nicht schwimmen* (humor.).

wevel siehe wievil.

Wewee s. *Schmerz* (Ksp.). Vkf. Weweeli s., *kleiner Schmerz* (Ksp., fam.).

wi siehe wie.

wichle (gwichlet), **wirchle** (gwirchlet) *wiehern.*

wichse (gwichset) in: Er hät mer äini gwichset, *eine Ohrfeige gegeben* (Schsp.).

Wichsi w. *Wichse.*

wickle (gwicklet) *wickeln.* Du bisch (200 Prozänt) lätz gwicklet, *du hast eine falsche Auffassung* (pop.). Zss.: aab-; ii-; uuf-.

Wide w., älter **Wììd** w. (Wiid ZO.) *Weide (Pflanze).* Zss.: Widechätzli s., *Weidenkätzchen;* -ruet w., *Weidenrute;* -stumpe m., *Weidenstock.* Vkf. **Widli** s.,

Weidenzweig. Widli schele, *Weidenzweige schälen.*

wider 1. *wieder.* I chume glii wider, *ich komme bald wieder.* Wider nüüt und aber nüüt, *überhaupt nichts.* 2. *wider.* Es isch mer wider d Hand, *das liegt zum Bearbeiten unbequem, unrichtig.* Das gaat mer wider de Strìich, *passt mir nicht, widersteht mir.* 3. Vs. *wieder-, wider-;* siehe unten.

wideräävere (-et) *widerreden* (va.).

widerchöie (widergchöiet) *wiederkäuen* (jg.).

widere (gwideret) *anwidern.* Es wideret mi, daas z mache. Zss.: aa-.

Widergüx in: Uf Widergüx! *auf Wiedersehen* (fam.).

Widerholiger m. *militärischer Wiederholungskurs (WK).*

widerig *widrig.*

widerlegge (-läit) *widerlegen.*

Widerlose in: Uf Widerlose! *auf Wiederhören.*

Widerluege in: Uf Widerluege! *auf Wiedersehen.*

widerrede (-redt) *widersprechen, widerreden.* Er widerredt em in äim furt.

Widerrèèd w. (-e) *Widerrede.*

Widersee in: Uf Widersee! *auf Wiedersehen.* Vgl. Widergüx, Widerluege.

widerstaa (-stande) *widerstehen.*

widläich *geschmeidig, gelenkig.*

wie, (unbet.) **wi, we** 1. *wie.* Wie ghäissisch? Wi mänge chunt mit? I hä wie Hunger, *ich habe ein Gefühl, das wie Hunger ist.* I hä wie äng, *ein Gefühl der Atemnot.* S isch mer wie voor, *wie wenn ich ein Vorgefühl des Kommenden hätte.* 2. *sobald.* Wie s Sächsi isch, gaat er häi. Wien i choo bi, hät s aagfange. 3. Wie … wie, *je … desto.* Wie mee (das) me git, wie mee wänd s von äim.

Wiechsle w. *Weichsel, Sauerkirsche.*

wienachte (gwienachtet) *weihnachten.*

wienächtele (gwienächtelet) *weihnachten.* Es wienächtelet, *es geht auf Weihnachten zu; Weihnachtsstimmung kommt auf.*

wienächtelig *weihnachtlich.*

Wienecht w., jg. **Wienacht** w. *Weihnacht.*

wiere (gwieret), jg. **wihere** (gwiheret) *wiehern.*

wievil, (unbet.) **wevel, wivel** *wieviel.* Wievil? *ist das möglich? (Frage des Erstaunens).*

Wifel m. *gestopftes Stück Stoff.*

wiff *lebhaft, aufgeweckt* (jg.); frz. vif.

wifle (gwiflet) *flickend stopfen.*

Wiggle w. *Eule, Steinkäuzchen.* Vkf. Wiggeli s.

Wii m. *Wein.* De Wii abzie, *Wein von einem Fass ins andere umfüllen (um den Bodensatz zu entfernen).* Zss.: -beeri s., *Weinbeere, Rosine;* -bück(t)i s., *Weinbütte, Weintanse, Rückentraggefäss für Wein;* -fuerme m.; -guttere w., *Weinflasche;* -häpfe w., *Bodensatz des Weines, Weinhefe;* -land s., *nördlicher Teil des Kantons Zürich, zwischen Töss und Rhein;* -monet m., *Oktober;* -puur m., *Weinbauer;* -stäi m., *Weinstein;* -stande w., *Weinkufe, Weinbottich;* -tause w., *Weinbütte, Weintanse, Rückentraggefäss für Wein.* Vkf. **Wiili** s., **Wiindli** s. E guets Wiili, Wiindli, *ein guter Tropfen.*

Wiib s. (-er) 1. *Weib* (vulg.). E frächs, tumms Wiib. D Wiiber sind nie zfride. 2. (Mz.) *Mädchen* (Schsp.). Zss.: Wiiberfüseler m., *Weiberheld;* -gschwätz s.; -guet s., *Vermögen der Frau;* -sach w., *Weibersache;* -schmöcker m., *Weiberheld;* -volch s., -völcher (Mz.), *Weiber, Frauen* (pop.). Vkf. **Wiibli** s., 1. *Tierweibchen.* 2. *geile Frau* (pop.).

wiibe (gwiibet) *freien, eine Frau nehmen.* Zss.: ii-, *einheiraten.*

Wiibet m. *Brautwerbung.* S mues äine en Huet aalegge, wänn er uf de Wiibet gaat.

wiibisch *weibisch.*

wiiche (gwiche) *weichen.* Zss.: ab-; uus-.

wiichse (gwiichset) *kreischen, Schreie ausstossen.* D Söili wiichsed.

Wiichsete w. *Gekreisch.*

Wìid siehe Wide.

Wiil w. *Weile.* Der Wiil haa/laa, *Zeit haben, lassen.* S hät na ali Wiil, *es hat noch Zeit.* Vkf. Wiili s. E guets Wiili, *ziemlich lange Zeit, eine Weile.* Es Wiili waarte, *ein Weilchen.*

wiinig *weingebend.* Wiinigi Rääbe.

wiipli *weiblich.*

Wìrt m., **Wìrti** w. (-ne), **Wìrteni** w. *Wirt(in).* Zss.: Wìrtschaft w., -schäftli s., Wìrtshuus s., *Wirtshaus;* -hüüsle, 1. *nach Wirtshaus riechen.* 2. *dauernd im Wirtshaus sitzen;*

-hüüsler m., *wer viel im Wirtshaus sitzt, Wirtshaushocker;* -stube w.

wìrte (gwìrtet) *wirten, als Wirt tätig sein.*

Wìrz m. *Wirsing.* Zss.: -hȍi(p)tli s.; -setzlig m.; -stümpli s., *kleiner Wirsing als Suppeneinlage* (ZO.).

Wiis m. *Sequenz, Folge gleichfarbiger Spielkarten.*

Wiis w. (-e) *Weise.* I käner Wiis. Uf die Aart und Wiis.

Wìis w., jg. **Wise** w. *Wiese.* Zss.: Wisebäse m., *bunter Wiesenblumenstrauss* (pej.); Wisbaum m., Wisbe m., *Stange, mit welcher Heu- und Garbenfuder gebunden werden (Bindbaum);* Wiseblätz m., *kleines Stück Wiesland;* Wìsräi m., *Wiesenböschung;* Wiswachs m., a) *Grasland, Wiese.* I dère Geget git s nu Wiswachs. b) *jährlicher Grasertrag.*

wiise (gwise) 1. *einen Schlitten, Wagen lenken.* De Vorderscht uf em Schlitte tuet wiise. Zss.: ab-, *ablenken;* uuf-, *anstiften.* Wèr hät di dezue uufgwise? 2. *beim Kartenspiel eine Sequenz vorweisen.* 3. *sich herausstellen, sich weisen.* Es wìrt si wiise, öb er rächt heb.

Wiisig w. (-e) *Weisung.*

wiiss *weiss.* En wiisse Chraage, e wiissi Roos, e wiisses Hämp. De wiiss Fluss, *Weissfluss.* Zss.: -chabis m., *Weisskohl;* -määl s.; -mues s., *Weissmehlbrei;* -wii m.

wiissge (gwiissget) *weissen, tünchen.* D Chuchi wiissge.

Wiissgete w. *das Weissen, Arbeit des Weissens.* Mer händ d Wiissgete.

Wiissgi w. *Kalkbrühe zum Weissen.*

wiisslacht(ig) *weisslich* (va.).

wiit (wiiter, wiitischt) *weit.* Wie wiit isch es bis zum Paanhoof? Es isch nüd wiit hèèr mit em. Er chunt wiit umenand, *er kommt weit herum.* Uf wiit use vereerbe, *auf weit hinaus.* Zss.: -ume, *weit herum.* Es hät wiitume gräägnet; -uus, *weitaus.* Er isch wiituus de grööscht.

Wiita-Pargguur m. *Vita-Parcours, Vita-Leistungsbahn, Vita-Trimm-dich-Pfad.*

wiiter, wiiters *weiter.* Wiiter(s) gaa.

Wiiti w. *Weite, Entfernung.* Es isch ekä Wiiti bis zum nèèchschte Doorff.

wil Bw. *weil.*

wild *wild, wütend, zornig.* Mach mi nüd wild!

wildele (gwildelet) *nach Wild riechen, schmecken.*

Wildi w. 1. *Wildheit.* 2. *Zorn.* Er isch in äiner Wildi ggange, *er ging im Zorn davon.*

Wile m. *Wille.* Mer lönd em de Wile, *seinen Willen.*

willkumm! *willkommen.* Sind willkumm! *seid willkommen.*

willsgott! *wahrlich, wirklich.*

willwänkisch *launisch, wankelmütig, eigensinnig.*

Wilme (Mz.) *Milbe, bes. Käsemilbe, Mehlwurm* (ZO.).

Wimpere w. *Wimper.*

wimsle (gwimslet), jg. **wimle** (gwimlet) *wimmeln.* Es wimslet vo Ambitzgi, *Ameisen.*

Wimslete w. *Gewimmel.*

Wind m. *Wind.* Zss.: -haschpel m., a) *Windrädchen.* b) *flüchtiger Mensch, Springinsfeld;* -müli w., *Windmühle;* -raad s., -redli s.; -spìil s., a) *Windhund.* b) *unruhiges, lebhaftes Kind.* Vkf. Windli s., *angenehmer, milder Wind.*

winde (gwunde) *winden.* S Gaarn, d Wule winde. Zss.: ab-; um-; use-; uuf-; uus-. Windeboon w., *Stangenbohne.*

Winde w. 1. *Hebegerät.* Mer müend d Winden aasetze. 2. *Dachraum.* Zss.: -bale m., -laade m., *Falltüre, die den Dachraum abschliesst.*

windig *nichtssagend, schlecht.* E windigi Buude, *eine schlechte Firma.*

Windle w. *Windel.*

Wingert m. *Weingarten, Rebberg* (ZU.).

winke (gwunke) 1. *winken.* 2. *Schuss anzeigen (Schiessplatz).* Zss.: ab-, a) *abwinken.* b) *ablehnen;* zue-.

Winter m. *Winter.* Zss.: -finke (Mz.), *Winterreifen des Autos* (pop.); -gwand s., *Winterkleid;* -halde w., *Nordhang;* -monet m., *November* (va.); -sache (Mz.), *Winterkleider;* -taag m.; -trooler m., *nicht mehr reifende Traube, Spättraube;* -ziit w.

wintere (gwinteret) *Winter werden.* Es winteret früe, *es wird früh Winter.*

winterle (gwinterlet) *vorübergehend Winter werden.*

wintsch *windschief, gekrümmt, verzogen.* De

Waage isch wintsch glaade, *schief, schlecht geladen.* Die Tüür isch wintsch, *verzogen.*

Wipfel m. *Drehverschluss des Strohbandes am Rebschoss.*

wirchle siehe wichle.

Wisbe siehe unter Wìis.

Wischpel m. *unruhiger, zappeliger, hastiger Mensch.*

wischpere (gwischperet) *wispern, flüstern.*

wischple (gwischplet) *sich ruhelos bewegen, hasten, huschen.*

Wise siehe Wìis.

Wiseli siehe Wismeli.

wisewii vo *gegenüber* (frz. vis-à-vis). Wisewii vo säbem Huus.

Wisiite w. *Besuch.* Z Wisiite gaa, *jemanden besuchen.*

Wismeli s., **Wiseli** s. *Wiesel.*

wisoo *wieso.*

Witamiin s. 1. *Vitamin.* 2. Ra.: Dè hät Witamiin B ghaa, *einflussreiche Beziehungen (Vetternwirtschaft).*

Witfrau w. (-e) *Witwe.*

Witlig m. *Witwer.*

Witz m. *Witz.* Zss.: -brüeder m., *Witzbold.*

wivel siehe wievil.

Wix (Mz.) *Schläge.* Wänn d nüd braav bisch, chunsch Wix über.

wixe (gwixt) *spenden, schenken.*

wo siehe woo.

Woggi s. *Wörterheftchen, Vocabulaire* (Schsp.).

Wòibel m., **Wäibel** m. *Weibel, Amtsdiener, Gerichtsdiener.*

wòible (gwòiblet), **wäible** (gwäiblet) *werben.* Si sind für s Fäscht go wòible. Händ mìir müese wòible, bis mer e paar zämepraacht händ! Zss.: ume-.

wöische (gwöische, gwöischt), jg. **wüntsche** (gwüntscht) *wünschen.* Zss.: aa-. S Nöijaar aawöische, *ein gutes neues Jahr wünschen.*

Wolf m. 1. *Wolf.* 2. *Hautwolf.* 3. *junger Pfadfinder.* Vkf. Wölfli s.

wolfel (wölfler, wölfner, wölfischt, wölfnischt) *wohlfeil, billig.*

Wölfli w., jg. **Woolfäili** w. *Wohlfeilheit im Preis.*

woll *ziemlich.* Er faart woll langsam, *er fährt etwas langsam, zu langsam.*

Wollhäischt m., **Wullhäischt** m. *grosse Waldameise.*

wone (gwont) *wohnen.* Er chunt i d Stadt cho z wone, *er zieht in die Stadt.* Häi go wone, *heimgehen* (pop.). Zss.: Wonstube w., *Wohnzimmer.*

Wonig w. (-e) *Wohnung.* Vkf. Wönigli s., *kleine, nette Wohnung.*

woo, unbet. **wo** 1. Fragewort *wo.* Säg mer woo? Wo isch er? Wo ane? *wohin?* Wo gaasch ane? Wo hèèr? *woher?* Wo chunt er hèèr? Wo hère? *wohin?* Wo dure gaat s daa? *wo hindurch?* Er wäiss nüd wo ii und uus. Wo use chunt me daa? *wo hinaus?* Wo zuegäge? *wo ungefähr?* Wo zuegäge wont er? 2. Relativpartikel für hd. *der, die, das, welcher, welche, welches, was* (vgl. W.Gr.). En alte Maa, wo nüme cha lauffe, *der nicht mehr gehen kann.* Lüüt, won i scho lang nüme gsee ha, *Leute, die ...* Öppis, wo niemert wäiss, *etwas, das niemand weiss.* Äine, won em alls Toktere nüüt gnützt hät, *einer, dem alle ärztliche Hilfe nichts nützte.* Lüüt, wo me ne nüüt cha glaube, *Leute, denen ...* De Puur, won em s Huus verbrännt isch, *der Bauer, dessen Haus niederbrannte.* 3. *als, nachdem.* Wo mer händ wele gaa, *als wir gehen wollten.* Er isch choo, wo mer ggässe ghaa händ, *er kam, nachdem wir gegessen hatten.* 4. Jä woo!? *ach was!*

Wòòg siehe Waag.

wòòge (gwòòget) *wagen* (ZO.).

wool (wööler, wööl[ni]scht) *wohl.* Vgl. woll. Er isch echli wool grooss, *er ist etwas zu gross.* Es isch em nüd wool, *er fühlt sich nicht wohl.* Er isch wool draa, *er ist gut daran.* Es git wool uus, *es ist ergiebig.* Es chunt em wool, as mer en nüd gsee hät, *er kann sich glücklich schätzen, dass man ihn nicht gesehen hat.* Läbed wool! (jg.). Zss.: -fäili siehe Wölfli; -sii s., Wolsii s., *Wohlsein.* Zum Woolsii! *zum Wohl (beim Zutrinken).*

woole (gwoolet) *wohler werden.* Es hät em gwoolet, *er fühlte sich wohler zumute, erleichtert.* Es woolet mer, *ich fühle mich leichter, erleichtert.*

wöölele (gwöölelet) *wohler werden.*

Wööli w. in: Es isch mer äi Wööli, *mir ist sehr wohl.* Läbed e Wööli! (humor.).
wö̀ör (ZO.) siehe waar.
Woorb m. *Sensenstiel.*
woorbe (gwoorbet) *gemähtes Gras ausbreiten* (ZO.).
woorge (gwoorget) *würgen.* Es woorget mi. Zss.: abe- (auch -woorgle), *hinunterwürgen.*
Woort s. (Wöörter, Woort) *Wort.* Er hät es paar Woort gredt. E paar Wöörter schriibe, *einige Wörter schreiben.* Er git em kä guets Woort, *er gönnt ihm kein gutes Wort.* Äis Woort hät s ander ggèè, *es entstand ein Gespräch, Streit.* Vkf. **Wöörtli** s. I hä mit em na es Wöörtli z rede. Zss.: -chlüüber m., *Pedant;* -Ex s., *Wörterklausur* (Schsp.).
wöörtli *wörtlich.*
Wòretli s. *Beinahe-Wahrheit.*
Wösch w. (-e) *Wäsche.* Si händ hütt Wösch, *Waschtag.* Zss.: -chessel m., *Waschkessel (Teil des Waschofens);* -chessi s., *Waschkessel;* -choorb m.; -chuchi w., *Waschküche.* ütr. Esone Wöschchuchi! *solches Nebeltreiben (in den Bergen);* -frau w.; -gelte w., *Waschzuber;* -hänki w., a) *Hängevorrichtung für Wäsche.* b) *Fahrdraht* (humor.). D Wöschhänki isch abechoo; -huus s., -hüüsli s.; -stande w., *grosser Waschzuber;* -traag m., jg. -troog m., *Waschtrog;* -wiib s., *Schwätzer(in)* (pop.); -zäine w., *grosser Wäschekorb.* Wöscherchlüppli s., *Wäscheklammer.*
wösche (gwöschet) *Wäsche waschen.* Vgl. wäsche.
Wöscherei w. (-e) *Wäscherei.*
Wöscheri w. (-ne) *Wäscherin, Waschfrau.*
Wousch m. (Wöisch), jg. **Wuntsch** m. (ü) *Wunsch.*
Wuche w. *Woche.* Zwoo Wuche. Zss.: -bett s.; -gschuder m., *unordentlicher Mensch;* -loo m.; -taag m.
wüchig *eine Woche alt, einwöchig.* E wüchigs Chalb, wüchigs Broot.
Wuecher m. *Wucher.*
wuechere (gwuecheret) *wuchern.*
Wuer s. (-e) *Schleusenwerk, Wuhr, Stauwehr.*
wuere (gwueret) *einen Damm aufwerfen.*
Wuescht m. 1. *Unkraut.* Mer müend de Wuescht uustue, *jäten.* 2. *ungehobelter Mensch, Grobian.* Er tuet wien en Wuescht, er isch en Wuescht.
wüescht 1. *schmutzig, verunreinigt.* Wüeschti Händ, wüeschti Wösch. 2. *unschön, hässlich.* E wüeschts Huus, Gsicht; en wüeschte Huet. E wüeschts Bäi, *aufgeschwollen, mit offenen Wunden.* Wüeschts Wätter, *schlechtes, unfreundliches Wetter.* 3. *unartig.* Wüeschti Buebe. Er hät e wüeschts Muul, *ein unverschämtes Maul.* Er füert e wüeschts Lääbe, *schändliches, wüstes Leben.* Si hät em s wüescht gmacht, *sie hat ihn schlecht, schmählich behandelt.* 4. Uw. Er hät em wüescht gsäit, *er hat ihm derb die Meinung gesagt.* Tue nüd esoo wüescht! *begehre nicht so auf.* De Bach hät wüescht taa, *das Land verheert.* Wüescht mache, *beschmutzen.* 5. verst. *sehr.* Dèè isch na wüescht ledig.
wueschte (gwueschtet), jg. **hueschte** (ghueschtet) *husten.*
Wueschte m., jg. **Hueschte** m. *Husten.*
wüeschte (gwüeschtet) 1. *hässlich werden.* Si hät gwüeschtet. 2. *verwüsten.*
Wueschterei w. *anhaltendes Husten.*
Wüeschti w. (Wüeschtene) 1. *Wüste.* Zss.: Wüeschteschiff s., a) *Kamel* (humor.). b) *grosses Auto* (humor.). 2. *Hässlichkeit.* Isch daas von ere Wüeschti! *welche Hässlichkeit.*
wüeschtle (gwüeschtlet), **wüeschtele** (gwüeschtelet) *hüsteln.*
Wuet w. *Wut, Zorn.*
wüetig 1. *wütend.* Äin wüetig mache, *in Wut versetzen.* 2. S wüetig Heer, Wuetis Heer, *die wilde Jagd (Wotans).* Ra.: Tue wie s wüetig Heer, *wild lärmen.*
Wüetigi w. *Wut, Zorn.*
Wulch w. (-e) *Wolke.* Zss.: Wulcheschlìirp m., *Wolkenstreifen;* Wulcheschǜürger m. (humor.), 1. *langer, aufgeschossener Mensch.* 2. *hoher Zylinderhut.* Vkf. Wülchli s.
wulchig *wolkig.*
Wule w. 1. *Wolle.* Zss.: -huet, auch Wulchehuet m., *Filzhut;* -naadle w., *Stopfnadel;* -tecki w., *Wolldecke.* 2. *Zorn.* Hät dèè e Wule ghaa/gschwunge! *der war zornig!* (pop.).

wulig, wuli 1. *wollen.* Wuli Strümpf; en wulige Rock. 2. *zornig.* Bisch wulig? (Schsp.)

Wuliwuu m. *Halstuch, Kopftuch* (va.); frz. voilez-vous!

Wullhäischt siehe Wollhäischt.

wüme (gwümet) *Trauben lesen.* Moorn fanged mer aa wüme, *morgen beginnen wir mit der Weinlese.*

Wümer m., **Wümeri** w. (-ne) *Winzer(in), Traubenleser(in).* Zss.: -gèrtel m., *Rebmesser, Winzermesser;* -gelte w., *Traubenzuber.*

Wümet m. *Traubenlese, Weinlese.*

wumse (gwumst) *schlagen.* Zss.: hère-. Äim äis hèrewumse, *eine Ohrfeige geben.*

Wunder s. *Wunder.* Vgl. Gwunder. Ra.: Vo Wunders wääge, *nicht im Ernst; nur um des Versuches willen.* Er mäint (was) wunders, wien er gschafft heb, *er glaubt, wunder was gearbeitet zu haben.* Wunder(s)waas, was wunders, *was Bewunderung verdient, etwas Ausserordentliches.* Er tuet, wie wänn das wunderwaas wèèr, *er tut, als wäre es wunder was.* Zss.: -balsaam m.; -chatz w., 1. *Neugieriger.* 2. *schönes Mädchen* (Schsp.); -chele w., *Neugieriger;* -chnòiel m., *Wollknäuel mit eingewundenen Überraschungen für Strickerin;* -chratte m., *Neugieriger;* -fitz m., *Neugieriger;* -fitzig, *neugierig;* -griite w., *schönes Mädchen* (Schsp.); -halbe, *aus Neugier;* -naas w., *Neugieriger;* -sälte, *sehr selten.*

wundere (gwunderet) *wundern.* S hett mi gwunderet, *ich hätte mich gewundert.*

wünderle (gwünderlet) *neugierig sein.*

Wuntsch siehe Wousch.

wüntsche siehe wöische.

Wupp s. 1. *Zettel zum Weben.* 2. *aus einer bestimmten Menge Garn gewobenes Tuch.*

würchle (gwürchlet) 1. *wiehern.* 2. *heftig und andauernd husten.*

würke (gwürkt) 1. *Teig kneten.* 2. *wirken.* Zss.: mit-.

Würkig w. (-e) *Wirkung.*

würkli *wirklich.*

Wurmbitzgi s., **Wurmessli** s. *Ameise.*

wurum *warum.*

Wüsch m. *Wisch.*

wüsche (gwüscht) 1. *wischen.* Er hät si müese d Auge wüsche. 2. *kehren mit dem Besen.* D Stube isch nüd suuber gwüscht. Zss.: zäme-.

Wüscher m. *Kehrbesen, Haarbesen.*

Wüschete w. *was man zusammengekehrt hat; Kehricht.*

wüsse (i wäiss, mer wüssed; Wf. Vh. wüsst; Mw. gwüsst) *wissen.* Er hät si wäiss nüd wie gfròit, *er freute sich unsagbar.* S isch wäiss nüd wie lang hèèr, *es ist schon lange her.* Mer mached wäisch was en Jass! *machen wir doch einen Jass.*

Wüsse s. *Wissen.* I hä kä Wüsse vo dem, *ich weiss nichts davon.* Nüd mit Wüsse, *nicht dass ich wüsste.*

wüsseschaftli *wissenschaftlich.*

wütsche (gwütscht) *schlüpfen,* meist in Zss.: dure-, *durchschlüpfen;* ine-, *hineinschlüpfen;* use-, *hinausschlüpfen.*

wüürge (gwüürgt) *würgen.* De Chraage wüürgt mi, *ist mir zu eng.* Zss.: ab-; abe-; ine-; use-.

Wùùrm m. (ùù) 1. *Wurm.* Zss.: -èèssig, jg. wurmstichig; -loch w.; -saame m., *Mittel gegen Eingeweidewürmer;* -stìich m., *Wurmstich, Wurmbefall.* Vkf. Wùùrmli. 2. *Insektenlarve.*

wùùrme (gwùùrmet) *ärgern.* Es hät en gwùùrmet.

Wùùrmet m., jg. **Wèèrmuet** m. *Wermut.*

Wùùrscht w. (ùù) 1. *Wurst.* Ra.: Es isch mer wùùrscht, *es ist mir gleichgültig.* E grüeni Wùùrscht, a) *bestimmte Wurst.* b) *eine Flasche Bier* (pop.). Zss.: -chessel m. Er chunt druus im Wùùrschtchessel. Dèè kännt si uus im Wùùrschtchessel, *er kennt die Schliche;* -chranz m.; -hölzli s., *Wursthölzchen;* -huut w., *Wursthaut;* -maal s., *Festessen nach dem Schlachten des Hausschweins, Schlachtfest;* -redli s., *Wursträdchen;* -rugel m., *Wursträdchen;* -wegge m., *Wurstwecken;* -zipfel m., *Wurstzipfel.* Vkf. Wùùrschtli s. 2. *Dummkopf, unfähige Person* (pop.). Das isch e fèrtigi Wùùrscht!

wùùrschte (gwùùrschtet) *wursten.* Zss.: ie-, *hineinquetschen;* zäme-, *zusammendrücken.*

Wùùrschtete w., **Wùùrschtlete** w. *Wurstelei.*

Wùùrz w. (-e), jg. **Wùùrzle** w. 1. *Wurzel.* 2. *linkischer Mensch* (Schsp.). Du bisch e schööni Wùùrzle!

Wuwu m. *Hund* (Ksp.).

X

xeroxe (-et) *fotokopieren* (jg.).

xeröxle (-et) *(viel) fotokopieren* (jg.).

Z

z siehe zue.

Zaa m. (ää) *Zahn.* Ra.: D Zää tüend em nüme wee, *er ist gestorben.* Äis uf de Zaa nèè, *ein Glas Wein usw. trinken.* Das gaat mer uf de Zaa, *auf die Nerven* (pop.). Zss.: -bùùrschte w., -bùùrschteli s.; -fläisch s.; -glaas s., *Toilettenglas;* -lucke w., *Zahnlücke;* -luckebaabi s., *zahnlückige Person;* -raad s., -redli s.; -schwile (Mz.), *Körperschwellungen bei kleinen Kindern während des Zahnens;* -stäi m.; -stumpe m., *Zahnstummel;* -wee s. Vkf. Zäändli s.

zää *zehn.* Er isch zääni, *10 Jahre alt.* De zäät, *zehnte.*

zaabig *am Abend, abends.*

Zaabig m. *Abendessen, Vesperbrot.* (De) Zaabig nèè; Zaabig ässe. Häsch scho Zaabig ghaa?

Zaal w. (-e) *Zahl.* Zss.: Zaalebiiger m., *Buchhalter* (humor.). Vkf. Zääleli s.

zaale (zaalt), **zale** (zalt) *zahlen, bezahlen.* Häsch scho zalt? *hast du schon bezahlt?* Zss.: aa-; ab-; ii-, *einzahlen;* naa-, *nachzahlen;* ume-, a) *zurückzahlen.* b) *vergelten;* uus-; voruus-. Zaltaag m., 1. *Zahltag.* Wän isch Zaltaag? 2. *Lohn.* Zaltaagsseckli s., *Lohntüte.*

Zaalig w., **Zalig** w. (-e) *Zahlung.*

zaam (zöömer, zöömscht) *zahm.* Vgl. zöömeli.

zaane (-et) *zahnen, Zähne bekommen.* S Chind zaanet.

Zääner m., **Zäner** m., **Zächner** m. *Zehner.* 1. *Zehnrappenstück.* Vkf. Zäänerli s. Zss.: Zäänernöötli s., *Zehnfrankennote.* 2. *Tram Nr. 10.* 3. *Angehöriger des Jahrgangs 1910.*

Zaani m. *Zahnarzt* (Schsp.).

Zääni s., **Zäni** s. 1. *Zahl Zehn, die Zehn.* 2. *zehn Uhr.* Es isch Zääni. Zss.: -auto s., *10-Uhr-Postauto;* -zùùg m., *10-Uhr-Zug.* 3. *Tram Nr. 10.* S Zääni chunt. 4. *Volltreffer, Zentrumsschuss.* Ra.: Das isch s Zäni, *das Maximum* (pop.).

Zäätel m. *das Zehntel.*

zäbele (-et) *zappeln.*

Zabi m. *Holzfuhrhaken, Sapine.*

zable (-et) *zappeln.* Mir händ müese zable, *unter Zeitdruck arbeiten.*

Zablete w. *Gezappel.*

Zabli m. *zappeliger, unruhiger, nervöser Mensch.*

zablig *zappelig, lebhaft.*

Zacke m. (ä) *die Zacke, der Zacken.* En Zacke druff haa, *schnell laufen, arbeiten, fahren* (pop., jg.). Vkf. Zäckli s.

zackig *gezackt, zackig.*

zäckle (-et) *auszacken.* Stoff zäckle, *die Nahtstellen auszacken.*

Zädel m. *Zettel.* Vkf. Zädeli s. Es Zädeli schriibe.

zäichne (-et) *zeichnen.* Zss.: aa-; ii-; uuf-; uus-.

Zäichnig w. (-e) *Zeichnung.* Zss.: Zäichnigsbapiir s.; -leerer m.; -stund w.; -theek m., *Zeichenmappe.*

Zäie s., jg. **Zäiche** s. *Zeichen, Merkmal, Abzeichen.* Äim es Zäie gèè. Vkf. Zäieli s.

zäige (-et) *zeigen.* Äim zäige, wo s dure gaat, wo Gott hockt, *einem den Meister zeigen.* Zss.: aa-; voor-. Zäigfinger m., *Zeig(e)finger.*

Zäigel siehe Säigel.

Zäiger m. *Zeiger.* 1. *Uhrzeiger.* 2. *Scheibenzeiger beim Schiessen.* Zss.: -chappe w., *Mütze des Zeigers beim Schiessen;* -chele w., *Zeigerkelle;* -stand m., *Standplatz der Zeiger beim Schiessen.*

Zäine w. *grosser, länglicher oder runder Korb mit zwei Griffen für Wäsche, Obst, Holz.* E Zäine Holz, Öpfel. Ra.: Du verbränti Zäine! *ums Himmels willen.* Zss.: -flicker m., *Korbflicker;* -maa m., *Hausierer mit Körben;* -macher m., *Korber, Korbmacher.* Vkf. Zäindli s.

zäismaal *plötzlich, auf einmal* (va.).
zalereerscht *zuerst.* Zalereerscht machsch daas.
zalerletscht *zuletzt.* A daas hett i zalerletscht tänkt.
Zälg w. *Zelge, Flurstück.*
Zältli s. *Zuckerzeug, Bonbon.* Si schläckt de ganz Taag Zältli.
zäme 1. *zusammen.* 2. Vs. *zusammen,* bei Ztw. trennbar, z.B. in zämezie, *zusammenziehen.*
zämehaft, zämehaftig *gesamthaft* (va.).
zander *selbander, zu zweit.* De Puur zander, *mit einer zweiten Trumpfkarte (im Jass).*
zäne (-et) *das Gesicht verzerren, eigensinnig weinen.* Es fèèlt em Chindli nüüt, es zänet nu gèèrn. Zss.: uus-, 1. *ausweinen.* Häsch uuszänet? 2. *foppen, necken.* Zännhòòrli (Mz.), *Schläfenhaare.* Vkf. zänele.
zänerscht (äne) *zuäusserst.* Er wont zänerscht äne vom Doorff.
zangge (-et) *zanken.* Ra.: D Liebi mues zangget haa, *was sich liebt, das neckt sich.* Zss.: uus-.
Zanggerei w. (-e) *Gezänk, Zänkerei.*
Zanggete w. *Gezänk.*
Zanggi m., **Zanggeri** w. (-ne) *Zänker(in).*
zänggle (-et) *lockend vorzeigen und doch nicht geben, narren.*
Zäni m., **Zäneri** w. (-ne) *weinerliches, eigensinniges Kind.* Isch daas en Zäni!
Zäni s. siehe Zääni.
zänsiere (-t) *besprechen, prüfen, beurteilen.* Si händ i der Aarmepflääg lang über dè Fall zänsiert, *verhandelt.*
zänsle (-et) *zum Zorn reizen, necken.* Er mues imer zänslet haa, *er kann das Necken nicht lassen.* Zss.: uus-, *verspotten.*
Zänslete w. *Neckerei, Spotten.*
Zanterli s. *Johannisbeere* (Wth.).
Zäntner m., **Zänter** m. *einfacher Zentner, 50 kg.* (Gegensatz: Toppelzänt(n)er, *100 kg.)* En Zänter Hèrdöpfel. Zss.: -stäi m.
zäntume *überall, ringsum.* Es isch zäntume gliich troche, *es ist überall gleich trocken.* Zäntume lauffe, *überallhin, ringsum gehen.*
Zapfe m. (ä) 1. *Zapfen, Korken.* Ra.: Iez isch de Zapfen aab! *Ausruf der Überraschung.* Zss.: -guu m., *Korkgeschmack im Wein;* -sträich m.; -zier m., *Korkenzieher;* -zierlöckli s., *Spirallocke.* 2. *Lohn, Gehalt* (pop.). Me händ de Zapfen überchoo. Vkf. **Zäpfli** s., *Zäpfchen.*
zäpfe (-t) *rennen, davoneilen.* Zäpf di! Zss.: ab-; devoo-, *wegrennen.* Er isch devoozäpft; naa-, *nachlaufen, nacheilen.*
Zatt w. (-e) *Schwade halbdürren Grases oder Heues* (ZU.). Vkf. Zättli s.
zaubere (-et) *zaubern, hexen.* De muesch no echli waarte, i cha nüd zaubere.
zblätzewiis *stellenweise, strichweise.* Zblätzewiis hät s alls verhaglet.
ze siehe zue.
zèèch (zèècher, zèèchscht) *zäh.* Zèèch wie Händscheläder, *sehr zäh, auch von Speisen.* E zèèchs Lääbe. Hw. Das isch en Zèèche, *kräftiger, widerstandsfähiger Mensch.* Zss.: -mälchig, -mälig, *zäh zu melken.* Di säb Chue isch zèèchmälig.
Zèèchi w. *Zähigkeit.*
Zèèe m., **Zee-e** m. *Zehe.* D Zèèe tüend mer wee. D Zèèe aaschlaa. Zss.: -naagel m.
zèèele (-et), **zee-ele** (-et) *auf den Zehen stehen.*
zeere (-t) *zerren, reissen.* Äim an Haare zeere. Zss.: ab-, *abreissen;* abe-, *herunterzerren, herunterreissen;* ane-, *herbeizerren;* füre-, *hervorzerren;* furt-, *wegzerren;* hinefüre-, *hervorzerren;* ie-, ine-, *hineinzerren;* ume-, *herumzerren;* use-, *herauszerren;* uus-, *ausreissen.*
zeerscht(e), zeerscht(e)botts *zuerst.* Er chunt zeerscht(e) draa, *er kommt zuerst an die Reihe.*
Zeis m. *Zins.* Zss.: -büechli s.; -ertraag m.; -hèrr m., *Gläubiger, Geldgeber* (va.); Zeiseszeis m., *Zinseszins.* Vkf. **Zeisli** s. Zss.: -picker m., 1. *Kleinrentner.* 2. *geiziger Kapitalist, Ausbeuter.*
zeise (-et) *zinsen.* Mer müend no zeise, *Zinsen, Miete bezahlen.* Händ er scho zeiset?
zele (-t) *zählen.* Es zellt si, *es summiert sich.* Ra.: Dè cha mäin i ä nüd uf drüü zele, *er scheint beschränkt zu sein.* Zss.: aa-, *abzählen beim Spiel;* ab-; dezue-, *hinzuzählen;* uuf-, *aufzählen;* wäg-; zäme-, *zusammenzählen;* zue-. Zellraam m., *Zählrahmen.*
zelig *zählend.* E zeligi Chaart, *eine Spielkarte, die zählt.*

zette (-et) *Gras oder Heu ausbreiten.* Graas, Schöchli, Hòi zette.

Zettel m. *die auf den Webstuhl gespannten Längsfäden, der Zettel.* Zss.: -gaarn s.; -raam m., *Zettelrahmen.*

zettle (-et) *den Zettel machen (beim Weben).*

Zevi m. *Christlicher Verein Junger Männer (CVJM)* (Schsp.).

zfride *zufrieden.* Hw. en Zfridne, *angenehmer, ausgeglichener, gutmütiger Mensch.*

Zfridni w. *Zufriedenheit.* Si isch äi Zfridni, *immer zufrieden und abgeklärt.*

zhinderfùùr *verwirrt, verrückt.* Er isch ganz zhinderfùùr, *verwirrt vor Schrecken, Freude.* Hw. en Zhinderfùùr, *verwirrter Mensch.* Zss.: -huen s., *wer alles verkehrt macht, Wirrkopf.*

zhinderscht *zuhinterst.* verst. Er isch zhinderscht hine plibe, *ganz zu hinterst geblieben.* Er gaat zhinderscht hindere, *ganz nach hinten.*

Zick m. *Stich.* De Wii hät en Zick, *einen Milchsäurestich.*

zie (zoge) 1. *ziehen.* De Waage zie. Es ziet i dem Zimer. S Holz ziet si, *das Holz verzieht sich.* Es ziet si bis zum nèèchschte Doorff, *es ist weit.* De Moscht hät 70 Öchsli zoge, *Öchslegrad.* Zogen am Boge, *Aufforderung zum Tanz.* Ra.: Äis go zie, *trinken.* Ziend Si! *greifen Sie zu (zu Gast).* Zss.: aa-; ab-, a) *abziehen.* b) *ausziehen, sich entkleiden.* Er hät de Schoopen abzoge; abe-, *hinunterziehen;* ane-, *heranziehen;* dure-, *hindurchziehen;* ii-, a) *einziehen.* b) *einkassieren;* ie-, ine-, *hineinziehen;* ufe-; ume-, *herumziehen;* use-, *herausziehen;* uuf-, *aufziehen;* uus-; wäg-; zäme-; zue-. Ziebock m., *Schneidbank.* 2. *gut vorankommen.*

Zieche w. *Bettüberzug.* Vkf. Ziechli s.

Ziegel m. 1. *Ziegel.* Zss.: -hütte w.; -schèèrbe m.; -stäi m. 2. *dummer Kerl* (Schsp.).

Zigaar w. (-e) *Zigarre.* Zss.: Zigaarelaade m.; -rauker m.; -spitz m.; -stumpe m., *Zigarrenstummel.* Vkf. **Zigäärli** s., *besonders feine Zigarre.*

Ziger m. 1. *Kräuterkäse.* Zss.: -chraapfe m., -chròòpfli s., *mit Quark gefüllter Krapfen, Kräpfel;* -maa m., -mandli s., *Zigerverkäufer;* -milch w.; -stock m., -stöckli s., *geformter Schabziger.* 2. *eingetrockneter Schleim in den Augenwinkeln, Augenbutter.* Zss.: -aug s., *mit Schleim verklebtes Auge.* 3. *geformtes Tresterstück zum Heizen.* Vkf. **Zigerli** s., *Tresterstück.* Zss.: -gstell s., *Trestertrocknungsgestell.*

Zigerett w. (-e) *Zigarette.* Vkf. Zigerettli s.

zigerle (-et) *Tresterstücke formen.* S Trääsch wird zigerlet.

Zigi w. *Zigarette* (pop.).

Zigüüner m. 1. *Zigeuner.* 2. *unordentlicher Mensch.*

zigüünere (-et) *vagabundieren.* Zss.: ume-, umenand-, *umherstrolchen.*

Zìì m. *Zinn.*

Zììl s. *Ziel.* I s Zììl träffe, *mitten in die Scheibe schiessen.* Er känt kä Maass und kä Zììl.

Ziile w. *Zeile.*

zììle (-et) *zielen.*

Ziilete w. *Reihe.* E Ziilete Bòim, Pfòòl. I de Ziilete uusrichte, *in Reih und Glied.*

Ziischtig m. (-e) *Dienstag.*

Ziise m. *undichte Stelle, Streifen im Gewebe.*

ziiserle (-et) *leicht schneien.*

Ziiserli s. *kleine Ader, Faser im Fleisch.*

Ziit s. (-er) 1. *Wanduhr, Kirchenuhr.* S Ziit uufzie. Zss.: -ghüüs s., *Uhrgehäuse;* -hüüsli s., *Uhrenkasten.* Ra.: Es fèèlt em im Ziithüüsli, *sein Kopf ist nicht ganz in Ordnung;* -plämper m., -schwänkel m., *Uhrpendel;* -tafele w., *Zifferblatt.* 2. S Ziit (aa)wöische, *grüssen* (va.). Äim s Ziit abnèè, *zurückgrüssen* (va.).

Ziit w. (-e) *Zeit.* Was isch für Ziit? *wie spät ist es?* Si sötted si der Ziit nèè, *Zeit nehmen.* De muesch der derziit nèè! I ha nüd derziit, *ich habe keine Zeit.* Die Ziit hèèr tuet er nüd vil, *seit einiger Zeit.* Chùùrzi Ziit haa, *sich nicht langweilen, Kurzweil haben.* Händ chùùrzi Ziit! *viel Vergnügen (Grussformel).* Zss.: -chue w., *Kuh, die ungewöhnlich spät zum ersten Mal trächtig wird;* -rind s., *zuchtfähig gewordenes Rind;* -ross s., *junges Pferd im letzten Entwicklungsstadium.* Vkf. Ziitli s., *Weilchen.*

ziitewiis *zeitweise.* Er schafft nu ziitewiis.

ziitig *reif (Obst).*

Ziitig w. (-e) *Zeitung.* Zss.: Ziitigsband s., *Streifband;* Ziitigbapiir s.; -frau w., *Zeitungsverträgerin, Zeitungsausträgerin;* -maa m., 1. *Zeitungsverträger, Zeitungsausträger.* 2. *Altpapiersammler;* -schriiber m.; -schriiberli s., *Zeitungsschreiber* (pej.); -verträäger m., -verträägeri w., *Zeitungsausträger(in).*

ziitli 1. *zeitlich.* 2. *zeitig, beizeiten, rechtzeitig.* Chumm dänn ä ziitli! *komm zur rechten Zeit.* Ziitli uufstaa, *beizeiten aufstehen.*

Ziland m., **Zilande** w., **Zilander** m. *Seidelbast.*

Zilaschter m. *Zylinderhut* (humor.).

Zilinder m. 1. *Zylinder,* 2. *Zylinderhut.*

Zimänt m. *Zement.*

Zimänti w. *Zementfabrik.*

zimbere (-et), jg. **zimere** (-et) *zimmern.* Zss.: zäme-, *zusammenzimmern, basteln.*

Zimbermaa m. (-mane), jg. **Zimermaa** m. (-mane) 1. *Zimmermann.* 2. *langbeinige Spinne, Weberknecht.*

Zimbig m., **Zümbig** m. (Kn.A.), **Zimbis** m. *Mittagessen* (va.); vgl. Zümbis. Zimbis ässe, nèè.

Zimer s. *Zimmer.* Zss.: -amsle w., *Zimmermädchen im Hotel* (pop.); -tuur w., *Zimmerreinigungsdienst* (Ssp.).

Zimet m. *Zimt.* Zss.: -stängel m.; -röösli s., *Pfeifenstrauch.*

zimli 1. *ziemlich.* En zimli groosse Huuffe. Zimli vil Lüüt. 2. *recht gross, stattlich.* En zimliche Huuffe. E zimlichi Lengi.

Zimpelfransle w., **Simpelfransle** w. *in die Stirne fallende Haare, Ponyfransen.* Si mäint, Zimpelfransle seiged schöön.

Zine w. *Dachterrasse.* D Wösch uf der Zine uufhänke.

zinerscht *zuinnerst.* verst. zinerscht ine im Öpfel, *ganz innen im Apfel.* S Gift isch zinerscht ie ggange, *ganz hinein.*

Zingge m. 1. *die Zinke der Gabel.* 2. *Nase* (humor.). Hät dèè en groosse Zingge! 3. *Hauszeichen der Fahrenden.* Vkf. Zinggli s., *kleines Stück einer Pflanze oder von etwas Essbarem.*

zini, zinig *zinnern.* En zinige Teckel.

Zipaarte w. *kleine, runde Pflaume.* Vkf. Zipäärtli s.

Zipfel m. 1. *Zipfel an einem Tuch.* Zss.: -chappe w., *Zipfelmütze.* 2. *Brotanfang, Brotende.* 3. *Dummkopf.*

Zirklete w. *knifflige Aufgabe* (jg.). Das isch no e Zirklete gsii!

Zirlimirli mache *Tändeleien machen, tändeln.*

ziseret *gesprenkelt.*

Zitter m., **Zitteri** m. *das Zittern.* Er hät de Zitter, *er zittert.* Zss.: Zitter(li)graas s., *Zittergras.*

zittere (-et) *zittern.* Zss.: loos-, *abmarschieren* (humor., jg.).

Zittere w. *Zither.*

Zittermaal s. *Flechte, Hautausschlag.*

Ziviil s. 1. *Ziviltrauung.* Händ er s Ziviil scho ghaa? 2. *Zivilleben.* Was machsch du im Ziviil? *im zivilen Leben, im Beruf* (Ssp.).

zläid 1. *böswillig.* Er isch zläid nüd choo, *zum Trotz.* 2. *zuleide* in Zss.: -rede, *Übles nachreden;* -tue, *zuleide tun, antun.* Me tö̀örff em daas nüd zläidtue; -wèrche, *jemandem etwas zuleide tun, jemanden schädigen, kränken.* Er hät em zläidgwèrchet; Zläidwèèrcherei w., *Quertreiberei, Böswilligkeit;* Zläidwèrchi m., *Quertreiber.*

zletscht(e) *zuletzt.* Er chunt zletscht draa, *er kommt zuletzt an die Reihe.* Zss.: zletschtebotts, *zuletzt;* zletschtemänd, *schliesslich, endlich, zu guter Letzt.* Zletschtemänd bin i iiverstande.

zlieb *zuliebe.* Zss.: -tue. Öpperem öppis zliebtue.

zmaal *auf einmal, plötzlich.* Es isch em zmaal z Sìì choo. D Maschine laufft zmaal nüme, *läuft plötzlich nicht mehr.*

zmittaag *mittags, nachmittags.* Hütt zmittaag, *heute mittag, heute nachmittag.*

Zmittaag, -tag m. *Mittagessen.* De Zmittaag isch paraad. Zum Zmittag, *zum Mittagessen.* Häsch scho Zmittaag ghaa?

zmitts, zmittst *mitten.* Zss.: -dedùùr, *mitten hindurch;* -dedùùr dure, *mitten hindurch;* -drin, *mittendrin;* -drufabe, *mitten auf etwas hinab;* -drufufe, *mitten drauf;* -drususe, *mitten aus etwas heraus;* -dure, *mittendurch;* -ie, *mitten hinein;* -ine, *mittendrin.*

zmoorndrischt *morgen, am folgenden Tag* (va.).

Zmorge m. *Frühstück.* De Zmorge staat uf em

Tisch. Zmorgen ässe, *frühstücken.* Zum Zmorge, *zum Frühstück.* Häsch scho Zmorge ghaa?

zmörgele (-et) *gemütlich und ausgiebig frühstücken.*

Zmormi m. *reichliche Vormittagsmahlzeit (Frühstück + Mittagessen), Gabelfrühstück, Brunch* (jg.).

znacht *nachts.* Er isch znacht häichoo.

Znacht m. 1. *Nachtessen.* Mer händ öpper zum Znacht iiglade. Znacht ässe, *das Nachtessen einnehmen.* Zum Znacht, *zum Nachtessen.* Häsch scho Znacht ghaa? 2. En aarme Znacht, *bemitleidenswerter Mensch.*

Znüüni m., s. *Neunuhrbrot, Zwischenverpflegung.* De Znüüni uf s Fäld bringe. Häsch scho Znüüni ghaa? Zum Znüüni, *zum Neunuhrbrot.* Zss.: -ässe s.; -choorb m., -chratte m., *Korb für die Zwischenverpflegung;* -täschli s., *Täschchen der Kindergartenschüler.*

znüüte gaa *zunichte werden.*

zoberscht *zuoberst.* Er wont zoberscht. verst. zoberscht obe, *ganz zuoberst.* Öppis zoberscht in Chaschte ue tue. Zoberscht ufe gaa.

zocke (-et) *zuckend schmerzen.*

Zöifter m. *Zunftmitglied.*

zöiftig, jg. **zümpftig** *stark.* Er hät en zümpftige Hueschte, *starken Husten.* Es zümpftigs Ässe, *reiches Essen.* Es tuet zümpftig wee, *es schmerzt sehr.*

zȍike (-et) *locken, anlocken.*

zȍikle (-et) *necken, reizen.*

zöiselroot *feuerrot.* Si isch zöiselroot woorde.

zöisle (-et) *mit dem Feuer spielen.* D Chind tüend gèèrn zöisle.

Zöisler m. 1. *wer gern mit dem Feuer spielt, Brandstifter.* 2. *Irrlicht, feuriges Gespenst.*

Zöisli m. *Brandstifter.*

Zolgge m. 1. *Schnabel, Ausguss des Kruges.* 2. *Nase* (pop.).

zöökle, (-et), **zöörkle** (-et) *verlocken, überreden, reizen.* En Hund zöökle, *reizen, necken.* Zss.: mit-. Äin mitzöökle, *verleiten mitzukommen.*

zȍȍme (-t) *zähmen.*

zȍȍmeli *zahm, sanft.* Er mues zȍȍmeli tue, sid er chrank gsii isch.

Zȍȍmi w. *Zahmheit.* De Hund isch von ere Zȍȍmi, er tuet niemertem nüüt.

Zopf siehe Zupf.

Zöttel m., jg. **Zottle** w. *Quaste, Haarbüschel.* Zss.: -bäär m., *Zottelbär;* -chappe w., *Zipfelmütze.* Vkf. Zötteli s.

Zötteler m. *Zipfelmütze.*

zottle (-et) *schwerfällig gehen, schlurfen.* Zss.: aa-. Er chunt aazzottle, *er kommt dahergeschlurft;* ab-; devoo-; wäg-; ume-, umenand-; use-.

Zottli m. *gutmütiger, etwas ungeschickter Mensch.*

Zouft w. (Zöift), jg. **Zumpft** w. (ü) *Zunft.* D Zürcher Zöift. Das isch ja käne vo der Zouft, *er ist ein Aussenstehender, Nichtfachmann* (pop.). Zss.: -huus s.; -mäischter m.; -mȍȍli s., *Zunftmahl;* -stube w.

zrächt *zurecht.* Zrächt mache, choo usw. Zrächte Ziit choo, *zur rechten Zeit kommen.*

zringum, zringelum(e), zringsum *rund herum, ringsum.* Zringum lauffe, *rundherum gehen.* Es hät zringelum gschneit, *weit herum.*

zrugg *zurück.*

ztoodèèrde *sehr* (in negativen Begriffen). Er isch ztoodèèrde verschrocke.

Zuchthüüsler m., **Zuchthüüsleri** w. (-ne) *Sträfling.*

Zucker m. (ü) *Zucker.* Er hät Zucker, *er ist zuckerkrank.* Ra.: Äim de Zucker stecke, *ködern.* Zss.: -ärbs w.; -bapiir s. Ra.: S Zuckerbapiir hät abgschlaage, *man muss sich einschränken;* -beck m., *Konditor;* -bìir w., *süsse Birne;* -broot s., *Butterbrot mit Zucker;* -büchs w.; -chlötzli s., *Zuckerstück;* -müüli s., *Zuckermäulchen;* -stängel m.; -stock m., *Zuckerhut;* -süess; -wassermotöörli s., *Fahrradmotor* (humor.). Vkf. Zückerli s. Ra.: Es Zückerli gèè, *Anreiz geben.*

zuckere (-et), **zückere** (-et) *zuckern.* De Kafi zuckere.

zue, züe, zu, ze, z (zum, zur) *zu* (vgl. W.Gr.). 1. **zue, züe.** Chömed mee zuen (züen) is! *besucht uns häufiger.* Uw. S Büro isch zue, *geschlossen.* Er isch zue, *müde, betrunken,* *nicht ansprechbar* (pop., jg.). De See isch zue, *zugefroren.* Bim Huus zue(ne), *nahe beim Haus.* Es gaat uf Züri zue, *wir sind bald in Zürich.* 2. **zu, ze, z** (unbet.). Vo Ziit zu (ze) Ziit. Z rächte Ziit, *rechtzeitig.* Er wont z Züri, *in Zürich.* Er isch z Amerikaa, *in Amerika,* z Frankriich, *in Frankreich.* Hütt z Mittag. Z viere, *zu viert.* Z Chile gaa, z Mèèrt gaa, *zur Kirche, zu Markt gehen.* Z Liecht gaa, *zur Liebsten gehen.* I chume z Nacht/znacht, *nachts.* Z Lee haa, *in Pacht haben.* Z gspane staa, *bereitstehen.* Z Pass staa, *auflauern.* 3. **z** vor Infinitiv. S isch is verläidet z schaffe. Er trout si nüd, d Waret z sääge. S isch aaznèè. Z lauffe choo, *gegangen kommen.* Me chunt z früüre, *man fängt an zu frieren.* 4. Verschmelzungen **(zum, zur).** Zum Huus uus, zur Tüür uus. Wie ghäissisch zum Gschlächt? *mit Familiennamen.* Si isch zume(ne) Maa choo, *zu einen Mann.* Zunere Frau, *zu einer Frau.* Er isch zunere ggange, *zu ihr gegangen.* 5. **zue.** Vs. *zu-,* bei Ztw. trennbar, z.B. in zuetue, *schliessen.* Zss.: zunenand, *zueinander.*

zuederhändig in: s zuederhändig Ross, *linkes Pferd im Zweigespann.*

Zuederhandross s. *Linkspferd im Zweigespann.*

zuefelig *zufällig.*

Zuelauff m. *Andrang.*

Zuelueger m. 1. *Zuschauer.* 2. *kleine Trumpfkarte beim Jass.*

Zueriiter m. *Bereiter, Zureiter.*

Zueschauer m. *Zuschauer.*

Zuestupf m. *finanzieller Beitrag, finanzielle Zugabe.* Vkf. Zuestüpfli s. Da häsch no es Zuestüpfli!

Zuetaat w. (-e) *Zutat.* Vkf. Zuetȍȍtli s.

Zuetroue s. *Zutrauen, Vertrauen.* Me mues Zuetroue haa zuen em.

zuetrouli *zutraulich.*

Zuetue s. *Dazutun.*

Zueversicht w. *Zuversicht.* Ra.: Das isch mer e schööni Zueversicht! *schöne Bescherung.*

Zügel m. 1. *Zügel.* 2. *Wohnungswechsel, Umzug.* Zss.: -maa m., *Umzugsmann;* -waage m., *Möbelwagen.*

Zuger m., **Zugeri** w. (-ne) 1. *Bewohner(in) von Zug.* 2. (Zuger) *bestimmte Jassart.*

zügig 1. *gängig, gangbar.* Zügigi Waar. 2. *herb, angenehm zu trinken, vom Wein.* En zügige Wii. 3. *zugig, wo Zugluft herrscht.* E zügigi Buude, *ein Zimmer, in welchem es dauernd zieht.*

zügle (-et) *umziehen, Wohnung wechseln.* Si händ müese zügle.

Züglete w. *Umzug, Wohnungswechsel.*

Zügnis s. *Zeugnis.*

Zümbis m., **Zümis** s. *Mittagessen* (ZO.). Vgl. Zimbig.

Zumpft siehe Zouft.

zümpftig siehe zöiftig.

zünde (zündt) *zünden, leuchten.* Gang zünd em, *leuchte ihm.* ütr. *zurechtweisen.* I han em zündt, *ich habe ihn zurechtgewiesen, gezüchtigt.* Zss.: aa-, a) *anzünden (Feuer, Licht).* b) *aufreizen, herausfordern* (pop.). Dèè han i schöön aazündt! häi-, a) *heimleuchten.* b) *zurechtweisen.* Zündcheerz w.; -hölzli siehe unten; -schnuer w.

Zundel m. *Zunder.*

zunderobsi *durcheinander, drunter und drüber.* Er hät alls zunderobsi gmacht, *das Unterste nach oben gekehrt.*

Zunderobsi m. *Durcheinander.*

zunderscht *zuunterst.* Er wont zunderscht, *im Erdgeschoss.* verst. -une, *ganz zuunterst.*

Zundhölzli s., **Zündhölzli** s. *Zündhölzchen, Streichholz.* Zss.: -maa m., *Hausierer mit Zündhölzern;* -trückli s., *Zündholzschächtelchen, Streichholzschächtelchen.*

zunenand zueinander.

Zunge w. *Zunge.* Ra.: E langi Zunge haa, *viel reden.* Zss.: -schlaag m., -schlegli s., 1. *Stottern.* 2. *leichter Rausch.* Vkf. **Züngli** s., *geräucherte Schweinszunge, Rindszunge.*

Zupf m. (ü), **Zopf** m. (ö) 1. *Haarflechte, Zopf.* 2. *zopfartig geflochtenes Gebäck.*

zupfe (-t) *zupfen.*

Zupfete w. 1. *andauerndes Zupfen.* 2. *zerzupfte Wolle.*

züpfle (-et) 1. *leicht zupfen.* 2. *Zöpfe flechten.*

Zürcher m., **Zürcheri** w. (-ne) *Zürcher(in)* (nicht: *Züricher).*

Züri 1. *Zürich.* 2. *zürcherisch, Zürcher-* in Zss.: -Gschnätzlets s., *feingeschnittenes Fleisch nach Zürcher Art;* -hegel m., a) *Zürcher Taschenmesser.* b) *Zürcher* (humor.); -läckerli s., *Zürcher Gebäckspezialität;* -Linie w., *Verkehrsbetriebe der Stadt Zürich (VBZ);* -lȍi m., *Zürcher Löwe (Wappentier);* -Metzgete w., *bestimmtes Zürcher Radrennen;* -piet s., *Gebiet des Kantons Zürich;* -pieter m., *Bewohner des Kantons Zürich, Zürcher;* -putsch m., *Umsturz von 1839;* -rööteli m., *Seesaibling;* -see m., *Zürichsee;* -tìrggel m., *Zürcher Gebäckspezialität;* -tüütsch s., *Zürichdeutsch;* -ziitig w., *Neue Zürcher Zeitung.*

Züsi s. *Zündhölzchen, Streichholz* (fam.).

zusserscht *zuäusserst.* Es isch zusserscht mit em, *er steht vor dem Bankrott, vor dem Tod.* verst. Zusserscht ussen im Doorff, *am äussersten Rand des Dorfes.* Er gaat zusserscht use, *ganz hinaus.*

Zütterete w. *etwas Auseinandergezupftes, Verstreutes, z.B. von wenigen Äpfeln auf dem Baum.* Vgl. Verzütterete.

Zuu m. *Zaun* (ZO.).

Zùùg m. (ùù) 1. *Zug.* Ra.: De Zùùg isch abgfaare, *die Gelegenheit ist verpasst.* 2. *Schluck.* Er hät en guete Zùùg, *er trinkt viel.* 3. *Gespann.* En Zùùg Chüe, Stiere. 4. *Abneigung.* Er hät en uf em Zùùg, *er mag ihn nicht leiden.* 5. *Zugluft.* Er mag de Zùùg nüd verliide, *er erträgt Zugluft nicht.* Vkf. **Zügli** s., 1. *kleiner Eisenbahnzug.* 2. *Gruppe von Leuten.*

Züüg s. 1. *Stoff.* Guets Züüg. 2. *Zeug, Kram, Siebensachen.* Da hät s en Huuffe Züüg i dèm Chaschte. Soo Züüg! *solches Zeug.* Es choge Züüg(s), *eine schlimme Sache.* I s Züüg iestaa, *fest zupacken.* Er hät Züügs (und Saches) gnueg. Ra.: Im Züüg umefùùrze, *nervös umhersausen* (pop.). Zss.: -huus s., *Zeughaus;* -hüüsler m., *Zeughausangestellter* (Ssp.); -waart m., *Materialverwalter.* 3. *Unsinn.* Das isch tumms Züüg! 4. *Begabung.* Er hät s Züüg zum Gleerte.

züüge (-et) 1. *Zeugnis ablegen.* Er hät müese züüge für en. 2. *mit heissem Fett übergiessen.* D Chnöpfli züüge.

Züüge m. *Zeuge.*

züüne (-t) *Zäune machen, zäunen* (ZO.).

Zùùrzirugel m. *kleine, dicke Person; kleines, dickes Kind.*

Zväschper m. *Vesper(brot).* Zum Zväschper.

Zverbaarme m. *bemitleidenswerter Mensch.* En aarme Zverbaarme.

Zvieri s. *Vieruhrbrot, Vesper(brot).* Zum Zvieri, *zum Vieruhrbrot.* Häsch scho Zvieri ghaa?

zvil *zuviel.*

zvorderscht *zuvorderst.* verst. Er mäint imer, er mües zvorderscht vorne sii, zvorderscht füre gaa, *ganz (nach) vorn.*

zwääg 1. *gesund.* Si isch nüd zwääg. ütr. Er isch guet zwääg, *begütert* (humor.). 2. Ew. *gut.* E zwäägi Sach, *gute Sache* (jg.). Zwääg uusgsee, *gut aussehen* (jg.). 3. Vs. bei Ztw., z.B. zwägbringe, *zustande bringen;* zwägbüüge, *zurechtbiegen, einrenken;* -legge, *bereitlegen;* -mache, *ordnen, vorbereiten.*

zwääge (-et) *gesunden.* Er hät wider zwääget, *es geht ihm besser.*

Zwääli s. *Decktüchlein, das z.B. über die Speisen im «Znüünichoorb» gelegt wird.*

Zwäck m. 1. *Zweck.* 2. *Mitte der Schiessscheibe.* Zss.: -schuss m., *Volltreffer.*

zwacke (-t) *zwicken, eine Ohrfeige geben.* Äim äis zwacke. Zss.: ane-; uuf-.

zwäi s., **zwee** m., **zwoo** w. *zwei.* Zwee Mane, zwoo Fraue, zwäi Chind. Öisere zwee Mane, zwoo Fraue, zwäi Chind, *unser zwei...* S isch Zwäi, *zwei Uhr.* Vor eme Jaar zwäi, *vor 1-2 Jahren.* Z zwäie hööch, *zu zweit.* Zss.: zwäijèèrig; -lättig, *mit zwei Latten versehen, zweilattig (Zaun);* -maal; -pfünder m., *Kilobrot;* -rederig; -schlȍȍffig, *zweischläferig.* E zwäischlȍȍfigs Bett; -stöckig; -tùùrig, -türig; Zweefränkler m., *Zweifrankenstück;* Zweeräppler m., *Zweirappenstück.*

Zwäi s. 1. *Zahl Zwei, die Zwei.* 2. *zwei Uhr.* Um die Zwäi ume, *etwa um zwei Uhr.* Zss. -auto s., *Zwei-Uhr-Postauto;* -zùùg m., *Zwei-Uhr-Zug.* 3. *Note Zwei.* Es Zwäi im

Zügnis. Zss.: -bisdrüü s., Zwäiehalber m., *Note Zweieinhalb.* 4. *Tram Nr. 2.*

zwäie (-et) in Ra.: Was si zwäiet, das drittet si, *was zweimal geschehen ist, kann auch ein drittes Mal passieren.*

Zwäier m. *Zweier.* 1. *2 dl Wein.* En Zwäier Roote, *Rotwein.* Vkf. Zwäierli s., *2 dl Wein.* Zss.: Zwäierlibäiz w., *Trinklokal* (pop.). 2. *Tram Nr. 2.* 3. *Note Zwei.* 4. *Angehöriger des Jahrganges 1902.*

zwäierle (-et) *(häufig) 2 dl Wein trinken.*

zwäit *zweit.* Z zwäite jasse, *zu zweit jassen.* Zwäite mache, *ins Hintertreffen geraten* (pop.). Zss.: -klässler m., -klässlerli s., *Schüler der zweiten Klasse;* -sekler m. *Schüler der zweiten Sekundarklasse.*

zwänge (-t), **zwängele** (-et) *zwängen, zwingen, ertrotzen.* Zss.: Zwängchopf m., -chrott w., -grind m., *Trotzkopf.*

Zwängi m., **Zwängeri** w. (-ne) *wer etwas erzwingen, durchdrücken will; Dickkopf, Drängelnder.* Zss.: Zwängichind s., *ungebärdiges, eigensinniges Kind, Trotzköpfchen.*

zwänzg *zwanzig.* Er isch zwänzgi, *20jährig.* Si isch in Zwänzge, *zwischen 20 und 30 Jahre alt.* zwänzgischt, *zwanzigst.* Zss.: Zwänzg-ab-Achti-Gsicht s., *mürrisches Gesicht* (humor.).

Zwänzger m. 1. *Zwanzigrappenstück.* De Zwänzger isch abegheit, *jemand hat begriffen* (pop., jg.). 2. *Zwanziger, Angehöriger des Jahrganges 1920.* Zss.: -nöötli s., *Zwanzigfrankennote.*

Zwänzgi s. *die Zwanzig.*

zwäris, twäris *quer.* Hütt gaat alls de zwäris, *schief.*

Zwätschg w. (-e) 1. *Zwetschge.* Äimaal Zwätschge, zwäimaal Zwätschge usw., *erstens, zweitens (bei umständlichem Zählen).* Zss.: Zwätschgebaum m.; -chopf m., *Dummkopf* (Schsp.); -grind m., *Dummkopf;* -mues s.; -stäi m.; -verpflüderig w., *Zwischenverpflegung* (Ssp., humor.); -wèèe w., *Zwetschgenkuchen.* 2. *dumme Frau.* 3. *Dirne.* 4. *Homosexueller.* Vkf. **Zwätschgeli** s., *dummes Mädchen.*

zwee siehe zwäi.

Zwei s. *Zweig, Reis.*

zweie (-et) *pfropfen, veredeln.* Bòim zweie.

zwenig *zuwenig.*

Zwick m. 1. *Ende der Peitschenschnur.* Ra.: Er hät de letscht Zwick a der Gäisle, *letzte Ermahnung vor einer Entscheidung.* 2. *unfruchtbares Rind.*

zwicke (-t) 1. *kneifen.* D Rääbe zwicke, *überschüssige Triebe abbrechen.* 2. *zwinkern.* Er zwickt imer mit den Auge.

zwider *zuwider.*

Zwiderwùùrz m. *Quertreiber, Spielverderber.*

Zwiifel m. *Zweifel.*

zwiifle (-et) *zweifeln.*

Zwile m. *Zwilch.* Zss.: -hose (Mz.).

zwili *zwilchen.*

Zwirbel m., **Zwirbeli** m. *hastige, wirbelige Person.*

zwirble (-et) *im Kreise drehen, herumwirbeln, antreiben.* De Mäischter hät en zwirblet, *in die Finger genommen.* Zss.: um-, *umfallen;* ume-; umenand-.

zwischpere (-et) *unruhig flimmern, zittern.*

zwitzere (-et) 1. *zwitschern.* 2. *zwinkern.*

zwölf *zwölf.* Er isch zwölfi, *12 Jahre alt.* Es isch Zwölfi, *12 Uhr.* De zwölft, *der zwölfte.*

Zwölfer m. *Zwölfer.* 1. *Tram oder Bus Nr. 12.* 2. *Angehöriger des Jahrganges 1912.*

Zwölfi s. 1. *Zahl Zwölf, die Zwölf.* 2. *zwölf Uhr.* Es isch Zwölfi. Zss.: -auto s., *12-Uhr-Postauto;* -zùùg m., *12-Uhr-Zug.* 3. *Tram oder Bus Nr. 12.*

Zwölftel m. *das Zwölftel.*

zwoo siehe zwäi.

zwooe (-et) *sich putzen, von der Katze* (ZO.).

zwüschet *zwischen.* Zss.: -abe, *zwischenhinunter;* -dure, *zwischendurch;* -ie/-ine, *inzwischen, zwischenhinein;* -ue/-ufe, *zwischenhinauf;* -use, *zwischenheraus.*

zwütschgetine *dazwischen* (humor.).

zwütschgeture *zwischendurch* (humor.).

Hochdeutsch – Zürichdeutsch

Hinweise für den Benutzer

Zielsetzung

Dieses Verzeichnis ermöglicht den Zugang zum zürichdeutschen Wortschatz vom Hochdeutschen her. Es enthält, in knapper Form und in ebenfalls alphabetischer Anordnung, *die hochdeutschen (schriftdeutschen) Erklärungen der Mundartwörter des ersten Teils.* Es ist nicht, wie in zweisprachigen Wörterbüchern, eine Umkehrung des Mundart/Hochdeutsch-Teils, sondern dient lediglich dazu, von hochdeutschen Begriffen her die entsprechenden Mundartwörter aufzufinden; dort sind alle weitern Angaben, namentlich über die genaue Bedeutung eines Wortes an sich oder in Wendungen und Redensarten, auch die Angaben über den Gebrauch (Alter, Stil, Verbreitung usw.) nachzulesen.

Indem die Mundartwörter gleicher Bedeutung unter dasselbe hochdeutsche Stichwort gestellt sind, dient das Register auch als bequemes *Synonymenverzeichnis,* und mit Hilfe deutscher Synonymenwörterbücher können ganze mundartliche Wortfelder erfasst werden. Durch die Benützung anderer entsprechend angelegter Mundart-Wörterbücher sind auch Vergleiche mit weitern Mundarten möglich.

Abgrenzung

Nicht aufgenommen sind alle *Zusammensetzungen,* deren Bedeutung vorn nicht eigens erklärt ist, weil sie sich von selbst ergibt. So ist z.B. unter «Regenschirm» nur das eigentümliche Wort *Räägetach* aufgeführt, nicht aber das dem hochdeutschen Wort entsprechende *Räägeschirm* (beide vorn unter *Rääge-* zu finden); ebenso sind unter «Regenwetter» nur die bedeutungsstärkeren Wörter *Säichwätter* und *Sudelwätter* angegeben, nicht aber die Entsprechung *Räägewätter* (die vorn unter *Rääge-* zu finden ist). Durch den Zugriff in den Mundartteil kann also der anspruchsvolle Benützer auch die verzeichneten «Normalwörter» erreichen, besonders auch bei Verben mit trennbaren Vorsilben (z.B. von «beissen» zürichdeutsch *biisse* und die dortigen, nicht weiter erklärten Zusammensetzungen *aa-, ab-, uuf-, zäme-*).

Nicht ins Register aufgenommen sind sodann (mit wenigen Ausnahmen) die vielen *festen Wendungen und Redensarten,* da sie meist auch nur wieder mit Wendungen oder Sätzen, nicht aber mit einfachen Stichwörtern erklärt sind, z.B. *es Äi legge,* «viel Geduld brauchen».

Aufgenommen sind anderseits hochdeutsche *Wörter mit genauer formaler Übereinstimmung* mit dem Mundartwort, dann nämlich, wenn dieses ein anderes Geschlecht hat (z.B. *Achtel, Angel*), weitere Bedeutungen aufweist (z.B. *Amt*), als Stichwort für zusätzliche Angaben dient (z.B. *acht, Auto*) oder Vorderglied nachfolgender Zusammensetzungen ist (z.B. *Bach*).

Stichwortform

Die hochdeutschen Stichwörter entsprechen womöglich den Worterklärungen des Mundartteils genau; gelegentlich sind sie auf die *Hauptbedeutung* verkürzt (z.B. bei *Acke* auf «Beigeschmack») oder in eine alphabetisch zweckmässige *kurze Form* umgesetzt (z.B. *Jätthaue* «Hacke zum Jäten» in «Jäthacke»); bei längeren Worterklärungen sind *Behelfsdefinitionen* aufgenommen, z.B. bei *Chosli* «durch Altersbeschwerden behinderter Mensch» die Stichwörter «Behinderter (durch Alter)» und «Altersgebrechlicher». *Zwei-Wort-Erklärungen* in der Art von «flüchtig arbeiten» oder «schwerfällig gehen» sind im allgemeinen unter beiden Einzelwörtern (also unter dem Verb wie unter dem Adverb) angeführt; hingegen sind Bezeichnungen für typische Personen in der Art von «alberner Mensch», «dickes Kind», «kleine Frau», «pfiffiger Kerl», «wirbelige Person» unter dem sinntragenden Eigenschaftswort eingestellt. Bezeichnungen für bestimmte Gebäcke, Speisen usw. konnten oft nur unter Sammelbegriffe gefasst werden (z.B. *Läckerli* «Biskuit, bestimmtes»).

Aus Gründen der Übersichtlichkeit des Registers sind *ähnliche Worterklärungen* womöglich auf ein einziges hochdeutsches Stichwort zusammengezogen; so ist z.B. *Puurechnebel* «tölpelhafter Mensch» samt andern Wörtern unter das knappere Stichwort «Tölpel» gestellt. Gelegentlich ist der Sinn hochdeutscher Wörter durch *Zusätze* verdeutlicht, z.B. «Sterz (Pflug)», «abfertigen (Zug)», «abnehmen beim Stricken».

Bei gleichbuchstabigen Hauptwörtern ist nötigenfalls das *Geschlecht* angegeben, z.B. «Alp» m./w., *Bank* m./w.

Reihenfolge der Stichwörter

Die (fetten) hochdeutschen Wörter sind alphabetisch angereiht. Bei *gleichbuchstabigen Wörtern* geht das Wort mit kleinem Anfangsbuchstaben demjenigen mit grossem voraus, z.B. «arbeiten», dann «Arbeiten». Steht ein Stichwort mehrmals hintereinander, so folgen auf das einfache Stichwort zuerst Unterbegriffe (jeweils mit Zusätzen), dann ganze Fügungen, z.B. «Bauer / Bauer im Jassspiel / Bauer, junger / Bauer, den ~ verraten»; «dick / dick, sehr / dick werden».

Die jeweiligen Mundartwörter folgen streng alphabetisch.

Verweisungsart

Verwiesen ist jeweils nur auf das *erste* Mundartstichwort (bei einfachen Wörtern fettgedruckt am linken Rand), nicht auch noch auf beigefügte Varianten, z.B. von «Espe» nur auf *Aschp,* nicht auch noch auf nachfolgendes *Äschp,* von «pasteurisierte Milch» nur auf *Pascht,* nicht auch noch auf *Paschtmilch,* von «hügelig» auf *ghogeret,* wo auch *ghögeret, ghogerig, ghögerig* zu finden sind.

Wie in der Einleitung zum Mundartteil ausgeführt ist, findet man **zusammengesetzte Mundartwörter in der Gruppe «Zss.»** unter dem sinnentsprechenden (fettgedruckten) ersten Wortglied, z.B. *Aarmeguet* unter *aarm,* sodann *aarmslang* unter *Aarm;* hingegen sind **Verben mit abtrennbaren Vorsilben, als Zusammensetzungen besonderer Art, unter dem einfachen Wort (Grundwort) aufzusuchen,** z.B. *aagèè, abgèè* usw. unter fettgedrucktem *gèè.* Diminutive (Verkleinerungsformen) sind in der Gruppe der entsprechenden Normalwörter nachzuschlagen.

A

a ja ehè
Aal Aal, Ò̀ol
Aalraupe Trüüsche
Aargau Aargi, Rüebliland
Aargauer Aargauner
Aas Chäib
Aas, nach ~ riechen chäibele
ab ab
abbiegen abschwänke
Abbildung Kunterfäi
abblitzen abfaare
abbrechen schliisse
abbrechen (Kohlblätter) chööle
abbrechen (Krautblätter) abchruute
Abbruchmaterial Schliss
Abdecker Abtecker
Abdeckung (Jauchetrog) Brugg
abdichten licke
Abdichtmischung Licki
abdreschen abboosse
abdrücken abmoorxe
Abend Aabig
Abend werden aabige
Abendessen Zaabig
Abendglockenläuten Fiiraabiglüüte
abendliches Zusammensitzen Liechtstubete
Abendmahl Nachtmaal
abends zaabig
Abendtrunk Aabigschoppe
Abenteuer Aabigtüür
aber aber
aber doch ämig
aberkennen abkäne
abfahren abfaare, abtampfe
Abfall Abgänts, Ghüder, Gmüder, Gschmüder, Güsel, Räädlete, Ratzete, Schnäfel, Schnäigglete, Schroppe, Schund
Abfall (auf der Tenne) Tännriisete
Abfallbehälter Gonteiner, Güseltrucke
Abfalleimer Chaatchübel, Ghüderchübel
abfallen abgheie, reere, verriise
abfallend haldig, reerig
Abfallholz Räschpiholz
abfertigen aaschnauze, abteckle
abfertigen (Zug) furtschicke
Abfuhr Lagg
Abführmittel Nidsipurgatz, Purgatz
abfüllen versacke
Abgaben Bruuch
abgeben, sich umeschlaa
Abgefeimter Durtribne, Galgesiech
abgelegen im Binätsch, im Gaggo, nääbetusse
abgelegener Ort Chrache, Dräckkaff, Dräcknäscht
abgemagert schitterig
abgeneigt ghass
abgenutzt blööd
abgeschabt schäbig
Abgeschabtes Ratzete
abgestanden brüchelig, verlääge
abgiessen abschütte
abgrenzen abschwire
abgucken abluege, abspicke, spicke
Abguckender Spicker
Abguckzettel Spick, Spickzädel
abhalten abhaa
Abhang Halde, Hang, Räi, Stutz
abhängen abchettle
abhauen (Zweige) schnäisle
abheben (Karten) ablupfe
Abhetzen Jagerei, Jagete
Abholungseinladung Awi
abhorchen erluuschtere
abhören ablose, phööre
Abitur Matuur
abkanzeln abekapitle
abketteln abchettle
abknappern abchafle
abkneifen (Rebschosse) verzwicke
abkommen abchoo
abkühlen durchelte, verchuele verchüele
Abkürzung Abchu̇ürzig
Abkürzweg Abchu̇ürzig
abküssen verschläcke, verschmatze, verschmützle
Abküssen Schläckete
ablassen laa
Ablaufrinne Chänel
Ablecken Gschläck
Ablegebrett in Kaserne Plangge
ablehnen abwinke, versääge
ableisten abverdiene
ablenken abhalftere, abwiise
abliefern abgèè
ablisten abjude
Ablösende(r) Ablöös
Ablösung Ablöösig
abmarschieren abtifiliere, looszittere
abmessen schritte, staabe
abmühen, sich abchrampfe, chnoorze, moorxe, mu̇ürxe, schinde, schinegle, umechnoorze, umetoktere, umetökterle
Abnäher (Naht) Uusnèèer
abnehmen chliine, schwiine
abnehmen (etwas) abluuse
abnehmen (Fäden) abnèè
abnehmen beim Stricken abstäche
Abneigung Aberwile, Zu̇üg
abnützen verfigge, verschliisse
Abonnement Abonema
Abort Aabee, Brunzhuus, Haafe, Hüüsli, Öörtli, Schiisshuus, Schiisshüüsli, Schiissi
Abort, primitiver Chnebelschiissi

Abort, auf den ~ gehen verschwinde
abortieren verschütte
Abortreinigung Schiissituur
abrackern, sich schagere
Abrackernder Schageri
abrahmen abnèè
abräumen (Tisch) abtische
abrechnen rächne
abreissen abschränze, abzeere
abrunden ründe
abrutschen ablättere
absagen abprichte
abschälen schinde
Abscheu Gruus
abscheuern abfääge, verripse, verrütsche
abscheulich leschterli
Abschiedsformel b-x
Abschiedsgeschenk Letzi
Abschiedsschmaus Letzi
abschiessen verschüüsse
abschinden, sich choge, räble
abschlichten chetsche
abschliessen (Handel) iichlöpfe
abschliessen (Vertrag) sigle
Abschluss Pschluss
abschneiden abhaue, absaable
abschneiden (Getreidespitzen) schräpfe
Abschnitt Joo, Kapitel
abschöpfen fòime
abschreiben abluege, abspicke, spicke
Abschreiber Abschriiber
Abschreibung Abschriiber
abschürfen abschoorpe
abschüssig abheldig
abschüssiger Ort Gèèchi
abschütteln abschuggele
abseits nääbetusse
absenden furtschicke
absichtlich äxpräss
absparen abspaare
absplittern schifere
absprechen dùùrtue
abspringen abgumpe
abspülen abschwänke
Abstandszahlung Röigält
abstechen abstäche
abstechen (Heu) abespatte
abstechen (Rasen) abspatte
abstehen abstaa
absterben abstaa, abtoore, sèèrble, toode
Abstieg Abewääg
abstielen abstìle
abstimmen meere
Abstimmung Abstimig
Abstinent Schwachströömler, Tämperänzler
Abstinenz Tämperänz
abstreifen abstrupfe
abstreiten ablaugne
abstricken ablätsche
abstützen spriesse
Absud Bick, Büüni
Absud (für Fässer) Bung
Abszess Äiss
Abteil Faach, Gupé
Abteilung im Weinberg Chamer
abtragen abhèrsche
abtropfen vertropfe
abtropfen, langsam vertröpfle
abtun abstäche, überhölzle
Abwart Schwaartli
abwärts absi, nidsi, räiaab
Abwaschbecken Gschìrgeltli
abwaschen abwäsche
Abwaschlappen Gschìirlumpe, Gschìirluudere
Abwasserkanal Tole
Abwasserschacht Tole
abwehren abhaa, derfüürtue
abweisen abschlaa, abschöferle, fèrgge, häizünde
abweisend gschnueperig
abwerfen bringe
abwimmeln abschüüfele
abwinken abwinke
abwischen abbutze, abriibe
abwürgen abmoorxe
abzahlen abstottere
abzählen beim Spiel aazele
Abzählvers: ellerli...
Abzeichen Zäie
abziehen abstinke, abtiechsle, abzie
abziehen (Haut) schinde
Abzug Abzùùg
abzwacken abluuse
Abzweigung Abzwiigig
ach ä, äch, jeesis
ach so hou
ach was laago mio
Achse Achs
Achsel Achsle
Achselklappe Epelette
Achseltrieb Biiaug, Biischoss
Achsnagel Lune, Nol
Achsschere Grättel
acht acht
Acht Achti
acht geben Obacht gèè
Acht haben gaume
Achtel Achtel
Achter Achter
Achterbahn Achtipaan
achtundachtzig achtedachtzg
Achtung Achtig, Achtzgi, Eschtemii
achtzehn achtzää
achtzig achtzg
Achtziger Achtzger
Achtzigerin Achtzgeri
Ächzen Pfnèèchsete, Pfnuchsete
ächzen gramòise, grochse, päischte, pfnèèchse
ächzen, leise gröchsele
ächzen, zu ~ aufhören verpfnèèchse
ächzender Laut Pfnèèchs
Acker Acher
Ackerbohne Souboone
Ackerfurche Fure
ackern achere
Ackerrübe Boderuebe
Ackerschnecke Gaarteschnägg
Ackerstreifen Saatle
Ackerstreifen, ungepflügter Struuchräi

Ader im Fleisch Ziiserli
adieu adie
adoptieren aanèè
adoptiert aagnaa
Adoptivkind Aagnaas
Adresse Aträsse
Advokat Affikaat, Prokeraater
Affe Aff
Affront Affrunte
Afterleder Kunterfoor
aha ä, ähä
Ahle Alse, Glumpf
ähnlich äändli, gliichig
ähnlich (körperlich) liibäändli
Ähnlichkeit Model
Ahnung Aanig, Blassi, Hoochschii
Ähre Èèri
AHV-Alter, im ~ aahaavau
Akademiker Gstudierte
Akelei Aglei
Akkordarbeiter Akkördler
akkordieren akidiere
albern naarchtig
albern schwatzen lafele
alberner Mensch Lappi
Alet Aalet
Alkohol, nach ~ riechen alkehöölele
alkoholisch werden überegheie
all all
alle tutti-ggwanti
alle zusammen alisame
allein blutt, eläi
allenthalben dùùrume
allerdings friili, goppel, wèèrli
allerlei alerläi
allerletzt alerletscht
allerliebst hèèrzig
allerorten dùùrewääg
Allerweltskerl Sackermänter, Wältshagel, Wältskärli
alles allsliibermänts, chruutis und buutis, stüübis und rüübis, tutti-ggwanti
alleweil ail
allmählich langsam, naadinaa
Alp m. Schrädel
Alp w. Alp
Alpenklubmitglied Alpechlüpler, Klupischt
als as, ase, weder, woo
alt abgänt, alt, muesalt, stäihundalt
Altar Altaar
Alter Elti
älterer Lehrling Oberstift
altern alte, eltele
Altersgebrechlicher Chosli
Altersgründen, aus ~ altershalbe
älteste Tochter Grooss (w.)
ältester Sohn Grooss (m.)
ältlich altlachtig
altmodisch altmöödig
Altpapiersammler Ziitigmaa
Altwaren Grümpel
am am, de, em
Ambossfuss Stuuch
Ambulanzwagen Chnochesamler
Ameise Ambitzgi, Hambitzgi, Wurmbitzgi
Ameisenhaufen, alter Hoohuuffe
Ammann Ame
Ampfer Blacke
Amsel Amsle
Amt Amt
amten funkzioniere
Ämterstreber Ämtlifrässer, Ämtlijeger
Amtmann Ame
Amtsdiener Wòibel
Amtsstelle Amt
an a, aa
an dem am
an den an
an einem ame
Anbau Aahänki
anbieten offeriere
anbinden aaschwire, hefte
anbinden (Rebtriebe) überhefte
anbrennen aabròisele
anbringen hèremache
anbrüllen aapfudere
ander ander, anderletscht, dise
ändern ligoore
anders anderscht, disewääg
Andrang Zuelauff
andrehen aatrüle
andrücken aatrucke
aneinander anenand
Anekdote Müschterli
anfahren aapfure, aaròile, aaschnore, aaschnüüze, abbutze
Anfang, am ~ (i der) Eerschti
anfangen aafèè
anfangs iigänts
anfassen fasse
anfassen, derb strigle
anfauchen aaschnure, aaschnüüze
Anführer einer Kindergruppe Chnöpflihaupme
angeben verrätsche
Angeber Chlaagitätsch, Oberschnòri
angeberisch groossgchozet
Angebot Pott
Angebranntes, nach A-em riechen brändele
Angebratenes Pfanechratzete
Angegrautsein Gròòni
angehen aagaa, passiere
angehörig äige
Angehörige Lüüt
Angel Angel
Angeld Handgält
Angelegenheit Handel, Sach
angelegentlich nootli
angenehm gmögig, lieb
angenehmer Mensch Zfridne
Angepflanztes Satz
angestrengt arbeiten räble, schanze
Angewende Aahaupt, Fürhaupt
angiessen aalèère
Angina Brüüni
anglotzen aastiere
Angst Angscht, Chumber,

Engschti, Hoseschlotter, Schiss, Schlotter, Soorg
ängstigen ergelschtere
ängstliche Person Fùùrchbääsi, Fùùrchgreet
ängstlicher Mensch Gèèggi, Schiisser, Schissbrüeder, Schisshaas
anhalftern halftere
anhalten halte, uufhaa
Anhang Ghänk
Anhänger Lüüt
Anhängerchen Glänggerli
anhängliche Person Chlääbere
Anhängsel Ghänk
anharnen aasäiche
anhauchen aaschnuufe
anhäufen verchlaaftere
anheimelnd häimelig
Anhöhe Büül
Anis Äänis
Anisgebäck, bestimmtes Äänisguetsli, Chräbeli
Anker Strigel
ankerben hicke
Ankerzeichen Bauche
anklagen vertätsche
ankleben aahocke
ankleiden aagschììre, aalegge, stifle
anklopfen boppere
ankommen aachoo
ankreiden aachriide, uufchriide
ankreuzen aachrüüze, aachrüüzle
Anlass mit Mädchen Chääferfäscht
anlassen aalaa
Anlauf Aarung, Rung
anlaufen aalauffe
Anlegeplatz Ländi, Schiffländi
anlehnen aalèène
anlocken zòike
anlocken (Wild) lüedere
Anmassung (grobe) Gox
anmelken strüpfle
anmerken aagspüüre
anmutig nett
annässen aanetze
annehmen aanèè
Annehmlichkeit Schläck
anpacken aagattige
anpassen, sich duremuuse
Anpasser Welofaarer
anpressen aatrucke
anrechnen rächne
anreden aaschwätze
anreden mit Ihr ììre
anreissen aariisse
anrempeln aarämple, aaranze, aaschnore
Anrichtegehilfe Offisspùùrscht
anrichten aatäiggle
Anrichteraum Offiss
anrüchig usuuber
anrüchige Familie Chöörbliwaar
anrüchige Frau Mööz
anrüchige Person Pflungg
anrufen aalüüte, (en) Funk gèè, uuflüüte
anrühren aamache
anschaffen zuetue
anschauen aaluege
anschauen, schräg schèèche
Anschauen Gschau
Anschein Schii
anschirren (Joch) chääle
anschlagen aaschlaa, vertütsche
Anschlagespiel Aaschlagis
Anschleichen spielen Aaschliicherlis mache
anschmiegen schmucke
anschnellen aaspicke
Anschnitt Aahau
anschreien aabrüele, aasinge
Anschrift Aträsse
anschwellen gschwale
Anschwellung Blaatere, Buck, Chüsseli
anschwindeln aaschmiere
ansehen gschaue
ansehnlich braav
ansetzen aastele
ansetzen, zu hoch übersetze
anspannen aaspane
anspielen aatüpfe, spitze
anspinnen aaspine
ansprechend gäbig
anspruchslos hììrtig
anspruchsvoll bickelhèrt, vilbrüüchig
anstacheln uufchlöpfe
anständig aartig, honoorig
anstarren aastire
ansteigend aalèèg, lèèg
anstellig aacheerig
Anstellung Stell
anstemmen aaspèrze, spèrze
anstiften uufwiise
anstossen aapütsche, aaschlaa, anechoo, proschte, pütsche, stüpfle
Anstossen Gschupf, Pütschete
anstreichen aaschmiere
anstreichen, flüchtig überschlììrpe
anstrengen, sehr abriibe
anstrengen, sich weere
anstrengend naarhaft
anstrengende Arbeit Luusaarbet
Anstrengung Chrampf
anstricken aalätsche
anteigen aatäigge
Anteil Nutze, Pfämet, Ürte
antreiben aagèè, hotte, hüschte, jage, muschtere, stupfe, trible, zwirble
antreten aastaa, aatrampe
Antrittspredigt Iistandspredig
antun zläidtue
Antwort Pschäid
Antwort, treffende Retuurschèèse
antworten umegèè
anvertrauen aavertroue
Anwandlung Luu
Anwärter Aschpirant
anwerfen aaspicke
anwidern aastinke, widere
Anzahl Partii
anzapfen aastäche

anzeichnen aaritze
Anzeige Aawiis, Aazäig, Awi
anzeigen aagèè, verzäige
anzeigen (einen Schuss) winke
anzetteln aaspine, aatäiggle
anziehen (Kleider) aalegge, aaschoope, aastrupfe
anziehen (Wagenseil) wäle
anziehend gmögig
Anzug Gruscht, Gwand, Schaal
anzügliche Bemerkung Schlötterlig
anzünden aazünde
anzünden (Gras) falchere
apart apardi
aper aaber
Aperitif Aperitif, Apero
Apfel Öpfel
Apfel-Birn-Brei Öpfelbinggis
Apfel-Brot-Gericht Öpfelrööschti
Apfelblüten Öpfelbluescht
Apfelblütennarbe Öpfelflüüg
Apfelbrei Öpfelmues
Apfelgebäck Öpfelchüechli
Apfelgestell Öpfelhùùrd
Apfelkern Öpfelchèèrndli, Sprützelchèèrndli
Apfelkerngehäuse Öpfelbütschgi
Apfelkerngehäuseentferner Öpfelbütschgiborer
Apfelkonfitüre Öpfelhunng
Apfelkuchen Öpfelwèèe
Apfelkuchen, schneckenförmiger Öpfelschnägg
Apfelmarmelade Öpfelhunng
Apfelmus Öpfelmues
Apfelsaft Öpfelmoscht
Apfelschale Öpfelhuut
Apfelschimmel patzets Ross
Apfelschnitz Öpfelstückli, Stückli
Apfelsine Orangsche
Apfelwecken Öpfelwegge
Apotheke Apiteegg
Apotheke, nach ~ riechen apiteeggerle
Apotheker Apiteegger
Appenzeller Dibidäbi
Appetit Abidiit, Appitiit, Gluscht, Mögi
appetitlich appitiitli
appretieren glänze
Aprikose Barile
Aprikosenkonfitüre Barilehunng
Aprikosenkuchen Barilewèèe
April Abrele
Aprilwind Abrelelufft
Ar Aare
Arbeit Aarbet, Büez, Cheer, Puff s.
Arbeit, anstrengende Luusaarbet, Moorx, Stäiss
Arbeit, ermüdende Soustäiss
Arbeit, geisttötende Löölitschob
Arbeit, grosse Soubüez
Arbeit, harte Türgg
Arbeit, kleine Päscheliaarbet
Arbeit, knifflige Gvätterliaarbet
Arbeit, mühsame Chrottete, Mùùrxerei, Mùùrxete, Säichaarbet
Arbeit, schlechte Flauderaarbet
Arbeit, schwierige Soustäiss
Arbeit, strenge Souchrampf
Arbeit, unangenehme Soubüez
Arbeit, unergiebige Chüngelete
Arbeit, unwesentliche Gvätterliaarbet
arbeiten bügle, gwèèrbe, schaffe, trawäle, wèrche
arbeiten, angestrengt räble, schanze
arbeiten, befristet spette
arbeiten, erfolglos näppere
arbeiten, flüchtig haudere, pfudere, pfudle, pfuele, schludere, schutzle
arbeiten, gemächlich schäffele
arbeiten, genau, aber erfolglos füsele
arbeiten, gleichgültig laale, liire
arbeiten, grob puure
arbeiten, hastig hòie, pfuele, strütte
arbeiten im Taglohn taglöönere, tagnòiere
arbeiten, improvisiert chünschtle, zämechüechle
arbeiten, kleinlich bröösmele
arbeiten, langsam gvätterle, laare, lamaasche, liire, plämperle, tökterle
arbeiten, missmutig sürmle
arbeiten mit Gabel gäbele, gable
arbeiten, mühsam chrächze, mùùrxe
arbeiten, nachlässig laale, puure
arbeiten, nervös jufle
arbeiten, planlos schutzle
arbeiten, polternd rumoore
arbeiten, schwer chrotte, hunde
arbeiten, schwerfällig tökterle
arbeiten, sich zu Tode abhunde
arbeiten, streng chrampfe, chrüpple, moroche, ochse
arbeiten, tändelnd gèèggele, päschele
arbeiten, träge plämperle
arbeiten, unaufmerksam tildere
arbeiten, unergiebig chüngele
arbeiten, unordentlich haschple, pfudere, pfudle, pfuele
arbeiten, unsorgfältig fuerwärche
arbeiten, ziellos tökterle
Arbeiten Schafferei
arbeitend, langsam gängglig
arbeitend, läppisch gängglig

Arbeitender Chrampfer, Gramper
Arbeiter Büezer, Wèrchme
Arbeiter, fleissiger Schaffer
Arbeiter, langsamer Chnoorzi, Chrätteler, Laami, Päscheler
Arbeiterin, fleissige Schafferi
arbeitsam gschaffig, gweerig, gwèrchber, gwirbig, wèrchber
arbeitsame Frau Wèrchaadere
Arbeitsausübung Dienscht
Arbeitskleid Sudel
Arbeitslehrerin Leergotte
Arbeitslosenunterstützung beziehen stämpfle
Arbeitsmantel Chittel
arbeitsscheuer Mensch Lämp
Arbeitsstätte, schlechte Chlütteribuude, Chrampferbuude
Arbeitsstelle Tschopp
Arbeitswütiger Schageri, Schindi
Archiv Schirmlaad
Are Aare
arg böös, fescht, gaar, gottvergässe, hölemèèssig, soumèèssig
ärgerlich gfuxig, gheiig
ärgern èèrgere, gifte, hegle, niggele, piigge, schiggeniere, tratze, trätzle, wùùrme
arm aarm
Arm Aarm
Armbanduhr Böle
Armbrust Harnisch
Armbrustspanngerät Chraapfe
Arme voll aarfelwiis
Armee-Untauglicher Staats-chrüppel
Ärmel Eermel
Ärmelschoner Aastööss
Ärmelweste Püffel
Armenfonds Aarmeguet
Armenhaus Spittel
Armenhausinsasse Spittler
armlang aarmslang
ärmlich schäbig
armselig eeländ, luusig
armseliger Kerl Nüüteler
Armut Armetei, Eelänket
Armvoll Aarfel
Aronstab Aroone
Arrest Aräscht
Arrestlokal Späckchämerli
Arsch Aarsch
Art Aard, Maass, Moode, Schanger
artig aartig, braav, lieb, süüberli
artig, sehr wätteraartig
Artigkeit Èèrtigi
Artischoke Artitschoch
Arznei Mixtuur
Arznei einnehmen aarzne
Arznei, nach ~ riechen tökterle
Arzneimittel Mitteli, Pülverli, Tokterruschtig
Arzt Chnocheschlosser, Tokter
Arzt spielen Tökterlis mache
Arztberuf ausüben aarzne, toktere
Ärzteversicherung Luusbuebeversicherig
Arztfamilie Tokterslüüt
ärztlich behandeln toktere
ärztlich behandeln lassen aarzne
Arztrechnung Tokterkunte
Asche Äsche, Bulver
Äsche Äsch
Aschenbecher Fidibus
Aschenbehälter Äschetole, Äschetrucke
Aschenbrödel Äschegööfli
Aschenschieber Äschechrucke
Asphalt Theer
asphaltieren theere
Asphaltstrasse Theerstraass
Ast Ascht
Astholz Chnebelholz
ästig aschtig
astreich aschtig
Astsäge Bogesaage
Aststütze Stogel
Atem Aate, Blaas, Schnuuf
Atem schöpfen verchiiche, verpfnuuse, verschnuufe
Atemzug Chiich, Schnuuf
atmen schnuufe
atmen, leicht schnüüfele
atmen, mühsam chiiche, päischte, pfnuchse, pfnuuse
atmen, schnarrend pfnèèchse
atmen, stossweise schnudere, schnupfe, schnuufere
Atmen Gschnuuf
Atmender (mühsam) Pfnuuser
ätzen etze
auch au
auf uf
auf- uuf-
auf einmal zäismaal, zmaal
auf... hin uf
auf Wiedersehen siehe Wiedersehen
aufbegehren haseliere, lamäntiere, mure, reseniere, revelutze, schnüüze, staliere
Aufbegehrender Revelutzer
aufbewahren versoorge
aufbrauchen bruuche, verbruuche
Aufbrausender Hitzige, Stürmi
aufbrechen uufgheie
aufdrängen uufnööte
aufeinander ufenand
aufeinanderfolgend denand naa, enandrigsnaa
aufessen zämebutze
auffahren useschüüsse, uufschnüüze, uufschüüsse
Auffahrt Uuffert
auffällig schiinig, uuffelig
auffällig gekleidet bööggig
auffangen, sich ritteriere
Auffangrinne am Rebberg Schlaag
Auffassungsgabe Mèrki
aufführen, sich benèè
Aufgabe Ämtli
Aufgabe, schwierige Souchog

aufgeben uufgèè, uufstecke
aufgeblasen luutprächt
aufgebracht chrottetaub
aufgedunsen plonig
aufgedunsener Mensch Ploni
aufgedunsenes Gesicht Blodergsicht
Aufgehängtes Hangete, Phänk
aufgelegt uufgläit
aufgequollen gschwall
aufgeregt gschnutig, sturm
aufgeregt tun stürme
aufgeregtes Tun Chäibete, Chogete
aufgeschossen gräigelig
aufgeschossene Pflanze Räiglig
aufgeschossener Mensch Spränzel, Stang
aufgeschossenes Kind Sprigel
aufgetakelt uuftuneret
aufgetakelte Frau Bütschgi
aufgetrieben blaatrig, bloderig
aufgeweckt gmèrkig, vigelant, wiff
aufgeweicht (Erde) bodeloos
aufgrund uf
aufhacken bäcke
aufhalten fȕürhebe, hüüfhebe, verletze
aufhalten (Hochzeitszug) letze
Aufhängevorrichtung Hänki
aufheben uufnèè, versoorge
Aufhebens Gfèèch
Aufhebens machen Gfȍik, Ghei, Mèèggis mache
aufheitern (Wetter) schoone
aufhören hȍre, iigaa, umstecke
aufjagen uufspränge
aufjucken güpfe
aufklaffen chlaffe
aufknacken (Nüsse) tööde
aufkratzen uufchrȍile
aufkrempeln hinderelitze
aufladen puggle
aufleben ernuefere
auflegen uuflegge
auflösen, sich vergaa
Aufmachung Tönü
aufpassen Achtig gèè, Obacht gèè, ȍigere, spacke, spaniifle, spärbere, wächtere
aufpeitschen uufchlöpfe
aufplustern pudere
aufprallen uuftätsche
aufputzen, sich uuftaggle
aufraffen, sich nuefere
Aufrahmgefäss Mutte
aufräumen zämeruume
Aufregung Gstürm, Uufregig
aufreiben chlaffe
aufreizen aazünde
aufrichten strüüsse
aufrollen rugele, uufrugele
Aufruhr Risemäis
aufrühren (Skandalgeschichten) umenüele
aufrütteln rigle
aufsaugen lassen phööre
aufscheuchen gusle, uufjage
aufschichten biige, bocke
aufschichten, unordentlich chlȍȍftere
Aufschlag Uufschlaag
aufschlagen, prasselnd brägle
Aufschneider Fabli, Prächti
Aufschneiderei Uufschnitt
Aufschnitt Uufschnitt, Verschnittes
aufschreiben pschriibe
aufschwatzen uufschwätze
aufschwellen gschwale, verschwèère
Aufsichtsbehörde Pflääg
Aufsichtsperson Uufpasser
aufsitzen uufhocke, uufsitze
aufsparen verspaare
aufspielen uufmache
aufspielen, sich theaatere
aufspringen uufjucke
aufspüren verhööre
aufstacheln iisprütze
aufstapeln chlaaftere
aufsteigen uufstiige
aufsteigen, militärisch wiitermache
aufstellen strüüsse, uufstele
aufstengeln räigle
Aufstieg Ufewääg
Aufstossen, saures Suurgȕürpsi
aufstreichen schlaarpe, schlȉrpe, striiche
auftauen wäiche
Auftreten Trampete
aufwallen struume
Aufwand Bruuch, Gstaad, Staat
Aufwartefrau Spetteri, Spettfrau
aufwärts durue, duruuf, obsi, räiuuf
aufwaschen (Boden) uufriibe
aufweichen uuslȍie
aufwenden (Geld) verchöschtige
aufwinden haschple
aufwühlen uufnodere
Aufwühlen Noderete
aufzählen uufzele
aufzäumen aagschȉre
aufziehen uufzie
aufziehen (Gewitter) schwaarze
Auge Aug, Glaasaug
Auge, blaugeschlagenes Chülaug
Auge, verschwommenes Pflüderȍigli
Augen verdecken iiluege
Augenblick Augemänt, Huimänt, Schwick, Trääff, Triff
Augenbraue Augebraame, Braame
Augenbutter Ziger
Augenwinkel Augechängel
August Augschte, Augschtmonet
Auktion Gant
aus uus, vor
ausarbeiten uusschaffe
ausatmen uusschnuufe
Ausbau Uusbou
ausbauchen buuche

ausbessern blätze, büeze, toktere
ausbessern (Schuhe) rieschtere
ausbeuten erluuse, rupfe, schräpfe, uushültsche
Ausbeuter Abriisser, Zeislipicker
Ausbeutung Abriisserei
Ausbiegung Uusbuck
ausbilden schuele
ausbrechen (Laub) laube, lòible
ausbreiten flaarze, spräite, verspräite, vertue
ausbreiten (Gras, Heu) woorbe, verzette, zette
ausbügeln vertämpfe
Ausdauer Uusduur
ausdehnen usenandgaa
ausdenken uusspintisiere
ausebnen verebne
auseinander usenand, vonenand
auseinanderfallen usenandlättere
auseinanderführen vermäne
auseinandergehen göffle, verfaare, verlauffe
Auseinandergezupftes Zütterete
auseinanderhängen verhänke
auseinanderlegen vertue
auseinanderrupfen verzüttere
auseinanderstellen verstele
auseinanderstieben verstüübe
auseinanderstreuen verstròie
auseinandertrennen vertrangschiere
ausfahren (mit Pferd) rössle
Ausfahrt Fäärtli, Sprützfäärtli
ausfällige Person Giftleri
ausfasern fisere
ausfasern, sich fotzle
ausfertigen (Kauf) fèrgge
ausfertigen (Schuldbrief) briefe
ausfertigen, rechtskräftig chanzleie
ausfliessen brünele, uuslauffe
Ausflucht Spargimänt, Stämpenei
Ausflüchte Muggetänz
Ausflug Fäärtli, Tuur
Ausflugsomnibus Ggaar
Ausfluss, krankhafter Fluss
Ausflussrinne Räni
ausfragen aastäche, phööre, uusfrò̀ògle
Ausfragerei Uusfrò̀òglete
ausfransen fransle
Ausfuhr Uusfuer
ausführen verrichte
Ausführung Macheschaft, Verrichtig
ausfüttern büchse
Ausfütterung einer Röhre Büff
Ausgabe Uusgaab
ausgeben uusgèè
ausgeben für Arzt vertoktere
ausgeben für Lohn verloone
ausgedient uusrangschiert, uustienet
ausgefallene Frisur, Mädchen mit a-er Frisur Butzfädehäx
ausgefallene Idee Schnapsidee
ausgefasert fiserig
ausgeglichener Mensch Zfridne
ausgelassen nüütguetsig
ausgelassen sein juhäie
ausgelassen tun hoppasse
Ausgelassenheit Nüütnutzni
Ausgerupftes Rupf
ausgeschieden uusgschaubet
ausgesetzt luftig
Ausgespucktes Grüene
ausgetretener Schuh Schlaarpischue
ausgetrocknet gschnotteret, gspöör, röösch, tige
ausgezeichnet grooss, toll
ausgiebig pschussli
ausgiessen güdere, uusschütte
Ausgleich Uusgliich
ausgleichen verebne
ausgleiten etschlipfe, gschlipfe, uusschlipfe, vertschlipfe
ausgraben uusgraabe, uustue
ausgraben (Stöcke) stocke
Ausguss des Kruges Zolgge
Ausgussbecken Schüttstäi
aushalten pariere, präschtiere, verliide
aushauen (Gebüsch) stuude
aushecken usetüftle, uustüftle
Aushilfe Uushülff
aushorchen hòrchle
aushülsen (Nüsse) uustangge
ausklauben uus-chlüübe
auskleiden (Ofen) füetere
ausklügeln usetiwidiere, usetüftle, uustüftle
auskommen gutschiere
Auskommen Uus-choo
auskundschaften tüftle, uusspoliere
Auskunft Pschäid, Uuskumpft
Auskunft geben verpschäide
Auskunftsbüro Uuskumpft
auslachen uus-chitzere, uusfötzle, uuspfläne
Ausladebrett Tráägerlaade
Auslagen Choschte
Ausland Ussland
Ausländer Ussländer
auslassen usslaa
ausläuten uuslüüte
Auslecken Lappete
Auslese Uusstìch
auslesen erlääse, söndere, verlääse
auslöschen verlösche
auslosen verloose
auslüften verlufte
Ausmarsch Waggel
ausmausern vermuuse
ausmisten mischte
Ausmisten Usemischtete
Ausnahme Uusnaam
ausnützen uushünngele
auspacken uusphacke
auspeitschen uusschwinge
ausplaudern uusschwätze, uustäfele
ausprobieren prööble

ausradieren uusgümele, uusmache
Ausrede Uusrèèd
ausreden dùùrtue
ausreichen anehebe, batte, chlecke, lange, patte, pschüüsse, uusgèè, uushaa
ausreissen uuszeere
Ausruf Uusrueff
ausrufen uusrüeffe
Ausrufewort: ä, äch, ähä, buute
ausruhen ruebe
Ausrüstung Ruschtig
Aussaat Saat, Sèèet
Aussaatzeit Aasèèet
aussagen uussääge
ausschalten abstele
ausschauen spaniifle
ausscheiden usefuule
Ausscheidung Uusschaubete
ausschelten abchuudere, strigle, uus-chuudere
ausschlafen uuspfuuse
Ausschlag Charfunkel, Grind
Ausschlag der Waage Uusschlaag
ausschlagen chele
Ausschlagen eines Pferdes Uusschlaag
ausschnaufen uusschnuufe, verchiiche, verpfnuuse, verschnuufe
Ausschussware Güselwaar, Hundwaar, Lotterwaar
ausschütten überblädere, verschütte
ausschwenken uusschwadere
ausschwitzen uusschwitze
aussehen uusgsee
Aussehen Gattig
aussen usse
aussenherum ussenume
Aussenschale der Nuss Nusstangg
ausser ussert, weder
äusser usser
äusserer Dorfteil Ussewacht
aussergewöhnlich glunge, psunderig
ausserhalb dusse, ussedure, ussefùùr
äusserlich ussefùùr
ausserordentlich apardi, chäibemèèssig, chogemèèssig, chrottemèèssig, gottloos, haarig, hölisch, schuurig, uuhuere
äusserst zänerscht, zusserscht
Aussicht Luegete
Aussicht, in ~ (im) Viisi
Aussichtspunkt Luegisland
aussinnen uusspintisiere
aussondern uusschaube
ausspähen uusspärbere
ausspannen uusspane
aussperren usepschlüüsse
ausspielen (dieselbe Farbe) naaspile
ausspionieren uusluuschtere, uusspoliere
Ausspruch Schwätz
ausspucken usespòize
ausspülen schwänke, uusschwänke
ausstatten mit einer Aussteuer uusstüüre
ausstehen, jemanden verbutze
aussteigen uusstiige
Aussteuer Uusstüür
Ausstich Uusstììch
Austausch Uustuusch
austollen, sich vergumpe
austragen verträäge
Austräger Verträäger
austreten (auf den Abort) telifoniere
austreten (Schuhe) uusschiengge
austrocknen uustoore, vertröchne
ausüben verfüere
Ausverkauf Uusschaubete, Uusverchauff
auswachsen (in Kopfform) chöpfle
auswalken uuswaale, verwaale
auswalzen uuswaale
auswärts usswärts
Auswärtsarbeit Stöör
Ausweichstelle Uuswiichi
ausweinen uuszäne
Ausweis Uuswiis
ausweiten uusliire
auswendig usse, usswändig
auswerfen (Spielkarte) verrüere
auswinden uusliire
auswischen uustue
Auswuchs Chnotter, Chnüüsli, Maser, Mauch
Auswurf Choder, Chöderlig, Spòiz
auszacken uusspitzle, zäckle
ausziehen abstrupfe, abtue
ausziehen, sich abzie
Auszug (Armee) Uuszùùg
Auto Auto, Bäne, Bänziinguutsche, Chaare, Chlapf, Fuerwèrch, Kaan, Schewi
Auto, altes Chlöpfgelte, Gelte, Schwaarte m.
Auto, billiges Dööschwoo
Auto, grosses Straassechrüüzer, Wüeschteschiff
Auto, mit ~ spielen autööle
Autobus Bòss, Buss
Autocar Ggaar
autofahren, schnell ploche
Autohupe Huupe
automatisch vomesälber
Autopneu Finke
Autoreparaturwerkstätte Garaasch
autostoppen stöpple
autsch ui
Avis Aawiis, Awi
Axt Achs, Biel

B

Bach Bach
Bachböschung Bachpoort
Bachnelkenwurz Schlotterhose
Bachstauung Bachschweli
Bachstelze Wasserstelz
Bachwehr Bachschweli
Backe Bagge
backen bache, pfischtere
Backenbart Gotlett
Bäcker Beck
Bäckerei, nach ~ riechen beckele
Bäckergeselle Beckechnächt
Bäckerhandwerk betreiben becke
Bäckersfrau Beckeni
Backform Model
Backhähnchen Güggeli
Backmenge Bachete, Ofebach
Backraum Bachstube
Backtrog Bachmuelte, Muelte
Badanstalt Baadi
baden baade, bädele
Bagatelle Bagitäll
Bahn Paan
Bahnangestellter Pääandler
Bahnböschung Paanräi
bahnen paane, pfaade, spuure, straassne
bahnfahren päändle
Bahnschrankenwärter Paanwächter
Bahnsteig Pèrong
Bahnwärterhäuschen Paanwächterhüüsli
Bajonett Chèèsmässer, Saabel
Bakterie Chääfer
bald äiswägs, bald, gläitig, glii, gliilacht(ig)
Baldrian Chatzechruut
balgen balge, goope, ramle
Balgerei Goopete
Balken Baum, Traame, Trèèm
Balkenviereck Punt
Balkon im Theater Flööbode
Ball (Spielzeug) Bale, Huschebale
Ball (Tanzfest) Baal
Ball spielen bale, bälele, bölele, hooschebale
ballen bale
ballen, leicht zu ~ balig
Ballen Bale
Ballon, mit ~ spielen balööndle
Bambus Meerroor
Bambusrohr Meerroorstäcke
Band Band, Bändel, Schine, Struppe
Bande Bandi, Nazioon
Bandhaube Bandchappe
bändigen ringgle
Bank (Geldinstitut) Bank w.
Bank (zum Sitzen) Bank m.
Bankangestellter Bänkler
Bankbeamter Bankgumi
Bankgeschäft Bank w.
Banknote Bileet
bankrott uusglumpet
bankrott gehen faliere, verlumpe
Bankrott Falimänt
Bankrott machen überrüere, überstele, uuslumpe
bannen banisiere
Bär Bäär, Bätz, Mutz
Baracke Baragge
Barbier Rassierer
Barchent Baarchet
Barchent, aus ~ baarchi
Bärenklau Bääretatze, Bange
barfuss baarfis
Barke Naue
Barometer Baneeter, Baremeeter, Wätterglaas
Barren (Turngerät) Bare
Barrendeckel Baarbinde
barsch ghässig, gschnääper, gschnauzig, mupf, rabauzig
barsch reden rabauze, raule, schnauze
barsch Redender Schnauzi
Barsch Chretzer, Egli, Hüürlig, Reechlig
barscher Mensch Rabauzi
Bart Paart
Barte Baarte
Bartholomäus Baartli
Bärtiger Paartli
Base Bääsi, Gusiine
Baselland Baselpiet
Basellandschäftler Baselpieter
Bassstimme Pass
Bastard Baschter
Bastardhund Promenaadechrüüzig, Straassechrüüzig, Trottoarmischig
Bastardhündchen Baschterli
bastardieren verpaschtere
basteln baschtle, chlüttere, näppere, päschele, zämechlüttere, zämechüechle, zämezimbere, zwäägstifle
Bastler Baschtler, Baschtli, Näggeli, Päscheler
Bastler, stümperhafter Chlütteri
Bataillon Batelioon
Bataillonskommandant Bateliööndler
Bau Bou, Buu
Bauarbeit Bouerei
Bauch Bütterich, Buuch, Güggelifridhoof, Phauke, Ranze
Bauchgrimmen Chlime
Bauchlandung bei Kopfsprung Büüchler, Ränzler
Bäuchlein Voorumeli
bäuchlings büüchlige
Bauchnabel Buuchschnabel
Bauchweh Ranzepfiiffe, Ranzewee
bauen boue
bauen über Vermögen überboue
Bauen Bou

Bauer Gülepuur, Puur, Puuremaa
Bauer im Jassspiel Bueb
Bauer, junger Puurechnebel
Bauer, den ~ verraten püürle
Bäuerin Puurefrau, Püüri
Bauernberuf ausüben puure
Bauernbetrieb Puuregwèèrb
Bauernfänger Schlangefänger
Bauernfasnacht Puurefasnecht
Bauerngewerbe Puurerei
Bauerngut Häime, Häimet
Bauernhelfer Landtientschler
Bauernhof Hoof, Sidlig
Bauernhof, kleiner Gäissehäimeli
Bauernknecht Chnächt
Bauernmädchen Puuretotsch
Bauernrock Chittel
Bauernschaft Puursami
Bauernschinken Puurehame
Bauernschübling Puureschüblig
Bauernsohn Puuresùù
Bauerntölpel Puurejoggel, Puuretschumpel
Bauersleute Puurelüüt
baufälliges Gebäude Lotterbuude
baufälliges Haus Lotterhütte
Baufälligkeit Lotterete
Baugerüst Grüscht
Baugespann Buugspaa
Baugewerbe Bou
Baukastenhölzchen Buuhölzli
Baum Baum, Oberholz
baumeln bambele, glangge, plampe
baumeln, zu ~ aufhören uusbambele
Baumelndes Bambel, Giriginggeli, Glangge
Baumgarten Baugert, Bumert, Bungert
Baumgruppe Putsch
Baumnuss Nuss
Baumnuss (Sorte) Grübler
Baumnuss, grosse Bool
Baumruine Roon
Baumstamm, zersägter Trämel
baumstark bȍimig, stämig
Baumstrunk Stüchel
Baumwolle Bauele
baumwollen baueli
Bauplan Riss
bäurisch püürsch
bäurischer Mensch Puurechnebel
Bausch Puff m.
Bauschärmel Puffeermel
Bäuschchen Püüschli
bauschen blodere
bauschen, sich glogge
bauschig pauschig
Bauwerk Giböi
be- bi-
Beachtung Achtig
beanspruchen übergrigge
Bebauung Buu
beben (Erde) èèrdbebne
Becken Becki
bedächtig gèèggelig
bedächtiger Mensch Gèèggi
bedauern röie
bedauernswerter Mensch Schlufi
bedenklich chruutig
bedeuten ghäisse, häisse
bedeutender mee
bedienen versee
Bedienung Sèrwiss
Bedrängnis Chrottete, Noot
bedrückt sein duremuuse
bedürfen bruuche, mangle
Bedürfnis Noot
bedürftig nootig
Beefsteak Biftegg
beeilen, sich fächte, füremache, Gaas gèè, gaase, prässiere
beendigen räise
Beendigung Pschluss
Beerdigung Liich
Beere Beeri
Beeren bekommen beerle
Beeren suchen beere
Beerenbrei Beeribrägel, Brägel, Tribel
Beerenplatz Beeriblätz
Beerenwanze Beerigauch, Chriesigauch, Gauch
befangen stockig
Befehl Bifeel
befehlen bifele, ghäisse, sääge, tirigiere
Befehlen, barsches Gschnauz
Befehlsstab Chele
befestigen aamache, anemache
Befestigungskette (am Wagen) Brüechchette
Befestigungsklammer Grämpli
Befeuchter Tütscher
beflecken vermose
befleckt gmoset
befreien, sich abhänke
befriedigend oordli
befristet arbeiten spette
Begabung Züüg
begangen gangbaar
begatten (Tier) tecke
begegnen anelauffe, epchoo, vergchoo, vertchoo
begehren bigääre
begehrlich gluschtig
begeistern aamache
Begierde Sucht
begierig gluschtig, watz
beginnen aagaa, aaspine
Begleiter eines Hochzeitsgastes Hoochsigchnaab
Begleiterin der Patin Gspììl, Schwanzeri
begnügen, sich bitzele
begraben underetue
begreifen bigriiffe, erlicke, (vo) Mèrkige sii, naachoo, naastiige, phacke, schalte, stiige, verstaa
begreifen, mühsam chopfe
begreiflich bigriiffli
begrüssen grüezi säge
behaart ghȍȍrig, haarig
behaglich liegen bäärzele
behalten phaa

Behälter Fassig, Ghalt s., Phelter
Behälter für Federhalter Fädereroor
Behang Lamperii
beharren pariere, rebidaze, staliere
beharrlich nootfescht
behaupten phaupte, sääge
behende gläitig, hantli, tifig
Behendigkeit Gläitigi, Tifigi
beherrschen, sich psitze
Behinderter (durch Alter) Chosli
Behörde Raat
Behördemitglied Pflääger
behüten phüete
behutsam hübscheli, schoonkli
bei bi, ob
bei- bii-
bei Gott bigoschtlig
Beichte Biicht
beichten biichte
beide beed
beieinander binenand
Beigarn Fächtli, Trümli, Trumm
beige bèèsch
Beige Biig
beigen biige
Beigeschmack Acke, Hie
Beigeschmack haben äckele, hiee, säärele
Beil Biel
Beilegung eines Streites Vergliich
Beileid aussprechen kundeliere
Beimann auf Lokomotive Häizer
Bein Bäi, Chrucke, Pfoschte, Schäiche
beinahe ass und ass, bald, biräits, nèèchzue, nöechli, schier
Beinahe-Wahrheit Wòretli
Beine Gangwärch
beineln bäindle
Beisammensein, geselliges Chränzli, Hock, Hockete, Stamm, Stubete
beischlafen böpperle, ruesse
beiseite schieben verschupfe
Beispiel Äxämpel
beissen biisse
beissend (Kälte) biissig
Beisszange Biisszange
beisteuern biistüüre
Beitrag Ürte
Beitrag, finanzieller Zuestupf
Beize Bäizi
beizeiten biziite, ziitli
beizen bäize, salbeetere
bekannt bikant
bekennen bikäne, gstaa
bekiesen chìise
beklagen, sich chlaage, jòòmerle
Bekleidung Aaleggi
bekommen ergable, überchoo
bekritteln hächle, verhächle
Belanglosigkeit Haafechèès
belasten uufligge
belastend leschtig
belästigen amerdiere, moleschtiere, traktiere
belauschen verhööre
Belche Taucherli
belecken pschläcke
belegen plegge, psetze, verlegge
belegen (mit Platten) plättle
belegtes Brötchen biläits Bröötli, Reschtbroot, Sändwitsch
beleibt phäbig
beleidigt verschnupft
bellen bäle, bauze
bellsüchtig bauzig
belügen aalüüge, aaschwindle
bemalen vermòòlele
bemerken achte, mèrke
Bemerkung, anzügliche Schlötterlig
bemitleidenswerter Mensch (aarme) Znacht, Zverbaarme
bemoost miesig
bemühen, sich schinde, weere
benagen abgnaage
Benehmen Aard, Ggomang, Tue, Tuedium
benehmen, sich verhalte
benennen binamse
benetzen aanetze
bengalisch bängaalisch
Bengel Chnebel, Jüngel
Benzin Bänziin, Moscht, Pänziin
Benzin, nach ~ riechen bänziinele, pänziinele
Benzol, nach ~ riechen bänzöölele
Beobachtung Acht
bequem chumbli, gschickt, kumood, phäbig, pumaadig, ring
Beratung Raat
berauscht gchäppelet
Berchtoldstag Bèèrchtelistaag
Berchtoldstag feiern bèèrchtele
berechnen rächne
Berechnung Überschlaag
beredt predt
bereinigen uusjasse, uusmaarche
bereit grääch, paraad
bereit machen paraatmache
bereit stehen gspane
bereiten anemache
Bereiter Zueriiter
bereitlegen paraatmache, zwääglegge, zwäägmache
bereits efang
Bereitschaft Paraadi
bereuen röie
Berg Bèèrg
Berg, naher Huusbèèrg
bergabsteigen abestäche
Bergbahn Bèèrgpäändli
Bergbewohner Bèèrgler
Berggrat Graat, Krèète
Bergkrankheit Bèèrgcholer
Bergkuppe Gupf
Bergland Pirg

Bergpass Pass
Bergstock Laufstäcke
bergwärts duruuf
Bericht Pricht
berichten mälde, prichte
beringen ringe, ringle
Bern (Kanton) Bèèrnpiet
bersten chnele, gine, springe, verchnele, verchräbele, vergitzle, versprütze
bersten machen verchlöpfe
Beruf Metié, Prueff
Beruf wechseln umsattle
Berufserlaubnis Padänt
Berufslehre Stifti
Berufsschule Gwèèrbschuel
Berufssportler Profi
berühmt birüemt, verrüemt
berühren aalange, aataape, aatüpfe, hèrelange, taape, tòòple
besänftigen gschwäige
Besatz Plèèg, Rüüsche
beschädigen gschände, iitütsche, verbicke, verchoge, vermoorxe, verstupfe, vertreschaagge
beschädigen durch Strecken verstrecke
beschäftigen, sich, spielerisch näggele
beschämend gschämig, schenierli
beschauen pschaue
Bescheid Pschäid
bescheiden pschäide
Bescheinigung Schii
Bescherung Blaascht, Schuss
beschimpfen aasäiche
Beschirrung Gschììr
Beschlag Phänk, Pschlèèg
beschlagen pschlaa
beschliessen pschlüüsse
beschmutzen pschiisse, schmusle, soue, übermaale, verchegle, verdräcke, vermose, versalbe, verschlaarpe, versudle, vertaape, vole mache, wüescht mache
beschmutzt gschmuslet, schmuslig
beschneiden pschniide, schnäiggle, schnäitle, stucke, stumpe
beschönigen pschööne
beschottern übergriene
beschränkt (geistig) schoopig, tummlächtig
beschränkte Frau Toggebaabeli
beschränkter Bursche Schangli
beschränkter Mensch Gloon, Hodli, Joggel, Taatsch, Totsch, Tschumpeli
beschreiben pschriibe
Beschreibung Pschriibig
Beschwerden Maläscht
beschweren, sich reklemiere
Besen Bääse
Besenreis Bääsechriis
besessen psässe
besetzen psetze
besichtigen pschaue
besinnen psine
Besitz Haab
Besitz, kleiner Habersäligkeit
besonder ander, anderletscht, äxtraanig
besonders apardi, gaar, psunderhäitli, psunders, sunderhäitli
besonnen gsetzt
besorgen psoorge, raatsame
Besorgnis Soorg
Besorgung Verrichtig
bespötteln verspöttle
besprechen zänsiere
besprechen, sich kumferiere
besprengen iisprütze
bespritzen iibäize
besser baas, besser
bessern bessere, breevnere, guete
Besserung Besserig
best bescht
bestanden pstänt
Bestattung Liich
bestechen schmiere
Besteck Psteck
bestellen bueche, pstele, uufgèè
Bestellung Pstelig
Bester Pree, Preesi
Bestes Pree
besteuern veralaage
besticken (Rand) chränzle
Bestie Peschti
bestimmt breziis
bestreichen mit Harz verhaarze
bestreichen mit Kleister schlichte
bestreiten usehaa
bestuhlen stuele
Besuch Doorffete, Psuech, Wisiite
Besuch, hoher Staatswisiite
Besuch machen läiche
besuchen grüezi säge, iegüxle, ineluege, psueche
besucht gangbaar
besudeln aasudle, pschiisse, schmusle, überschnudere, verchodere, verchotze, verschmusle, verschnudere, verspradle
besudeln durch Geifer vergòifere
betasten griiffe
Bete, rote Rand w., Schweed
beten bätte
beteuern verrede
betrachten gschaue, luege
Betrachten Gschau
beträchtlich oordli
betreiben, obenhin überschnaagge
Betreibungsbeamter Gmäindame, Müglimacher, Stadtame
betreuen ròiffle
Betrieb Buude
betriebsam gwirbig
Betriebsamkeit Chäibete, Chogete

betrüben ergräme, peelände
Betrug Pschiss, Schwindel
betrügen bu̇ùrschte, pschiisse, schrèègle
Betrüger Pschiiss-chäib, Pschiisser, Pschiisshund
Betrügerei Pschiisserei, Pschiss
betrunken kanonevoll, psoffe, sackvole, stäihagelvoll, stèèrnehagelvoll, stockhagelvole, voll
Betrunkener Psoffne, Ruuschgauggel, Ruuschmaa, Ruuschmänggel
Bett Bett, Chischte, Chlappe, Guschi, Kaan, Näscht
Bett, ins ~ (uf) Betthuuse, (uf) Öörlike
Bett, ins ~ gehen underegaa
Bett, nach ~ riechen bettele
Bett auslüften uusbette
Bett herrichten iibette
Bett machen bette, näschte
Bettel Bättel
Bettelbruder Brueder
Bettelei Bättlete
Bettelkind Hudelbueb, Hudelchind
Bettelknabe Hudelbueb, Hudelchind
betteln bättle, fächte, gramòise, guene
betten bette
Bettfedern-Einfassung Bettgfess
Bettjacke Bettschlutte
Bettler Bättler, Bruedermaa
Bettnässer Bettsäicher, Röözer
Bettnässerin Röözeri
Bettpfosten Bettstu̇ùd
Bettstelle Bettscheft
Bettüberzug Bettziech, Zieche
Bettuch Liilache, Liintuech
Bettvorleger Bettvoorlaag
Beule Büül, Chnuupe, Chüle, Horn, Moos w., Nusch
beurkunden verschriibe
beurteilen zänsiere
Beutel Büütel, Ridigüül, Seckel
bevor eb, seb, vor
bevormunden vogte
bevorstehend voor
bewachen phüete
bewahren phüete
bewahrheiten erwaare
bewältigen baschge, paschge
bewegen rode, verrüere
bewegen (Glied) glidle
bewegen, sich rangge, verrode
bewegliches Gut faaredi Haab
Bewegung Gang, Ranggete, Wank
beweisen biwiise
bewerfen aapfäffere
bewerkstelligen chünschtlere
bewirten traktiere
bewölken, sich schlìırpe
bezahlen abhèrsche, abzaale
beziehen, nochmals naafasse
Beziehungen Witamiin B
Bibel Bible
biegen büüge
biegen (Rebschosse) bögle
Biegung Boge, Buck, Chnüü, Chrumb, Puck, Rank, Schnaarz
Biene Biene, Biili, Imbe
Bienenhaus Imbehuus
Bienenhonig Biilihunng
Bienenkorb Beicher, Biilibeicher
Bienenschwarm Imb
Bienenstock Imb
Bienenstockbrett Imbelaade
Bier Pier
Bier (kleine Flasche) Tschumpeli
Bierfuhrmann Pierfuerme
Bierstengel Salzstängel
Biestmilch Biemscht, Priemscht
Biestmilchkuchen Priemscht
bieten büüte
Bieter Büüter
Bikini Bikiini
Bild Bodrett
Bild, grosses Schwaarte m.
Bildchen Helge
Bilderbuch Helgebuech
Bilge (des Schiffs) Löösi
Billett Bileet
Billettverkaufsstelle Iinämerei
billig bili, wolfel
billiger werden abschlaa
Billigkeit Biligi
bimmeln bämbele, bimbele, glöggle
Bindbaum Wisbaum
Bindeholz Trüegle
binden binde, puschle
Bindepflock Bindnaagel
Bindezeit (Reben) Heftet
binnen bi, inert
Binse Binz
Binsen, aus ~ binzi
biologisch bio
Birke Bìırch
birken bìırchi
Birkenrute Fitze
Birne Bìır
Birne, verkümmerte Grünggelbìır
Birnenbrot Birewegge
Birnenbrotfüllung Birepréèt, Bireträäsch
Birnenfrucht, junge Birenäggel
Birnenkern Sprützelchèèrndli
Birnenschnitz Birestückli
Birnensorte, bestimmte: Äglerbìır, Ankebìır, Chugelibìır, Hȯìffler, Möschtler, Schmalzbìır, Zuckerbìır
bis bis
bis dahin bisder, bisig
Bisam Bismet
Bisam, nach ~ riechen bismele
Bise Biise
bisher efang
Biskuit Guutsi, Guutsi-Guutsi
Biskuit, bestimmtes Läckerli
Biss Biss
bisschen Bitz, Bröösmeli

Bissen Bisse, Mumpfel
Bissen, erster Aabiss
bitte gfeligscht, phersee, pitti
bitten bittibätti mache, gramause
bitten, inständig greschte
bitten, lang umemüede
bitten, unablässig müede
bitten, weinerlich gnèègge, tröisse
Bitten Bittibätti
Bitten, drängendes Gréscht
Bitten, hastiges Gnööt
Bitten, unablässiges Müedete
Bitten, weinerliches Tröissete
Bittender Gnèèggi, Müedi, Nööter
bitter rèèchelig
Bitterkeit Pitteri
bitterlich pitterli
Bizeps Müüs
blähen blèèe, buuche
Blähung Völi
Blamage Blamaasch
blank abgfääget
Bläschen (Haut) Rützeli
Bläschen, voll ~ rützelig
Blase Blaatere, Bloder, Schwill
Blasebalg Blaas
blasen blaase, blòòsele, bludere, guuge, güügele
blasen (auf Horn) hörndle, horne
Blasen bilden blodere, blöderle, blòòterle, chrale
Blashorn Huupe, Pèèpe, Puupe, Tuute
Blasinstrument Fùùrze, Guuge
Blasmusik Blääachmusig
Blasmusikkorps Harmonii
Blässe Bläichi
blasses Mädchen Haafe
Blatt Laub, Platt
Blätter ausbrechen laube, lòible
Blätter der Herbstzeitlose Chüentschpletter
Blättermagen Manigfalt
blättern plette, plettere, plettle
Blatternarbe Schnùùrpf
blatternarbig schnùùrpfig
Blatternarbiger Schnùùrpf, Schnùùrpfli
blättrig plettrig
Blattstück, angefaultes Chruutschlämpe
blau blaa, blau
blau geschlagen chnitschblau, chnütschblau
blau schlagen chüle, verchüle
blau werden blaane
Bläue Blòòni
bläuen blòòne
blauer Flecken Tooteblüeter
blaues Auge Chülaug
Bläuling Blaalig
Blaustift Blòiel
Blech Blääch
blechern bläächi, stùùrzi
Blei Blei
bleib gesund b-x
bleiben bliibe, hocke
bleiben lassen laa
bleich bläich
bleich werden bläiche
bleichen pläike
bleichen (Wäsche) bläike
Bleicherei Bläiki
Bleichgesicht Bläichschnabel
bleiern bleii
Bleistift Blei, Bleiwiis, Chribel, Griffel, Schriibeli
blendend bländig
Blesse Pless
Blesshuhn Taucherli
Blick Luegi
blicken güggle, lüegele
blicken, verstohlen güxle
blind blind
Blindekuh spielen chatzemüüsle, feischtermüüsle
blindlings blinzlige
Blindschleiche Blindeschliiche
blinzeln gluure, glüürle
Blitz Blitz
Blitzschlag Straal
Block Rechenaufgaben Stöckli
Blockflöte Spòizchnebel
Blockflötenstunde Flööti
blöde blööd, hool, ööd
blöde werden blööde
blödsinnige Person Tubeli
blödsinniger Mensch Spittler
blöken möögge, plèère
Blöken der Schafe Plèèr
bloss baar, bloos
blossstellen laggiere, laggoore
blühen blüe
blühen, zu reichlich überblüe
Blume Bluem
Blume des Weins Buggé
Blumengarten Mäiegäärtli
Blumengebinde Arangschemang
Blumengestell Traage
Blumenkohl Bluemechööl, Karfiool
Blumenstock Stock, Stöckli
Blumenstrauss Bääse, Buggé, Mäie
Blumentopf Mäiegschìr
Blumenzwiebel Böle
Blust Bluescht
Blut Bluet
Blutblase Bluetschwile
Blüte Bluem, Blüeschtli
Blutegel Bluetigel
bluten blüete
Blütenkätzchen Büseli
Blütenkelch des Getreides Hösli
Blütenknospen Bool
Blütennarbe Flüüg
Blütenstaubkörbchen (der Biene) Chöörbli
Blütezeit Bluescht, Blueschtziit, Blüet
Blutfleck Tooteblüeter
blutig bluetig
blutrünstig bluetröischtig
Blutwallung Jascht
Blutwurst Bluethund
Bock Bock

Bockleiter Stääge
bockspringen bockgumpe
Boden Bode, Grund, Land
Boden für Reisigbündel Chrìs-tili
Boden im Lastschiff Brugg
Boden, oberster Schütti
Boden, zu ~ werfen bodige
Boden bedecken bödele, verbödele
Bodensatz Satz
bodenständig wäärschaft
Bogen Boge
Bogen fahren bögle
Bogenkamm Bogestrèèl
Bogenschoss Boge
Bohle Flecklig, Till
Bohne Boon
Bohnen, mit ~ spielen böönele
Bohnenbeet Booneblätz
Bohnenblüte Booneblueścht
Bohnenhülse Boonehültsch
Bohnensorte, bestimmte Schmalzboon
Bohnenstange Boonestäcke, Boonestickel
Bohnensuppe Choschtsuppe
Bohnerbürste Ploch
bohnern ploche
bohren bore
bohren, falsch verbore
bohren in der Nase böögge
Bohrer Borer, Näpper
Bohrloch Börlig
Böller Chatzechopf
Bolzen Bolz
bolzengerade bolzgraad
bombardieren bumberdiere
Bombardon Bumpertoon
Bombe Bombe
Bonbon Füür-stäi, Zältli
Bonbon, schifförmiges Schifflizältli
Boot, mit ~ fahren böötle
Bootshaken Schalte
Bootsstange Schalte
Borg Puff m.
borgen leene, vertleene
Borkenkäfer Holzchäfer
borniert (vo) Borneo
Borste Bùùrscht
Borstengras Bùùrscht
borstig bùùrschtig
Borte Poort, Pöörtli
bösartige Frau Rääf
bösartiger werden läide
Bösartigkeit Läidi
Böschung Poort
böse böös, faltsch
böse, keifende Frau Biisszange
böses Wort Uwöörtli
Bosheit Böösi
böswillig zläid
Böswilligkeit Zläidwèèrcherei
Bote Bott
Botenkind Poschtchind
Botenlohn Bottloo
Böttcher Chüeffer
Bottich Stande
Bottine Bodiine
brach braach
Brachfeld Ägerte, Braach
Brand Brand
Brandblase Brandblaatere
Branderde Mott
Brandhaufe Motthuuffe
brandig schmecken bròisele
brandig werden brande, verbrande
brandrot füürzündelroot
Brandstifter Zöisler, Zöisli
Branntwein Bränz, Schnaps
Branntwein, nach ~ riechen, schmecken bränzele, bränzelig
Branntwein trinken fusle
Branntweinbrenner Bräner
Branntweintrinker Bränzeler
Branntweintrinkerin Bränzbaabi, Bränzleri
Brätbeefsteak Adrio
braten braate, brȍȍtle
braten, stark verbraate
Braten Braate
Braten, nach ~ riechen brȍȍtele
Bratkartoffeln gchochet Hèrdöpfel (siehe choche), Hèrdöpfelrööschti, Rööschti
Brauch Bruuch, Moode
brauchbar braav
brauchen bruuche
Braue Braame
braun bruu
braun werden bruune
Bräune Brüüni
bräunlich bruunlachtig
Brause Bruuse
brausen chuute, pfuuse
Braut Bruut, Gspuuse, Gspuusi
Bräutigam Brüüterich, Gspuuse, Hoochziiter
Brautjungfer Gspììl
Brautleutegeschenk Hoochsiggaab
Brautwerbung Wiibet
brav braav
Bravheit Breevni, Öördligi
Break Bregg
Breche für Flachs, Hanf Bräche, Rätsche
Brecheisen Stämiise
brechen bräche
brechen (Hanf) rätsche
Brechmittel Obsipurgatz
Brechreiz verspüren chötzele
Brechreiz verspürend chötzelig, gchötzelig
Brei Bappe, Blüder, Brägel, Gschlüder, Mues s.
Brei, zu ~ werden verblädere
breiig bluderig, gschluderig, muesig, pfluderig
breiig werden verblüdere
breiige Masse Bläder, Blüderete, Gschlaarp, Mues s.
breit bräit
breit, wenig bräitlachtig
breit werden bräite
Breite Bräiti
Breitgedrücktes Bläderete, Tätsch, Totsch

breitmachen, sich vertue
breitschultriger Mann Chaschte
breitspurig gehen fudle
breitstreichen verstriiche
breiweich blüderig, blüderwäich, mueslind
Bremse am Wagen Bräms, Spani
Bremse (Insekt) Brèèm, Schwòòbli
bremsen brämse, fùùrhebe, schlüdere, spane
Bremsklotz Chretzer
Bremsstange Mechaanikbängel
Bremsvorrichtung Mechaanik
brennen bräne
brennen zu Schnaps verschnapse
Brennen, einmaliges Brand
Brennen verursachen füüre
brennend bränig, füürig
Brenner Bräner, Fläck
Brennessel Bränessle
Brennholzstück Plütschi
Brennmaterial Brandig
brenzeln bräntele, bròisele
brenzlig bròiselig
brenzlig riechen brändele
Brett Brätt, Flecklig, Laade, Till
Brettchen Brättli, Brittli
Bretterwand Stotzwand
Brezel Bräzeli, Simelring
Brief Tepesche
Briefkasten Briefiiwurff
Briefmarke Maargg
Briefträger Poschtilioon, Pöschtler
Briefumschlag Gguwèèr, Guwèèr
Bries Milke
Brille Augespiegel, Brüle, Glaas, Naasewelo, Vorfäischter, Welogstell
Brillenfutteral Brülefueter
Brillenträger Brüleschaaggi
bringen bringe
bringen auf Sammelstelle iilaade
bröckelig bröösmelig
Brocken Mocke, Schole
Brocken (viele) Möcklete
Brocken hineingeben driimöckle
Brombeerdornen Braametörn
Brombeere Brumbeeri
Brombeergesträuch Braame
Brombeerstrauch Braamestuude
Brosamen Broosme, Brootbroosme
Brosamen, zu ~ machen verbroosme
Brosamen, zu ~ werden verbroosme
Brot Broot, Bröötli, Hamf
Brot mit Beigaben Schnitzbroot
Brot mit Käse Chèèsbroot
Brot, nach ~ riechen beckele
Brot formen verbroote
Brot-Apfel-Gericht Studäntefueter
Brotanfang Schèèrb, Zipfel
Brotbrocken Brootmocke
Brötchen Mutschli, Püürli, Weggli
Brötchen in Kreuzform Schilt
Brötchenverkäuferin Wegglifrau
Brotende Schèèrb, Zipfel
Brotgebäck, bestimmtes Eierwegge
Brotgetreide Choorn
Brotmenge Bachete
Brotrinde Brootmocke
Brotschaufel Schüssel
Brotschnitte Niidelstöössli
Brotschnitte, gebackene Fotzelschnitte
Brotschnitzel Tünkli s.
brotzeln brägle, braschle, sprutzle
Bruch Bruch
brüchig schmättrig
Brücke Brugg, Stääg
Brückenwaage Bruggewaag
Bruder Brüeder, Brüetsch
Bruder, jüngerer Chlii
brüderlich brüederli
Brühbütte Souzuber
Brühe Brüe, Gschlüder, Lappete
Brühe, abgestandene Gunggelibrüe
brühen brüe
brüllen brüele, möögge, plèère
Brüllen Brüelete
brummen brummle, mungge, muttere, pfuttere, schnute, süttere
brummend schnurig
brummiger Mensch Brummerli, Mööggi, Munggi, Sütteri
Brummkreisel Hurli, Hurlibueb, Surlibueb
Brunch Zmormi
Brunnen Brune
Brunnenkresse Brunechressech, Chressech
Brunnensäule Brunestock
Brunnentrog Brunebett, Brunetraag
Brunnentrog, in ~ tauchen brunetröögle
Brunnenwasser Haaneburger, Luuterbacher
Brunst Häri
brünstig ramlig
brünstig (Geflügel) ròisch
brünstig (Hund) lòiffig
brünstig (Katze) ròibig
brünstig (Kuh) stierig
brünstig (Schwein) rüüssig
brünstig (Stute) rössig
brünstig (Ziege) böckig
brünstig-schreiende Kuh Brüeleri
brünstig sein ramle
brünstige Kuh Riit
Brust Bruscht, Suuge

Brust des Mädchens Wäschpistììch
Brust, flache Brättli
Brust, grosse Schiiterbiig
Bruststück Bruscht
Bruststück des Rindes Chèèrne, Schilt
Brustteil des Hemdes Bruscht
Brustwärmer Seelewèèrmerli
Brustwarzen Suuge
Brut Bruet
brutal rabauzig
brüten bruete
Bruthenne Gluggere
brütig gluggerig
Bub Bubi, Bueb, Chümi; vgl. Knabe
Bube (Spielkarte) Puur
Bubenstreich Büebelei
Bubenstück Heldestuck
Buch Buech, Schungge
Buchbinderberuf ausüben buechbindere
Buchdrucker Trucker
Buche Buech
Buchecker Buechnüssli
buchen bueche, buechi
buchene Klötze Buechespält
Bücherwurm Büecherhängscht
Buchhalter Zaalebiiger
Buchsbaumholz, aus ~ buchsi
Büchse Büchs
Büchsenschmied Büchser
Buchstabe Buechstaab
Buchstabenkasten Legichaschte
Buckel Bümi, Hoger, Hogerrugge, Puggel
Buckel machen hogere
bücken bucke, pucke
bücken, sich Puckis mache, puggle
bucklig ghogeret, pugglig
Bucklige Hogerfròili
Buckliger Högerlig, Hogermandli, Hogerueli
Bücklinge machen Puckis mache
Bude Buude, Schlaag
Büffel Püffel
büffeln büffle, ochse
Büffet Bufet, Purfet
Bug des Schiffes Granse, Schoo, Vordergranse
Bügelarbeit Glettete
Bügelbrett Glettibrätt
Bügelbrett für Ärmel Eermelböckli
Bügelbrett mit Beinen Glettibock
Bügeleisen Glettiise
Bügeleisenofen Glettiofe
bügeln glette
Bügeltag Glettete
Bügelunterlage Glettimaa
Bühne Büüni
Bukett Buggé
Bukett des Weins Bluem
Bulldoggenschnauze Schnoppeltore
Bulle Muni
Bund Punt
Bund (Roggenstroh) Boosse
Bündel Bündel, Punt
Bündel (Flachs, Hanf) Boosse
Bündel machen bündle
Bündel schnüren bündle
Bundesbahnen Bundespaane
Bundeshaus Bundesschüür
Bundeskasse Bundesseckel
bündig püntig
bunt glaarig, gschägget, gschäggig
buntscheckig gaggelig
Bürde Bùùrdi, Lupfete
Burg Schloss
Bürger Burger
Bürgermeister Gmäindspresidänt, Stadtpresidänt
Bürgerort Häimetoort
Bürgerrecht erwerben sich iichauffe
Bürgerschein Häimetschii
Büro Büro, Kuntoor
Büroangestellte Bürofröiläin, Bürogumsle
Büroangestellter Bürogumi, Büroschangli
Bürolistin Büroamsle
Bürschchen Büebel, Trüübel
Bursche Chnaab, Gäi, Kundi, Poss, Pùùrscht m., Pu̇ùrschtel
Bursche, grosser Bängel
Bürste Bu̇ùrschte
bürsten bu̇ùrschte
Bürsten Riblete
Busch Busch, Putsch, Stuud
Buschbohne Hockere
Büschel Chnuupe, Focke, Fòisel, Pösche, Puntle, Puschle, Putsch
Büschel (Werg) Tockete
Buschwindröschen Guggubluem
Busse Buess
Butter Anke, Putter
Butter, nach ~ riechen, schmecken änkele
Butter, zu ~ werden anke
Butter formen mödele
Butterbirne Ankebììr, Schmalzbììr
Butterbrot Ankebroot
Butterbrühe Schwäizi
Butterfass Ankechübel, Liirechübel, Rüerchübel, Rüerfass
Butterform Ankemödeli
Butterglas Rüerglaas
Buttermilch Rüermilch
buttern ankne, rüere, verankne
Butterrückstand Ankelüüre, Ankeruume, Anketruese
Butterstock Ankebale
Butterstollen Ankewegge
Butterteilchen Ankegrützeli
Butterzopf Ankezopf

C

Café Kafi s.
Cervelat Sèrbilaa
Chaise Schèèse
Champagner Wein Schampanier, Schämpis
Chance Schwäin
Chargé Scharsché
charakterloser Mensch Lööter
Chauffeur Schofföör
Chef Scheff, Wändroorfüerer
Chemisette Schmisettli
Chirurg Chnocheschlosser, Schnäfler
Chor der Kirche Choor
Christ Chrischt, Chrischtemäntsch
Christkind Chrischchindli
christlich chrischtli
Christrose Chrischtblueme
Clown Gloon
Coca-Cola Goggi
Coiffeur Gwafföör, Haarschèèrer, Haarschniider, Paartschaaber, Rassierer, Schèèrer
Coiffeur spielen Gwafföörlis mache
Coiffeuse Gwafföös
Combinaison Kombinäsli
Commis Gumi
Couch Ggautsch, Kautsch, Schäslong, Tiwaan
Couchette Gguschett
Couleur Kulöör
Coupon Gupong
Cousin Gusèng
Cousine Gusiine
Cousinen Gschwüschtertichind
Cousins Gschwüschtertichind
Cousins, Cousinen im zweiten Grad Gschwüschtertichinds–chind
Creme Grèème

D

da daa, däi
da drüben daaäne
da unten daa-une
dabei daadebii, derbii, draazue
Dach Schèèrme, Tach
Dachboden Chilehimel, Obertili, Tili
Dachfenster Guggeere, Guggehüür, Gugger
Dachfirst Fìrscht
Dachraum Grääch, Schütti, Winde
Dachrinne Chänel, Tachchängel
Dachs Tachs
Dachs jagen tächse
Dachshund Tächser
Dachsparren Rafe
Dachterrasse Zine
Dachwurz Huuswùùrz
Dachzimmer Juhee, Tuubeschlaag
Dackel Taggel
dafür derfùùr
dagegen dergääge, hèèrgäge
daheim dihäime
daher derthèèr
daherschlurfen dethèèrschlaarpe
dahinfahren pfuuse
dahinfliegen pfuuse
dahinsausen ploche
dahinsiechen abmaugge
Dahinsiechen Sèèrblete
dahinter derhinder, hinedraa
daliegen bäärzele
damals doo, doozmaal
Dame Daam
Damenbinde Schniiderbinde
Damenchor Töchterechoor
Damenhemd Schmisettli
Damenjacke Schagett
Damenkleid Röckli
Damenschuh, hoher Bodiine
Damentasche Läcktäsche
damit das, dermit, mit
Damm aufwerfen wuere
dämmerig timber
dämmern timbere
Dämmerung Maugel
dämonisches Wesen Schrädel
Dampf Tampf
dampfen tampfe
dämpfen schwäisse, tämpfe
Dampfentwicklung Tämpfete
Dampfkochtopf Tampfpfane
Dampflokomotive Choli, Habersack
Dampfschiff Tampfschiff
Dampfwalze Tampfwalzi
daneben dernäbet, nääbetdraa
daneben hinunter nääbetabe
Dank Tankigott
danke mèrssi
danken tanke
dann dänn, doo, säbemaal
daran daadraa, draa, draahère
darauf daadruff, drüberabe, druff, drufobe, drufue
daraus druus
darein drii
darin daadrin, drii
darlegen sääge
Darm Taarm
Darm entleeren stuele
Darmwind Fòik, Fööne, Fùùrz
darob drob
darstellende Geometrie Deegee
darüber draab, drob, drüber, drufobe, drufue, obedraa
darüber hinaus drüberdure, drüberie, drüberine, drüberuse
darüberharnen drüberabemache
darüberstolpern drübergheie
darum drum, dùùrum
darunter drunder, unezue
darunterhalten underhaa
darunterstopfen undereschoppe
das s, säb
dasitzen daahocke

dass as, das, weder
Dasselbeule Wère
Dattel Tattle
Daube Tuug w.
Daube, halbmondförmige Geere
Dauer Haab, Tuur
Dauerauftrag Tuuruuftraag
dauerhaft wäärschaft
Dauerkarte Tuurchaart
dauern gaa, tuure
Dauerregen Landrääge
Daumen Tuume
Daumen, am ~ lutschen tüümele
Daumenlutscher Tüümeler
Däumling Tüümlig
Daunen Fädere
davon dervoo
davoneilen abschwire, devoopfütze, devoowädele, wäpfe, zäpfe
davonjagen devoojage
davonkommen baume
davonlaufen ewäggspränge, furtspränge, striiche
davonmachen, sich abtiechsle, abtifiliere, devoochessle, devoohase, schiebe, vertrucke
davonrennen devoohagle, devoopfure, devooschüüsse, devoospringe, devootüüfle, ewäggspränge, furtspränge, päche, pächiere
davonrollen devoorugele
davonschiessen, zornig devooschnüüze
davonschleppen devooschläike
davonschlurfen devooschlaarpe, devooschlìrpe
davonsprengen devooschränze
davontrippeln devoopfüdere, devoostämpfele
davor dervoor, vornenusse
dawider derwider
dazu derzue
dazukaufen zuechauffe
dazumal doozmaal
Dazutun Zuetue
dazwischen derzwüschet, zwüschetie, zwütschgetine
dazwischenreden driibäcke
Decke Himleze, Tecki
Decke eines Zimmers Tili
Deckel Teckel
Deckel des Destilliergefässes Hälm
Deckel entfernen von Honigwaben abteckle
Deckel machen (Schnecke) teckle
decken tecke
decken (Tisch) tische
decken mit Schindeln schindle
Decktuch Spräiti
Decktüchlein Zwääli
defekt kabooris
defilieren tifiliere
Defizit machen hindersimache
Deichsel Stang, Tiechsel
Deichselpferd Stangeross
dein diin
deinem diim
deiner diinere
Dekan (der Kirche) Täche
dekatieren degidiere
dem am, em
demgemäss dernaa
demnach allemnaa
demoralisieren abechauffe
den (Wemf. Mz.) de
den (Wenf. Ez.) de
Dengel Tangel
Dengelamboss Tängelistock, Tangelstock
Dengelblock Tängelistock, Tangelstock
Dengelhammer Tangelhamer, Tängelihamer
dengeln räise, tängele
Dengelwerkzeug Tangelgschìr
denk dir! mäi
denk mal! pitti-ä
denken sine, tänke
denn efang
Denunziant Chlaagitätsch
Denunziantin Chlaagitrucke
Depot Tepo
der de, der
der (Relativpartikel) woo
derart dèèwääg, sèrig
derartig selig, sorig
derartige dère
dergleichen dergliiche
derselbe äins (äis)
derweilen derwiile
des s
desertieren desidiere
dessen desse
Dessert Tessèèr
Destillierblase Bränhaafe
destillieren bräne
desto descht
deswegen derwääge, dessethalbe, wäge dèm
Detektiv Teckel
Deut Tüüt
deuten tüüte
deutlich tüütli
deutsch tüütsch
Deutsch, sich dem D-en anpassen verschwȍȍbele
Deutsche Schwääbin
Deutsche, von D-en überfremdet werden verschwȍȍbele
Deutschenhasser Schwaabefrässer
Deutscher Schwaab, Schwaabiker, Schwaabinger, Souschwaab, Tüütsche, Tuttlinger
Deutscher, den D-en verraten schwääbele
deutsches Dienstmädchen Schwaabemäitli
Deutschland Schwaabeland, Schwaabike, Tüütsch
Dezember Chrischtmonet, Dezämber
Diarrhöe Blüderi, Lütter, Lütterete

dich (Fw.) di, dìch
dicht graglet, griglet, tick
Dichte Ticki
dick bumerig, tick
dick, sehr moordsfäiss
dick werden schwèère, ticke, usenandgaa
Dickbauch Ranzli
Dicke Liibig, Ticki
dicke Frau Bämbere, Blädere, Bumm, Busle, Fudle, Moor, Pfundbusle, Pfunzle, Runggungele, Schatule, Schmättere, Schmuttere, Stande, Tuntle
dicke Person Zùùrzirugel
dicker Knabe Mutschli
dicker Mensch Chnöli, Chnopf, Chnüüsli, Laubi, Mocke, Moli, Mutschli, Mützger, Ploch, Ploni, Tickmutschli, Ticksack
dicker werden trüe
dickes Kind Chegel, Rugeli
dickflüssige Masse Pflüder, Pflüderete
Dickkopf Moschtchopf, Mutsch, Mutschchopf, Mutschgrind, Zwängi
dickköpfig tickgchopfet
dickzüngige Person Läli
die (Art.) d, di
Dieb Schelm
dienen diene
Dienst Dienscht
Dienstag Ziischtig
dienstfertig gfelig
Dienstherrschaft Hèrrschaft
Dienstleute Dienschte
Dienstmädchen Magd, Mäitli
Dienstmädchen, als ~ arbeiten diene
diese (Mz.) die
diese (w.) die
diesem dèm
diesen (Mz.) dène
dieser dèè
dieses daas
diesmal daasmal, dèèmaal
diesseits äne, hèèrwärts
differieren tiferiere
Ding Ding
dingen tinge
Diphtherie Grupp
direkt tiräkt
Direktor Tiräkter
Dirigent Tirigänt
dirigieren tirigiere
Dirne Chlunt, Fòitsch, Gure, Häre, Lòitsch w., Loos, Lüederli, Mätz, Pheek, Schix, Schnale, Schnäpf, Zwätschg
Diskussion Tischkurs
diskutieren tischgeriere
Disputation Tischpidaat
disputieren tischpidiere
Dissertation Diss
Distel Tischtle
dividieren tiwidiere
Divisionskommandant Diwisiööndler
Döbel Aalet
doch aber, au, efang, moll, phersee, weder
doch wohl ämig, goppel
Docht Taachte
Docht, verkohlter Cholbe
Dochtschere Liechtbutzschèèr
Dohle Tule
Doktor Tokter
Doktorarbeit Diss
Dolde Chuppele
Domino spielen pässle
Dompfaff Rootgüügger
Donner Tunder
donnern chrache, tundere
Donnerstag Dunschtig
Donnerwetter Tunderwätter s.
Doppel Toppel
Doppelbrotscheibe Iigchlämts
doppelt topplet
Doppelwaage Waag
Doppelzenter Toppelzäntner
Dorf Doorff
Dorfbewohner Döörffler
Dorfgewaltiger Chüng im Doorff
Dorfklatschbase Doorffhächle, Doorffschnòre
Dorfwirtschaft Doorffbäiz
Dorn Toorn
Dornenhecke Toornhaag
dornig tòòrnig
Dörranlage Teeri
Dörrblech Taare
dorren toore
dörren teere
Dörrfrüchtemischung Studäntefueter
Dörrofen Teeröfeli
dort däi, deet
dort draussen deetusse
dort drin deetine
dort drüben deetäne
dort hinten deethine
dort oben deetobe
dort unten deetune
dorthin deetane, deethère
dorthinauf deetufe
dorthinaus deetuse
dorthindurch deetdure
dorthinein deetie
Dosenkäse Panzerchèès
Dossier Dossié
Dragoner Traguuner
Dragonerstiefel Kanonestifel
Draht Traat
drahten tròòti
Drahtschmiede Traatschmitte
Drang Riisse
Drängelnder Zwängi
drängen hotte, hüschte, moschte, nööte, prässiere
Drängen Chogete, Prässierete
Dränger Greschti
Drängerei Gnööt
dranhin draahìì
drannehmen hèrenèè
drauflosreden parliere
drauflosschwatzen holdere
draussen änenusse, daa-usse, dusse, hinenusse, verusse, voorusse

draussenlassen dusselaa
Dreck Dräck
Dreck, mit ~ arbeiten, spielen dräckle
Drehbank Trèèbank
drehen ränggele, ringgle, trèèe, trüle, zwirble
Drehen Ranggete
Drehkreuz Trüli
Drehorgel Öörgeli
Drehorgel spielen öörgele
Drehorgelspieler Öörgelimaa
Drehübung am Reck Buuchwäle
Drehvorrichtung Trüli
drei drei (drüü)
Drei Drüü
Dreieck Dreiangel, Drüüegg
Dreieinhalb Drüübisvieri, Drüüehalber
Dreier Dreier
Dreier trinken dreierle
dreinfahrend röösch
dreingeben driigèè
dreinreden bäffzge, driifunke, driischnore, driischwätze
Dreinreden Bickete
Dreinredner Driischnuri
dreinschlagen chneble, pflegle, schlegle
Dreiröhrenhut Näbelspalter
dreissig driissg
Dreissiger Driissger
dreiwinkliger Acker Geereschild
dreizehn drizää
Drescharbeit Tröschete
dreschen trösche
dreschen, obenhin boosse
Drescher Tröscher
Dreschflegel Pflegel, Tröschpflegel
Dreschmenge Tröschete
drillen spiraale, trüle
Drillmeister Schluuchmäischter
drin daa-ine, in
dringend nootli
dringlich prässant
drinherum drinume
drinnen dine, drin, drinine, ine, inedraa
drinnenlassen dinelaa
dritt dritt
Drittel Drittel
droben daaobe, diobe, dobe, überobe
Droge Stoff
Drogensüchtiger Dröögeler
drohen trôie
dröhnen bume
drolliger Kerl Nogg
Dromedar Trumidaar
drüben äne, änedraa, änedure, däne, diäne
Druck Truck m.
Drückeberger Flooner
drucken trucke
drücken chèèse, moschte, trucke
drücken (Alp) schrädle
drücken, scherzend vernudle
drücken, sich floone, striiche
Druckerei Truckerei
drumherum nääbetume
drunten diune, dune, überune
drunter und drüber zunderobsi
Dschungel Tschungel
du de, duu, t
Du anbieten Tuuzis mache
Dübel Tübel
dübeln tüble
Dublone Tuble
ducken, sich huure, schmucke, tucke, tuuche, tuupe, tüüpsle
Duckmäuser Muggetüüsler, Muuser, Muusi, Tiichi, Tuggemüüsler, Unefüregüggsler
dudeln didele
Dudelsack spielen tudle
duften schmöcke
duftend gschmöckig
dulden liide, tole
dumm gaga, hool, näärisch, toorchtig, tumm, tummlächtig
dumm, sehr chalbermèèssig, chrüüztumm, hagels-tumm
dumm sich benehmen balaare
dumm tun blöödele
dumm werden vertume
dumme Frau Guggumere, Schäle, (tumi) Greet, Zwätschg
dumme Idee Pieridee, Schnapsidee
dumme Rede Schweiki
dummer Bursche Läli
dummer Streich Chalberei, Schweiki
Dummerchen Nölgg
dummes Mädchen Schläärpli, Zwätschgeli
dummes Zeug Bockmischt, Kafi, Larifaarizüüg, Naaretei, Säich, Sämf
Dummheit Sottiise, Tümi
Dummheiten Gschichte
Dummkopf Aarschzapfe, Alpechalb, Booneross, Bräzelibueb, Chabis-chopf, Chalbs-chopf, Chlämerlisack, Chleechue, Chlüppli, Chnole, Chnolebock, Chrottenaar, Chrottenaff, Chrüppel, Chrüüzsiech, Chue, Chuebaabe, Chüechli, Chuefüdli, Esel, Graasaff, Güderi, Gwaagechopf, Gwaggli, Gwagglichopf, Haagaff, Halbschue, Huen, Kaffer, Kamuff, Laggel, Lappi, Latschi, Lööl, Molch, Pumpi, Säichbueb, Samichlaus, Schaaffseckel, Schnuderhund, Schübel, Seckelsiech, Stäiesel, Stöpsel, Taggel, Täiggaff, Toorebueb, Toorejoggel, Toorggel, Totsch, Tschumpelchäib,

Tschumpelsiech, Tubel, Wùùrscht, Ziegel, Zwätschgechopf, Zwätschgegrind
dumpfig riechen brüetele
düngen büüne, pschütte
düngen mit Jauche güle
düngen mit Mist mischte
Düngerhaufen Mischt
Düngung Buu, Büünig, Pschüttete
dunkel feischter, tunkel
Dünkel Rebidaz
Dunkel, im D-n feischterlige, tunklige
Dunkel, im D-n sitzen feischtermüüsle
Dunkeläugiger Choli
dunkelbraune Kuh Rèèmichue
Dunkelheit Feischteri, Tünkli w.
dunkeln feischtere, tunkle
dünken tunke
dunkles Bier Tunkels
dünn fiin, raam, tünn
dünn werden tüne
Dünne Tüni
dünne Beine Stäcklibäi
dünnfallend (Kot) lätterig
Dünnheit Tüni
Dunst Blasse, Timber, Touscht
dunstig bruetig, timber, töischtig
durch dure, dùùr
durcharbeiten durebùùrschte, verschaffe
durchaus liibermänts, partuu
durchbrennen fùùrchoo
durchbringen verbutze, verchlöpfe
durchbrochen glo̖chlet
durchdrehen duretrüle, übereschnappe
durcheinander durenand, underenand, underobsi, zunderobsi
Durcheinander Binggis, Bräglete, Chrüsimüsi, Chruutete, Chüechlete, Durenand, Gho̖i, Gnosch, Gnüel, Gnuusch, Gräbel, Hüeneroornig, Lismete, Miggis, Puff s., Salaat, Strubel, Zunderobsi
Durcheinander (Abfälle) Gmüder
durcheinanderbringen verho̖ie, verhüenere, verwùùrschtle
durcheinanderreden parle
durcheinanderschütteln stunggle, verschüttle
durchexerzieren duretürgge
Durchfall Blüderi, di schnäll Katrii, Lätterete, Lütter, Lütterete, Schiisser, Tünnpfiff, Tutswit
Durchfall-leidende Kuh Lättere
durchfallen dureflüüge, duregheie, flüüge
durchfesten duremache
durchgehen durgaa
durchgehend dùùrgänt
durchhalten durehebe
durchixen überixe
durchkreuzen versalze
durchlassen durelaa, duresäiche
durchlaufen durelauffe
durchleuchten durlüüchte
durchlöchern durlöchere, verbrägle, verstäche
durchlöchert verlöcheret
durchlocht glochet
durchlüften durlufte
durchmachen mitmache
durchmachen, die Nacht ~ übernächtle
durchnässen verbrünzle, vernetze, verrööze, verschwäisse
durchnässt werden dùùrlinde
durchprügeln durechlopfe, durefitze, dureschwaarte, duresalbe, dureschlaa, erbrügle, erbùùrschte, erchäibe, erchruute, erchute, erfloone, erhabere, erhaue, erstraale, ertöffle, uushabere, uusschmiere, uustöffle
durchschlafen durepfuuse
durchschlängeln duremuuse
durchschlängeln, sich slalöömle
durchschlüpfen durewütsche
durchschnittlich inenandgrächnet
durchsehen dureluege, schno̖igge
durchsehen, flüchtig überhaschple, überschnudere
durchsetzen durestiere
durchsichtig glesig
durchspinnen dùùrspine
durchstehen duremache
durchstöbern durno̖ise, ernodere, erno̖ise
durchstreichen dùùrtue
durchsuchen dursueche
durchtrieben durtribe
durchtriebener Kerl Chäppeler, Chögli
durchwachsen durzoge
durchwetzen durefigge
durchwühlen durno̖ise, durnosche, durnüele, umegusle, umenodere
durchwühlen (Haare) verhaare
Durchwühlen Noschete
Durchziehnadel Glimpf
dürfen müese, tò̖òrffe
dürftig schäbig
dürr fùùrztroche, röösch, tùùr
dürr werden toore
Durst Brand, Tùùrscht
Dusche Tuschi
duschen tusche
Düse Strèèze
Dutzend Totz s.
dutzendweise totzetwiis
duzen tuuze

E

Eau de Cologne Ottegolooni
eben au, breziis, ebe, halt, juscht, juschtamänt
Ebene Ebni
ebene Stelle Bödeli
ebenhin ebenaa
Eber Ääber, Beez
echt ächt, rächt
Ecke Egg, Gorner
eckig eggig, gegget
Eckstein Weerstäi
Ecossaise Hopser
Efeu Abhòi, Effòi
egal schiissegliich
Egge Ege
eggen ege
Egoist Süechler
ehe eb, seb
Ehe Ee
Ehe verkünden verchünde
ehedem früener
Ehefrau Frau, Regierig
ehemals amig
Ehemann Maa, Maali, Mandli
eher ee, eener
Ehescheidung Schäidig
Eheverkündigung Verchündig
Eheversprechen Schriibe
Ehre Eer, Puntenööri
Ehrendamen Chranzjumpfere
Ehrenjungfrau Eerejumpfer
Ehrgefühl Puntenööri, Rebidaz
ehrlich eerli, redli
ehrsam honett
ei ä, hè, jä
Ei Äi, Goggeli
Eibe Eie, Iibe
Eibenbeere Schnuderbeeri
eibenhölzern eii
Eibisch Ibsche
Eiche Äich
Eichel Äichle
Eichelhäher Heeregääggi, Heerehäx
eichen (Ew.) äichi
eichen (Ztw.) sine
Eichenholz Äichis
Eichhörnchen Äicher, Äichhöörndli
Eichmarke Sinnaagel
Eichmeister Siner
Eid Äid
Eid, beim ~ (bim) Äicher
Eidechse Äidächsli, Egöchsli, Hegochs
Eidgenosse Äigginoss
Eidgenossenschaft Äiggnosseschaft, Bund, Staat
eidlich äitli
eiei laago mio
Eier-Brot-Speise: Äiertünkli, Vogelhòi
Eierbehälter Äierchratte
Eierhausierer Äiermaa
Eierlieferant Äiermaa
Eierpfannkuchen Äiertätsch
Eierstossen Äiertütschis
Eifer Iifer
eifern iifere
eifersüchtig schaluu
eifrig iiferig
Eigelb Äigääl
eigen äige
Eigen, zu ~ äigischt
Eigenheit Moode, Niss
eigens äxtra
Eigensinn Rebidaz
eigensinnig bockig, setzchöpfig, speerig, stettig, willwänkisch
eigensinnig sein Bori haa
eigensinnig werden verbocke
eigensinniges Kind Zäni, Zwängchopf, Zwängchrott, Zwänggrind, Zwängichind
eigentlich äigetli, apardi
eigenwillig stockig
eigenwilliger Mensch Äigne
Eile Gfèèch, Gjufel, Iil, Schuss
eilen choge, prässiere, ròiffle, seckle, semele, spuele, stecke, strèèze, stüübe, wädele, wäpfe, zäpfe
eilfertig reden schnable
eilfertiges Tun Prässierete
eilig prässant, wäidli
Eilsendung Äxpräss
Eimer Chübel, Ȍimer
ein äins (äis), e, en
ein (der eine) äint
ein wenig echli
Ein-Wurf-Spiel Schlunggis
einander denand, enand
einarbeiten naaenèè
Einbildung Tupé
einbrocken iebrämse, iimocke, iimöckle
Einbuchtung Iibuck, Iitumpf
einbüssen verschütte
eindecken iitecke
eindeutig äidüütig
Eindruck, hässlicher Soufale
eine e
eineinhalb anderhalb
einem eme
einen en
Einer Äiner
einfach äifach, numènds
einfädeln aatäiggle, iifädle, iifädme, schlòiffe
Einfädelung Iizuug
Einfahrt zur Scheune Iifaar
Einfall Schnaagge
einfältig bääbelig, büebelig, chintsch, göölig, naarchtig, toorchtig, tublig
einfältig sich benehmen bääbele, balaare, göffle
einfältige Frau Baabe, Toggebaabeli
einfältiger Mensch Galööri, Glöggeliböögg, Göffel, Gooli, Hansueli, Jogg, Kaffer, Naarchtig, Plampi, Schiggel, Spittler, Taatsch
einfältiges Mädchen Chlefe
einfangen tschäppe
einfassen verbändle
einfassen mit Pelz verbrèème

Einfassung am Ärmel Handbriisli
Einfassung am Hemdkragen Halsbriisli
Einfassung an Kleid Briisli
Einfassung der Bettfedern Bettgfess
Einfrankenstück Äifränkler, Franke, Fränkler, Meeter, Rubel, Schnauz, Tuubenäi
Eingang, spärlicher Tröpflete
eingeben iigèè
eingebildet gschruubet, iipildet
eingebildete Person Tüpfi s.
eingebrocktes Brot Mocke
eingefädeltes Stück Faden Nèèdlig
eingehen iigaa, verschwiine
Eingekauftes Chraamete
eingeschrieben scharsché
eingeschüchtert tuuch
eingestehen iigstaa
eingetrockneter Apfel Strüübeler
Eingeweide Glungg, Grick, Grie
Eingeweide der Kröte Chrottechröös
eingiessen iischänke, schänke
eingraben iigraabe
eingraben (Rebstöcke) gruebe
einhaken iihaagge
einhängen iihänke
einheimisches Ei Landäi
einheiraten iiwiibe, inesitze
Einheit, militärische Äinhäit
einheizen iifüüre
einhergehen, lässig devooschludere
einhüllen, sich iischoope
einig äis
einige epaar, etli, paar
einjährig äijèèrig, jèèrig
einkassieren iizie
Einkäufe besorgen poschte
einkaufen chrȍȍmle, Kumissioone mache, psoorge
Einkaufsbummel Lädelete
Einkaufsgeschäften nachgehen läädele
Einkaufskorb Poschterchoorb
Einkaufswägelchen Poschtiwäägeli
einkehren iicheere
einkerben hicke
einladen iilaade, laade
einladend aagmächelig, aamächelig
einlassen iilaa
einlattig äilättig
einlaufen iigaa
einläuten iilüüte
einlegen iibäize
einleiten aacheere
Einleitung Iiläitig
einmachen iimache
einmal emaal
einmal, auf ~ äismaals, äispotts
einmalig grooss
einmummen iischoope
einnachten iinachte
einnehmen iinèè
einnicken iignepfe, vergnepfe, vertnucke
einpacken iiliire, iiphacke
einrahmen raame
einrammen bätze
Einrappenstück Äiräppler, Filzluus
einreden iischwätze
einreiben iiriibe
einreiben mit Schnee iischneebele
einrenken zwägbüüge
einrichten aagschììre, aaräise, räise, täichsle, tiechsle
einrichten, sich iihuuse
Einrichtung Iirichtig
einritzen iichretze
einrücken iirucke
eins äis
Eins Äis
einsacken iisacke
Einsatz auf Stichscheibe Toppel
Einsatz beim Spiel Saame, Satz, Sȍȍmis
einschätzen veralaage
einschlafen iipfuuse, vertschlaaffe
einschläferig äischlȍȍffig
einschläfern etschlȍȍffe, vertschlȍȍffe
Einschlag beim Weben Iitraag
einschlagen chlöpfe, iischlaa
einschlagen (Keil) bisse
einschleppen iischläike
einschliessen iipschlüüsse
einschliessen, sich verschameriere
einschlummern etnucke, vertnucke
Einschmeichler Phünktlischinder, Welofaarer
einschneien iischneie
Einschnitt Hick, Litz
Einschnitte machen bicke
einschnüren iibriise, iischnüere
Einschreibebrief Iischriib, Scharsché
einschrumpfen verschrumpfe
einschüchtern vergelschtere
Einschuss beim Weben Iitraag, Schuss
einschwenken ieschwänke
einsegnen (Ehepaar) troue, zämegèè
einsehen iigsee
einseifen iisȍipfe
Einsenkung Tiich
einsetzen, sich iihänke
Einsetzung eines Pfarrers Pfaariisatz
Einsicht Cheerumtöörli
einspannen aaspane
einsparen iispaare
einsperren iichapsle, iiloche
Einspritzung Iisprützig, Sprütze
einstecken iisacke, zämesacke

einstellen iitinge
einstemmen iispèrze
einstossen iitütsche
einstürzen zämegheie
einstweilen efang
eintauchen tunke, tünkle
eintönige Arbeit Säichaarbet
Eintrag Iitraag
eintragen bringe
eintragen im Grundbuch kanzleie
eintreffen aachoo, aarucke
eintrichtern iitrüle
Eintrittsspende Iistand
eintrocknen iitigne
einundzwanzig äinezwänzg
einvernehmen vernèè
Einvernehmen Iivernèè
einverstanden iiverstande
Einwände machen stämpeneie
einweichen aalòie, iiwäike
einweihen iiweie, verschwele
Einweihung Iiweiig
einwickeln iiliire
Einwickelpapier Chèèsbapiir
einwöchig wüchig
einzahlen iizaale
Einzahlungsschein Grüene, Iizaaligsschii, Poschtschegg
einzäunen haage
einziehen iizie
einziehen (Schuhriemen) iineschtle
Einzug Iizuug
Eis Iis
Eis, durchsichtiges Glaariis
Eis ansetzen iise
Eis bilden sulze
Eis brechen iise
Eisbahn Iispaan
Eisbein Gnaagi, Wädli
Eisdecke Seegfröörni
Eisen Iise
Eisenbahn Iisepaan, Paan, Tschitschipäändli
Eisenbahn spielen iisepäändle, päändle
Eisenbahner Iisepäändler
Eisenbahnzug, kleiner Zügli
eisenhart iisemèèssig
Eisenkeil Bisse
eisern iisi
eiskalt iisig
Eisklotz Iis-chlotz
Eisklumpen Iismocke
Eisschollen Iisschole
eitel iitel
Eiter Äiter, Materi
Eiterausfluss Näärvefluss
Eiterbeule Äissepüggel, Äiterpüggel
Eiterbläschen Süür, Süürepüggel
Eitergeschwür Äiterchnüttel, Chnüttel
eitern flüüsse, schwère
Eiterpickel Bibeli
Eiterpustel Bibeli
eitle Person Tüpfi s.
eitler Mensch Gauggel
Eiweiss Äiwiiss
ekeln gruuse
eklig gruusig
elastisch bögig
elegant schigg
elegante Frau Phèrsööndli
Elektriker Stroomer
elektrisch eläktrisch, iläktrisch
Elektrizität Eläktrisch, Iläktrisch, Pfuus
elend miseraabel
Elend Eeländ, Eelänket, Noot
elf elf
Elf Elfer, Elfi
Elftel Elftel
Ellbogen Eleboge
Elle Ell
Ellenstab Ellschiit, Ellstäcke
Elster Ägerscht
Eltern Alte
Email Gleschti
Emd Èèmd
Emd, nach ~ riechen èèmdele
emden èèmde
Emdernte Èèmdet
Emdzeit Èèmdet
empfangen (Samen) uufnèè
empfehlen rekumidiere
empfindliche Stelle am Ellbogen Naarebäi
emporarbeiten, sich ueschaffe
Empore Porchile
empören verblaase, verchìise, verjätte, vertätsche
emporhalten uufhaa
emsig gschaffig
Ende Änd
Ende, am ~ uusgänds
Ende, stumpfes Gupf
Ende nehmen uuslände
Endivie Antifi
endlich äntli, efang, zletschtemänd
endlos (bis) änenuse
endloser Umlauf Eebig
Endstück Ändi, Schèèrb
energieloser Mensch Halbläbige, Hanggel, Hanggli, Liimsüüder, Schlìirp
energisch gregeliert
energischer Kerl Sarass
eng phaab, prise, trang
engbrüstiger Mensch Schnuufer
Enge Chrüpfete, Chrutzete
enge Hose Röörlihose
Engerling Inger, Mettel
enges Kleidungsstück Strüpflig
enggelocht räin
enggezahnt räin
engherziger Mensch Fisigugg
Engländer Ängländer
englisch änglisch
engstirnig änggächst
Enkel Änkel, Groossbueb, Grooss-chind
Enkelin Grooss-chind
ent- (Vs.) et-
entarten verpaschtere
entbehren epèère
entblättern verplettere
Ente Änt, Gwaagg
entfasern räite

entfernen (Knochen) erbäindle, uusbäindle
entfernen, sich abhänke, verschlauffe
entfernter äner
Entfernung Wiiti
entgegen eggäge
entgegenkommen epchoo
entgegenwirken derfüürtue
entgehen (dur d) Latt gaa
entgelten tòie
entgleisen näbetduregraate
entgleiten vertschlipfe
enthalten, sich überhaa
enthaupten chöpfe
enthülsen rele, uushültsche
entkleiden, sich abzie
entlang naa
entlassen etlaa, späiche, usespäiche
entlassen werden flüüge, useflüüge
entledigen, sich abschuufle
entlehnen etleene
entlocken abluuse
entlöhnen abloone
entrinnen etrüne, vertrüne
Entscheidungswettkampf Uusstìch
entschliessen etschlüüsse
entschuldigen, sich veräxgüsiere
Entschuldigung: äxgüsi, entschuldigiiged-Si, pardong
entsetzlich möörderli
entsprechend dernaa
entsteinen uusstäindle
entstellen verstele
entweder äitwäders
entweichen vertrüne
entwenden abstaube, ficke, filze, stibäle, stibiize, stuuche
entwickeln, sich zwäglaa
entwischen etwütsche, (dur d) Latt gaa, pfütze, vertwütsche
Entwurf Riss, Sudel
Entwurfsheft Alerläiheft, Sudelheft
entzückend schnuggig
entzündete Stelle Rööti
Entzündung Brand
entzwei abenand
entzweibrechen abenandbringe
entzweigehen riisse
Epaulette Epelette
Epilepsie (s faled) Wee
er èèr
erarbeiten erräble, erraggere
erbarmen verbaarme
Erbarmen Verbaarme, Verbèèrmket, Verbèèrmscht
erbärmlich erbèèrmli, luusig, miseraabel
Erbe Eerb
Erbe für Kind Chinds-täil
erben eerbe
erbetteln erböögge
erbitten hòische
erblich eerpli
erblicken achte, gsee
Erbonkel Eerbunggle
erbost taub
erbrechen (sich) bräche, chöörble, chotze, ergèè, gärbe, gööge, hèèrgèè, übergèè, usegèè
Erbrechen Chotzerei, Chotzete, Gchotz
Erbrochenes Chöörblete, Chotz, Chotzete, Gchotz
Erbschaft Eerb
Erbse Ärbs, Bowèère, Chifel, Puwère
Erdbeerblüten Eppeeriblueschtt
Erdbeere Eppeeri
Erdbeerkörbchen Eppeerichrättli
Erdbeerpflänzlein Eppeeristuude
Erdbeersorte, bestimmte Monetsepperi
Erde Èèrde, Hèèrd
Erde, mürbe Mult
Erde, mit ~ überstreuen überhèèrde
Erde, nach ~ riechen hèèrdele
Erde, von ~ säubern hèerde, abhèèrde
Erdgeschmack Hèèrdguu
Erdgeschoss Partèèr
Erdgeschoss, im ~ unenie
erdig hèèrdi
erdig schmecken säärele
Erdkrebs Wère
Erdnuss spanisches Nüssli
Erdreich Grund
erdrücken verchnütsche
Erdrutsch Lòii, Schlipf
erdünnern verstupfe
ereifern, sich eriifere
erfinden ersine
erfolglos arbeiten näppere
erforschen fòrschele
erfreuen erchroone
erfreulich gfròit
erfrieren verfrüüre
erfrieren machen verfrööre
erfrischen, sich nuefere
Ergänzungsschule Rebidierschuel
ergattern abjude, ergattere
ergeben, sich ergèè
ergiebig sein pschüüsse
ergrauen gròònele
ergreifen fasse, phäckle
ergründen erchèèrndle
erhalten fasse, überchoo
erhaschen ergable, ergattere
erhitzen bräne
Erhitzung Jascht
Erhöhung Chnuupe, Puggel
erholen, sich chiime, zwäglaa
erinnern maane, stupfe
erkalten verchalte
erkälten, sich verchelte
erkältet verschnupft
erkennbar, leicht gchantli
erkennen erchäne, erchiese, mèrke
Erkennungsmarke Graabstäi
Erkennungszeichen Chrüüzli

Erker Èrggel
erklären äschbliziere, erchlèère, säägе
erkrankt, leicht upass
erkühnen, sich understaa
Erlagschein Iizaaligsschii
erlauschen erluuschtere, uusluuschtere
Erle Eerle
erledigen täichsle, uufschaffe
erledigen, rasch abeschnätzle, anetätsche, usetätsche
erleiden erliide, mitmache
erlen eerli
Erlenfrucht Eerlezäpfli
erlesen verlääse
erlogen erstunken und erloge, verloge
Erlös Loosig
erlöschen abmaugge, verlösche
ermuntern iisprütze
ermuntern, sich ernuefere
erniedrigen aasäiche
ernst èèrnscht
Ernst Èèrnscht
Erntefest Chrèèhaane, Pflegelhänki, Pflegellegi, Pflegellöösi
ernten abetue, èèrne
Eröffnungstrunk Aatrinket
Erotiker Hängscht
erpicht verlickt
erpicht auf uf
erraten raate, verraate
Erregung Iifer
erreichen anechoo, bringe, erlange, möge
erreichen durch Eilen erstrütte
erreichen durch Gehen erlauffe
Ersatzkaffee Neegerschwäiss
erscheinen fǖǖrchoo
erschiessen verschüüsse
erschmeicheln erchüenzle
erschöpfen, sich (durch Zappeln) vergingge
erschöpft uusgchozet
erschrecken bröögge, erchlöpfe, verchlupfe, verschräcke, verschrecke
erschwindeln erjude
ersehnen plange
ersetzen verguete
ersitzen erhocke
ersparen erhuuse, spaare
Erspartes Erhuusets
erst (Ew.) eerscht
erst (Uw.) eerscht, efang
erste Rede Jumpfererèèd
erstechen verstäche
Erstgericht Hüürepäiss
ersticken verbruete, vermoorxe, versticke, verwoorge, verwǖǖrge
Erstkaufsrecht Voorhand
Ertrag Bluem, Nutze, Nutzig
Ertrag (Ernte) Schnitt
ertragen erliide, füere, liide, präschtiere, tole, verliide, verträäge
erträglich passaabel, ring
erträglicher werden ringe
ertrinken versuuffe, vertrinke
ertrotzen tröisse, zwänge
erwachen vertwache
erwägen dranumemache
erwähnen namse
erwärmen erwele, überschlaa
erwarten, sorgenvoll ersoorge
erwerben erhunde
erwerben, als Nikolaus erchlause
erwerben durch Heirat ermane, erwiibe
erwerben durch Jassen erjasse
erwischen ergattere, erwütsche, vertwütsche
erwünscht lieb
erwürgen verwǖǖrge
erzählen säägе, verzapfe, verzele
Erzählung Gschicht
erzürnen vertȍibe
erzürnt höö, schaluu
erzwingen tȍibele
erzwingen wollen tröisse
es èès, es, s, se
Esche Esch
eschen eschi
Esel Esel
Eselsohr (im Papier) Oor
Esparsette Eschper
Espe Aschp
espen äschpi
essbar gèèssig
Essbesteck für Kind Schieber, Schüüfeli
Esse Ess
essen ässe, frässe, fuetere, habere, iiphacke, schnable, spachtle
essen, appetitlos chäfele, müffele
essen, heimlich vermänggele
essen im Freien aasere
essen, viel hinderebiige, iebiige
essen, ohne zu ~ uggässe
Essen im Freien Piike-Niike
Essen, unmässiges Frässete
Essig Essig
Essig, nach ~ riechen, schmecken essele
Essigflasche Essigguttere
Essigmutter Essigmuetere, Muetere
Essigstich Essigstììch
Esslätzchen Ässlätzli, Muesueli
Esslust Mögi
Esslust, krankhafte Frässer Ediker
Estrich siehe Dachboden, Dachraum
Etikette Etigette
etwa esoo, öppe, soo
etwas äins (äis), echli, näimis, öppis
etwelche etli
euch i, öi
euer öie
Eule Höiel, Nachthöiel, Öiel, Schuhuu, Schuuderhöiel, Tschuhuu, Üüle, Wiggle
Eulenruf Tschuderihuu

Eulenspiegel Hüürespiegel, Luurespiegel, Uurespiegel
Euter Uuter
Euter, anschwellendes Flaame
ewig eebig
Ewigkeit Eebigkäit
exakt äxakt
Examen Äxaame
Examengebäck Äxaamewegge
Exempel Äxämpel
exerzieren äxiziere, exe, trüle
Exerzieren Schluuch
Exerzierhose Exhose
Exerzierkleid Exhudle, Exlümpe, Extönü, Tönü grüen
Exerzierwaffenrock Exbluuse
Exkrement Bole, Chegel, Schiiss, Schiissbole, Schiiss-chegel, Stink
Expedient Fèrgger
experimentieren prööble
Experimentierfreudiger Prööbler
Exuperantius Häxebränz

F

fabelhaft höle, hölisch
Fabrikant Hèrr
Fabrikarbeiter Fabrikler
Fabrikarbeiterin Fabrikleri
Fach Faach, Ghältli, Tablaar
Fach im Schrank Ghalt s.
Fädchen Bòiseli
fade blööd, ööd
Faden Fade
Fäden abziehen abfädme, fädle
Fadenanfang Trumm
Fadenende Trumm
Fadenknäuel Chnuus, Chrangel, Fadechrüngeli, Wääbernäscht
Fadenkörbchen Fadezäindli
Fadenkreuze machen rischpe
Fadenkreuzung Rischpi
Fadennudeln Fideeli
Fadenrolle am Webstuhl Wèrpff
fadenscheinige Stelle Blöödi
Fadenspule Fadespüeli, Spüeli
Fadensträhne Facht
Fadenstück Fädlig, Hälsli, Tròòmli
Fadenstück, eingefädeltes Nèèdlig
Fadenwurm Wasserchalb
fädenziehend säiger
Fahne Faane
Fahrausweis Äigginoss, Brief
Fahrdraht Wöschhänki
Fähre Fèèri
fahren chaare, faare
fahren mit Kinderwagen wäägele
fahren, schnell fääge, gaase
fahren zu weit drüberuusschmirgle
fahren lassen laa
fahren lassen über Ablaufberg hogere
Fahrer Schofföör
Fahrhabe Schiff und Gschììr
fahriger Mensch Hauderihau, Holderibock, Schutzli
fahriges Mädchen Holihoo
Fahrkarte Bileet
Fahrplan Faarteplaan
Fahrrad Ängländer, Haarli-tramp-main-Soon, Velo, Welo
Fahrradmechaniker Welomacher
Fahrradmotor Zuckerwassermotöörli
Fahrt Faart
Fahrtaxe Paanloo
Fährte Gspoor
Fahrzeug Göppel, Schlitte, Schnäpper
Fäkalien Hüüsligüle
Falbe Falch
Fall Falimänt, Fall
Fall, zu ~ bringen litze
Fallbrett zum Stauen Wasserfale
fallen büchse, fale, gheie, straale
fallen lassen lättere
fällen fele, haue, holze, umstucke, umtue
fallieren verjage
fällig felig
Fallmütze Büülechappe
Fallsucht (s faled) Wee
Falltür Chamerbale, Fellaade
Falltüre des Dachraumes Windebale, Windelaade
Falltüre über dem Ofen Ofebale
falsch faltsch, hèèl, lätz
falsch sehen verluege
fälschen feltsche
Falschheit Feltschni, Hèèli
Falte Buck, Fald, Puck, Rumpf, Schrumpf, Strupf
fälteln fäldle
falten umepucke
falten auf Stablänge staabe
Falten, in ~ legen rümpfe
Falten bekommen rumpfe
Faltenbesatz Rüüsche
faltig prumpfe
Falz Naat
Familie Familie, Famulie
Familienfest Familiefeez, Familietürgg
Familienname Gschlächt
Familienspaziergang Familietürgg
fangen fèè
fangen (Bienenschwarm) raschpe
Fangnetz Gaarn, Schwääb
Fangschlinge Boge
Fangspiel Fangis, Fèèis, Holzfangis, Iisefangis
Farbe Farb, Maali
Farbe, nach ~ riechen färbele
färben färbe
Farbenbruder Chübelibrüeder
Färberei Färberei, Färbi

farbig färbig, gfarbet
Farbschachtel Maalitrucke
Farnkraut Fare
faseln fable
Faser Faasere
Faser im Fleisch Ziiserli
Fäserchen Fiserli, Füserli
faserig faaserig, starzig
faserig werden büsele
fasern faasere, fransle
Fasern Schliisse
fasernder Stoff Buslete
Fasnacht Fasnecht
Fasnacht, an ~ mitfesten fasnächtle
Fasnacht, auf ~ zugehen fasnachte
Fasnacht feiern fasnachte
Fasnachtsgebäck (typisches) Äieröörli, Chnüüblätz, Fasnechtsblätz, Fasnechts-chüechli, Milchblätz
Fasnachtsgespenst Chrungele
Fasnachtsgestalt Lumpekudi
Fasnachtsmusik (Gruppe) Guggemusig
Fasnachtsnarr Fasnächtler
Fasnachtsschluss Uuslumpete
Fass Fass, Legele
Fassdaube Fasstuug, Tuug w.
fassen fasse, hampfle
Fasshahn Hääni
Fasskeil Schliesse
Fasskitt Tùùrlistriichi
Fasson Fasoon
fassoniert gmödelet
fast bald, fascht
Fastnacht siehe Fasnacht
fatal läid
fatale Sache Chäiberei, Hundszüüg
fataler Umstand Läckerzüüg
fauchen schnure, schnüüze
faul fuul, ghaatschig, taachtig
faul, sehr schiissfuul
faul sein fuulhunde
faule Frau Lääder, Pflaatsch w., Schäle
faulen fuule
faulend mauchig, übergänt
faulendes Ding Pleger
faulenzen floone, fuulänze, läädere, lamaasche, pflaarze, pflaatsche, pfrüendere, umelaare, verplegere
Faulenzer Flooner, Fuulänz, Paschi, Pflaschter, Pfrüender, Pleger, Plegeri, Täschelampi
Faulenzerin Pflaschter
fauler Mensch Lamaaschi, Schlängg
faules Mädchen Schläärpli
Faulheit Fuulket
faulig malz
fauliger Geschmack Füüleliguu
Fäulnis Füüli
Fäulnis, nach ~ riechen, schmecken füülele
Faulsein Fuulitis
Faust Fuuscht
Faust, mit der ~ füüschtlige
Faust machen fuuschte
faustgross füüschtig
Fausthandschuh Füüschtlig
Fäustling Füüschtlig
Februar Hornig
fechten fächte
Feder Fädere
Federbusch Fädereputsch, Fäderetschuupe
Federhalterbehälter Fädereroor
Federkissen Pfulme
Federkleid an den Füssen von Hühnern Hösli
Federlesens Fäderlääsis
federn fädere
Fegbürste Strupper
fegen fääge
Fegsand Făägsand
fehlen fèèle
Fehler Tadel
Fehlgeburt Verschüttig
Fehlgeburt haben verwèrffe
fehlschiessen verschüüsse
fehlschlagen schlingge
Fehlschuss Versääger
Feier Fiir
Feierabend Fiiraabig
feierlich fiirli
feiern fiire, verschwele
Feiertag Fiirtig
feig fiig, fìis
Feige Fiig
Feigenblatt Fiigeplatt
Feigling Hoseschiisser, Pfüdi, Schiisser, Wäschlumpe
feil fäil
feilbieten verhusiere
Feile Fiele, Raffle
feilen fiele, raschple
feilschen mèèrte
Feilschen Mèèrtete
Feilspäne Fielete
fein fäin, fiin, glümpfig, räin, soufiin, suttiil
Feinbäcker Wegglibeck
Feind Find
feindlich fintli, ghass
feindlich gesinnt faltsch
Feingebäck Guetsi, Stückli
Feingebäck, bestimmtes Reerugge
Feingebäck backen guetsle
feingeschnittenes Fleisch (Zürcher Art) Züri-Gschnätzlets
Feinheit Fiini, Räini
Feld Fäld
Feldgottesdienst Seeletürgg
Feldmauser Schèèrmuuser
Feldpostsoldat Fäldpöschtler
Feldprediger Seeleschlosser
Feldsalat Nüssler, Nüsslichruut, Nüsslisalaat
Feldscheune Wäidschüür
Feldweibel Fäldröiel, Fäldwili
Felge Fälg
felgen fälge
Felgenkranz Gfälg
Fell Balg, Fääl

Felleisen Fäliss
Felltornister Haaraff
Fels Felse
Felsabhang Gubel
Felsbrocken Felsmocke
Felsschlucht Chämi
Felsvorsprung Chänzeli
Femel Fimel
Fenster Fäischter
Fensterbeschlag Phänk
Fensterbrett Sims
Fensterflügel Fäischterflügeli, Gugger
Fensterkloben Hauche
Fensterladen Bale, Fäischterbalche, Laade, Schalusii
Fensterladenbrettchen Schalusiiläädli
fensterlen fäischterle
Fensterrahmen Gricht
Ferien Fèrie
Ferienleute Fèrielüüt
Ferkel Fèèrli, Milchsöili
ferkeln fèèrle
fernab im Gaggo
Fernglas Operegugger
Fernmelde- und Elektronikapparatemonteur Schwachströömler
Fernsehapparat Fèèrnsee m., Glotzchaschte, Glotzchischte
Fernsehen Fèèrnsee s.
Ferse Fèèrse
Fersenstück Fèèrse
fertig fèrtig, grääch
Fertigkeit Chunscht, Ling
fertigspinnen abspine
fesseln tüümle
fest chäch, fescht, griffig, wäärschaft
fest werden pstaa
Fest Fäscht, Feez
festbeissen, sich verräne
Festbesucher Fäschtbrüeder, Feezbrüeder
festbinden brüeche
festen fäschte, feeze
Festgebäck, bestimmtes Äierchranz
festgebaut chäch
festhalten feschthebe, halte, hebe, phebe
festhalten, urkundlich verbriefe
festhaltend ghebig
Festigkeit Griff, Haab
festkleben chlòibe
Festkleid Gruscht
festklemmen chluppe
festmachen verstèète
Festmahl der Herrenstubengesellschaft Hüenermaal
feststecken verbögle
feststellen (Lage) bleie
fett fäiss, griffig, schmutzig
fett werden fäisse
Fett Fäissi, Salb, Schmäär, Schmalz, Schmieri w., Schmutz
Fett, mit ~ übergiessen schmalze, schmützge
fettarm maager
Fettauge Òigli
fetten schmützge
fettig schmutzig, späckig
Fettleibigkeit Ticki
fettlos blind, uzüüget
Fettpfännchen Schmutzpfändli
fettreich maschtig
Fetzen Fätze, Fotzel, Hudel, Lumpe, Schlämpe, Spatte
Fetzen (Menge) Fätzete
Fetzen, in ~ hangen fätze
Fetzen zusammenlesen fötzele
feucht füecht
feucht sein füechte
Feuchtigkeit Füechti
Feuchtigkeit, nach ~ riechen füechtele
Feuchtigkeit, nach ~ riechend füechtelig
feuchtweich tanggig
Feuer Füür
Feuer! füürioo
Feuer, mit ~ spielen zöisle
Feuer fangen aachoo
Feuer (kleines) machen füürle
Feuerbrand Brändli
Feuerflamme Füürflamm
Feuerfunke Glouse
Feuerhaken Füürhaagge
Feuerhorn blasen füürhorne
Feuerlilie Füürilge
feuern füüre
feuerrot güggelroot, guriroot, zöiselroot
Feuersbrunst Brouscht
Feuerschwamm Lunte
Feuerspritze Füürsprütze
Feuerwehr Füürweer
Feuerwehrlokal Sprützehüüsli
Feuerwehrmann des Rettungsdienstes Flööchner
Feuerweiher Wetti
Feuerwerk Füürtüüfel
Feuerzeug Pöötèèterli
feurig füürig
feuriges Gespenst Zöisler
Fibel Haft
Fichte Roottann
Fichtenkreuzschnabel Chrüüzschnabel
fidel fideel
Fieber Fieber
Fieberfrost Schuuder
Fieberthermometer Fiebermässer
Filz Filz
Filzhut Wulehuet
Filzlaus Filzluus
Filzpantoffel Finke
Finanzamt Stüüramt
finden finde
Findling Fündlig
Finger Chlüppli, Finger
Finger, kurzer, dicker Sèrbelfinger
Fingerentzündung Umlauff
Fingerknöchel Chnödli
Fingerkuppe Fingerbeeri
Fingerling Fingerlig
fingern fingerle

Fingerspitze Beeri, Fingerbeeri
Fingerüberzug Tüümlig
Fingerziehen machen hòòggle
fingierter Ort Näimike, Nienike
finster feischter
finster werden feischtere
finsteres Gesicht Nibel
Finsternis Feischteri
Firlefanz Firlifanz, Schischi
Firma, schlechte Bruchbuude, Chrüppelbuude
Firmenschild Tafèère
First Fìrscht
Fisch Fisch
Fisch, kleiner Nòòdeli
Fisch, nach ~ riechen fischele
Fisch, wie ~ fischwiis
Fischadler Fischwei
Fische jagen (durch Lärm) tribene
fischen mit Schnur hegene
Fischereiregal Fischez
Fischerkahn Granse
Fischernetz Fòimer
Fischgräte Graat
Fischköder Chèèrdel
Fischnetz Bèèrli
Fischreiher Fischräigel, Räigel
Fischreuse Rüüsche
Fischschnur Hegene
Fittich Fäcke
flach ebe, flach
flachbrüstige Frau vo Glattfälde
Flachkuchen Tüne, Wèèe
Flachland Land
Flachmütze Tälerchappe
Flachsabfall Aglete
Flachsbreche Rätsche
flachsfarbenes Haar Riischtehaar
Flachsröste Roos
Flachsschlägel Blöiel
Flachssplitter Aglete
flackern flacke, fladere, lädere
flackernd gflackig
Fladen Flaade
Flämmchen Fauk
Flamme Fauk, Flack, Flamm
flammen flame
flammenartig gemustert gflamet
Flammeriportion Chöpfli
Flasche Fläsche, Guttere, Maassguttere
Flasche, enghalsige Schlegel
Flasche für Säugling Schoppe
Flasche Bier Tschumpeli
Flaschenbürste Gutterebutzer
flatterhaft büebelig
flattern fladere
Flattierkatze Hèèlbüsi
Flaum Büseli
Flaumbesen Fluumer
Fläumchen Fiserli, Füserli
Flausen Fisimatänte, Gspuuse, Pflänz, Schnäggetänz, Spändifòiz
Flechte Zittermaal
flechten tüntle
Flechtwerk Chratte
Fleck Fläck, Moos w., Schnauz, Sprutz
Fleck, ringförmiger Maa
fleckig gmòisig
Fleckvieh Fläck
Flegel Bängel
Fleisch Fläisch
Fleisch, nach ~ riechen, schmecken fläischle
Fleischbeschau Fläischschau
Fleischbrocken Fläischmocke
Fleischfaser Ziiserli
Fleischfliege Fläischflüüge
Fleischhaken Fläischhaagge
Fleischliebhaber Fläischtiger
Fleischration Spatz
Fleischröllchen Rolaade
Fleischroulade Fläischvogel
Fleischstück, gutes Fläischli
Fleischstückchen der Forelle Bagge
Fleischverhärtung in Birne Stäi
Fleiss Fliiss
fleissig fliissig, giitig, gwèrchber, wèrchber
Flennerei Gflänn
Flickarbeit Blätzete, Büez, Büezete, Flickete
Flickarbeit, schlechte Gschnùùrpf
flicken aastucke, blätze, büeze, chlüttere, flicke, rieschtere, verrieschtere
flicken, notdürftig chlämpere
Flicken s. Flickerei, Flickete
Flicken aufsetzen fläcke
Flicklappen Blätz, Fläck, Flick
Flicklappen am Schuh Rieschter
Flickschneiderin Büezeri
Flickstelle Schnùùrpf
Flickstück Büezete
Flickwerk Gflick
Fliege Flüüg
fliegen flüüge
Fliegenklappe Muggetätscher
Fliegenmade Gülewurm
Fliegennetz Flüügegaarn
Fliegenschmutz Flüügedräck
Fliegenwedel Flüügestòiber
Flieger Flüüger
fliehen flie
fliessen flüüsse, strödele
Fliesspapier Flüüss, Löschbapiir
flimmern fischpere, zwischpere
flink cheerig, figelant, flingg, gläitig, hurtig, tifig, vigelant
Flirt Karisiererei
flirten karisiere, schätzele, Schätzelis mache
Flitter Ghänk
Flocke Focke
flockig buslig
flockig werden büsele
Flockiges Büsel
Floh Floo
Flohbiss Floobick
Flohbissschwellung Flooschnatte
Flöhe Huuslüüt

Flöhe fangen floone
Flohmarkt Floomèèrt
Floss Flooz
flössen flööze
Flöte Flööte
Flöte spielen flöötele
flott badänt, bòimig, tick, tschènt
Fluch Fluech
fluchen chäibe, flueche, hagle, häilande, haseliere, sirache, wättere
Fluchen Gflüech
Fluchender Fluecher
Flucht Flucht
flüchtig ghauderig, gschlùùrzig
flüchtig arbeiten haudere, pfudere, pfudle, pfuele, schludere, schutzle
flüchtig Arbeitende Pfludere
flüchtig Arbeitender Pfluderi
flüchtig erledigen anepflüümle
flüchtiger Mensch Windhaschpel
Fluchtlinie Flucht
Fluchwörter (vgl. Scheltwörter): Chäib, Hamer, nundedie, Straal
Flügel Fäcke, Schweie
Flügel des Fracks Fäcke
Flugzeug Flugi, Flüüger, Kaan
flunkern schwindle
Flurstück Zälg
Fluss Fluss
flüssig lòiffig
flüstern chrüschele, flisme, maugge, wischpere
Föderalismus Kantööndligäischt
Föhn Fööne
föhnen fööne
Föhre For
Föhrenholz Fòris
Föhrenholz, aus ~ föri
Föhrenzapfen Foreschiggeli, Forigeli, Forniggeli
folgsam gfolgig
folgsam sein folge
Fonds für kirchliche Zwecke Chileguet
foppen foppe, föpple, hänsle, hegle, piggeniere, schänzle, spienzle, uusmache, uuszäne
Fopper Föppli
Fopperei Hänslete
Forchbahn Frida
förderlich dem Wachstum gwächsig, wachsig
Forelle Fòre
Forelle, junge Fòrndli
Form Form
Formbrot Modelbröötli
Formbutter gmödeleten Anke
formen fòrme
formlos leschèèr
forsch grangschiert
forschen förschele, fròògle
Förster Foorschter
fort furt
fort! chutz, gscht, scht
fortgehen abfracke, furtgaa
fortjagen fauke, jage, jòike
fortkommen furtchoo
fortrennen devooschränze
fortschleppen furtschläike
fortschnellen spicke
Fortschrittsgegner Spèrzi
fortwährend vorzue
Foto Foti w.
Fotoapparat Fòti m.
Fotografie Foti w.
fotografieren fötele
fotokopieren xeroxe, xeröxle
Fourier Furer
Frachtstück Ggoli s.
Frack Frack
Frage Fraag
fragen fraage, fròògle
fragen, zuviel überfròòge
Fragen, ewiges Fròògerei
Frager, lästiger Fròògi
Fragerei Fròòglete
Fragezeichen Fraagizäie
Frankatur Portloo
Franken Stäi, Stutz
Franse Fransle
Französisch Franz
Französisch, holperiges Frangsé federal
Fratze Laarffegsicht
Frau Bäne, Frau, Gelte, Gumsle, Madam, Märe, Phèrsoon, Schachtle, Schèèse, Schlitte
Frau, dicke, faule usw. siehe dicke Frau, faule Frau usw.
Frau nehmen wiibe
Frauen Wiibervolch
Frauenkleid Gstaltrock
Frauenmantel (Pflanze) Frauemänteli
Frauenrock Jüppe, Schüpp, Umlauff
Frauenschuh (Pflanze) Fraueschüeli
Frauenseite im Kirchenschiff Wiibergfletz
Frauentanz Häxetanz
Frauenvermögen Wiiberguet
Fräulein Fròili, Fröläin
fraulich gfraulig
frech fräch, fratt
frech, sehr galiottefräch
freche Menschen Luuswaar
freches Kind Schnudergoof
freches Mädchen Luusmäitli, Spitzmäitli
freches Maul Frächi
freches Wesen Nüütnutzni
Frechheit Frächi, Sottiise, Tupé
frei ab, frei, ledig
freie Zeit Lusimänt
freien wiibe
freigebig (vo) Gibike, schnitzig
Freiheit Freihäit
freilich friili, goppel, halt, jä
freistehend freistänt
Freitag (Wochentag) Friitig
freiwillige Fortbildung Freiwi
fremd frönd
fremd anmuten frönde
fremd reden parliere

Fremde Fröndi
fremden frönde
Fremder Frönd
Fremdling Frönd
fressen frässe
Fressen Fraass
Fresser Frässer
Fresserin Frässeri
Fressnapf Gschììrli
Freude Frȍid
Freudenschrei Juuchs
freuen frȍie, früüre
Freund Fründ
Freund eines Mädchens Pùùrscht m.
Freundin Chlii, Fründin
freundlich frei, früntli, höfeli, lieb, nett
freundlich, übertrieben schiissfrüntli
freundliches Gesicht Sundiggsicht
Freundlichkeit Freini, Früntlichi
Freundlichtuer Gasselächler
Frevel Frävel
freveln frävle
Frieden Fride
Friedensrichter Fridesrichter
Friedhof Chilchhoof, Chirchhoof, Fridhoof
friedlich fridli
frieren früüre
Friesel Frisel
frisch grüe, nuefer
frisch gebacken nöipache
Frische Frischi
Frisör Gwafföör, Haarschèèrer, Haarschniider, Paartschaaber, Rassierer, Schèèrer
Frisöse Ggwafföös
Frisur Friise
froh froo, gottefroo
Frohgefühl Frööni
fröhlich frööli, häiter
frohmütig froomüetig
fromm fromm
Frömmigkeit Frömi
Frömmler Frömlig, Stündeler
Frömmlerin Stündeleri
Frondienste leisten froone
Frosch Frösch, Gwaagg
Froschlaich Fröscheläich
Froschteich Fröschegumpe, Fröscheweier
Frost Froscht, Gfröörni
Frostbeule Froschtblaatere
Frostbeulen Gfröörni
frösteln chludere
fröstelnd gchlundrig
Frostschmerzen Chuenaagel
Frostwetter Gfröörni
Frucht Frucht
Frucht, unentwickelte Näggel
Frucht der Klette Chlääbluus
Frucht tragen bääre
Fruchtansatz Näggel
Fruchtanteil Aarìis
fruchtbar fruetig, maschtig
Fruchtblase Blaatere
fruchten pschüüsse
Fruchtkern Chèèrne
Fruchtstand, kolbenähnlich Cholbe
Fruchtzweig Bäär-eschtli
früh früe, glii
Frühbirne: Äglerbììr, Hȍiffler
Frühe Früeni
früher früendrig, früener
früher Apfel: Joggebärger
Frühjahrsreinigung Früeligsbutzete
Frühjahrszweig Faselschoss
Frühling Früelig, Huustaage
Frühlingsschlüsselblume Eerezäie
Frühschichtarbeiter Früeschichtler
Frühstück Morgenässe, Zmorge
frühstücken zmörgele
Fuchs Fuchs
Fuchs, nach ~ riechen füchsele
fuchsähnlich fuchsig
Fuchsfamilie Gheck
Fuchshöhle Fuchsloch
Fuchsweibchen Fèè
Fuder Chaarete, Fueder
fügen, sich pariere, schicke
fühlen gspüüre
Fühlhörner Pfüüsli, Schnäggehöörndli
Fuhre Feert, Fuer
Fuhre, schlechte Gugelfuer
führen füere
Führer Füerer
Führerausweis Bileet
Führerschein Brief, Faaruuswiis
Fuhrmann Fuerme
Fuhrmann, roher Moordioofuerme
Fuhrwerk Fuerwèrch, Gspaa
Fuhrwerk, mit ~ arbeiten fuerwèrche
Fülle Vili, Völlni
füllen fasse, füle, spicke, vole mache
Füllen Füli s.
Füllfederhalter Füli m.
Fund Fund
Fund, gelungener Fündli
Fundament Fundamänt, Grund
fünf föif
Fünf Föifi
Fünf-Gang-Fahrrad Föifgänger
Fünfeinhalb Föifbissächsi, Föifehalber
Fünfer Föifer
Fünffrankennote Föifernöötli, Schnägg
Fünffrankenstück Föiffränkler, Föifliiber, Grampoolschiibe, Häier, Hȍier, Schnägg, Toleteckel
Fünfhundertfrankennote Stickermäiteli
Fünfrappenstück Föifer, Föifi
fünft föift
Fünftel Föiftel
fünfundfünfzig föifefüfzg

fünfzig füfzg
Fünfziger Füfzger
Fünfzigerin Füfzgeri
Fünfzigfrankennote Füfzgernöötli, Hacker, Holzhacker, Holzschiiter, Schiit
Fünfzigrappenstück Füfzger, Halbfränkli
Funke Gnäischt
funkelnd glitzerig
Funken sprühen gnäischte
Funkgerät Fox
Funktion Graad
funktionieren funkzioniere
für für, um
Furche Fure, Schräne
Furche, erste ~ ziehen aafure
Furche, kleine ~ ziehen fürele
Furcht Schlotter, Tatteri
furchtbar gopfergässe, möörderli
Furchteinjagen Bröögerei
fürchten fûürche
fürchten, sich (de) Biberi haa
fürchterlich fürchtig, höle, moordsmèèssig
furchterregend gfûûrchig
Furchterregender Bööggi
furchtsam chlupfhèèrzig, gèèggelig, gfûûrchig, verschrocke
furchtsamer Mensch Bubi, Höseler, Tèèggel, Tèèggi
Fürsorgebehörde Aarmepflääg
Furunkel Äiss
Fusel Gunggel
Fusel trinken fusle
Füsilier Füsel
Fuss Fuess, Haxe
Fuss des Strumpfes Fürfuess
Fussball Fuessbale, Fuessböle, Tschuutiböle
Fussball spielen fuessbälele, tschuute
Fussballspiel Tschuutimätsch
Fussballspielen Tschuuterei
Fussballspieler Tschuuter
Fussballplatz Tschuutiplatz
Fussende Fuessete
Fussmarsch Tiger
Fussrücken Rischti
Fussschweiss, nach ~ riechen chèèsele
Fussspur Stapfe
Fusstritt Chelig, Gingg, Stùrz
Fusstritte geben gingge, stùrze
Futter Fueter
Futter (im Kleid) Fueter, Füeteri
Futteral Fueter
Futterbarren Baare
Futtergemisch Gläck
Futterkrippe Chrüpf
Futterlöcher im Stall Eelockete
füttern fuetere, hìrte, iegèè
füttern (Kleid) füetere
füttern, mit Hafer habere
Futtersack Habersack
Fütterung Hìrtig

G

G (Buchstabe) Ägg
Gabe Gaab
Gabel Gable
Gabel, mit ~ arbeiten gäbele, gable
Gabeldeichsel Lande
Gabelfrühstück Zmormi
Gabelspitze Gablezingge
Gabelstange Stackel
Gabelstiel Gablestìl
Gabeltragriemen Rössligschìr
Gabelung Griggele
Gabelzinken Gablezingge
gackern gagge
Gackern Gax
gaffen ginöffle
gähnen gäine
Gähnen Gäin
Gähnen, wiederholtes Gäinerei
Gähnender Gäini
Galerie Laube
Galerie im Opernhaus Götterloosche
Galgen Galge
Galle Gale
Gallert Sulz
Gallustag Galitaag
Galon, breiter Nudle
Galon, schmaler Spagetti
Galosche Überschue
Gamasche Poss
Gamaschen Gäissvögler
Gang Gang
Gang, gewohnter Läich
Gangart, schwere Tramp
gangbar zügig
gängeln hängele
gängig zügig
Gangzimmer Gangchamer
Gans Gans
Gänseblümchen Gäisseblüemli, Mülerblüemli
Gänsehaut Hüenerhuut
Gänsehautbläschen Froschtblaatere
ganz all, gaar, ganz
gar lind
gar, schnell ~ gsööd
Garage Garaasch
Garagist Garaaschischt
Garaus machen butze
Garbe Gaarb
Garben binden gaarbe
Garbenband Gaarbeband, Gaarbesäil
Garbenbandknebel Gaarbechnebel
Garbenboden Brügi
Garbenbodenöffnung Brügiloch
Garbenstapel Gaarbestock
gären jääse, suuse, verjäse
gärend grèèzt
gärender Wein Suuser
Garn Chrangel, Gaarn
Garnhaspel Garnwinde
Garnknäuel Garnchrungele
Garnspule Türitel

Garnsträhne Garnstrange, Karfangel, Trumm
Garnverwicklung Hösli
garstiger Mensch Grüüsel, Grüüsi, Niggel
Garten Gaarte
Gartenbeet Bettli
Gartenbeet, rundes Rundäle
Gartenhacke, kleine Gaartehòieli
Gartenkresse Chressech
Gartenrübe Rüebli
Gartenzaun Gaartehaag
Gartenzaunlatte Gaartescheie, Gaartetöggeli
Gartenzaunpfosten Gaartestùùd
Gärtner Gäärtner
gärtnern gaartne, gäärtnere
Gärtnerschürze Gäärtnerschooss
Gärung Jääs
Gas Gaas
Gas, nach ~ riechen gääsele
Gasmaske Gaasrüssel, Giftsack
Gasse Gass
Gassenjunge Gassebueb
Gassenmädchen Gassechind
Gast Gascht
Gasthaus Frässbäiz, Reschterant
Gaswerk Gaasi
Gattenpflicht Manesach
Gattin Mueter
Gattung Gattig
Gau Gòi
Gaudium Gaudi
Gaukeln Goolete
Gaul Gaul
Gaumen-R sprechen loorgge
Gaumen-R-Sprecher Loorggi
Gaumenmandel Mandle
Gaumenzäpfchen Halszäpfli
Gauner Panduur
Gebäck Bachis, Chròòli
Gebäck, bestimmtes: Chròòli, Chròòpfli, Gliichschwèèr, Läbchueche, Mäiländerli, Makrööndli, Offlete, Reerugge, Schüümli, Spätzli, Spitzbueb, Tootebäindli; siehe auch unter Anis-, Fasnachts-, Fein-, Fest-, Hefe-, Honig-, Klein-, Kloster-, Ofen-, Quark-, Rahm-, Salbei-, Salz-, Süss-, Zopf-, Zuckergebäck; Zürcher Gebäck
Gebäck, fingerförmiges Schänkeli
Gebäck, röhrenförmiges Hüüpe
Gebäck, schneckenförmiges Schnägg
Gebäck, zerbrochenes Verbroches
gebahnter Weg Pfaad
Gebärden machen spargimäntiere
gebären gibèère
gebären zur Unzeit verschütte
Gebärmutter Liib
Gebäude Ghüüs, Giböi
Gebäude, baufälliges Schopf
Gebell Bäffzgete
geben gèè
Gebet Bätt, Gibätt
Gebetbuch Bättbuech
gebeugt toge, voorie
Gebiet Piet
gebieten aatinge
Gebinde Rick
Gebinde von Stroh Puusch
gebirgig bèèrgig
Gebiss Bììs, Raffle
Gebiss, künstliches Gaartehaag
Gebiss, starkes Rossbììs
geblümt pluemet, plüemlet
gebogen poget
Gebot Gibott
gebratene Kartoffeln Hèrdöpfelrööschti, pròòtlet Hèrdöpfel
Gebratenes Braatis
gebratenes Fleisch Praatets
gebrauchen bruuche, verbruuche
Gebrechen Laschter, Liide, Präschte
gebrechlich eeländ, präschthaft, schitterig
gebrechliche Person Räägeli
gebrechlicher Mann Gnappi
Gebresten Präschte
Gebrüll Prüel
Gebrüll des Rindviehs Plèèr
gebückt toge
gebückt Gehender Hogeri
Gebühren Sportle
gebührend ghöörig
Geburtsankünderin Fröidemäitli
Geburtstag Gebi, Geburi
Geburtstagskalender Vergissmäinicht
Gebüsch Gstüüd
Geck Halbsidene, Hèrrli, Schigolo, Sprützlig
Gedächtnis Mèrki, Sìì
Gedanke Gidanke
gedeihen pchiime, ròiffle
gedörrt tùùr
gedörrt, halb tige
Gedränge Biigete, Brägel, Chèèsete, Chrüpfete, Gmoscht, Gräbel, Gständ, Moschtete, Muesete, Tribenaal, Truck s., Truckerei, Truckete
gedrängt graglet voll, trang
gedrückt muusig, tuuch
gedrungen fescht
gedrungener Mann Muchel
geduckt umhergehen hogere
Geduld Gidult
Gefahr Gfaar
gefährlich böös, gfoorli
Gefährte Gspaane, Kumpaan
Gefälle Fall, Gfell
gefallen gfale
Gefallen Gfale
gefällig frei, nett
Gefängnis Chefi

Gefängnis, im ~ sein hocke
Gefängnis, ins ~ kommen hinderechoo
Gefängnisstrafe Chefiwätter
Gefäss Chübeli
Gefäss für die Notdurft Chlöpfgelte
gefitzter Kerl Sibesiech
gefleckt gfläcket, gschägget, gschäggig, patzet
geflickt verblätzet
geflickte Stelle Schnùùrpf
gefliester Boden Plättlibode
Geflunker Stämpenei
geformt gmödelet
Gefrage Gfròòg
gefrässig gfrèèss
gefreut gfroore
gefrieren gfrüüre, glaare, stächle
Gefrorenes Glasse
gefügig machen chnode, spiraale
gefühlsarmer Mensch Trochebröötler
gegen für, gäge
Gegend Gäget
gegeneinander gägenenand
Gegenmehr Gägemeer
Gegenteil Kunträäri
gegenüber wisewii vo
gegenwärtig presänt
gegliedert gglidlet
gehacktes Fleisch Ghäck
gehacktes Reisig Ghäck
Gehalt Ghalt m., Zapfe
Gehänge Ghänk
gehässig ghässig
Gehässigkeit Chiib
gehäuft ghuuffet
Gehäuse Ghüüs
Gehäuseschnecke Hüüslischnägg
Gehege Gheeg
geheim häimli
gehemmt verchnoorzet, vertatteret
gehen böiffele, fuesse, gaa, haue, lauffe, marsche, räise, schuene, stapfle, stoffle
gehen, breitspurig fudle
gehen, eilig strèèze
gehen, geziert schwanze, schwänzle
gehen, hüpfend güpfe
gehen, klappernd stögele
gehen, langsam schnaagge, schnägge, tòòple, trumpe
gehen, leise tiiche, tüüssele
gehen, mühsam chraaze, devoochrucke, devooschuene, schnaagge
gehen, müssig schwanze
gehen, nachlässig devoojoggle, haatsche, pfudle
gehen, rasch räne
gehen, schleppend hanggle, schlaarpe
gehen, schnell bäinere
gehen, schwankend schwappele
gehen, schwerfällig devoojoggle, stoffle, trampe, zottle
gehen, steif grigge, stelze, stifle, stoffle
gehen, unbeholfen devooschiengge
gehen, unsicher lòiffele
gehen, wackelig grigge, hösele
gehen, wiegend schwanze
gehen, zu ~ beginnen lòiffele
geheuer ghüür
Geheul Ghüül
Gehilfe Ghülffe
Gehilfin für Läusebekämpfung Luustante
Gehirn Hìrni, Oberstübli
Gehölz Schache
Gehör Ghöör
Gehör schenken Lusi gèè
gehorchen folge, spuure
gehören ghööre
gehörig rächtschaffe
gehörlos taub
gehörnt ghoornet
Gehrung Geerig
Gehsteig Trottoar
Geier Giir
Geifer Gòifer
Geiferer Gòiferi, Gòiferludi
Geiferlatz Trieler
Geiferlätzchen Gòiferlätsch, Gòiferlatz, Muesueli
geifern gòifere, häisle, triele
Geifern Gòiferete
Geige Giige
geigen giige, giigele
geil böckig, ramlig
geile Frau Wiibli
geiler Bursche Böckel
geiler Mensch Bock
Geist Gäischt, Spiritus
Geiz Giit, Giitigi
geizen gingle, gniischte, hüüsele
Geizhals Chlüübi, Chnuupesaager, Chüüderli, Gibisnüüt, Giiter, Giizchraage, Giizhagel, Giizhund, Giiznäpper, Gingel, Gniischti, Hälsligschaaber, Raggerer, Schmùùrzeler
geizig gchretzig, ghebig, giitig, gniischtig, phebig
geizig sein giite
Gejammer Chlöönete, Gchlöön, Gjòòmer, Grochsete, Jaamerete, Pfnuchsete
Gejodel Jodlete
Gejohle Gjool, Joolete
Gekeife Chiflete
geklaut gstüberchoo
Geklimper Chlimperete
Geklirr Chesslete, Schätterete
Geklopfe Chlopfete, Gchlopf
Geknatter Gschätter
Geknirsche Chroosete
Gekochtes Gchöch
gekörnt ggrützelet
Gekratze Chräblete,

Chratzerei, Chrȍilete, Gchratz, Gfigg
gekräuselt gchrüüslet, gringlet
Gekreisch Ggȍiss, Wiichsete
Gekritzel Chriblete, Chritzlete
Gekröse Chröös
gekrümmt wintsch
gekrümmter Finger Chnödlifinger
gekrümmtes Horn Schlängghoorn
Gelächter Glächter, Lachete
gelähmt werden laame
Geländelauf Patrulielauff
Geländer Gländer, Lèène, Liene
gelaunt uufgläit
Geläute Glüüt
gelb gääl
gelb werden gääle
Gelbbauchunke Gügger
gelblich gäällachtig
gelblich-weiss bäiwiiss, chèèsig
Gelbsein Gääli
Gelbsucht Gäälsucht
Geld Bole, Chìis, Chlütter, Chnole, Chnöpf, Chole, Chümi, Gält, Gox, Hämer, Iiseli, Klang, Knall, Loobeli, Moneete, Möps, Pulver, Saame, Stäi, Traat
Geld verbrauchen für Arzt vertökterle
Geld verbrauchen mit Bahnfahren verpäändle
Geld verbrauchen mit Karusselfahren verriite
Geldbeutel Gältranze, Gältseckel, Gälttäsche, Portmenee
Geldbote der Post Gältpöschtler, Mandaatträäger
Geldbusse Buess
Geldgeber Zeishèrr
Geldkassette Schatule
geldlos chnochestier, stier
«Geldmacher» Gältschiisser
Geldnot, in ~ (i der) Chrott
Geldsack Ranze
Geldschein Nöötli
Geldstück Batze
Gelee Schlee s.
Gelegenheitsarbeiter Panduur
gelehrig gleerig
gelehrt gleert
Geleier Liire, Liirete
Geleise Gläis, Glȍis
Gelenk Chnode, Gläich
gelenkig gläichig, widläich
Gelenkknochen Chruselbäi
Gelenkpfanne Pfändli
Gelenkschwäche Chnüüschnapper
gelernt gleert
Geliebte Müüsli
Geliebte besuchen liechtere
geliebte Person Hèèrzchääfer
gelieren hunnge
gelinde schoonkli
gelingen graate, linge
gellen gele
gellend Sprechende Heepe
gellend Sprechender Heeper
gellende Stimme Gäle, Gele, Heepe
geloben verrede
Gelöbnis Versprääche
gelt gäll
gelten gälte
Gelüste Gluscht
gelüsten gluschte, glüschtle, glutzgere
gemächlich gmaach
gemächlich arbeiten schäffele
gemahnen maane
Gemälde Tablo
Gemälde, minderwertiges Gmȍȍl
gemäss mèèssig
gemein dräckig, gmäi, ordinèèr
Gemeinde Gmäind
Gemeindearchiv Gmäindslaad
Gemeindebann Baa
Gemeindebesitztum Riich
Gemeindekasse Gmäindsseckel
Gemeindepolizist Landjeger
Gemeindepräsident Gmäindsmuni, Gmäindspresidänt
Gemeinderat Gmäindraat
Gemeindeschreiber Gmäindschriiber
Gemeindeteil Wacht
Gemeindeversammlung Gmäind
gemeine Menschen Luuswaar
gemeine Person Kanaschter
gemeinsam gmäi
gemeinsame Rechnung Generee
Gemeinschaftsarbeit Gmäiwèrch
Gemenge Miggis, Muesete
Gemengsel Chrüsimüsi, Gschmȍis
Gemse Gäms
Gemüse Gmües
Gemüse, zartes Gmüesli
Gemüsehändler Gmüeser
Gemüsehändlerin Gmüeseri
Gemüseland Gmüesblätz
Gemüsemarkt Gmüesmèèrt
gemustert pildet
Gemüt Gmüet
gemütlich gmüetli, häimelig, souglatt
genau breziis, gnoot
genau, aber erfolglos arbeiten füsele
genau so akeraat
geneigt (schief) aalèèg, abhaldig, ghaldig, haldig, lèèg
Genie Schenii
geniessen gnüüsse
Genitialien Gmächt
Genossenschaft Gnossami
genug gnueg, hoppass
genug, ganz stäièèrdegnueg
genug bekommen gnüegele
genügen verhebe
Genuss Gnuss
Geografie Gegee

Gepäck Bagääschi, Bündlete
gepackt von Idee aagfrässe
Gepäckträger am Fahrrad Phackträäger
Gepäckwagen Phackwaage
Gepinsel Bänslete
Geplapper Gschnäder
Geplärr des Rindviehs Plèèr
Geplauder Schwätz
Gepolter Bolderete, Rumpel
Gepräge (Münzen) Prèèg
gerade breziis, graad, juscht, juschtamänt, oordli, stäckig
geradeaus graaduus
gerademachen grede, strecke
gerades Haar Schnittlauchlocke, Stäckehaar
Geradlinigkeit Gredi
Geranie Graanium
Geraschel Chroosete
Gerassel Rasslete, Schätterete
Gerät Chnächt, Grèèt
geraten graate
Geräteschuppen Remiise
Geratewohl Graatwool
geräumig gruumig
Geräusch Grüüsch
Geräusch verursachen fischpere
Gerbebeize Laubäizi
gerben gärbe, lidere
Gerberei Gärbi
Gerberlohe Lau
Gerbsäure Lau
Gerede Grèèd, Gsääg, Litenei, Rederei, Schmuus, Schnorete
Gerede, albernes Pröötsch
gereizt hässig
gereizt sein hässele
Gericht (Speise) Plättli
Gericht, fingiertes Chräps-chuttle
Gericht erster Früchte Hüürepäiss
Gerichtsbehörde Gricht
Gerichtsdiener Wòibel
gering gring
gering (Stoff) lümpelig
geringe Höhe Nideri
geringelt gringlet
geringschätzen vernüüte
geringschätzig behandeln vertuschiere
gerinnen bräche, gchale, pstaa, ticke
gerinnen (Fett) erchale
Gerinnsel Schlünzlig
Gerippe Gripp s.
gerippt gripplet
gern gèèrn
gern haben staa
Gerntun Gèèrni
Gerste Gèèrschte
Gerstengrütze Gèèrschtegrütz
Gerstenhülsen Gèèrstegüsel
Gerstenkorn am Auge Greetli, Griitli, Tòchterli, Wère
Gerstensuppe Choschtsuppe
Gerte Geert, Ruet
Geruch Gruch, Gschmack
Gerücht Gsääg
Gerührtsein Peeländi
geruhsam ruesam
Gerumpel Grumpel, Rumplete
Gerüst Grüscht
Gerüst errichten grüschte
gesalzen rèèss
gesamthaft zämehaft
Gesang Gsang
Gesangbuch Singbuech
Gesangstunde Gsang
Gesangverein Liederchranz
Gesäss Aarsch, Bümi, Fudi, Füdli, Hinder, Schiissi
Gesäss, mit dem ~ äärschlige
Gesässtasche Füdlitäsche
Gesause Gsuus
Geschäft Cheer, Gschäft, Handel, Handlig, Laade, Sach
geschäftig sein gschäfte, rotiere
geschäftiger Mensch Bodesuri
Geschäftigkeit Gfèèch, Gschèèr
Geschäftsinhaber Patroon m.
Geschäftsvermittler Fèrgger
geschehen gaa, gschee, passiere
gescheit gschiid
gescheit, sehr hagelsgschiid
Gescheitheit Gschiidi
Geschenk Gaab, Gschänk, Helsete, Phaltis, Presänt
Geschenk, fingiertes Nieneli, Nienewäägeli, Nüüteli
Geschichte Gschicht
Geschicklichkeit Gschick, Gschickti
geschickt badänt, gschickt, hantli, tifig
Geschiebe Chisel
geschieden gschide
Geschimpfe Gchèèr
Geschirr Gruscht
Geschirr (im Haushalt) Gschììr
Geschirrflicker Beckibüezer
Geschirrlappen Gschììrblätz
Geschirrtuch Abtròchner
Geschlecht Gschlächt
Geschlechtsorgan der Frau Chleepe, Giige, Iirichtig
Geschlechtsorgan des Mannes siehe Penis
Geschlechtsteil kleiner Mädchen Weggli
Geschlechtsverkehr haben bùùrschte, tünkle
geschlossen halten zuehaa
geschlossen sein zuesii
Geschmack Chuscht, Gschmack, Guscht, Guu, Schigg
geschmeidig widläich
Geschmier Gmòòl, Gschlaarp, Gschlììrgg, Gschlùùrz, Gsou, Salbete, Schlììrpete, Schmieraalie, Schmieraaschi
Geschnatter Schnäderete
geschniegelt gschläcket, gschniglet
Geschnittenes (Fleisch) Gschnätzlets

geschnürt gschnüert
Geschöpf Gschöpf
Geschoss Chugle
Geschrei Gragööl, Gschräi, Rumel
Geschreibsel Gschriibsel, Sudlete
Geschütz Gschütz, Mörsel
Geschwätz Bröötschete, Glafer, Gschnäder, Gschnorr, Gschwabel, Gschwätz, Gsprütz, Gwäsch, Prelaaggete, Rederei, Schmuus, Schnäderete, Schnorete, Schund, Schwätz, Schwätzete, Spruch
geschwätzig gschnòrig, schwätzig
geschwätziges Mädchen Chlefe
geschwind gschwind
Geschwindigkeit Gschwindi
Geschwister Gschwüschterti, Gschwüschterts
Geschwisterkind Bääsi, Gschwüschtertichind
Geschwisterpaar Päärli
geschwollen gschwule
Geschwulst Chnüttel, Chnuupe, Gschwulscht, Gwächs, Überbäi, Wèrepüggel
Geschwür Charfunkel, Gwächs
Geschwür bilden verschwèère
geseift gsòipft
Geselle Chnächt
Geselle, übler Kantoon
Gesellschaft Blaatere, Gsellschaft
Gesetz Gsetz
gesetzlich gsetzli
gesetzt gsatzli, gsetzt
gesetzten Alters pstande, pstänt
Gesicht Gsicht, Läff, Luegi, Tafèère
Gesicht, dickes Munichopf, Munigrind
Gesicht, fades Füdligsicht
Gesicht, finsteres Munichopf, Munigrind
Gesicht, hässliches Laarff
Gesicht verzerren zäne
Gesichtsmaske Laarff
Gesichtsrose Überrööti
Gesichtswärmer Oferoor
Gesimse Gsims
Gesindel Bagääschi, Chesslerwaar, Gschmòis, Güsel, Hundwaar, Lööterwaar, Lumpephack, Lumpevolch, Nazioon, Phack
gesinnt gsinnt
Gespann Gspaa, Zùùg
Gespenst Chrungele, Gspäischt
Gespensternacht Chrungelenacht
gespenstig gspäischtig
Gesperr Gspeer
gespornt gsporet
Gespräch Gspròòch
gesprächig gspròòchig
gespreizt sparig
gesprenkelt grislet, gspränggelet, gspredelet, gsprigelet, ziseret
gesprenkeltes Tier Risel
Gespür Gspüüri
Gestalt Gattig, Gstalt
Gestank Gstank
gestatten zuelaa
Geste Scheste
gestehen gstaa
Gestell Gstell, Gstüedel
Gestellbrett Tablaar
Gestelleiste Chläffli
gestern geschter
gestern abend nächt
gestiefelt gstiflet
gestielt gstìlet
gestikulieren spargimäntiere
gestohlen werden furtchoo, wägchoo
Gestöhn Grochserei, Grochsete
gestopftes Stück Stoff Wifel
Gesträuch Gstüüd, Putsch
gestreift gstraamet
gestreiftes Tier Tiger
Gesuch Gsuech
Gesuch stellen iigèè
Gesudel Schlùùrzete
Gesumm Gmöönd, Gsums
gesund buschper, fescht, gsund, mupper, zwääg
gesunden gsunde, zwääge
Gesundheit Gsundhäit
Gesundheitszustand Gsündi, Gsunket
Getäfel Faastäfer, Täfer
getigerte Katze Tigerli
Getöse Chesslete, Chuutete
Getränk, schlechtes Gsüff, Lüüre
Getränk, zusammengeschüttetes Güderete
Getränk in der Untertasse Fuessbaad
Getreide Frucht
Getreideernte Èèrn
Getreidekorn Chèèrne
Getreidemahd Zatte
Getreidemass Mütt
Getreidesack Chèèrnesack
Getriebe Gang
getrost trooschtli
Getue Gschiss, Mèèrt
getupft tupfet
geuden schlänze
Gevatter Gvatter
Gewächs Gwächs
Gewalt Gwalt
gewaltig chäch, gruusig, mächtig, moordsmèèssig
Gewand Gwand, Ruschtig
gewandt aacheerig, cheerig, grangschiert, gregeliert, gschickt, lingsam, tifig, vigelant
gewandter Kerl Chäppeler
Gewandtheit Tifigi
gewärtig sein gwèrtige
Geweberippe Rippi

Gewehr Bleischlüüdere, Brügel, Chaarscht, Chlöpfschiit, Gweer, Rätsche
Gewehrlauf Lauff
gewellt gwälet
Gewerbe Gwèèrb
Gewerbe betreiben gwèèrbe
Gewicht Gwicht, Schwèèri
Gewichtsergänzung Sigel
Gewimmel Chräsmete, Chroslete, Gräbel, Gragel, Wimslete
Gewinde Chääf, Gwind
Gewinn Benefiss, Gwünn, Nutze, Reback, Schläck, Schnitt
Gewinn erzielen voormache
gewinnen butze, ergable, güne, profidiere, umebüüge
gewinnen durch Jassen erjasse
Gewinnspiel Günis
Gewinnsucht Gsüechigi
gewinnsüchtig gsüechig
gewinnsüchtig sein jude
Gewinnsüchtiger Gsüechige
Gewirr Bräglete
gewiss ämel, goppel, gwüss
gewisse täil, täilig
Gewissen Gwüsse
gewisser näiwele
gewissermassen (en) Aard
Gewitter Blaascht, Wätter s.
gewitterhaft blȍȍschtig
gewittern blaaschte, wättere
Gewitterwolke Wätterbock
Gewobenes Wupp
gewogen sein möge
gewöhnen gwäne
Gewohnheit Aagwonet, Bruuch, Gwanet, Gwonet, Moode
Gewohnheitstrinker Lööter
gewöhnlich amel, amig, gmäi, gwöndli, gwonkli
gewöhnlich, sehr hundsgmäin, hundskomuun
gewohnt gwonet

Gewölbe Gwelb
Gewölk Gwülch
Gewölle Gwääl
Gewürz Gwȕȕrz, Spezi
Gewürzkraut Chuchichrüütli
Gewürznelke Näägeli
Gewürzpulver Bulver
gewürzt rezänt
gezackt zackig
Gezänk Chiflete, Chiibete, Chracherei, Händlete, Zanggerei, Zanggete
Gezappel Strablete, Zablete
geziert gschruubet
geziert gehen schwanze, schwänzle
Gicht Gicht, Gsücht
Gichtknochen Högerli
Giebelbau Gugger
Giebeldreieck Schilt
gierig rȍibig
giessen güüsse, schütte
Giesserei Güüssi
Giesskanne Handgiessi, Sprützchante
Gift Gift
Giftblase Giftblȍȍterli
Giftelei Chöglerei, Chöglete
gifteln chögle, gifte
Giftler Chögler, Chögli
Gipfel Gipfel
Gipfeltrieb Cheerzli
Gips Ips
gipsen ipse
gipsern ipsi
Gipslatte Ipslättli
Gipslatten anschlagen aalättle
girren gure, tüübele
Gitarre Gitaare
Gitarre spielen gitäärele
Gitter Gitter, Rooscht
Gittertor Gatter
Glanz Glanz, Schii
glänzen glaare, glänze
glänzend glanz, glänzig, glesüürig, gschiinig
Glanzleinwand Glanzliibet

Glas Glaas
Glas, hohes Stang
Glas Bier Schoppe
Glas Wein Schoppe
Glas zerbrechen glaase
glasähnlich glesig
Glasarbeiten machen glaase
glasartig glaasig
glasartige Ader Glèès
Gläschen Glesli
Glaser, rufender Hooglaaser
Glaserhandwerk betreiben glaasere
gläsern glesi
Glasfabrik Glaasi
Glashütte Glaasi
glasieren glasüüre
glasig gleschtig
Glasperle Chrale, Hàls-chrale
Glasringe auf dem Zettelrahmen Glesli
Glassplitter Glaasspiise
Glasur Gleschti
glatt ebe, glatt, gleschtig, glümpfig, gschlipferig, hèèl
glatt (Haare) stäckig
glatt werden glatte
Glatteis Glaariis
Glatteis bilden glaariise, hèèle
glatteisig glaarig
glätten glette, walze
glattstreichen verstriiche, zwäägstriiche
glattzüngig hèèl
Glattzüngigkeit Hèèli
Glatze Flüügeschliiffi
Glaube Glaube
glauben abnèè, glaube, phacke
Gläubiger Zeishèrr
gleich gliich, gliichlig, haargliich
gleich, ungefähr gliichlachtig
gleich beschaffen gliichig
Gleichartigkeit Gliichligi
gleichen gliiche
gleichgültig arbeiten laale, liire
gleichgültiger Mensch Lämp
Gleichheit Gliichhäit

gleichmässig gliichlig
Gleichschwerkuchen Gliichschwèèr
gleichwohl äinewääg
Gleis Chrine, Gläis, Glòis
Gleismonteur Gramper
Gleisstopfer Gramper
Gleitbahn Schliiffi
Gleitbahn für Holz Räischti, Risi
gleiten rütsche, schliiffe, schlipfe
gleiten lassen, zu Tal räischte
Gleitstange Räischtiise
Glied Gläich
Glied des Mannes siehe Penis
Glied des Stieres Munifisel, Muniseckel
Glied bewegen glidle
Gliedersucht Gläichsucht
glimmen gloùse, motte
glimmen (wie Kohle) chole
glimmendes Kohlestück Gluet
glitschen güüsse, schliiffe
glitschige Bahn Schliiffi
glitzern glitzere
Glocke Glogg, Schäle
Glockengeläute Gloggeglüüt
Glockenklöppel Gloggechaal
Glockenschwengel Gloggechaal, Plämpel, Schwängel
Glockensignal geben abschäle
glockig formen glogge
Glöcklein Röleli
Glöcklein am Pferdegeschirr Gröll
glotzen Bolauge mache, glotze
gluck glungg
Glück Gfell, Glück, Schwäin
Glück, grosses Affeglück, Affeschwäin, Sougfell, Souschwäin
Glück, vom ~ gesegnet glückhaftig
glückbegünstigt gfelig
glucken glugge
gluckern gudere
Gluckhenne Brueteri, Gluggere
glücklich glückli
glucksen hitzge
«Glückshäubchen» (bei Neugeborenem) Glückshüübli
Glühbirne Bìir
glühen glouse, glüe
glühend füürig, glüeig
glühend heiss glüesüttighäiss
Glühstrumpf Gaasstrumpf
Glut Gluet
Gnade Gnaad
Gnadenstoss geben de Teefang gèè
Gold Gold
Goldammer Amer, Gèèrschtebick
golden guldig
goldig guldig
Goldmünze Goldstückli, Goldvögeli
Goldregen Goldrääge
Goldstück Napolioon, Vreeneli
Göller Göler
gönnen gune
Gott Gott
Gottesdienst Chile
gottvergessen gopfergässe
Grab Chilegrebli, Graab, Tootegrebli
graben graabe
Graben Gchett, Graabe
Grabgabel Grabgable
Grabschaufel Grabschuufle
Grabstein Graabstäi
Grad Glìid, Graad
gram ghass
grämen peelände
Grammophon Gramofoon
Gran Graan
Grannensplitter Agle
Grans Schoo
Gras Graas
Gras, nach ~ schmecken gresele
Gras zum Heuen Hòigraas
Gras anzünden falchere
Gras einbringen graase
Grasart Falche, Falchegraas
Grasbüschel Graaspösche, Schnauz
Grasertrag, jährlicher Wiswachs
Grasgabel Ladgable
Grasgestell Häinze
grasgrün graasgrüe
Grashalm Schmaale
Graskarren Graasbääre, Graas-chaare
Graskorb Laubchrèèze
Graskorb (Rückentragkorb) Graas-chorb, Graas-chrèèze
Grasland Wiswachs
Grasmahd Zatte
Grasmücke Graasmugg
Grasnetz Graasboge
grässlich grässli, grüüsli
Grat Graat
grätschend griggig
grau graa
grau werden graane, gròònele
Graubrot Ruuchbroot
Graubünden Püntnerland
Graubündner Püntner
graue Katze Gròòni
gräulich graulachtig
Graupel Risel
graupeln risle
grausam gruusam
Grausamkeit Gruusami
grausen gruuse
Grausen Gruus
Greifbarkeit Griff
greifen griiffe
Greifen Griff
Greisenbrand chalt Brand
grell glaarig, schiinig
Grendel Pfluegbaum
Grenzbaum Laa
grenzen stoosse
Grenzhecke Maarch, Schäidhaag
Grenzlinie Maarch
Grenzlinie bei Spielen Rìis s.

Grenzmarkierung Schäidstöckli
Grenzstein Maarch, Maarche, Maarchstäi
Grenzsteine setzen maarche
Grenzwächter Gränzer
Grenzzeichen Maarche
Greyerzer (Käsesorte) Grüjèèr
Griebe Grüübe
Griesgram Süderi, Surimutz, Sütteri
griesgrämig surimutzig
griesgrämig werden versuure
Griess Gries
Griessbrei Griesbappe, Griesmues
Griff Griff, Handhebi, Hebi, Hefti, Schlängge, Schwibele
Griff in Weberlade Schlingger
Griffel Griffel
Grill Rooscht
Grille Grile, Häinimuucher
Grimasse Gfrèèss, Spargimänt
Grind Schüepp
Grippe Gripp w., Imfulänze
grob bäärbauzig, grob, ruuch
grob arbeiten puure
grob benehmen, sich rueche
grob werden grobe
grobe Beschaffenheit Gröbi
grober Mensch Grüüsel, Knoot, Pflegel, Puur, Stùùrchel
Grobian Bolderi, (vo) Buebike, Hegel, Püffel, Ruech, Wuescht
gröblich groblachtig
Grobschmied Hamerschmììd
grölen joole
Groll Piigge, Raach
gross bòimig, chäch, gèèlig, grooss
gross, ziemlich grosslachtig
gross werden groosse
grossartig bòimig, grandig, grooss, mächtig, risig, siechehaft, Staats-
Grösse Gröössi
grosse Frau Ross, Stande
Grössenwahn Geewee
grösser mee
grosser Apfel Pfundöpfel
grösser werden meenere
grosses Bonbon Föifermocke
Grossmutter Groosi, Grosmueter
Grossreinigung Usebutzete
Grosssprecher Proleet, Schnorer, Schnori, Schnuri
grosstun spröisse
Grossvater Grosätti, Grosvatter
grosszügig bòimig, tschènt
Grube Grueb
Grube ausheben grüble, gruebe
Grübelei Chnüüblerei, Chnüüblete
grübeln chnüüble, grüble, nodere, spintisiere
grübeln in Nase böögge
Grübler Noderi, Spintisierer
grün grüe
Grund Bode, Grund
Grundbesitz Land
Grundfläche Grund
Gründonnerstag Hoodunschtig
Grundstücksnachbar Aastöösser
grünen gruene
Grünen, Zeit des Gr-s Gruenet
grünlich gruenlachtig
Grünling (Neuling) (junge) Schnuufer, Trüübel
grunzen rüchle, ruusse
Gruppe (Häuser) Ricki
Gruppe (Leute) Bandi, Blaatere, Zügli
Gruppe (Pflanzen) Putsch
Gruppierung von Leuten Klup
Gruss Gruez
grüss Gott grüezi, Guete, hoi, salü, tschau
grüssen grüeze
Grütze Grütz
gucken gugge, güggele, güxle
Gummi Gumi
Gummiball Flaschbale
Gummiband Elascht, Flaschbändeli, Gumilasch, Laschbändeli
gummieren gumiere
Gunst Gouscht
günstig uwägli
Gurgel Chraage, Gurgle
gurgeln glungge, gudere, gurgle
Gurke Guggumere
gurren gruugge, ruugge, tüübele
Gurrender Ruugger
Gürtel Gùùrt, Säntürong
Guss (Wasser) Sprutz, Strèèz, Strèèzete
Gussstein Schüttstäi
gut baas, fäin, frei, guet, lèèss, tick
gut, sehr bickelhèrt, hölisch, irrlèèss, souguet
gut erhalten pfänigganz
gut genug goggnueg
gut halten, sich metzge
gut werden guete
Gut Guet
gutartig gschlacht
Güte Freini, Güeti
Gute-Nacht-Geschichte Guetnachtgschichtli
guten Abend Naabig
guten Appetit Guete
guten Tag Bongschuur
Güterexpedition Chaarteschliiffi, Güeterex
Güterzugslokomotive Chrokodììl
gütig güetig
gütlich güetli
gütlich tun, sich brosle
gutmütig fromm
gutmütiger Mensch Bappeli, Hansueli, Hodli, Lappi, Naachtlig, Peschtalozzi, Tschooli, Zfridne, Zottli
Gutmütigkeit Guetmüetigi
Gymnasium Gimi

H

Haar Haar
Haar, langes Fäcke
Haar, an den H-en reissen erhaare, verhaare
Haarband Haarbändel, Haarschnuer
Haarbesen Wüscher
Haarbüschel Haargschuupe, Haarputsch, Pösche, Schwanz, Zöttel
Haare verlieren, wechseln hòòre
haaren haare
Haarflechte Zupf
haarig hòòrig
Haarknoten Haarribel, Ribel
Haarlocken Röleli, Rollhaar
Haarnadel Haarnaadle
Haarnetz Chopfbèèrli, Chopfgaarn
Haarschnecke Schnägg
Haarschneider Gwafföör, Haarschèèrer, Haarschniider, Hòòrlidieb, Hòòrligottlieb, Schèèrer
Haarschnitt, kurzer Bùùrschteschnitt
Haarschnur Haarwachs
Haarschopf Äntefüdli, Balg, Gschuupe, Haargschuder, Hüenerfüdli, Schuder
Haarschopf, wilder Tschuupe
Haarschopf, wirrer Haaröiel, Tschuder
Haarschopf, zerzauster Tschuderihuu
Haarschuppe Schüepp
Haarspange Haarschnale
Haarsträhne Schwanz
haarsträubend haarig
Haartracht Bubichopf, Friise
Haartrockner Fööne
Habe Haab, Karsumpel
haben haa
Habicht Happich, Heerevogel
Habseligkeiten Wäärli
Hackbeefsteak Adrio
Hacke Haue
Hacke, zweizinkige Chaarscht
Hacke zum Roden Rüüthaue
hacken bäcke, hacke, uus-chròile
hacken (Reben) falge
hacken, leicht häckele, hòiele
Hackender Hacker
Hackenstiel Hauestììl
Hackfleisch Ghackets, Greschtel
Hackfleisch mit Weinbeeren Chatzegschräi
Hackklotz Schiiterstock
Häcksel Chùùrzfueter, Häckerlig
häckseln häckerle
Hackzeit (Weinberg) Chaarschtet
Hafen Haab
Hafenmauer Haabmuur
Hafer Haber
Hafer säen habere
Haferabfall Habergüsel
Haferbrei Habermues
Haferkrippe Haberchrüpf
Haferstoppel Haberstumpe
Haferstroh Haberstrau
Hafnerhandwerk betreiben hafnere
haften phange
Hagebuche Hagebuech
Hagebutte Hagebutz
Hagel Hagel
Hagelkorn Hagelstäi
hageln hagle
hagerer Bursche Stögel
hagerer Mensch Chnochegstell, Räämlig, Räigel
Häher Hätzle, Heeregäaggi
Hahn (Vogel) Güggel
Hahn (Wasser-) Haane, Hääni
Hahnenfuss (Pflanze) Ankeblüemli, Gliisserli, Glinzerli, Glitzerli
Hahnenfussart Chnüüle
Hahnenkamm Chambe, Güggelchambe
Hahnensprung Güggelsprung
Hainbuche Hagebuech
Häkchen Hòòggli
Häkelarbeit Hòògglete
Häkelgarn Hòògglifade, Hòòggligaarn
Häkelmuster Mugg
häkeln hòòggle
Häkelnadel Hòòggli
Haken Haagge, Punthaagge, Schlängge
Haken, mit ~ ziehen haagge
halb halb
halbfett halbfäiss
Halbhandschuh Schlüpferli
halbleinen halbliini
Halbschuh Halbschue
halbschwarz (Brot) halbruuch
Halbtagsangestellter Halbtäägler
Halde Stutz
Hälfte Helfti
Halfter Halftere
Hallenbad Hali
Halm Halm, Stängel, Stììl
Halm (Schilf) Spuel, Spüeli
Halm, in H-en stehend ghalmig
Hals Chraage, Hals
Halsband Chambe
Halsbräune Brüüni, Grupp
Halskette Chetteli, Hals-chrale
Halskrause Chruuse
Halsstarre Hals-cheeri
halsstarrig setzig
Halsstrick Hälslig
Halsteil (Kleid) Chräägeli
Halstuch Chnüpferli, Fischü, Schlòiffli, Wuliwuu
halt! au, hoppass, hüüf
Halt Haab, Hebi
halt mal! jä, selewie
halten haa, hebe
halten, sich halte
Halunke Halungg, Luushund

halunkenhaft sich benehmen halungge, halünggele
Hammer Hamer
Hammer (am Pflug) Blöiel
hämmern hamere
hämmern, leicht hämerle
Hämmern Hamerete
Hampelmann Päiass
Hand Chlaape, Hand, Taape
Hand, hohle Gauffle
Hand, mit voller ~ ghämpflige
Handarbeit mit Schiffchen Friwolitee
Handarbeitsbeutel Ridigüül
Handarbeitslehrerin Nèèschileereri
Handarbeitsunterricht Handi, Handsgi
Handbreite Twäärhand
Handel Handel
Handel, vorteilhafter Schick, Schnitt
Handel abschliessen iichlöpfe
Handel treiben grütze, gschäfte, händele, handle
Händel Chrieg
handeln, leichtsinnig tildere
Handelskurse Handel
Handelsreisender Gumi
händevoll hampflewiis
Handfässchen Legeli
Handfertigkeitsunterricht Kartonaasch
Handgriff Chunschtgriff
Handhabe Handhebi
Handhabe des Pfluges Gäize
Handharmonika Handoorgele
Handharmonika spielen handöörgele, öörgele
Handharmonikaspieler Handöörgeler
Händler Händler
Händlerin Händleri
handlich gäbig
Handpferd Handross
Handreichungen tun zuediene
Handsäge Fuchsschwanz, Handsaage
Handschelle Schäle
Handschellen anlegen tüümle
Handschläger Chlüpfel
Handschrift Schnüerlischrift
Handschuh Händsche, Taapehändsche
Handumdrehen, im ~ Handcheerum, Handumcheer
handvoll ghampflig
Handvoll Gauffle, Hampfle
handvollweise gaufflewiis
Handwerk Faach, Hamperch, Metié
Handwerk als Meister betreiben mäischteriere
Handwerker Hamperchslüüt, Hamperchsmaa, Profässionischt
Handwerksbursche Kundi
Handwerksgeselle Gsell
Hanf Hamf, Hauff
Hanf, männlicher Fimel
Hanf, weiblicher Mäsche
Hanfabfall Aglete
Hanfbreche Rätsche
Hanfbrechen Rätschete
hanfen riischti
Hanffaser Riischte
Hanfland Hauffblätz
Hanfpflanzung Hauffpünt
Hanfreibe Hauffriibi, Riibi
Hanfröste Roos
Hanfsamen Hauffsaame
Hanfsplitter Aglete
Hanfstengel Mäsche
Hängebauch Hèrdöpfelbuuch
hangen hange
hängen hänke
hängenbleiben phange
Hangendes Glamp, Hänkete
Hängeohren Lampioore
Hängewange Bloderbagge
Hans Hans
hänseln hänsle, hööchnèè
Hanswurst Päiass
Hanswurst spielen gauggle, päiasse
hantieren handiere
hantieren, fruchtlos funkzioniere
hantieren, kleinlich mächele
hantieren mit Kelle chele
Hantieren, mühsames Gchnoorz
Hantierung Päschlete
hapern chläme, happere
Happen Bisse
hären hòòri
Harfe Haarpfe
Harfenspieler Haarpfenischt
Harlekin Harligging
Harmonie Harmonii
Harmonium Hüüchlerkumoode
Harn Bisi, Brune, Brunz, Flooz, Pipi, Rööz, Säich
Harn, nach ~ riechen säichele
Harnblase Blaatere
harnen bisle, Brune mache, brünele, brunze, brünzle, rööze, säiche, schiffe, wässerle
Harnisch Harnisch
Harnlassen Angschtbrune, Röözete, Säicherei, Säichete
hart brättig, fescht, hèrt, tierisch
hart, sehr bickelhèrt
hart werden verbache
Härte Hèrti, Rèèssi
härten hèrtne, stächle
harthölzern hèrthölzi
Harz Haarz
Harz, mit ~ bestreichen verhaarze
Harz, nach ~ riechen häärzele
harzen chììse
Harzklumpen Büülbäck
haschen Fangis mache
Häschen Hääsli
Hase Haas
Hase, männlicher Ramel
Hase, nach ~ riechen, schmecken häsele
Hasel Hasel

Hasel (Fischart) Hasle
Haselholz, aus ~ hasli
Haselrute Haselruet
Haselstaude Haselstuud
Hasenbraten Haasepfäffer
Hasenexkremente Haasebööndli
Hasenfell Haasefääl
Hasenfett Haaseschmalz
Haspel Haschpel
haspeln haschple
Hass Ghessni, Hass, Raach
hässlich sündewüescht, wüescht
hässlich werden wüeschte
hässliche Frau Moor, Schättere
hässlicher werden läide
Hässlichkeit Wüeschti
Hast Gfèèch, Gjääg, Gstrütt, Prässiererei, Prässierete, Schuss
hasten päischte, struble, tüüfle, wischple
Hastende Strütteri
Hastender Jufli, Strütter
hastig gschützig, schutzig
hastig arbeiten hòie, pfuele, strütte
hastig Arbeitender Strudli
hastig tun zämehòie
hastige Person Wischpel, Zwirbel
hastiges Arbeiten Strütterei, Strüttete
hatschi hätschi, hätzi
Haube Huube
Haubentaucher Tuchel
Hauch Blaas, Huuch
hauchen huuche
Haue Hòieli
hauen bäcke, haue
Häufchen Getreide Sammlete
häufeln hüüffele
Haufen Brägel, Bräglete, Chnuupe, Hock, Huuffe, Schoche, Stock
haufenweise ghüüfflige
häufig vil
Haupt Haupt
Häuptling Hòiptlig
Hauptmann Haupme, Hòiptlig
Hauptmannsfrau Haupmeni
Hauptstamm der Rebe Mueterstock
Haus Hütte, Huus
Haus, kleines Chrüpf, Chrutz
Haus, niedriges Flaarz, Fläder
Haus, schön gelegenes Sitzli
Hausangestellte Dienschtmäitli
Hausarbeit verrichten spette
Hausbock Bock
Hause, nach ~ durhäi, häi
Hauseinweihung Huusròiki
hausen huuse
Häuserblock Stock
Hausflur Eerm, Gang, Huuseerm
hausgebackenes Brot Huusbroot
Hausglocken betätigen Glögglispìil mache
Haushalthilfe Huuspflääg, Spetteri
Haushaltungsschule Huusi
hausieren chrò̀òmere, husiere
Hausierer Chrò̀òmer, Händler, Husierer
Hausierer mit Körben Chrattemaa
Hausierer mit Zubern Geltemaa
Hausiererin Chrò̀òmeri, Händleri, Husiereri
Hausiererkiste Chrò̀òmerlaad, Chrò̀òmertrucke, Husiererchrèèze
Hausierersack Schlitzsack
häuslich sich niederlassen iihuuse
Hauspflege Huuspflääg
Hausplatz Hoofräiti
Hausputz Usebutzete
Hausrotschwanz Huusrööteli, Roothüüserli, Rootschwänzli
Hausschlachtung Huusmetzgete, Metzgete
Hausschuh Ändifinke, Finke, Hüttefinke, Schlaarp, Schlììrgge, Schlììrpe
Hauswein Stäägefässler
Hausweinfass Stäägefässli
Hauswiese Huuswììs
Hauswirtschaftsobligatorium Rüebli-RS
Hauszeichen der Fahrenden Zingge
Haut Balg, Huut, Tabeete
Haut auf Milch Niidel
Haut, rissige Hecker
Hautausschlag Frisel, Rììf, Schüepp, Uusschlaag, Zittermaal
Hautblase Blaatere
häutig schlämpig
Hautjucken Biissi
Hautsplitter Fläischspiise
Hautwolf Wolf
Havas Habasch
he hee, see
Hebamme Hebann
hebbar lüpfig
Hebegerät Winde
Hebelstange Gnepfi
heben lupfe, ufespeere, uufhaa
Heben Lupf
Hechel Hächle
hecheln (Flachs) hächle
hecheln (Hund) läle
hecheln (Wolle) chämble
Hecht Hächt
Hechtsprung Hächt
Heck Granse, Schoo
Hecke Haag, Läbhaag
Heckenrose Haagroos
Heerespolizei Vieletti
Heerstrasse Passang
Hefe Häpfe
Hefebranntwein Häpfebränz
Hefegebäck, bestimmtes: Äierzupf, Häpfechranz
Heft Hefti
Heftel Häftli
hefteln häftle
heften hefte

Heftfaden zum Vornähen Fadeschlaag
heftig gruusam, raass, rabauzig, sträng
Heftnaht Fadeschlaag
Heftstapel Hefterbiig
Hehl Hèèl
Hehler Anketanzer
hei häi
Heide m. Häid
Heidekraut Brüüsch
Heidelbeerbrei Häidebeerimues
Heidelbeere Häidebeeri, Hòibeeri
Heidelbeergericht, bestimmtes Häidebeeribrägel
Heidelbeerkonfitüre Häidebeerihunng
Heidelbeerstaude Häidebeeristuud
heikel diffisiil, gschnäderfrèèssig, häiggel, mäischterloos
Heil Häil
Heiland Häiland
heilen häile, verhäile
heilig häilig
Heilige Häiligi
heiligen häilige
Heiligenbild Helge
Heiligenschein Helgeschii
Heiliger Häilige
Heilkraut Chruut, Chrüütli
Heilkraut, bestimmtes Sanickel
Heilmittel, bestimmtes Fèèrliwasser
Heilpflaster, mit ~ belegen verpflaschtere
Heilsarmee-Angehöriger Salutischt
Heilzwiebel Häilböle
heim häi
Heimarbeit abliefern fèrgge
Heimarbeitsvermittler Fèrgger
Heimat Häime, Häimet
Heimatort Häimetoort
Heimatschein Häimetschii
Heimatschutz Häimetschutz
Heimatzeitung Häiweeplettli
heimbefördern häispediere
heimbegleiten häistoosse
heimbringen häibringe
heimführen häitue, ietue
heimgehen häitiechsle
heimkehren häitiechsle
heimleuchten häizünde
heimlich häimli, verstole
heimlich essen vermänggele
heimlicher Pfad Schläich
heimrennen häipfure
heimschaffen häifèrgge
heimtückisch gschliichig
heimtückischer Mensch Glüüssler, Tiichi
heimwärts häizue
Heimweg Häiwääg
Heimweh Häiwee
Heimwesen Gwèèrb, Häime, Häimet, Höckli
heimzahlen psoorge
Heirat Hüüraat, Partii
Heirat, durch ~ erwerben ermane, erwiibe
heiraten hüüraate, hüüraschple
heiraten (eine Frau) wiibe
heiraten (einen Mann) mane
heiratsfähiges Mädchen Bròòtli
heischen hòische
Heischen Hòischete
Heischende Hòischeri
Heischender Hòischi
Heiserkeit Häiseri
heiss brüttig, häiss
heiss, sehr glüesüttighäiss
heissen ghäisse, sääge
Heizanlage Häizig
heizen füüre, häize
Heizen Häizete
Heizer Häizer
Heizmaterial Brand, Brandig, Häizi, Häizig
Heizung Häizig
Hektar Hektaare
hektisch struub
Held Held
helfen hälffe
Helfer Hülff
Helfershelfer Kumpaan
Helikopter Heli
hell häiter, hell
hell werden häitere, hele
hellblond riischti
Helle Häiteri
helles Bier Hells
hellfarbig glaarig
hellhörig ringhöörig
Helligkeit Heli
Helm Hälm
Helvetia Helveezia
Hemd Hämp
Hemd ohne Ärmel Stunggel
Hemdbrust Hämperbruscht, Schmisettli
Hemdeinfassung Hämperbriisli
Hemdeinschnitt Hämperschlitz
Hemdenknopf Hämperchnöpfli
Hemdenmatz Glungger, Hämperstrungg, Hämperstunggel, Hämpglungger
Hemdenspitzen Hämperspitzli
Hemdkragen Hämperbriisli, Hämperchraage
Hemdrumpfteil Hämperstock
Hemdsärmel Hämpeermel
hemdsärmelig ghämpeermelig, hämpeermlige
Hengst Hängscht
Henkel Hebi, Ööri
Henkelkorb Bogechratte
Henkeltopf Haafe
Henker Hänker
Henkersmahlzeit Hänkermòòli
her ane, haar, hèèr, hère
her- siehe auch hin-
herab ab
herabfallen riise, riisele
herabhängen abelampe, glungge, lampe, lättere, lottere, plampe, schlampe
herabhängend lampig, plampig
herabhängender Fetzen Schlampe

Herablassender Schnöödiaan
herabrieseln aberisle
Herabrieseln Rislete
herabsetzen vernüüte, verschimpfe, vertuschiere
herabwürdigen abetue, vernüüte, verschimpfe
heran draaane
herannehmen hèrenèè
heranrollen anetroole
heranschleichen anetiiche
heranschleppen dethèèrschläike
heranwachsen groosse
heranziehen anezie
heraufholen uenèè
heraus drususe, inenuse, use
herausfallen usetätsche
herausfinden usetiwidiere
herausfliessen röörle
herausfordern aazünde
herausfühlen usegspüüre
herausgeben füregèè
herausgeputzt pützlet, usepützlet, uuftuneret
herausgeputzte Frau Bütschgi, Tschädere
herausgeputztes Mädchen Toggebaabeli
Herausgesickertes Sȍiferete
heraushängen uselampe
herausklauben usechnüüble
herauskollern fürebrägle
herauslocken fürelüüche, uselüüche
herauslösen usemache
herauslügen, sich useschwindle
herausmeisseln usespitze, uusspitze, usestäme
herausoperieren useschnäfle
herausputzen püschele
herausputzen, sich uufmütze
herausreden useschwätze
herausreissen useschränze
heraussagen usesääge
herausschauen useluege
herausschlüpfen useschlüüffe
herausschneiden (Kerngehäuse) uusbütschge
herausschwatzen useschnore
herausschwitzen useschwitze
heraussickern sȍifere, südere
Heraussickern Süderete
herausstechen usestäche
herausstellen, sich wiise
herausstrecken usestrecke
herauswinden, sich usewetze
herauszerren usezeere
herausziehen lüüche, usezie
herb harb, zügig
herbeibringen hèrebringe
herbeieilen aaschwire
herbeikommen aasuuge, aatampfe
herbeirennen aasure
herbeirufen locke, rüeffe
herbeizaubern anehäxe
herbeizerren anezeere
Herberge Hèrbèèrg
Herbst Hèrbscht
Herbst werden hèrbschte, hèrbschtele
Herbsternte einbringen hèrbschte
herbstlich hèrbschtelig
Herbstmarkt Hèrbschtmèèrt
Herbstzeitlose Hundsfude
Herbstzeitlosenblätter Chüentschpletter
Herbstzeitlosenkapsel Chüentsch
Herd Chouscht
Herde Hèèrd
herein ie, ii
hereinfallen iesieche, inetroole
hereinlassen inelaa
hereinlegen ieliime, verseckle, versole, vertwütsche
hereinnehmen ienèè, inenèè
herhalten anehebe, hèrehaa, hèrehebe
herleiten anetüüchle
hernehmen bȕȕrschte, erbudle, versacke
hernehmen, scharf schluuche
Herr Heer, Hèrr
Herr, als H-n behandeln hère
Herrchen Hèrrli
Herrenart, nach ~ ghèrelig
Herrenart, sich nach ~ geben hèrele
herrenmässig hèrelig
Herrenpack Hèrewaar
Herrgott Hèrrgott, Hèrrschaft
herrichten räise
herrische Person Regänt
herrlich hèrrli
herrschaftlich hèrrschaftli
herrschaftliche Familie Hèrrschaft
Herrschsüchtige Mäischterchatz
herrschsüchtige Person Regäntestäcke
Herrschsüchtiger Mäischteri
Herstellung Macheschaft, Machi
herum ume, umenand
herum- siehe auch umher-
herumbalgen goope
herumbasteln bäschele, umechüngele, umepäschele
herumblättern umeplette, umeplettere
herumdoktern umepäschele, umetoktere, umetökterle
herumdrehen liire
herumfauchen umeschnüüze
herumfingern nosche, umechüngele, umenäggele
herumfunktionieren figereetle, heble
herumgrübeln umechnüüble
herumhacken bäcke
herumhantieren rieschtere, umechrättele, umemoorxe
herumhorchen umelose
herumkauen chifle
herumklauben nifele, niggele
herumklettern gäisse, umestäägere
herumliegen begere, flaarze,

pflaarze, plèèschtere, plegere
herumliegend plegerig
herummachen figereetle
herumpurzeln umeboorze
herumriegeln umerigle
herumrühren umechnootsche
herumschlagen umenandschlaa
herumschneiden umechafle
herumschnuppern nosche
herumschwatzen umesääge, umeschwätze, umeschnore
herumsitzen pfrüendere, plèèschtere, plegere, umehocke, umesitze
herumspazieren umespaziere
herumspringen gäisse, rȍiffle, stünggele, umehagle
herumstehen umelaale, umestaa
herumstehen, schwatzend umebalaare
herumstochern näppere, umegusle, umenäppere
herumstossen bȍigere, umeschuggele, umeschupfe, umetschuute
herumstreichen lȍitsche, spoliere, striele, umegheie, umelööle, umenandschwanze, umepflungge, umerȍiele, umevagiere
Herumstreichende Riesche, Strieleri
Herumstreichender Schwanzi, Strieler, Strieli
herumstreifen spoliere, umestraale
herumtanzen umetanze
herumtasten graape, nosche, nüschtere, umegraape
herumtollen ruusse, umeriitere, umeruusse
Herumtreiben Rieschete
herumtreiben, sich glungge, lümle, riesche, striele, umechalbere, umefùùrze, umehalungge, umehüenere, umejoggle, umeläiche, umeluedere, umerosse, umevagiere
herumtreten umestacke
herumtrinken umefusle
Herumvagieren Umefäägete
herumwälzen, sich (im Bett) näschte
herumwerfen bööle, umesacke
herumwinden liire
herumwirbeln hurle, zwirble
herumwühlen grüschle, umenüele
Herumwühlen Grüschlete
herumzerren noppe, ranze, umenoppe, umezeere
herumziehen umezie
herumziehen im Wasser flädere, pflädere
herumzupfen noppe, nüschtere
herunter ab, abe, drababe, obenabe
herunterfallen abebrägle
herunterhaken abehaagge
herunterhangen abehange
Herunterhangendes Gschlamp, Gschlämp
herunterheben abelupfe
herunterkommen abechoo, lümpele
herunterlassen abelaa
herunterleiern abehaschple
herunterlesen abelääse
herunternehmen abenèè
herunterreissen aberiisse, abeschränze, abezeere
heruntersagen abeschnätzle
herunterschlagen bängle
herunterschneien abeschneie
herunterschütteln abeschütte
herunterzerren abezeere
hervor füre, hinefüre
hervorgucken fürechoo, füregüxle
hervorholen füregrüble
hervorklauben fürebröösmele, fürechlüübe, füremache
hervorkommen fürechoo
hervorlassen fürelaa
hervorleiten füretüüchle
hervornehmen füremache, fürenèè, usemache
hervorragen usestäche
hervorragend psunderbaar
hervorschauen gugge, güggele, usegüxle
hervorschiessen strèèze
hervorsprudeln pfludere
hervorstrecken fürestrecke
hervorzerren fürezeere, hinefürezeere
Herz Hèèrz, Pumpi
herzen nudle
Herzkämmerlein Hèèrzhüüsli
herzlich hèèrzli
Herzpillen Hèèrzchügeli
Hetze Ghetz, Hetz
hetzen hetze, tribeliere
Hetzerei Jagerei, Jagete, Juflete, Prässiererei
Heu Hȍi
Heu zu Haufen schichten birlige
Heublumen Hȍiblueme
Heuboden Büüni, Hȍibode, Hȍibüüni, Hȍitili, Walme
Heubürde Hȍibùùrdi
Heuchelei Hèèlete
heucheln hüüchle
Heuchler Hèèler, Hüüchler, Schliicher
Heuchlerin Hèèleri, Schliicheri
Heudiele Hȍibode, Hȍibüüni, Hȍitili
heuen hȍie
heuer hüür
Heuer Hȍier
Heuerin Hȍieri
Heuernte Hȍiet
Heugabel Ladgable
Heuhaken Hȍilüücher
Heuhaufen Birlig, Hȍischoche, Schöchli
Heukorb Laubchrèèze
heulen bèègge, hüüne

Heunetz Bèère, Hòibèère
Heuraum neben Tenne Walme
Heurest Naarächete
heurig hüürig
Heuschnupfen Hòipfnüsel, Hòischnuppe
Heuschrecke Hòigümper, Hòistöffel
heute hütt
heute früh hüttemorge
heute nacht hinecht
heutig hüttig
Heutraglast Hòibùùrdi
heutzutage hüttigstags
Hexe Häx
Hexe spielen Häxlis mache
hexen häxe, zaubere
Hexenbesen Häxebääse
Hexenbräu Häxli
Hexenmeister Mäischter Hämerli
Hexenwerk Häfeliwèrch
Hexerei Häxerei, Häxete
Hieb Bäck, Fitz, Hau
hier daa, daazuene, hie
hier, von ~ hiesig
hierdurch daadure
hierher daahère
Hilfe Hülff
Hilfe! hälffio, hülffio
Hilfloser Chraazi
hilfreicher Mensch Chum-mer-z-Hülff
Hilfsbote Spetter
Hilfsknecht Spetter
Himbeere Himbeeri, Imbeeri, Sidebeeri
Himmel Himel
Himmel, ums H-s willen gopf, hackermänt, Häimetschutz, jeeminee, sackermänt, sapperlott, sappermoscht, Stèèrne-, veroonika
Himmelbettstatt Himelbettste
Himmelfahrt Uuffert
hin ane, hère, hìì
hin- siehe auch her-
hinab ab
hinab- siehe hinunter-
hinauf überue, ue, ufe
hinaufdrehen uetrüle
hinaufjagen uejage, ufejage
hinaufklettern uechlädere, ufestäägere
hinaufkommen ufechoo
hinaufreichen uegèè
hinaufschauen ufeluege
hinaufschleppen ufeschläike
hinaufschlurfen ufeschlaarpe
hinaufspritzen ufesprütze
hinaufsteigen uestiige, ufestiige
hinaufstrecken ufestrecke
hinaufwinden uetrüle
hinaus duruus, überuse, use, veruse
hinausbefördern usebuxiere
hinausfallen usegheie, usetroole
hinausgehen usegaa, uselauffe
hinausjagen furtfòike, usefòike, usejage
hinauslassen uselaa
hinauslehnen uselèène
hinauspurzeln usechegle
hinausrennen usehagle, useschüüsse
hinausrieseln userisle
hinausrollen userugele, usetroole
hinausschauen useluege
hinausschiessen, zornig useschnüüze
hinausschleudern usespicke
hinausschliessen usespeere
hinausschlüpfen usewütsche
hinaussprengen usesprànge
hinausspritzen usesprütze
hinaussteigen usestiige
hinauswerfen usebuxiere, usegheie, usejätte, usespäiche
Hinauswerfen Usefòikete
hinauszögern trööle, usestüüdele
hinbringen anebringe
hinderlich sein scheniere
hindern suume, verletze
Hindernis Gspeer, Hinderlig
hindurch derdurdùùr, durdùùr, dure
hindurchschlüpfen dureschlüüffe
hindurchziehen durezie
hinein änenie, drii, drinie, durii, ie, ii
hineinfallen driigheie, iegheie
hineingehen iegaa, inegaa
hineingreifen driilange, ielange
hineinjagen inejage
hineinlassen inelaa
hineinlegen ielegge
hineinpraktizieren iepflüümle
hineinquetschen iewùùrschte, inemoschte
hineinregnen iesäiche
hineinrennen iesieche, inehagle
hineinsausen inepfure
hineinschauen ineluege
hineinschlagen ieschlaa
hineinschleppen ieschläike
hineinschlüpfen ieschlüüffe, ineschlüüffe, inewütsche
hineinschneien ineschneie
hineinsehen iegsee
hineinspazieren iespaziere, inespaziere
hineinstapfen inetrampe
hineinstossen schoppe
hineinstrecken ielange
hineinzerren iezeere
hineinziehen iezie
hineinzwängen iemoorxe
hinfällig übernächtig
hinhalten anehaa, anehebe, hèrehebe, trööle
hinharnen anemache
hinhören lösele
hinken hinke, hülpe
Hinkender Griggi, Hinki, Hinkipott, Hülpi
hinlegen anelegge, hèrelegge, hììtue
hinlegen, sich aneligge

hinlegen, unordentlich überchlaaftere
hinreichen anestrecke, chlecke, hìlange, lange, möge
hinreissend lüpfig
hinschieben aneschupfe
hinschlagen aneschlaa
hinschleudern anepflüümle, hèrepflüümle
hinschmieren hèreschmiere
hinschneien hèreschneie
hinsehen, starr aastire
hinsetzen, sich anesitze
Hinsicht Aard
hinstarren, vor sich bruete
hinstellen anetue
hinstellen, sich anestaa
hintanhalten hinderhaa
hinten daadihine, dihine, hine
hinten, nach ~ durhindere, hindere
hinten, nach ~ gehen hinderelauffe
hinten im Haus überhine
hintendran hinedraa
hintenherum hinedure, hinenume
hintenhinauf hinenufe
hintenhinaus änenuse
hintenhinein hinenie
hintenhinunter hinenabe
hintennach hinenaa
hinter hinder
Hinterbacke Füdlibagge
hinterbringen tädere, uustäfele
hinterdrein hinedrii
hintereinander hinderenand
hinterer Teil des Schuhs Hindergschüe
hintergehen hindergaa
hinterhältig handeln hinderrüggsle
hinterher hinedrii
hinterlassen hinderlaa
hinterlistig vertruckt
Hinterlistiger Hinderrüggsler
hinterrücks hinderruggs
hintersinnen, sich hindersine
hinterst zhinderscht
Hinterstück (Fleisch) Hinderstuck
Hinterteil beim Vieh Hindergstell
Hinterteil der Spinne Bütterich
hintertreiben hindertriibe
Hinterwagen lenken wäpfe
Hinterwelle Hinderbaum
hintragen aneträäge, hèrebringe
hinüber daadrüber, überdure, übere, überie
hinüberschauen dureluege, übereschèèche
hinüberschwenken übereschwänke
hinüberspähen durespärbere
hinübersteigen überestiige
hinübertragen duretue
hinunter ab, abe, änenabe, drababe, duraab, überabe
hinunterbringen abebringe
hinunterdrücken abetrucke
hinunterfallen abefale, abeflüüge, abegheie, abesäägle, abestraale, abetroole
hinunterfliessen abelauffe
hinuntergehen abelauffe
hinuntergreifen abelange
hinunterjagen abejage
hinunterlassen abelaa
hinunterleeren abestele
hinunterlegen abelegge
hinunterpurzeln abeböckle, abechegle, abetschädere
hinunterrasseln abetschädere
hinunterrennen abehagle
hinunterrollen aberugele, abetroole
hinunterrollen, sich fässlitroole, fässlitrööle
hinunterrutschen aberütsche
hinuntersausen abepfure, abeschnüüze
hinunterschauen abeluege
hinunterschlagen abeschlaa
hinunterschleppen abeschläike
hinunterschleudern abespicke
hinunterschlucken abeschlucke, verschlucke
hinunterschlüpfen abeschlüüffe
hinunterschlurfen abeschlaarpe
hinunterschütten abeschütte
hinunterspringen abegumpe
hinunterspucken abespòize
hinunterstellen abestele, abetue
hinuntertragen abeträäge
hinuntertreten abestaa
hinunterwürgen abewoorge
hinunterziehen abezie
Hinweg Fürewääg, Hinderewääg
hinwerfen, nachlässig aneschludere
hinzufügen zuelegge
hinzulegen zuelegge
hinzusetzen zuelegge
hinzuzählen dezuezele
Hippe Gèrtel, Haagmässer, Räbgèrtel
Hirsch Hìrz
Hirschgeweih Hìrzgwei
Hirse Hìrse
Hirtenknabe Hüeterbueb
Hirtentasche Läcktäsche
Historiker Hischtooriker
Hitzbläschen Hitzblaatere
Hitze Hitz
Hitze, vor ~ umkommen verbraate, verbruete
hitzig hitzig
Hitzkopf Pfützer
ho ho
Hobel Hobel
Hobeleisen Hobeliise
hobeln chetsche, hoble
Hobelspan Hobelspaa
hoch hööch
hoch, sehr galgehööch
Hochachtung Hoochachtig
Hochdeutsch Hoochtüütsch
hochfahrend ghèrrsch, hoffärtig

hochgewachsene Person Räämlig
hochhalten uufhebe, uufstrecke
Hochmut Grattel
hochmütig haupthööchlige
Hochmütiger Hoochmuetsaff, Hoochmuetsfötzel, Hoochmuetsgüggel, Hoochmuetsnarr, Stolzgüggel, Stölzlig
hochnäsig gschruubet
höchste Karte Bock
hochstreifen hinderestrupfe, ufestrupfe, zruggstrupfe
Hochzeit Hoochsig
Hochzeitsanzug Hoochsiggwand
Hochzeitschiessen Hoochsigschüüsse
Hochzeitsgast, weiblicher Hoochsigjumpfer
Hochzeitsgeschenk Ürte
Hochzeitskleid Hoochsiggwand
Hochzeitsleben Hoochsigläähe
Hochzeitssträusschen Hoochsigmäie
Hocke Hocki
Hocker Hocki, Taberett
Höcker Hoger
höckerig ghogeret, pugglet
Höckerrücken Hoorugge
Hockschlitten Chessler, Füdlihock, Füdlischlitte, Füdlitrucke
Hoden Äi
Hodensack Chlüüresack, Schäle, Seckel
Hof Haaf
Hoffart Hoffärtigi, Hoffert
hoffärtig hofeli
hoffentlich goppel, hoffetli
Hoffnung Hoffnig
höflich höfeli
Hofmacher Füseler
Hofplatz Hoofräiti
Hofraum Hoof
Höhe Hööchi
Höhe, niedere Nideri
Höhe, in die ~ strecken uufstrecke
hohe Offiziere Goldrääge
hohe Stirne Stiizechopf
Höhepunkt Gglu
hoher Chef Oberjehudi
hohl tönen hȍȍlele
hohl werden hoole
Hohlbeil Tächsel
hohle Hand Gauffle
Höhle Hȍȍli
höhlen hȍȍle
Hohlmass Budel
Hohlmesser Hȍȍler
Hohlzahn (Pflanze) Tauele
holen hole, räiche
Hölle Hell, Rolehaafe
Holm Halm
Holm der Axt Achshalm
holperig ghotterig, hopperig, hotterig, pugglet
holpern hoppere, hottere
Holpern Hotterete
Holunder Holdere
Holunderzweig Maargstängel
Holz Holz
Holz, nach ~ riechen, schmecken hölzele
Holz fällen über die Grenze überholze
Holz schlagen abholze
Holz spalten schiite, schiitle
Holzbock Ploch
Holzdiebstahl Frävel
holzen holze
hölzern hölzi
Holzfäller Holzer
Holzfuhrhaken Zabi
Holzhammer Holzschlegel
Holzhauer Holzer, Stocker
Holzhaus, niedriges Fläder
hölzig hölzig
Holzkeil Holzbisse
Holzklotz Ploch, Plütschi
Holzkohle Chool
Holznagel Tubel
Holzriese Holzrisi, Räischti, Risi
Holzschlag Hau
Holzschuhe Holzböde
Holzspalter Schiiter, Spalter
Holzstück, schweres Trämel
Holzweg Holzwääg
Holzwurm Borer, Tootenuur, Tootewùùrm
Homosexueller Waarme, Zwätschg
Honig Hunng
Honig, nach ~ riechen, schmecken hünngele
Honig bereiten hunnge
Honig ernten hunnge
Honig-Butterbrot Hunngbroot
Honiggebäck, bestimmtes: Hälibock, Läbchueche, Tìrggel
Honigtopf Hunnghaafe
hoo rufen hoole
hopp hopp
hoppla hoppla
hör! see
horch! st
horchen lose, lösele, lüüschterle
Horcher Löseler
hören ghööre
Horn Horn
Horn, auf dem ~ blasen hörndle, horne, hürne
Hörnchen Hörndli, Nussgipfel
hörnern hörni
Hörnerschlitten Hornschlitte
Hörnerziege Horngäiss
Hornisse Hornuuss
horrend horänd
Höschen Hösli
Hose Hose
Hose, gute Sundighose
Hosenbeinende Hosestooss
Hosenboden Hosefüdli
Hosenklappe Hosebale
Hosennässer Hosebrünzler, Hosesäicher
Hosenrand Punt

Hosenrutschen Hoselätter, Hoseschlotter
Hosenschlitz Hoselade
Hosenschnalle Hoseringge
Hosentasche Hosesack
hüben äne
hübsch nett
hübsch, ziemlich hübschlachtig
hübscher werden hübsche
hübsches Mädchen Hübscheli
Hubschrauber Heli
huckepack tragen chrèèze, chrèèzepuggle
Huf Chlaa, Hueff
Hufeisen Rossiise
Huflattich Meerzeblüemli, Rosshueb
Hüfte Huft
Hügel Bööl, Buck, Büül, Gubel, Hoger
hügelig ghogeret
Huhn Bibii, Huen
Hühnchen Bibeli, Mischtchratzerli
Hühnerauge Ägerschtenaug
Hühnerdarm (Unkraut) Hänitaarm
Hühnerfutter Hüenertribel
Hühnerhabicht Hüenervogel
Hühnerhändler Hüenerträäger
Hühnerhausverschluss Hüenerbale
Hühnerhirse Fäich
Hühnerleiter Hüenerstägli
Hühnermist Hüenerdräck
Hühnertragkorb Hüenerchrèèze
Hülse Hültsch
Hülse der Bohnen Täsche
Hülse der Erbse Chifel
Hülse des Korns Fääse
Hummel Humbel
Hund Bouss, Hund, Hunziker, Wauwau, Wuwu
Hund, brünstiger Lòitsch
Hund, nach ~ riechen hündele
Hündchen Foxli
Hundebastard Schèèreschliiffer
Hundebesitzer Hündeler
Hundefett Hundsschmäär
Hundenamen: Bääri, Finettli, Tachs
hundert hundert
Hundertfrankennote Blaue, Boromiini, Hunderter, Hunderternöötli, Platt
Hündin Fòitsch
Hunger Hunger
Hungergrube beim Vieh Hungergrueb
Hungerleider Hungerliider, Hungerschlucker
Hungerlohn Lumpelööndli
hungrig ghungrig
hupen huupe, tuute
Huperei Huupete
hüpfen gumpe, hopse
hüpfen, leicht gümperle
Hüpfen Gumpete
hüpfend gehen güpfe
Hüpfender Gumpi
hüpfendes Kind Gumpesel
Hüpfer Hops
Hüpfspiel Gumpis, Hüpfis
Hürde Hùùrd
Hure Huer
huren huere
Huren Huerete
hurtig gläitig, raass
huschen wischple
hüsteln hüeschtle, wüeschtle
husten bäcke, chause, hueschte, wueschte, würchle
Husten Bäckete, Bäckhueschte, Bäcki, Bäli, Chaari, Charchli, Chèèrbi, Choderi, Hueschte, Wueschte
Husten, anhaltendes Wueschterei
Husten mit Auswurf Chosli, Choslihueschte
Hut Chübel, Göx, Huet
Hut, auf der ~ (uf em) Giwi
Hut lüften teckle
Hütejunge Hüeterbueb
hüten gaume, hüete
hüten, sich gwaare
Hutkopf Gupf, Huetgupf
Hutkrempe Huetrand
Hütte Hütte
Hyazinthe Glesli
Hygrometer Higromeeter
Hypochonder Sältslig
Hysteriker Hischtooriker

I

ich i, ìch, öiseräins
Ich (als Person) Schö
Idee Idee
Idee, ausgefallene Fùùrz, Vögeli
Idee, verrückte Spinerei
Idiot Idiot
Igel Igel
ihm em, im
ihn e, en, in
ihnen ene, ine
ihr (Pers.-Pron.) er, ir
ihr (Pers.-Pron., Wemf.) ere, ire
ihr (Poss.-Pron.) ire
Ihr, mit ~ anreden ìire
ihretwegen wäg ire
im im
Imker Biilivatter, Imbeler
immer ail, äisder, alewiil, alimaal, amel, tuschuur
immer wieder alipott
Immergrün Imergrüe
immerhin ämel
Improvisation Chüechlete
improvisiert arbeiten chünschtle, zämechüechle
imstande sein möge, vermöge
in i
in den in
Indianerspiel Indiaanerlis
ineinander inenand
infam iifaam
Influenza Fuulänziaa, Imfulänze

infolge ab
Inful Naarenanngli
Ingenieur Inschinöör
inne ine
inne werden erlicke
innen ine
innen hindurch inedure
innenseits inedraa
inner iner
innerer Dienst Iidee
innerhalb inert, under
innerst zinerscht
Innerstes Seel
Insekt Viich
Insektenlarve Wùùrm
Insektenstich Bick
insgesamt chruutis und buutis
instandstellen reperiere
Institut Inschti, Inschtiduut
Instruktionsoffizier Inschter
interessant inträssant
Interesse Inträssi
Internatsschule Pangsionaat
invalid verstùùrchlet
Inventar Pschriibig
inwendig ine, inedure, inefùùr
inzwischen underdes, underzwüschet, zwüschetie
irden èèrdi, ììrdi
irgend etwas näimis
irgendwelcher näiwele
irgendwer näimer
irgendwie näime
irgendwo näime, öppe
Irgendwo Näimike
irgendwo hinauf näimenue
irgendwo hinaus näimenuse
irgendwoher näimehèèr
irgendwohin näimenane, näimehère, näimehii
irregehen verfaare
irren, sich gvrììre, überluege, verììre
Irrenhaus Naarehuus
Irrlicht Zöisler
irrsinnig werden überheie
Italiener Gotthardchinees, Mäiser, Tschingg m., Tschinggeli
Italienermädchen Tschinggeli
Italienisch Itsch, Tschingg s.

J

ja ähä, jä, ja
ja so ehè
Jabot Schabo
Jäckchen Bolero, Jäggli, Schlüttli
Jacke Jagge, Schagett, Spänzer
Jackenkostüm Täjòòr
Jagdgewehr Stutzer
Jagdhund Jaghund
jagen jage, strèèze
Jagen Gfòik, Gjòik, Gränn
Jagen spielen Jagis mache
Jäger Jeger
Jäger spielen Jegeris mache
Jägerberuf ausüben jegere
jäh gèèch, gèèchlige
jäh umfallen flecklige umfale
Jahr Jaar
jähren, sich jaare
Jahresring Jaar
Jahresring, mit engen J-ringen fiin-gjaaret
Jahresring, mit weiten J-ringen grobgjaaret
Jahresversammlung Pott
jähzornig gèèchschützig
jähzorniger Mensch Muni, Füürtüüfel
Jakob Köbi
Jakobstag Jokobi
Jalousie Bale, Brittli
Jammer Jaamer
jämmerlich jäämerli
Jämmerling Chlaagitätsch, Chlaagitrucke, Chlööni, Grochsi, Jaamerchatz, Jaamerchratte, Jaamerchrèèze, Jaamergreet, Jaamertäsche, Jaamertrucke, Mèèggi
jammern chlööne, grochse, jaamere, päischte, weisse
jammervoll gottserbèèrmli, gottsjämmerli
Januar Jäner
Japaner Japanees
Jass spielen jasse
Jassarten: Büüter, Hindersijass, Schaffuuser, Schieber, Schmaus, Zuger
Jassen, andauerndes Jasserei, Jassete
Jasskarten Jass-chaart
Jassliebhaber Jassi
Jassspielender Jasser
Jassspiel Jass
jäten graase, jätte
Jäthacke Jätthaue, Jätthòieli
Jauche Güle, Hüüsligüle, Pschütti
Jauche fahren güle
Jauchefass Gülefass
Jauchegrube Gülechaschte, Pschüttiloch
Jauchekrücke Gülechrucke
Jaucheloch Güleloch
Jaucherückentraggefäss Gületause
Jaucheschöpfer Goo, Güleschüeffi
Jaucheschubkarren Gùlebäne
Jauchetanse Gületause
Jauchetansengestell Gülebock
Jauchetrog Gületraag
Jauchetümpel Gülebützi
Jauchewagen Gülewaage
jauchzen hoole, juuchse
Jauchzen Gjuuchs, Juuchsete
Jauchzer Juuchs, Juuchser
jawohl moll
Jazz Tschèss
Jazzmusik Schranzmusig
je ie
jedenfalls ämel
jeder eniede, iede, jede
je...desto wie...wie
jedweder ietwädere
Jeep Tschiip

jemand äins (äis), näimer, öpper
jemand wie wir öiseräin
jene, auf ~ Art säbewääg
jener dise, säb
jenesmal säbemaal
jenseitig äner
jenseits äne, änefüür, änet, däne, drüberäne, überäne
jetzig iezig
jetzt etz, iez
jeweilen amel, amig
jeweils alimaal
Joch Chääl, Joch
Jochriemen Chäälrieme
Jodelei Jodlerei
jodeln jödele, jodle
Jodeln Jodlerei, Jodlete
Jodler Jodler
Jodlergruppe Jodlerchöörli
Johannisbeere Hansetrüübli, Santehansebeeri, Trüübli, Zanterli
Johanniskraut Johanis-chruut
johlen hoole
Jubel Gamel
Juchart Juuchert
juchhe huppelihuu, juhuu, jupelihee
Jude Jùùd
Judenkirsche Judechriesi
Jüdisch, an J-es erinnern jüdele
Jugend Juget
Jugendalter Juget
Jugendherberge Jugi
Jugendriege Jugi
Juli Hòimonet
jung jung
jung werden junge
junge Leute Jungvolch
Junge Pùùrscht
Junge, ungezogener Jüngel, Strick
jungen jüngle
jungen (Kaninchen) chüngle
jungen (Katze) büsele, chätzle
jungen (Kuh) chalbere
jungen (Schaf) lamere
jungen (Schwein) fèèrle
junger Mensch Sprützer
junger Wein Suuser
Jungfernrebe Rosiindlirääb
Jungfisch Hüürlig
Jungfrau Fròili, Jumpfer
jungfräulich aussehend gjümpferlig
Jüngling Bueb
Jungmannschaft Pùùrscht w.
Jungschwein Jager
jüngst chùùrzli, diemaal
Jüngste der Familie Chlii w.
jüngste Zeit Letschti
Jüngster der Familie Chlii m.
Jungvieh Faselvee, Galtvee
Jungwald Jungholz, Ufwachs, Uufwachs
Juni Braachet, Braachmonet
Jupe Jüppe
Jupon Schüpong
just juscht, juschtamänt
Jute Ambelaasch

K

Kachel Chachle
Kachelofen Chachelofe
Kadaver Chäib, Chog
Käfer Chääfer
Käferleib Chääferfüdli
Kaffee Kafi m.
Kaffee, dünner Blüemlikafi
Kaffee, schlechter Güle
Kaffee trinken käfele
Kaffeebohne Boon, Kafiboon
Kaffeebrotbrocken Kafimöcke
Kaffeegeschirr Kafigruscht
Kaffeegesellschaft Kafichränzli
Kaffeehaus Kafi s.
Kaffeejassspiel Kafijass
Kaffeekanne Kafichante, Kafitiere
Kaffeemühle Kafimüli
Kaffeepulver Kafibulver
Kaffeesurrogat Kafirugel
Kaffeetasse Kafibeckeli
Kaffeetopf Kafihaafe
Kaffeetrinken Käfelete
Käfig Chefi
kahlschlagen abholze
kahmig lind, säiger
Kahn Granse, Kaan, Wäidlig
Kai Ggèè
Kakao Gaggo
Kakaogetränk Schoggimilcheli
Kaktus Kaktuss
Kalb Busel, Chalb
Kalb, männliches Stierechalb
Kalb, weibliches Chuechalb
kalben chalbere
kalbend chalberig
Kälblein Chutscheli, Hutscheli
Kalbsbries Milke
Kalbsmilch Milke
Kaldaunen Chuttle
Kalender Kaländer
Kalk Chalch
Kalkbrennerei Chalchi
Kalkbrühe Chalchi
Kalkbrühe zum Weissen Wiissgi
kalken chalche
kalt chalt
kalt, beissend biisig
kalt, sehr häidechalt, iiszapfechalt
kalt, ziemlich chaltlachtig
kalt werden chalte
Kälte Chelti
Kälte, grimmige Affechelti
kälteempfindliche Person Gfröörlig
kälten chelte
Kamel Wüeschteschiff
Kamel (Zunftname) Chämbel
Kamera Foti m.
Kamerad Gspaane
Kamille Kamile
Kamillenblüte Kamileblüemli
Kamin Chämi
Kaminfeger Chämifääger
Kaminkappe Chämihuet
Kaminmantel Chämischooss

Kaminschoss Chämirassle
Kamm Chambe, Luuser, Richter, Strèèl
kämmen strèèle
kämmen (Wolle) chaarte
Kammer Chamer
Kammerdecke Chamertili
Kampf Kampf, Struuss
Kampfanzug Kämpfer, Kampfsack
Kampfer Gamfer
Kämpfer Kämpfer
Kanapee Kanebee
Kaninchen Chünel, Haas
Kaninchen werfen chüngle
Kaninchenzüchterverein Chüngelizüchterveräin
Kännchen Stiizli
Kanne Chante, Stiize
Kanone Kanoon
Kanonenrohrbürste Kanonebutzer
Kanonier Kanenier
Kante Braame
Kante, abgeschrotete Faase
Kante, auf ~ heben gämpfe
Kanton Kantoon, Staat
Kanton Zürich Züripiet
Kantonsanhänger Kantonees
Kantonsschule Kanti w.
Kantonsspital Kanti m.
Kanzel Chanzle
Kanzlei Chanzlei, Schriiberei
Kapelle Kapäll
Kapitalist, geiziger Zeislipicker
Kappe Chappe
Kapriole Gabrioole
Kapsel Chapsle
kaputt kaboorıs, kabutt
Kapuze Kabuz
Kapuziner Bruedermaa
Kapuzinerkresse Kapiziinerli
Karabiner Karabumser
Karamel Garamell
Karbunkel Charfunkel
karden chaarte
Kardenfabrik Chaartestecki
Karfreitag Charfriitig
karg schmaal
kargen schmùùrzele
kärglich pschnotte
karieren hüüsle
kariert ghuuset
Karo Hüüsli
Karotte Garotte, Rüebli
Karpfenlaus Fischluus
Karren Chaare
Karst Chaarscht, Chròiel
Karstgestell Chaarschthänki
Karte im Spiel Platt
Karten eintauschen hübschere
Kartenrest Stock
Kartenspiel, bestimmtes: Jass, Mariaasch, Panduur, Rams
Kartenspiel (bestimmtes) spielen bänkle, jasse, mariaasche, panduure, ramse
Kartoffel Hèrdöpfel
Kartoffeln ernten hèrdöpfle
Kartoffelblüten Hèrdöpfelbluescht
Kartoffelbrei Hèrdöpfelbappe, Hèrdöpfelstock, Hèrdöpfeltampf
Kartoffelhürde Hùùrd
Kartoffelkeimling Hèrdöpfelchiime
Kartoffelklösse Hèrdöpfelpfnotte, Schnolgge
Kartoffelklötzchen Hèrdöpfelchlötzli, Hèrdöpfelmöckli
Kartoffelkraut Hèrdöpfelstuud
Kartoffelpüree Hèrdöpfelstock
Kartoffelsamen Hèrdöpfelrole
Kartoffelschale Mundierig, Munduur
Kartonagefabrik Kartonaaschi
Karussell Riitschuel, Rössliriiti
Karwoche Chaarwuche
Käse Chèès
Käse, nach ~ riechen, schmecken chèèsele
Käse, zu ~ machen verchèèse
Käseausschnitt Chèèsbisse
Käsebohrer Chèèsborer
Käsebrot Chèèsbroot
Käsekessel Sännchessi
Käsekuchen Chèèswèèe
Käselab Chèèslaab
Käsemilbe Wilme
käsen chèèse
Käser Sänn
Käserei Hütte
Kaserne Gasèrne, Kasèrne
Käsestück Chèèsbörlig, Chèèsmocke, Chèèsschnäfel
Kasperle spielen chäschperle, Chaschperlis mache
Kasse Kasse, Seckel
Kassier Seckelmäischter
Kassier einer Zunft Pflääger
Kastanie Cheschtene, Kaschtaanie, Kaschtüttere
Kastanienbaum Kaschtaanie
Kastanienschale Igel
Kästchen Gänterli, Schatule
Kastell Kaschtäll
Kasten Chaschte, Laad
Kastratenstimme Gèèggistimm
kastrieren schniide
Katarrh Hueschte, Kataar
Katarrhzustand Pfnüslete
Kataster Kadaschter
Kater Mòider, Ròiel
Kater, nach ~ riechen ròiele
Kater, seelischer Seeleschmätter
katholisch katolisch
Kätzchen Büseli
Kätzchen (Koseform) Chräbeli
Katze Busi-Bausi, Busle, Buus, Chatz, Chatzebüsi, Mauggel, Miiggeri, Miiggi, Miiz
Katze, miauende Mausi
Katze, weibliche Chätzleri
Katzengeheul Chatzegschräi
Katzenpfote Chatzetòòpli
Katzenschale Chatzebeckeli
Katzenschwanz Chatzewädel
Katzenurin Chatzesäich
Katzenurin, nach ~ riechen chatzesäichele

Kauderwelsch Chuuderwältsch
kauen chafle, chifle, chöie, maale, mòie
kauen (Kaugummi, Tabak) schigge
kauen, behaglich mòiele
kauen, fletschend chätsche
kauen, langsam chöisle, müffele, mümpfele, mumpfle
kauen, mühsam blöie, munte
Kauen Chöiete
Kauerfangspiel Huurete-Fèèis
kauern huure, schmucke
kauernd höcklige
Kauf Chauff
Kauf, zum ~ einladend chòiffig
Kauf ausfertigen fèrgge
kaufen chauffe, chraame, poschte
Käufer Chòiffer
Kaufladen Verchòifferlaade
käuflich chòiffli
Kauflustiger Chròòmli
Kaufmann Chauffme
kaufmännisch kauffmänisch
kaufmännische Lehre Kaavau
kaufmännischer Verband Kaavau
Kaufpreis Chauff
Kaugummi Chätschgumi, Chöitschgi, Schigg
Kaugummikauender Schigger
Kaulquappe Molechopf, Ross-chopf
kaum bloos, chuum
Kautabak Schigg
Kauz Chnüüs, Chuuz, Fääger
Kauz, drolliger Laggòi
Kavallerie Gawalerii
Kavalleriepferd Äigginoss
Kavallerist Gawalerischt, Rösseler
Kefe Chääfe
Kegel Chegel
Kegelaufsteller Chegelbueb
Kegelformation, bestimmte Chranzjumpfere
kegeln chegle
Kegelschieben Cheglete
Kegelspiel Chegelrììs
Kegelverein Chegelklup
Kehlkopf Bütschgi
Kehrbesen Wüscher
Kehre Cheer
kehren cheere
kehren (mit Besen) wüsche
Kehricht Gschmüder, Güsel, Wüschete
Kehrichtabfuhrarbeiter Chübelmaa, Güselmaa
Kehrichtabfuhrwagen Chübelwaage, Güselwaage
Kehrichteimer Chaatchübel, Chübel, Ghüderchübel, Güselchübel
Kehrordnung Cheer, Huus-cheer
keifen chädere, chäfele, chèèrbe, chifle, chiibe, gòifere, hässele
Keil Bisse
Keil mit Ring Gunte
Keil einschlagen bisse
Keim Chiime
Keime entfernen abchiime
keimen chiime
keiner käin
Kelle Chele
Kelle, mit ~ hantieren chele
Kellenbrettleiste Cheleraam
Kellengestell Chelehänki
Kellenhausierer Chelemaa
Kellenreihe Chelete
Kellensatz Chelete
Keller Chäler
Kellerassel Chälermuus
Kellerei Chälerei
Kellereinrichtung Chälerig
Kellerfensterladen Chälerbale
Kellerzugang Chälerhals
Kellner Chälner
Kellnerin Chälneri, Saaltochter
Kellnerin (Anrede) Fröläin
Kelter Trotte
keltern trucke
kennen käne
kenntnisreich gschickt
Kennzeichen Känzäie
Kerbe Bick, Chlaffe, Chrine, Hau, Hick, Iibuck, Puck
Kerbel Charbängel, Läiterlichruut
kerben hicke
Kerl Brüeder, Chrüsi, Chümi, Fääger, Gsell, Hagel, Kärli, Knoot, Kundi, Mööbel, Patroon m., Poss, Schiggel, Schnuufer, Siech, Tribel, Tuech, Tüp, Wätter m.
Kerl, pfiffiger, wilder usw. siehe pfiffiger Kerl, wilder Kerl usw.
Kerlchen Chnole
Kern Chèèrne
Kern (Kernobst) Sprützelchèèrndli
Kern (Steinobst) Stäi
Kern herausschälen erchèèrndle
Kerngehäuse Bütschgi
Kerze Cheerz
kerzengerade cheerzegraad
Kerzenstumpf Cheerzestümpli
Kessel, grosser Chessi
Kesselflicker Chessler, Chesslerwaar, Lööter
Kette Chette, Chräleli
Kettenhebelzug Waldtüüfel
Kettenspiel Chettefangis
Kettenstich Chettestììch
Ketzer Chätzer
keuchen chaare, chääre, charchle, chiiche, chrächze, läle, päischte, pfnèèchse, pfnuchse, schnuufe
keuchen, zu ~ aufhören verpfnèèchse
Keuchen Chaarete, Chiichi, Gchaar, Gchiich
Keuchender Chiichi
Keuchhusten Chiichwueschte

Keule (Fleisch) Schlegel, Stotze
Kicherer Gigelisuppe
kichern chitzere, gigele, pfnuttere
Kiebitz (Vogel) Gifitz, Giiritz, Giwix
Kiefer m. Chifel
Kiefer bewegen chifle
Kiefer w. For
kiefern fòri
Kiefernholz Chie
Kiel für Hobeleisen Chiidel
Kielraum Löösi
Kienholz, von ~ chienig
Kienholzruss Chieruess
Kienspan Chiespaa
Kies Chììs, Grie
Kiesel Chisel
kieseln griene
Kieselstein Bole, Chiselbole, Chislig, Chugelstäi, Schifere
kiesig chììsig, grienig
Kieskarren Chììsbäne, Griebäne
Kiessieb Chììsräche, Gatter
kikeriki güggehüü, güggerüggüü
Kilobrot Zwäipfünder
Kilogramm Kilo
Kind Chind, Chliises, Chnopf, Chnöpfli, Goof, Gschöpfli, Pleger, Pùùrscht m., Stümperli
Kind (Kosewort) Bündel, Chräbeli, Möözli, Muus
Kind, dickes, kleines usw. siehe dickes Kind, kleines Kind usw.
Kind, im Rausch gezeugtes Ruuschchind
Kinder Junge
Kinder, nach kleinen Kindern riechen chindele
Kinderbett Bettli, Chindebett, Güütschli
Kinderesstischlein Chatzetischli
Kindergarten Chegelischuel, Chegi, Chindergaarte, Chindi, Gvätterlischuel, Gvätti, Häfelischuel
Kindergartenschüler Chegelischüeler, Chindergèèrtler, Gvätterlischüeler, Häfelischüeler
Kindergärtnerin Chegitante, Fröläin, Fröli, Gvättitante
Kindergebetlein Chindebättli
Kindergeschirr Gschììrli
Kindergeschrei Gsang
Kindergesicht Gfrèèssli
Kindergewimmel Chindegräbel
Kindergottesdienst Sundigschuel
Kinderkleidchen Röckli
Kinderkleider Chindersache
Kinderlehre Chindi
Kindermundtuch Lätzli
Kinderpuder Fudipuuder
Kinderschlitten Chue, Gäiss
Kinderschreck Böölimaa, Obertilimòider
Kinderschürze Schappert
Kindertante Gluggere
kindisch bääbelig, bubelig, chindelig, chintli, chintsch, gchindelig
kindisch sich benehmen bääbele, chindele
kindisch werden verchinde
kindisches Benehmen Büebelei
Kindheit, von ~ an (vo) Chindsbäi
kindliche Sprache Titti-Tatti-Spraach
Kinn Chini
Kinngrübchen Grüebli
Kippe Gnepfi, Kippi
kippen gnepfe, überbocke, übergämpfe, übergnepfe
Kippkarren Gnepfbäne
Kirche Chile
Kirchenbank für Trauerleute Läidbank
Kirchenbehörde Chilepfläág
Kirchenbote (Zeitschrift) Chilepott
Kirchendachraum Chilehimel
Kirchendecke Himleze
Kirchengesangbuch Chilebüechli
Kirchengestühl Chilegstüel
Kirchenpflege Chilepfläág
Kirchenpfleger Stillständer
Kirchenschiff Schiff s.
Kirchenschiffteil Chöörli
Kirchensteuer Chilestüür
Kirchenstuhl Öörtli
Kirchenstuhl für Trauerleute Läidstuel
Kirchenuhr Chileziit, Ziit s.
Kirchgänger Chilelüüt, Chiler
Kirchgemeindeblatt Chileplettli
Kirchhof Fridhoof
Kirchturmdach Hälm
Kirchturmuhr Chileziit
Kirchweih Chilbi
Kirsch Chriesiwasser
Kirschbaum Chriesibaum
Kirschblüte Chriesibluescht
Kirschblütezeit Chriesiblüet
Kirsche Chriesi
Kirschen pflücken chriesele, chriesne
Kirschenbrei Brägel, Chriesibrägel, Chriesimues
Kirschenernte Chrieset
kirschengefärbte Lippen Chriesimuul
Kirschenhaken Chriesihaagge
Kirschenkonfitüre Chriesihunng
Kirschenkorb Chriesichratte
Kirschenkuchen Chriesiwèèe
Kirschenzeit Chrieset
Kirschkern Chriesistäi
Kirschkernbeisser Chèèrnebicker
Kirschkernensack Stäisack
Kirschwasser Chriesiwasser, Kirsch

Kissen Chüssi, Pfulme
Kissenbezug Aazùùg, Chüssizieche, Gfess
Kiste Chischte
Kitt Chütt
Kittel Chittel, Chutte, Schoope
kitten chütte
kitzeln chräbele, chrüsele, chützle, mugere
kitzlig chützlig
Kladde Sudel
klaffen chlaffe, gine, göffle
kläffen bäffzge, bauze
Kläffer Bäffzger, Bäli, Bauzer
Klafter Chlaafter
Klafter, zum ~ stapeln chlaaftere
klagen chlaage, chlööne, gnèègge, gramòise, jaamere, jòòmerle
Kläger Chleger
kläglich eeländ
Klammer Chlamere, Haft
Klappe Chlappe
klappen chlappe
Klapper Chlappere, Rätsche, Vogelrätsche
klapperdürr chringeltùùr
klappern chlappere, näggele, rätsche, schättere, tschädere
klappern (Zähne) bäppere
Klappern Gchläpper
klappernd gehen stögele
Klappertopf Chlaffe
Klappladen Schalusii
Klapptüre Laade
klar chlaar, glanz, häiter, häl, klèress, luuter
klar werden taage
klären lüütere
klarer Nachthimmel Glanz
Klarinette Gglarinett
Klasse Klass
Klassentreffen Klassenaabig
Klatsch Baasete, Chlatsch, Rätschete
Klatschbase siehe Schwätzerin
klatschen briefle, chlatsche, rätsche, täfele, tätsche, verhächle
Klatschen (Schläge) Tätschete
klatschend aufschlagen blädere
Klatscherei Rätschete
klauben chlüübe
Klauber Chlüübi
Klauberei Chnüüblerei, Chnüüblete
Klaue Chlaa, Chlaape
klauen abhänke, schnäiffe
Klaus Chlaus
Klavier Klaföifi
Klavier, altes Chlimperchaschte, Rumpelchaschte, Schättere, Schätterichaschte
Klavierstunde Klavi
kleben chlääbe, chlòibe
klebrig gchläbrig, tanggig
klebrig sein bappe
klebrige Pflanze Chlääbere
Klebrigkeit Haarzete
Klebstoff Chlòib, Chlòibi, Gumi
Klebstreifen Chlòiberli
klecken patte
Klecks Schlaarp, Schlììrp, Schlììrplig, Tintetolgge, Tolgge
klecksen tolgge
Klee Chlee
Klee mähen chleene
Klee säen chleene
Kleid Chläid, Faane, Gruscht, Gwand
Kleid, hübsches Chläidli
Kleid, in zu weitem ~ stecken flotsche
Kleidchen Fäändli
Kleider füttern füetere
Kleiderfalte Fald
Kleiderfutter Fueter, Füeteri
Kleiderhäkchen Häftli
Kleiderlaus Bruederluus, Gwandluus
Kleiderputz Butz
Kleiderschrank Schiffenèèr
Kleiderständer Chläiderständer
Kleidung Aaleggi, Gchömm, Ghèès, Gwand, Kluft, Mundierig, Ruschtig, Tönü
Kleidungsstück, enges Strüpflig
Kleie Chrüsch, Grüsch
Kleie, mit ~ spielen grüschle
Kleiebrühe Chrüschlappete
klein chlii, lützel, verniffe
klein (in Ortsnamen) chläi
klein, etwas chliilachtig
klein beigeben ritteriere
klein gespalten räin
klein gewachsen chliiwüchsig
klein werden chliine
Kleinbauer Chüngelipuur, Gäissepuurli, Püürli
Kleinbürger Bünzli
Kleine w. Chlii w.
kleine Frau Fröili, Schudel, Tuntle
kleine Person Boon, Grüpf, Moli, Zùùrzirugel
Kleiner Chlii m.
kleiner Mensch Chüüderli, Muger, Mützger, Tuchel
kleiner Ort Dräckkaff, Dräcknäscht
kleiner werden abnèè
kleines Kind Fucker, Lumpetäschli, Mutschli, Näärli, Pfüder
kleines Mädchen Fröschli
Kleingebäck Chròòli, Chüechli
Kleingebäckbacken Guetslete
Kleingeld Münz, Spòiz
kleinhacken verchliinere, verhacke, vermache
Kleinhandel betreiben chròòmere, grämple
Kleinheit Chliini
Kleinigkeit Chliinikäit
Kleinigkeitskrämer Hälsligschaaber
Kleinkind Höderli, Hodli
Kleinkram Grünggelwaar, Grünggelzüüg
Kleinkrämer Meerzeler

kleinlaut tuuch
kleinlich änggächst, gnisselet, lumpig, minggelig, niggelig, nisselig, pinggelig, schäbig
kleinlich arbeiten bröösmele
kleinlich sein gniischte, nissele
kleinlicher Mensch Fisigugg, Rappespalter, Tüpflischiisser
kleinliches Getue Tüpflischiisserei
kleinliches Tun Bitzelete
Kleinmotorrad Pfupf, Töffli
kleinmütig tèèggelig
Kleinod Chläinet
Kleinrentner Zeislipicker
Kleinski Rutscherli
Kleinvieh Fasel
Kleinwagen Autööli
Kleister Määlbappe
Kleisterei Chlòìbete
kleistern bappe
Klemme Chlämi
klemmen chläme
Klemmzange Chluppe
Klempner Spängler
Klempnerei Spänglerei
Kleophea Chlefe
Klette Chlääbere, Chlätte
Klettenfrüchte Chlääblüüs
Klettenkerbel Bange
Kletterei Chläderete, Chräsmete
Kletterer Chräsmer, Stäägeri
kletterfreudiges Kind Chräsmi, Stäägeri
klettern chlädere, chräsme, stäägere, stigle
Klettgau Chläggi
Klevner Wein Chläävener
klimpern chlämpere, chlimpere, klavierle
kling gling
Klingel Lüüti
Klingelbeutel Chileseckli
klingeln schäle, schälele
klingen chringle, tööne
Klinke Tùùrfale
Klinke, an ~ rütteln fale, fälele
Klinkhaken Hauche
klirren chessle, chringle, schättere, tschädere
Kloben Chlobe
klopfen bämbere, blöie, boppele, bumbere, chlopfe, tottere
klopfen, leicht chlöpfle, töggele, tötterle
klopfen, leise böpperle
Klopfer Chlopfer
Klopfstein Chlopfstäi
Klöppel Chaal, Tüntel
Kloss Pfnott w.
Kloster Chlooschter
Klosterbruder Brueder
Klostergebäck, bestimmtes Chlooschterchrṑṑpfli, Nunechrṑṑpfli, Nunefùùrzli
Klotz Chlotz, Ploch, Totz m.
Klötzchen, in ~ schneiden chlötzle
klotzig chlobig
Klub Klup
klug gschiid
klügeln tüftle
Klümpchen Grützeli, Rützeli
Klumpen Chlumpe, Flaarz, Schole
Klumpen am Schuh Stögeli, Stole
Klumpfuss Tollfuess
knabbern chafle
Knabbern Chaflete
Knabbernder Chafli
Knabe Bubi, Bueb
Knabe, der Mädchen nachläuft Chindeschmöcker
Knabe in den ersten Hosen Hosli
Knabe, kleiner Chnobli, Hosebueb, Stinkchèès
Knabe, sich wie ein ~ benehmen buebe, büebele
knabenhaft büebelig
knabenhaftes Mädchen Buebemäitli
Knabenschiessen Chnaabeschüüsse
Knackkirsche Chlöpferchriesi, Chneler
Knall Chlapf, Chnaal, Knall, Pfütz
Knall auf Fall rätsch-päng
knallen bülvere, chììse, chlöpfe, chnele, pülvere, tätsche
Knallen, anhaltendes Chlöpfete, Gchlöpf
knallende Pflanze Chlöpfer
Knallerei Chlöpferei
Knallspielzeug Chlöpfe, Chlöpfere
knapp blööd, bloos, chuum, gschnotte, prise, pschnotte, schmaal, trang
knapp bedeckend pödelet
knappern chafle
Knappern Chaflete
Knappernder Chafli
knarren chroose, gaare, giire, schnaarze
Knarren Giirete
knarrend giirig
Knäuel Binggis, Chnuupe, Chrugel, Chrugele, Chrungele
Knäuelgras Chräleligraas
knäueln chrugele
Knauser Chnoorzi, Gibisnüüt, Gniischti, Rappespalter, Schèrgeri, Schmùùrzeler
Knauserei Chnoorzete
knauserig gchnoorzig, gniipig, gnisselet, gschmùùrzelig, lumpig, nisselig, phebig, schmaal, schmùùrzelig
Knauserin Schèrgere
knausern chnoorze, giite, gniischte, schargere, schmùùrzele
Knebel Bängel, Brügel

knebelmelken chnödle, chnödlige mäle
Knecht Chnächt
Knechte Dienschte
kneifen chlime, chluppe, chlüübe, zwicke
Kneifen Chlupp
Kneifzange Biisszange, Chluppe, Chlupper
Kneipe Pint, Spunte
Kneipe, schlechte Stinkbäiz
knetbar gchnättig
kneten chnätte, toorgge, verschaffe, würke
kneten, scherzend vernudle
Kneten Chnätterei, Chnättete, Gchnätt
Knickerbockerhose Chegelfänger
Knie Chnüü
Kniebeuge Chnüübüügi
Kniehose Bluderhose
knien chnöie, chnüüle
kniend chnöilige, chnüündlige
Knieriemen Chnüürieme
Knierutscher Chnüüschliiffer
Kniescheibe Chnüüschiibe
Knieschützer Chnüüblätz
Kniestrümpfe Chnüüsi
knietief chnüütüüff
Kniezittern Chnüüschlotter
Kniff Voortel
knifflig nifelig
knifflige Aufgabe Zirklete
Knipsschloss Schlössli
Knirps Bingg, Bodehock, Chnìrps, Knäisel, Pfösi, Pfüdi, Späck, Strupf, Strüpflig, Tuchel
knirschen chììrsche, chììrse, chroose, giire
Knirschen Gchroos, Giirete, Giiri
knirschend giirig
knistern braschle, chroose
knisternd chnischterig
knittern rumpfe
Knoblauch Chnobli
Knoblauch, nach ~ riechen chnöbele
Knoblauchgeschmack Chnobliguu
Knoblauchzehe Chnoblizingge
Knöchel Chnode
Knochen Bäi, Chnoche
Knochen entfernen erbäindle
Knochenmark Chnochemaargg
Knochenzugabe Fläischbäi
knöchern bäini
Knöllchen Grützeli, Ribeli, Rützeli
Knöllchen, voll ~ rützelig
Knollen Bole, Chnole, Schnolgge
knollig bolig
Knonauer Amt Söiliamt
Knopf Chnopf
Knopfkreisel Formtrüle
Knopfschachtel Chnopftrucke
Knorpel Chrööschpel
knorpelig chrööschpelig
Knorren Chnotter
knorrig chnotterig
Knospe Bäärbole, Bole, Chnopf
Knospen Blueschtbole
Knospenansatz Aug
Knötchen im Gewebe Chnole, Püggel
Knoten Chnode, Chnopf
Knoten an Halmen Gläich
Knotenart Schwaabelätsch
Knotenblume Flittersche, Meerzeglöggli
Knotenende Schlünzlig
Knotenstock Chnotterstäcke, Chnüttel
knotig aschtig
knüpfen chnüpfe
Knüpffaden Chnüpf
Knüpffadenspule Chnüpf
Knüppel Chnüppel, Chnüttel, Prügel
Knüppeldamm Brügelwääg
knurren chnure
Knurriger Chnuri
knusperig chnuschper
Koch Choch
Kochbuttertopf Ankehaafe
köcheln chȍchele, chȍcherle
kochen choche, chȍchele, chȍcherle
Kocherei Chocherei, Gchöch
Kochgeschirr des Soldaten Gamäle
Kochgut Chochete
Kochherd Hèèrd
Köchin Chȍchi
Kochlöffel Chele
Kochmenge Chochete
Kochtopf Haafe
Köderfisch Laugeli
Koffer Gufere
Kognak Goniagg
Kohl Chööl
Kohlacker Chabisblätz
Kohlblätter abbrechen chööle
kohlbrennen chole
Kohle Chole
Kohlenlieferant Cholemaa
Kohlenmeiler Choolhuuffe
Köhler Chölener
Kohlestück Chool
Kohlhacker Chabishächler
Kohlherz Chabishèèrzli
Kohlkopf Chabishȍiptli, Chabistschüderli
Kohlkopf, verkümmerter Schübeli, Schuder
Kohlrabi Cholraab, Choolrèèb, Obenuufchoolraab, Oberchoolraab
Kohlraupe Chabiswùùrm
Kohlroulade Chruutwickel
Kohlstrunk Chabisstùùrz
koitieren vogle
Koks Gox
Kolben Cholbe
Kollege Koleeg
Koller Cholder, Cholderi
kollerkrank cholderig
kollern blodere, chugele, gudere
Kollern im Magen Rumplete

Kollo Ggoli s.
kölnisches Tuch Chöltsch
Kölnischwasser Ottegolooni
Kolophonium Kalefuuni
kolossal kolessaal
Kölsch Chöltsch
Komet Kumeet
Komfort Kumfort
Kommandant Kumidant
kommandieren kumidiere
kommen choo
kommen, unerwartet inetroole
kommen lassen pschicke
Kommissar Kumissèèr
Kommission Kumissioon
Kommode Kumoode
Kommodenschublade Kumoodetrucke
Komödie Kumedi
Kompanie Kumpenii
Kompaniekommandant Äinhäitskomandant, Alt, Kadi
kompetent kumpitänt
Kompetenz Kumpitänz
kompliziert kumpliziert
Kompost Kumposcht
Kompott Kumpott
Kompresse Überschlaag
Konditor Kondiiter, Zuckerbeck
Konditorei Chròòlilaade
kondolieren kundeliere
Kondom Pariiser
Kondukteur Kundi, Kundiktöör
Kondukteuranwärter Aschpirant
Konfekt Kumfäkt
Konfektion Kumfäkzioon
Konferenz Kumferänz
Konfirmand Kumfirmand, Phöörbueb
Konfirmandenkleid Phöörgwand, Phöörgwändli, Phöörrock
Konfirmandenunterricht Komf, Pfaffi, Underwiisig
Konfirmandin Kumfirmandin, Phöörmäitli
konfirmieren kumfermiere, phööre
Konfitüre Gomfitüüre, Gumfitüüre, Hunng
Konfitüre bereiten hunnge
Konfitüre, zu ~ verarbeiten verhunnge
Konfitürebrot Gomfibroot
konfus kumfuus
König Chüng, Chüngel, König
Konkurs Falimänt
Konkurs machen faliere, verjage
können chöne, möge
konsequent kunsiquänt
Konservatorium Konsi s.
Konsumladen Konsi m., Kunsuum
Konto Kunte
Kontor Kuntoor
konträr kunträär
Kontrolle Kuntrole
Kontrollzeichen Maal
Konzert Kunzèrt
Kopf Bìir, Blaaterechopf, Blaateregrind, Büchs, Chabis-chopf, Chopf, Chùùrps, Grind, Haupt, Näggel, Nüschel, Öpfel, Sagmäälstübli
Kopf des Kohls, Salates Haupt
Kopf bilden chöpfle, hòiptle
Kopfbedeckung Kabüzli, Teckel
köpfen chöpfe
Kopfende Chopfete
Kopfende des Ackers Aahaupt, Fürhaupt
kopfförmig chöpfig
kopfgross chöpfig
Kopfhaut Haarbode
Kopfnuss Chopfnüssli
Kopfsprung Chöpfler
Kopfsprung (auf Bauch) Büüchler, Ränzler
Kopfstoss Chöpfler
Kopftuch Schlòiffli, Stuuche, Wuliwuu
kopfüberstürzen überbocke, überbürzle
kopfvoran chöpflige
Kopfwärmer Chopfpariiser
Koppel Chuppele
Korallenkügelchen Chrale
Korb Choorb, Chratte, Schiner, Zäine
Korb (aus Weidengerten) Bändlizäine
Korb für die Zwischenverpflegung Znüünichoorb, Znüünichratte
Korber Zäinemacher
korbflechten choorbe, chrättle
Korbflicker Zäineflicker
Korbhausierer Zäinemaa
Korbmacher Choorber, Zäinemacher
Korinthe Rosiindli
Korken Zapfe
Korkenzieher Zapfezier
Korkgeschmack im Wein Zapfeguu
Korn Choorn, Graan
Korn am Gewehr Mugg
Kornbehälter Fruchtchaschte
Kornelkirschbaum Tierlibaum
Kornelkirsche Tierli
Körner bilden chèèrne
körnig ggrützelet
Kornkammer Fruchtchamer
Kornrade Ratte
Körperglied Glìid
Korporal Kaperaal, Korpis
Korrespondenz Kori
korrigieren kurigiere
Korsett Gursett
kosen schätzele, schmuuse
Kosewörter: Chäibli, Chröttli, Schlufi, Schnägg, Tüüfeli
Kosewörter für Kind: Bündel, Chräbeli
Kosewörter für Knabe: Schiissbueb, Schiissbüebli

Kosewörter für Mädchen: Schiiss-chind, Schiissmäitli
Kost Choscht, Ordinèèri
Kost, in ~ geben verchoschtgälte
kostbar choschper, choschtli
kosten choschte
kosten (Geschmack) chuschtiere, erchiese, erchuschte, probiere, versueche
Kostgeberei Choschtgängerei, Choschthuus
Kostgeberei-Inhaber Choschtlöffel
Kostgeberin Choschtfrau
Kostprobe Probiererli, Versuecherli
Kostprobe machen uus-chuschtiere
Kot Chaat
Kot (auf der Strasse) Blüder, Chnootschete
Kot (aus dem Darm) Fuer, Gagg, Gaggi, Lätter, Lätterete, Schiiss, Stuel, Trucker
Kot des Wildes Loosig
Kot, im ~ gehen chaate
Kot, mit ~ spielen chòòtle
Kotelett Gotlett
koten Äággi mache, bölele, bööndle, chegle, fuere, gagge, gaggele, hofiere, pfunde, schiisse, stuele
koten, dünn blüdere, lüttere
Kotfleck Flaarz, Pflaatsch m.
Kothaufe Schiissdräck, Schiisshuuffe
kotig (Erde) bodeloos
Kotkarren Dräckbäne
Kotklumpen Runtschele
Kotlachen bilden blüdere
Kotspritzer Sprutz, Sprützlig
krabbelig graapelig
krabbeln chräsme, chrosle
Krach Chlapf, Chrach, Chrachete
krachen bume, chlöpfe, chrache
krachen, leicht chrächele
krächzen gwaagge, rätsche
krächzende Stimme Schèèrbelistimm
Krächzender Chrèèchzi
Kraft Chraft, Gwalt
Kraftanstrengung Rung
Kräfte messen paschge
kräftig fescht, handfescht, sträng
Kraftleistung Chraftstuck
Kragen Chraage, Göler
Kragen, beim ~ (am) Chrips
Kragenknopf Chraagechnöpfli
Krähe Chrèè, Gwaagg
krähen chrèèe
Kralle Chlaa, Chrale, Chròiel
Krallen sehen lassen hòòggle
Kram Chraa, Züüg
Kram, alter Ruschtig
Krämer Chròòmer
Krämer spielen Chròòmeris mache
Krämerin Chròòmeri
krampen grampe
Krampf Chrampf
Krämpfe Gicht
Kran Chraane, Graane
krank chrank
kranke Stelle Näscht
kränkeln chränkle, grungge, gruupe, maugge, muudere, schudere, sèèrble
kränkelnd muudrig
kränken piggiere, zläidwèrche
Krankenhaus Asiil, Spitaal
Krankenpfleger Pflääger
Krankensüppchen Milchsüppli
Krankheit Chranket, Noot, Sucht
Krankheit an Pflanzen, bestimmte: Brand, Bräner, Fläck
Krankheit des Steinobstes, bestimmte Borer
kränklich chränkli
kränklicher Mensch Muuderi
Kränklichkeit Chrenkni
Kranksein Chrenkni
Kranz Chranz
Kränzchen Schäppel
Kränze winden chranze, schäpple
Kranzgebäck Äierchranz
Krapfen Chròòpfli
Kratzeisen Chratzer, Chratziise, Chretzeli, Chretziise, Scharer, Schore, Schorer
kratzen chräble, chratze, chretze, chròile, schabe
kratzen, leicht chräbele
Kratzen Chräblerei
kratzend gchritzlig
kratzendes Kind, Tier Chräbli
Kratzer Chratz, Chretz
Krätzer Chretzer
Kratzfuss Scharis
kratzlustig gchretzig
Kratzwerkzeug Schaab, Schabe, Schaber
Kratzwunde Chräbel, Chräbeli
krauen chräbele, chratze
kraulen chròiele
kraus chruus, gchruuse, grölelet, grublet, grüblig, rublig, struub
kraus machen chrüüse
Krause Chruuse
kräuseln chrangle, chrüüse, rölele
kräuseln, sich chrüsele
Kraushaar Chrusel, Rubel
Krauskohl Fäderechruut
Krauskopf Chruselchopf, Chruselgrind, Chrusli
Kraut Chruut
Kraut, allerlei Chruutete
Krautblätter abbrechen abchruute
Kräuterhausierer Chrüütler
Kräuterhausiererin Chrüüterfraueli

Kräuterkäse Ziger
Kräuterkenner Chrüütermandli
Kräuterkennerin Chrüüterfraueli
Kräuterliebhaber Chrüüteler
Kräuterschnaps Chrüüter
Kräuterteemischung Blüemlithee
Krautgarten Chruutgaarte
Krauthobel Chabishobel, Hächle
krautig chruutig
Krautkuchen Chruutwèèe
Krautsieb Chruutsieb, Chruutsiene
Krawatte Grawatt
Krawatte, querliegende Flüüg
Krebs Chräps
Krebse fangen chräpse
Krebsschere Chräps-chluppe
Kredit Puff m.
Kredit, auf ~ (uf de) Chnebel, (uf) Deis
Kreide Chriid
Kreidemehl Chriide
Kreiderinne an Wandtafel Chriidechängel
Kreidestumpf Chriidestumpe
kreideweiss stuuchebläich
Kreis Chräis
kreischen giixe, gȍisse, gwiixe, schnaarze, weisse, wiichse
Kreisel Suri
kreiseln surle
Kreissäge Chräissaagi
Krem Grèème
Kresse Chressech
Kreuz Chrüüz
kreuzen chrüüze
Kreuzjass Chrüüzjass
Kreuzkraut, gemeines Chnüübräch
Kreuzkröte Taatscheri
Kreuzstich Chrüüzlistìch
Kreuzstiche machen chrüüzle
kreuzweise übereggs
Kribbeln Chriblete
kriechen chrable, chräsme, chrüüche, flädere
kriechende Pflanze Bodehock
kriecherisch tun chatzepuggle
Krieg Chrieg
Kriege Chriegete
Krieger spielen Chriegerlis mache
Krinoline Chrineliine
Krippe Chrüpf
Krippenloch Baarelucke
kriseln schèèrbele
Kritikaster Bicki, Gaarnüüteler, Niggeler
kritische Bemerkung Schlängge
kritteln näggele
kritzeln chrible, chritzle
Kroki Groggi
krokieren groggiere
Krokodil Chrokodìil
Krone Chroon
Kropf Chropf
kropfig mauchig
Kröte Chrott, Taasch
Kröteneingeweide Chrottechröös
Krücke Chrucke, Stülze
Krückengänger Stülzi
Krug Chrueg, Chrusle, Stiize
krumm chrumb, ugraad
krümmen ränggele
krümmen (Rebschosse) boge
krümmen, sich chrümbe
Krümmen Ranggete
Krümmung Buck, Chrumb, Schnaarz
Krupp Grupp
Krüppel Chrüppel
krüppelhaft eeländ
krüppeliger Baum Stüchel
Kruste Brootrȍift, Fääl, Rinde, Rȍiff, Ruume
Kruste auf Wunde Rìif
Kübel Gelte
Küche Chuchi
Kuchen Chueche
Kuchen, kleine (im Fett) backen chüechle
Küchenausrüstung Chuchiruschtig
Kuchenbacken Chüechlete
Küchenchef Chuchitiger, Scheff
Küchengewächs Chruut
Küchenjunge Chuchipùùrscht, Kasserolié
Küchenkleider Chuchiruschtig
Küchenlappen aus Kupfer Chupferblätz
Küchenmädchen Chuchimäitli
Küchenmagd Chuchibutz
Küchenpersonal Chuchitraguuner
Kuchenrand Pöörtli, Wèèerȍiff
Küchenschabe Schwaabechääfer
Küchenschelle (Pflanze) Chuchischäle, Ooschterbluem
Küchenschnüffler Chuchimȍider, Chuchischmöcker, Chuchischnȍiggi
Küchenschrank Almääli, Chuchichaschte, Schafräiti
Küchenschürze Chuchischooss
Küchensieb Chruutsiige
Küchenzwiebel Böle
Kücken Bibiili
Kuckuck Gugger
Kuckuckslichtnelke Schlotterhose
Kuckucksspeichel Gugguspȍiz
Kuckucksuhr Guggerziit, Guggu-Uur
Kufe Stande
Küfer Chüeffer
Küferhandwerk betreiben chüeffere
Kugel Chugle
Kugelbirne Chugelibȉir
Kügelchen Chügeli
Kügelchen, mit ~ spielen chügele
kugelig chugelig

kugeliger Gegenstand Chnuupe
kugeln chugele
Kugelschreiber Chugelschriiber, Chugi
Kuh Chue, Loobe, Loobeli
Kuh, keine Milch gebend Galtchue
Kuh nach dem Kalben Chalberchue
Kuh, spätträchtige Ziitchue
Kuhfladen Chuedräck, Chuetätsch
Kuhhirte Chüejer
kühl chuel, frisch, gfröschtelig
kühl werden chuele, verchuele
Kühle Chüeli, Frischi
kühlen chüele
Kühler Chüeler
kühler werden frische
Kühlschrank Chüeler, Iis-chaschte
kühn küen
Kuhschelle Plumpe
kuhwarm chüewaarm
Küken Fuck
Kümmel Chümi
Kümmel, wilder Ross-chümi
Kümmelkuchen Chümiwèèe
Kummer Chumber
Kümmerling Schnùùrpfli, Sèèrbel, Sèèrblig
kümmern, sich chümbere
Kumpan Kumpaan
Kumt Kumet
Kunde Chund
Kundenbesuch Pischte
kündigen chünde
Kundschaft Chundsami, Chundschaft
Kunkel Chouchle
Kunst Chunscht
Künstler Chünschtler
künstlich chünschtli
Kupfer Chupfer
Kupferkessel Chupferchessi
kupfern chüpferi
Kupferschmiede Chupferschmitte
Kupferzuber Chupferchessi
Kupierzange Löchlizange
Kupon Gupong
Kuppe Gupf
Kuppel Chupple
Kur Kuur
Kur, strenge Rosskuur
Kur machen kuure
Kurbel Schwibele, Schwirbel, Schwirbele
Kürbis Chùùrps, Maluune
kurieren toktere
Kurorte besuchen küürle
Kurpfuscher Gütterlitokter
Kurs Kurs
Kursschiff, kleineres Schwalbe
Kurve Chrumb, Chrümbi, Rank
Kurve nehmen ränke
kurz chùùrz
kurz angebunden bauzig, gschnueperig, mupf
Kürze Chùùrzi
kurze Strecke Güggelsprung
kurze Zeit Güggelsprung
kürzen chùùrze, chùùrzer mache, stutze
kürzer werden chùùrze
Kurzfutter Chùùrzfueter
kürzlich chùùrzli, letschti
kurzsichtig übersüünig
Kurzstielkirsche Chùùrzstiiler
Kurzware chùùrzi Waar
kurzweg numènds
Kuss Chuss, Schmutz
küssen Chuss gèè, verschläcke, verschmatze, verschmützle
Küssen Abschläckete, Gschläck
Küster Sigrischt
Kutschbock Schèèsebock
Kutsche Guutsche, Schèèse
Kutscher Guutschme, Guutschner
Kutschersitz Bock
kutschieren gutschiere
Kutte Chutte
Kuttelmetzger Chuttler
Kutteln Chuttle
Kuttelstück Chuttlefläck
Kuttlerei Chuttlerei
Kuvert Guwèèr

L

Lab Chèèslaab, Laab
Labkraut Chlääb
Labmagen Laabmaage
Lache Flooz, Gfletsch, Schwetti
Lächelnder Lächler
lachen gigele, lache, schale
lachen, schadenfroh chitzere
lachen, sich zu Tode vergigele
lachen, spöttisch hotzle
lachen, unterdrückt pfnuttere
Lachen Lachete
Lachen, zum ~ reizen lächere
Lachender Lachi
lächerlich glächerig, gspässig
lächerlich vorkommen lächere
«Lachsuppe» Gigelisuppe
Lack Lagg
lackieren laggiere
Lackschuhe Laggschue
Lade Laad
Lade am Webstuhl Laad
Ladegabel Furgge
laden brittle, laade
Laden Laade
Ladenhüter Laadegaumer
Ladentisch Korpus
Lader Laader
Ladung Feert, Fuer, Laadig, Ledi
Ladung, blinde Bapiirschüblig
Lafette Lafeete
Laffe Ginöffel, Löffel, Schnuderbueb, Schnüderlig, Schnudernaase
Lage Laag, Leggete
Lage Getreide Traasch
Lager Gliger

Lagerbalken Ligerig
lagern laagere
Lagerraum Grääch, Spiir
Lageskizze Groggi
lahm laam
lahm sein laame
lahm werden laame, verlaame
Laich Läich
laichen läiche
Laichkraut, schwimmendes Chrääb
Lakai Laggòi
Lakritze Bääredräck
lallen bröötsche, laale, plòiderle, töderle
Lama Laama
lamentieren lamäntiere
lammen lamere
Lampe Ampele, Lamp
Land Land
Landarbeiter Wèrchme
Landbub Landbueb
landen lände
Landgasthof Landbäiz
ländlich läntli
Landmädchen Landmäitli
Landpomeranze Landbumeranz
Landrover-Auto Landsgi
Landschaft Land, Puureland
Landsgemeinde Landsgmäind
Landsmann Lands-chraft
Landstreicher Kundi
Landstreifen Joo
Landestelle Ländi, Schiffländi
Landwirtschaft betreiben puure, püürle
Landwirtschaftszone Puureland
lang lang
lang, ziemlich langlachtig
Langbaum Langwììd
langbeiniger Mensch Stoggeli, Storchel, Stùùrchel
Länge Lengi
lange Beine Stelzebäi
langer Mensch Räigel, Stängel, Wulcheschùùrger
länger werden lange
langsam gèèggelig, gmaach, lamaaschig, langsam, taachtig; vgl. auch unter arbeiten, gehen
langsam sein tèère, tèèrle
langsam werden langsame
langsamer Arbeiter Chnoorzi, Liiri
langsamer Mensch Frùegnueg, Lamaaschi, Liimsüüder, Lüüresüüder, Schlampi, Schlììrpi, Schnägg, Schùùrgi, Spittler, Stallatèèrne, Taasch, Tèèggi, Tèèrlimèèrli
langsames Gehen Schnaaggete, Schnäggete
langsames Tun Schnaaggete
Langsamkeit Langsami, Liirete, Liiri
Langschläfer Nüünischlòòfer, Pfuusi, Sibeschlòòffer
Längsfäden auf dem Webstuhl Zettel
Längsholz Rippi
Langstielkirsche Langstiiler
Langweiler Laama, Laamsüüder, Plämperli, Schlampi, Tììrggel
langweilig langwiilig
langweilige Arbeit Säichaarbet
langwierig langfädig
Lappen Blätz, Chuchilumpe, Fätze, Fläck, Fotzel, Lumpe, Lupfer, Schlämpe, Spatte
Lappen, kleiner Blätzli
läppisch chindelig, gchindelig
läppisch arbeitend gängglig
läppischer Mensch Gstüli, Loobe
Lärche Leerch
lärchen leerchi
Larifari Larifaari
Lärm Chüblete, Gamel, Gragööl, Grampool, Läptig, Lèèrme, Rumel, Rumoorete, Rumplete, Spedakel
Lärm, grosser Häidelèèrme
Lärm, dem ~ ausgesetzt lèèrmig
lärmen grampoole, haleegere, holdere, lèèrme, rungguuse
lärmen mit Pfannendeckeln pfaneteckle
Lärmender Gragööli, Lèèrmi
lärmendes Treiben Machete
lassen laa
lässig tun täggele
lässiger Betrieb Gmüetsbetrììb
Last Bùùrdi, Lascht, Lupfete
Laster Laschter
Lästerer Giftschiisser
lasterhaft gottstròòffli
Lästerin Giftchrott, Giftsprütze
lästerlich gottsleschterli, leschterli
Lästermaul Leschtermuul
lästern haubanke, leschtere
lästig leschtig
lästig fallen überlauffe
Lastschiff Ledischiff
Lastschlitten Hornschlitte
Latein Latsch
lateinisch latiinisch
Laterne Latättere, Latèèrne, Latüttere
Laternenpfahl Latèèrnepfoschte, Latèèrnestùùd
Latte Latt, Spränzel
Latte, mit L-en versehen latte, lättle
Lattencouch Lättligautsch
Lattenkiste Gitterli
Lattenpferch Lattepfèèrch
Lattenpfosten Lattestùùd
Lattenzaun Lattehaag, Scheiehaag, Töggelihaag
Latwerge Latwèri
Latz Latz
Lätzchen Ässlätzli, Hängel, Lätzli, Muesueli
lau lòi
Laub Laub
Laub fressen lòible

Laub sammeln laube
Laube (Fisch) Laugeli
Laubholz Räschpi
Laubsäge Laubsäägeli
Laubsäge, mit ~ arbeiten laubsäägele
Laubsammelzeit Laubet
Lauer Luur
Lauer, auf der ~ (uf em) Giwi
lauern gluure, glüürle, Glüüsauge mache, glüüssle, luure, luusse, lüüssle, pässle, spärbere
Lauernder Glüüssler
Lauf Lauff
Lauf lassen schlitte
laufen hagle, räne, semele, springe, straale
Laufen, unnützes Lauffete
laufende Nase Schnuderi
laufendes Meter Laufmeeter
Läufer Lòiffer
Lauferei Glòiff, Springerei, Springete
Laufgitter Gätterli, Laufgatter
laugen seechte
Laune Luu, Mugg
launenhaft cholderig
Launenhaftigkeit Sältsni
launisch äige, luunig, lüünisch, sältse, willwänkisch
Laus Luus
Lausbub Fiirliche, Luusbueb, Luuser, Schnuderi, Sougoof, Strick
lauschen lose, lösele, luuschtere, tärche
Lauscher Löseler
Läuse Huuslüüt
Läuse fangen luuse
Läusebekämpfungsgehilfin Vögelitante
Läusekamm Luusstrèèl
Läusekraut Lüüs-chruut
lausen luuse
Läusesalbe Luussalbi
lausig luusig
laut luut
Laut Luut
Laute Luute
läuten lüüte, schäle
läuten, zu ~ aufhören verlüüte
lauter baar, häl, löödig, luuter, puur, urche
Lauterkeit Lüüteri
läutern lüütere
lautes Sprechen Heepete
Lautsein Lüüti
Läutwerk Lüüti
lauwarm füdliwaarm, lòi, säichwarm
Lavabo Brüneli
Lawine Laui
leben lääbe
leben, unsolid lötterle
Leben Lääbe
lebend läbig
lebendig läptig
lebensgefährlich lääbesgfòòrli
Lebenszeichen Lääbeszäie
Lebenszeit Läptig
Leber Lääbere
Leberblümchen Lääbereblüemli
Lebergericht Lääberli
Leberstücke am Spiess Lääberespissli
lebhaft chäferig, läptig, mucker, uufzoge, wiff, zablig
lebhaftes Kind Windspìil
lebhaftes Mädchen Chääfer
lebhaftes Treiben Machete
Lebkuchen Läbchueche
leck uusglächnet
leck sein rüne
leck werden verläche
lecken läcke, läle, läpple, schläcke
Lecken Schläckete
Leckerbissen Braatis, Guuti-Guuti, Hüürepäiss, Schläck
Leckermaul Schläckmuul, Schläckmüüli
Lecktrieb Läcksucht
Leder Lääder
lederähnlich lääderig
Lederarbeit machen läädere
Ledergürtel Läädergùùrt
Lederhandschuh Lääderhändsche
ledern lääderi
Lederstück Lääderblätz
ledig ledig
leer lèèr, taub
Leere Lèèri
Leeregefühl Öödi
leeren lèère, ruume
leeressen uusässe
Lefze Laffzg
Legehenne Leggeri
legen legge
legen, ins Bett underetue
legen, sich ligge
Legitimationskarte Legi
Lehen Lee
Lehm Läi, Lätt
Lehm, aus ~ bestehend läii
Lehmbrei Läibappe
Lehmgrund Läibode
lehmig läiig, lättig
Lehmklumpen Läichnole, Läischole, Lättbale
Lehmmännchen Läichäib, Läitüüfel
Lehmstatue, kleine Läigötzli
Lehne Lääne, Lèène, Liene
lehnen lèène
Lehnsessel Footööl
Lehnstuhl Soorgestuel
Lehre Leer, Stifti
Lehre durchlaufen stifte
lehren leere
Lehrer Leerer
Lehrer-und-Schüler-Spiel Leererlis
Lehrerin Leereri
Lehrerstock Taapestäcke
Lehrjunge Leerbueb
Lehrling Leerbueb, Stift
Lehrling, älterer Oberstift
Lehrling, jüngerer Understift
Lehrlingsbetreuer Stiftevatter
Lehrlingsbuch Stiftebuech

Lehrmädchen Leerchind, Leermäitli, Leertochter, Stift
Lehrprobe Leerblätz
Lehrschneiderin Leergotte
Lehrstück Leerblätz
Lehrzeit Leer
Leib Liib
Leibgurt Säntürong
leibhaftig baar
Leibwäsche (Satz) Wächslete
Leiche Liich
Leiche, nach ~ riechen liichele, töötele
Leichenbahre Liichebaar
Leichenbegängnis Liich
Leichenmahl Läidmaal, Liichemaal
leicht gchant, liecht, ring
leicht zu melken ringmälchig
leichter ee
leichtfertiges Mädchen Schläärpli
Leichtigkeit Liechti, Liechtikäit, Ringi
leichtsinnig handeln tildere
leichtsinniger Mensch Fink, Gauggel, Hauderihau
leichtsinniges Mädchen Holihoo, Lifi
leid läid
leid tun tuure
Leid Läid
Leidansager Chilesääger
leiden liide
Leiden Liide
leider wèèrli
leidlich passaabel
Leierkasten Öörgeli
leiern liire
leihen leene, vertleene
Leim Chlääb, Liim
leimen liime, verliime
Leimkraut Chlöpfere
Leimrute Chlääbruete
Leimsieder Liimsüüder
leinen liini
Leinenlaken Liilache
Leinöl Liinööl
Leinsamen Liinsaame
Leintuch Liilache, Liintuech
Leinwand Liine, Riischte
Leinwand, gezupfte Schliisse
Leinwand, grobe Säägeltuech
leise hoorsam, liis, liislige
leise gehen tiiche, tüüssele
Leisetreter Tüüsseler
Leiste Liischt, Spang
leisten iebiige
Leisten Läischt
Leistenbruch Liischtebruch
Leistung Läischtig
Leistung, besondere Chunschtstuck
Leistungsbahn Wiita-Pargguur
leiten läite, rȍiffle
Leiter m. Scheff
Leiter w. Läitere
Leiterholm Läiterebaum
Leitersprosse Läiterespettel, Läiterezäigel, Säigel
Leiterstütze am Wagen Lȍise
Leiterwagen Läiterewaage
Leitknabe Männbueb
Leitkuh Männchue
Leitung Läitig
Lendengegend Ländi
lenken tiechsle, wiise
lenken (Zugtier) mäne
lenken, den Hinterwagen wäpfe
Lenkschemel (des Wagens) Gnepfi
Lenkstange am Langfuhrwerk Wäpfe
Lerche Leerch
lernen leere
lernen, angestrengt büffle
Lernlappen Leerblätz
lesen lääse
Leseratte Lääsi, Lääsiratz
Lesezeichen Lääsizäie
letzt letscht
letzte Nacht nächt
letzte Zeit Letschti
Letzter beim Ausspielen Hinderhand
letzter Zug am Abend Lumpesamler
letztes Jahr fèèrn
letztes Stück Säntänz
Letztgeburt, späte Naafiseli, Naawiseli
letzthin letschti
letztjährig fèèrndrig
Leuchte Lüüchte
leuchten zünde
Leuchtkäfer Glüewȕȕrmli, Schiiwȕȕrmli
leugnen abstriite, laugne, verlaugne
Leumund Lümde, Rueff
Leute Gsellschaft, Lüüt, Waar
Leuteschinder Schindi, Schindichäib, Schindihund
Leutnant Lefti, Löfti, Lüfzger, Lüütenand
leutselig frei, früntli, lüütsälig
Libelle Wasserjumpfer
Licht Liecht, Schii
lichten lüüche, uufstucke
Lichterhut Naarenanngli
Lichtmess Bündelitaag, Liechtmis
Lichtschein Hoof
Lichtschnuppe Cholbe
Lichtstock Öölgötz
lieb lieb
Liebe Liebi
Liebelei Gschläik, Karisiererei
liebeln karisiere, schätzele, schmuuse, süüde
lieben gèèrn haa
lieber ee, eener
Liebesbrief Schatzbrief
Liebespärchen Päärli
Liebesverhältnis Liebschaft
Liebhaber Liechter, Spezialischt
liebkosen ää-ää mache, flattiere, hèèle, Schätzelis mache, striichele, täggele, tätschle, tèèggele
liebkosend drücken nudle
Liebkosende Schmuuseri

Liebkosender Schmuuser
Liebkosung (Wange an Wange) Ääli
lieblich liepli
Liebling Müüsli, Schatzibäi, Schnugger, Schnuggi, Spätzli
Lieblingskind Chröösängel
Liebste Gspuuse, Gspuusi, Schatz
Liebster Schatz
Lied Lied
Liederbuch Kantusprügel
liederlich liederli, lümpelig
liederlich Gekleidete Gunggele
liederlich leben lumpe
liederliche Arbeit Lotteraarbet
liederliche Frau Chlunk, Chlunt, Feek, Lääder, Laschter, Raaschi, Riesche
liederlicher Mensch Lödeler, Lotter, Lumpegschììr, Schlampampi, Schlinggi
liefern lifere
Lieferschein Awi
Lieferung Liferig
liegen ligge
liegend gligglige, ligglige
Liegenschaftenverwaltung Ligi
Liegesofa Ggautsch, Kautsch
Liegestunde Ligi
Liegewagen Gguschett
Liegewagenplatz Gguschett
Liguster Chengèrte
Likör Lüggöör
Lilie Ile
Lilienblätter Ilepletter
Limonade Limenaade
Linde Linde
Lindenblüte Linde, Lindebluescht
Lindenblütentee Linde, Lindethee
Lindenholz, aus ~ lindi
Lineal Ablinger, Linge
Linie Linge, Riss
linieren linge, ablinge
linkes Vorderbein des Pferdes Hüschtebäi
linkischer Mensch Schùùrgi, Wùùrz
links gelegen aderhändig, lingg, zuederhändig
linkshin! hüscht
Linkspferd Aderhandross, Gägäimross, Zuederhandross
Linse Leisi
Linsengericht Leisichoscht
Linsensuppe Leisisuppe
Lippe Läfzg
Liste Rodel
listig handeln hinderrüggsle
Litanei Litenei
Liter Liter
Literflasche Literguttere
Litermass Litermääs
Lizentiat Liz
loben rüeme
Loch Loch
Loch bohren voorloche
Locheisen Stelze
lochen (Billett) gupiere
Löcher machen loche, lòchle
löcherig glòcheret, glöcherig
Lochverzierung Löchligang
Lochzange Löchlizange
Locke Chrusel
locken locke, löckle, zòike
Lockenkopf Rauseli
locker lätterig, luftig, lugg
locker sein lödele, lottere
locker werden lugge
lockig gchruslig, grölelet
Lockruf für Haustiere: sä
Lockruf für Kalb: bus-bus
Lockruf für Katze: büs-büs
Lockruf für Schaf, Ziege: häli
Lockruf für Schwein: sug-sug
Lockruf für Ziege: gitz-gitz
lodern flacke, lädere, läle
lodernd gflackig
Löffel Löffel
Löffelleiste Löffelhänki
löffeln löffle; dazu Hw. Löfflete
logieren loschiere
Logis Loschii
Lohe Lau
Lohestampfwerk Laustampfi
Lohkuchen Laustock
Lohn Ghalt m., Loo, Zapfe
Lohn, grosser Sündeloo
Lohnabzug Theekunte
lohnen rändiere, verloone
Lohntüte Zaltaagsseckli
Lohnzahlung Mariahilf
Lokal, anrüchiges Panduurebäiz
Lokalblatt Plettli
lokalisieren hììtue
Lokalzeitung Chèèsplettli
Lokomotive Glettiise, Lokematiiv, Loki
Lorbeeren Loorboone
Lorbeerkranz Loorboone
los ab
Los ziehen löösle
Löschblatt Flüüss, Flüüssblatt, Löschbapiir
löschen lösche
Löschpapier Flüüssbapiir
lose lotterig, lugg
lose sein lottere
lose zusammenhalten lötterle
lösen, sich laa
lösen, sich (Körner) chèèrndle
loser Mund Chlatschmuul, Chlatschschnòre
losketten abchettle
loskuppeln abhänke
loslassen ablaa, laa
Lösung Löösig
Lot Lood
loten bleie, sänkle
löten lööte
Lötmasse Lood, Lööti
Lotterie, in ~ setzen lötterle
Lotterleben führen lottere
Löwe Lòi
Löwenmaul (Pflanze) Lòiemüüli
Löwenzahn Buggele, Chettebluem, Chrottebluem, Chrottepösche, Soustock

Lücke Lucke
Luder Lueder
ludern lüedere
Luft Luft
Luft entweichen lassen lüftle
Luftblase Blaatere
lüften lufte, verlufte
luftgetrocknet tige
luftig luftig
Luftmatratze Luuma
Luftschutzmann Luftschützler
Luftzug Luft, Lüftli
Lüge Häidelùùg, Lugi, Lùùg
lügen lüüge, schwindle
lügenhaft verloge
Lügerei Lüügerei
Lügner Lugihund, Lugimuul, Lüüger
Lügnerin Lüügeri
Lukarne Guggeere, Guggehüür
Lümmel Hegel
lümmeln lümle
Lump Fötzel, Fötzelchäib, Fötzelsiech, Glünggi, Hudel, Lotter, Lump, Lumpekärli
Lumpen Hudel
Lumpenordnung Fötzeloornig
Lumpenpack Hudelphack, Hudelwaar
Lumpensammler Lumpemaa
Lumpenware Hudelzüüg
Lumperei Lumperei
lumpig gschisse, lumpig, schäbig
Lunge Blaas, Lunge
Lunge des Viehs Lungge
Lünse Lune, Nol
Lunte Lunte
Lupe Luppe
Lust Fiduuz, Gamel
Lust verlieren vertläide
Lustbarkeit Fuer, Gamel, Lusimänt
lustig fideel, glatt, holops, luschtig
lustig, sehr hagelsluschtig, souglatt
lustiges Lied Lumpeliedli
Lüstling Glüschtler, Glüschtli, Umehueri
Lutschbeutel Lüler, Nuggi
lutschen lootsche, lüle, nugge, nuggele, suggele, versuggele, versuuge
Lutscher Schläckstängel
Luxus Gstaad, Staat
Luzerne Lüsèèrne
Luzerner Chatzestrecker
Lysol, nach ~ riechen lisöölele

M

Machart Machi
machen mache, mächele
Machenschaften Mischlete
Macherlohn Macherloo
Macht Gwalt
mächtig mächtig
Machwerk Macheschaft
Mädchen Bääse, Boon, Chatz, Chind, Frau, Goof, Griitli, Hääsli, Mäitli, Schaab, Schnägg, Schuss, Wiib
Mädchen, das Burschen nachläuft Buebemäitli
Mädchen, erwachsenes Tochter
Mädchen, kleines, vorlautes usw. siehe kleines Mädchen, vorlautes Mädchen usw.
Mädchenarbeitsschule Aarbetschuel, Aarbi
Mädchengesicht Gfrèèssli
Mädchenhandarbeitsschule Nèèschi, Nèèschuel, Schnùùrpfi
Magazin Magisii, Tepo
Magd Magd, Mäitli
Mägde Dienschte
Magen Maage
Magen, gesunder Rossmaage
Magenverschluss (Krankheit) Maagepschluss
mager maager, maagerlachtig, raam
mager, sehr bäimaager
mager machen abmegere, megere, uusmegere
mager werden megerle, schmaale
magere Frau Hṑṑggli, Räägeli, Stagel
magerer Mensch Megerlig, Rèèmlig, Spägi, Spränzel, Stängel, Stùùrchel
mageres Kind Sprigel
Magerkeit Megeri
magern abnèè, maagere
Mahd Maad
Mähder Määder
mähen mèèe
mähen, obenhin übermèèe
mähen über die Grenze übermèèe
Mahl Ässete, Maal, Schlabutz
Mahl bei Vereinsrechnung Rächemaal
Mahl mit Schlachtprodukten Puuremetzgete
Mahleinrichtung Reli
mahlen maale
Mahlknecht Mülerchnächt
Mahlmenge Maalete
Mahlzeit Maal
Mahlzeit! (en) Guete
mahnen greschte, maane, stupfe
Mahr Toggeli
Mähre Märe
Mai Mäie
Maibutter Mäienanke
Maiglöckchen Mäieriisli
Maikäfer Laubchääfer, Mäiechääfer
Maikäfer sammeln mäiechääfere
Maikatze Mäiechatz
Maikuh Mäie
Mais Mäis s., Türgge
Maisbrei Türggemues
Maisgericht Polänte

Maiskolben Türggecholbe
Maismehl Türgge, Türggemääl
Maisspeise Türgge
Major Bateliööndler, Mäier, Mäjöörel, Mèscher
Majoran Mäieraa
majorenn mäierèèn
Makkaroni Makroone
Mal Maal
Malbuch Maalibuech
malen maale, striiche
malen, planlos mòòlele
Malerfarbe Maali
Malve, wilde Chèèslichruut
Malz Malz
Malzbonbon Malzzucker
man äin (äis), me
manch mäng
manche täil, täilig
mancherlei mängerläi
Manchesterstoff Manschester, Rübeli
manchmal mängsmaal
Mandel Mandle
Mangel Tadel
mangeln mangle
Mangold Chruut
Mangoldstiele Chruutstìl
manierlich manierli
Mann Maa, Mano
Mann, kleiner, zäher usw. siehe kleiner Mensch, zäher Mensch usw.
Mann nehmen mane
Männchen Mändli, Manoggel
Männerarbeit Manenaarbet
Männerchormitglied Mänerchöörler
Männerseite im Kirchenschiff Manegfletz, Manesiite
Männerstuhl in der Kirche Manestuel
Männerwelt Manevolch
männliche Person Maa, Mannsbild
mannstoll böckig, rüüssig
Manöver Türgg
Mansarde Tuubeschlaag
Manschette Manscheete
Mantel Mantel
Mantsch von Beeren Chnootschete
Mappe Theekli
Märchen Mèèrli
Marder Maarder
Margarete Griit
Marge Reback
Mariage (Kartenspiel) Mariaasch
Mariage spielen mariaaschle
Marienkäfer Anketierli, Anketriindli, Chääfertriindli, Hèrgottechääferli, Mariiechääferli
Mark Maarg
Marke Maargg
Marken sammeln määrggele
Markensammler Määrggeler
markieren abhaagge
Markknochen Maargbäi
Marksteine versetzen übermarche
Markt Mèèrt
Marktbesucher Mèèrtlüüt
markten grütze, mèèrte
Markten Mèèrtete
Marktnetz Bèèrli, Mèèrtnetz
Marktplatz Mèèrt
Marmel Bumm, Chluckere, Chlüür
Marmelade Hunng
marmeln chlüüre, chügele, Chügelis mache
marode maroodi
Marsch Marsch, Soustäiss, Stäiss, Türgg, Waggel
Marsch machen türgge
marschieren stäisse, taggle, tigere, tschumple, umetürgge
marschunfähig maroodi
Martinimahl Martinimòòli
Martinsgans Martinigans
Martinstag Martiini
März Meerze
Märzblüten Meerzebluescht
Märzglöckchen Flittersche, Meerzeglöggli
Masche Lätsch, Masch, Rick, Schlick
Maschine Maschine
Maschine, alte Schättere
maschinennähen nèèmaschinele
maschinenschreiben schriibmaschinele
Maserholz Maser
maserig gmaseret
masern maseriere
Masern Masere
Maske Laarff
Maskengestalt Böögg, Chlaus, Haaggeri
Mass Määs, Maass, Pfämet
Mass (Längenmass, altes) Fuess
Mass (Trockenmass, altes) Seschter
massgebend kumpitänt
Massliebchen Gäisseblüemli, Mülerblüemli
massregeln ringgle
Mast Säägelbaum
mästen meschte
Mastschwein Triibsöili
Mästung Mascht
Match Matsch
Materialverwalter Züügwaart
Mathematik Mati
Matratze Maderatz
Matsch Blüder, Gchnootsch, Gflotsch, Pflüder, Pflutsch
matt gmuuderig, laam, muudrig
matt sein muudere
Maturität Matuur
Mauer Muur
Mauerhaken Hauche
mauern muure
Mauersegler Spiir
Maul Gfrèèss, Gosch, Läff, Loch, Mòii, Muul, Nüschel
Maul- und Klauenseuche Chlauesüüch, Süüch

Maulkorb Muulchoorb, Muulchratte
Maulkorb für Kälber Chalberchrättli
Maulschelle Muulschäle
Maulwurf Schäär, Schäärmuus, Schèèr m.
Maulwurffänger Muuser, Schäärmuuser
Maulwurfsgrille Hirschel, Rossmöörder, Wère, Wèrfüür
Maulwurfshaufen Schäärhuuffe
Maurer Muurer
Maus Muus
Mäuschen Müüsli
Mäuse fangen muuse
Mäuse, nach M-n riechen müüsele
Mäusebussard Mooswei
Mäusehaufen Muushuuffe
Mäusekot Muus-chaat, Muus-chegel, Muusdräck
mausende Katze Muuseri
mausern, sich muudere, muuse
Mauserung, in ~ begriffen muusig
Mauserung vollenden vermuuse
mausetot mausé
Mausfänger Muuser
Mechaniker Mech
meckern mèègge, möögge
Meckern Gmöögg
Medaille mit Kette Chettelitaaler
Medaillon Medali
Medikament Bülverli
Medikamente Tokterwaar
Medizinfläschchen Mixtuuregütterli
Mehl Määl
Mehl, nach ~ riechen määlele
Mehl zu Semmeln Simel
Mehlbeere Määlbeeri
Mehlbrei Tribel
Mehlbürste Määlbu̇ůrschte
mehlig mȍisch
mehlige Birne Määlbire
Mehlklösschen Chnöpfli, Spätzli
Mehlmenge Bachete
Mehltau Miltau
Mehlwurm Wilme
mehr mee
Mehrheit Meer
meiden flie, miide
mein miin
meineidig mäinäidig
meinen mäine
meinetwegen miinetwääge, mı̀ìraa (siehe mir), wäge miine
Meinung Mäinig
Meinung sagen uusphacke
Meinungsverschiedenheit Differänz, Kaasis
Meise Mäis w.
Meissel Mäisel
meisseln mäisle
meist mäischt, meescht
meistens mäischtes
Meister Eltscht, Mäischter
Meisterin eines Hundes Fraueli
meistern mäischtere
Meisterprüfung bestehen mäischteriere
melden mälde
melken mäle
melken, jedes zweite Mal übermaale
melken über die normale Zeit hinaus übermälche
Melker Mälcher
Melkstuhl Mälchstuel
Melodie Gsätzli
Melone Maluune
Menge Brägel, Huuffe, Schoche, Schübel, Schwetti, Vili
Menge beim Pflücken Stelete
Menge Brosamen Broosmete
Mensch Maa, Mäntsch
Mensch, kleiner, kleinlicher usw. siehe kleiner Mensch, kleinlicher Mensch usw.
menscheln mäntschele
menschenmöglich mäntschemügli
menschenscheu sein frönde
Menstruation Chilbi, Schniider
Meringue Merèng
merken erlicke, mèrke
merken, zu ~ geben stecke
Merkmal Maal, Zäie
merkwürdig chriemsch
Mesmer Sigrischt
Messe Mäss
messen mässe
Messer Chrottestächer, Hegel, Mässer
Messer, mit ~ spielen mässerle
Messer, nach ~ werfen (Spiel) mässere
Messer brauchen mässere
Messergriff Mässerhebi
Messerklinge Rumbele
Messerstecherei Mässerete
Messing Mösch
messingen möschig
Met Mätt
Metallbürste Chratzbu̇ůrschte
Metallklammer Haft
Meteorologe Wättermacher
Meter Meeter
meterlang meetrig
Metermass Santimeeter
Metzgerbeil Haubaart, Haumässer
Metzgerei Metzg
Metzgergewerbe betreiben metzge
miauen maue, mause, raule, rȍile
mich mi
Miene, unzufriedene Passgiigegsicht
mies miis
Miete Mieti
Mieter Huuslüüt, Huusme, Part
Mieterin Huusmeni
Mietzins Mietzeis
Milan, brauner Gabelwei

Milbe Wilme
Milbenkrankheit der Rebe Chruselchranket
Milch Milch
Milch, keine ~ gebend galt
Milch, mit ~ gekocht milchig
Milch, nach ~ riechen, schmecken milchele
Milch gebend mälchig
Milch mit Brotbrocken Milchsuppe
Milch verlieren vergalte
Milchbrei Chnölemilch, Milchbappe, Milchmues
Milchbrocken Milchmocke
Milchbrötchen Mure
Milchbüchlein Milchbüechli
Milchgefäss Mutte
Milchgeld Hüttegält
Milchkessel Milchchessi
Milchkuh Milcheri
Milchlieferliste Hütterodel, Milchrodel
Milchsieb Milchsiene, Milchsììb
Milchtopf Milchhaafe
Militär Militèèr
Militärbegeisterter Militèèrchopf
Militärdienst Bundesfèrie, Dienscht
Militärdienst leisten militèèrle
Militärjustiz Vieletti
Militärkamerad Dienschtkameraad, Dienschtkoleeg
Militärmusikkorps Spììl
Militärpost Fäldposcht
Million Chischte, Milioon
Milz Milzi
minderwertig gring, halbbatzig
minderwertige Arbeit Lumpenaarbet
mindestens mindeschtes
Mineralwasser Blöököterliwasser, Wässerli
Minute Minuut
Minze Münze
mir mir
mischen aamache, gusle, mische, mischle
Mischmasch Chrüsimüsi, Gurimusch
Mischsaat Mischlete
miserables Essen Schlangefraass
Mispel Mischple, Näschple
missbrauchen schrèègle
missgebildeter Ast Häxenascht
Missgeschick Ugfell
Missgeschick, von ~ verfolgt ugfelig
missgestaltete Pflanze Stůůrchel
missglücken umstaa
missgönnen vergune
Missgunst Vergouscht
missgünstig fueterniidig, vergöischtig
misshandeln traktiere, treschaagge, vertreschaagge
misslich blööd, chruutig, läid
missliche Sache Schmier
misslingen abverheie, abverrecke, fèèle, schlingge, umstaa
Missmut Sältsni
missmutig maassläidig, sältse, uliidig
missmutig arbeiten sürmle
missraten fèèle, vergraate
missratene Gemüsepflanze Naar
misstönen schèèrbele
misstönende Musik Schèèrbelimusig
Mist Mischt
Mist führen mischte
Mistel Chlääb, Mischtle
misten mischte
Mistgabel Buufurgge, Mischtfurgge, Mischtgable
Mistgrube Mischtwürffi
Mistkarren Mischtchaare
Mistklumpen Mischtbole
mit mit, mitsant
mitbekommen überchoo
Mitbringsel Mitbringerli, Mure
miteinander mitenand
Mitesser Giitwurm
mitmachen mitmache
Mitrailleur Mitter
Mittag Mittaag
Mittagessen Imbis, Zimbig, Zmittaag, Zümbis
Mittagessen, reichhaltiges Fuermezmittaag
mittags zmittaag
mittappen mitschuene
Mitte Mitti
mitteilen prichte
mittel mittel
Mittel Mittel
Mittel haben vermöge
mittelfein (Mehl) chèèrnig
mitten mitts, zmitts
mitten drauf zmittsdrufufe
mitten heraus zmittsdrususe
mitten hinab zmittsdrufabe
mitten hindurch zmittsdedùùr, zmittsdedùùr dure
mitten hinein zmittsie, zmittsine
mittendrin zmittsdrin, zmittsie, zmittsine
mittendurch zmittsdure
mittleres Geschwister Sändwitschchind
Mittwoch Mittwuche
Mitvater Gägeschwäär
Mixtur Mixtuur
Möbel Mööbel
Möbelwagen Zügelwaage
Mode Moode
Modedämchen Moodebaabi
Model Fòrmli, Model
Modell Muschter
modeln modle
Modenarr Chläiderständer, Moodegèèggel, Moodenaff
Modepuppe Moodebaabi, Moodefrätzli
Moderfleck Karfangel
modern hüttig

modisch möödig
modrig nüechtelig
modrig riechen, schmecken nüechtele
mögen möge, staa
möglich mügli
Mohn Mägi
Mohnblume Füürbluem, Mägibluem
Mohnkapsel Mägichopf
Mohnöl Mägiööl
Mohnsamen Maagsaame
Mohr Moor
Möhre Rueb
Mohrenkopf Moorechopf
Mohrrübe Garotte, Rueb
Mohrrübe, wilde Rüebligraas
Molch Molch, Mool
Molke Schotte
Molkerei Molki
Monat Monet
monatig mönig
Mönch Möich
Mönchskutte Chutte
Mond Maa, Nachtbuebesune
mondhell maahäiter
Mondhelle Maahäiteri
Mondschein Maaschii
Mondzeiten, bestimmte: Nidsigänt, Obsigänt
Montag Mèèndig
Monteur Mundöör
montieren mundiere, zämechlüttere
Montur Munduur
Moor Moos s.
Moos Mies
Moos ansetzen miese
Moos sammeln miese
Moosboden Miesbode
Moospolster Mies-chüssi
Moosscholle Miespösche
Mop Fluumer
Moped nervööses Welo
moppen fluume
Morast Muer, Muerascht
Morchel Moorch w.
Mord Moord
morden möörde
mörderisch möörderli
mordio moordioo
morgen moorn, zmoorndrischt
Morgen Morge
morgen abend moornzaabig
morgen vormittag moornemorge
morgig moorndrig
morsch mauchig, mòisch, mütsch
Mörser Mörsel
Mörtel Pflaschter
Mörtel, mit ~ hantieren, bewerfen pflaschtere
Mörtelkelle Pflaschterchele
Mörtelkübel Pflaschterchübel
mörteln verpflaschtere
Mörtelträger Pflaschterbueb
Mörteltrog Pflaschtermuelte
Moschus Bismet
Moses Moosis
Most Moscht
Most, nach ~ riechen, schmecken jääsele, möschtele
Most, zu ~ werden vermoschte
Most trinken möschtle
Mostbirne Moschtbììr, Möschtleri
mosten moschte
Mosterei Moschti
Mostkrug Moschtchrusle
Mostpressen Moschtete
Mosttrinker Möschtler
Motor Motoor
Motorfahrer Mot, Motoorwägeler
Motorfahrrad Töffli
Motorrad Chlapf, Tampfwelo, Töff
Motorroller Wäschpi
Motorsäge Waldtüüfel
Motte Schaab
moussieren chrale
Mucke Mugg
Mücke Mugg
mückenähnliche Stelle in Geweben Mugg
Mückenstich Muggepüggel
Mucker Stündeler
müde fuul, laam, müed, täigg
Müdigkeit Müedi
Muff Schlauff
muffeln müffe, müffele
muffig nüechtelig
muffig riechen, schmecken karfankle, nüechtele
muffig sein müffe
Mühe Fuer, Liferig, Müe, Noot, Uglägehäit
mühelos gchant, ring
Mühelosigkeit Ringi
Mühle Müli
Mühlekanal Gchett, Tiich
Mühlespiel Nüünimaal
Mühlespielstein Mülistäi, Nüünistäi
Mühlfuhre Mülifuerwèrch
Mühsal Müesaal, Umues
mühsam gchnoorzig, haarzig, uring; siehe auch unter gehen, arbeiten
mühsame Arbeit Mùùrxerei, Mùùrxete, Säichaarbet
mühsames Gehen Schnäggete
mühsames Tun Chäibete, Chnoorzete
mühsames Vorankommen Haarzete
mühselig müesälig
Müller Müler
Müllergewerbe betreiben mülere
Müllerin Müleri
Mulm Mult
multiplizieren vermeere
Mummenschanz Bööggerei
Mummenschanz spielen Bööggis mache
Mumps Mumpf
Mund Brootlaube, Chlappe, Gfrèèss, Gosch, Lafeete, Lafere, Läff, Latz, Laube,

Mòii, Muul, Rüssel, Schnore, Schüür
Mundart Puuretüütsch
Mundfäule Muulfüüli
Mundharmonika Mundharmonii, Muulgiige, Muuloorgele, Schnoregiige, Schnoregiigeli
mündig mäierèèn
mündlich müntli
Mundportion Ordinèèri
Mundstück Mundstuck
Mundtuch Sèrwiette
Mundtüchlein Nooneli
Mundvoll Mumpfel, Schlumpf
Mundwerk Mundstuck, Muulwèrch
Mundwinkel Muulegge
munkeln mungge
Münster Möischter
munter buschper, buschunt, holops, mucker, munter, nuefer
munteres Mädchen Hageli
mürbe murb
mürbe Erde Mult
mürbe werden murbe
Mürbeteigplätzchen Mäiländerli
Murmel Bumm, Chluckere, Chlüür
murmeln bruschele
Murmeltier Munggeli, Murmeli
murmeltierfarben munggelibruu
murren bröie, brummle, mure, muttere, pfuttere, süttere, tröisse
mürrisch brummlig, rumpelsurig, surimutzig, usööd
mürrisch sein Bori haa
mürrisches Gesicht Nibel, Zwänzg-ab-Achti-Gsicht
mürrisches Wesen Läidi
Murrkopf Brummerli, Muri, Mutteri, Pfutteri, Surimutz
Mus Bappe, Mues s.
Mus, nach ~ riechen, schmecken müesele
Mus, zu ~ werden muese
Muschel Muschle
Musik Musig
Musikkapelle Musig
Musikkorps (Militär) Spììl
Musikstück, bestimmtes Hudigäägeler
musizieren musige
Muskateller Muschgetäler
Muskatnuss Muschgetnuss
Muskelkrampf Spaner
Muskelschwund Schwiini
Müsli Birchermues
Muss Mues s.
Musse Lusi
müssen müese
Musseposten Floonerpöschtli
Mussheirat Mueshüüraat
müssig müessig
müssig umhergehen schwanze
müssiggehen umefloone
Muster Muschter
Musterkarte Muschterchaart
mustern muschtere
Musterung Muschterig
Musterungsplatz Muschterplatz
Mut Fiduuz, Guraaschi, Guri, Muet
mutig gguraschiert, muetig
mutmassen wèèrwäise
Mutter Dodoli, Mame, Müdé, Mueter
Mutter spielen müeterle
Muttergottesbild Muetergottesli
Mutterkorn (Schmarotzerpilz) Tüüfels-chròieli
mütterliches Vermögen Mueterguet
Muttermal Aamaal, Schandluus
Mutterschaf Lamere
Mutterschwein Fèèrlimoor, Fèèrlisou, Loos, Moor
Mutwille Gamel, Muetwile, Nüütguetsni, Nüütwärtsni
Mutwille beim Vieh Bòigi
Mutwillen treiben göögle
mutwillig göölig, mäischterloos, nüütguetsig
mutwilliger Mensch Gööl
mutwilliges Kind Läcker, Luuser
mutwilliges Mädchen Rausel
Mütze Chappe
Mützenmacher Chappemacher
Mützenschirm Chappetächli

N

Nabe Naab
Nabenbohrer Naabenäpper
Nabennagel Achsnaagel
nach aa, ge, naa, über, uf
nach hinten durhindere
nach oben obsi
nach vorn durfüre
nach und nach naadinaa
nach unten abezue, undere
nachahmen naaemache
nacharbeiten naabüffle
Nachbar Naachber, Nachpuur
Nachbarin Naachberi, Nachpüüri
Nachbürge Naabùùrg
nachdem woo
nachdenken hììrne, psine
nacheilen naazäpfe
nacheinander naaenand, voorewääg
nachfolgen spuure
nachforschen förschele
nachgeben laa
Nachgeburt der Kuh Süüberete, Süüberi, Versüüberig
Nachgeburt von sich geben versüübere
nachgehen naaeläiche
nachgerechtes Gras Naarächete
Nachgeschmack Èèrdguu, Naaguu

nachgiebig täigg
nachgiebig werden murbe
nachhelfen naaenèè
nachher drüberabe, drufabe, nachane
Nachhilfe Naahülff
Nachkommenschaft Chinds-chind
nachlassen (Schmerzen) versure, versuuse
Nachlassen der Körperkräfte Nidsigänt
nachlässig ghudlig, gschlampig, gschluderig, haatschig, hilèèsig, pfluderig, schlampampig
nachlässig arbeiten laale, puure
nachlässig gehen devoojoggle, haatsche
nachlässig Gehender Hanggel, Hanggli
nachlässig Gekleidete Schlùùrz
nachlässige Frau Glungge, Gunggele, Haatsch, Pflungg, Runggungele
nachlässiger Mensch Lotter, Pflunggi, Schlängg
Nachlässigkeit Schlampamperei
Nachlauf (beim Schnapsbrennen) Lüüteri
nachlaufen naaehaue, naalauffe, naasemele, naaräne, naatuuchle, naazäpfe
nachlegen ielegge
nachlesen in Weinbergen süechle
Nachmittag Mittaag, Namittaag
nachmittags zmittaag
Nachpressung Lüüre
nachrechen naaräche
nachreden zläidrede
nachreden (Böses) Faus bräne
nachschleichen naatiiche
nachsinnen naaspintisiere
nachsitzen dinehocke
Nachsitzer Dinehöckler
Nacht Nacht
Nacht werden nachte
Nachtbube Nachtbueb
Nachteil Hinderlig
Nachtessen Znacht
Nachtessen mit Kaffee, Brot usw. Kafiznacht
Nachtfalter Liechtstüüber
Nachtgeist Toggeli
Nachthaube Nachthuube
Nachtherberge Nachthèrberig
Nachtisch Tessèèr
Nachtjacke Nachtschlutte
Nachtlager Gliger
nächtlich nächtig
Nachtlicht Nachtliechtli
Nachtmahr Schrädel
Nachtmütze Nachtchappe
nachtragen naaeträäge
nachträglich hinedrii
nachts znacht
Nachtschichtarbeiter Nachtschichtler
Nachttopf Brunzhaafe, Haafe, Nachtgschìr, Nachthaafe, Säichhaafe, Schiisshaafe, Troon
nachzahlen naazaale
nachzeichnen röötle
Nachzügler Spồồtlig
Nackenjoch Chääl
nackt baar, bloos, bludernackig, blutt, füdliblutt, nackig
nackt herumliegen blüttle
Nacktbader Blüttler
nackte Füsse Baarfisfüess
Nacktheit Nacktigi
Nadel Naadle
Nadelende Naadlefüdli
Nadelkissen Gufebett, Gufechüssi, Naadlechüssi
Nadeln verlieren nồồdele
Nadelöhr Naadlenööri
Nagel Naagel, Sarass
Nägel einschlagen naagle, negele
Nagelbohrer Naagelnäpper
Nagelkasten Naageltrucke
nageln naagle, negele
Nageln Naaglerei
nagelneu nigelnagelnöi
Nagelschmied Naagler
Nagelschmiede Naagelschmitte, Naaglerei
nagen gnaage, ratze
nagen, gemütlich gnäägele
Nagender Chafli
Näharbeit Büezete
Näharbeit, schlechte Gschnùùrpf
nahe draazue, naach, nèèch
Nähe Nèèchi
nahelegen aatinge
nähen büeze, hefte, piggiere
nähen, unordentlich zämeschnùùrpfe
näher kommen nèèche
näher rücken nèècherle
Näherin Nèèeri
nähern nèèche
nähern, vertraulich nồồchberle
näherrücken nồồchberle
Nähfaden Fädlig
Nähkissen Nèèchüssi
Nähkorb Nèèchöörbli
Nähmaschine, mit ~ arbeiten maschinele
nahrhaft maschtig, naarhaft
Nahrung Choscht
Nähstube Nèèstübli
Nähstück Büezete
Naht Haft, Naat
Nähunterricht Nèèschi, Nèèschuel
Nahverkehrszug Bumelzùùg
Nähzeugschachtel Nèèschatule
naive Person Tschumpeli
Name Name
Namensschild Nämeli
Namentäfelchen Schiltli
nämlich drum
Narbe Chräbel, Fläre, Schrame, Schräne
Narr Gamööl, Göögel, Lappi,

Naachtlig, Naar, Naarchtig, Nogg
narren verseckle, zänggle
narrensicher tubelisicher
Narrenstreich Naarestückli
Narrenzeug Lappizüüg
Narretei Spargimänt
Narreteien treiben goole
Narrheit Naaretei
Narrheiten Naarezüüg
närrisch chintsch, gschupft, naarchtig, näärisch, tuubetänzig
närrisch sich gebärden gauggle, holdere
närrisch tun göögle
närrischer Einfall Naaresach
närrischer Mensch Gòiggel, Gööl, Holderibock
Narzisse Naareziisli
naschen ficke, nòise
Nascher Ficki, Mauch, Nòiser, Schläcker
Nascherei Gnòis, Gschnurigs, Schläckerei
Nascherin Schläckbääsi, Schläckeri
naschhaft gnòisig, gschandt, gschnòiggig, verfrässe
Nase Èrggel, Naase, Nüschel, Rüssel, Schmöcki, Schmöckschiit, Schnòigge, Schnörggel, Zingge, Zolgge
Nase, dicke Beeri
Nase, laufende Schnudernaase
Nase, in der ~ bohren böögge
näseln pfnüsle
Nasen reiben nääsele
Nasenbluten Naaseblüete
Nasenkatarrh Pfnüsel, Schnüderete
Nasenschleim Gschnuder, Schnuder
Nasenschleim, mit ~ beschmiert gschnuderig
Nasenschleim zurückziehen schnudere
Nasenschleimklümpchen Böögg
Nasenschleimzapfen Schnüderlig
Nasenspitze Naasespitz, Naasezipfel
Nasenstüber Schnelig
Naseweis Gäxnaas
nass nass
nass, sehr dräcknass, säichnass
nass sein (Schnee) pflüdere
Nässe Nessi
Nässe, nach ~ riechen nessele
nässen nesse, verbrünzle, versäiche
nässen (Bett) rööze, verrööze
Nassschnee Pflüder, Pflüderete, Pflutsch
Nation Nazioon
Natter Aatere, Naatere
Naturkunde Natterkund
natürlich natütterli, natüürli
Nebel Näbel, Touscht
nebeln näble
Nebelort Näbelloch
neben nääbet
nebenan nääbetzue
nebeneinander nääbetenand
Nebenschoss Biischoss
Nebenzimmer Nääbetchamer, Nääbetstube
neblig näblig
necken fötzle, fuxe, hänsle, necke, piggeniere, plaage, spienzle, tratze, trätzle, uuszäne, zänsle, zòikle
Neckende Trätzleri
Neckender Trätzler
Neckerei Giftlerei, Giftlete, Hänslete, Zänslete
Neffe Brüedersbueb, Nöwöö
Neger Neeger
nehmen nèè
nehmen, aus dem Bett ~ uufnèè
Neid Chiib, Niid, Raach
Neider Verguner
neidisch niidig, schaluu, vergöischtig
Neidnagel Fläischspiise
neigen halde, helde
Neigung Läich
nein è-è, hä-ä, kaschmiir, näi, nè-è, ne-näi, nò-ò
Nelke Näägeli
Nelkenbusch Näägeliputsch
nennen namse, sääge
Nerv Näärv
Nerven verlieren duretrèèe
nervös nèrvöös, schutzlig
nervös arbeiten jufle
nervöser Mensch Schutzgatter, Schutzli, Zabli
Nest Näscht
nett hèèrzig, hofeli, nett
nett, sehr tundershübsch, tundersnett, wättersnett
Netz Schwääb
Netz für Heu Bèère
netzen netze
neu frisch, nöi
neu werden nöie
Neubruch Uufbruch
neuer Wein Nöi m.
Neues Nöi s.
Neugeborenes Juget
Neugier Gwunder
Neugier, aus ~ wunderhalbe
neugierig gwunderfitzig, gwunderig, wunderfitzig
neugierig sein wünderle
Neugieriger Gwunderchele, Gwunderchratte, Gwunderfitz, Gwundernaas, Gwunderlig, Wunderchatz, Wunderchele, Wunderchratte, Wunderfitz, Wundernaas
Neuheit Nöii
Neuigkeitenvermittler Taagblatt
Neujahr feiern nöijòòrle
Neujahrswecken Helswegge
neulich letschti
Neuling Hüürlig, Trüübel

neumodisch nöimöödig
Neumond Nöi s.
neun nüün
Neun Nüüni
Neun (Spielkarte) Näll
Neuner Nüüner
Neuntel Nüüntel
Neunuhrbrot Znüüni
neunzehn nüünzää
neunzig nüünzg
Neunziger Nüünzger
Neunzigerin Nüünzgeri
neuzeitlich hüttig
nicht hä-ä, ne-näi, nüd
nicht mehr nüme
Nichte Brüeders-chind, Nichte
nichtig nüütig
nichts nix, nüüt, nüüzg
nichts mehr nüümee, nüüt mee
Nichtsnutz Hudel, Nüütnutz, Schnuderi
nichtsnutzig nüütguetsig, nüütnutzig, nüüträchtsig, nüütwärtsig
nichtsnutziger Bursche Läli
nichtssagend windig
nichtwählerisch (im Essen) hìrtig
nicken niggele
nie nie
nie mehr niemee
niederbrennen abbräne, abebräne
Niederdorf Döörffli
niedergeschlagen muusig
Niederholz Underholz
niederkauern huure
Niederkauern Huurete
niederknien abechnüüle
niederlegen ablegge
niederlegen (Amt) abgèè
niederlegen, sich abligge
niederprasseln abetätsche
niederschlagen chnüttle
niederstechen abestäche
Niederung Nideri
niedlich aartig, schnusig
Niednagel Läidspiise
niedrig nider
niedriges Haus Fläder, Tätschhuus
Niemals Niemerli
niemand niemer
Niere Niere
Niere, gebratene Nierli
Nierenfett Nierefäissi
nieseln fiserle, fòiserle, tòiele
niesen ernüüsse, gnüüsse, nüüsse
Niet Niet
Niete Niete
nieten niete
Nietnagel Niet
Nikolaus, Sankt ~ Sami-Niggi-Näggi, Samichlaus
Nikolaus, als ~ herumgehen chlause
Nikolausbegleiter Schmutzli
Nikolausfest Chlausaabig
nimm sè
Nimmerleinstag Niemerlistaag
Nimmersatt Niegnueg
nirgendhin nienenane
nirgends niene
nirgendwo niene
Nirgendwo Nienike
Nisse Niss
nisten näschte
nobel noobel, nooblacht
noch na
Nonne Nunn, Teckelschnägg
Noppzange Noppzängli
Nordhang Winterhalde
Nordwind Biise
Nörgelei Gchèèr
nörgeln niggele, nissele
Nörgler Balgi, Bauzi, Chäfeler, Nifeler, Nisseler, Nörgeli
Not Chrüüz, Noot
notabene nootebeeni
Notdurft verrichten Èè mache, Èèggi mache, Sächli mache; vgl. unter harnen, koten
Note Noot, Nöötli
nötig haben bruuche, mangle
nötigen greschte, nööte
Notiz Nodiz
Notizheft Milchbüechli
Notizzettel Frässzädel
Notschlachtfleisch Fallfläisch
notwendig nöötig
Notwendigkeit Noot
November Novämber, Wintermonet
Nu Schnuuz
nüchtern nüechter, uggässe
Nüchternheit Nüechteri
Nudel Nudle
Nudelfabrik Nudli
Nudelholz Tröölholz, Waalholz
Null Nuler, Null
Null beim Jassen, Schiessen Hèrdöpfel
Nullen aneinanderhängen nülele
Nummer Numere
nun ä, hè, nu
nun also nusodänn
nun einmal halt
nur bloos, nu, weder
Nussbaumholz, aus ~ nussbòimi
Nüsse, um ~ spielen nüssle
Nüsse sammeln nusse
Nüsse schälen brätschge, uus-tangge
Nussknacker Nussetööder
Nussschale Nussschaal
Nussschale, grüne Brätschge, Nusstangg, Tangg
Nut Nuet
Nuteisen Nuetiise
nuten nuete
Nuthobel Nuethobel
nütze nutz
nutzen nutze
Nutzen Nutze
Nutzen bringen useluege
Nutzen ziehen profidiere
nützen diene, nütze
nützlich chumbli, nützli

O

o oi, ou
ob eb, heb, seb
Obacht! huet
Obdach Schlupf
oben obe, obedraa, obezue
oben, von ~ herunter obenabe
obenan obenaa
obenauf obedruff, obenuuf
obendrein obedrii
obenherum obenume
obenhin obedure, obefüre
obenhinaus obenuse
obenhinein obenie
obenhinüber obenübere
obenweg obenaab
ober ober
Ober im Kartenspiel Ober
Oberbalken Rèèm
oberflächlich ghauderig, gschluderig, gschlùùrzig
oberflächlicher Mensch Luftibus
Obergewand Chittel
oberhalb ob
Oberkleid Oberrock
Oberkleid für Frauen Schlutte
Oberleutnant Oberländer, Oberlefti, Oberlöfti, Oberlüfzger, Oberlüfzgi
oberst zoberscht
Oberstbrigadier Dschenerel
Oberstdivisionär Diwisiööndler
oberster Theaterrang Juhee
Oberteil des Frauenkleides Gstalt
Oberwind Oberluft
Oblate Offlete
Obligation Äigginoss
Obligatorium für Hauswirtschaft Obli
Obmann Obme
Obst Obs
Obst, nach ~ riechen öbsele
Obst einsammeln obse
Obst zerquetschen moschte
Obstertrag Obswachs
Obstertrag, geringer Obsli
Obstgarten Bumert
Obsthürde Hùùrd
Obstpflückgerät Öpfelgüner
Obstsaft Moscht
Obstsaft bereiten moschte
Obststücklein Schnitz, Stückli
Obsttrester Obstrààsch
Obsttruhe Stücklichaschte
Obstwein Grèèzte, Moscht
Obstwein bereiten moschte
Ochse Ochs, Stier, Tuchel
oder oder, weder
Ofen Ofe
Ofen, nach ~ riechen öfele
Ofen setzen ofne
Ofenbauer Hafner
Ofenfuss Ofestùùd
Ofengebäck, bestimmtes Ofechüechli
Ofenkachel Chachle
Ofenkrücke Ofechrucke
Ofenkunst Chouscht
Ofenrohr Oferoor
Ofenscharre Ofechrucke
Ofenschaufel Wèèeschüssel
Ofensitz Chöischtli
Ofenstange Ofestängli
Ofentreppe Ofestääge
Ofentürchen Ofetöörli
Ofenwinkel Chratz, Chrutz, Ofechratz, Ofesitz
offen (Wunde) seer
offen, weit speeroffe
offenbar mäini, schiints
öffentlich öffetli
Offizier Hööche, Öfzgi
Offizier, höherer Alt
Offiziere, hohe Goldrääge
Offiziersanwärter Aschpirant
Offiziersbedienter Butz
Offiziersschule Aschpiranteschuel, Spiraali
öffnen uufmache, uufspeere, uuftue
öffnen, sich uufgheie
Öffnung Litz
Öffungszeit Schalterziit
oft mängsmaal
oh ä
ohne ooni
ohnehin äinewääg, soo
Ohnmacht Oomacht
ohnmächtig oomächtig
ohnmächtig werden gschwinde
Ohr Oor
Ohr des Hasen Löffel
Öhr Ööri
Ohren, grosse Chabispletter
Ohrenarzt Ooretokter
Ohrenbinde Oorebindi
Ohrenklingen Oorelüüte
Ohrenpfropf Ooreschübel
Ohrentasse Oorebeckeli
Ohrfeige Fläderlig, Flangge, Fläre, Flättere, Husche, Oorfiig, Schwätterlig, Wätsch
ohrfeigen anebutze, anetätsche, hèreschmiere, oorfiige, wichse, zwacke
Ohrgehänge Glangger, Oorephänk, Ooreschlängge
Ohrwurm Ooremüggeler, Ooreniggeler
Oktober Oktoober, Wiimonet
okulieren òigle
Öl Ööl
Öl, nach ~ riechen, schmecken öölele
Öl pressen ööle
ölen ööle
Ölkännchen Öölstiize
Öllämpchen Ämpeli
Öllichtgestell Liechtstock
Ölmühle Ööli
Ölpresse Öölriibi, Öölstampfi
Omelette Amelette
Omelette, zerhackte Chratzete
Onkel Unggle, Vetter
Oper Opere
Operation, schwierige Gschnäfel
Operationstisch Schraage
operieren saable, schnäfle
Opernglas Operegugger

orange orangsch
Orange Bumeranz, Orangsche
ordentlich oordli, proper, rächt
ordnen plangge, püschele, sortiere, strèèle, täichsle, zämepüschele
ordnen (Webfäden) räite
ordnen, auf Wagen laade
ordnen, sorgfältig öördele
Ordnung Muschterig, Oornig
Ordnung, peinliche Bützlete
Ordnung, übertriebene Öörnigli
Ordnung, zur ~ weisen sänkle
Ordnungsfanatiker Oornigschiisser
Ordnungsliebender Öördeler
Organisator Tätschmäischter
Organist Oorgelischt
Orgel Oorgele
Orgel spielen oorgele
Original Numere
originell glunge, orginell
Ort Fläck, Oort
Ort, fingierter: Betthuuse, Buebike, Gibike, Mèrkige, Näimike, Nienike, Öörlike
Ortschaft Näscht
Ortsgeist Öörtligäischt
Öse Ööri, Rick, Rigeli
Osten Oschte
Ostermontag Ooschtermèèndig
Ostern Ooschtere
österreichisch ööschtriichisch
Ostersonntag Ooschtersundig
oval ablang

P

Paar Paar, Päärli
paaren, sich päärle
paarweise päärliwiis
paarweise ordnen päärle
packen fasse, phacke
Paket Phack
Paketbote Phäckliträäger, Phackträäger
Pakete machen phäckle
Palmsonntag Palmsundig
Paniermehl Bröösmeli
panschen güdere
Panschen Guslete
Panscher Güderi
Pantoffel Finke, Pantoffel, Schlaargg, Schlìrgge, Schlìrpe
Panzerwurfgranate Runggle
Papa Bappe
Papagei Papegäi
Papier Bapiir
papieren bapiiri
Papierfabrik Bapiiri
Papiersack Bapiirseckel
Papierscheibchen Bätzeli
Papierschnitzel Bapiirschnäfeli
Papierschweizer Bapiirschwiizer
Papierstück Fötzel
Pappel Pappele
päppeln bäppele
pappen bale
pappig balig
paradieren tifiliere
Parfüm Schmöcki, Schmöckiwasser
Parfümfläschchen Schmöckigütterli
parieren pariere
Parkett Bageet, Bargeet
Parkplatz Latèèrnegaraasch
Partei Part, Partei
Parteiführer Parteibonz
parteiisch parteiisch
Partie Partii
Pass Pass
passen aastaa, passe, passiere
passend chumbli, ebe, gschickt, püntig, rächt
Pastete Baschteete
pasteurisierte Milch Pascht
Pate Götti, Gvatter
Pate und Patin Gvatterlüüt
Paten-Stellvertreter Schlottergötti
Patengeschenk Göttigschänk, Helsete, Iibund
Patengeschenk (Geld) Göttibatze
Patengeschenk, letztes Letzi
Patenkind Gotteli
Patenkind (Knabe) Gottebueb, Göttibueb
Patenkind (Mädchen) Gottechind, Göttichind
Patenschaft Gvatterschaft
Patent Badänt
patentieren badäntiere
Patenwecken Helswegge
Patin Bääsigotte, Gotte
Patin-Stellvertreterin Schlottergotte
Patrone Patroon w.
Patronentasche Schübèère
Patrouille Patrulie
patsch patsch
Pauke Phauke
Pausbacken Pfuusbagge
pausbackig pfuusbaggig
pausbäckiges Gesicht Molichopf, Moligrind
Pavillon Pawiliong
Pech Päch
Pechvogel Vogelpäch
Pedale treten trampe
Pedant Breziisler, Chümispalter, Nifeler, Niggeler, Tüfteler, Tüpflischiisser, Woörtlichlüüber
Pedanterie Tüpflischiisserei
Pedantin Leergotte
pedantisch niggelig
peinlich gschinierli
Peitsche Gäisle, Hageschwanz, Pòitsche
peitschen fitze, pòitsche
Peitschenschnurende Gäislezwick, Zwick
Peitschenstiel Gäislestäcke
Pellkartoffeln gschwelt Hèrdöpfel (siehe schwele), Gschwelti

Pelz Pelz
Pelzmuff Schlauff
Pendel Glangger, Schwängel
Penis Bumper, Günggel, Näpper, Pfiiffeli, Plämpel, Rieme, Schnäbeli, Schwanz, Seckel, Spitzli, Ständer, Stiiff, Wäärli
Pension Pangsioon
Pensionat Pangsionaat
pensionieren pangsioniere
pensioniert im Gang-go-Klup
perfekt gomilffoo
Pergamin Chèèsbapiir
perlen chrale
Perlenkette Nüschterli
Perpendikel Plämpel
Person Phèrsoon
Person, dicke, wirbelige usw. siehe dicke Person, wirbelige Person
Perücke Bèrügge
Petersilie Grüe, Peeterli
Petrol Petrool
Petrol, nach ~ riechen petröölele
Petrollampe Petroolfunzle
Petschaft Pütscheft
Petz Bätz
Pfad Pfaad
Pfadfinder Pfadi m., Pfüdi
Pfadfinder, junger Wolf
Pfadfinderbewegung Pfadi w.
Pfadfindergruppe Pfadi w.
Pfadfinderin Pfadi s.
Pfadfinderin, junge Biendli
Pfaffenhütchen Pfaffechäppli
Pfahl Pfaal, Schwire, Spare, Stäcke, Stickel, Stùùd
pfählen pfòòle, schwire, stickle
Pfandbrief Brief, Gült
pfänden pfände
Pfännchen Tüpfi s.
Pfanne Pfane
Pfannenbesen Ribel
Pfannkuchen Amelette
Pfarrer Pfaarer, Pfaff
Pfarrerin Pfaareri
Pfarrerstochter Pfaarerstochter
Pfarrfrau Pfaareri
Pfeffer Pfäffer
Pfefferkuchen Biber
Pfefferminze Mäfferpfünz, Pfäffermünz
Pfefferminztee Münzethee
pfeffern pfäffere
Pfeife Pfiiffe
pfeifen pfiiffe
pfeifen (durch Nase) pfnuchse
pfeifen, leise pfiiffele
Pfeifenanzünder Fidibus
Pfeifenstrauch Zimetröösli
Pfeil Bolz, Pfiil
Pfeil, kellenförmig Chelepfiil
Pferch Fèèrch
Pferd Gaul, Güggel, Habermotoor, Hüross, Ross, Rössli
Pferd, altes Chlepper
Pferd, junges Ziitross
Pferd, kleines Piigger
Pferd, schweres Müliross
Pferd, starkes Ländiross
Pferd, mit Pf-en handeln rössle
Pferd, nach ~ riechen rössele
Pferd und Fuhrmann spielen Hürösslis mache, rössle, Rösslis mache
Pferdeapfel Rossbole, Rossboppele, Rossbumbele
Pferdeegel Rossegel
Pferdeharn Ross-säich
Pferdekoppel Chuppele
Pferdemetzger Rossmetzger
Pferdeschwanz (Haartracht) Rossschwanz
Pferdeschweif Rossschwanz
Pferdetränke Chrüschlappete
Pfifferling Äierschwamm
pfiffig gfitzt
pfiffiger Kerl Fiino, Gfitzte, Läckerkärli, Läckermaa
pfiffiger Knabe Hagelsbueb, Läcker
Pfingsten Pfeischte
Pfingstrose Bueberoos
Pfirsich Pfèrsi
Pflanze Pflanz
Pflanze, aufgeschossene Räiglig
pflanzen pflanze, stupfe
Pflanzenkeim Chiime
Pflanzenleim Chlääb
Pflanzenwucherung Flaarz
Pflanzland Pünt
Pflaster Pflaschter
pflastern pflaschtere
pflästern pfleschtere, psetze
Pflasterstein Psetzistäi
Pflästerung Psetzi
Pflaume Pfluum
Pflaumenarten: Chrie, Renigloode, Zipaarte
Pflaumenschnaps Pflüümli
Pflege Pflääg
Pflegeheim Asiil
Pflegekind Verdingbueb
pflegen pflääge, psoorge, raatsame
pflegen bis zuletzt uuspflääge
Pflock Chlobe, Schwire, Töggeli, Tubel
Pflockspiel Stäcklispììl
pflücken abtue, güne
Pflug Pflueg
Pflugbaum Grändel, Pfluegbaum
pflügen achere, eere, (z) Acher faare, hèèrde
pflügen, leicht falge
pflügen, oberflächlich struuche
pflügen, tief braache
pflügen über die Grenze überachere
Pflughaupt Pflueghaupt
Pflugmesser Sääch
Pflugräder Gschalerredli
Pflugschar Wägisse
Pflugscharhalter Gròipschte
Pflugsterz Gäize
Pflügung Aard
Pforte Porte
Pfosten Pfoschte,

Poschtamänt, Spare, Stagel, Stùùd, Stüüper
Pfote Taape
Pfropf Schübel
pfropfen zweie
Pfropfen Stöpsel
Pfründe Pfruend
Pfrundhaus Pfruendhuus
Pfrundhaus, in ~ unterbringen verpfrüende
Pfrundhausinsasse Pfrüender, Spittler
pfui èè, èèggi, pfud
Pfund Pfund
Pfundbrot Pfünder
Pfundbrötchen Pfundbröötli
pfündig pfündig
Pfuscharbeit Bänslete, Moorx, Mùùrxerei, Pfluderete
pfuschen baschtle, chrautere, haudere, hòie, hudle, lisme, moorxe, pfludere, pfudere, pfudle, schludere
Pfuscher Baschtler, Chrauteri, Chrotti, Hauderi, Pfluderi, Pfudler, Pfuschi, Schlììrpi, Schluderi, Schmieri m.
Pfuscherei Pfudlete
pfuscherhaft pfudlig
pfuscherhaftes Gemälde Schlììrpete
pfuscherhaftes Malen Schlììrperei
Pfuscherin Schmiereri
Pfütze Gumpe, Gunte, Schwetti
phantasieren fable, spine
Phantast Spiner, Spini, Spinnchäib, Spinnsiech
Phlegmatiker Gmüetsmoore
phlegmatisch pumaadig
Phosphor Fosfoor
pi (Buchstabe) phii
Pickel Bickel
Pickel, eitriger Süürepüggel
pickeln bickle
picken bicke, boppere
Picknick Piike-Niike
picknicken aasere
Pik (Spielkarte) Schuufle
Pikett Pigeet
Pille Chügeli, Pile
Pilot Flüüger
Pilz Schwamm, Schwumm
Pilze suchen pilze
Pinsel Bänsel
pinseln bänsle
Pinzette Pängsette
Pips Pfiffi
Pirol Goldamsle
pissen siehe harnen
Pissoir Brunzhuus, Schiffi, Schiffländi
Pistole Bischtole
Plackerei Chrèèzete, Hunderei, Hundete, Liferig, Möörderei, Plaagete, Schinderei
Plage Chrüüz, Plaag, Straaff
plagen plaage, schinde
plagen, sich hunde, moroche
Plagen Plaagete
Plan ausarbeiten uusplaniere
Plane Plache
planen dranumemache, planiere
planlos arbeiten schutzle
planschen fletsche, flotsche, göötsche, schwadere
Planscherei Fletschete, Göötscherei, Göötschete, Güderete, Schwaderete
plappern bappele, bröötsche, schnädere, schwable
plärren plèère
Platsch Plätsch
platschen chnootsche, fletsche, patsche, plätsche, pletsche
plätschern pletschere, schwadere
Platte Platte
Platte, mit Pl-n belegen plättle
Plätteisen Glettiise
plätten glette
Plätterin Gletteri
Plattfüssiger Plattfuessindiaaner, Pletschi
Platz Fläck, Platz, Quädi, Räiti
Platz beanspruchend speerig
Platz für Spielfiguren Rììs s.
Platz haben im Schuh chlaffe
Platz nehmen abhocke
Platz verschaffen, sich elebögle
Plätzchen Eggeli
platzen springe, verchnele, versprütze
Platzregen Gstrèèz, Schütti, Strèèzete
plaudern bääsele, blaudere, briefle, plòiderle, schwätze, spròòchle
plötzlich (wie) aagrüert, äispotts, plötzli, ugsinet, zäismaal, zmaal
Pluderhose Bluderhose, Schlotterhose
plump chlobig
plump gehen devoojoggle, trampe
plumpe Frau Tuntle
plumper Knabe Mutschli
plumper Mann Muni, Mutschli
Plunder Glump, Grümpel, Grümpelwaar, Grümpelzüüg, Gschmòis, Miggis, Ruschtig, Schiissglump, Schund
plustern schudere
Pneu Mantel
Pneubremse Mantelfigger
pochen boppele, boppere
pockennarbiges Gesicht Blaaterechopf, Blaateregrind
Polenta Polänte
Policemütze Boolichappe, Huet, Schnitz
Polizei Schmier
Polizeimannschaft Tschuggerei
Polizeiposten Schrooterei
Polizeiwesen Tschuggerei
Polizist Blòòni, Bolizischt, Polüüp, Schrooter, Teckel, Tschugger, Uufpasser

Polster Bolschter
Polsterbank Guutsche
polstern underlegge
Polterer Bolderi
poltern boldere, chnottere
polternd arbeiten rumoore
Polyp Polüüp
Pomade Pumaade
Pomeranze Bumeranz
Pontonier Pönteler
Pontonierfahrverein Faarveräin
Ponyfransen Zimpelfransle
Popanz Böögg, Butzi, Gschüüch, Maa
porös luftig
Portemonnaie Gältsack, Portmenee
Portion, grosse Tröscherporzioon
Porträt Bodrett, Kunterfäi
Posse Stückli
Possen Gugelfuer, Kumedi, Naaretei, Schund, Spändifòiz, Spargimänt
Possenreisser Bagòiggel, Gauggel, Gauggelmandli, Göögel, Harligging, Laggòi, Päiass
Post Maarggeschmitte, Poscht
Postament Pfoschtemänt
Postangestellter Poschtchnächtli
Postanweisung Mandaat
Postbeamter Poschtgumi
Postbote Poschtilioon, Pöschtler
Posten Poschte
Posten mit wenig Arbeit Floonerpöschtli
Postscheck Poschtschegg
Postscheckamt Poschtschegg, Scheggamt
Poststempel Poschtstämpfel
potz potz
prächtig choschper
prahlen blagiere, blodere, brale, bròile, groosshanse, poche, prächte, prelaagge, proleete, puupe, schnore, schwaudere
Prahler Blagieri, Brali, Bròiler, Bròili, Füechteli, Groosshans, Prächti, Prelaaggi, Proleet, Schwabli, Schwadronöör, Sprützlig
Prahlerei Bròilerei
prahlerisch groossgchozet, groosshansig, luutprächt, pòchisch
praktisch badänt, gäbig
Praline Praliné
prall bròòmig, tick
prallvoll gstecket vole, gstoosse vole, gstopfet vole
Präservativ Pariiser
Präsident Obme, Preesis, Presidänt
prasseln brägle, braschle
prassen prosoole
Prasser Güüder
Predigt Predig
Preis Priis
Preiserhöhung Uufschlaag
Preisverteilung Absände
Presse Trotte
pressen trucke, walze
Presslufthammer Pnööhamer
Presswurst Landjeger
Preusse Prüüss
prickeln chrüsele
Primel (Garten-) Priimeli
primitives Sofa Lotterbett
Prise Briise, Spriise
Prise Schnupftabak Schnupfete
Pritsche Prütsche, Schraage
Probe Proob
Probe zur Auswahl Muschterphäckli
Probelehre Schnupperleer
proben proobe
probieren chuschtiere
Pröbler Gänggeli
Professor Profässer, Profax
Prokurator Prokeraater
Promenade Promenaade
prophezeien profizeie
prosit proscht
Prospekt Proschpäkt
Prostituierte Flööte, Griite, Guttere, Trottoaramsle
protestieren revelutze
Protokoll Prodikoll
Prozent Prozänt
Prozess Grichtshandel
Prozessierbusse Tröölerbuess
prozessieren trööle
Prozesssüchtiger Trööler
prüfen erchiese, erchuschte, muschtere, verlääse, zänsiere
Prüfung Ex, Schwümfäscht
Prügel Bängel, Brügel, Hageschwanz
Prügel (Mz.) Brügel, Bümi, Bumpis, Schmier, Schnaps, Tätsch
Prügelei Brüglete
Prügelknabe Schorsch Ggaggo
prügeln brügle, chnüttle, gärbe, hageschwanze, strigle, uusschwinge; vgl. durchprügeln, verprügeln
Prügelnder Brügli
Prunk Staat
Prussien Prüüssli
Puddingportion Chöpfli
Pudel Pudel
Puffärmel Pfuuseermel
puffen nüsche, puffe
Pullover Puli
Pulswärmer Aarmstöössli, Aastöössli, Stöössli
Pulver Bulver
Pulver, nach ~ riechen bülverle
Pulver verknallen bülverle
Pumpe Pumper, Pumpi
Punkt Phunkt
Pünktchen Tüpfli
Punkte, mit P-n bedeckt gmügglet
punktieren tüpfle
Punktzahl Blätz

Punktzahl beim Jassen Schniider
Puppe Baabe, Dodoli, Titti, Tittibääbi, Tockebaabe, Tockete, Toggebääbeli
Puppe, mit ~ spielen bääbele
Puppentheater Chaschperlitheaater
Puppenwagen Bääbiwaage
Purzelbaum Bùùrzel, Überschlaag
Purzelbaum schlagen überbürzle, überchrugele
purzeln böckle, bùùrze, chegle, gäiggle
Purzeln Gäigglete
Putz Verbutz
putzen butze
putzen, genau bützele
putzen, sich mütze, zwooe
Putzerei Fäägete
Putzfrau Butzeri
Putzlappen Butzlumpe

Q

Quadrat Gviert, Quaderaat, Vieregg
Quai Ggèè
quak gwaagg
quaken gwaagge
quälen möörde, mugere, plaage, schiggeniere, schinde, tribeliere
Quälgeist Plaaggäischt
qualvolle Arbeit Möörderei
Quappe Trüüsche
Quark Bludermilch, Schlottermilch
Quarkgebäck Zigerchrȍȍpfli
Quaste Bambel, Bȍisel, Büsel, Fȍisel, Fotzel, Zöttel
Quästor Seckelmäischter
Quatsch Quatsch
quatschen pfludere
Quelle Quäll
Quellensucher Wasserschmöcker
Quengler Tröissi
quer detwäris, schäderis, schärbis, schèris, twäär, übereggs, zwäris
Quere Quèèri
Querfäden beim Weben Schuss
Querholz Rigel, Rippi
Querholz am Fass Chiidel
Querholz am Schlitten Joch
Querholz unter dem Kelterbaum Esel
Querjoch am Rechen Haupt
Querkopf Lätzchopf
querköpfig lätzchöpfig
Quertreiber Zläidwèrchi, Zwiderwùùrz
Quertreiberei Zläidwèèrcherei
Querwind Twäärwind
quetschen chnütsche
Quetschung Boboo, Flätschge, Moos w.
Quetschung, kleine Bebee
Quitte Chüttene
Quittengelee Chütteneschlee
Quittenkonfekt Chüttenepäschtli
Quittenkonfitüre Chüttenehunng

R

R, das ~ hinten sprechen loorgge
Rabatt Prozänt
Rabe Gwaagg
rabiat rabauzig
Rache Raach
Rachenmandel Mandle
rackern raggere
Rad Raad
Radausflug Welotüürli
rädern redere
radfahren welofaare
Radfahrer Redlibueb, Welofaarer
Radfahrerverein Weloklupp
radieren gümele, gumiere
Radiergummi Flasch, Gumi
Radieschen Radiisli
Radio Radio
Radreif Raadrȍiff
-rädrig -rederig
Radzahn Chambe
Raffgierige Schèrgere
Raffgieriger Schèrgeri
Ragout Voorässe
Rahm Niidel
Rahm ansetzen niidle
Rahmansatz Niidelpöörtli
Rahmbecken Niidelbecki
Rahmbonbon Niidelzältli
Rahmdecke Flȍȍmli
Rahmen Gricht, Raam, Schraage
Rahmen für ein Klafter Holz Chlobe
Rahmfetzen Niidelschlämpe
Rahmgebäck Niideltùùrtli
Rahmkäse Niidelchèès
Rahmkuchen Niidelwèèe
Rahmschüssel Niidelhaafe
Rain Räi
räkeln ränggele
Rakete Rageet
Rammklotz Bätz
«Rams» spielen ramse
Rand Braame, Poort, Rand m.
Rande Schweed
Randheu Oorthȍi
Randrebe Oorträäbe
Randschnur des Fischernetzes Ääre
Randwiese Oortwìis
Rang Glìid
Rangierdampflokomotive Tigerli
rangieren rangschiere
Ranke Chrangel
ranzig gschmürbelig, mäggelig, rèèch, rèèchelig
ranzig riechen, schmecken mäggele, rèèchele, schmirbele

ranziger Geruch Mäggeliguu
Rapp (der Traube) Trappe
Rappe Choli, Rapp
Rappen Rappe, Santiin
Rappenspalter Chnuupesaager
Rappenstück Rappestuck, Räppler
Rappenstücke, mit R-n spielen räpple
Rappenstückmenge Räpplete
Raps Leewat, Räps
Rapssamen Öölsaame
rasch raass, tämpo-tüüfel
rasch gehen räne
rasch reden raule
rasch verbraucht schliissig
rascheln chroose, chrüschele
Rascheln Gchroos
rasen raase
Rasen Raase
rasend raasig
Rasenmäher Raasemèèer
Rasenstück Pösche, Schüepp
Rasenstück, ausgestochenes Raaseziegel, Schülpe, Wasepösche
Rasenweg Pöörtli
Rasierapparat Schaber
rasieren rassiere, schabe
Rasierer, ungeschickter Schabi
Rasierpinsel Rasierbänsel
Rasierseife Rasiersòipfe
Raspel Raffle, Raschple
raspeln raffle, raschple
Rasse Rasse, Schlaag
Rassel Roli
rasseln rassle, schättere
Rat Raat
raten raate, ròòtle
Raten Raaterei
Ratssitzung Raat
Ratte Ratz
Räuber Ròiber
Räuber spielen Ròiberlis mache
Raubritter Haagheer
Rauch Rauch, Rauk
Rauch, nach ~ riechen ròikele
Rauch ausstossen bròike
rauchen bròike, rüüche
rauchen (Tabak) rauke, schloote, tubake, tubäkle
rauchend rauchig
Raucher Rauker, Tubäkler
Räucherkammer Chämi
räuchern ròichere, ròike
Rauchfang Chämihals
Rauchfleisch Gròikts
rauchig rauchig
Rauchkammer Chämichamer
Rauchwolke Rauk
Rauchwurst Landjeger
räudig rüütig
Raufbold Chrachbrüeder, Ramel, Ramli, Schleger
raufen balge, ramle
Rauferei Ramlete, Schlegerei, Schleglete
Raufergruppe Ramelbandi
rauh rublig, ruuch, ruuchlachtig, struub
rauh machen rüüche
rauh riechen, schmecken rüüchele
rauh werden ruuche
rauhbauzig bäärbauzig
Rauheit Rüüchi
rauhes Heu Oorthòi
rauhhaarig ruuchhòòrig
Rauhreif Duft, Ghick
Rauhreif ansetzen dufte, ghicke
Raum, enger Chrutz
Raum, kleiner Ghüüs
Raum, oberster Grääch
räumen chrucke, ruume
Raupe Raup
Rausch Aff, Balaari, Bloder, Bori, Brand, Chischte, Chlapf, Chugle, Faane, Flaade, Fueder, Hickli, Laadig, Palaari, Ploder, Ruusch m., Sarass, Schieber, Schmätter, Siech, Spitz, Sturis, Suff, Tampf, Tampis, Tätsch, Tiger, Tìrggel, Tips, Tolgge, Toorggel, Tusel, Zungeschlaag
Rausch, starker Bombesiech, Galgesiech, Kanonenaff, Kanoneruusch, Kanonesiech, Moordsaff, Uu-Flaade
rauschen ruusche
Rauschgift Stoff
reagieren, schnell uufjucke
Realschule Reaal
Rebberg Räbbèèrg, Wingert
Rebe Rääb
Rebell Rebäll
rebellisch uuflüpfisch
Rebenbinder Hefter
Rebenbinderin Hefteri
Rebholz Räschpi
Reblaube Räblaub
Rebmesser Gèrtel, Räbgèrtel, Wümergèrtel
Rebschoss Hurlig, Stäfz
Rebstamm Mueterstock
Rebstecken Räbstäcke, Räbstickel
rechen räche
rechen (Heu) aarfle, zämetue
rechen, zu Schwaden määdle
Rechen Räche
Rechender Rächer
Rechenhausierer Rächemaa
Rechenzinke Rächezaa, Rächezingge
rechnen rächne
Rechner Rächner
Rechnerei Rächnete
Rechnung Kunte, Nöötli, Rächnig
Rechnungsmahl Rächemaal
recht aartig, frei, rächt
recht gross zimli
Recht Rächt
Rechte eines Besitzes Rächtsami
Rechteck Gviert
rechtes Vorderbein des Pferdes Hottebäi
Rechthaber Hebrächt, Phaupti

rechtlich rächtli
rechts rächts
Rechtsanspruch Rächt
rechtschaffen braav, rächtschaffe
Rechtschaffenheit Breevni
Rechtsfall, kostspieliger Afflikaatefueter, Afflikaatefrässe
rechtsgehend voderhändig
rechtshändig rächts
rechtshin! hoscht, hott
Rechtspferd Handross, Voderhandross
rechtzeitig biziite, ziitli
recken, sich rangge
Reckstange Traat
Rede Phòik, Rèèd
Rede, lange Schwetti
Redelust Schnorepflutteri
reden parliere, rede, sääge, schnore, schwätze; siehe auch unter flüstern, klatschen, plappern, plaudern, prahlen, schwatzen
reden, barsch bauze, rabauze, raule, schnauze
reden, immerzu zueschwätze
reden, kindisch bappele
reden, rasch raule, schnable
reden über jemanden verhandle
reden, umständlich blòòterle
reden, undeutlich bröötsche, mungge, munte
reden, unterdrückt pfnuttere
reden, unverständlich abehaschple, haschple, parle, zämegagge
reden, unwirsch bauze, schnauze
reden, verächtlich schnööde
reden, viel schnorewagnere, zämeschwätze
reden, zu Gefallen höbele
redlich redli
reformiert refermiert
Regel Regle
Regel der Frau Chilbi, Schniider
regen, sich rode
Regen Rääge, Säicherei, Säichete
Regenbremse Schwòòbli
Regenguss Räägegutsch, Schiff m., Schuss, Sprutz, Strèèz
Regenmolch Gügger
Regenschauer Pschütti, Schütti, Sprützete, Strèèzete
Regenschirm Räägetach
Regenspritzer Räägesprutz
Regent Regänt
Regenwetter Säichwätter, Sudelwätter
Regenwolke Räägewulch
regieren regiere
Regierung Regierig
Regiment Regimänt
Regimentskommandant Regimäntler
Regionalzug Bumelzùùg
regnen budle, räägne, säiche, schiffe, uuslèère
regnen, fein fiserle, fòiserle, tòiele
regnen, heftig aberäägne, abestrèèze, strèèze
regnen, leicht räägele
regnen, stürmisch ruble
regnen und schneien struble
regnen und stürmen sudle
regnerisch räägnerisch
Regress Hebi
regulieren regeliere
Reguliervorrichtung an der Obstmühle Näggeler
Regung Mux
Reh Ree, Reech
Rehrücken Reerugge
Reibeisen Raffle, Riibiise
reiben figge, raffle, rible, riibe, ripse
Reiben Figgete, Gfigg, Riblete, Riibete, Ripsete
Reibwerkzeug Riiber
reich riich, tick
reich, sehr hùùrdriich
reichlich gottegnueg
Reichsein Riichi
Reichtum Riichi
reif prèètig, riiff
reif (Obst) ziitig
Reif Riiffe
Reife Riiffi
reifen riiffe
Reifen Pnöö, Ròiff
Reifen, mit ~ spielen ròiffle
Reifeprüfung Matuur
Reigen Räie
Reihe Gang, Glììd, Räie, Range, Ziilete
Reihe, an der ~ sein draasii
Reihen machen räiele
Reiher Räigel
rein baar, häl, löödig, luuter, luuterlöötig, puur, räin, reaal, suuber, urche
Reineclaude Renigloode
Reinemachen Butzete
reinigen butze, uufbutze, uusstaube
reinigen (Fass) bicke, bunge, büüne
reinigen (Getreide) hodle
reinigen, feucht uufnèè
reinigen, gründlich usebutze
Reinlichkeit Öördligi
Reis m. Riis
Reis s. Riis, Zwei
Reise Räis, Tuur
Reisegepäck Paseschierguet
Reisegesellschaft Räis
reisen räise
Reisender Paseschier
Reisepass Pass
Reisesack Nachtsack, Ranze
Reisetasche Räissack
Reisevertreter Gufereräisend
Reisig Chrììs, Räschpi
Reisig abhauen chrììse
Reisig hacken chrììse
Reisig sammeln stuude

Reisigbesen Chrììsbääse, Riisbääse
Reisigbindebock Bock, Chrììsbock
Reisigbündel Bùùrdeli, Chrììsbùùrdi, Häiziwäle, Haizibùùrdi, Räschpibùùrdeli, Stuud, Wäle
Reisigbündel machen bùùrdele
Reisigbündelboden Chrììs-tili
Reisiggestell Häizibock, Stuudebock
Reisläufer Riislòiffer
Reissaus Teefang
Reissbrett Riissbrätt
reissen laa, riisse, schränze, springe, strupfe, zeere
reissen, an den Haaren erhaare, ertschuupe
reiten riite
Reiten Riiterei
Reiter Riiter, Rösseler, Rüüter
Reiterei Riiterei
Reiterin Riiteri
Reitschule Riitschuel
reizbar usööd
reizen fuxe, tratze, trätzle, zänsle, zòikle, zöökle
reizend schnügg, schnuggig, schnusig
reklamieren mäise, möögge, muule, reklemiere, (e) Tumi haa, uusrüeffe
Reklamieren Gmöögg, Mäiserei, Mäisete
Reklamierer Mäiser
Rekrut Regruut
Rekrutenschule Èrèss, RS, Schuel
Rektor Rex
rekurrieren rekeriere
Religionsunterricht Relegiige, Underwiisig, Unti
Religionsunterricht erteilen underwiise
Rendez-vous Räne
rennen chäibe, choge, hagle, päche, pächiere, räne, säre, seckle, sieche, springe, strèèze, stüübe, sure, zäpfe
rennen, planlos schutzle
Rennen Gränn, Räne
Rennerei Gspräng
Rennradpneu Ggoli m.
Renommee Renemee
rentabel rändaabel
rentieren rändiere
repetieren rebidiere
Reputation Rebidaz
Reservedienstgruppe Schliiffi
Respekt Reschpäk
Rest Räschte, Ratzete, Stümpli
Rest Heu Rächete
Rest Karten Stock
Rest Teig Schorete
Restaurationsbrot Reschtbroot
restlos rüübis und stüübis, stüübis und rüübis
Retourkutsche Retuurschèèse
Retourware Retuure
retten flööchne, flööle
Rettich Rettig m.
Rettung Rettig w.
Reue Röi
reuen fuxe, gheie, groie, röie
reuig gröiig, röiig
Reukauf Röichauff
Reuse Bèère, Rüüsche
Revolte Putsch
revoltieren putsche
Revolutionär Revelutzer
Rheumatismus Gsücht, Ròimaatisch
richten richte
richten, sich helde
Richter Richter
Richtfest (im Baugewerbe) Uufrichti
richtig rächt, richtig
Richtung Flangge, Richtig
riechen gschmöcke, schmöcke
Ried Riet
Riedgras Riet, Stròi
Riedgrasbüschel Riedbòisel, Riedbüseli
Riegel Rigel, Schwibele
Riegelhaken Hauche
riegeln rigle
Riegelverschluss Chlüppli
Riemen Rieme, Struppe
Riemenwerk der Zugtiere Sììl
Riese Rììs m.
rieseln fiserle, risle
riesen räischte
Riesenangst Schiissangst
Riesenlärm Moordioolèrme
riesig risig
Riesterstab am Pflug Gròipschte
Rille Chrine, Gargle
Rind Mäisse, Rind
Rind, halbgewachsenes Schudel
Rind, zuchtfähiges Ziitrind
Rinde Rinde, Ròiff
Rinderbremse Rossbrèèm
Rindermarkt Rindermèèrt
Rindfleisch, getrocknetes Bindefläisch, Moschtmöckli, Püntnerfläisch
Rindsleder Ruuchlääder
Rindszunge Züngli
Ring Ring
Ring einer Kette Gläich
ringeln, sich chrangle, chrusle, ringle
Ringeltanz Räie, Ringelräie
Ringkampf Hoselupf
Ringspiel Ringschlaa
ringsum zäntume, zringsetume, zringum
Rinne Chääle, Chänel, Chrine, Räni, Risi
rinnen rüne
Rippe Rippi
Rippensamt Rübeli
Rippenstück Rippli
riskieren risgiere
Rispe Rischpi
Rispengras Büschligraas, Spitzgraas

Riss Riss, Schräne, Schranz, Sprung
Riss, winkelförmiger Dreiangel
rissig gschnotteret
rissige Haut Hecker
Rist Rischti
Ritt Ritt
rittlings rittlige
Ritz Ritz
Ritze Ritz, Schrund
ritzen chräble, chretze, chritze, riisse, ritze
Roastbeef Rosbiff
röcheln chaare, charchle
Röcheln Gchaar
Rock Chittel, Chutte, Rock
Rock der Frau Schüpp
Rock des Mannes Schoope
Rockrand Punt
Rockschlitz Jüppeschlitz
roden rüüte, uusstocke
Rodhacke Rüüthaue
Roggen Rogge
Roggenstroh Roggeschaub, Roggestrau
roh rau, ugriint
roh (Milch) unerwelt
Roheit Viicherei
Rohgummisohle Chèèssole
Rohling Ruech
Rohr Roor
Röhrchen Tüle
Röhrchen für Garnspule Hösli
Rohrdommel Loorind, Roorchue, Roormuni
Röhre Rööre, Tüüchel
röhrenförmig falten röörle
Rohrkolben Kanonebutzer
Rohrkolbenblätter Chnoschp
Rohrsänger Roorspatz
Röllchen Rugeli
Rolle Role, Rugele
rollen chugele, role, rugele, troole
rollen, in Grübchen ~ grüeble
rollend grugelet
Rollkragenpullover Roli
Rolltreppe Rollstääge
Rollwagen Roli, Rollwaage
Rondell Rundäle
röntgen durlüüchte
Rose Roos
Rosenkohl Rööslichööl
Rosine Rosiindli, Wiibeeri
Ross und Reiter spielen Riiteris mache
Rosskastanie Ross-cheschtene
Rost (auf Eisen) Roscht
Rost (Grill) Rooscht
rosten aalauffe, roschte
rösten bèèe, rööschte, roosse, schwäisse
rostfleckig roschtig
Rösti Rööschti
rostig roschtig
Rostpilz Roscht
rot root
rot werden roote
Rotapfel Eppeeriöpfel
rotbackig rootpagget, rootpägglet
rotblond malefizblond
Röte Rööti
rote Katze Rööteli
rote Lippenfarbe Ruusch s.
rote Rübe Rand w., Schweed
Rötel, mit ~ zeichnen röötle
Rotforelle Rööteli
Rothaariger Rööteli, Röötsche
Rotkäppchen Rootchäppli
Rotkehlchen Rootbrüschtli, Rootgüügger, Rööteli
Rotkohl Blauchabis, Rootchruut
rötlich fuchsig, rootlachtig, röötsch
Rotschwänzchen Rööteli
Rübe, grosse Rueb
Rübe, kleine Rüebli
Rübe, rote Rand w., Schweed
Rübe, weisse Rèèb
Rübe, nach R-n schmecken rèèbele
Rubel Rubel
Rüben (weisse) ernten rèèbne
Rüben (weisse) säen rèèbne
Rübenbrei Rèèbemues
Rübengeschmack Rèèbeguu
Rübenlicht Rèèbeliechtli
Rübenstampfe Rèèbestampfi
Rübenstücklein Rèèbechlötzli, Rèèbeschnätterlig; Rüeblischnitz
Rübenwurzel Rèèbeschwanz
ruchbar luutbaar
ruchlos gottvergässe
ruck rutsch
Ruck Rung, Rutsch
rücken rucke, rütsche
Rücken m. Puggel, Rugge
Rücken von Stühlen Rütschete
Rückenkorb Chrèèze, Hutte, Müüslichoorb
Rückenlehne Ruggelèène
Rückenmark Ruggemaarg
Rückenschmerzen Ruggewee
Rückenstück (Fleisch) Hoorugge, Ruggestuck
Rückentrage Rääf
Rückentraggefäss Bückti, Tause
Rückentraggefäss für Jauche Gületause
Rückentraggefäss für Wein Wiibückti, Wiitause
Rückentraggestell Rääf
Rückentragkorb Chrèèze, Hutte, Müüslichoorb
Rückentraglast Chrèèzete
Rückfahrkarte Retuurbileet
Rückfahrtermässigung Retuurrabatt
Rückhalt Hebi
rücklings rügglige
Rucksack Ruggsack
rücksichtsvoll schoonkli
rücksichtsvoll verfahren büsele-bäsele
Rückstand geschmolzener Butter Ankelüüre, Ankeruume, Anketruese, Lüüre, Truese

rückwärts hindere, hindersi, retuur
Rückwärtsgang Hindersigang
rückwärtsgehen chräpse
ruckweise rutschwiis
Rückzug antreten ritteriere
Ruder Rueder
rudern ruedere
Ruderrennboot Seeklüppler
Ruderschiff Jager
Ruf Rebidaz, Renemee, Rueff
Ruf bei Feuersbrunst: füürioo
Ruf in Not: hälffio, moordioo
rufen heepe, huupe, joole, rüeffe
Rufen Grüeff, Heepete, Rüeffete
Ruhe Rue
Ruhe! pscht, st
Ruhebett Schäslong, Tiwaan
ruhen ruebe
ruhig gsatzli, rüebig
Ruhm Ruem
rühmen rüeme
Rühmen Grüem, Grüemsel, Rüemete
Rühmerei Rüemerei
rühmlich bekannt verrüemt
rühren chrucke, rode, rüere, schludere, verrüere
rühren, sich gläiche, muxe, müxle, rode, verbrèème, vermuxe, vermüxle, verrode
Rührlöffel Rüerchele
ruinieren verruiniere
Rülps Gùùrps
rülpsen gùùrpse
Rülpsen Gùùrpsete, Gùùrpsi
Rülpsender Gùùrpsi
Rummel Rumel
rumoren rumoore, rungguuse
rumpeln bööle, boppere, chnottere, rumple
rümpfen rümpfe
Rumpfteil Stock
Rumpfteil des Hemdes Stunggel
rund grugelet, rund
rund herum zringum
rund werden runde
Rundaxt Tächsel
Runde Cheer, Gang, Rundi, Tuur
Runde (Gesellschaft) Chränzli, Stamm
rundes Ding Rundumeli
Rundholz Brügel, Holzrugel, Müsle, Plütschi, Räitlig, Rugel
Rundholz, halbiert Helblig
rundlich rundlachtig
rundliche Frau Bumerli
rundlicher Gegenstand Muger
rundlicher Hund Bumer
rundliches Kind Stümperli
Rundung Ründi
rundweg glatt
Runkelrübe Runggle
Runkelrüben ernten runggle
Runse Rous
Runzel Rumpf, Runzle, Schrumpf
runzeln runzle
runzlig prumpfe
runzlig werden schnùùrpfe, verschnùùrpfe
rupfen rupfe, rüpfle
Rupfen an den Haaren Haarrupf
Rüsche Schabo
Russ Ruess
Russ, glimmender Häidefüür
Russ, nach ~ riechen, schmecken rüessele
Russe Ruuss
Rüssel Rüssel
Rüssel des Schweins Schnore
russen ruesse
Russfleck Brèèmlig, Ruessfläcke, Ruessschlängge
russig ruessig
russig werden ruesse, verruesse
rüsten räise, rüschte
rüstig läptig
Rute Fitze, Ruet
Rutengänger Wasserschmöcker
Rutsch Rutsch
Rutsche Rütschi, Schläike
rutschen lättere, muuche, rütsche, schifere
Rutschen Figgete
Rutschen auf dem Boden Muuchlete
Rutschender Figgi
rütteln hottere, hotzle, hütze, rüggle, rüttle, schodle, schottle, umerigle
rütteln an der Türklinke fale, fälele

S

Saal Saal
Saatkartoffeln Hèrdöpfelsaame
Säbel Saabel
säbeln saable
Sache Handel, Sach
sachte hoorsam, hübscheli, liis, sachti
Sack Sack
Sack für Rebschosse Chlüübsack
Säckel Seckel
sackerment sackermänt
Sackgleis Stumpegläis
Sacknetz Sackgaarn
Sackpistole Puffert
Sackspringen Sackgumpe, Sackgumpete, Sackgumpis
Sadebaum Sefi
säen sèèe
Safran Saffere
Säge Saage
Säge, mit ~ arbeiten säägele
Sägefeile Saagefiele
Sägegriff Saagechnopf
Sägeholz Sagholz
Sägemühle Saagi
Sägemüller Saager
sagen rede, sääge
sägen saage
Sägerei Saagi
Sägeschnur Saageschnuer

Sägespäne Saagete, Sagspòò
Sägezahn Saagezaa
Sahne Niidel
sahnig gnidlig
Saite Säite
Salamander Guugemööndli
Salär Ghalt m.
Salat Salaat
Salatkopf, kleiner Tschüder
Salbader Salbaaderi
salbadern salbaadere
Salbe Salbi
Salbei Müüslichruut, Müüslipletter, Müüslistock, Salbei
Salbeigebäck Müüslichüechli
salben salbe, sälbele, schmiere
Salpeter Salbeeter
Salpeter, mit ~ beizen salbeetere, versalbeetere
Salpeterbeize Salbeeter
Salz Salz
Salzbrühe Sulz
salzen salze
Salzgebäck, bestimmtes Salzringli
Samen Saame
Samen ausstreuen versaame
Samen erzeugen saame
Samenfederchen Büseli
Samenkapsel der Herbstzeitlose Chlaffe, Chüentsch
Samenkorn Choorn, Saamechoorn
Samenzwiebeln Saameböle
Sämerei Gsòòm
Sämereienhausiererin Saamefrau
Sammelbüchse Neegerli
sammeln sammle, zämestüüre
Samstag Samschtig
Samstagsreinigung ausführen samschtaage
Samt Samet
Samtband Sametbändel
Samtblume stinkedi Hoffert, stinkigi Hoffert
samten sametig
Samtkittel Sametschoope
Samtnelke Sametnäägeli
Samtweste Sametschilé
Sand Sand
Sand, mit ~ spielen sändele
Sand gewinnen sande
Sand streuen sande
sanden sande
Sandmännchen Sandmändli
Sandschiff Sandledi
Sandsieb Sandgatter
sanft liis, zòòmeli
Sanicula Sanickel
Sanitäter Saameritter, Sanitas, Sanitèètler
Sanitätssoldat Chnocheschlosser
Sankt Nikolaus Samichlaus
Sapine Zabi
Sarg Chischte, Saarg, Tootebaum
satt voll
Sattel Sattel
Satteldach (Kirchturm) Chèèsbisse
satteln sattle
sättigen fuere
Sattlerahle Glumpf
Sattlerhandwerk ausüben sattlere
Satz Satz
Satz Leibwäsche Wächslete
Satzungen Staduute
Satzzeichen Satzzäie
sauber frisch, proper, suuber, urche
sauber machen süübere
sauber werden suubere
Sauberkeit Süüberi
saubermachen butze
säubern butze, erlääse, grääde, hodle, räädé, süübere, versüübere
säubern (Korn) wane
Säuberung Süüberete
Saubohne Souboone
Sauce Soose
sauer suur
sauer werden suure, überegheie
Sauerampfer Suurampfle, Suurhampfle
Sauerapfel Suurgraaniker
Sauerbirne Süürler
Sauerkirsche Äämerli, Èèmeli, Wiechsle
Sauerkohl Suurchabis
Sauerkraut Suurchruut
Sauerkrautzuber Chabisstande
säuerlich süürelig, suurlachtig
säuerlich riechen oder schmecken süürele
Sauerteig Haab, Hebel
Sauerteig zubereiten heble
Sauerteigzubereitung Heblete
Sauertopf Essighafe
saufen suuffe
saugen lätsche, lootsche, lüle, suggele, suuge
säugen sauge
Saugflasche Mämeli, Milchschoppe, Schoppe
Saugflasche, aus ~ trinken mämele
Saugflasche geben schöppele
Säugling Bebee, Buuzeli
Saukerl Schiisskärli
Säule Süül
Saum Briisli, Litz, Saum
säumen (Stoff) saume, sòimle, umenèè
Säure Süüri
saure Beschaffenheit Süüri
saure Milch Schluder
saurer Wein Purligiiger
Saus und Braus Suus und Bruus
sausen chäibe, pfure, sädere, säre, suuse
Sauser Suuser
Sauser, nach ~ riechen süüserle
Sauser trinken suusere, süüserle
Sauserfass Suuserfass

Sauserfuhre Suuserfuer
Sausersonntag Suusersundig
Sauserzeit Suuserziit
Sauserzeit geniessen suusere
schaben raffle, rätzle, schabe
Schaben, wiederholtes Schaberei
Schaber Schaab, Schabe, Schaber
schäbig schoofel
Schabziger, geformt Zigerstöckli
Schacht Tole
Schachtdeckel Toleteckel
Schachtel Schachtle, Trucke
Schachtelhalm Chatzeschwanz
Schachtelkäse (Portion) Chèèsli
schade schaad
Schädel Näggel, Schüssle
schaden boosge, schade
Schaden Hinderlig, Läid, Schade, Schuss
Schaden, bleibender Letzi
Schadenfreude Schadefròid
schadenfroh schadefroo
schadhaft blööd, präschthaft
schadhafte Stelle Blöödi, Näscht
schädigen schedige, versackuure, zläidwèrche
schädlich schädli
Schaf Schaaff
Schaf, junges Häli
schaffen schaffe
Schaffhauser Dialekt sprechen schaffuusere
Schaffhauser Jass spielen schaffuusere
schaffhausisch schaffuusisch
Schaffleisch Schòòffis
Schaffner Kundi, Kundiktöör
Schaffnerin Kundiktöös
Schafgarbe Läiterlichruut, Schaaffgaarb
Schafskopf Schaaffseckel, Schaffs-chopf
Schaft Cholbe
Schäfte des Webstuhls Gschìır
Schafwolle Schaaffwule
schäkern goole, gschätzelig tue
schal lind
Schale Schaal
Schale der Nuss Nussschaal
Schale der Nuss, grüne Brätschge, Nusstangg, Tangg
Schale von Früchten Schelfere, Schilfere
Schäleisen Scheler
schälen pschniide, schele, schinde
schälen (Nüsse) brätschge, uus-tangge
schälen, ringelweise ringle
Schalenkartoffeln Gschwelti
Schalk Nogg, Schelm
schalkhaft fuul
schalldurchlässig ringhöörig
schallen chiide
schallos ugschalet
Schallstärke Lüüti
Schälmesser Schindmässer
Schalter Schalter
Schalterbeamtin (Post) Poschtfröläin
Scham (der Frau) Chleepe, Giige
schämen, sich schäme, scheniere
Schamgefühl Rebidaz
schamlos uusgschämt
Schamlose Gschämigi
Schamloser Gschämige, Schämdinüüt
Schamlosigkeit Gschämigi
Schandbank Schandbänkli
schandbar schandbaar
Schande Gschämigi, Schand, Schmaach, Sünd
Schande, grosse Himelèèrdeschand
Schandecke Eggeli
schänden gschände
schändlich schandbaar, schäntli
Schandmaul Schandmuul
Schanze Schanz
Schanzen aufwerfen schanze
Schanzwerkzeug Schanzchnoche
Schapel Schäppel
Schar Gschaar
scharf raass, rèèchelig, rèèss, schaarff, watz
Schärfe Rèèssi, Schnitt
schärfen schliiffe
Schärpe Bäiedèère
Scharpie Schliisse
Scharre Chratzer, Scharer
Scharreisen Schariise, Schore, Schorer
scharren schare, schore
Scharren, anhaltendes Gscharr
Scharte Schaart
Scharwenzel Höbeler
scharwenzeln scharwänzle
Schatten Schatte
Schattenhang Schattehalde, Schattepoort
Schattenseite Schattesiite
schattenseits schattehalb
Schatulle Schatule
Schatz Schatz
schätzen schetze, überschlaa
Schätzer Schetzer
Schätzung Schatzig, Schetzig, Überschlaag
schätzungsweise schetzigswiis
Schau Gschau
Schauder Schuuder
schauderhaft schüülig
schaudern chludere, schudere, schuudere, tschuudere
schauen luege, lüegele
Schauer Schuuder
schauerlich schuurig
schauern schuudere, tschuudere
Schaufel Schuufle
Schäufelchen, mit ~ hantieren schüüfele
schaufeln schuufle
Schaufenster Schaufäischter
Schaukel Gampfi, Gämpfi, Giigampfi

schaukeln gaage, gaagele, gampe, gampfe, giigampfe, giiräite, glungge
schaukeln (auf den Armen) buute, buutele
Schaukelnder Gaagi
Schaukelpferd Gampiross
Schaukelseil Riitsäil
Schaukelstuhl Gaagelistuel
Schaum Schuum
Schaum abschöpfen abschuume
schäumen schuume
Schaumgebäck Schüümli
schaumig gschuumig, schuumig
schaurig schuurig
Schaustellerwagen Kumediwaage
schaut! hend
Scheck Schegg
Scheck (Tier) Schägg
scheckig gschägget, gschäggig
scheckiges Vieh Fläck
scheel schälb
Scheffel Mütt
Scheibchen Rugeli
Scheibe Schiibe
Scheibenmitte Zwäck
Scheibenstand Schiibestand
Scheibenwall Räi
Scheibenzeiger beim Schiessen Zäiger
Scheide Schäide
Scheidemünze Blutzger, Münz
scheiden schäide
Scheidevorfall haben bäize
Scheidung (Ehe) Schäidig
Schein Schii
scheinen schiine
Scheit Holz, Schiit, Spälte, Spältig, Spränzel
Scheit, langes Chlaafterholz, Chlaafterschiit
Scheit, zurechtgeschnittenes Togge
Scheitel Schäid, Schäitle
Scheiterstapel Schiiterbiig
Schelle Schäle
schellen rölele, schäle
Schellen Schälerei, Schälete
Schellenband Gröll
Schellenbauer (Spielkarte) Schälegaggi, Schälegȍȍggel, Schäleschaaggi, Schäleschȍȍggel
Schellenbaum Glögglispȉl
Schellengeläute Gschäll
Schellenkappe Rölelichappe
Schellenmaske Röleliböögg
Schelm Läcker
Schelmerei Nüüträchtsni
Schelte Chifel, Schimpfis, Schlabutz
schelten aapfiiffe, aarȍile, aasure, balge, bauze, chäibe, chifle, chiibe, pfuttere, pschelke, schimpfe
Scheltende Schimpferi
Scheltender Schimpfer
Scheltwort Schlötterlig, Schnaagge
Scheltwort für Frau: Gschȉr, Täsche, Trucke
Scheltwort für Knabe: Schiissbueb, Schiissbüebli
Scheltwort für Mädchen: Chröttli, Schiiss-chind, Schissmäitli
Scheltwort für Mann: Chäib, Chätzer, Chog, Galiott, Hund, Seckel, Siech, Sock, Stinker
Schemel Schömel
Schenkel Schäiche, Spälte, Stotze
Schenkelfleisch Bagge
schenken gaabe, helse, schänke, spändiere, stifte, wixe
schenken, zuviel übergriife
schenken, aufhören zu ~ uushelse
scheppern schättere
Scheppern Gschätter
scheppernd gschätterig
Scherbe Schèèrb
Scherben geben schèèrbele
Schere Schèèr w.
Scherenschleifer Schèèreschliiffer
Scherz Gugelfuer
Scherz treiben spargimäntiere
scherzen naare, näärle
Scherzverb: repopiere
scheu schüüch
scheu machen verschȍiche
Scheu Schüüchi
scheuchen stȍike
Scheuchen Gstȍik
Scheuchstange beim Fischen Tribeneflotscher, Tribenestȍiber
scheuen schüüche
scheuer Mensch Tèèggel
Scheuerlappen Harnischblätz
scheuern fääge
Scheune Schüür
Scheusal Grüüsi
Schicht Leggete
schichten zu Haufen schöchle
Schichtwechsel Ablöösig
Schick Schigg
schicken schicke
schicken, sich aastaa, passe
schicklich gomilffoo
Schiebefensterchen Lȍifferli, Schieberli
schieben schalte, schiebe, schȕȕrge, stoosse
Schieber Schieber, Schüssel
Schieber spielen schiebere
Schieber tanzen schiebere
schief abhaldig, ghaldig, schäderis, schälb, schärbis, schèèch, scheps, schèris, schiech, schieff, schlämm
schief im Gang gschienggig
Schiefer Schifer
Schiefer (Holz-) Spiise
Schiefertafel Schifertafele
schiefgehen lätze
schiefgewachsen äihüftig
schiefstellen helde
schieftreten abschiengge,

schiengge, verschiengge, dazu Hw. Verschiengger
schielen schile
schielen nach hinten hinderescheèèche
schielen nach vorn füreschèèche
schielend sehen schèèche
Schielender Schili, Schilibingg
Schienbein Schäiche, Schiibäi
Schiene Schine
schienen schine
Schiessbogen Pfiilboge
schiessen bängle, bülvere, pfäffere, schüüsse
schiessen auf Stichscheibe topple
Schiessen Schüüsse
Schiesserei Chlöpferei, Schüüssete
Schiesslärm Schüüssete
Schiesspulver Bulver
Schiessscheibe Tätsch
Schiessübung Schüüsset
Schiff Schiff s.
Schiff, mit ~ fahren schiffle
Schiffchen fahren lassen schiffle
Schiffer Schiffme
Schiffshafen Haab
Schifflandestelle Schiffländi
schikanieren schiggeniere, schinagle, vogle
Schikanieren Voglerei
Schild s. Schilt
schildern pschriibe
Schilf Schilf
Schilfrohr Roor, Spüeliroor
schillerndes Ding Schiler
Schillerwein Schilerwii
Schimmel Schümel
Schimmel ansetzen graane
Schimmelhaut auf Wein Bluem
schimmernd glitzerig
schimmlig gröönelig, karfange
schimmlig riechen, schmecken graane, gröönele
schimmlig werden gröönele
Schimpf Schnaagge
schimpfen fuuschte, haseliere, lamäntiere, leschtere, reseniere, wättere
Schimpfen Gschimpf, Schimpferei, Schimpfete
Schimpfender Bäli, Pfutteri
Schimpfwort siehe Scheltwort
Schindel Schindle
Schindel, mit Sch-n decken schindle
Schindeln schneiden schindle
schinden schinde
Schinder Abtecker
Schinken Hame, Schinke
Schinkenknochen Hamebäi
Schinkenscheibe Hameschnätz, Hameschnitz
Schippe (Spielkarte) Schuufle
Schirm Schirm, Tach
Schirm, grosser Familietach
Schirmfutteral Schirmfueter
Schirmgeschäft Schirmlaade
Schirmmütze Chäppi, Schirmchappe, Tächlichappe
Schirmstange Schirmstängeli
Schirmstock Schirmstäcke
Schlachtbank Schraage
Schlachtbeil Baarte
schlachten metzge, vermetzge
Schlachtfest Wùùrschtmaal
Schlachthaus Metzg
Schlachtplatte Metzgete
Schlaf Pfuus, Schlaaff
Schlafanzug Pischama
Schläfchen Müüderli, Nuck
Schläfe Schlööffe
schlafen bache, bööffele, pene, pfuuse, schlaaffe, schluune
schlafen, ein wenig schlööffele
schlafen, leicht muudere
schlafen, ohne zu ~ ugschlaaffe
schlafen gehen (uf) Betthuuse gaa
Schlafengehen Bettgaa
Schläfenhaare Zännhöörli
Schläfer Schlööffer
schlaff blutt, glampig, gschlampig, lampig, lòi
schlaff werden lugge
schlaffer Mensch Glünggi
schlaffes Kleid Gschlamp
Schlaffheit Lüggi
Schlafhaube Schlaaffhuube
Schlafkammer Chamer, Gade
Schlafmütze Schlaaffchappe
schläfrig fuul, gschlööffrig, schlööfferig, täigg
schläfrig werden Gnepf überchoo
Schläfrigkeit Bettschwèèri
Schlag Chlapf, Fitz, Husche, Schlaag, Tätsch
Schlag auf die Hand Taape
Schlag mit dem Knie Tomaate
Schlag versetzen butze, uufsacke
Schlaganfall Schlaag, Sträiffig
schlagbares Holz Schlagholz
Schläge Brügel, Pumpis, Wix
Schläge auf den Hosenboden Hosespaner
Schläge versetzen uufmässe
schlagen beere, blöie, boppere, chüble, erbudle, fitze, haue, schlaa, schwinge, tottere, tötterle, tütsche, verchlopfe, wumse
schlagen, blau chüle, verchüle
Schlägerei Schlegerei, Schleglete
schlagfertig pschlaage, trèèff
Schlagholz Schlegel
Schlaginstrument Chlappere
Schlagrahm gschwungne Niidel
Schlagsahne gschwungne Niidel
Schlagwerk Schlagwèrch
Schlamm Muer
Schlange Schlang
schlängeln, sich schlängle
Schlangenlinien ziehen schlängle
schlank gräigelig, raam, schmaal

schlanke Person Stagel
schlapp lagg, pläm-pläm
schlau schlau
Schlauch Schluuch
Schlauch (des Rennrades) Ggoli m.
schlaue Person Chögli
Schlaufe Struppe
Schlaufe, in ~ ziehen verschlauffe
Schlauheit Schlòii
Schlaukopf Fiinoo, Mäischter Hämerli, Schlaubèrger, Schlaumäier, Uus-tiwidierte
schlecht miis, schlächt, windig
schlecht, sehr galiotteschlächt, hundsmiseraabel
schlecht werden brüchele
schlechte Arbeit Luederwèrch
schlechte Garnstelle Fiser
schlechte Ladung Lumpefueder
schlechte Leute Dräckbandi
schlechte Sache Schiisszüüg
schlechte Waare Schiisswaar
schlechter minder
schlechter Kerl Dräckchäib, Dräckseckel, Dräcksiech, Mischtchäib
schlechter werden bööse, schlächte
schlechtes Getränk Lüüre
schlechtes Wetter Hudelwätter
schlechtes Zeug Luederwèrch
Schlechtigkeit Füüli
Schlechtwetter Häidewätter
schlecken schläcke
Schleckerei Gschläck
Schlegel Schlegel, Spälte
Schlehblüte Schleebluescht
Schlehdorn Schleetoorn
Schlehe Schlee w.
Schlehstaude Schleestuud
schleichen schliiche, tiiche, tüüssele
schleichend gschliichig
Schleicher Muusi, Schliicher, Tüüsseler
Schleicherin Schliicheri
Schleichweg Läich, Schläich
Schleife Lätsch, Schlauff, Schlick
Schleife für Lasten Schläike
Schleife machen lätsche
schleifen schliiffe
Schleifen aufnähen lätschle
Schleifer Schliiffer
Schleifstein Schliiffstäi
Schleim Schliim
schleimen schliime
schleimen (Wein) sande
Schleimhäufchen Chöderlig
schleimig gschliichig, gschliimig, gschnuderig, schnuderig
Schlemmer Güüder, Tebischang
schlendern glungge, schlängge, spazierele
schlenkern gaagele, schlänggere, schlingge, verschwäie
Schleppangel Schläike
schleppen chetsche, schläike
schleppen, sich chraaze
Schleppen Schläikete
schleppend ghangglig, gschlaarpig
schleppend gehen chraaze, hanggle, schlaarpe
schleppende Arbeit Schläikete
schleppender Gang Gschlaarp
schleppendes Gehen Schlaarperei, Schlaarpete
Schlepplast Schläikete
Schleuder Schlüüdere
schleudern schlüüdere, schmäisse, schmòize, spicke
Schleusenwerk Wuer
Schlich Schlich
schlichten vergliiche
Schliesse Schloss
schliessen gschlüüsse, iihäftle, pschlüüsse, verhebe, zuechlappe, zuegaa, zuemache, zuetue
schliesslich schliessli, zletschtemänd
schlimm blööd, böös, iifaam, verfluemeret
schlimmer werden bööse
Schlinge Lätsch, Schlauff
Schlingel Fääger, Güderi, Luus-chäib, Schliiffer, Schnuderi, Strick, Striizi
Schlitten Schlitte
Schlitten, einsitziger Chesslerschlitte
Schlitten fahren schlitte
Schlittenfahren Schlittlete
Schlittengespann, vornehmes Heereschlitte
Schlittenkufe Chue, Chueche, Schlittchue
schlittern güüsse, schlifere
Schlittschuh Schliiffschue
Schlittschuh, bestimmter Öörgelischliiffschue
Schlittschuh fahren schliiffe, schliiffschuene, schliiffschüendle
Schlitz Schlitz
Schlitzärmel Schlitzeermel
Schloss Schloss
schlossern schlossere
schlottern schlottere, schlötterle
Schlottern Gschlotter, Schlotteri
Schlottern der Hose Hoselätter, Hoseschlotter
Schlottern der Strümpfe Lätter, Lotter, Strumpflätter, Strumpflotter
schlotternd gschlotterig
Schlucht Rous, Tobel
schluchzen pfnuchse, schluchzge
Schluck Schluck, Zùùg
Schluckauf Hitzgi
schlucken schlucke
schlucksen hitzge
schludrig gschluderig
Schludriger Strudli

schlummern müüderle
Schlummertüchlein Müüderli, Nuudeli
schlüpfen schlüüffe, wütsche
schlüpfrig gschlipferig, gschnuderig, hèèl, schliferig
schlüpfrig werden hèèle
schlurfen schiengge, schlaarpe, zottle
Schlurfen Schlaarperei, Schlaarpete
schlürfen ineläfze, lappe, läppere, mämele, sùùrpfle
Schlürfen Sùùrpflete
Schlurfer Schiengg, Schlaarp, Schlaarpi
Schlüssel Schlüssel
Schlüsselbein Achslebäi
Schlüsselblume Eerezäie, Händscheli, Määlblüemli, Matängeli, Schlüsseli
Schlüsselbund Schlüsselpunt
schlüssig rèètig
Schmach Schand, Schimpf
schmächtig pring, raam, schmaal
schmächtig werden schmaale
schmächtige Person Fiineli, Fisel
schmächtiges Kind Finettli
Schmächtigkeit Pringi
schmähen leschtere
schmal schmaal
Schmarotzer Gueni, Mauch
schmatzen schmatze, schmaxle
Schmaus Ässete, Braatis, Schlabutz
Schmaus nach der Hackarbeit Chaarschthänki
Schmaus nach der Weinlese Chrèèhaane
schmausen schnabeliere
Schmauserei Frässete
«Schmausjass» spielen schmause
Schmeichelei Hèèlete
Schmeichelkatze Flattierbüsi
schmeicheln büsele, chüüderle, flattiere, füdele, füsele, hèèlbüsele, hèèle, höbele, höfele, hofiere, täggele
Schmeichler Flattöör, Füdeler, Füseler, Hèèler, Höbeler, Schliicher, Schmuuser
Schmeichler bei Mädchen Mäitlifüseler
Schmeichlerin Hèèleri, Schliicheri, Schmuuseri
schmeichlerisch hèèl
schmelzen schmelze
Schmer Schmäär
Schmerbauch Schmäärbuuch
Schmerz Wee, Wewee
Schmerzanfall Rupfete
schmerzen füüre, rupfe, sure, zocke
Schmerzenslaut Grochs
Schmetterling Sumervogel
Schmetterlingsnetz Bèèrli, Gäärndli
schmettern schmättere
Schmied Schmììd
Schmiede Schmitte
schmieden schmide
schmiegen, sich schmuuchle
Schmielgras Schmaale
Schmiere Salb, Schmieri w.
schmieren chosle, schlaarpe, schlììrpe, schmiere, schmützge, söiele, sudle
Schmierer Pfüdi, Schlaarpi, Schlììrpi, Schmierfink, Schmierjoggel, Schmusli, Schmutzfink, Sudler
Schmiererei Choslete, Gschmier, Schlùùrzete
Schmiererin Sudleri
Schmiergeld Schmuusgält
schmierig gschmierig, gschmuslet, späckig
Schmierseife Schmiersòipfe
schmirgeln schmirgle
schmollen choldere, chopfe, chöpfle, schalke, schälkele, tòibele
Schmollen Cholder
Schmoller Cholderi, Chopfi, Mutschchopf, Mutschgrind, Schalk, Schalki
Schmollerei Cholderete, Schalkerei, Schalkete
Schmollmund Lampimuul, Lätsch, Nibel, Ribel, Schèèrb, Schnaarz, Schnüfeli, Schnùùrggel
schmuck hofeli
Schmuckkästchen Schatule
Schmuckstück Chläinet
schmunzeln schmölele
Schmutz Chaat, Dräck
Schmutzfink Dräckbueb, Dräckfüdli, Dräckjoggel, Dräckmichel, Dräcksack, Dräcksou
Schmutzfleck Flaarz, Fläre, Moos w., Schlaarp, Schlììrp, Schlììrplig
schmutzig dräckig, runtschelig, schmutzig, wüescht
schmutzige Frau Dräckbaabi
schmutziger Kerl Niggel
schmutziggelb dräckgääl
Schmutzknöllchen Runtschele
Schmutzstreifen Ruume
Schnabel Schnabel, Zolgge
Schnabelhieb Bick
schnäbeln schnäbele
Schnake Schnaagg
Schnalle Ringge, Schnale
schnallen schnale
schnappen schnappe
Schnappen Schnapp
Schnappesel Schnabelgäiss
Schnapppferd Guri
Schnappvorrichtung Schnäpper
Schnaps Bränz, Gunggel, Güx, Häfelibrand, Schnaps
Schnaps, billiger Ordinèèri
Schnaps, für ~ Geld ausgeben verschnapse
Schnaps, nach ~ riechen, schmecken schnäpsele
Schnaps brennen schnapse

Schnaps trinken schnapse, schnäpsle
Schnäpschen Seelewèèrmerli
Schnapsflasche Budäle, Wäntele
Schnapstrinker Schnapser
Schnapstrinkerin Schnapseri
schnarchen ruusse, saage, schnaarche
Schnarchen Gschnaarch, Saagete, Schnaarch, Schnaarcherei, Schnaarchete
Schnarcher Schnaarchi
Schnarre Rätsche, Vogelrätsche
schnattern schnädere
schnauben schnüüze
Schnauben Pfnuusete
Schnaubender Pfnuuser
schnaufen schnuufe
Schnaufen Schnuufete
Schnauze Gosch, Nüschel, Schnauze, Schnòigge, Schnore
Schnauzender Schnauzi
Schnecke Schnägg
Schneckenklee Lüsèèrne
Schnee Schnee
Schneeball Bale, Schneebale
Schneeball (Pflanze) Hulftere
Schneebälle werfen schneebele
Schneebrei Sulz
Schneeflocke Fòiserli
schneefrei aaber
schneefrei werden aabere
Schneegestöber Strublete
Schneeglöckchen Meerzeglöggli, Schneeglöggli
Schneeklumpen Schneestogele, Schneestögeli
Schneekugel Schneerugele
Schneemann Schneemaa
Schneematsch Sulz
Schneepflug Pfaadschlitte, Schnauze, Schneeschnüüze
Schneerutsch Lòii
Schneewehe Wèèchte, Wèèete
Schneewind Schneeluft
Schneewittchen Schneewittli
Schneidbank Esel, Hackstuel, Pschniidesel, Pschniidstuel, Schniidstuel, Ziebock
Schneide des Bohrers Chääf
schneiden haue, hegle, schnäfle, schnätze, schniide, schroote, spiessle, stückle, verchafle, verschniide
schneiden (Haare) schèère
schneiden (Rebschosse) hölze
schneiden in Klötzchen chlötzle
schneiden in Scheiben rederle
schneiden über die Grenze überschniide
schneiden, zu lang (Rebschosse) überhölze
schneiden zu Spänen verspòòndle
Schneiden, ungeschicktes Chaflete
schneidend ghauig, gschniidig, schaarff, schniidig, schnittig, schnitzig
schneidend verderben verschèère
Schneider Schniider
Schneiderei Schniiderei
Schneiderhandwerk betreiben schniidere
Schneiderin Nèèeri, Schniideri
Schneiderkostüm Täjòòr
schneidern schniidere
Schneiderwerkstatt Schniiderei
Schneiderzunft Schniiderzouft
schneien budle, focke, fòiserle, schneie, tòibele
schneien, in Flocken bausle
schneien, leicht beiele, schneiele, ziiserle
schneien, stürmisch ruble
schneien, wirbelnd busle
schneien, zu ~ aufhören uusschneie
schneien und regnen gusle, horne, hudle, struble
schnell (im) Garacho, gläitig, gschnäll, gschwind, (im) Handumcheer, hantli, hurtig, lingsam, schnäll, wäidli
schnell! häi
schnell fahren raase
schnell gehen bäinere
schnell reden schnable
schnellen schnele, schnellbögle, spicke
Schnelligkeit Gläitigi
Schnellmotorwagen Schineblitz
Schnellwaage Bolzwaag
Schnepfe Schnäpf
schneuzen, sich schnüüze, abeschnüüze
Schneuzen Gschnüüz
Schneuzen, einmaliges Schnüüz
Schneuzen, wiederholtes Schnüüzete
Schneuzen, durch ~ verbrauchen verschnüüze
schnippisch gschnääper, gschnèèperig
Schnitt Schnitt, Schrame
Schnitte Schniidete, Schnitz
Schnitter Määder
Schnitterschar Gschnitt
Schnittlauch Grüe
Schnitz Schnitz
Schnitz (Weissrüben) Schnätterlig
Schnitzel (Abfall) Gschnäfel, Schnäfel
Schnitzel von Speisen Schnätz
Schnitzelei Gschnäfel, Schnäflete
schnitzeln schnäfle, schnätzle
schnitzen schnätze
Schnitzler Schnäfler
Schnörkel Chribel, Schischi, Schlängge, Schnörggel
schnüffeln nüschtere, schnòigge, schnüfele, süechle
Schnüffler Schnòiggi, Schnüfeler, Schnüüfeler

Schnuller Lüler, Nuggi
schnupfen schnupfe
schnupfen (Tabak) tubäkle
Schnupfen Pfnüsel
Schnupfen, mit ~ behaftet pfnüslig, verpfnüslet
Schnupfen haben pfnüsle, schnudere
Schnupftabak Schnupf, Schnupftebak
Schnupftabakdose Schnupftrucke
Schnupftabakprise Schnupfete
Schnupperlehre Schnupperleer
schnuppern nosche, schnüfele, schnufere
Schnur Schnuer
Schnur stricken tüntle
Schnürband Briisneschtel
schnüren briise, schnüere
schnurgerade pfiiffegraad
Schnurrbart Mugg, Schnauz
Schnurrbärtiger Schnauzli
schnurren schnure, spuele
Schnürsenkel Schuebändel
Schnürung Schnüerig
Schokolade Schoggelaade, Schoggi
Schokoladecreme Schoggigrèèm
Schokoladestücklein Schoggitäfeli
Scholle Schole, Schülpe
schon biräits, efang, scho
schön mächtig, schöön
schön! a-ja
schön, sehr souschöön
schön werden schööne
schonen schoone
schonend schoonkli, süüberli
schönes Mädchen Wunderchatz, Wundergriite
Schönheit Hübschi, Schööni
Schönheit einbüssen verschööne
schonsam schoonkli
schöntun buuchpinsle, chüüderle, füdele, füsele, hofiere, schmuuse, welofaare
Schöpfer Goo
Schöpfgefäss Sasse, Schüeffi
Schöpfkelle Gätzi, Wassergätzi
Schoppen Schoppe
Schorf Fääl, Grind, Rììf
Schorfkopf Rifechopf, Rifegrind
Schornstein Chämi
Schoss Schoss
Schosskind Muetertitti
Schotten Schottisch
schottern griene
Schottischtanz Schottisch
schräg schäderis, schälb, schärbis, schèris, schlämm, schrèèg, übereggs
schräg anschauen schèèche
schräg gehen schrèège
schräg halten (Reitkamm) schrèège
Schräge Schrèègi
Schragen Schraage
Schrägmass Schrèègi
Schrägzaun Sèèrlehaag
Schramme Chräbel, Chritz, Näggi, Schrame
Schrank Bufet, Chaschte, Gänterli
Schrankbrett Tablaar
Schrankfach Ghalt
Schranke Barièère, Schranke
Schranke am Leiterwagen Gatter
schränken (Säge) schränke
Schraube Schruub
schrauben schruube, schrüüble
Schraubengewinde Gwind
Schraubenmutter Muetere
Schraubenschlüssel Ängländer
Schrebergarten Pflanzblätz, Pünt
Schrebergartenpächter Püntiker
Schrecken Chlupf, Schräcke
Schrecken, in ~ versetzen verschrecke
Schrecken bekommen verschräcke
Schrecken einjagen bröögge
schreckerregend schräckhaft
Schreckgespenst Böölimänggel
Schreckgestalt Chlungeri
schreckhaft schräckhaft
schrecklich erschröckli, fürchtig, grüüsli, straalig, straamigs
Schreckmännchen Hurlihuu
Schrei Brüel, Gòiss, Schrei
schreiben schriibe, schriibele
schreiben, schlecht haagge, verhaagge
schreiben, unleserlich nifele
Schreiben Schriibe, Schriiberei
schreibend aufbrauchen verschriibe
Schreiber Schriiber, Sekretèèr
Schreiberin Schriiberi
Schreibfeder Fädere
Schreibheft Heft
Schreibschrank Sekretèèr
Schreibzeug Schriibeli
schreien chrèèe, gele, gòisse, heepe, joole, mèègge, rätsche, schreie, weisse, wiichse
schreien (Elster) chädere, chitzere, wägere
Schreien Brüelete, Gòissete
Schreier Brüelaff, Brüelbaabi, Brüelchäib, Brüelchappe, Brüeli, Brüellätsch, Brüeltätsch
Schreiner Tischmacher
Schrift Schrift
schriftlich schriftli
Schriftwerk Schrift
schriller Ton Gax
Schritte machen schrittle
schroff gschnèèperig
schröpfen schräpfe
Schrot Gschroot
schroten rele
Schrulle Fimel, Schwirbel
schrulliger Mensch Chnuleri

schrumpfen iischnure, schnùùrpfe, verschnure, verschnùùrpfe
Schubkarren Bääre, Bäne, Chaare, Garette, Stoossbääre
Schubkarren, mit ~ transportieren bänele, garettle
Schublade Tischtrucke, Trucke
Schübling Schüblig
schüchtern schüüch
Schüchternheit Schüüchi
Schuh Schue
Schuh, grosser Tampfschiff
Schuh mit Knopfreihe Chnöpflischue
Schuhbeschläge Iiseli
Schuhfett Salbi, Schueschmieri
Schuhhäklein Schuehaagge
Schuhkappe Hüeber
Schuhkappe aufsetzen hüebere
Schuhknoten Schuelätsch
schuhlang schüeig
Schuhmacher Schueni
Schuhmacherahle Alse
Schuhputzer Schuebutz
Schuhriemen Bändel, Schuebändel
Schulabwart Schwaartli
Schulaufgaben Uufzgi
Schuld Aahänki
Schuldbrief Brief, Naabrief
schuldig gschuld, tschuld
Schule Schuel
Schule für Lebensart Löffelschliiffi
schulen schuele
Schüler Schüeler, Schuelerbueb
Schülerfest Klassefeez
Schülerheim Pangsionaat
Schülerin Schuelerchind, Schüeleri, Schuelermäitli
Schulgemeindeteil Schuelwacht
Schulkind Schuelergoof
Schulleiter Eltscht
Schulliebster Schuelschatz
Schultasche Schuelertäsche
Schulter Achsle
Schulter des Rindes Laffe
Schulterblatt Schìirt, Schüüfeli
Schulterklappe Epelette
Schulterstück Achsleblätz, Läffli, Spaale
Schulterüberwurf Gèèpli
Schultornister Chischte, Fäliss, Schuelaaser, Schuelertheek, Theek
Schulzahnarzt Rossmetzger, Schuelzaani
Schulzeugnis Milchbüechli
Schund Schund
Schuppe Schüepp
Schuppen Schopf
schürfen schoorpe
schürfen (Erde) schuepe
schürfen, sich schùùrpfe, verschùùrffe
Schürfhacke Schellhaue
Schürfpflug Schellpflueg
Schürfung Flätschge, Schùùrpf, Schùùrpflig
Schürfung (Haut) Schrämpf
Schürfung, kleine Bebee, Boboo
Schürgerät Chrucke
Schurke Galgevogel, Galgestrick
Schürze Fürtuech, Schappert, Schooss, Schùùrz
Schürze, gute Sundigschooss
Schürzenjäger Jüppeschmöcker, Mäitlischmöcker
Schuss Schuss
Schuss am Rande der Scheibe Chlòiber
Schussabgabe melden waarne
Schüssel Schüssle
Schüsselchen Chacheli
Schusterahle Glumpf
Schusterdreifuss Pschlaagfuess
Schusterkneif Gniipe
Schusterzwirn Trumm
Schüttelfrost Schlotter
schütteln erschodle, hottere, hudle, schodle, schottere, schuggele, schütte, schüttle, umenandsacke
schütteln, leicht überschütte
schütteln, sich pudere
schüttelnd säubern wane
schütten schütte
Schutz Schèèrme, Schutz
Schütze Schütz
Schützenfest, kleines Grümpelschüüsse; dazu: grümple
Schutzinsel Traminsle
Schutzüberzug Fingerlig
Schutzwall Letzi
Schwabe Schwaab
schwäbeln schwääbele
Schwabenkäfer Ruuss
Schwäbin Schwääbin
schwach blutt, gschwabelig, lugg, ööd, schitterig, schwach
schwach werden abgèè, schwache
Schwäche Blöödi, Eeländi, Schwèchi
Schwächeanfall Blöödi, Schwèchi
Schwächegefühl Öödi
schwächer werden abschwache
Schwachkopf Chlaus
schwächlich nüütig, vernosse
Schwächlichkeit Pringi
Schwächling Chraazi, Fisel, Höseler, Pfüdi, Sèèrbeli
Schwade Maad, Zatt
Schwade, zu Schw-n rechen määdle
Schwager Schwaager, Schwèèer
Schwägerin Schwèèeri, Schwèègeri
Schwalbe Schwalbe
Schwall Gutsch, Schwall, Waal m.
schwammig gfoset
schwanen baume

schwanger hops
schwängern psoorge
schwanken giigaage, giigaagele, glungge, gnappe, schwampele, schwanze, schwappele, schwiempele
schwankend gschwabelig, gschwambelig, schwampelig, schwappelig
schwankend gehen schwappele
schwankend sich bewegen bämbele
Schwanz Schwanz
Schwänze aufbinden uufschwanze
Schwänze losbinden abschwanze
schwänzeln schwanze, schwänzle
schwänzen schwänze, verschlòiffe
schwapsen schwappele
Schwäre Schwèèr
schwären schwèère
schwärmen (Bienen) stoosse
schwärmerisch anschauen aahimle
Schwarte Schwaarte w.
Schwarte wegschneiden abschwaarte
schwarz schwaarz
Schwarzarbeit Laadebüez
Schwarzbrot Ruuchbroot
Schwärze Schwèèrzi
schwarze Kuh Rèèmichue
schwärzen schwaarze, schwèèrze
schwarzer Brenner Fläck
schwarzer Tee Schwaarzthee
schwärzer werden schwaarze
Schwarzfahrt Strolchefaart
Schwarzhaarige Schwèèrzeli
Schwarzhaariger Choli
schwärzlich schwaarzlachtig
Schwarzpappel Saarbache, Saarwììd
Schwarzpeter Schnauzpheeter
Schwarzseher Chumberchrèèze, Chumbergreet, Chumbertrucke
Schwatzbase siehe Schwätzerin
schwatzen blodere, bröötsche, holdere, plodere, rätsche, schnädere, schnore, schwable, schwadere, schwafle, schwarble, schwätze, tädere, täfele, tèère; siehe auch unter klatschen, plappern, plaudern
schwatzen, albern lafele
schwatzen, laut prächte
schwatzen, unseriös kalfaktere
schwatzen, wortreich schwaudere
Schwätzer Blauderi, Bloderi, Bröötschi, Fabli, Gänsli, Gèèg, Laferi, Plapperi, Plauderi, Ploderi, Prelaaggi, Rätscher, Salbaaderi, Schnabli, Schnäderi, Schnoppeltore, Schnorer, Schnorewagner, Schnori, Schnuri, Schnurichäib, Schwabli, Schwadronöör, Schwafli, Schwätzer, Taagblatt, Täfeli, Wöschwiib
Schwätzer, dummer Balaari, Gaggelaali
Schwätzer, übler Gülevertäiler
Schwätzerin Blodere, Gänsli, Hächleri, Muultäsche, Plappere, Plodertäsche, Rätsche, Rätscheri, Schnädere, Schnädergäx, Schnorewiib, Schwätzbääsi, Schwätze, Schwätzeri, Wöschwiib
schwatzhaft schwätzig
Schwebe Schwäbi
schweben schwäbe
Schwebesitz Schlitte
Schwebnetz Schwääb
Schwede Schweed
Schwefel Schwäfel
schwefeln schwäfle
Schweif Schwanz
schweigen schwige
Schweigen Schwige
Schweigen, zum ~ bringen gschwäige
Schweiger Schwiger m.
Schweigerin Schwigeri
schweigsam verschwige
Schwein Sou, Suggel
Schwein, junges Jager, Lòifferli, Suggeli, Triiber
Schwein, nach ~ riechen söiele
Schweinefett Souschmutz
Schweinefleisch Schwiinis, Soufläisch
Schweinefleisch, nach ~ riechen schwiinele
Schweinefutter Söilifueter
Schweinefuttergefäss Soutrucke
Schweinefutterkübel Sougelte, Soustande
Schweinehund Schiisshund, Souchäib, Souchog, Souhund, Soumoore
Schweinerei Souerei
schweinern schwiini
Schweinestall Soustaal
Schweinetreiber Söilitriiber
Schweinsblase Soublaatere
Schweinsborste Soubùùrscht
Schweinsfuss Soufüessli
Schweinsharn Sousäich
Schweinshaxe Soufüessli
Schweinsnabel Sounabel
Schweinsohr Souöörli
Schweinsrippchen Sourippli
Schweinsrippenstück Schwiinsrippli
Schweinsrüssel Gschnòrigs, Souschnòrli
Schweinswettjassen Soujasset
Schweinszunge Züngli
Schweiss, in ~ geraten schwitzig
Schweiss, nach ~ riechen schwäissele

Schweiz Schwiiz
Schweizer Schwiizer
Schweizerart verraten schwiizere
Schweizerdeutsch Schwiizertüütsch
Schweizerin Schwiizeri
Schweizervolk Schwiizervolch
schwelen bròisele, motte
schwelgen güüde
Schwelle Sele
schwellen schwele
Schwelleuter Flaame
Schwellung Muggepüggel, Püggel, Schnatte, Schnattere, Schwinte
Schwellung (Drüsen) Schwände
Schwellung beim Zahndurchbruch Zaaschwile
Schwemme Schwämi
schwemmen schwäme
Schwengel Chaal, Schwängel
schwenken schwänke, schwèèe, schweiele
Schwenkspiel Schlinggis
schwer böös, schwèèr, schwèèrlachtig
schwer arbeiten chrotte, hunde
schwer werden schwèère
Schwerarbeit Rossaarbet
Schwere Schwèèri
schwerfällig gschlaarpig, phäbig, pletschig, taapig
schwerfällig arbeiten tökterle
schwerfällig gehen devoojoggle, stoffle, trampe, zottle
schwerfällige Frau Schmättere
schwerfälliger Mensch Lüüresüüder, Gstablige, Pfnott m., Pletschi, Taapi
schwerlich schwèèrli
schwermütig werden hindersine
Schwester Schwöschter
Schwester, jüngere Chlii
Schwiegermutter Schwiger w., Schwigermueter
Schwiegersohn Tochtermaa, Schwigersùù
Schwiegertochter Sùùsfrau, Schwigertochter
Schwiegervater Schwigervatter
Schwiele Schwill
schwielig schwilig
schwierig böös, diffisiil, schwèèr, schwirig
schwierige Lage Süüch
Schwierigkeit Noot, Uglägehäit
Schwimmart Schwumm
Schwimmbad Schwümbi
Schwimmbad, überfülltes Fläischbaad, Fläischmèèrt, Fläischschau
schwimmen schwüme
Schwimmen wie Hunde Hundsschwumm
Schwimmer Schwümer
Schwimmerin Schwümeri
Schwimmklotz Bauche
Schwimmunterricht Schwümuntsgi
Schwindel Schwindel, Tusel
Schwindelanfall Trümel
schwindeln schwindle
schwinden schwiine, verschwiine
Schwindler Schwindelmäier
schwindlig schwablig, schwappelig, schwindlig, schwirblig, sturm, trümlig, tuslig
schwindlig werden schwindle
Schwindsucht Uuszeerig
Schwinge Schweie
schwingen schwänke, schwèèe, schweiele, schwinge, verschwäie
Schwingerin (Flachs-, Hanf-) Schwingeri
Schwingfest Schwinget
Schwingmaschine Uuswindmaschine
Schwips Hickli
schwirren pfure, schwire
schwitzen schwäisse, schwitze
schwitzen, zu ~ aufhören verschwitze
schwören schwööre, verschwööre
schwül bruetig, schwüel, tüppig
Schwung Schlungg, Schwung
Schwyz Schwiiz
Schwyzer Schwiizer
Schwyzerin Schwiizeri
Sech Sääch
Sechkeil Säächbisse, Säächwegge
sechs sächs
Sechs Sächsi
Sechseläuten Sächsilüüte
Sechser Sächser
sechst sächst
Sechstel Sächstel
sechzehn sächzää
sechzig sächzg
Sechziger Sächzger
Sechzigerin Sächzgeri
See See
See-Eisdecke Seegfröörni
Seeanwohner Seebueb
Seebadeanstalt Seebaadi
Seebinse Schwumbele
Seegebiet See
Seegemeinde Seegmäind
Seele Seel
Seerose Seeroos
Seesaibling Rööteli, Züriröoteli
Seeschlamm Saar
Seeschwalbe Giiritz
seewärts seehalb
Sefistrauch Sefi
Segel Säägel
Segelflugzeug Säägelflüüger
segeln säägle
Segeltau Säägelsäil
Segen Sääge
segnen gsägne, sägne
sehen gsee
sehen, ohne zu ~ ugschauet
sehnen, sich plange

Sehnen im Fleisch Gòòder, Haarwachs
sehr äin (äis), chäibe, chäibisch, chätzers, choge, chogemèèssig, chogisch, chrottemèèssig, eebig, eeländ, fescht, fürchtig, galgemèèssig, grooss, gruusam, gruusig, grüüsli, häidemèèssig, häilloos, hölemèèssig, hölisch, huere, mäinäid, malefiz, miliöönisch, moords-, moordsmèèssig, oomächtig, pfäfferet, rächt, schandbaar, schüüli, schuurig, soumèèssig, stock-, straalig, straamigs, sünde-, toodèèrde-, verbrännt, verflixt, verreckt, verruckt, verwänt, wüescht, ztoodèèrde-
Seide Side
Seidelbast Ziland
seiden sidi
Seidenfabrikant Sidehèrr
Seidengewebe Sidis
Seidenpapier Sidebapiir
Seife Sòipfe
Seife, nach ~ riechen, schmecken sòipfele
seifen sòipfe
Seifenblase Sòipfeblaatere
Seifengeschmack Sòipfeguu
Seifenschaum Sòipfeschuum
seifig gsòipfig
seihen siene, sìibe, siige
Seihtuch Seechttuech
Seil Säil, Strick
Seiler Säiler
Seilerei Säilerei
Seilschaukel Giiräiti, Riitsäil, Säiliriiti
seilschaukeln riitsäile, säiliriite
seilspringen springsäile
Seilspringen Säiligumpis
Seilsträhne Facht
seiltanzen säiltanze, säiltänzle
sein (Fw.) siin
sein (Verb) sii
seinetwegen wäg im
seit sid
Seite Flangge, Siite
Seitenbrett Oortbrätt
Seitenfläche (Hammer) Bagge
seither sider
seitig siitig
seitlich hinaus nääbetuse
seitlings siitlige
seitwärts hüume
Sekretär Sekretèèr
Sekte, einer ~ angehören stündele
Sektierer Stündeler
Sektiererin Stündeleri
Sekundarschule Sek, Sekundar
selbander zander
selber sälber
selbsttätig vomesälber
selbstverständlich hämpfergstältli, phersee, sälbverstäntli
selig sälig
Seligkeit Säligkäit
Sellerie Seleri
selten sälte
selten, sehr wundersälte
seltsam äige, äigeli, glunge, kuurlig
Seltsamkeit Gspässigi
Seminar Semi
Seminarist (1. Klasse) Setzlig
Semmel Mutschli, Weggli
Semmelbrösel Paniermääl
Semmelmehl Paniermääl
senden schicke
Senf Sämf
senfgelb äggeligääl, gäggeligääl
senil gaga
senil werden verchinde
Senkblei Blei, Sänkel
senken, sich setze
Senkgrube Sigstèèrn
Senkrechte bestimmen sänkle
Senn Sänn
Sennerei Sänerei, Sännhütte
Sennereigeräte Sänngschìir
Sennhütte Hütte, Sännhütte
Sense Sägisse
Sensenblatt Sägisseplatt
Sensenblattrücken Sägisserugge
Sensengriff Hämeli, Sägissehame
Sensenring Sägissering
Sensenschneide Sägissetangel
Sensenstiel Sägissewoorb, Woorb
September Hèrbschtmonet, Settämber
Sequenz von Spielkarten Wiis
Sequenz vorweisen (beim Kartenspiel) wiise
Serie Satz
Serie (Schüsse) Passe
Servelatwurst siehe Zervelatwurst
Service (Geschirr) Gruscht
Servierboy Boi
servieren serwiere
Serviererin Chälneri, Saaltochter
Serviertischchen Serwierboi
Serviette Sèrwiette
Servitut Isigel
Sessel Sässel
Sessel, bestimmter Brättlisässel
sesseltragen Sässeli trääge
setzen setze, stupfe
setzen, sich absitze, platze, sitze
setzen, sich, auf Sitzstange sädle
setzen, sich, zu Tische zuehocke
Setzling Setzlig
Setzzwiebel Setzböle
Seuche Süüch
Seuchentierauto Süüchenauto
seufzen grochse, süüfzge
seufzen, leise gröchsele
Seufzer Süüfzger
sich si
Sichel Sichle

sicheln sichle
sicher ghüür, sicher
sicher! Eerewoort
Sicherheitshaken Schliesshaagge
Sicherheitsnadel Schliessguuf, Schlüüssgùùf
sicherstellen verbriefe
Sicherung Sicherig
sie se, sii (Fw.)
Sieb Siene, Sììb, Siige
Sieb, grosses Gätterli, Riitere
sieben (Zahlwort) sibe
sieben (Ztw.) grääde, hodle, rääde, riitere, sììbe
Sieben Sibni
Siebener Sibner
siebent sibet
siebenundzwanzig sibenezwänzg
Siebtel Sibetel
siebzehn sibezää
siebzig sibezg
Siebziger Sibezger
Siebzigerin Sibezgeri
Siecher Siech
Siedemenge Süüdete
sieden erwele, schwele, strodle, süüde
sieden, schwach sötterle, strödele, südere, sütterle
sieden, wallend schnottere
sieden, zu stark versüüde
siedend gstrodlig, strodlig, strudlig, süttig
siedendheiss brüttig häiss
Siedfleisch Gsottes, Süüdfläisch
Siedlung Sidlig
Siegel Sigel
Siegellack Sigellagg
siegeln sigle, versigle
sieh! sè
siehst du! hescht
Sielenzeug Sììl
siezen siie
Signalpfeife Pfiiffeli
Sigrist Sigrischt
Silberfischchen Fischli
silbern silberi
Silvester Silväschter
Silvester feiern silväschterle
Silvesterabend Altjaaraabig
Sims Sims
singen kante, singe
singen, leise mööne, tildere
Singen, lästiges Singerei, Singete
Singen, undeutliches Gmöön
Singgruppe Liederchranz
Singkreis Choor
Sinn Sìì
sinnen sine, spintisiere
Sinnesorgan Sìì
sinnlicher Mann Muni
Sitte Bruuch
sittsam aartig, fiin
Sitz Hock, Sitz
Sitz am Ofen Ofesitz
Sitzbank Bank
sitzen hocke, höckle, sitze
sitzen bleiben versitze
sitzen bleiben nach Polizeistunde überhocke, überhöckle, übersitze
sitzend ghöcklige, höcklige, sitzlige
Sitzring Brüle
Sitzstange Sädel
Sitzung Sitzig
Sitzung abhalten kumferiere
Ski Brättli, Rutscherli, Schii
Skianfängerhügel Idiotehügel
Skifahrerin Schneehäsli
Skifelle Fääli
skilanglaufen langlòiffle
Skilift Idiotebagger
Skipiste Pischte
Slowake Schlawagg
so a-ja, ase, dèèwääg, dèrewääg, esoo, se, sèrewääg, sèwääg, soo
so sehr ase
so viel wie (en) Aard
sobald wie
Sockel Fuess, Poschtamänt
Socken Sock
Sodbrennen Maagebräne
Sofa, primitives Lotterbett
sofort äiswägs, gläitig, (im) Handumcheer, nullkomaplötzli
Sohlenschützer Iiseli, Schoonerli
Sohn Bueb, Chlii, Fisel, Jung, Sùù
Sohneserbe Sùùsguet
solch asig, dère, dèrig, esoo, selig, sèrig, sèttig, soo, sorig, sottig
Soldat Binggel, Soldaat, Tèètel
Soldat im ersten Wiederholungskurs Hamburger
Soldat spielen militèèrle, soldäätele
Soldatenmantel Kabut
Soldatenmesser Militèèrhegel
Soldatenspiel Soldaatis
Soldatenuniform Gwändli
Söldner Riislòiffer
solid wäärschaft
sollen müese, söle
Sommer Sumer
Sommer, schöner Sümerli
Sommergetreide Sumerfrucht
Sommerkittel Sumerschööpli
Sommerkleid Sumergwand
sommerlich gsümerig
Sommersprossen Meerzeflächke, Meerzespriggel
sonderbar äige, äigeli, gspässig, kurioos, kuurlig
Sonderexerzieren Äinzelabriib
Sonderheit Moode
Sonderling Gspässige, Joggeluuner
sondern (Verb) sortiere, sündere
sondieren sundiere
Sonne Sunn
sonnen sune
Sonnen (von Betten) Sunete

sonnenbaden sunebedle, sünele
Sonnenröschen Suneröösli
Sonnenschein Suneschii
Sonnenseite Sunesiite
sonnig froomüetig
sonnig werden häitere
sonnseitig sunehalb
Sonntag Sundig
sonntäglich gekleidet gsundiget
sonntäglich sich anziehen sundige
Sonntagskleid Sundiggruscht, Sundiggstaad, Sundiggwand, Sundiggwändli
Sonntagsschule Sundigschuel
Sonntagssingen Choorgsang
sonst suscht
Sorge Chrüüz, Soorg
sorgen soorge
sorgenvoll erwarten ersoorge
Sorgetragen Soorghaa
Sorgfalt Soorg
sorgfältig hübscheli
Sorte Sort
sortieren erlääse, sündere, zämepüschele
soviel sovel
Sozialist Sozi
Soziussitz Sozi
Spachtel Spachtle
spachteln spachtle
Spaghetti Spagetti
spähen glüüssle, lüüschterle, òigere, spacke, spärbere, spienzle
Spalt Spalt
spaltbar spältig
Spalte Ritz, Schranz, Schrund
spalten spalte, tötzle, verspalte
spalten (Holz) schiite, verschiite, schiitle
spalten (Stöcke) stocke
spalten, sich (Haar) gäbele
Span Spaa
Span, feiner Chiespòòndli
Späne machen spòòndle, verspòòndle
spänen (Boden) spòòndle, verspòòndle
Spange Spang
spannen aastrecke, spane, spiraale, strecke
Spannknebel Räitel
Spannvorrichtung Chraapfe, Spaner
Spanschachtel Schinetrucke
Spant Gürbe
Sparbüchse Kässeli
sparen huuse, spaare
sparen, kleinlich hüüsele, späärele
Sparer Huuser, Huusi, Spaarer
Sparheft Bankbüechli, Kassebüechli
Sparkasse Kasse
spärlich bemessen pschnotte
Sparren Spare, Speerlig
Sparren des Daches Rafe
Sparren, mit ~ versehen rafe
Sparrenabstand Rafewiiti
sparsam huusli
Sparsamer Huuser, Huusi
Spass Gabrioole, Gspass, Gugelfuer, Schnaagge
Spass, dummer Chalberei
Spass treiben gòiggle
spassen gspasse
Spassmacher Gauggelmandli, Gòiggel, Göögel, Gooli, Gspassi, Harligging, Kumpeniichalb, Numere, Spöivogel
spät spaat
Spätbirnensorte Möschtler
Späte Spòòti
Spaten Spatte, Stächschuufle
Spaten, mit ~ arbeiten spatte, spättle
spätgeborenes Kind (Letztgeburt) Naafiseli, Naawiseli
Spättraube Wintertrooler
Spätzle Chnöpfli, Spätzli
Spätzle zubereiten chnöpfle
Spätzleteig Chnöpflitäigg
spazieren spaziere, spazifizottle
Spaziergang Spazier
Spazierstock Laufstäcke
Spechtmeise Bolebick
Speck Späck
speckig späckig
Speckwurst Schüblig
Spediteur Fèrgger
Speiche Raadspäiche, Späiche
Speiche, in Sp-n greifen späiche
Speichel Affeschmalz, Gòifer, Spòiger, Spòiz
Speicher Spiir
speilen (Würste) spissle
Speise Choscht, Spiis
Speise, zerkocht Gschlüder
Speiseeis Glasse, Iisgrèèm
Speisekarte Mönü
Speisemenge Maal
speisen spiise
Speisenfolge Mönü
Speiseöl Süessööl
spekulieren spacke, spekeliere
spenden spändiere, wixe
Spengler Lööter, Spängler
Spenglerei Spänglerei
Spenglerhandwerk betreiben spänglere
Sperling Spatz
Sperrbalken Stüüber
sperren speere
sperrig gspeerig, pauschig, speerig
sperriges Ding Gstelaaschi
Sperrvorrichtung Legi
Spetterin Spettfrau
Spezerei Spezerei
Spezereihändler Speezer
Spezialist Spezialischt
Spezialklasse Spez
Spezialprüfung Spez
Spezialschule Spez
Spickel Spatte
Spickel, mit ~ versehen spatte
spicken spicke
Spiegelei Stierenaug
Spiel Spìil

Spiel Karten Chaart
Spielball Bale, Böle, Hooschebale, Husche
Spielbezirk Rììs s.
Spieleinsatz Sòòmis
spielen gòiggle, naare, spile
spielen (Blasinstrument) tudle, tüüderle
spielen mit Feuer zöisle
spielen mit Karten: bänkle, jasse, mariaaschle, panduure, ramse
spielen mit Wasser göötsche
spielen mit Wasser, Lehm tèèggele
spielen, von Kindern gvätterle
spielen, von Tieren goope, goople
Spielen Goolete
spielend (wie) gschnätzlet
Spielender (kindisch) Goopi
Spieler Spiler
Spielerei Gvätterlete, Spilerei
Spielerin Spileri
spielerisch arbeiten chrättele
spielerisch sich beschäftigen näggele
Spielfigur Töggeli
Spielkarte Chaart
Spielkarte ohne Figur Brättli
Spielkartenfarbe Farb
Spielkartenfarbe, bestimmte (deutsche): Äichle, Roos, Schäle, Schilte
Spielkegel Chegel
Spielklötzchen Tötzli
Spielkugel Bämbere, Chugle
Spielkügelchen Chluckere, Chlüüre
spiellustige Katze Goopi
Spielpartie Partii
Spielraum Mues w., Spatzig
Spielseil Säili
Spielverderber Zwiderwùùrz
Spielzeug Gvätterlisach, Gvätterlizüüg
Spielzeugauto Autööli
spiessen spiesse
Spiesser Bünzli, Füdlibürger, Füübüü
«Spiessli» (Fleisch) Spissli
Spinat Binätsch
Spindel Spile, Spindle
Spindel des Spinnrades Chräps
Spinne Spimugg, Spinn
Spinne, langbeinige Zimbermaa
spinnen spine
Spinnennetz Spimugg, Spinnhuppele
Spinner Spiner
Spinnerei Spinerei
Spinnerin Spineri
Spinnrocken Chouchle
Spinnwebe Spimugg, Spinnhuppele
spionieren spienzle
Spiralfeder spannen spiraale
Spirallocke Zapfezierlöckli
Spiritus Spiritus
Spirituskocher Bräner
Spital Spitaal
Spital, nach ~ riechen spitòòlele
Spitzbube Schlawagg, Schlufi, Spitzbueb
Spitzchen Spitzli
Spitze Spitz
spitzen spitze
Spitzen (Handarbeit) Friwolitee
Spitzen machen spitzle
Spitzentrieb Cheerz
Spitzhacke Bickel
spitzig spitzig
spitzig machen spitzle
Spitzmaus Mützger
Spitzname Schlötterlig, Schnaagge, Übername
Splintholz Spint
Splitter Spiise, Sprange
Splitter von Stein Schroppe
Splitter, in ~ zerbrechen verspriisle
splitterig gschmätterig
Sporn Spore
spornen spore
Sport treiben sportle
Sportanzug Trèèner
Sporteln Sportle
Sportverein Klup
Sportwettkampf von Laien Grümpelturnier
Spott Gspött
Spöttelei Giftlerei, Giftlete
spötteln gifte
spotten fötzle
Spotten Zänslete
Spötter Chitzeri, Fuxi, Giftler, Giftschiisser
Spötterin Giftleri
spöttisch chitzerig
spöttisch lachen hotzle
Spottname Übername
Sprache Spraach
sprechen rede, sääge, schwätze
sprechen, überhastet brudle
sprechen, undeutlich bruschele
Sprechen, undeutliches Gloorgg
spreizen spräite, verstele
spreizen, sich spròisse
sprengen spränge
Sprenkel Sprigeli
Spreu Gsprüür, Sprüü
Spreukissen Gsprüürchüsseli
springen gumpe, hupfe, jucke, springe
springen, kopfüber chöpfle
springen, leicht gümperle
Springinsfeld Holderibock, Holihoo, Hoppedihoo, Windhaschpel
Springseil Springsäili
Spritze Sprütze
spritzen fledere, güdere, spradle, sprütze, strèèze
Spritzen Gsprütz, Schwaderete, Spradlete, Sprützete
Spritzer Sprutz, Sprützlig
spröde gspöör, röösch, schmättrig

Sprosse Säigel, Späiche, Spettel
Spruch Spruch
Sprüchemacher Sprüchlibaroon
Sprudel Blòòterliwasser
sprudeln brudle, sprodle, sprudle
sprudelnd sprudlig
Sprung Giigeligupf, Gump, Juck, Satz, Sprung
Sprung mit angezogenen Beinen Phäckli
Sprünge machen bocke, hoppasse
spucken chodere, spòize, spòizle
Spucken Choderete, Gspòiz, Spòizete
Spuckender Choderi, Spòizer
Spucknapf Spòiztrucke
spuken gäischte, gspäischte
Spülbecken Abwäschbecki
Spule Spuel
Spule, leere Lèèrli
spulen spuele
spülen dureschwäme, flotsche, schwänke, spüele
Spuler Spueler
Spulerin Spueleri
Spund Punte, Spunte
Spur Gspoor, Spuur
spuren spuure
spüren gspüüre, mèrke
Spürsinn Gspüüri
Staat Staat
Staatsangestellter Staats-chrüppel
Staatsbesitztum Riich
Staatskasse Staatsseckel
Staatskellerei Staats-chäler
Stab Spettel, Spränzel, Stäcke
Stab (Militär) Rösslispììl
Stab, mit ~ messen staabe
Stabelle Sidele, Stabäle
Stachelbeere Chruselbeeri, Chrusle
stachlig stachlig
Stadt Stadt
Stadtangestellter Stedtische
stadtauswärts duruus
stadteinwärts durii
Städter Stäckligumper, Stedtler
Städterin Stedtleri
Stadthaus Stadthuus
städtisch stedtisch
Stadtlehrstelle Stadtstifti
Stadtpräsident Stadtpresidänt, Stapi
Stadtrat Stadtraat
Stadtschreiber Stadtschriiber
Stahl Staal
stählen stächle
stählern gstäächlig, stächli
Stahlhelm Chopfweegamäle, Huet, Staalchübel
Stake Stackel, Schalte
staken stackle
Staket Scheiehaag
Stall Staal
Stall, nach ~ riechen stäälele
Stallaterne Stallatèèrne
Stallboden Brugg
Stallung Stalig
Stamm Stamm, Stock
stammeln gaxe, staggele
stämmige Frau Booneross, Ross
stämmiger Mann Fätze
Stammler Gaxi, Staggeli
Stammlokal Stammbäiz
Stammstück Ploch
Stammtischrunde Stamm
stampfen rosse, stampfe, trämpele
stampfen, leicht stämpfele
Stampfen Gstampf, Stampfete
Stampfmühle Stampfi
Stampfwerkzeug Stunggel
Stand Stand
Ständchen Ständli
Standuhr Stockuur
Stange Sèèrle, Stagel, Stang, Stickel, Stogel
Stange, Verbindungs- Spang
Stangenbohne Stickelboon, Windeboon
stante pede stantebeeni
Stapel Biig, Biigete
stapeln biige
stapeln, unordentlich chlòòftere
stapfen stapfe, trampe
Stapfen Stapfe, Stapfle, Trampete
Star (Vogel) Rinderstaar, Rinderstore
Star, grauer Fläck
stark bòimig, chäibisch, chogisch, fescht, raass, starch, zöiftig
stark werden starche
Stärke Gwalt, Stèrchi
Stärkekleister Bappe
Stärkemehl Amelemääl, Chlèèri, Stèrchi
Stärkemehlfabrik Amelemääli
stärken (Wäsche) chlèère
starker Mann Gwaltskärli, Muchel, Muni
starr gstrackt, stärig
starr werden gstaabe, praage
starren stire
Starrkopf Tubel
Stationsbeamter Staziööndler
Stationsvorstand Alt
Statistik Stadischtik
Statthalter Stadhalter
stattlich braav, gattli, zimli
Staub Bulver, Staub
Staub, aufgewirbelter Staubete
Staub wischen abstaube
stauben staube, stüübe
stauben, aufhören zu ~ verstaube
staubig gstaubig
staubsaugen staubsuugere
Staubsauger Staubsuuger
Staubtuch Staublumpe
Staubwedel Wädel
stauchen stuuche
Staude Stuud
Staudengebüsch Stuudepösche
staunen stuune

staunend sich vergessen vergaffe, verluege
Staupe der Hunde Sucht
Stauung Schweli
Stauwehr Wuer
Stauwerk Weer
Stechbeitel Lochbüütel, Schröötel, Stächbüütel
stechen hecke, piigge, stäche
stechend gstächig, stächig
Stechgabel Chrȍiel
Stechmücke Schnaagg
stecken gufe, güfele, stäcke, stecke
Stecken Stagel, Stuudechnebel
Stecken, mit ~ spielen stäckle
Stecken spielen Stäckliverbanis mache
steckenbleiben pstäcke
Stecknadel Gùùf
Stecknadel, mit ~ befestigen gufe, güfele
Stecknadelkopf Gufechnopf
Stecknagel Liirenaagel
Steg Stääg
stehen staa
stehen, auf Fussspitzen güpfe
stehend gständlige, gstänt, stäänds, ständlibutz, ständlige
Stehklosett Tschinggeschiissi
stehlen abhänke, abstaube, diebe, ficke, mause, nȍise, rȍibere, schnäiffe, schnele, stääle
steif bolschterig, brättig, gstaabet, gstaabig, gstablig, gstrackt, hölzig, pocket, stärig, starzig, stèrig, stiiff
steif gehen grigge, stelze, stifle, stoffle
steif sein bocke, stage
steif werden gstaabe, praage, stage
steifbeinig baarhämisch
steifen chlèère
steifer Mensch Stabli
Steifheit Stiiffi
steigen stiige
Steigerer Büüter
steil gèèch, gstotzig, stotzet, stotzig
Steilheit Gèèchi
Stein Schroppe, Stäi
Stein, rundlicher Stäibole
Steinbohrer Stäinäpper
Steine werfen stäindle
steinern stäini
steinig gstäinig, stäinig
Steinkäuzchen Wiggle
Steinkrug Chrusle
Steinmännchen Stäimandli
Steinschleuder Stäischlüüdere
Stelle Oort, Poschte, Stell
stellen stele
stellenweise zblätzewiis
Stellsteg Stelze
Stellung Stelig, Stell
stellvertreten stellvertrampe
Stellvertreter Stellvertramper
Stellvertreter des Paten Standgötti
Stellvertreterin der Patin Standgotte
Stelze Stelze, Stülze
stelzen stelze
Stelzfuss Stülzbäi
stemmbogenfahren stämbögle
stemmen speere, spèrze, stäme
Stempel Stämpfel
Stempelkissen Stämpfelchüssi
stempeln stämpfle
Stengel Stängel, Stììl
Stengel treiben stängle
Stengelglied Gläich
Stengelsplitter Agle
Stenografie Steni
stenografieren stenele
sterben abfracke, abspaziere, Bändli haue, druffgaa, himle, stèèrbe, toode, umstaa, uusschwache, uustubake, verchiiche, verschäide
Sterben Stèèrbet
sterilisieren stelisiere
Stern Stèèrn
sternklar sein glanze
Sternmiere Hänitaarm
Sterz (Pflug) Gäize
Steuer s. Stüür s.
Steuer w. Stüür w.
Steueramt Stüüramt
Steuererklärung Stüürzädel
Steuermann Stüürme
steuern stüüre
Steuern bezahlen stüüre
stibitzen mause, stibäle
Stich Bäck, Bick, Stììch, Zick
sticheln bicke, foppe, föpple, fötzle, gifte, niggele, spitze, spitzle, spȍize
Stichler Bicki
Stiefel Stifel
Stiefel mit Knopfreihe Chnöpflistifel
Stiefel mit langen Rohren Moordioostifel
Stiefelknecht Stifelchnächt
stiefeln, sich stifle
Stiefkind Stüüffchind
Stiefmutter Stüüffmueter
Stiefmütterchen (Blume) Stüüffmüeterli, Tänkeli
Stiefsohn Stüüffsoon
Stieftochter Stüüfftochter
Stiefvater Stüüffvatter
Stiege Gitterli, Stääge
Stiege (Zaun-) Stigele
Stiel Stììl
Stiel der Axt Achshalm
Stiel der Sense Woorb
Stiel anbringen stììle
Stielbonbon Schläckstängel
Stieleimer Schüeffi
Stier Muchel, Stier
Stift Stäfz, Stift
stiften stifte
still müxlistile, stile, tuuch
still! pscht, st
still verhalten, sich tuupe
still werden stilne
Stille Stili, Stilni

stillstehen halte, pstaa
Stimme Luut, Stimm
Stimme, brüchige Schätteristimm
Stimme, tiefe Stäicholepass
Stimme, verbrauchte Schättere
stimmen stime
stinken bismele, stinke
stinkender Mensch Stinkbümi
Stirnlocke Buebezöörkli
stöbern chrüschle, grüschle, nüschtere
stochern gusle, nodere, stochere
Stock Bängel, Brügel, Stäcke
stockdumm hagelstumm
Stöcke spalten stocke
Stöckelabsatz Stögeli
Stöckelschuh Stögelischue
Stockfleck Karfangel
stockfleckig karfange
Stockschirm Antugga
Stockwerk Stock
Stoff Stoff, Tuech, Züüg
Stoffknopf Fòrmli
Stoffrestenschachtel Blätztrucke
Stoffstück für Schulter Achsleblätz
stöhnen grochse
stöhnen, sehr verbèèrschte
Stöhnen Ggrochs, Mööggerei, Mööggete
Stollen Stole
stolpern gstüle, pstüle, stügele, stüle, stùùrchle, verstùùrchle
stolz ghèrrsch, hoffärtig
stolz reden stölzle
stolz tun stölzle
Stolz Grattel, Hoffärtigi, Stolz, Stölzi, Stölzni
stolzieren tifiliere
stopfen schoppe
stopfen (Loch) vermache
stopfen, flickend verwifle, wifle
Stopfhacke Gramphaue
Stopfnadel Wulenaadle
Stoppeln Halm, Stoffle
stoppen abchläme
Stöpsel Strümpfel
Stör w. Stöör
stören scheniere, stööre
Störenfried Stööri, Stupfi
störrisch stettig
störrisch sein bocke, choldere
störrischer Mensch Bock
Störung Stöörig
Stoss Mupf, Nusch, Puff m., Putsch, Schupf, Stooss, Stupf
Stössel Stampfer
stossen müpfe, nüsche, puffe, pütsche, schalte, schoppe, schupfe, stùrze, stoosse, stupfe, trucke, tütsche
stossen, leicht schüpfle
stossen mit dem Kopf chöpfle
stossen mit dem Ellbogen elebögle
stossen, nach vorn füreschupfe
Stossen Gschupf, Stupfete, Truckerei, Truckete
Stossseufzer Grochs
stossweise sprutzwiis
Stotterer Gaxi, Staggeli
stottern gagge, gaxe, staggele
Stottern Zungeschlaag
stotternd vorbringen usestaggele
stotternd vortragen voorstaggele
stracks staregangs
Strafaufgabe Stròòffzgi
Strafe Loo, Schuss, Straaff
Strafe, grosse Wältèèrdestraaff
strafen schwänze
straffen strecke
sträflich stròòffli
Sträfling Zuchthüüsler
Strafpredigt Chifelsuppe, Kafelantis, Phòik
Strafpredigt halten abekapitle
Strafstoss Peni
Strahl Straal
Strahl (Wasser) Gstrèèz, Strèèz, Strèèze
Strahlrohr Wändroor
Strahlrohrführer Wändroorfüerer
Strähne Facht, Schwanz
stramm chäch
Strampelhöschen Strampelhösli
Strampelkind Strabli
strampeln sträbele, strable, strample, umeboorze, umenandboorze
Strampeln Strablete
Strampelsack Strampelsack
Strandbad Strämé
Strang Strange
Strange Strange
strapazieren strabliziere
Strasse Straass
Strasse bauen straassne
Strassenbahn Tram
Strassenbahn fahren trämle
Strassenbahner Trämler
Strassenbahnfahrkarte Trambileet
Strassenbahnwartehalle Tramhüüsli
Strassengraben Oortgraabe, Schaalig, Siitegraabe
Strassenkehrer Straassebütschgi, Straasselööli, Straassewüscher
Strassenkot Schorete
Strassenkreuzung Straassechrüüzig
Strassenwärter Wäägchnächt
sträuben strüübe, strüüsse
sträuben, sich strüübe
Strauch Pösche, Struuch, Stuud
straucheln gstüle, stùùrchle, umstraale
Strauss Buggé, Puntle, Puschle, Struuss
Strauss (Vogel) Struuss
Sträusschen Erdbeeren Eppeerimäie

Strebe Speerlig, Spriess
Strebebalken Bueg
Streber Schanzchnoche
Strecke Strecki
strecken raage, strecke
Strecklänge des Zettels Räiti
Streich Spändifòiz, Sträich, Stückli
Streich, dummer Chalberei, Chalbersträich, Schweiki
Streich, listiger Tuck
Streich, nächtlicher Nachtbuebestückli
Streich verüben boosge
Streichbrett am Pflug Rieschtere
streicheln sträichle, striichele, tätschle, tèèggele
Streicheln Striicherli
streichen striiche
Streichholz Schwäfelhölzli, Zundhölzli, Züsi
Streichholzhausierer Zundhölzlimaa
Streichholzschächtelchen Zundhölzlitrückli
Streifband Ziitigsband
Streife Patrulie
Streifen Straame, Striime
Streifen Acker Saatle
Streifen Stoff Püntli
Streifen im Gewebe Ziise
Streifen, ungepflügter Räi
Streit Chrach, Chrieg, Chritz, Differänz, Händel, Spaan, Striit, Strubel, Struuss, Sturis
Streit bekommen verhädere
streiten chèère, chriege, händle, haseliere, striite
Streiterei Chracherei, Chrachete, Gchèèr
Streitgespräch Tischpitaat, Tischpuut
Streitigkeiten Chifel, Chriegete
Streitsache Kaasis
streitsüchtig aafächtig, hässig
Streitsüchtiger Händelmacher, Striiti
streng sträng, tierisch
streng arbeiten chrampfe, chrüpple, moroche, ochse
Strenge Strängi
Stress Puff s.
Streu Stròi
Streu einheimsen stròine
Streu unterlegen stròie
streuen stròie
Strich Chritz, Strìch
Strich (beim Jassen) Chritz
stricheln strichle
strichweise zblätzewiis
Strick Strick
Strickarbeit Lismete
stricken lisme, lismerle, tüntle
Stricken, nachlässiges Lismerei
Stricker Lismer
Strickerin Lismeri
Strickkörbchen Lismerchöörbli
Strickzeug Lismerzüüg, Lismete
Striegel Strigel
striegeln strigle
Striemen Schnatte, Schnattere, Strieme
Stroh Schaub, Strau
strohähnlich gstrauig
Strohband Haft, Heftschaub, Punt, Schaubband
Strohbinder Straubinder
Strohblume Straublüemli
Strohbündel Schòibli
strohern strauig
Strohflasche Schaubguttere
Strohhut Schinhuet
Strohlager Stròi
Strohlager, nach ~ riechen brüederle
Strohuntersatz Schòibli
Strolch Glünggi, Strolch
Strom Eläktrisch, Iläktrisch, Pfuus
strömen struume
Strömung Strang
Strophe Gsätzli
strotzen starze
Strubelkopf Strubel, Strubli
strudeln strudle
Strumpf Strumpf
Strumpf, schlottriger Strumpflätter, Strumpflotter
Strumpfband Strumpfbändel
Strumpffabrik Strumpfi
Strumpffuss Fuess
Strumpfhalter Gstältli
Strumpfhose Strumpfi
Strunk Stock, Stoorze, Stüchel, Stùùrz w.
struppig gschuuderig, schuderig, strublig, struub, tschuderig
struppiges Haar Rubelihaar, Strubel
Stube Stube
Stubenhocker Muuch, Ofebrueter, Ofehock, Stubehock
Stubensitzen Stubehockete
Stück Bisse, Blätz, Schnitz, Schole, Stuck
Stück Butter Ankemödeli
Stück Käse Chèèsbörlig, Chèèsmocke, Chèèsschnäfel
Stück Kutteln Chuttlefläck
Stück Land Pflanzblätz
Stück Vieh Haupt
Stück Weissrüben Schnätterlig
Stück Zeug Faane
Stück, in St-e schneiden stückle
Student Studänt
Studentenzimmer Studäntebuude
studieren hìrne
Studieren, unrationelles Studiererei
Studierender am «Poli» Poliaaner
studiert gstudiert
Stufe Graad, Stapfle
Stufenweg Stapfete, Trapple
Stuhl Sidele, Stuel

Stuhl (Kot) siehe unter Kot
Stühle auf Tische stellen uestuele
Stühle aufstellen stuele
Stühle herabstellen abestuele
stuhlen (Kot) siehe koten
stülpen litze
Stümper Chrauteri
stümpern haudere
Stumpf Sprange, Stumpe
stumpfsinniger Mensch Stock
Stunde Stund
Stupsnase Obsinaase
stürmen budle, struume, stürme, tüüfle
stürmisch guslig
Sturz Falimänt
stürzen siehe umfallen
Stute, alte Gure
Stützbalken Stüüber
Stütze Bueg, Speerlig, Spriess, Stogel, Stüüber, Stùùd
stutzen schnäiggle, schnäitle, stucke, stumpe, stutze
Stutzen Stutzer
stützen speere, spriesse, stüübere, underspeere, understüüpere, verspeere
Stutzer Halbsidene
stutzig werden stutze
Stützpfahl Stickel
subtil nifelig, suttiil
subtile Bemerkung Fiine
Suche Suechi
suchen sueche
suchen, sorgfältig süechle
Suchen Gsuech
Suchen, langes Suecherei, Suechete
suchend wühlen nosche
Sud Sutt
Sudelei Gschlùùrz, Gsudel
sudeln chosle, schlaarpe, schlùùrze, schmiere, söiele, sudle
Sudelwetter Guslete
Sudler Schlaarpi, Schlüderi, Sudler
Sudlerin Sudleri
süffig gsüffig
Sulze Sulz
Summe Summ
Summe, grosse Häidegält, Sündegält
Summe, nette Sümmli
summen mööne, sümsele
Summender Mööni m.
summieren, sich räpple
Sumpf Sumpf
Sumpfdotterblume Bachbumbele
Sumpfland Moos s., Riet
Sünde Sünd
Sündenbock Schorsch Ggaggo
sündigen sündige
Suppe Suppe
Suppeneinlage, bestimmte Flädli
Suppengrün Suppegrüe
Suppenknochen Suppebäi
Suppenliebhaber Suppetoni
Suppenschöpfkelle Suppechele
Suppenschüssel Suppeschüssle
Suppenteller Suppetäler
surren sure
Surren Gsur
süss süess
süss machen süesse
Süssapfel, bestimmter: Chriidebüchsler, Uschteröpfel
Süssbirne Zuckerbììr
Süssbrand Süessbrand
Süsse Süessi
süssen süesse
süssen Geschmack haben süessele
Süssgebäck, bestimmtes Maagebroot
Süssigkeit Süessi
Süssigkeit vor dem Schlafengehen Bettmümpfeli
Süssigkeiten verzehren schläcke
süsslich gsüessig, süesslachtig
sympathisch gmögig

T

Tabak Tubak
Tabak, nach ~ riechen tubäkele
Tabak kauen schigge
Tabak rauchen rauke, tubake
Tabak schnupfen tubäkle
Tabakkauender Schigger
Tabakpfeife Gülesuuger
Tabakrauch Bròik
Tabakschnupfer Schnupfer
Tadel Balgis, Briise, Chiib, Chiibete, Schimpf, Schimpfis, Tadel, Verwiis
tadeln balge, pschelke, verwiise
Tadelsüchtiger Balgi, Resenieri
Tafel Tafele
täfeln täfere, vertäfele
Taft Schilertafet
Tag Taag
Tag werden taage
Tagedieb Pleger
Tageshelle Taaghäiteri
Tagetes stinkigi Hoffert
Taglichtnelke Schlotterhose
Taglohn Tagloo
Taglohn, im ~ arbeiten taaglöönere, tagnòiere, taune
Taglohnarbeit Tagme
Taglöhner Panduur, Tagnòier, Wèrchme
tags undertags
tags darauf moorndess
Tagwerk Taagwèrch
Taktlosigkeit (grobe) Gox
Talar Chutte, Rock
talwärts duraab
Tand Firlifanz, Gvätterlisach
Tändelei Gvätterlete, Gvätterliaarbet
tändeln blòòterle, gänggele, gèèggele, gvätterle, naare,

näärle, päschele, plämperle, tèèggele, Zirlimirli mache
tändelnd gängglig, tèèggelig
tändelnd arbeiten gèèggele, päschele
Tändelnder Chlütteri, Gänggeler, Gvätterler, Niggeler
Tango Tango
Tanne Tann
tannen tani
Tannenast Chrìisascht
Tannennadel Chrìisnaadle
Tannenreisig Tanechrìis
Tante Bääsi, Tante
Tanz Schwoof, Tanz
Tanzarten: Bödeler, Hopser, Schieber
Tanzboden Tanzbode
Tanzdiele Tanzbode
tänzeln tänzle
tanzen bödele, hotte, schwoofe, tanze
tanzen, ungeschickt hoppe
Tanzen Tanzete
Tänzerpaar Tanzete
Tanzlehrer Bäischlingger
Tanzmusikstück, bestimmtes Hudigääggeler
Tapete Tabeete
tapezieren tabiziere
tappen graape
täppischer Hund Gauggel
Täschchen der Kindergartenschüler Znüünitäschli
Tasche Sack, Täsche
Tasche (vollgestopft) Bumbel
Taschenbuch Täschebuech
Taschenlampe Funzle, Täschepfunzle
Taschenmesser Chrottehegel, Hegel, Sackhegel, Sackmässer, Zürihegel
Taschensuchgerät Piipser
Taschentuch Bööggenalbum, Fazeneetli, Naaselumpe, Naastuech, Sacktuech, Schnuderlumpe, Schnüüzi
Taschentuchecke Naastuechzipfel
Taschenuhr Böle, Sackuur
Tasse Chacheli, Schaal, Tasse
Tasse, henkellose Beckeli
tasten tööple
tätscheln tätschle
Tätscheln Tätschlete
Tatze Taape
taub taub
Taube Tuub
Tauben züchten tüübele
Taubenei Tuubenäi
Taubenschlag Tuubeschlaag
Täuberich Chuuter
Taubnessel Süessgeli
tauchen gründele
tauen taue, tòiele
Taufausrüstung Tauffgruscht
Taufe Tauffete, Tauffi
taufen tauffe
Tauffest Tauffete, Tauffi
Taufgeschenk Iibund
Taufgesellschaft Tauffete
Taufhandlung Tauffete
Taufkleid Tauffgruscht
Taufmahl Tauffete, Tauffmòòli
Taufpate Götti, Gvatter, Vettergötti
Taufpatin Bääsigotte, Gotte, Tante-Gotte
Tauftuch Spräiti
Taugenichts Chrüütli, Nüütnutz, Nüüträchts, Striizi
Taumelgeist Schwirbelgäischt
Taumellolch Trümel
taumeln schwirble
taumelnd schwampelig
tauschen tuusche
täuschen verseckle
täuschen, sich trumpiere, trüüge
Tauschhandel treiben meerzele
tausend tuusig
tausend Franken Rìis m.
Tausend, zu T-en tuusigwiis
Tausendfrankennote Kilo, Tabeete, Tone
Tausendfüssler Tuusigfüessler
Tausendgüldenkraut Tuusigguldichruut
Tausendsassa Bombechäib, Bombesiech, Himelsiech, Sapperlotter, Sapperlottsbueb, Sarass, Sibechätzer, Sibesiech, Tunderwätter m., Tuusigskärli
Taverne Tafèère
Taxameter Taxi
Taxi Taxi
Taxichauffeur Täxeler
Technikum Tääch
Tee Tee
Teekanne Teechante
Teekränzchen Teechränzli
Teer Theer
teeren theere
Teig Täigg
Teig kneten täigge
Teig machen täiggle
teigähnlich täiggig
Teigbrei Heblete
Teigform Fòrmli
teigig chèèsig, gchnättig, täiggig, tängg, tanggig
teigig (Früchte) mütsch, täigg
Teigmann Elggermaa, Griitibänz
Teigmenge Ofebach
Teigmodel Fòrmli
Teigmulde Muelte
Teigrest Mueltechratzete, Muelteschaabete, Schorete
Teigschaber Mueltechratzer, Muelteschaaber
Teigwarensorte Hörndli
Teil Partii, Täil
teilen täile
Telefon Telifoon
Telefonanruf Teli
telefonieren aalüüte, (en) Funk gèè, funke, schäle, telifoniere, uuflüüte

Telefonmonteur Telifööndler
Telefonsoldat Telifööndler
Telegrafensoldat Teligrȍȍfler
Telegramm Tepesche
Teller Täler
Tempel Tämpel
Temperatur Tämpi
temperieren bräche, stuuche
temperieren (Wein) schambriere
Tenne Schüür, Tänn
Tennentor Tänntaar
Tennentür Tänntȍȍrli
Tenü Tönü
Teppich, langer Lȍiffer
Teppichklopfer Uus-chlopfer
Teppichklopfstange Chlopfi
Terrasse Zine
Terzerol Puffert
Teuchel Tüüchel
Teuchel legen tüüchle
teuer choschtli, tüür
teuer, sehr häidetüür, sündetüür
Teuerung Tüüri
Teufel Böös, Gäbelimaa, Tüggel, Tüüfel
Teufelskerl Himelsiech
Text Täggscht
Text lesen Binätsch verlääse
Textilkontrolleur Staaber
Theater spielen theaatere, theääterle
Theaterbühne Büüni
Theatergalerie Flööbode
Thermometer Thermomeeter
Thron Troon
Thurgau Moschtindie, Tuurgi
Thymianart Choschtez
tick-tack tiggis-täggis
ticken tagge, tigge
tief tüüff
Tiefe Tüüffi
tiefere Lage Nideri
tiefgründig gründig
Tier Tier
Tier (Verlegenheitsausdruck) Viich
Tier, schreiendes Häri
Tierarzt Veetokter
Tierfalle Fale
Tierfell Fääl
Tierfett Fäissi
Tiger Tiger
tigerartig gestreift tigeret
Tilsiterkäse Stillsitzer
Tinte Tinte
Tintenfass Tintechübeli, Tintefässli, Tintegschìr
Tintenklecks Tintetolgge, Tolgge
Tintenlappen Tintelumpe
Tisch Tisch
Tisch abräumen abtische
Tisch decken aatische, tische
Tischfussball spielen töggele
Tobel Rous, Tobel
toben haubanke, raase, saatane, sirache, tobe, tobiasse, tȍibele
Tochter Chlii, Jung, Tochter, Tȍchterli
Töchterschule Affechaschte, Töchti
tödlich töötli
Toilette siehe Abort
Toilette aufsuchen telifoniere, verschwinde
Toilettenglas Zaaglas
Toilettenpapier Hüüslibapiir
Toilettenreiniger Schiissibutzer
toll toll
Tölpel Galööri, Ginöffel, Kamuff, Lööl, Löölichäib, Puurechnebel, Quaderaatschangli, Toorebueb, Toorejoggel, Tschumpel
Tomate Tomaate
Ton Toon
Tonband Bändli
tönen chiide, gele, tööne
tonhaltig lättig
Tonkassette Bändli
Tonne Tone
Tonstück, kleines Gsätzli
Topf Haafe, Topf
Topfbürste Pfaneribel
Töpfchen Häfi
Töpfer Hafner
Topflappen Pfaneblätz
Topfpflanze Mäiestock
Topfscheuerlappen Chupferblätz
Tor m. Püggel
Tor s. Porte, Toor
Torf Turpe
Torfabfall Turpebroosme
Torfgestell Turpebock
Torfmull Turpemääl
Torfstapel Turpeböckli
Torfstück Turpemocke, Turpestöckli
Torhüter Gooli
töricht toorchtig
törichter Mensch Göffel, Larifaari
Tornister Aff, Habersack, Ranze, Tachs
Torte Tùùrte
tosen chuute
Tösstal Cheleland
tot tood, toot
töten abtue, hìmache, morixle, tööde
Totenbahre Tootebaar
Totenglocke Tooteglogg
Toter Tootne
totfahren verschlìrpe
Tour Cheer, Gang, Tuur
Trab Traab
traben traabe
traben machen spränge
trächtig trääget
Tragbahre Bääre, Träägbääre, Traage
Trage Rääf
träge fuul, ghaatschig, lamaaschig, schlampampig
träge Frau Blädere, Fudle
träge Person Gmüetsmoore
träge arbeiten plämperle
träge gehen trumpe
träge sein lamaasche, trumpe

träge werden verlaame
tragen aahaa, trääge, umhaa
tragen, auf dem Rücken chrèèze
tragend trääget
träger Arbeiter Muchel
träger Mensch Plèèschter, Schlaaffpelz, Schlampi
Träger Trääger
Trägerschürze Träägerschooss
Traggestell Traage
Traggestell für Käse Chèèsrääff
Trägheit Füüli, Fuulket
Traglast Bùùrdi, Träägete
Train (Militär) Träng
Trainingsanzug Trèèner
traktieren mit Fusstritten vergingge
traktieren mit Säbelhieben versaable
trällern tildere
Tram Tram, Trambäi
Tram fahren trämle
trampen (per Anhalter) trampe
Tramway Trambäi
Tränke Tränki
Transmissionsschnur Säite
Transportfass Biesse
transportieren fuuge
Traube Truube
Traube, verkümmerte Trüübel
Trauben lesen wüme
Traubenansatz Truubeschutz
Traubenbeere Beeri
Traubenbeerenwein Beerliwii
Traubenblütezeit Truubeblüeet
Traubengelee Truubehunng
Traubenkamm Chambe, Trappe
Traubenkamm, nach Tr-kämmen schmecken (Wein) chämbele
Traubenlese Wümet
Traubenleser Wümer
Traubenleserin Wümeri
Traubensaft Süesstrunk
Traubensorte, bestimmte Chatzesäicheler
Traubentanse Truubebückti
Traubentraggefäss Truubebückti
Traubentrester Truubeträäsch
Traubenzuber Wümergelte
trauen (Paar) troue, zämegèè
Trauer Truur
Trauerband Läidband
Trauerfeier Abtankig
Trauerkranz, künstlicher Chrälelichranz
Trauerleute Läidlüüt
trauern truure
Traufe Trauffi, Trồiffi
träumen traume
traurig truurig
treffen präiche, träffe, tüpfe, verraate
treffen (Seitenwand) bande
treffen, einander erpasse
treffend trèèff
Treffender (im Spiel) Spicker
Treffer am Rand der Scheibe Chlồiber
Treffsicherheit Tüpfi w.
treiben rüne, triibe
Treiben Gfồik, Gjääg, Gjồik, Läptig
Treiben, ausgelassenes Gfèèch
Treiben, ermüdendes Jagerei, Jagete
Treiben, geräuschvolles Rumel
Treiben, hastiges Gjufel
Treiben, lärmendes Fuer
Treiben, lebhaftes Machete, Tribel
Treiben, unruhiges Ghüscht, Umefùùrzete
Treibnetz Tribenenetz
Treibrute Gaart
trennen, sich schäide, usenandgaa
Trense Bììs
Treppe Stääge
treppenartig gstääget
treppenartiger Weg Stapfe
treppenförmiger Haarschnitt Stääge
Treppengeländer Stäägegländer
Tresse Böörtli
Trester Trääsch
Tresterbranntwein Trääschbränz
Tresterfass Trääschstande
Tresterstück Ziger, Zigerli
Tresterstücke formen zigerle
Trestertrocknungsgestell Zigerligstell
Tretbrett Trätte
treten trätte
treten nach hinten hinderestaa
treten nach vorn fürestaa
treu tröi
Treue Tröii
treulos faltsch
Tribut eines Bräutigams Hauss
Trichter Trachter
Trieb Schoss, Schützlig
Trieb der Pflanzen Uusschlaag
Trieb, junger Bäärschoss
Triebwagen Motoorwaage
trinken abelèère, abestele, blaase, guuge, güügele, läppere, lööte, mämele, schlückle, schnappe, söggele, suuffe, süüffele, trinke, zwäierle
trinken, zu ~ geben verschwele
trinken, zuviel übersuuffe
Trinker Bränzeler, Lööter, Lööti, Schnapser, Schöppeler, Söggeler, Süffel, Suggeler, Süüffeler, Suuffer, Suuffludi
Trinkerelend (trunken) Eeländ
Trinkerin Bränzleri, Schnapseri, Suufferi
Trinkgelage Löötete, Suufferei, Suuffete
Trinkgeld Sèrwiss
Trinklokal Zwäierlibäiz
trippeln bäindle, hödele,

hodle, höpperle, hösele, hötterle, lȍiffele, sädere, stapfle, stäpfle, stöffele, stögele, stümperle, stünggele, täppele, trämpele, träppele, trümpele
Trittroller Trottinett
trocken brȍischtig, schèèrb, troche
trocken, sehr chääferfüdlitroche, fùùrztroche
trocken werden trochne
Trockengestell Taare
Trockenheit Rööschi, Tröchni
Trockenwurst Alpechlüpler
trocknen flüüsse, tröchne
Trocknungsanlage Teeri
Trocknungsgestell Häinze
Troddel Büsel, Fotzel
Trödel Grümpel
Trödelei Tröölerei, Tröölete
Trödelkram Gänggeliwaar
trödeln gänggele
Trödelnder Trööler
Trog Traag
Trollblume Ankebale
Trolleybus Troli
Trommel Trume
trommeln chlöpfele, schlegle, trume, trumechüble, trümele
trommeln (mit Schuhen) bödele
Trommelstock Trumeschlegel
Trommelsucht Völi
Trompete Trumbeete
trompeten trumbeete
Trompeter Tüüchel
Tropf Lööter, Stöffler
Tropfbrett Gschììrbrätt
tröpfeln rölele, sȍiferle
tropfen griine, sädere, sȍifere
tropfen (Weinstock) wäine
Tropfen, andauerndes Tropfete
Tropfen, langsames Tröpflete
Tropfen, guter Wiili
tropfnass flätschnass, flotschnass, muusnass, späcknass, tropfet-nass, trüüffet-nass
Trost Trooscht
Trottel Halbschlaue, Tschumpel
Trottoir Trottoar
Trotz Tratz
trotzen chopfe, chöpfle, rebäliere, tȍibele, tratze
Trotzen Chopfete
trotziger Bursche Rebäll
Trotzkopf Chopfi, Schalk, Setzchopf, Setzgrind, Tȍibeli, Zwängchopf, Zwängchrott, Zwänggrind
Trotzköpfchen Ribeli, Zwängichind
trübe (Wein) guslig
trübe (Wetter) mauggelig
trübe sein (Wetter) muudere
trübe werden trüebe
Trubel Tribel
trügen trüüge
trügerisch trugeli
Truhe Laad
Trumpfkarte, kleine Zuelueger
Trunk Aatrinket
Trunk, dem ~ ergeben sein mämele
Trunkenbold Süffel
Truppeneinheit Kumpenii
Truppenunterkunft Kantonemänt
Trüsche Trüüsche
Truthahn Guri, Guriröóter
Tschako Chäppi
Tube Tüübe
Tuch Tuech
tuchen tuechig
Tuchmesser Staaber
Tuchreisender Gumi
tüchtig braav
tüchtig essen underlegge
Tüchtiger Profi
Tücke Niss
tückisch verniffe
Tuff Tuug m.
Tuffstein Tuugstäi
tüfteln tüftle
Tüftler Tüfteler
Tugend Tuget
Tulpe Tulipaa
Tümpel Gumpe, Gunte, Wassergumpe, Wetti
Tumult Grampool
tun tue, verfüere
Tun Tue
tünchen chalche, wiissge
tunken tunke, tünkle
Tunnel Tunell
Tunnelluft, nach ~ riechen tunellele
tüpfeln tüpfle
Tupfen Tupf
Türbeschlag Phänk, Tȕȕrpschlèèg
Türe Tȕȕr
Türen öffnen und schliessen tȍȍrle, türle
Türke Türgg
Türkin Türggin
Türklinke Fale, Tȕȕrfale
Türkloben Hauche
Turm Tùùrn
Turm einer Burg Luegisland
Turmkuppel Huube
Turnplatz Turni
Türpfosten Poschtamänt, Tȕȕrgricht
Türrahmen Gricht
Türriegel Rigel, Schwibele
Türschloss Schloss
Türschwelle Tȕȕrsele
Tusche Tusch
Tuschfeder Tuschfädere
Tuschfläschchen Tuschgütterli
Tute Fùùrze, Pèèpe, Puupe, Tuute
tuten pèèpe, pèèpele, puupe, püüpele, tuute, tüütele
Typ Gäi
Typhus Näärvefieber
tyrannisieren knuute

U

übel eeländ, läid, miis, übel
übelgelaunt mȍff, muff, verstopft
Übelkeit Eeländi, Maagecheeri
übellaunig gschalkig
übelnehmen veraarge
übelriechend gschmöckig
übelriechend (Fleisch) gmäggelig
üben proobe, üebe
über bi, ob, über
über etwas hin überie
überall alethalbe, dùùrewääg, überaal, zäntume
überanstrengen überbruuche, überhölzle, verstrecke
überanstrengen, sich übergingge, überlupfe, übermarche, übertue
überarbeiten, sich überschaffe
überarbeiten, sich, geistig überstudiere
überaus verwänt
überbeanspruchen überbruuche, übergrigge
Überbein Überbäi
überbieten überbüüte
überblicken überluege
überdauern überstaa
überdecken abtecke, überbödele
überdeckt verritte
überdies derzue
Überdruss Verläider
überdüngen überschütte
übereck übereggs
übereilen überstrütte
übereilen, sich strütte
übereilt gschützig, schutzig
übereinander überenand
überempfindlich lindschäälig
überessen, sich überässe
überfahren überchaare, verchaare
überfliegen überflüüge
überfliessen gutsche, gutschle, säiche
überfliessen lassen lättere
Überfluss Völlni
überflüssig voorig
überfordern abriibe, schräpfe, übermarche, übernèè
überfragen überfrȍȍge
überfroren glaarig
überführen überfüere, überwiise
Überführung Überfüerig
überfüllter Raum Chrottete
übergeben übergèè, überhupfe
übergeben, sich bräche
übergehen übergaa
übergenau pinggelig
Übergewicht bekommen übergämpfe, übergnepfe
übergiessen überschütte
übergiessen mit Butter abschwäisse
übergiessen mit Fett schmalze, schmützge, züüge
überharnen überbrünzle
überholen überhole
überkippen überbocke, übergämpfe, übergnepfe
überkleben überchlȍibe
Überkleid Tönü blau, Übergwand
überkochen überstrodle
überladen überlaade
überladen, sich (Baum) überbèère
überlassen laa, überlaa
überlaufen überlauffe
überlaut überluut
überleben überlääbe
überlegen psine, überlegge
Überlegung Überlegig
überlesen überhaschple
überlisten versackuure, vertwütsche
übermalen vermȍȍlele
übermannen möge, übernèè
Übermass Übermääss
übermorgen übermoorn
übermorgen, einen Tag nach ~ überübermoorn
übermüdet maroodi
Übermut Nüütguetsni, Nüüträchtsni, Übermuet, Übersteligi
übermütig fratt, nüütnutzig, übermüetig, überstelig, uufzoge
übermütiger Mensch Sprützlig
übernächst anderletscht, andernèchst
Übernachtender Übernächtler
übernächtig übernächtig
Übername Schlötterlig, Schnaagge
übernehmen übernèè
überprüfen durgaa
überpurzeln überböckle
überraschen überrumple
überreden schränze, übernèè, überrede, überschnore, umebickle, umebringe, zöökle
überreif mȍisch, täigg, überriiff, überstäänt
überreif werden täigge
überrennen überräne
überrumpeln überhölzle
Übersättigung Völi
überschätzen überschetze
überschauen überluege
überschlagen überschlaa
überschlagen, sich überbürzle
überschmieren übersalbe
überschreiben mit X überixe
überschreien überbrüele, übermuule, überschnudere
überschreiten übermaarche
Überschuh Überschue
überschüssig voor, voorig
überschütten überblädere, übergriene
überschwatzen überschnore
überschwemmen überschwäme
übersehen schniide, überluege
übersetzen übersetze
Übersetzung Übersetzig

Übersetzungsverhältnis Müli
Übersitzender (über Polizeistunde) Überhocki
überspannen überhölzle, überspane
überspannt gschupft
überspringen übergaa, übergumpe, überhupfe
überstehen überstaa
überstimmen überstime
überstreichen übermaale, überstriiche
Überstrumpf Poss
Überstunde Überstund
übertölpeln überhölzle
übertragen überträäge
übertreffen möge
übertreiben überhölzle, übertriibe
Übertreibung Übertriibig
übertrieben überrisse
übervorteilen abriisse, ielegge, schrèègle, überhölzle, übernèè
überwallen überstrodle
überwältigen bodige
überweisen überwiise
überwendlich nähen überwindle
überzeugen überzüüge, umebüüge, umenèè
überziehen überestrupfe
üble Laune Hässigi, Rappel
üblich gang und gääb, üepli
übrig voor, voorig
übrigbleibend vorgänt
übrigens nootebeeni
Übung Üebig
Ufer Land
Uferschwalbe Grieschwalb
Uhr Gelerettli, Uur
Uhrenkasten Ziithüüsli
Uhrgehäuse Ziitghüüs
Uhrpendel Schwängel, Ziitplämper, Ziitschwänkel
Uhrschränkchen Chopfhüüsli
Uhrzeiger Zäiger
Ulme Ilme
Ulmenholz, aus ~ ilmi
um für, um
Umbau Umbou
umbiegen litze, ränke, überlegge
umbiegen (Rebschosse) bögle
Umbrechen von Wiesen Uufbruch
umbringen abstäche, morixle
Umdrehung Umlauff
Umdrehungszähler am Garnhaspel Schneler
umfahren umfaare
umfallen gäiggle, überbocke, überheie, umbùùrze, umchegle, umfale, umgheie, umstraale, umtätsche, umtroole, umzwirble
umfassen hämpfele
Umgang, vertrauten ~ pflegen gvätterle
Umgebung Umgäbig, Umschwung
umgehen umgaa
umgehen, unsanft umebudle
umgehend stantebeeni
umgekehrt umgcheert
umgekommen verblibe
umgraben umestäche
umgraben (Rebberg) rigoole
umgrenzen umschriibe
umher umenand
umher- siehe auch herum-
umherfahren chäärele, strolche, umechessle, umefäcke, umegnäischte, umenandchessle, umeploche, umerassle
umherfahren, lärmend umesirache
Umherfahren Chäärelete, Chaarete, Rösslete, Umechäärelete
umhergehen schwanze, umegaa, umenandschuene, umeschuene
umhergehen, gaffend göffle
umhergehen, hastig umeschwire
umhergehen, unwillig umeschnute
umhergehen, ziellos umegwaggle, umenandgwaggle, umenandstäckle, umestäckle, umestifle
umhergeistern umenandgspäischte
umherjagen umejage, umespränge
umherkutschieren chäärele, scheesele
Umherlaufen, hastiges Springerei
umherplatschen umechnootsche
umherreisen umehòie, umenandrössle
Umherreiten Rösslete
umherrennen umechegle, umeschnüüze, umeschüüsse, umesure
umherrollen umerugele
umherrutschen graagge, umegrigge
umherschauen galaare, umeluege, umeschèèche
umherschieben umeschuggele
umherschleichen umetiiche, umetuuchle
umherschlendern stròòssle
umherschlurfen umeschlaarpe
umherschweifen umejegere
Umherschweifen Umefäägete
umherspähen umespärbere
Umherspähender Schèèchi
umherstampfen umestampfe
umherstrolchen umezigüünere
umhertappen graape
umherwaten umeflotsche
umherziehen umetschumple
umherziehen mit Rübenlichtern rèèbeliechtle
umhüllen umschlaa
Umkehr Cheerumtöörli

umkippen gämpfe, überheie, uuslèère
umkommen umchoo
umnähen übernèèe, umfaare, umschlaa
umpflanzen versetze
umpurzeln chegle
umrennen überrüere
umrühren umechele
Umschlag, briefähnlicher Briefli
umschreiben umschriibe
Umschweife Schnäggetänz, Spargimänt, Stämpenei
umsonst umesuscht, vergääbe, vergääbis
umspannen chlaaftere
Umstand Sach
Umstände Ghei, Pflänz, Spändifòiz, Spargimänt, Umues
umständlich vilbrüüchig
umstellen verstele
umtopfen umtopfe
Umtriebe Gscharei, Gspuuse, Kumedi, Moordskumedi
Umweg machen änenume gaa
umwenden übercheere
umwerfen schletze, überrüere, überschlaa, überstele
umwinden umschlaa
umzäunen iihaage
umziehen zügle
Umziehübung Tönüfeez, Tönüfigg
Umzug Zügel, Züglete
Umzugsmann Zügelmaa
un- uu-
unachtsam schutzig
unachtsamer Mensch Schuggel, Schwarbel
unangenehm läid, schüülig, tick, uluschtig
unangenehme Frau Gure
unangenehme Sache Chäiberei, Chogerei, Schmier
Unannehmlichkeit Gscherei, Ugläigehäit
unansehnlich nüütelig, nüütig, verniffe
unansehnliche Frau Schlìirp
unanstellig taachtig
unartig läid, wüescht
unaufmerksam arbeiten tildere
unaufrichtig faltsch
unausgeschlafen übernächtig
unbändiges Kind Ruuss
unbedeutender Mensch Gaarnüüteler
unbehaglich gschmuech
unbeholfen pletschig, stockig, tèèggelig, uphulffe
unbeholfen gehen devooschiengge
unbeholfen werden verpuure
unbeholfene Person Landäi
unbeholfener Bursche Schangli
unbeholfener Mensch Gabli, Gstaabi, Gstablige, Lappi, Öölgötz, Pfnott m., Schiggel, Stellmiaa, Stoggeli, Tèèggi
unbekannt frönd
unbekleidet blutt
unbequem uring
unbesehen ugschauet
unbesonnen schutzlig
unbesonnener Mensch Gschützlig, Pütschi, Schwarbel
unbeständig (nüd) bock
unbillig ugraad
unbrauchbar abgänt
unbrauchbar machen verschnäfle
unchristlich uchrischtli
undeutlich reden mööggе, munte
undeutlich Sprechender Mausi
undicht sein säiche
undichte Stelle Ziise
uneben pugglet, rublig
uneben (Haut) gschuuderig, rützelig
unecht faltsch
unehelich uneeli
uneheliches Kind Uneelis
unehrlich uneerli
uneinig unäis
Uneinigkeit Spaan
unentgeltlich vergäähe, vergääbis
unentschlossen sein tèère
unentschlossener Mensch Blòòterler, Plampi, Tèèggeler
unentwickelte Frucht Näggel, Niggel
Unentwickeltes Grünggel
unerfahrener Mensch Hüürlig
unerfreulich ugfròit
unergiebig schliissig
unergiebig arbeiten chüngele
Unerledigtes Hangete
unerschrocken gweerig
unerträglich läid, uliidig
unerträglicher werden läide
unerträgliches Wesen Läidi
unerwartet ugsinet
unerwartet besuchen inetrampe
unfähige Person Wùùrscht
unfähiger Mann Äichle, Schwümer
Unfall Malöör, Uglück
unflätig uflèètig
unflätiger Mensch Uflaat
unfolgsames Kind Strupf
unförmige Masse Rumpf
unförmiger Gegenstand Chlobe
unfreundlich gmuuderig, mupf, ufrüntli, uluschtig
Unfriede Ufride
unfruchtbar bròischtig
unfruchtbarer Ast Naarenascht
unfruchtbares Rind Zwick
Unfug Ufueg
ungebärdig ugriint
ungebärdige Person Ribel
ungebildeter Kerl Knoot

ungebildetes Mädchen Puurefòifi
ungebraucht frisch
ungebundenes Treiben Lusi
ungeduldiger Mensch Pütschi, Stürmi
ungefähr ugfèèr
ungefragt ugfrȍȍget
ungehemmt uschiniert
Ungeheuer Ughüür
ungeheuerlich ughüür
ungehobelter Mensch Wuescht
ungehorsames Kind Nüdfolgi
ungekämmt struub, ugstrèèlet
ungekämmter Kopf Tschuderchopf, Tschudergrind
ungekämmtes Haar Tschuderhaar, Tschuderhöiel
ungekocht rau
ungekocht (Milch) unerwelt
ungelegen ugwaar
ungelenk bockig, gstaabet, gstaabig, gstablig, hölzig
ungelenker Mensch Gstaabi, Stabli, Stock, Stöpsel
ungemütlich ugmüetli
ungenau ugraad
ungeniert uschiniert
ungepflegte Frau Lättere
ungerade ugraad
ungerecht ugrächt
ungereimt ugriint
ungern ugèèrn, unnger
ungeschickt gablig, ugschickt
ungeschickt, sehr soublööd, soutumm
ungeschickte Frau Baabe, Guggumere
ungeschickter Mensch Fläsche, Saage, Zottli
ungeschicktes Mädchen Beeri
ungeschlachte Person Booneross
ungeschlachter Mensch Holzbock, Ploch, Ruuss
ungeschmeidig bockig, pocket
ungestüm gschützig
ungestümes Kind Rausel
ungesund ugsund
ungesund aussehend chèèsig, vernosse
ungetrübt luuter
ungewaschen ugwäsche
ungezählt uzelt
Ungeziefer Uzifer, Viich
ungezogen mäischterloos
ungezogener Junge Strick
ungezwungen leschèèr
unglaublich uglaupli
ungleich ugliich
Unglück Malöör, Ugfell
Unheil Uhäil
unheimlich uhäimli, utrüüli
Uniform Militèèrgwand, Munduur
Universität Uni w.
Universitätsspital Uni s.
Unke Guggemööli, Gülegrünggel, Gülegüügger, Gülemügger, Nölgg
Unkosten Choschte
Unkraut Jätt, Uchruut, Wuescht
Unkrauthacke Jätthaue, Jätthȍieli
Unkrauthaufen Jätthuuffe
unleidlich uliidig
unleserlich schreiben nifele
Unliebsames Gschichte
Unlust Fuulfieber
unmässig horänd
Unmenschlichkeit Viicherei
unmöglich umügli
unnötig unöötig
Unnötiges tun stämpeneie
unnütz nüütnutzig
unordentlich chriemsch, ghudlig, gschlampig, gschlùùrzig, gsöielig, struub, unoordetli
unordentlich im Haar grüblig
unordentlich arbeiten haschple, pfudere, pfudle, pfuele
unordentlich einhergehen schlampampe
unordentlich umgehen soue
unordentliche Frau Chleepe, Fudle, Haatsch, Pfludere, Raaschi, Schlampe, Schuntele
unordentlicher Mensch Gülepuur, Pfluderi, Schluderi, Wuchegschuder, Zigüüner
unordentliches Mädchen Lifi
Unordnung Boorzete, Chlȍȍfterete, Dräckoornig, Galgenoornig, Ghüder, Glump, Gstelaaschi, Hudeloornig, Hüenerete, Hüeneroornig, Lotteroornig, Neegeroornig, Noschete, Pfläderete, Puff s., Soustaal, Verlaag
unpassend ugraad, ugriint
unpässlich blööd
Unrat Mischt
unrecht ugraad
unreif grüe
unreifer Mensch Setzlig
unrein klingend gschèèrbelig
unreinlich gsöielig, usuuber
unreinlicher Mensch Mischtjoggel, Schmieri m.
unreinliches Kind Dräckueli, Suggeli
Unruhe Häri, Urue
unruhig fischperig, gischpelig, schutzlig, urüebig
unruhig sein fischpere, gischple, umeraage
unruhig sich benehmen fäägnäschte
unruhige Person Rieschfüdli
unruhiger Mensch Wischpel, Zabli
unruhiges Kind Chääfertrüli, Fäägnäscht, Gischpel, Windspìil
uns is, öis

unsachgemäss behandeln verplaage
unsauber schmuslig
unsauberer Mensch Grüüsel, Soujogg, Soukärli, Souludi, Soumichel, Souniggel, Soupaschi
unscheinbar unachtbaar, uschiimber
unscheinbarer Mensch Tschüder
Unschlitt Ouschlig
Unschlitt, nach ~ riechen, schmecken öischtele
unschlüssig sein Raatmerii-Raatmeraa mache
unschön wüescht
unser öise
unsicher gschwabelig, gschwambelig, mauggelig
unsicher gehen lȍiffele
unsicher sein schwüme
Unsinn Habasch, Larifaari, Schund, Sousäich, Züüg
unsinnig usinig
unsolides Geschäft Lumpegschäft
unsorgfältig arbeiten fuerwärche
unsorgfältig tun zämehȍie
unstattliche Person Nussgipfelposchtuur
unstet schwarblig
unsteter Mensch Umefaari
unten une, voorune
unten, von ~ herauf unenue, unenuuf
unten, weiter ~ unedraa, unedrazue
untendrin drinune
untendurch drunderdùùr, unedure
untenhervor unefüre
unter under
Unter (Spielkarte) Puur
unterbinden underbinde
unterbleiben underbliibe
unterbrechen underbräche
Unterbrechung Underbruch
unterdessen bisig, derwiile, underdes, underzwüschet
unterdrücken schinagle, verchläme
unterdrücken (Lachen) verhaa, verhebe
unterdrückt reden pfnuttere
unterführen underfüere
Unterführung Underfüerig
Untergewand Gstältli
unterhalten psoorge, usehaa
unterhalten, sich plȍiderle, tischgeriere, verwiile
Unterhaltung Tischkurs
Unterhandlung Mèèrt
Unterhemd Liibli, Underliibli
Unterholz Underholz
Unterkiefer Chifel, Underchifel
Unterkunft Loschii, Schlupf
Unterlage für Bettnässer Röözblätz, Säichblätz
unterlassen laa, underwäge laa
unterlegen undereschoppe, underlegge
unterlegen (Strumpfferse) spatte
Unterleibchen Liibli, Underliibli
unternehmen undernèè
unternehmungslustig gguraschiert
Unteroffiziersschule UO
Unterricht Stund
Unterrock Schüpong, Underjüppe
untersagen verbüüte
unterschätzen underschetze
unterscheiden underschäide
unterscheiden, sich tiferiere
Unterschied Differänz, Schäidunder, Underschäid
unterschlagen underschlaa
Unterschlupf Underschlauff
unterschreiben underschriibe
unterschreiten (Zeit) undermaarche
Unterschrift Chribel
untersetzte Person Chrugel
unterspülen underfrässe
unterst zunderscht
unterstehen understaa
unterstützen verhalte
Unterstützung beziehend aarmegnössig
untersuchen gschaue, uusbäindle, visidiere
Untersuchung Undersuech
unterteilen underschlaa
Unterwäschekombination Kombinäsli
Unterwassermähmaschine Seechue
unterwegs sein, häufig strȍȍssle
unterweisen underwiise
unterwühlen underfrässe
ununterbrochen denand naa
unverarbeitet rau
unverheiratet ledig
unverheiratete, ältere Frau Jümpferli
unverhofft ugsinet, uverhofft
unverlangt ughȍische
unvermischt luuter, puur, reaal, urche
Unvernunft Uvernouft
unvernünftig uvernöiftig
unverschämt fräch, uverschant
unversehens (wie) aagrüert
unverständlich reden parle
unverständliches Reden Mööggerei, Mööggete
unverträglich ghässig
unwahr erstunken und erloge
Unwille Böösi, Hööni
unwillig gschnutig, rumpelsurig
unwillkommen uwèèrd
unwirsch gschnueperig, höö, usööd
unwirsch reden schnauze
unwohl (nüd) bock, chatzebüselig, eeländ, upass
Unwohlsein der Frau Chilbi, Schniider

unzeitig uchrischtli
unzüchtig sich benehmen umehüenere
unzufrieden uzfride
unzuverlässig usuuber
unzuverlässiger Mensch Lotteri
üppig maschtig
üppig leben läädere
urbares Land Rüütland
Urgrossvater Ääni
Urin siehe Harn
urinieren siehe harnen
Urteil Urtel
urwüchsig urchig
Usterapfel Chriidebüchsler

V

V (Buchstabe) Vogel-Èff
Vagabund Ggloschaar, Striizi
vagabundieren strolche, zigüünere
Vagierender Schwanzi
Vase Waas
Vater Alt, Antiik, Bappe, Bappeli, Dätti, Eltscht, Tädi, Vatter, Vètsch
Vater spielen Vätterlis mache
Vaterhaus Häime
vaterländisch vatterländisch
Veilchen Veieli, Viööndli
Veitstanz Viizitanz
verabschieden Phüetigott sääge
verächtlich behandeln schnööde, umeschuggele
verächtlich reden schnööde
verächtlich Handelnder Schnöödiaan
verächtlich Redender Schnöödiaan
veralten veralte
verändern verstele
verändern, sich umstecke
verarbeiten verschaffe, verwèèrche
verargen veraarge
verbauen verboue
verbeissen verbiisse
verbeissen, sich verräne
verbergen verbèèrge, vermäntele, verschmòike, verschoppe, verstecke, vertuschiere
verbergen, sich verschlüüffe, vertrucke
verbessern verbessere
Verbessern Flickerei
Verbesserung Verbesserig
verbeulen verbööle, verbüüle
verbiegen verbüüge, verchrümbe
verbieten verbüüte
verbinden verbinde
verbinden, sich, geschäftlich verassossiere
Verbindungsbalken Briisholz
Verbindungslatte Spang
verbitten verbitte
verbittern versuure
Verbitterung Rèèssi
verblassen abschüüsse
verblichen abgschosse, verschosse
verblühen verblüe
verblümt verblüemt
verbluten verblüete
Verbot Verbott
verbrämen verbrèème
verbrannt verbrune
Verbrauch Bruuch
verbrauchen bruuche, verbruuche
verbrauchen (Geld) verlääbe
verbrauchen (Zeit) verlauffe
verbrauchen durch Karussellfahren verriite
verbrauchen durch Schneuzen verschnüüze
verbrauchen für Lotterie verlötterle
verbrauchen zum Backen verbache, verchüechle
verbrechen verbräche
Verbrechen Sünd
verbreiten, sich umegaa
verbrennen verbräne
verbriefen verbriefe
verbringen in Anstalt versoorge
verbrühen verbrüe
verdammt stèèrne-
verdauen tòie
verdecken verbiige, verhänke
verderben verchachle, verchäibe, verchegle, verchoge, verchüechle, verdeerbe, verheie, verhòie, verhüenere, verliederle, verpfuele, versalze, versieche, verstraale, vertämple, vertüüfle, veruschicke
verderben beim Scheren verschèère
verderben durch Bohren verbore
verderben durch Herumrutschen verriite
verderben durch Reiben verfigge
verderben durch Sitzen verhocke
verderben mit schmutzigen Händen vertaape
Verdickung Schlünzlig
verdienen verdiene
verdingen verakkidiere, vertinge
verdoppeln vertopple
verdorben malz
verdorren abtoore, vertoore
verdrehen vertrüle
verdriessen vertrüüsse
verdriesslich gheiig
verdriesslich sein duremuuse
verdrossen hässig, maassläidig
Verdrossenheit Hässigi
verdünnen vertüne
verdunsten verrüüche
verdursten vertùùrschte, vertùùrschte
veredeln zweie
Verein (irgendeiner)

Chegelklup,
Chüngelizüchterveräin
vereinbart abgmacht
Vereinsblatt Plettli
vereinzelte Früchte Gspräng
vereisen veriise
vereist glaarig, iisig
vereiteln verböönele
verekeln versoue
verenden uusmaugge, verräble, verrecke
verfahren (Ew.) verfuerwèrchet
verfahren, sich verfaare
verfallen vergheie
verfälschen grüschle
verfaulen verfuule
verfeindet verchrachet, verfindet
verfliegen, sich verflüüge
verflucht straalig, verflixt, verfluecht, verreckt
verfluchtes Zeug Chrottezüüg
verführen verfüere, versackuure
verfüttern verhirte
vergänglich übernächtig
vergären überegaa, verjäse
Vergärendes, nach V-em riechen jääsele
vergeben (Auftrag) verakkidiere, vergèè
vergeblicher Gang Naaregang
vergehen verräble
vergehen (Schmerzen) versure, versuuse
vergehen vor Lachen vergigele, vergütterle
vergehen vor Ungeduld verstrupfe, verzwatzle
vergehen, sich vergaa
vergelten iisalze, umezaale, vergälte
Vergeltung Loo
vergessen vergässe, verschwitze
vergessen machen ergetze
vergesslich vergässli
Vergesslicher Vergässlig
Vergesslichkeit Vergäss
vergeuden gschände, güüde, schlùùrze, verblȍȍterle, verbröösmele, verchüechle, vergüüde, verjuhäie, verplämperle, verschludere, verschlùùrze, vertuble, vertume
vergeuden (Geld) verlääbe, verpülvere, verschletze
vergeuden (Geld für Arzt) vertökterle
vergeuden (Zeit) umechalbere, verpäschele
Vergeuden Schlùùrzete
Vergeuder Schletzer
Vergeuderin Schletzeri
vergewaltigen überschlaa, überstele
vergiften vergifte
Vergissmeinnicht Vergissmäinicht
vergittert verspränzlet
Vergleich Vergliich
vergleichen vergliiche
Vergnügen Schläck
vergnügt fideel, häiter
Vergnügungsstätte Kassiino
vergolden vergülde
vergreifen, sich vergriiffe
vergüten verguete
verhaften phäckle, tschäppe
verhageln verbrägle, verhagle, zämehagle
verhalten verhaa, verhebe
verhandeln verhandle
verharschen verbache
verharzen verhaarze
verhätscheln biibääbele, verbääbele
verhauen erhaue
verheilen verhäile
verheimlichen verschmȍike, vertecke, vertuschiere
verheiraten verhüürate
Verheirateter Ghüüraatne
verheizen verhäize
verhelfen verhälffe
verhexen banisiere
verhext verfluecht
verhören verhööre, vernèè
verhören, sich verlose
verhüten verhüete
verjagen fȍike, verstȍibe, verstȍike
verkaufen verchauffe, verchraame, vergolde, verhusiere, verquante
verkaufen, unvorteilhaft vergänggerle, vergrämple, vergrütze
Verkaufen spielen Verchȍifferlis mache
Verkäufer Handligsghülffe, Laadegumi, Verchȍiffer
Verkäuferin Laadegumsle, Laadejumpfere
Verkaufsladen Chrȍȍmerlaade, Handlig, Laade
Verkaufsladen spielen Chrȍȍmeris mache
Verkaufsstand Mèèrtstand
Verkehr Vercheer
verkehren vercheere
Verkehrszeichen Vercheerszäie
verkehrt kunträär, lätz, lingg, vercheert, verschisse
verkeilen verbisse, verspriesse, vertüble
verklagen verchlaage, vertäfele
verkleben verchlääbe, verchlȍibe
verkleben, sich verbache
verklebtes Auge Zigeraug
verkleinern verchliinere
verkleistern verbappe
verklemmt verchnoorzet
verklingen verchlänke
verknallen (Pulver) bülverle
verknäuelt chranglig
verknoten verchnüpfe
Verknüpfung Hänkete
verkohlen verchole
verkommen uushalungge,

verchoo, verlötterle, versumpfe
verkorken pütschiere
verkriechen, sich verchrüüche, verschlüüffe
verkritzeln verchrible, verchritzle
verkrümmen verchrümbe
verkrüppeln verchrüpple
verkrüppelt vergriggelet, verstǜǜrchlet
verkümmern versèèrble, versuure
verkümmert nifelig, verniffe
verkümmerte Pflanze Stǜǜrchel
verkümmerter Mensch Pfnott w., Schnǜǜrpflig
verkünden verchünde
Verlag Verlaag
verlangen gluschte
Verlangen Riisse
verlassen verlaa
verlästern durehächle, uushächle
verlaufen, sich verììre, verlauffe
verlauten verluute
verleben verlääbe
verlegen verlegge
verlegen (Gegenstand) veraberwandle, verhüenere, vernosche, verschläike, verschoppe, verschuggele, verstele
verlegen (Ew.) verläägе
Verlegenheit Chläm
Verlegung Verlegig
verleiden verläide
verleimen verliime
verleiten mitzöökle, übernèè
verlernen verleere, vertleere
verletzen gschände, letze, pschände, struppiere, verbicke, verletze
Verletzung Näggi
verleugnen ablaugne, verlaugne
verleumden verchätzere, verlüümde, verschnòre, verschreie, verschwätze, vertäfele, vertätsche
Verleumder Rätscher, Schwätzer
Verleumderin Hächle, Rätscheri, Schwätzeri
verliebt verchrachet, verschosse
verlieren vergòiggele, verliederle, verlüüre, verspile
verlieren (Milch) vergalte
verlieren beim Jass verjasse
verlieren beim Kartenspiel verchäärtle
Verlobte Mäitli
verlocken zöökle
verlockend aagmächelig, aamächelig, glüschtig
verlorengeben häischriibe
verlottern verlottere
vermachen überschriibe, vermache
vermachen, letztwillig vergaabe, vermache, verschriibe
vermehren vermeenere, vermeere
vermeiden vermiide
vermengen grüschle
Vermieter Huusmäischter
vermindern abnèè
vermischt underenand
vermissen mangle
Vermittler Aaschickmaa, Fridesrichter
Vermittler im Seidengewerbe Sidefèrgger
vermodern vermurbe, verplaage, verplegere
vermögen möge, vermöge
Vermögen Sòòmis
Vermögen, kleines Gèèrschtli
Vermögensaufzeichnung Pschriibig
vermoosen vermiese
vermummt umhergehen böögge
Vermummter Blätzböögg, Böögg, Fasnechtsböögg
vermutlich äigeli, allemnaa, allwääg, amänd, cha-sii, emänd, tänk, welewääg
vernachlässigen verlauere, verliederle
vernähen verstèète
vernähen, liederlich verschnùùrpfe
vernarren vernaare, vernäärle
vernaschen verschläcke
vernehmen vernèè
vernichten verhagle, vertrampe
vernichtet fauk
Vernunft Vernouft
vernünftig gschiid, vernöiftig
verordnen verschriibe
verpassen verlauere, verpasse, verspòòte, versuume
verpechen verpäche
verpfänden versetze
verpfeffern verpfäffere
verpflanzen piggiere
verpflegen verpflääge
Verpflegungskorb Znüünichoorb, Znüünichratte
Verpflegungstäschchen Znüünitäschli
Verpflichtung Bùùrdi
verpfuschen verchäibe, verchrotte, verpfludere, verpfudle
verpfuscht verfuerwèrchet
verprassen verbutze, verchlopfe, verläädere, verluedere, verlumpe, verpülvere, verschletze
verprügeln abhabere, abschlaa, abschmiere, abschwaarte, abschwinge, verblöie, verbrügle, verchlopfe, verchruute, verhaue, versacke, versalbe, verschlaa, verschränze,

versole, vertäfere, vertätsche, vertrösche
verpuffen pülverle
Verputz Verbutz
Verputz erneuern abebutze
verputzen verbutze
verramschen vergänggerle, vergrämple, vergrütze, verquante, vertschuute
verraten verpfiiffe, verraate, verrätsche, verrede
verraten, sich verschnäpfe, verschnòre
verrauchen verrüüche
verräuchern verrauke
verrechnen verrächne
verrechnen, sich verhaue
verregnen vergusle, verräägne, verschiffe
verreisen abtampfe, verräise
verrenken verchegle, verränke
verrichten verrichte
verrosten verroschte
verrücken verrucke, verrütsche
verrückt gschupft, gstobe, hops, stigelisinig, tuubetänzig, verruckt, verstrupft, zhinderfùùr
verrückt machen überhölzle, überrüere, überstele
verrückt werden übereschnappe
verrufen (Ew.) verrueffe, verschroue
verrussen verruesse
Vers Gsätzli, Vèèrs
versagen abschiffe, versääge
Versager Niete, Versääger
versalzen versalze
versammeln versammle
Versammlung Kapitel, Versammlig
versauern versuure
versäumen verschlòiffe, versuume
versäumen, sich vertèère
verschaffen verschaffe
verscharren verloche
verscheiden verschäide
verschenken verschänke
verscherzen verchegle, vergänggele, vergòiggele, verschütte, vertöörle
verscherzen durch Plaudern verbappele
verscheuchen jòike, schòike, stòike, verschòiche, verschrecke, verschüüche, verstòibe, verstòike
Verschiebebahnhof Rangschierpaanhoof
verschieben verschiebe, verschüübe, vertaage
verschieden underschidli
verschiessen verschüüsse
verschimmeln verblaage, vergraane, vergròònele, verplaage
verschlafen, sich vertschlaaffe
Verschlag Schraage, Verschlaag
Verschlag für Hühner Gatter
verschlagen (Ew.) gfitzt, verniffe
verschlagen (Ztw.) verschlaa
verschleimen verschliime
verschleppen verlegge, verschläike
verschleudern hudle, vergòiggele, verplämpämperle, verplämperle, verschlüüdere
verschleudern (Ware) vergänggerle, verquante
verschliessen verrigle, verspääne, verstriiche
verschlimmern, sich üble
verschlingen abetrucke
verschlingen mit Geräusch chnootsche
verschlossener Mensch Muuch
verschlucken verschlucke
verschlucken, sich überschlucke
Verschluss Riiber, Schlängge
Verschluss des Strohbandes (an Rebe) Wipfel
Verschlussladen Bale, Fäischterbalche
Verschlussriegel Chloos
verschmerzen verschmèèrze
verschmieren versalbe, verschlaarpe, verschlìirpe, verschludere, verschlùùrze, verschmiere, versöiele, versoue, versudle
verschmieren mit Kreide verchriide
Verschmieren Söielete
Verschmiertes Söielete
verschmitzt fuul
verschmutzen verschmiere, verschmusle, versöiele, versoue
verschneien verschneie
verschnörkelt ghaagget
verschnupft pfnüslig, verpfnüslet
Verschnupfter Pfnüsli
verschnüren verschnüere
verschrauben verschruube
verschreiben, sich verschriibe
Verschrobener Spini
Verschrobenheit Spinerei
verschrumpft gschnotteret
verschütten erschütte, flädere, schlüdere, uuslèère, vergöötsche, vergüdere, verlättere, verschütte
verschwägert verschwòògeret
verschweissen verschwäisse
verschwenden duretue, güüde, pschände, schletze, verbrumbeerele, verchlöpfe, vergänggele, vergüüde, verluedere, verlumpe, verplämperle, verpülvere, verschletze, versoue, vertue, vertume, veruhuuse
verschwenden (Geld) mit Pferden verrössle
Verschwender Güüder, Lödeler, Tebischang

Verschwenderin Bruucheri, Pfueleri
verschwenderisch brüüchig, vilbrüüchig
Verschwendung Schletzerei, Schletzete
verschwiegen verschwige
verschwinden verschwinde, Verschwindis mache, verstüübe
verschwitzen verschwitze
verschwollen verschwule
verschwommen verschwume
verschwommene Augen Pflüderòigli
verschwören, sich verflüeche, verrede
versehen, sich verluege
Versehen Versee
versengt am Rand prèèmt
versenken versänke
versessen versässe
versetzen versetze
verseucht versüücht
Versicherung Versicherig
Versicherungsvertreter Versicherigshängscht
versiegeln versigle
Verslein Sprüchli
Versmacher Vèèrslibrünzler
versorgen hìltue, versee, versoorge
verspäten, sich verspòòte
Verspätung Verspòòtig
verspeisen verspiise
verspekulieren verspekeliere
versperren überchlaaftere, verhage, verrigle, verspeere, verspriesse, verstele
versperren durch Sitzen verhocke, versitze
verspielen verspile
verspielen (Geld) beim Kartenspiel verchäärtle
verspielen (Geld) beim Kegeln verchegle
verspinnen verspine
verspotten uuszänsle, verspotte
versprechen verspräche
versprechen, sich verhädere, verschnòre, verschwätze
Versprechen Verspräche
verspreizen verspeere
verspritzen fledere, verspradle, versprütze
Verspritztes Flederete
verspritztes Wasser Gfleder
Versprochene Mäitli
verspunden verschlaa
verspüren aachoo
Verstand Sìì
verständig gschiid
Verstärkung am Schuh Chäppli
Verstärkung am Strumpf Chäppli, Spickel
verstaubt verstaubet
verstauchen überchegle, übertrampe, überträtte, verstuuche, verträtte
verstecken verschoppe
Verstecker (im Kartenspiel) Schopper
Versteckspiel Verbèèrgis, Versteckis
Versteckspielruf: guguus – dadaa, hüüp
versteckt häimli
verstehen naachoo, überchoo, verstaa
versteigen, sich verstiige
versteigern gante, vergante
Versteigerung Gant
verstellen vercheere
verstellen, sich theaatere, verstele
versteuern verabgaabe, verstüüre
verstimmt verschnupft
Verstimmung Rappel
verstockt verboret
verstockt sein duremuuse
verstockter Mensch Muusi
verstohlen verstole
verstopfen verhocke, verschoppe, verstecke
Verstopfung Muurer, Stäimüüri
verstorben verblibe
Verstoss Sünd
verstossen verschupfe
verstreichen verstriiche
verstreuen versèèe
Verstreutes Zütterete
verstümmeln struppiere
verstummen schwige
Versuch Prööblete, Versuech
versuchen probiere, schnòigge, versueche
versündigen versündige
vertagen vertaage
vertändeln verblòòterle, verbröösmele, vergänggele, verplämpämperle, vertöörle, verttrööle
vertändeln (Zeit) vertèère
vertauschen vertuusche
verteilen mit dem Rechen verräche
Verteiler Spradler
verteuern vertüüre
Vertiefung Buck, Nusch, Tüele, Vertüüffig
vertrauen troue, vertroue
Vertrauen Vertroue, Zuetroue
vertraut werden vertwaarme
vertreiben verschrecke, vertriibe
vertreten verträtte
vertreten (Fuss) übertrampe, überträtte, verträtte
Vertreterin der Hebamme Schwanzeri
vertrinken verlööte, verlötterle, versuggele, versuuffe, vertrinke
vertrocknen vertröchne
vertun verlööle, verschliisse, verschludere, vertuble
vertun (Zeit) umeblòòterle, vertrödele
vertuschen vermänggele, vermunggele
verübeln verüble

verunfallen verufaale
verunglimpfen vertuschiere
verunglücken verufaale
verunreinigen vertaape
verunreinigen durch Geifer vergòifere
verunreinigen durch Harn versäiche, verschiffe
verunreinigen durch Kot verschiisse
verunreinigt gnisselet, wüescht
verunreinigt durch Knötchen nisselig
Verunreinigung Souerei
Verunreinigung (durch Spucken) Choderete
verunstalten verhaagge, verschnäfle, verstele
verwachsener Mensch Grüpf, Schnùùrpflig
Verwachsungslinie Naat
verwahren verwaare
verwahrlosen lümpele
verwahrloster Mensch Ggloschaar, Schlufi
verwahrlostes Kind Hudeli, Hudi
Verwalter (in Gesellschaften) Stubemäischter
Verwaltung Amt
Verwandte Baas, Bääsi
Verwandter Vetter, Vettermaa
verwaschen verwäsche
verwechseln verwächsle
verwegen verwäge
verweichlichter Mensch Tèèggeli
verweilen verwiile
verweint verbriegget, verbrüelet, verschroue
Verweis Briise, Butzer, Chiib, Schlabutz, Schnaps, Verwiis
verweisen verwiise
verwelken abgaa, verlampe
verwenden bruuche
verwerfen verwèrffe
verwerten durch Backen verbache
verwesen fuule
verwesend fuul
verwickeln verchnüpfe, verhädere, verschlinge, vertrüle
verwickeln, sich verchrangle
verwinden verschmèèrze
verwirken verschütte
verwirren verboorze, verchnüpfe, verhaagge, verhädere, vertrüdele
verwirrt aagschlaage, hinderfùùr, hops, kumfuus, stigelisinig, sturm, vertatteret, zhinderfùùr
verwirrter Mensch Zhinderfùùr
verwischen verwüsche
verwöhnen vergèèggele, vergwäne, vertwäne, verwöne
verwöhntes Kind Muetertitti
verwöhntes Mädchen Schläärpli
verwundern, sich verwundere
verwundert verstuunt
verwünschen verflüeche, verwöische
verwünscht straalig, verfluecht
verwünschter Kerl Sappermänt
verwüsten wüeschte
Verzagtheit Tatteri
verzählen, sich verzele
verzapfen vertüble, verzapfe
verzärteln biibääbele, verbääbele, vergèèggele, vertèèggele
verzärtelt tèèggelig
verzärtelte Person Tèèggel
verzäunen verhage
Verzäunung Legi
verzehren, sich verzwatzle
verzeichnen pschriibe
Verzeichnis Rodel
verzeihen vergèè, verzie
Verzeihung! äxgüsi, entschuldigiiged-Si, pardong
verzetteln verzüttere
Verzettelung Verzütterete
verziehen vertwäne
verziehen, sich verzie
Verzierung der Trachtenhaube Schäppel
verzinsen verzeise
verzogen schiech, wintsch
verzweifeln verzwiifle
verzwickte Geschichte Chogerei
Vesper Väschper
Vesperbrot Zaabig, Zväschper, Zvieri
Vesperläuten Väschperlüüte
vespern väschpere
vespern, gemütlich väschperle
Vetter Gusèng, Vetter
Vetternwirtschaft Vetterliwirtschaft
Vieh Vee
Vieh besorgen hìrte
Viehbestand Veeli
Viehhabe Veeli
Viehisches Viicherei
Viehschau Veegschau
Viehschelle Schäle
Viehstand Veestand
viel äin (äis), rächt, vil
vielbrauchend vilbrüüchig
Vielesser Fräss-chäib, Fräss-sack, Fräss-tiger, Laubi
vielleicht ächt, amänd, emänd, öppe, vilicht
vielmehr halt
vier vier
Vier Vieri
Viereck Gviert, Vieregg
Viereinhalb Vierbisföifi, Vierehalber
Vierer Vierer
vierschrötiger Mensch Ploch, Puurechlobe
viert viert
vierteilen viertle
Viertel Viertel
Viertelliter Vierteli
Viertelpfund Vierlig
Viertelstück Lìd

Viertelstunden schlagen viertle
Vieruhrbrot Zvieri
vierzehn vierzä
vierzig vierzg
Vierziger Vierzger
Vikar Vik
vikarisieren spette
violett vielett
Visier Absää
Visum Chribel
Vita-Leistungsbahn Wiita-Pargguur
Vitamin Witamiin
Vize- Vizi-
Vizepate Vizigötti
Vizepatin Vizigotte
Vocabulaire Woggi
Vogel Vogel
Vogelbauer Chefi
Vögelein Vögeli
Vogelfutter Gsòòm
Vogelklapper Vogelrätsche
Vogelmiere Hänitaarm
Vogelscheuche Böögg, Butzi, Hauffböögg, Hauffflööli, Mägiböögg, Vogelschüüchi
Vogelschnarre Vogelrätsche
Vogt Vogt
Volk Volch
Völkerball Völk
Volksauflauf Putsch
voll voll; plattig vole, poorzet vole, pschnotte vole, puntevoll, pùùrzet vole
Vollbart Chnaschterbaart
Völle Völlni
vollhandmelken füüschtlige mäle, hämpflige mäle
völlig ebe, gaar
volljährig mäjerèèn
Vollmond Dùùrschii, Wädel
Vollmond werden vollne
vollpfropfen verchlaaftere
Vollsein Völlni
vollständig butz und bänz
Volltreffer Baabeli, Zääni, Zwäckschuss
von vo
von selbst vomesälber
voneinander vonenand
vor für, vor
vor drei Tagen vorvorgeschter
voran vooraa
vorankommen, gut zie
voraus veruus, voor, vooruus, voraa
Voraussage Profizeiig
voraussagen profizeie
vorbei draadure, nääbetdure, verbii, verdure, verzue
vorbeigehen durelauffe, passiere
vorbeimarschieren tifiliere
vorbeirasen dureschnüüze
vorbeisausen durepfure, dureschnüüze, verbiischnure, verbiischnüüze
vorbereiten aatäigge, uusbruete, zwäägmache
vorbringen voorlegge
Vordach Fürtach
Vordergestell des Pfluges Gschaler
vorderletzt vorder
Vordermann Voormaa
Vorderräder des Pfluges Gschalerredli
vorderst zvorderscht
vordreschen pflegle
voreiliger Mensch Pfützer
Vorfenster Vorfäischter
Vorferientag Bündelitaag
vorgekaute Speise Chöiete
Vorgespann Voorgspaa
vorgestern vorgeschter
vorgestern nacht vornächt
vorhalten fùùrhebe, voorhaa
Vorhand Voorhand
Vorhang Umhang, Voorhang
Vorhängeschloss Maaleschloss, Maletschlössli
vorher vorane
vorherig vorhinig
vorhin vori
vorkauen munte
vorkommen fùùrchoo
Vorkommnis Sach
vorkosten munte
Vorlage Model, Muschter, Muschterblätz, Voorlaag
Vorlauf (beim Schnapsbrennen) Lüüteri
vorläufig efang
vorläuten chlänke
vorlautes Mädchen Schnäpf
Vorleger Voorlaag
Vorleger vor Bett Bettvoorlaag
vorlesen abelääse
vorletztes Jahr vorfèèrn
vorlieb fürlieb
vormals amig
vormelken hantle
Vormittagsmahlzeit Zmormi
Vormund Vogt
vorn divorne, voor, voraa, vorne, vornenusse
vorn, nach ~ durfüre
vorn, nach ~ gehen fürelauffe
vorn, nach ~ lehnen furelèène
vorn unten voorune
Vorname Voorname
vorndran voordraa
vorne daadivorne
vornehm fürnäm, ghèrrsch, honett, noobel, nooblacht
vornehm gekleidet hoffärtig
vornehme Familie Hèrrschaft
Vornehmheit Fürnämi, Ghèrrschni
vornherum voorume
vornhinauf voorue, vornenue
vornhinaus vooruse, vornenuse
vornhinein vornenie
vornhinunter voorabe, vorabe, vornenabe
vornvorbei voordure, vornedure
vornüber voorie, voorübere
vorpflücken übergüne
Vorpflug Vordergstell
Vorrat Satz
Vorratshaus Spiir

Vorratskammer Gade, Undergade
Vorrunde beim Schwingen Aaschwinget
Vorschlag Voorschlaag
vorschwindeln voorschwable
Vorsicht! huet
vorsichtig hoorsam
Vorsitzender Obme, Presidänt
Vorspeise Ordööwer
Vorspiegelung Spargimänt
versprechen vor Obrigkeit voortraabe
vortäuschen verspotte
Vorteil Figgi und Müli, Voortel
vorteilhafter Handel Schick
vortrefflich voorträffli
Vorwand Spargimänt, Stämpenei
vorwärts! alé marsch, alewanti, anewanti, hü, hüpp
vorwärtsziehen unter Wasser lättlizie
vorweg vooraab, voorewääg, voorzue
vorweisen (Sequenz) wiise
Vorzeichen Voorzäie
vorzeichnen aariisse, voorschnüere
vorzeitig voorziitig, vorgänds
vorzüglich voorzügli
Vorzüglichster Pree, Preesi

W

Waage Waag
waagrecht ebe
Waagscheit Ilschiit, Oortschiit
Wabe Waab
wach wachber
Wache Wach
Wache stehen Schmier staa
wachen wächtere
Wacholder Räckholdere
Wacholderart Sefi
Wacholderlatwerge Räckholderelatwèri
Wacholderschnaps Räckholderebränz
Wacholderstrauch Räckholderepösche, Räckholderestuud
wachsen fladere, wachse
wächsern wächsi
wachstumförderlich gwächsig, wachsig
Wachtdienst versehen wächtere
Wächte (Schnee) Wèèchte
Wachtel Wachtle
Wachtmeister Wachmäischter, Wäichmaschter
Wachtmeisterabzeichen Wachmäischterschnüer
wackelig gangglig, lotterig
wackelig gehen grigge, hösele
wackelige Sache Gwagglete
wackeln gampe, gnappe, gwaggle, lödele, lötterle
Wackelnder Gaagi, Gwaggli
Wackelstuhl Gaagelistuel
Wackelzustand Lotterete
wacker braav
Wade Wade
Wadenmuskelschmerz Wadespaner
Wadenzittern Wadeschnapper
Waffel Waffle
Waffel, bestimmte Offlete
Waffel, zerbrochene Bruchwaffle
wagen risgiere, troue, understaa, waage, wòòge
Wagen Chischte, Waage
Wagen, alter Chlepper, Rumpelchischte
Wagen, mit ~ fahren wäägele
wägen wääge
Wagenabteil Gupé
Wagenbremse Spani
Wagenbrücke Brugg
Wagenschmiere Chaaresalb, Waagesalbi, Waageschmieri
Wagenschuppen Remiise
Wagenspuren Chaareglòis
Wagenwaage Waag
Wagnerberuf ausüben wagnere
Wahl Waal w., Weli
wählen wele
wählerisch chogääss, gnòisig, gschandt, gschläckig, gschnäderfrèèssig, mäischterloos, sältse, schnäderfrèèssig, schnòiggig
wählerisch, nicht ~ hìirtig
wählerische Ziege Nòiseri
wählerischer Mensch Schnäderfrèèss, Schnòiggi
wahnsinnig usinig
wahr waar
wahr werden erwaare
währen gaa
während bi, ob, über, under, wääret, wääretdèm, wääretdesse, wèret
währenddessen wèretdess
wahrhaftig (bim) Äicher, trüüli
Wahrheit Waret
Wahrheit, halbe Wòretli
wahrlich bimäid, biwaar, phersee, waarli, wèèger, wèèrli, willsgott
wahrnehmen achte, gwaare, waare
Wahrnehmung Acht
wahrsagen waarsääge
Wahrsagerin Waarsäägeri
wahrscheinlich äigeli, welewääg
Waise Wäis
Waisenbehörde Wäiseraat
Wald Holz, Wald
Wald, junger Fasel
Waldameise Wollhäischt
Waldkauz Chuuz, Gwiiggli
Waldrebe Niele
Waldrebengesträuch Nieleputsch
Waldsäge Holzsaage
walken walche
Walkerei Walchi

Walkmühle Walchi
Wallach Möich
wallen schwale
wallen (Blut) jaschte
wallend gschnotterig
Wallholz Tröölholz, Waalholz
Wallung Schwall
Walze Trööle, Walz
wälzen pfuele, rugele, troole, trööle, welze
wälzen, sich waale, umetroole
Wälzen im Bett Näschtete
walzenförmig grugelet
Walzenförmiges Rugele
Wamme Lämpe
Wams, gestricktes Lismer, Lismerschoope
Wams, bekleidet mit ~ gschoopet
Wand berühren (beim Kegeln) wande
Wanderer Schueni
wandern schuene, staabe, walze, wandere
Wanderschaft Walz
Wanderung Waggel
Wandlaus Wäntele
Wandleiste Spang
Wanduhr Pandüüle, Ziit s.
Wange Bagge
Wangengrübchen Grüebli
wankelmütig willwänkisch
wanken gwaggle, schwampele, schwarble, schwiempele
wann wänn
Wanze Wäntele
Wappen Waape
Ware Waar
Warenbezugsheft Kunsuumbüechli
warm waarm
warm werden erwaarme, vertwaarme
Wärme Wèèrmi
wärmen wèèrme
wärmer werden waarme
Wärmflasche Bettfläsche, Chrüegli
Wärmerohr im Ofen Oferoor, Oferöörli
warnen pschelke, waarne
warten bäite, erpasse, passe, pässle
warten (etwas) psoorge
warum wägerum, wurum
Warze Wèèrz
was hè, waas
was für welch wafürig
Waschanstalt Flotschi
Waschbecken Wäschbecki
Waschblau Blòòni
Waschbottich Seechtstande
Wäsche Wösch
Wäsche, nach alter ~ riechen brüederle
Wäschehängevorrichtung Wöschhänki
Wascheinrichtung Handgiessi
Wäscheklammer Chlüpperli, Chlüppli, Wöscherchlüppli
Wäscheklammern verfertigen chlüppere
Wäschekorb Wöschzäine
waschen wäsche
waschen (Wäsche) seechte, wösche
Wäscherei Wöscherei
Wäscherin Wöscheri
Wäscheschleuder Schwingi, Uuswindmaschine
Waschfrau Wöscheri
Waschkessel Seechtchessi, Seechthaafe, Wöschchessel, Wöschchessi
Waschküche Wöschchuchi
Waschlappen Luudere, Wäschblätz, Wäschlumpe, Wäschluudere
Waschlappen, wie ~ riechen lüüderle
Waschschüssel Brüneli
Waschtrog Wöschtraag
Waschzuber Wöschgelte
Waschzuber, grosser Wöschstande
Wasser Wasser
Wasserbehälter Schiff s.
Wasserbottich Wasserstande
wasserdicht phaab
Wasserfall Giesse, Lauffe
Wassergeist Haaggemaa
Wässergrube Roos
Wasserhose Wasserträägete
wässerig gwässerig
Wasserlache Flooz
Wasserlassen siehe Harnlassen
Wasserleitung Tolliise, Tüüchel
Wassermolch Brunechalb, Müügger
wässern verschwele
Wasserrinne Graabe
Wasserröhre Wasserchängel
Wasserschöpfer Goo
Wasserwaage Waag
waten flotsche
Watte Watte
Wattebausch Wattebòisel
wattierte Unterlage Watteblätz
wattierter Unterrock Watterock
weben wääbe
Weber Wääber
Weberei Wäbi
Weberklammer Wääberchlüppli
Weberkleister Schlichti
Weberknecht (Spinne) Zimbermaa
Webkeller Wääbgade
Webstuhl Wääbstuel
Wechsel Wächsel
Wechselgeld Münz, Usegält
Wechselgeld geben usegèè
Wechseljahre Abänderig
wechseln schangschiere, wächsle
Wechselwäsche Wächslete
wecken wecke
Wecken Äierwegge, Lüürewegge, Wegge
Wecker Wecker
Weckordonanz Weckrunzle
Wedel Sprützer, Wädel

wedeln schwänzle, wädele, wädle
weg ab, ewääg, wääg
weg! chutz, gscht
Weg Wääg
Weg bahnen paane, pfaade, straassne
Wegbiegung Cheer
wegen vor, wäge
wegfahren devoorassle, furtrassle
wegfallen abgheie
wegfliegen absprütze
wegführen verfüere
Weggabelung Abzwiigig
weggehen abfaare, abgnappe, abhaue, abschliiche, abtampfe, devoostifle, ewägg-gaa, furtlauffe, verlauffe, verräise
weghacken (Unkraut) struuche
wegjagen furtfòike, usefòike
wegklauben abchlüübe
Wegkrümmung Chrumb
weglaufen (de) Blind nèè, druuslauffe, ewäggspringe, (de) Finkestrìch nèè, furtlauffe
weglöffeln (Brei) schwarbe
wegmeisseln abspitze
wegnehmen uusspane
wegoperieren useschnäfle
wegreisen verräise
wegreissen abschränze, wäggschränze
wegrennen devoozäpfe, pfitze
wegsausen devooschnure
wegschaffen furttue
wegschieben chrucke
wegschleichen (de) Blind nèè, devootiiche
wegschleudern ewäggspicke
Wegschnecke Wäägschnägg
wegschnellen abspicke
wegschütten abschütte
wegspritzen absprütze
wegwählen spränge
Wegwarte Wäägluegere
wegweisen schasse
Wegweiser Wäägwiiser
wegwerfen furtgheie, furtschüüsse, wäggheie
wegwischen uusmache
wegzerren furtzeere
weh wee
weh! hèrkulaanum
Weh Läid
wehen blaase
wehklagen chlaage, weebere
wehleidig weeliidig
wehleidiger Knabe Bubeli
wehleidiger Mensch Gèèggi, Weeberi
Wehr Bachschweli, Schipf, Schweli, Weer
wehren weere
wehren, sich spèrze
wehrhaft handfescht
Wehwehchen Bebee, Boboo
Weib Wiib; vgl. Frau
Weibchen bei Tieren Wiibli
Weibel Wòibel
Weiber Wiibervolch
Weiberheld Wiiberfüseler, Wiiberschmöcker
Weibersache Wiibersach
weibisch wiibisch
weiblich wiipli
weibliches Wesen Pheek
weich bläderig, bluderig, blutt, lind, murb, wäich
weich (Schnee) pflüderig
weich machen lòie, wäike
weich sein pflüdere
weich werden aalinde, blutte, linde, murbe, verblüdere, vermuese, wäiche
weiche Knie Wegglichnüü
Weiche (bei Geleisen) Wäich
weichen wiiche
Weichheit Blütti, Lindi
weichlich lugg
Weichling Biibääbeli, Bräzelibueb, Milchbüebli, Tèèggel, Tèèggeli, Wäschlumpe, Wegglibueb
weichschalig lindschäälig
Weichsel Wiechsle
Weide (Pflanze) Pfiiffeholz, Wide
Weide (Wiese) Wäid
weiden etze, wäide
Weidenart Pfiifferuet
Weidenbaum Bändliwäidstock
Weidenkätzchen Widechätzli
Weidenkorb Bändlichoorb, Bändlizäine
Weidenrute Bändli, Wideruet
Weidenstock Widestumpe
Weidenzweig Widli
Weidling Wäidlig
Weih Wei
weihen weie
Weiher Weier
Weihnacht Wienecht
weihnachten wienachte, wienächtele
weihnachtlich wienächtelig
Weihnachtsgeschenk Chrischchindli
Weihnachtsgespenst Chrungele
weil wil
Weilchen Rüngli, Ziitli
Weile Cheer, Wiil
Wein Wii
Wein, saurer Purligiiger
Weinbauer Räbpuur, Wiipuur
Weinbeere Wiibeeri
Weinberg Räbbèèrg, Wingert
Weinbergarbeit Räbwèrch
Weinbergarbeiter Räblüüt, Räbmaa, Räbme
Weinbergparzelle Räbstuck
Weinbergschnecke Hüüslischnägg
Weinbestandsverzeichnis Chälerbuech
Weinbottich Wiistande
Weinbütte Wiibückti, Wiitanse
weinen briegge, brüele, fläne, lätsche, mèègge, pfläne, plèère, schreie, tröisse, zäne
weinen (Rebe) griine
weinen, still griine

weinen, verhalten pfnuchse
Weinen Gflänn
weinendes Kind Lätschi
weinerlich sprechen mause
weinerlicher Mensch Brieggi, Brüeli
weinerliches Kind Brüelaff, Brüelbaabi, Brüelchappe, Brüellätsch, Brüeltätsch, Zäni m.
Weinflasche Wiiguttere
Weingarten Wingert
weingebend wiinig
Weingeist Spiritus
Weinhefe Truese, Wiihäpfe
Weinhefebrand Truesebränz, Trueseschnaps
Weinkufe Wiistande
Weinlese Wümet
Weinlesefest Chrèèhaane
Weinpanscher Güderi
Weinstein Wiistäi
Weintanse Wiibückti, Wiitanse
Weise Wiis
weisen, sich wiise
weismachen aagèè
weiss wiiss
Weissblech Stùùrz m.
Weissbrot, kleines Wegge
weisse Rübe Rèèb
weisse Zunge biläiti Zunge
Weisselbrühe Wiissgi
weissen wiissge
Weissen Wiissgete
Weissfluss wiiss Fluss
Weisskohl Chabis, Wiiss-chabis
weisslich wiisslachtig
Weissmehlbrei Wiissmues
Weisung Wiisig
weit wiit
weit herum wiitume
weitaus wiituus
Weite Wiiti
weiter wiiter
weiterarbeiten zueschaffe
weitergehen zuetrampe
weitermarschieren zuetrampe
weiterreden zueschnore
weiterschwimmen zueschwüme
Weizen Wäisse
Weizenmehl Simel
Weizenstroh Wäisseschaub
welch (Fragewort) wele
welch (Relativpartikel) woo
welk glampig, lampig
welk machen verbèèe
welken lampe, sèèrble, verplampe
Wellbaum Wälebaum
Wellblech Wällblääch
Welle Wäle
Welle am Reck Riseschwung
Wellen schlagen wäle
Wellengekräusel Struum
Wellenscheit am Wagen Wälebängel, Wälechnebel
Wellfleisch Gsottes
Wellkarton Wällkartong
welsch wältsch
Welscher Wältsche
Welschland Wältsch
Welt Wält
weltfremd wältfrönd
weltlich wältli
wen wèèr
Wendehaken Cheerhaagge
Wendeltreppe Schnäggestääge
wenden cheere, ränke
Wendeschemel Pfulme
Wendestift am Pflug Cheernaagel
Wendung Rank
wenig, ein ~ birebitzeli, Bröösmeli, echli
wenig gesalzen ööd
weniger minder
wenigstens ämel, ämig
wenn wänn
wer wèèr
Werbefachmann Wèèrbehängscht
werben wèèrbe, wòible
werden wèèrde
werfen gheie, rüere, schmäisse, schmòize
werfen (flache Steine) schiferle
werfen, in die Höhe hoosche, hööschele
Werg Chuuder, Wèèrch
Werk Wèrch
werkeln chrättele
Werkmeister Wèrchmäischter
Werkstatt Buude, Budik, Wèrchstatt
Werktag Wèèrchtig
Werktagskleid Wèèrchtiggruscht, Wèèrchtiggwand
Werktagsschürze Wèèrchtigschooss
Werkzeug Chnächt, Gschìir, Ruschtig, Wèrchzüüg
Wermut Wùùrmet
wert wärt, wèèrd
Wert Wärt
wertlos nüütig
wertlose Arbeit Gänggeliaarbet, Gänggeliwèrch
wertloses Gerät Gänggelizüüg
wertloses Zeug Gänggelizüüg, Gspòiz, Lumpezüüg, Säichwaar
wertschätzen eschtimiere
wertvoll choschper
werweissen Raatmerii-Raatmeraa mache, wèèrwäise
Wesen Ghei, Wääse
Wespe Wäschpi
Wespenstich Wäschpistìich
Weste Schilé
Westschweiz Wältsch
Westwind Twäärwind
Wette Gwett, Wett
Wetter Wätter s.
Wetter, schönes Wätterli
Wetterbericht Wätterpricht
wetterfühlige Narbe Wättervogel
Wetterglas Glaas
wetterleuchten wätterläiche
Wetterleuchten Wätterläich
Wettkampf Matsch

Wettklettern Chläderete
Wettrennen Räne, Wettränis
Wettspringen (Pferde) Springkonkeränz
wetzen wetze
Wetzstein Wetzstäi
Wetzsteinfutteral Fueterfass, Wetzfueter
Wichse Wichsi
wichtig tun puupe
wichtige Person Obenimdoorff
Wichtigtuer Oberschnòri, Prelaaggi
wickeln rugele, wickle
Wickeltuch Umtuech
Widder Schaaffbock
wider wider
widerborstig pugglig
widerborstiger Mensch Chratzbùùrschte
widerhallen hale
widerlegen widerlegge
widerlich gruusig
widerlich riechend gmäggelig
Widerrede Widerrèèd
widerreden umebröie, wideräävere
widerrufen verrüeffe
widersetzlich uuflüpfisch
widerspenstig spänig, speerig, stettig
widerspenstig tun rebäliere
Widerspenstiger Revelutzer
widerspenstiges Mädchen Chräblichatz
widersprechen umegèè, umemuule, widerrede
Widerspruchsgeist Bauzi
widerstandsfähiger Mensch Zèèche
widerstehen widerstaa
widerstreitend spänig
widerwärtiger Mensch Usööd
Widerwille Aberwile
widerwillig ugèèrn
widrig widerig
wie soo, wie
wie bitte? hè
wie ungeschickt! oha lätz, ohä
wieder aber, wider
Wiedergekäutes Mòii
wiederholen rebidiere
wiederholt alipott
Wiederholungskurs, militärischer Widerholiger
Wiederhören, auf ~ (uf) Widerlose
wiederkäuen mòie, widerchöie
Wiederkäuen Mòii
Wiedersehen, auf ~ aden-ade, adie, tschau, tschüss, (uf) Widergüx, (uf) Widerluege, (uf) Widersee
wiegen gaagele, gampfe, giigampfe, wääge
wiegend gehen schwanze
wiehern rüchle, wichle, wiere, würchle
Wiesbaum Bindbaum
Wiese Matt, Wììs, Wiswachs
Wiesel Wismeli
Wiesenblumenstrauss Wisebääse
Wiesenböschung Wììsräi
Wiesenklee Chlee
Wiesenschaumkraut Bettsäicherli, Chlöpfgelte, Schiissgelte
Wiesland Graasblätz, Wase, Wiseblätz
wieso wisoo
wieviel wievil
wild wild
Wild, nach ~ riechen, schmecken wildele
Wildbirne Holzbììr
wilde Gesellschaft Rasselbandi
wilde Jagd wüetig Heer
wilder Kerl Sidian
Wildfang Bueberoli, Holderibock, Holihoo, Hoppass, Hoppedihoo, Hurlibueb, Mäitliroli, Roli, Ruedi, Rüüter, Schutzgatter
Wildfrevel Frävel
Wildgans Schneegäiss
Wildheit Wildi
Wildschosse an Rebe Gwild
Wille Wile
willkommen chumbli, wèèrd
willkommen! gottwilche, willkumm
wimmeln chräsme, chrosle, wimsle
wimmern weebere
Wimper Wimpere
Wind Luft, Wind
Wind, milder Windli
Wind von sich geben fòike, fööne, fùùrze, gaase
Winde (Gerät) Wäle
Windel Bruech, Windle
winden lufte, winde
winden, sich chrangle, ränggele, ringgle
Windeseile, mit ~ (im) Garacho
windgeschützt gschützt
Windhund Windspììl
windig luftig
Windlassen Fùùrzerei, Fùùrzete
Windlicht Rundäle
Windmühle Windmüli
Windpocken Blaatere
Windrad Haschpel
Windrädchen Windhaschpel
windschief wintsch
Wink Mèrkmaarx
Winkel, halber rechter Geere
Winkel, rechter Friinig
Winkelagent Gschäftlimacher
winkelrecht püntig
winken winke
winseln weebere
Winter Winter
Winter werden wintere
Winter werden, vorübergehend winterle
Winterkleid Wintergwand
Winterkleider Wintersache
winterlich gwinterig
Winterreifen des Autos Winterfinke

Winzer Wümer
Winzerin Wümeri
Winzermesser Wümergèrtel
Winzerschmaus Chrèèhaane
winzig munzig, nifelig
Wipfel Gilzge, Gitzge, Grotze, Tolder
Wippe Gämpfi, Gampfi, Giigampfi
wippen giigampfe, Hoppis mache
wir mir
wirbelige Person Zwirbel
Wirbelsäule Ruggegraat
wirken würke
wirklich eerli, trüüli, wèèger, willsgott, würkli
Wirkung Würkig
wirr schwirblig
wirr (Haar) grublet, rublig, strublig
wirr reden parle
wirres Haar Schudel, Strubel, Strubelhaar
Wirrkopf Schwirbelchopf, Spiner, Spini, Spinnchäib, Spinnsiech, Zhinderfüürhuen
Wirrwarr Chnuus, Chogete, Gragel, Strubel
Wirrwarr (Fäden) Chranglete
Wirsing Wìrz
Wirsing als Suppeneinlage Wìrzstümpli
Wirt Bäizer, Wìrt
Wirt, als ~ tätig sein wìrte
wirten bäize, wìrte
Wirtin Wìrteni, Wìrti
Wirtshaus Bäiz, Chnele, Pint, Reschterant, Spunte, Wìrtschaft, Wìrtshuus
Wirtshaus, im ~ sitzen wìrtshüüsle
Wirtshaus, nach ~ riechen wìrtshüüsle
Wirtshausbesuch Pintecheer, Sumpftuur
Wirtshausgäste Gaschtig
Wirtshaushocken Ghock
Wirtshaushocker Umehocki, Wìrtshüüsler
Wirtshausschild Tafèère
Wisch Ribel, Wüsch
wischen wüsche
wispern wischpere
wissen wüsse
Wissen Wüsse
wissenschaftlich wüsseschaftli
wittern lufte
Witwe Witfrau
Witwer Witlig
Witz Spruch, Witz
Witzbold Affechalb, Witzbrüeder
witzige Person Chögli
wo woo
wo hinaus wo use
wo hindurch wo dure
wo ungefähr wo zuegäge
Woche Wuche
Wochenbett Chindbett
Wochenpflegerin Vorgängeri
Wöchnerin Chindbetteri
woher wo hèèr
wohin wo ane, wo hère
wohl ächt, au, bimäid, goppel, gottewool, heerewool, öppe, tänk, wool
wohl also eben-ebe
wohl sein lassen prosoole
wohl werden woole, wöölele
wohlauf nuefer, purlimunter, vögeliwool
Wohlbeleibter Brosli
Wohlbeleibtheit Fäissi
Wohlfahrtshaus Choschthuus
wohlfeil wolfel
Wohlfeilheit Biligi, Wölfli
Wohlgefallen Gouscht
wohlgenährtes Kind Mucheli
wohlhabend habli, phäbig, vermögli
wohlriechend gschmöckig
Wohlsein Wolsii
wohnen huuse, loschiere, wone
Wohngemeinschaft Weegee
wohnlich häimelig
Wohnraum, enger Chrüpf
Wohnung Wonig
Wohnung, kleine nette Wönigli
Wohnung wechseln zügle
Wohnungswechsel Zügel, Züglete
Wohnzimmer Stube, Wonstube
Wölbung Buck, Uusbuck
Wolf Wolf
Wolke Wulch
Wolkenstreifen Wulcheschlìrp
wolkig wulchig
Wolldecke Wuletecki
Wolle Wule
wollen (Ew.) wulig
wollen (Ztw.) wele
Wollgras Büseligraas
wollig buslig
Wollknäuel mit Überraschungen Wunderchnöiel
Wollkraut Königs-cheerz
worfeln wane
Wort Woort
Wort, böses Uwöörtli
Wörterbuch Dixionèèr
Wörterheftchen Woggi
Wörterklausur Wöörtli-Ex
wortkarg gmuusig
wörtlich wöörtli
Wortschwall Blaascht
Wortwechsel Rupfete
Wucher Wuecher
Wucherblume Gäissebluem
wuchern fladere, wuechere
wühlen chrüschle, ernöise, nodere, nosche, nüele, nüschele, umenüsche
wühlend suchen nüschtere
Wühler Noderi
Wuhr Wuer
Wulst Bolschter, Puusch
Wülstchen (am Handgelenk) Ankebale
wulstig bolig, bolschterig, pauschig
wund seer

Wunde Chluub, Schrame, Schräne, Schùùrpf, Schwèèr
Wunde, kleine Bebee, Boboo
Wunder Wunder
wunderlich sältse
wundern wundere
wundern, sich stuune, verstuune
wundervoll risig
wundgerieben fratt
Wundmal Chüle
Wunsch Wousch
wünschen wöische
Wunschliste Rodel
Wurf im Kegelspiel Schuss
Wurf (Leerwurf) Schlüpferli
Wurfkugel Bumm
würgen woorge, wùùrge
Wurm Wùùrm
Wurmbefall Wùùrmstììch
wurmig werden verwùùrme
Wurmmittel Wùùrmsaame
Wurmstich Wùùrmstììch
wurmstichig mauchig, wùùrmèèssig
Wurst Wùùrscht
Wurst, bestimmte: Schützewùùrscht, Sèrbilaa, Stumpe
Wurst, russige Chämitüüfel
Würste, zu W-n verarbeiten verwùùrschte
Wurstelei Wùùrschtete
wursten wùùrschte
Wursthaut Wùùrschthuut
Wursthölzchen Wùùrschthölzli
Wurstmahl Wùùrschtmaal
Wurstmasse Prèèt
Wursträdchen Wùùrschtredli, Wùùrschtrugel
Wurstwecken Wùùrschtwegge
Wurstzipfel Wùùrschtzipfel
Wurzel Wùùrz
Wurzelfasern Graane
Wurzelgeschlinge Chrääb
Wurzelstock Muetere
Wurzelstock mit Grenzzeichen Haagmueter
Wüste Wüeschti
wüster Kerl Peschti
Wüstling Umehueri
Wut Tòibi, Wuet, Wüetigi
wüten raase, saatane, tobe, tobiasse, tòibele
wütend taub, wild, wüetig
wütend, sehr fuchstaub, fuchswild, furibund, hììrnwüetig, stèèrnsverruckt
wütend werden stiige
Wütender Tòibeli

X

Xylophon Hämerliklavier

Z

Zacke Zacke
zackig zackig
zäh chäch, hölzig, verzèègget, zèèch
zäh zu melken zèèchmälchig
zäher Mensch Rossnatuur
Zähigkeit Zèèchi
Zahl Zaal
zahlen blääche, pagaare, riibe, zaale
zahlen, ohne zu ~ uzalt
zählen zele
zählend zelig
Zahlkarte Iizaaligsschii, Poschtschegg
Zählrahmen Zellraam
Zahlstelle einer Bank Iinämerei
Zahltag Zaltaag
Zahlung Zaalig
Zahlungsbefehl Pott
zahlungsunfähig werden uustubake
zahm zaam, zòòmeli
zähmen zòòme
Zahmheit Zòòmi
Zahn Zaa
Zahn (am Rad) Chambe
Zahnarzt Zaani
Zähne bekommen schiebe
zahnen (Kinder) zaane
Zahnfleisch Bilgere
Zahnlücke Zaalucke
zahnlückige Person Zaaluckebaabi
Zahnprothese Bììs
Zahnstummel Zaastumpe
Zahnwechsel beendigen verschüübe
Zange Chluppe
Zange für Noppen Noppzängli
Zank Chritz, Händel, Strubel
zanken chädere, chèèrbe, chèère, chiibe, chriege, fäcke, händle, haseliere, strigle, zangge
Zänker Chäderli, Chäfeler, Chèèrbi, Chifelzaa, Chifli, Zanggi
Zänkerei Chèèrbete, Zanggerei
Zänkerin Hächle, Häxebääse, Rääf, Riibiise, Rippi, Zanggeri
zänkisch cholderig
Zäpfchen Zäpfli
Zapfen Strümpfel, Zapfe
zappelig fischperig, gablig, gischpelig, strablig, zablig
zappelig tun fischpere
zappeliger Mensch Fischperi, Wischpel, Zabli
zappeln räble, strable, strample, zäbele, zable
Zappelphilipp Gischpel, Suppetrüli
zart blutt, fiin, gjümpferlig, räin
zartfühlende Person Fiineli
Zauberei Häfeliwèrch
zaubern zaubere
Zauderer Blòòterler
zaudern sürmle, tèère, tildere

Zaum Halftere
Zaun Haag, Schranke, Zuu
zäunen züüne
Zaunlatte Scheie, Töggeli
Zaunstab Töggeli
Zaunstange Spang
Zaunstecken Haagstäcke
Zeche Ürte
Zechfolge Sumpftuur
Zecke Holzbock
Zehe Zèèe
Zehen, auf den Z-n stehen zèèele
zehn zää
Zehn Zääni
Zehn (Spielkarte) Paner, Passer
Zehner Zääner
Zehnfrankennote Dietschi, Zäänernöötli
Zehnrappenstück Batze, Zääner
Zehntel Zäätel
Zeichen Maal, Tüüt, Zäie
Zeichenmappe Zäichnigs-theek
zeichnen zäichne
Zeichnung Riss, Zäichnig
Zeigefinger, gekrümmter Chnödlifinger
zeigen zäige
Zeiger Zäiger
Zeigerkelle Zäigerchele
Zeigermütze Zäigerchappe
Zeigerstand (Schiessplatz) Zäigerstand
Zeile Ziile
Zeit Ziit w.
Zeit (im Militärdienst) Kumpeniiziit
Zeit lassen, sich tèèrle
zeitig ziitli
zeitig zu etwas prèètig
zeitlich ziitli
Zeitpunkt Maal
Zeitschrift Heftli
Zeitung Ziitig
Zeitungsausträger Ziitigmaa, Ziitigverträäger
Zeitungsausträgerin Ziitigfrau, Ziitigverträägeri
Zeitungsschreiber Ziitigschriiber, Ziitigschriiberli
Zeitungsverträger Ziitigmaa
Zeitungsverträgerin Ziitigfrau
Zeitvertreib Chùùrz, Paseldang
zeitweilig arbeiten tämporèère
zeitweise ziitewiis
Zelge Zälg
Zement Zimänt
Zementfabrik Zimänti
Zentimeter Santimeeter
Zentner Zäntner
Zentrumsschuss Zääni
zerbeissen verbiisse
zerbrechen laa, mocke, verbräche, verbrocke, verchnele, verheie, vertätsche
zerbrechen (Glas) glaase
zerbrechend mockig
zerbrochen verbroche
zerbrochenes Gebäck Verbroches
zerbröckeln verbrocke, verbröösmele, vermöckle
zerbröckelnd broosmig, mockig
Zerbröckeltes Mockete
zerbröckeltes Heu Hòibroosme
zerdrücken chnütsche, verchnootsche, verchnütsche, vertrucke
zerfahren verbrägle
zerfallen mocke, verbrägle, verbröösmele, verfaare, vergheie, verlättere, verlottere, vermocke, vermurbe
zerfallend bröösmelig
zerfasern fääserle
zerfasert fötzlig
zerfetzen verfätze, verfotzle
zerfetzt fötzlig, gfäcket, gfotzelig, verhudlet
zerfliessen blädere, schmelze, verlauffe
zerfliessend bläderig, pfluderig
zerfressen verfrässe
zergehen vergaa
zergehen lassen versuggele
zerhacken chruute, verbäcke, verhacke
zerhackte Omelette Chratzete
Zerhacktes Ghack
zerkauen verchöie
Zerkauen Gchafel
Zerkautes Gchafel
zerkleinern chläinere, verbäcke, verchliinere, verspriisle
zerknallen verchlöpfe
zerknittern verchnootsche, verchnütsche, verchroose, verchrugele, verrugele, verrumpfe
zerknittert grumpfig, rumpfig
zerknüllen verchrugele, verwùùrschtle, zämechrugele
zerkochen verblüderle, verchoche
zerkratzen verchräble, verchratze, verchretze, verchrȯile
zerkrümeln broosme, bröösmele, verbröösmele
zerlaufen blädere, verfaare
zerlegen möckle, vermocke
zerlumpt gfäcket, verhudlet, verlumpet
zerlumpt aussehen fötzele
zermahlen vermaale
zermalmen stoosse, verchroose
zermürbt täigg
zernagen verchafle, verfrässe, verrätze
Zernagtes Ratzete
zerplatzen pfütze, verblädere, verbludere
zerplatzen zu Brei verpflädere
zerquetschen blöie, verchroose, vermoschte, verquätsche, vertätsche

zerquetscht werden vertätsche
Zerquetschtes Bläderete
zerreiben verfigge, verrible, verriibe
zerreissen verriisse, verrupfe, verschränze, verspränge, verzeere
zerren noppe, strupfe, zeere
zerrissen fötzlig, gfotzelig, verhudlet
zersägen versaage
zersaugen durelätsche
zerschlagen schölele, verschlaa, verstraale, vertütsche
zerschmettern verschmättere
zerschneiden schnätzle, verhaue, versaable, verschèère, verschnäfle, verschnätzle, verschniide, vertrangschiere
Zerschneiden, ungeschicktes Gschnäfel, Schnäflete
zerschunden verschunde
zersplittern verspriisle
zersprengen verjage, verjätte, verspränge
zerspringen springe, verblädere, verspringe, versprütze
zerstampfen verstampfe, vertrampe
Zerstäuber Sprützer
zerstechen verstäche
zerstören schliisse, verchäibe
zerstörungssüchtig gschandt
zerstossen stoosse, vertütsche
zerstrampeln verboorze
zerstreuen verstrò̂ie
zerstückeln verbröösmele, verschnäfle, verschnätzle, verstückle
Zerstückeltes Gchafel
zertreten verhaatsche, verstampfe, vertrampe
Zervelatwurst Büezerforäle, Sèrbilaa, Stumpe

zerwühlen vernodere, vertroole, verwaale
zerwühlen (Bett) vernäschte
zerwühltes Bett Schuntele
zerzausen ergschudere, ergschuupe, erhaare, erluuse, ertschudere, ertschuupe, strüübe, verfotzle, vergschudere, verhaare, verhöile, verluuse, verrupfe, verschuudere, verstruble, vertschudere, verzuusle
zerzaust gschuuderig, schuderig, struub, tschuderig, verstrupft
zerzupfte Wolle Zupfete
Zettel (Papier) Fackel, Zädel
Zettel (beim Weben) Wupp, Zettel
Zettel machen (beim Weben) zettle
Zettelrahmen Zettelraam
Zeug Läckerzüüg, Ruschtig, Schmätter, Züüg
Zeug, altes Grümpel
Zeug, unnützes Gschmò̂is
Zeuge Züüge
Zeughaus Züüghuus
Zeughausangestellter Züüghüüsler
Zeugnis Zügnis
Zeugnis vor Gericht Chundscheft
Zeugnis ablegen züüge
Zichorie Schiggoori, Wäägluegere
zickeln gitzle
Zicklein Gitzi
Ziege Gäiss
Ziege, hornlose Mutschgäiss, Muttle
Ziege, nach ~ riechen, schmecken gäissele
Ziegel Ziegel
Ziegenbart Gäissepäärtli
Ziegenbock Bock

Ziegenbock, nach ~ riechen böckele, gäissböckele
Ziegenkot Gäisseböleli, Gäissebööndli
Ziegenpeter Mumpf
Ziehbrunnen Gampibrune
ziehen strupfe, zie
ziehen, mit Haken haagge
Ziel Zìil
Ziel überfahren drüberuussäägle
zielen zìile
ziellos arbeiten tökterle
ziemlich aartig, echli, ghöörig, oordli, woll, zimli
Zierat Ghänk
Zierdecke Teckeli
zierlich aartig
zierliche Frau Phèrsööndli
Ziertaschentuch Poschettli
Zifferblatt Ziittafele
Zigarette Lungebröötli, Schloot, Zigerett, Zigi
Zigarre Saargnaagel, Stumpe, Zigaar
Zigarre, feine Zigäärli
Zigarrenstummel Zigaarestumpe
Ziger-Butter-Gemisch Luussalbi
Zigerverkäufer Zigermandli
Zigeuner Zigüüner
Zimmer Buude, Schlaag, Zimer
Zimmer zum Gang Gangchamer
Zimmerdecke Tili
Zimmermädchen Zimeramsle
Zimmermann Zimbermaa
zimmern zimbere
Zimmerreinigungsdienst Zimertuur
Zimmervermieterin Schlumermueter
zimperlich gjümpferlig, tèèggelig
zimperlich sich gebärden jümpferle

zimperlicher Knabe Bubeli
zimperlicher Mensch Tèèggeler
zimperliches Kind Titti
zimperliches Mädchen Beeri
Zimt Zimet
Zinke Zingge
Zinn Zìì
zinnern zini
Zins Zeis
zinsen zeise
Zinseszins Zeiseszeis
Zipfel Zipfel
Zipfelmütze Fòiselchappe, Fotzelchappe, Zipfelchappe, Zöttelchappe, Zötteler
Zirkusclown Gloon
Zirruswolke Schòòffliwulch
zischen pfütze, pfuuse
Zisterne Lochbrune, Sigstèèrn
Zither Zittere
Zittergras Zitterligraas
zittern bäppere, beebere, schlottere, schlötterle, zittere, zwischpere
Zittern Zitter
Zitze Strììch
Zivilleben Ziviil
Ziviltrauung Ziviil
zögern suume
zögernd unternehmen drumumemache
Zopf Schwanz, Zupf
Zöpfe flechten züpfle
Zopfgebäck Äierzupf
Zorn Böösi, Feltschni, Hööni, Tòibi, Wildi, Wuet, Wüetigi, Wule
Zorn verlieren uustòibele
zornig faltsch, taub, wild, wulig
zornig, sehr chatztaub, chrüüztaub, hagels-taub, höletaub
zornig werden ertaube
zorniger Mensch Tòiberich
Zottelbär Zöttelbäär
zottig pudlet
Zottiges Büsel
zu uf, zue
zu Hilfe! hälffio, hülffio
zu zweit zander
zuäusserst zänerscht, zusserscht
Zuber Gelte, Stande
Zubergriff Geltehebi
zubinden verbinde
Zucht, in ~ nehmen schuele
züchten pflanze
züchtigen erluuse, strèèle, verluuse
Zuchtschwein Faselsou
Zuchtstier Gmäindsmuni, Hage, Muchel, Muni, Munistier
Zucker Zucker
Zuckerbutterbrot Zuckerbroot
Zückerchen (Bonbon) Füürstäi
Zuckererbse Chääfe, Chifel, Süess-chäfe
Zuckergebäck Chròòli, Guetsi
Zuckergebäck, bestimmtes: Bääretatze, Pfaffechäppli
Zuckerhut Zuckerstock
Zuckermäulchen Zuckermüüli
zuckern zuckere
Zuckerstück Zuckerchlötzli
Zuckerzeug Schläckerei, Zältli
Zuckungen Gicht
zudecken iitecke
zudringlich taapig
zudringlicher Mann Taapi, Tòòpli
zudringlicher Mensch Gueni
zueinander zunenand
zuerst zalereerscht, zeerschte
zufällig zuefelig
zufrieden zfride
Zufriedener Guetgnueg
Zufriedenheit Zfridni
Zufrieren des Sees Seegfröörni
Zug Ritt, Schnaarz, Zùùg
Zugabe, finanzielle Zuestupf
Zugabeknochen Driibäi
Zugbegleitungswagen Sputnik
zugeknöpft stockig, verstopft
Zügel Läitsäil, Zügel
zugestehen laa, zuegstaa
Zugewicht Isigel
Zugführer Stangebüüger
zugig zügig
zügig schnitzig
Zugleine Läitsäil
Zugluft Durzùùg, Zùùg
Zugriemen Strang
zugrunde gehen fauk gaa, schüübis gaa, vergraane, vergròònele, verlottere, verräble, verschwitze, versèèrble
zugrunde richten schliisse, vertüüfle
zugrunde richten durch Blasen verblaase
Zugscheit Oortschiit, Sìlschiit
Zugstrang Sìlschnuer, Strick
Zugstrick Strang
Zugtierriemen Sìl
zuhinterst zhinderscht
zuhören ablose, lose, zuelose
zuinnerst zinerscht
zukleben verchlòibe
zuknöpfen verstèète
zulassen zuelaa
zuleide zläid
zuleide tun zläidtue, zläidwèrche
zuletzt zalerletscht, zletschtbotts, zletschte
zuliebe zlieb
zumauern vermuure
zumuten, sich, zuviel überlupfe, übernèè, übertue
zunähen verbüeze, verstäche, zueschnùùrpfe
Zuname Übername
Zündblättchen Chäpsli
zünden zünde
Zunder Zundel
Zündhölzchen Schwäfelhölzli, Zundhölzli, Züsi
Zündhölzchenspiel machen hölzle
Zündholzhausierer Zundhölzlimaa

Zündholzschächtelchen Zundhölzlitrückli
zunehmen meenere, trüe
Zunft Zouft
Zunftmahl Zouftmȍȍli
Zunftmitglied Zöifter
Zunge Läle, Zunge
züngeln läle
zungenfertige Frau Schnabelgriite
zunichte werden znüüte gaa
zuoberst zoberscht
zupfen noppe, zupfe, züpfle
Zupfen Rupf, Zupfete
Zürcher Zürcher, Zürihegel, Züripieter
Zürcher- Züri-
Zürcher Gebäckspezialitäten: Züriläckerli, Züritìrggel
Zürcher Taschenmesser Zürihegel
Zürcherin Zürcheri
zürcherisch Züri-
zurecht zrächt
zurechtbiegen zwägbüüge
zurechtkommen gschìre
zurechtlegen zwääglegge
zurechtschneidern zwäägschniidere
zurechtweisen aasinge, abbutze, häizünde, muschtere, schuerigle, zünde
Zureiter Zueriiter
Zürich Züri
Zürichdeutsch Züritüütsch
zurück retuur, ume, zrugg
zurückbleiben hinedriichoo, verbliibe
zurückbleibend im Wachstum uwächsig
zurückbringen umebringe, umetue, zruggfasse
zurückfalten überlegge, überlitze
zurückgeben umegèè
zurückgeben (Ausrüstung) abgèè
Zurückgebliebener Pfüder
zurückhalten hinderhaa, phaa, überhaa, verhaa, verhebe, verphää
zurückhalten (Flüssigkeit) verthaa, verthebe
zurückhalten (Spielkarte) schinde
zurückkommen umechoo
zurücklassen dihinelaa
zurücklehnen hinderelèène
zurücknehmen umenèè
zurückrufen zrugglüüte
zurückschauen umeluege, zruggluege
zurückschleudern zruggspicke
zurückschneiden stutze
zurückschreiben umeschriibe
zurückstecken (Forderungen) zruggchräpse
zurückweisen versääge
zurückzahlen umezaale
zurüsten rüschte
zusammen mitenand, mitsant, zäme
zusammenballen sacke
zusammenbasteln zämechüngele
zusammenbinden püschele
zusammenbrechen zämechlappe, zämegheie, zämesacke
zusammenbringen zämebringe, zämestifle
zusammendrücken verchnode, vertroole, zämetätsche, zämewùùrschte
zusammenfalten zämechlappe, zämelegge
Zusammenfassung Uuszùùg
zusammenfluchen zämehagle
zusammenfügen zämemache
Zusammenfügen des Bauholzes Abpunt
Zusammengekehrtes Wüschete
Zusammengekratztes Chratzete, Schabete
zusammengerechtes Gras, Heu Rächete
Zusammengescharrtes Scharete, Schorete
zusammengeschrumpft strumpfig, verniffe
zusammengestückelt plätzlet
zusammenhalten zämehebe
zusammenkehren raschpe
zusammenkleben verbappe
Zusammenkunft Chränzli, Hock, Hockete, Stamm, Stubete
zusammenlaufen zämelauffe
zusammenlegen zämelegge
zusammenlegen (Geld) zämestüüre
zusammennehmen, sich benèè
zusammenordnen zämetue
zusammenpacken zämephacke
zusammenprallen zämehagle
zusammenraffen ergiite, ramisiere, schargere, schwarble, zämechrȍile, zämefȍime, zämesacke, zämeschwarble
zusammenrechen (Heu) schwarbe
zusammenrollen verrugele, zämerugele
Zusammenrücken Rütschete
zusammenrütteln hotzle, hütze
zusammenscharren erräble, erraggere, raschpe
zusammenschieben zämetue
zusammenschlagen (Tücher) chlätsche
zusammenschmieren zämeschludere
zusammenschnüren räitle
zusammenschrumpfen schnùùrpfe, verschnure, zämeschnure
zusammensetzen zämestucke
zusammensitzen zämesitze
zusammensparen zämechnüüble
zusammensperren zämespeere
zusammenstauchen zämeschiite
zusammenstellen zämestucke

zusammenstellen, ungeschickt zämechüngele
zusammenstossen anenandgraate, pütsche, zämepütsche, zämeschüüsse, zämetätsche, zämetütsche
zusammenstürzen zämebrägle, zämetroole
zusammentrampeln zämetrampe
zusammenzählen zämezele
zusammenziehen (Stoff) schnůůrpfe
zusammenzimmern zämezimbere
zuschandenfahren zämechaare
zuschauen zueluege
Zuschauer Zuelueger, Zueschauer
zuschlagen zueschlaa
zuschlagen (Türen) schletze
zuschlagen, dem Meistbietenden häigèè
Zuschlagen von Türen Gschletz, Schletzerei, Schletzete
zuschliessen zuespeere
Zuschnitt Schnitt
zustande bringen anebringe, hèrebringe, zwägbringe
zuständig kumpitänt
Zuständigkeitsbereich Kumpitänzgäärtli
Zustellgebühr Faktaasch
zustopfen verschoppe
zustossen passiere
Zustrom, spärlicher Tröpflete
Zutat Zuetaat
Zutrauen Zuetroue
zutraulich zuetrouli
zutrinken proschte, zueproschte
zuunterst zunderscht, zunderschtune
Zuversicht Zueversicht
zuviel zvil
zuvorderst zvorderscht
zuvorkommend gfelig
zuwege- zwääg-
zuweilen öppe
zuweisen überschriibe
zuwenden zuehaa
zuwenig zwenig
zuwider zwider
Zwang Noot
zwängen zwänge
zwanglos leschèèr
zwanzig zwänzg
Zwanzig Zwänzgi
Zwanziger Zwänzger
Zwanzig-Franken-Goldstück Napolioon
Zwanzigfrankennote Düffuur, Peschtalozi, Pfund, Stachlig, Tischtle, Zwänzgernöötli
zwanzigjährig tuusigwüchig
Zwanzigrappenstück Trampfündli, Zwänzger
zwanzigst zwänzgischt
Zweck Zwäck
zwecklos sich beschäftigen näggele
zweckmässig braav, chumbli
zwei zwäi (zwee, zwoo)
Zwei Zwäi
Zweieinhalb Zwäibisdrüü, Zwäiehalber
Zweier Zwäier
Zweifel Zwiifel
zweifelhaft gspässig
zweifeln zwiifle
Zweifrankenstück Zweefränkler
Zweig Riis, Zwei
Zweiglein Braame
zweilattig zwäilättig
Zweirappenstück Zweeräppler
zweischläferig zwäischlo̊o̊ffig
zweit ander, zwäit
zweite Klasse Holzklass
zweiteiliges Kleid Dööpièss
zweitletzt anderletscht
Zwerghaftes Grünggel
Zwergtaucher Taucherli
Zwetschge Zwätschg
Zwetschgenkuchen Zwätschgewèèe
Zwickel Spatte, Spickel
zwicken chlime, zwacke, zwicke
Zwickmühle Figgi und Müli
Zwiebel Böle
Zwiebel, nach Z-n riechen, schmecken bölele
Zwiespalt Struuchräi
Zwietracht Ufride
Zwilch Zwile
zwilchen zwili
zwingen zwänge
Zwingherr Haagheer
zwinkern zwicke, zwitzere
zwischen zwüschet
zwischendurch zwüschedure, zwütschgeture
zwischenheraus zwüschetuse
zwischenhinauf zwüschetue
zwischenhinein nääbetine
zwischenhinunter zwüschetabe
Zwischenpodest Bödeli
Zwischenverpflegung Znüüni, Zwätschgeverpflüderig
zwitschern zwitzere
zwitschern, klagend griine
zwölf zwölf
Zwölf Zwölfi
Zwölfer Zwölfer
Zwölftel Zwölftel
Zylinder Zilinder
Zylinderhut Angschtrööre, Wulcheschůůrger, Zilaschter, Zilinder

Zürichdeutsche Namen

Als Anhang zum Wörterbuchteil wollen die folgenden Verzeichnisse bekannterer Zürcher Personen- und Örtlichkeitsnamen in erster Linie die entsprechenden zürichdeutschen (mündlichen) Formen festhalten und dadurch zu deren Erhaltung beitragen.

1. Vornamen

Die beiden folgenden Verzeichnisse geben von den im Kanton Zürich gebräuchlichsten Vornamen *die abweichenden Ruf- und Koseformen,* und zwar im ersten Verzeichnis alphabetisch nach der Mundartform, im zweiten nach der amtlichen Form. Manche Rufnamen sind auch als Taufnamen zugelassen.

Vornamen sind bekanntlich stark der *Mode* unterworfen. Manche, die hier aufgeführt sind, gelten heute als altmodisch oder sind ungebräuchlich; manche werden zwar vielleicht wieder beliebt. Solchem Wechsel unterliegen auch die im Volk gebräuchlichen mündlichen Entsprechungen. Diese sind hier, ohne Rücksicht auf ihren einstigen oder jetzigen Gebrauch, aus dem Wörterbuchteil der zweiten Auflage zusammengetragen und ergänzt. Sie bilden nun ein in dieser Form erstmaliges, einigermassen ausführliches Verzeichnis von Zürcher Namen und zürichdeutschen Namensformen.

Der *stilistische Wert* der verschiedenen Namensformen ist nicht verzeichnet; als grob gelten offenbar weibliche Namen auf *-el* (mit grammatisch männlichem Geschlecht).

Das *grammatische Geschlecht* ist bei männlichen Personen durchweg männlich (mit «m.» hinter dem einzelnen Namen bezeichnet). Bei weiblichen Personen ist das grammatische Geschlecht der Mundartform da angegeben, wo es eindeutig ist («w.» weiblich, «s.» sächlich); sonst schwankt der Gebrauch zwischen weiblich und sächlich (z.B. bei Ana). – Die *Schreibung* der zürichdeutschen Formen ist dieselbe wie im Wörterbuchteil.

Zürichdeutsch – Hochdeutsch

Rufnamen, Kosenamen	**Taufname**
Adeli	*Adelheid*
Agi s., Agetli s.	*Agathe*
Alex m.	*Alexander*
Amaali s.	*Amalie*
Ana, Aneli s., Ani; Anggel m.	*Anna*
Andi m.	*Andreas*
Baab w., Bääb w., Baabe w., Bääbe w., Baabeli s., Bääbeli s., Bääbi s.; Bäätsch w.	*Barbara*
Baartli m.	*Bartholomäus*
Balz m.	*Balthasar*
Batt m., Battli m.	*Beat*
Bea	*Beatrice*
Beet, Beetel m., Beetli s.; Beetsch w.	*Elisabeth, Elsbeth*
Beni m.	*Benjamin*
Bèrni m., Bèrtsch m.	*Bernhard*
Bèrt m., Bèrtel m.	*Albert*
Bèrteli s., Bèrti s.; Bèrtel m.	*Berta*
Brunöggeli m.	*Bruno*
Chäpper m., Chäppi m.; Chaschper m.	*Kaspar*

Rufnamen, Kosenamen	Taufname
Chlaus m.	*Klaus, Niklaus*
Chlefe	*Kleophea*
Chnoppel m.	*Jakob*
Chrigel m.	*Christian*
Chueret m., Chueretli m., Chueri m., Chuerli m.	*Konrad*
Dani m.	*Daniel*
Deeli s.; Dode, Döde, Dödeli s., Ködi; Dore w., Döreli s., Doreteeli s.	*Dorothea*
Dölf m., Dolfi m., Dölfi m.	*Adolf*
Doorli s.	*Dora*
Durethee	*Dorothea*
Edi m.	*Eduard*
Eeveli s.	*Eva*
Elseli s.	*Elsa*
Emeli s., Emi	*Emma*
Feeggel m., Feeggi m., Feek m.	*Felix*
Fèrdi m.	*Ferdinand*
Fränzi	*Franziska*
Fredi m., Freed m.	*Alfred*
Fridel m., Fridli m.	*Gottfried*
Fridi s.	*Frieda*
Geeni m.	*Eugen*
Geerli m., Gèri m.	*Gerhard*
Gnèsi s.	*Agnes*
Gock m., Gockeli m.	*Jakob*
Godi m., Gödel m.	*Gottlieb*
Göggel m., Goggeli m., Googel m.	*Jakob*
Göpf m., Göpfel m., Gopfi m., Göpfi m.	*Gottfried*
Gotti m.	*Gottlieb*
Greet, Greeti s., Greetli s.	*Margarete*
Griit, Griite w., Griitli s.	*Margrit*
Guschtel m., Güschtel m., Guschteli m., Güschteli m., Guschti m.	*August, Gustav*

Rufnamen, Kosenamen	Taufname
Häich m., Häichel m.; Häigg m., Häiggel m., Häiggi m.; Häini m.; Häinz m.; Häiri m., Häirich m.	*Heinrich*
Hana, Haneli s., Hani	*Johanna*
Hanes m.	*Johannes*
Hangeri m.	*Henri*
Hanggel m., Hänggel m.	*Johann*
Hangriett(e)	*Henriette*
Hansel m., Hänsel m., Hanseli m., Hänseli m., Hansi m., Hansli m., Hänsli m.	*Hans*
Hansjogg m., Hansjokeb m.	*Hansjakob*
Hanspi m.	*Hanspeter*
Hansruedi m.	*Hansrudolf*
Hansueli m.	*Hansulrich*
Härch m.	*Heinrich*
Hedeli s., Hedi, Hedle w.	*Hedwig*
Hèrmanggel m., Hèrmi m.	*Hermann*
Idaa, Ideli s., Idi	*Ida*
Ireen(e)	*Irene*
Jagli m.; Jakobeli m., Jaköbeli m., Jakobli m., Jaköbli m.; Jogg m., Joggel m., Joggeli m., Joggi m.; Jokeb m., Jokebli m.	*Jakob*
Jocheli m., Jooch m.	*Joachim*
Jörg m., Jürg m.	*Georg*
Juli m.	*Julius*
Juli s.	*Julia*
Kari m., Karli m.	*Karl*
Katrii, Katriili s., Kätter, Kätterli s.	*Katharina*
Kèrless m.	*Karl*
Klèèr, Klèèrli s.	*Klara*
Kobel m., Köbel m., Köbeli m., Kobi m., Köbi m.	*Jakob*
Kuenraad m.	*Konrad*

Rufnamen, Kosenamen	**Taufname**
Leene w., Leeni	*Helene, Magdalena*
Lieni m.	*Leonhard*
Liineli s., Liinaa, Liini	*Karoline, Lina*
Lisbeet, Lisbeetli s., Lise w., Lisel w., Liseli s., Lisi	*Elisabeth*
Lisel w., Liseli s.	*Luise*
Loore w., Loorli s.	*Eleonore*
Lotte w., Lotti	*Charlotte*
Lotti, Lilo	*Liselotte*
Ludi m.	*Ludwig*
Luggi m.	*Ludwig*
Luggi w.	*Luise*
Lui m.	*Louis*
Maartaa, Maarteli s., Maarti	*Martha*
Maarx m.	*Markus*
Mäde w., Mädeli s., Mädi s., Madle, Mädle, Madlee	*Magdalena*
Mäie w., Mäili s.	*Maria*
Mandi m.	*Hermann*
Mani m.	*Manuel*
Marei, Mareili s., Mari, Mariggel m., Marii, Mariieli s., Mariili s.; Maringgel m., Maringgeli s.	*Marie*
Mattiis m.	*Matthias*
Melcher m.	*Melchior*
Mäx m., Mäxel m., Mèx m.	*Max*
Meeti s.	*Meta*
Mig m., Miggel m., Miggi m., Miiggel m.	*Emil*
Miiggeli s., Miggi s.	*Emilie*
Miili s.	*Emilie*
Moni, Mooni, Mooneli s.	*Monika*
Mööni m.	*Salomon*
Mundi m.	*Edmund*
Miinaa, Miine w., Miineli s.	*Wilhelmine*
Miindli m.	*Armin*

Rufnamen, Kosenamen	**Taufname**
Nette w., Netti s., Nettli s.	*Annette, Jeannette*
Nogg m., Nögg m., Nöggel m., Nöggeli m., Noggi m., Nöggi m., Nöggli m., Noogg m.	*Jakob*
Noldi m.	*Arnold*
Noppel m.	*Jakob*
Oppel m.	*Jakob*
Oski m.	*Oskar*
Öttel m., Otteli m., Otti m.; Öggel m.	*Otto*
Paschi m.	*Sebastian*
Paul m. (Ph-)	*Paul*
Pauliine (Ph-)	*Pauline*
P(h)eeter m.	*Peter*
Pöili m. (Ph-)	*Paul*
Pöili s. (Ph-)	*Pauline, Paula*
Poldi m.	*Leopold*
Rääg w., Räägel w., Räägeli s.	*Regula*
Räini m.	*Reinhold*
Reene w.,	*Irene*
Rees m.	*Andreas*
Richi m.	*Richard*
Röbel m., Röbeli m., Robi m., Röbi m.	*Robert*
Roli m.	*Roland*
Röös, Roosaa, Roosel w., Röösel w., Rooseli s., Rööseli s., Roosi, Röösi, Röösli s.	*Rosa*
Rüedel m., Ruedeli m., Ruedi m., Rüedi m., Ruedolf m., Rüetsch m.	*Rudolf*
Salemaa m., Sali m., Säli m.	*Salomon*
Salemee	*Salomea*
Sämel m., Sameli m., Sami m., Sämi m.	*Samuel*

Rufnamen, Kosenamen	**Taufname**
Schaagg m., Schaaggeli m., Schaaggi m.	*Jacques*
Schaan	*Jeanne*
Schampi m.	*Jean-Pierre*
Schanett, Schanettli s.	*Jeannette*
Schang m., Schangli m.	*Jean*
Schèègg m.	*Jacques*
Schorsch m., Schorschli m., Schörschli m.	*Georg, Georges*
Schül m.	*Julius, Jules*
Sepp m., Seppli m.	*Josef*
Sette w., Setti s.	*Lisette*
Sette, Setteli s.	*Susette*
Silv, Silveli s.	*Silvia*
Söff, Söffel, Söffeli s., Söffi, Soffi	*Sofie*
Stasi	*Anastasia*
Stoffel m., Stöffel m., Stöffeli m.	*Christoph*
Theo m.	*Theodor, Theophil*
Tiindli m.	*Martin*
Tiis m.	*Matthias*
Tildi s.	*Mathilde*
Tomi m.	*Thomas*
Toni m.	*Anton*
Triindli s., Triinel m.	*Katharina*
Trix, Trixli s.	*Beatrice*

Rufnamen, Kosenamen	**Taufname**
Trudel m., Trudeli s., Trudi	*Gertrud*
Tuuri m., Tuurli m.	*Arthur*
Uechel m., Uecheli m., Üecheli m.; Uelerich m., Ueli m., Uerech m.	*Ulrich*
Ursch, Urschel m., Urscheli s., Ursel m., Urseli s., Ursle w.	*Ursula*
Viggi m.	*Viktor*
Vree, Vreene, Vreeneli s., Vreeni	*Verena*
Vrooni s.	*Veronika*
Wäle m.; Walter m., Walterli m., Walti m.; Walz m.	*Walter*
Werni m.	*Werner*
Wili m.	*Wilhelm*
Zäsi m.	*Cäsar*
Zusann, Züsel, Züseli s., Zusle w., Zussel, Züüs; Zütter	*Susanna*

Hochdeutsch – Zürichdeutsch

Taufname	Rufnamen, Kosenamen
Adelheid	Adeli s.
Adolf	Dölf m., Dolfi m., Dölfi m.
Agathe	Agi s., Agetli s.
Agnes	Gnèsi s.
Albert	Bèrt m., Bèrtel m.
Alexander	Alex m.
Alfred	Fredi m., Freed m.
Amalie	Amaali s.
Anastasia	Stasi
Andreas	Andi m., Rees m.
Anna	Ana, Aneli s., Anggel w., Ani
Annette	Nette w., Netti s., Nettli s.
Anton	Toni m.
Armin	Miindli m.
Arnold	Noldi m.
Arthur	Tuuri m., Tuurli m.
August	Guschtel m., Güschtel m., Guschteli m., Güschteli m., Guschti m.
Balthasar	Balz m.
Barbara	Baab w., Bääb w., Baabe w., Bääbe w., Baabeli s., Bääbeli s., Bääbi s.; Bäätsch w.
Bartholomäus	Baartli m.
Beat	Batt m., Battli m.
Beatrice	Bea, Trix, Trixli s.
Benjamin	Beni m.
Bernhard	Bèrni m., Bèrtsch m.
Berta	Bèrtel m., Bèrteli s., Bèrti s.
Bruno	Brunöggeli m.
Cäsar	Zäsi m.
Charlotte	Lotte w., Lotti
Christian	Chrigel m.
Christoph	Stoffel m., Stöffel m., Stöffeli m.
Daniel	Dani m.
Dora	Doorli s.
Dorothea	Deeli s.; Dode, Döde, Dödeli s., Ködi; Dore w., Döreli s., Doreteeli s.; Duretee
Edmund	Mundi m.
Eduard	Edi m.
Eleonora	Loore w., Loorli s.
Elsbeth	Beet, Beetel m., Beetli s., Beetsch w.
Elisabeth	Lisbeet, Lisbeetli s.; Lise w., Lisel w., Liseli s., Lisi
Elsa	Elseli s.
Emil	Mig m., Miggel m., Miiggel m., Miggi m.
Emilie	Miggi s., Miiggeli s., Miili s.
Emma	Emi, Emeli s.
Eugen	Geeni m.
Eva	Eeveli s.
Felix	Feeggel m., Feeggi m., Feek m.
Ferdinand	Fèrdi m.
Franziska	Fränzi
Frieda	Fridi s.
Georg	Jörg m., Jürg m.
Georg, Georges	Schorsch m., Schorschli m., Schörschli m.
Gerhard	Geerli m., Gèri m.
Gertrud	Trudel m., Trudeli s., Trudi
Gottfried	Fridel m., Fridli m.; Göpf m., Göpfel m., Gopfi m., Göpfi m.
Gottlieb	Gödel m., Godi m., Gotti m.
Gustav	Guschtel m., Güschtel m., Guschteli m., Güschteli m., Guschti m.

Taufname	Rufnamen, Kosenamen
Hans	Hansel m., Hänsel m., Hanseli m., Hänseli m., Hansi m., Hansli m., Hänsli m.
Hansjakob	Hansjogg m., Hansjokeb m.
Hanspeter	Hanspi m.
Hansrudolf	Hansruedi m.
Hansulrich	Hansueli m.
Hedwig	Hedi, Hedle w., Hedeli s.
Heinrich	Häich m., Häichel m.; Häigg m., Häiggel m., Häiggi m.; Häini m.; Häinz m.; Häiri m., Häirich m., Härch m.
Helene	Leene w., Leeni s.
Henri	Hangeri m.
Henriette	Hangriett(e)
Hermann	Hèrmanggel m., Hèrmi m.; Mandi m.
Ida	Idaa, Ideli s., Idi
Irene	Ireen(e); Reene
Jacques	Schaagg m., Schaaggeli m., Schaaggi m., Schèègg m.
Jakob	Chnoppel m.; Gock m., Gockeli m.; Jagli m.; Jakobeli m., Jaköbeli m., Jakobli m., Jaköbli m.; Jogg m., Joggel m., Joggeli m., Joggi m.; Jakob m., Jokebli m.; Kobel m., Köbel m., Köbeli m., Kobi m., Köbi m.; Nogg m., Nögg m., Nöggel m., Nöggeli m., Noggi m., Nöggi m., Nöggli m., Noogg m.; Noppel m.
Jean	Schang m., Schangli m.
Jeanne	Schaan
Jean-Pierre	Schampi m.

Taufname	Rufnamen, Kosenamen
Jeanette	Nette, Netti s.; Schanett, Schanettli s.
Joachim	Jocheli m., Jooch m.
Johann	Hanggel m., Hänggel m.
Johanna	Hana, Haneli s., Hani
Johannes	Hanes m.
Josef	Sepp m., Seppli m.
Julia	Juli s.
Julius, Jules	Juli m.; Schül m.
Karl	Kari m., Karli m., Kèrless m.
Karoline	Liinaa, Liini
Kaspar	Chäpper m., Chäppi m.; Chaschper m.
Katharina	Katrii, Katriili s.; Kätter, Kätterli s.; Triinel m., Triindli s.
Klara	Klèèr, Klèèrli s.
Klaus	Chlaus m.
Kleophea	Chlefe
Konrad	Chueret m., Chueretli m., Chueri m., Chuerli m.; Koni m.; Kuenraad m.
Leonhard	Lieni m.
Leopold	Poldi m.
Lina	Liineli s., Liini
Liselotte	Lilo, Lotti
Lisette	Sette w., Setti s.
Louis	Lui m.
Ludwig	Ludi m.; Luggi m.
Luise	Lisel w., Liseli s.; Luggi w.
Magdalena	Leene w., Leeni; Mäde w., Mädeli s., Mädi s., Madle, Mädle, Madlee
Manuel	Mani m.
Margarete	Greet, Greeti s., Greetli s.
Margrit	Griit, Griite w., Griitli s.

Taufname	Rufnamen, Kosenamen
Maria	Mäie w., Mäili s.; Maringgel m.
Marie	Marei, Mareili s., Mari, Mariggel m., Marii, Mariieli s., Mariili s.; Maringgel m., Maringgeli s.
Markus	Maarx m.
Martha	Maartaa, Maarteli s., Maarti
Martin	Tiindli m.
Mathilde	Tildi s.
Matthias	Mattiis m.; Tiis m.
Max	Mäx, Mäxel, Mèx m.
Melchior	Melcher m.
Meta	Meeti s.
Monika	Moni, Mooni, Mooneli s.
Niklaus	Chlaus m.
Oskar	Oski m.
Otto	Öggel m.; Öttel m., Otteli m., Otti m.
Paul	Paul m., Pöili m. (Ph-)
Pauline, Paula	Pauliine, Pöili s. (Ph-)
Peter	P(h)eeter m., Peeti m. (Ph-)
Regula	Rääg w., Räägel w., Räägeli s.
Reinhold	Räini m.
Richard	Richi m.
Robert	Röbel m., Röbeli m., Robi m., Röbi m.
Roland	Roli m.
Rosa	Röös, Roosaa, Roosel m., Röösel m., Rooseli s., Rööseli s., Roosi, Röösi, Röösli s.
Rudolf	Rüedel m., Ruedeli m., Ruedi m., Rüedi m., Ruedolf m., Rüetsch m.

Taufname	Rufnamen, Kosenamen
Salomea	Salemee
Salomon	Mööni m.; Salemaa m.; Sali m., Säli m.
Samuel	Sämel m., Sameli m., Sami m., Sämi m.
Sebastian	Paschi m.
Silvia	Silv, Silveli s.
Sofie	Söff, Söffel, Söffeli s., Söffi, Soffi
Susanna	Zusann, Züsel, Züseli s., Zusle, Zussel, Züüs; Zütter
Susette	Sette, Setteli s.
Theodor	Theo m.
Theophil	Theo m.
Thomas	Tomi m.
Ulrich	Uechel m., Uecheli m., Üecheli m.; Uelerich m., Ueli m., Uerech m.
Ursula	Ursch, Urschel, Urscheli s., Ursel, Urseli s., Ursi s., Ursle w.
Verena	Vree, Vreene, Vreeneli s., Vreeni
Veronika	Vrooni s.
Viktor	Viggi m.
Walter	Wäle m.; Walter m., Walterli m., Walti m.; Walz m.
Werner	Wernerli m., Werni m.
Wilhelm	Wili m.
Wilhelmine	Miinaa, Miine w., Miineli s.

2. Familiennamen

Dieses Verzeichnis gibt eine Auswahl von Zürcher Familiennamen in der gut zürichdeutschen Aussprache.

Amtliche Form	Zürichdeutsch	Amtliche Form	Zürichdeutsch
Ammann	Ame	*Landolt*	Landlet
Appenzeller	Appizäler	*Lehmann*	Leeme
Bachmann	Baachme	*Leuthold*	Lüütolt, Lüütlet
Baumann	Buume	*Leutwiler*	Lüütwiiler
Baur	Puur	*Lienhard*	Lienert
Bosshart	Possert	*Mauser*	Muuser
Burkhard	Burket	*Meier*	Mäier
Escher	Äscher	*Müller*	Müler
Eschmann	Äschme, Ääschme	*Pestalozzi*	Peschteluzz
Frei, Frey	Frei	*Pfenninger*	Pfäniger
Gut	Guet	*Rentsch*	Räntsch
Hauser	Huuser	*Scheurmann*	Schüürme
Hedinger	Hediger	*Schneider*	Schniider
Heusser	Hüüsser	*Schreiber*	Schriiber
Hofmann	Hofme	*Schweizer*	Schwiizer
Huber	Hueber	*Stahel*	Staal
Kägi	Chägi, Chäägi	*Treichler*	Treichler (nicht -äi-)
Kaufmann	Chauffme	*Trüb*	Trüeb
Keller	Chäler	*Ulrich*	Uelerich
Knüsli	Chnüüsli	*Weber*	Wääber
Koch	Choch	*Weilenmann*	Wiilemaa, Wilimaa
Kunz	Chuenz	*Weiss*	Wiiss
Kuser	Chueser	*Wuhrmann*	Wuerme

3. Gemeinde- und Ortsnamen

Unterstreichung zeigt die Betonung an, sofern diese nicht auf der ersten Silbe liegt.

Amtliche Form	Aussprache am Ort	Amtliche Form	Aussprache am Ort
Aathal	Aathel, Ootel	*Bachenbülach*	Bachebüüli
Adlikon	Adlike	*Bachs*	Bachs
Adliswil	Adlischwiil	*Bäretswil*	Bääretschwiil
Aesch	Ääsch	*Bassersdorf*	Baserschdoorff
Aeugst a.A.	Öigscht	*Bauma*	Baume
Affoltern a.A.	Afoltere	*Benken*	Bènke
Agasul	Agisuul	*Berg a.I.*	Bèèrg
Altikon	Altike	*Bertschikon*	Bèèrtschike
Andelfingen	Andelfinge, Andlefinge	*Birmensdorf*	Birmischdoorff
		Bonstetten	Bauschtette

Amtliche Form	Aussprache am Ort
Boppelsen	Bopplisse
Brütten	Brütte
Bubikon	Buebike
Buch a.I.	Buech
Buchs	Buchs
Bülach *(Einwohner:*	Büüli Büüler)
Dachsen	Tachse
Dägerlen	Tägerle
Dällikon	Tälike
Dänikon	Tènike
Dättlikon	Tädlike
Dielsdorf	Tielschderf
Dietikon	Diedike, Tietike
Dietlikon	Tietlike
Dinhard	Tiinert
Dorf	Doorff
Dübendorf	Dübedoorff, Dübidoorff
Dürnten	Dürte
Ebmatingen	Ämedinge, Ebedinge
Effretikon	Effrèètike
Egg	Egg
Eglisau	Eglisau
Elgg	Elgg
Ellikon a.d.Th.	Elike
Embrach	Ämbri
Engstringen	Äischtringe
Erlenbach	Èèrlibach
Esslingen	Esslige
Fällanden	Fälande
Fehraltorf	Feeraltoorff
Feldbach	Fälpach
Feuerthalen	Fü(ü)rtale
Fischenthal	Fischetaal
Flaach	Flòòch
Flurlingen	Fluerlinge
Freienstein	Freiestäi
Geroldswil	Geeretschwiil
Glattbrugg	Glattbrugg
Glattfelden	Glattfälde

Amtliche Form	Aussprache am Ort
Gockhausen	Gockhuuse
Gossau	Goossau
Greifensee	Griiffesee
Grüningen	Grüenige
Gutenswil	Guetetschwiil
Hagenbuch	Hagebuech
Hausen a.A.	Huuse
Hedingen	Hedige
Henggart	Hänggert
Herrliberg	Herrlibèrg, -bärg
Hettlingen	Hettlige
Hinwil	Hewiil
Hirzel	Hirsel, Hirschel (im H.)
Hittnau	Hittni
Hochfelden	Hoochfälde
Höri	Hööri
Hofstetten	Hofstette
Hombrechtikon	Humbrächtike
Horgen *(Einwohner:*	Hoorge Hoorgemer)
Hüntwangen	Hüntwange
Hütten	Hütte
Hüttikon	Hüttike
Humlikon	Huemlike
Illnau	Ilau, Ilnau
Käpfnach	Chäpfne
Kappel a.A.	Chappel
Kempten	Chämte, Chänte
Kilchberg	Chilchbèrg
Kleinandelfingen	im Chläi, im Chlii; Chlii-Andlefinge
Kloten	Chloote
Knonau	Chnoonau
Kollbrunn	Cholbrunn
Küsnacht	Chüsnacht, Chüsnecht
Kyburg	Chiiburg, Chiibèrg
Langnau a.A.	Langnau
Laufen	Lauffe
Lindau	Lindau

Amtliche Form	Aussprache am Ort
Lufingen	Lufige
Männedorf	Mänidoorff
Marthalen *(Einwohner:*	Maartel (im M.) Maartlemer)
Maschwanden	Maschwande
Maur	Muur
Meilen *(Einwohner:*	Mäile Mäiler, Mäilemer)
Mettmenstetten	Mäpmischtette
Mönchaltorf	Altorff, (Münch)alteref
Neerach	Neeri
Neftenbach	Näftebach
Niederglatt	Niderglatt
Niederhasli	Niderhasli
Niederweningen	Niderwenige
Nürensdorf	Nüereschdoorff
Oberembrach	Oberämbri
Oberengstringen	Oberäischtringe
Oberglatt	Oberglatt
Oberrieden	Oberriede
Oberstammheim	Oberstamme
Oberweningen	Oberwenige
Oberwinterthur	Oberi (pop.)
Obfelden	Obfälde
Oetwil a.d.L.	Öötwiil
Oetwil a.S.	Öötwiil
Opfikon	Opfike
Ossingen	Ossinge
Otelfingen	Ootelfinge, Oodelfinge
Ottenbach	Ottebach
Pfaffhausen	Pfaffhuuse
Pfäffikon	Pfäfike
Pfungen	Pfunge
Rafz	Rafz, älter: Äfs, Äfzg
Rapperswil	Rapperschwiil, Rappi (pop.)
Räterschen	Räätschte, Rèètsche
Regensberg	Rägischpèèrg, d Bùùrg, uf der Bùùrg
Regensdorf	Räägischdoorff
Rheinau	Riinou
Richterswil	Richtischwiil
Rickenbach	Rickebach
Rifferswil	Riferschwiil
Rikon	Rike
Rorbas	Roorbis
Rudolfingen	Ruedelfinge, Ruedlefinge
Rümlang	Rümlig(e), Rümlinge
Rüschlikon	Rüeschlike
Rüti *(Einwohner:*	Rüti *Rütemer)*
Russikon	Rusike
Scheuren	Schüüre (im Sch.)
Schlatt	Schlatt
Schleinikon	Schliinike
Schlieren	Schliere
Schöfflisdorf	Schöflisdorff
Schönenberg	Schöönebèèrg
Schwerzenbach	Schweerzebach
Seegräben	Seegrebe
Seuzach	Söizi
Stadel	Stadel
Stäfa *(Einwohner:*	Stääfe Stääfemer)
Stallikon	Stalike
Stammheim	Stamme
Steinmaur	Stäimer
Sternenberg	Stèèrnebèèrg
Teufen	Tüüffe
Thalheim a.d.Th.	Taalhäim
Thalwil	Talwiil
Theilingen	Täilig (im Täilig)
Trüllikon	Trülike
Truttikon	Truttike
Turbenthal	Turbetaal, Turpetaal
Uelikon	Üülike
Uerikon	Üürike

Amtliche Form	**Aussprache am Ort**
Uessikon	Üssike
Uetikon am See	Üedike, Üetike
Uhwiesen	Uewise
Uitikon	Üüdike
Unterengstringen	Underäischtringe
Unterstammheim	Understamme
Urdorf	Uuderf, Uurderf
Uster	Uschter
(Einwohner:	Uschtermer)
Veltheim	Välte
Volken	Volke
Volketswil	Voletschwiil
Wädenswil	Wättischwiil
Wald	Wald
Wallisellen	Walissele, Walisele, (humor.) Saliwele
Waltalingen	Waaltelinge
Waltenstein	Waltschte
Wangen	Wange
Wasterkingen	Waschterchinde, Waschterchinge
Weiach	Weich
Weiningen	Wiinige
Weisslingen	Wislig (im Wislig)
Wettswil a.A.	Wettschwiil
Wetzikon	Wetzike
Wiesendangen	Wisidange
Wil	Wiil

Amtliche Form	**Aussprache am Ort**
Wila	Wiile
Wildberg	Wilpèrg
Wildensbuch	Wildischbuech
Windlach	Windli
Winkel	Winkel
Winterthur	Wintertuur
Zell	Zäll
Zollikon	Zolike
Zumikon	Zumike
Zürich	Züri
in Zürich	z Züri
nach Zürich	uff Züri
(Einwohner:	Zürcher)
Quartiere in Zürich:	
Aussersihl (Kreise 3–5)	de Chrȍiel (pop.), Chräis Chäib (pop.)
Enge	Ängi (i der Ängi)
Fluntern	Fluentere
Höngg	Hööngg
Hottingen	Hottinge, älter: Baschlig
Leimbach	Läibach (im L.)
Oerlikon	Öörlike
Riesbach	Rieschbach
Tieffenbrunnen	Tüüffebrune
Unterstrass	Understraass
Wiedikon	Wiedike
Wipkingen	Wickinge
Witikon	Widike

Scherznamen (z.B. Betthuuse, Gibisnüüt, Gottserbaarm) sind im Mundartteil nachzuschlagen

4. Landschaftsnamen

Amtliche Form	Mundartform	Amtliche Form	Mundartform
Amt Affoltern	Amt, Söiliamt	*Veraltete Namen:*	
Glattal, oberes	Puureland	*Ausseramt (nördlich der Thur)*	Usseramt
Knonauer Amt	Amt, Söiliamt	*Enneramt (um Winterthur)*	Äneramt
Tösstal	Töösstaal, (pop.) Cheleland	*Neuamt (Teil des Unterlandes)*	Nöiamt
Wehntal	Weentel	*Oberamt (Pfäffikon-Bauma-Tösstal)*	Oberamt
Weinland (nördlich der Thur)	Wiiland	*Unteramt (Kloten-Bassersdorf-Wallisellen)*	Underamt
Zürich, Kanton	Züripiet		

5. Gewässernamen

Eulach	Öilach	*Lützelsee*	Lützgi m. (pop.)
Greifensee	Griiffesee	*Reuss*	Rüüss
Jona (im Oberland)	Joone	*Rhein*	Rii
Jonen (im Knonauer Amt)	Joone	*Sihl*	Siil
Katzensee	Chatzesee	*Thur*	Tuur
Kempt	Chämt	*Töss*	Töőss
Limmat	Limet, älter: Limig	*Zürichsee*	Zürisee

6. Bergnamen

Hohronen	Höö Raan	*Ütliberg*	Üetlibèèrg, va. Hüetlibèèrg, jg. Gmüetlibèèrg (humor.), Kurzformen: Üetli, Üetsgi
Lägern	Läägere		
Pfannenstil	Pfanestiil		

Literatur

Ausgewertete Zürcher Mundartliteratur

Ernst Amacher (1884–1980, Mundart von Hinwil):
S gaht fürsi. Erinnerungen. Affoltern a.A. 1954.

Karl Biedermann (1824–1894, Mundart von Winterthur):
Us Stadt und Land. Erzellige. 3 Bände. Winterthur 1888/9. Neuausgaben Winterthur 1932/3, 1951/2.

Fritz Brunner (geb. 1899, Mundart des Oberlands):
Wer isch de Dieb und anderi Gschichte. Zürich 1975.

Barbara Egli (Mundart des Oberlands):
Himel und Höll und Hüpfistäi. Zürich 1976. – Byswindharfe. Zürich 1978.

Ernst Eschmann (1886–1953, Seemundart):
Mer singed äis! Gedichte. Aarau 1911. – De Sängertag. Idylle. Zürich 1912. – Wer chund a's Rueder? Lustspiel. Aarau 1917. – De Zapfestreich z' Oberschnäderbach. Militärschwank. Aarau 1917. – De Chuehandel. Lustspiel. Aarau 1917. – Fäst im Hus. Versli, Rätsel, Gschichtli und Stückli. Zürich 1917. – 's silberi Hochstig. Lustspiel. Aarau 1918. – De Gizchrage. Lustspiel. Aarau 1919. – Es Rägewülchli. Lustspiel. Aarau 1920. – D' Reveluzzer. Schauspiel. Aarau 1922. – Kunkeränz. Ein fröhlicher Einakter. Aarau 1922. – Wo isch de Zapfe? Ein fröhlicher Einakter. Aarau 1930. – D' Gloggewih. Singspiel. Aarau 1935. – Am Mühlibach. Gedichte. Zürich 1936. – Abschied vom Püntacker. «Amtlich.» Erzählungen. Zürich 1943.

Rudolf Hägni (1888–1956, Seemundart):
I ghöören es Glöggli. Gedichte. Erlenbach-Zürich 1940. – Gloggeglüüt. Gedichte. Zürich 1948. – Öiseri Chly. Gedichte. Zürich 1949. – Gesammelte Gedichte. Stäfa 1980.

Ruedi Chägi, Pseudonym Heiri Brändli (1882–1958, Mundart des Oberlands):
De Flarzbueb. Winterthur 1943. Nachdruck 1959. – Fäschttag. Winterthur 1953. – Juhui es Hochsig. Winterthur 1955. – Ums tägli Brot. Winterthur 1958.

Els Morf-Bachmann (Mundart des Unterlands):
En offes Fäischter. Prosa. Winterthur 1969.

Werner Morf (1902–1982, Mundart der Stadt Zürich):
De Hannes. E chliises Hirtespiil. Zürich 1937. – Di heilig Hütte. Es Wiehnachtsspiil. Zürich 1937. – Im Staal. Es Chrippespiil. Aarau 1945. – Gönd uuf – iir gwaltige Toor. Zwänzg Psalme uf züritüütsch. Zürich 1970.

Otto Schaufelberger (geb. 1901, Mundart des Oberlands):
Durs Oberland uuf und durs Oberland aab. Wetzikon 1969. – Vom Bachtel- bis zum Eiffelturm. Wetzikon 1970. – Noomool e Hampfle Oberländer Gschichte. Wetzikon 1971. – Züri Oberländer Choscht. Wetzikon 1974. – Muschter und Müschterli. Wetzikon 1975. – (Alles Kurzgeschichten und Anekdoten)

Jakob Senn (1824–1879, Mundart des Oberlands):
Chelleländer Schtückli. Zürich 1864. Neuausgabe Zürich 1951.

Traugott Vogel (1894–1975, Mundart der Stadt Zürich):
Täilti Liebi. Erzählungen. Aarau 1961. – Hüt und früener. Erzählungen. Aarau 1966.

Weiterführende Literatur

Schweizerisches Idiotikon. Wörterbuch der schweizerdeutschen Sprache. Frauenfeld 1881ff. (jetzt im 14. Band).

Sprachatlas der deutschen Schweiz, herausgegeben von Rudolf Hotzenköcherle. Bern 1962ff. (bisher 5 Bände).

Adolf Guggenbühl, Uf guet Züritüütsch. Ein kleines Wörterbuch (nach Sachgruppen) für den täglichen Gebrauch. Zürich 1953.

[Amalie Halter-Zollinger,] Meeder tuusig Sprüchwöörter und es Püscheli alt Redesaarde. Stäfa [1952].

Hans Hasler, Alti Bilder vom Zürisee: Schiff und Schifflüt. Stäfa 1936. – Bilder vom Zürisee: Fischerei. Wädenswil 1940. – Alti Bilder vom Zürisee: Von Räben und vom Wii. Stäfa 1942. – Bilder vom Zürisee: Us em Puurelääbe. Zürich 1949.

Häxebränz (= Jacques M. Bächtold), 99×Züritüütsch. Wie me Züritüütsch tänkt, redt, schrybt. Zürich 1975, 4. Auflage 1982.

Fritz Herdi, Limmatblüten. Aus dem Wortschatz der fünften Landessprache, gepflückt und herausgegeben von F.H. Zürich 1955. – Limmatfalter. Auf den Limmatblüten gesichtet. Zürich 1956. – Limmatblüten und Limmatfalter in einem Band. Ein Gassenwörterbuch. Zürich 1977.

Walter Höhn-Ochsner, Pflanzen in Zürcher Mundart und Volksleben. Zürcher Volksbotanik. Zürich 1972 (SA. aus «Vierteljahrsschrift der Naturforschenden Gesellschaft in Zürich», Jahrgang 117, 1972, Heft 1, S. 1–99). – Tierwelt in Zürcher Mundart und Volksleben. Zürcher Volkstierkunde. Zürich 1976 (SA. aus «Vierteljahrsschrift der Naturforschenden Gesellschaft in Zürich», Jahrgang 121, 1976, Heft 1, S. 1–140).

Albert Weber, Die Mundart des Zürcher Oberlandes. Frauenfeld 1923 (Beiträge zur Schweizerdeutschen Grammatik, Band XV). – Zürichdeutsche Grammatik. Ein Wegweiser zur guten Mundart. Zürich 1948, 2. Auflage 1964 (Grammatiken und Wörterbücher des Schweizerdeutschen, Band I).

Werner Weber, Die Terminologie des Weinbaus im Kanton Zürich, in der Nordostschweiz und im Bündner Rheintal. Frauenfeld 1949 (Beiträge zur schweizerdeutschen Mundartforschung, Band I).

Heinz Wolfensberger, Mundartwandel im 20. Jahrhundert, dargestellt an Ausschnitten aus dem Sprachleben der Gemeinde Stäfa. Frauenfeld 1967 (Beiträge zur schweizerdeutschen Mundartforschung, Band XIV).

In Vorbereitung:

Viktor Schobinger, Zürichdeutsche Kurzgrammatik.

Grammatiken und Wörterbücher des Schweizerdeutschen

Der Bund Schwyzertütsch, gegründet 1938 als Verein zur Pflege der schweizerdeutschen Dialekte in ihrer Vielfalt und Leistung – in sinnvoller Aufgabenteilung von Mundart und Hochsprache –, betreut unter anderm die Reihe der

Grammatiken und Wörterbücher des Schweizerdeutschen
in allgemeinverständlicher Darstellung:

I. *Zürichdeutsche Grammatik,* von Albert Weber. Zürich 1948, 2., durchgesehene Auflage Zürich 1964. Vergriffen, Neuausgabe geplant.

II. *Luzerndeutsche Grammatik,* von Ludwig Fischer. Zürich 1960. Vergriffen, Nachdruck in Vorbereitung.

III. *Zürichdeutsches Wörterbuch,* von Albert Weber und Jacques M. Bächtold. Zürich 1961. 2. Auflage Zürich 1968. 3., überarbeitete und stark erweiterte Auflage, Verlag Hans Rohr, Zürich 1983.

IV. *Zuger Mundartbuch* von Hans Bossard und Peter Dalcher. Zürich 1962, jetzt im Verlag H.R. Balmer AG, Zug.

V. *e Baseldytsch-Sammlig,* von Fridolin (= Robert B. Christ). 5. Auflage, Birkhäuser Verlag, Basel 1983.

VI. *Baseldeutsch-Grammatik* von Rudolf Suter. 1. und 2. Auflage, Christoph Merian Verlag, Basel 1976.

VII. *Davoserdeutsches Wörterbuch,* von Martin Schmid, Gaudenz Issler, Christian und Tilly Lorez. Verlag Walservereinigung Graubünden, Chur 1982.

VIII. *Urner Mundartwörterbuch,* von Felix Aschwanden und Walter Clauss. Verlag Bibliotheksgesellschaft Uri, Altdorf 1982. 2. Auflage Altdorf 1983.

In Arbeit:

Mundartwörterbuch des Simmentals, von Armin Bratschi und Rudolf Trüb.

Mundartwörterbuch der Landschaft Baden im Aargau, nach Sachgruppen, von Heinrich Meng.

Baseldeutsches Wörterbuch, von Rudolf Suter.

Bezugsnachweis für die ganze Reihe: Buchhandlung Hans Rohr, CH-8024 Zürich

Berichtigungen

\+ bedeutet: zusätzliches Wort (hd. + Ma. oder nur Ma.) oder zusätzliche Form
– bedeutet: Stichwort (hd. und/oder ma.) oder Bedeutung ist zu streichen
korr.: zu korrigieren in   Erste Zahl: Seite, zweite Zahl: Spalte

24.2 **Äi, Äiertünkli** korr.: gebackene, mit Eiern und Milch vermengte kleine Brotschnitten
44.2 + **bringe, hinderenand-** entzweien
64.2 + **choo, hinderenand-** in Streit geraten
116.2 + **gschwindlig** siehe schwindlig
118.1 + **gstarzig** siehe starzig
184.1 – **öölig**
200.1 – **räiggle**
223.2 + **Schlanz** siehe Schranz
236.2 – **schwääble**
244.1 **Späiche** w. + **Späie** w. – 2. Leitersprosse
267.1 + **Tösel** siehe Tusel
296.2 + **vertschiengge** siehe verschiengge
322.2 + **abtrocknen** abtröchne
322.2 **abweisen** + abschüüfele
322.2 – **abwimmeln** abschüüfele
335.3 + **blutbeschmiert** verblüetet
340.1 **davoneilen** + devooschnüüze
340.1 **davonlaufen** + devooschnüüze
340.1 – **davonschiessen, zornig**
341.2 **doch** + gliich
344.2 **eilen** + schränze
347.1 + **entgegennehmen** fasse
347.2 + **entzweien** hinderenandbringe
350.3 – **Feingebäck backen** guetsle
354.1 + **Freundschaft** Fründschaft
357.2 **gehen, mühsam** + chrucke
369.2 – **herumziehen im Wasser**
370.2 + **hinaufschaffen (Erde)** uehèèrde
370.2 + **hinauslaufen** useschnüüze
370.2 – **hinausschiessen, zornig**
370.3 + **hinfälliger Mann** Chracher
374.1 **inzwischen** + wèretdess
376.1 **Kaninchenzüchterverein** + Chüngeliklup
379.2 – **klauen** abhänke, schnäiffe
379.3 + **Kleingebäck backen** guetsle
382.3 + **Koriander** Rugelichümi
388.1 + **Leichenschau** Liichegschau
392.3 **Menstruation** + Chratte, Sach
392.3 – **mies** miis
397.3 – **Neidnagel** Fläischspiise
397.3 **Neugieriger** + Gwunderi
398.1 **Niednagel** + Fläischspiise
400.1 **Ort, fingierter** + Gotterbaarm
406.2 – **Regenmolch** Gügger
408.1 **Rolle** + Rugel
408.3 + **Rückenschwimmen** Ruggeschwumm
409.1 **Ruf in Not** + hülffio
417.3 **schreien** + schränze
418.1 + **schuld** gschuld, tschuld
420.1 **schwenken** + flädere, pflädere
422.2 **so** + asewääg
423.2 **spänen (Boden)** – verspööndle
428.1 + **Streit, in ~ geraten** hinderenandchoo
434.1 **überanstrengen, sich** + übergriiffe
434.2 **überlassen** – laa
442.3 **Verschnupfter** + Schnuderi
450.3 **Wind von sich geben** + schränze

Bitte an die Leser dieses Buches

Kein Wörterbuch kann eine lebende Sprache je ganz einfangen, besonders nicht dieses Buch, das ja nur einen (zwar wesentlichen) Ausschnitt aus dem gesamten Wortschatz des Zürichdeutschen bietet. Die Bearbeiter bitten um Nachsicht für Lücken, Mängel und Fehler und sind für jede Ergänzung oder Berichtigung dankbar (schriftlich über den Verlag Hans Rohr, Postfach, 8024 Zürich).

Lebensdaten der Erstverfasser

Albert Weber

Geboren am 16. Juli 1883 in Tann-Dürnten (Zürcher Oberland). Ausbildung zum Primarlehrer am Seminar Küsnacht, dann zum Sekundarlehrer an der Universität Zürich. 1906–1910 Sekundarlehrer in Zürich-Wiedikon. 1907 Heirat mit Mina Furrer; Geburt der Tochter Gertrud. 1910–1918 Weiterstudium in Germanistik und Anglistik an den Universitäten London und Zürich; Doktorat. Die erweiterte Dissertation «Die Mundart des Zürcher Oberlandes» wird 1923 Band XV der «Beiträge zur schweizerdeutschen Grammatik». 1919–1950 Lehrer für Deutsch und Englisch an der kantonalen Handelsschule in Zürich. 1948 erscheint seine «Zürichdeutsche Grammatik» (Band I der «Grammatiken und Wörterbücher des Schweizerdeutschen», herausgegeben vom Bund Schwyzertütsch); anschliessend Arbeit für ein zürichdeutsches Wörterbuch. 1942–1951 Obmann der Gruppe Züri des Bundes Schwyzertütsch. 1955 geht Prof. Albert Weber zu seiner Tochter nach Mexiko und stirbt dort 1957.

Jacques M. Bächtold

Geboren am 11. November 1887 in Genf als Sohn einer Genferin und eines Schaffhausers. Jugendjahre in Winterthur, dann Zürich. Ausbildung am Seminar Küsnacht, dann Studium in Germanistik und Romanistik an der Universität Zürich; 1914 Doktorat mit der Dissertation «Eine schweizerische Literaturgeschichte». 1914–1943 Lehrer für Deutsch und Französisch am thurgauischen Lehrerseminar in Kreuzlingen. Präsident der Kreuzlinger Gesellschaft für Musik und Literatur sowie der thurgauischen Kunstgesellschaft. 1943–1955 Didaktiklehrer am kantonalen Oberseminar in Zürich. Nach der Pensionierung rege Tätigkeit im Bund Schwyzertütsch: Obmann der Gruppe Züri bzw. des Bundes, 1957–1972 Leiter der Sprachstelle; Ehrenmitglied. 1961 Abschluss des von Albert Weber begonnenen «Zürichdeutschen Wörterbuchs», später Überarbeitung zur 2. Auflage, Mitarbeit an der 3. Auflage. Als «Häxebränz» Verfasser von 500 Mundartspalten im «Tages-Anzeiger», aus denen das Büchlein «99×Züritüütsch» entsteht (1975, 4. Auflage 1982). 66 Jahre glückliche Ehe. Prof. Jacques M. Bächtold lebt heute bei seiner Tochter in Niederweningen.

Der Bund Schwyzertütsch

Der Bund Schwyzertütsch, 1938 von Dr. Adolf Guggenbühl (Schweizer-Spiegel-Verlag) und Prof. Eugen Dieth (Universität Zürich) als Verein zur Pflege der schweizerdeutschen Dialekte gegründet, setzt sich für die Mundart im allgemeinen, für ihren guten Gebrauch in Wort und Schrift, für die Erhaltung der Lebenskraft und Vielfalt der verschiedenen schweizerdeutschen Dialekte ein – dies in sinnvoller Aufgabenverteilung Mundart/Hochsprache.

Hiezu bedient er sich folgender Mittel:

- Einheitliche *Richtlinien für die Schreibweise* aller Dialekte (sog. Dieth-System) sind als Hilfe für Mundartschreibende bestimmt.
- Die allgemeinverständlichen *Wörterbücher und Grammatiken* des Schweizerdeutschen (s. S. 473) zeigen den Bau oder den Wortschatz einzelner Dialekte und wollen als Nachschlagwerke gebraucht werden. Die Reihe wird auf weitere Mundarten erweitert.
- Der Bund Schwyzertütsch fördert auch andere *sprachpflegerische Publikationen* wie auch die gute *Mundartliteratur,* namentlich durch Beratung und Fürsprache.
- Die Gruppen oder befreundete Organisationen veranstalten *Mundartkurse* für Fremdsprachige (in Zürich, Winterthur, Zug usw.); hiezu werden eigene Lehrmittel verwendet.
- Die *«Sprachstelle»* ist ein allgemeiner Auskunfts- und Beratungsdienst für alle Fragen der schweizerdeutschen Dialekte.
- Im *Vierteljahrsblatt «Schweizerdeutsch»* werden Probleme der Mundart behandelt und Neuerscheinungen besprochen.

Von den Mitgliedern, die in allen Gegenden der Schweiz wohnen und in Zürich und Zug zu selbständigen Gruppen zusammengefasst sind, wirken viele auch privat oder beruflich im Sinn des Vereins; Mundartpflege betreiben auch die angeschlossenen Kollektivmitglieder: die Deutschfreiburgische Arbeitsgemeinschaft, die Vereinigung für Walsertum mit Sitz in Brig, die Walservereinigung Graubünden und der Zentralverband Schweizer Volkstheater.

Werden auch Sie Mitglied!

Anfragen und Anmeldungen leitet der Verlag Hans Rohr (Postfach, 8024 Zürich) gern an den Vorstand der Gruppe Züri oder an den Bundesvorstand weiter.

99× Züritüütsch – wie me Züritüütsch tänkt, redt, schrybt, säit de **Häxebränz** (Professor Dr. Jacques M. Bächtold). 4. Auflage 1982, 170 Seiten, mit amüsanten Zeichnungen von Hans Tomamichel; mit Sach- und Wörterverzeichnis. Laminierter Pappband, Fr. 19.80.

Während zehn Jahren erschienen im Zürcher «Tages-Anzeiger» jeden Samstag mit «Häxebränz» gezeichnete Mundartartikel. Hinter dem originellen Pseudonym versteckt sich Professor Jacques M. Bächtold, langjähriger Leiter der Sprachstelle des Bundes Schwyzertütsch. In den gebotenen, sehr kurzweiligen und humorvollen Sprachpillen erweist sich der Verfasser als trefflicher Kenner der Mundart und als geschulter Sprachwissenschafter. Als Kenner entdeckt er für seine jungen und alten Leser aus Primärquellen vergangenes, kostbares Mundartgut neu; als Linguist zeichnet er sich durch «sprachwissenschaftliche Hieb- und Stichfestigkeit» (so Andreas Lötscher) aus. Dabei versteht er es, schwierige Sprachprobleme leicht fasslich und für jeden verständlich darzulegen. Sein Anliegen ist eine vernünftige Mundartpflege, das Zurückfinden in die eigentliche Muttersprache – er will uns die Sicherheit im mundartlichen Ausdruck zurückgeben, die wir verloren haben.

VERLAG HANS ROHR ZÜRICH